**JAMES BOND XXL
BAND 1: A-K**

Für Janine

DANNY MORGENSTERN
MANFRED HOBSCH

JAMES BOND XXL

Das weltweit umfangreichste 007-Nachschlagewerk

Band 1: A-K

Schwarzkopf & Schwarzkopf

INHALT – BAND 1:

VORWORT 7
KURZE GEBRAUCHSANWEISUNG 8
DAS LEXIKON: A-K 11-796

VORWORT

Die Idee zu »James Bond XXL« hatte Danny Morgenstern schon im letzten Jahrtausend. Im Anfangsstadium waren nur rund 500 Seiten geplant, den ersten Satz schrieb Danny Morgenstern am 17. Februar 2000. Aber auch drei Jahre später war das Nachschlagewerk noch immer nicht fertig.

Neben seiner beruflichen Ausbildung und der Arbeit sammelte Danny Morgenstern viele weitere Bond-Infos. Immer wieder musste der Termin zur Abgabe des Manuskripts verschoben werden, denn das Buch sollte wirklich alles enthalten, was wichtig ist. Im Oktober 2002 wurde Manfred Hobsch Koautor von »Bond XXL«. Inzwischen hatte das Lexikon schon einen Umfang von fast 1.500 Manuskriptseiten. Und das Buch sollte noch wachsen. Manche hielten es für verrückt, doch viele glaubten an das Projekt.

Ein Buch dieser Art und von diesem Umfang zum Thema »James Bond« gibt es bisher noch nicht. Wir haben uns bemüht, so viele Einträge wie möglich aufzunehmen. Gibt es dennoch einen Eintrag, den Sie nicht finden und der von Ihnen als wichtig erachtet wird, schicken Sie bitte eine kurze E-Mail an folgende Adresse: morgenstern@bondlexikon.de – vielleicht können die Fragen in dieser Form geklärt werden.

Wir hoffen, dieses Buch ist für alle Leserinnen und Leser ein ebensolcher Schatz wie für uns, und wir wünschen Bond-Fans, Journalisten, Filmkritikern und allen anderen Menschen, die 007 faszinierend finden, viel Spaß beim Stöbern, Lesen und Nachschlagen. Machen Sie eine fantastische Reise in die Welt des berühmtesten Geheimagenten der Welt: James Bond 007!

Im November 2006, *Danny Morgenstern und Manfred Hobsch*

KURZE GEBRAUCHSANWEISUNG

Hier einige Tipps für den Umgang mit dem James-Bond-Lexikon:

Katalogisierung von Namen: Bei chinesischen oder japanischen Namen wie z. B. »Lee Fu-Chu«, wo Vor- und Nachname nicht immer eindeutig zu unterscheiden sind, wurden die entsprechenden Namen nach ihrem Anfangsbuchstaben sortiert: »Lee Fu-Chu« also unter »L«. Eindeutige Namen wie James Bond, Wladimir Scorpius oder Jack Wade sind unter den Nachnamen eingetragen. Handelt es sich um festgelegte Namen, eingetragene Markenzeichen, Firmen, Buch- oder Filmtitel (z. B. »James Bond jr.«), so sind diese unter dem Anfangsbuchstaben des gesamten Wortgefüges zu suchen.

Wortsuche: Die Stichwörter wurden in alphabetischer Reihenfolge unter Vernachlässigung von Leerzeichen und Komma angeordnet. Die Umlaute ä, ö und ü werden wie a, o, und u behandelt; ae, oe und ue werden getrennt eingeordnet. Was unter C nicht erwähnt ist, suche man unter K; I unter J und/oder Y; S unter Z. Da in der Filmliteratur, den Romanen und auch in den Untertiteln der Filme unterschiedliche Schreibungen auftauchen (»Sergey Borsov«, »Sergei Barsov«, »Sergej Barsow«, »Sergej Borsove«, »Sergei Borzov«), kann das auch in diesem Lexikon der Fall sein.

Schreibung: Vergleicht man die Originalausgaben der Romane mit den Übersetzungen, so fällt auf, dass die Schreibung von Namen variiert. So taucht im Roman »Die Welt ist nicht genug« die Figur »Sascha Dawidow« auf. In der Originalausgabe »The World Is Not Enough« wird er »Sasha Davidov« (engl. Schreibweise) geschrieben. Bei der Suche nach Romanfiguren im Lexikon gilt vorrangig die deutsche Schreibung.

Romanfigur/Filmcharakter: Weicht der Charakter oder die Handlung einer Romanfigur kaum von der daraus entstandenen Filmfigur ab und sind auch die Beschreibungen aus dem Roman auf die Person im Film zutreffend, so wird der Eintrag mit der Bemerkung in Klammern (Romanfigur/Filmcharakter) zusammengefasst behandelt. Bei nennenswerten Unterschieden gibt es getrennte Einträge für Romanfigur und Filmcharakter. Da einige Romane noch nicht ins Deutsche übersetzt sind, wurde die Angaben zu den darin handelnden Personen in diesem Lexikon auf ein Minimum reduziert. Die Inhaltsangaben der James-Bond-Romane, die noch nicht ins Deutsche übersetzt wurden, beschränken sich teilweise auf die wichtigsten Inhaltsteile und sind nicht immer, wie bei den Inhaltsangaben der bereits übersetzten Bücher, nach Kapiteln gegliedert.

»Offizielle James-Bond-Filme«: Es ist schwierig, die James-Bond-Filme in der Reihenfolge ihres Entstehens durchzunummerieren, ohne dabei auf Probleme zu stoßen.

Um den Überblick zu verbessern, werden alle Filme als offizielle James-Bond-Filme bezeichnet, die von Albert R. Broccoli, Harry Saltzman, Michael G. Wilson oder Barbara Broccoli produziert wurden. Die anderen werden aus folgenden Gründen nicht mitgezählt: »Der Spion, der mich liebte« (1977) ist der zehnte offizielle James-Bond-Film. Die Produzenten bemühten sich, alles Vorangegangene zu übertreffen, da es sich um ein Jubiläum handelte (zehnter 007-Film). Zählt man aber die »inoffiziellen« Filme »Casino Royale« (1954) und die Parodie »Casino Royale« (1966) mit, so wäre »Der Spion, der mich liebte« das zwölfte Abenteuer des Geheimagenten. Die Begründung, wegen eines Jubiläums etwas bisher nicht Dagewesenes zu zeigen, wäre hier also irreführend.

Fehler, Vorschläge, fehlende Einträge: Kein Mensch ist vollkommen. Wir haben uns bemüht, ein sehr ausführliches James-Bond-Nachschlagewerk zu schreiben. Alle Quellen wurden auf Glaubhaftigkeit überprüft. Sollten Sie dennoch auf Fehler im Inhalt stoßen, senden Sie bitte auch hier eine kurze E-Mail an folgende Adresse: morgenstern@bondlexikon.de

Die stiefmütterliche Behandlung einiger James-Bond-Romane ist darauf zurückzuführen, dass diese Bücher (z. B.: »The Man From Barbarossa«) noch nicht ins Deutsche übersetzt wurden. Dennoch finden Sie Auflistungen der darin vorkommenden Charaktere und Inhaltsangaben. Michael G. Wilson sagte einst, die James-Bond-Romane von Fleming, Amis, Gardner, Wood und Benson würden den Fundus für die James-Bond-Filme darstellen. Sie zeigen 007 in Lebenssituationen, die in veränderter Form den Stoff für Filme liefern. Deshalb ist es auch interessant, sich mit den zahlreichen Romanen zu befassen.

Es gibt immer etwas zu entdecken; und oft stößt man auf Passagen, die Anlass zur Spekulation geben, ob Wilson hieraus etwas für den einen oder anderen Film einsetzte. Bestes Beispiel ist der Eispalast aus John Gardners »Operation Eisbrecher«, der in anderer Form in »Stirb an einem anderen Tag« (2002) zu sehen ist. Doch nicht alle Dinge sind so offensichtlich.

Aktualität: Bei Redaktionsschluss ist dieses Buch das aktuellste Werk zum Thema »James Bond«, das es auf dem deutschen Markt gibt. Sobald es etwas Neues zum Thema 007 gibt, das relevant ist, finden Sie es garantiert auf der Website zum Buch: www.james-bond-xxl.de.

Lustmacher: »James Bond XXL« soll nicht nur über 007-Filme und das Drumherum informieren, sondern auch Lust auf die Romane von Fleming, Markham, Wood, Gardner und Benson wecken. Vielleicht kommen diese in neuer Auflage (schön wäre dabei auch in neuer Übersetzung) auf den Markt, wenn das Interesse wieder steigt. Auch hoffen wir, dass sich Verlage finden, die Übersetzungen der bisher nicht in deutscher Ausgabe erschienenen Gardner- und Benson-Werke in Auftrag geben, um damit die zahlreichen Fans des Geheimagenten zu ihren glücklichen Kunden zu machen.

A (Blutgruppe)
»A« ist die Blutgruppe von ↗W. Winter im Roman ↗*Diamantenfieber*.

A (Code)
Im Roman ↗*Leben und sterben lassen* gibt ↗Tanner den Code »A gleich Apfel«, gefolgt von »C gleich Charlie« durch. Die Bedeutung ist simpel: die ↗Stationen A und C haben mit dem folgenden Auftrag für James Bond zu tun. Station A ist Amerika, C steht für Aufträge im Karibischen Meer. Über die letzte Station weiß 007 so gut wie nichts. Für A hatte er während des Krieges selbst gearbeitet.

A (Morsezeichen)
↗Morsezeichen

A (Sonderkommando)
↗Sonderkommando A

A (Zimmer)
↗B

A BLAST FROM THE PAST (Kurzgeschichte)
Die erste Geschichte, die Autor ↗Raymond Benson über den Geheimagenten James Bond verfasste, war *A Blast From The Past*. Die 1996 geschriebene Kurzgeschichte erschien erstmals im Januar 1997 im amerikanischen *Playboy*. Deutschland wurde erst im März desselben Jahres mit der Übersetzung beglückt, die unter dem Titel *Tödliche Antwort* im bekannten Männermagazin mit dem Bunny publiziert wurde.

Inhaltsangabe ↗*Tödliche Antwort*

A CHILLING AFFAIR (Zeichentrickfilm)
↗*James Bond Jr.*

A COLD DAY IN HELL (Comic)
↗Comics

A DERANGE MIND (Zeichentrickfilm)
↗*James Bond Jr.*

A DRIVE IN THE COUNTRY (Lied)
↗*For Your Eyes Only* (Soundtrack)

A DROP IN THE OCEAN (Lied)
↗*You Only Live Twice* (Soundtrack)

A EU LA CRAPULE
↗Stachelrochen

A HOUSE FOR MR. BISWAS (Musical)
Das klassische James-Bond-Thema stammt laut ↗Monty Norman aus einem der Musicals, die er geschrieben hat. Passagen aus *A House For Mr. Biswas* ergeben zusammengestellt die Bond-Melodie. So konnte Norman auch beweisen, dass er das Thema geschrieben hat und nicht ↗John Barry.

A LITTLE SURPRISE FOR YOU (Lied)
↗*GoldenEye* (Soundtrack)

A MAN CALLED INTREPID (Buch)
Erst zehn Jahre nach ↗Ian Flemings Tod wurde bekannt, dass er an einem Buch mit dem Titel *A Man Called Intrepid* mitgearbeitet haben soll. Darin geht es um den britischen Geheimdienst. Fleming soll zahlreiche Informationen, die er später in den Bond-Romanen verarbeitete, beim Recherchieren für dieses Buch herausgefunden haben. So z. B. die Dechiffriermaschine ↗»Enigma«, die später als ↗»Sektor«, dann als ↗»Lector« in der Welt des James Bond auftauchen sollte.

A PLEASANT DRIVE IN ST. PETERSBURG (Lied)
↗*GoldenEye* (Soundtrack)

A RACE AGAINST DISASTER (Zeichentrickfilm)
↗ *James Bond Jr.*

A SILENT ARMAGEDDON (Comic)
↗ Comics

A TOUCH OF FROST (Lied)
↗ *Stirb an einem anderen Tag* (Soundtrack)

A TRICKY SPOT FOR 007 (Lied)
↗ *Tomorrow Never Dies* (Soundtrack)

A VIEW TO A KILL (Computerspiel)
↗ James-Bond-Computerspiele

A VIEW TO A KILL (Soundtrack)
Der Soundtrack zum Film *A View To A Kill* enthält folgende Lieder: 1) Main Title – A View To A Kill; 2) Snow Job; 3) May Day Jumpers; 4) Bond Meets Stacey (A View To A Kill); 5) Pegasus' Stable; 6) Tibbett Gets Washed Out; 7) Airship To Silicon Valley; 8) He's Dangerous; 9) Bond Underwater; 10) Wine With Stacey (A View To A Kill); 11) Bond Escapes Roller; 12) Destroy Silicon Valley; 13) May Day Bombs Out; 14) Golden Gate Fight; 15) End Title – A View To A Kill. Das Lied *A View To A Kill* zum Film ↗ *Im Angesicht des Todes* (1985) von ↗ Duran Duran stieg 1985 in die englischen Charts ein und erreichte als besten Platz den zweiten Rang. Es hielt sich zehn Wochen in den Chartlisten. In Amerika schaffte die Boygroup sogar den ersten Platz und hielt sich mit dem Song 17 Wochen in den Charts.

A.49
Die Killer ↗ Mr. Wint und ↗ Mr. Kidd aus dem Roman ↗ *Diamantenfieber* bewohnen gemeinsam eine Kabine auf dem Schiff ↗ Queen Elisabeth, die die Nummer A.49 trägt. Die Männer wollen ↗ Tiffany Case töten, Bond durchkreuzt aber ihre Pläne.

A+ (Sicherheitsstufe)
Von der Aufsichtsbeamtin ↗ Rowena Mac Shine-Jones lässt sich James Bond im Roman ↗ *Nichts geht mehr, Mr. Bond* Dokumente beschaffen, die unter die Sicherheitsstufe A+ fallen. Die Mappen sind rot und dürfen das Hauptquartier am Regent's Park nicht verlassen. 007 findet bei den Akten folgenden Hinweis: »Rückgabe bis 16.30 Uhr«. Er hat also nicht viel Zeit, um die Mappen durchzuarbeiten. Eine »intelligente« Chipkarte in den Mappen würde Alarm auslösen, wenn jemand mit ihnen das Gebäude verließe.

A11
Chief Superintendant ↗ Bailey berichtet im Roman ↗ *Scorpius* von ↗ A11, ↗ C13, ↗ MI5, ↗ C7 und dem ↗ D11. Autor ↗ John Gardner klärt auf, von welchen Abteilungen sein erfundener Charakter spricht. A11 ist eine Diplomatische Schutztruppe. Sie stellt Leibwächter für Politiker oder für Mitglieder der königlichen Familie.

AAL (Fisch)
Im Buch ↗ *Stille Wasser sind tödlich* gewinnt ↗ Lord Hellebore sein gefährliches Silvefin-Serum aus Aalen. Am Schluss werden der Lord und sein mutierter Bruder von den Aalen gefressen.

↗ Zitteraal

AASGEIER (Tier)
↗ Geier

ABAELARD, PETER (Romanfigur)
Peter Abaelard ist eine Figur aus ↗ John Gardners Werk ↗ *Fahr zur Hölle, Mr. Bond!*. Durch Nennung des Wortes »Abaelard« gibt man sich als Kontaktmann aus. Nachdem 007 meint, er habe Bücher von einem Schriftsteller mit diesem Namen zu verkaufen, antwortet seine Gesprächspartnerin am Telefon: »(...) ich habe handgebundene Ausgaben von Etienne Gillsons Werk in englischer Übersetzung.« Der Codedialog ist korrekt, die Operation läuft weiter. Von Peter Abaelard werden

zwei Werke genannt: *Die Schule des Peter Abaelard* und *Die Briefe von Abaelard und Héloise* in einer Ausgabe von 1925. ↗Lee Fu-Chu erläutert die Beziehung zwischen Héloise und Abaelard: Im zwölften Jahrhundert war Peter Abaelard ein Theologe, der eine Affäre mit Héloise hatte. Er wurde zum Ketzer erklärt, kastriert und verbrachte den Rest seines Lebens in der Abtei von Saint Denis. Héloise wurde angeblich in ein Nonnenkloster gesteckt.

ABASSI, RASHID (Produktionsmanager)
Da ein Teil des dreizehnten offiziellen James-Bond-Films auch in Indien spielen sollte, wurde Abassi als zweiter Drehortmanager für ↗*Octopussy* verpflichtet. Er arbeitete mit ↗Peter Bennett zusammen.

ABBILDUNGEN IN ROMANEN
In ↗*Countdown!* werden zur Veranschaulichung des ↗Mah-Jongg-Spiels Spielkarten abgebildet. In der deutschen Version des Buches finden sich auf den Seiten 81, 96 und 98 verschiedene Abbildungen. Im Roman ↗*Moonraker* werden Spielkarten dargestellt, um zu offenbaren, welcher Spieler welches Blatt auf der Hand hat. Im Buch ↗*Never Dream Of Dying* wird die Netzhaut-Tätowierung, bestehend aus drei Dreiecken, gezeigt (S. 48). Der Roman ↗*Colonel Sun* enthält eine Karte der Insel Varonsiki, und Bensons ↗*The Facts Of Death* auf S. 52 ein aus zehn Punkten bestehendes Dreieck. Auch ↗*003 ½ The Adventures Of James Bond Junior* sowie die deutsche Übersetzung sind mit zahlreichen Illustrationen versehen.

ABC (Fernsehsender)
ABC war der erste Fernsehsender, der in den Genuss kam, James-Bond-Filme ausstrahlen zu können. Für 17,5 Millionen Dollar erwarb der Sender die Rechte an den Filmen ↗*James Bond 007 jagt Dr. No* (1962), ↗*Liebesgrüße aus Moskau* (1963), ↗*Goldfinger* (1964), ↗*Feuerball* (1965), ↗*Man lebt nur zweimal* (1967), ↗*Im Geheimdienst Ihrer Majestät* (1969) und ↗*Diamantenfieber* (1971).

ABC (Romanfigur)
Auf Grund benutzter Morsezeichen bei der Diamantenübergabe im Roman ↗*Diamantenfieber* verbirgt sich der Bösewicht ↗Rufus B. Saye alias ↗Jack Spang hinter dem Decknamen ABC. ↗Tiffany Case berichtet im Roman, alle Befehle kämen von einem Mann mit dem Kürzel ABC, mehr wisse sie nicht.

ABDALA, JOSE (Darsteller)
Jose Abdala ist in ↗*Lizenz zum Töten* (1989) nur in aus der Not geborenen Szenen zu sehen. Der ursprüngliche Ablauf, bei dem Abdala den Fahrer eines Tanklastwagens spielte, musste nach einem Unfall umgeschrieben werden, denn der LKW war danach nur noch Schrott. Aus einer Schlägerei zwischen dem Fahrer mit Bond wurde ein vor einer Explosion flüchtender Tanklastwagenfahrer.

ABEL (Comicfigur)
↗Comics

ABEL, RUDOLF (Agent)
↗Gray Powers

ABENDANA (Romanfigur)
Mr. Abendana ist in der Kurzgeschichte ↗*Die Hildebrand-Rarität* ein nicht ganz gesetzestreuer Geschäftspartner ↗Milton Krests. Krest berichtet, Abendana habe ihm Kaurimuscheln verkauft, an denen er sehr hänge. Krest hat für die emotionale Bindung Abendanas an diese Sammlerstücke aus seiner Jugend kein Verständnis.

ABENTEUER IM HIMALAYA (Zeichentrickfilm)
↗*James Bond Jr.*

ABENTEUER IN ROM (Zeichentrickfilm)
↗*James Bond Jr.*

ABERG, GOSTA (Designer)

Der Schwede Gosta Aberg schuf einen unverwechselbaren Stil bei Filmplakaten unter Verwendung von Fotografien und gemalten Elementen. Von 1930 bis in die 1970er Jahre war er ein angesehener Posterdesigner in Schweden. Zu seinen wichtigsten Arbeiten gehören die schwedischen Plakate zu den Filmen *Wolfsmensch* (1941), *The Seventh Seal* (1957) und *Frühstück bei Tiffany* (1961). Seinen Eintrag im James-Bond-Lexikon erhält er für die Gestaltung der schwedischen Filmposter zu ↗*James Bond 007 jagt Dr. No* (1962) und ↗*Goldfinger* (1964).

ABERGLAUBE

Als James Bond und ↗Kerim Bey in ↗*Liebesgrüße aus Moskau* (1963) den ↗Lektor-Diebstahl planen, soll er für Bey am 13. des Monats stattfinden, Bond wählt den 14. Der Überfall auf das russische Konsulat findet schließlich doch am 13. statt, was ↗Tatiana Romanowa verwirrt. Sie fragt nach dem Grund der Planänderung, und 007 antwortet: »Du suchst dir eine merkwürdige Zeit aus, um abergläubisch zu sein.«
↗14. September

ABKARIAN, SIMON (Darsteller)

Zuerst hieß es in der Presse, Simon Abkarian würde in ↗*Casino Royale* (2006) den Schurken ↗Le Chiffre verkörpern, doch es kam anders: die Drehbuchautoren ↗Wade, ↗Haggis und ↗Purvis hatten mit ↗Dimitrios einen weiteren Schurken erfunden. Abkarian macht als Handlanger von Le Chiffre 007 das Agentenleben schwer.

Der Darsteller wurde im Libanon geboren und wanderte nach Los Angeles aus, um dort als Schauspieler sein Glück zu versuchen. Er schloss sich Theatergruppen an und nahm später in Paris Unterricht im »Théâtre Soleil«.

Ab 1985 bewies Abkarian sein Schauspieltalent in zahlreichen Theaterstücken. Durch seine Kontakte zu Cédric Klapisch kam das erste Angebot, in einem Film mitzuwirken. Seitdem stand Abkarian mehrfach vor der Kamera. Zu seinen bisher wichtigsten Projekten zählen *Lila Lili* (1999), *Yes* (2004) und *Zaina, Königin der Pferde* (2005). *Casino Royale* wäre sein bis dahin größtes Projekt.

ABKÜRZUNGEN DER JAMES-BOND-FILME

Oft tauchen Abkürzungen der James-Bond-Filme auf, die das Ausschreiben des gesamten Filmtitels ersparen sollen. ↗Ian Fleming selbst wollte auf dem Buchrücken des Werks ↗*On Her Majesty's Secret Service* die Abkürzung »O.H.M.S.S.« haben. Sie wurde auch in das Titelbild der ersten Ausgabe als gebundenes Buch aufgenommen.

Filmtitel – Deutsche Abkürzung, Engl. Abkürzung:

- **Casino Royale (1954)** – CR (TV), CR (TV)
- **James Bond 007 jagt Dr. No** – DN, DN
- **Liebesgrüße aus Moskau** – LAM, FRWL
- **Goldfinger** – GF, GF
- **Feuerball** – FB, TB
- **Casino Royale (1966)** – CR, CR
- **Man lebt nur zweimal** – MLNZ, YOLT
- **Im Geheimdienst Ihrer Majestät** – IGIM, OHMSS
- **Diamantenfieber** – DF, DAF
- **Leben und sterben lassen** – LUSL, LALD
- **Der Mann mit dem goldenen Colt** – DMMDGC, TMWTGG
- **Der Spion, der mich liebte** – DSDML, TSWLM
- **Moonraker – streng geheim** – MSG, M
- **In tödlicher Mission** – ITM, FYEO
- **Octopussy** – OP, OP
- **Sag niemals nie** – SAN, NSNA
- **Im Angesicht des Todes** – IADT, AVTAK
- **Der Hauch des Todes** – DHDT, TLD
- **Lizenz zum Töten** – LZT, LTK
- **GoldenEye** – GE, GE
- **Der Morgen stirbt nie** – DMSN, TND

- **Die Welt ist nicht genug** – DWING, TWINE
- **Stirb an einem anderen Tag** – SAEAT, DAD
- **Casino Royale (2006)** – CR (2006), CR (2006)

ABORIGINE (Romanfigur)

In der australischen Wüste trifft James Bond im Roman ↗*Countdown!* nach einem spektakulären Flugzeugabsturz auf eine Aborigine. Diese Ureinwohnerin Australiens verständigt sich mit Zeichensprache. Nachdem Bond schon mit Händen und Füßen kommuniziert, stellt sich unerwarteterweise heraus, dass die schwarzhaarige Schönheit auch sprechen kann. 007 resümiert, dass es sich bei diesem Mädchen um eines der sinnlichsten Geschöpfe handelte, die er je getroffen hatte.

ABSCHIEDSBRIEF

Contessa ↗Teresa di Vicenzo will nach dem Tod ihres Kindes und der gescheiterten Ehe mit ihrem ersten Mann im Roman ↗*007 James Bond im Dienst Ihrer Majestät* Selbstmord begehen. Sie schreibt ihrem Vater ↗Marc-Ange Draco einen Abschiedsbrief mit folgendem Inhalt: »Lieber Papa, es tut mir Leid, aber ich habe genug. Es ist nur schade, weil ich heute Nacht einen Mann kennen gelernt habe, der vielleicht noch alles hätte ändern können. Er ist Engländer und heißt James Bond. Bitte, mache ihn ausfindig und zahle ihm 20.000 Francs, die ich ihm schulde. Und danke ihm in meinem Namen. Alles ist nur meine Schuld. Lebe wohl und verzeihe mir. Tracy.«

ABSCHNITT 26, PARAGRAPH 5

Als James Bond in ↗*Der Hauch des Todes* (1987) wissen will, was ↗Saunders mit ↗Koskov vorhat, kommt der Paragraphenreiter auf Abschnitt 26, Paragraph 5 zu sprechen: Die Information, an der Bond interessiert ist, darf nur an Berechtigte (im Original: »im Bedarfsfall«) weitergegeben werden, zu denen 007 offenbar nicht gehört. Als 007 das Kommando übernimmt, wendet er den Paragraphen gegen Saunders an.

ABSCHUSSRAMPE: EIFFELTURM (Zeichentrickfilm)
↗*James Bond Jr.*

ABSCHUSSRAMPENLEITER VANDENBURG (Filmcharakter)
↗David Healy

ABTEIL H

Die Zugfahrt im Roman ↗*Leben und sterben lassen* führt James Bond von ↗Pennsylvania nach ↗St. Petersburg. Der Agent befindet sich im Abteil H im 245. Wagen eines Fernexpresses namens ↗The Silver Phantom. Bond verlässt den Zug mit ↗Solitaire verfrüht und entgeht damit einem Mordanschlag.

ABTEILUNG 100

Die Abteilung 100 ist beim britischen Geheimdienst für die Doppelagenten im eigenen Hause zuständig. Hier werden Meldungen erstellt, die unwichtige Fakten, dafür aber geschickt getarnte Falschmeldungen enthalten, die die Doppelagenten dann uneingeweiht weiterleiten können. In ↗*Globus – Meistbietend zu versteigern* liefert Abteilung 100 Nachrichten an die Doppelagentin ↗Maria Freudenstein.

↗Maria Freudenstadt

ABTEILUNG 8

007 versucht sich das Zusammenspiel seiner Gegner im Roman ↗*Nichts geht mehr, Mr. Bond* zu verdeutlichen. Neben Oberst ↗Maxim Smolin gibt es noch Bonds alte Feinde von ↗SMERSH, der jetzt als Abteilung 8 des Direktoriums S vollkommen reorganisiert worden war, nachdem er seine Glaubwürdigkeit als ↗Abteilung V verloren hatte.

ABTEILUNG 8 SEKTION S

In ↗*Niemand lebt für immer* stellt Bond

fest, wer oder was hinter der Abteilung 8 Sektion S steckt: Seine alten Feinde von ↗SMERSH haben einen neuen Namen, unter dem sie bei der Kopfjagd mitmischen.

ABTEILUNG A
↗Goldfinger hat die in ↗Fort Knox einmarschierenden Schurken in Gruppen unterteilt. Er gibt den Abteilungen A, ↗B und ↗C die Anweisung, sich fertig zu machen, um die Operation »Großer Schlag« durchzuführen.

ABTEILUNG A
James Bond hat nach erledigter Arbeit im Roman ↗Goldfinger noch viel zu tun. Er muss einem Steno-Team Rede und Antwort stehen, und auch die Abteilung A ist bei der Berichterstattung anwesend. A steht für Amerika. Im Roman ↗Feuerball wartet James Bond auf einen Sender und einen Empfänger für Geheimagenten im Einsatz, um jederzeit mit London in Verbindung treten zu können, und einen tragbaren Geigerzähler, der an Land und unter Wasser benutzt werden kann. Diese Ausrüstungsgegenstände hatte er vor seiner Abreise bei der Abteilung A angefordert. Hier ist ↗Ian Fleming inkonsequent, denn in allen anderen Romanen ist die ↗Abteilung »Q« für die Ausstattung der Agenten verantwortlich und nicht eine Abteilung A, die zum ↗CIA gehört.

ABTEILUNG B
↗Abteilung A

ABTEILUNG C
Als Leiter der Abteilung C wird im Roman ↗007 James Bond und der Mann mit dem goldenen Colt ein Mann namens ↗Alec Hil beschrieben. Dieser besucht 007 im Krankenhaus, nachdem Bond den Kampf mit ↗Scaramanga überlebt hat.
↗Abteilung A

ABTEILUNG F
Bei der Abteilung F handelt es sich um die Finanzabteilung des ↗MI6. James Bond muss sich im Roman ↗Die Ehre des Mr. Bond auf Grund der Dienstanweisung §12 (3) sofort bei dieser Abteilung melden. Grund: Eine große Erbschaft, die 007 machte, muss von der Finanzabteilung auf Legalität geprüft werden, um eine Bestechung vom Geheimagenten Bond auszuschließen. Abteilung F hatte ↗»M« bereits informiert.

ABTEILUNG FÜR RECHERCHEN
Im Roman ↗Die Welt ist nicht genug wird die Abteilung für Recherchen erwähnt. Es handelt sich um eine Computerdatenbank, die als Außenstelle der erst kurze Zeit zuvor in London eingerichteten visuellen Bibliothek dient. James Bond holt sich in der Abteilung Informationen über ↗Elektra Kings Entführung durch den Terroristen ↗Renard und vergleicht die Lösegeldforderung mit der Summe, die der Bankier ↗Lachaise in Bilbao an 007 übergeben hat.

ABTEILUNG III
Als »Abteilung III« werden im Roman ↗James Bond 007 jagt Dr. No die Vorgesetzten von ↗John Strangways in London bezeichnet. Diese sollen Nachforschungen anstellen, falls nach dem »Roten Anruf« ein Lebenszeichen von Strangways ausbliebe.

ABTEILUNG J
Als im Buch ↗Goldfinger zahlreiche Japaner auftauchen und James Bond und ↗Tilly Masterson gefangen nehmen, erinnert Bond der Blick der Männer an eine Beschreibung, die er einst von Abteilung J (Japan) erhalten hatte. Die Männer sehen aus, als seien sie in japanischer Gefangenschaft gewesen. Im Roman ↗Du lebst nur zweimal bekommt James Bond eine vierstellige Nummer (↗7777) und soll vor seinem Auftrag in Japan Informationen von

der Abteilung J erhalten. Kopf der Abteilung J ist ↗Colonel Hamilton. ↗Richard Lovelace Henderson ist für Abteilung J tätig, und man schätzt ihn dort als »guten Mann«.

ABTEILUNG PFERDERENNEN

Die Zusammenarbeit zwischen James Bond und ↗Felix Leiter im Roman ↗*Diamantenfieber* kommt zu Stande, weil Leiter die Abteilung Pferderennen bei der Detektivagentur ↗Pinkerton leitet. Es geht dem Ex-CIA-Mann darum, die illegalen Pferderennen von ↗»Spangled Mob« aufzudecken.

ABTEILUNG Q

Wenn der Waffenmeister nicht zum Agenten kommt, kommt der Agent eben zum Waffenmeister und das ist ↗»Q«. Bereits 1964 im dritten 007-Film ↗*Goldfinger* besucht Bond ↗Major Boothroyd in dessen Labors, um sich mit den neuesten Supererfindungen ausrüsten zu lassen. Dort konnte man viele Dinge sehen, die Bond gar nicht für seinen Auftrag bekam. Angefangen bei einer gasversprühenden Parkuhr über eine kugelsichere Weste bis hin zu neuesten Handgranaten wird 007 mit Extras überhäuft. Erst im Film ↗*Diamantenfieber* (1971) durfte der Kinogänger erneut einen Blick in die Laboratorien des Waffenmeisters werfen. Dort wurde im Hintergrund gerade ein Fahrzeug mit Raketen bestückt. In ↗*Der Mann mit dem goldenen Colt* (1974) konnte sich der Agent dann ein Bild davon machen, welche Durchschlagskraft die neuen Bomben von »Q« haben: Eine Mauer wurde ohne weiteres zerbrochen. James Bond lernte an diesem Tag auch ↗Coltrope kennen.

Richtig zur Sache ging es im Film ↗*Der Spion, der mich liebte* (1977). Die von »Q« in Ägypten aufgebaute Abteilung beinhaltete alles, um einen Kleinkrieg zu führen: Schleudersitze, die sich in kleinen Hockern verbargen, Maschinengewehre getarnt als Wasserpfeifen oder Dolche, die aus der Sitzfläche eines Sessels schossen – Bond war beeindruckt. Ferner hatte »Q« einen Tresen entwickelt, auf dessen Oberfläche ein Tablett mit magnetischen Kräften so beschleunigt wurde, dass es einem Mann den Kopf abtrennen konnte. Die Zementspritzvorrichtung für den ↗Lotus wurde zu diesem Zeitpunkt gerade erprobt. James Bond durfte sie später gegen seine Feinde einsetzen. In einem brasilianischen Kloster arbeitet der Waffenmeister im Film ↗*Moonraker – streng geheim* (1979), seine besonderen Wunderwaffen waren neben explosiven Bolas erstmalig ↗Laserwaffen, die für den Einsatz im Weltraum entwickelt wurden. Die Strahlen erzeugen eine unglaubliche Hitze, sodass die Testdummys schmelzen. Ein Siesta haltender Einheimischer entpuppt sich als aufklappbare Puppe mit Maschinengewehr im Inneren. Die Dreharbeiten fanden nicht in Brasilien, sondern in einem Benediktinerkloster in den Außenbezirken von Venedig statt.

Die Labors in ↗*In tödlicher Mission* (1981) befanden sich wieder in heimischen Gefilden in England. Mit überraschtem Blick lässt sich Bond von »Qs« Kollegen ↗Smithers einen Gipsarm vorführen, der auf Knopfdruck zum schlagkräftigen Argument wird. Der Schädel eines Dummys zerspringt in tausend Stücke. Dem von 007 gefahrenen Lotus stehen noch einige Verbesserungen bevor. »Q« klärt auf: »Wir machen ihn gerade winterfest.« Eine Mitarbeiterin der Abteilung Q ist derweil damit beschäftigt, einen tödlichen Regenschirm zu testen. Die Waffe fährt am Schirmäußeren Spitzen aus, die sich in den Hals des Trägers bohren, sobald die ersten Regentropfen die Außenhaut des Gerätes benässen. Am ↗Identigraphen macht sich der Agent zusammen mit »Q« daran, den Killer ↗Locque zu identifizieren. Am Ende der Mission nehmen »Q« und ↗Frederick Gray aus den Labors über 007s Armbanduhr Kontakt mit dem Agenten auf. Nicht alles läuft wie geplant und so wird ↗Margaret Thatcher zur ungewollten Gesprächspartnerin eines Papageis. In Indien beschwert sich »Q« am laufenden Band: »Die haben mich Hals über Kopf hergeschickt!«, stöhnt er, während seine Mitarbeiter in ↗*Octopussy* (1983) eifrig die neuesten Erfindungen testen. So gibt es in der Abteilung Q zum Beispiel eine Tür, die den Anklopfenden durch plötzliches Aufschlagen an die Wand klatscht oder ein Seil, das so stabil ist, dass es eine Person bis in eine gewisse Höhe transportieren kann. »Q« hat sich die Mühe gemacht, eine Armbanduhr zu entwickeln, die die Bilder einer Videokamera zeigen kann. 007 nutzt die Situation wieder schamlos aus, indem er den Busen einer Mitarbeiterin filmt.

Die Kulisse der Abteilung Q im Film ↗*Sag niemals nie* (1983) ist eher dürftig. Ein Schießstand und einige Teile, die mal in ein Motorrad eingebaut werden sollen. Bond bekommt seine neue Armbanduhr und macht sich auf den Weg in Richtung Bahamas. ↗*Der Hauch des Todes* (1987) wartet wieder mit abwechslungsreichen Gadgets auf. »Q« hat neben einem speziellen Schlüsselfinder und einem neuen Fahrzeug auch ein Sofa, das den darauf Sitzenden ins Innere des Sofakastens befördert. Auch die Tests an einem Gerät namens ↗Getto Blaster laufen auf Hochtouren. Ausgestattet mit einem ausfahrbaren Visier kann das Gerät Raketen abfeuern, die über enorme Sprengkraft verfügen. »Q« berichtet, dass dieses besondere Radio für die Amerikaner getestet wird. Erst acht Jahre später in ↗*GoldenEye* (1995) hatte der Zuschauer wieder die Möglichkeit, die Testzentren von Major Boothroyd direkt zu bewundern: »Q« erweckt zunächst den Eindruck, er hätte sich das Bein gebrochen, dabei sitzt er nur in einer seiner neuen Erfindungen. Das Gipsbein ist ein getarnter Granatenwerfer. Lacher beim Publikum löste besonders eine Telefonzelle aus, in der sich ein Airbag aufbläst und die so die telefonierende Person in ihrer Bewegungsfreiheit einschränkt. Im Roman und im Film ↗*Stirb an einem anderen Tag* (2002) befinden sich auch im Untergrund Londons viele Räume der Abteilung »Q«, wo alte Geräte aufbewahrt werden. Der Eingang zum geheimen Lager ist über eine Tür an der Westminster Bridge zu erreichen. »Q« behauptet im Roman, schon seit dem Krieg hier unten tätig zu sein: »Das ist einer der wenigen Orte im Zentrum Londons, wo man bei Bombenangriffen ungestört schlafen konnte.«

Ein ↗Röntgen-Dokumentenscanner wird 007 von »Q« demonstriert. Das Gerät kann mit Hilfe von Röntgenstrahlen in verschlossene Briefumschläge schauen und zeigt die erfassten Informationen auf einem Monitor an. Im Hintergrund wird eine Mitarbeiterin per Schleudersitz nach hinten katapultiert und extravagante Rennschlitten hängen an den Wänden. Diese können sich sowohl im Wasser als auch an Land fortbewegen. Der ↗BMW Z3 Roadster wird zudem zu einem Hightech-Fahrzeug umfunktioniert. Neben ↗Stingerraketen hinter den Frontscheinwerfern und einer Radaranlage ist das Gefährt mit einem Fallschirm bestückt, der auf Knopfdruck aus dem Kofferraumbereich schleudert. Als James Bond nach einem Baguette greift, das er für eine tödliche Waffe hält, muss »Q« ihn bremsen: »Nehmen Sie Ihre Finger da weg! Das ist mein Mittagessen!« ↗»R« und »Q« sind beide in der Abteilung Q, als 007 seine Ausrüstung im Film ↗*Die Welt ist nicht genug* (1999) bekommt. Die Labors im Hauptquartier des britischen Geheimdienstes verfügen nicht nur über direkten Zugang zur Themse (den Bond auch nutzt), sondern sind auch mit einer Fülle von tarnenden Gegenständen ausgestattet. So teilt sich zum Beispiel nur die Attrappe eines Billardtisches in der Mitte, um »R« und den neuen BMW zur Schau zu stellen. Später im Film kann 007 noch einen Schotten bewundern, der aus seinem Dudelsack MG-Salven abfeuert und ihn als Flammenwerfer benutzt. Im Roman ↗*Goldfinger* spricht James Bond mit dem

Diensthabenden der Abteilung Q, um den Transport von »Obst« nach Hongkong in die Wege zu leiten.

ABTEILUNG S

Die im Buch ↗Casino Royale beschriebene Abteilung S, die sich mit der Sowjetunion befasst, scheint heutzutage arbeitslos zu sein. In ↗Flemings Roman legt der Leiter der Abteilung einen Plan vor, um ↗Le Chiffre zu vernichten. James Bond soll diese Idee in die Tat umsetzen.

ABTEILUNG V

↗Kolja Mosolow aus dem Roman ↗Operation Eisbrecher gehört der Abteilung V an. Abteilung V (ehemals ↗SMERSH) ist daran interessiert, James Bond umzubringen. Abteilung V ist die Abteilung Viktor. Im Roman ↗Niemand lebt für immer beschreibt ↗John Gardner den Agenten ↗Oleg Lyalin, der für den ↗Secret Intelligence Service arbeitete und Anfang der 1970er Jahre in die Abteilung V eingeschleust wurde. Bond erfährt in Gardners fünftem James-Bond-Roman, dass die alten Feinde unter dem neuen Namen ↗»Abteilung 8 der Sektion S« nach seinem Leben trachten.

↗Saunders

ABTEILUNG VIKTOR

Diesen neuen Namen für ↗SMERSH führt der Autor ↗John Gardner im Buch ↗Countdown für die Ewigkeit ein. Die dubiosen Machenschaften der Organisation wären trotz des Namenswechsels von Abteilung V in Abteilung Viktor dieselben geblieben wie zuvor.

ABTEILUNG Y

James Bond bittet in ↗Liebesgrüße aus Moskau (1963) einen Sohn von ↗Kerim Bey, die ↗Station Y zu kontaktieren. Die Station Y soll 007 in Zagreb treffen und ihm beim Überqueren der jugoslawischen Grenze bei Triest behilflich sein.

ABTEILUNGSLEITER F (Romanfigur)

↗Rattray

ABZUG (Romanfigur)

Der Scharfschütze in der Kurzgeschichte ↗Der Hauch des Todes trägt als Codenamen das russische Wort für Abzug (im Original ↗Trigger). Abzug sei der beste Scharfschütze des KGB und soll ↗Agent 272 beim Überlaufen in den Westen töten. 007 muss dies mit einer Matchwaffe verhindern und ist überrascht, dass der Scharfschütze ein Mädchen ist, das die Waffe in einem Cellokasten verbirgt. Er tötet das Mädchen nicht, sondern schießt lediglich die Kalaschnikow aus den Händen. ↗Paul Sender ist von dieser Aktion nicht angetan. ↗Ian Flemings Idee wurde in den Film ↗Der Hauch des Todes (1987) übernommen, mit dem Unterschied, dass hier ↗Koskov überlaufen will und ↗Kara Milovy am Abzug sitzt.

ACACIA AVENUE

Als sie in einer Scheune übernachten, denken James Bond und ↗Tracy di Vicenzo in ↗Im Geheimdienst Ihrer Majestät (1969) über ein mögliches gemeinsames Zuhause nach. Dabei fallen von Tracy Namen wie die Acacia Avenue in Tunbridge Wells, Bond hingegen schlägt den ↗Belgrave Square (oft als »schönster Platz Londons« bezeichnet) vor.

ACCESS DENIED (Lied)

↗The World Is Not Enough (Soundtrack)

ACHMED (Romanfigur)

↗Fritz

ACHMED (Filmcharakter)

In ↗Der Mann mit dem goldenen Colt (1974) wird Achmed in einen Beiruter Club gerufen, als James Bond dort auftaucht. Achmed ist dafür verantwortlich, dass 007 angegriffen wird und dabei eine Patrone aus dem Bauchnabel einer Bauchtänzerin verschluckt. Es gibt zwei Darsteller, die in Frage kommen, Achmed verkörpert zu haben. Beide haben in den Drehbüchern die Bezeichnung »Beirut Thug« – also »Schläger in Beirut«: Terence Plummer und Rocky Taylor.

ACHMED (Filmcharakter)

Dargestellt von ↗Atik Mohamed kommt die Figur Achmed in ↗*Der Hauch des Todes* (1987) vor. Es handelt sich um eine Person, der James Bond in Tanger, Marokko begegnet.

ACHTERBAHN
↗Prater

DAS ACHTE WELTWUNDER

Im Roman ↗*Der Morgen stirbt nie* von ↗Raymond Benson bezeichnen die Vietnamesen die Ha-Long-Bucht als das achte Weltwunder. Drachen hätten die Inseln und Buchten geschaffen.

ACKLAND-SNOW, TERRY (Künstlerische Leitung)

Terry Ackland-Snow stieß bei der Produktion von ↗*Der Hauch des Todes* (1987) als künstlerischer Leiter zum eingespielten Team, das teilweise bereits bei den letzten zehn James-Bond-Filmen zusammengearbeitet hatte. Assistent der Künstlerischen Leitung war er bei ↗*Lizenz zum Töten* (1989) und bei ↗*GoldenEye* (1995), die künstlerische Leitung lag bei Andrew Ackland-Snow, ↗Charles Lee und ↗Kathrin Brunner.

ACKRIDGE, BILL (Darsteller)

In der kleinen Rolle als ↗Mr. O'Rourke zeigte sich der Schauspieler Bill Ackridge bei ↗*Im Angesicht des Todes* (1985). Die Szenen wurden in San Francisco gedreht.

ACROSTAR (Flugzeug)

Der Mini-Jet »Acrostar« kommt in der ↗Pre-Title-Sequenz des Filmes ↗*Octopussy* (1983) vor. James Bond versucht mit dem Jet, der unter einer Pferdeattrappe versteckt ist, vor seinen Gegnern zu fliehen. Kurz nach dem Start wird er von einer Rakete verfolgt, die mit Wärmeleitsteuerung jede Richtungsänderung des Acrostar verfolgt und ihm auf den Fersen bleibt. Bond hat nur eine Möglichkeit: Er fliegt im Tiefflug durch den Hangar und die Rakete schlägt dort ein. Für die Dreharbeiten wurde der Acrostar-Mini-Jet von seinem Erfinder, ↗Corky Fornoff geflogen. Seine Idee war es auch, dass 007 eine Tankstelle ansteuert, um sich mit Treibstoff zu versorgen. Fornoff selbst hatte schon einmal zu dieser Notlösung gegriffen, als ihm der Sprit ausgegangen war. Bei *Octopussy* (1983) griff ↗John Glen dann auf den genialen Einfall zurück und baute den Jet in seinem Film ein. Das Fluggerät hob das erste Mal 1971 ab. In einem Bond-Film sollte es schon 1979 vorkommen, doch die Idee wurde aus dem Drehbuch von ↗*Moonraker – streng geheim* (1979) wieder gestrichen. Bei *Octopussy* wurde der ↗Bede Jet (↗Bede BD 5J) für den Film in Acrostar umbenannt. Der Acrostar hat eine Spannweite von 3,90 Meter und eine Höhe von 1,70 Meter. Er fliegt über 510 Stundenkilometer und erreicht eine Spitzenhöhe von bis zu 9.000 Metern. Bei einem Gewicht von 204,5 Kilogramm ist er nur 3,66 Meter lang und enthält einen TRS-18-Motor, der für dieses spezielle Fluggerät entwickelt wurde.

ADAC

↗Dr. Kaufman meint in der deutschen Synchronversion von ↗*Der Morgen stirbt nie* (1997), ↗Stamper solle den Automobilklub (ADAC) rufen, um James Bonds Wagen zu knacken.

ADAM (Filmcharakter)

Flink, tödlich und hinterhältig: Der Killer Adam aus dem James-Bond-Film ↗*Leben und sterben lassen* (1973) hat es ganz besonders auf 007 abgesehen. Ein Versuch, den Geheimagenten aus einem fliegenden

Flugzeug zu werfen, schlägt allerdings fehl. Es gelingt Adam jedoch mit der Hilfe von ↗ Tee Hee, Bond auf eine kleine Insel zu verfrachten, die von allen Seiten von Krokodilen und Alligatoren umgeben ist. Bond kann flüchten und Adam endet in einem Feuerball, als er sich mit dem besten Mann beim ↗ MI6 eine Motorbootverfolgungsjagd liefert. Dargestellt wurde der Fiesling vom Schauspieler ↗ Tommy Lane.

ADAM, KEN (Production-Designer)

Klaus Hugo Adam wurde am 5. Februar 1921 in Berlin geboren und unter dem Namen Ken Adam weltberühmt. Er schuf die Sets zu den James-Bond-Filmen ↗ *James Bond 007 jagt Dr. No* (1962), ↗ *Goldfinger* (1964), ↗ *Feuerball* (1965), ↗ *Man lebt nur zweimal* (1967), ↗ *Diamantenfieber* (1971), ↗ *Der Spion, der mich liebte* (1977) und ↗ *Moonraker – streng geheim* (1979). Aufgewachsen ist er als Sohn wohlhabender jüdischer Eltern im Tiergartenviertel. Seine Familie besaß das bekannte Sport- und Modegeschäft »S. Adam« Leipziger-, Ecke Friedrichstraße. 1934 Emigration mit den Eltern und drei Geschwistern nach England: Mutter Lilli eröffnete eine Pension, die zum Treffpunkt der Emigrantenszene wurde. Hier traf Adam den ungarischen Kameramann Gabor Pogany, der ihn in die Denham-Studios mitnahm: »Auf dem Set wurde ich Vincent Korda vorgestellt, der viele Filme seines Bruders Alexander als Art Director ausgestattet hatte und später den Oscar bekam: Ich war sehr beeindruckt von seinen Kulissen und ich glaube, es war an diesem Tag, dass ich beschloss, für den Film zu arbeiten. Vincent Korda jedenfalls empfahl mir, erst einmal eine solide Ausbildung als Architekt zu machen.« Adam studierte an der Craigend Park School in Edinburgh und an der St. Paul's School in London bildende Kunst. Noch während seines Architekturstudiums an der Londoner Universität brach der Zweite Weltkrieg aus und Adam wurde der einzige deutsche Jagdflieger der Royal Air Force. Er änderte seinen Namen 1945 von Klaus in Ken und begann 1947 seine Filmkarriere als Zeichner und als Assistent des künstlerischen Leiters an Filmen der Warner Brothers in Großbritannien. Gemeinsam mit dem Rest der künstlerischen Mannschaft wurde Adam für seine erste Arbeit als Art Director bei dem Film *In 80 Tagen um die Welt* für einen Oscar nominiert.

Mit ↗ Albert R. Broccoli arbeitete Adam beim Projekt *Der Mann mit der grünen Nelke* zusammen. Broccoli holte Adam 1961 schließlich zum Film *James Bond 007 jagt Dr. No*. Von den Innensets wurden besonders ↗ Dr. Nos Kommandozentrale und der »Spinnenraum« gelobt, den ↗ Professor Dent betritt, um vom Schurken eine Vogelspinne entgegenzunehmen. Über die Arbeit an späteren James-Bond-Abenteuern sagte Adam in einem Interview: »Ich liebe James-Bond-Filme. Hier kann man seiner Fantasie freien Lauf lassen. Die Budgets schränken mich als Designer kaum ein.« Für den Film *Dr. Seltsam oder Wie ich lernte, die Bombe zu lieben* arbeitete Adam mit Stanley Kubrick zusammen. Der Regisseur wollte Adam für sein Projekt, weil er die Bauten des Designers für phänomenal hielt. Der Wunsch, sich immer wieder selbst zu übertreffen, brachte Adam dazu, die Kulissen stetig größer zu bauen. Es ging über das Golddepot von Fort Knox, den Vulkankrater in ↗ *Man lebt nur zweimal* bis hin zum größten Set in der 007-Stage: das Innere des Tankers ↗ Liparus in ↗ *Der Spion, der mich liebte* (Oscar-Nominierung). Der Einfallsreichtum Adams bewies sich oft in den seltsamsten Situationen. So beschloss er zum Beispiel, einen Kamerawagen zu benutzen, um es James Bond im Film *Der Spion, der mich liebte* (1977) zu ermöglichen, den Zünder aus einer Nuklearrakete auszubauen. Es handelte sich um einen von Adam veränderten Hebemechanismus, der für die Einstellung der Kamerahöhe von Nutzen ist. Auch »außerirdisch« wurde

Adam tätig. Bei seinem letzten Einsatz für James Bond schuf er unter anderem eine extravagante Weltraumstadt.

Die technischen Spielereien verursachten Adam zwar Albträume, doch er betonte, dass ein Großteil seiner Entwürfe tatsächlich funktionierte. Auch der ↗Aston Martin aus *Goldfinger* gehört zu den Erfindungen des Zigarrenrauchers. Der Wagen entstand, weil sich Adam immer darüber geärgert hatte, wenn er im Straßenverkehr im Stau stand oder zugeparkt wurde: »Ich wünschte mir, den Vordermann einfach wegschießen zu können«, gestand der Designer. Ähnlich wie es Roger Moore mit ↗Desmond Llewelyn machte, so ärgerte auch Adam gelegentlich den Kollegen ↗Syd Cain. 1964 behauptete Adam, Cain habe beim Ausrechnen der Maße für die Fort-Knox-Kulisse erhebliche Fehler gemacht. Cain rechnete alles nach, ohne einen Fehler zu finden. Schließlich gestand Adam, dass er nur gescherzt hatte.

Ken Adam wurde mehrfach für den Oscar nominiert und gewann den Preis zweimal: Für *Barry Lyndon* (wieder eine Zusammenarbeit mit Stanley Kubrick) und für *King George – Ein Königreich für mehr Verstand*. Eine weitere Nominierung erfolgte für seine Arbeit am zweiten Teil der Addams Family: *Addams Family in verrückter Tradition*. Die Filmografie von Ken Adam umfasst über 70 Filme. Als erster und einziger Filmdesigner erhielt er im Februar 2002 den Life Time Achievement Award. 1994 und 1997 wurden dem Filmarchitekten zwei Ausstellungen gewidmet. Seine eigene Ausstellung im Deutschen Filmmuseum in Frankfurt am Main folgte 2002. Hierzu erschien ein Buch von Alexander Smoltczyk: *James Bond, Berlin, Hollywood – Die Welten des Ken Adam*.

ADAMS & ADAMS

Im Gebäude des ↗MI6-Hauptquartiers in London geht Bond in ↗*James Bond 007 jagt Dr. No* (1962) am Schild der Kanzlei »Adams & Adams solicitors« vorbei.

ADAMS, MAUD (Darstellerin)

Maud Adams wurde am 12. Februar 1945 in Schweden unter dem Namen Maud Wikström geboren. Schon als Teenager begann sie zu modeln und nahm an Schönheitswettbewerben teil. Sie gewann zahlreiche Preise, so öffneten sich ihr die Türen zur Filmwelt. Zumeist fielen ihre Filmrollen recht klein aus, doch beim Casting für ↗*Der Mann mit dem goldenen Colt* (1974) stach sie die erfahrene Schauspielerin ↗Britt Ekland aus. Adams bekam den Part der ↗Andrea Anders als ↗Scaramangas Geliebte. Vor ihrem Auftritt bei James Bond hatte Adams in *The Christian Liquorice Store, Store, U-Turn* und *Mahoney's Estate* gespielt. »Ich dachte, es wäre ein Irrtum«, erzählte die Schauspielerin in einem Interview über das Rollenangebot für den Film *Octopussy* (1983). Keine Schauspielerin vor ihr – von ↗Ursula Andress in ↗*James Bond 007 jagt Dr. No* (1962) und ↗*Casino Royale* (1966) abgesehen – bekam je zwei große Rollen als Bond-Girl angeboten. Nicht zuletzt ↗Roger Moore war es zu verdanken, dass Adams ihre zweite Hauptrolle als Bond-Girl angeboten bekam. Was während der Dreharbeiten zu ↗*Der Mann mit dem goldenen Colt* zwischen den beiden passierte, ist nicht bekannt ...

Auch ↗Albert R. Broccoli, der die Darstellerin 1982 in einem Flugzeug traf und feststellte, dass sie als Schauspielerin dazugelernt hatte, hielt sie für die perfekte Besetzung. »Andrea (...) war eine Erfahrung, aber die Rolle gab nicht viel her. Als Octopussy konnte ich beweisen, dass ich nicht nur wegen meines Aussehens als Schauspielerin arbeiten konnte«, erinnerte sich Adams, der es bei Interviews immer schwer fiel, das Wort Octopussy wegen seiner Doppeldeutigkeit über die Lippen zu bringen. Erwähnenswert ist noch ein angeblicher Gastauftritt Adams' in ↗*Im Angesicht des Todes* (1985). Sie besuchte die Dreharbeiten an der Bucht von San Francisco, und Regisseur ↗John Glen bat sie, als Statistin zu agieren. Adams selbst hat sich in der entsprechenden Szene bis heute nicht entdeckt. Experten meinen, sie sei nur von hinten zu sehen, und andere wiederum glauben, die Einstellung sei aus dem Film herausgeschnitten worden. Sollte sie enthalten sein, dann wäre die Schauspielerin sogar dreimal bei einem James-Bond-Film dabei gewesen. Als Mitglied der Royal Shakespeare Company ist die Schwedin noch immer im Schauspielgeschäft tätig. Sie war mit dem Fotografen Roy Adams verheiratet und lebt heute mit dem Chirurgen Stephen Zax in Kalifornien.

ADAMS, ROSS
(Assistenz Tonbearbeitung/ Schnitt-Assistenz)
↗William Barringer und ↗Wayne Smith

ADAMS, TOM (Designer/Zeichner)
Als Robert Markham seinen Roman ↗*Colonel Sun* verfasste, entschied ↗Glidrose, Tom Adams statt des ursprünglichen Cover-Zeichners ↗Richard Chopping zu engagieren. Dieser zeichnete einen Entwurf, der sich an den Bildern von ↗Salvador Dalí orientierte. Es zeigt Wolken in Drachenform und eine sich verbiegende, dahinschmelzende Waffe.

ADAM-STYLE
Nachdem die Entwürfe von ↗Ken Adam für sensationelle Erfolge gesorgt hatten, tauchte in der Presse die Vokabel »Adam-Style« auf. Der »Adam-Style« hatte einen solch großen Einfluss auf die Bond-Filme, dass teilweise Drehbuchpassagen direkt auf Adams Entwürfe abgestimmt wurden. Zu Bauten, die unverwechselbar diesem Stil angehören, kann man den Vulkankrater in ↗*Man lebt nur zweimal* (1967), Fort Knox in ↗*Goldfinger*, das Innenleben der Liparus in ↗*Der Spion, der mich liebte* (1977) und die Raumstation in ↗*Moonraker – streng geheim* (1979) zählen. ↗Peter Lamont übernahm den »Adam-Style« bei den Entwürfen des Eispalastes in ↗*Stirb an einem anderen Tag* (2002).

ADAMUS, TONY
Tony Adamus ist ein Freund von ↗John Gardner. Ihm wurde im Jahre 1987 Gardners sechster James-Bond-Roman ↗*Nichts geht mehr, Mr. Bond* gewidmet.

ADC
Im Buch ↗*James Bond und sein größter Fall* bezeichnet ↗»M« ↗Anya Amasowa als ↗Nikitins ADC.

ADDITIONAL AND ALTERNATE CUES (Lied)
↗*Diamonds Are Forever* (Soundtrack)

ADEY-JONES, SIAN (Darstellerin)
Als Bond-Girl in ↗*Im Angesicht des Todes* (1985) tauchte Sian Adey-Jones auf. Sie war neben ↗Mayako Torigai, ↗Nike Clark, ↗Caroline Hallett, ↗Paula Thomas, ↗Gloria Douse, ↗Elke Ritschel und ↗Lou-Anne Ronchi eine der vielen, die nach ihrem Auftritt in der Vergessenheit oder im *Playboy* verschwanden...

ADIDAS
↗Schuh

ADORÉ, STEPHANIE (Romanfigur)
↗Nigsy Meadows

ADORNI, GUIDO (Darsteller)
↗Italienische Minister

ADRESSE
↗Terminus Nord

ADWAN, ALI AL (Romanfigur)
Zusammen mit ↗Abou Hamarik und ↗Saphii Boudai versucht Ali Al Adwan unter der Führung von ↗Bassam Baradj ein Treffen von Staatsoberhäuptern zu attackieren. Er ist Angehöriger der Terrorgruppe ↗»BAST« und hat dort den Titel »Die Schlange«. Ali Al Adwan ist eine Schöpfung von ↗John Gardner und kommt im Roman ↗*Sieg oder stirb, Mr. Bond!* vor. Der erfahrene Terrorist ist sehr desillusioniert. Als

Kumpan von Baradj und ehemaliges Mitglied paramilitärischer politischer Gruppen ist er der richtige Mann für »BAST«. Adwan benutzt den Namen ↗Julian Farsee, um 007 irrezuführen. Bond durchschaut das Doppelspiel erst am Ende des Buches.

AERIAL CAMERA SYSTEMS
(Kran-, Kamera-, und Aufhängungssysteme)
↗Louma UK

AFANASIEFF, WALTER (Produzent/Texter)
↗Gladys Knight

AFFÄRE KOKLOW
↗Koklow

ÄFFCHEN (Spitzname)
Mehr Auskunft als der Film ↗GoldenEye (1995) gibt der Roman von ↗John Gardner. Der Großvater von ↗Natalja Fjodorowa Simonowa hat früher immer »Äffchen« zu seiner Enkelin gesagt. Die russische Klasse-2-Programmiererin erinnert sich an diesen Spitznamen, nachdem sie dem Tod durch die Explosion von ↗»Petya« nur knapp entrann.

AFFE (Tier)
Als der Roman ↗Doctor No von ↗Richard Maibaum und ↗Wolf Mankowitz zum Drehbuch umgeschrieben wurde, ließen sie *Doctor No* zunächst zu einem Affen werden, den der Bösewicht im Film ständig mit sich herumträgt. Als ↗Albert R. Broccoli von dieser Klammeraffen erfuhr, wurde die Idee verworfen. ↗Steven Spielberg griff sie wieder auf und ließ in seinem Film ↗*Indiana Jones – Jäger des verlorenen Schatzes* einen Affen auftauchen, der beim Publikum großen Erfolg hatte.

AFGHANISTAN (Ort)
Während die ↗Mudschaheddin gegen die in Afghanistan einfallenden Sowjets kämpft, gelangt auch James Bond in ↗*Der Hauch des Todes* (1987) in das wüsten-verstaubte Land. Er wird auf einem Luftwaffenstützpunkt gefangen gehalten, wo er ↗Kamran Shah kennen lernt und schließlich mit ↗Kara Milovy flieht, um sich der ↗Schneeleopardenbruderschaft und ↗Koskov in den Weg zu stellen. Der Stützpunkt in Afghanistan wird bei den folgenden Kämpfen gänzlich vernichtet.

AFGHANISTAN PLAN (Lied)
↗*The Living Daylights* (Soundtrack)

AFM LIGHTING (Elektrische Ausrüstung)
Die Firma AFM Lighting war bei den Dreharbeiten von ↗*GoldenEye* (1995) für die elektrische Ausrüstung zuständig.

AFTERSHAVE
In ↗*Leben und sterben lassen* (1973) benutzt 007 ein Aftershave aus einer Spraydose. Das Treibgas der Dose entflammt er per Zigarre, um damit eine Schlange zu töten.

AFZAL, SAFIRA (Darstellerin)
Safira Afzal verkörpert in ↗*Octopussy* (1983) eines der bildhübschen Mädchen, die für Octopussy arbeiten. Die erotischen Angestellten helfen bei der Bewachung des schwimmenden Palastes. Dargestellt wurden die Charaktere neben Afzal von Mary Stavin, Carolyn Seaward, Carole Ashby, Cheryl Anne, Jani-z, Julie Martin, Joni Flynn, Julie Barth, Kathy Davies, Helene Hunt, Gillian de Terville, Louise King, Tina Robinson, Alison Worth, Janine Andrews und Lynda Knight.

AGATHA (Romanfigur)
Agatha ist in der Kurzgeschichte ↗*Für Sie persönlich* das Hausmädchen der Familie ↗Havelock auf Jamaika. Sie wird als »riesige Negerin« charakterisiert, die mit ↗Fayprince zusammenarbeitet.

AGENT CYCLISTE
Im Buch ↗*Goldfinger* heißt es, ein »agent cycliste« stehe immer an der gefährlichen

Kreuzung, wo die N38 von Le Touquet auf die N1 stößt. Der Mann beobachtet den ↗Rolls Royce von ↗Auric Goldfinger und gibt James Bond die Information, wo dieser langgefahren ist.

AGENT IM KREUZFEUER (Computerspiel)
↗ James-Bond-Computerspiele

AGENTEN IM RUHESTAND
Siehe Inhaltsangabe ↗ *High Time To Kill*

AGENT UNDER FIRE (Computerspiel)
↗ James-Bond-Computerspiele

AGGRESSIONSTHERAPEUTEN (Filmcharakter)
In ↗ *Stirb an einem anderen Tag* (2002) schlägt ↗Colonel Moon auf einen Mann ein, der in einen Sandsack gesteckt worden ist. Nachdem sich Moon an dem Opfer abreagiert hat, bestellt er einen neuen Aggressionstherapeuten.

AGORAPHOBIE (Krankheit)
»Wie ich Mr. Du Pont schon sagte, leide ich an Platzangst. Agoraphobie, Angst vor weiten Räumen. Ich ertrage den leeren Horizont nicht, ich muss das Hotel vor Augen haben«, meint ↗Goldfinger. So sichert er sich den richtigen Platz, der es seiner Komplizin ↗Masterson ermöglicht, in das Blatt von Du Pont zu schauen.

AGOSTI, GUS (Regieassistenz)
Für Gus Agosti war es sicher sehr lehrreich, mit einem erfahrenen Könner wie ↗Terence Young zusammenzuarbeiten. Bei Youngs dritter 007-Regie von ↗*Feuerball* arbeitete Agosti als Regieassistent. Die Dreharbeiten fanden im Jahre 1965 statt.

AGUILAR, GEORGE (Stunt-Koordinator)
Als Stunt-Koodinator bei ↗ *Stirb an einem anderen Tag* (2002) war George Aguilar u.a. für die Kampfszenen zwischen ↗Pierce Brosnan (007) und ↗Lawrence Makoare (Kil) verantwortlich. Aguilar hat auch schon mit Ur-Bond ↗Connery gearbeitet. Das Projekt hieß *Forrester – Gefunden* (2001). Mit Leonardo DiCaprio hatte Aguilar bei *Gangs Of New York* (2002) und mit George Clooney bei *Ocean's Eleven* (2001) zu tun.

AGULIAR, LAURA (Drehortmanagerin)
Um Geld zu sparen, zog die Crew für die Produktion ↗*Lizenz zum Töten* (1989) nach Mexiko. Laura Aguliar war dort die Drehortmanagerin.

AGUSTIN (Romanfigur)
↗*Doubleshot* (Roman)

ÄGYPTISCHE FOLKLOREGRUPPE
Die Ägyptische Folkloregruppe stellte sich im Film ↗*Der Spion, der mich liebte* (1977) selbst dar. Sie tanzten im fiktiven Lokal von ↗Max Kalba in Kairo. Die Musik, zu der die Gruppe tanzt, wurde in den Soundtrack übernommen.

ÄGYPTISCHES KÖRPERTRAINING
Als »Ägyptisches Körpertraining« bezeichnet ↗John Gardner im Buch ↗*Sieg oder stirb, Mr. Bond!* gewöhnliches Schlafen. Ein Leutnant an Bord des Schiffes ↗»Invincible« praktiziert dieses Training, während sich ↗»Blackie« an den Turbinen zu schaffen macht.

A-HA (Musikgruppe)
Die Mitglieder der Gruppe a-ha sind schon seit frühester Jugend zusammen. Mags und Pal Waaktaar sind Brüder, Morten Harket stieß als guter Freund und fähiger Musiker zur Popgruppe. Die aus Norwegen stammenden Brüder sangen und komponierten schon im Alter von zehn Jahren. 1982 ging das Bruderpaar nach London, ein Jahr später kehrten sie nach Oslo zurück, wo sie erneut mit Harket arbeiteten. Erst bei der zweiten gemeinsamen Englandreise kam ein Plattenvertrag mit Warner Bros. Records zu Stande, der Beginn einer

kometenhaften Karriere. Die Norweger brachten Hits wie *Hunting High And Low*, *Take On Me* und *The Sun Always Shines On TV* heraus und platzierten sich damit immer an der Spitze der internationalen Charts. Sie wurden mit zahlreichen Preisen ausgezeichnet und einer Statistik nach hatte die Gruppe insgesamt 15 Lieder herausgebracht, die alle auf dem ersten Platz der Charts zu finden gewesen waren. Wie schon ↗Duran Duran, so wurde auch die Band a-ha von ↗Barbara Broccoli vorgeschlagen, um das Titellied für einen James-Bond-Film zu singen. Zu ↗*Der Hauch des Todes* (1987) komponierten John Barry und Pal Waaktaar das Lied. Es wurde von Barry dirigiert und entwickelte sich zum Hit (Platz 5 in England). Auf ihrem Album *Stay On These Roads* ist eine Version des Bond-Titelliedes *The Living Daylights* nach dem Geschmack der Gruppe enthalten.

AHADI, EL (Romanfigur)

Dieser Herr aus Kairo ist im Buch ↗*Moment mal, Mr. Bond* Finanzbeamter in der Organisation ↗SPECTRE, die von ↗Blofelds Erben weitergeführt wird. Ahadi ist ein großer dunkler Typ, der gut aussieht und eine angenehme Stimme hat. Beim Treffen im »Haus am Bayou« berichtet er über die Einnahmen, die SPECTRE durch seine illegalen Unternehmungen bereits gemacht hat.

AHMED (Filmcharakter)

Die Figur Ahmed ist ein Verbündeter Bonds, der in einer Szene in ↗*Der Hauch des Todes* (1987) vorkommen sollte. Er sollte Bond beschützen und ihm den ↗»fliegenden Teppich« übergeben. Da die Szene mit dem Teppich geschnitten wurde, ist auch der marokkanische Darsteller als Ahmed nicht zu sehen.

AIDA, FUJI

Siehe Inhaltsangabe ↗*The Man With The Red Tattoo*

AIDS (Krankheit)

Angesichts der so oft tabuisierten Krankheit Aids, die schon auf der ganzen Welt aufgetreten war, entschlossen sich die Produzenten von ↗*Der Hauch des Todes* (1987), 007 ein Abenteuer bestehen zu lassen, in dem er monogam ist. Abgesehen von der ↗Pre-Title-Sequenz hat der Agent in diesem Film nur eine Frau: ↗Kara Millovy. Im Roman ↗*Death Is Forever* gibt ↗Praxi Bond vor dem Sex ein Paket Kondome mit der Anmerkung: »Nowadays you can't be so careful.«

AIM 9J LUFT-LUFT SIDEWINDER-RAKETEN (Waffen)

Durch Schmiergelder gelangt ↗Baradij im Roman ↗*Sieg oder stirb, Mr. Bond!* an die gefährlichen AIM 9J Luft-Luft Sidewinder Raketen, die mit dem Schiff ↗Estado Novo transportiert werden. Er will mit diesen Raketen terroristische Aktivitäten durchführen. 007 verhindert die Katastrophe, indem er Baradij tötet.

AIM-9J (Waffe)

Im Roman ↗*Sieg oder stirb, Mr. Bond!* jagt James Bond einer AIM-9J hinterher. Die Rakete verfehlt jedoch ihr Ziel, nachdem sie von ↗Felipe Pantano abgefeuert wurde. Dies ist für 007 der Hinweis, um welch ein Modell es sich handelt, denn eine AIM-9L hätte ihr Ziel nicht verfehlt.

AIM-9L (Waffe)

↗AIM-9J

AINI

»Aini« ist ein anderes Wort für ↗»BAST« und kommt im Roman ↗*Sieg oder stirb, Mr. Bond!* vor. Die gleiche Bedeutung hat auch das Wort ↗»Aym«.

AINLY, ANTHONY (Darsteller)

↗Patrick Jordan

AINSWORTH-DAVIS, JOHN (Autor)

↗*Operation James Bond*

AIR (Musik)
↗ Johann Sebastian Bach

AIR BOND (Lied)
↗ *The Living Daylights* (Soundtrack)

AIRBASE JAILBREAK (Lied)
↗ *The Living Daylights* (Soundtrack)

AIRPORT SOURCE (Lied)
↗ *Diamonds Are Forever* (Soundtrack)

AIRSHIP 6000 (Zeppelin)
Abgekapselt über den Wolken hält der Bösewicht ↗ Max Zorin im Film ↗ *Im Angesicht des Todes* (1985) ein Treffen seiner »Partner« in einem Zeppelin der Marke Airship 6000 ab. Als ein »Geldgeber« aus dem Geschäft aussteigen will, wird er von ↗ May Day per Treppenrutsche aus dem Zeppelin katapultiert. Der Mann stürzt in die Bucht von San Francisco. Nachdem Zorins Plan durch Bond verhindert wird, kidnapp der Psychopath ↗ Stacey Sutton und fliegt mit dem Airship 6000 davon, während 007 am Halteseil hängt. Bond bindet das Luftschiff an der ↗ Golden Gate Bridge fest und es explodiert, als ↗ Dr. Mortner mit Dynamit hantiert, um James Bond zu töten. Das Modell des Fluggerätes, das bei den Dreharbeiten benutzt wurde, befindet sich heute im Londoner Planet Hollywood.

AIRSHIP TO SILICON VALLEY (Lied)
↗ *A View To A Kill* (Soundtrack)

AISUK'URIM (Speiseeis)
↗ Speiseeis

AK-40-STURMGEWEHRE (Waffe)
An den Straßenecken von ↗ St. Petersburg bietet sich für James Bond ein überraschendes Bild: Überall sind Waffen erhältlich, angefangen bei AK-40-Sturmgewehren über H&K-Maschinenpistolen, Pistolen und Revolver. ↗ Jack Wade nennt St. Petersburg deshalb Ost-Los Angeles. Eine besondere Sprengstofflieferung soll durch ↗ »Kirows Beerdigungsinstitut« laufen. 007 ist informiert.

AK-47 (Waffe)
AK-47 ist die Abkürzung für Awtomat Kalaschnikowa, obrasza 47 (kyrillisch *Автомат Калашникова образца* 47), ein 1947 von Michail Kalaschnikow entwickeltes Sturmgewehr. Als Agent James Bond 007 im Roman ↗ *Countdown!* getarnt als ↗ James Pickard bei ↗ General Wong auftaucht, fliegt er auf. Eine Wache richtet eine AK-47 auf ihn. Wong befiehlt dem Geheimagenten, sich zu entkleiden. Darauf foltert er ihn mit einem weißen Stock, der viele Rillen aufweist. ↗ »Der Stier« im Roman ↗ *Die Welt ist nicht genug* spielt ein doppeltes Spiel. Zum einen ist er der Chauffeur von ↗ Zukowskij, zum anderen arbeitet er für ↗ Renard und will seinen Chef, 007 und ↗ Dr. Jones aus dem Weg räumen. Als Bond in der Kaviarfabrik auftaucht, nimmt der Stier ein AK-47-Gewehr, das neben dem Sitz in der Limousine versteckt ist. Kurz darauf greifen die ↗ King-Helikopter an. Mit einer AK-47 bewaffnet betritt der Somali ↗ Goldzahn im selben Roman schließlich den Raum, in dem ↗ Elektra King und Valentin Zukowskij vor James Bond stehen, der auf einem Folterstuhl gefesselt ist. Zukowskij erschießt den Stier, ohne mit der Wimper zu zucken, da er mitschuldig am Tod von ↗ Nikolai ist und Zukowskij mehrfach verraten hat. James Bond und seine Kollegen sind im Roman ↗ *Stirb an einem anderen Tag* nicht verwundert, als ein Wachposten der nordkoreanischen Armee auftaucht und eine AK-47 bei sich hat.

AKAKJEWITSCH (Romanfigur/Filmcharakter)
↗ Claude-Oliver Rudolph verkörpert den Oberst Akakjewitsch im Film ↗ *Die Welt ist nicht genug* (1999). Akakjewitsch kommt auch im gleichnamigen Buch von ↗ Raymond Benson vor und gibt sich als Be-

wunderer von ↗Dr. Arkow aus, weiß aber nicht, dass er gar nicht Arkow, sondern 007 vor sich hat. Beim Angriff von ↗Renards Männern werden der Oberst und zwei seiner Leute von Kugeln durchsiebt.

AKBARSCHAH (Diamant)
»Der Akbarschah« – »116 Karat roh...«, erklärt ↗»M« in ↗*Diamantenfieber* (1971) James Bond einen wertvollen Diamanten in einer Vitrine. 007 langweilt das Thema.

AKI (Filmcharakter)
Aki taucht im James-Bond-Film ↗*Man lebt nur zweimal* (1967) auf. Sie wird von der Japanerin ↗Akiko Wakabayashi dargestellt. Sie ist die Kontaktperson zwischen 007 und dem Sumo-Ringer ↗Sadonyanamas, der sich als Bonds Gegner herausstellt. Das Codewort für den Kontakt zwischen Aki und 007 lautete »Ich liebe dich!«. Der Agent erfährt es zunächst von ↗Moneypenny. Aki bringt James Bond zu ↗Dikko Henderson, der für den japanischen ↗SIS arbeitet und Informationen haben soll. Die Japanerin, die einen ↗Toyota GT 2000 fährt, hilft Bond in ↗*Man lebt nur zweimal* oft auf der Flucht vor Ganoven. Sie stirbt, als ein Killer ihr Gift in den Mund träufelt, während sie schläft.

AKI, TIGER AND OSATO (Lied)
↗*You Only Live Twice* (Soundtrack)

AKM (Waffe)
Bei einer AKM handelt es sich um eine recht kleine, aber sehr feuerstarke Waffe, die von der Verbrecherorganisation ↗NSAA im Roman ↗*Operation Eisbrecher* bei einem Überfall eingesetzt wurde.

AKTE »BOND«
Im Roman ↗*Liebesgrüße aus Moskau* verfügt ↗General Grubozaboischenkow über die Akte »Bond«. Mit einem glänzenden schwarzen Umschlag versehen, wurde der Aktendeckel mit einem weißen Streifen geteilt, der von der rechten oberen bis zur linken unteren Ecke verläuft. In der oberen linken Ecke steht »S.S.«, darunter »sowerschenoe sekretno«, was »streng geheim« bedeutet. In der Akte »Bond« sind zahlreiche Informationen zum Geheimagenten enthalten, unter anderem eine Personenbeschreibung von 007. General Grubozaboischenkow liest den Anwesenden etwas aus der Akte vor: »Vorname: James. Größe 183 Zentimeter, Gewicht 76 Kilogramm; schlank; Augen: blau; Haar: schwarz; Narben auf der rechten Wange und der linken Schulter; Spuren einer Hautverpflanzung auf dem rechten Handrücken (siehe Anhang A); guter Sportler; ausgezeichneter Pistolenschütze, Boxer, Messerwerfer; tritt nie unter falschem Namen auf; Sprachen: Französisch und Deutsch; starker Raucher (Spezialmarke mit drei goldenen Ringen); Schwächen: Alkohol, doch nicht im Übermaß, und Frauen. Für Bestechungsgelder angeblich nicht empfänglich.

(...) Dieser Mann ist mit einer 25er-Beretta-Automatic bewaffnet, die er in einem Halfter unter dem linken Arm trägt. Magazin fasst acht Schuss. Trug auch schon ein an seinen linken Unterarm geschnalltes Messer bei sich; trug Schuhe mit Stahlkappen; versteht sich auf die Grundbegriffe des Judo. Kämpft im Allgemeinen mit Hartnäckigkeit und Ausdauer und kann große Schmerzen ertragen (siehe Anhang B). (...) Zusammenfassung. Dieser Mann ist ein gefährlicher berufsmäßiger Terrorist und Spion. Er arbeitet seit vielen Jahren beim britischen Geheimdienst und trägt die Geheimnummer 007. Die beiden vorangehenden Nullen bedeuten, dass der betreffende Agent getötet hat und das Sonderrecht besitzt, töten zu dürfen, wenn er im Dienst ist. Man glaubt, dass außer ihm nur noch zwei andere britische Agenten mit dieser Sondergenehmigung ausgestattet sind. Die Tatsache, dass dieser Spion 1953 mit dem CMG ausgezeichnet wurde, einem Verdienstorden, den Agenten normalerweise erst bei ihrer Versetzung in den Ruhestand erhalten, lässt Rückschlüsse auf den Wert des Mannes zu. Bei Begegnung mit ihm im Außendienst sind die Tatsachen sowie die näheren Umstände in aller Einzelheit dem Hauptquartier mitzuteilen (siehe dauernde Anordnung seit 1951 von SMERSH, MGB und GRU).«

AKTE 7634733

Im Roman ↗ *Die Welt ist nicht genug* will James Bond in der Abteilung für Recherchen Einsicht in die Akte 7634733 nehmen. Die geheimen Unterlagen beschäftigen sich mit ↗ Elektra Kings Entführung durch den Terroristen ↗ Renard. Zu seiner Überraschung muss 007 feststellen, dass ↗ »M« die Akte hat sperren lassen ...

AKTE SANCHEZ

Die Akte Sanchez hat ↗ Felix Leiter im Roman und auch im Film ↗ *Lizenz zum Töten* auf CD-ROM abgespeichert. Nach Leiters schmerzhaftem Kontakt mit dem Zahnzauberer dringt Bond in dessen Haus ein und wirft einen Blick in die Akte. Folgende Informationen kann er entnehmen: »Sanchez: Aktiva USA; Sanchez: Guthaben bei Schweizer Banken; Sanchez: Konten in Isthmus und Sanchez: Informanten. Letztere sind fast alle verstorben, nur Pam Bouvier nicht.« 007 nimmt das Treffen wahr, das ursprünglich Leiter mit der Frau plante. Einen Großteil zum Inhalt der Akte Sanchez hat ↗ Nick Fallon beigetragen.

AKTENKOFFER

Nach der ↗ Walter PPK in ↗ *James Bond 007 jagt Dr. No* (1962) war der Aktenkoffer mit besonderer Ausstattung für 007 das zweite Objekt aus der ↗ Abteilung »Q«. Bond erhielt ihn in ↗ *Liebesgrüße aus Moskau* (1963). Der Koffer enthält im Film eine Tränengaspatrone, die demjenigen ins Gesicht fliegt, der ihn unsachgemäß öffnet, sprich: die Öffnungsriegel nicht waagerecht dreht. Im Koffer selbst befinden sich ein in sieben Teile zerlegtes Gewehr mit Infrarot-Zielfernrohr, sowie zwei versteckte Riemen mit je 25 Goldstücken. Die kleinen Knopffüße des Aktenkoffers ließen sich herausdrehen und gaben Reservemunition für Bonds Walther PPK frei. Ein Knopf an der Seite des Koffers lässt beim Drücken ein Wurfmesser aus einem versteckten Fach fahren. Im Film berichtet ↗ »M«: Dieser Koffer werde an alle 00-Agenten ausgegeben – ↗ Captan Nash, der von ↗ Grant getötet wird, war ebenfalls im Besitz dieser Aktentasche. Man bezeichnet diesen Aktenkoffer heute als erstes Bond-Gimmick. Von 1963 an steigerte sich das Vorkommen solcher oder ähnlicher Utensilien mit versteckten Waffen und überraschenden Tricks. Weihnachten 1964, als der Film bereits auf dem Markt war, wurden bevorzugt Weihnachtsgeschenke in Form solcher Aktenkoffer an die Lieben verschenkt. Der Aktenkoffer aus *Liebesgrüße aus Moskau* taucht als Relikt auch im Roman und im Film ↗ *Stirb an einem anderen Tag* (2002) auf.

Der Aktenkoffer, den James Bond in ↗ *Octopussy* (1983) auf einen Militärstützpunkt mitnimmt, enthält ein Geheimfach, in dem sich eine magnetische Bombe befindet. 007 soll mit der Bombe die Waffensysteme der Feinde zerstören. Wenn »M« wüsste, was sich in ↗ *Sag niemals nie* (1983) in James Bonds Aktenkoffer befindet, würde er ihn als lebensgefährlicher ansehen als alle Koffer zuvor: 007 hat in seinem Koffer Nahrungsmittel und alkoholische Getränke für eine Woche Krankenhausaufenthalt in ↗ Shrublands. Auch ↗ Jack Petachi besitzt in diesem Film einen Aktenkoffer. Dieser enthält aber hoch entwickelte Technik: einen Scanner für die manipulierte Pupille Petachis sowie Verbindungskabel zu technischen Geräten, mit denen man über den Einsatz von Gefechtsköpfen entscheiden kann. Petachi schließt seine Geräte auf der Basis des 63. Taktischen Flugkommandos Swandley an die dort befindlichen Computer an und erteilt ↗ SPECTRE den Einsatzbefehl für W-80-Thermonuklearsprengköpfe. Im Roman ↗*James Bond und sein größter Fall* reist James Bond mit einem Vuitton-Koffer nach Ägypten. Der Agent präpariert auch hier wieder die Schlösser mit einer Sicherung aus Talkumpuder, um später erkennen zu können, ob ihn jemand geöffnet hat. Im Roman ↗*Moment mal, Mr. Bond* ist 007 im Besitz eines Aktenkoffers, in den Wurfmesser eingebaut sind. Die Waffen werden im Fünfsekundenrhythmus ausgegeben, wenn man am linken Schloss 222 und rechts 333 als Kombination einstellt.

AKTENTASCHE

Die Aktentasche, die James Bond im Roman ↗*Lizenz zum Töten* nutzt, um seinen persönlichen Racheplänen nachzugehen, stammt natürlich aus dem Hause ↗»Q«: Ursprünglich für seinen Istanbul-Auftrag ausgehändigt, enthält die Tasche im doppelten Boden eine ↗Walther Kaliber 38.

AKTENTASCHE MIT KAMERA
↗16mm-Kamera

AKTION BLOFELD
↗Bedlam

AL 8083 (Kennzeichen)

Der Wagen, den ↗Goodnight im Film ↗*Der Mann mit dem goldenen Colt* (1974) fährt, hat das Kennzeichen AL 8083.

ALAÏA, AZZEDINE (Garderobe)

↗Grace Jones' Kleidung im Film ↗*Im Angesicht des Todes* (1985) wurde zwar zum Teil von der Sängerin und Schauspielerin selbst entworfen, große Teile der Garderobe stammten jedoch von Azzedine Alaïa.

ALAOUI, ZAKARIA (Produktionsvermittlung)

Die marokkanische Produktionsvermittlung bei der Vorproduktion von ↗*Der Hauch des Todes* (1987) wurde von Zakaria Alaoui durchgeführt.

ALARMELIMINATOR

Aus der ↗Abteilung Q stammt dieses Gerät, das der Agent im Roman ↗*Tod auf Zypern* erhält. Richtet man es auf Hauswände und Eingänge, werden Sicherheitsanlagen und Alarmgeräte im Umkreis von ca. 20 Metern lahm gelegt. Bond kann dieses winzige Gerät im Absatz seines Schuhes verstecken.

ALARM IN DER RAUMSTATION (Zeichentrickfilm)
↗*James Bond Jr.*

ALBA, ROSE (Darstellerin)

Der Film ↗*Feuerball* (1965) beginnt mit einer Beerdigung. 007 beobachtet die angebliche Witwe von ↗Jaques Boitier, die um den Sarg ihres verstorbenen Mannes schleicht. Hinter dem Schleier sollte anfänglich ein Mann stehen, nämlich ↗Bob Simmons. Als er die Bewegungen einer Frau aber nicht überzeugend genug nachahmen konnte und der Zuschauer nicht schon vermuten sollte, wie die Szene ablief, schlüpfte die Darstellerin Rose Alba kurzzeitig in das Kostüm der Madame Boitier. Simmons übernahm dann den Part, als ↗Sean Connery als James Bond seinen ersten Schlag austeilte.

ALBANIEN (Ort)

Im Film ↗*In tödlicher Mission* versinkt das Schiff ↗St. Georges vor der albanischen Küste. Das an Bord befindliche ↗ATAC-System löst einen Wettlauf der Supermächte aus. James Bond tritt gegen den ↗KGB an und muss sich mit mehreren Bösewichten herumschlagen. In mehreren Quellen heißt es, ↗Ian Fleming habe während des Blitz-Krieges den im Exil lebenden albanischen König Zog evakuiert.

ALBERG-METHODE

Als er im Roman ↗*Die Welt ist nicht genug* von ↗Parahawks verfolgt wird, übt James Bond bei der Flucht auf Skiern die Alberg-Methode aus. 007 lernte das Skifahren bei einem Lehrer namens ↗Fuchs.

ALBERT (Romanfigur)
↗ Wally

ALBINO-CHINESEN (Romanfiguren)
Als Albino-Chinesen bezeichnet Autor ↗ Raymond Benson ein Killertrio in seinem Roman ↗ *Countdown!*. Die drei Handlanger mit fehlenden Pigmenten bringen den Tod auf bestialische Weise. James Bond gibt den Mördern Namen, um sie auseinander halten zu können: ↗ Tom, ↗ Dick und ↗ Harry. Am Ende des Buches stellt ↗ Guy Thackeray klar, um wen es sich bei den drei Brüdern handelt: Es sind die Söhne von ↗ Thomas Thackeray. Sie entstammen der Familie ↗ Chang.

ALBOUZE, RENÉ (Spezialeffekte)
Die vier wichtigsten Männer bei der Erstellung der Spezialeffekte des Filmes ↗ *Moonraker – streng geheim* (1979) waren ohne Frage ↗ John Evans, René Albouze, ↗ John Richardson und ↗ Serge Ponvianne. Das Team arbeitete bei diesem Film erstmals zusammen.

ALBTRAUM
↗ Traum

ALDRIDGE, JANE (Akrobatin)
Jane Aldridge arbeitete bei ↗ *Octopussy* (1983) im Team zusammen mit Teresa Craddock, Kirsten Harrison, Christine Cullers, Lisa Jackman, Christine Gibson, Tracy Llewelyn und Ruth Flynn. Der Auftritt im Film verlange zwar kein Textkönnen, dafür aber akrobatische Leistungen.

ALEX (Romanfigur)
Als Gehilfe von Oberst ↗ Maxim Smolin steht Alex im Roman ↗ *Nichts geht mehr, Mr. Bond* ebenfalls auf der Seite des Geheimagenten James Bond 007. Der Kumpel von Alex ist ↗ Yuri. Nullnullsieben trifft im Schloss ↗ Varvick auf die zwei Männer, dort erfährt er auch, das Smolin gar nicht gegen ihn kämpft.

ALEXANDER, C. D. (Romanfigur)
↗ Cornelius Brown

ALEXANDER-NEWSKI-ORDEN
↗ Orden

ALEXANDROU, ARIADNE (Romanfigur)
Mit einem typisch Fleming'schen Namen kommt die Figur Ariadne Alexandrou im Roman ↗ *Liebesgrüße aus Athen* vor. Zunächst lockt sie James Bond in eine Falle, später jedoch schlägt sie sich auf die Seite des Agenten und hilft ihm, ↗ Sun Liangtan zu jagen. Über die Herkunft ihres Namens weiß sie zu berichten, die Freundin des Königs Theseus habe ihn getragen und sie half den Minotaurus zu besiegen, der in einem Labyrinth lebte. Der Minotaurus (halb Mensch, halb Stier) lebte auf Kreta in Knossos. Er verlangte Jungfrauen als Menschenopfer. Ariadne befestigte einen Faden am Eingang des Labyrinths und fand so den Weg zurück – daher »Ariadne-Faden«. Alexandrou ist eine sowjetische Agentin, die gegenüber ↗ Arenski ihre Zugehörigkeit zur ↗ CRU zugibt. 007 findet es zum Schmunzeln, dass er mit dieser Frau zusammenarbeitet, da er zum britischen Geheimdienst gehört.

ALEXIS (Filmcharakter)
Dass ↗ General Gogol mit Vornamen Alexis heißt, wird in ↗ *Der Spion, der mich liebte* (1977) bekannt, als sich ↗ »M« – Vorname Miles – und Alexis Gogol duzen.

ALFA ROMEO ATTABOY II (Fahrzeug)
Ein unfreiwilliges Opfer der Verfolgungsjagd zwischen 007 und ↗ Hugo Drax im Roman ↗ *Mondblitz* ist der Fahrer eines Wagens vom Typ Alfa Romeo. Das Fahrzeug hat die Aufschrift Attaboy II. Der Alfa Romeo wird in einen schweren Unfall verwickelt. Bond ist Zeuge ... und bald selbst Opfer.

ALFA ROMEO SPRINT (Fahrzeug)
Im Roman ↗*Niemand lebt für immer* ist die Figur ↗Sukie Tempesta mit einem weißen Alfa Romeo Sprint bestückt. James Bond trifft Sukie erstmals an einer Tankstelle und das Fahrzeug fällt ihm sofort auf.

ALFREDO (Romanfigur)
In der Kurzgeschichte ↗*Riskante Geschäfte* gibt ↗Kristatos als Grund dafür an, dass er erst nach Bond eintrifft, er habe mit Alfredo sprechen müssen.

ALGERNON (Filmcharakter)
↗»Q« in *Sag niemals nie* (1983)

ALGY (Filmcharakter)
Die Figur ↗»Q« wird in ↗*Sag niemals nie* (1983) nicht als »Q« bezeichnet. James Bond spricht den von ↗Alec McCowen verkörperten Waffenmeister als Algy an.
↗»Q« in *Sag niemals nie* (1983)

ALIBIPAAR
↗Heather Dare durchschaut im Roman ↗*Nichts geht mehr, Mr. Bond* die Terminologie des Begriffes »Freunde«. ↗Tom und ↗Maria Hazlett gehören zu dieser Spezie und sind Mitglieder des Geheimdienstes. Autor ↗John Gardner beschreibt, dass es sich bei Tom und Maria Hazlet um ein so genanntes Alibipaar handelt. Auch wenn man sie hintenherum fragen würde, ob sie Bond und Heather kannten, würden sie dies bejahen. Der Fragende würde dann umgehend überprüft werden, denn dazu wurde das Alibipaar ausgebildet. Beide sind Geheimdienstleute, die James Bond und Heather Dare die notwendige verbale Deckung geben können.

ALICE IM WUNDERLAND (Roman)
↗Tiffany Case fragt James Bond im Roman ↗*Diamantenfieber*, ob er *Alice im Wunderland* kenne und Bond behauptet, er hätte das Buch vor einigen Jahren gelesen. Eine Textpassage darin lautet: »Ach, Maus, kennst du den Weg, der aus diesem Teich von Tränen führt? Ich bin es so müde, hier herumzuschwimmen, Maus.« Tiffany kommt darauf zurück, weil sie glaubt, 007 würde ihr im übertragenen Sinne den Weg aus diesem »Teich« zeigen. Bond macht das Gegenteil, ohne ihr wehtun zu wollen: Er taucht sie unter.

ALKOHOL
James Bond lässt sich gegenüber ↗Sharky im Roman ↗*Lizenz zum Töten* zu folgendem Satz hinreißen: »Ich habe meinen Zigarettenkonsum gewaltig eingeschränkt, und ein Trinker bin ich noch nie gewesen. Guten Wein lasse ich mir durchaus gefallen, guten Whisky auch und hin und wieder einen Martini-Cocktail, wenn er gut gemixt ist.« Obwohl ↗John Gardner als Autor selbst gerne zur Flasche griff, lässt er Bond auch den Satz sagen: »Zu viel Sonne ist genauso schädlich wie zu viel Tabak oder Alkohol.« ↗M liest im Roman ↗*Feuerball* einen Bericht, den James Bonds Arzt verfasst hat, in dem es heißt, dass Bond während seines leichten Dienstes täglich eine halbe Flasche sechzig- bis siebzigprozentigen Alkohols trinkt.

Bezüglich Bonds Alkoholkonsum heißt es in einer Diagnose im Roman ↗*Moonraker – streng geheim*: »Der Untersuchte räumt einen täglichen Konsum von mehr als einer halben Flasche Spirituosen mit einem Alkoholgehalt von 35 Prozent und mehr ein (...) Ein Umsteigen auf Wein wäre vorzuziehen, völlige Abstinenz ideal.«

ALKOHOLIKER (Filmcharakter)
↗Tourist

ALL IN A DAY'S WORK (Lied)
↗*Tomorrow Never Dies* (Soundtrack)

ALL THE TIME IN THE WORLD
Der Satz »All the time in the world« stammt von einer Kapitelüberschrift, die ↗Fleming in seinem James-Bond-Roman ↗*On Her*

Majesty's Secret Service verwandte. Es ist das 27. und letzte Kapitel in diesem Buch.

ALL TIME HIGH (Lied)
↗ *Octopussy* (Soundtrack)

ALLARDYCE, BOB (Romanfigur)
↗ Robert Allardyce

ALLARDYCE, ROBERT (Romanfigur)
↗ John Gardner eröffnet seinen Roman ↗ *Fahr zur Hölle, Mr. Bond!* mit der Vorstellung eines Charakters namens Professor Robert Allardyce. Dieser Mann lässt an einem 25. September sein Leben, weil er an einem Projekt mitarbeitete, das ↗ »Lords und Lords Day« genannt wird. Allardyce ist ein dünner, schlaksiger Mann. Gardner beschreibt ihn als klugen Mann (»kein Dummkopf«). Der 71 Jahre alte Professor hat in seinem Leben reichliche Erfahrungen gesammelt. Er ist eine Koryphäe auf dem Gebiet der Schifffahrtselektronik. Während des Zweiten Weltkriegs arbeitete er für die amerikanische Marine und wurde für die Versenkung zweier feindlicher Schiffe mit dem »Navy Cros« ausgezeichnet. Gegen Kriegsende arbeitete Allardyce dann auf einem U-Boot und war unter dem Namen Bob Allardyce als Mitglied der Marineboxmannschaft bekannt. Am besagten 25. September sind es zwei Agenten, die sich als freundlich gesinnt ausgeben und den Senior abholen wollen. Er traut dem Frieden nicht. Als die zwei Ganoven eine Entführung versuchen, flüchtet er und wird von hinten erschossen. Für James Bond 007 der Beginn einer neuen Mission ...

ALLEFF, TONY (Darsteller)
↗ Auktionator

ALLEN, ROY (Pilot)
↗ Meade III, Randy

ALLEN, WOODY (Darsteller)
Nicht nur, dass der hervorragende Schauspieler und Regisseur Woody Allen im Film ↗ *Casino Royale* (1966) den Bösewicht ↗ Jimmy Bond spielte, nein, auch der literarische James Bond beschäftigt sich mit Allen. Im Roman ↗ *Fahr zur Hölle, Mr. Bond!* denkt 007 beim Abwimmeln von Straßenmädchen an eine Umschreibung, die von Allen stammt: »Geh weiter, sei fruchtbar und mehre dich.« Durch Probleme des Supervisors, der für die Zeiteinteilung der verschiedenen Drehs verantwortlich war, wurde Allen, der seine Rollen in weniger als zwei Wochen hätte abdrehen können, sechs Monate für die Rolle des Jimmy Bond bezahlt, und er hielt sich die gesamte Drehzeit in London auf. Er nutzte diese Zeit und schrieb das Theaterstück *Don't Drink The Water* und das Drehbuch *Take The Money And Run* (*Woody, der Unglücksrabe*). Angeblich soll Allen das Set nach der letzten Szene fluchtartig verlassen haben, die gepackten Koffer standen schon in der Garderobe und er zog sich nicht einmal seine Filmkleidung aus.

ALLES ODER NICHTS (Computerspiel)
↗ James-Bond-Computerspiele

ALLIGATOR (Tier)
Alligatoren scheinen es James Bond angetan zu haben. Nach seinem Zusammentreffen mit den Tieren im Film ↗ *Leben und sterben lassen* (1973) hat Bond mit einem ausgestopften Alligator im Roman ↗ *Moonraker – streng geheim* zu tun. Bond erinnert sich an seine Kindheit, als er schon einmal auf ein ausgestopftes Tier dieser Art traf und allen Mut zusammennehmen musste, um seinen Finger zwischen die Zahnreihen zu stecken. Bond tastet auch als Erwachsener neugierig im ausgestopften Alligator herum, den ↗ Drax in Bonds Zimmer hat aufstellen lassen, und er wird fündig: Im Rachen des toten Tieres verbirgt sich ein Mikrofon. ↗ Tee Hee erklärt in ↗ *Leben und sterben lassen* (1973), Alligatoren erkenne man immer an der ovalen Nase,

wohingegen die Nase von Krokodilen (wie dem ↗alten Albert) flach ist. Tee Hees Erklärung lässt sich damit ergänzen, dass bei echten Krokodilen bei geschlossenem Maul die Unterkieferzähne sichtbar sind; bei Alligatoren und Kaimanen nicht. ↗Kananga hat auf seiner Krokodilfarm mehrere tausend Tiere.

ALLIGATOR BY I*N FL*M*NG (Roman)

*Alligator by I*n Fl*m*ng* ist eine Parodie auf die James-Bond-Romane. Es erschien 1962 bei Harvard Lampoon. Als Autor wird nur das Pseudonym I*n Fl*m*ng angegeben. Später kam heraus, dass es von Michael K. Frith und Christopher B. Cerf geschrieben wurde.

ALLISON (Romanfigur)

Noch halb betäubt wird James Bond im Werk ↗*Liebesgrüße aus Athen* von Dr. Allison angesprochen. Der Arzt ist zusammen mit anderen Kollegen in ↗»Ms« Haus eingetroffen und kann nur noch den Tod der ↗Hammonds feststellen.

ALLITERATIONEN

Auffällig sind die Alliterationen bei Namen, die in James-Bond-Romanen und -Filmen auftauchen. Besonders Autor ↗John Gardner schuf viele Figuren, deren Namen alliterieren. Damit verstärkt er auf seine Weise die Tradition, »Fleming'sche Namen« zu kreieren. ↗Raymond Benson übernahm diese Form der Namensgebung von Gardner. Zu den Alliterationsnamen zählen in den Romanen von

1) Ian Fleming: Miss Moneypenny (deren Vornamen wir nie erfahren), Norman Nash, Che Che, Tiger Tanaka, »Bebendes Blatt«, Ruby Rotkopf, Nicholas Nicholson, Court Clerk.

2) Robert Markham: Ronald Rideout, Ariadne Alexandrou.

3) John Gardner: Mary Mashkin, Mike Mazzard, Barquette Brüder, Michael Marco, Percy Proud, Freddie Fortune, Happy Hopcroft, Nannie Norrich, Bernie Brazier, Harriet Horner, Danny DeFretas, Geoffrey Gould, Bassam Baradj, Ali al Adwan, Blackie Blackstone, Lupe Lamora, James Joseph Jepson III, Bone Bender (Ding), Yevgeny Yuskovich, Karl Kuckuck, Wolfgang Weisen, Klaus Korgold, Antime Amber, Claudio Carrousso, Gerald Grant, Bridget Bellamy, Superintendent Seymour, David Docking, David Dragonpol, Trish Tarn, Judy Jameson, Bill Burkeshaw, Rex Rexinus.

4) Raymond Benson: Henry Ho, Simon Sinclair, Skip Stewart, Miles Messervy, Manuela Montemayor, Ashely Anderson, Hugh Hefner.

In den Filmen treffen wir weitaus seltener auf Namen dieser Art: Williard Whyte, Andrea Anders, Schnick-Schnack (Nick-Nack), Anya Amasowa, Leopold Locque, Kamal Khan, Lupe Lamora und Gustav Graves sind einige der wenigen.

ALLWORK, PETER (Kamera)

↗David Bulet, Peter Allwork und ↗Doug Milsome arbeiteten bei der Erstellung des Filmes ↗*Im Angesicht des Todes* (1985) hinter der Kamera.

ALLWRIGHT, ERIC (Make-Up)

Für das Make-up im Film ↗*In tödlicher Mission* (1981) war Eric Allwright zuständig. Er arbeitete mit ↗George Frost zusammen. Es galt, Gewaltszenen ohne Blutvergießen zu inszenieren. Allwright und Frost leisteten gute Arbeit, von der auch die Jugend profitierte: ↗*In tödlicher Mission* war in der Bundesrepublik ab 12 Jahren zugelassen. Als ↗Apostis im Film von einem Felsen stürzt, oder ↗Lisa von Sahm von einem Strandbuggy überfahren wird, ist nicht ein Tropfen Blut zu sehen. Auch für das Make-up der Darsteller bei ↗*Octopussy* (1983) war neben ↗Peter-Robb King wieder Eric Allwright zuständig. Bei ↗*Im Angesicht des Todes* (1985) schminkte er gemeinsam mit ↗Bunty Phillips und bei

↗ *Der Hauch des Todes* (1987) unter anderem mit ↗ Naimo Donne.

ALOHA-APARTMENT

Nachdem James Bond im Roman ↗ *Goldfinger* ↗ Mr. Du Pont getroffen hat, wird er im ↗ Bill's on the Beach Hotel im Aloha-Apartment einquartiert. Das Apartment kostet 200 $ am Tag und hat die ↗ Zimmernummer 1200. Sein Auftrag in Miami hat mit ↗ Auric Goldfinger zu tun, der beim ↗ Canasta-Spiel betrügt.

ALON, ROY (Stuntman/Darsteller)

Roy Alon spielte in ↗ *Der Spion, der mich liebte* (1977) ein Crewmitglied der Pomtenkin und ließ sich in ↗ *Sag niemals nie* (1983) als Gefängniswärter auf Palmyra von Bond aus dem Fenster werfen.
↗ Doug Robinson

ALOPECIA TOTALIS (Krankheit)

Unter der seltenen Krankheit Alopecia totalis, bei der man alle Körperhaare verliert, leidet der Killer ↗ Sluggsy im Roman ↗ *Der Spion, der mich liebte*.

ALPENGASTHAUS

↗ Gloria-Klub

ALPENZIMMER

Einen besonders schönen Blick hat man im ↗ Piz Gloria aus dem »Alpenzimmer«. In diesem Raum trifft James Bond in ↗ *Im Geheimdienst Ihrer Majestät* (1969) erstmals auf die Todesengel. Als ↗ Tracy di Vicenzo später die Stimme ihres Vaters per Funkspruch erkennt, bittet sie ↗ Blofeld, mit ihr in das Alpenzimmer zu gehen, weil sie dort den Sonnenaufgang beobachten können. Ihr wirklicher Grund: Das Alpenzimmer ist näher am Hubschrauber-Landeplatz.

ALPHA EINS

Einem Helikopterpiloten nennt ↗ Alec Trevelyan in ↗ *GoldenEye* (1995) seinen Codenamen: Alpha Eins.

ALPINE DRIVE – AURIC'S FACTORY (Lied)

↗ *Goldfinger* (Soundtrack)

ALSO SPRACH ZARATHUSTRA

↗ Fasanenjagd

ALTAIR (Schiff)

Die Altair ist ein Schiff, das die Flagge von Panama führt und von James Bond und ↗ Ariadne Alexandrou im Roman ↗ *Liebesgrüße aus Athen* benutzt wird, um den Schurken von ↗ Richter und ↗ Sun Liangtan auf die Schliche zu kommen.

DER ALTE MANN UND DAS MEER (Roman)

↗ Ernest Hemingway

ALTER ALBERT (Tier)

Als Insidergag nannte der Drehbuchautor ↗ Tom Mankiewicz das Krokodil auf ↗ Kanangas Krokodilfarm »alter Albert«. Der Vorname ist eine Anspielung auf den Produzenten ↗ Albert R. Broccoli. Im Film heißt es, ↗ Tee Hee habe mit dem alten Albert spielen wollen und dabei einen Arm eingebüßt. Bond triumphiert: »Bravo, Albert!«, ruft er dem Krokodil zu.

ALTER FREUND

↗ Ed Killifer benutzt in ↗ *Lizenz zum Töten* (1989) mehrfach die Floskel »Alter Freund«. James Bond mag Killifers Art nicht, und als er entdeckt, dass Killifer für ↗ Leiters Verstümmelungen mitverantwortlich ist, kennt er keine Gnade. Bond nennt Ed Killifer »Alter Freund«, bevor er ihn in ein Hai-Becken stürzen lässt.

ALTERNATE END TITLES (Lied)

↗ *The Living Daylights* (Soundtrack)

ALTMAN, JOHN (Komponist/Dirigent/Orchestrierung)

Der Komponist John Altman schrieb bei ↗ *GoldenEye* (1995) Bond-Geschichte, denn der Soundtrack von ↗ Eric Serra war nicht nach dem Geschmack von ↗ Albert R. Broccoli und ↗ MGM. So erhielt Altman

den Auftrag, das Stück *A Pleasant Drive In St. Petersburg* umzuschreiben und das altbekannte James-Bond-Thema einzubauen. Man spricht bei diesem neu arrangierten Stück auch von der »Actionversion«.
↗ Angel Recording Studios

ALVAREZ (Filmcharakter)
Der Liebhaber von ↗ Lupe Lamora in ↗ *Lizenz zum Töten* (1989) heißt Alvarez. Sein Name wird im Film nicht genannt, taucht aber im Abspann und in der Filmliteratur auf. Der von ↗ Gerardo Moreno verkörperte Alvarez wird von ↗ Dario umgebracht – der Killer schneidet Alvarez das Herz aus dem Körper.

ALVAREZ (Romanfigur)
Im Film ↗ *Lizenz zum Töten* (1989) wird der Name »Alvarez« gar nicht genannt. Die Figur bleibt anonym. Der Roman zum Film gibt Aufschluss, dass Alvarez ein ehemaliger Geschäftspartner von ↗ Franz Sanchez ist. Der Mann brennt mit ↗ Lupe Lamora durch und muss dafür büßen – Sanchez lässt ihn töten.

ALVAREZ (Romanfigur/Filmcharakter)
Den literarischen Ursprung hat die Figur Alvarez schon im Roman ↗ *Moonraker – streng geheim*. Hier handelt es sich zwar nur um einen Diener, der an der Copacabana dafür sorgt, dass es Bond an nichts fehlt, doch der Name wurde übernommen und taucht im Drehbuch von ↗ *Stirb an einem anderen Tag* (2002) auf. In ↗ *Moonraker – streng geheim* (1979) kommt Alvarez nicht vor. Dafür trägt der Liebhaber von ↗ Lupe Lamora in ↗ *Lizenz zum Töten* (1989) diesen Namen. Dr. Alvarez ist im Roman und im Film ↗ *Stirb an einem anderen Tag* (2002) Leiter der Klinik auf ↗ Los Organos. ↗ Raoul bezeichnet ihn als eine Kapazität auf dem Gebiet der Gen-Forschung. Alvarez praktiziert eine DNA-Austausch-Therapie, mit der er seinen Kunden eine neue Identität verschafft. ↗ Zao ist auch bei ihm in Behandlung, bis Bond auftaucht. Alvarez – auch ein Kunstsammler, der u.a. ein Fabergé-Ei besitzt – will auch ↗ Jinx die Gen-Therapie schmackhaft machen, doch sie erschießt den Mann, der Waisen und Ausreißer entführen lässt, um an deren Knochenmark zu kommen. Im Roman trifft die Kugel Alvarez in den Schädel, im Film durchschlägt sie seinen Brustkorb. Der Arzt wird von ↗ Simon Andreu verkörpert.

ALVAREZ-KLINIK
↗ Schönheitssalon

AMA (Romanfiguren)
Getarnt als Japaner wird James Bond im Roman ↗ *Du lebst nur zweimal* zu Perlentaucherinnen gebracht. ↗ Tanaka erklärt: »Die Amas sind ein Stamm, dessen Mädchen nach den Awabi-Muscheln tauchen – unsere Auster sozusagen (...) Die Mädchen tauchen nackt (...) Sie bleiben ganz unter sich (...) Sie haben eine primitive Kultur und eigene Sitten. Man könnte sie vielleicht als Seezigeuner bezeichnen. Die Amas heiraten in der Regel nur Angehörige ihres eigenen Stammes und sind so zu einer eigenen Rasse geworden.« Von ↗ Kissy Suzuki erfährt ↗ 7777 später, »Ama« heiße so viel wie »Meermädchen« oder »Meermann«.

AM8753 ΣΦΚΠΠ ☐ 14 ZOΨP 7654 ΔB*≝ 468HΔΦΠΩA
Eine undurchschaubare Folge von Zahlen, Buchstaben und Zeichen findet James Bond im Roman ↗ *Cold* vor. AM8753 ΣΦΚΠΠ ☐ 14 ZOΨP 7654 ΔB*≝ 468HΔΦΠΩA steht auf einem Zettel und 007 weiß nichts damit anzufangen.

AMADEUS, PETER (Romanfigur)
Als junger Informatiker taucht Peter Amadeus im Roman ↗ *Die Ehre des Mr. Bond* als Angestellter von ↗ Dr. Jay Autem Holy in der Firma ↗ Gunfire Simulations auf. Amadeus ist laut ↗ Freddi Fortune ein Ös-

terreicher. 007 stellt bald fest, dass dieser Mann selbst in einer Zwickmühle steckt. Er will sich nämlich klammheimlich aus dem Staub machen, weil er die Arbeit unter Dr. Holy psychisch nicht verkraftet.

AMARILLO (Ort)
An diesem Ort besitzt ↗Marcus Bismarquer im Roman ↗*Moment mal, Mr. Bond* eine sehr große Ranch. Das Anwesen wird vom hauseigenen Sicherheitsdienst bewacht, verfügt über einen Bahnhof, einen Flughafen und eine Einschienenbahn. Das gesamte Gelände ist umzäunt. Der Ort liegt in Texas in den USA.

AMASOWA, ANYA (Romanfigur)
In ↗*James Bond und sein größter Fall* ist Anya Amasowa eine russische Spionin, die aufgrund einer internationalen Bedrohung durch ↗Siegmund Stromberg mit James Bond zusammenarbeitet. Im Verlauf der Mission erfährt Amasowa, dass 007 ihren Ex-Geliebten ↗Sergei Borzov getötet hat, und sie spielt zunächst mit dem Gedanken, Bond zu töten. Nachdem 007 die Russin gerettet hat, verwirft sie ihre Rachegedanken, und die beiden werden ein Liebespaar. Während der Charakter im Film ↗*Der Spion, der mich liebte* (1977) nicht eingehend beschrieben wurde, gibt Autor ↗Wood einige wesentliche Informationen über sie: Anya Amasowa ist allmählich in die Abteilung ↗Otdyel 4 von ↗SMERSH aufgestiegen und arbeitet dort unter ↗Nikitin. Als jüngstes von vier Kindern der Frau eines Landarztes, der bei einem Autounfall ums Leben kam, bekam ihre Mutter den Posten als Direktorin einer Dorfschule. Amasowa wuchs als gebildetes Mädchen auf und besuchte die Technische Hochschule nahe Leningrad, wo die Fächer »Allgemeines politisches Wissen« und »Taktik, Agitation und Propaganda« zu ihren besten Kursen gehörten. Durch eine Versetzung in die Klasse für »Technische Subjekte« entwickelte sich die junge Frau zu einer Spezialistin auf dem Gebiet der Codes. Weitere Ausbildungsschwerpunkte waren: Kontaktaufnahme, Kurierdienst und das Nutzen toter Briefkästen. Sie schloss hier mit befriedigenden Leistungen ab und tat sich mit guten Noten hervor, als die Eigenschaften Wachsamkeit, Mut, Geistesgegenwart und Gelassenheit beurteilt wurden. Nur die Diskretionsnote war »frauentypisch durchschnittlich«.

Christopher Wood gibt weiter an, Amasowa habe die Schule für Terror und Diversion außerhalb Moskaus besucht und gute sportliche Leistungen in den Kursen Judo und Sport gezeigt. Sie wurde zur Funkerin und Fotografin ausgebildet, ging erste Beziehungen ein und wurde zu einer hervorragenden Pistolenschützin. Fortbildungsmaßnahmen in der Tschechoslowakei wurden eingeleitet: »Diese mobile Einsatzgruppe hatte die Aufgabe, russische Spione und Arbeitsgruppen in Ländern, die Satelliten herstellen, zu überwachen und, falls notwendig, sie zu liquidieren.« Die umfassend ausgebildete Russin hatte einen Aktenvermerk, der besagte, dass man sie stets zu einer Exekution delegierte. Im Rang eines Majors kam sie nach Moskau zurück. Sie erstellte umfangreiche Berichte sowie Charakterprofile, bevor Beförderungen durchgeführt werden konnten, und ihre beruflichen Leistungen wurden durchweg anerkannt. Durch ihre Berichte wurden mehrere Personen zum Tode verurteilt; Amasowa erfuhr davon nichts.

Sergei Borsov hatte sie bei einer Schulung kennen gelernt, die den Titel »Sex als Waffe« trug. Hierin schloss sie mit dem Vermerk »E sensual« ab, was dafür steht, dass sie gut lieben konnte und Spaß an der körperlichen Liebe hat. Bei der Zusammenarbeit mit Amasowa stellt 007 fest, dass er sie sehr anziehend findet. »Stolz reckte sie ihre schönen Brüste heraus.« Die Frau mit den pechschwarzen Haaren und den leuchtenden tiefblauen, fast violetten Augen unter dunklen Brauen hat eine schmale Nase und einen Mund, der energisch und zugleich empfindsam wirkt. Auch die hohen Wangenknochen und die ansprechende Knielinie beeindrucken Bond. »Mit einem Anflug von Traurigkeit erinnerte sich Bond daran, dass sie einer anderen Frau glich, die er einmal geliebt hatte und mit der er verheiratet gewesen war. Tracy (Teresa di Vicenzo) war zwar blond gewesen und diese Frau war schwarz, aber auf beiden Gesichtern zeigte sich der gleiche Mut, die Wachsamkeit, der gleiche Intellekt, den Bond bei Frauen über alles schätzte.«

AMASOWA, ANJA (Filmcharakter)
(auch Anja Amasova)
Eine Frau, die James Bond gleichgestellt ist, kommt in den 007-Filmen äußerst selten vor. Bei ↗ *Der Spion, der mich liebte* (1977) ist es der Fall. Die Figur Anja Amasowa arbeitet für den ↗ KGB und soll mit Bond zusammen hinter die Geheimnisse des größenwahnsinnigen ↗ Karl Stromberg dringen. Amasowa wird ↗ XXX genannt, was sich ↗ Triple X spricht. Der von ↗ Barbara Bach verkörperte Charakter ist einer der Ersten, bei dem man die Emanzipation deutlich spürt. Der Freund der Film-Agentin wird von 007 in der Pre-Title-Seuqenz getötet. Als sie erfährt, dass 007 für den Tod verantwortlich ist, schwört sie, ihn am Ende der Mission ebenfalls ins Jenseits zu befördern. Wie der Zufall so will, verliebt sie sich in den britischen Geheimagenten und sie landen im Bett von Strombergs Rettungskapsel.

AMAZOCO (Fluss)
↗ Orchidea Nigra

AMAZONAS (Ort)
Auf der Suche nach einer Pflanze, aus der ↗ Drax ein Nervengift herstellt, durchkämmt James Bond im elften Kinofilm ↗ *Moonraker – streng geheim* (1979) das Amazonasgebiet. Mit Hilfe des ↗ Q-Bootes ist der Agent zu Wasser so gut wie unschlagbar. Dies müssen auch die Schergen von Hugo Drax erfahren, als die 007 angreifen. Selbst die riesigen ↗ Iguacu-Fälle konnten James Bond nicht am Entkommen hindern. Er hatte einen Flugdrachen in der Konstruktion des Q-Bootes verborgen und segelte davon. Im Dschungel des Amazonas kontrolliert Drax von einer Maya-Pyramide aus die Starts seiner ↗ Moonraker-Raumfähren.

AMBLER, ERIC (Schriftsteller)
Im Roman ↗ *Liebesgrüße aus Moskau* hat James Bond das Buch *Die Maske des Dimitrios* von Eric Ambler in seinem Handgepäck. Als er in einer ↗ Viscount nach Istanbul fliegt, liest er darin. Der Geheimagent James Bond bekundet im Roman ↗ *Operation Eisbrecher*, dass er ein Interesse an den Werken von Eric Ambler hat. ↗ Pauler Vacker, eine der Liebschaften in diesem Roman, teilt diese Leidenschaft mit 007. Ferner gehören zu den gemeinsamen Interessen Segeln, Jazz und – Sex.

AMBROSE (Filmcharakter)
Außenminister Ambrose bekommt von ↗ »M« in ↗ *Sag niemals nie* (1983) das Rederecht, nachdem die Vertreter der Weltmächte sich ein Video mit den Lösegeldforderungen von ↗ SPECTRE angesehen haben. ↗ Anthony Sharp spielte Lord Ambrose.

AMBROSE, TED (Assistent Künstlerischer Leiter)
↗ James Morahan

AMC HORNET (Fahrzeug)
Der spektakulärste und populärste Autostunt, der jemals in einem James-Bond-Film zu sehen war, ereignete sich 1974 bei den Dreharbeiten zum neunten 007-Abenteuer ↗ *Der Mann mit dem goldenen Colt*. Mit einem 1974er-AMC Hornet gelang es dem Stunt-Team, eine perfekte 360-Grad-Drehung beim Überspringen eines Flusses zu inszenieren. Das Fahrzeug wurde dabei nicht einmal beschädigt. Ein Computer

hatte dies zuvor genau berechnet. ↗ Jay Milligan war damals der Autostuntkoordinator. Nachdem die Szene gleich beim ersten Versuch reibungslos gefilmt werden konnte, kamen Regisseur ↗ Guy Hamilton Zweifel, es könne im Film zu unecht wirken. Er wollte einen zweiten Anschlag starten, in der Hoffnung, das dieser nicht so einfach wirke, doch das Stuntteam überredete ihn, diese Idee ganz schnell wieder zu verwerfen.

AMC MATADOR COUPÉ (Fahrzeug)
↗ Scaramangas fliegendes Auto im Film ↗ *Der Mann mit dem goldenen Colt* (1974) war ein AMC Matador Coupé. Ein voll flugfähiges Auto zu konstruieren, stellte die Designer und Ingenieure vor ein Problem. Nach vielen Umbauten und Montagen von Flügeln, die das Gefährt auf eine Breite von fast 13 Metern brachten, konnte der Matador Coupé nur Sprünge von ca. 500 Metern bewältigen. Im Film griff man schließlich auf eine Miniaturausgabe zurück, die ferngesteuert wurde.

↗ Matador

AMEISE
↗ Ernteameisen und ↗ Kaninchen

AMERICANO (Getränk)
Das erste alkoholische Getränk, das James Bond jemals zu sich nahm, war nicht etwa ein Wodka Martini »geschüttelt, nicht gerührt«. Nein, es handelt sich um einen Americano. Im Roman ↗ *Liebesgrüße aus Moskau* bestellt James Bond im Speisewagen des ↗ Orient-Expresses Americanos und eine Flasche Chianti Broglio. Ebenfalls im Buch *Liebesgrüße aus Moskau* trinkt James Bond auf dem Flug nach Istanbul zwei »ausgezeichnete Americanos«. Er schläft ein und wacht auf, als die Maschine durch ein Gewitter fliegt.

↗ Getränke

AMERIKANERIN (Filmcharakter)
↗ Todesengel

AMEXCO-KARTE
Den Luxus, den James Bond im Roman ↗ *Lizenz zum Töten* genießt, zahlt er nur zum Teil bar. Für den Rest besitzt er eine Amexco-Karte.

AMIS, KINGSLEY (Autor)
Kingsley Amis wurde am 16. April 1922 in London geboren. Im Zweiten Weltkrieg war er als Nachrichtenoffizier tätig, ein eher ungewöhnlicher Einstieg in die Tätigkeit, die ihn Jahre später weltberühmt machen sollte. Mit neunzehn Jahren begann er ein Studium in Oxford. Schon im Alter von 26 Jahren hatte es Amis geschafft, Dozent für Anglistik zu sein. Er arbeitete in Swansea und Cambridge, als eher zufällig sein Leben eine entscheidende Wendung nahm: Der 32-Jährige hatte ein Buch mit dem Titel *Lucky Jim* (*Glück für Jim*) verfasst, das zum Bestseller wurde. Das Werk erhielt mehrere Preise, und Amis Entschluss stand fest: Er wollte als Schriftsteller seinen Lebensunterhalt verdienen. Zu James Bond kam der Autor durch seine Leidenschaft für Agenten. Er befasste sich mit den Werken seines Kollegen ↗ Ian Fleming. Die beiden trafen sich auch zweimal und diskutierten über den Romanagenten. Fleming fühlte sich durch die Anerkennung, die ihm Amis zollte, geschmeichelt und sah es keinesfalls als ehrenrührig an, von ihm über seine inhaltlichen Fehler in den Romanen aufgeklärt zu werden.

Als Fleming verstarb, war das für Amis ein schwerer Schlag. Er wollte nicht, dass Bond der Vergangenheit angehörte und bot sich Flemings Verlag als Lektor des noch nicht erschienenen Romans ↗ *007 James Bond und der Mann mit dem goldenen Colt* an. Es kam aber zu keiner Zusammenarbeit. Amis begann, die 007-Romane zu analysieren und ging mehr in die Tiefe als jeder andere vor ihm. So entstand das Buch

↗*The James Bond Dossier* (1965), das in Deutschland unter dem Titel ↗*Geheimakte James Bond 007* auf den Markt kam. Im Vorwort schrieb der Autor, er habe ursprünglich nur einen kurzen Artikel geplant, aber bei ihm traf auch der Satz zu, den ein guter Verleger einst von sich gab: »Es ist immer mehr, als man denkt.« Die Zeitung *Sunday Mirror* war von der Arbeit des Schriftstellers so fasziniert, dass sie sein Buch vorab veröffentlichte. Amis' zweites Buch zum Thema 007 ließ nicht lange auf sich warten. Ebenfalls 1965 schrieb er *The Book Of Bond Or Everyone His Own 007* – ein Leitfaden für angehende Agenten. Amis nahm das Thema diesmal nicht ganz so ernst und wollte nach seinem erfolgreichen ersten Buch über Bond nur ein geldbringendes Werk nachlegen.

Flemings Erben, die an den Bondromanen recht gut verdienten, wollten Bond neue Missionen erleben lassen, und als sie vom Verlag erfuhren, Amis habe nicht nur hervorragende Abhandlungen zum Thema Bond geschrieben, sondern sich auch um die Arbeit als Lektor Flemings beworben, arrangierte man ein Treffen, und ein Vertrag kam zu Stande. Auf Anraten seines Verlegers schrieb Kingsley Amis seinen ersten und einzigen James-Bond-Roman unter dem Pseudonym ↗Robert Markham. Die Geschichte trug den Titel ↗*Colonel Sun*. Amis/Markham musste beim Schreiben eine Liste strenger Kriterien beachten, die ihm Flemings Erben vorgaben. Das Buch wurde recht erfolgreich, es kam jedoch nie zu einem zweiten, weil Amis sich mit dem Angebot einer James-Bond-Kurzgeschichte an eine Zeitung wandte. Den Erben gefiel diese Abtrünnigkeit nicht und sie nahmen Abstand vom Schriftsteller Amis, später verpflichteten sie ↗John Gardner. Kingsley Amis war ein sehr schaffensfroher Autor. In den Jahren von 1954 bis 1994 entstanden 49 Romane, besagter James-Bond-Roman, die beiden Bücher über 007, sowie zahlreiche Kurzgeschichten, Gedichte, Kritiken und andere Texte. 1990 wurde Amis wie auch ↗Sean Connery zum Ritter geschlagen. Neben ungezählten anderen Preisen erhielt er auch den »Booker-Preis«. Amis ist einer der geschätztesten englischen Autoren der Nachkriegszeit. Er starb in der Nacht vom 22. auf den 23. Oktober 1995 mit 73 Jahren in einem Londoner Krankenhaus.

AMRITAJ, VIJAY (Darsteller)
Die von Vijay Amritaj verkörperte Figur des indischen Kontaktmanns ↗Vijay weist viele charakteristische Merkmale auf, die der Schauspieler selbst hat. So ist der Film-Vijay genau wie der Darsteller Tennisspieler aus Leidenschaft und auch der Vorname ist identisch. Die Zusammenarbeit von ↗Roger Moore und Amritaj kann nur als »herzlich« bezeichnet werden.

Vijay Amritaj wurde als Sohn eines Managers der indischen Eisenbahngesellschaft geboren; seine Mutter arbeitete in einer Speditionsfirma. Er begeisterte sich früh für Tennis und erzielte zahlreiche Erfolge, von 1969 bis 1973 wurde er indischer Junioren-Tennismeister. Er studierte an der Universität von Madras Wirtschaftswissenschaften und feierte schließlich sein »Comeback« als Profitennisspieler. Obwohl er zu den bestverdienenden Tennisspielern der Welt gehörte, nahm er zwei kleine Rollen in Werbespots an und spielte sich in dem Kinofilm *Spiel mit der Liebe* selbst. In der Dokumentation *The Road To Dallas* versuchte sich der Inder sogar als Reporter und interviewte mehrere Tenniskollegen. Vijay Amritaj ist einer der Darsteller, die trotz der Rollengröße in einem James-Bond-Film als Gastdarsteller bezeichnet werden können. Die schauspielerische Erfahrung Amritajs hielt sich in Grenzen, er bestach eher durch Natürlichkeit und charmantes Lächeln. Seine Rolle als Bonds Kontaktperson wurde ihm zu Ehren mit demselben Vornamen ins Drehbuch für ↗*Octopussy* (1983) eingebaut. Mehr noch: auf dem Höhepunkt der ironischen Bond-Filme wurden zahlreiche Gags auf Kosten des Tennisspielers eingebaut. So heißt es im Film, Vijay arbeite halbtags in ↗Kamal Khans Club als Tennistrainer. Des Weiteren kämpft der 1,90 Meter große Amritaj in einer Szene mit dem Tennisschläger und kommentiert dies in der deutschen Version: »Spiel, Satz und Sieg«. ↗Moore als 007 entgegnet beim Verlust eines hohen Geldbetrages: »Wie gewonnen, so zerronnen«. Die Darsteller in der Massenszene, die im Film unfreiwillige Augenzeugen einer Verfolgungsjagd werden, bewegen ihre Köpfe, als sähen sie ein Tennismatch, und die alberne Nachvertonung unterstützt diesen Eindruck. Nach seinem Auftritt bei 007 blieb der alternde Tennisstar der Filmbranche treu und arbeitet heute zusammen mit seinem Bruder in der eigenen Filmproduktionsgesellschaft in Indien.

AMSTERDAM (Ort)

Grachten und unheimlich viele Brücken entdeckt 007, als er in der Rolle des ↗Peter Franks in Amsterdam eintrifft, um im Film ↗*Diamantenfieber* (1971) die Schmugglerin ↗Tiffany Case zu besuchen. ↗Mr. Wint und ↗Mr. Kidd weilen bereits in der Malerstadt und haben die alte ↗Mrs. Whistler ertränkt. Peter Franks, der dem ↗MI6 entkommen ist, stirbt ebenfalls in Amsterdam. Bond schleudert den Schmuggler nach einem harten Kampf in einem Fahrstuhl über das Treppengeländer und Franks bricht dabei das Genick.

AN 3850 (Kennzeichen)

Das Fahrzeug, mit dem ↗Hip James Bond im Film ↗*Der Mann mit dem goldenen Colt* (1974) zum Hafen von Hongkong bringt, trägt die amtliche Zulassungsnummer AN 3850.

ANAKONDA (Tier)

Während James Bond im Film ↗*Moonraker – streng geheim* (1979) gegen eine Python kämpfen muss, handelt es sich im Roman ↗*Moonraker Streng geheim* von ↗Christopher Wood um eine Riesen-Anakonda. Mit Hilfe von ↗Holly Goodheads Kugelschreiber schafft es Bond, das Tier zu töten.

ANARCHIST (Romanfigur/Filmcharakter)

↗Renard alias ↗Victor Zokas hat in ↗*Die Welt ist nicht genug* (1999) den Beinamen »Der Anarchist«.

ANATOV (Lied)

↗*Stirb an einem anderen Tag* (Soundtrack)

ANATOV AN-124 CONDOR (Flugzeug)

Mit einer Anatov An-124 Condor, einem schweren militärischen Transportflugzeug, versucht ↗Graves James Bond im Roman ↗*Stirb an einem anderen Tag* zu entkommen. 007 nimmt die Verfolgung auf, und auf seinem Stützpunkt gelingt es ihm zusammen mit ↗Jinx, in das Flugzeug einzudringen, in dem neben Graves auch ↗Ding, ↗Li, ↗Hang und ↗Frost sind.

ANATOW AN-14 (Flugzeug)

In dem Roman ↗*GoldenEye* erfährt James Bond, dass die Mitarbeiter der ↗»Aufbereitungsanlage Numero eins« mit dem Senkrechtstarter Anatow An-14 ein- und ausgeflogen wurden. Das Flugzeug bekommt 007 nicht zu sehen, dafür muss er sich kurze Zeit später mit ↗Fieseler Storch auseinander setzen.

ANAVATOS (Ort)

An diesem Ort wird 007 von ↗Konstatine Romanos begrüßt.

ANDERS, ANDREA (Filmcharakter)

Mittel zum Zweck, anders lässt sich die Beziehung zwischen ↗Francisco Scaramanga und ↗Andrea Anders im Film ↗*Der Mann mit dem goldenen Colt* (1974) nicht beschreiben. Scaramanga hatte mit Anders immer dann Sex, wenn er einen Mord begehen wollte. Bond stellt sehr treffend fest: »Stierkämpfer machen das genauso, sie behaupten, das schärft das Auge!« Um aus den Fängen des Sadisten mit dem goldenen Colt entkommen zu können, schickt Andrea Anders (gespielt von ↗Maud Adams) eine Patrone mit 007s Kennnummer an den britischen Secret Service. Sie schafft es sogar, Scaramangas Fingerabdrücke auf ein Begleitschreiben zu bekommen. Ihre Hoffnung ist James Bond, da ihr brutaler Freund oft von Bond spricht und ihm »sogar irgendwie ähnlich ist«. Bond soll ihn töten, denn er ist der einzige Mann, der dazu im Stande ist, denn weglaufen kann sie nicht: »Einem Scaramanga entkommt man nicht!« Als Dank für die geplante Befreiung durch den Geheimagenten will sie ein ↗Solex beschaffen, das Sonnenlicht direkt in gebündelte Energie umwandeln kann. Sie büßt allerdings für ihre Liebe zu 007. Scaramanga erschießt Andrea Anders, kurz bevor sie ihm das Solex im Stadion übergeben kann. »Ein schwieriger Schuss, aber ich bin sehr zufrieden!«, freut sich der Killer. Bond ist entsetzt: »Zeigen Sie Ihre Dankbarkeit immer so?«

ANDERSON, ASHLEY (Romanfigur)

Die Chefin des Unternehmens ↗ReproCare, das an ↗BioLinks verkauft wurde, wird von James Bond erstmals in einem texanischen Restaurant gesehen. Die mit dem Doktortitel belegte Ashley Anderson ist ein Charakter aus dem Roman ↗Tod auf Zypern von ↗Raymond Benson. Sie wirkt auf Bond wie ein Model, das den Höhepunkt der Karriere bereits hinter sich hat. Lange gutgeformte Beine und ein gutes Aussehen realisiert 007 sofort, außerdem eine starke Ausstrahlung von Selbstbewusstsein und Autorität. Im Roman vermuten ↗Felix Leiter und seine Frau ↗Manuela Montemayor, dass Anderson bisexuell ist.

ANDERSON, BOB (Fechtexperte)

Um die Fechtszenen in ↗Stirb an einem anderen Tag (2002) glaubhaft wirken zu lassen, wurde der Fechtmeister Bob Anderson beauftragt, ↗Pierce Brosnan, ↗Rosamund Pike und ↗Toby Stephens den Umgang mit den Waffen beizubringen. Die Fechtszene wurde in der Kritik oft gelobt und gilt als besonders gut choreografiert. Sein Filmdebüt gab Anderson als Fechter in dem Film *Der Freibeuter* (1952). Der erfolgreiche Trainer hatte sich schon bei anderen Produktionen einen Namen gemacht und war unter anderem für ↗Sean Connerys Fechtkunst in *Highlander* verantwortlich. Anderson lobte Brosnan als schnell lernenden und sehr fitten Schüler.

ANDERSON, DAVID (Regieassistenz)

Als Regieassistent arbeitete David Anderson bei der Produktion des zweiten offiziellen James-Bond-Filmes ↗*Liebesgrüße aus Moskau* (1963).

ANDERSON, MICHAEL (Kameraführung)

Michael Anderson, ↗Fred Waugh und ↗Peter Rohe waren für die Kameraführung bei den Dreharbeiten von ↗*Der Hauch des Todes* (1987) zuständig. Die drei Männer arbeiteten bei der Second Unit.

ANDO (Romanfigur)

Ando ist im Buch ↗*Du lebst nur zweimal* der Chef der Kriminalpolizei, deren Hauptquartier abseits der Hauptstraße von Fukoka auf der japanischen Insel Kiushiu liegt. Ando ist ein Mann, dessen militärische Haltung ↗7777 sofort auffällt. Er nennt das Anwesen von ↗Dr. Martell (↗Blofeld) ↗»Schloss des Todes«, es wird vom ↗»Garten des Todes« umgeben.

ANDRÉ (Filmcharakter)

In ↗*James Bond 007 jagt Dr. No* (1962) entschuldigt sich James Bond beim Croupier André, dass er den Spieltisch aus geschäftlichen Gründen verlassen muss.

ANDRESS, URSULA (Darstellerin)

Ursula Andress schrieb Filmgeschichte, als sie in ↗*James Bond 007 jagt Dr. No* (1962) zum ersten Bond-Girl auf der Kinoleinwand wurde. Die am 19. März 1936 in Bern, Schweiz, geborene Andress stieg in ihrer ersten Szene nur mit einem weißen Bikini bekleidet aus dem Meer, und Millionen von Männern schlug das Herz schneller. ↗Albert R. Broccoli nahm sie unter Vertrag, nachdem er lediglich ein Foto von ihr gesehen hatte. Es fand niemals ein Casting statt. Andere Filmemacher rieten ab, da die Stimme der Frau angeblich Katzen verjage. Dennoch erhielt sie den Part der ↗Honey Rider. Sie wurde von einer anderen Schauspielerin synchronisiert, die nun im Film zu hören ist. Von ihrem Mann John Derek und zahlreichen anderen Fotografen (z.B. Bunny Yeager) wurde sie während der Dreharbeiten ständig fotografiert und so zur am häufigsten abgelichteten Frau auf Jamaika. »Mein Mann überredete mich, die Rolle anzunehmen, weil die Arbeit auf Jamaika einem Urlaub gleichkäme«, meinte Andress. Dass der Film ein Erfolg werden würde, glaubte sie nicht. In der Dusch-Szene erscheint es dem Zuschauer kurzfristig so, als wäre die Darstellerin nackt. In Wirklichkeit trug sie jedoch einen hautfarbenen Bikini.

↗Fleming, der Andress während der Dreharbeiten von ↗*James Bond 007 jagt Dr. No* (1962) getroffen hatte, war so begeistert von ihr, dass er sie als Figur in seinen Roman ↗*On Her Majesty's Secret Service* einbaute. Ihren zweiten Einsatz bei einem James-Bond-Film hatte die Schweizerin als ↗Vesper Lynd in der Bond-Parodie ↗*Casino Royale* (1966). In diesem Film tritt auch Jean-Paul Belmondo in einer Gastrolle auf, der ihr zweiter Langzeitlebensgefährte werden sollte. Für ihre Rolle erhielt sie 200.000 Pfund Gage, bei *James Bond 007 jagt Dr. No* dagegen waren es nur 1.800 Pfund gewesen. Nach einer anderen Quelle soll Andress für die Rolle in ↗*Casino Royale* umgerechnet 500.000 EUR kassiert haben. Ähnlich wie Marilyn Monroe zum Sexsymbol aufgestiegen, ließ sie sich oft für Männermagazine ablichten. Ihr Mann Derek schoss die Fotos für eine große Serie. Im Alter von 44 Jahren gebar sie ihren Sohn Dimitri, Vater war nicht Belmondo, sondern der US-Schauspieler Harry Hamlin. Mit ↗Sean Connery verbindet sie noch immer eine Freundschaft. Andress lebt zurzeit in Rom. Obwohl sie kaum noch Rollen annimmt, ist Andress immer wieder Gesprächsthema, und andere Bond-Girls müssen sich an ihr messen lassen. Der US-Fernsehsender Channel 4 hat im November 2003 den schärfsten Filmausschnitt aller Zeiten wählen lassen. Mit großem Abstand auf Platz eins Ursula Andress im legendären Bikini mit Messergurt. Auf dem zweiten Platz landete Sarah Michelle Gellars lesbischer Kuss aus *Eiskalte Engel (Cruel Intentions)*. Dicht gefolgt von *From Dusk Til Dawn*, wo Salma Hayek mit einer Schlange tanzt. Eine Liebesszene aus *Out Of Sight* mit Jennifer Lopez und George Clooney belegte den vierten Rang.

ANDREW (Romanfigur)

Die Figur Andrew kommt als Dienst habender Kontrolleur in ↗*Fahr zur Hölle, Mr. Bond!* vor. Andrew leiht ↗Chi-Chi, die als ↗Jenny Mo auftritt, seinen Taschenrechner von der Firma ↗Texas Instruments.

ANDREWS (Filmcharakter)

In ↗*Der Spion, der mich liebte* (1977) versuchen mehrere Mitglieder einer U-Boot-Besatzung, die Kommandozentrale der ↗Liparus einzunehmen. Zur freiwilligen Gruppe gehören Andrews, ↗James, ↗Marshall und ↗Purvis (die Namen werden nur in der Originalversion genannt, in der deutschen Synchronversion verzichtete man darauf). Alle vier Männer kommen durch MG-Salven und den Einsatz von Flammenwerfern ums Leben.

ANDREWS, DAVE (Romanfigur)

In ↗*Nichts geht mehr, Mr. Bond* ist Dave Andrews der Kapitän zur See, der zusammen mit Leutnant ↗Joe Preedy für die Royal

Marines arbeitet. Gemeinsam nehmen sie die ↗»Operation Seefalke« in Angriff.

ANDREWS, JANINE (Darstellerin)
Janine Andrews verkörpert in ↗*Octopussy* (1983) eines der bildhübschen Mädchen, die für Octopussy arbeiten. Die erotischen Angestellten helfen bei der Bewachung des schwimmenden Palastes. Dargestellt wurden die Charaktere neben Andrews von Mary Stavin, Carolyn Seaward, Carole Ashby, Cheryl Anne, Jani-z, Julie Martin, Joni Flynn, Julie Barth, Kathy Davies,↗Helene Hunt, Gillian de Terville, Safira Afzal, Louise King, Tina Robinson, Alison Worth und Lynda Knight.

ANGEL
Eine ↗SMERSH-Agentin benutzt im Film ↗*Casino Royale* (1966) eine Angel, in die ein Mikrofon eingebaut ist, um den Kontrollpunkt über das Auftauchen von Sir James Bond zu informieren.

ANGEL RECORDING STUDIOS
Die Synthesizer-Musik in ↗*GoldenEye* (1995) wurde in den Angel Recording Studios in London aufgenommen. ↗John Altman war Dirigent, ↗Steve Price war für die Mischung zuständig, und die Orchestrierung stammt von John Altman und ↗David Arch.

ANGELHAKEN (Waffe)
↗Schmetterling

ANGELIS, PAUL (Darsteller)
Der Schauspieler Paul Angelis verkörpert im Film ↗*In tödlicher Mission* (1981) den Bösewicht ↗Karageorge. Angelis ist einer von vielen Darstellern, die in kleinen Rollen die zahlreichen »Unterbösewichte« darstellten.

ANGELN
Schon ↗Strangways hat in ↗*James Bond 007 jagt Dr. No* (1962) den Angelsport für sich entdeckt. In ↗*Leben und sterben lassen* (1973) angelt 007 selbst, als er das Boot von ↗Quarrel Junior mietet und sich mit ↗Rosie Carver zum Haus der ↗»Kananga-Frau« fahren lässt. In ↗*Octopussy* (1983) werden ↗»Q« und ↗Vijay zu Anglern. Mit dieser Tarnung beobachten sie Octopussys schwimmenden Palast. Im Hafen von Nassau trifft James Bond in ↗*Sag niemals nie* (1983) auf eine Anglerin, die ihn »an Land ziehen möchte«. Als Bond später in Not ist und versucht, Haien zu entkommen, lässt er sich tatsächlich von der Anglerin aus dem Meer fischen. In ↗*Im Angesicht des Todes* (1985) benutzt ↗May Day eine angelartige Waffe, um ↗Achille Aubergine zu töten.

Auch Bond lernt den Angelhaken der Killerin kennen: Er verfängt sich in seiner Hose, und May Day katapultiert 007 fast mit der Angel über das Geländer des Eiffelturms.

In ↗*Lizenz zum Töten* (1989) meint Bond: »Ich gehe ein bisschen angeln«, als er sich an einem Haken von einem Helikopter abseilt, um das Flugzeug von ↗Franz Sanchez in der Luft einzufangen. Am Hochzeitstag von ↗Felix und ↗Della Leiter bekommt das Brautpaar von ↗Sharky Köder geschenkt. Della ist der Ansicht, dass auf der Hochzeitsreise auf keinen Fall geangelt werden sollte.

ANGELS (Garderobe)
Ein Großteil der Garderobe in ↗*GoldenEye* (1995) stammt von der Firma Angels.

ANGLER (Filmcharakter)
↗Zorins Mann ↗Scarpine löst in ↗*Im Angesicht des Todes* (1985) eine Bombe in einer verlassenen Silbermine aus. Die Mine befindet sich unter dem See, auf dem der Angler seinem Hobby nachgeht, und als die Stollen durchbrechen, läuft das Wasser des Sees ab. Der unbekannte Mann im Boot sitzt Sekunden später auf dem Trockenen.

ANGST

Gegenüber ↗Honey Rider gibt 007 in ↗*James Bond 007 jagt Dr. No* (1962) zu, auch Angst zu haben.

ANGSTHASENSCHALTER

Um die Zentrifuge »Peitsche« im Roman ↗*Moonraker Streng geheim* anhalten zu können, gibt es einen Knopf, der als »Angsthasenschalter« bezeichnet wird. Bond will zwar Gebrauch vom Schalter machen, als er zerquetscht zu werden droht, doch ↗Tschang hat einen Terroranschlag verübt – der »Angsthasenschalter« ist außer Betrieb. 007 muss auf eine von ↗»Q«s Erfindungen zurückgreifen, um die Zentrifuge zu stoppen.

ANHALTER

In ↗*Octopussy* (1983) steht 007 extrem unter Zeitdruck: Er hat kein Fortbewegungsmittel, und der Countdown einer Bombe läuft in weiter Entfernung. Der Agent sieht sich gezwungen, als Anhalter zu reisen. Nachdem mehrere Fahrzeuge an ihm vorbeigefahren sind, wird Bond noch von Jugendlichen hereingelegt (↗»BT-RS-1730«) und landet schließlich im Käfer von ↗Bubi und ↗Schatzl (Liebchen). In ↗*Der Hauch des Todes* (1987) nutzen ↗Kara Milovy und 007 die Ladefläche eines LKWs, um per Anhalter nach Wien zu gelangen.

ANHÄNGER

Im Anhänger des ermordeten ↗Agenten 003 findet James Bond im Film ↗*Im Angesicht des Todes* (1985) nicht nur ein Bild von der Frau und dem Kind des Toten, sondern auch einen Mikrochip, der James Bond direkt zum Bösewicht ↗Max Zorin führt. Der Anhänger des eingefrorenen Leichnams ist ein silbernes, aufklappbares Herz.
↗Gewehrkugel

ANIMATIONEN

Ob ↗MI6 oder die Gegenseite, alle verfügen über Animationen. Ob es sich um den Kopf von ↗Renard im Film ↗*Die Welt ist nicht genug* (1999) oder um die Fenster von Bösewicht ↗Gebrochene Klaue Lee aus dem Roman ↗*Fahr zur Hölle, Mr. Bond* handelt. Im Buch ↗*Scorpius* verfügt der Oberbösewicht über Wandanimationen. Seine Bilder gleiten zur Seite und dahinter erscheint eine Karte von England.

ANITA (Romanfigur)

Anita gibt sich als Prostituierte aus und nennt sich im Roman ↗*Der Morgen stirbt nie* ↗Wai Lin. So schafft sie es, in die private Wohnung des Managers ↗Deng zu gelangen, um den Aufenthaltsort von ↗General Chang herauszufinden – dies ist der Auftrag, den sie von ↗General Koh erhalten hat.

ANKLOPFEN (Code)

James Bond verabredet mit ↗Tatiana Romanowa im ↗Orient Express in ↗*Liebesgrüße aus Moskau* (1963) ein Klopfzeichen, bei dem sie unbesorgt die Abteiltür öffnen kann. 007 klopft dreimal.

ANKÜNDIGUNG

Als Ankündigung könnte man Dinge in James-Bond-Filmen und -Romanen bezeichnen, die erwähnt werden und dann aber erst in einem späteren Film oder Buch zum Tragen kommen. So wird zum Beispiel in ↗*Der Hauch des Todes* (1987) von einer KGB-Killerin berichtet, die ihre Opfer mit Händen oder Oberschenkeln stranguliert. Diese Idee griff man in ↗*GoldenEye* (1995) wieder auf: Hier ist es ↗Xenia Onatopp, die diese tödliche Praxis zu ihren Methoden zählt. In ↗*Leben und sterben lassen* (1973) will ↗Adam James Bond einen fallschirmlosen Sturz aus einem Flugzeug spendieren. Bond kann entkommen, bevor die Maschine startet. In ↗*Moonraker – streng geheim* (1979) kommt es dann tatsächlich dazu, dass 007 ohne Fallschirm aus einem Flugzeug gestoßen wird. In ↗*Im Angesicht des Todes* (1985) berichtet 007 seinem Chef von dem magnetischen Impuls einer nuklearen Explosion, die eine zerstörerische Wirkung auf Mikrochips aller Art hätte. 1995 in ↗*GoldenEye* wird dieser Impuls – ausgelöst durch eine Atomwaffe in der oberen Schicht der Atmosphäre – zu einem der Hauptverbrechen des Gauners ↗Alec Trevelyan. Im letzten echten Connery-Bond schickt ↗Blofeld den Agenten in einen Fahrstuhl. James Bond stellte sich beim Schließen der Lift-Tür ganz dicht an die Fahrstuhlwand und blickt erwartungsvoll auf den Boden. Doch nicht dieser birgt ein Geheimnis, sondern von der Decke strömt plötzlich Betäubungsgas herab. Nachdem der Boden also in ↗*Diamantenfieber* keinerlei Veränderungen zeigte, griff man bei ↗*Der Spion, der mich liebte* auf diese Idee zurück. ↗Roger Moore als James Bond balanciert auf den Außenkanten des sich öffnenden Fahrstuhlbodens.

Die erste große Einschienenbahn der 007-Filmgeschichte kommt dem Betrachter in ↗*Man lebt nur zweimal* (1967) vor die Augen. Ihr Erfinder ↗Ken Adam brachte sie dann noch zweimal in den Actionfilmen unter: In *Leben und sterben lassen* (1973), wo Bond von einer »Untergrundeinschienenbahn« spricht und in *Der Spion, der mich liebte* (1977) in ↗Strombergs Supertanker ↗Liparus. Die in *Man lebt nur zweimal* (1967) von ↗Helga Brandt benutzten Folterwerkzeuge finden sich in exotischerer Form 1997 in ↗*Der Morgen stirbt nie* bei ↗Stamper wieder. Auch er liebt es, seine Gegner zu foltern. Während Helga Brandt nur die Haut abzutrennen drohte, geht Stamper einen Schritt weiter und will mit der Sondierung der lebenswichtigen Organe beginnen. Ferner findet sich im Roman ↗*Moment mal, Mr. Bond* von ↗John Gardner eine Fahrstuhlszene, die der des Filmes *Im Angesicht des Todes* sehr nahe kommt. So werden also teilweise Ideen der neuen Bond-Autoren in die Drehbücher eingebaut. Als 007 in *Moonraker – streng geheim* (1979) einer blonden Frau in die Pyramide folgt, fällt sein Blick auf eine Metallbrücke, die über ein Wasserbassin führt. Sicherlich handelt es sich hierbei um eine Anspielung auf *Man lebt nur zweimal*, wo die Brücke herunterklappen kann und die darauf befindliche Person in ein Piranha-Becken stürzt. James Bond entscheidet sich nach kurzer Überlegung, nicht über die Brücke zu gehen, sondern den Weg um den künstlichen Teich herum zu nehmen. Der Bösewicht hatte daran gedacht und Bond wird mit einer kippbaren Felsplatte in das Becken zu einem Riesenpython katapultiert – ein Lacher beim Publikum.

Auch in Romanen gibt es zuweilen Ankündigungen oder Vorbereitungen auf kommende »Bond-Momente«: In ↗*James Bond und sein größter Fall* stürzt ein Attentäter bei der Flucht nach einem Mord von einem Balkon. Er durchbricht das Dach eines Konservatoriums und bleibt bewegungslos auf einem Piano liegen. ↗Christopher Woods Idee wurde zwar im Film *Der Spion, der mich liebte* (1977) nicht verwendet, fand ihren Weg aber in den Folgefilm *Moonraker – streng geheim* (1979). Hier ist es ↗Chang, der von Bond durch das riesige Zifferblatt einer Turmuhr geschleudert wird und in einem darunter stehenden Klavier stecken bleibt. Schon im Roman ↗*Licence Renewed* wird 007 übers Wochenende auf das Schloss von ↗Anton Murik eingeladen. Die Filmemacher verwirklichten Gardners Einfall bei *Im Angesicht des Todes* (1985): Bond erhält unter einem Decknamen die Einladung, auf ↗Max Zorins Schloss an einer Pferdeschau und einer Party teilzunehmen. Auch hier bleibt Bond übers Wochenende. Eine weitere Wochenendeinladung erhält der Agent in ↗*Stirb an einem anderen Tag* (2002) von ↗Gustav Graves. Man trifft sich im ↗Eis-Palast.

↗Spazierstock, ↗Ascot, ↗Saab 900 Turbo

ANKER (Waffe)

Schon in der ↗ Pre-Title-Sequenz von ↗ *Im Geheimdienst Ihrer Majestät* (1969) muss 007 gegen mehrere Männer am Strand kämpfen. In einer ausweglosen Situation benutzt Bond einen umherfliegenden Anker, um einem Angreifer die Waffe aus der Hand zu schlagen. Später greift ein Mann mit dem Anker an.

ANMERKUNGEN DES ÜBERSETZERS

In nicht sehr vielen James-Bond-Romanen sind Anmerkungen des Übersetzers vorhanden.

Im Roman ↗ *007 James Bond und der Mann mit dem goldenen Colt* erhält James Bond eine Nachricht von ↗ »M«, er solle zum Ritter geschlagen werden. Da in dieser Nachricht Geheimchiffren benutzt werden, muss 007 schmunzeln. Er ist der Meinung, man könne auch KCMG schreiben. Der Übersetzer des Buches, Heinz Loose, setzt ein Sternchen und merkt an: »Knight Commander of St. Michael and St. George – Ritter zweier hoher britischer Orden.«

Das Buch ↗ *Nichts geht mehr, Mr. Bond* ist jedoch voll davon. Da viele Namen und Wörter sinngemäße Übersetzungen zuließen, erfährt der Leser von der Übersetzerin Hilde Linnert einige Zusatzinformationen. Hier die Anmerkungen im Original:

S. 34: to dare = wagen

S. 40: jungle = Dschungel, Dickicht

S. 60: sole = Seezunge, salmon = Lachs, crabbe = Krabbe, shark = Hai, sparrow = Spatz, wren = Zaunkönig, jay = Häher, hawk = Falke, lark = Leiche

S. 197: swift = Mauersegler

Im Roman ↗ *Feuerball* sind die Anmerkungen des Übersetzers nicht als solche gekennzeichnet. Dort werden die Abkürzungen C. B. und D. S. O. zunächst ausgeschrieben als »Companion Of The Order Of The Bath« und »Distinguished Service Order« genannt und schließlich in »Mitglied des Bath-Ordens« und »Kriegsverdienstorden« übersetzt. ↗ Ian Fleming machte sich im Originalbuch nicht die Mühe, die Abkürzungen zu erläutern.

ANNA (Romanfigur/Filmcharakter)

Die Figur »Anna« kommt im Roman und auch im Film ↗ *GoldenEye* (1995) vor. Es handelt sich um eine Freundin und Kollegin von ↗ Natalja Simonowa. Anna arbeitet in der ↗ Sewernaja-Station. Sie überlebt den Angriff von ↗ Xenia Onatopp nicht. Ein solcher »Opfertod« steigert beim Publikum das Verlangen, dass 007 es dem Bösewicht heimzahlt. Anna wurde von der 1,60 Meter großen Darstellerin ↗ Michelle Arthur verkörpert.

ANNA (Romanfigur)

↗ Trish Nuzzi

ANNE (Romanfigur)

↗ Ruby Windsor

ANNE, CHERYL (Darstellerin)

Cheryl Anne verkörpert in ↗ *Octopussy* (1983) eines der bildhübschen Mädchen, die für ↗ Octopussy arbeiten. Die erotischen Angestellten helfen bei der Bewachung des Schwimmenden Palastes. Dargestellt wurden die Charaktere neben Anne von Mary Stavin, Carolyn Seaward, Carole Ashby, Cheryl Anne, Jani-z, Julie Martin, Joni Flynn, Julie Barth, Kathy Davies, Helene Hunt, Gillian de Terville, Safira Afzal, Louise King, Tina Robinson, Alison Worth und Lynda Knight.

ANSPIELUNGEN

Eine Anspielung auf James Bonds Kartenspiel gegen ↗ Hugo Drax macht ↗ Felix Leiter im Roman ↗ *Diamantenfieber*. Das besagte Spiel fand in ↗ *Mondblitz* statt und 007 gewann, indem er Drax mit seinen eigenen Waffen schlug – dem Betrug. Leiter kommt auf das Thema, als er mit 007 über Gewinnquoten beim Glücksspiel redet. Im Roman ↗ *Liebesgrüße aus Moskau* denkt James Bond darüber nach, wie sein Leben verlaufen ist, und gelangt zu dem Schluss: »Man musste seinem Schicksal folgen und sich damit abfinden, durfte froh sein, dass man kein Gebrauchtwagenhändler war oder Journalist eines Revolverblattes oder ein Krüppel – oder tot.« ↗Fleming spielt hier ironisch auf sein eigenes Leben an und nimmt seine Journalistentätigkeit auf die Schippe. In ↗*Der Spion, der mich liebte* bringt Ian Fleming selbst eine Anspielung auf sein Buch. Er lässt darin ↗Vivienne Michel dem Ehepaar ↗Phancey begegnen, und die junge Frau empfindet nicht gerade Sympathie für die beiden: »Puh, was für ein Paar! Wie aus einem schlechten Roman.« Fleming wollte weitere Auflagen des Buches verhindern, weil er es für zu schwach hielt.

Im Roman ↗*James Bond und sein größter Fall* denkt James Bond darüber nach, dass ein Mann lange auf dem Grund einer Gletscherspalte liegen kann. In dieser Situation geht es natürlich um Bond selbst, doch fachkundige Leser wissen, dass als Anspielung die Figur ↗Hannes Oberhauser aus der Kurzgeschichte ↗*Octopussy* von Ian Fleming gemeint ist.

Eine Anspielung auf Bonds Aussagen über Stewardessen in der Kurzgeschichte ↗*Ein Minimum an Trost* scheint es zu sein, wenn er in *James Bond und sein größter Fall* bemerkt: »War es ein Zeichen, dass er langsam alt wurde, oder stimmte es wirklich, dass die Stewardessen nicht mehr so attraktiv waren wie früher.« Im selben Roman trägt 007 ein Hemd, das ihm ein Schneider in Hongkong angefertigt hat – eine Anspielung auf den Film ↗*Diamantenfieber* (1971), in dem Bond ↗Tiffany Cases Fluchtplänen zustimmt, weil er in Hongkong einen »guten Schneider kennt«. ↗Christopher Wood bezieht sich in seinem Buch ↗*Moonraker Streng geheim* auf seinen ersten Bond-Roman. 007 glaubt nicht, dass die Russen hinter der Moonraker-Entführung stecken, denn sie würden ihm nach der ↗Stromberg-Affäre ein paar Monate Pause gönnen.

Eine Anspielung auf den Roman ↗*007 James Bond und der Mann mit dem goldenen Colt* macht ↗Frederick Gray im Buch *Moonraker Streng geheim*. Als 007 behauptet, er habe ein Labor gesehen, wo sich jetzt plötzlich ein Wohnraum von Hugo Drax befindet, fragt Frederick Gray: »Was zum Teufel wird da gespielt, Bond? Hat man Sie wieder einmal unter Drogen gesetzt?« In der deutschen Übersetzung von *Moonraker* heißt es: »Wie ein Schwarm Wildgänse schwebten die Marines auf die Raumstation zu«. Es handelt sich hierbei um eine Anspielung auf den Titel des 1978 gedrehten Film *Die Wildgänse kommen*, in dem ↗Roger Moore eine der Hauptrollen spielt. Im englischen Original lautet der Satz nur: »Like a skein off geese the marines converged on the space station.« – von Wildgänsen ist hier also nicht die Rede, sondern nur von Gänsen.

↗Benson nennt im Roman ↗*Countdown!* einen Nachtklub, von dem Bond-Kenner schon einmal gehört haben sollten, den ↗»Bottoms Up Club«: Im Film ↗*Der Mann mit dem goldenen Colt* (1974) spaziert Roger Moore als 007 vor dieser Lokalität auf und ab, als ein herauskommender Gast plötzlich von ↗Francisco Scaramanga per Kopfschuss hingerichtet wird. Raymond Benson geht in seinem Buch scherzhaft auf den 1974 gedrehten Film ein, indem er schreibt: »(...) eine verhältnismäßig zahme Oben-ohne-Bar, deren Kellnerinnen so aussahen, als würden sie dort schon seit der Eröffnung des Clubs in den Siebzigern arbeiten.« Ein weiteres Werk von Raymond Benson hält auch eine knifflige Anspielung bereit: ↗Bill Johnson war 1971 für die Kameraführung beim Kinofilm *Diamantenfieber* zuständig. Der aufmerksame Leser des Buches ↗*Tod auf Zypern* wird erneut auf den Namen Bill Johnson stoßen. Wenn man Bensons Schreibtechnik kennt, könnte man vermuten, er baute den Namen absichtlich ein. Bewiesen ist dies jedoch nicht, aber über James Bond heißt es immer: »Es ist zwar unwahrscheinlich, jedoch nicht unmöglich!«

James Bond bekommt im Roman ↗*Die Welt ist nicht genug* eine neue ↗Omega-Armbanduhr von ↗»Q«. Der Waffenmeister dazu: »Ich nehme an, dass das die Neunzehnte ist. Versuchen Sie einfach, diese mal nicht zu verlieren.« Ein Hinweis darauf, dass ↗*Die Welt ist nicht genug* (1999) der neunzehnte offizielle James-Bond-Film ist, denn neunzehn Uhren hatte Bond bei weitem nicht. Zum Schmunzeln ist eine Andeutung, die ↗»M« im Roman *Die Welt ist nicht genug* macht. Sie klärt James Bond darüber auf, dass die Vorstellung, die Welt werde von Verrückten bevölkert, die Vulkane aushöhlen, sie mit vollbusigen Frauen füllen und die Welt mit nuklearer Vernichtung bedrohen, falsch sei. ↗Raymond Benson macht sich hier über den Unterschlupf von ↗Ernst Stavro Blofeld im Film ↗*Man lebt nur zweimal* (1967) lustig. Die nukleare Bedrohung bezieht sich augenscheinlich auf ↗*Feuerball* (1965), ↗*Der Spion, der mich liebte* (1977), ↗*Octopussy* (1983), ↗*Sag niemals nie* (1983) oder ↗*Der Morgen stirbt nie* (1997) – in allen Filmen hantieren die Bösewichte mit Nuklearwaffen.

Eine Anspielung auf den Drehort schrieben die Filmautoren von ↗*Lizenz zum Töten* (1989) in den Dialog zwischen ↗»M« und James Bond. Als 007 im Haus von ↗Ernest Hemingway seine Waffe abgeben soll, da er die Lizenz zum Töten verloren hat, meint der Agent nur: »Jetzt heißt es wohl Abschied nehmen von den Waffen« – nach Hemingways Werk *A Farewell To Arms*.

Eine Anspielung auf den Darsteller des ↗Le Chiffre in ↗*Casino Royale* (1954) macht ↗Paule im Film ↗*Casino Royale* (1966). Er meint, ↗Peter Lorre sei in der ↗Mata-Hari-Tanzschule zur Spionageausbildung gewesen. Im Film ↗*James Bond 007 jagt Dr. No* (1962) spricht ↗Julius No von ↗GofTa (Geheimorganisation für Terror, Spionage, Erpressung und Rache – laut No die vier Eckpfeiler der Macht). James Bond meint, ihm läge die Abteilung Rache am besten, um herauszufinden, wer für den Tod an ↗Strangways und ↗Quarrel verantwortlich war. Buchautor ↗John Gardner greift diese Filmidee im Roman ↗*Die Ehre des Mr. Bond* wieder auf. Nachdem ↗Dr. Jay Autem Holy 007 informiert hat, dass ↗SPECTRE hinter allem stünde, meint er: »Mir gefällt besonders der Buchstabe R wie Revenge, Revanche oder Rache. Ihnen doch wohl auch?« Als 007 im Roman *Die Ehre des Mr. Bond* von den Sicherheitsvorkehrungen des Hauses ↗Endor spricht, erlaubt sich Autor John Gardner einen Verweis auf den Auftrag im Roman ↗*Goldfinger* von ↗Ian Fleming. ↗Cindy Chalmer stellt fest, das Anwesen sei gesichert wie Fort Knox – »Das kennen Sie wohl.« Im Buch ↗*Tod auf Zypern* lässt ↗Raymond Benson den Ex-Geheimdienstchef ↗Miles Messervy die *Times* lesen. Bei dieser Zeitung hat Urautor Ian Fleming einst gearbeitet. Einen Insider-Joke leistet sich Benson im Roman ↗*Countdown!*, wenn er James Bond zum Sargträger macht, denn der Schauspieler Sean Connery war vor seiner Karriere selbst als Sargträger tätig. Ferner erinnert sich 007 an ein Haus auf Jamaika, das er vor einem Jahr gekauft habe. Der Ex-Inhaber war ein bekannter Schriftsteller – höchstwahrscheinlich Ian Fleming, der selbst Hausbesitzer auf Jamaika war. Bond nennt das Anwesen ↗»Shamelady«, so landet die fiktive Figur Bond im realen Haus seines Schöpfers. In ↗*High Time To Kill* heiß es nach ↗Helena Marksburys Tod, er habe sie aus seinem Leben verdrängt wie alle Frauen, die ihn in der Vergangenheit verraten hatten. Hier nimmt ↗Benson Bezug auf ↗*Casino Royale* und ↗Vesper Lynd.

In *Countdown!* nennt Raymond Benson einen der Protagonisten ↗Simon Sinclair – das ist exakt die Kreuzung zwischen den Namen zweier Filmfiguren, die Roger Moore lange Zeit erfolgreich verkörpert hat: Brad Sinclair in *Die Zwei* und *Simon Templar* in der gleichnamigen Krimiserie. Und der Tod von ↗Albino Harry in *Countdown!* weckt beim Leser Erinnerungen an den Tod von ↗Oddjob im Roman *Goldfinger* (im gleichnamigen Film von 1964 ist es Goldfinger selbst), denn Bond meint, er habe mal einen Koreaner gekannt ... Eine witzige Bemerkung macht die Figur ↗Smolin von Romanautor John Gardner in ↗*Nichts geht mehr, Mr. Bond*: »Diese Leute (die Beamten der Passkontrolle) interessieren sich hauptsächlich (...) für Flugzeugmodelle, Eisenbahnen und die Romane von Dick Francis und Wilbur Smith. Nur sehr wenige von ihnen dringen bis zu Margaret Drabble oder Kingsley Amis vor.« ↗Amis war der erste Autor, der nach dem Ableben von 007-Erfinder Ian Fleming einen James-Bond-Roman geschrieben hat. Das Werk erschien in deutscher Sprache unter dem Titel: ↗*Liebesgrüße aus Athen*. In seinem Buch *Countdown!* nennt Raymond Benson ein Schiff ↗»Peacock«, ein Verweis auf die gleichnamige Figur in John Gardners Roman ↗*Countdown für die Ewigkeit*. Captain Plante ist in Bensons Werk auf dem Schiff »Peacock« tätig. Das Schiff, das sich im Victoria Harb befindet, ist eines der Patrouillenboote der »Peacock Class«. Bei Gardner begegnet 007 ↗Lavendel Peacock, die er aus den Klauen des Bösewichts befreit. Einen Insidergag erlaubt sich Autor John Gardner, als er James Bond im Roman ↗*Scorpius* den Bord-Film ↗*Die Unbestechlichen* in einem Flugzeug anbietet. James Bond habe den Film zwar schon gesehen, schaue ihn aber ein zweites Mal an, denn einer seiner Lieblingsschauspieler spiele einen Polizisten in Chicago. Und das ist kein anderer als Sean Connery.

Als es um ↗Las Vegas geht, meint 007, er wäre schon einmal dort gewesen – eine Anspielung auf ↗*Diamantenfieber* (1971), ein Großteil dieses Filmes spielt in Vegas. ↗Ricky Jay, der vor seiner Schauspielkarriere Magier war, veranlasste die Drehbuchautoren für ↗*Der Morgen stirbt nie* (1997) dazu, einige Anspielungen auf seine Vergangenheit in die Filmdialoge einfließen zu lassen. So redet er beispielsweise vom »Zauberkasten« (GPS-Gerät) und meint, es müsse nur einmal auf den »Zauberknopf« gedrückt werden, um die Rakete ↗Eliot Carvers zu starten. Nachdem ein fegender Mann bereits im Film ↗*Im Geheimdienst Ihrer Majestät* (1969) ein Lied aus dem Film *Goldfinger* (1964) pfiff, wollte auch ↗John Glen einen ähnlichen Gag, als er die Regie beim Film ↗*In tödlicher Mission* (1981) übernahm. Sein Wunsch wurde erfüllt: Als sich James Bond und »Q« den Weg zum ↗Identigraphen bahnen, muss »Q« einen Code in ein Türschloss eingeben. Die Töne sind aus dem Lied *Nobody Does It Better*, dem Titelsong aus dem Film ↗*Der Spion, der mich liebte* (1977).

↗Gobinas Zerpressen der Würfel in ↗*Octopussy* (1983) ist zweifelsohne eine Anspielung auf ↗Oddjobs Zerpressen des Golfballs in ↗*Goldfinger* (1964). »Wenn Gott gewollt hätte, dass wir fliegen, hätte er uns mit Stahltriebwerken ausgestattet und nicht mit Arschlöchern«, meint eine Figur im Roman ↗*Lizenz zum Töten*. Jeder James-Bond-Kenner müsste beim Beginn dieses Satzes hellhörig werden, denn er fiel in ähnlicher Form bereits im Film *Diamantenfieber* (1971). Vielleicht wollte John Gardner eine Brücke zu längst vergangenen Abenteuern des Geheimagenten schlagen. »Im Bruchteil einer Sekunde gingen Bond unzählige Gedanken durch den Kopf – ein ganzes Drehbuch«, heißt es bei John Gardner in *Lizenz zum Töten*. Der Gag wird erst klar, wenn man weiß, dass das Buch auf einer Drehbuchvorlage von ↗Michael G. Wilson und ↗Richard Maibaum basiert. Als »Q« im Roman *Lizenz zum Töten* seine neusten Entwicklungen vorstellt, kann sich Bond nicht zurückhalten. Er fragt den Waffenmeister, ob er wieder einen »Spionagethriller« gelesen habe. Eine kuriose Idee Gardners, da »Q« und 007 Figuren aus Spionagethrillern sind. Bonds Vermutung bestätigt sich im Schlafzimmer des ↗Hotels El Presidente: Dort liegt »Q« auf dem Bett und liest einen Spionageroman. Im Roman ↗Cold spielt ↗Beatrice Maria da Ricci auf einen anderen Gardner-Roman an: »James, please come if you can, for me this is a matter of life or death. I want to win. I don't want to lose or die. Please.« Im selben Buch wird auch über die ↗Operation Seafire gesprochen.

Auffallender werden die Anspielungen in den Filmen: Als James Bond im dreizehnten offiziellen James-Bond-Abenteuer in Indien eintrifft, erkennt er seinen Kontaktmann ↗Vijay daran, dass dieser das James-Bond-Thema auf einer Flöte spielt. Auch die Sprüche und das Auftreten des Darstellers ↗Vijay Amritaj lassen Kenner schmunzeln: Der schauspielernde Tennisprofi kämpft in *Octopussy* (1983) mit einem Tennisschläger und ruft in der deutschen Version bei einer Actionsequenz »Spiel, Satz und Sieg!«. Als im Rahmen einer militärischen Feier im Roman ↗*GoldenEye* die Tiger-Helikopter vorgestellt werden, spielt die Kapelle das Lied *Those Magnificent Men In Their Flying Machines* – die Titelmelodie des Filmes *Die tollkühnen Männer in ihren fliegenden Kisten* mit ↗Gert Fröbe. Hinweise auf seine eigenen Romane gibt John Gardner im Buch ↗*GoldenEye*. James Bond soll sich verkleiden, um ↗St. Peterburg verlassen zu können. ↗Jack Wade versorgt den Agenten mit »Backenpolstern« und meint: »Ich hab' so was schon mal irgendwo in einem anspruchsvollen Spionageroman gelesen.« – Gardner spielt damit auf sein Werk ↗*Countdown für die Ewigkeit* an. Hier taucht ein Verbrecher auf, der sich mit Hilfe der besagten Backenpolster eine neue Identität verschafft.

Im Roman ↗*Der Morgen stirbt nie* berichtet Raymond Benson etwas über James Bond und dessen Lügen: Bond will ↗Moneypenny davon überzeugen, dass er ein Studium in orientalischen Sprachen in Cambridge mit Auszeichnung absolviert hat. Dies sei eine Lüge gewesen. Raymond Benson schlägt mit dieser Erklärung eine Brücke zu dem Film ↗*Man lebt nur zweimal* (1967), der dreißig Jahre vor ↗*Der Morgen stirbt nie* gedreht wurde. Darin macht sich 007 auf den Weg nach Japan und behauptet, besagtes Sprachstudium absolviert zu haben. ↗Necros im Film ↗*Der Hauch des Todes* (1987) zum Milchmann zu machen, ist eine Anspielung auf den Lebenslauf von Sean Connery, der vor seiner Schauspielkarriere auch als Milchmann gejobbt hatte. ↗Jack Wade fragt James Bond im Film ↗*GoldenEye* (1995), ob er etwas von Gärten verstehe. Der kundige Bond-Leser wird sich daran erinnern, dass ↗Tiger Tanaka James Bond dieselbe Frage in ↗*Du lebst nur zweimal* stellt, wenn ↗Blofeld als Gartenbaukünstler in Japan auftaucht.

Der Roman ↗*Tod auf Zypern* von Raymond Benson ist voll von Querverweisen: In seiner Londoner Wohnung denkt Bond über seine Ferienwohnung ↗»Shamelady« auf Jamaika nach – in *Countdown* wird erwähnt, dass Bond dieses Haus von einem Schriftsteller hat. Im Gespräch mit »Q« lässt 007 in Bensons Buch verlauten, dass er sich ziemlich gut mit Panzern auskenne – eine Anspielung auf *GoldenEye* (Roman und Film), denn hier zerstört der Agent die Straßen von St. Petersburg, indem er mit einem Panzer hinter ↗General Ouromov herjagt. Ein Gegner Bonds wird in Bensons Roman erschlagen wie ↗Beißer im Film ↗*Der Spion, der mich liebte* (1977) – allerdings mit dem Unterschied, dass der Stahlgebissträger überlebte. Bond sucht später im Buch die ↗Hagia Sophia auf, die auch schon im Film und im Roman *GoldenEye* eine Rolle spielte. Als ↗Hera Vopulus Bond die Hand aufschneidet, weckt das bei ihm Erinnerungen an die Taten eines SMERSH-Mannes – in ↗*Casino Royale* ritzte ein Fiesling 007 ein auf dem Kopf stehendes M in die Hand. Was die Folter angeht, so hat Vopulus ähnliche Methoden wie Helga Brandt aus *Man lebt nur zweimal* (1967) und Stamper aus *Der Morgen stirbt nie* (1997). Der Mordfall im Buch, der in »Ms« Privatsphäre fällt, erinnert 007 an die Colonel-Sun-Äffäre *(Liebesgrüße aus Athen)*, da auch hier »M« (↗Miles Messervy) persönlich betroffen war und entführt wurde. In ↗*Countdown!* wird erneut ein Haus genannt, bei dem es sich vermutlich um das von Fleming auf Jamaika handelt. Als 007 einen Tritt in 05s Hoden platziert, verweist dies auf ↗*Casino Royale*: Bond ist der Meinung, Teppichklopfer seien schlimmer als Tritte. Nach dem Verlust ihres Vaters ↗Sir Robert King fragt ↗Elektra King James Bond in ↗*Die Welt ist nicht genug* (1999), ob er auch schon mal einen geliebten Menschen verloren habe. Bond zeigt keine Reaktion, kommt also nicht auf ↗Tracy di Vicenzo zu sprechen.

Anspielungen in ↗*Stirb an einem anderen Tag*:

Der zwanzigste offizielle James-Bond-Film sollte etwas ganz Besonderes werden. ↗Michael G. Wilson und ↗Barbara Broccoli waren sich einig, mit diesem Jubiläums-Bond einen Film zu präsentieren, der als Hommage an alle Vorgänger gesehen werden kann. Die Drehbuchautoren ↗Neal Purvis und ↗Robert Wade gaben sich alle Mühe, Dinge in das Script einzubauen, die bei den Zuschauern Wiedererkennungswert haben. Natürlich kann man bei einigen Szenen auch einen Bezug zu früheren 007-Filmen hineininterpretieren, aber die meisten Insidergags sind offensichtlich.

Bond-Experten haben folgende Anspielungen entdeckt:

1) »Ikarus«: Der Laser von ↗Gustav Graves erinnert an die Waffe, die ↗Blofeld in ↗*Diamantenfieber* (1971) benutzt (↗Remakes)

2) In der ↗Pre-Title-Sequenz trägt 007 normale Kleidung unter seinem Taucheranzug. In ↗*Goldfinger* (1964) war es ein weißer Anzug.

3) Rollentausch: In die Rolle eines Diamantenhändlers schlüpft James Bond auch schon in ↗*Diamantenfieber* (1971), wenn er als ↗Peter Franks unterwegs ist.

4) Als Bond vom Luftkissenboot abspringt, bleibt er an einem Baumstamm hängen, der zum Anschlagen der Glocke in einem Schrein verwendet wird. Das dreimalige Glockenschlagen fand schon in *Man lebt nur zweimal* (1967) bei Bonds vorgetäuschter Hochzeit statt.

5) Ende im Wasserfall: Wie auch ↗Beißer in ↗*Moonraker – streng geheim* (1979) stürzt ↗Colonel Moon mit einem ↗Hovercraft in die tosenden Fluten eines Wasserfalls.

6) Als 007 aus dem Krankenzimmer »auscheckt«, sind die Töne zu hören, die den Film ↗*James Bond 007 jagt Dr. No* (1962) einleiteten.

7) Der Name ↗Chang des chinesischen Agenten ist eine Anspielung auf Chang, den Diener von ↗Hugo Drax in *Moonraker – streng geheim* (1979).

8) Dass James Bond im Hotel in Hongkong die Präsidentensuite angeboten bekommt, erinnert stark an *Moonraker – streng geheim* (1979). Auch hier wohnt der Agent in Rio in der Präsidentensuite.

9) Die Masseuse »Friedliche Quellen der Lust«, die James Bond im Hotel in Hongkong aufsucht, trägt ihre versteckte Waffe genauso in einem Strumpfband wie ↗Pam Bouvier in ↗*Lizenz zum Töten* (1989).

10) Pornofilm: Wie in ↗*Liebesgrüße aus Moskau* (1963) wird Bond durch einen Spiegel gefilmt. Im vierten Film mit ↗Pierce Brosnan bemerkt 007 die Beobachtung aber, und es kommt zum Liebesakt.

11) Jinx kommt aus dem Meer: Das Auftauchen von ↗Jinx ist eine Anspielung auf das Auftauchen von ↗Honey Rider in *James Bond 007 jagt Dr. No* (1962). Beide Darstellerinnen (↗Halle Berry und ↗Ursula Andress) tragen den gleichen weißen Gürtel.

12) Allein im Bett: Nur in zwei Filmen greift Bond beim Aufwachen ins leere Bettuch: in ↗*Im Geheimdienst Ihrer Majestät*

(1969) und in ↗ *Stirb an einem anderen Tag*. In ↗ *Lizenz zum Töten* (1989) hingegen war er schon allein eingeschlafen.

13) Snack für zwischendurch: In ↗ *Feuerball* (1965) pflückt sich 007 eine Weintraube, als er das Zimmer von ↗ Graf Lippe durchsucht. In ↗ *Stirb an einem anderen Tag* schnappt er sich eine Weintraube, als er durch ein Fenster in den »Schönheitssalon« von ↗ Los Organos einbricht.

14) Die rotierenden Dreiecks-Prismaspiegel im Schönheitssalon sind als Hommage an ↗ Francisco Scaramangas Spiele im ↗ »Fun House« von ↗ *Der Mann mit dem goldenen Colt* (1974) zu sehen.

15) Der Name ↗ Dr. Alvarez ist eine Anspielung auf ↗ Lupe Lamoras Liebhaber in *Lizenz zum Töten* (1989) – dieser hieß auch schon Alvarez.

16) Diamanten für die Ewigkeit: Auf dem Flug nach London liest Bond einen Bericht über Gustav Graves. Ein Kernzitat darin lautet »Diamonds are forever« – eine Anspielung auf den gleichnamigen Film mit Sean Connery von 1971.

17) Gustav Graves springt mit einem Fallschirm ab, der das Union-Jack-Symbol zeigt – ein Zitat des Fallschirmstunts in der Pre-Title-Sequenz aus ↗ *Der Spion, der mich liebte* (1977).

18) In *Goldfinger* (1964) erhöht James Bond den Einsatz beim Golfspiel um einen Goldbarren, in *Octopussy* ist es ein ↗ Fabergé-Ei und im zwanzigsten offiziellen Bond-Film *Stirb an einem anderen Tag* (2002) erhöht er beim Fechten um einen Blutdiamant.

19) Moneypenny lauscht wie in *Liebesgrüße aus Moskau* (1963) über die Sprechanlage, was sich in »Ms« Büro abspielt.

20) Im U-Bahn-Tunnel trifft 007 auf ↗ »Q«, der sein neues Auto vorstellt. Im Hintergrund hängt das Bild eines Seemanns – eine Anspielung auf die Zigarettenmarke Players, die im Roman ↗ *Feuerball* zur bevorzugten Sorte von ↗ Domino gehört.

21) Als 007 im U-Bahn-Tunnel seinen Wagen von »Q« erhält, ist hinter ihm ein Plakat mit der Aufschrift »Game, set and match!« zu sehen, eine Anspielung auf ↗ Vijay Amritaj, den Tennisprofi, der in ↗ *Octopussy* (1983) Vijay spielte und diesen Satz (»Spiel, Satz und Sieg«) benutzte. In *Stirb an einem anderen Tag* wird das Zitat in eine alte Ford-Werbung gekleidet.

22) Wenn Bond in seinem Büro sitzt, ist dies eine Anspielung auf *Im Geheimdienst Ihrer Majestät* (1969), auch wenn es sich um eine virtuelle Szene handelt.

23) Vom alten »Q« gelernt: »Q« meint bei der Präsentation des ↗ Aston Martin Vanquish, er scherze niemals über seine Arbeit – dies sagte auch »Q« in *Goldfinger* (1964)

24) Eine Anspielung in *Stirb an einem anderen Tag* (2002) bezieht sich nicht auf Bond-Filme selbst. Als 007 meint, »M« habe durch seine Kugel nur eine Fleischwunde davongetragen, verweist dies auf den Film *Die Ritter der Kokosnuss,* in dem ↗ John Cleese mitspielt.

25) »Qs« Labor: Eine Häufung von alten Requisiten bietet »Qs« Labor in ↗ *Stirb an einem anderen Tag*. Darin befinden sich Gegenstände wie: a) Rosa Klebbs Schuh aus *Liebesgrüße aus Moskau* (1963) • b) Bonds Aktenkoffer aus *Liebesgrüße aus Moskau* (1963) • c) Der Jetpack aus ↗ *Feuerball* (1965) • d) Das Seil aus *Octopussy* (1983) • e) Der Bede-Jet aus *Octopussy* (1983) • f) Das Krokodil-U-Boot aus *Octopussy* (1983) • g) Auf einem Monitor in »Qs« Werkstatt ist eine Konstruktionszeichnung des ↗ Lotus Esprit zu erkennen. Das Fahrzeug kommt in *Der Spion, der mich liebte* (1977) und in ↗ *In tödlicher Mission* (1981) vor. • h-m) Weitere Gegenstände in »Qs« Labor, die aber nur auf Szenenfotos zu sehen sind: Die Parkuhr aus *Goldfinger* (1964), »Qs« Overheadprojektor, den er in *Der Spion, der mich liebte* (1977) benutzte, eine der exotischen Waffen und »Qs« Lupe, mit der er den Funksender ins Fabergé-Ei einbaute, aus *Octopussy* (1983), Bonds gelber Taucherhelm aus *In tödlicher Mission* (1981), Karas Cello aus *Der Hauch des*

Todes (1987) – wobei allerdings das Einschussloch nirgends zu entdecken ist –, »Qs« Reisegepäck aus *Lizenz zum Töten* (1989)

26) »Was wissen Sie über 007?«, fragt »M« ↗Miranda Frost im zwanzigsten offiziellen Bond-Abenteuer, und diese hält einen professionellen Vortrag über Bond. Hiermit gehen die Autoren des Drehbuchs auf Filme wie *Der Mann mit dem goldenen Colt* (1974), *Moonraker – streng geheim* (1979), *In tödlicher Mission* (1981) und *Octopussy* (1983) ein, in denen 007 immer eine »Was wissen sie über ...«-Frage gestellt wurde und er mit seinem Wissen glänzen konnte.

27) Wie auch in *Der Morgen stirbt nie* (1997) werden Bond in seinem Wagen Informationen durch eine elektronische Frauenstimme mitgeteilt, und der Wagen ist in diesem Film, ebenso wie in ↗*Die Welt ist nicht genug* (1999), über den Autoschlüssel fernsteuerbar.

28) Bei der Ikaruspräsentation läuft auf Leinwänden im Hintergrund eine Animation, die an Elliot Carvers Filmlogo in *Der Morgen stirbt nie* (1997) erinnert.

29) Einer Wache von Graves schleudert Jinx ein Wurfmesser in die Kehle, eine Anlehnung an *Der Morgen stirbt nie* – hier wirft ↗Wai Lin einen Ninjastern in die Kehle eines Angreifers.

30) Lochfraß: In *GoldenEye* (1995) bekommt James Bond die Uhr mit integriertem Laser, die in ähnlicher Form auch in *Sag niemals nie* (1983) zu sehen war. In *GoldenEye* schneidet er damit ein kreisrundes Loch in die Bodenplatten eines Zuges, in *Stirb an einem anderen Tag* Löcher ins Eis.

31) Komprimierte Luft: Die ↗Atemstäbchen, die in *Feuerball* (1965) zum Einsatz kommen, werden von Bond auch im 20. offiziellen Abenteuer genutzt.

32) Geschnitten oder am Stück? Nicht nur Goldfinger will Bond in *Goldfinger* (1964) mit einem Laser zerteilen, auch ↗Mr. Kil kommt auf die Idee, als er Jinx vor sich gefesselt liegen sieht.

33) Da geht man die Wand runter: Wai Lin besitzt in *Der Morgen stirbt nie* einen Armreifen, mit dem sie einen Kletterhaken abschießen kann. Gehalten durch ein Drahtseil, geht sie dann eine Wand hinunter. Bond modifiziert ihren Einfall in *Stirb an einem andern Tag* und benutzt die Abseilvorrichtung von Jinx, um damit an Graves' Treibhaus herunterzulaufen.

34) In *Feuerball* (1965) meint 007 gegenüber ↗Volpe, es sei Berufsrisiko, versagt zu haben. Dasselbe behauptet er auch gegenüber Frost.

35) Das Herunterreißen des Mannes von seinem Schneemobil erinnert sehr an eine Aktion Bonds, die in der ↗Pre-Title-Sequenz von *Im Angesicht des Todes* (1985) zu sehen war. Experten sind der Ansicht, ↗Zaos Ende sei eine Hommage an ↗Trevelyans Ende in *GoldenEye* (1995) – beide Männer werden beim Finale von einer Spitze durchbohrt. Bei Trevelyan ist es die Antenne einer Satellitenschüssel, bei Zao ein Kronleuchter.

36) Schleudersitz: Der Schleudersitz, den 007 in seinem ↗Aston Martin Vanquish hat, stammt aus dem Film *Goldfinger* (1964).

37) Da fährt man die Wand rauf: Die Spikes, die aus den Reifen des Aston Martin Vanquish kommen, waren schon in *Der Hauch des Todes* (1987) bei Bonds ↗Aston Martin DB S im Einsatz.

38) Szenenklau: Die Rakete aus der Pre-Title-Sequenz von *Der Morgen stirbt nie* (1997) ist genau die, die auch auf »Ikarus« abgeschossen wird. ↗Lee Tamahori behauptete später, die Szene wurde wegen der enormen Kosteneinsparungen erneut verwendet und nicht neu gedreht.

39) Nach dem Abschuss der Rakete auf Ikarus sind Videobilder der Rakete zu sehen, bei denen ein »Fadenkreuz« auftaucht, das Bond schon in *Moonraker – streng geheim* (1979) sah, als er mit ↗Holly Goodhead Jagd auf den letzten Globus von Drax machte.

40) So wie ↗ Elektra King in *Die Welt ist nicht genug* (1999) ihren eigenen Vater behandelt, tut es auch Gustav Graves mit seinem: beide bringen ihre Väter um.

41) Schirmschießen: Die explodierenden Monitore im Stützpunkt des MI6 erinnern sehr an Abläufe, die auch durch die Satellitenexplosion in *GoldenEye* (1995) hervorgerufen werden.

42) Die Satellitenbilder von ↗ Graves Flugzeug erscheinen als Satellitenbilder beim ↗ MI6 wie einst der ↗ Tiger-Helikopter in *GoldenEye* (1995).

43) Wie ↗ Wai Lin in *Der Morgen stirbt nie* (1997) einen Ninjastern in die Kehle schleuderte, so wirft ↗ Jinx in *Stirb an einem anderen Tag* ein Messer in den Hals eines Gegners.

44) Jinx nennt Frost ein »Miststück« – man wollte damit das Wort treffen, mit dem James Bond Vespa Lynd am Ende des Romans ↗ *Casino Royale* bezeichnet, in der deutschen Version nennt er sie aber nicht »Miststück«, sondern »Biest«. Der Zusammenhang ist jedoch gegeben: Frost und Lynd sind beide Doppelagentinnen.

45) Gebrochenes Herz: Jinx meint im Film, nachdem sie Frost erstochen hat, sie habe ihr das Herz gebrochen. James Bond bemerkt das Gleiche, als er Hugo Drax in *Moonraker – streng geheim* (1979) einen Zyankalipfeil in die Brust schießt.

46) Den Ausstieg über die Frachtluke aus dem abstürzenden Flugzeug gab es schon in *Der Hauch des Todes* (1987).

47) Hatte Moneypenny schon in *Der Morgen stirbt nie* (1997) auf »Ms« Anweisung hin für falsche Schlagzeilen gesorgt, was den Verbleib von Carver anging, so tut sie dies auch im zwanzigsten offiziellen Bond-Film. Bezüglich der Ikarusschäden macht sie folgende schriftliche Meldung: »Jahrhundertgewitter verwüstet Minenfeld in Nordkorea«. Nach dieser Auflistung ist es einleuchtend, warum ↗ Pierce Brosnan selbst *Stirb an einem anderen Tag* als »Hommage-City« bezeichnete.

48) Jinx grüßt James Bond nach ihrem Sprung von Los Organos aus einem Boot in alter Roger-Moore-Manier. Er hatte ↗ Louis Jordan als ↗ Kamal Khan in *Octopussy* (1983) zugewinkt.

Aber nicht nur auf James-Bond-Filme bietet *Stirb an einem anderen Tag* die passenden Anspielungen, auch die Romane werden zitiert, und hierfür ist zweifelsohne auch Autor Raymond Benson verantwortlich.

1) Dass 007 seinen Anzug von Brioni unter dem Neoprenanzug verbirgt, als er als Surfer an der Küste von Nordkorea auftaucht, ist eine Anspielung auf den Film *Goldfinger* (1964). Darin hat Bond seinen weißen Anzug unter seinem Taucheranzug.

2) Im Roman heißt es, der Satz »Wir haben alle Zeit der Welt« sei für Bonds lang dauernde Gefangenschaft durchaus zutreffend – es handelt sich um eine Anspielung auf den Film *Im Geheimdienst Ihrer Majestät* (1969).

3) Als 007 im Roman aus seiner Zelle geführt wird, sieht er das Gerippe eines ausgebrannten russischen T55-Panzers – dieses Gefährt benutzt Bond in *GoldenEye* (1995) bei der Verfolgung von Ourumov.

4) »Dieser Mann sah aus wie Robinson Crusoe«, heißt es im Buch *Stirb an einem anderen Tag*, als 007 aus der Gefangenschaft der Koreaner entlassen wird. Benson spielt damit auf den 1994 gedrehten Film *Robinson Crusoe* an, in dem Pierce Brosnan die Hauptrolle spielte.

5) Bond wird durch die Da-Vinci-Maschine untersucht und die Ärzte stellen fest, er habe sich früher einmal seine Schulter ausgekugelt – dies passierte im Roman ↗ *Die Welt ist nicht genug*.

6) Die verwendete Plexiglasscheibe, die Bond und »M« im Krankenzimmer trennt, stammt aus *James Bond 007 und der Mann mit dem goldenen Colt*.

7) Von einem Straßenjungen bekommt 007 eine »echte« Rolex-Armbanduhr angeboten. Er lehnt sie ab. Benson spielte damit auf die Rolex an, die 007 im Film *Sag niemals nie* (1983) trägt. Algy (»Q«) nimmt sie ihm weg und schleudert sie voller Verachtung zu Boden.

8) In der Bar »Top Hat« sieht James Bond einen Mann, der die Zeitung *Tomorrow* liest – es heißt, sie sei vor einigen Jahren aus der Produktion genommen worden und jetzt mit anderem Management wieder auf dem Markt. Eliot Carver aus dem Film *Der Morgen stirbt nie* (1997) war Geschäftsführer der Zeitung *Tomorrow*. Er wurde von Bond umgebracht.

9) In Havanna schlendert 007 an einem Haus vorbei, das einst Hemingway gehörte und dem Hemingway-Haus in Key West ähnelt. Letzteres wurde im Roman ↗*Lizenz zum Töten* beschrieben und im gleichnamigen Film von 1989 auch zum Schauplatz.

10) »Eines der jungen Mädchen sang lauthals ein karibisches Lied zur Musik aus einem Gettoblaster«, heißt es im Roman und man fragt sich, ob Benson hier nicht auf »Qs« Erfindung im Film *Der Hauch des Todes* (1987) verweist.

11) Bei Raoul im Regal liegt eine alte Landkarte der Insel San Monique. Hier war einst der Unterschlupf von Dr. Kananga und Solitaire in *Leben und sterben lassen* (1973).

12) Tarnung ist alles: Bond tarnt sich als Ornithologe. Auf die Idee kommt er im Büro von Raoul, als er ein Buch mit dem Titel *Birds Of The West Indies* findet – dies stammt vom echten James Bond, nach dem Ian Fleming seinen Romanhelden benannte.

13) Wenn 007 im Roman *Stirb an einem anderen Tag* das Lied *California Girls* im Radio hört, ist es eine Anspielung Bensons auf die Pre-Title-Sequenz von *Im Angesicht des Todes* (1985); hier schließt sich der Song der Beach Boys direkt an die Actionmusik an.

14) Jinx verlässt im Morgengrauen das Bett von 007, und Bond merkt es nicht. »Es war sehr ungewöhnlich für ihn, dass er sie nicht hatte gehen hören«, heißt es – es passierte ihm aber schon im Film *Im Geheimdienst Ihrer Majestät* (1969), wo er ohne Tracy aufwachte.

15) Die goldene Gewehrkugel, die Zao als Anhänger um seinen Hals trägt, erinnert an die goldenen Patronen, die auch Francisco Scaramanga in *Der Mann mit dem goldenen Colt* (1974) benutzt. Saida trägt eine solche Patrone als Schmuck in ihrem Bauchnabel.

16) Dr. Alvarez besitzt im Buch eine Kunstsammlung, in der sich auch ein Fabergé-Ei befindet. Hiermit erinnert Raymond Benson an den Film *Octopussy* (1983), in der das Kunstwerk eine Schlüsselrolle spielt.

17) Wie im Film befinden sich im Roman zahlreiche Requisiten aus vergangenen Bond-Abenteuern im Untergrund der Abteilung »Q«. Hierzu gehören der Jet-Pack aus *Feuerball* (1965), ein Kreislauftauchgerät, eine Enterhakenpistole aus *Diamantenfieber* (1971), ein Scharfschützengewehr aus *Liebesgrüße aus Moskau* (1963) mit dazugehörigem Aktenkoffer, zahlreiche Dummys und der ↗Gyro-Copter.

18) Die Zeit vergeht: Schon im Roman ↗*Die Welt ist nicht genug* bietet »Q« Bond eine neue Uhr an und meint: »Das müsste inzwischen die 19. sein«. In *Stirb an einem anderen Tag* wurde sie als zwanzigste Uhr zum Lacher beim Publikum.

19) Kalte Spur: Der Eispalast von Gustav Graves hat seine literarische Vorlage, John Gardner beschrieb ein Gebäude gleichen Namens in seinem Buch *Eisbrecher*.

20) Die langhaarige weiße Katze, die in Graves Eispalast auf der Theke sitzt, trägt ein Halsband aus Diamanten. Das Tier ist eine Anspielung auf Blofelds Katze aus *Diamantenfieber* (1971)

21) Mauersegler: Im Eispalast von Graves nennt sich Jinx »Swift« – John Gardner benutzte diesen Tarnnamen schon für eine Person in seinem Buch ↗*Nichts geht mehr, Mr. Bond*. Es könnte sich aber auch auf Bonds vorgetäuschte Tätigkeit als Ornithologe beziehen. Jinx ist der »Pechvogel«, Swift der Mauersegler. Letzter Name passt auch zu Jinx' Sprung von einer hohen Mauer auf der Insel Los Organos.

22) Wie auch schon Chang und Drax in *Moonraker – streng geheim* (1979), so hält auch Mr. Kil für Gustav Graves zwei Dobermänner.

23) Dass Bond zur Fortbewegung auch einen Cellokasten hätte gutheißen können, ist eine Anspielung auf die Verfolgungsjagd aus dem Film *Der Hauch des Todes* (1987), in dem Kara Milovy und 007 in einem Cellokasten sitzen und den Verfolgern auf Skiern entkommen.

24) Schmunzeln kann man auch, wenn man im Roman *Stirb an einem anderen Tag* erfährt, dass Graves mit einem Mann namens Ericson Geschäfte machte: Ericson ist auch die Handy-Firma, die besonders im Film *Der Morgen stirbt nie* (1997) beste Möglichkeiten zum Product-Placement hatte.

25) Dass Benson eine Romanfigur »Zwei-Sterne-General« nannte, ist vermutlich auf John Gardners »Vier-Sterne-General« in ↗*Moment mal, Mr. Bond* zurückzuführen. Das 19. Kapitel trägt hier diese Überschrift; gemeint ist James Bond. Viele werden sagen, dies sei weit hergeholt, aber wer Raymond Bensons Arbeiten kennt, weiß, wie wahrscheinlich es ist.

26) Vlads Tod ist eine Anspielung aus Auric Goldfingers Abgang im Film *Goldfinger* (1964), bei dem Personen durch den Sog, der in einem beschädigten Flugzeug entsteht, nach draußen gerissen werden; beide Körper werden förmlich aus einem Fenster gesaugt.

27) Runter kommen sie alle: Der Showdown aus *Stirb an einem anderen Tag* kann als moderne Version aus dem Buch ↗*Goldfinger* gesehen werden. Natürlich sind auch andere Romane voll von Anspielungen, und besonders bei den Büchern von Raymond Benson reihen sie sich geradezu aneinander; die meisten Anspielungen finden sich aber im Buch *Stirb an einem anderen Tag*.

ANSPITZER

In ↗*003½ James Bond Junior* hat James einen Anspitzer dabei, um ihn ↗Sheila zu schenken und ihr eine Freude zu machen.

ANSTECKNADEL

Die Anstecknadel in Form einer Taube, die ↗Locque in der Hand der Leiche von ↗Luigi Ferrara zurückgelassen hat, soll James Bond in ↗*In tödlicher Mission* (1981) auf die Spur von ↗Columbo bringen. Später wird Bond mit der Nadel das Ende von Locque selbst einleiten.

ANTENNE (auch: Waffe)

Schon in ↗*Octopussy* (1983) konnte sich der Agent mit einer Antenne retten: Auf der Außenhaut eines Flugzeugs mit ↗Gobinda kämpfend, ließ Bond dem Gegner eine Antenne ins Gesicht schnellen. Durch den »Peitschenhieb« ließ Gobinda los und stürzte in die Tiefe.

Die Antenne auf dem Hochhaus ↗»Transamerican Pyramid« in San Francisco schlägt in ↗*Im Angesicht des Todes* (1985) zwischen Bonds Beine. 007 hängt an einem Tau von ↗Zorins Zeppelin und wird über die Stadt gezogen. Es ist nicht das erste Mal, dass sich James Bond eine Verletzung an den Hoden zuzieht. In ↗*Der Hauch des Todes* (1987) flüchtet James Bond vor der Polizei in Tanger und springt dabei von Dach zu Dach der einfachen Häuser. Mit einer Antenne, an die er sich klammert, schwingt er sich zu einem tiefer gelegenen Platz. Der Polizist nähert sich, und 007 lässt die unter Spannung gehaltene Antenne los, die dem Polizisten mit voller Wucht ins Gesicht schlägt. Die Antenne der Satellitenschüssel in ↗*GoldenEye* (1995), in der sich 007 die Hoden geprellt hat, stürzt im Finale des Films in die Tiefe und durchbohrt den am Boden liegenden ↗Alec Trevelyan. Die Szene war in der Kinoversion des Films nicht enthalten, findet sich aber auf den ab 16 Jahren freigegebenen DVDs und Videos.

ANTHONY, PETER (Potenzieller Bond-Darsteller)
Vor dem Produktionsbeginn von ↗*James Bond 007 jagt Dr. No* (1962) suchten die Produzenten nach einem geeigneten Darsteller, der 007 verkörpern sollte. ↗Ian Fleming gab eine Beschreibung heraus, wie er sich 007 vorstellte. Schließlich wurde eine Jury einberufen, die aus ↗Albert R. Broccoli, Ian Fleming, ↗Pat Lewis und ↗Harry Saltzman bestand. Gewinner dieses Castings wurde das Fotomodell Peter Anthony. Trotz Anthonys Sieg bekam ↗Connery die Rolle. Einer der Hauptgründe, warum Anthony ausgestochen wurde: Broccoli glaubte nicht, dass das Fotomodell einen so komplizierten Part wie James Bond überzeugend verkörpern könnte.

ANTHRAX (Gift)
Das Nervengas Anthrax geht Bond scheinbar auf die Nerven, denn er und ↗006 zerstören im Roman ↗*GoldenEye* eine Fabrik für die Aufbereitung von biologischen- und chemischen Waffen. ↗Ouromov, der Leiter dieser »Aufbereitungsanlage Numero eins«, ist von der ↗»Operation Schlüsselblume« nicht sehr begeistert. 006 findet seinen Tod – doch jeder Bond-Kenner weiß: Man lebt nur zweimal … Und seit den Terroranschlägen in den USA weiß jedes Kind, dass die Anthrax-Viren die tödliche Milzbrandkrankheit auslösen.

ANTI-DROGENPROGRAMM
Eigentlich ist ein Anti-Drogenprogramm etwas sehr Positives, nicht jedoch in der Romanwelt des James Bond: In ↗*Scorpius* hilft der gleichnamige Bösewicht Menschen dabei, von den Drogen loszukommen, um sie dann seinerseits zu persönlichen Kamikazeterroristen auszubilden. Er beschreibt sein Programm wie folgt: »Vitaminspritzen, Disziplin, entscheidungsunterdrückende Mittel, Methadon bei Heroinabhängigkeit und sehr tiefe Hypnose gegen die Entzugserscheinungen.« Hypnose nutzt ↗Wladimir Scorpius auch, um Anhänger für seine Sekte ↗»Gesellschaft der Demütigen« zu rekrutieren.

ANTI-FÄLSCHUNGSSTREIFEN
↗Düngerbombe

ANTIGONE
↗Christiana

ANTI-KOAGULANS (Tabletten)
↗Panadoltabletten

ANTI-SPIONINNEN-GERÄT (Filmcharakter)
↗SSA

ANTITERROREINHEITEN
Als es im Roman ↗*Countdown für die Ewigkeit* um den Terroristen Franco geht, zählt James Bond die Organisationen für die Bekämpfung des Terrorismus auf. ↗David Ross, der stellvertretende Polizeichef und ↗Sir Richard Duggan, der Direktor des ↗MI5, hören Bond interessiert zu, als dieser die Antiterroreinheiten nennt, die etwas vom ↗Code Foxtrott verstehen. Zu den Antiterroreinheiten gehören: ↗GSG 9, ↗Gigene, die ↗Sqadra R, ↗Blue Light, ↗C.11 und ↗C.13. Es waren die Einheiten aus Deutschland, Frankreich, Italien und Amerika. C.11 und C.13 gehörten Scotland Yard an und arbeiteten oft mit dem Sonderdezernat von David Ross zusammen.

ANTOINE (Romanfigur)
Siehe ↗Inhaltsangabe *Never Dream Of Dying*

ANTONOV AN-12 CUB (Flugzeug)
↗Arkow, ein von ↗Renard ermordeter Mitarbeiter des russischen Ministeriums für Atomenergie, hat dafür gesorgt, dass ein Transport-Militärflugzeug vom Typ Antonov AN-12 Cub bereit steht, um ihn nach Kasachstan zu bringen. ↗Sascha Dawidow, der für den toten Arkow mitfliegen will, wird von 007 erschossen. Letztendlich ist Bond dann der Mann an Bord …

ANWAR, RAFIQ (Darsteller)
Keine sehr große Rolle hatte Rafiq Anwar im Film ↗*Der Spion, der mich liebte* (1977). Er verkörpert in einem Club in Kairo einen Kellner, der James Bond den Weg zu ↗Max Kalba weist.

ANYA (Lied)
↗*The Spy Who Loved Me* (Soundtrack)

ANZUG (Codewort)
Unter der Nennung des Wortes »Anzug« gibt ↗Oberst John in der Kurzgeschichte ↗*Für Sie persönlich* eine Liste an 007 weiter, die u. a. die Adresse eines Altkleiderhändlers enthält, der dem Agenten unauffällige getragene Sachen geben soll.

ANZUG
↗Tarnanzug

APE OF DIAMONDS (Comic)
↗Comics

APFEL (Obst)
In ↗*Leben und sterben lassen* (1973) lehnt 007 einen Apfel ab, den ihm eine Bäuerin auf ↗San Monique anbietet. In *Sag niemals nie* (1983) nimmt er sich einen Apfel beim Betreten der Villa, in der ↗Nicole auf ihn hätte warten sollen. Die Reste spießt er auf eine Goldfigur, die auf einem Beistellschränkchen steht.

APOGEE (Special Effects)
↗John Dykstras

APOLLO AIRLINES (fiktive Fluggesellschaft)
Wenn James Bond das früher gewusst hätte, wäre er vermutlich mit dem Zug gereist. Im Film ↗*Moonraker – streng geheim* (1979) ist Bond als Gast an Bord eines Flugzeugs der Apollo Airlines – eine Fluggesellschaft der Gegenseite: Der ↗Apollo-Pilot und die ↗Apollo-Stewardess wollen den Geheimagenten ins Grab bringen. Da der Pilot die Armaturen zerschoss, stürzte das Flugzeug ab.

APOLLO-PILOT (Filmcharakter)
»Wir wünschen einen angenehmen Flug!«, dies ist der letzte ironische Satz, den der Pilot der ↗Apollo Airlines im Film ↗*Moonraker – streng geheim* (1979) von sich geben kann. Ein Zweikampf zwischen ihm und James Bond entbrennt. In dessen Verlauf stürzen beide aus dem Flugzeug. Der Geheimagent kann dem Apollo-Piloten den Fallschirm abjagen. Dieser stürzt aus 10.000 Metern in den sicheren Tod. In den Credits wird er als »Drax' Privatpilot« und »Pilot im Privatflugzeug« aufgeführt. Der Schauspieler ↗Jean Pierre Castaldi füllte diese Rolle schlagkräftig aus.

APOLLO-STEWARDESS (Filmcharakter)
Um James Bond im Film ↗*Moonraker – streng geheim* (1979) abzulenken, befindet sich an Bord eines Flugzeugs der ↗Apollo Airlines eine bezaubernde Stewardess. Nachdem 007 alles erfasst hat, was die Dame zu bieten hat, richtet sie eine Waffe auf ihn. Gemeinsam mit dem ↗Apollo-Piloten und ↗Beißer will sie James Bond aus dem Weg schaffen – vermutlich als Racheaktion, weil 007 im Film ↗*Der Spion, der mich liebte* (1977) Beißers Vorgesetzten ↗Karl Stromberg getötet hatte. Nachdem 007 und der Pilot aus dem Flugzeug gestürzt sind, und auch Beißer abgesprungen ist, bleibt die Apollo-Stewardess in der fluguntüchtigen Maschine zurück. Vermutlich sprang sie mit einem Fallschirm ab und rettete sich. Die Figur taucht auch unter den Rollennamen »Hostess im Privatflugzeug« und »Stewardess im Privatflugzeug« auf. Sie wurde von der Schauspielerin ↗Leila Shenna verkörpert.

APOSTIS (Filmcharakter)
Apostis ist neben ↗Karageorge und ↗Claus einer von drei kleinen Killern, die im Film ↗*In tödlicher Mission* (1981) in den Diensten von ↗Emile Leopold Locque stehen. Als James Bond den Aufstieg zum Felsenkloster ↗St. Cyril's wagt, will Apos-

tis ihn zum Absturz bringen. 007 ist aber auf dem Schlachtfeld »Berg« der bessere Stratege: Apostis stürzt mehrere hundert Meter in die Tiefe und schlägt neben ↗Columbo und ↗Melina Havelock auf. Diese vermuten zuerst, es handle sich um Bond selbst, doch das Umdrehen der Leiche bringt Gewissheit. Apostis wurde von ↗Jack Klaff verkörpert.

APPAREILS ELECTRIQUES DRACO (fiktive Firma)
↗Marc-Ange Draco, der Chef der ↗Union Corse, meldet sich am Telefon immer mit dem Firmennamen »Appareils Electriques Draco«. Das ist seine Art der Tarnung im Roman ↗*007 James Bond im Dienst Ihrer Majestät*, während Bond oft vorgibt, für ↗Universal Export tätig zu sein.

APPARTEMENT 423
Zimmer 423

APPARTEMENT 516
↗Zimmer 516

APPOINTMENT IN MACAU (Zeichentrickfilm)
↗*James Bond Jr.*

APPROACHING KARA (Lied)
↗*The Living Daylights* (Soundtrack)

APTED, MICHAEL (Regisseur)
Michael Apted wurde am 10. Februar 1941 in England geboren. Er studierte Jura und Geschichte und verdiente sich seine ersten Sporen als Mitarbeiter in der Dokumentarfilmabteilung der Firma Granada Television. Er arbeitete sich zum Regisseur hoch und erhielt Lob als Journalist für die Nachrichtenserie *World In Action*. Auch die Arbeit an anderen TV-Serien kam gut an, und Apted erhielt Preise wie den BAFTA oder eine Auszeichnung als bester Regisseur im Bereich Drama. Der Kriegsfilm *Desertiert – Der Kampf ums Überleben* (1972) sollte sein Kinodebüt werden. Es folgten *Stardust* (1975), *Der aus der Hölle kam* (1977) und *Das Geheimnis der Agatha Christie* (1979). Bei den Dreharbeiten zu diesem Film lernte Apted ↗Timothy Dalton kennen und schätzen. Der absolute Durchbruch kam mit *Nashville Lady*. Apteds erstes Projekt für die USA erhielt sieben Oscar-Nominierungen. Es folgten *Zwei wie Katz und Maus* (1981), *Gorky Park* (1983) und *Gorillas im Nebel* (1988). Der Regisseur ist dafür bekannt, dass er um die ganze Erde reist, um seine Filme an exotischen Schauplätzen zu inszenieren. 1992 drehte Apted gleich drei Filme (*35 Up*, *Zwischenfall in Oglala* und *Halbblut – Thunderheart*). Nach zahlreichen Filmen und Dokumentationen wurde Michael Apteds Film *Nell* (1994) mit Jodie Foster in der Hauptrolle zum Kassenschlager. Er spielte weltweit über 100 Millionen Dollar ein. Auch *Extrem – Mit allen Mitteln* (1996) wurde ein Erfolg, sodass ihn Kritiker zu einem der innovativsten Regisseure unserer Zeit zählten. Das Angebot, ↗*Die Welt ist nicht genug* (1999) zu machen, überraschte den erfahrenen Regisseur, da er sich doch niemals mit Action-Filmen beschäftigt hatte. Er sagte die Regie für den Film *Enigma* ab, um den neunzehnten offiziellen Bond-Film inszenieren zu können. ↗Pierce Brosnan schwärmte zwar während der Dreharbeiten von Apted, aber seine Meinung änderte sich scheinbar: Bei der Produktion von ↗*Stirb an einem anderen Tag* (2002) ließ Brosnan verlauten, er sei mit Regisseur ↗Lee Tamahoris sehr zufrieden, und er wäre froh darüber, nicht wieder mit einer Person wie Apted arbeiten zu müssen.

AQUARIUM
↗Octopussy hat in ihren Räumen im schwimmenden Palast in ↗*Octopussy* (1983) Aquarien, in denen sie Fische und auch einen ↗Octopus hält. Als Killer auftauchen und versuchen, 007 zu ermorden, schlägt Bond einen Angreifer mit dem Gesicht durch die Scheibe des Aquariums. Der Octopus saugt sich an dessen Gesicht fest und tötet den Mann mit seinem Gift.

AQUATOR (Filmtitel)

Nachdem ↗GoldenEye (1995) ein phänomenaler Kinoerfolg geworden war, begannen die Spekulationen, wie der neue James-Bond-Film heißen würde. Es drangen immer wieder Titel durch, die von der Presse mit Begeisterung aufgesaugt wurden. Darunter waren *Aquator, Dreamweaver, Hot On Ice, Avata, Avatar, Shamelady* (nach einem Romankapitel im Buch ↗*Countdown!*), *Shatterhand* (nach Blofelds Decknamen im Roman ↗*Du lebst nur zweimal*), *Ladydawn, Firebreaker* (eine Anspielung auf John Gardners Buch ↗*Icebreaker*), *Zero Windchill* u.v.m.

↗Millennium Dome

AQUA VELVA (Parfüm)

Selten bemerkt James Bond in Romanen das Parfüm eines Mannes. In ↗*Goldfinger* erkennt er aber bei ↗Mr. Springer den Duft »Aqua Velva«.

AR-7-SCHARFSCHÜTZENGEWEHR (Waffe)

Das zerlegte AR-7-Scharfschützengewehr befindet sich in ↗*Liebesgrüße aus Moskau* in James Bonds Aktenkoffer und benötigt 0,25er-Munition. ↗Kerim Bey erschießt mit der Waffe ↗Krilencu. Später holt Bond mit dem Scharfschützengewehr einen ↗SPECTRE-Helikopter vom Himmel.

ARABER (Romanfigur)

↗Simon

ARAE ET FOCI (Familienwappen)

Nicht nur James Bond, sondern auch ↗Blofeld hat in ↗*Im Geheimdienst Ihrer Majestät* (1969) ein Familienwappen. Wenn sein Titelanspruch als »Graf de Bleuchamp« von 007 (der sich als ↗Hillary Bray ausgibt) bestätigt wird, so kann Blofeld das Wappen mit der Aufschrift »Arae et foci« nutzen. Der Wappenspruch im Film lautet »Luftgeboren und schwebend«, was *sehr* frei übersetzt ist, auch »Altar und Opferbecken« kann als Übersetzung stehen (arae focique = arae et foci, Staat und Familie). Das Wappen, das noch heute auf dem Schildhorn an einer Wand zu sehen ist, zeigt Adler und Wildschweine.

ARAFAT, YASSER (Romanfigur/Reale Person)

Die reale Person Yasser Arafat wird als Freund von ↗Bassam Baradj im Roman ↗*Sieg oder stirb, Mr. Bond!* genannt. Natürlich handelt es sich um eine von John Gardner ausgedachte Freundschaft. Eine von vielen Verknüpfungen zwischen Realität und Fantasie.

ARBEITSTAG

↗Tagesablauf

ARBEZ, NICHOLAS (Darsteller)

In der Rolle »Drax' Diener« taucht der Schauspieler Nicholas Arbez im Film *Moonraker – streng geheim* (1979) auf.

ARCAND, MICHEL (Schnitt)

Zusammen mit ↗Dominique Fortin war Michel Arcand für den Schnitt bei ↗*Der Morgen stirbt nie* (1997) verantwortlich. Arcand kommt aus Kanada, wo er mehrere preisgekrönte Arbeiten wie *Leolo* (1992) und *Night Zoo* (1986) schnitt. Weitere Projekte Michel Arcands sind *Eldorado* (1991), *The Party* (1989) und *Straight To The Heart* (1994). Für den Schnittprofi war der Actionfilm *Der Morgen stirbt nie* Neuland. Eine weitere Verpflichtung für einen Bond-Film kam nicht zu Stande.

ARCHAMBAULT, MONIQUE (Make-up-Künstler)

Die Bezeichnung »Visagist/in« oder »Maskenbildner/in« reichte bei der Produktion von ↗*Moonraker – streng geheim* (1979) für die beiden Crew-Mitglieder Monique Archambault und ↗Paul Engelen vermutlich nicht aus, beide werden im Abspann des Filmes wörtlich übersetzt als Make-up-Künstler genannt.

ARCHANGELSK, UDSSR (Chemiewaffenfabrik)
In der ↗ Pre-Title-Sequenz von ↗ *GoldenEye* (1995) dringt James Bond in eine Chemiewaffenfabrik ein, die sich in Archangelsk in der UdSSR befindet. Die Mission spielt im Jahre 1986: Unter Berücksichtigung der Chronologie der Bond-Filme müsste diese Mission also nach ↗ *Im Angesicht des Todes* (1985) und vor ↗ *Der Hauch des Todes* (1987) stattgefunden haben.

ARCH, DAVID (Orchestrierung)
↗ Angel Recording Studios

ARCHE NOAH
↗ Zitate

ARCHER, ERNIE (Assistent Künstlerischer Leiter)
Seine genaue Aufgabenbezeichnung bei den Dreharbeiten zum Film ↗ *Der Spion, der mich liebte* (1977) lautet »Assistent des künstlerischen Leiters«. Ernie Archer arbeitete beim zehnten 007-Kinofilm somit direkt unter ↗ Peter Lamont. Wie ↗ Marc Frederix, ↗ Jacques Douy, ↗ Serge Douy und ↗ John Fenner, so war auch Archer bei den Dreharbeiten zu ↗ *Moonraker – streng geheim* (1979) wieder als Assistent der künstlerischen Leitung engagiert. Bei seinem zweiten Bond-Projekt waren ↗ Max Douy und ↗ Charles Bishop seine Chefs. Für den Kinofilm ↗ *In tödlicher Mission* waren ↗ Michael Lamont, ↗ Mikes Karapiperis und ↗ Franco Fumagalli die künstlerischen Leiter, assistiert von Ernie Archer und ↗ Dennis Rich, der für die Bilder zuständig war. Bei ↗ *Octopussy* (1983) wurde das Team der Assistenten mit ↗ Jim Morahan und ↗ Fred Hole neu zusammengestellt, doch Archer blieb dabei.

ARCHIBALD (Romanfigur)
↗ Cuthbert

ARCHIV
↗ Zimmer 307

ARCOLL
Die Sicherheitsgurte der Zentrifuge in ↗ *Moonraker – streng geheim* (1979) tragen die Aufschrift »Arcoll«.

ARECIBO (Ort)
Die Satellitenschüssel, die ↗ Alec Trevelyan im Filmfinale von ↗ *GoldenEye* (1995) benutzt, existiert tatsächlich. Es handelt sich um das riesige Satellitenkontrollzentrum in Arecibo – das größte Radioteleskop der Welt.

ARENSKI, IGOR (Romanfigur)
In ↗ *Liebesgrüße aus Athen* ist Igor Arenski ein Generaloberst, der seinen ersten Agentenauftrag außerhalb der Sowjetunion ausführt. Als hoher Funktionär des ↗ KGB und mit fünfjähriger Erfahrung bei der russischen Botschaft in Washington ist der glatzköpfige Arenski ein fähiger Mann, um die Sicherheitsvorkehrungen bei der Konferenz auf der ↗ Insel Vrakonisi treffen zu können. Er ist ein geschickter Politiker, der sein Geschäft versteht. Unter ↗ Berija hatte er sich als Mitglied im alten Geheimdienst ↗ MDB neutral verhalten. Nach dieser Phase wurde er zum Major befördert. Zu seinen Untergebenen gehört der charmante Armenier ↗ Gevrek. ↗ Ariadne Alexandrou behauptet, eine Bekannte von ↗ Gorienko zu sein. Arenski glaubt, sie stehe auf seiner Seite und befiehlt ihr, James Bond anzulocken.

ARES (Griechischer Gott)
In der griechischen Mythologie ist Ares der Gott des Krieges. Ihm wird nach Zeus, Hera und Poseidon das vierte Mordopfer im Roman *Tod auf Zypern* von Raymond Benson gewidmet.

ARGENTBRIGHT, PETER (Romanfigur)
Peter Argentbright soll so alt sein wie James Bond. Argentbright wurde zusammen mit seiner Kollegin ↗ Jenny Mo im Roman ↗ *Fahr zur Hölle, Mr. Bond!* abgefangen.

007 und ⁊Chi-Chi sollen ihren Part übernehmen und so in die Gefilde von ⁊Lee Fu-Chu vordringen. Der ausgetauschte Mann ist laut ⁊Franks ein Kaukasier, der über einen echten englischen Pass verfügt. Argentbright bedeutet übersetzt »Silberglanz«. Seine Eltern sind bereits verstorben, der Vater war ein angesehener Arzt. Geboren wurde Peter Argentbright in der Grafschaft Hampshire in England. Die Instruktionen der Romanfigur ⁊Myra sind eindeutig: Sie kündigt einen Mann an, der zwar Peter Argentbright heißt, sich aber ⁊Peter Abaelard nennt – begleitet von Jenny Mo. Myras Überraschung ist groß, als 007 und Chi-Chi anstelle der erwarteten Gäste auftauchen.

ARI (Romanfigur)
Dieser Killer aus dem Buch ⁊*Tod auf Zypern* arbeitet mit ⁊Hera Volopoulos und seinem Kollegen ⁊Markos zusammen. Bond hat mit diesem Griechen handfeste Auseinandersetzungen. Das erste Mal treffen Bond und Ari in einer Seilbahn aufeinander, die zu einem griechischen Spielkasino führt. Bond tötet Ari, indem er ihm eine Glasscherbe durch die Kehle treibt, nachdem dieser keine Informationen über die Hintermänner rausrücken will.

ARI (Spitzname)
⁊Aris Kristatos hat in ⁊*In tödlicher Mission* (1981) den Spitznamen »Ari«. ⁊Bibi Dahl nennt Kristatos ⁊»Onkel Ari«, und auch James Bond benutzt den Spitznamen einmal.

ARIADNES FREUNDIN (Romanfigur)
Auf der Flucht vor Killern tauchen James Bond und ⁊Ariadne Alexandrou im Roman ⁊*Liebesgrüße aus Athen* bei »Ariadnes Freundin« unter. Die Frau bleibt anonym.

ARIEL (Unterwasser-Fahrrad)
Siehe Inhaltsangabe ⁊*Never Dream Of Dying*

ARIOSO (Romanfigur)
Im Buch ⁊*007 James Bond und der Mann mit dem goldenen Colt* ist auch die Rede von Rauschgiftgeschäften. Für den Fall, dass das Geschäft mit den Drogen größere Ausmaße annimmt, will ⁊Scaramanga mit dem Mexikaner Mr. Arioso – ⁊Spitzname Rosy – Kontakt aufnehmen. Dieser leitet die »Grünlicht-Transportorganisation« und verschiebt regelmäßig Rauschgift und Frauen nach Lateinamerika.

ARIS (Romanfigur)
Aris ist im Buch ⁊*Liebesgrüße aus Athen* ein Verbündeter von Oberst ⁊Sun Liangtan. Der Handlanger wird schwer verletzt, als er ⁊Ariadne Alexandrou und James Bond stoppen will, auf die ⁊Insel Vrakonisi zu gelangen. Teilweise bandagiert taucht Aris bei seinem »Vorgesetzten« auf, erstattet Bericht, kassiert sein Honorar und lässt sich von ⁊Dr. Lohmann behandeln.

ARJUNA, TONY (Darsteller)
Die von Tony Arjuna verkörperte Figur ⁊»Mufti« wird in ⁊*Octopussy* (1983) nicht namentlich genannt. Auch ⁊»Bubi« und ⁊»Schatzl« sowie ⁊»Borchoi« gehören zu den Figuren, die im Film keinen Rufnamen haben, aber im Abspann auftauchen.

ARKOW, MICHAIL (Romanfigur/Filmcharakter)
(Auch: Mikhail Arkov)
Als Mitarbeiter des russischen Ministeriums für Atomenergie ist der 63 Jahre alte Dr. Arkow ein geeigneter Komplize für den Bösewicht ⁊Renard aus Roman und Film ⁊*Die Welt ist nicht genug* (1999). Arkow ist für die Beschaffung der ⁊Parahawks verantwortlich, mit denen ⁊Elektra King und 007 gejagt und getötet werden sollen. Als der Plan fehlschlägt, bekommt der Russe Skrupel. Ein Killer Renards erschießt Arkow (»Der Kopf des älteren Mannes explodierte«) und ⁊Davidow übernimmt dessen Aufgaben für kurze Zeit. Arkov wurde vom

Darsteller ↗Jeff Nuttall verkörpert, die Medien schenkten ihm kaum Beachtung.

ARK ROYAL (Schiff)
Die Schwesterschiffe der ↗Invincible in ↗John Gardners Roman ↗*Sieg oder stirb, Mr. Bond!* haben die Namen ↗Illustrious und Ark Royal.

ARLBERGEXPRESS (Zug)
↗Heinkel

ARLINGTON (Deckname)
Beim Einchecken auf dem Flughafen im Buch ↗*Nichts geht mehr, Mr. Bond* macht 007 ↗Heather Dare darauf aufmerksam, dass sie unter einem überzeugenden Decknamen buchen soll. Sie wählt »Arlington«, weil sie die »Arlington Street« kennt. Bond fällt zu diesem Namen der amerikanische Friedhof ein, aber es ist keine Zeit für Aberglauben, denn die Killer sind hinter den beiden her und die Zeit drängt.

ARMAGEDDON (Operation)
↗Operation Armageddon

ARMANI
Nicht nur in den Filmen trägt 007 Anzüge von Armani, auch im Roman ↗*Countdown!* von ↗Raymond Benson hat Bond zwei Anzüge dieser Marke.

ARMBAND
Zweckmäßigen Schmuck trägt ↗Wai Lin im Roman und auch im Film ↗*Der Morgen stirbt nie* (1997). Ihr Armband enthält im Buch von ↗Raymond Benson einen Draht, den sie an einem Geländer festbindet, um sich daran herunterzulassen und ↗Elliot Carvers Killern zu entkommen. 007 will ↗»Q« diese Idee zur Verwirklichung beim ↗MI6 vorschlagen. Im Film ist das Armband futuristischer: Wai Lin schießt den Draht in einen Stahlträger und befestigt das andere Ende an ihrem Gürtel. Erstaunt sieht 007, wie Wai Lin die Wand herunterläuft.

ARMBANDUHREN (Filme)
Im Film ↗*Liebesgrüße aus Moskau* (1963) taucht eine Uhr auf, die eine Drahtschlinge in sich birgt, mit der der Killer ↗Red Grant 007 ermorden will – schließlich wird sie ihm jedoch selbst zum Verhängnis. Die Idee kam beim Publikum so gut an, dass sie im Brian-De-Palma-Film *Blow Out* erneut zum Einsatz kam. Auch Bond hielt sie nach *Liebesgrüße aus Moskau* wieder in seinen Händen: Als er in ↗*Im Geheimdienst Ihrer Majestät* (1969) seine Schublade ausräumt, fällt sie ihm noch einmal in die Hände. Die Armbanduhr wurde auch bei den Dreharbeiten für ↗*Im Angesicht des Todes* (1985) benutzt, die Szene (↗Paris Police Station 64) wurde allerdings geschnitten. Eine Armbanduhr wie Grant benutzt auch ↗Estragon in der Kurzgeschichte ↗*Midsummer Night's Doom*. In ↗*Feuerball* (1965) wurde eine weitere Uhr verwendet: ↗»Q« überreicht sie im Film 007 mit der Information, die Uhr gebe durch den schwingenden kleinen Zeiger ein Vorhandensein von radioaktiven Elementen an. Die Uhr sollte im Film eine größere Rolle spielen, aber man schnitt die Szenen, in denen 007 ständig auf die Uhr sah, aus dem Film heraus.

Im Film ↗*Casino Royale* (1966) trägt ↗Evelyn Tremble eine aus dem Jahre 1965 stammende ↗Rolex Oyster Perpetual. ↗Fordyce nimmt Tremble die Uhr ab, und der angehende James Bond erhält von »Q« ein neues Modell, eine Zweiwege-Fernseh- und Radioarmbanduhr. Tremble sieht auf dem zifferblattgroßen Bildschirm ↗Vesper Lynd und ist begeistert. Die Idee zur Uhr, so heißt es im Film, käme aus einem amerikanischen Comic. Als James Bond in *Im Geheimdienst Ihrer Majestät* (1969) seine Schreibtischschublade in seinem Büro ausräumt, findet er unter anderem die Armbanduhr von Grant. Als Hintergrundmusik erklingen Teile des ↗*Opening Title* von ↗*From Russia With Love*. Nach der ↗Pre-Title-Sequenz in ↗*Leben und sterben lassen* (1973) schaut 007 auf die Anzeige seiner Digitaluhr, die er auf seinem Nachttisch deponiert hat. Die Uhr kommt danach nicht mehr vor. Im gleichen Film wurde es »Zeit« für eine Rolex der Abteilung »Q«: Was diese Armbanduhr vermag, erstaunt noch heute Zuschauer, obwohl bei den Dreharbeiten reichlich getrickst wurde. Die Rolex hatte einen starken Magneten eingebaut, der eine Kugel ablenken konnte, wenn jemand auf Bond schoss. 007 demonstrierte die Leistung dieses Magneten gleich am Kaffeelöffel von ↗»M«. Später spürte ↗Miss Caruso, welche anziehende, oder besser ausziehende Wirkung der Magnet hatte. Ferner verfügte die Uhr über eine eingebaute Kreissäge, mit deren Hilfe James Bond seine Fesseln durchtrennt, als ↗Dr. Kananga ihn und ↗Solitaire in einem Haifischbecken versenken will. Die Rolex aus ↗Leben und sterben lassen wurde 1998 für 21.850 Pfund bei Christie's in London versteigert.

Die ↗Seiko-Uhr im Film ↗Der Spion, der mich liebte (1977) ist auch eine Erfindung der ↗Abteilung Q. Das Gerät ermöglicht es Bond, schriftliche Nachrichten von »M« zu empfangen. Die Uhr klickt wie ein Morsegerät und stanzt die Worte in ein extra dafür vorgesehenes Plastikband. Der Werbeerfolg der Uhr war so enorm, dass Seiko sich entschloss, auch Uhren für die Filme ↗Moonraker – streng geheim (1979), In tödlicher Mission (1981) und ↗Octopussy (1983) zu liefern. In Moonraker – streng geheim enthält die Armbanduhr einen Sprengsatz, der per Kabel aus drei Metern Entfernung gezündet werden kann. James Bond kann somit verhindern, dass er und ↗Holly Goodhead durch das Starten einer Rakete eingeäschert werden. Die Seiko-Quarzuhr aus ↗In tödlicher Mission war weniger eine Waffe, mit ihr konnte James Bond Nachrichten empfangen. Eine Weiterentwicklung des Modells aus Der Spion, der mich liebte: Es übermittelt Texte nicht in schriftlicher, sondern in mündlicher Form. Es verfügt zusätzlich über eine LCD-Zeile. Das wird zum Problem für ↗Frederik Gray: Der Verteidigungsminister und »Q« nehmen nach erfolgreichem Abschluss der Mission mit 007 über seine Armbanduhr Kontakt auf. Im Display sieht Bond, dass er gerufen wird und als er die Stimme von Frederick Gray hört, entschließt er sich zum Äußersten: Bond hängt die Uhr an die Papageienstange von Max. Da das Tier munter vor sich hin plappert, glaubt »Q« an eine Verbindung zu Bond und schaltet zur Downing Street zu ↗Margaret Thatcher. Papagei Max hat nach ein paar Sätzen und vielen Missverständnissen genug und wirft die Seiko-Armbanduhr ins Meer. Noch ein Beweis für ihre Qualität, denn selbst unter Wasser hört man Gray noch schimpfen ...

Die Uhr in Octopussy wird von 007 etwas häufiger benutzt. Mit Hilfe eines Ortungsgerätes überwacht er einen Sender, der in einem Fabergé-Ei steckt. Mit seinem Füller hört er dann eine im Ei befindliche Wanze ab. Wie einst der ↗Homer in ↗Goldfinger (1964) piept auch die Uhr, wenn Bond in die Nähe des Fabergé-Eies kommt. Das Uhrenmodell verfügt über Flüssigkristalle im Zifferblatt, die auch Bildübertragungen ermöglichen. Als ↗Kamal Kahn und ↗Gobinda fliehen, überträgt »Q« die Aufnahmen der Flüchtigen auf 007s Armbanduhr, so weiß der Agent, wo er suchen muss. Einen großen Lacher löst in Octopussy (1983) Bonds Blick auf seine Armbanduhr aus, als er im Gorillakostüm in einem Waggon des Zirkuszugs von Octopussy herumsteht. Die erste Armbanduhr, die über einen Laser verfügte, bekam James Bond schon in ↗Sag niemals nie (1983) von ↗Algernon (die zweite bekommt er in ↗GoldenEye). Der Laser wird von 007 benutzt, um die Hand- und Fußfesseln zu öffnen, die ↗Maximilian Largo ihm in einem Verließ auf ↗Palmyra angelegt hat.

↗General Puschkin ist in ↗Der Hauch des Todes (1987) im Besitz einer »Panik-Uhr«. Betätigt er einen bestimmten Knopf, bekommt sein Leibwächter ein Signal und eilt zur Rettung herbei. Dumm nur, dass Puschkins Uhr nach der Aktivierung wie ein Weihnachtsbaum leuchtet. Der Agent reißt Puschkins Geliebter die Kleider vom Körper. Als der Wachposten zur Tür hereinkommt, ist er aufgrund des nackten Körpers für einen Moment fassungslos, das reicht 007, um ihn zu überwältigen. Anhand ihrer Armbanduhr beweist James Bond ↗ Natalja Simonowa in *GoldenEye* (1995), dass sie bei der »Goldeneye«-Explosion in ↗ Servanaja war: Ihre Uhr blieb bei dem Strahlungsstoß stehen. In *Golden-Eye* (1995) ist »Q« mit seinen Armbanduhren der Zeit weit voraus, denn das Modell am Handgelenk von 007 verfügt über einen integrierten Laser. Der Agent lasert ein Loch in den Boden des Panzerzuges von ↗ Alec Trevelyan und kann zusammen mit ↗ Natalja Simonowa entkommen, bevor der Zug explodiert. Diese Uhr stammt von der Firma ↗ Omega. ↗ John Gardner beschreibt in seinem Buch, dass der Laser nur dann aktiviert werden kann, wenn die zwei Zeiger übereinander liegen. Eine weitere Uhr, die 007 im gleichen Roman von »Q« bekommt, enthält sechs kleine magnetische Haftladungen.

Filmische Verwendung fand diese Idee aber erst in ↗ *Der Morgen stirbt nie* (1997). Auch in ↗ *Die Welt ist nicht genug* (1999) ist es wieder eine Omega-Uhr. Eine Szene, in der Bond im Torpedoschacht liegt und keine Luft mehr bekommt, wurde geschnitten, um den Spannungsfluss nicht zu unterbrechen. Bond schaut auf seine Uhr, weil es so lange dauert, bis ↗ Christmas Jones die Luke öffnet. Im Roman werden die Besonderheiten des Chronometers genau beschrieben: »Sie ist mit zweifachem Laser und einem winzigen Haken mit einem dünnen, fünfzehn Meter langen, hochgradig dehnbaren Draht ausgestattet, der bis zu einem Gewicht von achthundert Pfund nicht reißt.« Dies erinnert entfernt an den Gürtel, den Bond in ↗ *GoldenEye* von »Q«

bekommt. Als 007 und ↗ Elektra King von einer Lawine begraben werden und nur durch den Airbag in Bonds Jacke überleben, nutzt der Agent die Leuchtziffern seiner Uhr, die eine solche Intensität haben, dass die Finsternis unter den Schneemassen einem beleuchteten Sarg weicht. Im Roman heißt es nur am Rande, die Uhr verbreite etwas Licht.

Natürlich ist es auch im Film ↗ *Stirb an einem anderen Tag* (2002) eine Omega-Armbanduhr, die James Bond das Leben rettet. Der Knopf für die Zeiteinstellung lässt sich herausnehmen und als ferngesteuerter Zünder für C4-Sprengstoff verwenden. Im gleichnamigen Roman wird die Sprengladung zwar auch mit der Omega gezündet, doch der Zünder und die Verkabelung gehören nicht zur Uhr selbst. Der integrierte Laser ermöglicht es 007, ein Loch in die Eisdecke von einem zugefrorenen See zu schmelzen, um einen Eingang für seinen Tauchgang in die geheimen Bereiche von Graves' Domizil zu haben.

ARMBANDUHREN (Romane)

Um im Buch ↗ *Du lebst nur zweimal* einem Japaner zu gleichen, trägt James Bond im ↗ »Garten des Todes« eine billige japanische Armbanduhr. ↗ Francisco Scaramanga trägt im Roman ↗ *007 James Bond und der Mann mit dem goldenen Colt* eine dünne goldene Uhr mit Goldarmband. Nicht alle Uhren haben Spezialfunktionen, dennoch ist ihre Geschichte nicht minder interessant. Die von ↗ Colonel Sun Liang-tan im Roman ↗ *Liebesgrüße aus Athen* ist sehr wertvoll. Es heißt, er habe die Uhr vor fünfzehn Jahren geerbt. Für Sun Liang-tan ist es ein kostbarer Besitz, weil ihr Vorbesitzer, ein englischer Captain, ein Verhör nicht überlebte und somit als Held starb. In den Büchern ↗ *Countdown für die Ewigkeit* und ↗ *Operation Eisbrecher* trägt der Geheimagent eine ↗ Rolex Oyster Perpetual. Die Armbanduhr hat jedoch keine speziellen Fähigkeiten, sondern liefert dem Agenten nur die genaue Zeit. Aber nicht nur James Bond trägt extravagante Uhren. Auch der Bösewicht aus dem Roman ↗ *Scorpius* schmückt sein Handgelenk mit einer echten Besonderheit: Die Armbanduhr wird als »Scorpius Chronometer« bezeichnet. Es handelt sich um ein exklusives Stück, das in Japan von einem heute zur Legende gewordenen Mann angefertigt wurde. Bond findet die goldene Armbanduhr jedoch extrem geschmacklos.

↗ Dominetta Vitali trägt im Roman ↗ *Feuerball* eine viereckige Goldarmbanduhr mit schwarzem Zifferblatt, die für eine Frau etwas zu maskulin wirkt. Weiteren Schmuck hat ↗ Largos Freundin nicht am Körper. Auch ↗ Felix Leiter verfügt im gleichen Roman über eine Armbanduhr. Diese kann per Draht mit einer Kamera verbunden werden, um radioaktive Quellen zu messen. Der CIA-Mann verspricht sich davon herauszufinden, ob ↗ Emilio Largo die Atombomben in seiner Nähe hat, und er erklärt James Bond die Funktionsweise des Gerätes. Die Omega-Uhr in ↗ *Die Welt ist nicht genug* verschießt auch einen Draht (20 Meter) und kann diesen durch Drehung eines Gewindes schnell wieder einziehen. So katapultiert sich 007 in die Luft. Als er mit ↗ Elektra King von einer Lawine begraben wird, nutzt er die Leuchtziffern der Uhr, um – in der Lawinenschutzjacke eingeschlossen – für Helligkeit zu sorgen. Ein Straßenjunge bietet James Bond im Roman ↗ *Stirb an einem anderen Tag* eine Rolex als »echte« Armbanduhr an. 007 geht nicht auf das Geschäft ein. Gelegentlich trägt Bond auch eine ↗ »Oyster Perpetual Submarnier«, eine Rolex »Daytona« und eine ↗ Breitling »Top Time«.

↗ Girard-Perregaux-Uhr

ARMBANDUHREN (Marken)

Nicht in jedem James-Bond-Film, in dem 007 eine Armbanduhr trägt, ist das Modell klar zu erkennen:

- **James Bond 007 jagt Dr. No** (1962) – Oyster Perpetual Submariner mit Lederarmband von Rolex
- **Liebesgrüße aus Moskau** (1963) – Unbekanntes Modell, das speziell für den Film entworfen wurde
- **Goldfinger** (1964) – Oyster Perpetual Submariner von Rolex
- **Feuerball** (1965) – Breitling Top Time
- **Casino Royale** (1966) – Rolex Oyster Perpetual
- **Im Geheimdienst Ihrer Majestät** (1969) – Daytona-Chronograf von Rolex
- **Leben und sterben lassen** (1973) – Rolex/Digitaluhr unbekannter Marke
- **Der Spion, der mich liebte** (1977) – Ticker Tape Watch von Seiko
- **Moonraker – streng geheim** (1979) – LC Memory-Bank Calendar/Digital Quartz Graphic Alarm Chronograph von Seiko
- **In tödlicher Mission** (1981) – Duo Display von Seiko
- **Octopussy** (1983) – Seiko
- **Sag niemals nie** (1983) – Rolex (»Q« wirft die Uhr weg und gibt Bond ein No-Name-Produkt mit eingebauten Extras!)
- **GoldenEye** (1995) – Seamaster Professional von Omega
- **Der Morgen stirbt nie** (1997) – Omega
- **Die Welt ist nicht genug** (1999) – Omega
- **Stirb an einem anderen Tag** (2002) – Omega
- **Casino Royale** (2006) – Omega Modell Seamaster Planet Ocean*

*) *Diese Uhr wurde von der Firma Omega auf 10.007 Exemplare limitiert. Für 2.625 Euro kann man sie kaufen.*

ARMBRUST (Waffe)

Nach dem ↗ Morgenstern ist die Armbrust wohl eine der altertümlichsten Waffen, die je in die Nähe des Agenten James Bond gelangten. ↗ Melina Havelock benutzt eine solche Waffe, um sich damit bei den Killern am Tod ihrer Eltern zu rächen. ↗Hector Gonzales' im Film ↗*In tödlicher Mission* (1981) ist der Erste, der einen Pfeil abbekommt. Sie verliert die Waffe auf der Flucht vor Gonzales Killern, kauft sich in ↗Cortina d'Ampezzo aber eine neue.

ARMEE-COLT 0,45ER (Waffe)
Nachdem ↗Hugo Drax im Roman ↗*Mondblitz* bei einer Verfolgungsjagd gezeigt hat, dass er ein Bösewicht der Sonderklasse ist, braucht James Bond keine Rücksicht mehr zu nehmen. 007 greift in das Geheimfach seines ↗Bentleys und hält kurz darauf einen langen 0,45 Armee-Colt in seinen Händen.

ARMEEKARABINER (Waffe)
↗Quarrel traut dem Frieden nicht: Im Roman ↗*James Bond 007 jagt Dr. No* trägt der Einheimische einen amerikanischen Armeekarabiner bei sich, um gegen eventuelle Gefahren gewappnet zu sein.

ARMENDARIZ, PEDRO (Darsteller)
Pedro Armendariz wurde am 9. Mai 1912 in Churubusco, Mexiko, geboren. Er siedelte früh in die USA über. Mit 19 kehrte er jedoch nach Mexiko zurück, wo er als Eisenbahner arbeitete – ironischerweise sollte seine bekannteste Rolle später im ↗Orient-Express spielen.

Armendariz kam über Statistenrollen beim Theater zur Schauspielerei. Der Ruhm des Mexikaners stieg von Film zu Film. Der Bekanntheitsgrad wuchs durch seine Mitarbeit im Stamm-Ensemble von John Ford. Armendariz spielte zusammen mit John Wayne in *Bis zum letzten Mann* (1948) und *Spuren im Sand* (1949). Während der Dreharbeiten zum zweiten James-Bond-Film ↗*Liebesgrüße aus Moskau* (1963), in dem er ↗Kerim Bay spielte, wusste die Crew bereits, dass Armendariz Krebs im Endstadium hatte. Wie auch sein enger Freund und Vorbild Ernest Hemingway entschied er sich für Selbstmord und erschoss sich am 18. Juni 1963 während des Aufenthaltes im Krankenhaus mit einer Pistole in seinem Bett. Zuvor hatte er noch ↗Terence Young gebeten, alle Szenen für den James-Bond-Film beenden zu dürfen. Sein letzter Wunsch wurde erfüllt.

ARMENDARIZ JR., PEDRO (Darsteller)
Sechsundzwanzig Jahre nachdem sein Vater kurz vor dem Selbstmord in ↗*Liebesgrüße aus Moskau* (1963) ↗Kerim Bay verkörperte, kam Pedro Armendariz Junior in der Rolle des Präsidenten ↗Hector Lopez zu den Dreharbeiten von ↗*Lizenz zum Töten* (1989). Armendariz wurde zum »Glücksbringer« und aufgrund der langen Bond-Verbundenheit seiner Familie sehr liebenswürdig behandelt. Die Tradition wird fortgesetzt. Auch der Sohn von Pedro Armendariz Jr. arbeitete schon an James-Bond-Filmen mit: Er war bei ↗*Lizenz zum Töten* Produktionsassistent und dritter Regieassistent.

ARMOURLITE-III
Im Büro von ↗Franz Sanchez sucht James Bond nach einem Plan, um den Drogenbaron zu eliminieren. Doch der Mann hat sich gut geschützt: Sanchez sitzt im Buch ↗*Lizenz zum Töten* hinter extrem stabilem Panzerglas mit Namen »Armourlite-III«. Die Stabilität ist mit der eines leichten Panzers vergleichbar. Zu James Bonds Glück kommt ↗»Q« und bietet seine Unterstützung an. 007 erhält so doch eine Chance, das Schutzglas zu durchbrechen: mit ↗Zahnpasta.

ARMREIF
↗Wai Lin hat einen Armreif, der ihr das Leben retten kann. Der Ausrüstungsgegenstand ist so konstruiert, dass sich ein Kletterhaken mit einem hochbelastbaren Abseildraht daraus abschießen lässt. In ↗*Der Morgen stirbt nie* (1997) schießt Wai Lin den Haken in die Wand, befestigt das Seil an ihrer Gürtelschnalle und spaziert

eine Wand hinunter. Bond ist verwundert. Eine Anspielung auf diese Kletterpartie brachte der Film ↗*Stirb an einem anderen Tag* (2002). Hierin benutzt 007 ein Seil von ↗Jinx, um an der Kuppel der Diamantenmine von ↗Graves herunterzulaufen.

ARMSTRONG, ANDY (Assistent Drehort-Manager)
Bei den Dreharbeiten zu ↗*Moonraker – streng geheim* (1979) war Andy Armstrong der Assistent Drehort-Manager in Brasilien.

ARMSTRONG, LOUIS (Musiker)
Louis Armstrong wurde am 4. August 1907 geboren. Er wuchs in ärmlichen Verhältnissen auf. Mit Gangs zog er durch die Straßen und wurde von der Polizei aufgegriffen. Eine Einweisung ins Erziehungsheim folgte. Eine düstere Zukunft vor Augen, lernte der junge Armstrong im Heim das Spielen von einigen Holzblasinstrumenten. Ab 1924 spielte er in Jazzbands. Zusammen mit seiner Familie zog er nach New York, wo er wegen seines eigenwilligen Improvisationstalentes schnell bekannt wurde. Wegen seines großen Mundes erhielt er den Spitznamen »Satchmo« (von »Satchel-mouth«). Die musikalische Karriere Armstrongs war unaufhaltsam, aber das Leben im Showgeschäft forderte auch seinen Preis. 1959 bekam der Musiker seinen ersten Herzanfall, zehn Jahre später musste er sich einem Luftröhrenschnitt unterziehen.

Der schwarze Musiker zählt für viele Kenner zu den weltbesten Trompetern. Er gilt als Vater der Jazzimprovisation, und sein Stil beeinflusste Frank Sinatra. ↗John Barry war es, der den geschwächten Armstrong in Betracht zog, den Song für den sechsten offiziellen James-Bond-Film einzusingen. Louis Armstrong freute sich sehr über das Angebot und sagte sofort zu, schon allein um der Welt zu beweisen, dass er noch präsent ist. Schon lange bevor Armstrong *We Have All The Time In The World* sang, war er bei Bond präsent. Im Roman ↗*Leben und sterben lassen* von 1954 wurde Armstrong neben Duke Ellington, Cab Calloway, Noble Sissel und Fletcher Henderson genannt, als es darum ging, welche großen Kapellen stolz darauf gewesen seien, einmal im Savoy Ballroom in New York gespielt zu haben. Louis Armstrong sang den von ↗Hal David geschriebenen Text des James-Bond-Titelsongs *On Her Majesty's Secret Service* im Jahre 1969. Komponiert, dirigiert und arrangiert wurde das Lied von Barry. Armstrong starb am 6. Juli 1971.

ARMSTRONG SIDDELEY SAPPHIRE (Fahrzeug)
Der Wagen vom Typ »Armstrong Siddeley Sapphire« mit roten Nummernschildern kommt im Roman ↗*Diamantenfieber* vor. 007 wird in diesem Fahrzeug chauffiert.

ARMSTRONG, VIC (Stuntman/Regisseur Second Unit)
Als vielseitiger Stuntman wurde Vic Armstrong im *Guinness Buch der Rekorde* erwähnt. Er doubelte jeden 007-Darsteller und wirkte bisher an über 200 Filmen mit. Darunter waren unter anderem *Jäger des verlorenen Schatzes*, *Terminator II*, ↗*Der Morgen stirbt nie* (1997). Armstrong ist mit Stuntgirl ↗Wendy Leech verheiratet. Seinen ersten Einsatz bei 007 hatte er in ↗*Man lebt nur zweimal* (1967), seitdem war er immer dabei. Insgeheim hofft Vic Armstrong noch heute, einmal die Hauptregie für einen James-Bond-Film durchführen zu dürfen. Er etablierte sich schon in den 1950er Jahren als Stuntman und riskierte für Kinoerfolge wie *Die Brücke von Arnheim*, *The Desert King*, *Jäger des verlorenen Schatzes* sowie *Superman I & II* sein Leben. Als Regisseur der Second Unit und als Stuntman und Koordinator war er an wichtigen Projekten wie *Flucht nach Atlanta*, *Das Omen III – Barbaras Baby*, *Der Wüstenplanet*, *Conan – Der Barbar*, *Rambo III*, *Air America*, *Robin Hood*, *Total Recall*, *Terminator II*, *Universal Soldiers*, *Last Action Hero*, *Starship Troopers* u.v.a. beteiligt.

Bei ↗*Der Morgen stirbt nie* (1997) war Vic Armstrong als Regisseur der Second Unit unter Vertrag. Anschließend arbeitete er an den Filmen *Verlockende Falle* und *Mit Schirm, Charme und Melone* (beide mit ↗Sean Connery). Armstrong doubelte Sean Connery auch bei der Bond-Konkurrenz. In einer Szene hatte er einen elf Meter tiefen Fall mit einem Pferd für ↗*Sag niemals nie* (1983) durchzuführen. Armstrong kehrte bei ↗*Die Welt ist nicht genug* (1999) und ↗*Stirb an einem anderen Tag* (2002) zur Bond-Crew zurück. Hier war er wieder Regisseur der Second Unit, was es ihm ermöglichte, viele Actionszenen nach seinen Vorstellungen umzusetzen.

ARNAU, B. J. (Sängerin)
B. J. Arnau spielt sich im Film ↗*Leben und sterben lassen* (1973) selbst. Während 007 Gast im ↗*Fillet of Soul* ist, findet ihr Auftritt statt, bei dem sie das von ↗Paul McCartney geschriebene Lied *Live And Let Die* singt. Die als Original-Titel-Song vermarktete Platte kam 1973 in den Handel. Auf der B-Seite der Single ist der Song *In One Night* verewigt. Dieses Lied ist von Francis Sourgeev, J. M. Botteman und M. S. Bastow. Die Platte wurde für Train Record Plan produziert.

ARNELL, GORDON (PR und Marketing)
Viel zu tun gab es für Gordon Arnell, der bei ↗*GoldenEye* (1995) für die PR und das Marketing zuständig war, denn es handelte sich um den James-Bond-Film mit der bis dahin größten Werbekampagne. Und der Plan ging auf: *GoldenEye* wurde zum erfolgreichsten 007-Film. Erst der 20. Bond-Film *Stirb an einem anderen Tag* (2002) stellte einen neuen Rekord auf: Mit einem sensationellen weltweiten Einspielergebnis von 373 Millionen Dollar erzielte er das beste Ergebnis aller Bond-Filme überhaupt.

ARNETT, JIM (Stunt-Team-Aufsicht)
Je riskanter die Stunts in James-Bond-Filmen werden, umso mehr Personen müssen Aufsicht führen. Bei den Dreharbeiten von ↗*Im Angesicht des Todes* (1985) waren es Jim Arnett, ↗Bob Simmons und ↗Claude Carliez.

ARNOLD, ALEX (Taucher)
↗Emilio Magana

ARNOLD, DAVID (Komponist)
David Arnold wurde 1963 in Luton, nördlich von London, geboren. Er interessierte sich früh für die Musik, lernte Instrumente zu spielen und komponierte Songs. Die Chance, Geld mit seinem Hobby zu verdienen, kam 1993, als er die Orchestrierung des Songs *Play Dead* übernahm. Das Lied aus dem Film *Young Americans* wurde in England zum Top-Ten-Hit und machte die Öffentlichkeit auf Arnold aufmerksam. Kritiker umjubelten seine Arbeit, und weitere Aufträge ließen nicht lange auf sich warten. Mit der Musik zu Roland Emmerichs *Stargate* wurde David Arnold weltbekannt. Keiner hatte den Erfolg des Films vorhersehen können, doch die Klänge zu diesem Science-Fiction-Film brachten dem Komponisten eine unantastbare Stellung als »Musikdirektor« ein. Es folgte der Film *Dogman*, den man als »Ausrutscher« Arnolds bezeichnen kann, doch mit seiner nächsten Filmmusik machte er alles wieder gut. Er komponierte den Soundtrack zum Kinohit *Independence Day*. Diese Arbeit brachte ihm den Grammy Award in der Kategorie »Best instrumental composition written for a motion picture or television« ein. An den aufstrebenden Fachmann für Filmmusiken wandten sich die James-Bond-Produzenten ↗Barbara Broccoli und ↗Michael G. Wilson. Er bezeichnete sich als größten ↗John-Barry-Fan überhaupt und schätzte sich glücklich, die Filmmusik für ↗*Der Morgen stirbt nie* (1997) komponieren zu dürfen. Er meisterte die Aufga-

be; Barrys Bond-Titel inspirierte ihn sogar zum Album *Shaken And Stirred*. Die hier gespielten Lieder werden von namhaften Interpreten gesungen, und das Album erreichte den ersten Platz der britischen Charts.

Bei *Der Morgen stirbt nie* versuchte Arnold, die Fehler von ↗Eric Serra zu vermeiden und baute das James-Bond-Thema mehrfach in den Soundtrack ein. »Das James-Bond-Thema muss immer dann zu hören sein, wenn Bond etwas tut, was für ihn typisch ist«, erklärte der Komponist bei einem Interview. Bond-typische Szenen gibt es im achtzehnten offiziellen James-Bond-Film zur Genüge, was Arnolds Komposition erklärt. Der Song ↗*Tomorrow Never Dies*, gesungen von ↗Sheryl Crow, schaffte es in England auf Platz zwölf der Charts.

David Arnolds Bond-Einstieg war so gut, dass er auch für ↗*Die Welt ist nicht genug* (1999) verpflichtet wurde. Hier arbeitete er mit der Gruppe ↗Garbage zusammen. Bei ↗*Stirb an einem anderen Tag* (2002) verbündete sich Arnold mit ↗Madonna. Das Lied wurde von Fans und Kritikern nur mit gemischten Gefühlen aufgenommen. Es erscheint doch sehr extravagant – aber Bond-Songs waren schon immer ihrer Zeit voraus. Arnolds 007-Sounds sind an die dramatischen Lieder aus der Bond-Geschichte angelehnt. Er orientierte sich mehr an ↗*Goldfinger*, ↗*Thunderball* und ↗*GoldenEye* als an »weichen« Melodien wie ↗*Nowbody Does It Better* und *All Time High*. Für die Screentests zu ↗*Casino Royale* (2006), bei denen potenzielle Bond-Darsteller gecastet wurden, »recycelte« David Arnold Musik, die er schon für Brosnan-Bonds geschrieben, jedoch nicht verwendet hatte.

ARRIVAL AT CHÂTEAU (Lied)
↗*Moonraker* (Soundtrack)

ARRIVAL AT THE ISLAND OF OCTOPUSSY (Lied)
↗*Octopussy* (Soundtrack)

ARTHUR, MICHELLE (Darstellerin)
In ↗*GoldenEye* (1995) war es Michelle Arthur, die als beste Freundin von ↗Natalja Simonowa in der Satellitenstation ↗Servenaja vorkommt. Nachdem Anna von ↗Xenia Onatopp erschossen wurde, erhielt Michelle Arthur eines der brutalsten Make-ups überhaupt: Die Maskenbildner verpassten ihr ein Einschussloch in der Wange, in der Schulter und in einer Wade. Im fertigen Film ist allerdings nicht viel davon zu sehen.

ART OF WAR (Buch)
Im Roman ↗*Stirb an einem anderen Tag* meint ↗Graves gegenüber ↗General Moon, er habe die »Kunst des Krieges« nicht vergessen. Bei dem Zitat handelt es sich um eine Anspielung auf das Buch *The Art Of War*. Eine Ausgabe des Buches hat Graves im Film ↗*Stirb an einem anderen Tag* (2002) auch in einem speziell dafür angefertigten Ständer stehen. Als ↗Miranda Frost und ↗Jinx gegeneinander kämpfen, bleibt ein Wurfmesser im Buch stecken. Jinx benutzt es später, um es Frost in den Brustkorb zu rammen.

ARZT (Filmcharakter)
↗George Belanger spielte in ↗*Lizenz zum Töten* den Arzt, der sich um ↗Felix Leiters Verletzungen kümmert.

ARZT IN SHRUBLANDS (Filmcharakter)
↗Michael Medwin

AS-350 (Hubschrauber)
Ein Ecureuil-Hubschrauber der Marke AS-350 wird im Buch ↗*Fahr zur Hölle, Mr. Bond!* von ↗Ding und James Bond benutzt, um an einen Scheck zu gelangen, der auf die fiktive Firma ↗Black & Black ausgestellt werden soll. Der Ecureuil AS-350 landet auf Plätzen der Firma ↗Chopper Views.

ASBURY, MARTIN (Storyboard)
Mit der Akribie von Comic-Zeichnern arbeiteten Martin Asbury und ↗Syd Cain am Storyboard von ↗*GoldenEye* (1995).

ASCHENBECHER (Waffe)
In ↗*Der Morgen stirbt nie* (1997) schlägt 007 mit einem Aschenbecher einen von ↗Cavers Wachleuten k. o. In ↗*Stirb an einem anderen Tag* (2002) schleudert Bond einen Aschenbecher in einen Spiegel, hinter dem sich ↗Chang und seine Männer versteckt halten und 007 beobachten.

ASCOT
Auf der berühmten Pferderennbahn in Ascot trifft James Bond im Roman ↗*Countdown für die Ewigkeit* auf seinen Gegner ↗Anton Murik. Vielleicht fühlten sich die Filmemacher von diesem Schauplatz inspiriert und ließen 007 in ↗*Im Angesicht des Todes* (1985) am selben Ort ↗Max Zorin und ↗May Day begegnen.

ASERBAIDSCHAN (Drehort)
Um ↗Elektra King zu überwachen, begibt sich James Bond in ↗*Die Welt ist nicht genug* (1999) nach Aserbaidschan. Hier trifft er erstmals ↗Davidow und ↗Gabor. Elektra King, die eine Pipeline durch Aserbaidschan baut, besänftigt die Einwohner, als sie ein Pipelinestück nicht, wie von ihrem Vater ↗Sir Robert King geplant, durch eine heilige Stätte legt, die dafür abgerissen werden müsste, sondern daran vorbei.
↗Baku

ASG (Filmcharakter)
↗SSA

ASGARD
Der Berg »Asgard« wurde in ↗*Der Spion, der mich liebte* (1977) für einen der spektakulärsten Stunts genutzt, die je in einem James-Bond-Film vorkamen. ↗Ricky Sylvester sprang mit Skiern von der 1.000 Meter hohen Felswand im »Aquittuq Nationalpark«. Der Asgard liegt ca. 1.500 Meilen nördlich von Montreal auf der Baffin-Insel.

ASHANTI-AUFSTAND
↗James Bond in *Casino Royale*

ASHER, TOM (Romanfigur)
Der Apothekersohn Tom Asher ist in ↗*003½ James Bond Junior* ein Mitglied der ↗Löwenbande und ein Freund von James Bond Junior.
↗Bobbie Maws

ASHBY, CAROLE (Darstellerin)
Carole Ashby verkörpert in ↗*Octopussy* (1983) eines der bildhübschen Mädchen, die für Octopussy arbeiten. Die erotischen Angestellten helfen bei der Bewachung des Schwimmenden Palastes. Dargestellt wurden die Charaktere neben Ashby von Mary Stavin, Carolyn Seaward, Cheryl Anne, Jani-z, Julie Martin, Joni Flynn, Julie Barth, Kathy Davies, Helene Hunt, Gillian de Terville, Safira Afzal, Louise King, Tina Robinson, Alison Worth und Lynda Knight. Auch in *Im Angesicht des Todes* (1985) war Ashby wieder mit von der Partie. Als Pfeiferin im Eiffelturm sieht sie mit an, wie der Detektiv ↗Aubergine von ↗Grace Jones in der Rolle der ↗May Day ermordet wird.

ASHCRAFT (Romanfigur)
Ashcraft taucht im ↗Benson-Roman ↗*Tod auf Zypern* auf und arbeitete dort mit ↗Mr. Winninger am Mordfall ↗Christopher Whitton.

ASIATE (Filmcharakter)
Der asiatische Landsmann in ↗*Lizenz zum Töten* (1989) wurde von ↗Osami Kawawo dargestellt.

ASKEW, MAURICE (Ton)
Bei ↗*Feuerball* (1965) war Maurice Askew neben ↗Bert Ross für die Tonaufnahme zuständig.

ASKORBINSÄURE
↗ Fisher

ASP 9MM (Waffe)
Im Roman ↗ *Tod auf Zypern* befindet sich eine solche Handfeuerwaffe in der linken Armlehne des Rollstuhles von ↗ Felix Leiter. James Bond hatte bereits in ↗ John Gardners Werk ↗ *Die Ehre des Mr. Bond* mit einer ASP 9mm zu tun. Er testete die Waffe zusammen mit ↗ »Q« und ↗ »Q'sinchen«, da sie eventuell beim ↗ Secret Service eingeführt werden sollte. Die ASP ist eine für den Nahkampf modifizierte Version der ↗ Smith & Wesson 9mm. Sie erwies sich als eine der besten Waffen, die Bond jemals in Händen gehalten hatte: Das Modell war auf Grund einer Ausschreibung der amerikanischen Intelligence and Security Services konstruiert worden. ↗ John Gardner bezeichnet die Pistole sogar als James Bonds »persönliche Waffe«, nachdem der Agent bei einem Überlebenstraining in ↗ *Scorpius* mit einer ganz anderen Waffe arbeiten musste, die ↗ IW war eine ↗ XL65E5. Im Roman ↗ *GoldenEye* benutzt James Bond eine ASP 9mm. John Gardner lässt den Agenten damit Glasfasergeschosse abfeuern, um seine Gegner bei der ↗ Operation Schlüsselblume zu töten. Die Waffe schaffte es jedoch nicht bis in den gleichnamigen Film von 1995, hier hat Bond wieder eine ↗ Walther PPK – man bleibt der Filmtradition treu.

ASPIRIN
Das von ↗ Dr. Noah erfundene Aspirin in ↗ *Casino Royale* (1966) enthält 400 Zeitpillen, die zu einer fatalen Explosion führen. Noah alias ↗ Jimmy Bond schluckt die Tablette versehentlich selbst und jagt damit das Casino Royale in die Luft.

ASP-STAB (Waffe)
Ein Verteidigungsgerät der besonderen Art: James Bond nutzt im Roman ↗ *Niemand lebt für immer* die peitschende Wirkung eines ASP-Stabes. Das Schlagwerkzeug sah auf den ersten Blick völlig harmlos aus, war jedoch eine gefährliche Waffe. Es bestand aus fünfzehn Zentimeter gummiüberzogenem Metall. Bond zog ihn aus dem Halfter und weitere fünfundzwanzig Zentimeter Stock schnellten teleskopartig aus der Waffe. Mit Hilfe dieser Konstruktion schlägt 007 zu Beginn des fünften Romans von ↗ John Gardner zwei Angreifer in die Flucht, die ↗ Sukie Tempesta an die Wäsche wollen. Ein Einsatzstab wird auch im Roman ↗ *Scorpius* erwähnt, man kann vermuten, dass es sich um den gleichen handelt. Er kann tödlich sein, wenn ihn ein geübter Mann benutzt.

ASSASSIN AND DRUGGED (Lied)
↗ *The Living Daylights* (Soundtrack)

ASSISTENTIN BONDS (Romanfigur)
↗ Raymond Benson nennt keinen Namen, er berichtet aber in seinem Roman ↗ *Die Welt ist nicht genug*, dass James Bond eine persönliche Assistentin hat. Bond nickt der Frau zu. Eine Beschreibung der Dame ist nicht vorhanden, der Ausdruck »derzeitige Assistentin« lässt darauf schließen, dass Bonds Mitarbeiterinnen wechseln.

AST
In der ↗ Pre-Title-Sequenz von ↗ *Liebesgrüße aus Moskau* (1963) benutzt ↗ Grant einen Ast, um ein Geräusch zu erzeugen und einen anderen Mann irrezuführen. Der Mann in der Rolle des James Bond versucht, Grant zu töten, hört das Knacken und schlägt in dem dunklen Garten einen anderen Weg ein.

ASTEROID 604 (Zeichentrickfilm)
↗ *James Bond Jr.*

ASTEROID 9007 (Planet)
↗ Planet

ASTGABEL

Zwei Schurken wird eine Astgabel zum Verhängnis: Schon ↗ Ernst Stavro Blofeld kommt fast um, als er bei einer Bobverfolgungsjagd in ↗ *Im Geheimdienst Ihrer Majestät* (1969) mit seinem Hals in einer Astgabel hängen bleibt. Tödlich endet ↗ Xenia Onatopp in ↗ *GoldenEye* (1995) in einer Astgabel: Sie wird in einen Baum geschleudert, und ihr Genick bricht, als sich ein Seil strafft, mit dem sie an einem abstürzenden Helikopter befestigt ist.

ASTON MARTIN

Laut Autor ↗ Charlie Higson hat James Bond seinen ersten Aston Martin bereits als Jugendlicher gefahren. Im Buch ↗ *Stille Wasser sind tödlich* lernt James das Fahren in einem Bamford & Martin-Tourenwagen (BMT).

ASTON MARTIN DB III (Fahrzeug)

Im Roman ↗ *Goldfinger* rast James Bond mit einem Aston Martin DB III die Straße entlang. Bond zieht den Wagen einem ↗ Jaguar 3.4 vor, da der DB III über Front- und Rücklichter verfügt, die die Farbe und die Form verändern können, verstärkte Stoßstangen zum Rammen besitzt, ebenso einen ↗ Colt 45 unter dem Führersitz und die Signale des ↗ Senders Homer empfangen kann. Für den gleichnamigen Film wurde aus dem DB III ein DB5.

ASTON MARTIN DB5 (Fahrzeug)

In ↗ *Goldfinger* (1964) fuhr James Bond dieses mit vielen technischen Raffinessen versehene Fahrzeug. Für die Dreharbeiten wurden vier verschiedene Exemplare benötigt. Jedes von ihnen verfügte über andere ungewöhnliche Fähigkeiten. Die drehbaren Nummernschilder des Wagens sind eine Idee von ↗ Guy Hamilton, der sich schon oft Strafzettel wegen Falschparkens eingefangen hatte und sich eine Möglichkeit wünschte, die Polizei an der Nase herumzuführen. Das DB beim Namen des Fahrzeugs steht für den Entwickler David Brown.

Die Aston Martins aus den Sechzigern gehören mittlerweile privaten Sammlern, werden aber glücklicherweise für Ausstellungen gelegentlich zur Verfügung gestellt. Als ↗ George Lazenby 1983 in dem Fernsehfilm *Solo für Onkel: Thunderball* spielte, konnte er noch einmal den Hauch des 007 spüren, den ↗ Sean Connery und ↗ Pierce Brosnan als Einzige erlebten (alle anderen 007-Darsteller fuhren andere Fahrzeuge). Lazenbys DB5 war Bond-Film-like gestylt. Nach dem enormen Erfolg in ↗ *Goldfinger* entschlossen sich die Macher, den Aston Martin in ↗ *Feuerball* erneut zum Einsatz kommen zu lassen. ↗ John Stears brachte als Mann für Spezialeffekte Feuerwehrschläuche unter dem Fahrzeug an, sodass es dem Betrachter erschien, als käme literweise Wasser aus dem Wunderauto. Der Druck der Fontänen war so stark, dass die Stuntmen einfach umgepustet wurden.

In der Todesszene von ↗ Graf Lippe alias ↗ Guy Doleman sind die Nummernschilder des Aston Martin nicht zu erkennen. Grund: Da einige Szenen spiegelverkehrt gefilmt wurden, ließ Regisseur ↗ Terence Young die Nummernschilder mit schwarzer Folie abkleben. Die Herzen von *Goldfinger*-Liebhabern schlugen höher, als bekannt wurde, dass James Bond in *GoldenEye* (1995) wieder einen Aston Martin DB5 fahren soll. Das Fahrzeug, das schließlich auch im Roman von ↗ John Gardner auftaucht, unterscheidet sich nur in zwei Dingen vom Vorgänger aus ↗ *Goldfinger* (1964): Die Nummernschilder und die Ausrüstung waren anders. Bonds Wagen in *GoldenEye* ist per Funk direkt mit dem Hauptquartier des ↗ MI6 verbunden. Ein im Wagen befindliches Farbfax macht die Übermittlung von Bildern möglich. Nachdem James Bond im Roman und auch im Film die Psychologin ↗ Caroline in seinem Silberflitzer verführt hat, nimmt er Kontakt zu ↗ Moneypenny auf, um mehr über ↗Xenia Onatopp zu erfahren. Die Killerlady hatte ihn kurz zuvor mit ihrem Ferrari überholt. Dass Sean Connery doch der bessere Bond hinter dem Steuer des Aston Martin DB5 war, stellte sich heraus, als Pierce Brosnan mit dem Wagen vor dem Kasino in ↗Monte Carlo vorfuhr. Es stank verbrannt und das Fahrzeug qualmte leicht: Brosnan hatte vergessen die Handbremse zu lösen.

Im Roman ↗*Die Welt ist nicht genug* fährt Bond mit dem Aston Martin zur Trauerfeier von ↗Sir Robert King nach Schottland. Im Film ↗*Die Welt ist nicht genug* (1999) taucht der DB5 auch noch am Ende auf: Auf einer Leinwand sehen ↗»R«, ↗»M« und andere die Aufnahmen eines Satellitenbildes mit Wärmeerkennung. Das Auto, mit dem sich 007 privat in der Türkei befindet, ist deutlich zu sehen. Die Extras des Filmautos: zwei Maschinengewehre hinter den herausklappbaren Standlichtlampen, Rauchkanister für Vernebelungseffekte, kugelsichere Rückwand, drehbares Nummernschild (zugelassen auf Frankreich, Schweiz und Großbritannien), Reifenaufschlitzer, Schleudersitz, Peilvorrichtung mit Landkartenanzeige, Nagelauswurffach (kam nicht zum Einsatz), Ölsprüher, Ramm-Stoßstangen. Der Wagen, der auch die Namen »The most famous car in the world« oder »The James Bond Car« erhielt, wurde in einem Buch mit dem Titel *Aston Martin 1963–1972* von Dudley Gershon beschrieben. Darin werden weitere Spezialeinrichtungen erwähnt, die im Film nicht zu sehen sind. Zu ihnen gehören versteckte Fächer, die Messer und Pistolen beinhalten. In der Fahrertür soll sich ein Telefon befinden.

Nachdem Sean Connery zweimal im DB5 gedreht hatte, bekam auch ↗Roger Moore seine Chance – jedoch nicht als James Bond. Moore fuhr den Wagen im Film *Auf dem Highway ist die Hölle los*. Der Aston Martin DB5 im Film *GoldenEye* (1995) wird von einem Stuntman und Pierce Brosnan gefahren, er hat das Nummernschild »BMT 214 A«. Es wurde auch für die Dreharbeiten von ↗*Der Morgen stirbt nie* (1997) eingesetzt. Bei Kings Beerdigung in *Die Welt ist nicht genug* (1999) wurde ebenfalls der DB5 benutzt. In den Drehbüchern ist der Wagen als Bonds Privatauto vermerkt, während er ab *GoldenEye* Dienstwagen der Marke ↗BMW fährt. 1986 wurde ein Aston Martin, der bei den Dreharbeiten zum dritten offiziellen Bond-Film benutzt worden war, für 275.000 Dollar bei Sotheby's versteigert. Eine im Film nicht verwendete Abschussvorrichtung erzielte 1993 bei einer Auktion 4.200 Pfund. Technische Daten: Höchstgeschwindigkeit 232 km/h, Beschleunigung 0–96 km/h in 7,1 Sek., maximaler Verbrauch: 16,3 l auf 100 km, Länge 4567 mm, Breite 1689 mm, Hubraum 3995 ccm. 250.000 Dollar zahlte ein amerikanischer Sammler am 26. Juni 1986 für einen der fünf Aston Martin DB5 bei einer Auktion von Sotheby's in New York. Auch im Computerspiel ↗*Agent im Kreuzfeuer* steht 007 der Aston Martin DB5 zur Verfügung.

ASTON MARTIN DBS (Fahrzeug)

Als Agentengefährt hat der Aston Martin DBS (Kennzeichen: GKX 8G) im Film ↗*Im Geheimdienst Ihrer Majestät* (1969) seinen großen Auftritt. Anders als der DBS in ↗*Goldfinger* (1964) und ↗*Feuerball* (1965) ist der DBS nicht mit spektakulären Extras gespickt. Bond hat lediglich ein zerlegtes Gewehr mit Zielfernrohr in seinem Handschuhfach. Die Besonderheit des Wagens liegt vornehmlich in seiner Seltenheit: Es wurden nur 787 Exemplare hergestellt. Das Fahrzeug aus *Im Geheimdienst Ihrer Majestät* (1969) war auch in ↗*Diamantenfieber* (1971) zu sehen. In der ↗Abteilung Q wurde es mit Raketen ausgestattet, die im Film selbst nie zum Einsatz kamen. Eine Kopplung zwischen Modernität und Tradition bringen Roman und Film ↗*Der Morgen stirbt nie* (1997):

James Bond benutzt privat noch den Aston Martin DB5, fährt aber als Dienstfahrzeug einen ↗BMW 750, den er von ↗»Q« bekommt. In Bonds Privatbesitz gelangte das Fahrzeug nach den Beschreibungen von Autor ↗Raymond Benson durch eine Auktion. Der Geheimdienst veräußerte den DB5 und 007 überbot ↗Bill Tanner um 5.000 Pfund. Nachdem James Bonds Automechaniker ↗Heckman das Fahrzeug als »in gutem Zustand« bewertet hatte, durfte der Agent sogar dessen Garage benutzen. 007 fuhr den Wagen trotz seiner Auffälligkeit sehr gerne. In ↗Casino Royale (2006) gewinnt James Bond bei einem Pokerspiel gegen ↗Alexander Dimitrios einen Aston Martin DBS.

ASTON MARTIN DBS V8 (Fahrzeug)
James Bonds Wagen in ↗Der Hauch des Todes (1987) ist ein Aston Martin DBS V8. Zur Sonderausstattung des Autos gehören ausfahrbare Eisenspikes, Laserkanonen in den Radkappen (die moderne Form der Reifenaufschlitzer, die bereits in ↗Goldfinger für einen Lacher sorgten), genannt »Felgenlaser«, ausfahrbare Skibretter an beiden Seiten, um das Gleiten auf Schneeflächen zu ermöglichen und ein Einsinken in Tiefschnee zu verhindern, Raketen hinter den Frontscheinwerfern mit digitaler Raketenzielerfassung, Zielsuchdisplay integriert in die Windschutzscheibe, sowie ein Raketenantrieb. Das Nummernschild des Aston Martin (B549 WUU) wurde kurz nach Filmstart in Wien versteigert und brachte 120.000 Schilling. Der Aston Martin schafft eine Höchstgeschwindigkeit von 248 Stundenkilometer und erreicht in 6,6 Sekunden eine Geschwindigkeit von 96 Stundenkilometer. Das Fahrzeug hat einen Einspritzmotor und verbraucht bei normaler Fahrweise 4,4 Liter auf 100 Kilometer. Er ist 4,68 Meter lang und 1,83 Meter breit. Der Hubraum beträgt 5.340 Kubikmeter. Was die wenigsten wissen: Im Film tauchen zwei Typen des Aston Martin auf; ein Cabriolet (Aston Martin V8 Vantage) und später bei der Verfolgungsjagd ein Hardtop, ein Aston Martin V8 Volante. Das Hardtop-Modell verfügt über ein Radio, das Polizeifunk und andere für normale Radios unerreichbare Frequenzen empfangen kann, einen Selbstzerstörungsmechanismus, Reifenspikes, um das Fahren auf vereisten Flächen sicherer zu machen, einen Düsenantrieb; im Film nutzt Bond all diese Extras und zerstört das Fahrzeug zuletzt mit dem Selbstzerstörungsknopf. Ärgerlich für den Erbauer ↗»Q«, der zuvor noch anmerkte, das Fahrzeug sei gerade frisch lackiert. Der Wagen, der bei den Dreharbeiten in Wien benutzt wurde, brachte 1990 bei einer Auktion die Rekordsumme von 175.000 Pfund.

ASTON MARTIN VANISH (Fahrzeug)
↗Aston Martin Vanquish

ASTON MARTIN VANQUISH (Fahrzeug)
James Bonds Wunderauto im Roman und im Film ↗Stirb an einem anderen Tag (2002) ist ein Aston Martin Vanquish. Das Gefährt verfügt über eine »Adaptive Tarnung«.

↗»Q« erklärt im Roman: »Winzige Kameras auf allen Seiten projizieren das Bild auf einen Schirm aus Polymer, der sich auf der anderen Seite befindet. Für das menschliche Auge ist das Objekt dann praktisch unsichtbar.« Der Vanquish wird von der ↗Abteilung Q »Vanish« (engl. verschwinden) genannt wird, weil man ihn unsichtbar machen kann.

Weiter berichtet der Waffenmeister: »Er fährt 300 Stundenkilometer und beschleunigt in weniger als fünf Sekunden von 0 auf 100 km/h.« Das Auto besitzt einen 6-Liter-V12-Motor und ein 6-Gang-Getriebe (dieses wird elektro-hydraulisch betrieben). Mit Hilfe von Wippschaltern am Lenkrad ist ein Schalten in 250 Millisekunden möglich. James Bond soll sich mit der telefonbuchdicken Gebrauchsanweisung des Aston Martin Vanquish vertraut machen, er schleudert diese aber in die Luft und testet so die zielsuchenden Waffen, die sich unter der Motorhaube befinden. Die Gebrauchsanweisung wird in tausend Stücke zerschossen, was »Q« nicht besonders gefällt.

Das Auto verfügt über die Möglichkeit, sich seiner Umgebung anzupassen. Kameras nehmen das Umfeld auf und das Bild wird auf die Außenhaut des V12 projiziert. Unter der Haube verbergen sich zwei Schnellfeuerwaffen mit Zielerfassung. Im Inneren ist Bonds Fahrzeug mit einem Wärmesuchgerät und einer Audiomenüführung ausgestattet. Der Schleudersitz ist eine Hommage an den Film ↗*Goldfinger* (1964): Er hilft Bond bei der Flucht vor ↗Zao, um einer von Zaos Raketen auszuweichen und den Vanquish wieder zu wenden, als der bei einem Unfall aufs Dach stürzt. Die ausfahrbaren Spikes nutzt 007, um eine Eiswand hinaufzufahren, sie stammen aus ↗*Der Hauch des Todes* (1987). Zum Einsatz kommt ein Großteil der Waffen, als Zao versucht, 007 mit seinem Jaguar XKR auszuschalten. Bond benutzt auch ein Wärmeerkennungssystem, um den Körper von ↗Jinx zu orten und nimmt im Roman über ein Kommunikationssystem Kontakt mit London auf.

ASTOR (Hotel)

Im Roman ↗*Diamantenfieber* verrät ↗Tiffany Case dem Agenten James Bond, dass sie im Hotel Astor in ↗Las Vegas wohnt. Beide suchen das Zimmer auf und sie küsst 007.

ASTOR HOUSE (Pensionat)

In England angekommen, tritt ↗Vivienne Michel im Roman ↗*Der Spion, der mich liebte* in das Astor House ein, ein Pensionat für junge Damen. Leiterin dieser Institution ist ↗Miss Threadgolds. Das Gebäude ist im viktorianischen Stil gebaut und verfügt im obersten Stockwerk über fünfundzwanzig Zweibettzimmer.

ASTRONAUTEN (Filmcharaktere)

In den futuristischen James-Bond-Filmen verkörpern viele Schauspieler Astronauten, die oft durch den riesigen Helm unerkannt geblieben sind. In ↗*Man lebt nur zweimal* (1967) brauchte man gleich sechs Darsteller, die ins fiktive All vordringen sollten: ↗Norman Jones und ↗Paul Carlson waren die Personen an Bord des 1. US-Raumschiffes. Das zweite der Vereinigten Staaten war mit ↗Bill Mitchell und ↗George Roubiceck besetzt. Als russische Kosmonauten agierten ↗Laurence Herder und ↗Richard Graydon.

ASTRO-SPRUNG (Stunt)

Unter dem Namen »Astro-Sprung« ging ein Stunt des Films ↗*Der Mann mit dem goldenen Colt* (1974) in die Filmgeschichte ein. Der »Astro-Sprung« ist die Drehung eines Fahrzeugs um 360 Grad um die Längsachse (»Barrel roll«). ↗Jay Milligan führte den Stunt erstmals 1972 durch. ↗Albert R. Broccoli war von Milligans Können und der Idee beeindruckt. Er ließ den Sprung in das Drehbuch des neunten offiziellen James-Bond-Films einarbeiten. Die Kosten für die Durchführung der Szene betrugen 300.000 $. Entworfen wurde der Stunt schon 1971 am Computer. ↗Raymond R. McHenry simulierte ihn zunächst, bevor er ausgeführt wurde.

ATAC

Im Film ↗*In tödlicher Mission* (1981) dreht sich alles um den »Automatischen Angriffskoordinator«: Bond soll das ATAC (Automatic Targeting Attack Communicator) aus dem versunkenen Schiff ↗St. Georges bergen, bevor die Gegenseite ihre Chance wahrnimmt. Mit Hilfe des technischen Gerätes ist der Besitzer in der Lage, Atom-U-Booten den Befehl zum Einsatz zu geben und gleichzeitig die Zielkoordinaten zu übermitteln. James Bond war im Film der Zeit wie immer weit voraus: Kontakt zwischen tauchenden U-Booten und dem Festland war 1981 fast undenkbar. Um den Zeitzünder zu entschärfen, der in ↗ *In tödlicher Mission* (1981) für die Zerstörung des ATACs von der Mannschaft der St. Georges hätte genutzt werden können, muss James Bond die Kabel in der Reihenfolge »BLAU ROT GRÜN« durchtrennen.

ATEAR, NUSHET (Darsteller)
Nushet Atear verkörperte im Film ↗ *Liebesgrüße aus Moskau* (1963) die Figur ↗ Mehmet.

ATELIER DEGEN (Designfirma)
Die deutschen Werbeplakate zu ↗ *James Bond 007 jagt Dr. No* (1962) stammen von der Design-Firma Atelier Degen. Man benutzte die Zeichnungen der englischen Kampagne und schuf daraus eine Plakatversion, die zusätzlich Fotomontagen mit Filmbildern kombinierte. Als der Film 1965 wiederaufgeführt wurde, brachte das Atelier Degen einen weiteren Entwurf im gleichen Design heraus.

ATEM DES TEUFELS (Ort)
Der »Atem des Teufels« ist ein Ort in ↗ *Die Welt ist nicht genug* (1999). Nach 46 Filmminuten taucht aus einer Höhle nahe ↗ Baku, in der Feuer brennen, der Anarchist ↗ Viktor Zokas alias ↗ Renard der Fuchs auf. Der »Atem des Teufels« ist eine Pilgerstätte. Die aus dem Boden kommenden Gase, die Feuer speisen, lassen die Steine heiß werden, und Gläubige versuchen, die Steine zu halten, während sie beten. Renard hat kein Problem damit, heißes Gestein in den Händen zu halten: Er fühlt keine Schmerzen (↗ Hologramm).

ATEMSTÄBCHEN
Im vierten James-Bond-Kinofilm ↗ *Feuerball* verfügt der Geheimagent über kleine Atemstäbchen, mit denen er unter Wasser überleben kann, wenn seine normale Sauerstoffversorgung ausfallen sollte. Im Film stammen diese kleinen für angeblich vier Minuten mit Luft versorgenden Atemstäbchen von ↗ »Q«, doch in der Realität funktionierten sie nicht. Um beim Tauchen den Eindruck zu erzeugen, sie enthielten tatsächlich Sauerstoff, wurden die Hohlräume mit Kohlensäure-Kapseln gefüllt, was für aufsteigende Bläschen sorgen sollte. ↗ Connery musste jedoch die Luft anhalten, sonst wäre er sicher ertrunken. Als James Bond in ↗ *Im Geheimdienst Ihrer Majestät* (1969) seine Schreibtischschublade in seinem Büro ausräumt, findet er unter anderem das Atemstäbchen aus *Feuerball* (1965). Im Hintergrund erklingt der Anfang des Liedes ↗ *Thunderball*. James Bond benutzt im Film ↗ *Stirb an einem anderen Tag* (2002) ebenfalls Atemstäbchen, als er unter der Eisdecke von ↗ Gustav Graves ↗ Eispalast hindurchtaucht. Bevor er in einer heißen Quelle auftaucht, lässt er das Stäbchen einfach untergehen. Die Nutzung dieses Gadgets ist eine Hommage an den Film *Feuerball* (1965).

↗ Anspielungen

ATHERFOLD, KEN (Kamera-Grips)
Ken Atherfold arbeitete an seinem ersten Bond-Film zusammen mit ↗ Colin Manning und ↗ Chunky Huse. Er wurde auch für den Kamera-Grip bei ↗ *Lizenz zum Töten* (1989) verpflichtet.

↗ Bob Freeman

ATHERTON, SIMON (Waffen)
Die Gestaltung der Figur ↗ Brad Whitaker im Film ↗ *Der Hauch des Todes* (1987) schrie förmlich nach einem Experten, der sich mit den modernsten Waffen auskannte. Simon Atherton war für alle Waffen zuständig, die im Film benutzt wurden. Eine vergleichsweise aktuelle Waffenausstattung solcher Qualität gab es erst wieder im Film *Eraser* mit Arnold Schwarzenegger.

ATKINSON, ROWAN (Darsteller)
Rowan Atkinson, besser bekannt als Mr. Bean, hatte schon Jahre vor ↗ *Sag niemals*

nie (1983) keinen Hehl daraus gemacht, dass er einmal gern in einem James-Bond-Film mitspielen würde. Nachdem er bei den offiziellen 007-Streifen nicht untergekommen war und von dem *Sag niemals nie*-Projekt erfuhr, brachte er sich wieder in Erinnerung. Atkinson wandte sich an die Produzenten. Der Komiker bekam die Rolle des ↗Nigel Small-Fawcett. Atkinsons Interesse an Bond ist weiterhin groß. Im Jahr 2003 kam die Bond-Parodie ↗*Jonny English* in die Kinos, in der er die Hauptfigur spielt.

ATLANTIC
↗Thrilling Cities

ATLANTIK (Hotel)
↗Kempinski-Hotel Atlantik

ATLANTIS (fiktiver Ort)
Das Meeresforschungslaboratorium vor der Küste Sardiniens, das sich im Besitz von ↗Karl Stromberg befindet, heißt verheißungsvoll Atlantis. Diese fiktive Station, die im Film ↗*Der Spion, der mich liebte* (1977) »auftaucht«, hat sich ↗Ken Adam ausgedacht, der sich von einer auf- und abtauchenden Ozeanplattform in Okinawa inspiriert fühlte. ↗Derek Meddings baute das Miniaturmodell, das man im Film bewundern kann. Auch im Buch ↗*James Bond und sein größter Fall* kommt das Meeresforschungslaboratorium »Atlantis« vor. Nachdem Bond und ↗Carter aus der ↗Lepados entkommen konnten, bekommt der U-Boot-Kapitän den Auftrag, »Atlantis« mit Torpedos zu zerstören. 007 will vorher aber ↗Anya Amansova aus der Festung befreien.

ATLANTIS HOTEL
Siehe ↗Bahamas

ATLAS, NATACHA
↗*Shaken And Stirred*

ATOMBOMBEN (Waffen)
Um die Atombomben, die im Film ↗*Feuerball* vorkommen, authentisch nachbauen zu können, fotografierten ↗Ken Adam und ↗Peter Lamont Originale, als sie einen Luftwaffenstützpunkt besichtigten. Anhand der Fotos wurden die Attrappen dann sehr realistisch nachgebaut.
↗MOS/bd/654/Mk V

ATOMFORSCHER (Filmcharakter)
Um die in ↗Fort Knox deponierte Atombombe im Film ↗*Goldfinger* (1964) entschärfen zu können, muss ein Spezialist her. Der Atomforscher im Film wird von ↗Robert Macleod verkörpert. Ein Griff des Atomforschers reicht aus, um die Höllenmaschine zu stoppen. »Noch sieben Ticker und Goldfinger hätte die Partie gewonnen!« Bond ist sichtlich erleichtert.

ATOM-U-BOOT
↗U-Boot

ATTENTÄTER (Romanfigur)
Sicherlich trifft die Bezeichnung »Attentäter« auf mehrere Figuren zu, die sich bisher in den Werken von ↗Ian Fleming, ↗Kingsley Amis (↗Robert Markham), ↗John Gardner und ↗Raymond Benson gegen den Agenten James Bond stellten. Besonders aber auf einen Killer, der im Roman ↗*Countdown!* die Limousine von ↗Guy Thackeray in die Luft sprengt. 007 folgt dem Mörder. Dieser flüchtet und fällt, nachdem er mehrere Geiseln genommen hat, von einem hohen Hongkonger Gebäude. Erst im Nachhinein wird Bond klar, dass der Attentäter den Mord an Thackeray nur vortäuschte, denn Thackeray war sein Auftraggeber.

ATTENTÄTER IN »CASINO ROYALE« (Romanfiguren)
Brutale Attentäter gibt es so ziemlich in jedem James-Bond-Roman. Die zwei Killer, die ↗Fleming in ↗*Casino Royale* beschreibt, legten den Grundstein der Kil-

lerserie, die bis heute kein Ende nahm. Sie versuchen 007 mit einer Bombe zu töten. Der Hergang des Anschlages, wenn auch mit anderen Interessen und Opfern, beruht nach mehreren Quellen auf einer wahren Begebenheit. Fleming verarbeitete seine Erinnerungen und schuf diese zwei Mörder, die das Verbrechen verpatzen und sich versehentlich gegenseitig sprengen: »Als er (Bond) sich – betäubt und fast unbewusst – aufrichtete, prasselte ein gespenstischer Regen von Fleischfetzen und blutgetränkten Stofffetzen, vermischt mit Zweigen und Kies, auf ihn und die Straße herunter. (...) Es roch nach hochexplosivem Sprengstoff, nach brennendem Holz und – ja, das war es –, nach gebratenem Hammelfleisch«.

ATURIF, SIMON L. (Drehbuchautor)
Der Drehbuchautor Simon L. Aturif arbeitete am Script für ↗*GoldenEye* (1995) mit. Obwohl er zahlreiche Ideen beisteuerte, wurde Aturif in den Credits nicht genannt. Als Autor taucht neben ↗Jeffrey France nur ↗Bruce Feirstein auf.

AU1 (Kennzeichen)
↗Goldfingers ↗Rolls Royce im Film ↗*Goldfinger* (1964) trägt das Nummernschild AU1. AU ist das chemische Symbol für Gold, und der Vorname des Schurken im Film lautet »Auric«.

AU 603 (Kennzeichen)
↗Rolls Royce

AUBERGINE, ACHILLE (Filmcharakter)
Um mehr über mögliches Doping bei den Pferden von ↗Max Zorin zu erfahren, sucht James Bond im Film ↗*Im Angesicht des Todes* (1985) den Spezialisten ↗Achille Aubergine auf. Dieser arbeitet als freiberuflicher Detektiv und will für den französischen Jockey-Club mehr über Zorins Vorgehensweisen in Erfahrung bringen. Aubergine, von ↗Jean Rougerie dargestellt, hält es für plausibel, dass Zorin mit Spritzen arbeitet. Bevor er 007 Näheres verraten kann, wird er von ↗May Day im Restaurant des Eiffelturms getötet. James Bond nimmt die Verfolgung auf ...

AUDI (Fahrzeug)
James Bond und ↗Sergeant Pearlman werden im Buch ↗*Scorpius* von mehreren Fahrzeugen verfolgt. Die beiden sind in 007s ↗Bentley Mulsanne Turbo unterwegs und können im Rückspiegel nach und nach verschiedene Modelle von Verfolgerfahrzeugen sichten: einen ↗Saab 900 Turbo, einen ↗BMW 735i, einen roten ↗Lotus Esprit und einen blauen Audi.

AUDIO BONGO (Lied)
↗*Dr. No* (Soundtrack)

AUDUBON-GESELLSCHAFT
↗John Bryce

AUFBEREITUNGSANLAGE NUMERO EINS (fiktive Kampfstofffabrik)
Die ↗»Operation Schlüsselblume« führt die Geheimagenten James Bond und ↗006 im Roman ↗*GoldenEye* in die »Aufbereitungsanlage Numero eins«. Diese Fabrik zur biochemischen Aufbereitung von biologischen- und chemischen Waffen soll von Bond und seinem Kollegen zerstört werden. Eine Staumauer, die sich direkt über dem Eingang der Fabrik befindet, bietet 007 die Chance für einen gewagten ↗Bungeesprung. Unter anderem wird unter der Leitung von ↗Ouromov das Nervengas ↗Anthrax produziert.

AUFLAGENSTÄRKE DER JAMES-BOND-ROMANE VON IAN FLEMING
Der Erfolg der James-Bond-Romane Ian Flemings lässt sich gut an den Erstauflagen erkennen. Mit der Kurzgeschichtensammlung ↗*For Your Eyes Only* wollte der Verlag kein Risiko eingehen, daher wurden vom Verlag 2.000 Exemplare weniger aufgelegt. Ebenso war man unsicher, ob 007

auch nach Flemings Tod (1964) noch ein Renner sein würde. Aufgrund der zahlreichen Vorbestellungen wurde zwar ↗ *The Man With The Golden Gun* das Buch mit der höchsten Erstauflage, doch bekam es schlechte Kritiken. Ein Grund, warum die zweite Kurzgeschichtensammlung, die anschließend erschien, im ersten Druck mit 32.000 Exemplaren weniger gedruckt wurde als dieses Buch.

Hier die Auflagenstärke der Erstauflagen aller Fleming-Bond-Romane:
- **Casino Royale** (1953) – 4.728
- **Live And Let Die** (1954) – 7.500
- **Moonraker** (1955) – 9.900
- **Diamonds Are Forever** (1956) – 14.700
- **From Russia With Love** (1957) – 15.000
- **Dr. No** (1958) – 20.000
- **Goldfinger** (1959) – 24.000
- **For Your Eyes Only** (1960) – 21.712
- **Thunderball** (1961) – 50.938
- **The Spy Who Loved Me** (1962) – 30.000
- **On Her Majesty's Secret Service** (1963) – 45.000
- **You Only Live Twice** (1964) – 56.000
- **The Man With The Golden Gun** (1965) – 82.000
- **Octopussy And The Living Daylights** (1966) – 50.000

AUF HOLZ KLOPFEN BRINGT EBEN GLÜCK! (Zitat)
↗ Gerüst

AUGE
Im Buch ↗ *Never Dream Of Dying* wird ↗ René Mathis durch eine Folter blind und auch 007 verliert fast sein Augenlicht, als er durch Folterknechte geblendet wird. James Bond gelingt es zu fliehen, nachdem er diese harte Pein mit Mut überlebt hat.

DAS AUGE DES GLENS
Beim »Auge des Glens« handelt es sich um die Reversnadel von ↗ Sir Robert King im Roman ↗ *Die Welt ist nicht genug*. Insider behaupten, ↗ Benson spiele hiermit auf den Regisseur ↗ John Glen an, dessen Auge durch fünfmaliges Regieführen bei 007 »Bond-geschärft« sei. ↗ Elektra King tauscht die Reversnadel gegen ein Duplikat, das einen Funktransmitter enthält, der (im Roman) eine Explosion auslöst. Kings Geld sei in ↗ Urea getaucht worden und durch Pressung zu einer kompakten Bombe geworden. Die Erklärung im Roman lässt auch ↗ Giuliettas Aufenthalt in London plausibel erscheinen: Sie musste den Transmitter per Sender einschalten. Das Signal habe dann den Receiver in Kings Reversnadel aktiviert, die ein elektronisches Signal an den Magnesiumstreifen im Geld von King übermittelt habe. Kompliziert, aber wirkungsvoll.

AUGEN
Viermal in der Bond-Geschichte spielen Augen eine wichtige Rolle. In ↗ *Goldfinger* (1964) spiegelt sich ein Angreifer hinter Bond in den Augen der Frau, die 007 küsst – der Agent ist gewarnt. In ↗ *Moonraker – streng geheim* (1979) ist es der Blick von ↗ Corinne Dufour, der James Bond auf den Safe in ↗ Drax' Arbeitszimmer aufmerksam macht. In ↗ *Sag niemals nie* (1983) werden die Gefechtskopfattrappen erst durch die Computerabtastung des linken Auges des Präsidenten der Vereinigten Staaten durch echte Sprengköpfe ausgetauscht. Im übertragenen Sinn spielt das Auge in ↗ *GoldenEye* (1995) eine Rolle: Hier ist der Zugang zum tödlichen Satelliten nur über eine dicke Identifikationskarte möglich, die ein »goldenes Auge« in sich birgt.

AUGEN (Romanfiguren)
Als »Augen« werden im Roman ↗ *Leben und sterben lassen* alle Handlanger von ↗ Mr. Big bezeichnet, die vom ↗ »Whisper« die Order bekommen, James Bond, ↗ Felix Leiter und andere in New York befindlichen Agenten und Spione auf Schritt und Tritt zu überwachen.

AUGENBINDE

Eine Augenbinde muss ↗Jack Petachi in ↗*Sag niemals nie* (1983) nach einer Augenoperation tragen.

AUGENKLAPPE

Die erste Augenklappe in der James-Bond-Geschichte taucht bereits im Roman ↗*Casino Royale* auf. Ein ↗SMERSH-Mann, der ↗Vesper Lynd beobachtet, trägt eine Augenklappe. Im Film findet sich eine derartige Binde bei ↗Emilio Largo in ↗*Feuerball* (1965). Auch wenn es im Roman ↗*Leben und sterben lassen* »Augenbinde« genannt wird, fällt die Romanfigur Strangways damit unter die Einäugigen. Im Buch ↗*James Bond 007 jagt Dr. No* ist es schließlich wieder eine Augenklappe, die Strangways rechtes Auge bedeckt.

AUGENSPIEGEL

Siehe Inhaltsangabe ↗*Never Dream Of Dying*

AUGER, CLAUDINE (Darstellerin)

Nicht zuletzt ihrem Aussehen verdankte es die am 26. April 1942 in Paris geborene Claudine Auger, dass sie zum Bond-Girl ↗Domino Derval im Film ↗*Feuerball* (1965) wurde. Schon im Alter von nur 15 Jahren gewann sie den Miss-Frankreich-Titel, was viele Produzenten auf sie aufmerksam machte. Ihr erster Film hieß *Das Testament des Orpheus*. Auger studierte in Paris dramatische Kunst und jobbte als Model. Mit 17 heiratete sie, doch die Scheidung ließ nicht lange auf sich warten. Als ↗Albert R. Broccoli und ↗Harry Saltzman nach einer geeigneten Darstellerin für den vierten offiziellen James-Bond-Film suchten, wurde weltweit gecastet, und über sechshundert Schauspielerinnen hofften, an der Seite von 007 stehen zu dürfen. Claudine Auger bekam ihren Vertrag, weil drei Darstellerinnen (↗Faye Dunaway, ↗Raquel Welch und ↗Julie Christie) die Rolle ablehnten oder von Auger ausgebootet wurden. Regisseur ↗Terence Young traf die Entscheidung, bemängelt wurde die Wahl nur von Cutter ↗Peter Hunt, der die Stimme unpassend fand und sie synchronisieren ließ. Auger, nur bei Unterwasseraufnahmen von ↗Evelyn Boren gedoubelt, entwarf die Badeanzüge für den Film. Der schwarz-weiße Bikini wurde weltberühmt, zumal solch freizügige Mode 1965 noch eine Seltenheit war. In Interviews schwärmte die Französin immer für ↗Sean Connery und behauptete, es geliebt zu haben, sich mit ihm bei kurz zuvor selbstausgedachten Dialogen vor der Kamera zu produzieren. Auger heiratete noch zwei weitere Male und lebt mit ihrem dritten Ehemann, dem englischen Stahlbaron Peter Brent, in Paris und England. Das Ex-Bond-Girl zog sich nach ↗*Feuerball* mehr und mehr aus dem Showgeschäft zurück, in den 1990er Jahren war sie in den Filmen *Schatten der Erinnerung* (1990) und *Salz auf unserer Haut* (1992) zu sehen.

DAS AUGE SCHLÄFT NIE (Slogan)

Den Arbeitsplatz als Detektiv bei ↗Pinkerton beschreibt ↗Felix Leiter im Roman ↗*Diamantenfieber* mit dem Slogan »Das Auge schläft nie«.

AUGSBURG

Als ↗Sir Hillary Bray äußert James Bond in ↗*Im Geheimdienst Ihrer Majestät* (1969) gegenüber ↗Blofeld, er wolle mit dem Chef des ↗Piz Gloria die Grabmäler der Urahnen der ↗Bleuchamps im Augsburger Dom aufsuchen. Blofeld schöpft Verdacht: Die Grabmäler befinden sich nicht im Dom, sondern in der ↗St.-Anna-Kirche.

AUGUSTA (Hubschrauber)

In ↗*Sieg oder stirb, Mr. Bond!* ist es ein alter Augusta-Hubschrauber mit dem Zeichen der italienischen Marine, der nach der vermeintlich tödlichen Explosion von ↗da Riccis Auto vor der Villa landet, in der James Bond untergebracht ist. 007 soll mit dem Augusta-Helikopter zu einer sicheren Basis auf dem Festland fliegen.

AUGUSTA-A-109 (Hubschrauber)
↗ Wai Lin und James Bond werden im Roman ↗ *Der Morgen stirbt nie* von ↗ Stamper gefangen genommen, nachdem sie von einem Tauchgang zur ↗ »Devonshire« zurück sind. Mit Handschellen aneinander gefesselt werden die beiden Agenten mit einem Hubschrauber vom Typ Augusta-A-109 zu Carvers Medienhochhaus in Saigon geflogen. Der Helikopter verfolgt Wai Lin und 007 später, als sie mit einem ↗ BMW R1200 C fliehen. Er wird von den Flüchtigen mit einer Wäscheleine zum Absturz gebracht.

AUGUSTE, MARK (Tonbearbeitung)
↗ Peter Musgrave

AUKTIONATOR (Filmcharakter)
Die Rollenbezeichnung Auktionator hatte der Schauspieler ↗ Philip Voss 1983 im dreizehnten offiziellen James-Bond-Film ↗ *Octopussy*. Der Auktionator arbeitet bei Sotheby's und versucht, einen höchstmöglichen Preis für das ↗ Fabergé-Ei zu erzielen, das von 007 während der Auktion gegen ein Duplikat vertauscht wird.

AUKTIONATOR (Filmcharakter)
Der Auktionator auf dem Sklavenmarkt im Film ↗ *Sag niemals nie* (1983) wurde von ↗ Tony Alleff dargestellt.

AUKTIONATOR (Filmcharakter)
Vermutlich handelt es sich bei der von ↗ Gerard Buhr verkörperten Figur um den Auktionator auf ↗ Max Zorins Pferdeschau in ↗ *Im Angesicht des Todes* (1985): In den Besetzungslisten taucht ein »Auktionator« auf, eine genaue Beschreibung liegt nicht vor.

AURIC SPECTROMETER (Messgerät)
Mit dem »Auric Spectrometer« wird im Film ↗ *Goldfinger* (1964) der Gehalt von ↗ Delta 9-Nervengas in der Luft gemessen.

AUSPUFF
↗ Zahnarzt

AUSSENSPIEGEL (Waffe)
↗ 347 NDG

AUSSICHT
↗ Liebe

AUSTERN ANDALUSISCH
Als Kellner verkleidet tauchen ↗ Mr. Wint und ↗ Mr. Kidd am Ende von ↗ *Diamantenfieber* (1971) auf, um einen letzten Mordanschlag auf James Bond zu verüben. Zu den Gerichten, die sie servieren, gehören u. a. Austern Andalusische Art.

AUSTERNVERKÄUFER (Filmcharakter)
In ↗ *Leben und sterben lassen* (1973) werden die rasenden Polizeiautos von einem Austernverkäufer behindert, der mit seinem Wagen die ganze Straße einnimmt. ↗ Sheriff Pepper ist außer sich: »Hast du schon mal dran gedacht, deinen Führerschein zu machen, Opa?«, brüllt er, als die Polizeiautos überholen. Einige hundert Meter weiter haben dann vier Polizeiautos einen Unfall verursacht, und der Austernverkäufer kommt hupend und kopfschüttelnd mit seinem Auto angetuckert.

AUSTIN A 30 (Fahrzeug)
Im Roman ↗ *James Bond 007 jagt Dr. No* lässt 007 über ↗ Quarrel einen Wagen vom Typ Austin A 30 mieten, mit dem beide dann auf Jamaika unterwegs sind.

AUSTIN, JOHN (Set-Regie)
↗ Peter Lamont, der bereits zu Lebzeiten zu einer Legende geworden ist, arbeitete 1971 bei ↗ *Diamantenfieber* mit John Austin unter dem Titel »Set-Regisseur«.

AUSTIN-POWERS-FILME
Mike Myers schaffte 1997 den Durchbruch als durchgeknallter Geheimagent Austin Powers. Sein erster Film mit dieser Hauptfi-

gur, für den er das Drehbuch schrieb, und in dem er auch die Titelrolle spielt, erschien in Deutschland unter dem Titel *Austin Powers – Das Schärfste, was Ihre Majestät zu bieten hat* und war neben *Johnny English* und *Agent 00 – Mit der Lizenz zum Totlachen* eine erfolgreiche Parodie auf James Bond. Der Film spielte weltweit 67,7 Millionen Dollar ein. Eine Fortsetzung ließ nicht lange auf sich warten: *Austin Powers – Spion in geheimer Missionarsstellung* (1999) war noch erfolgreicher, brachte für die Macher aber auch Probleme mit sich. Da der Film im Original *The Spy Who Shagged Me* heißt, klagten die James-Bond-Koproduzenten. Sie wollten die Ähnlichkeit des Titels zu ihrem Film ↗*The Spy Who Loved Me* (1977) [*Der Spion, der mich liebte*] nicht hinnehmen. Dennoch verloren sie den Prozess, so dass Myers mit seiner Serie in Runde drei gehen konnte: *Goldmember* (2002). Die Reaktion bei den Bond-Machern war wie erwartet: Wieder startete ein Prozess, in dessen Verlauf man eine Vereinbarung traf: Die Plakatwerbung des Films *Goldmember* wurde reduziert und New Line ließ im Vorspann von *Goldmember* kostenlos Werbung für *Die Another Day* laufen.

AUSTRALIEN (Ort)
Im Roman ↗*Countdown!* lässt Autor ↗Raymond Benson in Westaustralien eine Kernexplosion stattfinden, deren Druckwelle überall auf der Welt gemessen werden konnte. Bond ermittelt in diesem Roman in Australien und stößt auf einen ganzen Haufen von Gegenspielern.

AUSTRALIERIN (Filmcharakter)
Zu den Todesengeln auf dem ↗Piz Gloria gehören viele Mädchen der unterschiedlichsten Nationalitäten. Neben einer deutschen, einer Israelin und einer Irin taucht auch eine australische Frau auf. Die Rolle dieser Australierin im Film ↗*Im Geheimdienst Ihrer Majestät* (1969) wurde von ↗Anoushka Hempel gespielt. ↗Todesengel

AUSWEIS
Für die Dreharbeiten von ↗*Der Hauch des Todes* (1987) wurde ein Ausweis angefertigt, den ↗Timothy Dalton bei sich trug. Das Requisitenstück ist auf James Bond ausgestellt, kann aber bei genauerem Betrachten keiner Echtheitsprüfung standhalten. Der Ausweis (»British Passport«) trägt die Nummer C656289D. Als Geburtsdatum für 007 (Dalton) ist der 10.11.1948 eingetragen. Der Ausweis von ↗»Universal Exports«, den James Bond im Roman und auch im Film ↗*Die Welt ist nicht genug* (1999) bei sich hat, leistet ihm gute Dienste. Er schneidet das Foto heraus und klebt es über das Bild von ↗Arkow. Im Handumdrehen hat Bond einen gut gefälschten Ausweis, der ihn als Mitarbeiter des russischen Ministeriums für Atomkraft durchgehen lässt.

AUSZEICHNUNGEN
↗Orden

AUTHORITY (Organisation)
»Authority« ist im Film ↗*Casino Royale* (1966) eine geheimnisvolle Stimme, die Befehle an eine Kommandozentrale weitergibt.

AUTOGYRO WA-116 (Mini-Helikopter)
Der Mini-Helikopter ↗»Little Nellie«, der den erinnerungswürdigen Auftritt in ↗*Man lebt nur zweimal* (1967) hat, hieß vor den Dreharbeiten nur Autogyro WA-116. Nach dem fünften offiziellen James-Bond-Film wurde er unter dem Filmnamen so bekannt, dass Besitzer und Konstrukteur ↗Kenneth Wallis ihn in »Little Nellie« umbenannte. Mit 120 Kilo Gewicht (Wallis passte noch drauf) erreichte der Mini-Helikopter eine Geschwindigkeit von 210 Stundenkilometer.

AUTOMATIC TARGETING ATTACK COMMUNICATOR
↗ATAC

AUTOMATISCHER ANGRIFFSKOORDINATOR
↗ATAC

AUTOPRESSE

Mit einer Autopresse vernichtet ↗Oddjob im Film ↗*Goldfinger* (1964) die Leiche von ↗Mr. Solo. Der erschossene Ganove wird samt Auto in der Presse zu einem kompakten Würfel gepresst.

AUTOREIFEN

In ↗*Im Angesicht des Todes* (1985) wird James Bond in einem ↗Rolls Royce in einem See versenkt. Da seine Feinde noch am Ufer stehen, hat 007 nur eine Möglichkeit, um zu überleben. Er öffnet das Ventil eines Autoreifens von Michelin und atmet die im Reifen vorhandene Luft ein, bis die Gegner verschwunden sind.

AUTOSCHLÜSSEL

In ↗*Der Spion, der mich liebte* (1977) zieht Bond den Schlüssel von ↗Beißers Wagen ab, damit ↗Anja Amasowa damit nicht flüchten kann. Als der Brite und die Russin später im Wagen sitzen und Beißer angreift, gibt Bond den Autoschlüssel erst nach mehrmaliger Aufforderung von Amasowa und ausgesprochen langsam an die Frau weiter. In ↗*Der Mann mit dem goldenen Colt* (1974) will James Bond mit einem Auto die Verfolgung zu ↗Scaramanga aufnehmen, der ↗Mary Goodnight bei sich im Kofferraum eingesperrt und entführt hat. Bond und ↗Hip schwingen sich in ihr Auto, doch der Schlüssel fehlt: Goodnight hat ihn bei sich. Diese Szene ist wieder ein gutes Beispiel dafür, dass bei 007 nicht alles reibungslos läuft. Bond hat nur eine Wahl: Er muss ein anderes Fahrzeug stehlen. In ↗*In tödlicher Mission* (1981) reagiert der Agent gewohnt cool, als er sieht, dass sein ↗Lotus Esprit wegen »Qs« eingebauter ↗Diebstahlsicherung explodiert: Er wirft seinen Autoschlüssel einfach weg.

AUTOSCHLÜSSEL-FERNSTEUERUNG
↗BMW Z8

AUTOSCOOTER
↗Prater

AUTOSUGGESTION
↗James Bond

AUTOTÜREN

Auf dem Felsen von ↗Gibraltar fährt James Bond in ↗*Der Hauch des Todes* (1987) während eines Kampfes in einem Jeep versehentlich eine Autotür eines Fremdfahrzeugs ab. In ↗*Der Morgen stirbt nie* (1997) weicht er mit seinem Motorrad der Tür aus, aber ein Verfolgerfahrzeug erfasst die Autotür eines unbeteiligten Wagens und reißt sie ab.

↗Pfennigabsätze

AVA (Filmcharakter)

Die CIA-Agentin Ava lockt James Bond in ↗*Der Hauch des Todes* (1987) zusammen mit ihrer Freundin ↗Liz auf die Jacht von ↗Felix Leiter. Ava wurde von ↗Dulice Liecier dargestellt.

AVALANCHE RUN (Zeichentrickfilm)
↗*James Bond Jr.*

AVANTE CARTE

Bei der Leiche von ↗Emma Dupré im Roman ↗*Scorpius* wird eine seltsame Kreditkarte gefunden, auf der ↗»Avante Carte« steht. Über die ↗Abteilung Q wird herausgefunden, von wem die Karte stammt. Die Spur führt über Umwege zu ↗Wladimir Scorpius alias ↗Vater Valentine. Das Outfit der Karte ist ungewöhnlich: Sie zeigt neben den Daten des Besitzers und der Gültigkeitsdauer noch ein kleines silbernes Rechteck, das holographische Zeichen umschließt: die griechischen Buchstaben Alpha und Omega – ineinander verschlungen. »Der Anfang und das Ende«. Da auch ↗Trilby Shrivenham über eine »Avante Carte« verfügt, gehen die Untersuchungen weiter. Es handelt sich um »Smart Cards«, die genutzt werden, um in gesicherte Gebiete hinein- und herauszukommen. ↗»M« spricht von »kleinen Plastikgehirnen, die in Plastik eingebettet sind«. Durch ↗Ann Reilly wird eine auf der Karte befindliche Telefonnummer entschlüsselt, die mit den Ziffern 437 beginnt.

Später berichtet die Waffenmeisterin, die Karte enthalte einen winzigen Chip, den man von Computern her kennt und der über ROM (Read Only Memory) und auch RAM (Random Access Memory) verfügt. Die Karte könne unterschiedlich programmiert werden. Besonders unheimlich, so Reilly, sei ein »Input-Output-Chip«. Mit der »Avante Carte« kann man Zugang zu allen Großrechnern aller britischen Girobanken bekommen, indem man sie einfach in einen Geldautomaten steckt und eine Zahlenreihenfolge eingibt. So kann man Geld von fremden Konten auf sein eigenes transferieren. Später erfährt Bond von ↗ David Wolkovsky noch mehr über die geheimnisvolle Karte: Mit ihr habe man Zugang zur Börse und es wäre möglich, damit Aktien zu kaufen oder zu verkaufen. Dies hätte alle in Panik versetzen können. Scorpius plante während der Wahl einen Run auf das Pfund zu verursachen. 007 kann dies durchkreuzen, verliert dabei jedoch eine gute Freundin: ↗ Harriet Horner stirbt durch einen Schlangenbiss.

AVANTE CARTE INC. (fiktive Firma)

Als James Bond im Roman ↗ *Scorpius* die fiktive Firma Avante Carte Inc. aufsucht, beginnt er hinter die Fassade eines scheinbar undurchschaubaren Netzes von Verwirrung zu geraten, das ↗ Wladimir Scorpius inszeniert hat. Die Büros von Avante Carte Inc. befinden sich in der vierten Etage in einem Neubau an einer Straße, die auf die Oxford Street in London führt, wenn man vom Oxford Circus nordwärts geht. Im siebenstöckigen Gebäude der dubiosen Bank, die über ein Vermögen von zehn Millionen Pfund verfügt, haben noch andere Firmen ihren Sitz: »Actiondata Services Ldt.« (erste Etage), »The Burgho Press«, Redaktion (zweite Etage), »Adams Services Ltd.« (dritte Etage), eine Anwaltskanzlei (fünfte Etage), Werbeagentur »AdShout Ltd.« (sechste Etage), »Night-out Companions« (siebte Etage). Als 007 den Lift betritt, wird er von Hintergrundmusik empfangen, die seinem Geschmack entspricht. In den Büros von »Avante Carte Inc.« lernt er die vorerst undurchschaubare ↗ Harriet Horner kennen.

AVATA (Filmtitel)
↗ Aquator

AVATAR (Filmtitel)
↗ Aquator

AVUS (Autobahn)
Dreharbeiten für den Film ↗ *Octopussy* (1983) fanden auch auf der Berliner Avus statt. Die Autobahn bot sich geradezu für eine rasante Verfolgungsjagd der Stuntmen an.

AWABI-MUSCHELN

Die Perlentaucherinnen im Roman ↗ *Du lebst nur zweimal* tauchen nach Awabi-Muscheln. ↗ Tiger Tanaka bezeichnet diese Lebewesen als japanische Austern.

AWACS

Die AWACS-Luftüberwachung stellt in der ↗ Pre-Title-Sequenz von ↗ *Lizenz zum Töten* (1989) fest, dass ↗ Sanchez von seinem Flugkurs abweicht. Sofort wird das ↗ DEA informiert, um die Möglichkeit zu nutzen, Sanchez dingfest zu machen.

AXT (Waffe)
↗ Feueraxt
Siehe auch Inhaltsangabe ↗ *High Time To Kill*

AYM

»Aym« ist ein anderes Wort für ↗ »BAST« und kommt im Roman ↗ *Sieg oder stirb, Mr. Bond!* vor. Die gleiche Bedeutung hat auch das Wort »Aini«.

B

B (Morsezeichen)
↗ Morsezeichen

B (Zimmer)
Als James Bond im Buch ↗ *007 James Bond und der Mann mit dem goldenen Colt* wieder beim ↗ Secret Service auftaucht, muss erst überprüft werden, ob er tatsächlich 007 ist. Zusammen mit ↗ Townsend gelangt Bond in den abgeschirmten Bereich des Geheimdienstes. Beide stehen vor zwei Türen, von denen eine die Aufschrift »A«, die andere die Aufschrift »B« trägt. Townsend klopft bei der zweiten Tür an, und der Agent soll eintreten. In ↗ Zimmer A sitzt der ↗ »Scharfe Mann« (↗ Mr. Robson), während der »sanfte Mann« in »B« auf 007 wartet.

B (Initiale)
James Bond sucht im Roman ↗ *007 James Bond und der Mann mit dem goldenen Colt* nach einem Umschlag, auf dem der Buchstabe »B« für Bond steht. Er hofft, darin Informationen über seinen Auftrag zu finden.

B5 49 WUU (Kennzeichen)
James Bonds ↗ Aston Martin DBS V8 Vantage im Film ↗ *Der Hauch des Todes* (1987) trägt das amtliche Kennzeichen B5 49 WUU. Das Fahrzeug übersteht 007s Auftrag nicht und explodiert.

B71627 (Kennzeichen)
Das Polizeiauto mit dem Kennzeichen B71627 verfolgt James Bond und ↗ Kara Milovy in ↗ *Der Hauch des Todes* (1987) und nachdem Bond die Eisdecke aufgeschlitzt hat, versinkt es im See.

B74316 (Kennzeichen)
Ein Polizeiauto mit dem Kennzeichen B74316 verfolgt James Bond und ↗ Kara Milovy in ↗ *Der Hauch des Todes* (1987).

B726344 (Kennzeichen)
Das Fahrzeug, bei dem James Bond in ↗ *Der Hauch des Todes* (1987) die Karosserie vom Unterboden abschneidet, trägt das Kennzeichen B726344.

BAACK, PAUL (Romanfigur)
Siehe Inhaltsangabe ↗ *High Time To Kill*

BAADER-MEINHOF-BANDE
↗ Terroristen

BABY-RAKETE (Waffe)
»Sie wird mit Vorliebe von Kettenrauchern benutzt!«, klärt ↗ Tiger Tanaka im Film ↗ *Man lebt nur zweimal* (1967) auf. Die Baby-Rakete ist eine spezielle Konstruktion, die in eine Zigarette passt und so unbemerkt transportiert werden kann. 007 benutzt die umfunktionierte Baby-Rakete, als er den Dritten Weltkrieg verhindern will.

BACCARDI (Waffe)
↗ Benzin

BACCARDI AUF EIS (Getränk)
Im Film ↗ *Der Spion, der mich liebte* (1977) trinkt ↗ Anja Amasowa im ↗ MujabaKlub von ↗ Max Kalba Baccardi auf Eis.

BACH, BARBARA (Darstellerin)
Barbara Bach wurde am 27. August 1947 in New York geboren. Bereits als Siebzehnjährige startete sie eine Karriere als Topmodell und war auf den Titelblättern führender Zeitschriften abgebildet. Sie lebte zeitweise in Italien, wo sie auch ihren ersten Mann, den Industriellen Augusto Gregorini, heira-

tete. Über eine Modellagentur bekam Bach kleinere Rollen in Filmen angeboten. Keiner der Filme wurde sehr beachtet, daraufhin nahm sie Schauspielunterricht bei dem bekannten Darsteller und späteren Oscar-Gewinner Giancarlo Giannini. Ihr professionelles Filmdebüt gab sie in dem Streifen *Il mio monsigore* (1971). Bald darauf spielte sie in *The Black Bellied Tarantula* und in *Ein Mann schlägt zurück* (1974). Trotz ihrer zwei Kinder Gian Andrea und Francesca ließ sich die erfolgreiche Darstellerin von ihrem ersten Ehemann scheiden.

Bond-Produzent ↗Albert R. Broccoli sah auf der Suche nach einer Hauptdarstellerin für seinen neusten Film ↗*Der Spion, der mich liebte* (1977) bei Freund Filme, in denen Barbara Bach mitspielte, und war von der Amerikanerin so begeistert, dass er einen Casting-Termin vereinbarte. »Ich konnte es nicht fassen. Das sollte der Wendepunkt in meinem Leben sein«, erinnerte sich Barbara Bach. Sie wurde nicht nur zum Casting eingeladen, sondern bekam auch die Rolle der ↗Anja Amasowa im zehnten offiziellen James-Bond-Film. Jede Schauspielerin, die nach ↗Ursula Andress in ↗*James Bond 007 jagt Dr. No* eine Rolle in einem James-Bond-Film bekommen hatte, sagte in den Interviews, dass diesmal eine sehr starke und 007 gleichgestellte Frau an seiner Seite kämpfen würde. Erst für Barbara Bach, die in *Der Spion, der mich liebte* ↗Tripple X alias A. Amasowa verkörpert, trifft dies wirklich zu.

»Plötzlich interessierte sich die ganze Welt für mich«, stellte Bach bald fest und ließ für Spitzengagen beim *Playboy* die Hüllen fallen. Eine bessere Werbung für seinen Film konnte sich Broccoli kaum vorstellen. ↗Roger Moore schwärmte von der Zusammenarbeit mit der dreißigjährigen Schauspielerin, bemängelte nur, dass bei Liebesszenen immer so viele Techniker anwesend waren und damit die knisternde Erotik entschärften. Bach wirkte später in *Der wilde Haufen von Navarone* (1978) und *Kampf um die 5. Galaxis* (1979) mit. Nach den Dreharbeiten heiratete das neue Bond-Girl den Ex-Beatle Ringo Starr, mit dem sie nach einem überstandenen Autounfall auch in *Caveman – Der aus der Höhle kam* (1981) auftrat.

Weitere Filme mit Barbara Bach sind *Up The Academy Screamers* (1984), *Broad Street* (1984). Die Katzenliebhaberin lebt in Beverly Hills. Es heißt, sie habe ein Alkoholproblem überwunden und sich von der Schauspielerei zurückgezogen.

BACH, DOMINIQUE (Sekretärin)

Dominique Bach war bei der Produktion des Films ↗*Moonraker – streng geheim* (1979) private Sekretärin des Produzenten ↗Albert R. Broccoli.

BACH, JOHANN SEBASTIAN (Komponist)

In ↗*Der Spion, der mich liebte* (1977) sind mehrere klassische Musikstücke zu hören. Als ↗Stromberg in Atlantis seine Mitarbeiter einem Hai zum Fraß vorwirft, erklingt eine Violinensonate von Johann Sebastian Bach. Das Lied, das im Hintergrund läuft, wenn ↗Stromberg in ↗*Der Spion, der mich liebte* (1977) eine Frau an einen Hai verfüttert, ist Johann Sebastian Bachs Orchestersuite ↗*Air* (Suite Nr. 3 in D-Dur).

BACKENPOLSTER

↗Anspielungen und ↗Verkleidungen

BACKGAMMON (Spiel)

Schon während der Dreharbeiten zu ↗*Der Mann mit dem goldenen Colt* (1974), ↗*Der Spion, der mich liebte* (1977), ↗*Moonraker – streng geheim* (1979) und ↗*In tödlicher Mission* (1981) spielten ↗Albert R. Broccoli und ↗Roger Moore in den Drehpausen immer wieder Backgammon.

So entwickelte sich eine Freundschaft auch außerhalb ihrer Geschäftsbeziehung. Moore erzählte später, ↗»Cubby« habe ihn regelmäßig ausgenommen. ↗Michael G.

Wilson bemerkte das Spiel zwischen Produzent und Darsteller und schlug vor, Backgammon in das Drehbuch von ↗*Octopussy* (1983) mit aufzunehmen.

007 spielt es hier gegen ↗Kamal Khan und deckt einen Betrug mit gefälschten Würfeln auf. Der Agent gewinnt 200.000 Rupien. Die Verwendung des Spiels in einem Bond-Film war erstmals für ↗*Der Spion, der mich liebte* (1977) vorgesehen: 007 sollte gegen ↗Max Kalba 50.000 Pfund gewinnen. Man verschob die Szene auf einen späteren Film, Kalba wurde dann von Kamal Khan ersetzt.

BACK, INGRIT (Darstellerin)

Die Menge an schönen Frauen für die Dreharbeiten zum sechsten James-Bond-Film ↗*Im Geheimdienst Ihrer Majestät* (1969) war enorm.

Da der neue Bond-Darsteller ↗George Lazenby den Produzenten als Lockmittel für die Kinogänger nicht genügte, wurden unzählige hübsche Frauen gecastet, von denen sich viele im fertigen Film als Todesengel auf dem ↗Piz Gloria wieder fanden. Etliche hatten keinen Film-Namen und wurden nur mit der Nationalität angesprochen, die sie verkörperten. Ingrit Back spielte die Deutsche.

BACKSEAT DRIVER (Lied)

↗*Tomorrow Never Dies* (Soundtrack)

BAD BRAD (Romanfigur)

»Bad Brad« ist der Spitzname von ↗Brad Tirpitz.

BADDELEY, HERMIONE (Darstellerin)

In der Besetzungsliste von ↗*Casino Royale* (1966) steht Hermione Baddeley als Darstellerin in der Rolle »Headmistress«.

BADEKAPPE

James Bond sieht den Einsatz einer Badekappe zweckmäßig ganz anders. Im Roman ↗*Scorpius* müssen sich 007 und ↗Harriet Horner durch sumpfiges Gebiet schlagen und Bond bastelt sich aus einer Badekappe einen wasserdichten Transportbeutel für seine ↗Compact Browning.

BADEMANTEL

Wenn James Bond Junior in ↗*003½ James Bond Junior* einen Bademantel über seine normale Kleidung zieht, damit ↗Mrs. Raggles denkt, er mache sich bettfertig, erinnert das an James Bond in ↗*Goldfinger* (1964), der seinen weißen Anzug unter einem Taucheranzug trägt. In Wirklichkeit zieht er den Bademantel aus und schleicht sich Sekunden darauf aus dem Haus.

BADEMEISTER

Als ↗Blofeld sieht, wie sich 007 mit einer Art Wasserpistole den Schlamm von den Händen spült, meint er in ↗*Diamantenfieber* (1971), James Bond hätte besser Bademeister (deutsche Version) werden sollen.

BADEWANNE

Während James Bond in Filmen wie ↗*Sag niemals nie* (1983) und ↗*Im Angesicht des Todes* (1985) nur duscht, gönnt er sich in ↗*Diamantenfieber* (1971) ein entspannendes Bad.

Während er in der Badewanne sitzt, blättert er ein Magazin des ↗Whyte House durch, in dem er die Ankündigung von ↗Shady Trees Show liest. ↗Zange.

Auch in ↗*Leben und sterben lassen* (1973) genießt Bond ein Bad. Er rasiert sich in der Wanne, wird aber von ↗Whisper unterbrochen. Als 007 die Wasserhähne betätigt, ermöglicht er durch einen vom Feind eingebauten Mechanismus, einer gefährlichen Giftschlange in sein Zimmer zu gelangen.

BAGGER (Fahrzeug)

Mit einem Bagger rücken die Männer von ↗Kamran Shah in ↗*Der Hauch des Todes* (1987) gegen den russischen Luftwaffenstützpunkt in Afghanistan vor. Mit dem Fahrzeug werden Stacheldrahtzäune niedergerissen, und als Maschinengewehrfeuer auf den Bagger eröffnet wird, fährt der Fahrer die Schaufel nach oben und schützt so das Cockpit. Kurz darauf beginnen die Gegner Handgranaten zu werfen. Der Baggerfahrer fährt die Schaufel wieder herunter, »sammelt« die Handgranaten ein und lässt das Fahrzeug auf die Feinde zurollen. Die Explosionen gefährden die Männer, die die Handgranaten geworfen haben.

In ↗ Casino Royale (2006) verfolgt James Bond einen Schurken bis auf eine Baustelle. Dabei benutzt er einen Bagger, mit dem er großen Schaden anrichtet. Bond rammt, nachdem ihm mehrfach in die Windschutzscheibe des Baggers geschossen wurde, ein im Bau befindliches Gebäude.

BAHAMA ISLAND (Lied)
↗ Never Say Never Again (Soundtrack)

BAHAMAS
Der James-Bond-Film ↗ Casino Royale (2006) spielt teilweise auf den Bahamas, die Dreharbeiten dort dauerten gut zwanzig Tage, auch wenn Flemings Romanvorlage mit anderen Schauplätzen aufwartet. Journalisten durften den Dreharbeiten beiwohnen.

Man residierte wie schon viermal zuvor im ↗ Atlantis Hotel (Paradise Island). Szenen, die im Nassauer ↗ The One & Only Club spielen, filmte man teilweise im Casino des Atlantis Hotels. Die zu den Dreharbeiten eingeladenen Journalisten sollen dem Stern zufolge 100 US-Dollar Taschengeld pro Tag erhalten haben, um sich im Spielkasino wohl zu fühlen.

Unter der Leitung von ↗ Alexander Witt drehte man auf dem Flughafen von Nassau große Action-Sequenzen, die im fertigen Film in Miami spielen. Die Crew hatte den Flughafen so mit Beschlag belegt, dass es mehrmals zu Verzögerungen bei Ankunfts- und Abflugszeiten kam.

BAHR, MARK (Aufsicht Stuntteam)
↗ Gerardo Moreno

BAILEY (Romanfigur)
↗ Moneypenny macht im Roman ↗ Scorpius ↗ »M« darauf aufmerksam, dass Chief Superintendant Bailey bereits seit einer Stunde warte, um mit ihm zu sprechen. Bailey ist für die ↗ Special Branch tätig und wurde in Vertretung für den Chef dieser Abteilung geschickt. »M« ist überrascht, dass eine Zusammenarbeit stattfinden soll, da die Special Branch normalerweise mit dem ↗ MI5 arbeitet. Bailey ist ein großer eleganter Mann Mitte dreißig, dessen Verhalten sehr angenehm ist. Sein Erscheinungsbild würde auch gut zu einem jungen Arzt oder Anwalt passen. Er berichtet vom Tod eines Mädchens namens ↗ Emma Dupré. Diese hatte die Telefonnummer von James Bond bei sich. Als Polizeibeamter geht Chief Superintendant Bailey der Spur nach. Bond ist entsetzt, da sich Bailey als ein Killer entpuppt, der im Auftrag von ↗ Scorpius die Premierministerin töten soll. 007 handelt und erschießt den Mann mit zwei gezielten Schüssen, nachdem auch ↗ Ruth Perlman ihr Leben gelassen hat. Die ↗ Operation »Letzter Feind« ist beendet.

BAILEY, BRIAN (Produktionskonten/Buchhalter)
Brian Bailey hatte bei ↗ Der Mann mit dem goldenen Colt (1974) die Produktionskonten zu überwachen und die Transfers des Budgets zu organisieren. Bailey ist der Erste mit dieser Aufgabe, der in der Liste der Bond-Crew genannt wurde. Für die Produktionsbuchhaltung bei ↗ Der Spion, der mich liebte (1977) war Bailey ebenfalls zuständig. ↗ Albert R. Broccoli legte besonderen Wert auf Baileys Genauigkeit, denn es war das erste Soloprojekt des Produzenten. Die Arbeit zahlte sich aus, denn der »Buchhalter« wurde erneut für die Dreharbeiten von ↗ Moonraker – streng geheim (1979) engagiert.

BAILLIE, NORMAN (Spezialeffekte)
↗ Nicholas Finlayson

BAINES (Filmcharakter)
An dem Biss einer giftigen Schlange stirbt der Geheimagent Baines gleich zu Beginn des Films ↗ *Leben und sterben lassen* (1973). ↗ Baron Samedi war zwar der Täter, aber der Auftrag kam von ↗ Dr. Kananga. Als James Bond von dem Tode des Agenten erfährt, reagiert er mit seinem üblichen trockenen Humor: »Der arme Baines. Wir haben uns immer sehr gut verstanden; wir hatten sogar denselben Schneider.« Baines wurde von ↗ Dennis Edwards verkörpert.

BAISLEY, FRANK (Romanfigur)
Im Roman ↗ *Nichts geht mehr, Mr. Bond* verbirgt sich ↗ Franz Belzinger unter dem Decknamen ↗ Jungle, der genau wie ↗ Heather Dare und ihre Freundinnen als ↗ Emily arbeitete. Sein früherer Deckname lautete »Wald«, und er ist unter dem Namen Frank Baisley untergetaucht. Heather Dare beschreibt ihn als Witzbold. Als 007 erscheint, ist es der Leiterin des Schönheitssalons noch nicht gelungen, eine Warnung an Belzinger abzuschicken.

BAJA CALIFORNIE (Ort)
↗ Blofelds Öl-Bohrinsel, die in ↗ *Diamantenfieber* (1971) als Ort für den finalen Kampf zwischen 007 und ↗ Phantoms Nr. 1 auserkoren wurde, befand sich in den Gewässern vor Baja Californie.

BAJONETT (Waffe)
↗ Jaguar XKR

BAKALOU (Voodoo-Figur)
↗ Sandor

BAKER (Romanfigur)
Baker ist ein Oberkellner im Roman ↗ *Mondblitz*. Er bringt James Bond seinen wohlverdienten ↗ Wodka Martini.

BAKER, DEL (Stuntman)
Del Baker führte seine Stunts in ↗ *Octopussy* (1983) unter der Aufsicht von ↗ Martin Grace, ↗ Paul Weston und ↗ Bill Burton aus. Er arbeitete im Team mit ↗ Dorothy Ford, ↗ Pat Banta, ↗ Jim Dowdall, ↗ Jazzer Jeyes, ↗ Clive Curtis, ↗ Bill Weston, ↗ Wayne Michaels, ↗ Christopher Webb, ↗ Rocky Taylor, ↗ Nick Hobbs und ↗ Malcom Weaver. Baker kehrte für ↗ *Der Hauch des Todes* (1987) zu 007 zurück.

BAKER, GEORGE (Darsteller)
Die Rolle des Heraldikers ↗ Sir Hilary Bray in dem Film ↗ *Im Geheimdienst Ihrer Majestät* (1969) war dem Schauspieler George Baker wie auf den Leib geschrieben. ↗ Harry Saltzman und ↗ Albert R. Broccoli entschieden sich dafür, dass Baker ↗ George Lazenby die Stimme leihen sollte, wenn 007 als Hilary Bray auftauchte. Die Fernsehgesellschaft ABC wollte Jahre später den kompletten Film mit Bakers Stimme nachsynchronisieren lassen, doch Produzent Broccoli stimmte dem nicht zu und *Im Geheimdienst Ihrer Majestät* wurde seitdem von ABC nie wieder ausgestrahlt. Acht Jahre später war Baker wieder mit von der Partie. Er spielte in ↗ *Der Spion, der mich liebte* (1977) die Figur ↗ Captain Benson, der darüber entsetzt ist, dass es jemandem gelungen ist, die Route eines Atom-U-Boots mit Hilfe eines Ortungssystems zu bestimmen. Angeblich soll Baker bereits 1962 im Gespräch gewesen sein, eine Rolle in einem 007-Film zu bekommen – die größte überhaupt mögliche: Er sollte in ↗ *James Bond 007 jagt Dr. No* (1962) den Geheimagenten 007 verkörpern. Sean Connery machte jedoch das Rennen. George Baker wurde am 1. April 1931 in Bulgarien als Sohn eines irischen Vaters geboren. Nach dem Zweiten Weltkrieg lebte er wieder in Dublin und schaffte es, durch Vortäuschung falscher Geburtsdaten bei der »Deal Repertory Company« aufgenommen zu werden. Seine erste Filmrolle spielte er 1953. Seitdem

gilt er als einer der besten Schauspieler für Nebenrollen in Großbritannien.

BAKER, GLYN (Darsteller)
Glyn Baker durfte sich als ↗002 im Film ↗*Der Hauch des Todes* (1987) versuchen. Er scherzte bei Interviews, eventuell über ↗003 und ↗004 bis zu 007 aufzusteigen; Bakers Traum ging nie in Erfüllung.

BAKER, JOE DON (Darsteller)
Joe Don Baker wurde am 12. Februar 1936 in Texas geboren. Am Texas State College wurde er als Schauspieler ausgebildet und spielte zunächst in vielen Theaterstücken. Trotz guter Kritiken wurde er meist für Nebenrollen besetzt. Mit Ausbruch des Zweiten Weltkriegs ging der Texaner zur Armee, kehrte aber schnell wieder zum Schauspiel zurück. In New York besuchte er die Actor's School. Auch wenn er schon auf vielen Bühnen gestanden hatte, gilt *Marathon 33* als sein Debüt. Da er hauptsächlich böse Charaktere verkörperte, wurde er zu seinem Leidwesen schnell auf diese Art von Rollen festgelegt. Baker schaffte es aber, nicht abgestempelt zu sein, und hatte in *Der Große aus dem Dunkeln* einen großen Erfolg. »Als ich das Angebot für Bond bekam, hatte ich zunächst Angst, wieder in die Schublade der Bad Guys zu rutschen, doch einen Bond kann man nicht so einfach ablehnen«, erinnert sich Baker, nachdem er in ↗*Der Hauch des Todes* (1987) die Rolle des Waffenhändlers ↗Brad Whitaker akzeptiert hatte.

Umso verwunderter war er, als er sieben Jahre später wieder in einem James-Bond-Film mitwirken sollte: »... schließlich war ich in *The Living Daylights* umgekommen!« Die Rolle im fünfzehnten offiziellen James-Bond-Film brachte Baker viele gute Kritiken. »Realistischer Gegner. (...) Ein Waffenhändler, der nur fünf Minuten zu sehen ist, aber schon in der ersten Minute durch Boshaftigkeit überzeugt«, schrieb eine Frankfurter Zeitung. Baker rasierte sich für die Dreharbeiten die Haare kurz, um die militärischen Züge der Figur noch zu unterstreichen. Für ↗*GoldenEye* ließ er sie sich wieder lang wachsen. An der Seite von ↗Pierce Brosnan war Baker das zweite Mal neben einem Bond-Darsteller auf der Leinwand zu sehen, der sich alle Mühe gibt, in die Fußstapfen des Vorgängers zu treten, denn auch ↗Timothy Dalton löste seinen Vorgänger ↗Moore ab, als er mit Baker vor der Kamera stand. Regisseur ↗Martin Campbell und Produzent ↗Michael G. Wilson waren zusammen mit ↗Albert R. Broccoli darauf gekommen, Baker die Rolle des ↗Jack Wade in *GoldenEye* (1995) anzubieten. Diesmal handelt es sich um einen Verbündeten Bonds, der für die ↗CIA arbeitet. Die von Baker verkörperte Figur kam beim Publikum so gut an, dass sie auch in ↗*Der Morgen stirbt nie* (1997) wieder vorkommt. »Der Zuschauer sieht alte Bekannte wieder und fühlt sich wohl«, so ein Crewmitglied des achtzehnten offiziellen James-Bond-Films. Vom Bösewicht zum Britenfreund: Was Joe Don Baker gelang, schaffte zuvor nur ↗Charles Gray, allerdings genau umgekehrt. Gray spielte zunächst den Verbündeten ↗Henderson in ↗*Man lebt nur zweimal* (1967) und wechselte für eine andere Rolle dann die Seiten: Er kehrte als Blofeld in ↗*Diamantenfieber* (1971) zurück.

BAKER-SMITH (Romanfigur)
Weil das Krankheitsbild von ↗Trilby P. Shrivenham im Roman ↗*Scorpius* von ↗Dr. Roberts nicht genau erkannt wird, möchte er einen Spezialisten auf dem Gebiet »Drogen- und Alkoholmissbrauch« zu Rate ziehen: Dr. Baker-Smith. James Bond 007 ist da anderer Ansicht: Er glaubt, dass Trilby unter Hypnose steht und vermutet, dass ↗Vater Valentine seine schmutzigen Finger im Spiel hat.

BAKKARAT (Spiel)
Wie bei vielen anderen Glücksspielen, so ist 007 auch beim Bakkarat scheinbar un-

schlagbar. James Bond spielt das Spiel gegen ↗Sylvia Trench in ↗*James Bond 007 jagt Dr. No* (1962), in ↗*Feuerball* (1965) gegen ↗Emilio Largo und in ↗*Casino Royale* (1966) gegen ↗Le Chiffre. In ↗*Im Geheimdienst Ihrer Majestät* (1969) spielt Bond ebenfalls Bakkarat, doch weil ↗Teresa di Vicenzo zu hoch pokert, bricht Bond das Spiel ab, um ihr aus ihren Spielschulden zu helfen. Der Spielsüchtige ↗Bunky will in ↗*In tödlicher Mission* (1981) Eindruck auf Gräfin ↗Lisa von Sahm machen. 007 ist aber Herr der Lage und gewinnt auch gegen den Profispieler. Bunky verliert eine Million Drachmen. Zurück zu den Wurzeln geht es in ↗*GoldenEye* (1995), wo der Zuschauer ein Déjà-vu hat, als 007 gegen ↗Xenia Onatopp Bakkarat spielt. Die Szene erinnert an *James Bond 007 jagt Dr. No*. Onatopp wird sehr wütend, als 007 das zweite Spiel gewinnt.

BAKTERIUS (Comicfigur)
↗Clever & Smart

BAKU (Drehort)
Die Hauptstadt Aserbaidschans ist Baku. Hier entstanden Szenen für den Film ↗*Die Welt ist nicht genug* (1999). Baku ist ein riesiges Ölförderungszentrum und hat eine militärisch-strategische Lage. Schon während des Zweiten Weltkriegs war Adolf Hitler der Ansicht, dass nach einer Einnahme Bakus der Krieg zu gewinnen sei. Die Ölförderanlagen, die die Sowjetunion versorgen, liegen vor der Küste des Kaspischen Meeres. In Baku drehte die Bond-Crew u. a. Szenen für die Zerstörung der Kaviarfabrik ↗Zukovskys.

BAL À VERSAILLES (Parfüm)
Chi-Chi, die im Roman ↗*Fahr zur Hölle, Mr. Bond!* entführt wird, hinterlässt neben einer Spur auch den Duft ihrer bevorzugten Parfümmarke: »Bal à Versailles«. Bond erschnuppert den Duft im Lift.
↗Parfüm

BALDURSSON, AUGUST (Drehortmanager)
↗Nick Daubeny

BALDWIN, SAMUEL D. (Romanfigur)
Der Zugschaffner im Fernexpress ↗The Silver Phantom, den 007 im Roman ↗*Leben und sterben lassen* benutzt, heißt Samuel D. Baldwin und unterstützt Bond. Nachdem 007 und ↗Solitaire den Zug verfrüht verlassen haben, greifen ↗Bigs Männer an, und Baldwin stirbt durch die Explosion einer Handgranate.

BALESTRA
Beim Fechtsport gibt es eine Aktion, die »Balestra« genannt wird. Hierbei handelt es sich um einen Vorwärtssprung, gefolgt von einem Ausfallschritt. ↗Graves führt dieses Manöver beim Fechtkampf mit James Bond im Roman ↗*Stirb an einem anderen Tag* aus.

BALKEN (Waffe)
↗Gerüst

BALL
Mit einem Ball will ↗Felix Leiter in ↗*Sag niemals nie* (1983) die Reflexe von James Bond testen. Als 007 mit seiner Kollegin ↗326 auf dem Flughafen ankommt, wirft Leiter Bond den Ball mit hoher Geschwindigkeit zu. 007 fängt ihn prompt, signalisiert 326 gleichzeitig, sie solle in Deckung gehen – vermutlich glaubt Bond im ersten Augenblick an eine Bombe.

BALL, DEREK (Ton)
Die Tonmischung des Films ↗*In tödlicher Mission* (1981) oblag Derek Ball. Es war seine erste Mitarbeit bei einem James-Bond-Film. Derek Ball ist mit der Produktionsassistentin ↗Sally Ball verheiratet. Er war auch bei den Produktionen ↗*Octopussy* (1983), ↗*Im Angesicht des Todes* (1985) und ↗*Der Hauch des Todes* (1987) für die Tonaufnahmen zuständig.

BALLAST KEY

Im Roman ↗*Lizenz zum Töten* befindet sich die Insel Ballast Key in der Nähe von ↗Key West im Besitz von ↗David Wolkovsky. Agent Bond bricht in Wolkovskys Haus ein und ruft ihn von dort aus an. ↗Steve wird geschickt, um sich um Wolkovskys alten Freund 007 zu kümmern.

BALLETT

In ↗*Liebesgrüße aus Moskau* (1963) heißt es, ↗Tatjana Romanowa habe Ballett getanzt, musste aber damit aufhören, weil sie zu groß wurde.

BALLETTTANZ

↗Francisco Scaramanga ist im Film ↗*Der Mann mit dem goldenen Colt* (1974) wütend auf ↗Hai Fat, weil dieser James Bond aus seiner Schule entkommen ließ. Er fragt den Millionär, was man in seiner Karateschule eigentlich lerne: »Ballett-Tanzen?«.

BALLON

Im Roman ↗*Man lebt nur zweimal* benutzt James Bond einen Heliumballon, den ↗Blofeld an seinem ↗»Schloss des Todes« angebracht hat, zur Flucht aus dem kurze Zeit später explodierenden Anwesen. Bond lässt sich von dem Heliumballon davontragen und stürzt danach ins Meer. Die Drehbuchautoren von ↗*Diamantenfieber* (1971) wollten den Ballon vorkommen lassen, und eine frühe Version sah vor, dass 007 das Seilende des Ballons an das Mini-U-Boot bindet, mit dem Blofeld im Film flüchten will, und sich in der Luft hinter diesem herziehen lässt. Zur Ausführung dieser Idee kam es nicht. Aus dem Ballon wurde ein Wetterballon, der an Blofelds Ölbohrinsel angebracht ist. Als Bond ihn löst und dieser aufsteigt, ist es das Zeichen für ↗Williard Whyte und ↗Felix Leiter, zum Angriff überzugehen. Weitere Ballons, die eine Rolle spielen, sind die von ↗Necros in ↗*Der Hauch des Todes* (1987). Der Killer benutzt sie, als Ballonverkäufer getarnt, um einen ↗00-Agenten zu eliminieren. ↗Saunders muss dran glauben, und als Bond die Leiche seines Kollegen betrachtet, weht ihm ein Ballon vor die Nase, auf dem ↗»Smiert Spionem« steht – 007 bringt ihn zum Platzen. Heißluftballons kommen in den Filmen ↗*Octopussy* (1983), und ↗*Die Welt ist nicht genug* (1999) vor.

BALL, SALLY (Produktionsassistentin)

Sally Ball ist die Ehefrau von ↗Derek Ball. Sie war bei ↗*In tödlicher Mission* (1981) als Produktionsassistentin unter Vertrag und arbeitete zusammen mit ↗Iris Rose.

BALMER (Romanfigur)

Die zwei Schergen im Dienst von ↗Dr. Jay Akutem Holy im Buch ↗*Die Ehre des Mr. Bond* heißen Balmer und ↗Hopcroft. Balmer hat den Spitznamen ↗»Tigerbalsam«, und laut ↗Cindy Chalmer ist er so sanft wie ein Schneesturm mit Windstärke zehn. Sein Kollege Hopcroft hat den Spitznamen ↗»Happy«.

BAM 1045 (Kennzeichen)

Im Wagen mit dem Kennzeichen BAM 1045 lässt ↗General Puskin ↗Kara Milovy in ↗*Der Hauch des Todes* (1987) abtransportieren.

BAMBI (Filmcharakter)

Sportlich, durchtrainiert und gefährlich: James Bond trifft im Film ↗*Diamantenfieber* (1971) auf die beiden Kämpferinnen Bambi und ↗Klopfer, die den Gekidnappten ↗Willard Whyte in seinem Sommerhaus bewachen. ↗Lola Larson, die Bambi spielt, war zuerst als Klopfer vorgesehen, die Rolle erhielt dann aber die Schauspielerin ↗Trina Parks.

BAMBUS

Um sich im Buch ↗*James Bond 007 jagt Dr. No* verstecken zu können, benutzen der Agent, ↗Honeychile Rider und ↗Quarrel Schilfrohre als ↗Atemstäbchen, um »untertauchen« zu können. Die Idee, die im Roman von Rider stammt, findet auch im gleichnamigen Film von 1962 Verwendung – hier kommt aber Bond auf diese Tarnung. Als Bond in ↗*Du lebst nur zweimal* Bambusrohre sieht, erinnert er sich an seine Mission auf ↗Crab Key, bei der er einst ↗Dr. No jagte.

BAMBUSSTOCK MIT GIFTSPITZE (Waffe)
James Bond wird in ↗*Man lebt nur zweimal* (1967) zum ↗Ninja ausgebildet. Während eines Kampfes mit einem Bambusstock gegen einen anderen auszubildenden Ninja entpuppt sich Bonds Gegner plötzlich als wirklicher Feind: Der Mann besitzt einen Bambusstock mit ausfahrbarer Giftspitze. 007 kann den Angreifer überwältigen und ihn mit der Giftspitze treffen. Der Japaner stirbt auf der Stelle.

BAMFORD & MARTIN-TOURENWAGEN
↗Aston Martin

BANANEN
Der im Film ↗*Goldfinger* (1964) nicht gezeigte Drogendealer ↗Ramirez produziert angeblich Bananen mit Heroinaroma, um Revolutionen zu finanzieren.

BANANENSCHALE
Aus Wut schleudert ↗Sheila ihrer ↗Tante Mo in ↗*003½ James Bond Junior* eine Bananenschale ins Gesicht, als die Frau sie grob ins Haus auf ↗Hazeley Hall stößt.

BANCO DE ISTHMUS (fiktive Bank)
Als James Bond im Roman ↗*Lizenz zum Töten* die Banco de Isthmus betritt, vermutet er, Gold sei ↗Sanchez' Lieblingsfarbe. Das Geldinstitut gehört dem Drogenbaron, und 007 will dort das von ↗Milton Krest gestohlene Geld einzahlen, um Franz Sanchez' Interesse zu wecken. Der Plan geht auf. Der Chef der Bank heißt ↗Montolongo, und seine Sekretärin, die Bond auf Grund seines Vermögens plötzlich anziehend findet, hat im Roman den Namen ↗Consuela (der im Film nicht genannt wird).

BÄNDER
↗Orden

BANERJI, MOHINI (Produktionsassistent)
↗*Octopussy* (1983) ist der Film, bei dem Mohini Banerji, ↗Iris Rose, ↗Sheila Barnes, ↗May Capsaskis und ↗Joyce Turner als Produktionsassistenten arbeiteten.

BANGKOK (Ort)
Während der Dreharbeiten zum Film ↗*Der Mann mit dem goldenen Colt* (1974) wurde in Bangkok plötzlich das Kriegsrecht verhängt. Die politischen Aufstände und Straßenschlachten störten zwar die Dreharbeiten nur geringfügig, trotzdem musste ein Teil des Filmteams die Stadt verlassen. Im Film stößt Bond in Bangkok auf den Multimillionär ↗Hai Fat, der als Auftraggeber von ↗Francisco Scaramanga seine schmutzigen Finger im Spiel hat.

BANKER, JAMES A. (Romanfigur)
Nachdem James Bond im Roman ↗*Moment mal, Mr. Bond* von ↗Marcus Bismaquer mit seiner Speiseeisdroge gefügig gemacht worden ist, redet ihm ↗Mike Mazzard ein, er sei General James A. Banker, um so durch Bond Zugang zum Kontrollzentrum der Raumwölfe zu erlangen: Die Schurken bezeichnen diesen Plan als ↗Operation Himmelswolf.

BANNISTER (Romanfigur)
Zu James Bonds Krankenhausbesuchern im Roman ↗*007 James Bond und der Mann mit dem goldenen Colt* gehört auch Oberst Bannister aus Washington, dem gegenüber sich ↗Felix Leiter sehr respektvoll verhält.

BANQUETTE-BRÜDER (Romanfiguren)
Bei den Banquette-Brüdern handelt es sich um Charaktere aus dem Buch ↗*Moment*

mal, Mr. Bond. Sie wurden von der französischen Polizei und auch vom französischen Geheimdienst gesucht. Seit zwanzig Jahren hat man versucht, ihnen illegale Machenschaften nachzuweisen. Die Banquette-Brüder haben Verbindungen zu ↗Blofelds Erben und werden auch mit einigen Flugzeugentführungen in Verbindung gebracht.

BANTA, HEATHER (Produktionsangestellte)
Heather Banta, Produktionsangestellte bei den James-Bond-Machern, ist eine Enkelin von ↗Albert R. Broccoli. Man kann, wenn der Nachname Banta auftaucht, von einer familiären Zugehörigkeit zum Broccoli-Clan ausgehen: ↗Tina Banta und ↗Pat Banta.

BANTA, PAT (Stuntwoman)
Für Stuntwoman Pat Banta war ↗*Octopussy* (1983) das erste große Projekt. Banta führte die Stunts im Team unter der Aufsicht von ↗Martin Grace, ↗Paul Weston und ↗Bill Burton mit ↗Dorothy Ford, ↗Jim Dowdall, ↗Jazzer Jeyes, ↗Clive Curtis, ↗Bill Weston, ↗Wayne Michaels, ↗Christopher Webb, ↗del Baker, ↗Rocky Taylor, ↗Nick Hobbs und ↗Malcom Weaver aus. Neben Pat Banta gehörten bei den Dreharbeiten von ↗*Im Angesicht des Todes* (1985) noch ↗Jason White, ↗Mike Runtard, ↗Tracey Eddon, Bill Weston, ↗Elaine Ford und ↗Doug Robinson zum Stuntteam, das von ↗Jim Arnett, ↗Bob Simmons und ↗Claude Carliez beaufsichtigt wurde.

BANTA, TINA (US-Kontaktperson)
Zwei Kontaktpersonen in den USA unterstützen die Dreharbeiten der Produktion ↗*Im Angesicht des Todes* (1985): Tina Banta und ↗Mary Stellar. Die beiden arbeiteten auch am Folgefilm ↗*Der Hauch des Todes* (1987) mit. Es soll angeblich Tina Banta gewesen sein, die so starken Einfluss auf ↗Albert R. Broccoli nahm, dass er sich entschloss, ↗Robert Davi die Rolle des ↗Franz Sanchez in ↗*Lizenz zum Töten* zu geben. Banta und Davi waren befreundet. Sie ist die Tochter von Albert R. Broccoli.

BAR
↗Tresen

BARADJ, BASSAM (Romanfigur)
Gefährlicher Gegner für James Bond im Roman ↗*Sieg oder stirb, Mr. Bond!* ist Bassam Baradj, ein früherer Freund ↗Arafats. Baradj ist der Anführer der Terrorgruppe ↗BAST. Er wird ↗»Die Viper« genannt, der Name ergibt sich aus dem Dämon »BAST«, der zu Teilen aus einem Schlangenköper besteht. Als ehemaliger Stabsangehöriger der PLO hat er als Geldgeber und führender Kopf ungeahnte terroristische Möglichkeiten. James Bond wird von ↗»M« über den Bösewicht informiert. Baradj hat drei engere Freunde – alles ehemalige Mitglieder paramilitärischer Gruppen aus dem mittleren Osten – ↗Abou Hamarik, ↗Ali Al Adwan und ↗Saphii Boudai. Dem listigen Strategen stehen Milliardenbeträge zur Verfügung. Andere Mitglieder von BAST kaufen mit Hilfe von Bassam Baradj sehr viele Söldner ein. Sein Ziel ist es, ein Treffen von Staatsoberhäuptern zu stören, um nach der Entführung der Politiker Unmengen von Lösegeld zu erpressen.

Bond trifft Bassam Baradj und weiß gar nicht, wen er vor sich hat, denn Baradj stellt sich als ↗Toby Lollenberg vor. Er ist schlank, hat gelichtetes Haar und strahlt einen Hauch von »Hermés-Cologne« ab, den Bond unwillkürlich wahrnimmt. Sein Handschlag gleicht dem eines Gorillas. Das Treffen findet an einem Ort statt, der ↗»Northanger« genannt wird.

Dass es von dem Verbrecher keine Fotografien gibt, stimmt nicht ganz. ↗Gardner gibt Aufschluss darüber, dass das New York Police Department, das Los Angeles Police Department, Seattle, Washington, New Orleans, Paris und Scotland Yard über Fotos verfügen, die Baradj zeigen. Da diese aber unter anderen Namen, die er zur Tarnung benutzte, katalogisiert wurden, erschien nie ein Bild mit seinem wirklichen Namen. Seine falschen Identitäten waren unter anderem unter »B« für »Betrug« eingeordnet. Er hatte die Namen ↗Bennie Benjamin, ↗Ben Brostow, ↗Vince Phillips, ↗Bill Deeds und ↗Conrad Decca. Sein krankhaftes Interesse an Dämonologie ist der Schlüssel zur Namensgebung der von ihm gegründeten Gruppe BAST.

Als »Die Viper« ist Baradj der Befehlsgeber von BAST, und nur mit seiner Erlaubnis dürfen andere Mitglieder an terroristischen Aktivitäten teilnehmen. John Gardner beschreibt ihn als: »(...) Geizhals, Hehler großen Stils, Käufer und Verkäufer von Ungewöhnlichem.« Er plant es, von BAST zu verschwinden und das gesamte Geld mitzunehmen, um sich unter einem anderen Namen ein luxuriöses Leben zu gestalten. Auch die Behandlung bei einem plastischen Chirurgen zieht er in Betracht. Der Verbrecher wird am Schluss des Buches von ↗Beatrice da Ricci am Felsen von ↗Gibraltar erschossen, bevor er James Bond eine tödliche Kugel in den Körper jagen kann.

BARBELLA (Comicfigur)
↗James Bond Jr.

BARBELLA'S BIG ATTRACTION (Zeichentrickfilm)
↗James Bond Jr.

BARBEY, ALEX (Kameramann)
Dass ↗Willi Bogner junior nach den spektakulär inszenierten Ski-Verfolgungsjagden von ↗Im Geheimdienst Ihrer Majestät (1969) erneut an einem 007-Film beteiligt sein würde, hätte sich sein Assistent Alex Barbey damals schon denken können. Barbey und Bogner entwarfen neue Halterungen, um die Ski-Verfolgungsjagd so filmen zu können, wie es ihnen vorschwebte. Das Ergebnis kann man heute auf Video bewundern.

BARBEY, FIDELÉ (Romanfigur)
Der Europäer Fidelé Barbey ist James Bonds Freund in der Kurzgeschichte ↗Die Hildebrand-Rarität. Er ist der Jüngste aus der Familie der Barbeys, denen »nahezu alles auf den Seychellen« gehört. »Fidelé«, stellt ↗Milton Krest fest, bedeutet »der Treue«, und er nennt ihn von diesem Moment an »Fido« (dies ist der englische Hundename schlechthin!). Als Bond den toten Krest findet, weiß er, dass Barbey dessen Mörder sein könnte; es kommt aber auch ↗Liz Krest infrage.

BARBOUR, DUNCAN (Ersatzfahrzeuge)
↗Rémy Julienne

BARDOT, BRIGITTE (Darstellerin)
Brigitte Bardot lehnte 1968 das Angebot ab, die weibliche Hauptrolle in ↗Im Geheimdienst Ihrer Majestät zu spielen. Aus Ironie schreibt 007 in ↗Risiko auf eine Postkarte an seine Sekretärin, er wolle sich in Venedig einen alten Brigitte-Bardot-Film in einem Kino ansehen.
↗Mie Hama

BÄREN
Während die Bären im Film ↗Im Geheimdienst Ihrer Majestät (1969) nur im Zoo zu sehen sind, hat 007 im Roman ↗The Man With The Red Tattoo tatsächlich mit ihnen zu tun. Braunbären in einem Bären-Park, in dem sich Bond, ↗Mayumi und ↗Yamamura verstecken, verscheuchen Angreifer. Auch im Octopussy-Zirkus in ↗Octopussy gehört ein Bär zum Inventar. Eine Szene, in der 007 auf das Tier treffen sollte, fiel der Schere zum Opfer.

BARGOW, SERGEJ (Filmcharakter)
Der Freund und Liebhaber von ↗Anja Amasowa im Film ↗Der Spion, der mich liebte (1977) lässt bereits in der ↗Pre-Title-Sequenz sein Leben. Sergej Bargow, der für den ↗KGB arbeitet, hat den Auftrag, 007 zu töten, wird jedoch Opfer von Bonds Ski-

stockgewehr. Als Agentin ↗XXX erfährt, dass der britische Geheimagent für den Tod von Bargow verantwortlich ist, schwört sie, ihn am Ende der Mission zu eliminieren. Das Blatt wendet sich aber, als Bond zur ↗Atlantis zurückkehrt, um Anja zu retten: sie verfällt ihm mit Haut und Haaren, was ↗»M«, ↗»Q«, ↗Frederick Gray und ↗General Gogol höchst bedenklich finden.

BARKASSE
↗Cold

BARKER
↗Unternehmen Barker

BARKER, KEN (Tonaufnahmen / Synchronmischung / Mischung Neuaufnahmen)
Mit dem sehr erfahrenen ↗John Mitchell durfte Ken Barker im Jahre 1973 arbeiten. Beide waren für die Tonaufnahmen beim achten James-Bond-Film ↗*Leben und sterben lassen* (1973) zuständig. Für die Synchronmischung zeichnete Barker ein Jahr später beim Film ↗*Der Mann mit dem goldenen Colt* (1974) verantwortlich. Nach siebenjähriger Pause kam Barker zurück zum Bond-Team. Mit ↗Gordon McCallum sorgte er bei ↗*In tödlicher Mission* (1981) und ↗*Octopussy* (1983) für die Mischung der Neuaufnahme.

BARKSHIRE, REGINALD A.
(Produktionsassistenz/ -aufsicht)
Als Produktionsassistent bei ↗*Der Mann mit dem goldenen Colt* (1974) durfte sich Reginald A. Barkshire mit zur Bond-Crew zählen. Er arbeitete in Bangkok Hand in Hand mit ↗Santa Pestonji. 1977 übernahm Barkshire die Produktionsaufsicht beim Film ↗*Der Spion, der mich liebte*. Auch zwei Jahre später, bei ↗*Moonraker – streng geheim* (1979), war Barkshire wieder für die Produktionskontrolle zuständig. In den folgenden Filmen ↗*In tödlicher Mission* (1981), ↗*Octopussy* (1983), ↗*Im Angesicht des Todes* (1985) und ↗*Der Hauch des Todes* (1987) führte er die gleichen Aufgaben wie auch bei *Moonraker – streng geheim* aus, doch seine Berufsbezeichnung klang auch im fremdwortüberfluteten deutschen Abspann etwas spezieller: Produktions-Controller.

BARLOW, DAVID (Deckname)
↗*007 in New York*

BARLOW, THOMAS (Romanfigur)
Siehe Inhaltsangabe ↗*High Time To Kill*

BARNES (Romanfigur)
Als James Bond im Roman ↗*Sieg oder stirb, Mr. Bond* die Leiche von ↗Edgar Morgan auf dem Schiff ↗Invincible gefunden hat, ruft er Barnes an Bord, der über den Zwischenfall informiert wird. Zwei starke Männer folgen Barnes, und der Tatort wird gesichert und anschließend gereinigt.

BARNES, PRISCILLA (Darstellerin)
Priscilla Barnes wurde am 7. Dezember 1955 in New Jersey geboren. Schon während der Schulzeit entschloss sie sich, Tänzerin zu werden. Sie erlernte die Grundelemente des Tanzes, bekam dann aber ein Angebot, als Model zu arbeiten. Nach ihren Erfahrungen auf den Laufstegen meldete sie sich für eine Misswahl an und wurde unter den Schönheiten aus Hollywood auf Platz 20 gewählt. Nach einem tragischen Unfall, bei dem sie von einer Bühne gefallen war und sich das Sprunggelenk gebrochen hatte, war eine Karriere als Tänzerin nicht mehr möglich. *Columbo*-Darsteller Peter Falk, der auch mit dem späteren Bond-Bösewicht ↗Anthony Zerbe zusammengearbeitet hatte, verschaffte Barnes eine Rolle in seiner Serie. Ihr gefiel die Schauspielerei, und sie blieb dabei. Nach einigen nicht nennenswerten Produktionen spielte Priscilla Barnes in Filmen wie *The Wild Woman Of Chastiy Gulch* und *Einmal Scheidung, bitte!* Als erotische Blondine stieg die Darstellerin 1981 in die Serie

Three's Company ein. Zur Frau von ↗Felix Leiter wurde Priscilla Barnes in ihrer Rolle als ↗Della Churchill im Film ↗*Lizenz zum Töten* (1989). Ihr Onkel wurde von ↗Samuel Benjamin Lancaster verkörpert. Der sechzehnte offizielle James-Bond-Film war ihr bisher größtes Projekt. Nachdem Barnes bei 007 eine Schlüsselfigur verkörpert hatte, tauchte sie in *Eritique* und in dem Jack-Nicholson-Film *The Crossing Guard* (1995) auf. Die Schauspielerin soll angeblich schon drei Schönheitsoperationen hinter sich haben.

BARON SAMEDI'S DANCE OF DEATH (Lied)
↗*Live And Let Die* (Soundtrack)

BARON VON SKARIN (Comicfigur)
↗*James Bond Jr.*

BARRAKUDA (Tier)
Im Buch ↗*Feuerball* begegnet James Bond beim Tauchen einem Barracuda. Das Tier ist über zehn Kilo schwer und wird als »fürchterlichster Fisch des Meeres« beschrieben.

BARRANDOV-FILMSTUDIOS
↗Filmstudios

BARREL ROLL
Drei James-Bond-Filme warten mit einer so genannten »Barrel Roll«, einer »Fass-Rolle«, auf: Die bekannteste »Barrel Roll« taucht in ↗*Der Mann mit dem goldenen Colt* (1974) auf. In diesem Film vollführt James Bond mit seinem Auto eine 360-Grad-Drehung in der Luft und überspringt dabei einen Fluss. An diese Szene erinnert die »Barrel Roll«, die Bond in ↗*Die Welt ist nicht genug* (1999) mit seinem Speedboat ausführt, als er das Boot des ↗Cigar-Girls überspringt. Eine unterbrochene ungewollte »Barrel Roll« kommt schließlich noch in ↗*Stirb an einem anderen Tag* (2002) vor. Nachdem ↗Zao eine Rakete auf Bonds ↗Aston Martin abgefeuert hat, wirft es

007s Fahrzeug aufs Dach. Weil Bond aber seinen Schleudersitz abgeschossen hat, wird der Wagen durch den Rückstoß wieder auf die Reifen geschleudert.

BARRERA, GERARDO (Produktionsassistenz)
↗Ignacio Cervantes

BARRINGER, WILLIAM (Assistent Synchronisation)
Als Assistent von ↗Jack Knight, ↗Stanley Fiferman und ↗Nigel Galt arbeitete William »Bill« Barringer an der Synchronisation von ↗*Im Angesicht des Todes* (1985). Mit ↗Ross Adams, ↗Robert Gavin und ↗Mark Mostyn war er Assistent der Tonbearbeitung bei ↗*Der Hauch des Todes* (1987).

BARR, LEONARD (Darsteller)
Witzig und bedauernswert ist die Figur ↗Shady Tree, die Leonard Barr in ↗*Diamantenfieber* (1971) verkörpert: Entertainer und Diamantenschmuggler zugleich. Tree wird von ↗Mr. Wint und ↗Mr. Kidd ermordet. Der Schauspieler Barr starb nach Fertigstellung des Films.

BARR, PATRICK (Darsteller)
Patrick Barr verkörpert den britischen Botschafter in ↗*Octopussy* (1983).

BARRY, JOHN (Komponist)
John Barry wurde 1933 in York, England, unter dem Namen John Barry Pendergast geboren. Er war der meistgebuchte Komponist bei James-Bond-Soundtracks. Barry schuf Musik zu ↗*James Bond 007 jagt Dr. No* (1962), ↗*Liebesgrüße aus Moskau* (1963), ↗*Goldfinger* (1964), ↗*Feuerball* (1965), ↗*Man lebt nur zweimal* (1967), ↗*Im Geheimdienst Ihrer Majestät* (1969), ↗*Diamantenfieber* (1971), ↗*Der Mann mit dem goldenen Colt* (1974), ↗*Moonraker – streng geheim* (1979), ↗*Octopussy* (1983), ↗*Im Angesicht des Todes* (1985) und ↗*Der Hauch des Todes* (1989). Bei seinen zwölf einprägsamen Titelmelodien arbeitete er

mit Größen wie ↗Matt Monro, ↗Shirley Bassey, ↗Tom Jones, ↗Nancy Sinatra, ↗Duran Duran und ↗a-ha zusammen.

Seine Mutter brachte ihm das Klavierspielen bei. Später nahm er Unterricht und lernte an der Kathedrale in York Orchestrierung. Vom Swing und Rock'n'Roll inspiriert, gründete der Musiker 1956 die Gruppe John Barry Seven. Nach mehreren Fernsehauftritten wurde er 1960 von Adam Faith, einem Ex-Mitglied der Barry Seven, darum gebeten, das Lied *What Do You Want* zu bearbeiten. Es wurde ein Erfolg, und Barry erhielt einen Posten als Arrangeur in Daueranstellung. Als Faith seinen ersten Film drehte, komponierte Barry hierfür einen Soundtrack – die Geburtsstunde des Filmkomponisten Barry. 1962 kam das Angebot, die von ↗Monty Norman komponierte Musik zum Film *James Bond 007 jagt Dr. No* zu überarbeiten. Am 21. November 1962 erschien das *James-Bond-Thema* auf dem Markt und schaffte es bis auf Platz 14 der britischen Charts.

↗Albert R. Broccoli und ↗Harry Saltzman waren von seinen Leistungen so angetan, dass sie ihn weiterhin für den klassischen Bond-Sound verpflichteten. Barrys Vorgehensweise ist immer gleich: Er besucht die Sets, liest die Drehbücher sorgfältig, spricht mit dem Regisseur und dem Produzenten und beginnt mit seiner Arbeit erst richtig, wenn er die Rohfassung des Films gesehen hat.

Auch wenn die großen Preise für Bond-Musiken ausblieben, gewann der Komponist für vier Filmmusiken den Oscar *(Jenseits von Afrika, Frei geboren, Der Löwe im Winter* und *Der mit dem Wolf tanzt)*. Nominiert wurde er zwei weitere Male. Als es um den Soundtrack zu ↗*Sag niemals nie* (1983) ging, wurde Barry ein großzügiges Angebot gemacht. Er lehnte es mit der Begründung ab, durch seine langjährige Arbeit mit den ursprünglichen Bond-Machern eine Art familiäre Bindung eingegangen zu sein. Enttäuscht musste Produzent Jack Schwartzman mit ↗Michel Legrand vorlieb nehmen.

Als Dank für seine Leistungen auf dem Gebiet der Musik schrieben ↗Richard Maibaum und ↗Michael G. Wilson die Rolle eines Komponisten in das Drehbuch von *Der Hauch des Todes*. Barry wurde gebeten, diesen zu verkörpern, und so wurde der Meister der Musik auch im Film verewigt. Die Arbeit Barrys am Projekt ↗*Der Morgen stirbt nie* (1997) scheiterte wegen Unstimmigkeiten über die geforderte Gage. MGM/UA akzeptierten die Zusammenarbeit aus Kostengründen nicht, und so wurde ↗David Arnold als Barrys Nachfolger verpflichtet. John Barry genießt seinen Ruhestand auf Long Island, New York. Das James-Bond-Thema soll Barry, der lange behauptete, er habe es komponiert, 1962 ca. 200 Pfund gebracht haben.

BARRY, JOHN & ORCHESTER (Komponist und Musiker)
Unter dem Titel John Barry und Orchester findet man die Verantwortlichen für die Musik des Films ↗*James Bond 007 jagt Dr. No* (1962) in der Literatur.

BARRY-MANILOW-PLATTEN
↗Moneypenny outet sich in ↗*Der Hauch des Todes* (1987) gegenüber 007 als Barry-Manilow-Fan. Sie besitzt eine Plattensammlung und möchte den Agenten zu sich zum Probehören einladen. Bond lehnt ab.

BARTH, JULIE (Darstellerin)
Julie Barth verkörpert in ↗*Octopussy* (1983) eines der schönen Mädchen, die für Octopussy arbeiten. Die erotischen Angestellten helfen bei der Bewachung des Schwimmenden Palastes. Dargestellt wurden die Charaktere neben Barth von Mary Stavin, Carolyn Seaward, Carole Ashby, Cheryl Anne, Jani-z, Julie Martin, Joni Flynn, Kathy Davies, Helene Hunt, Gillian de Terville, Safira Afzal, Louise King, Tina Robinson, Alison Worth, Janine Andrews und Lynda Knight.

BARTLE, JOYCE (Fotomodell)
↗ Morgan Kane

BARTLETT, RUBY (Filmcharakter)
Auf dem ↗ Piz Gloria lernt James Bond Ruby Bartlett kennen. Nachdem Ruby zu ↗ »Hilly« alias James Bond Vertrauen gefasst hat, berichtet sie in ↗ *Im Geheimdienst Ihrer Majestät* (1969), dass sie aus ↗ Morecambe Bay in Lancashire stamme, gegen Hühner allergisch war und sich von ↗ Blofeld habe behandeln lassen. Bartlett wurde von ↗ Angela Scoular verkörpert.

BART, LIONEL (Sänger)
In die Geschichte der Bond-Soundtracks ging ↗ *From Russia With Love* (1963) aus dem Film ↗ *Liebesgrüße aus Moskau* (1963) als erstes Titellied mit Text ein. Lionel Bart sang das von ↗ John Barry komponierte Stück.

BARTON (Filmcharakter)
Zu den Überlebenden des Kampfes auf der Liparus im Film ↗ *Der Spion, der mich liebte* (1977) gehört auch Barton. Er bringt auf Befehl von ↗ Carter ein Paket in die Kabine des Kapitäns, in dem sich das ↗ Wet Bike für James Bond befindet.

BARTSCH, EGON (Romanfigur)
Nach Beschreibungen seiner Kollegen ist Egon Bartsch im Roman ↗ *Mondblitz* Fachmann für Elektronik und in ↗ Gala Brand verliebt und krankhaft eifersüchtig. Bartsch hat einen Hass auf Brands englischen Kollegen. Mit den Worten »Ich liebe Gala Brand. Sie sollen sie nicht kriegen« erschießt er seinen Nebenbuhler und richtet die Waffe schließlich gegen sich selbst.

BARWICK, ANTHONY (Drehbuchautor)
Aus den Einfällen von ↗ Cary Bates und ↗ Roald Hardy sollte Anthony Barwick 1976 ein Drehbuch verfassen. Barwick bekam die Entwürfe seiner Kollegen erst zu sehen, als er schon mit der Arbeit begonnen hatte, damit er sich nicht von ihren Grundideen beeinflussen ließ. So entwickelte er den Schurken ↗ »Zodiac«. Der Mann sollte Spock-Ohren haben und sich auf einen riesigen Kunstraub vorbereiten. Unter ihm sollten die Drillinge Tic, Tac und Toe arbeiten, damit das 007 das Leben schwer machen. ↗ Albert R. Broccoli ließ keine von Anthony Barwicks Ideen in die Tat umsetzen. Als das Drehbuch von ↗ *Octopussy* (1983) entwickelt wurde, kam ↗ Michel G. Wilson die Idee, die Drillinge – mit anderen Namen – zu übernehmen. Aus den Drillingen wurden schließlich Zwillinge, die auch im Film zu sehen sind. Nach Barwick versuchten sich ↗ Derek Marlowe, ↗ John Landis, ↗ Sterlin Silliphant und viele andere an diesem Bond-Drehbuch.

BASEBALL CAP (Romanfigur)
Siehe Inhaltsangabe ↗ *Never Dream Of Dying*

BASE-JUMP
↗ May Day und ↗ *Doubleshot*

BASEL
↗ James Bond (Romanfigur)

BASIL (Romanfigur)
Siehe Inhaltsangabe ↗ *High Time To Kill*

BASILDON (Romanfigur)
Basildon ist ein Charakter aus dem Roman ↗ *Mondblitz*. Er ist Vorsitzender des ↗ Blades Clubs und hat den Verdacht, das Mitglied ↗ Hugo Drax spiele falsch. Auf diesen Verdacht hin setzt ↗ »M« James Bond auf Drax an.

BASILISK (Romanfigur)
»Der Basilisk« im Roman ↗ *Nichts geht mehr, Mr. Bond* ist kein Geringerer als ↗ Maxim Anton Smolin. James Bond erfährt dies von ↗ Norman Murray. Der Autor ↗ John Gardner, überschrieb das sechste Kapitel mit dem Spitznamen von

Oberst Smolin. 007 ruft sich sein Wissen über das griechische Fabelwesen ins Gedächtnis zurück: Der Basilisk war ein drachenähnliches Wesen, das eine Schlange aus dem Ei eines Hahnes ausgebrütet hatte. Laut Überlieferung wurden selbst unschuldige und reine Menschen vom Anblick der Bestie getötet. Das Monster hätte die gesamte Menschheit vernichtet, wenn sich ihm nicht seine Feinde in Form eines Hahns und eines Wiesels in den Weg gestellt hätten. Die Fabelfigur starb bei einem Hahnenschrei, denn das Wiesel war gegen seinen Blick immun.

BASILISK, SABLE (Romanfigur)

Sable Basilisk ist eine Figur im Roman ↗ *007 James Bond im Dienst Ihrer Majestät*. Er arbeitet im Heraldischen Amt und unterstützt James Bond bei dessen Ermittlungen gegen ↗ Ernst Stavro Blofeld. Basilisk raucht türkischen Tabak und ist nur wenige Jahre jünger als 007. Er hat ein »feines, schmales, intelligentes Gesicht, dessen Ernst durch die Falten um den Mund und ein ironisches Glitzern in den Augen gemildert wurde«. Mit festem Händedruck begrüßt Basilisk Bond (der Basilisk taucht in der Fabelwelt als tropische Echse auf). ↗ Hilary Bray

BASILISK, SABLE (Filmcharakter)

In ↗ *Im Geheimdienst Ihrer Majestät* (1969) nimmt James Bond zu ↗ Sir Hilary Bray Kontakt auf. Ein Angestellter des Amtes für Heraldik, der noch mit im Büro ist, dankt Bray und nennt ihn Mr. Sable Basilisk. Hierbei muss es sich um einen Fehler handeln, denn im Roman sind Bray und Basilisk zwei verschiedene Personen. Im Film hingegen taucht nur Bray auf.

BASINGER, KIM (Darstellerin)

Kim Basinger wurde am 8. Dezember 1953 in Athens (Georgia) geboren. Sie interessierte sich schon früh für Tanz. Über zahlreiche Schönheitswettbewerbe und Miss-Wahlen gelangte die »Miss Georgia« von 1970 auf die Laufstege der bekanntesten Modemacher. Kim Basinger, die fünfzehn Jahre Tanzsport betrieb, ist auch Sängerin und beherrscht das Klavierspielen. Nach zahlreichen Aufträgen als Model versuchte sie ihr Glück als Schauspielerin. Sie erhielt ihr erstes Engagement in Hollywood und brillierte in Filmen wie *Katie: Portrait Of A Centerfold* (1978), *Verdammt in alle Ewigkeit* (1979) und *Jodie – Irgendwo in Texas* (1980). Nachdem der *Playboy* Nacktfotos von Basinger veröffentlicht hatte, bekam sie zahlreiche Filmangebote, so auch 1982 für die Rolle der ↗ Domino in ↗ *Sag niemals nie* (1983), dem Remake von ↗ *Feuerball* (1965).

Als Regisseur ↗ Irvin Kershner erfuhr, wie gut Basinger tanzen konnte, ließ er nicht nur eine Modern-Dance-Einlage für sie ins Drehbuch schreiben, sondern sorgte auch dafür, dass ↗ Sean Connery und Kim Basinger in einer Szene klassischen Tango tanzen – so etwas hatte es bei Bond nie zuvor gegeben. Kim Basinger wurde durch den James-Bond-Film zu einer international bekannten Darstellerin. In erster Ehe heiratete die erfolgreiche Schauspielerin 1982 Ron Britton, in zweiter Ehe den Schauspieler Alec Baldwin, mit dem sie auch in *Die blonde Versuchung* (1991) gespielt hatte. Obwohl sie selbst mit fünf Geschwistern aufwuchs, gründete sie keine Großfamilie, sondern hat nur ein Kind. Zu ihren wichtigsten Filmen gehören: *Dog And Cat* (1977), *The Ghost Of Flight 401* (1977), *Mother Lode – Goldfieber* (1981), *Frauen waren sein Hobby* (1983), *9 1/2 Wochen* (1985), *Meine Stiefmutter ist ein Alien* (1988), *The Getaway – Auf der Flucht* (1993), *Wayne's World 2* (1993), *L.A. Confidential* (1997) und *Ich träumte von Afrika* (2000).

BASIS EINS

↗ Tiger Tanaka hat mit James Bond in ↗ *Man lebt nur zweimal* (1967) Funkkontakt. Bond, der ⇗Little Nellie fliegt, ruft Tanaka über den Namen »Basis Eins«.

BASKERVILLE, BILL (Double/Darsteller)
Bill Baskerville doubelte ⇗Sean Connery in einigen Szenen von ⇗Feuerball (1965) und war auch schon als Connery-Stand-In in früheren Bond-Filmen zu sehen. Baskerville erhielt in diesem vierten offiziellen Bond-Film eine Rolle als Bösewicht an der Seite von ⇗Emilio Largo.

BASS, ALFIE (Darsteller)
Alfie Bass hatte seinen Auftritt im Jahre 1979: In ⇗Moonraker – streng geheim spielte er eine Person, deren Name »Konsum-Italiener« lautet.

BASSEY, SHIRLEY (Sängerin)
Ihre markante Stimme sicherte der am 8. Januar 1937 in Cardiff, Wales, geborenen Shirley Bassey die Verträge, um die Titelsongs zu ⇗Goldfinger (1964), ⇗Diamantenfieber (1971) und ⇗Moonraker – streng geheim (1979) zu singen. Schon als Kind sang Bassey gern. Sie machte schließlich ihr Hobby zum Beruf. Erste Auftritte hatte sie in den Clubs ihrer Heimatstadt. Nach einer Show sprach sie ein Produzent an und empfahl ihr, an einem Casting für Hot From Harlem teilzunehmen. Bassey bekam einen Part als Sängerin in Jezbel. John Barry gab Bassey dann die Chance, den Song ⇗Goldfinger einzusingen. Während der Titelvorspann auf eine Leinwand projiziert wurde, versuchte Bassey das Lied passend wiederzugeben. »Ich wusste nicht, um was es im Film ging, aber ich gab alles!« Basseys unverwechselbare Stimme passte hervorragend. Sie sang den letzten Ton so lange, dass sie nach eigenen Angaben schon blau anlief, weil der Vorspann noch nicht zu Ende war. Barry war begeistert.

Goldfinger wurde zum Hit und landete in den englischen Charts auf Platz 21, in Amerika sogar auf Platz sechs. Eine weitere Zusammenarbeit mit Barry war vorprogrammiert. Shirley Bassey sang 1965 den Song Mr. Kiss Kiss, Bang Bang. Das Lied war als Titelsong für ⇗Feuerball (1965) vorgesehen. Harry Saltzman legte aber sein Veto ein. Er wollte ein Lied, in dem der Filmtitel auftaucht. Als Frank Sinatra aus gesundheitlichen Gründen als Sänger für Moonraker absagte, wurde Bassey erneut engagiert. Das Titellied landete zwar nicht in den Charts, zählt aber zu den Klassikern unter den Bond-Songs.

BAST (Organisation)
Immer wieder hat James Bond mit Organisationen zu tun, die nach unendlicher Macht streben und keine noch so brutale Methode auslassen, um an ihr Ziel zu kommen. Im Roman ⇗Sieg oder stirb, Mr. Bond! ist es die Gruppe BAST, die ⇗»M« Kopfzerbrechen bereitet. Bei der ⇗Operation Landsea '89 handelt es sich um eine Übung, die von drei Personen beobachtet und begutachtet wird. Es sind Großadmiral ⇗Sir Geoffrey Gould, ⇗Admiral Gudeon von der United States Navy und Admiral ⇗Sergej Jevgennewich Pauker. Alle drei haben Cousinen und Tanten dabei – damit sind ⇗Gorbatschow, ⇗Bush und ⇗Thatcher gemeint. Da »M« mit Entführungs- und Mordversuchen durch BAST rechnet, schickt er James Bond als »Babysitter«. Bei dem Wort BAST handelt es sich um das Akronym für Brotherhood of Anarchy and Secret Terror (Bruderschaft für Anarchie und geheimen Terror). 007 ist von der Macht der Gegner noch nicht überzeugt und nennt sie »SPECTRE für Arme«. Erste Terrorakte verübte BAST im Oktober 1987, als mehrere Sprengsätze in Londoner Geschäften explodierten. Es folgten weitere Anschläge, zu denen BAST sich später bekannte.

Von ⇗Tanner und »M« erfährt Bond, dass auch die Wörter »Aini« und ⇗»Aym« für »BAST« stehen; bei letzterem handelt es sich um einen altägyptischen Dämon. In Mythen heißt es, das Wesen »BAST«

habe drei Köpfe; einen Männerkopf, einen Schlangenkopf und einen Katzenkopf. Der Leib stammt von einer Viper. Gewählt wurde dieser Dämon als Gruppensymbol, weil drei Anführer an der Spitze von BAST sitzen. Zu den Mitgliedern dieser Terrorgruppe gehören ↗Bassam Baradj als Anführer (↗»Die Viper«), seine Kumpane ↗Abou Hamarik (↗»Der Mann«), ↗Ali Al Adwan (↗»Die Schlange«) und eine Frau namens ↗Saphii Boudai (↗»Die Katze«). Die Mitglieder der Gruppe haben einen Ausspruch Napoleons als Leitsatz gewählt: »Anarchie ist das Sprungbrett zur absoluten Macht«.

BASTEDO, ALEXANDRO (Darstellerin)
↗Meg

BASTICO (Filmcharakter)
↗Cuneo

BATAILLE, GILBERT (Fahr-Stunts)
↗Rémy Julienne

BATER, BILLIE (Schwimmerin/Darstellerin)
↗Jean McGrath

BATES (Romanfigur)
Der Meldefahrer des königlichen Nachrichtenkorps, der in der Kurzgeschichte ↗*Tod im Rückspiegel* erschossen wird, heißt Bates – »ein verlässlicher Mann«. Bei seiner Leiche werden keine Nachrichten mehr gefunden, da er beraubt wurde, also nimmt sich 007 des Falls an.

BATES, BERT (Schnitt)
Bert Bates war bei dem siebenten offiziellen James-Bond-Film ↗*Diamantenfieber* (1971) für den Schnitt verantwortlich. Er arbeitete mit ↗John W. Holmes zusammen. Es war Bates' erste Arbeit an einem Bond-Film. Neben ↗Raymond Poulton und ↗John Shirley war Bert Bates der Hauptverantwortliche für den Schnitt beim Film ↗*Leben und sterben lassen* (1973).

BATES, CARY (Drehbuchautor)
Von ↗Albert R. Broccoli bekam Cary Bates 1976 auf Anraten von ↗Roald Dahl den Auftrag, das Drehbuch von ↗*Der Spion, der mich liebte* (1977) zu schreiben. Bates nutzte das Buch ↗*Moonraker* als Vorlage für sein »Script«. Er ließ ↗Tatjana Romanowa auftauchen (↗*From Russia With Love*) und verknüpfte das Ganze mit der Verbrecherorganisation ↗SPECTRE aus ↗*Thunderball*. Als Broccoli das Endprodukt las, war er so verwirrt, dass er den Drehbuchautor ↗Roald Hardy einschaltete, um ein neues Script zu entwickeln. Lediglich Bates' Idee von entführten Atom-U-Booten fand Eingang in *Der Spion, der mich liebte*.

BATES, CORINNE (Romanfigur)
Als James Bond im Roman ↗*Countdown!* unter dem Namen ↗James Pickard reist, um zu ↗General Wong zu gelangen, wird er am Flughafen ↗Kai Tak von Corinne Bates empfangen. Sie arbeitet für die PR-Abteilung von ↗EurAsia Enterprises und macht 007 mit dem vorläufigen Geschäftsführer ↗Johnny Leung bekannt.

BATES, JIM (Deckname)
Einer von zwei Decknamen, die James Bond im Roman ↗*Death Is Forever* benutzt, lautet Jim Bates. Der andere ist John E. Bunyan – ein Insidergag des Autors ↗John Gardner, der mit zweitem Vornamen Earl heißt.

BATHOSUB (U-Boot)
In ↗*Diamantenfieber* (1971) versuchte ↗Ernst Stavro Blofeld mit dem Mini-U-Boot Bathosub von seiner Ölbohrinsel zu fliehen. James Bond überwältigt den Kranführer, der das Bathosub zu Wasser lassen soll. Für Blofeld wird das U-Boot zur Todesfalle. 007 schleudert das am Haken hängende, baumelnde Boot so oft gegen die Stahlkonstruktionen der Bohrinsel, bis nach einigen Explosionen zu vermuten ist,

dass Blofeld das Zeitliche gesegnet hat. Das von Ken Adam entworfene Bathosub existiert noch heute und war bei einer großen James-Bond-Ausstellung in verschiedenen europäischen Staaten zu sehen.

BATTERIE (Waffe)
Das Aussehen einer Batterie soll täuschen. In Wirklichkeit sind die kleinen Dinger, die 007 in seinem von ↗Ann Reilly hergestellten ↗COAP findet, ganz besondere Waffen! Er benutzt sie im Buch ↗*Nichts geht mehr, Mr. Bond*, um gegen vier Robinsons anzutreten. Eine dieser vermeintlichen Batterien ist eine Sprenggranate, die nicht in der Hand explodiert, sondern nach dem Wegwerfen mit siebensekündiger Verzögerung detoniert. Die Sprengkraft entspricht einer alten Mills-Handgranate. Die andere »Batterie« ist eine Blendgranate. Sie lässt sich mit einem Knopf aktivieren, der als positiver Pol getarnt ist. In einem Radius von sechs Metern verbreitet dieser Gegenstand eine extreme Helligkeit.

↗Trockenbatterie, ↗COAP

BATTLE AT PIZ GLORIA (Lied)
↗*On Her Majesty's Secret Service* (Soundtrack)

BATTY (Spitzname)
↗Lord Basil Shrivenham, Vater von ↗Trilby, wird im Buch ↗*Scorpius* von seiner Frau »Batty« genannt. ↗Lady Shrivenham hat den Spitznamen ↗»Flower«.

BAUCHAU, PATRICK (Darsteller)
Der Charakterdarsteller Patrick Bauchau verkörpert in ↗*Im Angesicht des Todes* (1985) ↗Scarpine, den Sicherheitschef von ↗Max Zorin. Ein besonderes Merkmal, das sich Bauchau in der Maske anfertigen lassen musste, war eine Narbe auf der Wange, um so verbrecherischer und gefährlicher zu wirken.

BAUCHNABEL
Im Bauchnabel der Bauchtänzerin ↗Saida befindet sich in ↗*Der Mann mit dem goldenen Colt* (1974) eine Kugel aus ↗Scaramangas Waffe. Sie trägt diese als Schmuckstück. Bond versucht, die Patrone als Beweis zu sichern. Auch ↗Jinx' Bauchnabel ist für James Bond interessant. Er legt einen Diamanten nach dem anderen hinein, nachdem alle Feinde im Roman und im Film ↗*Stirb an einem anderen Tag* (2002) ausgeschaltet sind. Jinx bittet darum, die Diamanten noch länger im Nabel zu lassen. Sie empfindet das als sehr angenehm.

BAUCHTANZ
Bauchtänzerinnen kommen in drei James-Bond-Filmen vor: In ↗*Liebesgrüße aus Moskau* (1963) lässt sich 007 von einer Tänzerin im Zigeunerlager bezaubern und im Film ↗*Der Mann mit dem goldenen Colt* (1974) kommt er der Bauchtänzerin ↗Saida sogar noch näher, als er an die Patrone herankommen will, die sie als Schmuck in ihrem Bauchnabel trägt. Im Film ↗*Octopussy* (1983) verkleidet sich ↗Magda als Bauchtänzerin, um in den Palast von ↗Kamal Khan eindringen zu können.

BAUDOT, COLETTE (Gewandmeisterin)
Gewandmeisterin bei der Produktion des elften offiziellen James-Bond-Films ↗*Moonraker – streng geheim* (1979) war Colette Baudot. Ihr männlicher Kollege am Set war ↗Jean Zay.

BAUER, DAVID (Darsteller)
Erst David Bauers zweiter Auftritt in einem James-Bond-Film – nämlich in ↗*Diamantenfieber* (1971) – blieb im Gedächtnis der Zuschauer haften. Er spielte in diesem siebten 007-Streifen den Diamantenschmuggler ↗Morton Slumber (= Schlummer), der Leiter eines Krematoriums ist und für Blofeld arbeitet. Ob der von dem schwulen Killerpärchen ↗Mr. Kidd und ↗Mr.

Wint ermordet wurde, bleibt offen. Bauer hatte nur einen Drehtag. Er spielte an der Seite von ↗Sean Connery und ↗Leonard Barr. Bauers erster Auftritt bei Bond war schon vier Jahre früher in ↗*Man lebt nur zweimal* (1967), hier war er ein Vertreter der Vereinigten Staaten, der die Sowjets beschuldigte, amerikanische Raumschiffe gekidnappt zu haben.

BAUKRAN
Nachdem Baukräne schon im Film ↗*Im Geheimdienst Ihrer Majestät* (1969) zum Einsatz kamen – 007 schmuggelt mit ↗Campbells Hilfe einen Safeknacker mit integriertem Kopierer per Kran in die Rechtsanwaltskanzlei der ↗Gebrüder Gumbold – kämpft der Agent in ↗*Casino Royale* (2006) auf Baukränen gegen den Schurken ↗Mollaka.

BAUM, LIESL (Romanfigur)
(Auch: Lisl Baum) Liesl Baum ist in der Kurzgeschichte ↗*Risiko* eine »Edelnutte«. James Bond nimmt zu ihr Kontakt auf, um herauszufinden, was ↗Enrico Columbo im Schilde führt. Als sich 007 und Columbo gegen ↗Kristatos verbünden und Bond den tatsächlichen Gegner tötet, überlässt Columbo Bond den Schlüssel für das Zimmer der Wienerin Baum. Eine erstaunliche Namensänderung machte Liesl Baum später als Kinofigur durch. Aus Liesl Baum wurde im Kinofilm ↗*In tödlicher Mission* (1981) Countess ↗Liesl von Slaugh. Doch damit nicht genug: In der deutschen Synchronversion wurde nochmals am Namen der Gräfin gebastelt. Schließlich hieß sie hier Gräfin ↗Lisa von Sahm und kam aus Kreuzberg in Berlin.

BAUMGARTEN (Romanfigur)
Um im Buch ↗*Liebesgrüße aus Moskau* seine Arbeitsbereitschaft für Russland unter Beweis zu stellen, wird ↗Donovan Grant vom Oberst des ↗MGB beauftragt, einem Mann namens Dr. Baumgarten, der am Kurfürstendamm 22 in Berlin wohnt, einen Brief zu überbringen.

BAUSTELLE
↗»Bagger«

BAXLEY, PAUL (Stuntman)
Stuntman Paul Baxley war einer der Glücklichen, die mit ↗Bob Simmons zusammenarbeiten durften. Den gefährlichen Einsatz hatten die beiden in ↗*Diamantenfieber* (1971).

BAXTER (Codename)
Die Figur ↗Vallance unterschreibt im Roman ↗*Mondblitz* ein Telegramm an James Bond mit dem Codenamen »Baxter«. Seine Nachricht an 007 bezieht sich auf den Fall ↗Hugo Drax und ↗Tallon: »Anruf kam vom Haus stopp Zweitens wegen Nebels war Nebelhorn in Tätigkeit daher Schiffsbesatzung nichts gehört oder bemerkt stopp Drittens Ihre Positionsangabe zu nah am Strand daher außer Sicht Patrouillenboote Ende.«

BAYER, BRUNO (Romanfigur)
Das deutsche ↗SPECTRE-Mitglied Bruno Bayer kommt im Roman ↗*Feuerball* vor. Er hatte für das Reichssicherheitshauptamt gearbeitet und ist nun an der ↗Operation Omega beteiligt.

BAYER SAGER, CAROLE (Texterin)
Der Titel des Films ↗*Der Spion, der mich liebte* (1977) schien Carole Bayer Sager zu dünn zu sein, um ihn als Hauptthema für ein Titellied zu verwenden. Als der Komponist ↗Marvin Hamlisch einige Melodien spielte, sang Bayer Sager aus dem Stegreif ↗*Nobody Does It Better* – die Lösung des Problems war gefunden, und so konnte der Text auf diese Zeile ausgelegt werden. ↗*The Spy, Who Loved Me* kommt im ganzen Song nur einmal vor.

Produziert wurde das Lied von ↗Richard Perry.

BAYLDON, GEOFFREY (Darsteller)
↗»Q« in ↗*Casino Royale*

BAYLISS, PETER (Darsteller)
Peter Bayliss spielte im zweiten James-Bond-Film die Figur ↗Benz. Sein Auftritt in ↗*Liebesgrüße aus Moskau* (1963) ist erwähnenswert, da er die letzte Szene mit ↗Pedro Armendariz drehte, bevor dieser die Crew verließ und sich wegen einer Krebserkrankung selbst tötete.

BAY-RUM
Einer von ↗Mr. Hathaways Handlangern im Roman ↗*Scorpius* hat etwas Besonderes an sich. Als er versucht, James Bond zu überwältigen, riecht 007 »Bay-Rum«, den Autor ↗John Gardner als »ältesten Helfer alter Friseure« bezeichnet.

BAZOOKA (Waffe)
Die Bazooka ist eine tragbare US-amerikanische Panzerabwehrwaffe, ähnlich der deutschen Panzerfaust. Es sind normalerweise zwei Mann nötig, um sie abzufeuern. Eine Ein-Mann-Bazooka trägt ↗Felix Leiter im Roman ↗*Goldfinger* an seinem Piratenhaken, um die Operation ↗Großer Schlag zu vereiteln.

BBC (Fernsehsender)
BBC ist die Abkürzung für British Broadcasting Corporation. Vor dem Raketenstart der ↗*Mondblitz* im gleichnamigen Roman stellen die Kamerateams des Senders BBC ihre Aufnahmegeräte auf. Mit dieser Beschreibung erwähnt ↗Ian Fleming den Sender, der als Erster etwas zum Thema »James Bond« ausstrahlte: BBC brachte 1954 die Fernsehfassung von ↗*Casino Royale*. ↗»M« sieht im Roman ↗*Stirb an einem anderen Tag* einen Videoclip des Senders BBC über den Schönheitssalon von ↗Dr. Alvarez, den Bond betritt und wie schließlich ein Feuer die Einrichtung zerstört. Hat »M« in ↗*GoldenEye* (1995) noch gesagt, sie akzeptiere keine Nachrichten von ↗CNN, so weiß man seit ↗*Stirb an einem anderen Tag*, welche Informationen angenommen werden: die von der BBC.

BD-5J (Kennzeichen)
Der ↗Bede-Jet aus ↗*Octopussy* (1983) trug das Kennzeichen BD-5J.

BD299 (Flugnummer)
↗*Cold*

BE3232 (Kennzeichen)
In einem Mercedes mit dem Kennzeichen BE3232 verfolgen ↗Irma Bunt, ↗Gunther und die anderen von ↗Blofelds Leuten James Bond in ↗*Im Geheimdienst Ihrer Majestät* (1969). Der Wagen explodiert, nachdem er sich überschlagen hat.

BE 95131 (Kennzeichen)
Im Film ↗*Im Geheimdienst Ihrer Majestät* (1969) verfolgt ↗Campbell ↗Irma Bunt und James Bond mit einem VW Käfer, er trägt das Kennzeichen BE 95131.

BEACH BOYS
Ohne dass ein Lied der Beach Boys vorkommt, wird die Gruppe schon in ↗*Diamantenfieber* (1971) von ↗Blofeld genannt. In der deutschen Übersetzung geht die Bezeichnung »Beach Boys« verloren. In ↗*Im Angesicht des Todes* (1985) ist in der ↗Pre-Title-Sequenz ein Stück der Gruppe zu hören.

BEAN, SEAN (Darsteller)
Der in Yorkshire, England, geborene Sean Bean spielte James Bonds Gegenspieler ↗Alec Trevelyan alias ↗006 in ↗*GoldenEye* (1995). Ursprünglich hatte Bean Schweißer gelernt, stellte aber bald fest, dass es ihn zum Schauspiel zog. Er trat in die Königliche Akademie der Darstellenden Künste ein und machte sich schon während der Ausbildung einen Namen unter Mitstudenten. Bean erhielt für sein

Mitwirken beim Abschlusstheaterstück *Warten auf Godot* die Silbermedaille der Schauspielakademie. Als Tybalt in *Romeo und Julia* glänzte der Darsteller bei seinem ersten Auftritt außerhalb der Akademie. Auch der nächste Erfolg bezog sich auf dieses Stück: Diesmal spielte Bean den Romeo. Zahlreiche Drehbücher wurden ihm zugeschickt, und die Macher von TV-Produktionen hatten Sean Bean als Profischauspieler zur Kenntnis genommen. Er akzeptierte Angebote der ↗BBC und wurde auch in Amerika bekannt.

Beans erster Kinofilm *Die Stunde der Patrioten* (1992) etablierte ihn für die Rolle als 007s Gegenspieler. In diesem Film war er als Terrorist der IRA »gegen« Harrison Ford angetreten. ↗Albert R. Broccoli und ↗Michael G. Wilson suchten für ihren siebzehnten offiziellen James-Bond-Film einen Schauspieler, der Bond selbst hätte darstellen können, den aber eine dunkle Aura umgibt, um auch als mächtiger Gegenspieler Bonds vom Publikum akzeptiert zu werden. Da Sean Bean physisch in Bestform und schauspielerisch überzeugend war, erhielt er die Rolle des 006. Vor Drehbeginn las Bean ↗Ian Flemings Buch ↗*Moonraker*. Die Figur des ↗Hugo Drax ist eine Vorform von ↗Alec Trevelyan. Beide Charaktere haben einen Hass auf England und leben diesen in brutalster Form aus, beide haben ein durch eine Explosion entstelltes Gesicht und beide leben ein Doppelleben oder treten nicht unter ihrer wahren Identität auf. Während Drax seinen Namen im Krieg geändert hat, verbirgt sich Trevelyan hinter dem Namen ↗Janus.

Bean verkörperte die Rolle eines 00-Agenten so überzeugend, dass viele Kritiker schrieben, sie würden ihn nach dem Ausstieg ↗Pierce Brosnans aus der Rolle gern als 007 sehen. Bean und Brosnan verstanden sich während der Dreharbeiten sehr gut und trafen sich oft nach Drehschluss, um bei einem Drink Dialoge durchzugehen oder Kampfchoreografien zu proben.

Die Idee der Kritiker ist nicht weit hergeholt: Bean hatte zwischen 1993 und 1994 an einem Casting teilgenommen, als James Bond neu besetzt werden sollte. »Es gibt nur eine Sache, die genauso schön ist, wie James Bond zu spielen – James Bonds Feind zu verkörpern!«, so Bean 1996 auf einer Pressekonferenz. Zu den wichtigsten Filmen, in denen er zuletzt mitwirkte, gehören *Das Geheimnis der Tempelritter*, *Troja*, in dem er Odysseus spielte und neben ↗Orlando Bloom und ↗Eric Bana – zwei ↗potenziellen Bond-Darstellern – zu sehen war, sowie *Krieg der Sterne – Angriff der Klonkrieger* (neben dem potenziellen Bond-Darsteller ↗Ewan McGregor und dem Bond-Schurken ↗Christopher Lee).

BEARD, CLIVE (Techniker)
↗Peter Pickering

BEATRICE (Romanfigur)
↗Beatrice Maria da Ricci

BEAUMONT, DAISY (Darstellerin)
↗Nina

BEAVENS, WINTON (Romanfigur)
Um eine Einladung zur Eröffnungsfeier des ↗CMGM-Hauptquartiers in Hamburg zu bekommen, täuscht James Bond vor, für einen Mitarbeiter der ↗Bank of England eingesprungen zu sein. ↗Elliot Carver erkundigt sich nach ↗Winton Beavens. 007 lügt, es ginge Beavens schon erheblich besser.

BEAVER 1
Ein Kampf unter Wasser, die Sauerstoffzufuhr abgeschnitten und unzählige Gegner im Umkreis: Das ist Bonds Situation im Roman und auch im Film ↗*Lizenz zum Töten* (1989). Doch 007 gibt nicht auf, er feuert eine Harpune ab, die sich im Schwimmer eines Flugzeugs verankert. Es ist eine Beaver 1, die Bond beim Starten mit hochreißt und auf bloßen Füßen Wasserski fahren lässt. Die Beaver 1 hatte zuvor das Rausch-

gift gebracht, das an Bord der ↗Sentinel gegen Bargeld in blauen Plastikfolien getauscht wurde. 007 gelangte an Bord, schleuderte einen Piloten aus der Tür und flüchtete unter den entsetzten Blicken von ↗Milton Krest mit dem Flieger. Um keine Spuren zu hinterlassen, versenkt 007 das Flugzeug, nachdem er sich einen Stützpunkt bei ↗David Wolkovsky auf der Insel ↗Ballast Key ausgesucht hat.

BEBENDES BLATT (Romanfigur)
Mit der Geisha »Bebendes Blatt« beginnt der Roman ↗*Du lebst nur zweimal*. James Bond versucht, sich durch ein Spiel mit ↗Tiger Tanaka Küsse von »Bebendes Blatt« zu »erkämpfen«. Die Geisha ist schüchtern und traut sich nicht, 007 auf den Mund zu küssen.

BÉCAUD (Romanfigur)
Im Buch ↗*007 James Bond im Dienst Ihrer Majestät* heißt es, Monsieur Bécaud sei ein alter Freund von James Bond, und 007 bestelle immer, wenn er in Frankreich sei, einen Tisch in dessen kleinem Restaurant gegenüber dem Bahnhof von Étaples.

BECHMANN (Filmcharakter/Romanfigur)
Zusammen mit der Filmfigur ↗Professor Markowitz taucht Dr. Bechmann auf. Beide sind im Streifen ↗*Der Spion, der mich liebte* (1977) für die Entwicklung des ↗U-Boot-Ortungssystems zuständig und geben diese Pläne für Geld an ↗Karl Stromberg weiter. Das Honorar kann sich sehen lassen: zehn Millionen Dollar. Die beiden Kollegen schütteln sich zufrieden die Hände, doch das Glück währt nur kurz. Stromberg lässt eine Bombe im Hubschrauber von Markowitz und Bechmann explodieren und bittet ↗Naomi über Funk, die Angehörigen zu benachrichtigen. Die Buchung des Geldes auf die Konten der Wissenschaftler annulliert der Killer. Er beobachtet den Absturz des Hubschrauberwracks ins Meer und fügt hinzu: »Die Beisetzung fand auf See statt.« Professor Bechmann wurde von ↗Cyril Shaps verkörpert. ↗Christopher Wood lässt die Figur auch in seinem Buch ↗*James Bond und sein größter Fall* auftauchen.

BECHTEL, SIMONE
1991 im *Playboy* zum Playmate des Jahres gekürt, brachte sich die 1968 geborene Mannheimerin als neues ↗Bond-Girl ins Gespräch. In mehreren Zeitschriften und Fernsehsendungen berichtete sie über ihre Zukunftspläne und die angeblich große Rolle im neuen James-Bond-Film. Der Plan ging auf. Die Sendung *Geld, Tod, Liebe* auf RTL plus widmete dem hauptberuflichen Model einen Sonderbericht. Was dann schließlich aus ihrer Rolle wurde, kann man ahnen: in ↗*GoldenEye* (1995) war sie als Komparsin im Hintergrund so kurz im Bild, dass man sie nicht wieder findet. Dennoch wollte sich die Amateurschauspielerin weiterhin der Filmbranche verschreiben. Sie hatte unter anderem Auftritte im Polit-Thriller *Schachmatt* und in einem *Tatort*.

BECKER (Romanfigur)
Kommissar Becker ist der leitende Mann, der im Roman ↗*Niemand lebt für immer* nach 007s Notruf am Ort des Massakers in Österreich eintrifft. Becker findet nicht nur James Bond, ↗Sukie Tempesta und ↗Nanette Norrich, sondern auch viele tote Männer, unter denen sich auch ↗Heinrich Osten alias ↗»der Haken« befindet. Becker sieht klug und beeindruckend aus. Er hat graues Haar und wird von seinen Kollegen mit viel Respekt behandelt.

BECKER, CLAUDIA (Besetzung)
Für die Besetzung in Mexiko bei der Produktion ↗*Lizenz zum Töten* (1989) war Claudia Becker verantwortlich.

BECKER, HORST (Focus)
↗Frank Elliot

BECKER, ROGER (Stuntman)
Roger Becker doubelte ↗Roger Moore bei den Szenen mit dem ↗Lotus Esprit in Sardinien für den Film ↗*Der Spion, der mich liebte* (1977).

BECK, RUFUS (Sprecher)
Rufus Beck wurde 1957 geboren. Der Ex-Islamistik-, Philosophie- und Ethnologiestudent ist ein bekannter deutscher Darsteller und Sprecher. Seine Schauspielkarriere startete 1976; er hat zahlreiche Preise erhalten und ist dem jungen Publikum vor allem als Vorleser der Harry-Potter-Hörbücher bekannt. Für den Arena Verlag las er ↗*Stille Wasser sind tödlich*.
↗Hörbücher

BECKWITH, REGINALS (Darsteller)
Für den Charakter des ↗Kenniston stand der Darsteller Reginals Beckwith im Spielfilm ↗*Feuerball* Pate. Kenniston ist eine der Figuren, die so kurz gezeigt und deren Namen nur einmal oder gar nicht genannt werden, dass man sie nicht mit Bond in Verbindung bringt. Im Abspann aber erscheinen die Namen.

BECTON GASWORKS (Firma)
Über dem Firmengelände des »Becton Gasworks« agierten bei den Dreharbeiten zu ↗*In tödlicher Mission* (1981) Stuntdoubles an einem fliegenden Helikopter. Die Aufnahmen wurden schließlich zum Action-Höhepunkt der ↗Pre-Title-Sequenz.

BEDE BD 5J (Düsenjet)
↗Acrostar

BEDE-JET (Düsenjet)
Der Mini-Jet aus ↗*Octopussy* (1983) ist 3,66 Meter lang und hat eine Spannweite von 5,16 Meter. Mit über 600 Stundenkilometer Spitzengeschwindigkeit war der Jet Rekordhalter von Maschinen dieser Größe in den 1980er Jahren. ↗Albert R. Broccoli war bei einer Flugschau auf den Jet aufmerksam geworden und wollte ihn ursprünglich schon in ↗*Moonraker – streng geheim* (1979) einsetzen. Es kam aber erst bei ↗Moores sechstem Bond-Einsatz zum spektakulären Flug.
↗Acrostar

BEDFORD (Schiffe)
Das von Captain ↗James McMahon befehligte Schiff Bedford kommt im Roman und auch im Film ↗*Der Morgen stirbt nie* (1997) vor. Die Bedford ist eine mit ↗SAS- und ↗SAM-Raketen ausgerüstete Fregatte vom ↗Typ 23-Duke-Class.

BEDI, KABIR (Darsteller)
Der am 16. Januar 1946 in Lahore (Indien) von einer Engländerin geborene Darsteller verkörpert Gobinda – Kamal Khans rechte Hand – in ↗*Octopussy* (1983). Sein Vater Baba war ein populärer indischer Forscher. Bevor Bedi zur Schauspielerei kam, studierte er an der Universität New Delhi Geschichte. Um sich das Studium finanzieren zu können, jobbte Bedi als Darsteller auf Kleinkunstbühnen und im Show-Geschäft. Das größte Publikum erreichte er damals jedoch nur mit seiner Stimme: Er arbeitete nebenbei als Sprecher für Radio New Delhi. Bei diesem Sender hatte er auch die Möglichkeit, Stars zu interviewen, was ihm schließlich den Weg ebnete und zu seiner ersten TV-Show führte. Wegen seiner stattlichen Erscheinung von 1,87 Meter bekam Kabir Bedi, dessen hellbraune Augen so manche Frau faszinierten (eine Nahaufnahme ist in *Octopussy* zu sehen), die Chance, auch als Model erfolgreich zu sein. Nachdem er 1967 sein Studium am St. Stephens College von New Delhi mit dem Titel B: A: (Honours) History abgeschlossen hatte, verlagerte er seinen Wohnsitz nach Bombay, um sich im Zentrum der Filmindustrie seinen Berufswunsch als Darsteller zu erfüllen. Um alle Fäden in der Hand zu haben, kaufte er sich in eine Werbefirma ein und hatte großen Erfolg als Produzent

von Werbefilmen fürs indische Fernsehen. 1968 heiratete der Inder die Tänzerin Protima, die später auf tragische Weise bei einem Erdrutsch in Malpa ums Leben kam. Sie hatte ihm die Tochter Pooja (geb. 11.05.1970) und den Sohn Siddhartha (geb. 10.01.1972) geschenkt. Ab 1970 hatte er genug Geld verdient, um sich wieder der »brotlosen Kunst« Schauspielerei zu widmen. Er spielte zahlreiche Hauptrollen und wurde von einer Filmcrew im Jahre 1972 entdeckt. Man zog ihn als Darsteller der Fernsehproduktion *Sandokan* in Erwägung. Zwei Jahre dauerte es, bis er sich gegen seine Mitbewerber durchgesetzt hatte.

1977 starb Bedis Mutter, was einen schweren Schlag für ihn und seine beiden Geschwister Ranga und Gulhima Maira darstellte. Bedi heiratete 1979 ein zweites Mal, die englische Designerin Susan Humphreys. Nach seinem TV-Durchbruch ließen weitere Filmangebote nicht lange auf sich warten. Es heißt, Kabir Bedis Sohn, der an Schizophrenie litt, habe sich mit Barbituraten das Leben genommen. Bis heute ist Bedi mit seiner dritten Frau, der Darstellerin Nikki Vijaykar, verheiratet. Bedi ist auch als Musiker bekannt: Neben der englischsprachigen Single *I'm On The Way To Your Heart* singt Kabir viele Lieder in Hindi. Nach *Octopussy* war der Darsteller in vielen indischen Produktionen und auch in den Serien *General Hospital* (1985), *Knight Rider* (Folge: *Tödliche Bakterien*; 1985), *Mord ist ihr Hobby* (Folge: *Der Fluch der Indischen Göttin*; 1988) und *Magnum* (Folge: *In der Höhle des Todes*; 1988) zu sehen. Zu weiteren wichtigen Produktionen gehören *Trio mit vier Fäusten* (1984), *Der Ninja-Meister: Der Java Tiger* (1984), *Mord über den Wolken* (1985), *Auf den Schwingen des Adlers* (1986), *Counter Force* (1987), *Reich und schön* (1993), *Ken Folletts Roter Adler* (1994), *Zwei Engel mit vier Fäusten* (1995) und *Inside Octopussy* (2000) – die Dokumentation für die DVD mit dem dreizehnten offiziellen James-Bond-Film.

Kontakt: *Kabir Bedi, B4 Beach House Park, Gandhigram Road, Mumbai 400 049, India*

BEDI, ZAKIR (Romanfigur)
Siehe Inhaltsangabe ↗ *High Time To Kill*

BEDLAM (Codename)
Im Buch ↗ *007 James Bond im Dienst Ihrer Majestät* wird erwähnt, dass es sich bei »Bedlam« um ein Codewort für die »Aktion Blofeld« handelt. Bedlam wird mit »Irrenanstalt« übersetzt (exakt übersetzt steht »bedlam« für »Chaos«). Das Codewort wurde auch in den Film ↗ *Im Geheimdienst Ihrer Majestät* (1969) übernommen. Die Operation »Bedlam« wird im Roman abgeschlossen, und 007 ermittelt als ↗ Hilary Bray in der Mission ↗ »Corona«.

BEEBE, LUCIUS (Romanfigur)
↗ Die Schöne von der Bloody Bay

BEECHCRAFT BARON (Flugzeug)
Nachdem ↗ Pam Bouvier den Schuss aus einer ↗ Magnum 375 dank einer ↗ Kevlar-Weste überlebt hat, kommt sie James Bond im Roman und auch im Film ↗ *Lizenz zum Töten* ein wenig näher. Bei einem Gespräch erfährt 007, dass Bouvier Besitzerin einer kleinen Beechcraft Baron ist. Bond benötigt ein Flugzeug, um nach ↗ Isthmus City zu gelangen, und ist an Bouviers Ausführungen sehr interessiert.

BEER, DICKEY (Stuntman, -koordinator)
Dickey Beers Karriere als Stuntman begann 1976, als er einen Auftrag als Stuntdouble beim Film *Die Brücke von Arnheim* bekam. Seine ersten Bond-Erfahrungen sammelte der Stuntman und Stuntkoordinator Dickey Beer bei ↗ *Sag niemals nie* (1983). Zuvor hatte der Holländer schon in Filmen wie *American Werwolf*, *Krull*, *Die Rückkehr der Jedi-Ritter* und *Superman III* mitgewirkt. Nach dem Einsatz bei Bond riskierte er bei *Indiana Jones und der Tempel des Todes*,

Supergirl, Top Secret, Der Wüstenplanet, Tai Pan, Das Reich der Sonne, Rambo III, Indiana Jones und der letzte Kreuzzug (mit ↗Sean Connery), *Henry V, Total Recall, Air America* und *Rob Roy* seinen Kopf. Nach dem inoffiziellen Bond-Film *Sag niemals nie* war Beer später auch Stuntkoordinator der Schnee-Unit bei ↗*Im Angesicht des Todes* (1985). Es folgten Stunts in *Die Wildgänse II, Daylight, Starship Troopers* (mit ↗Denise Richards) und *Cliffhanger*. ↗*Der Morgen stirbt nie* (1997) war dann Dickey Beers erste Arbeit als Stuntkoordinator bei einem James-Bond-Film.

BEERDIGUNGEN

James Bond 007 jagt Dr. No (1962): Auch wenn eine Beerdigung nicht gezeigt wird, die ↗Tree Blind Mice fahren einen Leichenwagen.

Feuerball (1965): Jack Bouvier täuscht in diesem Film seinen Tod vor. James Bond ist auf der Beerdigung anwesend, durchschaut aber Bouviers Täuschungsmanöver.

Man lebt nur zweimal (1967): James Bonds Beerdigung wird vorgetäuscht, damit sich seine Feinde nicht mehr für ihn interessieren. Seine »Leiche« bekommt im Hafen von Hongkong ein Seebegräbnis. Später im Film werden 007 und ↗Kissy Suzuki Zeuge der Beerdigung eines Einheimischen.

Diamantenfieber (1971): ↗Mr. Wint und ↗Mr. Kidd legen 007 in einen Sarg und wollen ihn im Krematorium verbrennen lassen. ↗Slumber und ↗Tree retten 007.

Leben und sterben lassen (1973): ↗Baron Samedi hält seine Zeremonien auf einem Friedhof in der Karibik ab. ↗Hamilton und später ↗Strutter werden während einer Beerdigung in New Orleans getötet und in einen leeren Sarg verfrachtet. James Bond und ↗Felix Leiter kommen zu spät.

Moonraker – streng geheim (1979): Bei der Boots-Verfolgungsjagd in den Kanälen von ↗Venedig taucht ein Beerdigungsboot auf, im Sarg befindet sich zunächst ein lebender Killer, doch Bond tötet den Angreifer.

Die Welt ist nicht genug (1999): Bei der Beerdigung von ↗Sir Robert King sehen sich ↗Elektra King und James Bond zum ersten Mal.

BEFÖRDERN (Codewort)

Aus nur einem Wort besteht die Botschaft, die ↗Felipe Pantano im Roman ↗*Sieg oder stirb, Mr. Bond* erhält. Für ihn steht nach Erhalt des Codewortes fest: Bei einem Einsatz für ↗BAST soll James Bond ums Leben kommen. »Befördern« ist aber zum Scheitern verurteilt.

BEFÖRDERUNG

In den Romanen von ↗Ian Fleming und in allen Filmen hat James Bond den Rang eines Commanders, doch ↗John Gardner befördert 007 in seinem Werk ↗*Sieg oder stirb, Mr. Bond* sogar. Bond bekommt, wenn auch nur zu Tarnungszwecken, den Titel eines Captains. Kein Film und kein anderer Roman nimmt darauf Bezug. Die Zeitungen in Gardners Werk berichten: James Bond sei zum Captain der Royal Navy mit Patent befördert worden.

BEGG, STEVE (Digitale optische Effekte)
↗The Magic Camera Company

BEHRENS, WILLY (Romanfigur)
Der kleine Willy Behrens, der im Roman ↗*Diamantenfieber* neben ↗Mr. Grinspan und ↗Rufus B. Saye auftaucht, wird als einer der bekanntesten selbstständigen Makler beschrieben.

BEIJING (STADT)

Als James Bond ↗Chang in dem Roman ↗*Stirb an einem anderen Tag* um Informationen über ↗Zaos Aufenthaltsort bittet, gibt der Hotelmanager an, erst die Erlaubnis von Beijing erhalten zu müssen, bevor eine Kooperation stattfinden könne. Kurz darauf bekommt 007 ein Dossier über ↗Zao.

BEIJING HSIA (Ort)

James Bond und ↗Chi-Chi ermitteln im Roman ↗*Fahr zur Hölle, Mr. Bond!* als ↗Peter Abaelard und ↗Jenny Mo. Beide sollen die von ↗Lee erhaltenen Informationen über »Lords and Lords Day« nach Beijing Hsia bringen. Gebrochene Klaue Lee betont das Wort »Hsia«, sodass es übersetzt »Käfig« bedeut. Andere Betonungen können »Hsia« auch die Bedeutung »Kontrolle«, »Regieren«, »kunstvoll« oder »schlau« geben. Bond vermutet, dass mit dem Ort Hsia das Hauptquartier des ↗CELD in Beijing gemeint ist, so wie die »Anlagen in und um Moskau, die vom KGB benutzt wurden, als Moskauer Zentrum benannt waren«.

BEINPROTHESE

James Bond geht in ↗*Man lebt nur zweimal* (1967) auf Nummer sicher. Er borgt sich ↗Hendersons Gehstock und schlägt dem Mann damit gegen sein rechtes Bein. Eine Prothese, wie sich herausstellt. 007 ist beruhigt. Henderson verlor sein Bein 1942 in Singapur.

BEIRUT (Ort)

↗Ian Flemings Roman ↗*Der Mann mit dem goldenen Colt* aus dem Jahre 1965 hat Beirut als Hauptschauplatz. Als sich die Produzenten ↗Harry Saltzman und ↗Albert R. Broccoli jedoch 1973 nach Schauplätzen umsahen, stellten sie fest, dass Beirut als alleiniger Hauptdrehort nicht genug Atmosphäre für einen Bond-Film hat. ↗*Der Mann mit dem goldenen Colt* (1974) spielt daher in Beirut, Maçao, Hongkong, Bangkok und auf einer Insel, die im Film in ↗Scaramangas Besitz ist. 007 schafft es in diesem neunten James-Bond-Film, in Beirut an die goldene Patrone zu gelangen, mit der der Mann mit dem goldenen Colt ↗002 tötete.

BEISSER (Filmcharakter)

Im Jahre 1977 hatte ein Bösewicht seinen ersten Auftritt: »Beißer« war auf der Leinwand zu sehen, eine Killermaschine mit Stahlzähnen, die ihre Opfer durch einen Biss ins Genick tötete. James Bond musste sich in ↗*Der Spion, der mich liebte* gegen den überdimensionalen Killer behaupten. Zwar überlebte der Agent, aber es gelang ihm nicht, Beißer ins Jenseits zu befördern. Der für den größenwahnsinnigen ↗Karl Stromberg arbeitende Berufskiller war dafür zuständig, die Pläne des ↗U-Boot-Ortungssystems zurückzuholen und zusammen mit ↗Sandor alle Menschen zu eliminieren, die damit zu tun hatten. Beißer überlebte es, von einem tonnenschweren Gerüst begraben oder zwischen einem Auto und einer Mauer eingequetscht zu werden. Weder der Sturz aus einem fahrenden Zug noch der mit einem Auto in eine Schlucht konnten ihm etwas anhaben. Er bewältigte den Kampf mit Bond, und eine Pistolenkugel prallte von seinen Zähnen ab! Und ein Hai wurde beim Angriff von ihm totgebissen.

Die Unbesiegbarkeit des 2,13 Meter großen Mannes sprach sich herum, und so wurde er von ↗Hugo Drax im Film ↗*Moonraker – streng geheim* (1979) engagiert, um dessen von Bond getöteten Leibwächter ↗Chang zu ersetzen. Auch bei dieser Mission kreuzten sich die Wege der Kontrahenten Beißer und Bond. Er überlebte auch diesmal, und zwar einen Sturz ohne Fallschirm aus einem Flugzeug, den Absturz einer Seilbahn und die Explosion einer Raumstation. Letztendlich schlug er sich auf die Seite des Geheimagenten 007 und half diesem und ↗Holy Goodhead bei der Flucht. Beißer lernte seine große Liebe in Rio de Janeiro kennen. Beide traten die Reise in den Weltraum gemeinsam an und wurden, nachdem Drax mit seinen Plänen (Raum-)Schiffbruch erlitt, auf der Erde aufgenommen. Die Figur Beißer hatte den Auftritt in ↗*Moonraker – streng geheim*, weil die Testvorführungen vom Vorgänger ↗*Der Spion, der mich liebte* zeigten, dass Beißer beim Publikum zum Antihelden werden würde. In einer frühen Drehbuchversion von *Der Spion, der mich liebte* sollte Beißer in einen Hochofen fallen und verbrennen. Das Drehbuch von *Der Spion, der mich liebte* wurde kurzerhand umgeschrieben, und Beißer überlebte, um im Folgefilm erneut mit von der Partie zu sein. ↗Richard Kiel spielte ihn und erlangte damit Weltruhm.

↗Felsblock, ↗Jaws

BELANGER, GEORGE (Darsteller)
George Belanger spielte in ↗*Lizenz zum Töten* (1989) neben ↗Timothy Dalton und ↗David Hedison einen Arzt.

BELGRAVE SQUARE
↗Acacia Avenue

BEL HOMME
Als sich James Bond im Roman ↗*Scorpius* ein Hemd überzieht, verrät Autor ↗John Gardner noch eine Kleinigkeit aus dem Privatleben des Geheimagenten: Das rohseidene Jackett stammt von 007s Lieblingsschneiderin mit dem Label Bel Homme in Hongkong.

BELINDA (Tier)
Die ↗Tarantel bei den Dreharbeiten von ↗*James Bond 007 jagt Dr. No* (1962) heißt »Belinda«. Das Tier soll angeblich bis 1993 gelebt haben und war nach 007 noch in zahlreichen anderen Filmen zu sehen.

BELL (Filmcharakter)
»Ach, du liebe Scheiße!« Mehr blieb Mrs. Bell nicht auszurufen, als James Bond in ↗*Leben und sterben lassen* (1973) das Flugzeug »entführte« und die nervenschwache Frau durch ein sich schließendes Hangartor raste. Das Flugzeug verlor dabei beide Tragflächen, Bell fast den Verstand. Die Frau hatte ursprünglich eine Flugstunde bei Mister ↗Blinker nehmen wollen. Nach dem Zusammentreffen mit 007 konnte ↗Felix Leiter am Telefon erfahren: »Sie ist in der Nervenklinik, aber sie kommt durch!« ↗Ruth Kempf aus New Orleans spielte die Flugschülerin Mrs. Bell. Den Namen »Bell« hatte ↗Ian Fleming schon Jahre vor ↗*Leben und sterben lassen* für seinen Roman ↗*Diamantenfieber* benutzt. Ein Jockey heißt ↗Tingaling Bell.

BELL, ANTONY (Mikrofon-Galgen)
Das Schwenken des Mikrofongalgens gehörte bei der Produktion von ↗*GoldenEye* (1995) zur Arbeit von Antony Bell.

BELLER, GEORGES (Darsteller)
Georges Beller verkörpert in ↗*Moonraker – streng geheim* (1979) eine Figur, die den Rollennamen »Drax' Techniker« trägt. Da es zwei Schauspieler mit dieser Bezeichnung gibt, ist die Szene, in der Beller spielt, nicht eindeutig auszumachen. Darsteller ↗Chris Dillinger ist der zweite Techniker von Drax.

BELLING (Romanfigur)
Belling ist in ↗*James Bond und sein größter Fall* ein Gehilfe von ↗»M«. Er bedient das ↗Magnoskop in Ägypten. Im Film ↗*Der Spion, der mich liebte* (1977) übernahm ↗»Q« die Aufgaben dieser Romanfigur.

BELLINI, JOE (Romanfigur)
Joe Bellini ist im Roman ↗*Moment mal, Mr. Bond* ein Handlanger von ↗Mike Mazzard. Bellini arbeitet zusammen mit ↗Kid und ↗Louis. Im Verlauf eines Kampfes mit James Bond und ↗Cedar wird Bellinis Ohrmuschel aufgeschlitzt.

BELL JET RANGER (Hubschrauber)
Das häufige Auftauchen der Bell-Jet-Ranger-Hubschrauber in den James-Bond-Filmen ist schon vielen aufgefallen, Bösewicht ↗Goldfinger und seine Pilotin ↗Pussy Galore benutzten schon in ↗*Goldfinger*

(1964) dieses Modell. Erstmals wird James Bond ein solcher Hubschrauber zur Verfügung gestellt, als er in ↗*Im Geheimdienst Ihrer Majestät* (1969) mit ↗Draco gegen ↗Ernst Stavro Blofeld vorgeht. Als 007 und ↗Solitaire vor ↗Kanangas Männern im Film ↗*Leben und sterben lassen* (1973) flüchten, schwirrt der Helikopter wie ein gefährliches Insekt über ihren Häuptern und eröffnet das Feuer. ↗Karl Stromberg in ↗*Der Spion, der mich liebte* (1977) eliminiert die Entwickler des ↗U-Boot-Ortungssystems mit einem Sprengsatz in ihrem Fluggerät und setzt später seine Killerin ↗Naomi auf Bond und ↗Anja Amasowa an. Auch dieser Hubschrauber explodiert, als Bond eine Rakete auf ihn abfeuert.

↗Corinne Dufour fliegt den Geheimagenten im Film ↗*Moonraker – streng geheim* (1979) durch die Luft, als er in Kalifornien eintrifft, um gegen den Millionär ↗Hugo Drax zu ermitteln. Zwei Jahre später – gerade am Grab seiner Frau angekommen – ist es erneut ein Bell Jet Ranger, der Bond angeblich zur Firma ↗Universal Exports bringen soll, doch dem ist nicht so: Ein Rollstuhlschurke hat die Kontrolle über das Fluggerät und will Bond abstürzen lassen. Die Kufen des Hubschraubers werden dem Gelähmten jedoch zum Verhängnis: Bond spießt ihn damit auf und schleudert den glatzköpfigen Killer in einen Schornstein. ↗Stacy Sutton landet ebenfalls mit dem oft bewährten Modell, als Bond sie zum ersten Mal im Film ↗*Im Angesicht des Todes* (1985) bewundern darf. Den Helikopter in der ↗Pre-Title-Sequenz bringt er mit Hilfe einer Leuchtgranate zum Absturz. Mehrere Quellen geben ↗Charles Russhon an, der durch seine Beratertätigkeit für das häufige Auftauchen der Bell-Helikopter verantwortlich sein soll.

BELL-PHÄNOMEN

↗Dr. Molly Warmflash berichtet im Roman ↗*Die Welt ist nicht genug* von ↗Renard, der eine Kugel im Kopf hat und dadurch an einem »Bell-Phänomen« leidet. Beim Bell-Phänomen handelt es sich um das Offenbleiben der Lidspalte bei Faszialislähmung. Das heißt: Nach einer halbseitigen Gesichtslähmung kann der Patient das Auge nicht mehr schließen.

BELL, »TINGALING« (Romanfigur)

Ein guter Reiter, der im Roman ↗*Diamantenfieber* vorkommt, trägt den Namen »Tingaling« Bell und gilt als bestechlich. Bell soll mit dem Pferd ↗Shy Smile bei einem Rennen siegen, wird jedoch von ↗Felix Leiter dazu gebracht, sich disqualifizieren zu lassen. Es wird Bells letztes Rennen: Er wird von einem Killer mit heißem Schlamm übergossen, als er sich in einem Schlammbad entspannen will. 007 sieht die Folter mit an, kann sie aber nicht verhindern.

BELL YUH-IB-COMPOUND-RESEARCH-HELIKOPTER

↗Siegmund Stromberg besitzt im Roman ↗*James Bond und sein größter Fall* einen Bell YUH-IB-Compound-Research-Helikopter. Das Fluggerät parkt in einer Kuppel von Strombergs Meeresforschungslaboratorium.

BELMONDO, JEAN-PAUL (Gastdarsteller)

Jean-Paul Belmondo war bei den Dreharbeiten von ↗*Casino Royale* (1966) noch nicht weltbekannt. Erst nach seiner Gastrolle als Fremdenlegionär und der Mitwirkung in internationalen Produktionen wurde er zum Star.

BELUGA

In seinem Schneeanzug führt James Bond in ↗*Im Angesicht des Todes* (1985) sogar Beluga mit sich. Er bietet ↗Kimberley Jones, der Fahrerin des Eisberg-Boots, aber nicht nur Kaviar, sondern auch geschüttelten Wodka an.

↗Kaviar

BELZINGER, FRANZ (Romanfigur)
Der männliche ↗Emily der ↗Operation Sahnetorte im Buch ↗*Nichts geht mehr, Mr. Bond* ist Franz Belzinger oder auch ↗Frank Baisley. ↗Heather Dare beschreibt ihn als Witzbold. Es gelang der Leiterin des Schönheitssalons noch nicht, eine Warnung an Belzinger herauszuschicken. Belzinger, Dare und auch ↗Ebbi Heritage schweben in Lebensgefahr, weil ihre Deckung aufgeflogen ist. Nach James Bonds Informationen mussten ↗Millicent Zampeks (↗Eleonore Zuckermann) und ↗Bridget Hammond (↗Franziska Trauben) dies bereits mit dem Leben bezahlen. Franz Belzinger nennt sich ↗Jungle – ein Gag, weil sein früherer Deckname ↗Wald war. Jungles Vater war ebenso wie der von Heather Dare deutscher Offizier in der Kaserne von Karlshorst, in der sowohl der Geheimdienst als auch das sowjetische Hauptquartier für Ostdeutschland untergebracht waren. Als James Bond den Mann in der ↗GRU-Villa auf der Insel ↗Cheung Chau das erste Mal sieht, ist er überrascht: Baisley ist fast zwei Meter groß.

BENATAR, ODETTE (Darstellerin)
Zum fünfundzwanzigjährigen Bond-Jubiläum durfte mit Bond-Girls nicht gegeizt werden. Neben den etwas »wichtigeren« Darstellerinnen in ↗*Der Hauch des Todes* (1987) wurden noch Odette Benatar, ↗Dianna Casale, ↗Sharon Devlin, ↗Femi Gardiner, ↗Patricia Keefer, ↗Ruddy Rodriguez, ↗Mayte Sanchez, ↗Cela Savannah, ↗Karen Seeberg, ↗Waris Walsh und ↗Karen Williams verpflichtet. Sie posierten hauptsächlich für die Filmplakate, die Rollen selbst sind kaum erwähnenswert. Einige waren als Haremsdamen in Tanger, Marokko, zu sehen.

BENEATH THE SEA (Filmtitel)
Auch *Beneath The Sea* wurde 2002 als angeblicher Filmtitel von Bond 20 gehandelt. (↗*Beyond The Ice*). Mehrere englische Zeitungen nannten den Pseudotitel, und auch in Deutschland wurde er erwähnt.

BENGRY (Romanfigur)
↗Major Dexter Smythe will in der Kurzgeschichte ↗*Octopussy* einen Versuch mit dem ↗Skorpionfisch und dem ↗Octopus unter wissenschaftlichen Aspekten durchführen. Die Ergebnisse sind für Professor Bengry bestimmt. Der beschäftigt sich in einem Institut mit dem Verhalten der Unterwasserbewohner und will wissen, ob der Octopus beim Verspeisen des Skorpionfisches Probleme mit dessen Gift bekommt oder die giftigen Körperteile bewusst nicht vertilgt oder sogar schon im Vorfeld erkennt, dass es sich um einen Skorpionfisch handelt, und ihn gänzlich verschmäht.

BENJAMIN, BENNIE (Romanfigur)
Bennie Benjamin ist einer von zahlreichen Namen, die der ↗BAST-Bösewicht ↗Bassam Baradj benutzt. Er taucht im Roman ↗*Sieg oder stirb, Mr. Bond* auf. Viele Behörden haben die Namen in ihren Karteien unter »Betrug« abgeheftet, dennoch zieht keiner Verbindungen zwischen ihnen und Baradj. Weitere Identitäten des Terroristen sind: ↗Ben Brostow, ↗Vince Phillips und ↗Conrad Decca. Weitere Namen tauchen in den Akten des ↗NYPD auf, werden aber von John Gardner nicht genannt.

BENLOULOU, JACQUELINE (Buchhaltung)
↗Jane Meagher

BENNET, BILL (Stuntman)
Für das Stuntteam bestehend aus Bill Bennet, ↗Eddi Smith, ↗Ross Kananga, ↗Joie Chitwood und ↗Jerry Comeaux wurden die Arbeiten zu ↗*Leben und sterben lassen* (1973) fast zu einer tödlichen Mission, Unfälle gab es zur Genüge. Die DVD des achten James-Bond-Films zeigt Ausschnitte aus dem gefährlichen Leben des Stuntmans. ↗Bob Simmons leitete und koordinierte die Einlagen.

BENNETT, JILL (Darstellerin)
Schon von seinem ersten Filmprojekt kannte ↗Albert R. Broccoli die Schauspielerin Jill Bennett. Bennett erschien in ↗*In tödlicher Mission* (1981) und spielte dort die aus dem Ostblock stammende ↗Jacoba Brink, die für ↗Kristatos einen Protegé im Eiskunstlauf olympiareif machen sollte.

BENNETT, NICHOLAS TIM (Pilot)
Nicholas Tim Bennett flog als Pilot bei den Dreharbeiten zu ↗*Im Angesicht des Todes* das ↗Skyship 500.

BENNETT, PETER
(Regieassistent Second Unit / Drehort- und Unitmanager)
Als Regieassistent der Second Unit bei der Produktion des Films ↗*Moonraker – streng geheim* (1979) arbeitete Peter Bennett zusammen mit ↗Meyer Berreby. Zwei Jahre später hatte Bennet einen anderen Posten: Zusammen mit ↗Vincent Winter, ↗Michaelis Lambrinos, ↗Redmond Morris und Umberto Sambuco war er als Unit- und Drehortmanager bei der Produktion des James-Bond-Films ↗*In tödlicher Mission* (1981) beteiligt. Drehorte waren unter anderem England, Griechenland, Italien und die Bahamas. Wieder als Drehortmanager war Peter Bennett 1983 bei ↗*Octopussy* dabei. Da ein Teil der Produktion auch in Indien spielt, wurde ↗Rashid Abassi als zweiter Drehortmanager hinzugezogen. Bei der Folgeproduktion arbeitete Bennett bereits als Regieassistent bei der Second Unit. Das Projekt hieß ↗*Im Angesicht des Todes* (1985).

BENSEMANN, STEPH (Drehortmanager)
↗Nick Daubeny

BENSON (Filmcharakter)
↗George Baker verkörpert in ↗*Der Spion, der mich liebte* (1977) Captain Benson, der nicht glaubt, dass man mit Hilfe des ↗U-Boot-Ortungssystems die Route eines ↗Atom-U-Bootes bestimmen kann.

BENSON, MARTIN (Darsteller)
Der lässige Gangster ↗Solo im Film ↗*Goldfinger* (1964) wurde von Martin Benson gespielt. Seine Rolle war nicht groß, hinterließ aber Eindruck, da ↗Oddjob den Gauner erschoss und ihn in einer Schrottpresse zerquetschen ließ.

BENSON, RAYMOND (Autor)
Der 1955 in West-Texas geborene Raymond Benson ist nicht nur Autor, sondern auch Komponist und Computerspiel-Entwickler. Nachdem er den Roman ↗*Casino Royale* zu einem Bühnenstück umgearbeitet hatte, das jedoch niemals aufgeführt wurde, erhielt er 1996 von den Inhabern des James-Bond-Copyrights den Auftrag, weitere 007-Romane zu schreiben. Sein erstes Werk ↗*Zero Minus Ten* (in Deutschland unter dem Titel ↗*Countdown!*) wurde 1997 veröffentlicht und erschien als Fortsetzungsroman im *Playboy*, seine Kurzgeschichte ↗*A Blast From The Past* war in der Januarausgabe des *Playboys* zu lesen. Schon mit dem ersten Bond-Roman zeigte Benson, wie belesen er in der Materie Bond ist. Zahlreiche Querverweise und Zitate sowie Insidergags machen das Lesen zu einer Freude.

Seine erste Kurzgeschichte enthält gleich zwei Besonderheiten: Er schrieb über James Bonds Sohn ↗James Suzuki und gab 007 die Möglichkeit, sich an ↗Irma Bunt aus den Romanen ↗*Im Dienst Ihrer Majestät* und ↗*Du lebst nur zweimal* zu rächen. Die Romanversion zu ↗*Tomorrow Never Dies* kam im November 1997 heraus und basierte auf dem Drehbuch zum gleichnamigen Film, sein zweiter eigener Roman ↗*The Facts Of Death (Tod auf Zypern)* folgte im Juni 1998 (auch auszugsweise im *Playboy*). Anlässlich des 45. Jubiläums des *Playboys* wurde die Kurzgeschichte ↗*Midsummer Night's Doom* in der Ausgabe vom Januar 1999 veröffentlicht.

Im Juni 1999 erschien der Roman ↗*High Time To Kill* – der bisher als erster Benson-

Roman nicht ins Deutsche übersetzt wurde. Im November 1999 folgte schließlich die Romanversion zum Film ↗*The World Is Not Enough*. *The James Bond Bedside Companion*, ein 007-Nachschlagewerk, wurde erstmals 1984 publiziert. Es wird von Bond-Fans als *das* Buch zu diesem Thema angesehen und wurde 1984 für den Edgar-Allan-Poe-Preis für das beste biographische bzw. kritische Werk vorgeschlagen. Raymond Benson verfasste und entwarf das Computerspiel *Dark Seed II*, eine Fortsetzung des preisgekrönten graphischen Abenteuers der Firma »Cyberdreams« nach Motiven von H. R. Giger, einem Horror- und Fantasykünstler. In den mehr als zehn Jahren, die Benson in New York verbracht hat, führte er bei zahlreichen Off-Broadway-Produktionen Regie und komponierte Musik für viele andere Shows, so für *Charlotte's Web*, eine Tour-Produktion des Lincoln Center Instituts, für die Weltpremiere von Thomas Braschs *Papiertiger* und Frank Gaglianos *The Resurrection Of Jackie Cramer*. Ferner hat Benson zehn ASCAP (American Society of Composers, Authors and Publishers) -Auszeichnungen für Popmusik bekommen. Zwei Jahre lang unterrichtete er an der New School for Social Research (Neue Schule für Sozialforschung) Filmklassen und gab Kurse in Filmtheorie. Auch gab er Kurse in »Interaktivem (Drehbuch) Schreiben« am Columbia College in Chicago. Benson ist aktives Mitglied der Kriminalschriftsteller Amerikas, Vollmitglied des ASCAP und gehört dem Vorstand der ↗Ian Fleming Foundation an. Er lebt in Chicago.

Benson, der immer davon beeindruckt war, dass ↗Fleming eine so populäre Verbrecherorganisation wie ↗»Phantom« (im Original: ↗»Spectre«) kreiert hatte, zog mit *High Time To Kill* nach, indem er in diesem Buch die ↗»Union« schuf. Diese Organisation kämpft auch in den beiden Folgeromanen ↗*Doubleshot* und ↗*Never Deam Of Dying* gegen 007. Raymond Bensons letzter Bond-Roman wurde ↗*The Man With The Red Tattoo*, denn auch er wollte ein *The man ...*-Buch wie Ian Fleming (↗*The Man With The Golden Gun*) und ↗John Gardner (↗*The Man From Barbarossa*) veröffentlichen. Experten sind der Meinung, besonders die Romane Bensons (die meisten befassen sich mit zeitlosen Themen) würden sich sehr für eine filmische Umsetzung eignen. Im Februar 2003 wurde bekannt gegeben, dass Raymond Benson keine weiteren James-Bond-Romane mehr verfassen würde. Als Gründe nannte er eine zu geringe Gage und den Frust, in seiner Kreativität gebremst zu werden, weil man ihm von Seiten der ↗Ian Fleming Publications Ltd. so strenge Auflagen machen würde. Er sehnte sich nach Abwechslung. Obwohl sich Raymond Benson selten über die James-Bond-Romane von ↗John Gardner äußerte, ist bekannt, dass er den Roman ↗*Sieg oder stirb, Mr. Bond!* für dessen besten 007-Roman hält.

BENT CROSS SHOPPING CENTRE (Drehort)

Im Film ↗*Der Morgen stirbt nie* (1997) spielen Passagen im Parkhaus des ↗Hotels Atlantic. Teile der Autoverfolgungsjagd im Parkhaus wurden im Bent Cross Shopping Centre in London gedreht.

BENTLEY (Fahrzeug)

»Der Wagen war Bonds einziges persönliches Steckenpferd«, heißt es im Roman ↗*Casino Royale*. Das Fahrzeug, das 007 1933 käuflich erworben hat, wird als letzter Viereinhalb-Liter-Bentley mit Kompressor beschrieben. Das Fahrzeug stand während des Krieges aufgebockt, ist von Bond aber immer gepflegt worden. »Bond fuhr schnell, gut und mit einem fast sinnlichen Vergnügen.« Bei dem Bentley, den James Bond im Roman ↗*Leben und sterben lassen* fährt, handelt es sich ebenfalls um ein Cabriolet Baujahr 1933, viereinhalb Liter und Kompressor. Die Bentley-Fahrt leitet im Buch eine Rückblende ein: Bond erhält in New York den Auftrag, ↗Mr. Big ausfindig zu machen. In einem Bentley sind in dem Roman zum Film ↗Lizenz zum Töten ↗Sharky, ↗Felix Leiter und 007 unterwegs. Sie befinden sich auf dem Weg zu Felix Leiters Hochzeit. Unterwegs ergibt sich die Möglichkeit, ↗Franz Sanchez zu fangen.

BENTLEY-COUPÉ (Fahrzeug)

Im Buch ↗Mondblitz erfährt der Leser, dass James Bond Besitzer eines Bentley-Coupés ist. Der Luxussportwagen ist in diesem Roman fünfzehn Jahre alt und verfügt über einen frisierten Motor, mit dem man ca. 150 Stundenkilometer erreichen kann.

BENTLEY MARK IV (Fahrzeug)

James Bonds Privatauto in ↗Liebesgrüße aus Moskau (1963) ist ein Bentley Mark IV. Der Wagen ist ausgestattet mit einem Telefon und hat ein herunterklappbares Verdeck. Autor ↗Ian Fleming hatte seinen Meisteragenten bereits in den Romanen mit diesem Gefährt ausgestattet, doch um zeitgemäßer zu sein und ein attraktiveres Fahrzeug für 007 zu finden, ließen ihn die Produzenten ab ↗Goldfinger (1964) einen ↗Aston Martin DB5 fahren. James Bonds Kommentar in diesem Film: »Wo ist mein Bentley?« ↗»Q« antwortet darauf etwas genervt: »Seine Tage sind gezählt!«

BENTLEY MULSANNE TURBO (Fahrzeug)

James Bonds Fahrzeug im Roman ↗Nichts geht mehr, Mr. Bond ist der Bentley Mulsanne Turbo, den er bereits seit der »Mission« ↗Die Ehre des Mr. Bond fährt. 007 parkt das Fahrzeug in der Tiefgarage des ↗MI6.

BENTLEY MULSANNE TURBO (Fahrzeug)

↗John Gardner schrieb in ↗Die Ehre des Mr. Bond, James Bond habe sich schon viele Monate vor seiner Erbschaft in den Bentley Mulsanne Turbo verliebt. Das Fahrzug wurde von Bond in ↗Jack Barcleys Autosalon am Berkeley Square bestellt. Der handgebaute Wagen sollte in Bonds alter Lieblingsfarbe geliefert werden: British Racing Green. Der Direktor der ↗Rolls Royce Car Division in Crewe verbrachte mit Bond einen Nachmittag in den Werken. Bond ließ ein Autotelefon mit großer Reichweite und ein verstecktes Waffenfach in das Fahrzeug bauen. ↗C.C.S.-Sicherheitsexperten stellten das Telefon zur Verfügung. Der Bentley Mulsanne Turbo wurde im Frühjahr ausgeliefert. Auch im Roman ↗Scorpius ist 007 noch im Besitz dieses Fahrzeugs, doch ↗Sergeant Perlman sitzt am Steuer, denn Bond ist nach einem Überlebenstraining noch zu geschwächt. Sie werden von einem ↗Saab 900 Turbo und von einem ↗BMW 735i verfolgt. Als Besonderheit verfügt der Bentley über eine Fernsteuerung, mit der 007 den Wagen aus großer Entfernung starten kann, um sicherzustellen, dass sich keine Bombe unter dem Fahrzeug befindet, die beim Anspringen des Motors explodiert. Die Idee mit einem ferngesteuerten Wagen wurde ausgeweitet und in den Film ↗Der Morgen stirbt nie (1997) übernommen, in dem der Agent einen ↗BMW 750 iL fährt.

BENTZ-BOOTE (Fahrzeuge)

Für die Dreharbeiten zu ↗Die Welt ist nicht genug (1999) wurden 15.315 PS starke Boote angefertigt, die in der ↗Pre-Title-Sequenz zum Einsatz kamen. Die Herstellung wurde von der Firma Darell Bentz mit Sitz in Idaho geleitet. Es ist eine Hommage an ↗Der Mann mit dem goldenen Colt (1974), wenn das Boot im dritten ↗Brosnan-Bond eine Drehung um die Längsachse macht. Bei ↗Moores zweitem Einsatz war es ein Auto, das diesen Sprung vollbrachte. Pilot war ↗Wade Eastwood.

BENZ (Filmcharakter)

Ebenso wie im Roman ↗Liebesgrüße aus Moskau taucht auch im Film von 1963 eine Figur namens Benz auf. Benz wird im Orient-Express von ↗Red Grant getötet. Verkörpert wurde Benz von Darsteller ↗Peter Bayliss.

BENZALI, DANIEL (Darsteller)
Der aus zahlreichen US-Serien bekannte Darsteller Daniel Benzali spielte in ↗*Im Angesicht des Todes* (1985) den korrupten Beamten ↗W. G. Howe, der von ↗Max Zorin erschossen wird.

BENZEDRIN
Von seiner Sekretärin lässt sich James Bond im Roman ↗*Mondblitz* Benzedrin beschaffen. Das Mittel wirke nicht nur als Aufputschmittel, sondern stärke das Selbstvertrauen, was beim Spiel gegen ↗Drax hilfreich sein könnte. Nach einem gefährlichen Kampf gegen ↗Horror und ↗Sluggsy im Roman ↗*Der Spion, der mich liebte* stellt James Bond fest, dass alle Benzedrinvorräte in seinem Körper aufgebraucht sind und sich eine Abgespanntheit bemerkbar macht.

BENZEDRIN-TABLETTEN
Die ↗Abteilung Q versorgt James Bond im Roman ↗*Leben und sterben lassen* mit Benzedrin-Tabletten. Um fit zu bleiben, als ↗Smyth den Mord an ↗Oberhauser begangen hat und die Goldbarren transportiert, schluckt Bond in ↗*Octopussy* zwei Tabletten. Auch Giuseppe Petacchi nimmt in ↗*Feuerball* Benzedrin-Tabletten, als er das Flugzeug vom Typ ↗Vindicator entführt. Im Verlauf der Romane stellt sich dem Leser die Frage, ob Bond eventuell süchtig nach den Tabletten sein könnte. Auch während seiner Mission in Japan (↗*Du lebst nur zweimal*) gehören die Pillen zu 007s Ausrüstung.

BENZIN (Waffe)
In ↗*Leben und sterben lassen* (1973) benutzt James Bond Benzin als Waffe. Er füllt den Treibstoff in einen Eimer um und schleudert seinem Verfolger ↗Adam das Benzin ins Gesicht. Kurz darauf bringt er das außer Kontrolle geratene Boot von ↗Kanangas Handlanger durch einen Unfall zur Explosion. ↗Zorins Leute leeren in der »City Hall« (Rathaus) in ↗*Im Angesicht des Todes* (1985) mehrere Kanister mit Benzin, um ein Feuer zu entfachen, das alle Beweise vernichten soll, die auf den Tod von ↗W. G. Howe, James Bond, ↗Stacey Sutton und auf die Silbermine ↗»Main Strike« hinweisen könnten. Neben dem Benzin benutzt Zorin auch drei Molotowcoctails, einer davon ist purer Bacardi.

BENZ, MELCHIOR (Romanfigur)
James Bond und ↗Tatjana Romanowa werden im Roman ↗*Liebesgrüße aus Moskau* von Melchior Benz verfolgt, als sie im ↗Orient-Express flüchten. Der Mann mit Schnurrbart hat einen deutschen Pass bei sich und gibt sich als Handelsvertreter aus. Benz raucht Pfeife und bewohnt die ↗Kabine 6 im Zug. ↗Drako Kerim will sich um den Mann kümmern. Benz und Kerim werden von ↗Donovan Grant getötet, der dieses Verbrechen wie einen gegenseitigen Mord aussehen lässt.

BEOBACHTER
↗Felix Leiter will James Bond bei der Jagd von ↗Franz Sanchez in ↗*Lizenz zum Töten* (1989) nicht dabei haben, da 007 nicht in Gefahr gebracht werden soll. Er gibt Bond die Anweisung, nur als »Beobachter« anwesend zu sein. Als es hart auf hart kommt, greift James Bond doch mit ein.

BERARD, JEAN (Visuelle Effekte)
Die vielgelobten visuellen Effekte von ↗*Moonraker – streng geheim* (1979) stammen zum Teil von Jean Berard, der zum französischen Produktionsteam dieses elften offiziellen James-Bond-Abenteuers gehörte.

BERESFORD (Romanfigur)
Die Romanfigur Beresford aus ↗*Feuerball* ist für die Massagen und Wärmeanwen-

dungen auf ↗Shrublands verantwortlich. 007 kann hören, dass Beresford ↗Graf Lippe behandelt und diesen schließlich allein lässt: die Chance für den Agenten, sich für die Folter auf der Traktionsmaschine zu rächen.

BERETTA (Waffe)

Im Buch ↗*Leben und sterben lassen* ist es eine Beretta, die zu James Bonds Ausrüstung gehört, als er im St. Regis in New York logiert. Auch im Roman ↗*Mondblitz* verlässt sich James Bond auf die »Schussfertigkeit« einer Beretta. Nach dem Auftrag bekommt 007 eine nagelneue, in wasserdichtes Papier eingewickelte Beretta – »Ein Andenken? Nein. Eine Mahnung.« Die Beretta mit Rahmengriff wird im Roman ↗*Diamantenfieber* als Bonds neue Waffe beschrieben. 007 hat die Waffe nach seinem letzten Auftrag (↗*Mondblitz*) von ↗»M« bekommen. Ein beiliegender Zettel lautete: »Vielleicht können Sie das gebrauchen.« Im Oberschenkelhalfter trägt ↗Pam Bouvier eine kleine Beretta. Die Waffe kommt im Roman ↗*Lizenz zum Töten* und auch im Film von 1989 zum Einsatz. Bouvier schießt damit unter anderem auf ↗Dario, der 007 in eine Zerhäckselungsmaschine werfen will. Bond selbst nimmt die Waffe, um damit in seinem Zimmer 314 gegen den vermeintlichen »Onkel« vorzugehen, der sich als ↗»Q« entpuppt. Vermutlich Erinnerungen an alte Zeiten will ↗John Gardner heraufbeschwören, als der Agent sich die Waffe im Roman ↗*GoldenEye* nimmt, kurz nachdem ↗Trevelyan geflüchtet ist und er zusammen mit ↗Natalja Simonowa den Panzerzug verlässt, um bei dessen Explosion nicht zu sterben. »Zurück zu den Wurzeln«, dachte sich vermutlich auch Autor ↗Raymond Benson und stattete ↗Giulietta im Roman ↗*Die Welt ist nicht genug* mit einer Beretta aus. Das Zigarrenmädchen zerschießt damit die Gasflaschen des Heißluftballons, mit dem sie vor James Bond flüchten will und kommt bei der so ausgelösten Explosion ums Leben. Die Waffe, die ↗»Peaceful Fountains of Desire« im Roman ↗*Stirb an einem anderen Tag* bei sich trägt, ist eine Beretta – möglicherweise eine Anspielung auf James Bonds Ausrüstung, als er das Licht der Filmwelt erblickte.

BERETTA 25 (Waffe)

Die Pistole der Marke Beretta 25 mit Rahmengriff steht James Bond im Roman ↗*Casino Royale* zur Verfügung. Die Waffe ist besonders flach, und 007 transportiert sie in einem Schulterhalfter aus Ziegenleder. ↗Major Boothroyd bezeichnet die Beretta 25 im Roman und im Film ↗*James Bond 007 jagt Dr. No* als »Waffe für eine Damenhandtasche«. Die Beretta habe keine Durchschlagskraft und bleibe bei Gebrauch von schweren Schalldämpfern leicht in der Kleidung hängen. James Bond wird im Roman ↗*James Bond und sein größter Fall* fast sentimental, als ↗Anya Amasowa eine Beretta 25 auf ihn richtet. Mit Wehmut muss er daran denken, dass er diese Pistole fünfzehn Jahre bei sich hatte, bis sie einmal versagte und ↗Major Boothroyd, der Waffenmeister von ↗International Export, sie aus dem Verkehr zog.

BERETTA 93A (Waffe)

Zur Überraschung der Leser benutzt James Bond im Roman ↗*Sieg oder stirb, Mr. Bond* eine 9mm Beretta 93A. Mit ihr will er das letzte Problem der ↗BAST-Terrorgruppe beseitigen: ↗Bassam Baradj. Als er die Waffe präpariert, summt er passenderweise das Lied *My Way*.

BERETTA M34 (Waffe)

Im Roman ↗*Liebesgrüße aus Athen* bekommt James Bond von ↗Litsas die Ausrüstung gestellt. Dazu gehörten auch eine 9mm-Automatic Beretta M34 und zwei Packungen Munition.

BERETTA MASCHINENPISTOLEN MODELL S (Waffen)
Die Wachen an Deck des Schiffes ↗*Son Of Takashani* im Roman ↗*Sieg oder stirb, Mr. Bond!* sind mit Maschinenpistolen vom Typ Beretta Modell S ausgestattet. Mit diesen Waffen wollen die Männer einen Angriff von Drachenfliegern abwehren, die zum Training eine tödliche Operation namens ↗»WIN« durchführen.

BERG, TANJA (Sängerin)
↗Deutsche Versionen von James-Bond-Songs

BERGAB (Losungswort)
↗Unternehmen Barker

BERGSTEIGEN
James Bond ist ein guter Bergsteiger, was u. a. im Film ↗*In tödlicher Mission* (1981) zu sehen ist. Im Roman ↗*Liebesgrüße aus Moskau* überfliegt Bond auf dem Weg nach Istanbul den Montblanc und starrt gedankenversunken auf das »schmutzige Eis« des Berges hinunter. Er entsinnt sich der Zeit, als er etwa siebzehn Jahre alt war und sich beim Bergsteigen an die Spitze des Felskamins in den Aiguilles Rouges drückte. James Bonds Eltern kamen beim Bergsteigen um.

BERGSTROM, INGA (Romanfigur/Filmcharakter)
Inga Bergstrom (auch: Bergström) taucht als Romanfigur in ↗*Der Morgen stirbt nie* von ↗Raymond Benson auf. Beschrieben wird die Lehrerin, mit der 007 ein Verhältnis hat, als blond, blauäugig, mit einem starken Knochenbau und einem Hinterteil, das James Bond bewundert. Die Figur auch als Filmcharakter zu bezeichnen, ist nur bedingt richtig. Der Name fällt im achtzehnten offiziellen James-Bond-Film ↗*Der Morgen stirbt nie* (1997) nicht. 007 redet die Dänischlehrerin nur mit »Frau Professorin« an.

BERGTOUR
↗Nachruf

BERIA (Romanfigur)
Bei Beria handelt es sich vermutlich um eine Führungsperson von ↗SMERSH. Im Roman ↗*Leben und sterben lassen* ist die Rede davon, dass Beria erschossen wurde und dies möglicherweise eine Schwächung von SMERSH zur Folge hätte.

BERKOFF, STEVEN (Darsteller)
Steven Berkoff wurde am 25. Juni 1937 in London geboren. Er wuchs in ärmlichen Verhältnissen als einziger Sohn eines jüdischen Schneiders auf und umgab sich mit falschen Freunden. Als Resultat verließ er die Schule schon 1952 ohne richtigen Abschluss. Er jobbte als Verkäufer, bekam aber mit seinem Vorgesetzten Probleme und wurde gefeuert. Die Hierarchie in der Arbeitswelt machte ihm immer wieder zu schaffen, und mit 22 Jahren entschied er sich, Schauspieler zu werden. In einigen Quellen heißt es, Berkoff habe unter Minderwertigkeitskomplexen gelitten. Wegen seiner eigenwilligen Art verlief die Schauspiel-Karriere alles andere als steil nach oben. Zwar hatte Berkoff Engagements an Repertoiretheatern in Großbritannien, doch wichtige Rollenangebote ließen auf sich warten.

Da er oft unbeschäftigt war, begann Steven Berkoff zu schreiben und brachte Stücke wie *East*, *West* und *Greek* heraus. Sie alle gelten als zeitgenössische klassische Literatur. Um dauerhaft als Darsteller beschäftigt zu sein und um seine eigenen Stücke aufzuführen, gründete Berkoff 1968 ein eigenes Theater: »The London Theater Group«. Erst nach jahrelanger Arbeit wurde sein Name bekannt. Er errang hervorragende Kritiken für die Darstellung des *Hamlet* und bekam erste wichtige Filmangebote. Zu seinen Arbeiten gehören: *Uhrwerk Orange*, *Barry Lyndon*, *Outland*, *Rambo II*, *Revolution*, *The Krays* und *Under the Cherry Moon*. Bevor er zum Bond-Bösewicht wurde, brillierte Berkoff bereits beim *Beverley Hills Cop* als Gegenspieler von Eddie Murphy. In ↗*Octopussy* (1983) zeigte der Schauspieler als ↗General Orlov erneut, wie fies er wirken kann. Das Bond-Jahr brachte Berkoff auch anderweitig Erfolg: Er wurde für die Produktion des Stücks *Metamorphosis* mit zahlreichen Theaterpreisen ausgezeichnet. Erwähnenswert wäre noch Berkoffs Auftritt als Adolf Hitler in *War And Remembrance*. 1993 erschien Steven Berkoffs erstes Buch mit dem Titel *I Am Hamlet*, drei Jahre später folgte die Autobiografie *Free Association*. Reporter hatten nach Beendigung der Dreharbeiten zu ↗*Octopussy* bei Berkoff schlechte Karten. Er gab sich äußerst interviewunfreundlich und verurteilte die Drehbuchautoren und den künstlerischen Wert der James-Bond-Filme scharf.

BERLE, RUTH (Sängerin)
↗Deutsche Versionen von James-Bond-Songs

BERLINER MAUER
Im Film ↗*Casino Royale* (1966) wird ein Loch in die Berliner Mauer gesprengt. Der Film ↗*Octopussy* (1983) spielt teilweise an der Berliner Mauer. ↗009 wird bei der Flucht über die Grenze tödlich verwundet und James Bond passiert später im Film den ↗Checkpoint Charlie.

BERLIN ESCAPE (Kurzgeschichte)
Unter dem Titel *Berlin Escape* erschien im Juni 1962 die Kurzgeschichte ↗*The Living Daylights* im US-Magazin *Argosy*.

BERMANS & NATHANS (Garderobe)
Die Firma Bermans & Nathans lieferte die Garderobe für den dreizehnten und fünfzehnten offiziellen James-Bond-Film ↗*Octopussy* (1983) und ↗*Der Hauch des Todes* (1987).

BERN (Ort)
Bern spielt in ↗*Im Geheimdienst Ihrer Majestät* (1969) eine wichtige Rolle. 007 sucht diese Stadt auf, um bei der Anwaltskanzlei der ↗Gebrüder Gumbold den Safe zu knacken. Er findet in der Kanzlei nicht nur eine Ausgabe des Magazins *Playboy*, sondern auch Dokumente über einen gewissen ↗Grafen de Bleauchamp. Bond weiß, dass es sich bei diesem Namen um die französische Übersetzung von ↗Blofeld handelt. Der Besuch in Bern hat sich gelohnt.

BERNARD, JOHN (Drehortmanager)
↗Nick Daubeny.

BERNARD, PASCAL (Stuntman)
In einem Moment der Unachtsamkeit wurde Pascal Bernard bei den Dreharbeiten zu ↗*In tödlicher Mission* (1981) mit seinem Motorrad aus der Eisbahn geschleudert und zog sich leichte Verletzungen zu. Er war einer der Stuntmen, die Glück im Unglück hatten, ein anderer sollte die Dreharbeiten zum Film jedoch nicht überleben.

BERNHARDINER (Tier)
Nachdem James Bond ↗Blofeld in ↗*Im Geheimdienst Ihrer Majestät* (1969) abgehängt hat und mit seinem Bobschlitten aus der Bobbahn geschleudert worden ist, legt sich ein Bernhardiner neben 007. Der Agent schickt ihn los, um Brandy zu holen (im englischen Original will Bond »Hennessy mit fünf Sternen«).

BERNS-MARTIN-HALFTER
Als James Bond im Roman ↗*James Bond 007 jagt Dr. No* seine ↗Walther PPK bekommt, schlägt ↗Major Boothroyd ein Berns-Martin-Halfter vor, damit 007 seine Waffe schnell ziehen kann. Im Buch ↗*Goldfinger* hat 007 sein Berns-Martin-Halfter in einem Buch mit dem Titel *Die Bibel, einmal anders* versteckt.

BERREBY, MEYER (Regieassistent Second Unit)
Als Regieassistent der Second Unit bei der Produktion des Films ↗*Moonraker – streng geheim* (1979) arbeitete Meyer Berreby mit

↗Peter Bennett zusammen. Als Regieassistent für die Models vertraute man lieber auf eine Frau: ↗Gareth Tandy.

BERREUR, MICHEL (Stuntman)
Seinen Einsatz als Stuntman unter der Leitung von ↗Bob Simmons hatte Michel Berreur im Jahre 1979 bei den gefährlichen Dreharbeiten zu ↗*Moonraker – streng geheim* (1979).

BERRY, HALLE (Darstellerin)
In ↗*Stirb an einem anderen Tag* (2002) verkörperte Halle Berry ↗Jinx, eine Agentin der ↗NSA, die mit 007 gegen ↗Gustav Graves kämpft. Es war ein besonderes Glück für die Produzenten, Halle Barry für den Film *Stirb an einem anderen Tag* zu verpflichten – Gage in Euro: 1,5 Millionen. Berry erhielt zur Zeit der Dreharbeiten für den Film *Monster's Ball* als erste Afroamerikanerin den Oscar. Berry wurde am 14. August 1968 in Cleveland, Ohio, geboren. Sie gewann im Alter von 18 Jahren die »Miss-Teen-All-America-Wahl« und wurde im Folgejahr zur Miss Ohio gekürt. Durch die Wettbewerbe wurde die Presse auf Berry aufmerksam, und Produzenten ließen ihr erste kleine Rollenangebote zukommen. Ihr erster Spielfilm war *Jungle Fever* (1991), schon ab 1989 spielte sie in der TV-Serie *Living Dolls*, doch der Durchbruch gelang erst neun Jahre später in *X-Men*. Hier kann sie – wenn auch mit anderen Mitteln als ↗Sean Connery in *Mit Schirm, Charme und Melone* – das Wetter beeinflussen. Der Part wurde so erfolgreich, dass sie ihn in den Fortsetzungen *X-Men II* (2003) und *X-Man III* (2006) wieder erhielt. Ebenfalls erfolgreich agierte sie in *Passwort: Swordfish*.

BERT
Ernies Freund Bert aus der *Sesamstraße* – eine Puppe aus der Fabrik des Muppets-Schöpfers Jim Hensons – wurde im Jahre 1998 die Ehre zuteil, als Gag auf Postkarten und Postern in 007-Pose aufzutauchen. Der mit einem Smoking bekleidete Bert ist aus der Sicht eines Pistolenlaufes zu sehen (eine ähnliche Sichtweise hat der Zuschauer auch zu Beginn eines jeden James-Bond-Films am Anfang der ↗Pre-Title-Sequenz). In seiner rechten Hand befindet sich eine Wasserpistole, aus deren Lauf noch einige Tropfen spritzen, während links von Bert eine Karnevalströte ins Sichtfeld kommt. Ein Drittel des Bildes ist bereits von oben mit Blut bedeckt, und in diesem Bereich taucht der weiße Schriftzug »006.5 MY NAME IS BERT ... JUST BERT« auf, ganz so wie sich James Bond in den Filmen vorstellt: »My name is Bond ... James Bond.« Und wenn Bert die linke Augenbraue anhebt, erinnert das an die typische 007-Pose von ↗Sean Connery. Die Zeichnung, die urheberrechtlich bei Jim Henson Productions, Inc. Lizenz durch EM.TV & Merchandising AG geschützt ist, konnte bis 1999 für 3, – DM als Postkarte und 15, – DM als Poster gekauft werden.

BERTIL (Romanfigur)
↗Fritz

BERUFE
In verschiedenen Missionen tarnt sich James Bond immer wieder, indem er einen falschen Beruf angibt. Am häufigsten gibt er sich als Mitarbeiter von ↗Universal Exports aus.

Zu weiteren Pseudoberufen des Geheimagenten gehören:

Leiter einer Chemiefabrik; Bauer; 007 gibt sich als Industriespion aus. Zuvor hatte er behauptet, er sei früher Seemann gewesen. In der deutschen Version sagt 007, er liebe Schiffe und wollte als Kind immer Kapitän werden: ↗*Man lebt nur zweimal* (1967)

Heraldiker: ↗*Im Geheimdienst Ihrer Majestät* (1969)

Diamantenschmuggler; Inspekteur für Umweltschutz: ↗*Diamantenfieber* (1971)

Meeresbiologe: ↗ *Der Spion, der mich liebte* (1977)

Romanautor: ↗ *In tödlicher Mission* (1981); ↗ *Risiko*

Oberst: ↗ *Octopussy* (1983)

Journalist; Pferdezüchter: ↗ *Im Angesicht des Todes* (1985)

Kellner; »Problembeseitiger« (Killer): ↗ *Lizenz zum Töten* (1989)

Bankier: ↗ *Der Morgen stirbt nie* (1997)

Vogelkundler (Ornithologe); Diamantenhändler: ↗ *Stirb an einem anderen Tag* (2002)

BERUFSRISIKO

Als Berufsrisiko bezeichnet es James Bond im Roman und im Film ↗ *Stirb an einem anderen Tag* (2002), verraten zu werden. Zweimal passiert ihm das, und beide Male ist es ↗ Miranda Frost, die Bond in schier ausweglose Situationen bringt. Schon in ↗ *Feuerball* (1965) hatte es Bond als Berufsrisiko bezeichnet, gegenüber ↗ Fiona Volpe als Agent versagt zu haben.

BESAVITSKY, EVA (Romanfigur)

Die Frau von ↗ Roman Besavitsky und Mutter von ↗ Bassam Baradj alias ↗ Robert Besavitsky im Buch ↗ *Sieg oder stirb, Mr. Bond* ist Eva B. Mit Vorfahren irischen, französischen und arabischen Ursprungs passt sie gut zu ihrem Mann, der aus einer russisch-rumänischen Verbindung hervorging und der Kopf von ↗ BAST ist. Der Mädchenname der Mutter des Terroristen lautet Evangeline Shottwood.

BESAVITSKY, ROBERT (Romanfigur)

Zwar taucht der Bösewicht ↗ Bassam Baradj im Roman ↗ *Sieg oder stirb, Mr. Bond* unter vielen verschiedenen Namen auf (u. a. ↗ Bennie Benjamin, ↗ Ben Brostow, ↗ Vince Phillips und ↗ Conrad Decca), geboren wurde er jedoch als Robert Besavitsky. Robert B. zeichnet sich durch Ehrgeiz und den Spürsinn aus, im richtigen Moment zu handeln. Durch seine Cleverness erkannte er schon mit zehn Jahren, dass er zum Überleben jede Menge Geld benötigt. Mit einundzwanzig besaß er seine erste Million. Der Fund einer automatischen Pistole stand am Beginn seines bemerkenswerten Lebenslaufs: Mit der ↗ Luger verübte er drei Überfälle auf Schnapsläden. Er erbeutete sechshundert Dollar und verkaufte die Waffe am Folgetag für hundert Dollar. Von dem Geld kaufte er sich elegante Garderobe. Mit weiteren Kapitalverbrechen vergrößerte er sein Vermögen.

Zwei Ehefrauen gaben Besavitsky das Jawort – er heiratete unter falschen Namen. Die Frauen kamen durch mysteriöse Unfälle ums Leben, und er erbte das Geld. Unter dem Namen ↗ William Deeds nahm er Kontakt zu dem Börsenmakler ↗ Jerry Finestone auf, auch dieser kam auf mysteriöse Weise um. Besavitsky heiratete dessen Witwe, und als auch sie auf seltsame Art den Tod fand, erbte er umso mehr. Als Vince Phillips ehelichte Deeds alias Besavitsky in Los Angeles einen weiblichen Filmstar, der kurz darauf an einem Stromschlag starb. Das Vermögen des Killers wuchs ins Astronomische. Aktienbetrügereien folgten. Vince änderte seinen Namen jährlich; er wurde zu einem guten Freund von ↗ Yassir Arafat der PLO und stellte fest, dass der Terrorismus ein lukratives Geschäft werden würde. Er wechselte seinen Namen erneut und ließ als Bassam Baradj Terroristen für sich arbeiten.

BESAVITSKY, ROMAN (Romanfigur)

Der Vater von Bast-Bösewicht ↗ Bassam Baradj taucht im Buch ↗ *Sieg oder stirb, Mr. Bond* auf und hat laut ↗ John Gardner den Namen Roman Besavitsky. Er stammt von Einwanderern ab, die teils russischer und teils rumänischer Herkunft sind. Ein Schuss schottischen Bluts stammt von einem Urgroßvater mütterlicherseits. Seine Frau ist ↗ Eva Besavitsky.

BESEN

Der Einsatz von Besen in James-Bond-Filmen hat seinen Ursprung schon im Film ↗ *Feuerball* (1965). Hier blockiert James Bond die Klapptüren, als ↗ Graf Lippe im Sitzbad schwitzt, mit einem Besenstiel. In ↗ *Im Geheimdienst Ihrer Majestät* (1969) fegt ein Hausmeister einen Flur und pfeift dabei die Melodie des Titelliedes aus dem Film ↗ *Goldfinger* (1964). In ↗ *Sag niemals nie* (1983) benutzt James Bond einen Besen, um einen ↗ SPECTRE-Killer zu Fall zu bringen: Als der Angreifer die Treppen hinunterläuft, steckt 007 den Besenstil zwischen die Sprossen des Treppengeländers. Im Film ↗ *Lizenz zum Töten* (1989) steht der verkleidete Waffenmeister ↗ »Q« fegend am Wegesrand und beobachtet, wie ↗ Franz Sanchez und seine Schergen das Anwesen verlassen, um zu den Drogenlabors in Mexiko aufzubrechen. Der Besen ist im Stiel mit einem Funkgerät versehen – ähnlich wie die Flöte vom Baron ↗ Samedi in ↗ *Leben und sterben lassen* (1973). Nachdem »Q« seinen Funkspruch an ↗ Pam Bouvier abgesetzt hat, tut er mit dem Besen etwas, wovor er Bond bei der Übergabe jeden Gadgets warnt: Er behandelt ihn unpfleglich und wirft ihn in eine Hecke. Ein Insidergag, den sich ↗ Desmond Llewelyn während der Dreharbeiten selbst ausdachte.

BESTATTUNGSASSISTENTEN (Romanfiguren)
↗ Siegmund Stromberg

BESWICK, MARTINE (Darstellerin)

Martine Beswick, geboren am 06. März 1941 auf Jamaika, ist eines der wenigen Bond-Girls, die in zwei Filmen mit von der Partie waren. In ↗ *Liebesgrüße aus Moskau* (1963) spielte sie die Zigeunerin ↗ Zora, die mit einer Gegenspielerin um einen Mann kämpft, den beide lieben, und in ↗ *Feuerball* (1965) war Martine Beswick als ↗ Paula Caplan zu sehen. Martine Beswick behauptete lange Zeit, »Miss Jamaika« gewesen zu sein, und diese Aussage wurde oft zum Aufhänger von Zeitungsberichten. Der Titel bei der Misswahl ging aber nicht an sie. Die Übertreibung erfüllte ihren Zweck: Beswick kam in die Modebranche und wurde Model.

Durch eine Freundschaft mit ↗ Chris Blackwell, der als Drehortmanager bei ↗ *James Bond 007 jagt Dr. No* (1962) dabei war, lernte sie Regisseur ↗ Terence Young kennen. Sie bat um eine Rolle, doch obwohl er oft Bekannte und Freunde verpflichtete, lehnte er Beswick auf Grund mangelnden Schauspieltalents ab. Sie packte der Ehrgeiz und sie versicherte Young, eine Schauspielausbildung zu machen. Nach einem Jahr Ausbildung klopfte die Jamaikanerin 1963 erneut an die Tür des Regisseurs. Da die Rolle der Zora noch nicht besetzt war und auch nicht viel schauspielerisches Talent verlangte, engagierte Young die schwarzhaarige Frau. Beswick studierte die Kampfszene drei Wochen lang mit ihrer Filmpartnerin ↗ Aliza Gur ein.

Als ↗ *Feuerball* gedreht wurde und erneut eine Rolle offen war, kam Martine Beswick zum Team zurück und wurde für ihre Hartnäckigkeit belohnt. Sie durfte Paula Caplan verkörpern – eine größer angelegte Charakterrolle mit Text. Um wie eine Insulanerin zu wirken, legte sie sich fast vierzehn Tage am Stück in die Sonne. Nach den Dreharbeiten reiste sie zusammen mit der Darstellerin ↗ Mollie Peters auf ein Filmfest nach Brasilien, wo die zwei Darstellerinnen keine Minute von den Fans allein gelassen wurden. Kritiker lobten den erneuten Auftritt in einem Bond-Film. Was dramatisch begann, entwickelte sich zu einem kometenhaften Aufstieg: Beswick wurde als Schauspielerin berühmt und spielte später in zahlreichen Filmen mit. Ihr Ausstieg aus dem Showbusiness erfolgte mit dem Film *The Happy Hooker Goes To Hollywood* (1980). Heute lebt sie auf Jamaika und in Los Angeles, Kalifornien.

BETÄUBUNGSSPRITZE
Um sicherzustellen, dass James Bond keine Gehirnwäsche erhalten hat und Amok läuft, wird er von den Männern des ↗MI6 in ↗*Stirb an einem anderen Tag* (2002) in Empfang genommen und mit einer Betäubungsspritze ruhig gestellt.

BETTLER (Filmcharakter)
In ↗*Octopussy* (1983) wirft James Bond ein Bündel Geldscheine auf seine Verfolger. Die Scheine landen aber auf dem Teller eines indischen Bettlers, der zu Recht verwundert ist.

BETTLER (Romanfigur)
↗*Doubleshot* (Roman)

BETTERIDGE, JAMES (Deckname)
Im Roman ↗*The Man From Barbarossa* benutzt 007 auf einer Reise den Decknamen James Betteridge. »Boldman« soll er bei dieser Mission nicht verwenden, weil er den Namen zu häufig eingesetzt hat.

BETWEEN A ROCK AND A HARD PLACE (Zeichentrickfilm)
↗*James Bond Jr.*

BEUGIN, PAUL (Produktionsbuchhalter)
Da ↗*Moonraker – streng geheim* (1979) auch in Frankreich gedreht wurde, gab es neben ↗Brian Bailey noch einen weiteren Produktionsbuchhalter: Paul Beugin.

BEUTURA, SONJA (Drehort-Produktionssekretärin)
↗Sophie Koekenhoff

BEVORSTEHEND (Codewort)
Das Codewort für den Start des Dritten Weltkriegs in ↗*Man lebt nur zweimal* (1967) lautet »Bevorstehend«. Es wird von den Amerikanern genannt, als ↗Blofeld, getarnt als russischer Gegner, eine weitere amerikanische Raumkapsel entführen will. Bond bringt Blofelds Raumschiff ↗Bird 1 zur Explosion, und der Angriff Amerikas auf Russland wird nicht durchgeführt: Code »Bevorstehend« wird zurückgezogen.

BEWARE OF BUTTERFLIES (Comic)
↗Comics

BEWERTUNGSZENTRUM
Nach seiner Gefangenschaft in ↗*Stirb an einem anderen Tag* (2002) soll James Bond auf ein Bewertungszentrum auf den Falklandinseln geschickt werden, um ihn auf seine Fähigkeiten hin zu überprüfen. ↗»M« hat diese Entscheidung getroffen, doch Bond ist damit nicht einverstanden und flüchtet.

BEY, KERIM (Filmcharakter)
↗Drako Kerim

BEYOND THE ICE (Filmtitel)
Als der Filmtitel ↗*Die Another Day* noch nicht bekannt gegeben war, kochte wieder die Gerüchteküche, und der von den Fans schnell akzeptierte potentielle Titel *Beyond The Ice* tauchte auf dem Markt auf. Schließlich war noch ein Song im Internet zu hören, der diesen Titel trug und Textpassagen enthielt, in denen auch vergangene Bond-Filme wie ↗*You Only Live Twice* und ↗*Licence To Kill* genannt wurden, und man glaubte, es handle sich um den neuen Song zum neuen Film. Dem war nicht so. Das Lied entpuppte sich als schlechte Kopie, und der Titel wurde von ↗Michael G. Wilson dementiert. Neben *Beyond The Ice* war auch ↗*Double Cross* im Gespräch, aber es stellte sich heraus, dass ↗MGM sich die Internetseite www.BondXX.com nur deshalb hatte schützen lassen, weil www.Bond20.com nicht mehr frei war. Die potentiellen Titel ↗*Cold Eternity* (eine Anspielung auf ↗John Gardners Buch ↗*Cold*), ↗*Final Assignment*, *Poisonbreath* und *Black Sun* (bezogen auf den auftauchenden Charakter ↗Colonel Sun) waren ebenfalls nur Erfindungen. Auch potenzielle Filmtitel wie ↗*Firefly* tauchten

wieder auf. Er war schon vor Drehbeginn von ↗*Der Morgen stirbt nie* (1997) im Gespräch. Nachdem der Name von ↗Ian Flemings Anwesen die Titelinspiration für ↗*GoldenEye* (1995) geliefert hatte, wurde über das Haus »Firefly« seines Nachbarn spekuliert.

BFV

Im Roman ↗*Nichts geht mehr, Mr. Bond* klärt ↗»M« James Bond über die ↗Emelies auf und merkt an, dass die meisten dieser jungen Frauen beim BfV in Bonn als Sekretärinnen arbeiteten. Das BfV ist das Bundesamt für Verfassungsschutz, das westdeutsche Gegenstück zum ↗MI5. Es untersteht als Abteilung dem Innenministerium oder dem Bundesnachrichtendienst (BND).

BH (Waffe)
↗Büstenhalter

BHOSE (Romanfigur)

Der Inder Professor Bhose hat viel über das Nervensystem von Pflanzen geschrieben. James Bond bringt sein Wissen über Bhose in ↗*Mondblitz* ein, als er mit ↗Gala Brand über die Schmerzen von Pflanzen diskutiert. 007 meint, eine Blume habe geschrien, als Brand sie abpflückte. Die Frau glaubt ihm nicht.

BIANCA (Filmcharakter)

Beim Auftrag zu Beginn des Films ↗*Octopussy* (1983) erhält James Bond Unterstützung von einer schönen Frau namens Bianca. Sie stattet 007 mit einem künstlichen Schnurrbart aus, damit er einem Oberst ↗Toro ähnlicher sieht. Als James Bond jedoch in die Falle geht, lenkt Bianca seine Bewacher mit ihren körperlichen Reizen ab, und dem Geheimagenten gelingt die Flucht. Er verabschiedet sich von ihr mit einem Kuss auf die Wange und spricht von einem Wiedersehen in Miami. Bianca wurde von ↗Tina Hudson verkörpert.

BIANCHI, DANIELA (Darstellerin)

Zweihundert Mitbewerberinnen stach die damals 20-jährige Daniela Bianchi beim Casting für die Rolle der ↗Tatjana Romanowa im Film ↗*Liebesgrüße aus Moskau* (1963) aus. Sie kam am 31. Januar 1942 als Tochter eines Armee-Obersts in Italien zur Welt. Schon mit sechs Jahren besuchte sie eine Ballettschule. Ihr Aussehen öffnete ihr viele Türen. Nachdem Bianchi 1960 den zweiten Platz bei der »Miss-Rom-Wahl« belegte und »Miss Universum« wurde, zeigte auch die Filmbranche Interesse. Ihr Filmdebüt gab Bianchi schon 1959 in *Love Is My Profession*; das wichtige Filmangebot kam aber von ↗Albert R. Broccoli und ↗Harry Saltzman. Bianchis dritter erwähnenswerter Film sollte sie weltbekannt machen. Sie bezeichnete sich selbst als »schüchtern«, doch überraschte sie den Dreharbeiten damit, am liebsten Bettszenen zu spielen. Daniela Bianchi agierte 1967 neben ↗Sean Connerys Bruder Neil im Film *Operation kleiner Bruder*. Vom späteren Bond-Regisseur ↗Peter Hunt erntete sie großes Lob: Er bezeichnete sie als eines der bedeutendsten Bond-Girls der ersten sechs James-Bond-Filme. Die im Film zu hörende Stimme stammt aber nicht von Bianchi. Sie musste wegen ihrer zu piepsigen Tonlage von ↗Barbara Jeffoed synchronisiert werden. Ähnlich erging es vielen Darstellerinnen in frühen Bond-Filmen. Nach der Bond-Rolle verschwand Bianchi fast in der Versenkung. Kleine Rollen in Werbefilmen und die Hauptrolle in der Fernsehserie *Dr. Kildare* folgten. Anfang der 1970er Jahre heiratete die Italienerin einen Industrietycoon, mit dem sie einen Sohn hat.

BIANCO (Romanfigur)

Der Halbbruder des »dunklen« ↗Drako Kerim ist der blonde Bianco, der im Roman ↗*Liebesgrüße aus Moskau* kurz genannt wird.

DIE BIBEL, EINMAL ANDERS (Buch)
Im Roman ↗*Goldfinger* hat James Bond ein Buch mit dem Titel *Die Bibel, einmal anders* bei sich, in dem sich nicht nur das ↗Berns-Martin-Halfter, sondern auch seine ↗Walther PPK verbirgt.

BIBIKOVA, NINA (Romanfigur)
↗*The Man From Barbarossa*

BICKEL, THEODORE (Schauspieler)
Andere Quellen: Theodore Bikel
Bickel sollte ursprünglich die Rolle des ↗Auric Goldfinger im dritten James-Bond-Kinofilm ↗*Goldfinger* (1964) spielen. In ↗*The Making Of Goldfinger* kann man den Probeauftritt noch sehen. Am 12. Dezember 1963 wurde der Darsteller Theodore Bickel als potenzieller Schurke gecastet. Bickel trug eine Nickelbrille, und die Maskenbildner hatten ihm Goldlack in die Haare gesprüht. Dennoch überzeugte der Mann in der Rolle des Schwerverbrechers nicht. Letztendlich erhielt der Deutsche ↗Gert Fröbe den Zuschlag für einen der populärsten Bösewichte der Filmgeschichte.

BICKERS ACTION ENTERPRISES (Ersatzfahrzeuge)
↗Rémy Julienne

BICKERS, DAVE (Stunt-Ingenieur)
Faszinierende und vor allem funktionierende Bauten waren für die Stuntaufnahmen des Films ↗*Octopussy* (1983) besonders wichtig. Dave Bickers und ↗Dan Peterson waren die Stunt-Ingenieure bei der dreizehnten offiziellen James-Bond-Produktion.

BICKERS, DAVID
Für die Dreharbeiten von ↗*Der Morgen stirbt nie* (1997) entwickelte David Bickers, ein ehemaliger Motorcross-Champion, ein Kameraauto, das Höchstgeschwindigkeiten fahren und dennoch die Kamera gut abfedern konnte, damit die Bilder nicht verwackeln. Das Auto wurde bei der Verfolgungsjagd im Parkhaus eingesetzt.

BIDDLE, ADRIAN (Kameramann)
Seine Karriere begann der Kameramann Adrian Biddle in der Werbefilmbranche. Seine innovative Kameraarbeit sicherte ihm 1985 die Position als Chefkameramann bei James Camerons *Aliens*. Auch an Projekten wie *Die Braut des Prinzen*, *Willow*, *Das lange Elend* und *Thelma & Louise* war er maßgeblich beteiligt. Biddle erhielt neben vielen Preisen auch eine Oscar-Nominierung. Nach herausragenden Kritiken für die Kameraarbeit bei *1492 – Die Eroberung des Paradieses* stand er ganz oben auf der Liste der weltbesten Kameramänner. Vor seiner Mitarbeit beim neunzehnten offiziellen James-Bond-Film ↗*Die Welt ist nicht genug* (1999) drehte er den Actionfilm *Judge Dredd* und Kinohits wie *Wilde Kreaturen* und *Die Mumie*.

BIENE (Tier)
↗Miranda Frost benutzt im Roman ↗*Stirb an einem anderen Tag* Bienen, um ihren gegen die Stiche allergischen Vater zu ermorden. Als sie ↗Moon von der Tat erzählt, erkennt er, dass er eine gefährliche und skrupellose Verbündete hat.

BIER (Getränk)
↗Liebchen bietet James Bond in ↗*Octopussy* (1983) ein deutsches Bier an, doch der Agent lehnt dankend ab. Die Wachen der Chemiewaffenfabrik in ↗*GoldenEye* (1995) stürmen den Raum, in dem 007 und ↗006 Zeitzünder deponieren wollen. 006 scherzt: »Sperrstunde James, letzte Bestellung!« Bond ordert ein Bier. 006s Worte finden später im Film noch einmal Verwendung: beim Zusammentreffen mit Bond als Gegner. Den Geschmack des Biers, das 007 im Roman ↗*Stirb an einem anderen Tag* in der ↗Bar Top Hat zu sich nimmt, empfindet er als »herrlich«. Es ist das erste alkoholische Getränk, das er

nach seiner Gefangenschaft in Nordkorea zu sich nimmt.
↗ Budweiser mit Limone

BIERMAN, HARRIS (Waffen)
Ein Großteil der Waffen im Film ↗ *Lizenz zum Töten* (1989) stammen von Harris Bierman und ↗ Tony Didio. Weitere Handfeuerwaffen lieferte die Firma ↗ Galco International.

BIER MIT ZITRONE (Getränk)
Als sich ↗ Pam Bouvier und James Bond in ↗ *Lizenz zum Töten* (1989) zum zweiten Mal treffen, bestellen beide in der Bar Barrelhad in ↗ Bimini ein Bier mit Zitrone.

BIG (Romanfigur)
Der fünfundvierzigjährige Bösewicht Big will im Roman ↗ *Leben und sterben lassen* die sowjetische Spionage in Amerika mit einem Piratenschatz finanzieren. Bond wird von ↗ »M« auf Mr. Big angesetzt. Im Roman von 1954 als »Neger« bezeichnet, ist Big ein mächtiger Verbrecher, der an der Spitze des ↗ Black-Widow-Voodoo-Kultes steht. Von seinen Anhängern wird er als ↗ Fürst Samedi verehrt. Neben seiner Arbeit als Agent der Sowjets hat Big 007s Interesse geweckt, weil er dem britischen Geheimdienst als Mitglied von ↗ SMERSH bekannt ist. Big wurde in Haiti geboren, ein Elternteil war französischer Abstammung. Ausgebildet wurde er in Moskau. Der Name »Big« ist aus den Anfangsbuchstaben seines bürgerlichen Namens gebildet geworden: ↗ Bounaparte Ignace Gallia. Außerdem brachte ihm die Körpergröße schon in frühen Jahren Spitznamen wie »Big Boy«, »The Big Man« oder »Mr. Big« ein. Aufgrund eines Herzleidens trinkt und raucht er niemals. Das Herzproblem hat seine Haut in den letzten Jahren grau werden lassen. Schon als Kind wurde er in Voodoo-Kults eingeführt. Er arbeitete als Lastwagenfahrer und schloss sich später Gangs an, die sich auf Überfälle spezialisiert hatten. Später ging Big nach Harlem, hatte einen Nachtklub und war an einem Ring schwarzer Callgirls beteiligt. Sein Geschäftspartner wurde 1938 in einen Zementblock eingegossen aus dem Harlem River gezogen. 1943 wurde Big eingezogen und war auf der Seite des Office of Strategic Services tätig (nicht zuletzt wegen seiner guten Französischkenntnisse). Seine Ausbildung bekam er beim amerikanischen Geheimdienst, hatte aber engen Kontakt zu sowjetischen Agenten. Vermutungen zufolge hat »The Big Man« auch schon Morde in der Öffentlichkeit begangen. Er ist unter anderem in eine nicht ganz geklärte Geschichte verstrickt, bei der ein Mann vor eine U-Bahn gestoßen wurde. Als James Bond Big im Roman erstmals gegenübersitzt, fällt ihm der riesige Schädel auf (»Es war ein großer Fußball von Kopf, zweimal so groß wie ein normaler und fast kugelrund. Die Haut war grauschwarz, straff und schimmernd wie bei dem Gesicht einer Leiche, die zwei Wochen im Wasser gelegen hatte.«). Wimpern und Augenbrauen und ein Großteil der anderen Kopfbehaarung fehlen Big. Alle Fotos drücken nur einen Bruchteil der Macht aus, die der Bösewicht in Wirklichkeit ausstrahlt. Big (engl. auch »dick«) ist in der Tat »big«: Bei 1,95 Meter mit einem Gewicht von 140 Kilo ist 007 gegen ihn ein Wurm. Was Mr. Big über »Neger« sagt, wurde im Film ↗ *Goldfinger* (1964) auf Menschen bezogen. Im Roman heißt es, auf allen Gebieten seien Schwarze im Kommen: im Sport, in der Musik, in der Literatur, in der Medizin und in der Wissenschaft. Er vervollständige die Reihe als erster schwarzer Superverbrecher. ↗ Goldfinger geht im Film vom Menschen selbst aus, der auf allen Gebieten Wunder vollbracht habe, nur nicht im Bereich der Kriminalität. Goldfinger will das ändern. Mr. Bigs Wunsch, Bonds Beine sollen beim ↗ Kielholen nicht gefesselt werden, damit die Fische angelockt würden, fand Eingang in das Drehbuch von ↗ *In tödlicher Mission* (1981); hier meint ↗ Aris Kristatos: »Lasst

die Beine frei, die geben einen schönen Köder ab!«

BIG (Filmcharakter)
Mr. Big und ↗Dr. Kananga sind im Film ↗*Leben und sterben lassen* (1973) ein und dieselbe Person. Der von ↗Yapeth Kotto dargestellte Krokodilzüchter Ross Kananga führt im Film ein Doppelleben und verbreitet in Harlem auch als Mr. Big Angst und Schrecken. James Bond durchschaut im Film Kanangas Doppelleben: »Kananga baut auf Tausenden von Hektar sorgfältig getarnter Felder Mohn an, geschützt durch den Voodoo-Zauber des Baron Samedi. Und als Mr. Big ist er Verteiler und Großhändler über die eigene Restaurantkette Fillet of Soul.« Der Name Mr. Big ist noch eine Erfindung von ↗Ian Fleming, dessen Bösewicht im Roman ↗Bounaparte Ignace Gallia – B.I.G. heißt. Kananga stirbt, als Bond ihm im Finale des Films eine Pressluftpatrone in den Mund schiebt. Die Luft bläht den Bösewicht auf, er schwebt an die Raumdecke und explodiert. Als ↗Solitaire beim Abschlussgag fragt: »Wo ist Kananga?«, antwortet Bond in der deutschen Version: »Der war schon immer ein ziemlich aufgeblasener Kerl!«

THE BIG BAND DEATH OF JACK PETACHI (Lied)
↗*Never Say Never Again* (Soundtrack)

BIG BEN
Eine Vereinbarung zwischen ↗SPECTRE und der Regierung sieht in ↗*Feuerball* (1965) vor, dass Big Ben an einem bestimmten Tag um 18 Uhr siebenmal schlagen soll, wenn SPECTREs Forderungen akzeptiert werden. Dies passiert auch, und in den Nachrichten wird bekannt gegeben, dass das siebenmalige Schlagen schon einmal 1889 während eines Unwetters passiert sei.

BIGGS, RONALD (Krimineller)
Die Produzenten von ↗*Moonraker – streng geheim* (1979) wollten Ronald Biggs, einem ehemaligen Posträuber, der in Brasilien lebte, eine Rolle im elften offiziellen James-Bond-Film geben. Biggs sollte Bonds Chauffeur spielen, doch Darsteller ↗Roger Moore sprach sich gegen eine Verpflichtung des Kriminellen aus.

BIG LEU (Romanfigur)
»Big Leu musste etwa eins fünfundachtzig groß sein; er war sehr stämmig, hatte breite Schultern und lange Arme (...)« ↗Wanda Man Song Hing fallen im Roman ↗*Fahr zur Hölle, Mr. Bond!* sofort die Hände und die Arme von Big Leu auf. Diese erinnern sie an die eines Boxers. Die beiden Schergen ↗Big Leu und ↗Wan Lo tauchen auf, als ↗Tony Man Song Hing seine Tochter an den Besitzer des Lokals The Broken Dragon übergeben will, um damit seine Spielschulden zu bezahlen. Sie arbeiten beide für ↗Lee Fu-Chu. Big Leu ist das Gegenstück zu Wan Lo. Als ↗»M« James Bond im Roman *Fahr zur Hölle, Mr. Bond!* über die Killer von Lee Fu-Chu informiert, fallen auch Namen wie »Bone Bender Ding« und »Frozen Stalk Pu«.

BIG MICK SHEAN (Romanfigur)
Nachdem 007 im Buch ↗*Nichts geht mehr, Mr. Bond* zu ↗Norman Murray Kontakt aufgenommen hat, ruft er bei Big Mick an. Bond weiß, dass er sich auf Mick Shean, dessen Spitzname Big Mick lautet, verlassen kann, denn er kennt den Iren schon seit 15 Jahren. Bond hatte Mick einige Tricks beigebracht: »sich den Rücken frei halten, beschatten und einen Verfolger abschütteln.« Nun bittet James Bond um sichere Eskorte für sich und ↗Heather Dare.

BIKE CHASE (Lied)
↗*Tomorrow Never Dies* (Soundtrack)

BIKEL, THEODORE (Darsteller)
↗Theodore Bickel.

BIKE SHOP FIGHT (Lied)
↗ *Tomorrow Never Dies* (Soundtrack)

BIKINI (Kleidungsstück)
↗ Marie Therese Prendergast

BILBAO (Ort/Drehort)
James Bond, der im Roman und auch im Film ↗ *Die Welt ist nicht genug* (1999) das Geld von ↗ Sir Robert King wiederbeschaffen soll, reist zu ↗ Bankier Lachaise nach Bilbao in Spanien. Die entsprechenden Szenen im neunzehnten offiziellen James-Bond-Film wurden auch in dieser Stadt in der Nähe des Guggenheim-Museums gedreht. Hunderte Schaulustige beobachteten ↗ Pierce Brosnan und die Stuntmen. Brosnan in einem Interview: »Es ist wie die Beatlemania in den 60ern ... eine Art Bondmania, es ist unglaublich!« Der Fenstersprung eines Stuntmans, der Brosnan doubelte, musste nachvertont werden, da das Publikum auf der Straße so laut schrie. Im Film wirkt es, als bemerke kaum jemand den freien Fall. Eine zunächst im Guggenheim-Museum geplante Szene wurde auf Grund der ohnehin rekordbrechenden Länge der ↗ Pre-Title-Sequenz aus dem Drehbuch von *Die Welt ist nicht genug* gestrichen. Die Filiale der Schweizer Bank am Ufer des Flusses Nervio und das Guggenheim-Museum sind zu sehen.

BILBO, BOBBY (Romanfigur)
Als 007 im Roman ↗ *Diamantenfieber* ein Schwimmbecken benutzt, fällt ihm ein Schild auf, auf dem der Name des Bademeisters steht: Bobby Bilbo.

BILD
Ein Bild in ↗ SPECTREs Hauptquartier in ↗ *Sag niemals nie* (1983) wird zu einer Videoleinwand, über die ↗ Maximilian Largo die Zukunftspläne der Organisation gegenüber mehreren Mitgliedern und ↗ Ernst Stavro Blofeld kundtut.

BILDERRAHMEN
↗ Felix Leiters Bilderrahmen in ↗ *Lizenz zum Töten* (1989) beinhaltet nicht nur ein Bild seiner ↗ Frau Della, sondern auch eine CD-ROM mit Geheiminformationen über Personen, die mit ↗ Franz Sanchez zu tun hatten. Bond schafft es, nach Della Leiters Ermordung und Felix Leiters Verstümmelung an den Bilderrahmen und die Diskette zu gelangen. Er findet neben vielen anderen auch den Namen ↗ P. Bouvier.

BILL (Romanfigur)
↗ 008

BILL (Romanfigur)
Ein »rundlicher Italiener« namens Bill ist vermutlich der Geschäftsführer des Hotels ↗ Bill's on the Beach im Roman ↗ *Goldfinger*. Der Mann ist gegenüber ↗ Junius du Pont auffällig unterwürfig und besorgt für James Bond das ↗ Aloha-Appartement.

BILL (Romanfigur)
Wie auch sein Freund ↗ Harry ist Bill im Roman ↗ *Sieg oder stirb, Mr. Bond* ein Erpresser, mit dessen Hilfe ↗ Hamarik versucht, seine finsteren Pläne in die Tat umzusetzen. Bill und Harry erpressen einen Bootsmann namens ↗ Blackie mit pornografischen Bildern, um ein exklusives Turbinenteil auf das ↗ Schiff Invincible schmuggeln zu können. Bill ist Vertreter für ein Unternehmen, das auf Fiberoptik spezialisiert ist.

BILL (Romanfigur)
↗ Tim Havelock erwähnt in der Kurzgeschichte ↗ *Für Sie persönlich* einen Bill. Seine Familie war im Besitz von viertausend Hektar Land, das nun verkauft ist. Die Havelocks vermuten, Bill habe schon die Fahrkarte nach London in der Tasche.

BILL (Romanfigur)
↗ Sam

BILL (Romanfigur)
»Bill« ist im Buch ↗*Lizenz zum Töten* auch der Spitzname von ↗William Truman-Lodge, dem Finanzexperten von ↗Franz Sanchez.

BILL (Filmcharakter)
Einer von ↗Milton Krests Angestellten in ↗*Lizenz zum Töten* (1989) heißt Bill und erscheint, als 007 versucht, hinter Krests Machenschaften zu kommen.

BILLANCOURT (Filmstudio)
Die Dreharbeiten zu ↗*Moonraker – streng geheim* (1979) fanden u. a. in den drei französischen Filmstudios Billancourt, ↗Epinay und ↗Boulogne statt.
↗Filmstudios

BILLARD (Spiel)
↗Max Kalba spielt im Roman ↗*James Bond und sein größter Fall* Billard, als James Bond in seinem ↗Mujakaklub in Ägypten auftaucht. Eine kurze Passage des Spiels wird beschrieben.

BILLARDTISCH
Der Knopf, um aus ↗Goldfingers Spielzimmer im Film ↗*Goldfinger* (1964) einen Konferenzraum zur Verbrechensplanung zu machen, befindet sich an einem Billardtisch. In ↗*Die Welt ist nicht genug* (1999) steht in der ↗Abteilung Q ein Billardtisch, der allerdings nur zur Tarnung vorhanden ist. Per Knopfdruck teilt sich der Tisch längs in der Mitte und aus der Versenkung erscheint James Bonds neues Auto (ein ↗BMW Z8) zusammen mit ↗»R«.

BILLINGTON, MICHAEL (Darsteller)
Verblüffung bei den Zuschauern löste der Schauspieler Michael Billington im Film ↗*Der Spion, der mich liebte* (1977) aus. Bei seiner Bettszene mit ↗Barbara Bach dachten viele, er verkörpere James Bond. Erst später im Film wurde klar, dass er nur einen ↗KGB-Mann namens ↗Sergey Borsove mimte, der von 007 mit einem Skistockgewehr getötet wurde. Als ↗Roger Moore später die Gage für den Film ↗*Moonraker – streng geheim* (1979) aushandelte, wurde Billington als mutmaßlicher Nachfolger gehandelt – die typischen Gerüchte, die vor jedem neuen Film aufkommen. An der Meldung war nichts Wahres.

BILL'S ON THE BEACH (Hotel)
↗Aloha-Appartement

BIMINI (Ort)
Aus den Computerdateien von ↗Felix Leiter geht im Film ↗*Lizenz zum Töten* (1989) hervor, dass ↗Pam Bouvier mit Leiter in der Barrelhead Bar in Bimini verabredet ist. Da Leiter von einem Hai verstümmelt wurde, reist 007 an, um die Frau vor ↗Dario zu warnen.

BINDER, MAURICE (Titelvorspanngestalter)
Der am 4. Dezember 1925 in New York geborene Maurice Binder war erstmals in ↗*James Bond 007 jagt Dr. No* (1962) maßgeblich an der Gestaltung der Titelvorspänne in den James-Bond-Filmen beteiligt und ließ sie zu eigenen kleinen künstlerischen Besonderheiten werden. Von ihm stammt auch die Idee des Pistolenlaufs, der zu Beginn eines jeden »echten« Bond-Films zu sehen ist, und auf den 007 schießt. Viele Titelgestalter haben versucht, ihm nachzueifern. Nur durch Binder wurden sie zu einem nicht mehr wegzudenkenden Ereignis, und die Namen der Stars und Macher flossen in die Filme ein. Binders Arbeit gilt auch als Vorläufer der modernen Musikvideos. Er schuf die einprägsamen Sequenzen, in denen immer Frauen, Waffen und gelegentlich auch James Bond selbst zu sehen sind, für *James Bond 007 jagt Dr. No*, ↗*Feuerball* (1965), ↗*Man lebt nur zweimal* (1967), ↗*Im Geheimdienst Ihrer Majestät* (1969), ↗*Diamantenfieber* (1971), ↗*Leben und sterben lassen* (1973), ↗*Der Mann mit dem goldenen Colt* (1974), ↗*Der*

Spion, der mich liebte (1977), ↗*Moonraker – streng geheim* (1979), ↗*In tödlicher Mission* (1981), ↗*Octopussy* (1983), ↗*Im Angesicht des Todes* (1985), ↗*Der Hauch des Todes* (1987) und ↗*Lizenz zum Töten* (1989).

Der Werdegang Binders ist abwechslungsreich. Nach der Schule arbeitete er als Layouter für Kataloge und ersann Werbestrategien, u. a. für das Kaufhaus Macy's. Nach dem Krieg ging Binder nicht zur Werbeabteilung der Kaufhauskette zurück, sondern zu Columbia Pictures. Dort wurde er künstlerischer Leiter und auch andere Studios buchten ihn mehrfach. Binder schuf schließlich die Vorspannsequenzen zu den Filmen *Vor Hausfreunden wird gewarnt* und *Indiskret*. Die Produzenten ↗Harry Saltzman und ↗Albert R. Broccoli wurden auf ihn aufmerksam und engagierten Binder für *James Bond 007 jagt Dr. No*. Es wurde ein Feuerwerk aus schrillen Farben und mehrfach überlagerten Aufnahmen. Nachdem Binder zwei Filme lang ausgesetzt hatte, etablierte er sich mit dem Vorspann für *Feuerball* endgültig zur festen Größe bei Bond-Produktionen. Die Körper der nackten Schwimmerinnen ↗de Rauch, ↗Bater und ↗McGrath wurden von Binder gefilmt und das Publikum war entsetzt und positiv überrascht zugleich.

Maurice Binder bezeichnete die Zusammenarbeit mit ↗Roger Moore ironisch als »anstrengend«. Moore ließ angeblich einmal während der Aufnahmen die Hosen herunter. Als sich Binder um die Körperbemalung von Modellen kümmerte und an nackten Frauen herumpinselte, kam Moore ins Atelier und machte dumme Sprüche. Die Wünsche Binders wurden bei *Leben und sterben lassen* erhört. Hier setzte sich der Titeldesigner vor Beginn seiner Arbeit mit ↗Paul McCartney zusammen. Er äußerte seine Vorstellungen bezüglich des Liedes, und McCartney komponierte im besprochenen Stil. Viele Kritiker halten ihn für Binders besten. Am 8. April 1991 starb der Gestalter von 14 Bond-Vorspännen in London an Lungenkrebs.

BINDFADENSICHERUNG

In ↗*Niemand lebt für immer* ist neben der ↗Streichholzsicherung auch noch eine ähnliche Variante mit Bindfäden erwähnt, die 007 über geschlossene Schubladen gelegt hat. So kann er erkennen, ob Schnüffler die Schubladen geöffnet haben. Des Weiteren beschreibt Romanautor ↗Gardner, wie 007 die Streichholzstücke noch zwischen den Schranktüren vorfindet, ein Beweis, dass niemand die Türen geöffnet hat. Ähnliche Sicherungen setzte der Geheimagent bereits im Film ↗*James Bond 007 jagt Dr. No* (1962) ein, hier klebte er mit Speichel ein Haar über die Schranktüren. Außerdem bestäubte er die Öffnungsriegel seines Koffers mit einem Puder, um später Fingerabdrücke der Schnüffler sehen zu können.

BINION, SAM (Romanfigur)

Sam Binion ist einer von ↗Scaramangas Gästen im Roman ↗*007 James Bond und der Mann mit dem goldenen Colt*. Der Gastgeber wird ungehalten, als Bond feststellt, dass Binion von der ↗Purple Gang ist. Binion stammt aus Detroit und ist laut Scaramanga im Grundstückshandel tätig. Er ist einer der Investoren, die Scaramanga benötigt, um seine Bauprojekte zu finanzieren. James Bond, der für Scaramanga Notizen zu den Gaunern machen soll, schreibt über Binion: »Fledermausohren, Narbe linke Wange, hinkt«. Er kommt bei der Explosion der ↗»Schönen von der Bloody Bay« ums Leben.

BIO-FEEDBACK

Bio-Feedback ist die bewusste Manipulation von Körperfunktionen durch Konzentration. ↗Körperkontrolle

BIOLINKS (fiktive Firma)

Dieser von ↗Raymond Benson erfundene Konzern taucht im Werk ↗*Tod auf Zypern* auf. BioLinks ist ein großes Unternehmen, das unter anderem die vor dem Konkurs stehende Firma ↗ReproCare geschluckt hat.

BIOMETRISCHER SCANNER
Um in den Sicherheitsbereich von ↗Gustav Graves eindringen zu können, muss man die Kontrolle eines biometrischen Scanners überwinden. Das Gerät, das im Roman und im Film ↗*Stirb an einem anderen Tag* (2002) vorkommt, scannt den Handabdruck der Person, die eingelassen werden möchte. Bond und ↗Jinx haben keine Befugnis. Sie schaffen es aber dennoch, indem sie dem toten ↗Kil die Hand abtrennen und diese auf den Scanner legen.

BIRD 1 (Rakete)
↗Phantom benutzt diese Rakete im Film ↗*Man lebt nur zweimal* (1967), um russische und amerikanische Raumkapseln zu kidnappen. Bird 1 startet von ↗Blofelds Vulkan-Festung aus, »schluckt« ein fremdes Raumschiff und landet wieder auf der Erde. 1967 sah dies für den Zuschauer zwar recht futuristisch und unglaublich aus – 1990 jedoch baute die NASA eine Rakete, die ↗Ken Adams Entwürfen von Bird 1 recht nahe kam. Die Rakete hatte eine Länge von 33 Metern. Ein originalgetreues Modell stand im von Ken Adam entworfenen Vulkankrater.

BIRDNEST TWO
Mit dem Codewort »Birdnest Two« (auch »Birdnest 2«) bezeichnen die Terroristen im Roman ↗*Sieg oder stirb, Mr. Bond!* das ↗Schiff Invincible, das als Ort für ein Treffen mehrerer Staatsoberhäupter vorgesehen ist. James Bond befindet sich auf diesem Schiff, um einen möglichen Anschlag zu verhindern. Für Informationen über die Besatzungsmitglieder muss 007 mehrere Codes in den Computer eingeben: »Karussell«, »26980/8« und »Landsea'89«. Bond ist besonders an der undurchsichtigen ↗Sarah Deeley interessiert.

BIRDS OF THE WEST INDIES (Buch)
↗Ornithologe

BIRG
Birg liegt in 2.677 Metern Höhe und ist die Zwischenstation, um zum ↗Piz Gloria zu gelangen. ↗Campbell beobachtet in ↗*Im Geheimdienst Ihrer Majestät* (1969), wie ↗Blofelds Männer die Seilbahn zum Piz Gloria benutzen. Er versucht sein Glück als Bergsteiger.

BIRT, GEORGE (Darsteller)
George Birt als »Kapitän der Boeing 747« ist neben ↗Denis Seurat als »Offizier der Boeing 747« im Film ↗*Moonraker – streng geheim* (1979) zu sehen.

BISERA, OLGA (Darstellerin)
Wie viele andere Darstellerinnen träumte auch Olga Bisera im zehnten 007-Leinwandabenteuer ↗*Der Spion, der mich liebte* (1977) in der Rolle als ↗Aziz Fekkeshs Assistentin ↗Felicca vom Sprungbrett für die große Filmkarriere, doch der Erfolg blieb aus.

BISHOP, BRIAN (Landschaftskünstler)
↗Steven Sallybanks

BISHOP, CHARLES (Künstlerischer Leiter)
Die beiden künstlerischen Leiter bei der Produktion des elften offiziellen James-Bond-Films ↗*Moonraker – streng geheim* (1979) waren ↗Max Douy und Charles Bishop.

BISHOP, ED (Darsteller)
Zwei kleine Rollen übernahm der Darsteller Ed Bishop in den James-Bond-Filmen. In ↗*Man lebt nur zweimal* (1967) spielt er einen Radar-Überwacher und in ↗*Diamantenfieber* (1971) die Rolle des Klaus Hergersheimer.

BISIGNANO, JEANNINE (Darstellerin)
Hauptberuflich Tänzerin, nebenberuflich Schauspielerin: Jeannine Bisignano verkör-

perte die Stripperin in ↗*Lizenz zum Töten* (1989).

BISIOLI, LUIGI (Elektrik-Vorleute)
↗Steve Foster

BISLEY (Ort)
Um mit einer ↗Matchwaffe Kaliber 308 umgehen zu können, organisiert ↗Bill Tanner in der Kurzgeschichte ↗*Der Hauch des Todes* ein Scharfschützentraining für Bond. Das Training findet unter der Aufsicht von ↗Korporal Menzies statt.

BISMARQUER, MARCUS (Romanfigur)
Dieser Charakter ist eine der undurchschaubaren Figuren in ↗John Gardners Roman ↗*Moment mal, Mr. Bond*. Bismarquer wurde laut Gardner 1919 in New York geboren und ist einziger Sohn deutsch-englischer Eltern, die amerikanische Staatsbürger waren. Schon vor 1939 soll er Millionär gewesen sein, 1944 bereits Multimillionär. Als »unerwünscht« klassifiziert, musste er nicht zum Militär. Er ist überzeugtes Mitglied der amerikanischen Nazi-Partei. Sein Gesicht ist rosig und mollig, wie das eines frisch gewaschenen Babys oder eines »älteren Cherubs« – Gardner nimmt hier Bezug auf Pausbäckchen. Marcus Bismarquers Freundin ↗Nena ist die Tochter ↗Blofelds und tötet ihn am Ende des Romans. Bond erinnert das Gesicht des Mannes an die Visage eines Teufels. Bismarquer ist etwa Ende 60 und hat silbergraues, zerzaustes, wuscheliges Haar. Voller Energie lacht er übermotiviert mit kindlicher Begeisterung auf. Bismarquer besitzt achtzig Meilen südwestlich von Amarillo in Texas eine Ranch von 150 Quadratmeilen. Die Wüstengegend wurde von ihm urbar gemacht und bebaut. Der bisexuelle, hyperaktive Bismarquer hatte ein Verhältnis mit ↗Walther Luxor.

BISMARQUER, NENA (Romanfigur)
Nena Bismarquer ist ↗Marcus Bismarquers dritte Ehefrau. Seine beiden ersten Ehefrauen sind laut ↗»M« auf natürliche Weise ums Leben gekommen (»Autounfall und Hirntumor.«) Nena Bismarquer hieß vor der Hochzeit angeblich ↗Nena Calvert. Am Ende des Romans ist Bond entsetzt, denn es handelt sich um Nena Blofeld, die Tochter von ↗Ernst Stavro Blofeld.

Nena schläft zweimal mit Bond, doch will sie dies nur in einem abgedunkelten Raum tun. Er erfährt sehr bald, warum: Ihr fehlt eine Brust. Nena ist fast so groß wie Bond, hat lange Beine und einen entschlossen ausschreitenden Gang. Sie hat Stil, Grazie und eindeutig die Voraussetzungen, alle Sportarten zu betreiben. Augen und Haare sind schwarz. Das Gesicht passt perfekt zu ihrem Körper, mit einer langen Nase und einem ernsten Mund. Sie wirkt auf Bond sehr anziehend. Bei ihrem Auftritt als Blofelds Tochter schleudert 007 sie im Verlauf eines Kampfes durch ein Fenster. Die Frau landet bei den Riesenschlangen, die sie verspeisen. ↗Felix Leiter kann das Drama nicht mit ansehen und gibt ihr einen Gnadenschuss.

BISSET, JACQUELINE (Darstellerin)
In der Rolle der ↗Mrs. Langbein war Jacqueline Bisset in ↗*Casino Royale* (1966) zu sehen. Die kleine Rolle verhalf ihr zum Durchbruch, und zahlreiche Angebote folgten: 1968 spielte sie mit Steve McQueen in *Bullitt*, 1969 in *Airport* an der Seite von Dean Martin, 1973 unter der Regie von François Truffaut in *Die amerikanische Nacht* und im gleichen Jahr mit Jean-Paul Belmondo in *Belmondo – Der Teufelskerl*. Als versnobte Jacqueline erhielt sie in Roman Polanskis *Wenn Katelbach kommt* ihre erste Sprechrolle, danach wirkte sie in *Der gewisse Kniff* (1965) unter der Regie von Richard Lester mit. 2003 war sie in dem Film *Amerikas Sohn – Die John F. Kennedy Jr. Story* zu sehen.
↗Langbein

BISWANGER (Romanfigur)
Leutnant Biswanger, ein Charakter aus dem Roman ↗*Leben und sterben lassen*, ist ein misstrauischer, mürrischer Beamter Ende vierzig. Er arbeitet bei der Mordkommission und untersucht einen Bombenanschlag auf 007.

B., JACKO (Deckname)
Als James Bond im Roman ↗*Nichts geht mehr, Mr. Bond* in Dublin Kontakt zu einem alten Kollegen namens ↗Norman Murray aufnimmt, nennt er sich am Telefon Jacko B., sein zweiter Deckname in kurzer Zeit, nachdem er bereits als ↗Mr. Boldman zusammen mit ↗Heather Dare in einem Hotel untergetaucht ist. Jacko ist seit Jahren 007s Deckname in Irland, der auch als »Renommiername« bezeichnet wird.

B-JH 375 (Kennzeichen)
↗»M«, James Bond und ↗Karl sind in ↗*Octopussy* (1983) in Berlin mit einem Wagen unterwegs, der das Kennzeichen B-JH 375 hat.

BKD (Klub)
↗Bond Klub Deutschland

BKD NEWS
↗Bond Klub Deutschland

BLAAZER, LOUIS (Darsteller)
Im ersten 007-Film ↗*James Bond 007 jagt Dr. No* (1962) stellte Louis Blaazer den pfeiferauchenden ↗Pleydell-Smith dar.

BLABBERMOUTH FOLEY (Romanfigur)
Blabbermouth Foley aus dem Roman ↗*Leben und sterben lassen* erhält von ↗Mr. Big den Auftrag, ↗Felix Leiter eine Lektion zu erteilen. Leiter und Blabbermouth unterhalten sich aber über die Feinheiten des Jazz und werden »Freunde«. So gerät Blabbermouth in einen Zwiespalt und will »sanft« mit Leiter umgehen. Er schlägt ihn mit einem Totschläger nieder und lässt ihn dann vor dem Bellevue Hospital liegen. Felix Leiter beschreibt Bond den Mann als Träger eines »komischen Pistölchens«. Zu den Romanfiguren, die in ↗*Leben und sterben lassen* für Mr. Big arbeiten und von ↗The Whisper instruiert werden, gehören neben Blabbermouth Foley auch ↗Tee-Hee Johnson, ↗McThing, ↗Sam Miami und ↗The Flannel. James tötet McThing, Tee-Hee Johnson und Sam Miami, als er aus einer Falle flieht, die ihm in New York gestellt worden ist.

BLACKBEARDS-SCHATZ
Um die Spuren zu verwischen, behaupten viele Schergen von ↗Mr. Big, die von ihnen verkauften Münzen stammen aus dem so genannten »Blackbeards-Schatz«, von dem Teile an einem Ort namens ↗Plum Point im Jahre 1928 gefunden worden seien. Bond widerlegt die Angaben, indem er Big auf frischer Tat ertappt.

BLACK & BLACK
Unter Kontrolle von ↗Lee Fu-Chu soll James Bond im Roman ↗*Fahr zur Hölle, Mr. Bond!* einen Scheck besorgen, der auf die fiktive Firma »Black & Black« ausgestellt werden soll.

BLACK, DAVID (Romanfigur)
Siehe Inhaltsangabe ↗*High Time To Kill*

BLACK, DON (Textschreiber)
Wenn Don Black zur Feder greift, entstehen Texte, die später millionenfach auf Platten oder CDs in der ganzen Welt erscheinen und zu hohen Summen gehandelt werden. Black schrieb unter anderem die Liedtexte für die Titelmelodien der James-Bond-Filme ↗*Feuerball* (1965), ↗*Diamantenfieber* (1971) und ↗*Der Mann mit dem goldenen Colt* (1974). Es war meist John Barry, der komponierte, dirigierte und arrangierte. Don Black wurde 1939 in London geboren und wuchs in ärmlichen Verhältnissen auf. Nach der Schule arbeitete er

bei der Musikzeitung *New Musical Express*. Die Arbeit in der Marketing-Abteilung war zwar lehrreich, doch langweilte sie den schaffensfrohen Black, sodass er versuchte, sich als Komiker einen Namen zu machen. Mit dem Programm *Ein lebender Witz* trat er zwei Jahre auf, entdeckte aber dann einen weiteren Bereich, der ihm lag: das Texteschreiben.

Seine Liedertexte schickte er an bekannte Musiker und Bands, so auch an ↗Matt Monro, der aber keines der Angebote wahrnahm. Als Monro 1964 ein österreichisches Lied hörte, dessen Melodie ihm sehr gefiel, erinnerte er sich an Black und bat diesen, einen Text dafür zu schreiben. Das Lied landete auf dem zweiten Platz der englischen Charts.

John Barry beauftragte Black, den Titelsong für den Film *Feuerball* zu texten. Nachdem das Lied ein Erfolg wurde (Platz 35 in England und Platz 19 in Amerika), hatte Black genug verdient, um sich mit einer Agentur selbstständig machen zu können. Als Geschäftsführer von »NEMS Enterprises« sicherte er sich ein festes Einkommen. Er schrieb den Text zu dem Lied *Frei Geboren* zum gleichnamigen Film, das 1966 als bestes Lied einen Oscar gewann. Black schrieb auch für die Sängerin ↗Lulu, die später ↗*The Man With The Golden Gun* singen sollte.

BLACKIE (Romanfigur)
↗Blackstone

BLACKING, ALFRED (Romanfigur/Filmcharakter)
Den Golftrainer Alfred Blacking trifft James Bond im Roman ↗*Goldfinger*. 007 duzt den Mann und wird selbst ↗Mr. James genannt. Blacking plant ein Match mit ↗Goldfinger: Nach kurzen Verhandlungen wird Bond selbst zum Gegenspieler von Auric Goldfinger und gewinnt. Die Figur geht angeblich auf den Golfprofi ↗Albert Whiting und ↗Flemings langjährigen Golfpartner ↗John Blackwell zurück. Im Film ↗*Goldfinger* (1964) übernahm ↗Victor Brooks die Rolle.

BLACKJACK (Spiel)
James Bond kennt das Spiel Blackjack im Roman ↗*Diamantenfieber* unter dem Namen ↗17 und 4. Er hat es schon als kleiner Junge gespielt und war davon fasziniert. Im Roman soll 007 an einem Blackjack-Tisch im ↗Hotel Tiara die Bezahlung für einen Diamantenschmuggel bekommen. Im Film kommt Blackjack erst in ↗*Lizenz zum Töten* (1989) vor. Das Spiel, bei dem der Spieler mit Karten Punkte sammeln soll, die sich dem Wert von 21 nähern, ist eines der beliebtesten Glücksspiele Amerikas. Geht der Wert über 21 Punkte hinaus, hat man verloren.

BLACKMAN, HONOR (Darstellerin)
Die am 12. Dezember 1927 in London, England, geborene Honor Blackman verkörperte in ↗*Goldfinger* (1964) ↗Pussy Galore. Der Rollenname steht in der Liste der ↗Fleming'schen Namen auf Platz eins. Als Blackman Schauspielerin werden wollte, rieten ihr Freunde und Kollegen dringend dazu, ihren Cockney-Akzent abzulegen. Sie arbeitete hart an ihrer Aussprache – mit Erfolg. Bald darauf wurde sie für ihr erstes Theaterstück verpflichtet. Bei Proben zu Theaterstücken stellte sie einen Kontakt zur Rank-Organisation her. Als sie viele Jahre lang nur Rollenangebote bekam, die ihr nicht zusagten, kehrte sie der Schauspielerei für sechs Jahre den Rücken. Allerdings musste sich Honor Blackman von einem Psychiater behandeln lassen, um ihre depressiven Phasen zu überstehen. Für eine Rolle in der TV-Serie *The Avengers (Mit Schirm, Charme und Melone)* musste die Darstellerin über Kenntnisse im Kampfsport verfügen und so lernte Blackman kurzerhand Judo. Als Cathy Gale erlangte sie weltweite Berühmtheit. Ihre extravagante Garderobe blieb in Erinnerung. Blackman stellte im Film nun genau das Gegenteil der

Frau da, die sie selbst war. Im Fernsehen sah man sie als psychisch starke, sexuell aktive, zufriedene und selbstbewusste Frau. Ihre erste Ehe scheiterte, und sie stand mit den Adoptivkindern Barnaby und Lotti allein da.

↗Albert R. Broccoli und ↗Harry Saltzman hielten Blackman für den Frauentyp, den sie verkörperte und boten ihr die Rolle der Pussy Galore an. Auf Grund ihrer Judokenntnisse und der Erwartungen der Fans von *The Avengers* schrieb man eine Kampfszene zwischen Blackman und ↗ Sean Connery ins Drehbuch. Falls die Darstellerin die Rolle wegen des seltsamen Namens nicht annehmen könnte, würde man Pussy Galore in Kitty Galore umbenennen. Blackman freute sich kindlich über den Namen und er wurde beibehalten. Am 8. Januar 1964 unterschrieb Blackman ihren Pussy-Galore-Vertrag. Bei den Dreharbeiten traten kleine Probleme auf: »Ich war entsetzt, dass Mr. Fröbe kein Wort Englisch sprach«, wunderte sie sich bei einem Interview 1965. Bei den Aufnahmen der Dialoge machte sie einfach Pausen, wenn Fröbe sprach, und setzte mit ihrem Text ein, ohne zu wissen, was er gesagt hatte. Nach dem großen Erfolg von *Goldfinger* waren Blackmans private Probleme wie weggeblasen. Sie bekam einen Fünf-Jahres-Vertrag von ↗EON Productions, spielte weiterhin Theater und war in Fernsehproduktionen zu sehen. Verheiratet ist sie mit dem Kunstexperten Maurice Kaufmann. Honor Blackman schrieb ein Buch über Selbstverteidigung und lebt heute in London.

BLACK ROOK (Codename)

Im Roman ↗*Der Morgen stirbt nie* wird auch in der deutschen Übersetzung des Buches mit den englischen Codenamen ↗White Knight und Black Rook gearbeitet. Der Film dagegen benennt diese Schachfiguren mit der deutschen Bezeichnung. White Knight ist im Roman zum Film der Codename von James Bond. ↗Bill Tanner bzw. der ↗MI6 sind Black Rook. *Der Morgen stirbt nie* (1997) ist nach dem Film ↗*Liebesgrüße aus Moskau* (1963) und dem Buch ↗*GoldenEye* die dritte Mission Bonds, die mit Schach zu tun hat.

BLACKSTONE (Romanfigur)

Ein Bootsmann, der im Werk ↗*Sieg oder stirb, Mr. Bond* in die Hände von Erpressern gerät, hat den Spitznamen »Blackie«. Er wird mit einer »Spiegel-Kamera« dabei gefilmt, wie er sich mit einer Prostituierten vergnügt, und anschließend mit den Aufnahmen als Druckmittel gezwungen, das Ersatzteil einer Turbine an Bord des ↗Schiffes Invincible zu schmuggeln, das später explodieren soll. Der richtige Name des Mannes lautet Blackstone. Blackie versucht, seinen Hals aus der Schlinge zu ziehen, doch als das dubiose Ersatzteil explodiert, kommt die von ↗John Gardner erfundene Figur ums Leben: »Es gab eine Menge Rauch und dann eine Explosion, die Blackstone von den Beinen riss, ihn gegen die Metallwand schleuderte und dabei Teile aus seinem Körper fetzte.«

BLACK SUN (Filmtitel)

↗*Beyond The Ice*

BLACK VELVET (Getränk)

↗Christopher Lee war während der Dreharbeiten zu ↗*Der Mann mit dem goldenen Colt* (1974) darüber erstaunt, dass alle Requisiten echt waren. So trank er in einer Szene tatsächlich Black Velvet.

BLACKWELL (Romanfigur)

Im Buch ↗*Goldfinger* denkt 007 an einen Auftrag, bei dem ein Mann namens Blackwell eine Rolle spielte. Blackwell hatte eine heroinsüchtige Schwester in England, der er helfen wollte. Er erkannte die Möglichkeiten, mit Heroin Profit zu machen und wurde Dealer. James Bond kam Blackwell auf die Schliche und zerstörte dessen Drogenimperium mit einer Bombe.

BLACKWELL, BLANCE

↗Ian Fleming war schon lange verheiratet, als er sich auf Jamaika eine Geliebte suchte. In seinem Roman ↗*Goldfinger* schuf er eine Figur »Blackwell«, als Erinnerung an seine Geliebte Blance Blackwell.

BLACKWELL, CHRIS

Chris Blackwell ist der heutige Besitzer des Anwesens ↗Goldeneye – einstiger Ferienwohnsitz von ↗Ian Fleming. Drehortmanager Blackwell tanzte während der Aufnahmen zu ↗*James Bond 007 jagt Dr. No* (1962) in ↗Puss-Fallers Nightclub. Seine Mutter Blance war mit Ian Fleming befreundet. Blackwell machte Jahre später die Plattenfirma Island Records auf, bei der Größen wie Bob Marley und U2 ihre ersten Erfolge feierten. 1977 entdeckte er auch ↗Grace Jones für seine Firma.

BLACK-WIDOW-VOODOO-KULT

↗Mr. Big wird im Roman ↗*Leben und sterben lassen* von ↗»M« als Kopf des »Black-Widow-Voodoo-Kultes« beschrieben. Er gilt bei den Anhängern dieses Kults als ↗Fürst Samedi.

BLADES CLUB

Im Roman ↗*Mondblitz* wird James Bond von ↗»M« beauftragt, den Multimillionär ↗Sir Hugo Drax im Blades Club beim Falschspielen zu überführen. Das Gründungsdatum des Clubs steht nicht genau fest. ↗Fleming nennt die zweite Hälfte des achtzehnten Jahrhunderts, als viele Kaffeehäuser und Spielklubs eröffnet wurden. Neben dem Whites (1774), dem Brooks (1774), dem Almacks (1764) eröffnete auch das Savoir Vivre (1774), aus dem später der Blades Club hervorging. Der Bond-Autor beschreibt Blades als sehr erfolgreich und zitiert den Herzog von Württemberg, der an seinen Bruder geschrieben haben soll: »Das ist wirklich das Ass aller Klubs! Hier wird in einem Raum an vier oder fünf Tischen gleichzeitig Quinze gespielt, dazu Whist und Pikett, später auch Hazard. Die Einsätze sind hoch. Zwei Schubladen voll Geld, von denen jede 4000 Guineen enthielt, genügten kaum für den Spielumsatz einer Nacht.« Blades ist bis heute einer der exklusiven Klubs mit strengen Regeln: Ein Mitglied muss mindestens 500 Pfund pro Jahr im Spiel umsetzen, bei Nichteinhalten dieser von einem Komitee beschlossenen Regel fallen 250 Pfund Strafe an.

Im Roman ↗*007 James Bond und der Mann mit dem goldenen Colt* nimmt »M« sein Mittagessen (eine »Doverscholle«*, danach einen Löffel Stiltonkäse**) im Blades Club ein. ↗Porterfield und die Oberkellnerin ↗Lily unterhalten sich über »M«, da dieser nach dem Mordanschlag durch 007 etwas mitgenommen aussieht. Die Speisen und Getränke sind die besten, die London zu bieten hat. Da keine Rechnungen ausgegeben werden, werden die Essenskosten wöchentlich proportional von Überschüssen der Spielgewinner abgezogen. Gelegentliche Gäste haben auch Beiträge zu leisten.

↗John Gardner griff Flemings Erfindung wieder auf, widersprach aber teilweise Flemings Angaben: Gardner beschreibt den exklusiven Club »Blades« in seinem Roman ↗*Nichts geht mehr, Mr. Bond* dennoch ausführlich: »Blades ist (...) ein Ableger des Savoir Vivre, das kurz nach seiner Gründung 1774 geschlossen wurde. Sein Nachfolger Blades wurde 1776 im gleichen Gebäude eröffnet und ist einer der wenigen Herrenklubs, die bis heute florieren und ihren hohen Standard beibehalten haben.« Gardner informiert darüber, dass der Club seine Einnahmen ausschließlich aus den hohen Einsätzen an den Spieltischen bezieht. Das Essen ist hervorragend. »Zu den Mitgliedern gehören einige der mächtigsten Männer im Land, die listigerweise wohlhabende Geschäftsfreunde, die gerade auf Besuch hier sind, (...) dazu überreden, die Einrichtungen des Clubs als Gäste zu nutzen.« Bond trifft ↗Brevett im »Blades«.

Im Film ↗ *Stirb an einem anderen Tag* (2002) spielt der Blades Club ebenfalls eine wichtige Rolle. James Bond begegnet hier erstmals seinem Gegner ↗ Gustav Graves. Beide fechten gegeneinander, wobei die Einrichtung des Clubs beschädigt wird. ↗ Miranda Frost unterbricht den Kampf, nachdem Graves verloren hat und in einen Brunnen gefallen ist. Die Idee, den Club als Fechtklub einzuführen, kam den Drehbuchautoren, indem sie den Clubnamen wörtlich nahmen. Im Roman ↗ *Stirb an einem anderen Tag* heißt es, 007 treffe Graves in einem vornehmen Club in der Nähe von St. James's (im englischen Original: »St. James's Street«). Bei dem Club soll es sich um den Blades Club handeln, der schon in vielen Romanen erwähnt wurde. Im »Reform Club« in London wurden die Blades-Club-Szenen für ↗ *Stirb an einem anderen Tag* (2002) gedreht. 007 ficht hier mit Gustavs Graves einen traditionellen Schwertkampf.

↗ Zwillingsschlangenklub

*) Doverseezunge. **) Stilton ist ein Käse aus Kuhmilch (48 bis 53 Prozent Fett in der Trockenmasse, mit Sahne angereichert. Typ: Blauschimmel, Naturkäse rund, Durchmesser 20 – 30 Zentimeter, 25 Zentimeter oder 40 Zentimeter hoch. Gewicht: 2 bis 4,5 Kilogramm). Die Reifung dauert sechs bis zwölf Monate bei hoher Luftfeuchtigkeit. Der Käse ist seit den zwanziger Jahren des 18 Jahrhunderts bekannt. Er ist saftig und bröckelig. Die Ursprungsregion ist Leicestershire. Es handelt sich um den einzigen gesetzlich geschützten britischen Käse.*

BLAKE, TERESA (Darstellerin)
Eine Rolle, um die viel Wirbel gemacht wurde: Teresa Blake verkörperte in ↗ *Lizenz zum Töten* (1989) eine Reisekauffrau, von der 007 erfährt, dass der Killer ↗ Sanchez entkommen ist. Blake wurde als »neues Bond-Girl der Spitzenklasse« gehandelt, später stellte sich heraus, dass ihr Auftritt nur wenige Sekunden dauert.

BLANC DE BLANCS (Getränk)
↗ Seezunge

BLANC DE BLANC 1943 (Getränk)
James Bond, der im Roman ↗ *Casino Royale* einen ↗ Taittinger '45 bestellt, wird von ↗ George dazu überredet, doch lieber auf einen Blanc de Blanc 1943 zurückzugreifen. Das Getränk ist nach Angaben des Kellners unvergleichlich. 007 willigt ein.

BLANCHAUD, MARTINE (Romanfigur)
Die rothaarige Martine Blanchaud kommt im Buch ↗ *James Bond und sein größter Fall* vor. 007 hat die mit Fracas bestäubte Frau in einem Kasino kennen gelernt und bereut seine Entdeckung schon kurz darauf. Nach eigenen Angaben lebt Blanchaud nach einer unglücklichen Ehe bei Freunden in Lyon. Blanchaud will 007 mit Hilfe von ↗ Sergei Borzov und anderen ↗ SMERSH-Männern töten und später für üble Schlagzeilen sorgen. Bond hat aber andere Pläne, und die überlebt die hinterlistige Frau nicht.

BLANCHE (Schiff)
Ein Tanker im Buch ↗ *James Bond 007 jagt Dr. No* trägt den Namen »Blanche«. 007 sieht das Schiff aus Antwerpen, das am Hafen von ↗ Crab Key festgemacht hat. Da ↗ Guano verladen wird, hat sich die Mannschaft vor dem Staub in Sicherheit gebracht. Bond hat freie Bahn, um mit ↗ Dr. No abzurechnen.

BLASCO, ROBERT (Fahr-Stuntman)
Zum Fahr-Stuntteam bei den Dreharbeiten von ↗ *Im Angesicht des Todes* (1985) gehörten ↗ Dominique und Michel Julienne, ↗ Christian und Jean-Claude Bonnichon, ↗ Jean-Claude Lagniez, ↗ Jean-Claude Houbart und Robert Blasco.

BLASETTI, MARA (Produktionsmanager)
Für das Projekt ↗ *In tödlicher Mission* (1981) gab es drei Produktionsmanager, Mara Blasetti war eine von ihnen. Sie arbeitete mit ↗ Phil Koehler und ↗ Aspa Lambrou zusammen. Die Aufsicht bei der Produktion hatte ↗ Bob Simmons.

BLASROHR (Waffe)

Es ist eine recht veraltete, aber wirksame Methode, seine Feinde mit einem Blasrohr zu attackieren. Im 1983 gedrehten Remake von ↗ *Feuerball* (1965) – ↗ *Sag niemals nie* (1983) hat James Bond zu Beginn des Films bereits Erfolge zu verbuchen, als er zu Übungszwecken in ein »feindliches« Lager eindringt. Eine Wache spürt nur einen Stich im Genick, da ist sie auch schon betäubt. ↗ John Gardner, Autor von sechzehn James-Bond-Romanen, griff bei seinem vierten Buch ↗ *Die Ehre des Mr. Bond* ebenfalls auf diese Idee zurück. Hier ist es jedoch ein Killer von ↗ SPECTRE, der per Blasrohr 007 und ↗ Percy Proud töten will. Das Rohr ist 15 Zentimeter lang und aus Elfenbein gefertigt. Es beinhaltet einen tödlichen Wachspfeil mit Nikotinfüllung. Percy ahnt die Gefahr, und Bond handelt: Er erschießt den Attentäter.

BLAU (Code)

Die verschlüsselte Sprache der Geheimdienste birgt viele Insider-Informationen. Im Roman ↗ *Scorpius* erfährt 007 von ↗ »Oddball«, dass in einem Versteck des ↗ MI6 etwas vorgefallen ist und dass »Blau« bereits auf dem Weg sei. James Bond weiß: »Blau« ist der Code für die Polizei oder den ↗ Branch. Beim Spiel ↗ Domination in ↗ *Sag niemals nie* (1983) hat James Bond die Farbe Rot, ↗ Largo Blau.

BLAUE LAMPE

Im Roman ↗ *Casino Royale* ist es noch eine blaue Lampe, die über ↗ »Ms« Bürotür aufleuchtet, wenn er nicht gestört werden will. Er schaltet das Licht ein, nachdem er die Unterlagen der ↗ Abteilung S bekommen hat, die sich mit ↗ Le Chiffre beschäftigen.

BLAUE LINIE

Die »Blaue Linie« ist eine sehr wichtige Nachrichtenverbindung, die die Briten in China haben. Sie wird im Roman ↗ *Du lebst nur zweimal* beschrieben. James Bond bietet ↗ Tiger Tanaka die »Blaue Linie« an – als Gegenleistung will er das Gerät ↗ »Magic 44« für sein Land nutzen können. Im Verlaufe des Gespräches erfährt 007, dass die »Blaue Linie« schon längst von den Japanern unterwandert wurde und als ↗ »Gelbe Linie« genutzt wird.

BLAUER ANRUF

In regelmäßigen Abständen bekommt ↗ John Strangways im Roman ↗ *James Bond 007 jagt Dr. No* Anrufe der ↗ »Abteilung III«. Wenn er beim ersten Mal nicht antwortet, folgt ein zweiter Anruf – der »blaue Anruf«. Ein »blauer Anruf« ist eine Blamage, wenn der Agent keine schriftliche Begründung einreicht, warum er die Kontaktaufnahme versäumt hat.

BLAUER HASE (fiktiver Ort)

In ↗ *Operation Eisbrecher* ist »Blauer Hase« ein Waffenlager. Hier wird ein Diebstahl stattfinden, den sich der Geheimagent Bond mit seinen nicht ganz lupenreinen Kollegen ↗ Kolja Mosolow und ↗ Brad Tirpitz ansehen soll.

BLAUFELDER (Romanfigur)

↗ Kündigung

BLAUSÄURE (Gift)

Bonds Misstrauen im Roman ↗ *James Bond 007 jagt Dr. No* rettet ihm das Leben. 007 sollte mit Blausäure vergiftete Früchte essen. Die tödliche »Füllung« hätte ein Pferd umbringen können.

BLAUSÄUREPILLE

Die Blausäurepille, die die ↗ Abteilung Q im Roman ↗ *Liebesgrüße aus Moskau* in den Koffer des Geheimagenten eingebaut hat, wird von 007 gleich nach Erhalt des Gepäckstücks in der Toilette heruntergespült.

BLAYDEN (Ort)

»Sichere Häuser« – hierzu gehört auch das in ↗ *Der Hauch des Todes* (1987) gezeigte

Haus in Blayden. James Bond soll an einem Treffen von ↗»M«, ↗Frederick Gray und ↗Georgi Koskov teilnehmen. Mit Sensoren werden alle Waffen geortet und müssen vor dem Betreten von Blayden abgegeben werden. Der Killer ↗Necros verschafft sich Zugang zum Haus und greift das Personal mit explosive Milchflaschen an. Er hinterlässt ein Chaos und entführt Koskov. Der Name Blayden stammt aus der englischen Version. ↗Moneypenny spricht in der deutschen Übersetzung von Blayden-Castle.

BLEAUCHAMP (Filmcharakter)
↗Graf de Bleauchamp

BLEIB LEBEN!
Im Roman ↗*Goldfinger* plant James Bond, eine Arbeit für das Secret-Service-Dienstbuch zu schreiben. Das Handbuch soll *Bleib leben!* heißen und von Geheimdienstmethoden ohne Waffen handeln. 007 will das Beste zusammenfassen, was innerhalb aller Geheimdienste jemals zu diesem Thema erschienen ist. Die Quellen stammen aus Beutestücken von feindlichen Agenten und auch von Schwesterorganisationen wie z. B. der amerikanischen ↗OSS, der ↗CIA und dem ↗Deuxième Bureaux. Er einbeziehen will James Bond das Werk »Verteidigung«, das ursprünglich für die ↗SMERSH-Agenten vorgesehen war.

BLEISTIFT (Waffe)
Goldfinger ist in ↗*Goldfinger* (1964) so wütend auf James Bond, dass er einen Bleistift zerbricht, mit dem er sich zuvor die Punkte beim Kartenspiel notiert hat. Einen Bleistift mit Sonderfunktionen benutzt 007 im Roman ↗*James Bond und sein größter Fall*. Nach zweimaligem Drücken auf den Clip des silbernen Stiftes verwandelt er sich in eine Taschenlampe. Bond will in ↗*Leben und sterben lassen* (1973) von ↗Tee Hee wissen, wie er die Krokodile ausschalten kann. Tee Hee meint ironisch, er solle ihnen einen Bleistift in die Augen rammen, oder dem Tier die Hand ins Maul stecken und die Zähne rausreißen. ↗Holly Goodhead ist im Roman ↗*Moonraker Streng geheim* mit zahlreichen Waffen ausgestattet, die James Bond in ihrem Zimmer ausprobiert. Ein in einem Notizbuch steckender Bleistift mit Zyankalispitze wird auf Knopfdruck abgeschossen und landet im Polster eines Sessels. Im Film ↗*Moonraker – streng geheim* (1979) existiert das tödliche Notizbuch auch, aber man kann nicht erkennen, dass es ein Bleistift ist, der herausgeschossen kommt.

BLENDGRANATEN L2A2 (Waffe)
Mit Blendgranaten der Marke L2A2 hat es James Bond im Roman ↗*Operation Eisbrecher* zu tun. Sie gehören zu seiner Ausrüstung, die er zusammen mit Kleidungsstücken und Waffen in einem Rucksack bei sich hat. James Bond setzt in ↗*Sag niemals nie* (1983) eine Blendgranate ein, um in die Villa einzudringen, in der eine entführte Millionärstochter gefangen gehalten wird.

BLEUCHAMP-INSTITUT FÜR ALLERGIEFORSCHUNG (fiktives Institut))
Seine dunklen Machenschaften verbirgt ↗Blofeld in ↗*Im Geheimdienst Ihrer Majestät* (1969) hinter einer legalen Geschäftsfassade. Er hat auf dem ↗Piz Gloria das »Bleuchamp-Institut für Allergieforschung« eingerichtet und behauptet, Mädchen kostenlos von Allergien zu heilen. In Wirklichkeit bildet er sie dort zu Todesengeln aus, die seine Viren über die Welt verbreiten sollen.

EIN BLICK VON DIR (Lied)
↗*Casino Royale* (Soundtrack)

BLINDE BETTLER (Romanfiguren)
Im Roman ↗*James Bond 007 jagt Dr. No* waren es noch »Blinde Bettler« oder auch »Blinde Neger«, die den Mord an ↗John

Strangways begehen, später im Film von 1962 hießen die drei farbigen »The three blind Mice«. Es sind Chigroes – eine Mischung aus Chinesen und Schwarzen. Sie sind alle sehr groß, gehen aber gebeugt und tragen Stöcke bei sich, mit denen sie die Straße abtasten, um Blindheit vorzutäuschen.

BLINDE WUT (Zeichentrickfilm)
⟶ *James Bond Jr.*

BLINKER
⟶ Täuschungsmanöver

BLISS, CAROLINE (Darstellerin)
Caroline Bliss wurde im Juli 1961 in England geboren. Ihr Großvater Sir Arthur Bliss war Musiker am englischen Königshof. Sie studierte Tanz und Theaterwissenschaften. Nach ihrer Ausbildung an der Bristol Old Vic School bekam sie die Rolle der Lady Diana Spencer in *Charles And Diana, A Royal Love Story* angeboten. Es handelte sich um eine ABC-Produktion, die sehr erfolgreich war. Die junge Darstellerin hatte sich so in Kürze einen Namen gemacht. Ein Stöhnen ging durch die Welt der Bond-Fans, als in ⟶ *Der Hauch des Todes* (1987) die Darstellerin Caroline Bliss als ⟶ Miss Moneypenny in die Stöckelschuhstapfen von ⟶ Lois Maxwell trat. Bliss, so viel stand schon vor dem Kinostart von ⟶ *Der Hauch des Todes* fest, sollte auf jeden Fall in weiteren James-Bond-Filmen zu sehen sein. Sie bekam die Rolle mit einem Kurzauftritt in ⟶ *Lizenz zum Töten* (1989) zurück.

Der Umschwung, den ⟶ Pierce Brosnans Einstand als 007 mit sich brachte, bedeutete das Aus für Caroline Bliss. In ⟶ *GoldenEye* (1995) sollte eine Schauspielerin mit mehr Charisma als ⟶ »Ms« Vorzimmerdame an den Schreibtisch: ⟶ Samantha Bond.

BLISS, JOHN (Filmcharakter)
In Drehbuchentwürfen von ⟶ *Casino Royale* (2006) tritt eine Figur namens John Bliss auf, die von 007 in einem Zug ausgeschaltet wird. Unweigerlich muss man an die Darsteller ⟶ John Terry und ⟶ Caroline Bliss denken, die beide ihren ersten Einsatz in ⟶ *Der Hauch des Todes* (1987) hatten. Bliss soll auf dem Weg nach Montenegro gewesen sein, und ähnlich wie Bond es schon in ⟶ *Diamantenfieber* (1971) mit Peter Franks getan hat, schlüpft er in die Rolle der beseitigten Person.

BLITZ (Codewort)
James Bond liest im Buch ⟶ *Du lebst nur zweimal* einen durch ⟶ »Magic 44« entschlüsselten Text, der davon handelt, wie England durch Atomwaffen zu zerstören sei. Das im Text enthaltene Codewort »BLITZ« soll die betreffenden Stellen sofort alarmieren und dazu veranlassen, den Stab zu evakuieren und die Archive zu vernichten. Das Codewort soll über den Kanal 44 persönlich an die betreffende Stelle übermittelt werden.

BLITZER (Waffe)
Ob auch »Blitzer« vorhanden wären, will der Agent Bond im Roman ⟶ *Sieg oder stirb, Mr. Bond* von ⟶ Carter wissen. Er meint damit Schockgranaten. Carter bejaht das. Als James Bond die Attacke auf die Terroristen auf der ⟶ *Invincible* vorbereitet, erkundigt er sich auch nach der Ausrüstung, die ihm und seinem Team zur Verfügung steht. 007 und seine Männer haben die Möglichkeit, auf viele unterschiedliche Waffen zurückzugreifen: ⟶ 5 KS, ⟶ MP5S, ⟶ Uzis, ⟶ K-Bar-Messer für die ⟶ US Marines und die üblichen ⟶ Sykes-Fairbairn für SBS.

BLITZ ILLU (Illustrierte)
Den Kinobesuchern entlockte das Product-Placement im Film ⟶ *Der Morgen stirbt nie* (1997) nur ein müdes Schmunzeln. In einem Safe von ⟶ Carver befindet sich neben dem Dechiffriercomputer und Drogen auch eine *Blitz-Illu*.

BLITZLICHT
Per Fernsteuerung reguliert ↗Brad Whitaker in ↗*Der Hauch des Todes* (1987) ein an der Decke des Raumes angebrachtes Blitzlicht, das bei seinem »Kriegsspiel« die Lichtblitze bei Explosionen darstellen soll.

BLIZZARD (Operation)
↗*Cold*

BLOCH, NIGEL (Computerfigur)
Nigel Bloch ist ein Handlanger von ↗Adrian Malprave im Computerspiel ↗*Agent im Kreuzfeuer*.

BLOCKFLÖTE
↗Flöte

BLOFELD, ERNST GEORGE (Romanfigur)
↗Ernst Stavro Blofeld

BLOFELD, ERNST STAVRO (Romanfigur)
Seinen ersten Auftritt hat Ernst Stavro Blofeld im Roman ↗*Feuerball*, wo er als »Nummer 2« der Kopf der Verbrecherorganisation ↗SPECTRE ist. Blofeld, der durch seinen Mann ↗Emilio Largo einen Erpressungsversuch mit gestohlenen Atombomben durchführt, soll am 28. Mai 1908 in Gdyniya (Gdingen) als Sohn eines polnischen Vaters und einer griechischen Mutter geboren worden sein. Er studierte in Warschau Maschinenbau und Elektrophysik. Seinen ersten Job hatte er bei einer Post- und Telegrafengesellschaft, denn »im Krieg und im Frieden« ist es wichtg, »die Wahrheit früher als die anderen gekannt zu haben«. Er handelte an der Warschauer Börse. Vor dem Krieg kopierte er die chiffrierten Nachrichten und verkaufte sie an den Feind. Aus Namen, die er ausfindig machen konnte, baute er sich ein Netz fiktiver Agenten auf und nannte seine Organisation zunächst ↗TATAR. Über diese Spionagetätigkeit wurde Blofeld vermögend. Er sparte 200.000 Dollar an, die er in Shell-Aktien anlegte und schließlich nach Zürich in ein Tresorfach brachte. Blofeld behauptete, seine Tarnung sei in Gefahr, und gab die Spionagetätigkeit auf. Um alle Spuren zu verwischen, schnitt er die Seite mit seinen Daten aus dem Register des Standesamtes. Mit einem falschen Pass reiste er nach Schweden und von dort mit einem weiteren Pass als polnischer Staatsbürger in die Türkei.

Nachdem er eine Aufenthaltsgenehmigung und einen Arbeitsplatz bei Radio Ankara bekommen hatte, rief er eine neue Organisation ins Leben: ↗RAHIR. Blofeld verkaufte Informationen an die Kriegspartei, die schon als Sieger festzustehen schien, und hatte nach dem Krieg nicht nur Orden und Abzeichen aus England, Amerika und Frankreich, sondern auch 500.000 Dollar angesammelt. Unter seinem Geburtsnamen gründete Blofeld, der gerne Veilchenpastillen lutscht, ↗SPECTRE und arbeitete hier erstmals als Vorgesetzter von mehreren Verbrechern und Killern. Das ungealterte, gesund wirkende Gesicht strahlt in Verbindung mit dem Doppelkinn Entschlusskraft und Selbstständigkeit aus. ↗Ian Fleming schreibt, Blofeld sei eines falschen, hässlichen Lächelns fähig, »voll Verachtung, Willkür und Grausamkeit«. Der 130 Kilo schwere Nichtraucher und Antialkoholiker, über dessen sexuelle Aktivität nichts bekannt ist (diese Angaben tauchen auch bei der Filmfigur ↗Vargas auf), überlässt es in ↗*Feuerball* Emilio Largo, sich mit James Bond herumzuschlagen. Er erläutert lediglich den Sinn und Zweck der ↗Operation Omega sowie die Vorgehensweise dabei.

Fleming erlaubte sich beim Lebenslauf Blofelds einen Scherz und gab der Figur sein eigenes Geburtsdatum (28. Mai 1908). Im Buch ↗*007 James Bond im Dienst Ihrer Majestät* versucht Blofeld, sich den Adelstitel »Comte Balthasar de Bleuville« durch das ↗Amt für Heraldik in London bestätigen zu lassen. 007 nimmt die Spur auf. Blofelds Geschichte klingt plausibel. Er habe im Kindesalter von seinen Eltern erfahren, dass sie zur Zeit der Revolution in Frankreich nach Deutschland geflohen seien und sich in Augsburg niedergelassen hätten. Um 1850 sei die Familie dann nach Polen ausgewandert. Als Urkunden verlangt werden, lässt Blofeld über die Anwälte ↗ Hans Müller und ↗ Dr. Gumpold-Moosbrugger mitteilen, die Geburtsurkunde sei verloren gegangen, und man solle sich nicht um Nachforschungen in diese Richtung bemühen.

Blofeld residiert im ↗ Gloria-Klub, und es scheint nach außen, als forsche er an Mitteln gegen Allergien. Der Tarnname seiner Labors lautet ↗ »Institut für physiologische Forschung«. Als 007 seinem Feind gegenübersteht, ist er über dessen Äußeres überrascht: »Der Graf war groß, zugegeben, und seine Hände und nackten Füße waren lang und schmal. (...) Er hatte langes, fast dandyhaft gepflegtes silberweißes Haar. Die Ohren, die anliegen sollten, standen leicht ab, und er hatte keine Ohrläppchen.« Bond ist sich nicht sicher, ob es sich um Blofeld handelt. Er schätzt ihn auf ca. 75 Kilo Gewicht. Der volle Mund des Mannes scheint Freundlichkeit auszustrahlen, erstarrt aber in seinem Lächeln.

Mit einer hohen und faltigen Stirn gleicht das Gesicht nicht dem, das Bond aus den Akten kennt. Die kurze fleischige Nase ist einer Adlernase gewichen, deren »rechter Flügel allerdings durch eine tertiäre Syphilis zerfressen war.« Mit Tiefenhypnose macht sich Blofeld die Patientinnen im Gloria-Klub gefügig, zu ihnen gehört auch ↗ Ruby Windsor. Bond alias ↗ Hilary Bray will an mehr Informationen gelangen und fragt seinen Gegner über dessen Herkunft aus. Die Namen von Blofelds Eltern fallen: Ernst Georg Blofeld und ↗ Maria Stavro Michelopoulos. Die Großeltern hießen ↗ Ernst Stefan Blofeld und ↗ Elisabeth Lubomirskaja. ↗ Teresa di Vicenzo wird am Ende des Romans ↗ 007 *James Bond im Dienst Ihrer Majestät* aus einem ↗ Maserati heraus erschossen. Das Gesicht des Mörders wird als mit einem »verkrampften, gehässigen Mund unter einer syphilitischen Nase« beschrieben. Ernst Stavro Blofeld ist also im Buch der Mörder von Bonds Ehefrau und nicht wie im Film ↗ *Im Geheimdienst Ihrer Majestät* (1969) ↗ Irma Bunt.

Im Werk ↗ *Du lebst nur zweimal* taucht Blofeld unter dem Namen ↗ Guntram Martell in Japan auf. Er hat ↗ Emmy Martell alias Irma Bunt noch an seiner Seite. Durch Zufall wird James Bond über ↗ Tiger Tanaka auf Blofeld gebracht. Der hat um ein Schloss den ↗ »Garten des Todes« angelegt, der täglich zahlreiche suizidgefährdete Personen anlockt. Bond soll die Martells auf Tanakas Wunsch hin ausschalten, doch für ihn selbst handelt es sich um eine Racheaktion. Mit einem Schweizer Pass ist Blofeld in Japan aufgetaucht und gibt sich dort als Gartenbaukünstler und Botaniker aus, der sich auf subtropische Pflanzen spezialisiert hat. Die Regierung genehmigt Blofelds Vorhaben zunächst, weil dieser sich als Experte ausweisen kann und vorhat, Unmengen von Geld in das Gartenprojekt zu stecken – Pflanzen aus aller Welt sollen in einem exotischen Garten zusammengetragen werden. Als James Bond Blofelds Passbild sieht, fällt ihm auf, dass dieser seine »syphilitische« Nase hat herrichten lassen und einen Schnurrbart trägt. Auch eine Goldplombe in einem der oberen Schneidezähne ist neu.

Irma Bunt erbringt im Roman *Du lebst nur zweimal* den Beweis, dass nicht sie, sondern Blofeld der Mörder Teresa di Vicenzos ist: »Das ist Bond, James Bond, dessen Frau du getötet hast.«

In ↗ *Man lebt nur zweimal* erklärt Ernst Stavro Blofeld seinen Standpunkt, und warum er es für nicht sehr schlimm gehalten hat, die Aktion ohne zu Zögern ablaufen zu lassen: »Dieses Projekt brachte es mit sich, dass ich von der westlichen Welt Lösegeld für zwei Atomwaffen verlangte, die ich in meinen Besitz gebracht hatte. Worin liegt hier das Verbrechen, außer im Durcheinander der internationalen Politik? Reiche Kinder spielen mit wertvollen Spielsachen. Da kommt ein armes Kind vorbei, nimmt sie ihnen weg und bietet sie ihnen gegen Geld wieder an. Wenn das arme Kind Erfolg gehabt hätte, was für eine wertvolle Lehre hätte sich daraus für die ganze Welt ergeben können?« (Blofeld spricht hier von *Feuerball*. Es stellt sich nur die Frage, woher Blofeld wusste, wie seine Operation vom Secret Service genannt wurde). Der Schurke holt in *Man lebt nur zweimal* noch weiter aus und berichtet, warum er die bakteriologische Kriegsführung gegen England geplant hat (↗ *Im Dienst Ihrer Majestät*). Er sieht das so: »Mein lieber Mr. Bond, England ist in jeder Hinsicht eine kranke Nation. Hätte eine Verschlimmerung der Krankheit England nicht aus seiner Lethargie gerissen und zu einer gemeinschaftlichen Anstrengung angespornt, wie wir sie während des Krieges erlebt haben?«

Auch seinen »Garten des Todes« begründet er: »Ich leide an einer gewissen geistigen Erschöpfung, die ich unter allen Umständen bekämpfen will. Sie rührt teilweise daher, dass ich ein einmaliges Genie bin, das ganz allein in der Welt steht, ungeehrt – schlimmer, missverstanden. (...) Wie ein Feinschmecker mit übersättigtem Gaumen suche ich jetzt nur noch die raffiniert gewürzten Gerichte aus, geistig wie körperlich, den wirklich ausgefallenen Reiz. So (...) bin ich darauf verfallen, dieses nützliche und durchaus menschenfreundliche Unternehmen zu planen – nämlich jenen, die Befreiung von der Bürde des Lebens suchen, einen kostenlosen Tod zu schenken.« James Bond hat genug von Blofelds Gerede. Er holt zum letzten Schlag aus. Im Verlauf eines Zweikampfes gelingt es 007, seinen Widersacher zu töten: »Bond spürte die Schläge kaum. Er drückte mit den Daumen zu, drückte und drückte, hörte das Schwert klirrend zu Boden fallen, spürte Blofelds Finger und Nägel, die sein Gesicht zerkratzten und seine Augen zu erreichen suchten. Bond zischte durch die zusammengebissenen Zähne: ›Stirb, Blofeld, stirb!‹ Und plötzlich hing dessen Zunge heraus, die Augen verdrehten sich nach oben; der Körper sackte zusammen. Doch Bond ließ ihn nicht los, kniete sich hin, die Hände um den kräftigen Hals verkrampft, sah nichts, hörte nichts in seinem Blutrausch.«

BLOFELD, ERNST STAVRO (Filmcharakter)
Erstmals taucht Ernst Stavro Blofeld im zweiten James-Bond-Film ↗ *Liebesgrüße aus Moskau* (1963) auf. Hier hält er eine weiße Perserkatze auf seinem Schoß, die zum Markenzeichen dieses Bösewichtes wurde. In *Liebesgrüße aus Moskau* spricht Blofeld von ↗ Dr. No, der von 007 im ersten Kinoabenteuer getötet wurde. Das Gesicht des Besitzers von siamesischen Kampffischen wird jedoch nicht gezeigt. Auch beim zweiten Auftritt Blofelds in ↗ *Feuerball* (1965) kann der Zuschauer das Gesicht nicht erkennen, weil es sich hinter Jalousien verbirgt. Die weiße Perserkatze ist jedoch wieder an ihrem alten Platz zu finden. In ↗ *Man lebt nur zweimal* (1967) kann sich der Zuschauer dann erschrecken, als er dem Fiesling ins vernarbte Gesicht blickt. Blofeld plant im fünften James-Bond-Film, den Dritten Weltkrieg zu provozieren, indem er abwechselnd sowjetische und amerikanische Raumkapseln im All entführt. Blofeld kooperiert mit Japanern, die mit dieser Machtdemonstration an der Kräfteverteilung der Großmächte rütteln wollen. Der Anführer von ↗ Phantom/SPECTRE lebt in einem riesigen Vulkankrater und vergibt von dort aus die mörderischen Aufträge an ↗ Helga Brandt (»Nummer 11«) und ↗ Mr. Osato. Bond spürt den Gangster zwar auf, dieser kann aber entkommen und einen Vulkanausbruch auslösen, der sein Hauptquartier für immer zerstört.

Nachdem ↗ Jan Werich die Rolle erhielt, dann aber doch nicht zum Einsatz kam, spielte ↗ Donald Pleasence Ernst

Stavro Blofeld, den Superverbrecher und Anführer von Phantom. Die Kritiker waren nicht sehr überzeugt, und auch die Maske konnte Pleasences Darstellung nicht glaubwürdig erscheinen lassen. ↗Peter Hunt, der Regisseur von ↗*Im Geheimdienst Ihrer Majestät* (1969), hielt deshalb nach einem neuen Schauspieler Ausschau, der die Rolle in seinem Film übernehmen sollte. ↗Telly Savalas' Version von Ernst Stavro Blofeld wurde zur besten der James-Bond-Geschichte. Im sechsten Film der Serie hat sich Blofeld, der sich ↗Graf de Bleauchamp nennt, in der Alpenfestung ↗Piz Gloria verschanzt und versucht von dort aus, den ↗Virus Omega auf die Menschheit loszulassen. Nachdem er bereits einen Ausbruch der Maul- und Klauenseuche hervorgerufen hat, will er mit Virus Omega die totale Unfruchtbarkeit aller Lebewesen erreichen. 007 tritt als ↗Sir Hilary Bray auf und schafft es mit der Hilfe von ↗Marc Ange Draco, Blofelds Pläne zu durchkreuzen. Auch diesmal entkommt der Schurke, und es gelingt ihm sogar, mit Hilfe von ↗Irma Bunt ein tödliches Attentat auf James Bonds Ehefrau ↗Teresa di Vicenzo zu verüben. Bond schwört Rache.

Als in ↗*Diamantenfieber* (1971) James Bonds Rachefeldzug gelingt, tötet er Blofeld bereits in der ↗Pre-Title-Sequenz, doch die Freude ist nur von kurzer Dauer. Da Blofeld Doppelgänger hat, muss 007 ihn in diesem siebten Bond-Film mehrmals töten. Unter dem Motto »Man lebt nur dreimal« schießt Bond dem zweiten Double einen Stahlbolzen in den Schädel. Die echte Nummer 1 von Phantom kommt in einem Mini-U-Boot um, das der Agent per Lastkran gegen die Stahlkonstruktionen einer Ölbohrinsel prallen lässt. Blofelds Plan, die Welt mit einem Riesenlaser aus dem All in Schach zu halten, wurde damit zunichte gemacht. ↗Charles Gray spielte die dritte und letzte (?) offizielle Version des massenmordenden Psychopathen. Die Rechte, den Verbrecher Ernst Stavro Blofeld in einem James-Bond-Film auftauchen zu lassen, liegen laut Gerichtsbeschluss bei ↗Kevin McClory, da dieser belegen konnte, die Figur mit ↗Fleming für den Roman ↗*Feuerball* erfunden zu haben. Deshalb kommt Blofeld auch noch in ↗*Sag niemals nie* (1983) vor. Hier spielte ↗Max von Sydow den Verbrecher, der ↗SPECTRE anführt.

Die Verkörperung der Figur ist sehr kompliziert: In *Liebesgrüße aus Moskau* (1963) war Blofelds Gesicht nicht zu sehen. ↗Anthony Dawson stellte die Figur dar, im Original sprach aber ↗Eric Pohlman. In *Feuerball* (1965) wurde der SPECTRE-Kopf von ↗Joseph Wiseman gesprochen; das Gesicht sieht man hier noch immer nicht. Erst in *Man lebt nur zweimal* (1967) kommt der Schurke, gespielt von ↗Donald Pleasence, ganz ins Bild. In *Im Geheimdienst Ihrer Majestät* (1969) übernahm ↗Telly Savalas den Part, in *Diamantenfieber* (1971) war es ↗Charles Gray. Man kann in diesem Film davon ausgehen, dass die Blofeld-Figur umgekommen ist, aber sicher ist es nicht. In ↗*In tödlicher Mission* (1981) gibt es die Figur »Rollstuhlschurke«. Wer ihn verkörpert, ist bis heute ein gutgehütetes Geheimnis, und auch der Name Blofeld fällt nicht, denn gerichtlich wurde Kevin McClory die Verwendung der Figur zugesprochen. ↗Albert R. Broccoli wollte das Risiko eines Rechtsstreits nicht eingehen. In *Sag niemals nie* (1983) zeigt McClory schließlich Max von Sydow als Blofeld. Er ist bisher der Letzte in der Bond-Geschichte, der in diese Rolle schlüpfte.

BLOFELD, ERNST STEFAN (Romanfigur)
↗Ernst Stavro Blofeld

BLOFELD, NENA (Romanfigur)
↗Nena Bismarquer oder ↗Nena Calvert

BLOFELD'S LASER (Lied)
↗*Diamonds Are Forever* (Soundtrack)

BLOFELD'S PLOT (Lied)
↗ *On Her Majesty's Secret Service* (Soundtrack)

BLOFELD-STIMME
↗ Eric Pohlman

BLOFELD-TOD
Besonders grausame Tode verlangen nach einem grausamen Geist, der sie sich ausgedacht hat. Im Roman ↗ *007 James Bond im Dienst Ihrer Majestät* bezeichnet 007 eine »Exekution« als »Blofeld-Tod«. Der triebgesteuerte Mitarbeiter ↗ Beril hat sich im ↗ Gloria-Klub an ein Mädchen herangemacht und wird zur Strafe die Bob-Bahn hinuntergeworfen, wobei er auf brutalste Weise umkommt (»Was für ein Tod! Ein echter Blofeld-Tod! Eine typische SPECTRE-Strafe für das schlimmste aller Vergehen – für Ungehorsam!«) Man kann einen Großteil der Todesarten als »Blofeld-Tod« bezeichnen, die in Bond-Filmen und -Romanen vorkommen. Zu ihnen gehören das Gefressen-Werden (von Piranhas, Haien oder Maden), das Sterben an Starkstrom, das Verbrennen u.v.m. Auch James Bond lässt zuweilen seine Gegner einen »Blofeld-Tod« sterben, wie z. B. durch Zerquetschen in einer Druckerpresse, Zerhäckseln oder Platzen. Dem sadistischen Einfallsreichtum der Autoren scheinen keine Grenzen gesetzt zu sein.

BLOMBERG, MAGNUS (Romanfigur)
Aus Blofelds Berichten im Roman ↗ *Feuerball* geht hervor, dass Magnus Blombergs Tochter entführt und von ihrem Vater ein Lösegeld erpresst wurde. Blomberg zahlte die geforderte Summe, bekam seine Tochter aber nicht unversehrt zurück: Sie war von ↗ Nummer 12 vergewaltigt worden. Blombergs Vermögen stammt aus dem Besitz des ↗ Principality-Hotels in Las Vegas. Als Mitarbeiter anderer amerikanischer Unternehmen ist Blomberg auch Mitglied der ↗ Detroit Purple Gang.

DER BLONDE (Romanfigur)
↗ John Gardner hat in seinem Buch ↗ *Niemand lebt für immer* eine Vorliebe dafür, seinen Charakteren keine richtigen Namen zu geben, sondern sie durch ihr Aussehen zu beschreiben. »Der Blonde« ist neben »dem Kahlen« einer von mehreren Schergen, die 007 auf ↗ Shark Island kennen lernt. »Der Blonde« spricht mit skandinavischem Akzent.

BLONDE SCHÖNHEIT (Filmcharakter)
Mit dem nicht sehr aussagekräftigen Filmnamen »Blonde Schönheit« wurde die Schauspielerin ↗ Irka Boschenko bezeichnet, die ihren Auftritt 1979 im Film ↗ *Moonraker – streng geheim* hatte. Erstmals trifft James Bond auf diese Frau, als er in Venedig den Empfangsbereich von ↗ Venini Glas betritt. Schon da ist klar, dass die Blondine auf ↗ Drax' Seite steht. Später sieht 007 sie noch einmal wieder, als er Drax' Pyramide betritt.

BLOND, JAMES (Spitzname)
Der sechste James-Bond-Darsteller ↗ Daniel Craig ist der erste offizielle 007 mit blonden Haaren. Die Presse verpasste ihm schon am ersten Tag, als er als James Bond bekannt gegeben wurde, den Spitznamen James Blond.

BLONVILLE-SUR-MER (Ort)
↗ Ernst Stavro Blofeld

BLOODED IN EDEN (Comic)
↗ Comics

BLOODFEVER (Roman)
↗ Charlie Higsons zweiter 007-Roman aus der Reihe ↗ Young-Bond trägt den Titel *BloodFever*. Der zweite James-Bond-Roman von ↗ Charlie Higson erschien bei Puffin Books unter dem Titel ↗ *BloodFever*. Zum Inhalt veröffentlichte der Verlag folgende Informationen: »Sommerferien bei Vetter Viktor auf Sardinien das klingt so

seriös wie es sich James Lehrer in Eton nur wünschen können. Doch der Aufenthalt auf der Insel ist vom ersten Moment an alles andere als gesittet, denn jemand versucht ganz unsanft, James aus dem Weg zu räumen! Dann, während Vetter Viktor auf Einladung des undurchsichtigen Grafen Ugo in die Berge reist, wird sein Haus brutal überfallen und ausgeraubt. Zufall? James entkommt und folgt Viktor auf das unzugängliche Anwesen des exzentrischen Grafen: eine bizarre Festung, bewacht wie ein Hochsicherheitsgefängnis aber warum? Nach und nach kommt James auf die Spur einer internationalen Verschwörung von skrupellosen Kunsträubern und Geheimbündlern um den größenwahnsinnigen Grafen Ugo. Und er entdeckt das Gefängnis der jungen Amy, die hier als Geisel festgehalten wird ... Alles hängt nun von James ab und von seinen außergewöhnlichen Fähigkeiten, die ihn später einmal zum Star-Agenten 007 machen werden!« Das Buch erschien unter dem Titel ↗ *Zurück kommt nur der Tod* im März 2006 beim Arena Verlag und erhielt bessere Kritiken als sein Vorgänger. Das 372 Seiten starke Buch *BloodFever* enthält die Widmung »For Jim«. Die Kapitelüberschriften lauten:

Prolog: The Magyar. 1) The Danger Society; 2) Double M; 3) The Fourth Of June; 4) Out Of Control; 5) The Tombs Of The Giants; 6) The Sailor Who Feared The Sea; 7) Terror Firma; 8) Escape; 9) La Casa Polipo; 10) You Can't Eat A Picasso; 11) Count Ugo Carnifex; 12) Let Down Your Hair, Rapunzel; 13) Black Spines Filled With Poison; 14) The Last Thing That Goes Through The Mind Of A Dying Man; 15) Su Compoidori; 16) Gladiators; 17) Blood Brothers; 18) A Face At The Window; 19) Déjà Vu; 20) The Penny Drops; 21) Sadism Before Supper; 22) The Deadliest Animal In The World; 23) Deadlier Than The Male; 24) The Dance Of Blood; 25) Tommy Gun; 26) It's Always Darkest Just Before The Dawn; 27) When Hell Breaks Loose; 28) The Magyar's Revenge; 29) Behind The Mask; 30) Just A Boy

BLOODY BAY (Ort)

↗ Scaramanga erzählt 007 im Buch ↗ *007 James Bond und der Mann mit dem goldenen Colt*, dass sich einige Teilhaber am ↗ Negril-Projekt beteiligt hätten. Der Ort heiße Bloody Bay. Bond behauptet, ihn zu kennen. Das dort errichtete ↗ Thunderbird-Hotel ist nicht fertig, weil Gelder fehlen und der Touristenansturm nachgelassen hat.

BLOODY MARY (Getränk)

Im Roman ↗ *Feuerball* bestellt ↗ Domietta Vilali einen doppelten »Bloody Mary« mit viel Worcestersoße. In der ersten Verfilmung des Buches 1965 fand dieser Drink keinen Platz. Als ↗ *Sag niemals nie* (1983) gedreht wurde, ließ man aber ↗ Kim Basinger als ↗ Domino Petacchi einen solchen Drink im Spielkasino bestellen: Sie nimmt einen einen doppelten Bloody Mary mit viel Worcestersoße. Bond meint, er wolle einmal einen harten Drink kennen lernen und ordert ↗ Wodka on the rocks.

BLOOM, HAROLD JACK (Drehbuchautor)

Harold Jack Bloom taucht im Abspann von ↗ *Man lebt nur zweimal* (1967) auf. Seine Tätigkeit in dem 1967 gedrehten James-Bond-Film ist auf den ersten Blick nicht ganz eindeutig. Sein Name steht neben »Zusätzliche Handlung«. Fakt ist, dass ein Großteil des Drehbuchs des fünften offiziellen James-Bond-Films von Bloom stammt. Nachdem ↗ Roald Dahl dies überarbeitet hatte, wurde Bloom im Abspann vergessen und erst wieder eingefügt, nachdem er gegen ↗ Albert R. Broccoli und ↗ Harry Saltzman geklagt hatte.

BLOWPIPES (Raketen)

Als ↗ Franz Sanchez im Showdown des Romans ↗ *Lizenz zum Töten* eine Rakete einsetzt, ist 007 unsicher, um welches Modell es sich handelt. Bond schließt ↗Stingers und Blowpipes aus. Vermutlich ist es eine weiterentwickelte, hochmoderne Version der ↗Redeyes.

BLUE BERETS
↗D11, auch »Blue Berets« genannt, sind ↗Scotland Yards »Feuerwehr«: Eine Abteilung von Spezialisten für ernste Zwischenfälle. Chief Superintendant ↗Bailey berichtet im Roman ↗*Scorpius* von ↗A11, ↗C13, ↗MI5, ↗C7 und dem ↗D11. Autor ↗John Gardner erklärt, um welche Abteilungen oder Organisationen es sich handelt.

BLUEBIRD (Codename)
Über Funk erhält der Geheimagent Ihrer Majestät das Zeichen, mit seiner ↗Sea Harrier abzuheben. Ihre Bezeichnung lautet »Bluebird«. James Bond ruft die Kommandozentrale mit dem Namen »Homespun«.

BLUE-HILLS-HOTEL
Im Buch ↗*James Bond 007 jagt Dr. No* checkt James Bond im ↗Blue-Hills-Hotel ein. Es handelt sich um ein altmodisches Hotel mit moderner Einrichtung. Der Agent bewohnt ein Eckzimmer mit Balkon. Um Geld zu verdienen, arbeitete ↗Rhoda Masters nach der Scheidung von ihrem Mann ↗Philip im Blue-Hills-Hotel auf Jamaika.

BLUE-MOUNTAIN-KAFFEE
Bei einem Tauchgang zum Schiffswrack ↗Devonshire im Roman ↗*Der Morgen stirbt nie* erinnert sich James Bond an Jamaika und den Blue-Mountain-Kaffee. In vielen Romanen bevorzugt 007 eine bestimmte Kaffeesorte: den von ↗De Bry aus der Oxford Street in London.

BLUE RIDGE MOUNTAINS (Ort)
Als James Bond im Roman ↗*Fahr zur Hölle, Mr. Bond!* aus dem Fenster schaut, traut er seinen Augen kaum. Obwohl er weiß, dass er sich in Kalifornien befindet, blickt er auf die Blue Ridge Mountains, die sich im mittleren Virginia befinden. Des Rätsels Lösung: ↗Lee Fu-Chu hat Illusionsfenster in sein Haus einbauen lassen, die jede beliebige Landschaft der Erde naturgetreu wiedergeben können.

BLUE RINQEAT OCTOPUS (Tier)
↗Genus Hapalochlaena

BLUMEN
Blumen spielen in James-Bond-Filmen und -Romanen gelegentlich ganz besondere Rollen, so auch in dem Buch ↗*Never Send Flowers*. James Bonds Verhältnis zu Blumen wird schon in den ersten Roman beschrieben: »Bond mochte Blumen nicht, und deshalb hatte er der Schwester aufgetragen, sie einem anderen Patienten zu geben.« Begründet wird 007s Abneigung damit, dass er keine femininen Dinge um sich haben will. Blumen verlangen danach, sich mit dem Absender zu beschäftigen. Auch wenn Bond in ↗*Casino Royale* im Krankenhaus keine Blumen haben möchte, so verschenkt er in den Filmen gelegentlich einen Strauß an eine nette Frau. In ↗*Im Geheimdienst Ihrer Majestät* (1969) sind massenhaft Blüten zu sehen. Regisseur ↗Peter Hunt wollte damit eine ganz besondere Stimmung erzeugen, die er bei vielen Interviews beschrieb. Besonders bei Bonds Hochzeitsreise am Ende des Films, wo es um das obligatorische »Er liebt mich – er liebt mich nicht« in abgewandelter Form geht, kommen ↗Tracy und 007 nicht ohne Blumen aus. In ↗*Moonraker – streng geheim* (1979) gewinnt Bösewicht ↗Drax aus einer Pflanze ein Nervengift, mit dem er die Menschheit vernichten will. Die Orchideenart galt nach ↗»Qs« Angaben sogar schon als ausgestorben, wurde aber von einem Missionar wieder entdeckt. Sir James Bond ist im Film ↗*Casino Royale* (1966) dankbar dafür, eine schwarze Rose

zu besitzen. Niemals, so meint 007, würde er ein Blütenblatt dieser Blume gegen den Dienst für England eintauschen.
↗ Nelke

In ↗ *In tödlicher Mission* (1981) betritt 007 zur Tarnung einen Blumenladen und kauft ein Dutzend Lilien. ↗ Moneypenny war bereits zu Beginn der Mission mit einer Blume aufgemuntert worden. ↗ Penelope Smallbone, die Assistentin von Moneypenny, bekommt in ↗ *Octopussy* (1983) einen Strauß Nelken geschenkt, Moneypenny selbst erhält von 007 nur eine einzige Schnittblume. »Nehmen Sie sie, mehr werden Sie von ihm nie bekommen!«, rät die Chefsekretärin ihrer Assistentin. ↗ General Puschkin, der sich in ↗ *Der Hauch des Todes* (1987) auf ein Schäferstündchen mit einer Hostess freut, muss sich aus anderen Gründen auf ein Bett niederlassen: Bond richtet eine Waffe auf ihn. Der Agent meint, er käme nicht als Freund, Puschkin hätte besser Lilien mitbringen sollen. Die Blumenarrangements in diesem Film stammen von der Firma ↗ Kenneth Turner Flowers. In ↗ *Lizenz zum Töten* (1989) bestellt ↗ Timothy Dalton im Hotel ↗ El Presidente täglich frische Blumen auf sein Zimmer. Bei einer Show in Monte Carlo, die im Film ↗ *GoldenEye* vorkommt, wird eine Blume an einen Zuschauer übergeben, bevor die Kamera auf ↗ Pierce Brosnan alias 007 schwenkt. Auch die wohl ungewöhnlichste Blume kommt in diesem siebzehnten offiziellen James-Bond-Film vor. ↗ Jack Wade trägt eine Tätowierung auf der Pobacke, die eine Rose zeigt, unter der Name »Muffy« steht – eine Erinnerung an seine dritte Frau.
↗ Lilien, ↗ Rosen

BLUMENKOHLOHR (Missbildung)

↗ Ian Fleming beschreibt im Roman ↗ *Diamantenfieber* einen Mann mit Blumenkohlohr, den 007 im Schlammbad sieht. Von einem Karten spielenden Kollegen wird die Figur »Boxer« genannt.

BLUMENTRANSPORTER (Fahrzeug)

Der ursprünglich von ↗ SPECTRE geschickte Fahrer sollte den ↗ Orient-Express zum Halten bringen, indem er den Blumentransporter auf den Schienen parkt. Anstelle ↗ Grants taucht 007 auf; er klemmt dem SPECTRE-Mann die Hand in der Motorhaube ein und »beschlagnahmt« das Fahrzeug. Die mit Chloralhydrat ruhig gestellte ↗ Tatjana Romanowa wird von James Bond in ↗ *Liebesgrüße aus Moskau* (1963) auf diesem Blumentransporter schlafen gelegt. Das SPECTRE-Fahrzeug mit dem Kennzeichen 6IB 12537 transportiert die Blumen auf der Ladefläche nur aus Gründen der Tarnung. Bei einem Helikopterangriff wird das Fahrzeug schwer durch Handgranaten beschädigt.

BLUMENVERKÄUFERIN (Filmcharakter)

Ein Dutzend Lilien bestellt James Bond im Blumenladen in ↗ Cortina d' Ampezzo. Als ↗ Melina Havelock jedoch von Motorradfahrern angegriffen wird, verlässt er den Blumenladen, um ihr zur Hilfe zu eilen. Im Verlauf der Flucht wird ein Motorradfahrer in die Scheibe des Blumenladens geschleudert. Als er von der Verkäuferin seine Blumen gereicht bekommt, meint er ironisch: »Schicken Sie sie zur Beerdigung.« Die Blumenverkäuferin wurde von ↗ Robbin Young dargestellt.
↗ Blumen

BLUMENWURF

In ↗ *In tödlicher Mission* (1981) wirft 007 nicht nur seinen Hut an die Garderobe, sondern ↗ Moneypenny auch eine Blume zu.

BLUSH, FATIMA (Filmcharakter)

Der brutalste weibliche Bondgegner in ↗ *Sag niemals nie* (1983) ist Fatima Blush, ↗ Nummer 12. Die ↗ SPECTRE-Mitarbeiterin untersteht ↗ Maximilian Largo und begeht zahlreiche Morde; so tötet sie z. B. ↗ Jack Petachi und ↗ Nicole. Sie fällt ihrer eigenen Arroganz zum Opfer. Bond ist schon in der tödlichen Falle, doch als sie ihn zwingen will, schriftlich zu bestätigen, dass er das leidenschaftlichste Liebeserlebnis mit ihr hatte, benutzt der Agent den ↗ Füller von ↗ Algernon und schießt Blush eine Rakete in den Körper. Zunächst tut sich nichts. Die blutende Killerin richtet die Waffe auf 007, doch mit geringer Zeitverzögerung explodiert die Rakete und lässt von Blush nur qualmende Pumps übrig. Dargestellt wurde der Charakter von ↗ Barbara Carrera. In der Literatur tauchte die Figur Fatima Blush schon in einem von Flemings ↗ *Feuerball*-Entwürfen auf. Darin hat ↗ »M« die Doppelagentin Fatima Blush bei SPECTRE eingeschleust. Sie informiert 007 über die Pläne der Schurken und tarnt sich als Stewardess, als es um die Flugzeugentführung geht. Ihr wichtigster Auftritt erfolgt im Finale unter Wasser. Blush trägt einen hautengen schwarzen Taucheranzug. Fleming schrieb: »Dem Zuschauer stockt der Atem!« Der Schurke will Blush töten, indem er das Luftventil an ihrer Sauerstoffflasche abreißt. Bond tötet den Feind und gewinnt die hübsche Blush für sich selbst. Ein schönes Beispiel, wie aus einem Bond-Girl eine »Femme fatale« werden kann.

BLUTDIAMANTEN
↗ Diamanten

BLUTDRUCK
In einem ärztlichen Bericht im Roman ↗ *Feuerball* wird James Bonds Blutdruck als leicht erhöht (160 zu 90) vermerkt. Als er ↗ Shrublands nach zwei Wochen verlässt, ist der Blutdruck auf 132 zu 84 gesunken. »Bei einer Untersuchung ergab sich, dass diese Art der Lebensführung die erwarteten Wirkungen zu zeigen beginnt. Die Zunge ist belegt. Der Blutdruck wurde mit 180/100 gemessen«, heißt es im Roman ↗ *Moonraker Streng geheim*. Trotz der an die letzten Reserven gehenden Gefangenschaft, die James Bond im Roman ↗ *Stirb an einem anderen Tag* durchstehen muss, ist sein Blutdruck bei der Untersuchung durch die ↗ Da-Vinci-Maschine ausgezeichnet. Sein Blutdruck ist im gleichnamigen Film mit 120 zu 80 normal.

BLUTEGEL (Tier)
Bei einer Großwildjagd in ↗ *Octopussy* (1983), bei der 007 vor ↗ Kamal Khan und dessen Männern flüchtet, saugt sich ein Blutegel an der Brust von 007 fest. Bond hält die Flamme seines Feuerzeugs an das festgesaugte Tier, bis es sich von der Haut lösen lässt. Nach einer seiner nächtlichen Erkundungstouren auf ↗ Hazeley Hall kommt James in ↗ *003 ½ James Bond Junior* nicht nur leicht verletzt und erschöpft bei ↗ Mrs. Raggles an, sondern es kleben auch fünf Blutegel an seinem Körper. Er reißt sie ab und spült sie im Waschbecken hinunter.

BLUTHAL, JOHN
John Bluthal spielte in ↗ *Casino Royale* (1966) einen Kasino-Portier und einen ↗ MI5-Agenten.

BLUTIGER FOX (Romanfigur)
↗ Fox

BLUT IN EDEN (Comictitel)
↗ Comics

BLYTHER, TERRY (Regieassistent)
↗ Terry Madden

BMT 214A (Kennzeichen)
Obwohl der ↗ Aston Martin 31 Jahre später auf die Leinwand zurückkam, ist die Nummer des Kennzeichens der aus ↗ *Goldfinger* (1964) sehr ähnlich: In ↗ *GoldenEye* (1995) und ↗ *Der Morgen stirbt nie* (1997) hat der Nobelwagen das Kennzeichen BMT 214A, in ↗ *Die Welt ist nicht genug* (1999) ist es nicht zu erkennen.

B-MT 2144 (Kennzeichen)
Das Kennzeichen B-MT 2144 wurde für den Film ↗ *Der Morgen stirbt nie* (1997)

extra für einen ↗BMW angefertigt. Experten stellten bei Erscheinen des Filmes fest, dass die Ausstatter unsauber gearbeitet hatten. Das Kennzeichen weist bei den Plaketten und der Buchstabengröße fehlerhafte Unterschiede zu echten Kennzeichen auf. Das Kennzeichen von James Bonds ↗BMW 750IL ist eine Anspielung auf das Kennzeichen von Bonds ↗Aston Martin in ↗*Goldfinger* (1964), ↗*Feuerball* (1965) und ↗*GoldenEye* (1995).

BMT 216A (Kennzeichen)

↗Sean Connery saß in ↗*Goldfinger* (1964) am Steuer eines ↗Aston Martin DB5. Der Wagen hatte das Nummernschild BMT 216A. Der Aston Martin Bonds in ↗*Feuerball* (1965) trägt ebenfalls das Kennzeichen BMT 216A. Als ↗Lippe den Wagen auf der Landstraße verfolgt, sind die Nummernschilder nicht zu erkennen. Regisseur ↗Terence Young ließ sie schwärzen, weil er die Szene spiegelverkehrt drehte. Aus juristischen Gründen durfte das Kennzeichen für das Comeback des Fahrzeuges in ↗*GoldenEye* (1995) nicht das gleiche bleiben. Es änderte sich leicht in: BMT 214A.

BMW (Fahrzeug)

Hätte Autor ↗John Gardner damals schon gewusst, dass James Bond in den Filmen ab 1995 (↗*GoldenEye*) zum rasanten Fahrer eines BMWs werden würde, hätte er ihn vielleicht auch in seinen Büchern damit ausgestattet. In ↗*Niemand lebt für immer* ist es jedoch noch die Gegenseite, die Fahrzeuge dieser Marke benutzt, um 007 das Leben schwer zu machen. Ein weißer BMW verfolgt den Agenten, als er sich auf den Autobahnen zwischen Metz und Straßburg befindet. Mit einem ähnlichen Fahrzeug der 7er-Serie (mit Chauffeur) werden im gleichen Werk ↗Miss Moneypenny und 007s Haushälterin ↗May entführt. ↗Kommissar Becker aus Salzburg gibt die Beschreibung des Fahrzeuges an James Bond weiter. Auch im Buch ↗*Nichts geht mehr, Mr. Bond* fährt 007 wieder einen BMW. Das Modell wird von ↗Maxim Anton Smolin als gut befunden und ist außerdem frisiert.

BMW 507 (Fahrzeug)

James Bond war nie Fahrer eines BMW 507. Im Roman ↗*Die Welt ist nicht genug* wird aber 007s BMW Z8 als »logische Weiterentwicklung« des 507 beschrieben.

BMW 520I (Fahrzeug)

Es ist ein BMW 520i, mit dem ↗»M« James Bond in dem Roman ↗*Sieg oder stirb, Mr. Bond* ausstattet. Das Fahrzeug ist unauffällig in Dunkelblau gehalten und gehört zum Fuhrpark des britischen ↗Secret Service.

BMW 528I (Fahrzeug)

Im Roman ↗*Moment mal, Mr. Bond* aus dem Jahre 1982 wird James Bond auf dem Weg zur ↗Bismarquer Ranch von einem BMW 528i verfolgt. ↗Cedar Leiter und 007 sind sich einig: eine Wache. Bond greift zu einer großen ↗Luger Super Blackhawk 44er-Magnum, die er in einem Fach seines Silberbiestes verborgen hat.

BMW 735I (Fahrzeug)

James Bond und ↗Sergeant Perlman werden im Buch ↗*Scorpius* von mehreren Fahrzeugen verfolgt. Die beiden sind in 007s ↗Bentley Mulsanne Turbo unterwegs und können im Rückspiegel nach und nach verschiedene Modelle von Verfolgerfahrzeugen erkennen: einen ↗Saab 900 Turbo, einen BMW 735i, einen roten ↗Lotus Esprit und einen blauen ↗Audi.

BMW 750 (Fahrzeug)

Bond hatte mit einem Jaguar gerechnet, wird aber von ↗»Q« im Roman und auch im Film ↗*Der Morgen stirbt nie* (1997) mit einem BMW 750 ausgestattet. Der Wagen mit einer 4,5-Liter-Maschine mit 322 PS vom Typ SOHC V-12 beschleunigt in 6,6 Sekunden von null auf 100 Stundenkilometer. Technische Daten des Fahrzeugs mit 5-Gang-Automatikgetriebe: Höchstgeschwindigkeit 248 Stundenkilometer, Fahrzeuglänge: 5.124 mm, Fahrzeugbreite: 1.862 mm, Hubraum 5.379 ccm. Das Fahrzeug verfügt natürlich über erheblich mehr technische Spielereien der Spitzenklasse als ein normales Auto: Ausgestattet mit Maschinengewehren, Raketen, GPS-Navigationssystem und akustischer Anweisungsgebung kann der BMW durch James Bonds Handy ferngesteuert werden. Die Raketen sind im Sonnendach eingebaut. Eine Einbruchsicherung ist so gestaltet, dass bei Aktivierung die Türgriffe des Fahrzeugs unter Strom stehen. Mit Scheiben aus Panzerglas ist der Wagen sogar gegen Hammerschläge geschützt. Tränengastanks, die Bond ebenfalls mit dem Handy aktivieren kann, sollen Bösewichte im Umkreis von zehn Metern abschrecken. Das Handschuhfach, das per Fingerabdruckscan geöffnet werden kann, beinhaltet eine Ersatzwaffe (↗ Walther PPK). Im Roman wird sogar von einem »Safe« gesprochen.

Unter dem auf der Haube angebrachten BMW-Logo befindet sich eine ausfahrbare Kreissäge, die James Bond im Film nutzt, um ein gespanntes Stahlseil zu kappen, das seine Flucht unmöglich machen soll. In der Heckstoßstange befindliche Dreikantnägel können bei Bedarf auf die Fahrbahn geschleudert werden, um bei den Verfolgerfahrzeugen platte Reifen zu hinterlassen – eine Idee, die schon bei ↗ *Goldfinger* (1964) im Drehbuch stand, aber nicht verwirklicht wurde, weil man glaubte, Kinder könnten sie nachahmen und Nägel auf die Straße werfen. Als 007 im Film selbst durch seine Nagelfalle rast, kommt eine weitere Erfindung »Qs« zum Einsatz: Die zerstochenen Reifen blasen sich selbst auf und werden von innen versiegelt. 007 springt daraufhin aus dem BMW und steuert ihn per Handy weiter. Die Verfolger sehen mit an, wie der Wagen, den »Q« gern unbeschädigt zurückbekommen hätte, vom Parkdeck stürzt und in einer Filiale der Avis-Autovermietung landet. Ein spektakuläres Ende.

BMW R1200C CRUISER (Motorrad)
Auf der Flucht vor ↗ Elliot Carvers Männern im Roman ↗ *Der Morgen stirbt nie* (1997) benutzen 007 und ↗ Wai Lin in Saigon ein Motorrad vom Typ BMW R1200C Cruiser, um zu entkommen. ↗ Raymond Benson beschreibt das Fahrzeug als Europas Antwort auf die ↗ Harley-Davidson. Die Höchstgeschwindigkeit beträgt 270 Stundenkilometer.

BMW Z3 (Fahrzeug)
Als die ersten BMW Z3s im Zuge der James-Bond-Promotion als Sammlerstücke im Katalog der US-Kaufhauskette Neiman-Marcus angepriesen wurden, hätte niemand damit gerechnet, dass alle hundert Modelle innerhalb eines Tages verkauft sein würden. Der Z3 wurde durch James Bond nach Erscheinen des Films ↗ *GoldenEye* (1995) so populär, dass BMW mit der Produktion nicht nachkam.

BMW Z8 (Fahrzeug)
Der BMW Z8 ist James Bonds Fahrzeug in ↗ *Die Welt ist nicht genug* (1999). Das Auto erreicht eine Höchstgeschwindigkeit von 248 Stundenkilometer und beschleunigt in 4,4 Sekunden von 0 auf 99 Stundenkilometer. ↗ »R« erklärt die Funktionen des Wagens, zu denen neben Abhörtechnik auch eine Titanbeschichtung und eine Multifunktionsleuchtanzeige gehören. ↗ »Q« findet, das Fahrzeug sei überladen. Eine »Titanium-Panzerung, ein Multi-Tasking-Display« und eine Raketenabschussvorrichtung enthält der Z8, den James Bond im Roman ↗ *Die Welt ist nicht genug* von ↗ »R« bekommt. Im gleichnamigen Film von 1999 preist der Assistent »Q«s noch die sechs Getränkehalter an und erntete damit im Kino einen Lacher. Mit einem 5-Liter-V8-Motor, der 400 PS schafft, und einem Hubraum von 4.941 ccm ist der Wagen mit

einem 6-Gang-Getriebe ausgestattet. Der BMW Z8 ist eine Weiterentwicklung des in ↗*Der Morgen stirbt nie* (1997) mit einem Handy ferngelenkten BMWs: Der Z8 kann mit dem Autoschlüssel ferngesteuert werden. Integrierte Raketen sind in den Kotflügeln enthalten und lassen sich über eine Bedienungskonsole abschießen, die sich zusammen mit einem Zielerfassungsdisplay im Lenkrad des Autos befindet. Das Fahrzeug hat das Kennzeichen V354 FMP.

Beim Z8 handelt es sich um einen offenen Zweisitzer mit kompaktem Motorraum und stromlinienförmigem Design. Mit sechs Gängen ausgestattet, verfügt das Fahrzeug über 400 PS. Das im Roman beschriebene Display, mit dem 007 den Helikopter auf dem Weg durch die Türkei ausmacht, taucht im Film in der entsprechenden Szene nicht auf. Erst in der Kaviarfabrik von ↗Zukovsky peilt Bond einen angreifenden ↗King-Helikopter mit dem ins Lenkrad integrierten Display an. Im Verlauf eines Helikopterangriffs wird James Bonds BMW längs durchgesägt: »Das wird Q nicht gefallen!«, vermutet 007 – Recht hat er. Einige Spielereien des Fahrzeugs wurden zwar für das Drehbuch erdacht, kamen im fertigen Film aber nicht vor.

So sollte der BMW für ein gewöhnliches Radar dank Außenbeschichtung unsichtbar sein und nachts ohne Scheinwerfer fahren können, da die Umgebung per Wärmeerfassung hätte vom Fahrer erkannt werden können. Die Idee eines – auch für das menschliche Auge – unsichtbaren Autos wurde weiter verfolgt und findet sich bei der Ausstattung des ↗Aston Martin Vanquish in ↗*Stirb an einem anderen Tag* (2002) wieder. Auch im Computerspiel ↗*Agent im Kreuzfeuer* steht 007 der BMW Z8 zur Verfügung.

BND

Als ↗»M« über die ↗Emilies im Roman ↗*Nichts geht mehr, Mr. Bond* spricht, erwähnt er auch das ↗Bundesamt für Verfassungsschutz in Westdeutschland, das als Abteilung entweder dem Innenministerium oder dem Bundesnachrichtendienst (BND) untersteht. Ferner berichtet »M«, dass diese Organisation eng mit dem britischen ↗SIS, der amerikanischen ↗CIA und dem israelischen ↗Mossad zusammenarbeitet.

BOA (Schlange)

Im Buch ↗*007 James Bond und der Mann mit dem goldenen Colt* kommt eine Boa aus der Epicrates-Familie vor. Der geschwächte ↗Francisco Scaramanga tötet das Tier, um es zu essen. Die für den Menschen harmlose Schlange wird als eindreiviertel Meter langes Tier beschrieben. Scaramanga fängt sie, indem er ihr ein Messer in den Kopf schleudert.

BOA, BRUCE (Darsteller)

Bruce Boa verkörpert in ↗*Octopussy* (1983) einen US-General mit kindlichen Zügen. Der Adjutant neben Boa wurde von ↗Richard Parmentier dargestellt.

BOAC-FLUGZEUG

In einem BOAC-Flugzeug wird James Bond am Ende des Romans ↗*Goldfinger* vom gleichnamigen Schurken entführt. Nachdem alle Gegner 007s tot sind, muss das Flugzeug notlanden. Das Flugzeug wird mit dem Namen ↗G-ALGY Speedbird 510 angefunkt.

BOA CONSTRICTOR (Tier)

Für die Dreharbeiten zu ↗*Sag niemals nie* (1983) benötigte man am Set eine lebende Boa Constrictor, die nicht nur das Haustier von ↗Fatima Blush alias ↗Barbara Carrera war, sondern im Film auch dazu eingesetzt wurde, ↗Captain Jack Petachi in einen Autounfall mit Todesfolge zu verwickeln.
↗Gabor

BOARDING THE STEALTH (Lied)

↗*Tomorrow Never Dies* (Soundtrack)

BOAT CHASE (Lied)
↗ *Live And Let Die* (Soundtrack)

BOB (Romanfigur)
Die erste Person, die ↗John Perlman im Roman ↗*Scorpius* beim Vornamen nennt, heißt Bob und ist ein Anhänger der ↗Gesellschaft der Demütigen. Bob sieht gut aus, hat eine stattliche Größe, ist muskulös und hat blonde Haare. Auf James Bond wirkt der Mann, als bestünde er unter seinem Anzug nur aus Stahl. Bob überlebt, wird aber laut den Aussagen von Perlman von der ↗CIA festgenommen.

BOB (Romanfigur)
Bob ist der kleine Fisch, der im Roman ↗*Sieg oder stirb, Mr. Bond* für die Organisation ↗BAST arbeitet und die Identität des außer Gefecht gesetzten ↗Dan Woodward annehmen soll. Der Auftrag scheint völlig harmlos zu sein, doch Bob ist nur Überbringer der Dokumente von Woodward. ↗Abou Hamarik tötet Bob auf der Herrentoilette eines Flughafengebäudes und nimmt alles Wichtige an sich, um unbemerkt an Bord des Schiffes das ↗Steward-Treffen zu sabotieren.

BOB, BILLY (Filmcharakter)
In ↗*Leben und sterben lassen* (1973) ist Billy Bob der Schwager von ↗Sheriff J. W. Pepper. Pepper schaltet Bob über Funk in die Verfolgungsjagd nach James Bond ein. Bevor Billy Bob, der das schnellste Boot am Fluss besitzt, jedoch losfahren kann, wird er von ↗Adam niedergeschlagen.

BOBSCHLITTEN (Fahrzeug)
Nach der spektakulären Bob-Verfolgungsjagd im Film ↗*Im Geheimdienst Ihrer Majestät* (1969) griff man erst wieder zwölf Jahre später auf die schnellen Schlitten zurück. Bei den Dreharbeiten zu ↗*In tödlicher Mission* (1981) kostete ein Stunt ↗Paolo Rigon das Leben. Der Stuntman starb am 17.02.1981, als er aus dem Bob flog und gegen einen Baum geschleudert wurde. Die Bobverfolgungsjagd aus dem Film *Im Geheimdienst Ihrer Majestät* hat ihren Ursprung im Roman ↗*007 James Bond im Dienst Ihrer Majestät*. James Bond stößt bei der Verfolgung ↗Blofelds in einem Schuppen auf Vierer- und Zweierbobs und einen Skeletonschlitten.

BOBSLED CHASE (Lied)
↗ *On Her Majesty's Secret Service* (Soundtrack)

BODYCOMB, CHARLIE (Waffen)
Für die Waffen, die bei den Dreharbeiten von ↗*GoldenEye* (1995) zum Einsatz kamen, war ↗Charlie Bodycomb verantwortlich.

BODY DOUBLE (Lied)
↗ *The World Is Not Enough* (Soundtrack)

BOEING 747 (Flugzeug)
Im Roman ↗*Moonraker Streng geheim* und im Film ↗*Moonraker – streng geheim* (1979) soll eine Boeing 747 die ↗Moonraker-Raumfähre überführen. Das Flugzeug stürzt ab, als die Raumfähre während des Fluges startet und entführt wird.

DIE BÖSE KÖNIGIN DER ZAHLEN (Romanfigur)
↗Bill Tanner, Stabschef beim ↗MI6 und langjähriger Freund von James Bond, gibt der neuen ↗»M« im Roman ↗*GoldenEye* den Spitznamen »böse Königin der Zahlen«. In der deutschen Synchronversion des gleichnamigen Films ist »Ms« Spitzname mit »böse Zahlenhengstin« übersetzt. Eine unangenehme Situation für Tanner, denn als er den Namen nennt, taucht »M« hinter ihm auf.

BOGDAN (Romanfigur)
Im James-Bond-Roman ↗*Nichts geht mehr, Mr. Bond* muss 007 im Finale gegen ↗Robinsons antreten. Diese Killer erhoffen sich vom Mord an James Bond die Freiheit. Der

Kampf zwischen dem Agenten und den vier Robinsons findet auf der Insel ↗Cheung Chau statt. Die Namen der Gegner: ↗Jakow, ↗Pawel, Bogdan und ↗Semen. ↗General Tschernow verrät 007 auch, was die Kerle auf dem Kerbholz haben: Bogdan ist ein Mörder, der vielen jungen Männern das Genick gebrochen und sie dann in den Wäldern der Umgebung vergraben hatte. Tschernow fügt hinzu: »Er ist ein Bauer, aber stark und vollkommen amoralisch.« 007 findet, dies trifft auch auf Tschernow selbst zu. Bogdan wird von James Bond mit zwei Schüssen zur Strecke gebracht, als der lästige Landwirt versucht, 007 mit einem ↗Morgenstern zu töten.

BOGNER JR., WILLY (Ski-Stuntman)
Willy Bogner, der elfmal deutscher Meister in der Nordischen Kombination war, gründete 1932 den Willy-Bogner-Skivertrieb. Maria Lux, seine spätere Freundin, entwarf Sportmoden, während er sich um Produktion und Vertrieb kümmerte. 1936 nahm Willy Bogner an den Olympischen Winterspielen in Garmisch-Partenkirchen teil. Als Sportfilmer war sein Sohn, Willy Bogner junior, in München 1972 Spezialkameramann beim offiziellen Olympiafilm, als Modefotograf und Werbedesigner für seine Firma tätig, deren Bekanntheitsgrad heute in Deutschland bei ca. 64 Prozent liegt. Seit dem Tod seines Vaters 1977 leitet Willy Bogner junior zusammen mit seiner brasilianischen Frau Sônia den Konzern. Bei den Olympischen Spielen 1960 in Squaw Valley verpasste Willy Bogner junior wegen eines Sturzes die Goldmedaille. Bogner nahm auch 1964 in Innsbruck an den Spielen teil und erreichte 1966 bei der WM einen vierten Platz im Slalom. Mit diesem Auftritt beendete das Ski-Ass seine Karriere als Leistungssportler.

Willy Bogner Jr. nur als Ski-Stuntman zu bezeichnen, ist eigentlich eine maßlose Untertreibung: Er war nicht nur als Double für James Bond unterwegs, sondern filmte auch – teilweise rückwärts auf Skiern fahrend – und entwarf Aufhängungen, um eigentlich unmögliche Aufnahmen machen zu können. Bei ↗*Im Geheimdienst Ihrer Majestät* (1969) arbeitete Bogner mit ↗Alex Barbey zusammen. Während der Skifahrt in der Bobbahn trug Bogner Eishockeykleidung, um seinen Körper vor einem Unfall zu schützen. Bogner war der Einzige, der ohne Sturz durch die Bobbahn raste – ↗Rigon, ↗Bernard und ↗Eaves verunglückten (Rigon überlebte es nicht!). Die Kamera, die Bogner trug, wog 31 Kilo und hatte zusätzlich einen Akkuballast. Per Minimonitor an der Schulter korrigierte Bogner beim Filmen der Ski-Aktionen den Bildausschnitt. 1969 erhielt Willy Bogner den Spitznamen »Willy Goldfinger«, weil seine Aufnahmen so gut beim Publikum ankamen (er hatte das goldene Händchen an der Kamera). Nach seinen hervorragenden Leistungen für die ↗Pre-Title-Sequenz des Films ↗*Der Spion, der mich liebte* (1977) ließ eine dritte Zusammenarbeit zwischen Bogner und der Bond-Crew nur vier Jahre auf sich warten. Komplizierte Außendrehs in ↗Cortina d'Ampezzo standen auf dem Drehplan bei ↗*In tödlicher Mission* (1981). Eine spektakuläre Verfolgungsjagd zwischen Bob-, Ski- und Motorradfahrern sollte in Szene gesetzt werden. Willi Bogner führte Regie bei den Ski-Aktionen und betätigte sich auch wieder als Kameramann. Der zwölfte offizielle James-Bond-Film ist der erste, in dem Willi Bogner seine Skianzüge zeigt. Schon 1982 hatte Willy Bogners Betrieb für die Herstellung der Kleidung und anderer Dinge über 1.300 Mitarbeiter. Er wird unter »Garderobe« auch im Abspann genannt. Letztmalig wirkte Bogner an ↗*Im Angesicht des Todes* (1985) mit. Hier waren wieder die Ski-Stunts in der ↗Pre-Title-Sequenz seine Aufgabe. Um etwas Neues auf die Leinwand zu bringen, überlegte sich Bogner die Szenen mit der Kufe des Schneemobils, die 007 im Film als Snowboard dient. Willy Bogner führte bei den Aufnahmen Regie und war auch Kameramann. Bogner ist wie ↗Sean Connery ein begeisterter Golfspieler.

BOHRER, ARIE (Drehortmanager)
↗Nick Daubeny

BOIS BOULOGNE STUDIOS
↗Filmstudios

BOISARD, MAURICETTE (Drehortbuchhalterin)
↗Hazel Crombie

BOITIER, JACQUES (Filmcharakter)
»J. B. – das sind ja die gleichen Initialen wie Ihre«, stellt James Bonds Kollegin Madame ↗LaPorte in ↗Feuerball (1965) fest, als die beiden der getürkten Beerdigung von Boitier beiwohnen. James Bond schöpft Verdacht und stellt den Schurken, der auf der Beerdigung als seine eigene Witwe auftaucht. Im Originaldrehbuch sollte Bond seinem Gegner die unechten Brüste abreißen und ihn mit dem BH strangulieren. Um die Dramatik zu erhöhen, entschied man sich aber dafür, dass 007 seinen Gegner mit einem Feuerhaken erdrosselt. Da Jacques Boitier laut Drehbuch in eine haarsträubende Schlägerei verwickelt werden sollte, ließ man gleich einen Stuntman die Rolle spielen. ↗Bob Simmons war 007s Widersacher. Erwähnenswert ist noch der Namenswandel der Figur Jack Boitier: Im Film und im Untertitel der deutschen Version wird sie ↗Jack Boivard genannt.
↗Nummer 6

BOITIER, MADAME (Filmcharakter)
Auch »Madame Boivard« (↗Jacques Boitier). Ursprünglich sollte die Rolle der Madame Boitier gleich mit ↗Bob Simmons besetzt werden. Dieser konnte sich aber nicht weiblich genug bewegen, und so entschlossen sich die Produzenten, auf eine echte Frau zurückzugreifen. ↗Rose Alba verkörpert die Witwe Boitier bis zu dem Zeitpunkt, als die Schlägerei mit Bond beginnt. Wenn man genau hinsieht, kann man in einer Einstellung, als Madame Boitier um den Sarg geht und zu 007 hinaufblickt, das Gesicht von Darstellerin Rose Alba erkennen. Als der Schleier später »abgekämpft« wird, strahlt Simmons unter mehreren Lagen Schminke hervor.

BOITIERS WOHNSITZ
Der Killer Boitier hat seinen Unterschlupf in ↗Feuerball (1965) in einem französischen Schloss. Für die Dreharbeiten wählten die Produzenten deshalb Frankreich, um gleich dort auch die Pariser Premiere von ↗Goldfinger (1964) stattfinden zu lassen. Gedreht wurde in dem bekannten Château d'Anet. Die zerstörerischen Aktionen von ↗Connery und dem Stuntman ↗Simmons wurden jedoch nachträglich in den ↗Pinewood Studios gedreht.

BOIVARD, JACK (Filmcharakter)
↗Jacques Boitier

BOLDMAN, JAMES (Deckname)
Wenn ↗John Gardner James Bond undercover ermitteln lässt, gibt er der Figur den Namen James Boldman. Im Buch ↗Niemand lebt für immer – Gardners fünftem Roman mit dem Geheimagenten – reist 007 ebenfalls als Boldman von Österreich nach Key West, um seinen Gegner ↗Tamil Rahani ausfindig und unschädlich zu machen. ↗Crispin Thrush, ein erfahrener Kollege vom ↗MI6, hat James Bond bereits einen Reisepass und Flugtickets beschafft, die auf den Decknamen ausgestellt sind. Boldman ist laut Unterlagen ein Firmendirektor – eine Tarnung, die zu 007 passt, da er immer extravagante Reiseziele bevorzugt und gerne erster Klasse fliegt. Auch im Roman ↗Nichts geht mehr, Mr. Bond reist der Geheimagent 007 wieder unter dem Decknamen »Mr. Boldman« – diesmal in Begleitung der schönen ↗Heather Dare alias ↗Irma Wagen. Den ↗Saab, den 007 im gleichen Roman leiht, bekommt er über

gefälschte Formulare: Führerschein und Kreditkarte – beides vom ↗Britischen Geheimdienst ausgestellt. Als 007 im Roman ↗Scorpius die Amerikanerin ↗Harriet Horner kennen lernt, benutzt er seinen Decknamen erneut. Im Roman ↗Scorpius erfährt der Leser, dass Bond über mehr Identitäten als nur Bond und Boldman verfügt. ↗»M« wählt zwischen Tarndokument eins und sechs. Wie üblich fällt die Wahl auf die Eins, und Bond reist wieder als Mr. Boldman.

BOLDMAN, MRS. (Deckname)

↗Heather Dare kommt im Werk ↗*Nichts geht mehr, Mr. Bond* in den Genuss, den bevorzugten Decknamen James Bonds zu nutzen. Sie tauchen als Mr. und Mrs. Boldman in einem Dubliner Hotel unter.

BOLKAN, EDNA (Darstellerin)

Zunächst gab es die Überlegung, die Kellnerin in der Bar Barrelhead, die in ↗*Lizenz zum Töten* (1989) auftaucht, barbusig bedienen zu lassen. Da Brüste in James-Bond-Filmen bisher aber noch nie gezeigt worden waren, wurde die Idee wieder fallen gelassen. Edna Bolkan unterschrieb den Vertrag für die Rolle der Kellnerin in der Barrelhead-Bar.

BÖLKOW-KAWASAKI 117 (Flugzeug)

In Gefangenschaft von ↗Ding, der 007 zurück zu ↗Lee Fu-Chu bringen will, entdeckt Bond im Roman ↗*Fahr zur Hölle, Mr. Bond!*, dass ein Hubschrauber neben seinem herfliegt. Der zweite Helikopter sieht wie ein Bölkow-Kawasaki 117 aus. Danach geht es Schlag auf Schlag. Die Tür des Bölkow öffnet sich, und ein schweres Maschinengewehr wird auf Bond gerichtet. Im folgenden Luftkampf stürzt James Bond ab, überlebt aber.

BOLLINGER (Getränk)

Für sich und Mrs. Bond bestellt James Bond in ↗*Leben und sterben lassen* (1973) eine gutgekühlte Flasche Bollinger und zwei Gläser. Mit dem Film ↗*Moonraker – streng geheim* (1979) stieg James Bond von der Marke ↗Dom Perignon auf Bollinger um. Plötzlich war die Nachfrage nach diesem Getränk so groß, dass die Firma mit der Produktion nicht nachkam. Ein ähnliches Problem hatte die Firma BMW, als der Wagen ↗Z3 Roadster in ↗*GoldenEye* (1995) zum Einsatz kam. Luxus in allen Bereichen leistet sich James Bond mit dem Geld, das er im Roman ↗*Lizenz zum Töten* durch einen Überfall auf die ↗Wavekrest sicherstellen konnte. Er bestellt im Hotel ↗El Presidente nur die besten Getränke: Bollinger »Récemment dégorgé«, und zwar nicht nur eine Flasche, sondern gleich eine ganze Kiste (»dégorgé« ist ein Ausdruck für das »Enthefen« eines Getränks). Im Handschuhfach seines ↗Aston Martin DB5 bewahrt James Bond in ↗*GoldenEye* (1995) eine Flasche Bollinger, auf die er mit der Psychologin trinken will. James Bond und ↗Elektra King trinken in ↗*Die Welt ist nicht genug* (1999) eine Flasche Bollinger.

BOLLINGER '61 (Getränk)

Im Roman und im Film ↗*Stirb an einem anderen Tag* bestellt James Bond im ↗Rubyeon Royale eine Flasche Bollinger '61. Der Jahrgang erinnert an die Geburtsstunde der Filmfigur James Bond durch den Vertragsschluss zwischen ↗Harry Saltzman und ↗Albert R. Broccoli im Jahre 1961.

BOLLINGER '69

Bond meint in ↗*Moonraker – streng geheim* (1979), wenn ↗Holly Goodhead einen Bollinger '69 in ihrem Hotelzimmer habe, sei dies das Zeichen, dass er erwartet werde.

BOLLINGER '75 (Getränk)

↗Achille Aubergine erlebt James Bond als Kenner, im Restaurant des Eiffelturms in ↗*Im Angesicht des Todes* (1985) kann er einen Bollinger '75 herausschmecken.

BOLLINGER RD (Getränk)
In ↗*Der Hauch des Todes* (1987) kommt Bollinger RD vor. Bond hat ihn bei ↗Harrods für ↗Koskov besorgt. Eine ganze Kiste Bollinger RD ordert James Bond auch, als er mit ↗Pam Bouvier in ↗*Lizenz zum Töten* (1989) in einem Hotel von ↗Isthmus City angekommen ist.

BOLSCHOI-THEATER
↗Pola Ivanova

BOLTON, EMILY (Darstellerin)
Der Werdegang von Emily Bolton ist ungewöhnlich für ein Bond-Girl. Sie hatte ursprünglich vor, Konzertpianistin zu werden und arbeitete eifrig daran. Wegen ihres guten Aussehens kam dann das Angebot, eine Rolle im elften James-Bond-Film zu übernehmen. Sie nahm an und spielte ↗Manuela in ↗*Moonraker – streng geheim* (1979) – eine Agentin der ↗Station VH in Brasilien.

BOLZENGEWEHR (Waffe)
Als Gefangener auf der ↗Lepados im Roman ↗*James Bond und sein größter Fall* benutzt 007 ein Bolzengewehr, um mit einigen seiner Gegner fertig zu werden. Die Waffe hat eine solche Durchschlagskraft, dass Bond zwei Männer gleichzeitig umbringt: »(...) er hatte etwas Mühe, das schwere Bolzengewehr zu heben. Aber dann zeriss der Bolzen den ersten Wärter, als ob er eine Schachtel mit nassen Tüchern wäre, und drang anschließend in den Körper des zweiten ein, zerriss Fleisch und Knochen, bis er ein paar Zoll weiter den Rücken erreicht hatte. Wie Puppen knickten die Männer in den Knien ein und krochen in einer Blutfontäne hintereinander zu Deck.« Im Film ↗*Der Spion, der mich liebte* (1977) erschießt 007 gleich drei Gegner mit nur einem Bolzenschuss.

BOMBEN AUF FLORIDA (Romantitel)
Der Roman ↗*Thunderball* wurde in Deutschland in der Zeitschrift *Neue Illustrierte* unter dem Titel *Bomben auf Florida* in mehreren Teilen abgedruckt.

BOMBENSCANNER
Ein Bombenscanner durchleuchtet in ↗*Die Welt ist nicht genug* (1999) das Geld, das James Bond von ↗Lachaise für ↗Sir Robert King zurückgeholt hat. Eine Bombe wird nicht gefunden. Als es doch zu einer Explosion kommt, die ↗King tötet, stellt sich heraus, dass der Bombenscanner eine ↗»Düngerbombe«, bestehend aus mit Harnstoff getränkten Geldscheinen, übersehen hat – King selbst löste den Magnesiumzünder mit seiner Reversnadel aus.

BOMBENUNTERWASSERBOOT (Fahrzeug)
Die im vierten James-Bond-Film ↗*Feuerball* (1965) genutzten Unterwasserfahrzeuge sind meisterhafte Konstruktionen, die von ↗Jordan Klein teilweise nach Augenmaß gebaut wurden. Das Unterwasserfahrzeug, das im Film die Atombomben transportiert, war mit drei Motoren und sechs Harpunen ausgerüstet, die allesamt tatsächlich funktionierten.

↗Unterwasserbombenschlitten

BOMBER (Filmcharakter)
↗*Casino Royale* (2006)

BOMBER (Flugzeug)
↗Vindicator

BOMBE SURPRISE (Bombe)
Als Kellner verkleidet, tauchen ↗Mr. Wint und ↗Mr. Kidd am Ende von ↗*Diamantenfieber* (1971) auf, um einen letzten Mordanschlag auf James Bond zu verüben. Zu den Gerichten, die sie servieren wollen, gehört u. a. die Torte »Bombe Surprise«. Es handelt sich um eine Zeitbombe im Tortenmantel. ↗Case schleudert die Torte auf Wint, als dieser mit 007 kämpft. Bond greift sich die Bombe und klemmt sie zwischen Wints Beine und zerquetscht dem homosexuellen Killer die Hoden. Er wird

von Bord des Schiffes geworfen und explodiert noch in der Luft.

BOMB, JAMES (Romanfigur)
Im Roman ↗*Goldfinger* verschandelt ↗Auric Goldfinger den Namen des Geheimagenten. Wegen seiner angeblichen Schwerhörigkeit nennt er 007 nur »Mr. Bomb«. Der Name wurde vom *Mad-Magazin* aufgegriffen, das die James-Bond-Filme mit ihrem Helden James Bomb karikierte.

BOND 16 (Filmtitel)
Der Arbeitstitel von ↗*Lizenz zum Töten* (1989) war lediglich »Bond 16« (↗Albert R. Broccoli zählt nur die offiziellen 007-Filme, sonst wäre es schon »Bond 18« gewesen). Hauptgrund für den nicht festgelegten Titel des zweiten ↗Dalton-Bonds war, dass alle nutzbaren und sinnvoll erscheinenden Titel der Romane ↗Flemings bereits verbraucht waren. Seit ↗Bond 16 ist der Filmtitel bis kurz vor Filmstart immer ein großes Geheimnis. ↗*GoldenEye* (1995) hieß zunächst »Bond 17«, ↗*Der Morgen stirbt nie* (1997) »Bond 18«, ↗*Die Welt ist nicht genug* (1999) »Bond 19« und ↗*Stirb an einem anderen Tag* (2002) »Bond 20« (↗»Bond XX«)

BOND 22
Laut ↗Barbara Broccoli soll es sich beim 22. James-Bond-Film um ein Originaldrehbuch handeln, das Teile des Romans ↗*Casino Royale* und auch des Films von 2006 wieder aufgreifen wird. Ein Remake von frühen James-Bond-Filmen ist zwar unwahrscheinlich, jedoch nicht ausgeschlossen. Der 22. offizielle James-Bond-Film soll am 7. November 2008 seine Premiere feiern. Man munkelt, dass der Titel von Bond 22 auf einer Kurzgeschichte ↗Ian Flemings basieren soll (möglicherweise ↗*Risiko*).

BOND 77 (Lied)
↗*The Spy Who Loved Me* (Soundtrack)

BOND (Hund)
↗James

BONDAGE (Fanmagazin)
»Bondage«, das erste James-Bond-Magazin für Fans, kam im Juni 1974 auf den Markt. ↗Bob Forlini und ↗Richard Schenkman beantragten die Nutzungsrechte des Bondlogos bei ↗United Artists und durften sich ↗»James-Bond-007-Fan-Club« nennen. Obwohl ↗Roger Moore ↗*Der Mann mit dem goldenen Colt* (1974) drehte, zeigt das Cover der ersten Ausgabe von Bondage einen James Bond, der ↗Sean Connery ähnlich sieht. Das Magazin verbreitete das Klub-Motto: »I shall not waste my days in trying to prolong them. I shall use my time.« Der Leitspruch fand sich ebenfalls auf dem Deckblatt: »Bondage No. 1, Vol 1« Motto: »The world is not enough«. Forlini und Schenkman machten sich einen Spaß aus dem Wortspiel »Bondage« – das Fesseln durch eine Domina oder generell das Erreichen des Orgasmus heißt (dt. und engl.) »Bondage«.

BOND AND DOMINO (Lied)
↗*Never Say Never Again* (Soundtrack)

BOND AND DRACO (Lied)
↗*On Her Majesty's Secret Service* (Soundtrack)

BOND, ANDREW (Romanfigur)
Über Andrew Bond, den Vater von James, erfährt man im Roman ↗*Stille Wasser sind tödlich*, dass er und Lord Randolph Hellebore in der gleichen Branche gearbeitet haben. James hat seinen Vater als ruhigen, ernsthaften und zurückhaltenden Mann in Erinnerung. Als kleiner Junge hatte er sich manchmal ein wenig vor ihm gefürchtet. Er kam ursprünglich aus Glencoe in Westschottland. »Im Alter von zwölf Jahren verließ er sein Zuhause und ging in ein Internat. Er kehrte nie wieder zurück. Im Anschluss an die Schule besuchte er

die Universität von St. Andrews und studierte Chemie.« Im Ersten Weltkrieg trat er in die königliche Marine ein, nahm an Seeschlachten teil und wurde von einem sinkenden Kriegsschiff aus dem Nordatlantik gerettet. Am Ende des Krieges war er Kapitän auf der HMS Faithful. Andrew Bond nahm nach Kriegsende eine Stelle bei der Waffenfirma Vickers an. Seine Arbeit führte ihn durch ganz Europa, wo er Verhandlungen mit Generälen, Politikern und anderen führte. Nachdem er zwei Jahre als Geschäftsreisender in Hotels gelebt hatte, lernte Andrew Bond ↗Monique Delacroix kennen und heiratete sie. James Bond wurde gezeugt. Es heißt in *Stille Wasser sind tödlich*, wenn Andrew Bond nicht arbeitete, trieb er leidenschaftlich gerne Sport (Skilaufen, Bergsteigen, Reiten und Segeln).

↗Nachruf

BOND AND ROSIE (Lied)
↗*Live And Let Die* (Soundtrack)

BOND, ARCHIE (Romanfigur)
Selten gibt James Bond in Romanen oder Filmen etwas über seine Familie preis. In ↗*Countdown für die Ewigkeit* tut er es entgegen seiner Gewohnheit, ist dabei jedoch nicht ganz ehrlich. Bei der Unterhaltung mit ↗Dr. Anton Muric erwähnt Bond einen Mann, von dem er behauptet, er sei sein verstorbener Vater: ↗Colonel Archie Bond.

BOND ARRIVES IN RIO AND BOAT CHASE (Lied)
↗*Moonraker* (Soundtrack)

BOND AT THE MONSOON PALACE (Lied)
↗*Octopussy* (Soundtrack)

BOND AVERTS WORLD WAR THREE (Lied)
↗*You Only Live Twice* (Soundtrack)

BOND BACK IN ACTION (Lied)
↗*Never Say Never Again* (Soundtrack)

BOND BELOW DISCO VOLANTE (Lied)
↗*Thunderball* (Soundtrack)

BOND-BOY
Nachdem über Jahre hinweg hunderte von »Bond-Girls« in den James-Bond-Filmen aufgetaucht waren, brachte der in ↗*GoldenEye* (1995) auftretende Schauspieler ↗Alan Cumming den Begriff »Bond-Boy« ins Spiel und persiflierte damit das Frauengehabe. Cumming meinte, es käme dabei auf das schlampige Outfit in der Rolle des ↗Boris Grischenko an.

BOND, CHARMIAN (Romanfigur)
Im Roman ↗*Stille Wasser sind tödlich* kommt James Bonds Tante Charmian vor. Nachdem James' Eltern beim Bergsteigen ums Leben gekommen sind, hat sie sich seiner angenommen. Sie lebt mit ihrem Bruder Max, der an Lungenkrebs erkrankt ist und in diesem Roman stirbt, in Schottland. James Bond fährt in den Ferien zu seiner Tante und erlebt in Schottland sein erstes Abenteuer am Loch Silverfin. Charmian Bond hat für James die Mutterrolle übernommen. Es heißt, sie habe James in den vergangenen Jahren (vor der Zeit in Eton) zu Hause unterrichtet. Charmian Bond ist stets um ihn besorgt und hat ihm folgende Einladung nach Eton geschickt:

»*Liebster James,* deinem armen Onkel Max geht es leider immer noch nicht besser und ich fürchte, ich kann ihn in diesem Zustand nicht alleine lassen. Daher halte ich es für das Beste, wenn du nach Schottland kommst und die Osterferien hier in Keith verbringst. Einen jungen Menschen um sich zu haben, wird die Lebensgeister deines Onkels wecken, da bin ich sicher. Und ich muss zugeben, auch ich vermisse dich schrecklich. Ich lege dem Brief die Bahnfahrkarte und etwas Extrageld fürs Essen bei. Ich kann gar nicht sagen, wie sehr ich mich darauf freue, dich wieder zu sehen. *Deine dich liebende Tante Charmian*«.

Charmian teilt dem jungen James Bond auch den Tod seines Onkels mit.
↗ Nachruf
In ↗ *Countdown!* von ↗ Raymond Benson unterhält sich 007 mit ↗»Q« über Tante Charmian, deren Wutanfälle manchmal sogar Mitglieder von ↗ Phantom erblassen lassen.

BOND, DAVID (Romanfigur)
Der Leser erfährt in ↗ *003½ James Bond Junior* über den Pfeife rauchenden Captain David Bond, dass er in seiner Kindheit ungern mit seinen Vettern in Southampton gespielt habe. Er hat das kleine Anwesen ↗ Monkshill geerbt und lebt dort mit seiner Frau und seinem Sohn James Bond Junior, den er nach seinem Bruder, dem Geheimagenten James Bond 007, benannt hat. David Bond ist Pilot, besitzt eine ↗ Viscount 10 und arbeitet bei British United Airways.

BONDDIEBE
Viele Szenen aus James-Bond-Filmen kommen nicht nur beim Publikum, sondern auch bei anderen Filmemachern an. Abgesehen davon, dass zahlreiche Bond-Parodien auf den Markt kommen (*Agent 00 – Mit der Lizenz zum Totlachen*; *Spione wie wir*, *Agent 00Nix*... u.v.m.) werden gelegentlich auch einzelne Einfälle verwendet, die bei 007 auftauchen. So trägt Arnold Schwarzenegger in *True Lies* genau wie ↗ Sean Connery in ↗ *Goldfinger* einen Anzug unter dem Taucheranzug.

BOND DROPS IN (Lied)
↗ *Live And Let Die* (Soundtrack)

BONDERAS (Werbeplakat)
↗ Donald Smolen

BOND ESCAPES ROLLER (Lied)
↗ *A View To A Kill* (Soundtrack)

BOND FIGHTS BACK!
↗ *Tomorrow Always Comes*

BOND-GIRLS
Alle weiblichen Personen, die erotisch ansprechend auf der Leinwand zu sehen sind, werden als Bond-Girls bezeichnet – ein Begriff, der sich in den Medien nicht mehr wegdenken lässt. Bei Frauen in James-Bond-Filmen, die älter oder gar hässlich sind und für die Gegenseite kämpfen, gilt der Ausdruck nicht, wie z. B. bei ↗ Lotte Lenya als ↗ Rosa Klebb in ↗ *Liebesgrüße aus Moskau* (1963) oder ↗ Ilse Steppat als ↗ Irma Bunt in ↗ *Im Geheimdienst Ihrer Majestät* (1969). Hier ist von der »Femme fatale« die Rede. Auch ↗ Miss Moneypenny und ↗»M« (ab ↗ *GoldenEye*) gelten trotz ihrer Weiblichkeit nicht als Bond-Girls, weil sie in einer besonderen Beziehung zu 007 stehen. Die Größe des Parts im Film ist nebensächlich. Auch ein Kurzauftritt kann zum Titel Bond-Girl führen. So wurden alle Frauen, die in ↗ *Im Angesicht des Todes* (1985) mit dabei waren (↗ Sian Adey-Jones, ↗ Caroline Hallett, ↗ Nike Clark, ↗ Paula Thomas, ↗ Gloria Douse, ↗ Lou-Anne Ronchi, ↗ Elke Ritschel, ↗ Mayako Torigai u.v.m), bei Interviews herumgereicht und als Bond-Girls beschrieben. Eine Ehre für jede. Es ging so weit, dass sogar Teeny-T-Shirts auf den Markt kamen, die in goldenen Lettern verkündeten: »Bond-Girl«. ↗ Kingsley Amis hat in *Geheimakte 007 – Die Welt des James Bond* herausgefunden, dass der Agent in ↗ Ian Flemings Romanen sich von fünf Bond-Girls distanziert und diese im Ausland leben. Die Bond-Girls, die bei ↗ *Feuerball* (1965) mitspielten, bekamen Fünf-Jahres-Verträge. ↗ Broccoli und ↗ Saltzman prüften zunächst alle Angebote, die die Darstellerinnen bekamen, bevor sie nach *Feuerball* in anderen Filmen zu sehen sein durften.

BOND IN RETIREMENT (Lied)
↗ *Never Say Never Again* (Soundtrack)

BOND IS BACK (Werbeankündigung)
↗ James Bond ist wieder da!

BOND IS BACK IN ACTION AGAIN (Lied)
↗ *Goldfinger* (Soundtrack)

BONDITIS
Unter den Ausdrücken »Bonditis« und ↗ »Bondomanie« wurde der Bond-Boom bezeichnet, der sich zu Zeiten von ↗ *Goldfinger* (1964) zu entwickeln schien und bei ↗ *Feuerball* (1965) den ersten Höhepunkt hatte. Ein weiterer nicht ganz so starker Höhepunkt wurde erreicht, als ↗ Sean Connery für ↗ *Diamantenfieber* (1971) wieder in die Fußstapfen des 007s stieg. ↗ Roger Moore trug seinen Teil zur Bondomanie bei, als er seinen dritten Film ↗ *Der Spion, der mich liebte* (1977) fertig stellte. Das Interesse am britischen Agenten war wieder immens, und auch bei ↗ *Der Hauch des Todes* (1987) und ↗ *GoldenEye* (1995) stellte sich eine Bonditis ein. Mit ↗ *Stirb an einem anderen Tag* (2002), dem Jubiläums-Bond, scheint noch kein neuer Höhepunkt besiegelt zu sein. Prognosen für die Zukunft des Agenten sehen viel versprechend aus.

BOND, JAMES (Vogelkundler/Autor)
Schriftsteller ↗ Ian Fleming hatte 1952 die Idee zu Romanen mit einem Geheimagenten als Titelheld, doch er wusste zunächst nicht, wie seine Figur heißen sollte. Der Name musste einprägsam und kurz sein. Er sollte männlich wirken, aber dennoch unauffällig sein. Es musste ein »Allerweltsname« sein, der in allen Sprachen gleich gesprochen werden konnte und nicht die Möglichkeit zur Übersetzung bot. Fleming fand in seinem Bücherregal das Werk *The Birds Of The West Indies*, dessen Autor James Bond ist. Fleming fand den Namen optimal und übernahm ihn für seinen Romanhelden im ersten Roman ↗ *Casino Royale*.

Der echte James Bond wurde am 4. Januar 1900 geboren und befasste sich intensiv mit Naturwissenschaften. Er studierte in Philadelphia. Erst sieben Jahre, nachdem der erste James-Bond-Roman auf dem Markt erschienen war, erfuhr der Vogelkundler und Autor James Bond vom literarischen Geheimagenten James Bond. Ein Kritiker hatte es herausgefunden und in einer Fachzeitschrift publiziert, in der ein Buch Bonds besprochen wurde. Der Ornithologe Bond blieb unbeeindruckt, amüsierte sich aber über die Tatsache, dass sein Name von einem fiktiven Geheimagenten getragen wurde. Mary Wickham Bond, die Frau des Vogelkundlers, die den Erfolg von 007 beobachtete, wollte mit ihrem Buch Kapital aus dieser Tatsache schlagen und veröffentlichte das Werk *How 007 Got His Name*. Darin beschrieb sie allerlei seltsame Situationen, die ihr Mann durch seinen immer berühmter werdenden Namen erlebte.

Fast immer zog der Naturwissenschaftler Bond Vorteile aus der Namensgleichheit, nur selten wurde bei Telefonaten mit Behörden einfach aufgelegt. 1961 versuchte Mary Wickham Bond, schriftlich Kontakt zu Ian Fleming aufzunehmen. Sie meinte, der Name ihres Mannes würde in Misskredit fallen, wenn Fleming ihn bei Interviews und Lesungen immer als »langweiligen Namen« bezeichnete. Der Autor entschuldigte sich vielmals und verabredete mit den Bonds ein Treffen für den 5. Februar 1964. Fleming traf Bond in dessen Haus Goldeneye auf Jamaika. Das Ehepaar und der Romanautor verbrachten einen unterhaltsamen Tag miteinander, dessen Ausklang Fleming krönte, indem er James Bond sein neues Buch ↗ *You Only Live Twice* überreichte und es mit der Widmung »To the real James Bond from the thief of his identity, Ian Fleming (a great day!)« überreichte. James Bond war begeistert und eine neue Freundschaft war entstanden. Da Ian Fleming kurz darauf starb, kam nie ein zweites Treffen zu Stande, was James Bond immer bedauerte. Er selbst starb am 14. Februar 1989 in seiner Geburtsstadt Philadelphia. Als Andenken an den Namensgeber Bond tarnt sich James Bond im Film ↗ *Stirb an einem anderen Tag* (2002) als Vogelkundler, als er das Buch *The Birds Of The West Indies* in einem Bücherregal entdeckt.

BOND, JAMES (Romanfigur)
Die erste ausführliche Beschreibung von James Bond bekommt der Leser in ↗*Casino Royale*. 007 betrachtet sich im Spiegel, und ↗Ian Fleming schreibt, was Bond sieht: graublaue Augen, die eine leise fragende Ironie ausstrahlen, eine schwarze Haarlocke, die nie anliegt und über die Stirn rutscht, um über dem rechten Auge ein dickes »Komma« zu bilden, und eine kaum sichtbare waagerechte Narbe auf der rechten Backe (Fleming meinte die Wange). Die Narbe erinnert an einen Piraten. Eine Beschreibung James Bonds gibt es auch im Roman ↗*Mondblitz*, da heißt es: »Der Spiegel zeigte ihm ein schmales, kantiges Gesicht mit graublauen Augen und einem harten, hungrigen Ausdruck. Jede seiner Bewegungen war geschmeidig und sicher, ob er sich nun mit den Fingern über das Kinn strich, um die Rasur zu überprüfen, oder sein widerspenstiges schwarzes Haar glatt zurückbürstete. Dabei fiel ihm auf, dass die Narbe auf seiner rechten Wange, die sich in seinem gebräunten Gesicht so weiß hervorgehoben hatte, bereits weniger auffiel, weil die Bräune zu verblassen begann.«

In ↗*Diamantenfieber* verrät 007 seinen bevorzugten Frauentyp: »Eine Frau, die eine Sauce Béarnaise zubereiten und genauso gut lieben kann. (...) Sie muss natürlich auch das haben, was man üblicherweise von einer Frau verlangen kann (...) goldenes Haar, graue Augen, einen sündigen Mund, eine vollkommene Figur. Und natürlich muss sie Spaß verstehen und wissen, wie sie sich kleiden muss, wie man Karten spielt und so weiter – eben das Übliche.« (Wenn man diese Anforderungen auf die Bond-Girls im Film bezieht, werden fast alle Voraussetzungen erfüllt. Es gibt jedoch nur eine Frau, die Karten spielt: ↗Solitaire in ↗*Leben und sterben lassen*.)

Dass 007 wie auch sein Erfinder Interesse am Schreiben hat, wird im Roman ↗*Goldfinger* deutlich. Bond plant ein Handbuch mit dem Titel *Bleib leben!* Nach dem Tod ↗Jill Mastersons im Roman *Goldfinger* heißt es über 007: »Bond presste die Augen zusammen, kämpfte mit einem Anfall psychischer Übelkeit. Noch mehr Blut an seinen Händen! (...) Dieser Tod war nicht Teil seiner Arbeit. An ihm würde er sein Leben lang tragen müssen.«

Als 007 beim Golfspiel gegen ↗Goldfinger einen schlechten Schlag macht, heißt es über Bonds Emotionen: »Wozu sich ärgern? Er tat es nie, also ging er auch jetzt darüber hinweg und dachte an den nächsten Schlag.« Nach einem Besuch auf ↗Shrublands im Roman ↗*Feuerball* ist James Bonds Blutdruck gesunken, und er hat fünf Kilo Gewicht verloren. Im Roman ↗*Der Morgen stirbt nie* gibt Autor ↗Raymond Benson etwas über James Bonds Vergangenheit bekannt. Da heißt es, Bond sei ein schlechter Schüler gewesen, aber nur weil Schule ihn gelangweilt hätte. Er sei ein Mann der Tat. Bond habe später versucht, ↗Moneypenny davon zu überzeugen, ein Studium in orientalischen Sprachen in Cambridge mit Auszeichnung absolviert zu haben. Dies sei eine Lüge gewesen. Raymond Benson spielt mit dieser Erklärung auf den Film ↗*Man lebt nur zweimal* (1967) an, der dreißig Jahre vor ↗*Der Morgen stirbt nie* gedreht wurde. Darin macht sich 007 auf den Weg nach Japan und behauptet, ein Sprachstudium absolviert zu haben. Seit dem Eintritt in den Geheimdienst habe sich James Bond autodidaktisch weitergebildet. In vom Geheimdienst angebotenen Seminaren beschäftigte sich 007 mit Chemie und Jura sowie anderen Fächern, da es als Geheimagent wichtig ist, sich z. B. in den neusten technologischen Erfindungen auszukennen.

Auch ↗SMERSH verfügt über eine Akte »Bond«, in der Fotos und Informationen über 007 enthalten sind. In ↗*Liebesgrüße aus Moskau* ist es ↗General Grubozaboischenkow, der sich damit beschäftigt: »Es war ein dunkles, scharfgeschnittenes Gesicht. Durch die sonnengebräunte Haut der rechten Wange zog sich leuchtend weiß eine anderthalb Zentimeter lange Narbe. Die ruhigen Augen unter den geraden, ziemlich langen schwarzen Brauen lagen weit auseinander. Das Haar war schwarz, links gescheitelt und nachlässig gebürstet, sodass eine dicke schwarze Strähne über die rechte Augenbraue fiel. Die ziemlich lange, gerade Nase endete über einer kurzen Oberlippe. Der Mund war groß und fein gezeichnet, doch wirkte er grausam. Die Kinnpartie war fest und gerade. (...) Vorname: James. Größe 183 Zentimeter, Gewicht 76 Kilogramm; schlank; Augen: blau; Haar: schwarz; Narben auf der rechten Wange und der linken Schulter; Spuren einer Hautverpflanzung auf dem rechten Handrücken (siehe Anhang A); guter Sportler; ausgezeichneter Pistolenschütze, Boxer, Messerwerfer; tritt nie unter falschem Namen auf; Sprachen: Französisch und Deutsch; starker Raucher (Spezialmarke mit drei goldenen Ringen); Schwächen: Alkohol, doch nicht im Übermaß, und Frauen. Für Bestechungsgelder angeblich nicht empfänglich. (...) Dieser Mann ist mit einer 25er-Beretta-Automatik bewaffnet, die er in einem Halfter unter dem linken Arm trägt. Magazin fasst acht Schuss. Trug auch schon ein an seinen linken Unterarm geschnalltes Messer bei sich; trug Schuhe mit Stahlkappen; versteht sich auf die Grundbegriffe des Judo. Kämpft im Allgemeinen mit Hartnäckigkeit und Ausdauer und kann große Schmerzen ertragen.«

Er gibt selbst zu, nichts von Chiffrierkunst zu verstehen, und will deshalb über Datensicherung und Geheimhaltung auch so wenig wie möglich erfahren. In ↗*Liebesgrüße aus Moskau* heißt es über 007: »Er war ein Mann der Tat und des Krieges, und wenn lange Zeit kein Krieg zu führen war, dann verdüsterte sich seine Stimmung. (...) Langeweile (...) betrachtete Bond als eine unverzeihliche Sünde.«

↗Getränke

In ↗*007 James Bond im Dienst Ihrer Majestät* heißt es: »Bond war kein Gourmet. In England begnügte er sich mit gegrilltem Fisch, Rühreiern und kaltem Roastbeef mit Kartoffelsalat. Doch wenn er im Ausland war, vor allem privat, dann bedeuteten die Mahlzeiten für ihn eine angenehme Abwechslung.« Im Buch ↗*Du lebst nur zweimal* nimmt ↗»M« Bond aus der ↗00-Abteilung heraus. Ohne lange nachzudenken, meint Bond: »Wenn es Ihnen nichts ausmacht, Sir, möchte ich doch gern meinen Rücktritt einreichen. Ich habe die Doppelnull-Nummer zu lange getragen. An Schreibtischarbeit bin ich nicht interessiert, Sir. Außerdem verstehe ich nichts davon.« »M« will 007 aber nicht gehen lassen. Er hat eine neue Mission für seinen besten Mann. Bond bekommt eine vierstellige Nummer: ↗7777. Ebenfalls in *Man lebt nur zweimal* vermutet »M«, Bond habe seine Mission nicht überlebt und verfasst einen Nachruf für den Agenten, der in der Londoner *Times* erscheint.

Als James Bond im Roman ↗*007 James Bond und der Mann mit dem goldenen Colt* zum Ritter geschlagen werden soll, geht Fleming auf den Namen seines Agenten ein: »James Bond. Kein zweiter Vorname. Kein Bindestrich. Ein ruhiger, langweiliger Name.« Weiter heißt es: »Gewiss war er Commander in der Spezialabteilung der R.N.V.R. (Royal Naval Volunteer Reserve), der freiwilligen Marinereserve, aber er machte selten von seinem Rang Gebrauch. Ebenso wenig von dem C.M.G., dem Commander des St.-Michaels- und St.-George-Ordens. Er trug ihn vielleicht einmal im Jahr, zusammen mit seinen zwei Reihen von »Salat«, beim Abendessen der Old Boys – der Vereinigung früherer Geheimdienstleute unter dem Namen »Zwillingsschlangenklub«. Gegenüber ↗Ariadne Alexandrou macht James Bond im Buch

↗ *Liebesgrüße aus Athen* kein Geheimnis aus seiner Abstammung: »Ich bin gar kein Engländer, sondern Schotte, halb Schweizer.« Am Ende der Mission soll 007 das Rote Banner für Friedensdienste erhalten, er nimmt es aber nicht an.

Dass die Jahre auch an 007 nicht spurlos vorbeigehen, stellt eine Stewardess im Roman ↗ *James Bond und sein größter Fall* fest: »Wenn er nicht lächelte, sah er alt und grausam aus, die Augen waren hart wie Stein.« Über welche Körperkontrolle James Bond verfügt, wird im Roman ↗ *Stirb an einem anderen Tag* deutlich. ↗ Raymond Benson schreibt: »James Bond war jedoch ein Mensch, der die geradezu unheimliche Fähigkeit besaß, sich ganz in sich zurückzuziehen. Wenn er sich ausschließlich auf seinen Herzschlag konzentrierte, konnte er sich mit der Abgeklärtheit eines Zen-Mönchs von seiner Umwelt isolieren. Während er sich nach außen hin versteifte, die Fäuste ballte und gegen den Schmerz ankämpfte, blieb er im Inneren ganz ruhig.« Nur so übersteht 007 die bestialische Folter in koreanischer Gefangenschaft. 007 denkt in dieser ausweglosen Situation auch über seine Vergangenheit nach: »Er dachte an seine Kindheit, als seine Eltern noch gelebt hatten, und wie ihm sein Vater die Liebe zum Bergsteigen vermittelt hatte. Seine ersten Lebensjahre (...) verband er mit Liebe, Wärme und Sicherheit.« Über den tödlichen Unfall seiner Eltern heißt es, er habe nie erfahren, was wirklich geschehen war. In der Schulzeit war Bond als Teenager meist für sich geblieben und hatte kaum Freunde. »Er hatte immer genug gelernt, um damit durchzukommen und trotzdem ausreichend Zeit für sich zu haben. Seine Berufung hatte er schließlich bei der Kriegsmarine gefunden. (...) Bonds lebhafteste Erinnerungen drehten sich um seine Arbeit als 00-Agent im Dienst Ihrer Majestät. Sein erster Einsatz, bei dem er einen Feind in New York beseitigen musste, hatte ihm das Tor zu einem Leben voller Abenteuer und ernsthafter Gefahren geöffnet. Seit dieser Zeit hatte er in Ausübung seiner Pflicht noch weitere Menschen getötet. Er hatte sich angewöhnt, die Gedanken daran zu verdrängen, sich nicht schuldig zu fühlen und so zu tun, als sei nichts geschehen.

Weiter heißt es über die Fähigkeiten von 007: »Mit Hilfe seines Geruchs- und Geschmackssinnes konnte Bond sich verschiedene Orte auf der Welt ins Gedächtnis rufen, die einen unauslöschlichen Eindruck bei ihm hinterlassen hatten. Jamaika, die Insel, die er mehr als alle anderen liebte, das exotische und geheimnisvolle Japan, Frankreich mit dem unvergleichlichen Zufluchtsort Royale-les-Eaux, und das Hinterland von New York (...)«

Die Körperkontrolle geht so weit, dass Bond seinen Herzschlag herunterfährt, um die Ärzte in seine »Krankenzelle« zu locken und schließlich fliehen zu können. Die elektronische Linie, die Bonds Herzschlag anzeigt, weist keine pulsierenden Signale mehr auf – 007 scheint tot zu sein. Eine Ärztin macht sofort Mund-zu-Mund-Beatmung. Bond beschleunigt seinen Herzschlag wieder und kann fliehen.

Mit einer genauen Beschreibung wird 007 auch im Roman ↗ *Moonraker Streng geheim* eingeführt: »Das Gesicht war dunkel getönt und gleichmäßig geschnitten, mit einer sieben Zentimeter langen weißen Narbe auf der rechten Wange. Die Augen lagen weit auseinander und gerade unter waagerechten, ziemlich langen schwarzen Brauen. Das Haar war schwarz, links gescheitelt und so gekämmt, dass eine dicke schwarze Strähne über der rechten Braue hing. Die längliche, gerade Nase führte hinab zu einer schmalen Oberlippe, die zusammen mit der Unterlippe einen breiten und fein geschnittenen, aber mit einem grausamen Zug ausgestatteten Mund bildete. Die Kinnbildung war betont und verriet Unbarmherzigkeit.« Nach der Beschreibung der Kleidung heißt es: »Aber

James Bond war unzugänglich für die wechselnden Torheiten der Männermode.«

Über den James Bond in den Ian-Fleming-Romanen fand ↗Amis heraus, dass er in zwölf Büchern 38,5 (!) Menschen eigenhändig getötet hat, 70 sind durch andere Personen umgebracht worden. 007 hat pro Auftrag eine »Bettpartnerin«, die meist blond und blauäugig ist. Der Schurke im Roman ist an überdimensionale Größe, ungewöhnlichen Körperproportionen und der Farbe Rot (in den Augen, das Haar ...) zu erkennen und hat einen schlaffen, feuchten Händedruck. Über James Bond als Kind erfährt man sehr viel im Roman ↗ *Stille Wasser sind tödlich*. Da seine Eltern ↗Andrew Bond und ↗Monique Delacroix wegen des Berufs seines Vaters nie sesshaft wurden, hatte James Bond, der in Zürich geboren wurde, im Alter von sechs Jahren bereits in Frankreich, der Schweiz, Italien und London gelebt. Als er älter wurde, setzte seine Mutter der Reiserei ein Ende. Sie wohnten nun die eine Hälfte des Jahres in ↗Chelsea und die andere in der Nähe von ↗Basel. In Basel besuchte James Bond auch die Schule und sprach bald fließend deutsch, englisch und französisch.

Durch die häufigen Umzüge in seinem Kindesalter war James damit vertraut, sich schnell an »neue Freunde« zu gewöhnen. In seinem Zimmer in Eton hat James drei Bilder hängen: »Eine ziemliche wilde Darstellung einer Seeschlacht, ein Porträt von König George [wahrscheinlich Georg V – 1910 bis 1936] und das farbenfrohe Gemälde einer heißen, sonnigen Südseeinsel.« James Bond hatte durch die Reiserei gelernt, sich allein zu beschäftigen und sich selbst zu genügen. ↗Charlie Higson schreibt zum Thema Glück: »Er (Bond) war nie glücklicher als beim Laufen.« Das Schwimmen lernte er auf Jamaika – bei einem Urlaub mit seinen Eltern, an den er sich noch erinnern kann –, das Reiten und Schießen in Norditalien – ebenfalls in einem Urlaub. Sein Vater brachte es ihm bei. Gegenüber seinem ↗Onkel Max nennt James im Roman *Stille Wasser sind tödlich* seinen Berufswunsch: »Vielleicht ein Forscher (...) oder ein Spion, wie du.«

↗Kurzarmhemden

BOND, JAMES (Romanfigur in »003½ James Bond Junior«)

In ↗*003½ James Bond Junior* wird James Bond Junior – auch ↗»Jimmy« genannt – als Einzelkind beschrieben, das nie lange genug irgendwo gewohnt hat, um Freundschaften schließen zu können. Er ist 56 Kilo schwer und lebt mit seinen Eltern in ↗Monkshill, einem kleinen Haus mit Garten. Sein Vater ist Captain ↗David Bond, der Bruder des berühmten James Bond 007. Als kleines Kind hat James Bond Junior gern die Dorfschule von ↗Marsham besucht, wo er den Geheimbund ↗»Die Löwenbande« gegründet hat. Er wird oft damit aufgezogen, dass er mit 007 verwandt ist, auch weil er denselben Vornamen trägt wie sein Onkel. Deshalb wurde er von seinem Stubenältesten immer ↗003½ genannt. Mit diesem Spitznamen spricht ihn auch sein Arzt in diesem Roman an. Der Junge hat den Geheimagenten James Bond noch nie kennen gelernt. Einmal hat er ihm geschrieben, und als Antwort auf seinen Brief bekam er ein paar Zeilen und einen Dolch geschickt. Für den Jungen ist diese Waffe ein Talisman.

Der große Landsitz ↗Hazeley Hall, auf dem er von der Besitzerin ↗Mrs. Frame eine alte Hütte geschenkt bekommen hat, hat es ihm angetan. In dieser Hütte hat 003½ alles, was ihm etwas bedeutet: getrocknete wild gewachsene Blumen, Vogeleier und seine Steinsammlung. Als Mrs. Frame starb, wurde der Besitz als Gesamtheit mit Hütte versteigert und ging in den Besitz von ↗Mr. Merck über. James Bond Junior möchte seine Hütte zurückerobern. James findet heraus, dass Merck hinter einem Goldraub steckt. Bei seinen Nachforschungen zieht sich James Bond Junior eine Lungen- und Rippenfellentzündung zu.

↗ Mrs. Raggles stellt fest, dass alles, was James getan hat, sich durchaus mit dem messen kann, was der Agent 007 vollbracht hat. James beabsichtigt, an seiner Hütte Sicherheitsschlösser einzubauen. Außerdem spielt er mit dem Gedanken, ein echter Geheimagent wie sein Onkel zu werden. Im Verlauf des Jugend-Romans wird bekannt, dass James Judo kann: »Das Prinzip ist ganz einfach. Man greift nicht an, man lässt an sich rankommen.« Und: »Sich dem Gegner widersetzen. Mit ihm mitgehen.« Nicht alle kommen mit dem Benehmen des Jungen klar. Besonders leidet Mrs. Raggles darunter: »Dir spukt dieser Onkel von dir im Kopf rum (...) Deine Mammi hat mich schon gewarnt. Und ich habe nicht die Absicht, mir diesen 007-Unfug länger anzusehen hier im Haus.«
↗ Ich gehöre mir ganz allein!

BOND, JAMES (Filmcharackter in »Casino Royale«)
Man kann den James Bond in ↗ Casino Royale (1966) nicht mit dem »normalen« Film-Bond vergleichen. 007 lebt hier im Ruhestand, schwärmt für eine schwarze Rose und spielt stundenlang Debussy auf dem Flügel. ↗ »M« will 007 zur Rückkehr zum Geheimdienst überreden. Bond sei Träger des Victoria-Kreuzes und der Held des Ashanti-Aufstands. Er befinde sich im Ruhestand, weil er die Frau seines Lebens gefunden habe: ↗ Mata Hari. Er musste sie über die spanische Grenze locken, wo sie von einem Exekutionskommando erschossen wurde. Bond übernimmt nach dem Tod von »M« dessen Abteilung. Dies ist auch der Moment, wo er nicht mehr stottert. Im Film heißt es, James Bond habe einen Namensvetter, der aber jetzt fürs Fernsehen arbeite – eine Anspielung auf die von ↗ Sean Connery verkörperte Bond-Figur. Sir Bond schafft es, gegen ↗ Jimmy Bond alias ↗ Dr. Noah anzukämpfen. 007 und die anderen Bonds kommen aber bei der Explosion des Kasinos ums Leben.

BOND, JAMES BOND (Zitat)
Die Art, wie sich 007 vorstellt, ist zum Erkennungszeichen des Geheimagenten geworden. Das erste Mal benutzt Bond diese Form gegenüber ↗ Felix Leiter im Roman ↗ Casino Royale: »Ich heiße Bond – James Bond.« Auch in der Kurzgeschichte ↗ Octopussy benutzt 007 diese Form. Die Namensnennung wurde im Film ↗ James Bond 007 jagt Dr. No (1962) zum ersten Satz, den ↗ Sean Connery spricht. Experten vermuten, dieses Zitat habe sich per Zufall beim Drehbuchschreiben entwickelt: 007 reagiert mit Ironie, als sich seine Partnerin am Spieltisch mit »Trench, Sylvia Trench« vorstellt, und er stellt sich darauf in der gleichen Weise vor: »Bond, James Bond.« 7 Minuten 45 Sekunden dauert es in ↗ James Bond 007 jagt Dr. No (1962), bis 007 erstmals auf seine klassische Art auftritt. 1999 wurde der Satz »My name is Bond. James Bond.« zur »berühmtesten Filmzeile der Geschichte« gekürt – ↗ Richard Maibaum hatte sie ins Drehbuch von ↗ James Bond 007 jagt Dr. No (1962) geschrieben. Ironisch begrüßt auch ↗ Valentin Zukovsky den Agenten im Roman und im Film ↗ Die Welt ist nicht genug (1999) mit dessen Art: »Bond, James Bond!«
Im Casino Royale in ↗ Casino Royale (1966) stellt sich ↗ Evelyn Tremble als »Bond, James Bond« vor. Er ist in die Rolle geschlüpft, um gegen ↗ Le Chiffre anzutreten. Zweimal fallen in ↗ Im Geheimdienst Ihrer Majestät (1969) die berühmten Worte von 007. Im Film ↗ Der Mann mit dem goldenen Colt (1974) fällt der berühmte Satz dreimal, und auch ↗ Scaramanga eignet sich diese Art an: Im Boxstadion sagt er, er sei »Scaramanga, Francisco Scaramanga.« Auch gegenüber ↗ Max Kalba in ↗ Der Spion, der mich liebte (1977) und gegenüber ↗ Kamal Khan am Spieltisch in ↗ Octopussy (1983) verwendet er seine bekannte Floskel. Bei ↗ Im Angesicht des Todes (1985) spricht 007 die berühmten Worte gleich zweimal und ganz kurz hintereinander, zu-

nächst bei einem Polizisten, der ihm nicht glaubt, und Minuten später bei ↗Stacey Sutton. Auch gegenüber ↗Graves setzt 007 in ↗*Stirb an einem anderen Tag* (2002) auf seine beliebte Formel. Interessanterweise stellt sich Graves rechte Hand im Roman als »Frost. Miranda Frost.« vor. In zahlreichen Quellen heißt es, in ↗*Lizenz zum Töten* (1989) wäre James Bonds Eigenart verschwunden. Diese Aussage ist falsch: Im Büro von ↗Franz Sanchez sagt 007 ganz deutlich »Bond, James Bond.« Auch in ↗*GoldenEye* (1995) durfte das Zitat nicht fehlen. Selbst im Kinderbuch *Heiße Spur in Dixies Bar*, einem Insektenkrimi von Paul Shipton, stellt sich eine Figur mit »Mein Name ist Muldoon. Wanze Muldoon.« vor. Im Roman ↗*Stille Wasser sind tödlich* stellt sich James Bond mit der bekannten Floskel dem Hausvertreter ↗Mr. Codrose vor. ↗Randolph Hellebore gegenüber verwendet sie James Bond noch einmal, als er auf einem Tisch festgebunden vor dem Besitzer von ↗Schloss Silverfin liegt – eine Situation, die entfernt an Bonds Gefangenschaft aus dem Film ↗*Goldfinger* (1964) und den gleichnamigen Roman erinnert.

BOND, JIMMY (Filmcharakter)
In der TV-Version von *Casino Royale* hieß James Bond Jimmy Bond, weil der ursprüngliche Name den Machern nicht amerikanisch genug war.

BOND, JIMMY (Filmcharakter)
Der Neffe von James Bond, Jimmy Bond, kommt im Film ↗*Casino Royale* (1966) vor. Jimmy Bond alias ↗Dr. Noah aus ↗*Casino Royale* (1966) kann in der Gegenwart von Sir James Bond nicht sprechen. Es handelt sich um eine psychische Blockade, die auf Heldenverehrung basiert. Am 20. April (im Untertitel am 1. April) hat Jimmy Bond Geburtstag, und an diesem Tag will er alle wichtigen Staatsmänner töten und sie durch Doubles ersetzen lassen. Bei der Explosion seines Aspirins kommt Jimmy Bond ums Leben und landet in der Hölle.

BOND JOINS UNDERWATER BATTLE (Lied)
↗*Thunderball* (Soundtrack)

BONDKLUB DEUTSCHLAND
Der BondKlub Deutschland (BKD) ist seit 1997 für seine Mitglieder und deutschsprachige 007-Fans im Internet aktiv und hat die Dreharbeiten der Bond-Filme ↗*Der MORGEN stirbt nie* (http://www.the007generation.de/filme/18-tnd/index.html), ↗*Die Welt ist nicht genug* (http://www.the007generation.de/filme/19-twine/index.html) und ↗*Stirb an einem anderen Tag* (http://www.the007generation.de/filme/20-dad/index.html) mit fundierter journalistischer Berichterstattung begleitet. Im sechsten Jahr seines Bestehens präsentiert sich der BKD nun in neuem Look und mit neuen Webmaster Tim Roth, der seine etablierte ATH-Website und die BKD-Website unter dem Namen All Time High zusammengeführt hat. Diese Fusion garantiert eine aktuelle Berichterstattung aus dem 007-Universum, den Zugang zu einem hoch frequentierten, lebhaften und nicht zuletzt sachkundigen Forum, und umfassende redaktionelle und administrative Betreuung für die Mitglieder des BKD. Die Gründer des BKD sind Oliver Breitfelder, Wolfgang J. Thürauf, Oliver Bayan, Markus C. Breitfelder und Jörg Pape. Der Bondklub Deutschland ist »dem Andenken des Schriftstellers Ian Fleming und der von ihm geschaffenen Kunstfigur »James Bond« verpflichtet« und wurde in Weißkirchen, nahe Frankfurt am Main, gegründet. Es bestehen gute Kontakte zu anderen Bondklubs in Europa.

Der BKD arbeitet ohne kommerzielle Interessen. Seine Mitarbeiterinnen und Mitarbeiter, Mitglieder und Freunde sind ehrenamtlich tätig. Der BKD versteht sich als Forum und Informationsquelle für Gleichgesinnte in der Bundesrepublik

Deutschland. Er pflegt die Beziehungen zu anderen Fanklubs im deutschsprachigen Raum, im europäischen Ausland und in Übersee. Alle Aktivitäten werden aus den Beiträgen der Mitglieder und aus Spenden finanziert. Der BKD publiziert das Klubmagazin ↗*DOSSIER: 007* und das Mitteilungsblatt ↗*BKD NEWS*.
Kontakt: *BONDKLUB DEUTSCHLAND, z.H. Wolfgang J. Thürauf, Postfach 11 18 02, D-60053 Frankfurt am Main, Telefon: 060 817832, Telefax: 060 58910133*

BOND LOOK ALIKE (Lied)
↗*Octopussy* (Soundtrack)

BOND LURED TO PYRAMID (Lied)
↗*Moonraker* (Soundtrack)

BOND MARKETING, INC.
Nachdem der neunzehnte offizielle James-Bond-Film ↗*Die Welt ist nicht genug* (1999) mit sehr großem Erfolg in den Kinos gelaufen war und die Vorbereitungen für ↗»Bond 20« starteten, beschlossen die Filmproduzenten in Zusammenarbeit mit ↗Keith Snelgrove, einem Marketingspezialisten, das Unternehmen »Bond Marketing, Inc.« zu gründen. Die Firma spezialisierte sich darauf, Artikel zum Thema Bond zu entwickeln und zu lizenzieren. »Bond Marketing, Inc.« ist in diesem Sinne ein zweites ↗Danjaq.

BOND, MATA (Filmcharakter)
In ↗*Casino Royale* (1966) ist Mata Bond die Tochter von Sir James Bond und ↗Mata Hari. Sie wurde im Alter von drei Jahren in ein Waisenhaus gebracht und wuchs dort auf. Mata lebt im Dschungel Tibets in einem Palast, wo sie Wasserpfeife raucht, tanzt und sich von einem Psychiater beraten lässt. Sir Bond instruiert sie, und sie wird als zuverlässige Person bei ↗SMERSH eingeschleust, um zu spionieren. In den Räumen der alten Tanzschule ihrer Mutter in der Friedrichstraße in Berlin hat SMERSH sich niedergelassen. Mata Bond kommt bei der Explosion des Kasinos ums Leben. Die Figur wurde von ↗Joanna Pettet verkörpert.

BOND, MAX (Romanfigur)
Siehe Inhaltsangabe ↗*Stille Wasser sind tödlich*

BOND MEETS BAMBI AND THUMPER (Lied)
↗*Diamonds Are Forever* (Soundtrack)

BOND MEETS DOMINO (Lied)
↗*Thunderball* (Soundtrack)

BOND MEETS KRISTATOS (Lied)
↗*For Your Eyes Only* (Soundtrack)

BOND MEETS OCTOPUSSY (Lied)
↗*Octopussy* (Soundtrack)

BOND MEETS SOLITAIRE (Lied)
↗*Live And Let Die* (Soundtrack)

BOND MEETS STACEY (A VIEW TO A KILL) (Lied)
↗*A View To A Kill* (Soundtrack)

BOND MEETS TANIA (Lied)
↗*From Russia With Love* (Soundtrack)

BOND MEETS THE GIRLS (Lied)
↗*On Her Majesty's Secret Service* (Soundtrack)

BOND NOIR (Werbeplakat)
↗Donald Smolen

BONDOLA (Boot)
Auf den Kanälen von Venedig bewegt sich James Bond mit einem speziellen Gefährt aus der ↗Abteilung ↗Q. Die »Bondola« hilft im Film ↗*Moonraker – streng geheim* (1979), die Feinde abzuschütteln. Das gondelgleiche Wasserfahrzeug verfügt über einen leistungsstarken Motor. Wenn 007 das Luftkissen unter der Gondel auslöst, kommen eine Joysticksteuerung und ein Lenkrad zum Einsatz. Somit kann »Bondola«

auch als Luftkissenboot über Land fahren – was der Agent auf dem Markusplatz in Venedig zum Staunen der Passanten unter Beweis stellt. Den Namen »Bondola« hat sich die Filmcrew ausgedacht. Drei der Hightechgeräte waren nötig, um alle Spezialeffekte filmen zu können. Hunderte von Schaulustigen beobachteten die Dreharbeiten, und Regisseur ↗ Lewis Gilbert drehte genervt weiter. Um Auseinandersetzungen zu vermeiden, bat er sogar die Polizei, ihre Hände aus dem Spiel zu lassen. Die verblüfften Zuschauer wurden so zu unfreiwilligen Statisten. Roger Moore fühlte sich in den Menschenmengen sichtlich wohl. Die »Bondola« hatte zwei Motoren mit einer Leistung von je 140 PS. Roger Moore hatte kein glückliches Händchen mit dem von ↗ Ken Adam entworfenen Gefährt. Es stürzte mit ihm darin mehrmals um, als er versuchte, mit dem Luftkissen an Land zu fahren, und der Darsteller fiel in das morastige Wasser Venedigs. Die »Bondola« wurde jahrelang aufbewahrt, fiel aber schließlich Vandalen zum Opfer.

BONDOMANIE

Unter Bondomanie verstehen Bond-Experten den Presse-, Werbe- und Produktrummel, der sich während des Erscheinens der Filme ↗ *Goldfinger* (1964) und ↗ *Feuerball* (1965) entwickelte. Nach kleinen Flauten bei Erscheinen des Filmes ↗ *Im Geheimdienst Ihrer Majestät* (1969) kam der Aufschwung der Bondomanie mit ↗ *Diamantenfieber* (1971) wieder und hielt sich bis heute. ↗ *GoldenEye* (1995) trat durch die extremen Werbefeldzüge noch stärker hervor, und beim Bond-Jubiläum ↗ *Stirb an einem anderen Tag* (2002) wurde der bisherige Höhepunkt der Bondomanie erreicht.
↗ Bonditis

BONDO-SAN (Spitzname)

Der Roman ↗ *Du lebst nur zweimal* spielt in Japan. ↗ Tiger Tanaka gibt James Bond den Namen »Bondo-san«, was so viel wie »Sohn des Bondo« bedeutet. Im Film ↗ *Man lebt nur zweimal* lautet der Spitzname »Bondsan«. Im Roman meint eine Geisha, sie sei schon einmal mit einem »Bonsan« (übersetzt: »Priester« oder »Graubart«) verheiratet gewesen und auf ihrem Futon sei kein Platz für einen Zweiten – entweder hat sie sich beim Namen verhört, oder sie verfügt über den Bond-Humor. Den Grund für die Umbenennung Bonds erklärt Tanaka so: »Die harten Konsonanten am Ende von Bond sind für die Japaner nicht leicht auszusprechen, und wenn so etwas bei einem Fremdwort vorkommt, hängen wir ein O an.«

Bezüglich der Namensgebung meint 007 (hier: ↗ 7777): »Bedeutet Bondo vielleicht Schwein oder etwas Ähnliches auf Japanisch? (...) Ich habe neulich einen meiner Freunde erwähnt, der Monkey McCall heißt, von uns aber gewöhnlich Munko genannt wird. Sie sagten mir, das sei in ihrer Sprache ein unaussprechliches Wort. Deshalb dachte ich, Bondo könnte gleichermaßen unaussprechlich sein.« In ↗ *The Man With The Red Tattoo* bittet Bond seine japanische Begleiterin ↗ Reiko, ihn James zu nennen und nicht, wie Tiger Tanaka, »Bondo-san«.

BONDOV, JERZY (Deckname)

Um James Bond in ↗ *Der Hauch des Todes* (1987) unauffällig außer Landes zu bringen, hat ↗ Koskov einen neuen Pass für den Agenten besorgt. 007s Name darin lautet Jerzy Bondov. Die gefälschte Unterschrift sieht aus, als laute sie »Bondvd« (andere Quellen: Jerzy Bondow).

BOND-POSEN

Es gibt nicht nur eine festgelegte Bond-Pose; über die Jahre hinweg haben sich mehrere Haltungen von 007-Darstellern zu Bond-Posen entwickelt.

1) Pistolenlaufpose: Klassiker unter ihnen ist James Bond mit der ↗ Walther PPK in der rechten Hand, die linke zum Gleichgewichthalten abgewinkelt, Beine leicht gegrätscht, Knie gewinkelt und leicht im Oberkörper nach links verdreht. Diese Bond-Pose entstand durch das von ↗Maurice Binder erdachte Einleitungslogo: die »Gun-Barrel-Sequenz« – den Pistolenlauf zu Beginn jedes James-Bond-Films ab ↗*James Bond 007 jagt Dr. No* (1962). Es hält sich bis heute, erlebte seinen Höhepunkt jedoch bei ↗*In tödlicher Mission* (1981). Hier wurde die Pose besonders gut vermarktet, und man fand den Agenten in der Stellung auf T-Shirts, Gläsern und vielen anderen Artikeln. Beispiel: Kinoplakat ↗*In tödlicher Mission*.

2) Waffenpose: Auf Romanen, Filmcovers und Werbeplakaten sieht man 007 häufig in der Waffenpose. Der stehende Bond hat in der Seitenansicht sein Gesicht dem Betrachter zugewandt. In der rechten Hand hält er die ↗Walther PPK (neuerdings die ↗P99); die Waffe wird in Kopfhöhe gehalten, und die freie Hand liegt im gewinkelten Ellenbogengelenk des nach oben zeigenden Unterarmes der rechten Hand. Beispiel: Vorankündigungsplakat ↗*GoldenEye* (1995), Vorankündigungsplakat ↗*Der Morgen stirbt nie* (1997).

3) Girlpose: Von Frauen umringt, erscheint ein lässiger James Bond für die Werbung sehr oft in der Girlpose. Die ↗Bond-Girls des entsprechenden Films belagern 007 regelrecht und versuchen, wenn möglich, Körperkontakt zum Agenten herzustellen. Beispiel: Kinoplakat ↗*Im Geheimdienst Ihrer Majestät* (1969).

4) Andere: Des Weiteren ist eine Fülle von Posen vorhanden, die sich nicht richtig durchsetzen konnten. Bei ↗*James Bond 007 jagt Dr. No* (1962) war es nicht erlaubt, ein Plakat anzufertigen, auf dem die abgebildete Person auf den Betrachter zielt. So hielt ↗Sean Connery als 007 die Waffe nach unten. Im Jahr 2000 tauchten Plakate auf, die ↗Pierce Brosnan in einer sehr männlichen Stellung zeigen. Er hält die Waffe mit Schalldämpfer, die als gedachte Verlängerung zu seinem Glied senkrecht nach unten zeigt, zwischen seinen Beinen.

BOND RETURNS HOME (Lied)
↗*Never Say Never Again* (Soundtrack)

BOND, SAMANTHA (Darstellerin)
↗Miss Moneypenny Nummer drei wurde die Schauspielerin Samantha Bond. »Endlich in einem James-Bond-Film mitspielen zu dürfen, ist großartig, aber nun beginnen die Witze über meinen Nachnamen«, sagte sie anlässlich der Premiere von ↗*GoldenEye* (1995), in dem sie ↗»Ms« Sekretärin erstmals verkörperte. Bond legte die Rolle wesentlich interessanter an als ihre Vorgängerin ↗Caroline Biss. Samantha Bond spielt mehr mit 007, und auch ihr Vorhaben, mit einem anderen Mann in die Oper zu gehen, signalisiert die Emanzipation. Als Mitglied der Royal Shakespeare Company arbeitete sie bereits mit der »M«-Darstellerin ↗Judi Dench auf der Bühne. Bond bekam die Rolle auch in den Folgefilmen ↗*Der Morgen stirbt nie* (1997), ↗*Die Welt ist nicht genug* (1999) – hier giftet sie sich mit ↗Dr. Molly Warmflash an, zum ersten Mal ist Moneypenny so eifersüchtig – und in ↗*Stirb an einem anderen Tag* (2002). In Letzterem drehte Bond sogar eine (Zungen-)Kussszene mit ↗Pierce Brosnan, dieses Glück hatte keine andere »Moneypenny« vor ihr. Samantha Bond wurde nach ↗Lois Maxwall zu der Moneypenny-Darstellerin, die die Figur am häufigsten verkörperte. Sie spielte neben den 007-Filmen noch in den Spielfilmen *Erik, der Wikinger* und *What Rats Won't Do* mit.

BOND-SAN (Spitzname)
↗Bondo-san

BOND SELLES IN (Lied)
↗*On Her Majesty's Secret Service* (Soundtrack)

BOND'S FUNERAL (Lied)
↗*You Only Live Twice* (Soundtrack)

BOND SMELLS A RAT (Lied)
↗ *Diamonds Are Forever* (Soundtrack), ↗ *Moonraker* (Soundtrack) und ↗ *Never Say Never Again* (Soundtrack)

BOND STREET (Straße)
Wie es der Zufall will, nimmt ↗ Pjotr Malinowski in der Kurzgeschichte ↗ *Globus – Meistbietend zu versteigern* in der Bond Street ein Taxi. Der Mann wird schon von 007 verfolgt. Auch im Roman ↗ *On Her Majesty's Secret Service* kommt die Bond Street vor. ↗ Ian Fleming nannte Kapitel 6 »Bond Of Bond Street«. Der Rollstuhlschurke in ↗ *In tödlicher Mission* (1983) will 007 sein Haus in der Bond Street schenken, um sich damit freizukaufen.

Gag und Tradition zugleich boten die Dreharbeiten auf der Bond Street für ↗ *Octopussy* (1983). 007 besucht in dieser Straße das Auktionshaus ↗ Sotheby's und einen Zeitungskiosk. Er kauft Zeitschriften und gibt einem Kollegen den Auftrag, ↗ Kamal Khan zu verfolgen.

BOND, THOMAS (Vorfahre)
Im Film ↗ *Im Geheimdienst Ihrer Majestät* (1969) erfährt 007 etwas über seine Vorfahren. ↗ Sir Hilary Bray hat Bonds Stammbaum bis ins Jahr 1387 zu ↗ Otho le Bon zurückverfolgt. Das Wappen der Bonds stammt von Sir Thomas Bond, der 1734 verstarb. Von Sir Hilary Bray erfährt James Bond über seinen Vorfahren, dass er Baronet von Peckham war. 007 bekommt das Familienwappen zu sehen.

BOND TO HOLLAND (Lied)
↗ *Diamonds Are Forever* (Soundtrack)

BOND TO NEW YORK (Lied)
↗ *Live And Let Die* (Soundtrack)

BOND TO THE RESCUE (Lied)
↗ *Never Say Never Again* (Soundtrack)

BOND, TRACY (Filmcharakter)
Am Ende von ↗ *Im Geheimdienst Ihrer Majestät* (1969) kann man nicht mehr von ↗ Tracy di Vicenzo sprechen. Nach der Hochzeit mit dem berühmtesten Geheimagenten der Welt lautet ihr Name nun Tracy Bond. So steht es auch auf dem Grabstein, als 007 zwölf Jahre später in der ↗ Pre-Title-Sequenz von ↗ *In tödlicher Mission* (1981) das Grab aufsucht. Der Spruch auf dem Grabstein lautet »We have all the time in the world«.

BOND, TREVOR (Assistent)
Nachdem Trevor Bond seinen Teil zu den Animationen im ersten Film ↗ *James Bond 007 jagt Dr. No* (1962) beigesteuert hatte, wurde er für die zweite Produktion wieder angeheuert. Diesmal war er als Assistent in ↗ *Liebesgrüße aus Moskau* (1963) tätig. Ein eingespieltes Team zu haben, war den Bond-Machern schon immer sehr wichtig und da wurde alles versucht, um den Stamm der Mitarbeiter zu halten. Zusammen mit ↗ Robert Brownjohn war Bond für den Titelvorspann in ↗ *Liebesgrüße aus Moskau* verantwortlich. Die Idee mit der Projektion der Darstellernamen auf einen tanzenden Frauenkörper kam so gut an, dass Maurice Binder sie für ↗ *Goldfinger* (1964) wieder übernahm.

BOND UNDERWATER (Lied)
↗ *A View To A Kill* (Soundtrack)

BOND WITH SPECTRE FROGMEN (Lied)
↗ *Thunderball* (Soundtrack)

BOND XX (Filmtitel)
Bond XX war als Titel für ↗ *Stirb an einem anderen Tag* (2002) im Gespräch, setzte sich aber nicht durch.

BONE BENDER DING (Romanfigur)
Als ↗ »M« James Bond im Roman ↗ *Fahr zur Hölle, Mr. Bond!* über die Killer von ↗ Lee Fu-Chu informiert, fallen Namen

wie »Bone Bender Ding«, ↗»Big Leu«, ↗»Frozen Stalk Pu« und ↗»Luk See«.

BONITA (Filmcharakter)
Während das Drogenlager von ↗Mr. Ramirez explodiert, tanzt Bonita im Film ↗*Goldfinger* (1964) gerade vor Publikum. James Bond hat natürlich schon eine Verabredung mit der leicht bekleideten Tänzerin, doch ein Freund warnt den Agenten. Bond entschließt sich dennoch, die erotische Frau in ihrem Hotelzimmer zu besuchen: ein Fehler. Der Killer ↗Capungo, gespielt von ↗Alf Joint, erwartet Bond bereits. 007 sieht den sich von hinten anschleichenden Gauner in einem Auge Bonitas. Er wirbelt sie herum, und sie bekommt an Stelle von Bond einen Schlag ab. Während Capungo den Abend nicht überlebt, bleibt Bonita benommen in der Ecke liegen. ↗Nadja Regin, die bereits in ↗*Liebesgrüße aus Moskau* (1963) dabei war, stellte die Tänzerin in diesem dritten James-Bond-Film dar.

BONNICHON, CHRISTIAN (Fahr-Stuntman)
Der Bruder von ↗Jean-Claude Bonnichon gehörte bei den Dreharbeiten von ↗*Im Angesicht des Todes* (1985) zum Fahr-Stuntteam. Neben ihm waren ↗Dominique und ↗Michel Julienne, ↗Jean-Claude Lagniez, ↗Jean-Claude Houbart und ↗Robert Blasco beschäftigt. Siehe auch ↗Rémy Julienne, denn Bonnichon arbeitete auch bei ↗*Der Hauch des Todes* (1987) mit.

BONNICHON, JEAN-CLAUDE (Fahr-Stuntman)
↗Robert Blasco

BONO AND THE EDGE (Texter)
Die Musikgruppe Bono and the Edge von der irischen Band U2 schrieb das Titellied zum Film ↗*GoldenEye* (1995), das von ↗Nelee Hooper produziert und von ↗Tina Turner gesungen wurde.

BON, OTHO LE (Filmcharakter)
↗le Bon, Otho

BONSAN
↗Bondo-san

BOOFY (Romanfigur)
↗Ian Fleming lässt durch ↗Felix Leiter im Roman ↗*Diamantenfieber* den Spitznamen von ↗Mr. Kidd nennen: Boofy. Ursprünglich hätte es der richtige Name sein sollen, doch ein Verwandter Flemings, der so hieß, hatte etwas dagegen.

BOOK OF THE GUN (Buch)
↗*Buch über die Schusswaffe*

BOOK STALKER (Buchbörse für Fleming-Romane)
↗Michael VanBlaricum

BOOLOOLOOP (Liedtextzeile)
Beim Schreiben des Songs ↗*Underneath The Mango Tree* (aus ↗*Doctor No*) suchte ↗Monty Norman einen unverfänglichen Ausdruck der Insulaner für die Beschreibung des Liebesaktes. Man nannte ihm den Ausdruck »Boolooloop« für »Geschlechtsverkehr«. Vom Metrum passte das dubiose Wort perfekt in seine bereits vorhandenen Textzeilen, und so lautet die gesungene Passage: »*Underneath the mango tree / My honey and me / can watch for the moon / Underneath the mango tree / My honey and me / make boolooloop soon (...)*«

BOONE, MICHAEL (Assistent des künstlerischen Leiters)
↗James Morahan

BOONE, MIKE (Assistent des künstlerischen Leiters)
↗Steve Lawrence

BOOTABSCHUSSRAMPE
Das Schiff ↗Liparus verfügt über eine Bootabschussrampe, die ↗Stromberg und ↗Anya Amasowa nutzen, um den Tanker zu verlassen. Per Einschienenbahn wird ein Motorboot in einer speziellen Hülle aus einer Öffnung im Tanker geschossen. Noch im Flug löst sich die »Transportverkleidung« und das Boot landet fahrfähig im Meer.

BOOTHROYD (Romanfigur)
Major Boothroyd, ein schlanker Mann mit hellbraunen Haaren, zeigt im Roman ↗*James Bond 007 jagt Dr. No* sein Wissen über Handfeuerwaffen – er ist der bekannteste Experte auf diesem Gebiet. Der Waffenmeister überzeugt James Bond, eine neue PPK zu benutzen: eine ↗Walther PPK statt einer ↗Beretta 25. In Woods ↗*James Bond und sein größter Fall* heißt es, Boothroyd sei der größte Experte für Kleinwaffen, den es auf der Welt gibt.
↗Inhaltsangabe *Never Dream Of Dying*

BOOTHROYD (Comicfigur)
↗Comics

BOOTHROYD, HORACE (Comicfigur)
↗*James Bond Jr.*

BOOTHROYD (Filmcharakter)
In ↗*James Bond 007 jagt Dr. No* (1962) kommt die Figur Major Boothroyd vor. ↗Peter Burton spielt den Waffenmeister, der in späteren Filmen zu ↗»Q« wurde, ↗Desmond Llewelyn übernahm den Part.

BORCHOI (Filmcharakter)
In ↗*Octopussy* (1983) betritt ↗General Gogol die Kunstsammelstelle des inneren Kremls und trifft auf ↗Lenkin. Gogol stellt Lenkin den Genossen Borchoi als Kustos der Ermitage vor. Dargestellt wurde der Charakter von ↗Gabor Vernon. In der Literatur taucht der Name auch in der Schreibweise »Borschoi« auf.

BORDELL
↗Cornelius Brown

BOREN, EVELYN (Stuntwoman/Double)
Die Ehefrau des Unterwasserkameramannes ↗Lamar Boren hatte ihren großen Auftritt im vierten Bond-Film ↗*Feuerball* (1965). Bei den Unterwasseraufnahmen doubelte sie die Hauptdarstellerin ↗Claudine Auger. Evelyn Boren ritt in ↗*Feuerball* (1965) auf einer Schildkröte. Es dauerte über drei Stunden, bis diese Einstellungen im Kasten waren.

BOREN, LAMAR (Kamera)
Der mit ↗Evelyn Boren verheiratete Kameramann arbeitete unter der Leitung von Regisseur ↗Ricou Browning am Film ↗*Feuerball* (1965). Beide waren für eine Arbeit unter Wasser ausgebildet worden, Browning als Unterwasserregisseur und Boren als Unterwasserkameramann. Die Erfahrung zahlte sich aus. Als man nach einem Double für ↗Claudine Auger Ausschau hielt, schlug Lamar Boren seine Frau vor, die den Job schließlich auch bekam. Als feststand, dass auch einige Parts von ↗*Man lebt nur zweimal* (1967) unter Wasser spielen sollten, war es keine Frage, wer verpflichtet werden würde. Auch bei diesem fünften James-Bond-Film schuf Lamar Boren unverwechselbare, atemberaubende Aufnahmen im Meer. Boren hatte bei ↗*Der Spion, der mich liebte* (1977) eine weitere Chance, sein Können zu beweisen. Für die Aufnahmen des tauchenden ↗Lotus Esprit benötigte man mit Planung vier Monate.

BORIENKO, YURI (Darsteller/Stuntman)
Vor seiner Tätigkeit als Stuntman und Schauspieler hatte Yuri Borienko als Ringer bei Showkämpfen gearbeitet. Das war von Vorteil, denn die beiden Aufgaben, die das Projekt ↗*Im Geheimdienst Ihrer Majestät* (1969) für Yuri Borienko zu bieten hatte, erforderten nicht nur schauspielerisches Talent, sondern auch körperliche Fitness. Borienko spielte den von ↗Blofeld angestellten ↗Gunther, der immer mit ↗Irma Bunt zusammenarbeitete. Da Yuri Borienko auch als Stuntman tätig war, kam bei gefährlichen Szenen wie dem Treppensturz nach dem Kampf mit ↗Tracy kein Double zum Einsatz. Der korpulente Schauspieler doubelte während der Schlacht um den ↗Piz Gloria auch andere ↗Phantom-Männer. Als Männer gesucht wurden, die Kampfsze-

nen mit potenziellen James-Bond-Darstellern einstudieren und vorführen sollten, lud ↗George Leech ihn zu Testaufnahmen ein. ↗George Lazenby schlug während einer Probeaufnahme zu fest zu und brach Borienkos Nase. Als Entschädigung erhielt der verletzte Stuntman eine Rolle im sechsten offiziellen James-Bond-Film, die bedeutender war als die übliche Schergenrolle: Er spielte Blofelds »rechte Hand«.

BORIS (Romanfigur)
Boris ist ein Oberst beim ↗MGB. ↗Donovan Grant bekommt von ihm den Auftrag, einen Brief an ↗Dr. Baumgarten weiterzuleiten, um so seine Einsatzbereitschaft für Russland zu demonstrieren. Boris informiert ↗SMERSH über Grant.

BORIS (Romanfigur)
Boris ist im Buch ↗*Liebesgrüße aus Moskau* der zehnte Sohn von ↗Drako Kerim. Er arbeitet als Chauffeur und fährt James Bond und Kerim zum Schlupfwinkel von ↗Krilencu, damit die beiden Agenten den Gangster töten können.

BORIS (Romanfigur)
Hauptmann Boris ist eine Romanfigur im Buch ↗*007 James Bond im Dienst Ihrer Majestät*. ↗Shaun Campbell folgt Boris, um mehr herauszufinden, und gerät in eine Falle.

BORIS (Romanfigur)
Im Buch ↗*Der Spion, der mich liebte* berichtet James Bond von einem gewissen »Boris«. 007 ist wegen seiner Ähnlichkeit in dessen Rolle geschlüpft, um den richtigen Boris vor den Mordanschlägen durch die ↗Mechanics zu schützen. Bei dieser Operation sollte ein ↗SPECTRE-Mitglied namens ↗Horst Uhlmann in die Falle gehen.

BORIS (Romanfigur)
Nachdem er einer Gehirnwäsche unterzogen wurde, taucht James Bond im Buch ↗*007 James Bond und der Mann mit dem goldenen Colt* wieder beim ↗Secret Service auf. Er erinnert sich an einen Oberst namens Boris, der ihm schon prophezeite, welche Schwierigkeiten mit der Bürokratie auf den Agenten zukämen, wenn er seine Identität beweisen müsste. Im Buch heißt es: »Boris war der Mann, der in den letzten paar Monaten nach Beendigung von Bonds Behandlung im luxuriösen Institut auf dem Newski Prospekt in Leningrad um ihn bemüht gewesen war.«

BORIS (Romanfigur)
Boris, der auf der Seite der Bösen steht, hört im Roman ↗*Liebesgrüße aus Athen* die Frequenzen ab, um festzustellen, ob verdächtige Funksprüche von Athen aus gesendet werden. ↗Mily klärt ↗Igor Arenski über Boris auf.

BORIS (Romanfigur)
↗Schocktherapie

BORIS (Filmcharakter)
↗Iwan

BORIS GODUNOFF (Oper)
↗Lieder

BORODIN
↗Streichquartett Nr. 2 in D

BORRAUD, PIERRE (Romanfigur)
↗Nummer 12

BORSCHOI (Filmcharakter)
Borschoi, eine Figur aus dem Film ↗*Octopussy* (1983), taucht im Drehbuch unter der Beschreibung »Kunstexperte und Leiter der Leningrader Eremitage« auf. In der Literatur taucht die Figur auch als ↗»Borchoi« auf.

BORSOVE, SERGEY
Die Schreibungen des Namens im Film, im Roman, im DVD-Untertitel und in den

Romanbesprechungen unterscheiden sich voneinander; fünf Schreibungen (teilweise mit unterschiedlich kombinierten Vor- und Nachnamen) sorgen für Verwirrung: Sergey Borsove, Sergei Barsov, Sergej Barsow, Sergej Borsove, Sergei Borzov, Sergej Bargow.

BORSOVE, SERGEY (Filmcharakter)
↗Michael Billington verkörperte den KGB-Mann Sergey Borsove im Film ↗*Der Spion, der mich liebte* (1977). Er ist der Geliebte der ↗Agentin XXX, die später Bond verfällt. Der Killer wird von James Bond nach einer spektakulären Skijagd mit einem Skistockgewehr in der Nähe von Berngarden in den österreichischen Alpen getötet. Wegen dieses Zwischenfalls will ↗Anja Amasowa 007 beseitigen, sobald der Fall ↗»Stromberg« abgeschlossen ist.

BORZOV, SERGEI (Romanfigur)
Im Buch ↗*James Bond und sein größter Fall* ist Sergei Borzov ein Agent von ↗SMERSH, genauer Agent von »SMERSH Otdyel II, der Operations- und Hinrichtungsabteilung des Mordapparates des russischen KGB«. Er ist der Geliebte von ↗Anya Amasowa und kommt um, als er James Bond töten will. 007 ermordet ihn mit einem Skistockgewehr. Zunächst will sich Amasowa für seinen Tod rächen, doch ändert sie ihre Pläne, als sie Bond kennen lernt.

BOSCHENKO, IRKA (Darstellerin)
Irka Boschenkos verkörpert die Empfangsdame von ↗»Venini Glas« im Film ↗*Moonraker – streng geheim* (1979). Auch wenn ihr Name nicht bekannt wurde: zahlreiche PR-Fotos zeigten ihr Gesicht, da sich ↗Roger Moore mit dem größten Vergnügen im Kreise der ↗Bond-Girls und Gespielinnen ablichten ließ. (Auch: Boschenkow und Boschenko)

BOSHER, DENNIS (Assistent des künstlerischen Leiters)
Dennis Bosher war bei der Produktion von ↗*Lizenz zum Töten* (1989) künstlerischer Leiter. Er hatte sich also von seinem Posten als Assistent der künstlerischen Leitung bei ↗*Der Hauch des Todes* (1987) nach oben gearbeitet. Zu seinen Assistenten gehörten hier ↗Neil Lamont, ↗Richard Holland, ↗Andrew Ackland-Snow und ↗Hector Romero.

BOSPORUS (Meerenge)
Aus dem Fenster des Hotels ↗Kristal Palas kann James Bond im Roman ↗*Liebesgrüße aus Moskau* das Goldene Horn und den Bosporus sehen. Auch wenn die Meerenge zwischen dem Schwarzen und dem Marmara-Meer im Film ↗*Liebesgrüße aus Moskau* (1963) nicht zu sehen ist, unterhalten sich Bond und ↗Moneypenny über das spiegelnde Mondlicht im Bosporus. In *Liebesgrüße aus Moskau* (1963) singt James Bond Moneypenny über Istanbul die Zeilen: »...da spiegelt sich das Mondlicht im Bosporus« vor. Filmisch kaum gealtert, ist Bond 36 Jahre später (Echtzeit) zurück, um das ↗Atom-U-Boot mit ↗Renard darin vor einer Kernschmelze zu bewahren. Im Film ↗*Die Welt ist nicht genug* (1999) muss 007 einen Sprung in das Gewässer riskieren. ↗Raymond Benson leitet das zwölfte Kapitel im Roman zum Film mit den Sagen ein, die sich um den Bosporus ranken (↗*Die Welt ist nicht genug*).

BOTTICELLI
Sandro Botticelli, eigentlich Alessandro di Mariano Filipepi, war ein italienischer Maler, der 1445 in Florenz geboren wurde. Er ist dort am 17. 5. 1510 begraben worden. Zu Lebzeiten war er einer der Hauptmeister der florentinischen Renaissance-Malerei. Neben wenigen Bildnissen malte Botticelli religiöse, allegorische und mythologische Darstellungen, darunter Fresken im Vatikanischen Palast (1481/82) und Miniaturen für Dantes *Divina Commedia*. Dieses Werk blieb unvollendet. In der zweiten Hälfte seiner Schaffenszeit widmete sich Botticelli fast ausschließlich religiösen Themen. Be-

sonders häufig waren seine Madonnendarstellungen. Zu seinen Hauptwerken zählen *Der Frühling* 1477/78, *Maria mit Kind, Die Verkündigung* und *Die Geburt der Venus* (um 1486). Dieses Werk schaffte den Sprung in einen 007-Roman: ↗Venus.

BOTTOME, LESS (Romanfigur)
↗Schlagzeilen

BOTTOMS UP
Bottoms Up (»Hintern hoch«) heißt im Film ↗*Der Mann mit dem goldenen Colt* (1974) der Club, in dem Bond ↗Scaramanga finden will. In der ersten Szene, in der der Club von innen gezeigt wird, ergibt der Clubname sofort Sinn.

BOUAS-DANILIA (Ort)
Bei der Produktion von ↗*In tödlicher Mission* (1981) stand der Regisseur ↗John Glen vor einem Problem: Das Drehbuch verlangte nach einer typisch griechischen Hochzeit, wenn James Bond ↗»Q« in einer Kirche aufsucht. Ein enormes Aufgebot an Statisten wurde benötigt, und man entschied sich schließlich für eine einfache Lösung: Alle Einwohner des Dorfes Bouas-Danilia auf Korfu wurden verpflichtet und stellten eine stimmungsvolle Hochzeit nach.

BOUCHET, BARBARA (Darstellerin)
↗Moneypenny in ↗*Casino Royale*

BOUDAI, SAPHII (Romanfigur)
Saphii Boudai ist eine sehr junge, aber dennoch erfahrene Terroristin. Als Kumpanin von ↗Baradj und ehemaliges Mitglied paramilitärischer politischer Gruppen ist sie nun ↗»Die Katze« bei der Terrororganisation ↗BAST. Zusammen mit ↗Ali Al Adwan und ↗Abou Hamarik versucht Saphii Boudai unter der Führung von Bassam Baradj, ein Treffen von Staatsoberhäuptern zu stören, das unter dem Namen ↗Landsea'89« auf dem Schiff ↗Invincible stattfinden soll. Wie auch alle anderen Mitglieder von BAST glaubt sie daran, dass Napoleons Definition der Anarchie die einzig wahre Definition ist: »Anarchie ist das Sprungbrett zur absoluten Macht«. ↗Gardner beschrieb die Figur in seinem Roman ↗*Sieg oder stirb, Mr. Bond!* Über die Katze ist beim ↗MI6 nicht sehr viel bekannt. ↗Tanner und ↗»M« finden wenige Informationen in einer Akte: Boudai gehörte einst zur ↗PLO und könnte möglicherweise als Agentin in den ↗Mossad eingeschleust worden sein. Sie ist 29 oder 30 Jahre alt, attraktiv und in vielen »heimlichen Dingen Expertin«.

BOUILLET, GEORGE (Kameraführung)
Der Stab von ↗*Leben und sterben lassen* (1973) in den USA war beachtlich groß. Neben George Bouillet arbeitete auch ↗Warren Rothenberger an der Kamera.

BOULIC, ROBERT (Assistant Unit-Manager)
Bei ↗*Moonraker – streng geheim* (1979) war Robert Boulic der Assistent des Unit-Managers. Boulic war für die Dreharbeiten in Frankreich verantwortlich.

BOUILLON (Filmcharakter)
Warum ↗Valentin Zukovsky »Mr. Bull« in einer Szene des Films ↗*Die Welt ist nicht genug* (1999) zu der von Goldie verkörperten Figur »Mr. Bouillon« sagt, ist nicht bekannt geworden. Es könnte sich um eine ironisch veränderte Version des Namens halten, die auf »Bouillon« – »Rinderkraftbrühe« auf Französisch – anspielt.

BOUILLON BOULEVARD (Straße)
↗Fort Knox

BOULOGNE (Filmstudio)
↗Billancourt

BOUQUET, CAROLE (Darstellerin)
Carole Bouquet wurde 1957 in Paris geboren. Sie besuchte auf Wunsch ihrer Eltern eine französische Klosterschule und ver-

suchte später zu studieren: »Das war nicht meine Welt«, erinnerte sie sich in einem Interview. Bouquet brach ihr Studium an der Sorbonne ab und versuchte sich in der Schauspielerei. Sie hatte Unterricht an einer renommierten Pariser Theaterschule und erhielt schon nach einem Jahr ein Angebot von Regisseur Luis Buñuel. Auch wenn ihr viele abrieten, weil sie ihre Ausbildung noch nicht beendet hatte, akzeptierte Bouquet das Angebot und war daraufhin sehr freizügig in *Dieses obskure Objekt der Begierde* (1977) zu sehen. Unerwartet gewann die Geschichte einer amour fou einen Oscar und Carole Bouquet wurde bekannt. Nach einigen Rhetorikschulungen, Sprach- und Schauspielunterricht in New York kehrte die plötzlich berühmte Frau nach Frankreich zurück, um in Paris Theater zu spielen. 1980 kam dann das Angebot, ↗ Melina Havelock in ↗ *In tödlicher Mission* (1981) zu verkörpern. Zunächst wollte sie ablehnen, um nicht mit den anderen ↗ Bond-Girls in Verbindung gebracht zu werden, doch die Gage und die Aussicht auf Steigerung ihres Bekanntheitsgrads ließen sie den Vertrag akzeptieren. In einigen Berichten heißt es, Bouquet sei schon als ↗ Holly Goodhead in ↗ *Moonraker – streng geheim* (1979) vorgesehen gewesen, in wieder anderen Quellen heißt es, Bouquet habe sich 1978 um die Rolle der Holly Goodhead beworben, sei aber abgelehnt worden.

Wie dem auch sei, Bouquet spielt im zwölften offiziellen James-Bond-Film Havelock, die ihre ermordeten Eltern rächen will und auf James Bond trifft. Regisseur ↗ John Glen hatte die Idee, die Augen der Darstellerin in Nahaufnahme zu zeigen, um so nicht nur eine unvergleichliche Einstellung zu schaffen, sondern auch um damit näher auf den Originalfilmtitel ↗ *For Your Eyes Only* einzugehen. Wegen des starken Zooms der Kamera durfte sich Bouquet in der entsprechenden Szene keinen Millimeter bewegen, was für verwackelte Bilder gesorgt hätte. Der Effekt ist verblüffend und sucht in späteren Bond-Filmen seinesgleichen. Weitere Filme der Darstellerin, die nach eigenen Angaben ↗ Roger Moore eher komisch als erotisch fand, sind: *Den Mörder trifft man am Buffet* (1979), *Tag der Idioten* (1981), *Bingo Bongo* (1982) und *Drei Farben: Rot* (1993). Nach den Dreharbeiten zum Bond-Film engagierte sich Carol Bouquet in der Hilfsorganisation »Enfance et partage«, die sich um misshandelte Kinder kümmert. Beruflich arbeitete sie als Model und war in mehreren Filmen und Chanel-Werbespots zu sehen. Carole Bouquet hat zwei Kinder. Von 1999 bis 2001 war sie mit Gérard Depardieu verheiratet. Sie lebt heute in Paris.

BOURBON (Getränk)

Schon zu Beginn des Romans ↗ *Goldfinger* trinkt James Bond einen doppelten Bourbon. In ↗ *Goldfinger* (1964) bekommt der Agent Bourbon und Tafelwasser angeboten. ↗ Auric Goldfinger äußert im gleichnamigen Roman seine Meinung über alten Bourbon (↗ Kognak Napoleon). Als James Bond in ↗ *Leben und sterben lassen* (1973) einen Bourbon ohne Eis bestellt, muss er sich vom farbigen Kellner sagen lassen, eine solche Bestellung koste extra. Kritiker haben immer behauptet, die Bourbonbestellung in diesem Film sei darauf zurückzuführen, dass ↗ Roger Moore die Rolle spiele und man sich von ↗ Connerys ↗ Martini abheben wollte, doch wenn man auf *Goldfinger* zurückblickt, kann diese Begründung nicht stimmen. In ↗ *Für Sie persönlich* mischt sich 007 ein ganz spezielles Getränk, damit ihn bei einer Wanderung seine Kräfte nicht verlassen: Er füllt eine Feldflasche zu drei Vierteln mit Kaffee und einem Viertel mit Bourbon. Als Bond in ↗ *GoldenEye* (1995) ↗ »Ms« Büro betritt, bietet die Chefin des Geheimdienstes ihm ein Getränk an. 007 stellt richtig fest, ihr Vorgänger habe immer Kognak in der obersten Schublade der Minibar aufbewahrt. Die Zeiten haben sich jedoch geändert. Die neue »M« bevorzugt Bourbon, und auch diesem ist 007 nicht abgeneigt. Nach dem Angriff der ↗Parahawks im Roman ↗*Die Welt ist nicht genug* entspannt sich 007 bei einem Glas Bourbon.

BOURBON OLD FASHIONED (Getränk)
Nach einer Lagebesprechung im Roman ↗*Feuerball* genehmigt sich James Bond erstmals einen doppelten Bourbon Old Fashioned.

BOUVIER, PAM (Romanfigur/Filmcharakter)
Im Buch wie auch im Film ↗*Lizenz zum Töten* trifft James Bond ↗Pam Bouvier erstmals in ↗Felix Leiters Arbeitszimmer, wo sie ihn ignoriert. Die emanzipierte Frau trägt eine kleine Waffe in ihrem Strumpfband. Die Idee, Pam Bouvier eine Waffe in einem Strumpfband tragen zu lassen, hat ihren Ursprung im Roman ↗*Nobody Lives Forever*: ↗Nannie Norrich trägt ihre Waffe so. Später taucht sie in der Akte ↗Sanchez auf, die Leiter auf CD-ROM abgespeichert hat. Die Informationen lauten: »Lexington-Verbindung P. Bouvier CIA Maximum an Schutz und Unterstützung plus technisches Backup. Nächstes Zusammentreffen Donnerstag 21 Uhr Barrelhead, Bimini, W.I.« Bond begibt sich zu diesem Treffpunkt.

Pam Bouvier ist die neunte Person, deren Name James Bond in ↗*Lizenz zum Töten* (1989) auf einer geheimen CD-ROM findet, die Felix Leiter im Bilderrahmen eines Porträts von ↗Della versteckt hat. Alle anderen Personen wurden vermutlich von Sanchez ermordet. Pam heißt eigentlich mit Vornamen »Patricia«, hilft 007 bei seiner Mission und rettet dem Agenten sogar das Leben. Als Bond später die Wahl zwischen zwei Frauen hat (Pam Bouvier und ↗Lupe Lamora), entscheidet er sich für Pam Bouvier und entspannt mit ihr nach dem Abenteuer.

BOWE, JOHN (Darsteller)
Ein Beispiel für eine Fehlinformation ist der Name des Darstellers von ↗Oberst Feyador in ↗*Der Hauch des Todes* (1987). In mehreren Quellen taucht Bowe als Darsteller des ↗Felix Leiter auf, dem ist jedoch nicht so. Leiter wurde von ↗John Terry, Feyador von John Bowe verkörpert.

BOWE, JOY ODER ROY
Die Band King Ericson Combo spielt in ↗*Feuerball* (1965) das Lied, bei dem ↗Fiona Volpe von ihren eigenen Leuten erschossen wird. Präsentiert wird sie von Joy oder Roy Bowe (der erste Buchstabe des Namens ist verdeckt).

BOWER, HUGO (Darsteller)
Regisseur ↗John Glen besetzte die Rolle des Karl in ↗*Octopussy* (1983) mit Hugo Bower.

BOWE, ROY (Darsteller)
In ↗*Sag niemals nie* (1983) spielte Roy Bowe den Schiffskapitän.

BOWES, BRIAN (Pferdeszenen)
↗Oliver Victor-Thomas und ↗Greg Powell

BOWIE, DAVID (Sänger)
1984 bekam David Bowie das Angebot, ↗Max Zorin in ↗*Im Angesicht des Todes* (1985) zu verkörpern. Er lehnte die Rolle mit der Begründung ab, er habe nicht die Absicht, Monate damit zu verbringen zu sehen, wie seine Doubles von den Bergen fallen. Eine Anspielung auf ↗Rick Sylvesters Stunt in ↗*In tödlicher Mission* (1981). Nach Bowie wurde ↗Ringo Starr kontaktiert.

BOXER (Romanfigur)
Der als »Boxer« bezeichnete Mann im Roman ↗*Diamantenfieber* wird von Kartenspieler Jack darüber aufgeklärt, dass eine Telefonverbindung zu einer Person namens »Mabel« nicht möglich sei.

BOXER
↗ Nachruf

BOYD (Romanfigur)
Selten kommt der Leser in den Genuss, eine Romanfigur vorzufinden, die den Posten der ↗ Miss Moneypenny übernimmt. In ↗ *Scorpius* ist dies jedoch der Fall. Die Stellvertreterin ist laut Beschreibung eine selbstherrliche und unnahbare »alte Vettel«. Ihr Name ist Miss Boyd, und sie sitzt an Moneypennys Schreibtisch, obgleich diese es hasst, vertreten zu werden. Boyd ist drachenähnlich, und beim ↗ MI6 wird behauptet, Moneypenny habe sie auf Grund ihrer mangelnden Attraktivität als ihre Vertreterin ausgewählt.

BOYD-PERKINS, ERIC (Schnitt)
Schnelle Schnitte erhöhen die Rasanz eines Films. Als 1981 der 007-Film ↗ *In tödlicher Mission* gedreht wurde, engagierte man mit Eric Boyd-Perkins einen zusätzlichen Cutter, der die bereits geschnittenen Szenen durch seine Arbeit noch aufwerten sollte.

BOYER, CHARLES (Gastdarsteller)
Charles Boyer spielte in der Parodie ↗ *Casino Royale* (1966) den Chef des französischen Geheimdienstes. Boyer als Chef der Sureté taucht in den Credits oft als Gastdarsteller auf.

BOYLE, MARC (Aufsicht Stuntteam)
↗ Gerardo Moreno

BOYS WITH TOYS (Zitat)
Wirkungsvoll ist das Zitat »Boys with toys« nur in der Originalversion von ↗ *GoldenEye* (1995). ↗ Natalja Simonowa sagt es, als sie sich über das Streitgespräch von James Bond und ↗ Dimitri Mischkin aufregt. Bond greift es nach der Explosion von ↗ Trevelyans Raketenzug auf.

BRACHO, ALEJANDRO (Darsteller)
↗ Sanchez' Handlanger in ↗ *Lizenz zum Töten* (1989) sind zahlreich. Einer von ihnen ist ↗ Perez, der von Alejandro Bracho gespielt wurde.

BRACKEN (Romanfigur)
↗ Fallon

BRADFORD, ANDY (Darsteller)
Andy Bredford spielte die Rolle des ↗ 009 im Film ↗ *Octopussy* (1983). Sein Filmleben war nur von kurzer Dauer – 009 wurde von den Zwillingen ↗ Mischka und ↗ Grischka ermordet. Mit einem ↗ Fabergé-Ei in der Hand starb Bradford im Film. Schon in ↗ *In tödlicher Mission* (1981) war Bradford als Wache am Felsenkloster St. Cyrils zu sehen, doch in keiner Auflistung von Darstellern taucht sein Name auf.

BRADLEY, E. R. (Romanfigur)
↗ Saratoga Springs

BRADLEY, TONY (Transportkoordinator)
Tony Bradley war Transportkoordinator bei der Produktion ↗ *GoldenEye* (1995).

BRADSHAW, MYRA (Romanfigur)
↗ Myra

BRADY, JOHN (Gewandmeister)
John Brady trat die Nachfolge von ↗ Ernie Farrer (↗ *Liebesgrüße aus Moskau*) und ↗ John Hilling (↗ *Goldfinger*) an. Er arbeitete 1965 für ↗ *Feuerball* mit ↗ Eileen Sullivan zusammen, die bereits mit seinen Vorgängern großartige Arbeit bei den 007-Kinofilmen geleistet hatte.

BRAIN (fiktive Person)
↗ Danny de Fretas, ein Agent des ↗ MI6, versucht im Roman ↗ *Scorpius* mit Hilfe eines vorbestimmten Dialoges herauszufinden, ob die Personen, die vor der Tür stehen, tatsächlich freundlich gesinnte Agenten sind. Er fragt, ob es sich bei dem draußen Stehenden um »Brain« handelt, wird jedoch enttäuscht. Der Code wird

nicht eingehalten, und die Killer töten den Mann mit dem Spitznamen »Dan« per Schrotflinte.

BRAKE, JAKE (Stuntman/Fallschirmspringer)
↗ B. J. Worth

BRANCH
↗ Special Branch

BRANDAUER, KLAUS MARIA (Darsteller)
Klaus Maria Brandauer wurde am 22. Juni 1944 in Bad Aussee, Österreich, geboren. Er besuchte zwei Jahre lang die Hochschule für Musik und Theater in Stuttgart, um Schauspieler zu werden. Im Alter von 18 Jahren gab er sein Theaterdebüt. Seit seinem 28. Lebensjahr gehört er zum festen Ensemble des Wiener Burgtheaters, wo er insbesondere Schiller- und Shakespeare-Helden darstellte. Von 1983 bis 1989 verkörperte er bei den Salzburger Festspielen den Jedermann (von Hugo von Hofmannsthal). Seit 1977 führt er auch Regie. Neben dem Theater spielte Brandauer auch immer wieder Rollen in TV-Filmen. Sein Kinodebüt feierte er mit *Top Secret* (1971), aber der internationale Durchbruch gelang ihm als Hendrik Höfgen in István Szabós erfolgreicher Verfilmung von Klaus Manns Roman *Mephisto* (1981). ↗ Sean Connery, der Klaus Maria Brandauer für einen der zehn weltbesten Darsteller hält, hatte bei der Besetzung der Figur ↗ Maximilian Largo in *Sag niemals nie* (1983) Mitspracherecht. Brandauer akzeptierte noch am Telefon. Schließlich war es sogar Connery, der Brandauer das Angebot unterbreitete. Connery, der der Meinung ist, es wäre leichter, den Papst zu erreichen, versuchte Brandauer am Telefon mit folgender Aussage zu überzeugen: »We will have a lot of fun ... and a lot of money!« Bei den Dreharbeiten war Brandauer als Largo begeistert von seiner Improvisationsidee, Sean Connery als 007 beim ersten Zusammentreffen mit »You are Mr. ... Brond« anzusprechen. Begründung: Connery war so lange nicht mehr als Bond zu sehen, dass sogar Schurken seinen Namen vergessen hatten. Regisseur ↗ Irvin Kershner verstand den Witz nicht und untersagte dem Darsteller das falsche Aussprechen des Namen »Bond«. Brandauer ist bis heute von seiner Idee begeistert.

Das Rollenangebot als Maximilian Largo in ↗ *Sag niemals nie* (1983) kam Brandauer sehr gelegen. Er hatte damit die Chance, mit Sean Connery zusammenzuarbeiten, den er sehr schätzt.

Wie sehr sich der Schauspieler mit dem Mythos James Bond befasste, wird immer wieder deutlich: Bei einem Interview testete er das Wissen des Reporters und stellte mehrere Bond-bezogene Fragen (»In wie vielen Filmen kommt Blofeld vor?«, »Wer war der erste deutsche Darsteller bei 007?«). Obwohl Brandauer einmal bemerkte, die Produktion sei nicht gut durchdacht gewesen, lobte er die Macher dieses Bond-Films. Er genoss es, an einem Projekt mitzuarbeiten, das man selbst nicht ernst nehmen konnte und das mit ausreichend »Geld bestückt war, um alles in die Luft zu sprengen«.

Für *Jenseits von Afrika* (1985) wurde Klaus Maria Brandauer für den Oscar nominiert. Mit *Georg Elser – Einer aus Deutschland* gab Brandauer 1989 sein Kinofilm-Regiedebüt. Der Streifen schildert in authentischen Bildern Georg Elsers Vorbereitungen und die Durchführung des fehlgeschlagenen Attentats auf Adolf Hitler im Münchner Bürgerbräukeller 1939. Eine weitere Regiearbeit legte Brandauer mit der Thomas-Mann-Verfilmung *Mario und der Zauberer* (1994) vor, in der er auch als Schauspieler auftrat. Ab 1963 war Brandauer mit der österreichischen Regisseurin Karin Brandauer (1945–1992) verheiratet: Auf Grund der verfilmten Stoffe wurde sie als Chronistin der österreichischen Geschichte des 20. Jahrhunderts bezeichnet. Bekannt wurde sie mit der TV-Verfilmung des gleichnamigen Romans von Arthur Schnitzler *Der Weg ins Freie* (1983). Weitere Filme mit Klaus Maria Brandauer sind u. a.: *Kabale und Liebe* (1976), *Die Bräute des Kurt Roidl* (1978), *Was ihr wollt* (1982), *Oberst Redl* (1985), *Das Feuerschiff* (1985), *Hanussen* (1987), *Brennendes Geheimnis* (1988), *Das Spinnennetz* (1989), *Das Russlandhaus* (1990) – hierin spielte er zum zweiten Mal mit Sean Connery, *Wolfsblut* (1990) und *Rembrandt* (1996). Jüngst war er in *The Extremists* (2000) zu sehen.

BRAND, GALA (Romanfigur)

Gala Brand ist die weibliche Hauptperson im Roman ↗*Mondblitz*. Die Polizistin arbeitet für eine Spezialeinheit und ermittelt mit James Bond gegen ↗Hugo Drax. Gala Brand ist Auslöser für einen Mord und einen Selbstmord: ↗Egon Bartsch, der sich in Brand verliebt hat, erschießt zuerst seinen Nebenbuhler ↗Tallon und dann sich selbst. Gala Brand, deren Name im späteren Film ↗*Moonraker – streng geheim* (1979) zu ↗Holly Goodhead wurde (hier ist sie nicht Polizistin, sondern ↗CIA-Agentin), spricht im Roman sehr gut deutsch und arbeitet im Auftrag von ↗Scotland Yard als Sekretärin von Hugo Drax. Der richtige Vorname von Brand lautet Galathea (in Anlehnung an eine griechische Meernymphe). Er stamme von dem Schiff, mit dem ihr Vater zur See fuhr, als sie geboren wurde. ↗John Gardner erwähnt Brand in seinem Buch ↗*Moment mal, Mr. Bond*. Nach ihrer Hochzeit heißt sie Mrs. Vivian, hat drei Kinder und schreibt sich mit James Bond noch Weihnachtspostkarten. Zusammen mit ihrer Familie bewohnt sie ein hübsches Haus in Richmond. In ↗*Stirb an einem anderen Tag* (2002) sollte ursprünglich der Name der Figur Gala Brand benutzt werden, man entschied sich aber doch für ↗Miranda Frost.

BRANDO BOND (Werbeplakat)

↗Donald Smolen

BRANDT, HELGA (Filmcharakter)

↗Phantom Nummer 11 kommt im fünften James-Bond-Film ↗*Man lebt nur zweimal* (1967) vor. Die von ↗Karin Dor verkörperte Privatsekretärin von ↗Mr. Osato ist als Killerin tätig, die 007s Lebenslicht auslöschen soll. Sie ist die erste Frau, die 007 eine Ohrfeige verpassen darf. In ihrer Kabine auf dem Schiff ↗Ning Po hat sie ein nettes Sortiment an Instrumenten, wie sie in der plastischen Chirurgie verwendet werden. Sie will 007 damit die Haut abziehen, entschließt sich dann aber doch für eine andere Variante: Nachdem sie mit ihm geschlafen hat, will sie den Agenten mit einer ↗Cessna abstürzen lassen. Der Anschlag schlägt fehl. Sie büßt ihr Versagen, als ↗Blofeld sie in ein ↗Piranhabecken fallen lässt.

BRANDY (Getränk)

Schon in ↗*Goldfinger* (1964) gibt 007 sein Wissen über Brandy preis. Als er einen 30 Jahre alten Brandy bei ↗Colonel Smithers probiert, weiß er nicht nur den Jahrgang, sondern merkt auch, dass zu viel Bombua enthalten sei (»unbestimmbare Zusätze«). In ↗*Fahr zur Hölle, Mr. Bond!* wird über 007 bekannt, dass er die »Zeremonie« bei der Bestellung eines Brandys in Restaurants verabscheut. Nach Bonds Meinung hat das Anwärmen der Gläser nichts mit dem späteren Geschmack des Brandys zu tun. Bond denkt an eine Bemerkung, die ein gewisser Dr. Johnson einmal gemacht haben soll: »Claret ist das Richtige für Jungen, Port für Männer, aber wer danach strebt, ein Held zu werden, muss Brandy trinken.« ↗Gardner schreibt, Bond strebe nicht danach, er sei bereits ein Held, was bei seinem Beruf von selbst käme.

BRANES, SHEILA (Produktionsassistentin)

Bei dem Film ↗*Octopussy* (1983) arbeiteten Sheila Barnes, ↗Iris Rose, ↗Joyce Turner, ↗May Capsaskis und ↗Mohini Banerji als Produktionsassistentinnen.

BRASILIEN (Drehort)
Exotische Drehorte hat auch der Film ↗*Moonraker – streng geheim* (1979) aufzuweisen. Neben Italien, Guatemala und den USA spielt er auch in Brasilien. (Der Abspann nennt sogar den Weltraum!)

BRATISLAVA (Ort)
↗*Der Hauch des Todes* (1987) spielt in Bratislava (deutscher Name Preßburg) in der damaligen Tschechoslowakei, wo ↗Koskov seinen Plan, zu den Briten überzulaufen, in die Tat umsetzt. 007 und ↗Saunders sind dabei, um den Russen zu unterstützen. Die Stadt liegt ca. 50 Kilometer von Wien entfernt in der Slowakei, für die Dreharbeiten nutzte man Wien als Kulisse. Ein kompletter Straßenzug wurde mit Kleinigkeiten (parkende Autos, Fahnen und richtig beschriftete Schilder etc.) ausgestattet. 007 hilft dem Bösewicht Koskov bei der Flucht in den Westen. Später trifft der Agent die Cellistin ↗Kara Millovy.

BRAUN (Romanfigur/Filmcharakter)
Der Deutsche Braun ist Handlanger von ↗Franz Sanchez im Film und auch im Roman ↗*Lizenz zum Töten* und arbeitet mit ↗Dario zusammen als sorgsam ausgewählter Leibwächter. Braun stammt aus Berlin, wo auf seinen Kopf ein Preis ausgesetzt ist.

BRAUN, RANDI
(Senior Vize-Präsidentin MGM/United Artists)
Als Senior Vize-Präsidentin von MGM/United Artists war Randi Braun an der Entwicklung der Werbekampagnen zu den Filmen ↗*GoldenEye* (1995), ↗*Der Morgen stirbt nie* (1997), ↗*Die Welt ist nicht genug* (1999) und ↗*Stirb an einem anderen Tag* (2002) beteiligt. Weitere beachtenswerte Erfolge verbuchte sie durch ihren Einfluss auf das Plakatdesign von *Der Pate III* und *Batman*. Randi Braun hat die Kampagnen für mehrere große Studios überwacht und wird Bond 21 *(↗Casino Royale)* im Auge behalten.

BRAUNBÄREN
↗Bären

BRAUNSCHWEIG (Romanfigur)
Dr. Braunschweig ist ein Arzt, der im Buch ↗*Der Spion, der mich liebte* genannt wird. ↗Vivienne Michel, die zu einer Abtreibung bei ↗Dr. Süßkind ist, behauptet, Dr. Braunschweig kenne ihren Onkel, den Konsul. Sie erzählt diese Unwahrheiten, um bei Süßkind besser behandelt zu werden.

BRAVO – BRAVO – BRAVO (Code)
Der verabredete Code, der bei Gefahr in der ↗Operation Seefalke verwendet werden soll, lautet »Bravo – Bravo – Bravo«. ↗John Gardner lässt diesen Code in seinem Roman ↗*Nichts geht mehr, Mr. Bond* Bond selbst und den U-Boot-Kapitän ↗Alec Stewart verwenden. Der Code für das Auftauchen des Unterseebootes lautet ↗Delta – Delta.

BRAVO, RAMON (Unterwasserkamera, -regie/Autor)
Ein Bond-typisches Merkmal, das seit ↗*Feuerball* (1965) immer wieder in James-Bond-Filmen zu sehen ist, sind die beeindruckenden Unterwasseraufnahmen. Ramon Bravo ist nicht nur als Romanautor erfolgreich, sondern schuf bei der Produktion von ↗*Lizenz zum Töten* (1989) auch Unterwasseraufnahmen als Kameramann.

BRAYHAM, PETER (Darsteller)
Als Filmfigur ↗Rhoda war der Darsteller Peter Brayham in ↗*Liebesgrüße aus Moskau* (1963) zu sehen.

BRAY, HILARY (Romanfigur)
Im Roman ↗*007 James Bond im Dienst Ihrer Majestät* hält ↗»M« James Bonds Idee, als Sir Hilary Bray aufzutreten, für blanken Unsinn. 007 ist aber der Ansicht, so ergebe sich eine gute Möglichkeit, an ↗Ernst Stavro Blofeld heranzukommen. Hilary Bray ist ein guter Freund von ↗Sable Basilisk, der im Amt für Heraldik arbeitet und

Bond mit Informationen versorgt hat. Niemand kennt Hilary Bray, und so ergibt sich eine gute Möglichkeit für den Agenten, als Bray aufzutreten. Der echte Bray lebt wie ein Einsiedler und klettert ohne Schuhe in den Bergen herum. Seine Familie stammt aus der Normandie, und der Stammbaum reicht sehr weit zurück. Sir Hilary Bray beobachtet mit Vorliebe Vögel.

BRAY, HILARY (Filmcharakter)
Im Film ↗ *Im Geheimdienst Ihrer Majestät* (1969) taucht ein Baronet und Heraldiker auf, der Sir Hilary Bray heißt und von ↗ George Baker gespielt wird. Er arbeitet am Institut für Heraldik in London und trifft dort auch erstmals auf 007. Die beiden verabreden, dass Bond als Bray auftreten soll, umso zum Erzfeind ↗ Blofeld zu gelangen. Der Agent tarnt sein Äußeres, trägt eine Brille, verstellt seine Stimme und eignet sich Wissen über Brays Arbeit an.

BRAY, JENNY (Romanfigur)
Getarnt als ↗ Sir Hilary Bray erfindet James Bond im Roman ↗ *007 James Bond im Dienst Ihrer Majestät* die angebliche Verwandte Jenny Bray und nennt sie zur Tarnung in einem Brief, den er an ↗ Sable Basilisk abschicken möchte.

BRAZIER, BERNIE (Romanfigur)
Im Roman ↗ *Niemand lebt für immer* von ↗ John Gardner wird die Figur Bernie Brazier nur genannt. Er soll vom ↗ MI6 außer Landes geschafft werden. Die mächtigste Unterweltorganisation hatte versucht, Brazier aus dem Hochsicherheitstrakt des Gefängnisses von Parkhurst auf der Isle of Wright zu befreien. Er saß dort eine lebenslängliche Strafe ab, weil er einen brutalen Mord begangen hatte. Zwölf weitere Morde konnte man ihm nicht nachweisen, jeder wusste jedoch, dass nur er der Killer sein konnte. Nach der Vereitelung seiner Flucht berichtete er, dass er nur befreit werden sollte, um 007 zu ermorden. Kurz darauf fand man Bernie Braziers Leiche mit einer Klaviersaite aufgehängt in seiner Gefängniszelle. Verwirrung für Bond-Kenner stiftet Gardner, indem er eine gleichnamige Figur in ↗ *Sieg oder stirb, Mr. Bond* auftauchen lässt.

BRAZIER, BERNIE (Romanfigur)
Nachdem James Bond im Roman ↗ *Sieg oder stirb, Mr. Bond* fast von einer Rakete getroffen wurde, die der Pilot ↗ Felipe Pantano auf seine ↗ Sea Harrier abgefeuert hatte, erstattet Bond Commander Bernie Brazier Bericht. Brazier ist ein erfahrener Offizier, der nach Bonds Schilderungen wütend und gleichzeitig erschüttert wirkt.

BRECHEISEN (Waffe)
Peter Franks gelingt es im Verlauf einer Schlägerei mit James Bond in ↗ *Diamantenfieber* (1971), an ein Brecheisen zu gelangen. Er kann die Waffe kaum einsetzen, da 007 zum Feuerlöscher gegriffen hat. Mit einer Brechstange schafft es James Bond in ↗ *Die Welt ist nicht genug* (1999), den Sägen angreifender Helikopter zu entkommen: Er rutscht mit dem Haken auf einem Seil entlang, das über ↗ Valentin Zukovskys Kaviarfabrik verläuft. Mit einem Brecheisen öffnet James Bond Junior im Roman ↗ *003½ James Bond Junior* die zugerostete Tür zu seiner geheimen Hütte auf dem Anwesen ↗ Hazeley Hall.

BREE, JAMES (Darsteller)
↗ Gumbold

BREGEAT, LAURENT (Regieassistent)
↗ Edi Hubschmid

BREITSCHWERT (Waffe)
↗ Schwert und ↗ Degen

BREMERHAVEN (Ort)
Von Rom aus fliegt James Bond in ↗ Gardners Werk ↗ *Sieg oder stirb, Mr. Bond* nach Stockholm und von dort nach Bremerha-

ven. An der Küste angekommen, begibt sich Bond von der Marinebasis aus zunächst in einen ↗Sea King Helikopter, der ihn an Bord der ↗Invincible bringt.

BREMSFALLSCHIRM

In ↗*Stirb an einem anderen Tag* (2002) benutzt James Bond den Bremsfallschirm des Eisjets, um damit der ↗Tsunamiwelle zu entkommen. Später dreht er den Fallschirm zu einer stabilen Leine zusammen und reißt damit einen Mann aus dem Sitz, der mit einem Schneemobil vorbeikommt.

↗Filmfehler

BRENDISH, NIGEL (Double)

Der erfahrene Pilot Nigel Brendish doubelte ↗Roger Moore im Film ↗*Leben und sterben lassen* (1973) bei der Flughafensequenz. Er steuerte eine einmotorige Maschine durch Lagerhallen und an Hindernissen vorbei. Am 4. Dezember 1984 stürzte er betrunken mit einem Flugzeug ab und kam dabei ums Leben.

BRENNAN, MICHAEL (Darsteller)

Der dicke Michael Brennan spielte im Film ↗*Feuerball* an der Seite von ↗Philip Locke den Schurken ↗Janni. Zuerst war er für die Rolle des ↗Vargas vorgesehen, die Locke später erhielt. Als man dann aber die Beschreibungen verglich, die im Drehbuch auftauchten, und Janni als »affenartig« charakterisiert wurde, gab man Michael Brennan die Rolle, da er affenartiger aussah als Philip Locke.

BRENNAN, PHILLIP (Texter/Produzent)

↗Wedding Party

BRETON, DANIEL (Stuntman)

Seinen Einsatz als Stuntman unter der Leitung von ↗Bob Simmons hatte Daniel Breton im Jahre 1979 bei den Dreharbeiten zu ↗*Moonraker – streng geheim* (1979). Im Stuntteam waren noch ↗Claude Carliez, ↗Richard Graydon, ↗Michel Berreur, ↗Guy Di Rigo, ↗Paul Weston, ↗Martin Grace und ↗Dorothy Ford beschäftigt.

BREVETT (Romanfigur)

Brevett ist eine Romanfigur aus dem Buch ↗*Mondblitz*. Es handelt sich um den Besitzer des ↗Blades Clubs in London. Brevett bittet 007, ↗Hugo Drax auf Betrügereien beim Kartenspielen hin zu überprüfen. Als James Bond in ↗*Nichts geht mehr, Mr. Bond* auf den Portier Brevett trifft, der ihn im Blades Club in Empfang nimmt, muss 007 an dessen Vater denken, mit dem er zur Zeit des Falles ↗*Mondblitz* Kontakt hatte. Die Familie Brevett stellt seit Jahrhunderten die Portiers bei Blades.

BRICUSSE, LESLIE (Textschreiber)

Für den Song ↗*Goldfinger*, der später von der Sängerin ↗Shirley Bassey gesungen wurde, schrieben ↗Leslie Bricusse und ↗Anthony Newley den Text. Als ↗*Man lebt nur zweimal* (1967) auf dem Plan stand, war es erneut Bricusse, der seine Ideen für den Text des Titelsongs einbrachte. ↗Nancy Sinatra interpretierte ihn.

BRIDGE (Spiel)

Obwohl im Blades Club laut ↗»M« einige der besten Bridge-Spieler der Welt Mitglieder sind, gewinnt Sir ↗Hugo Drax mit überraschender Regelmäßigkeit. Nicht nur der Geheimdienstchef, sondern auch Basildon, der Vorsitzende des Blades Clubs, halten Drax für einen Falschspieler. James Bond überführt den Bösewicht bei seinen Bridge-Runden. Im Buch tritt Bond der Schweiß auf die Stirn, denn die Einsätze steigen stetig. Beginnend mit eins und eins ist Bond noch immer mit dabei, als Drax den Höhepunkt mit einem fünfzehn und fünfzehn ausgereizt hat. Die Idee des Bridgespiels wurde zwar nicht als Szene in den Film ↗*Moonraker – streng geheim* (1979) übernommen, doch ↗Frederick Gray merkt in einer Szene an, er habe einmal Bridge mit Drax gespielt. Darauf wird auch im Buch

↗ *Moonraker Streng geheim* hingewiesen. Bridge ist ein aus dem Whist entstandenes Kartenspiel mit 52 Karten. Vier Spieler bilden beim Bridge je zwei Paare; jedes von ihnen eine Partei. Die Partei, die zuerst zwei Spiele machen kann, gewinnt die Gesamtpartie, die Robber genannt wird.

↗ The Robber

BRIEFKASTEN

Im Buch ↗ *Goldfinger* wird ein »Briefkasten« beschrieben. Auch als »toter Briefkasten« bekannt, handelt es sich hierbei um einen Ort, an dem Nachrichten und andere Dinge versteckt werden, damit sie später von anderen Personen, die den »Briefkasten« kennen, abgeholt werden können. Im Roman steigt ↗ Auric Goldfinger eine kleine Uferböschung hinab und deponiert einen Goldbarren im Schlamm des Flusses. Bond beobachtet dies und stiehlt den Barren.

BRIEFKASTENFAUST (Deckname)

Autor ↗ Kingsley Amis stellt in seinem Buch ↗ *Geheimakte 007 – Die Welt des James Bond* fest, dass sich ↗ »M« selbst »Briefkastenfaust« nennt. Eine entsprechende Passage in den Romanen, die Amis Aussage belegt, konnte bisher nicht gefunden werden.

BRIEFÖFFNER (Waffe)

In den Händen eines James Bond kann alles zur Waffe werden, selbst ein Brieföffner. 007 sorgt dafür, dass ↗ Wai Lin diesen im Roman ↗ *Der Morgen stirbt nie* erreichen und an ↗ Henry Guptas Kehle legen kann. Später kappt Bond mit dem Brieföffner ein Kabel, sticht ihn in eine Fahne, die das Porträt ↗ Carvers zeigt und rutscht mit Wai Lin im Arm auf der Fahne an der Gebäudeaußenseite herunter. Im Film ↗ *Der Morgen stirbt nie* (1997) wurde der Brieföffner nicht benutzt. Hier sind es Folter-Instrumente von ↗ Stamper. Keines davon wird aber zur Flucht verwendet, sondern lediglich zum Kampf.

BRIEFUMSCHLAG MIT SELBSTZERSTÖRUNGSMECHANISMUS

Im Film ↗ *James Bond 007 jagt Dr. No* (1962) meint ↗ »M«, er würde 007 das nötige Informationsmaterial zum Flughafen schicken. Es handelt sich um einen Umschlag mit Selbstzerstörungseinrichtung. In der deutschen Synchronversion ist die Rede von einem Selbstzerstörungskoffer. Wenn also von Bonds Wunderwaffen die Rede ist, sollte der Selbstzerstörungskoffer/Umschlag immer als Erstes genannt werden, auch wenn er im Film nicht gezeigt wird.

BRIGADEGENERAL (Filmcharakter)

Militärisch streng und mit einer extremen Portion Selbstbewusstsein verkörpert der Schauspieler ↗ John McLaren den Brigadegeneral im dritten James-Bond-Film ↗ *Goldfinger* (1964).

BRIGG

Brigg ist ein Raum, der sich in ↗ *Diamantenfieber* (1971) auf ↗ Blofelds Öl-Bohrinsel befindet. James Bond soll als Gefangener in die Brigg geworfen werden. 007 entkommt über eine Bodenluke im unteren Bereich dieses Raums der Insel.

BRILLEN

↗ Evelyn Tremble schlüpft auch als Brillenträger in die Rolle des 007. »James Bond mit Brille, das geht doch nicht!«, flucht ↗ Lynd in ↗ *Casino Royale* (1966). Tremble drauf: »Ich möchte doch wenigstens sehen, auf wen ich schieße.« Später benutzt Tremble eine Infrarotbrille, die wie eine Sonnenbrille aussieht. Mit demselben Modell kann ↗ Le Chiffre die Karten auf dem Spieltisch »durchschauen«.

Brillen trägt James Bond nicht wegen einer Sehschwäche, sondern meistens verbunden mit einem Auftrag. So im Film ↗ *Im Geheimdienst Ihrer Majestät* (1969) als ↗ Sir Hilary Bray.

Neben Schneebrillen (*Im Geheimdienst Ihrer Majestät*, ↗ *Der Spion, der mich liebte*,

↗*In tödlicher Mission*, ↗*Im Angesicht des Todes* und ↗*Die Welt ist nicht genug*) trägt er in *Im Angesicht des Todes* eine polarisierende Sonnenbrille. Als ↗Zorin und ↗Stacey Sutton im Büro sind und James Bond sie durchs Fenster beobachtet, kann er durch die Brille die lästigen Spiegelungen in den Scheiben verschwinden lassen. Sonnenbrillen dieser Art kann man regulär kaufen. In seiner Rolle als Sir Hilary Bray trägt James Bond in ↗*Im Geheimdienst Ihrer Majestät* (1969) eine Brille. Das Gestell wird später von ↗Blofeld zerbrochen, als er 007s Tarnung auffliegen lässt.

↗*Lizenz zum Töten* (1989): ↗Lichtbrille
Die Brille, die James Bond im Roman und auch im Film ↗*Die Welt ist nicht genug* (1999) trägt, stammt aus der ↗Abteilung Q. Am Bügel der Brille ist ein kleiner Knopf verborgen, mit dem 007 eine Sprengladung auslösen kann, die sich im Griff seiner ↗Walther P99 verbirgt. Bond nutzt die Erfindung, um sich aus der Umzingelung der Bodyguards des Bankiers ↗Lachaise zu befreien. Eine Sonnenbrille, die Bond später von ↗»R« erhält, ist mit besonderen Gläsern versehen. Die Röntgenbrille ermöglicht es 007, die verborgenen Waffen der Gegner zu erkennen. Ein von der Abteilung Q nicht bedachter Vorteil der Brille: 007 kann damit auch die Unterwäsche der Damen erkennen: Strapse und halterlose Strümpfe. Zum unauffälligen Reisegepäck von James Bond gehört im Roman ↗*Leben und sterben lassen* eine Hornbrille mit einfachen Gläsern.

Im Roman ↗*Mondblitz* benutzt James Bond eine Schutzbrille gegen den Fahrtwind. Bei der Verfolgung von ↗Hugo Drax und ↗Willy Krebs trennt sich 007 von der Windschutzscheibe seines Fahrzeugs, um besser feuern zu können. James Bond trägt im Buch ↗*James Bond und sein größter Fall* beim Skifahren eine ↗Rod 88-Sonnenbrille. Eine eindrucksvolle Brille besitzt ↗Holly Goodhead im Roman ↗*Moonraker Streng geheim*. James Bond findet heraus, dass die dickrandige Brille eine Waffe ist: Tippt der Träger an das Gestell, wird ein rosendorngroßer Pfeil abgeschossen. Die Brille fand nicht den Weg in den Film ↗*Moonraker – streng geheim* (1979).

In ↗*Countdown für die Ewigkeit* erhält 007 eine Nitefinder-Brille. Er quittiert den Erhalt von »Q« – alias ↗Ann Reilly. Die Brille erlaubt es dem Träger, sogar in wolkenverhangenen Nächten ohne Scheinwerfereinsatz aus einem fahrenden Fahrzeug heraus die Umgebung so deutlich wie an einem Sommerabend unmittelbar vor Einbruch der Dämmerung wahrzunehmen. 007 ist begeistert. Im Roman ↗*Tod auf Zypern* stattet »Q« den Agenten mit einem Modell einer weiterentwickelten Nachtsichtbrille aus, die auch über das Gegenteil des Nachtsichtmodus verfügt, mit ihr kann der Träger in völlige Dunkelheit versetzt werden. Zu James Bonds Verkleidung im Roman ↗*GoldenEye* gehört ebenfalls eine Brille. Die Phantome auf den Surfbrettern im Roman ↗*Stirb an einem anderen Tag* tragen ↗Infrarotbrillen. Um den ↗»Virtual-Reality-Raum« im Roman und im Film ↗*Stirb an einem anderen Tag* (2002) benutzen zu können, benötigt man eine VR-Brille, die einem die »Virtuelle Realität« zeigt. Die Gläser lassen sich durch Blenden verdunkeln. James Bond und ↗Moneypenny benutzen die Brille.

BRILLENFERNGLAS
↗Fernglasbrille

BRINK, JACOBA (Filmcharakter)
Als Eiskunstlauftrainerin von ↗Bibi Dahl im James-Bond-Film ↗*In tödlicher Mission* (1981) kommt Jacoba Brink vor, dargestellt von ↗Jill Bennett. Nachdem Brink und Bösewicht ↗Kristatos aneinander geraten, will sie mit Bibi fliehen und hilft James Bond, das gestohlene ↗ATAC-Gerät zu kommen. 007 stellt im Film fest, dass er Jacoba Brink bereits auf dem Eis bewundert hat.

BRINKLEY, TED (Romanfigur)
Leutnant Ted Brinkley stellt sich James Bond im Roman ↗ *Sieg oder stirb, Mr. Bond* vor. Er kennt 007 bereits und arbeitet bei der ↗ Special Branch. Er wirkt auf Bond, als trage er ein Kostüm. Sein Partner ist ↗ Martin Camm. Der Geheimagent 007 arbeitet mit Brinkley auf dem Schiff ↗ Invincible zusammen.

BRIONI (Kleidung)
Was wäre James Bond ohne Schleichwerbung oder Produktplacement. Im Roman ↗ *Die Welt ist nicht genug* wird darauf hingewiesen, dass der Agent beim Aufsuchen des »L'Or Noir« einen Smoking von Brioni trägt, der exzellent geschnitten ist. Die Firma stattete ↗ Pierce Brosnan schon beim Film ↗ *GoldenEye* (1995) aus. Auch im Roman ↗ *Stirb an einem anderen Tag* trägt 007 wieder Anzüge von Brioni.

BRISSEAU, DANIEL (Ton)
Man kann fast behaupten, der Franzose Daniel Brisseau gab den Ton an, als ↗ *Moonraker – streng geheim* (1979) fertig gestellt wurde. Brisseau war als Tonmischer verpflichtet und arbeitete eng mit den Tonassistenten ↗ Gerard De Lagarde und ↗ Jean Labourel zusammen.

BRITISCHER BOTSCHAFTER (Filmcharakter)
Der britische Botschafter in ↗ *Octopussy* (1983) wurde vom Schauspieler ↗ Patrick Barr verkörpert. Berichten zufolge war es geplant, einen echten Botschafter in der Rolle auftreten zu lassen, aber die Idee wurde wieder verworfen.

BRITISCHER MARINEKOMMANDANT ERMORDET (Schlagzeile)
↗ Schlagzeilen

BRITISH AEROSPACE 125 CORPORATE 800B (Flugzeug)
Im Roman ↗ *Der Morgen stirbt nie* wird erwähnt, dass ↗ Elliot Carver Besitzer eines Jets vom Typ British Aerospace 125 Corporate 800B ist, den er ausschließlich für Flüge zwischen Deutschland und Saigon benutzt.

BRITISH AIRWAYS
Im Roman ↗ *Moonraker Streng geheim* und im Film ↗ *Moonraker – streng geheim* (1979) wird für die Fluggesellschaft »British Airways« geworben. Nach einem Kampf in einem Krankenwagen stürzen James Bond und ein angeblicher Sanitäter mit einer Rolltrage aus dem fahrenden Krankenwagen und rollen eine steile Straße hinunter. Bond kann rechtzeitig abspringen, doch sein Gegner rast mit der Trage in eine Werbewand für »British Airways«. Die Leiche steckt wie eine Zigarette im Mund der abgebildeten Person auf dem Plakat. Der Werbespruch auf der Wand lautet: »British Airways. Wir tun mehr für Sie« (im Original: »We'll take more care of you«.).

BRITISH COLONIAL HOTEL NASSAU
In der Kurzgeschichte ↗ *Ein Minimum an Trost* logiert James Bond im British Colonial Hotel am Nassauer Hafen. Im Film ↗ *Sag niemals nie* (1983) wohnt James Bond in Nassau im ↗ Zimmer 623 des British Colonial Hotels. Er lernt dort eine Anglerin kennen und teilt mit ihr das Bett in ↗ Zimmer 728.

BRITISH NAVAL COMMANDER MURDERED (Schlagzeile)
↗ Schlagzeilen

BRITISH SKI FEDERATION
Im ↗ Titelvorspann von ↗ Maurice Binder für ↗ *Im Angesicht des Todes* sind kurz Skifahrer zu sehen. Die Männer gehören der British Ski Federation an.

BROCCOLI (Gemüse)
Ironie des Schicksals: James Bond bestellt in ↗ *Leben und sterben lassen* Broccoli zum Essen. Das Buch stammt von 1954.

↗Albert R. Broccoli taucht erst Anfang der 1960er Jahre im Leben von Autor ↗Ian Fleming auf.

BROCCOLI, ALBERT ROMOLO (Produzent)
Der Produzent Albert Romolo Broccoli ist der ganzen Welt nur als Albert R. Broccoli bekannt. Er wurde am 5. April 1909 in Astoria in New York, USA geboren. Er produzierte die James-Bond-Filme ↗*James Bond 007 jagt Dr. No* (1962), ↗*Liebesgrüße aus Moskau* (1963), ↗*Goldfinger* (1964), ↗*Man lebt nur zweimal* (1967), ↗*Im Geheimdienst Ihrer Majestät* (1969), ↗*Diamantenfieber* (1971), ↗*Leben und sterben lassen* (1973), ↗*Der Mann mit dem goldenen Colt* (1974), ↗*Der Spion, der mich liebte* (1977), ↗*Moonraker – streng geheim* (1979), ↗*In tödlicher Mission* (1981), ↗*Octopussy* (1983), ↗*Im Angesicht des Todes* (1985), ↗*Der Hauch des Todes* (1987), ↗*Lizenz zum Töten* (1989) und ↗*GoldenEye* (1995). ↗*Feuerball* (1965) präsentierte er »nur«. Eigentlich hätte Broccoli in der Landwirtschaft arbeiten müssen, denn seine Familie hatte seit jeher Bauernhöfe. Sein Vater Giovanni Broccoli war eigentlich Tiefbauingenieur, doch aus Geldknappheit musste er auch als Maurer auf dem Bau arbeiten. Albert Broccoli bekam sehr früh den Spitznamen »Cubby« – angeblich, weil er einer Comicfigur ähnelte und sich der Name »Cubby« durch den Namen der Comicfigur »Little Kabble« über »Little Kabbibee« entwickelte. Familienzusammenhalt wurde bei den Broccolis großgeschrieben. Alle arbeiteten auf den Ländereien des Onkels Pasquale de Cicco, der als einer der Ersten die Broccolipflanze in die USA brachte.

Albert R. Broccoli schaffte den Absprung. Er jobbte in einer Drogerie, studierte Journalismus und übernahm einen Job bei seinem Vetter, der sich seinen Lebensunterhalt als Sargtischler verdiente. Immer nur den Tod um sich, das war nichts für den kräftigen jungen Mann, und er wollte auswandern. Weit kam er nicht: Er ließ sich zuerst in Los Angeles und kurz darauf in San Francisco nieder. In seiner Einzimmerwohnung mit der Toilette auf dem Gang lief ihm eine Ratte vor die Füße: Dasselbe erlebte ↗Sean Connery in ↗*Diamantenfieber*. Durch Glücksspiel an Geld gekommen, kehrte Broccoli nach Los Angeles zurück und versuchte sich im Showgeschäft. Die Arbeit als Postsortierer der 20th Century Fox brachte die nötigen Kontakte, die Broccoli zum Erfolg brauchte. Hier lernte er ↗Howard Hughes kennen, den er später als ↗Williard Whyte in *Diamantenfieber* aufkreuzen ließ.

Hughes wurde einer der erfolgreichsten Männer, und Broccoli sollte zwischen Hughes und einem Regisseur vermitteln. Dieser Job war nichts Langfristiges, und die Aussicht auf eine rosige Zukunft schmolz mit dem Ausbrechen des Zweiten Weltkrieges dahin. Um sich über Wasser halten zu können, trat Broccoli in die Navy ein. Nach dem Krieg hatte er Kontakt zu Regisseur Irving Allen, den er schon aus High-School-Zeiten kannte, und zusammen schufen sie den Film *Avalanche* für die Eagle-Lion-Studios.

Broccoli begann trotz der Anstellung für die Famous Artists' Agency zu arbeiten. Der beste Weg, den er wählen konnte, denn der Leiter der Firma, Charles K. Feldman, griff Broccoli, der den Wunsch hatte, Filme zu machen, unter die Arme. 1951 gründete »Cubby« Broccoli zusammen mit Irving Allen die Firma Warwick Films. Man verpflichtete Schauspieler und plante Filme in England zu drehen. Das erste Werk entstand durch die Zusammenarbeit von vielen später für James Bond wichtigen Männern: ↗Terence Young führte Regie, ↗Richard Maibaum schrieb das Drehbuch: Das Projekt hieß *The Red Beret*. Und der Film war erfolgreicher, als man vorhersehen konnte. Für weitere Projekte wurden der Kameramann ↗Ted Moore, Produktionsdesigner ↗Ken Adam und Stuntman ↗Bob Simmons mit ins Boot geholt. Sie alle sollten auch bei den James-Bond-Filmen wieder eine wichtige Rolle spielen.

Broccolis erste entscheidende Berührung mit Bond war 1957 der Roman ↗*From Russia With Love*. Er kannte den Geheimagenten von ↗Ian Fleming, merkte aber bei diesem Buch besonders, wie filmtauglich der Stoff der Romane ist. Bis es 007 auf die Leinwand schaffte, sollten noch Jahre vergehen. Zunächst trennten sich die Geschäftsleute Irving Allen und Broccoli. Der mittlerweile 50 Jahre alte Mann entschied sich für die Familie. Er heiratete die Autorin ↗Dana Wilson und kehrte der Filmindustrie den Rücken. Dana Wilson brachte ihren Sohn ↗Michael mit in die Ehe; auch er sollte eine wichtige Rolle in der Entwicklung von James Bond spielen. Später wurde ein weiteres Kind geboren: ↗Barbara Broccoli, die in die Fußstapfen ihres Vaters treten sollte. ↗Wolf Mankowitz organisierte ein entscheidendes Treffen. Albert R. Broccoli traf 1961 auf ↗Harry Saltzman. Letzterer hatte die Rechte an allen James-Bond-Romanen (außer ↗*Casino Royale*), konnte aber nichts damit anfangen. Noch immer wusste Broccoli, dass diese Bücher viel wert waren und dass ihr Wert noch steigen würde. Da Saltzman nicht verkaufen wollte, kam es zu einer Partnerschaft, die 13 Jahre anhielt.

Voller Optimismus wandten sich die beiden Produzenten an Columbia, um das Angebot für eine sechsteilige James-Bond-Serie zu unterbreiten, doch hier lehnte man ab. Das Duo versuchte es ein weiteres Mal und hatte mehr Glück: United Artists stellte eine Million Dollar für die Verfilmung des ersten James-Bond-Romans zur Verfügung. Die Firmen ↗Danjaq S. S. und ↗EON Productions wurden gegründet, um eine reibungslose Verfilmung des Buches ↗*Thunderball* zu gewährleisten. Wegen rechtlicher Probleme zog man schließlich ↗*Doctor No* vor. Der Erfolg kam mit dem ersten Film. Broccoli war ganz auf den »Agenten Ihrer Majestät« eingeschossen und produzierte während all der Jahre (1962–1995) nur ein Nebenprojekt (*Tschitti Tschitti Bang Bang*, nach einem Kinderbuch von Ian Fleming). Das Verhältnis zu Saltzman, der viele andere Dinge neben Bond machte, kühlte schließlich ab. Die Partner trennten sich nach *Der Mann mit dem goldenen Colt* und der Kämpfer Broccoli machte allein weiter.

Auf dem Pinewood-Gelände ließ er für *Der Spion, der mich liebte* die bis dahin größte Filmhalle der Welt bauen: die »007 Stage« (nachdem diese abgebrannt war, wurde sie unter dem Namen »Albert R. Broccoli 007 Stage« neu errichtet). Oft wurde ihm die Frage gestellt, wie viele James-Bond-Filme er noch machen würde und er antwortete stets: »Solange ein Bond-Film auch nur einen Dollar mehr einspielt, als er gekostet hat, wird es einen weiteren geben.« Seine Tochter Barbara und Stiefsohn Michael G. Wilson übernahmen 1997 das Zepter und führten die Tradition unter diesem Leitspruch beim Film ↗*Der Morgen stirbt nie* (1997) fort. Der erfahrene Produzent Broccoli bekam 1989 in Anwesenheit vieler Darsteller aus Bond-Filmen (u. a. ↗Lois Chiles) seinen Stern auf dem Hollywood Boulevard. Albert R. Broccoli starb am 27. Juni 1996 und hinterließ die erfolgreichste Filmserie der Welt, die auch nach seinem Tod fortgeführt wurde. Die Broccolis haben insgesamt vier Kinder, zu denen auch ↗Tony Broccoli, der in Hollywood als Regie-Assistent tätig ist, und ↗Tina Banta gehören.

BROCCOLI, BARBARA
(Produktions- und Regieassistentin/Mitproduzentin/Produzentin)

Erstmals bei ↗*Octopussy* (1983) hatte Barbara Broccoli ein erwähnenswertes Amt inne. Sie war bei diesem dreizehnten offiziellen James-Bond-Film als Leitende Produktionsassistentin angestellt. Bei ↗*Im Angesicht des Todes* (1985) arbeitete sie zusätzlich als Regieassistentin.

Sie war Mit-Produzentin von ↗*Der Hauch des Todes* (1987). Die erste Aufgabe mit maximaler Verantwortung von Barbara Broccoli war das Erstellen der Tanklastzug-Verfolgungsjagd für ↗*Lizenz zum Töten* (1989). Hier war sie auch Mit-Produzentin an der Seite von ↗Tom Pevsner. In die Fußstapfen ihres Vaters ↗Albert R. Broccoli trat die im Juni 1960 geborene Barbara Broccoli, als sie zur Produzentin von ↗*GoldenEye* (1995) wurde.

Den fließenden Übergang von Privatleben und Showbusiness bekam sie schon sehr früh zu spüren. Als sie knapp ein Jahr alt war, begann ihr Vater mit der Produktion von ↗*James Bond 007 jagt Dr. No* (1962) – dem ersten offiziellen James-Bond-Film. Heute produziert die aktive Frau als Entwicklungsleiterin von ↗Danjaq Inc. mit ihrem Stiefbruder zusammen die neuen James-Bond-Filme. Nach ↗*GoldenEye* waren das bisher ↗*Der Morgen stirbt nie* (1997), ↗*Die Welt ist nicht genug* (1999) und ↗*Stirb an einem anderen Tag* (2002). Nach dem Studium auf der Loyola University in Los Angeles stürzte sie sich als Expertin im Gebiet Film- und Fernsehkommunikation in die Bond-Welt. Sie war selten weit von den Produktionsteams entfernt. »Ich bin lieber vor Ort als in einem sauberen Produktionsbüro«, sagte Broccoli in einem Interview. Schnell wurde sie zur guten Seele jeder Produktion. »Wer Sorgen hatte, konnte zu Barbara gehen«, erinnerte sich ↗John Glen. Wenn die Dreharbeiten für einen Film beendet waren, erforderte die Nachproduktion höchsten Einsatz von Broccoli. Es ging um rechtliche Fragen, denen bei den James-Bond-Filmen immer besondere Aufmerksamkeit geschenkt werden musste.

Ihre Selbstständigkeit bewies sie 1986 in Australien bei der Suche nach einem neuen James-Bond-Darsteller. Nachdem sie bei ↗*Lizenz zum Töten* die LKW-Stunts beaufsichtigt hatte, war sie bei *GoldenEye* bestens darauf vorbereitet, die Dreharbeiten in Russland zu überwachen. Beim Inszenieren einer Verfolgungsjagd bewies sie ihren Einfallsreichtum und zeigte großes Können, was Actionszenen betrifft. Hier arbeitete sie eng mit ↗Rémy Julienne zusammen. Als ↗Timothy Dalton James Bond spielte, wurde den beiden oft eine Affäre angedichtet. Beweise hierfür gab es jedoch nicht. Broccoli ist glücklich mit dem Bostoner ↗Frederick Zollo verheiratet. Sie ist sehr darauf bedacht, ihr Privatleben zu schützen, was sich auch darin zeigt, dass man bisher kein genaues Geburtsdatum von ihr kennt. Auch »außerbondisch« ist sie tätig: Barbara Broccoli besitzt die Produktionsfirma Astoria Productions, mit der sie bereits *Crime Of The Century* schuf. James Bond soll es ihrer Ansicht nach weiterhin geben; sie produziert hier mit der gleichen Einstellung wie ihr Vater. Zu möglichen Projekten in der Zukunft könnte die Verfilmung des Bestsellers *Schatten über Babylon* von David Mason gehören. An diesem Buch hat sich Barbara Broccoli die Rechte gesichert.

BROCCOLI, DANA

Am 3. Januar 1922 wurde Dana Natol in New York geboren. Schon im Alter von zwanzig Jahren war sie nicht nur als Schauspielerin tätig, sondern schrieb auch Bücher. Den entscheidenden Wendepunkt in ihrem Leben brachte aber das Treffen mit ↗Albert R. Broccoli in Beverly Hills. Beide waren durch eine andere Ehe gebunden und es dauerte mehrere Jahre, bevor sie sich 1959 erneut trafen. Broccoli war vom Weihnachtsbaumverkäufer zu einem erfolgreichen Produzenten aufgestiegen. Ihr Interesse an Filmprojekten führte sie zusammen, und sie heirateten innerhalb einer Woche. Dana Broccoli brachte ihren Sohn ↗Michael G. Wilson mit in die Ehe, die gemeinsame Tochter ↗Barbara Broccoli wurde 1960 geboren. Aus dem Vornamen Dana und dem Vornamen von ↗Harry Saltzmans Frau Jaqueline wurde der Firmenname ↗Danjaq kreiert. Dana

Broccoli war als Beraterin an der Seite ihres Mannes und hatte maßgeblichen Einfluss auf die James-Bond-Filme. So ist es ihr zu verdanken, dass ↗Sean Connery der erste offizielle 007 wurde. Nach dem Tod ihres Mannes schuf Dana Broccoli durch ihre Mitarbeit an den »James-Bond-Specials«, die auf den DVDs das Zusatzmaterial bilden, eine einmalige Dokumentation über die Menschen hinter den Kulissen der 007-Filme. Am Sonntag, dem 29. Februar 2004 starb Dana Broccoli im Alter von 82 Jahren. Die Beisetzungsfeierlichkeiten fanden am 4. März 2004 in der Church of the Hills in Los Angeles statt.

BROCCOLI, TONY (Regieassistent, Drehortmanager)
Die Verwandtschaft mit ↗Albert R. Broccoli, dem Produzenten fast aller James-Bond-Filme, ist offensichtlich. Tony Broccoli, ↗Terry Madden, ↗Michael Zimbrich und ↗Gareth Tandy waren als zweite Regieassistenten bei der Produktion des Films ↗*In tödlicher Mission* (1981) beschäftigt. Außer Gareth Tandy waren alle bei ↗*Octopussy* (1983) erneut dabei. Er wurde durch ↗Andrew Warren ersetzt. Als Drehortmanager für die Unterwasseraufnahmen arbeitete Broccoli zusammen mit ↗Nicole Kolin bei ↗*Lizenz zum Töten* (1989). Er ist der Sohn von Albert R. Broccoli.

BRODERICK (Romanfigur)
James Bond lernt den rangältesten FBI-Mann von San Francisco kennen, nachdem der Agent ↗Patrick Malloney vor Bonds Augen ermordet wurde. Broderick ist Mitte vierzig und wirkt auf 007 sehr mitgenommen. Er hat kurze Finger und ist etwas untersetzt.

BROKENCLAW (Roman)
Der zehnte James-Bond-Roman ↗John Gardners erschien im Jahre 1990 und wartet mit einem besonderen Bösewicht auf. Das Buch mit dem Titel ↗*Brokenclaw* erschien in Deutschland als ↗*Fahr zur Hölle, Mr. Bond!* Das Werk erschien unter anderem als G. P. Putnam's Sons Edition (Juli 1990) und später als Berkley Novel (April 1991).

Die im Buch und auf dem Cover enthaltenen Kritiken preisen den Roman: »Literarure's most celebrated spy... James Bond remains irresistible!«; »Gardner has proved himself capable of carrying James Bond in the best tradition of his creator, Ian Fleming.« Aber in der Presse tauchten auch negative Kritiken auf. So galt *Brokenclaw* bis zum Erscheinen von *The Man From Barbarossa* als schlechtester Roman Gardners. Das Werk hat je nach Ausgabe ca. 308 Seiten. Es besteht aus 20 Kapiteln mit folgenden Überschriften:

1) Death In The Afternoon; 2) The Mind Is The Man; 3) There'S A Porpoise Close Behind Me; 4) LORDS And LORDS DAY; 5) Trojan Horse; 6) Wanda'S Story; 7) Talk Of A Merry Dance; 8) Abelard & Héloïse; 9) Bedtime Storys; 10) Flight Of Deception; 11) Welcome; 12) Chinese Boxes; 13) Black Magic; 14) A Trip To The Bank; 15) To Die To The Bank; 16) Awesome; 17) New Days, New Ways, Love Stays; 18) The Chelan Mountains; 19) Challenge By Torture; 20) O-Kee-Pa

Inhaltsangabe siehe ↗*Fahr zur Hölle, Mr. Bond!*

Die Widmung im Buch lautet: »For Ed & Mary Anna with thanks«. Die Erstausgaben dieses Romans wurden bei folgenden Verlagen veröffentlicht: 1990: Erste britische Ausgabe: Hodder & Stoughton (Hardback Edition) / 1990: Erste amerikanische Ausgabe: Putnam (Hardback Edition) / 1990: Erste amerikanische Ausgabe: Curley Publishing Large Print Edition / 1991: Erste britische Ausgabe: Coronet (Paperback Edition) / 1991: Erste amerikanische Ausgabe: Berkley (Paperback Edition)

BROKENCLAW (Romanfigur)
Nach dem Bösewicht Brokenclaw ist John Gardners zehnter James-Bond-Roman be-

nannt. Die Figur heißt in der deutschen Übersetzung ↗ Gebrochene Klaue Lee oder ↗ Lee Fu-Chu.

BRONSTEEN (Romanfigur)
Angeblich von einer Person namens Bronsteen hat ↗ »M« im Roman ↗ *Diamantenfieber* erfahren, dass Industriediamanten auch als Bohrköpfe in Bohrmaschinen eingebaut würden.

BROOK, CLAUDIO (Darsteller)
Als Bankleiter ↗ Montelongo durfte sich der Darsteller Claudio Brook in ↗ *Lizenz zum Töten* (1989) versuchen.

BROOKE, PAUL (Darsteller)
Schielen für einen Lacher. Paul Brookes Augenfehlstellung passte recht gut zu seiner Rolle des Berufsspielers ↗ Bunky im Film ↗ *In tödlicher Mission* (1981). Er war überzeugend, als er nicht nur fast die Nerven, sondern auch viel Schweiß und sein Geld an James Bond verlor.

BROOKS, VICTOR (Darsteller)
Schauspieler Victor Brooks stellte 1964 im Film ↗ *Goldfinger* die Figur ↗ Blacking dar.

BROSNAN, CHRISTOPHER (Produktionsläufer)
Zusammen mit Christopher Brosnan war ↗ Lee Taylor Produktionsläufer bei ↗ *GoldenEye* (1995). Während Taylor nur Botengänge und andere unspannende Aufgaben zu erledigen hatte, doubelte Christopher Brosnan die Hand seines Vaters und 007-Darstellers ↗ Pierce Brosnan in einer Großaufnahme, da dieser sich eine Verletzung zugezogen hatte.

BROSNAN, PIERCE (Darsteller)
Der fünfte James-Bond-Darsteller der offiziellen 007-Filme war der Ire Pierce Brosnan. Er wurde am 16. Mai 1952 in der Grafschaft Meath in Irland geboren. Mit zwölf Jahren sah er ↗ *Goldfinger* (1964) im Kino und war vom britischen Geheimagenten so angetan, dass er Schauspieler werden wollte. Zunächst jedoch arbeitete Brosnan als Zeichner für das Kaufhaus Harrods. Er entwarf Möbel, bis er schließlich an einer Produktion des Oval House Theaterklubs mitwirkte. Nachdem er auch als Feuerschlucker aufgetreten war, ging er zum Drama Centre in London, um die klassische Schauspielerei zu erlernen. 1976 stieg er voll ins Berufsleben ein und arbeitete als assistierender Bühnenmanager im York Theatre Royal. Brosnans erstes wichtiges Stück war *Red Devil Battery Sign*. Nach weiteren Bühnenauftritten und einigen Rollen in Fernsehfilmen war er in *Murphy's Stroke* als Pferdetrainer Donnelly zu sehen. Sein Leinwanddebüt hatte er 1980 in dem Film *Rififi am Karfreitag*. Mit Bond-Regisseur ↗ Guy Hamilton arbeitete Brosnan ebenfalls 1980 in *Mord im Spiegel*. Für James-Bond-Produzent ↗ Albert R. Broccoli war Pierce Brosnan schon lange als möglicher Nachfolger eines 007-Darstellers im Gespräch. Als ↗ Cassandra Harris, Brosnans Frau, die Rolle der ↗ Lisa von Sahm in ↗ *In tödlicher Mission* (1981) übernahm, reiste Brosnan mit zu den Dreharbeiten. Er lag am Strand und sonnte sich, während ↗ Roger Moore und seine Frau vor der Kamera agierten. Broccoli sah sich Brosnan genauer an, doch Moores Zeit war noch nicht abgelaufen.

Das erste gesellschaftliche Treffen zwischen Brosnan und Broccoli gab es 1982 in Los Angeles, auch 007 war Thema, doch ohne konkrete Ergebnisse. In einem Taxi auf der Rückfahrt von Broccoli soll Brosnan erstmals den berühmten Satz: »Mein Name ist Bond, James Bond« gesprochen haben. Als er den Zuschlag für die Fernsehserie *Remington Steel* erhielt, war Brosnan überglücklich. Eine Zeitschrift bezeichnete ihn sogar als »jugendlichen James Bond«. Im Oktober 1983 war es dann eine Umfrage, die Broccolis Gespür bestätigte: 46 Prozent der Befragten hielten Pierce Brosnan für den idealen Nachfolger von Roger Moore. Erst im Mai 1986 wurde *Remington Steel* abgesetzt. Innerhalb von 60 Tagen war es dem Sender aber erlaubt, den Entschluss zu fassen, weitere Folgen zu drehen. Eine Zeitungsmeldung hatte für Brosnan fatale Folgen: Darin hieß es, er habe den Vertrag als neuer James-Bond-Darsteller unterschrieben, und plötzlich war das Interesse an ihm so groß, dass die Einschaltquoten für *Remington Steel* wieder in die Höhe schnellten. Der Sender NBC bestand auf seinem Recht, und es sollten weitere Folgen mit Brosnan gedreht werden. Das Chaos war perfekt. Albert R. Broccoli wollte keinen 007-Darsteller, der nebenbei in einer Fernsehserie mitwirkte und beschloss, sich anderweitig umzusehen.

Brosnan drehte ein paar weitere Folgen der Serie, doch dann wurde sie abgesetzt. Die Mini-Serien *Noble House* mit vier Teilen und *Nancy Astor* mit dreizehn Teilen folgten. Brosnan wurde für den Golden Globe nominiert. Weitere Angebote lehnte der Ire ab, als seine Frau Cassandra Harris an Gebärmutterkrebs erkrankte. Sie starb 1991 nach einer qualvollen Zeit.

Brosnan setzt sich seither für die Gesundheit der Frauen auf der ganzen Welt ein und wurde Botschafter des selbstständigen Wohlfahrtskomitees der Unterhaltungsindustrie. Er hielt vor dem US-Kongress Vorträge über Gebärmutterkrebs und betrieb viel Aufklärung. Keely Shaye Smith, Brosnans zweite Ehefrau, ist von Beruf Reporterin. Sie heirateten im August 2001. Brosnan hat drei Kinder: Sean William (*1984) von Cassandra Harris sowie Dylan Thomas (*1997) und Paris Beckett (*2001) von Keely Shaye Smith. Ob das letzte Kind nach ↗Paris Carver aus ↗*Der Morgen stirbt nie* (1997) benannt wurde, wollte der Darsteller bei einem Interview nicht preisgeben.

Sein Durchbruch auf der Kinoleinwand kam mit *Der Rasenmäher-Mann* (1992), *Mrs. Doubtfire – Das stachelige Kindermädchen* (1993) und *Love Affair* (1994). Er war wieder im Gespräch, und als Timothy Dalton im April 1994 ankündigte, James Bond nicht mehr zu verkörpern, kam die große Chance für Brosnan. In einer Fernsehshow wurde eine Umfrage durchgeführt, wer als neuer James Bond infrage käme, und 85 Prozent der Anrufer wählten Pierce Brosnan. Während der Dreharbeiten zu *Robinson Crusoe* bekam Brosnan die Rolle des 007 telefonisch von Albert R. Broccoli angeboten. Er willigte sofort ein. »Ich konnte nicht nein sagen«, erinnerte sich der Darsteller. »James Bond hat meinen Weg so oft gekreuzt, und das war ein Zeichen.« Mit übermäßiger Nervosität, denn die Verantwortung war extrem, nahm er sich ähnlich wie Dalton vor, einen Bond zu verkörpern, der aus ↗Flemings Büchern entsteht, und keinen »Fantasiehelden, der mit Riesenschlangen kämpft und sich an Lianen durch den Urwald schwingt«. Der Erfolg gab ihm Recht. Nach sechs Monaten Dreharbeiten zu ↗*GoldenEye* (1995) war Brosnan erleichtert und stolz auf das Projekt. Der Film wurde zum erfolgreichsten James-Bond-Film des 20. Jahrhunderts. Der Vertrag sah zwei weitere Filme mit Option auf einen vierten vor.

So drehte Brosnan ↗*Der Morgen stirbt nie* (1997) und genoss es, zwischen den Bond-Drehs immer wieder in anderen Filmen mitzuwirken. Am 3. Dezember 1997 bekam Brosnan als 2099. Person seinen Stern auf dem »Walk of Fame«. Auf die Frage, welchen Bond-Film von seinen er am meisten möge, antwortete er nach einer kleinen Denkpause zum Schmunzeln der Presse: »Beide. Beide haben Charakter und Geschichte.« Bei den Dreharbeiten zu ↗*Die Welt ist nicht genug* (1999) meinte er: »Jetzt hat es richtig Spaß gemacht.« Die Rolle des 007 wurde von Brosnan nie besser verkörpert. Er konnte sich seitdem frei in dieser Rolle bewegen und wirkte, als habe er nie etwas anderes gespielt. Dass der Darsteller jedoch nicht alles über 007 weiß, zeigte sich in einem Interview, als er ↗*Doctor No* als ersten Bond-Roman (!) bezeichnete. Ferner nannte er ↗Rosa Klebb Olga Klebb.

Brosnans Popularität erlaubte ihm, Filme nach seiner Wahl zu drehen und zu produzieren. Dazu gehören *Der amerikanische Neffe* (1996/97) und *Die Thomas Crown Affäre* (1999). Der in Los Angeles lebende Darsteller nahm die Option wahr, einen vierten James-Bond-Film zu drehen: ↗*Stirb an einem anderen Tag* (2002) – Pierce Brosnans Gage in Euro: 6,1 Millionen. Es wurde sein erfolgreichstes Bond-Projekt. Nach *Stirb an einem anderen Tag* folgte ein unbeschreibliches Durcheinander, ob Brosnan weiter 007 sein würde oder nicht. Fast täglich gab es ein neues Gerücht. Zunächst vermuteten Experten, es handle sich bei Brosnans Vorgehen um die gleichen Gagenspielchen, die seinerzeit Roger Moore aufgeführt hatte. Auf Fan-Seiten war von Streitereien zwischen Brosnan und Wilson und Broccoli die Rede. Am 2. Februar 2005 war auf Brosnans offizieller Internetseite ein langer Brief zu lesen, in dem er mitteilte, er werde nicht mehr 007 spielen und bedanke sich bei allen Bond-Freunden, die ihm in seiner Ära die Treue gehalten hätten. Brosnan verkörperte in vier Filmen den Geheimagenten.

Kontakt: *c/o Creative Artists Agency; 9830 Wilshire Blvd; Beverly Hills, CA 90212; USA*

Filmographie Pierce Brosnan: 1978: The Silly Seasons* / 1979: The Professionals: Blood Sports (Die Profis: Tod eines Sportlers)* / 1979: Murphy's Stroke* / 1980/81: The Mansions Of America (3 Teile)* / 1980: The Long Good Friday (Rififi am Karfreitag) / 1980: The Mirror Crack'd (Mord im Spiegel) / 1982–87: Remington Steele* / 1985: Nomads (Nomads – Tod aus dem Nichts) / 1987: The Fourth Protocol (Das vierte Protokoll) / 1987: Moonlighting (Das Model und der Schnüffler)* / 1988: Taffin (Ein Mann wie Taffin) / 1988: The Deceivers (Die Täuscher) / 1988: Around The World In 80 Days (In 80 Tagen um die Welt) (4 Teile)* / 1989: Nancy Astor (13 Teile)* / 1989: The Heist (Der Gentleman-Coup)* / 1990: Mister Johnson (Mister Johnson) / 1991: Murder 101 (Ein Fall für Professor Lattimore/Mord 101)* / 1991: Victim Of Love (Opfer einer Leidenschaft/Verhängnisvolle Leidenschaft)* / 1991: Moderation der Golden Globe Awards 1990* / 1992: Live Wire (Hydrotoxin – Die Bombe tickt in dir) / 1992: Entangled (Labyrinth – Liebe ohne Ausweg) / 1992: The Lawnmover Man (Der Rasenmäher-Mann) / 1992: Heartbreak Radio (Musikvideo)* / 1993: Mrs. Doubtfire (Mrs. Doubtfire – Das stachelige Kindermädchen) / 1993: The Broken Chain (Zwischen den Fronten)* / 1993: Death Train (Death Train – Der Todeszug)* / 1994: Love Affair / 1994: Don't Talk To Strangers (Killing Stranger)* / 1994: Robinson Crusoe / 1995: Night Watch (Der Rembrandt-Deal)* / 1995/GB: **GoldenEye** (GoldenEye) Regie: Martin Campbell / 1996: A Mirror Has Two Faces (Liebe hat zwei Gesichter) / 1996: Mars Attacks! / 1996: Dante's Peak / 1996: The Nephew (Der amerikanische Neffe) / 1996: Disappearance Of Kevin Johnson (Kevin Johnson – Ein Mann verschwindet)* / 1996: Muppet's Tonight* / 1997/GB: **Tomorrow Never Dies** (Der Morgen stirbt nie) Regie: Roger Spottiswoode / 1998: The Magic Sword: Quest For Camelot (Das magische Schwert – Die Legende von Camelot) Brosnan synchronisierte hier nur. / 1998: Grey Owl / 1998: The Thomas Crown Affair (Die Thomas Crown Affäre) / 1999: The Match / 1999: The James Bond Story* / 1999 / GB: **The World Is Not Enough** (Die Welt ist nicht genug) Regie: Michael Apted / 2001: The Tailor of Panama (Der Schneider von Panama) / 2001: The Perfect Fit / 2001: Blood and Champagne / 2002: Judi Dench: A BAFTA Tribute / 2002: Evelyn / 2002 / GB: **Die Another Day** (Stirb an einem anderen Tag) Regie: Lee Tamahori / 2004: The Matador / 2004: After the Sunset / 2004: Laws of Attraction / 2005: Mexicali / 2005: Instant Karma

) Diese Filme wurden ausschließlich für das Fernsehen produziert.

BROSTOW, BEN (Romanfigur)

Ben Brostow ist einer von zahlreichen Namen, die der ↗BAST-Bösewicht ↗Bassam Baradj benutzt hat. Er taucht im Roman ↗*Sieg oder stirb, Mr. Bond* auf. Viele Behörden haben die Namen in ihren Karteien unter »Betrug« abgeheftet, dennoch zieht keiner Verbindungen zwischen ihnen und Baradj. Weitere Identitäten des Terroristen sind: ↗Bennie Benjamin, ↗Vince Phillips und ↗Conrad Decca.

BROUSE, FRANÇOIS (Romanfigur/Filmcharakter)

François Brouse und ↗Bernard Jaubert sind zwei Piloten, die im Roman und auch im Film ↗*GoldenEye* (1995) vorkommen. Ihr Leben dauert nicht sehr lange. Die beiden Piloten des ↗Tiger-Helikopters werden von ↗Xenia Onatopp getötet, die den Tiger dann zusammen mit ↗General Ourumov stiehlt, um die Pläne der Gruppe ↗Janus voranzutreiben. Die Leiche von Leutnant Brouse wird kurz nach dem Diebstahl des Tigers gefunden. Im Buch wird ihm die Kehle durchgeschnitten, im Film wird er erschossen.

BROWN, AGATHA (Romanfigur)

Mistress Agatha Brown gehört zu den Frommen. Sie ist die Frau von ↗Cornelius Brown, der eine Anzeige geschaltet hat, weil er sein Bordell verkaufen möchte.

BROWN, CORNELIUS (Romanfigur)

Als James Bond im Buch ↗*007 James Bond und der Mann mit dem goldenen Colt* den *Daily Gleaner* durchblättert, stößt er neben seinem Horoskop auch auf folgende Anzeige: »ZUM VERKAUF DURCH VERSTEIGERUNG. 77 Harbour Street, Kingston, am Mittwoch, 28. Mai, um 10:30 Uhr vormittags laut Verkaufsvollmacht aus der Hypothek von Cornelius Brown et ux Liebesstraße No. 31/2 SAVANNAH LA MAR. Beinhaltend das umfangreiche Wohnhaus sowie das ganze Grundstück laut Vermessung drei Ketten und fünf Ruten an der Nordgrenze, fünf Ketten und eine Rute an der südlichen Grenze, zwei Ketten genau an der Ostgrenze und vier Ketten und zwei Ruten an der Westgrenze angrenzend im Norden an Liebesstraße No. 4. C.D. Alexander CO. LDT. 77 HARBOUR STREET KINGSTON TELEFON 4897«

James Bond ist von der altmodischen Art der Anzeige begeistert. Es ist die erste Spur, die ihn zu ↗Scaramanga führen könnte. ↗Mary Goodnight stellt Nachforschungen an und findet heraus, dass das erste Anwesen ein Bordell ist. ↗Von Tiffy erfährt James Bond, dass Mr. Brown der Chef des Bordells ist. Das »et ux« (für »et uxor«) in der Anzeige steht für seine Frau – ↗Agatha Brown.

BROWN, DENNIS C. (Komponist)

↗*James Bond Jr.*

BROWN, EARL JOLLY (Darsteller)

Flüsternd durfte sich Earl Jolly Brown in der Rolle des ↗Whisper zeigen. Er spielte den Ganoven in ↗*Leben und sterben lassen* (1973), wo er die linke Hand von ↗Mr. Big alias ↗Dr. Kananga war. Rechte Hand war ↗Tee Hee, der Mann mit der Stahlprothese. Um ↗Roger Moore nicht zu verletzen, bat der 150 Kilo schwere Brown um eine Sonderkonstruktion, die es ihm ermöglichte, den James-Bond-Darsteller heben zu können.

BROWN, JANET (Double/Darstellerin)

Die Ähnlichkeit mit der Premierministerin ↗Margaret Thatcher brachte Janet Brown das Angebot für den zwölften offiziellen James-Bond-Film ↗*In tödlicher Mission* (1981) ein. Zusammen mit ↗John Wells (er verkörpert ihren Mann Dennis) sorgten sie für ein komisches Highlight am Ende des Films. Die Szene basierte auf einer spontanen Entscheidung des Regisseurs ↗John Glen und wurde sehr populär. Die Aufnahmen wurden erst kurz vor Fertigstellung des Films produziert.

BROWN, JILLE (Regieassistentin)
Die Regieassistentin am Set von ↗*Im Angesicht des Todes* (1985) war Jille Brown.

BROWN, JOANNA (Sekretärin)
Joanna Brown arbeitete für den leitenden Produzenten bei der Herstellung des Films ↗*In tödlicher Mission* (1981). Zwei Jahre später wurde sie neben ↗Mary Stellar und ↗Eleanor Chaudhuri erneut für ↗*Octopussy* (1983) »gebucht«. Brown kehrte auch bei ↗*Im Angesicht des Todes* (1985) an ihren Schreibtisch zurück. Persönliche Sekretärin von ↗Michael G. Wilson war Joanna Brown bei der Produktion des fünfzehnten offiziellen James-Bond-Films ↗*Der Hauch des Todes* (1987).

BROWN, JOE (Schneeszenen)
Peter Rohe

BROWN, LINDA (Kontaktperson)
Linda Brown arbeitete bei der Produktion von ↗*Lizenz zum Töten* (1989) als Kontaktperson in den USA.

BROWN, LIVE (Bauleiter)
↗Peter Williams

BROWN, RAY (Darsteller)
In ↗*Die Welt ist nicht genug* (1999) verkörpert Ray Brown sich selbst. Der Londoner Verkehrspolizist wurde vor den Dreharbeiten geehrt, weil er so viele falschparkende Fahrzeuge mit Reifenkrallen versehen und hatte abschleppen lassen. Regisseur ↗Michael Apted las einen Bericht über Brown und entwarf zusammen mit den Drehbuchautoren extra eine Szene für den Mann. Brown und sein Kollege sollten am Straßenrand stehen, einem Auto eine Reifenkralle anlegen, und im Hintergrund sollte 007 auf einem Nebenarm der Themse mit seinem Speedboat vorbeifahren. Bei den Proben fuhr das Boot langsam, und die Polizisten bekamen ein paar Tropfen Wasser ab. Als schließlich gefilmt wurde, raste das Boot so schnell um die Kurve, dass sich Hunderte Liter Wasser über Ray Brown und seinen Kollegen ergossen. Die Männer waren so geschockt, dass sie ihren Text vergaßen. Die Szene war ein großer Lacherfolg im Film.

BROWN, ROBERT (Darsteller)
Der Darsteller Robert Brown (geboren am 12.11.1918) kann eine eindrucksvolle Karriere als Schauspieler aufweisen. Er spielte in Klassikern wie *Ben Hur* und trat in fünf James-Bond-Filmen auf. Brown war ein erfolgreicher Bühnenschauspieler, als er 1957 bei der Produktion der TV-Serie *Ivanhoe* eine Bekanntschaft machte, die sein Leben und seine Rollen als Schauspieler in den 1970er und 1980er Jahren stark verändern sollte. Während der 39 Folgen von *Ivanhoe* freundete sich Brown mit ↗Roger Moore an, der sechzehn Jahre später in ↗*Leben und sterben lassen* (1973) die Rolle des James Bond übernahm. Als bei Moores drittem Bond-Abenteuer eine Rolle unbesetzt war, schlug der Hauptdarsteller seinen alten Kollegen Robert Brown vor.

Erstmals tritt Robert Brown als ↗Admiral Hargreves (auch Harbreaver) in ↗*Der Spion, der mich liebte* (1977) auf, der über das U-Boot-Ortungssystem erstaunt ist. Als der »M«-Darsteller ↗Bernhard Lee während der Produktion von ↗*In tödlicher Mission* (1981) verstarb, musste ein neuer ↗»M« her. Wieder war es Roger Moore, der Brown als Ersatz vorschlug, und ↗Albert R. Broccoli stimmte zu. Nicht nur wegen seines Äußeren, sondern auch wegen der Ausstrahlung, der Bond-Erfahrung und des schauspielerischen Talents entschied man sich für Brown, der in ↗*Octopussy* (1983) »M« verkörperte. Der Darsteller ging so als zweiter offizieller »M« in die Geschichte ein. Brown spielte den Geheimdienstchef auch in den Folgefilmen ↗*Im Angesicht des Todes* (1985), ↗*Der Hauch des Todes* (1987) und ↗*Lizenz zum Töten* (1989). In der sechsjährigen Filmpause zog sich der Darsteller aus der Filmbranche zurück und überließ seinen »Posten« in ↗*GoldenEye* (1995) einer Frau: ↗Judi Dench. Robert Brown verstarb kurz nach seinem Geburtstag am 15.11.2003 (andere Quellen: 11.11.2003). Der Darsteller hatte in über 60 Filmen mitgewirkt.

BROWN, TONY (Kameramann)
Nachdem ↗Jonny Jourdan bei den Dreharbeiten zu ↗*Man lebt nur zweimal* (1967) einen schweren Unfall hatte, der ihn ein Bein kostete, übernahm der Kameramann Tony Brown dessen Aufgabe. Er filmte unter anderem den letzten Kampf im ↗Vulkan-Krater und die fehlenden Szenen bei der Helikopterverfolgungsjagd.

BROWNE, ROBIN (Kameramann)
Bei dem Film ↗*Moonraker – streng geheim* (1979) sorgte Robin Browne neben ↗Paul Wilson für Effekte.

BROWNING (Waffe)
↗Max Kalba trägt im Roman ↗*James Bond und sein größter Fall* eine Browning. Die gewohnte Browning ist es auch in ↗*Sieg oder stirb, Mr. Bond*, mit deren Hilfe der Agent über Leben und Tod entscheidet.

BROWNING 9MM (Waffe)
Mit der Browning 9mm lässt ↗John Gardner James Bond bereits in seinem ersten Buch von 1981 (↗*Countdown für die Ewigkeit*) kämpfen. Auch in ↗Raymond Bensons erster Geschichte vom Agenten James Bond kommt eine Browning 9mm-Automatikwaffe vor. Benutzt wird sie von der Agentin ↗Cheryl Heaven, die 007 in ↗*Tödliche Antwort* unterstützt. Die 9mm-Browning wird auch von einem Sicherheitsbeamten des ↗Elliot Carver im Roman ↗*Der Morgen stirbt nie* gezogen. Die Browning eines Feindes in Saigon steckt James Bond im Roman ↗*Der Morgen stirbt nie* einfach ein. Im Roman ↗*Die Welt ist nicht genug* erschießt ↗Elektra King ↗Valentin Zukovsky mit einer Browning 9mm. Bevor er stirbt, kann er James Bond durch seinen Spazierstock noch von einem Folterstuhl freischießen. Im Buch ↗*Stirb an einem anderen Tag* benutzt ↗Jinx eine Browning 9mm, um ↗Dr. Alvarez zu erschießen.

BROWNING COMPACT (Waffe)
James Bonds Aktenkoffer im Roman ↗*Scorpius* hat es im wahrsten Sinne des Wortes »in sich«. Sein Gepäckstück verbirgt in einem Geheimfach eine Browning Compact, die eine echte Taschenpistole ist. Die Entwicklung erfolgte aus einer ↗FN High-Power. Verschossen werden 9mm-Patronen.

BROWNING-HI-POWER-9MM-PISTOLE (Waffe)
Einer der Bodyguards von Bankier ↗Lachaise im Roman ↗*Die Welt ist nicht genug* zieht eine Browning-Hi-Power-9mm, um James Bond in Schach zu halten. 007 entkommt, indem er mit seiner Brille eine Explosion auslöst und die Wachen überwältigt.

BROWNING M2HB (Waffe)
Auf dem Deck der ↗Son of Takashani im Roman ↗*Sieg oder stirb, Mr. Bond!* sind acht Waffen der Marke Browning M2HB Kaliber 50 vorhanden: zwei an Backbord und zwei an Steuerbord. Vier weitere sind so aufgestellt worden, dass man damit das weite Schussfeld vor Achtern unter Kontrolle hat. Mit Hilfe dieser Waffen versuchen die Männer, einen Angriff von Drachenfliegern abzuwehren, die mit einem Blutbad unter dem Operationsnamen

↗WIN für einen späteren, schlimmeren Einsatz trainieren wollen.

BROWNING MASCHINENPISTOLE (Waffe)
Im Roman ↗*Liebesgrüße aus Athen* bekommt James Bond von ↗Litsas die Ausrüstung gestellt. Dazu gehört auch eine Browning Maschinenpistole aus dem Zweiten Weltkrieg.

BROWNING, RICOU (Regie)
Ricou Browning leistete für den Film ↗*Feuerball* (1965) eine besondere Regiearbeit. Gemeinsam mit dem Unterwasserkameramann ↗Lamar Boren und in Zusammenarbeit mit ↗Ivan Tors Underwater Studios Ltd. entstanden faszinierende Aufnahmen im Meer rund um die Bahamas. Was Lamar Boren für ↗*Feuerball* (1965) bewerkstelligte, leistete Ricou Browning allein für ↗*Sag niemals nie* (1983). 13 Jahre nach *Feuerball* tat er sein Bestes, um die Aufnahmen der Haijagd auf 007 in Szene zu setzen. Auch wenn dieser Film nicht in dem Maße wie der vierte offizielle James-Bond-Film Unterwasseraufnahmen zeigt, die Aufnahmen mit den Haien, die 007 attackieren, wurden zur Zerreißprobe für die Nerven Brownings. Er benötigte über 50 Tage, um alle Hai-Szenen aufnehmen zu können. 18 Personen waren allein damit beschäftigt, die echten Haie unter Kontrolle zu halten. Die Crew filmte in den seichten Gewässern um die Bahamas, um Bonds Entkommen spektakulär erscheinen zu lassen. Browning drehte in einem extra für diese Aufnahmen versenkten Boot.

BROWNJOHN, ROBERT (Designer/Vorspann-Gestalter)
Robert Brownjohn wurde 1918 in Amerika geboren und kam im Alter von 41 Jahren nach London. Er hatte als führender Designer bei der Firma McCann-Erickson gearbeitet. Nachdem Maurice Binder nach dem Erstellen des Titelvorspanns zu ↗*James Bond 007 jagt Dr. No* (1962) verhindert war, übernahm Brownjohn dessen Part, um den Vorspann von ↗*Liebesgrüße aus Moskau* (1963) zu kreieren. Brownjohn arbeitete mit Projektoren und dem Model ↗Julie Mendez. Mit seinem Stil schlug er eine völlig neue Richtung ein, die als Inspiration für Binder diente, der später wieder zum Team stieß. Der Einsatz von Frauenkörpern im Vorspann gewann zentrale Bedeutung. Neben ↗David Chasman war Brownjohn Designer der britischen Poster zum Film ↗*Goldfinger* (1964). Zu den von ihm benutzten Elementen gehörte das berühmte »Golden Girl«, auf dessen Körper 007 und ↗Pussy Galore projiziert wurden. In Zusammenarbeit mit David Chasman schuf der Designer auch ein Plakat, das nur einen goldenen Unterarm mit Hand zeigte, auf den dasselbe Bond-Galore-Bild projiziert wurde. Eine zweite Kampagne, ebenfalls von Brownjohn, zeigte das liegende »Golden Girl«, dessen Po von einem Bild 007s überdeckt wird. Auf dem Rest des Plakats sind Szenenfotos aus *Goldfinger* zu sehen. Auf Grund des Filmtitels ließ der Designer das Modell ↗Margaret Nolan mit Goldfarbe bemalen und projizierte ihr Szenen aus *Liebesgrüße aus Moskau* und *Goldfinger* auf den Leib. Auch diese Idee benutzte Binder fünf Jahre später: Er ließ im Vorspann von ↗*Im Geheimdienst Ihrer Majestät* (1969) Szenen aus älteren Filmen einfließen, um die Zugehörigkeit des sechsten offiziellen James-Bond-Films zur Serie zu untermauern, denn der Hauptdarsteller hatte gewechselt. Robert Brownjohn wurde 1965 wieder von Binder abgelöst und arbeitete danach nicht mehr an einem 007-Film.

BRUCE (Romanfigur)
Ein weiteres Familienmitglied von James Bond taucht in ↗John Gardners Werk ↗*Die Ehre des Mr. Bond* auf: Onkel Bruce ist der jüngere Bruder von James' Vater. 007 bekommt Bruce zwar nicht mehr zu sehen und hat ihn auch niemals getroffen, aber der Onkel vererbte Bond seinen gesamten Nachlass: eine Viertelmillion Pfund. Die

in Australien abgeschickte Nachricht, dass Bond erben würde, stammt von einer Anwaltskanzlei, mit der Onkel Bruce viele Jahre zu tun hatte. Bond nimmt die Erbschaft an und akzeptierte auch die Bedingung, die Bruce vor seinem Ableben gestellt hat: Bond sollte innerhalb der ersten vier Monate nach der Erbschaft mindestens 100.000 Pfund leichtsinnig verschleudern.

BRUCE, PETER (Romanfigur)
Die Figur Peter Bruce schaffte es nicht in die Endfassung des Romans ↗*Mondblitz*. Aus Bruce wurde der Kriminal-Inspektor ↗Vivian, der von ↗Gala Brand geheiratet wird.

BRULE, DIDIER (Fahr-Stunts)
↗Rémy Julienne

BRUNNEN
Die Abschlusstotale von ↗*Der Hauch des Todes* (1987) zeigt einen Brunnen, während die Schriften ablaufen. In ↗*Stirb an einem anderen Tag* (2002) stürzt ↗Graves beim Schwertkampf gegen James Bond in einen Brunnen, nachdem 007 ihn am Oberkörper verletzt.

BRUNNER, KATHARINA (Künstlerische Leiterin)
Auch: Kathrin Brunner. ↗Alan Tomkins und ↗Andrew Ackland-Snow

BRUN, REGIS (Drehortmanager)
↗Neil Raven

BRYAN, FRED (Darsteller)
Fred Bryan spielt im Film ↗*In tödlicher Mission* (1981) den Pfarrer.

BRYAN, MARA (Koordination Spezial-, Computereffekte)
Bei der Produktion von ↗*GoldenEye* (1995) war Mara Bryan für die Koordination der digitalen optischen Effekte verantwortlich. Sie arbeitete mit ↗The Magic Camera Company zusammen. Mara Bryan war bei der Produktion von ↗*Stirb an einem anderen Tag* (2002) für die computeranimierten Szenen des abbrechenden Eisberges und des vor der Welle flüchtenden Bond verantwortlich. Viele Fans reagierten auf die Effekte mit Enttäuschung. Dennoch war der Aufwand enorm. Vier Firmen wurden von Mara Bryan beauftragt, um den gewünschten Effekt zu erzielen. Zu anderen Projekten, an denen Bryan beteiligt war, gehören *Judge Dredd*, *Die Legende von Pinocchio* und *Dark City*.

BRYANT, DONALD (Kamera)
Donald Bryant und ↗Tim Ross waren bei den Dreharbeiten in Mexiko für ↗*Lizenz zum Töten* (1989) für die zweiten Kameras zuständig.

BRYCE (Romanfigur)
Von ↗Dominetta Vitali hat James Bond bereits erfahren, dass ↗Emilio Largo ↗Palmyra von einem Engländer gemietet hat. Im Buch ↗*Feuerball* wird auch der Name des Besitzers erwähnt: Mr. Bryce.

BRYCE, IVAR
Bryce ist es zu verdanken, dass sich ↗Ian Fleming 1944 auf Jamaika ein Haus kaufte. Fleming bat Bryce, ein Grundstück in der Nähe von Oracabessa zu erwerben. Ivar Bryce und ↗Kevin McClory waren die Gründer der Filmgesellschaft »Xanadu Productions«.

BRYCE, JOHN (Deckname)
Das erste Mal benutzt James Bond den Decknamen »Bryce« im Roman ↗*Leben und sterben lassen*. Unter diesem Namen reist er von Pennsylvania per Zug nach St. Petersburg, Florida. »Bryce« ist nicht Bonds Idee, ↗Felix Leiter bringt den Namen ins Spiel, als er mit 007 die Ausreise aus New York per Telefon bespricht. Der Name »Bryce« stammt nicht aus der Fantasie ↗Flemings. Er hatte einen alten Freund, dessen Namen er als 007s Decknamen verarbeitete. Die Romanfigur ↗Solitaire erhielt den Namen von John Bryces Frau.

Auch in der Gefangenschaft von ↗Dr. No gibt sich Bond im Buch ↗*James Bond 007 jagt Dr. No* als John Bryce aus. Ferner macht er auf Wunsch von ↗Schwester Rose und ↗Schwester Lily Angaben für ein Formular: 007 bezeichnet sich als Ornithologe der Königlich Zoologischen Gesellschaft am Regent's Park in London. Als Bryce behauptet er, Grund seines Besuches seien die Vögel auf ↗Crab Key, und er käme als Vertreter der ↗Audubon-Gesellschaft in New York, die einen Teil der Insel gepachtet habe. Unter demselben Pseudonym reist James Bond auch im Roman ↗*Tod auf Zypern* nach Athen. ↗Benson schreibt, 007 habe den Decknamen seit vielen Jahren nicht mehr benutzt.

BSA 650 LIGHTNING (Motorrad)

↗BSA-Lightning-Motorrad

BSA-LIGHTNING-MOTORRAD (Fahrzeug)

In ↗*Feuerball* rast der Stuntman ↗Johnny Walker auf der Rennstrecke von Silverstone hinter dem Fahrzeug des Filmgauners ↗Graf Lippe her. Das Motorrad ist eine Sonderanfertigung mit Raketenabschussvorrichtungen über dem Vorderrad. Im Film versenkt ↗Fiona Volpe das Motorrad, nachdem sie den Mord an Lippe begangen hat. Die Raketen, die die BSA 650 Lightning im Film ↗*Feuerball* (1965) abfeuert, tragen den Namen ↗»Ikarus-Raketen«. Mit dem Weltraumlaser ↗»Icarus« aus ↗*Stirb an einem anderen Tag* (2002) spielte man darauf an.

BSA M 120 (Fahrzeug)

Ein Killer in der Kurzgeschichte ↗*Tod im Rückspiegel* benutzt eine BSA M 120. Er jagt damit einem ↗Meldefahrer des königlichen Nachrichtenkorps nach und will diesen mit seiner ↗Luger erschießen.

B.S.C. (Abkürzung)

Zahlreiche Kameraleute, die an James-Bond-Filmen mitwirkten, haben den akademischen Grad B.S.C. Er steht für »Bachelor of Science«.

BSK118 (Kennzeichen)

Ein LKW in ↗*Lizenz zum Töten* (1989) trägt das Kennzeichen BSK118. Das Fahrzeug kommt bei der abschließenden Verfolgungsjagd zum Einsatz und wird von James Bond gefahren.

BT 36-72 (Kennzeichen)

↗Orlovs Wagen, in dessen Kofferraum auch die Juwelen in ↗*Octopussy* (1983) transportiert werden, hat das Kennzeichen BT 36-72. Bond stiehlt den Wagen und flüchtet damit vor den Grenzsoldaten. 007 fährt den Mercedes u. a. auf zwei Rädern und steuert ihn, nachdem alle vier Reifen geplatzt sind – auf die Schienen einer Eisenbahnstrecke. Der Agent kann den Wagen verlassen, bevor dieser durch den Zusammenstoß mit einem entgegenkommenden Zug von den Schienen in einen See geschleudert wird. ↗Gogol ist anwesend, als der Mercedes mit den Juwelen geborgen wird.

BT-F 808 (Kennzeichen)

In ↗*Octopussy* (1983) stiehlt James Bond einer deutschen Frau das Fahrzeug mit dem Kennzeichen BT-F-808. Bond rast mit dem Auto zur Vorstellung des ↗Octopussy-Zirkus in Feldstadt.

BT-RS-1730 (Kennzeichen)

Mehrere Jugendliche sind in ↗*Octopussy* (1983) in einem Cabriolet mit dem Kennzeichen BT-RS-1730 unterwegs. Sie stoppen, als Bond als Anhalter am Straßenrand steht. Als er sich dem Wagen nähern will, geben sie wieder Gas und lachen den Agenten aus.

BTR SCHÜTZENPANZER (Fahrzeug)

In ↗*Operation Eisbrecher* operieren die Schurken mit BRT Schützenpanzern im Waffenlager ↗Blauer Hase. Es gab diesen

Schützenpanzer in verschiedenen Ausführungen: als Amphibienpanzer für zwei Mann Besatzung und zwanzig Soldaten, als Geschützträger und als reines Transportmittel. Bond hört die lauten Geräusche der BTRs, als er sich mit ↗Kolja Mosolow am Stützpunkt Blauer Hase befindet. Die BTRs übertönen selbst den Krach der Schneemobile.

BTU-152U (Fahrzeug)
Als er mit einem Panzer durch die Straßen von St. Petersburg jagt, muss James Bond in ↗*GoldenEye* (1995) sehr bald feststellen, dass die Gegenseite hinter ihm her ist. Zwei Jeeps der Marke BTU-152u versuchen erfolglos, 007 zu stoppen. Mit dem T-55 walzt der Agent alle Hindernisse nieder.

BUBI (Filmcharakter)
Bei der Figur Bubi handelt es sich um einen Deutschen, der in ↗*Octopussy* (1983) den Anhalter James Bond aufliest. Bubi, verkörpert von ↗Gertain Klauber, reist mit seiner Ehefrau, die er ↗Schatzl nennt, in einem VW-Käfer. Bubi wird von 007 gedrängt, schneller zu fahren, ist aber froh, dass sein Käfer überhaupt noch fährt. Zu den Figuren, die im Film nicht namentlich genannt werden, aber im Abspann auftauchen, gehören neben Bubi und Schatzl auch ↗Borchoi und ↗Mufti.

BUCH
↗Mrs. Whistler versteckt in ↗*Diamantenfieber* (1971) die von ↗Wint und ↗Kidd gelieferten Diamanten in einem präparierten Buch, dessen Seiten nur aus Rändern bestehen und so beim Zuschlagen des Buches einen Hohlraum bilden.

BÜCHER IN JAMES-BOND-ROMANEN UND -FILMEN
In ↗*Liebesgrüße aus Moskau* werden Bücher beschrieben, die sich im Hauptquartier der Organisation ↗SMERSH befinden. Es sind unter anderem Werke von Marx, Engels, Lenin und Stalin. Des Weiteren sind auch Bücher über Spionage, Spionageabwehr, Polizeimethoden und Kriminologie vorhanden. In dem Roman ↗*James Bond 007 jagt Dr. No* liest 007 im *Handbuch für Westindien*. Ihr Wissen hat ↗Honeychile Rider aus einem großen Konversationslexikon. Sie hat mit acht Jahren angefangen, sich mit dem Buchstaben »A« zu befassen, und schafft es bis zu ihrem zwanzigsten Lebensjahr bis zum Buchstaben »T«. So hat sie gelernt, welche Muscheln wertvoll sind, und dass sie ↗Mander mit einer »Schwarzen Witwe« töten kann.

Im Roman ↗*Goldfinger* nimmt sich James Bond zwei Bücher mit, um sich auf dem Rückflug von Amerika nach London nicht zu langweilen: ein Buch von Ben Hogan zum Thema Golf und ein Werk von Raymond Chandler. Ein Buch, das James Bond in der Kurzgeschichte ↗*Der Hauch des Todes* liest, heißt ironischerweise *Verdorben, verdammt und verraten*. Im Roman ↗*007 James Bond und der Mann mit dem goldenen Colt* bringt James Bond als Reiselektüre *Zivilcourage* von John F. Kennedy mit ins ↗Thunderbird-Hotel. James Bond fragt ↗Drax im Buch ↗*Moonraker Streng geheim*, was er plane. Drax entgegnet darauf: »In Romanen, die von Dienstmädchen geschätzt werden, ist es üblich, dass der Schurke alles erklärt, bevor er seine Opfer beseitigt. Ich habe nicht die Absicht, diesem Beispiel zu folgen.«

Über James Bonds Lesegewohnheiten erfährt der Leser der 007-Romane recht wenig. Einen kleinen Einblick verschafft ↗John Gardner in seinem Roman ↗*Die Ehre des Mr. Bond*. Der Agent erinnert sich an seine Schulzeit, in der er »Bücher von Dornford Yates verschlungen hatte, dessen Abenteurer in Bentleys oder Rolls-Royces in den Kampf fuhren – meistens, um schöne Damen mit zierlichen Füßen zu retten.« Buch im Buch könnte man es fast nennen, was John Gardner in seinen James-Bond-

Romanen schreibt. In ↗ *Sieg oder stirb, Mr. Bond* lässt er seine Charaktere – vornehmlich 007 – auf verschiedene literarische Werke stoßen, die teils tatsächlich existieren, teils frei erfunden sind. Auf dem Nachttisch in einer Militärbasis in der Nähe von Caserta, die Bond aufsucht, befinden sich zwölf Taschenbücher: »einige Thriller, ein Deighton (Insidergag: Deighton war einer der Drehbuchautoren, die sich mit frühen Versionen von ↗ *James Bond 007 jagt Dr. No* beschäftigten), ein Greene, zwei dicke Forsythes und Literatur wie James Joyces *Ulysses* und ein Exemplar von *Krieg und Frieden*.« Auch im Roman ↗ *Fahr zur Hölle, Mr. Bond* spielt dieses Buch eine Rolle. Erstmalig wurde es aber von ↗ Ian Fleming eingebaut. ↗ Die Bibel, einmal anders, ↗ Die Kunst des Krieges, ↗ Geologische Konfiguration in der Ostkaribik, ↗ Instant Japanese, ↗ Tears Of Autemn, ↗ The Field, ↗ *The Travellers Tree*, ↗ Tremble über Bakkarat und ↗ Zivilcourage. ↗ Max Bond besitzt im Roman ↗ *Stille Wasser sind tödlich* u. a. die Bücher *Die Schatzinsel*, *Die Abenteuer des Sherlock Holmes*, *Das Dschungelbuch* und *König Salomons Schatzkammer*.

BÜCHERLADEN

Zur Tarnung betreibt ↗ Thomas Stuart, ehemals ↗ 005, im Roman ↗ *Liebesgrüße aus Athen* einen Laden für ausländische Bücher in Griechenland. James Bond ruft in diesem Bücherladen an, als er Informationen benötigt. Später wird das Geschäft niedergebrannt.

BUCHTMANN, HANS (Romanfigur)

In ↗ *Operation Eisbrecher* spricht ↗ Graf Konrad von Glöda den mutmaßlichen Schurken ↗ Brad Tirpitz mit »Hans Buchtmann« an. Ein verwirrender Einschub. Glöda denkt tatsächlich, dass er ein Double von Tirpitz vor sich hat und dass das Original längst tot sei. Buchtmann hat in Glödas Eispalast die Stellung des Reichsführers-SS des Vierten Reiches. Doch der Graf täuscht sich: Vor ihm steht der echte Brad Tirpitz, der aber nur so tut, als sei er auf Glödas Seite und 007 sogar fast tötet, um seine Tarnung aufrechtzuerhalten. Als Bond am Ende des Romans im Krankenhaus liegt, klärt sich auf, dass Brad zu den guten Jungs gehört.

BUCH ÜBER DIE SCHUSSWAFFE (Buch)

Von dem *Buch über die Schusswaffe* ist im Roman ↗ *007 James Bond und der Mann mit dem goldenen Colt* die Rede. Das Werk von Harold L. Peterson ist laut ↗ Fleming »schön illustriert« und erschien bei Paul Hamlyn. Mit Auszügen aus diesem Buch ergänzt ↗ C. C. seinen Bericht über ↗ Francisco Scaramanga, Homosexualität, Fetische und Schusswaffen.

BUCKLEY, JIM (Fallschirmexperte)

Mehr als zehn Tage verbrachte der Fallschirmexperte Jim Buckley zusammen mit den anderen Mitgliedern der Bond-Crew, zu denen auch ↗ Ricky Sylvester gehörte, in einer Berghütte und wartete auf ideale Wetterbedingungen, um den Stunt der ↗ Pre-Title-Sequenz von ↗ *Der Spion, der mich liebte* (1977) realisieren zu können.

DER BUCKLIGE (Romanfigur)

↗ Michael Tree

BUD (Romanfigur)

Bud und ↗ Sam sind zwei Figuren aus dem Roman ↗ *Leben und sterben lassen*. Bud wird im ↗ The Boneyard von Tisch Z an Tisch F umgesetzt. ↗ Lofty, ein Angestellter im Lokal, bittet die Gäste um den Platzwechsel und entschädigt sie mit Getränken, die sie auf Kosten des Hauses bekommen. Kellner Sam nimmt die Bestellungen auf.

BUD (Romanfigur)

↗ Rosy Budd

BUD (Romanfigur)
Bud ist ein Charakter aus dem Roman ↗*Goldfinger* und arbeitet für ↗Auric Goldfinger.

BUDGETS

Die Budgets der James-Bond-Filme wirken zwar astronomisch, wenn man sie vergleicht, die einem aus dem täglichen Leben vertraut sind, in Filmkreisen gelten die Kinofilme um den Geheimagenten James Bond jedoch als recht günstig. Man denke nur einmal an *Titanic* oder die *Krieg der Sterne*-Filme. Produzent ↗Broccoli war immer dafür, dass das Geld für einen Film auch zu sehen sein müsse. Dies gelang – nicht zuletzt durch den Produktionsdesigner Ken Adam. Er schaffte es, mit den Summen, die ihm zur Verfügung standen, beträchtliche Sets zu zaubern. Im Laufe der Zeit sind natürlich auch die Bond-Filme kostspieliger geworden, nicht nur, um auf dem Markt der Highbudget-Productions mithalten zu können, sondern auch, weil die Tricks aufwendiger, die Schauspieler teurer und die Gadgets exklusiver wurden. Die hier veröffentlichten Zahlen stammen aus verschiedenen Quellen. Durch Vergleiche und Nachforschungen sind sie die am plausibelsten und am stichhaltigsten fundierten Budgets, bleiben allerdings trotzdem nur wahrscheinliche Werte. Natürlich sind geringe Abweichungen möglich. Bei Umrechnungen in andere Währungen ist zu beachten, dass der Dollarkurs seit 1962 erheblichen Schwankungen unterworfen war. Es wäre daher falsch, die Summen als feststehende Faktoren miteinander zu vergleichen. Tatsache ist: Die Budgets der Bond-Filme sind kontinuierlich gestiegen.

- **James Bond 007 jagt Dr. No** (1962)
  Budget: 900.000 Dollar
- **Liebesgrüße aus Moskau** (1963)
  Budget: 2 Millionen Dollar
- **Goldfinger** (1964)
  Budget: 3 Millionen Dollar
- **Feuerball** (1965)
  Budget: 5,5 Millionen Dollar
- **Casino Royale** (1966)
  Budget: 10,5 Millionen Dollar*
- **Man lebt nur zweimal** (1967)
  Budget: 8,5 Millionen Dollar
- **Im Geheimdienst Ihrer Majestät** (1969)
  Budget: 7 Millionen Dollar
- **Diamantenfieber** (1971)
  Budget: 8,5 Millionen Dollar
- **Leben und sterben lassen** (1973)
  Budget: 9,5 Millionen Dollar
- **Der Mann mit dem goldenen Colt** (1974)
  Budget: 13 Millionen Dollar
- **Der Spion, der mich liebte** (1977)
  Budget: 14 Millionen Dollar
- **Moonraker – streng geheim** (1979)
  Budget: 27,5 Millionen Dollar
- **In tödlicher Mission** (1981)
  Budget: 27 Millionen Dollar
- **Octopussy** (1983)
  Budget: 25 Millionen Dollar
- **Sag niemals nie** (1983)
  Budget: 36 Millionen Dollar*
- **Im Angesicht des Todes** (1985)
  Budget: 25 Millionen Dollar
- **Der Hauch des Todes** (1987)
  Budget: 30 Millionen Dollar
- **Lizenz zum Töten** (1989)
  Budget: 36 Millionen Dollar
- **GoldenEye** (1995)
  Budget: 50 Millionen Dollar
- **Der Morgen stirbt nie** (1997)
  Budget: 100 Millionen Dollar
- **Die Welt ist nicht genug** (1999)
  Budget: 110 Millionen Dollar
- **Stirb an einem anderen Tag** (2002)
  Budget: 142 Millionen Dollar**

*) *Bei den Konkurrenzproduktionen ist auffällig, wie viel mehr investiert wurde, um mit dem hohen Standard der Originalfilme mithalten zu können – auch wenn dies nicht immer gelingt. Als 1966* ↗*Casino Royale produziert wurde, hatten* ↗*Albert R. Broccoli und* ↗*Harry Saltzman schon die Erfahrung von vier 007-Projekten und wussten, wo gespart werden konnte und welche Summe wo vorteilhaft angelegt werden könnte. Gleiches gilt für* ↗*Sag niemals nie: Die Gage*

für Sean Connery (4 Millionen Dollar) und das zusätzliche Erstellen des Drehbuches (2,75 Millionen Dollar) trieben die Kosten in die Höhe. Die Summen wirken recht hoch, doch man sollte diese Zahlen in Relation zum Einspielergebnis und dann zur Rendite der Filme sehen, dann leuchtet auch ein, warum es weitere Filme geben wird. **) Andere Quellen: Gesamtbudget Die Another Day: 162,64 Millionen Euro (vgl. TWINE: 136 Millionen Euro), Spezial-Effekt-Budget 18,3 Millionen Euro

BUDWEISER MIT LIMONE (Getränk)
Budweiser mit Limone bestellt sich James Bond, nachdem auch ↗Pam Bouvier im Roman ↗*Lizenz zum Töten* diese Wahl getroffen hat. Das Bier wird von 007 auch im gleichnamigen Film ↗*Lizenz zum Töten* (1989) bestellt, doch wegen einer ausbrechenden Schlägerei kommt er nicht dazu, es zu trinken.

BUENOS AIRES
Erpressung ist ↗Blofelds Geschäft, deshalb fordert er von den Männern, die den Auftrag für die Raketenentführungen in ↗*Man lebt nur zweimal* (1967) gaben, eine Summe von 100 Millionen Dollar in Goldbarren. Diese sollen in ↗SPECTREs Bank in Buenos Aires deponiert werden. Zuvor war vorgesehen, dass die Auftraggeber erst dann zahlen, wenn es zu einem Krieg zwischen Russland und den USA gekommen ist.

BUFFY (Romanfigur)
In ↗Scorpius, ↗Gardners siebtem 007-Roman, ist »Buffy« nur der Spitzname von ↗Bulham Manderson, der ↗Wladimir Scorpius alias ↗Vater Valentine und seiner Sekte ein großes Anwesen verkauft hat.

BUHR, GERARD (Darsteller)
Der Auktionator in ↗*Im Angesicht des Todes* (1985) wurde vom Schauspieler Gerard Buhr gespielt.

BUICK (Fahrzeug)
↗Ian Fleming fuhr 1929 einen schwarzen Buick. Der Zweisitzer wurde von ihm zu Beginn des Zweiten Weltkriegs an einen Rettungsdienst weitergegeben.

BUKHARIN (Romanfigur/Filmcharakter)
Auch wenn der russische General Bukharin sowohl im Roman als auch im Film ↗*Der Morgen stirbt nie* (1997) auftaucht, im Leinwandabenteuer fällt sein Name nicht. Bukharin und der britische ↗Admiral Roebuck sind sich über die Vorgehensweise einig, als James Bond am ↗Khaiberpass einen Terroristenflohmarkt ausmacht. Über ↗»Ms« Kopf hinweg entscheiden die beiden Männer, die ↗»Marinevariante« als Lösung zu nutzen. Eine Rakete soll die Hälfte aller Terroristen auf der Erde vernichten. Dargestellt wurde Bukharin von ↗Terence Rigby.

BULET, DAVID (Kamera)
David Bulet, ↗Peter Allwork und ↗Doug Milsome arbeiteten bei der Erstellung des Films ↗*Im Angesicht des Todes* (1985) hinter der Kamera.

BULL (Filmcharakter)
Verkörpert vom Popstar ↗Goldie taucht die Figur Mr. Bull im Film ↗*Die Welt ist nicht genug* (1999) als untreuer, ängstlicher Leibwächter von ↗Valentin Zukovsky auf. Welch Wandel in der Namensgebung vollzogen wurde, zeigt sich erst beim Vergleich mit dem Roman zum Film: Zunächst sollte es nur ↗Maurice Womasa sein, der den Spitznamen ↗»Der Stier« trägt, doch nachdem Goldie für die Rolle unterschrieben hatte, stattete ↗Benson die Figur mit Goldzähnen aus und verpasste ihr den Spitznamen ↗»Goldzahn«. In der Filmversion war es schlichtweg »Mr. Bull«. Bull verrät Zukovsky und 007 an ↗Renard und muss für einen Bombenanschlag büßen: Zukovsky erschießt seinen Leibwächter, der sein Geld in Goldzähnen angelegt hat, da er den Banken nicht traut.

BULL AT THE CROSS
»Bull at the Cross« kommt im Roman ↗*Die Ehre des Mr. Bond* vor und ist eine Art

Gasthaus. Es liegt fast an der Kreuzung der beiden Straßen, die durch den Ort ↗ Nun's Cross führen, den 007 aufsucht, um ↗ Dr. Jay Autem Holy zu treffen. Im »Bull at the Cross« begegnet der Agent jedoch zuerst ↗ Freddi Fortune, die ihn schließlich als Gast mit in Holys Haus ↗ »Endor« nimmt.

BULLOCK, JEREMY (Darsteller)

Jeremy Bullock spielte im Film ↗ *Der Spion, der mich liebte* (1977) ein Besatzungsmitglied auf einem U-Boot, das in der ↗ Pre-Title-Sequenz entführt wird. Er sitzt vor einer Kaffeetasse. In ↗ *In tödlicher Mission* (1981) ist er als ↗ Smithers – ein Angestellter der ↗ Abteilung Q – zu sehen und zerstört mit einem Gipsarm den Tonkopf eines Dummys. In der Rolle des Smithers kehrte er in ↗ *Octopussy* (1983) zurück – mit denselben Aufgaben, wenn auch sein Rollenname in diesem Film »Zec« lautet. Hier durfte Bullock eine Tür vorführen, die bei der Benutzung des Klopfers zu einer tödlichen Ramme wird. Was viele nicht wissen: Auch als Taxifahrer, der den Wagen von ↗ Gobinda und ↗ Kamal Khan nach der Auktion bei ↗ Sotheby's verfolgt, war Jeremy Bullock in *Octopussy* zu sehen.

BUMPS

↗ Schlangengrubeneffekte

BUNGALOW 12

Im ↗ Hotel Sans Souci in der Karibik wohnen James Bond und ↗ Rosie Carver im Bungalow 12. Dieser Bungalow birgt einige Geheimnisse: So befindet sich im Badezimmer eine Spezialvorrichtung, die einer Schlange Einlass gewährt, wenn man die Wasserhähne der Badewanne abdreht, sowie zahlreiche Wanzen, die von ↗ Dr. Kanangas Leuten in diesen Bungalow eingebaut wurden.

BUNGEE-SPRUNG

James Bonds Sportlichkeit kann man nur bewundern, besonders zu Beginn des Romans ↗ *GoldenEye*. Hier kommt 007 mit einem ↗ HALO-Jump aus den Wolken, legt dann einen strapaziösen Weg als Freeclimber zurück und springt zu guter Letzt mit einem Bungee-Seil von einer Staumauer. Nur der Bungee-Sprung schaffte es bis in den gleichnamigen Film von 1995. ↗ Verzasca S. A. in der Schweiz war der Drehort für den Sprung, der von ↗ The Oxford Stunt Company berechnet und überwacht wurde.

BUNKER HILL

↗ *Role Of Honour* und ↗ Kriegsspiel

BUNKY (Filmcharakter)

»Einer muss ja verlieren«, sagte ↗ Adolf Celi bereits sehr treffend im Film ↗ *Feuerball* (1965), und 16 Jahre später traf es am Spieltisch die Figur Bunky im Film ↗ *In tödlicher Mission* (1981). Um der ↗ Gräfin Lisa von Sahm zu imponieren, verzockt Bunky – in der englischen Filmversion ein Lord – sein gesamtes Geld. Gewinner ist 007. Bunkys Interesse gilt aber nicht nur dem Geld. Auch auf die Gräfin ist er scharf, so scheint es zumindest. Auch hier gewinnt 007, denn wie gesagt: »Einer muss ja verlieren.« Dargestellt wurde der Berufsspieler vom Schauspieler ↗ Paul Brooke.

BUNT, IRMA (Filmcharakter)

Als skrupellose Killerin und rechte Hand von ↗ Ernst Stavro Blofeld taucht die von ↗ Ian Fleming erfundene Irma Bunt im 1969 gedrehten James-Bond-Film ↗ *Im Geheimdienst Ihrer Majestät* auf. Verkörpert von der Schauspielerin ↗ Ilse Steppat ist Bunt dafür zuständig, 007 alias ↗ Sir Hilary Bray zum ↗ Piz Gloria zu eskortieren. Sie kümmert sich ferner um die von Blofeld missbrauchten Mädchen und tötet am Ende des Films James Bonds Frau ↗ Tracy mit einem Maschinengewehr. Irma Bunt überlebt, ist aber in keinem weiteren Film zu sehen.

BUNT, IRMA (Romanfigur)
James Bond begegnet Irma Bunt, als er im Roman ↗*007 James Bond im Dienst Ihrer Majestät* als ↗*Sir Hilary Bray* getarnt nach ↗*Ernst Stavro Blofeld* sucht. Bunt stellt sich ihm als Privatsekretärin des Grafen vor und meint damit Balthasar de Bleuville alias Blofeld. »Sie sah wie eine sonnenverbrannte Gefängniswärterin aus: ein viereckiges, brutales Gesicht und harte gelbe Augen. Ihr Lächeln war kalt und humorlos. (...) Der stämmige, gedrungene Körper steckte in unkleidsamen Skihosen.« Da sich 007 als Experte für Stammbäume und Namen ausgibt, erklärt er Bunt etwas über ihren Namen: »Bunt bedeutet im Deutschen vielfarbig, fröhlich. In England ist draus ziemlich sicher Bounty geworden oder gar Brontë. Der Großvater der berühmten Schriftstellerinnen hat nämlich das weniger aristokratisch klingende Brunty in Brontë abgeändert. (Er wusste, dass das alles purer Unsinn war, fand aber, die Heraldik würde dadurch keinen Schaden erleiden.)«

Irma Bunt ist von »Brays« Ausführungen so begeistert, dass sie ihm viele Hinweise auf ihre Herkunft gibt, was 007 die Ermittlungen leichter macht. In einem Brief, den Bond als Bray an ↗*Sable Basilisk* schicken möchte, erwähnt er, dass Bunt aus München stamme. Irma Bunt taucht auch im Roman ↗*Du lebst nur zweimal* wieder auf. Hierin ist sie mit Blofeld nach Japan ausgewandert, wo sie eine neue Identität (↗*Emmy Martell*, geborene ↗*de Bedon*) angenommen hat. Auf Fotos, die ihm ↗*Tiger Tanaka* zeigt, erkennt 007 das »grobe, hässliche Gefängniswärterinnengesicht« und »die matten Augen« wieder. Blofeld nennt seine Assistentin liebevoll »Irmchen«. Bunt selbst erbringt in *Du lebst nur zweimal* den Beweis, dass nicht sie, sondern Blofeld der Mörder von ↗*Teresa di Vicenzo* ist: »Das ist Bond, James Bond, dessen Frau du getötet hast.« ↗*Raymond Benson* griff den von ↗*Ian Fleming* erfundenen Charakter Irma Bunt in seiner Kurzgeschichte ↗*Tödliche Antwort* wieder auf. Bunt versucht darin, James Bond zu töten, nachdem es ihr gelungen ist, 007s Sohn ↗*James Suzuki* zu vergiften. Im Verlauf der Geschichte erschießt Bond die hässliche Frau, die Lust dabei empfindet, ihn zu quälen.

BURFORD (Romanfigur)
James Bond, der sich in ↗*Ein Minimum an Trost* auf den Bahamas aufhält, um die Waffenlieferungen der Castro-Rebellen zu unterbinden, stößt auf den Gouverneur Burford, der ihn zu einer Dinner-Party einlädt. Bond hält den Gouverneur für »solide, loyal, tüchtig, nüchtern und gerecht, seit dreißig Jahren im Dienst ausharrend, während rings um ihn das Empire zerbröckelte.« Der Gouverneur (»kein Dummkopf«) kommt mit 007 ins Gespräch und erzählt die abwechslungsreiche Geschichte von ↗*Philip Masters* und ↗*Rhoda Llewellyn* (↗*Ein Minimum an Trost* – Inhaltsangabe). Die Figur taucht erneut in ↗*Raymond Bensons* ↗*High Time To Kill* auf.

BÜRGERSTEIG
Eine der spektakulärsten Szenen in der Autoverfolgungsjagd, die sich James Bond in ↗*Diamantenfieber* (1971) mit der Polizei von Las Vegas liefert, schaffte den Weg in zahlreiche Kinowerbungen: 007 rast von der Straße auf den Bürgersteig. Die Passanten springen zur Seite, Bond reißt das Steuer herum und landet wieder auf der Straße.

BURGES (Romanfigur)
Als es im Roman ↗*James Bond und sein größter Fall* darum geht, dass Talbot, der Sohn eines Freundes von ↗*»M«*, mit einem U-Boot spurlos verschwunden ist, denkt 007 über die Situation nach und stellt fest: »Obwohl Bond Ms Urteil respektierte und bereitwillig dafür gestorben wäre, erinnerte er sich daran, dass Burges und Maclean untadelige Vorgänger gewesen waren.«

BURGESS (Romanfigur)
↗»M« fragt sich im Buch ↗*007 James Bond und der Mann mit dem goldenen Colt*, warum 007 nicht in Russland geblieben ist, wenn es ihm dort so gut gefallen habe. Burgess sei zwar schon tot, aber Bond hätte sich doch mit ↗MacLean anfreunden können. Vermutlich handelt es sich bei beiden um Überläufer des Secret Service.

BURGESS, ANTHONY (Drehbuchautor)
Der Autor Anthony Burgess hatte großen Erfolg mit *Clockwork Orange*, bevor er von ↗Albert R. Broccoli als Drehbuchautor für den Film ↗*Der Spion, der mich liebte* (1977) auserkoren wurde. Was gut begann, endete mit Unstimmigkeiten. Burgess' Ideen wurden von ↗Richard Maibaum und ↗Christopher Wood überarbeitet. Burgess hatte die Verbrecherorganisation ↗SPECTRE wieder auftauchen lassen, doch aus rechtlichen Gründen durfte sie von Broccoli nicht verwendet werden. Nach seinem Ausscheiden aus dem Team tauchte der Autor unter der Rubrik Bond-Drehbuchautoren nicht mehr auf.

BURGESS, ERIC (Weltraumberater)
»Science Fact statt Science Fiction«: Das war der Leitspruch von ↗Albert R. Broccoli, als die Produktion von ↗*Moonraker – streng geheim* (1979) begann. Es schien ihm sogar so wichtig, das Weltraumspektakel realistisch wirken zu lassen, dass er den Weltraumberater Eric Burgess F.R.A.S. hinzuzog, um die Dreharbeiten zu überwachen. Schon im Vorfeld ließ sich Broccoli von den NASA- und Weltraumexperten Eric Burgess und ↗Harry Lang beraten.

BURG THANE (Ort)
Nach dem Bombenanschlag auf das Geheimdienstgebäude in London ziehen sich die Mitarbeiter der ↗MI6 im Roman und im Film ↗*Die Welt ist nicht genug* (1999) in die Burg Thane zurück. Thane ist ein geheimer Stützpunkt, der nicht nur Unterschlupf für die ↗Abteilung Q, sondern auch für die ↗00-Agenten und ↗»M« bietet. ↗Raymond Benson beschreibt die Geschichte des Stützpunkts: Thane wurde 1220 von Alexander II. als Schutz gegen Wikinger erbaut, war schließlich Schloss der Mackenzies of Kintail, wurde weitervererbt, 1719 zerstört und 1919 wieder aufgebaut. Nach der Pensionierung von ↗Sir Miles Messervy hat sich der MI6 mit der neuen »M« in »Thane Castle« einquartiert.

BURGUNDER (Getränk)
↗Ouzo

BÜRO
Das Büro von James Bond wird erstmals im Roman ↗*Mondblitz* beschrieben. Es befindet sich im achten Stock des Geheimdienst-Hauptquartiers am Regent's Park in London. Das Büro ist mit drei Schreibtischen ausgestattet. Aus dem Kontext geht hervor, dass Bond sich sein Büro hier mit ↗008 und ↗0011 teilt, beide aber auf Grund ihrer Missionen nicht anwesend sind.

BÜROCONTAINER
Bürocontainer der besonderen Art kommen in zwei James-Bond-Filmen vor. ↗Max Zorin besitzt einen im Film ↗*Im Angesicht des Todes* (1985). Das unauffällig wirkende, transportable Gebäude aus leichten Baustoffen beherbergt einen Zeppelin vom Typ ↗Airship 6000, der per Knopfdruck aufgepumpt werden kann. Der Psychopath nutzt den Zeppelin zur Flucht. 1999 in ↗*Die Welt ist nicht genug* ist es ↗Elektra King, die über einen Bürocontainer verfügt. Ursprünglich sollte das Büro im Film abgeworfen werden, doch man kürzte die Szene, und es steht schon an seinem Platz, als James Bond eintrifft.
↗mobiles Büro

BÜRO FÜR ASIATISCHE VOLKSBRÄUCHE (fiktive Firma)
Zur Tarnung verbirgt sich ↗ Tiger Tanaka im Roman ↗ *Du lebst nur zweimal* hinter der Firmenfassade des Büros für asiatische Volksbräuche – eine fiktive Firma.

BURROWS, ROSEMARY (Garderobenaufsicht)
In die Fußstapfen von ↗ Elsa Fennell trat Rosemary Burrows bei der Produktion vom Kinofilm ↗ *Der Spion, der mich liebte* (1977). Sie arbeitete als Garderobenaufsicht.

BÜRSTE
↗ Schuhbürste

BURTON, BILL (Stuntaufsicht)
Bei ↗ *Octopussy* (1983) übernahm Bill Burton zusammen mit ↗ Paul Weston und ↗ Martin Grace die Aufsicht bei der Stuntdurchführung.

BURTON, COLONEL (Darsteller)
Burton spielte in ↗ *James Bond 007 jagt Dr. No* (1962) ↗ General Potter, der zuerst mit auf Bonds Verdächtigenliste im Fall ↗ Strangways steht, dann jedoch entlastet wird, weil ↗ Professor Dent seine Finger im Spiel hatte.

BURTON, NORMAN (Darsteller)
Auf den Spuren von ↗ Jack Lord, ↗ Cec Linder und ↗ Rick van Nutter wandelte Norman Burton im Jahre 1971. Der Schauspieler war der vierte Darsteller, der seine Version eines ↗ Felix Leiter abliefern konnte. So ganz überzeugte er in ↗ *Diamantenfieber* nicht, obwohl ein Wandel in der Entwicklung der Figur zu beobachten war. Burton war der erste Leiter, der James Bond übergeordnet schien.

BURTON, PETER (Darsteller)
Peter Burton ist genau genommen der erste ↗ »Q« der James-Bond-Filme. Er spielte die Rolle in ↗ *James Bond 007 jagt Dr. No* (1962), wurde aber schon bei der Produktion ↗ *Liebesgrüße aus Moskau* (1963) von ↗ Desmond Llewellyn abgelöst. Burton legte die Rolle noch unscheinbar an, und mittlerweile freut sich jeder Kinogänger auf die Szenen, in denen 007 und der Waffenmeister »Q« aufeinander treffen. Wie auch viele andere Darsteller erhielt Burton die Rolle als Waffenmeister, weil er ein enger Freund von Regisseur ↗ Terence Young war. »Er spielte den Waffenmeister so real und unspannend, dass sich niemand an ihn erinnert«, schrieb ein Boulevardmagazin. Erst ab *Liebesgrüße aus Moskau* (1963), als Burtons Nachfolger den Part übernahm, wurde der Figur mehr Beachtung geschenkt. Burton spielte später auch in ↗ *Casino Royale* (1966) mit. Hier versuchte er, ↗ Moneypenny durch seinen Kuss zu bezaubern, was ihm aber nicht gelang.

BUS (Fahrzeug)
Mit einem gestohlenen Taxi rast James Bond in Paris in ↗ *Im Angesicht des Todes* (1985) über eine Rampe und landet mit dem Fahrzeug kurz auf dem Dach eines Busses, der die Aufschrift »Paris – Istanbul« trägt. Die auf dem Dach platzierten Gepäckstücke der Fahrgäste werden durch Bonds Wagen heruntergeschleudert. Vom Bus aus springt 007 mit dem Renault wieder auf die Straße. In ↗ *Leben und sterben lassen* (1973) floh 007 vor ↗ Bigs Männern mit einem Doppeldeckerbus, dessen Obergeschoss an einer Brücke abgerissen wurde.

BUSEN
Schon im Film ↗ *Diamantenfieber* (1971) setzten die Produzenten auf nackte Busen. James Bond reißt einer Bikini-Schönheit (↗ Denise Perrier) den BH vom Körper. Das Publikum bekommt jedoch nichts zu sehen. Auch als ↗ Plenty O'Toole aus dem Fenster des Hotels geworfen wird, trägt sie keinen BH. Wieder kann man den Busen nicht erkennen. Neben Marie in der ↗ Pre-Title-Sequenz und Plenty O'Toole hat auch

ein Las-Vegas-Showgirl in *Diamantenfieber* (1971) einen Auftritt ohne BH. Die Nahaufnahmen des Show-Girls wurden allerdings geschnitten; man sieht 007 nur noch von weitem. Bei der Vorproduktion von ↗*Leben und sterben lassen* (1973) war geplant, auf Nacktheit zu setzen; der Zensur wegen kam es auch diesmal nicht dazu.

In ↗*Octopussy* zoomt James Bond den Busen einer Mitarbeiterin der ↗Abteilung Q mit einer Kamera in eine Großaufnahme und schaut sich die Oberweite der Frau auf den Monitoren an. ↗»Q« findet dies gar nicht witzig. Später steckt sich Magda das ↗Fabergé-Ei zwischen ihre Brüste, um es vor Bonds Augen zu verbergen. Ein Bond-Girl in ↗*Der Hauch des Todes* (1987) zeigt seinen Busen nur von der Seite. In ↗*Die Welt ist nicht genug* (1999) ist ↗Sophie Marceau schließlich, wenn auch nur kurz, ohne BH zu sehen. Vor dem Kinostart von ↗*Stirb an einem anderen Tag* (2002) war in einer Pressemitteilung wieder von einer barbusigen Frau die Rede. Wer nur deshalb ins Kino ging, wurde enttäuscht.

↗Statue

BUSENTIERCHEN

Mit der abwertenden Bezeichnung »Busentierchen« beschreibt ↗Ian Fleming im Roman ↗*007 James Bond und der Mann mit dem goldenen Colt* vier Frauen, die mit nichts als einer weißen, mit Goldmünzen behängten Cellosaite bekleidet auf einer Party von ↗Scaramanga für Stimmung sorgen sollen. Zwei der Frauen heißen ↗Mabel und ↗Pearl.

BUSH, GEORGE HERBERT WALKER (Romanfigur)

Der Präsident George Herbert Walker Bush ist neben ↗Gorbatschow und ↗Thatcher eine der wichtigsten Personen, die am Steward-Treffen an Bord des Schiffes ↗Invincible im Roman ↗*Sieg oder stirb, Mr. Bond* teilnehmen. Bush meint, er kenne Bond über zwei enge Freunde. Einer von beiden sei ↗Felix Leiter, der unter Bush als DCIA gedient habe. 007 registriert Bushs festen Händedruck, doch der von Margaret Thatcher sei fester, schreibt ↗Gardner. Auch Bushs Frau Barbara wird kurz erwähnt. Beim Steward-Treffen hat er den Codenamen ↗Tänzer.

BUSH, GRAND L. (Darsteller)

Als ↗Hawkins ist der Darsteller Grand L. Bush in ↗*Lizenz zum Töten* (1989) zu sehen.

BUSHNELL (Romanfigur)

Der Unterstaatssekretär Bushnell ist bei einem Treffen anwesend, das wegen der Entführung ↗»Ms« anberaumt wurde. Er kommt im Roman ↗*Liebesgrüße aus Athen* vor, und seine Hauptaufgabe besteht darin, auf ↗Sir Ranalds Anweisung hin das Fenster zu öffnen.

BUSINESS AT HAND (Comic)

↗Comics

BUSTAMANTE, ALEXANDER (Romanfigur)

Ob ↗Mary Goodnight die Verabredung mit Sir Alexander Bustamante im Roman ↗*007 James Bond und der Mann mit dem goldenen Colt* nur erfunden hat, bleibt ungeklärt. Zumindest spielt sie Bonds Geliebte und meint, sie wolle nicht zu spät zum Premierminister Bustamante kommen, mit dem sie anlässlich seines achtzigsten Geburtstags verabredet sei.

BÜSTE

Im Bann der Büste befindet sich ↗Gustav Graves im Roman und im Film ↗*Stirb an einem anderen Tag* (2002). Er ist als ↗Moon so in sich verliebt, dass er eine Büste von sich besitzt. Als er durch die ↗Gen-Therapie sein Äußeres verändert, führt er die Büste mit sich, um eine Erinnerung an seine alte Identität zu haben. Beim Kampf gegen ↗Jinx schlägt ↗Miranda Frost versehentlich gegen die Büste, als sie versucht, ihre Gegnerin mit einem Ken zu töten.

BÜSTENHALTER (Waffe)
In ↗*Diamantenfieber* (1971) reißt James Bond ↗Marie den Büstenhalter herunter und würgt sie so lange damit, bis sie den Aufenthaltsort von ↗Stavro Blofeld verrät.

BUSTERS ON LOCATION (Verpflegung)
Die Firma »Busters on Location« war bei der Produktion von ↗*GoldenEye* (1995) für die Verpflegung am Drehort und im Studio verantwortlich.

BUTCH (Romanfigur)
Im Angesicht des Todes befindet sich ↗The Robber im Roman ↗*Leben und sterben lassen*, erst in diesem Moment nennt er James Bond die Namen von zwei Männern, die mit ↗Solitaires Verschleppung zu tun hätten: Butch und ↗The Lifer – zu finden im Hinterzimmer von ↗Oasis.

BUTCHER, JOE (Romanfigur)
Professor Joe Butcher steht in den Diensten von ↗Franz Sanchez. Er kommt im Roman ↗*Lizenz zum Töten* und auch im gleichnamigen Film von 1989 vor. Butcher arbeitet als TV-Prediger und er gibt vor der Fassade eines Inka-Tempels und dem Firmennamen ↗OMI die Rauschgiftpreise live im Fernsehen bekannt, die zuvor von Sanchez bestimmt wurden. Auf 007 wirkt der Mann, den er zum ersten Mal bei einer Sendung sieht, die sich Sanchez in seinem Büro in ↗Isthmus City ansieht, recht freundlich. Als sich Bond später in Gefahr befindet, schafft es ↗Pam Bouvier über den geldgeilen Butcher in Sanchez Drogenfabrik einzudringen. Das Imperium wird ein Raub der Flammen und der Guru will mit einer größeren Summe fliehen. Bouvier nimmt ihm sein Geld aber ab. Der Professor wurde von ↗Wayne Newton verkörpert.

BUTCHER, LEO (Romanfigur)
Siehe Inhaltsangabe ↗*Stille Wasser sind tödlich*

BUTTERBLUME (Filmcharakter)
↗Thermometerchen

BXB 608 (Kennzeichen)
Das Kennzeichen von James Bonds ↗BMW Z3 in ↗*GoldenEye* (1995) lautet BXB 608 und ist kaum bekannt. In einigen Szenen ist das Kennzeichen geschwärzt – vermutlich, weil die Aufnahmen spiegelverkehrt ablaufen, ähnlich, wie es Terence Young schon mit dem ↗Aston Martin DB5 in ↗*Feuerball* (1965) gemacht hatte.

BXL 985 (Kennzeichen)
↗Graf Lippes Wagen in ↗*Feuerball* (1965) trägt das Kennzeichen BXL 985. Bei der Verfolgungsjagd zwischen James Bond und Graf Lippe sind die Nummernschilder nicht lesbar. Regisseur Terence Young ließ sie bei den Dreharbeiten ausschwärzen, weil er die Szenen spiegelverkehrt drehte.

BYFIELD, TREVOR (Darsteller)
Ein verdreckter sowjetischer Zugführer in ↗*GoldenEye* (1995) wurde von Trevor Byfield gespielt. Er steuert den Panzerzug von ↗Alec Trevelyan und ist nach dem Zusammenstoß zwischen dem Zug und 007s Panzer nicht mehr zu sehen.

BYRON
Bei einem Essen im Roman ↗*Liebesgrüße aus Athen* kommt ↗Ariadne Alexandrou auf Lord Byron zu sprechen. 007 meint, er lasse sich nicht gern mit Byron vergleichen: »Als Dichter war er affektiert und angeberisch, außerdem ist er in frühen Jahren dick geworden und musste nach einer strengen Diät leben. Sein Geschmack war grässlich, was Frauen anbetrifft, und als Vorkämpfer der Freiheit ist er nie weit gekommen.« Bonds Gesprächspartnerin widerspricht ihm aber, weil sie Byron auch als wichtigen Begründer der Romantik in der Literatur ansieht.

BYRON LEE'S ALL CHINESE BAND (Musikgruppe)
↗ Albert R. Broccoli und ↗ Harry Saltzman engagierten die Byron Lee's All Chinese Band, um die Musikstücke für den Film ↗ *James Bond 007 jagt Dr. No* (1962) einzuspielen: *Jump Up*, *Underneath The Mango Tree* und *Three Blind Mice*. Der letzte Song wurde als Eröffnungslied gewählt und mit dem James-Bond-Thema kombiniert.

BYRUM, JOHN (Drehbuchautor)
↗ William Osbourne

C

C (Code)
↗ A

C (Morsezeichen)
↗ Morsezeichen

C-4 (Sprengstoffe)
Die genaue Zusammensetzung des C-4-Sprengstoffes erklärt ↗ John Gardner in seinem Roman zum Film ↗ *Lizenz zum Töten*. James Bond erhält die explosive Masse getarnt als ↗ Zahnpasta. Die weiße kittähnliche Substanz besteht zu 90 Prozent aus ↗ RDX und zu zehn Prozent aus Bindemitteln. 007 verwendet die Zahnpasta, um die aus Panzerglas bestehende Scheibe des Büros von ↗ Franz Sanchez in die Luft zu jagen. Zu James Bonds Ausrüstungsgegenständen im Buch ↗ *Stirb an einem anderen Tag* gehört auch ein Behälter mit C-4-Plastiksprengstoff. Er benutzt diesen im gleichnamigen Film, um den Diamantenkoffer vor ↗ Zaos Augen zu sprengen.

C7
Chief Superintendent ↗ Bailey berichtet im Roman ↗ *Scorpius* von ↗ A11, ↗ C13, ↗ MI5, C7 und dem ↗ D11. ↗ John Gardner klärt auf, von welchen Abteilungen oder Organisationen der von ihm erfundene Charakter spricht. C7 ist die Abteilung für die technische Unterstützung, die engen Kontakt zum ↗ Secret Service und zum ↗ MI5 hat.

C8 47 TLF (Nummernschild)
Der Milchwagen, der in ↗ *Der Hauch des Todes* (1987) von ↗ Necros gestohlen wird, um damit unauffällig in die Nähe des Hauses in ↗ Blayden zu gelangen, hat das amtliche Kennzeichen C8 47 TLF.

C13
Im Roman ↗ *Scorpius* spricht Chief Superintendent ↗ Bailey von C13, der Antiterror-Abteilung der Polizei. Ebenso wie der ↗ MI5 hat auch diese Abteilung eine enge Verbindung zum ↗ Secret Service.

C-130 (Flugzeug)
James Bond, der im Roman und auch im Film ↗ *Der Morgen stirbt nie* (1997) einen ↗ HALO-Jump durchführen will, um nicht vom Radar erfasst zu werden und in Ruhe nach dem gesunkenen Schiff ↗ Devonshire suchen zu können, wird von seinem Kollegen ↗ Jack Wade mit einem Flugzeug vom Typ C-130 über die Wolken gebracht. Dass Bond ein Flugzeug dieses Typs nutzt, könnte auf den Roman ↗ *Licence Renewed* zurückgeführt werden, denn hier ist 007 mit seinem Widersacher ↗ Caber in einer C-130 über Spanien unterwegs und kämpft um sein Leben.

C656289D
↗ Ausweis

C. & G. COSTUMERS LTD. (Firma)
Es war gute Werbung für die Firma C. & G. Customers Ltd., als sie den Auftrag bekam, den Darstellern im Film ↗ *Im Angesicht des Todes* (1985) Garderobe zur Verfügung zu stellen.

CA52H6 ODER CH52H8 (Kennzeichen)
In ↗ *Diamantenfieber* (1971) steuert James Bond einen Mustang mit dem Kennzeichen CA52H6 oder CH52H8 auf nur zwei Rädern durch eine enge Gasse.

C. A. (Kürzel)
↗ M. A.

CABAL (Geheimdienstnetzwerk)
↗ *Death Is Forever*

CABANA CLUB

Der Cabana Club kommt im Roman ↗*Goldfinger* vor. Er befindet sich in Miami im Bill's-on-the-Beach-Hotel. 007 und ↗Junius Du Pont suchen den Cabana Club auf, um sich ein Bild von ↗Auric Goldfinger zu verschaffen. Eine Anspielung darauf erfolgte Jahre später: Menschenmassen, die in Rio aus dem Cabana Club kommen, retten 007 und ↗Manuela in ↗*Moonraker – streng geheim* (1979) das Leben: Sie reißen den gefährlichen ↗Beißer mit sich.

CABER (Romanfigur)

Als Gorilla des Kernphysikers ↗Dr. Anton Muric macht Caber James Bond im Buch ↗*Countdown für die Ewigkeit* das Agentenleben schwer. Caber wird von Bond nicht nur gereizt, sondern auch verletzt: 007 schlägt ihm bei der ersten Gelegenheit auf die Nase. Muric lässt 007 und seinen Leibwächter bei einem Fest gegeneinander antreten. Bond hat kaum Chancen, doch es gelingt ihm, Caber mit einem K.o.-Gas außer Gefecht zu setzten. Murics Leibwächter stirbt am Ende des Romans: ↗Dilly sticht ihm ein Messer in den Hals, und er stürzt aus einem fliegenden Flugzeug. Damit teilt er ein ähnliches Schicksal mit ↗Goldfinger im gleichnamigen Film, ↗Odd Job im Roman ↗*Goldfinger*, ↗Drax' Piloten in ↗*Moonraker – streng geheim* (1979), ↗Gobinda in ↗*Octopussy* (1983), ↗Necros in ↗*Der Hauch des Todes* (1987), einem Drogendealer in ↗*Lizenz zum Töten* (1989) und den Generälen sowie ↗Vlad in ↗*Stirb an einem anderen Tag* (2002). Auch diese Männer hatten den letzten freien Fall vor sich.

CABLE CAR (Straßenbahn)

Ein Cable Car verhindert während einer Verfolgungsjagd in ↗*Im Angesicht des Todes* (1985) in San Francisco, dass die Polizei ↗Stacey Sutton im Feuerwehrfahrzeug stellen kann. Der Cable Car blockiert den Weg und verhindert die Weiterfahrt der Polizei.

CABLE CAR AND SNAKE FIGHT (Lied)

↗*Moonraker* (Soundtrack)

CABOT, BRUCE (Darsteller)

Bruce Cabot, Enkel des französischen Botschafters in Amerika, wurde am 20. April 1904 in New Mexico geboren. Sein bürgerlicher Name lautete Jacques Etienne Pellissier de Bujac. Nachdem er die Universität von Tennessee besucht hatte, lernte Cabot auf einer VIP-Party ↗David Selznick kennen, der sich überreden ließ, ihn zu einem Casting einzuladen. Obwohl beide zu viel Alkohol getrunken hatten, erinnerte sich Selznick daran und machte sein Versprechen wahr. Bruce Cabot überzeugte und bekam eine Rolle im Film *Roadhouse Murder* (1932). Der Durchbruch kam 1933 im Schwarz-Weiß-Film *King Kong*. Danach folgte durch den Zweiten Weltkrieg eine Unterbrechung der Karriere. Als Geheimdienstoffizier in Italien eingesetzt, erlebte Cabot mehr Agentenrealität als jeder 007-Darsteller. Als Leutnant aus dem Geheimdienst entlassen, kam Cabot nach Hollywood zurück, um wieder als Schauspieler zu arbeiten.

Es folgten zahlreiche Auftritte in John-Wayne-Filmen. Das Verhältnis des Darstellers zu den Frauen sorgte in der Öffentlichkeit immer wieder für Aufsehen. Cabots Scheidungen gingen vor die höchsten Gerichte. Obwohl er in verschiedene Delikte verwickelt war, verpflichteten ihn Hollywoods Regisseure. Auch ↗Albert R. Broccoli wurde auf Cabot aufmerksam, als in ↗*Diamantenfieber* (1971) die Rolle des ↗Albert R. »Burt« Saxby besetzt werden sollte. Cabot hatte zwar einen längeren Auftritt, aber in der Endfassung des siebten 007-Films ist nichts mehr enthalten. Zusammen mit ↗Sammy Davis jr. war die Dialogszene als Gastauftritt des farbigen Schauspielers gedacht, doch sie fiel der Schere zum Opfer. Noch während der Dreharbeiten diagnostizierten die Ärzte beim starken Raucher Cabot Lungenkrebs.

Er ließ sich nicht operieren und starb am 3. Mai 1972 im Motion Picture Country Hospital in Kalifornien. *Diamantenfieber* war Bruce Cabots letzter Film.

CADILLAC (Fahrzeug)
Aus einem weißen Cadillac Baujahr 1973 wird im Film ↗*Leben und sterben lassen* (1973) der tödliche Pfeil auf James Bonds Chauffeur abgefeuert. Der in New York zugelassene Wagen mit dem amtlichen Kennzeichen 347 NDG wird vom Killer ↗Whisper gefahren. Die Pfeilschussvorrichtung steckte im rechten Außenspiegel.

CADIZ (Ort)
Die Szenen in der kubanischen Hauptstadt Havanna, wo im Film ↗*Stirb an einem anderen Tag* (2002) James Bond und ↗Jinx aufeinander treffen, wurden in Cadiz gedreht. Der Strand vor der Hotelbar liegt in Caleta.

CAFÉ DE LA PAIX
↗Terminus Nord

CAFÉ MARTINIQUE (Lied)
↗*Thunderball* (Soundtrack)

CAFÉS IN FRANKREICH
↗Getränke

CAFFERY (fiktive Firma)
Auf den ersten Seiten von ↗*Casino Royale* fällt der Name »Caffery«. James Bond hat auf Jamaika mit einem sehr reichen Kunden der Firma Caffery zu tun gehabt. Deshalb wird 007 noch immer von einem Verbindungsmann auf Jamaika gesteuert. Caffery ist die bedeutendste Import- und Exportgesellschaft von Jamaika.

CAGIVA (Fahrzeug)
Mit einem Motorrad vom Typ Cagiva flüchtet James Bond in ↗*GoldenEye* (1995) vor ↗Ouromov und dessen Schergen. Bond folgt einem führerlosen Flugzeug und springt mit dem Cagiva-Motorrad über einen Abgrund. In der Luft lässt er die Maschine los und steigt in das Flugzeug um.

CAINE, JEFFREY (Drehbuchautor)
Der in London geborene Jeffrey Caine studierte an der Universität von Sussex und wechselte später nach Leeds. Als ausgebildeter Lehrer unterrichtete Caine das Fach Englisch, machte aber schließlich sein Hobby, das Schreiben, zum Hauptberuf. *The Cold Room* war 1976 Cains erstes Buch, und es wurde sofort zu einem der erfolgreichsten Psychothriller seiner Zeit. Caines Verlag verkaufte die Rechte ans Fernsehen, und 1983 wurde das Buch verfilmt. Zur selben Zeit schrieb der Autor den Roman *The Homing* zu einem Drehbuch um. Die Produzenten waren von der Herangehensweise Caines begeistert. Er bekam weitere Aufträge und so schrieb er die Vorlagen für mehrere TV-Serien: *The Chief*, *Dempsey And Makepeace* und *Bergerac*. Zu James Bond stieß der Autor 1994. ↗Michael France hatte das Team der Drehbuchautoren zu ↗*GoldenEye* (1995) verlassen, und Caine sollte die Lücke füllen. Mehrere seiner Scripts spiegelten genau den Schreibstil wider, der von der Bond-Crew benötigt wurde, um daraus einen guten Kinofilm zu machen. Caine arbeitete einige Elemente aus Flemings Roman ↗*Mondblitz* ein. Ein Hauptteil der Story für *GoldenEye* stand bereits, und der neue Mann Caine gab dem Ganzen den nötigen Feinschliff.

Zusammen mit Regisseur ↗Martin Campbell versuchten Autor ↗Bruce Feirstein, ↗Michael G. Wilson und Jeffrey Caine den Geheimagenten 007 mit dem Gesicht von ↗Pierce Brosnan in ein neues Zeitalter zu transferieren. Das Experiment gelang, das Buch passte ausgezeichnet zum Iren Brosnan und *GoldenEye* wurde zum erfolgreichsten James-Bond-Film, den es bis dahin gegeben hatte. Der berufliche Erfolg im Jahr 1995 wurde überschattet vom Tod seiner Frau, die kurz vor dem Filmstart verstarb. »Keiner kann so gut über einen englischen Agenten schreiben wie ein Engländer selbst«, hieß es in Pressemitteilungen und diese Thesen trifft ins Schwarze, denn Caine ist nach ↗ George MacDonald Fraser (↗ Octopussy) der zweite Bond-Autor, der aus Großbritannien stammt.

CAIN, SYD
(Künstlerische Leitung/Produktionsdesigner/Storyboard)

Was der Produktionsdesigner und künstlerische Leiter Syd Cain in seinem Leben durchgemacht hat, ist den Erfahrungen von James Bond sehr ähnlich. Cain überlebte im Zweiten Weltkrieg einen Flugzeugabsturz und wurde, nachdem er genesen war, vom Blitz getroffen. Schwer angeschlagen verfolgte Cain die Luftschlacht um England von einem Kontrollturm aus. Hier begegnete Cain auch zum ersten Mal einer Filmcrew. Die Dreharbeiten zu *One Of Our Aircraft Is Missing* faszinierten ihn so, dass er seinen Posten in Tangmere verlassen und Fuß im Filmgeschäft fassen wollte. Entschlossen führte ihn sein Weg in die Bush-Studios. Zusammen mit ↗ Ken Adam arbeitete er am Projekt *Dr. Seltsam oder Wie ich lernte, die Bombe zu lieben*. Dass er später Adams Part übernehmen sollte, nachdem dieser als Designer bei ↗ *James Bond 007 jagt Dr. No* (1962) gearbeitet hatte, konnte Cain nicht ahnen. Da der Titelvorspann von ↗ *James Bond 007 jagt Dr. No* (1962) von ↗ Maurice Binder in letzter Minute fertig gestellt wurde, konnte das Werk nicht genau auf Fehler überprüft werden. Nach dem Filmstart stellte sich heraus, dass Binder den Namen von Cain vergessen hatte. ↗ Broccoli bat darum, den Vorspann trotz zusätzlicher Kosten ändern zu lassen, doch Cain überzeugte Broccoli, dass dies nicht nötig sei. Wenig später überreichte der Produzent Syd Cain einen goldenen Füllfederhalter als Entschädigung. Als künstlerischer Leiter beim zweiten James-Bond-Film ↗ *Liebesgrüße aus Moskau* (1963) schuf er Sets, die das Flair des Kalten Krieges widerspiegelten. Nach diesem Projekt dauerte es sechs Jahre, ehe er wieder zur Bond-Crew stieß: Das Projekt war ↗ *Im Geheimdienst Ihrer Majestät* (1969). Regisseur ↗ Peter Hunt bestand auf Cain, weil er die Figur James Bond, die sich in den Filmen vor 1969 sehr hatte auf die Technik verlassen müssen, wieder menschlicher machte. Cain sollte ohne viele technische Spielereien schaffen – und es gelang. Eine Herausforderung für Cain wurde ↗ *Leben und sterben lassen* (1973). Das Thema »Voodoo« verlangte viel Recherche, und Cains Arbeit drückte sich in der Extravaganz der Sets aus. Die düstere Stimmung des Films ist vor allem auf die gelungenen Bauten zurückzuführen. Cain musste u. a. extra für den Tod von Filmfigur Dawes einen Versammlungsraum schaffen, in dem eine Sitzung der Vereinten Nationen in New York nachgestellt wurde. Besonders beeindruckend ist auch der Friedhof, auf dem im Film eine Voodoo-Zeremonie stattfindet. Das Storyboard von ↗ *Golden-Eye* (1995) zeichnete Cain zusammen mit ↗ Martin Asbury.

CALA DI VOLPE (Hotel)

Im Hotel Cala di Volpe auf Sardinien drehte die Bond-Crew 1976 Szenen zum Film ↗ *Der Spion, der mich liebte* (1977). Da es kein Zimmer gab, das den luxuriösen Ansprüchen des Geheimagenten genügte, wurde die noble Bar der Hotelhalle zur Suite umgebaut.

CALDINEZ, SONNY (Darsteller)

Die Unvollständigkeit der zum Film ↗ *Der Mann mit dem goldenen Colt* (1974) existierenden Crew- und Darsteller-Listen verwundert mitunter. Dass der Darsteller und Stuntman Sonny Caldinez die Figur ↗ Kra darstellte, ist den meisten Bond-Fans in Deutschland bis heute nicht bekannt. Nur über Darstellerverträge und seltene Drehpläne kam man bisher an diese Information.

CALIFORNIA GIRLS (Lied)
Es ist immer eine Besonderheit, wenn in einem James-Bond-Film ein Lied auftaucht, das es schon lange vor dem Filmstart zu Popularität gebracht hat. In der ↗Pre-Title-Sequenz von ↗*Im Angesicht des Todes* (1985) ist es der Song *California Girls* von Brian Wilson (Beach Boys), wenn 007 auf der Kufe eines explodierten Schneemobils Snowboard fährt. Gesungen wurde das Lied von ↗Gidea Park (Almo/Irving Music). Die humorvolle Szene kam so gut beim Publikum an, dass sie bei der Premiere mit Applaus gewürdigt wurde. Auf dem Soundtrack zum Film ist das Lied nicht enthalten. Im Roman ↗*Stirb an einem anderen Tag* wird das Lied *California Girls* im Radio gespielt, als James Bond im ↗Hotel de Los Organos auftaucht. »Die Cover-Version (...) weckte unangenehme Erinnerungen.« Es handelt sich um eine Anspielung auf den Film ↗*Im Angesicht des Todes* (1985).

CALOTTA (Comicfigur)
↗*James Bond Jr.*

CALTREDT, DON (Stuntman)
Mit nur einem Fallschirmsprung machte Don Caltredt seine Karriere als Stuntman bei James-Bond-Filmen zunichte. Caltredt war bei ↗*Im Angesicht des Todes* (1985) Ersatzstuntman für die Szene, in der ↗May Day vom Eiffelturm springt. Nachdem ↗B. J. Worth den Stunt perfekt hatte durchführen können, war Caltredt sauer. Er wollte unbedingt auch springen, doch ↗Albert R. Broccoli sah keine Notwendigkeit dafür, das Risiko zu erhöhen. Am nächsten Morgen nach dem Stunt packte Don Caltredt seinen Schirm erneut und sprang ohne Erlaubnis vom Eiffelturm. ↗John Glen und andere Mitglieder der Crew waren zufällig dort und erlebten den Sprung mit. Da wegen des unerlaubten Sprungs fast die Drehgenehmigung am Eiffelturm entzogen wurde, sah sich B. J. Worth gezwungen, Don Caltredt zu entlassen.

CALVADOS (Getränk)
Der Calvados, den James Bond im Buch ↗*007 James Bond im Dienst Ihrer Majestät* zu sich nimmt, ist zehn Jahre alt.

CALVERT, NENA (Romanfigur)
Laut ↗Cedar Leiter handelt es sich bei Nenas Nachnamen um ihren Mädchennamen, der nach der Hochzeit in Bismarquer geändert wurde. Nena Calvert ist Nena Bismarquer und sie ist auch ↗Nena Blofeld, was Bond fast zum Verhängnis wird.

CALVINISTISCHE ERZIEHUNG
↗Nachruf

CAMARO (Fahrzeug)
Der schwarze Camaro in ↗*Sag niemals nie* (1983) wurde für die Stuntszenen mit einer Sonderausstattung versehen. Am Heck des Fahrzeugs befand sich eine Rampe, über die der Stuntman ↗Mike Runyard fahren konnte, während der Wagen fast 60 Stundenkilometer fuhr.

CAMAY-SEIFE
Im Buch ↗*Der Spion, der mich liebte* waschen James Bond und ↗Vivienne Michel sich gegenseitig (die Idee wurde in ↗*Der Morgen stirbt nie* zur Filmszene – hier sind es 007 und ↗Wai Lin). 007 greift in der Dusche eine Camay-Seife (ein Camay/Kamee ist ein Schmuckstein mit erhaben geschnittenem Bild, meist ein Frauenkopf) und ist nicht sehr begeistert: »Was, zum Teufel, ist das eigentlich für eine Seife? Die riecht ja wie Kleopatra!« Michel Vivienne nimmt die Seife in Schutz: »Das ist eine sehr gute Seife mit teurem französischem Parfüm.« Bond gibt sich geschlagen, rät ihr später aber schriftlich zur Seife »Fleures des Alpes«.

CAMBRIDGE
↗Instant Japanese

CAMEL (Zigarettenmarke)
↗Vargas, der Mörder von ↗Giuseppe Petacchi, bekommt im Roman ↗Feuerball eine Zigarette der Marke Camel angeboten. Er bricht sie in der Mitte durch, raucht eine Hälfte und steckt sich die andere hinters Ohr (»Der Mörder war ein Mann, der seine Schwächen im Zaum hatte.«).

CAMERON, ALLAN (Produktionsdesigner)
Produktionsdesigner Allan Cameron besuchte das Royal College of Art in London und hatte in den darauf folgenden zehn Jahren eine Anstellung als Designer bei TV-Produktionen. Danach wechselte Cameron zum Spielfilm und widmete sich zwischendurch immer wieder exklusiven Werbefilmen. Projekte wie *Edward And Mrs. Simpson*, *The Naked Civil Servant* und *Rivals Of Sherlock Holmes* brachten ihm begehrte Preise ein, und nach einigen Jahren konnte der Designer auf über 200 Produktionen aus dem Bereich TV, Spielfilm und auch Bühne zurückblicken. Zu seinen herausragenden Spielfilmarbeiten gehören *Das vierte Protokoll*, *1984*, *Willow*, *Highlander*, *In einem fernen Land*, *Air America* (hier arbeitete er mit Bond-Regisseur ↗Roger Spottiswoode zusammen), *Das Dschungelbuch*, *Pinocchio*, *Showgirls* und *Starship Troopers* (mit Bond-Girl ↗Denise Richards). Allan Cameron wurde als Setdesigner für ↗*Der Morgen stirbt nie* (1997) gebucht und trat so in die Fußstapfen von Experten wie ↗Ken Adam und ↗Peter Lamont. Allan versuchte, sich gänzlich von deren Stil abzuheben, was ihm zwar immer gelang, das Publikum aber in einigen Fällen nicht zufrieden stellte. So sind die Aufhängungen der Rakete und das Innenleben des ↗Sea Dolphin in *Der Morgen stirbt nie* (1997) so kompliziert gestaltet, dass man schnell den Überblick verliert und beim Publikum der Eindruck von Gefahr ausbleibt.

CAMERON, ANGUS (Digitale optische Effekte)
↗The Magic Camera Company

CAMERON, EARL (Darsteller)
Earl Cameron verkörpert im James-Bond-Film ↗*Feuerball* (1965) den Charakter ↗Pinder. Er ist der Kontaktmann 007s auf den Bahamas. Die Stimme von Cameron ist auch zu hören, wenn Bond und ↗Leiter mit dem Helikopter nach dem verschwundenen ↗Vulcan-Bomber suchen. Ein derber Filmfehler, denn Cameron als Pinder ist gar nicht an Bord des Helikopters.

CAMERON, TRICIA (Frisuren-Aufsicht)
Nach Meinung von ↗Timothy Dalton war die Frisurenaufsicht Tricia Cameron am Set von ↗*Lizenz zum Töten* (1989) überflüssig. Darsteller ↗Desmond Llewelyn erzählte zu Lebzeiten, dass Dalton sauer wurde, wenn er nach dem Dreh einer Action-Szene gekämmt werden sollte. Kein Mensch, so Dalton, falle aus einem Flugzeug und seine Haare säßen anschließend perfekt. Auch das Anföhnen der Haare nach Unterwasserszenen lehnte der vierte offizielle James-Bond-Darsteller strickt ab. Tricia Cameron hatte bei den Dreharbeiten viel zu ertragen, weil Dalton auf seine Art des Realismus bestand.

CAMM, MARTIN (Romanfigur)
Als Partner von ↗Ted Brinkley im Roman ↗*Sieg oder stirb, Mr. Bond* arbeitet Leutnant Martin Camm bei der ↗Special Branch. Der Mann mit dem Spitznamen ↗Moggy wird James Bond an Bord des Schiffes ↗Invincible vorgestellt.

CAMPARI BITTER (Getränk)
↗Getränke

CAMPBELL (Filmcharakter)
Sein Name wird in ↗*Im Geheimdienst Ihrer Majestät* (1969) nicht genannt; lediglich im Drehbuch taucht die Bezeichnung »Campbell« auf. Es handelt sich im Film um einen blonden ↗MI6-Agenten, der mit James Bond zusammenarbeitet, später jedoch ums Leben kommt. In Bern hilft Campbell 007, die Unterlagen aus einem

Safe der Anwaltskanzlei ↗Gebrüder Gumbold per Kran zu stehlen, später verfolgt er Bond, um am ↗Piz Gloria eventuell Hilfe leisten zu können. ↗Blofeld lässt den von ↗Bernard Horsfall gespielten Agenten an den Füßen aufhängen, und er erfriert über der Schweizer Bergwelt baumelnd.

CAMPBELL, DONALD
↗Eisjet

CAMPBELL, MARTIN (Regisseur)
Martin Campbell wurde auf Neuseeland geboren. Er kam 1966 nach England und schlug eine Laufbahn als Kameramann ein. Mit seinem Werk *Abschaum – Scum* schaffte er es, als Produzent bis zu den Filmfestspielen von Cannes zu gelangen. Campbell debütierte als Regisseur bei *Edge Of Darkness*. Durch die Fernsehserie *Die Profis* sicherte er sich einen festen Platz unter den erstklassigen Regisseuren. 1986 verließ Campbell England, um sein Glück in Amerika zu versuchen. Nach vielen Projekten wurde er ausgewählt, um James Bond nach einer sechsjährigen Pause wieder neues Leben einzuhauchen. So begann für Campbell nach ↗Peter Hunt die zweitschwerste Aufgabe als Regisseur: 007 in einem zeitgemäßen Film wieder auf die Leinwand zu bringen und zugleich einen neuen 007-Darsteller (↗Pierce Brosnan) ans Publikum heranzuführen. Regisseur Martin Campbell stand sichtlich unter Druck, als er auf dem Londoner Flughafen ankam. Verpflichtet als Regisseur für ↗*GoldenEye* (1995) hing das Leben der Filmfigur James Bond von seiner Interpretation ab. Campbell hatte das Angebot nur unter der Bedingung angenommen, dass auch sein Stammkameramann ↗Phil Meheux verpflichtet wurde. Er wollte mit dem Film zwar moderne Aspekte zeigen, dennoch zum Roman-Bond von ↗Ian Fleming zurückkehren.

Die Dreharbeiten zu *GoldenEye* (1995) beanspruchten den Neuseeländer sehr. Bond-erfahrene Mitarbeiter schwärmten von Campbell, der sich schon im Morgengrauen aufmachte, damit er in den Sets die einzelnen Szenen durchgehen konnte. Hierbei schlüpfte er nicht nur in die Rolle des Bond, sondern versetzte sich auch in andere Charaktere hinein, um mit sich selbst Dialoge, Bewegungen und Ähnliches abzugehen. Bei den Dreharbeiten zu *GoldenEye* und auch noch Jahre später lobte Pierce Brosnan Martin Campbell und schwärmte von seiner Arbeitsweise. Als ↗*Stirb an einem anderen Tag* (2002) abgedreht war, verglich Brosnan Campbell mit dem Regisseur ↗Michael Apted von ↗*Die Welt ist nicht genug* (1999) und behauptete, beide Regisseure seien ähnlich, und er sei froh, nicht mehr mit ihnen zusammenarbeiten zu müssen. Bei *Stirb an einem anderen Tag* führte ↗Lee Tamahori Regie. Spätestens als Campbell den Zuschlag für ↗*Casino Royale* (2006) bekam, war den meisten Bond-Fans daher klar, dass Brosnan nicht zurückkehren würde. Campbell sollte zum zweiten Mal die Chance bekommen, einen neuen Bond-Darsteller in die Rolle des 007 einzuführen.

CAMPBELL, SHAUN (Romanfigur)
Der Mitarbeiter der ↗Station Z kommt im Roman ↗*007 James Bond im Dienst Ihrer Majestät* vor. Er trägt die ↗Nummer 2 und weiß nichts von James Bonds Aufenthalt im ↗Gloria-Klub. Als Campbell bei Nachforschungen von ↗Blofelds Männern gefangen und misshandelt wird, bittet er Bond um Hilfe. Der Agent gibt sich als Mitarbeiter von ↗Universal Export aus, und Blofeld wird bei diesem Firmennamen stutzig. 007 kann seine Tarnung als ↗Sir Hilary Bray nicht auffliegen lassen und muss Campbell seinem Schicksal überlassen. Ohne Vornamen kommt Campbell auch im Film ↗*Im Geheimdienst Ihrer Majestät* (1969) vor, hier arbeitet er aber mit 007 zusammen.

CAMP PEARY (fiktives Trainingslager)
Bevor James Bond im Roman ↗*Fahr zur Hölle, Mr. Bond!* auf seine neue Kollegin

↗Chi-Chi trifft, erfährt er von ↗»M«, sie habe vor kurzem die ↗Farm besucht. Damit ist ein Trainingslager der ↗CIA gemeint. Der richtige Name der Ausbildungsstätte lautet Camp Peary.

CANASTA (Spiel)
↗Goldfinger betrügt im gleichnamigen Roman ↗Junius Du Pont beim Canasta. Per Funk lässt sich der Ganove die Karten in Du Ponts Hand ansagen. James Bond durchschaut den Schwindel und lässt Goldfinger auffliegen.

CANINE CAPER (Zeichentrickfilm)
↗*James Bond Jr.*

CANNON, JIMMY (Romanfigur)
Im Roman ↗*Diamantenfieber* überreicht ↗Felix Leiter James Bond einen Zeitungsartikel des Journalisten Jimmy Cannon, der vom Dorf ↗Saratoga Springs handelt.

CAP
Beim Verlassen des U-Boots in ↗*Der Spion, der mich liebte* (1977) in der ↗Liparus setzt ↗Anja Amasowa eine Kappe auf, um zwischen den anderen Besatzungsmitgliedern nicht bemerkt zu werden. Ein Wachmann ↗Strombergs reißt ihr das Cap aber vom Kopf, und ihre langen Haare kommen zum Vorschein.

CAPE (Diamant)
↗Diamanten

CAPELIER, MARGOT (Besetzungsleiterin)
Über 500 Französinnen castete Margot Capelier für den Film ↗*Moonraker – streng geheim* (1979). Sie suchte Frauen, die sich neben ↗Roger Moore beweisen konnten. Sie sollten sexy, aber auch ernst zu nehmend, bedrohlich und schlau wirken. Capelier arbeitete zusammen mit ↗Western Drury Junior.

CAPERNE (Romanfigur)
In ↗*003½ James Bond Junior* ist Caperne der Besitzer einer Werkstatt, in der die Handlanger von ↗Mr. Merck einen Jeep zur Reparatur haben. Die ↗Löwenbande versucht, die Reparatur zu sabotieren, um Merck eins auszuwischen.

CAPE UNION (fiktiver Diamant)
↗Diamanten

CAPLAN, PAULA (Filmcharakter)
↗Martine Beswick spielte im vierten offiziellen James-Bond-Film ↗*Feuerball* Paula Caplan. Sie ist 007s Verbündete, nimmt jedoch in der Gefangenschaft von ↗Emilio Largo eine Giftkapsel. Bond findet nur noch ihre Leiche.

CAPONE, AL (Filmcharakter)
Die Wachsfigur wurde vom Darsteller Ray Marioni »verkörpert«. In der englischen Version fällt nur der Name »Al«. In der deutschen Fassung von ↗*Der Mann mit dem goldenen Colt* (1974) sagt ↗Rodney in ↗Scaramangas ↗Fun House Al Capone zu einer Wachsfigur, die ein Abbild des Gangsters zeigt und ihm Angst einjagt. Eigentlich Alphonse Gabriel (Al) Capone. Er wurde am 17. Januar 1899 in Brooklyn, New York geboren und starb am 25. Januar 1947 in Palm Beach, Florida. Al Capone zählt zu den bekanntesten Verbrechern Amerikas in der Zeit von 1920 bis 1930. Er kontrollierte die Chicagoer Unterwelt und machte seine Geschäfte vor allem in den Bereichen der Prostitution, des Glücksspiels und im illegalen Alkoholhandel. Capone wurde zum Vorzeige-Gangsterboss und gilt als Symbol für die organisierte Kriminalität. Seine Bekanntheit ist im Grunde auf seinen geschickten Umgang mit der Presse zurückzuführen.

CAPORAL (Zigaretten)
Die Figur ↗Le Chiffre im Roman ↗*Casino Royal* wird als starker Raucher beschrieben. Le Chiffre raucht mit Vorliebe Zigaretten der Marke Caporal, wobei er nikotinabsorbierende Spitzen verwendet.

CAPSASKIS, MAY
(Produktionsassistentin und -koordinatorin)
Bei dem Film ↗*Octopussy* (1983) arbeiteten ↗Joyce Turner, ↗Iris Rose, ↗Sheila Barnes, May Capsaskis und ↗Mohini Banerji als Produktionsassistentinnen. Capsaskis stieß bei ↗*Im Angesicht des Todes* (1985) erneut zur Bond-Crew.
↗Pam Parker

CAPSULE IN SPACE (Lied)
↗*You Only Live Twice* (Soundtrack)

CAPTAIN
↗Commander

CAPTAIN JACK (Romanfigur)
Genervt muss James Bond im Roman ↗*Niemand lebt für immer* den einheimischen Ladenbesitzer »Captain Jack« ertragen. Dieser will 007 zu einer dreieinhalbstündigen Schnorchelexpedition auf seinem Boot ↗*Reef Plunderer II* überreden. Bond lehnt das Angebot des bärtigen Mannes ab und kauft nur einen Taucheranzug, eine Schnorchelmaske, Messer, Flossen, einen wasserdichten Gürtel mit Reißverschluss und eine Unterwasserlampe. Als der wie ein Pirat gekleidete Ladenbesitzer die Platin-Amex-Karte überprüfen will, mit der Bond bezahlt, entstehen erneut Spannungen zwischen den beiden. 007, der sich als Mr. Boldman ausgibt, versichert: »Wenn außer Ihnen, Amex und mir selbst noch jemand erfährt, dass ich hier bin, dann komme ich zurück und schneide Ihnen den Ring aus dem Ohr. Dann werde ich dasselbe mit Ihrer Nase tun und danach mit einem noch empfindlicheren Organ.« Die angedrohte Brutalität ist man bei James Bond nicht gewohnt, dennoch wirkt sie nicht fehl am Platz. Captain Jack verspricht, dicht zu halten.

CAPU (Romanfigur)
Die Bezeichnung »Capu« steht im Roman ↗*007 James Bond im Dienst Ihrer Majestät* für »Chef der Union Corse«, das ist ↗Marc-Ange Draco.

CAPULA
Siehe Inhaltsangabe ↗*Never Dream Of Dying*

CAPUNGO (Romanfigur)
In der englischen Originalausgabe des Buches ↗*Goldfinger* wird der »Capungo« genannte Mexikaner von Bond getötet – das wurde auch in den gleichnamigen Film von 1964 übernommen. In der deutschen Übersetzung des Werkes ist von »Capungo« nichts mehr zu lesen.

CAPUNGO (Filmcharakter)
Der Charakter »Capungo« taucht in der ↗Pre-Title-Sequenz von ↗*Goldfinger* (1964) auf. Der Name wird jedoch im Film nicht genannt. Stuntman ↗Alf Joint spielte den Schurken. Capungo hat eine harte Auseinandersetzung mit dem Geheimagenten: Bond schleudert seinen Widersacher in eine mit Wasser gefüllte Badewanne. Capungo will seinen letzten Trumpf ausspielen, denn neben der Badewanne hängt 007s Halfter mit der ↗Walther PPK. Bond reagiert sofort und wirft eine Heizsonne in die Wanne … Joint erhielt den Part, da der ursprünglich für diese Rolle vorgesehene Schauspieler einige Tage vor Drehbeginn von der Polizei wegen Diebstahls verhaftet wurde.

CARAVEO, KATHY (Produktions-Koordination)
↗Elena Zokas

CAR CHASE (Lied)
↗*Thunderball* (Soundtrack)

CARDENAS, JORGE (Taucher)
↗Emilio Magana

CARDENAS, MANUEL (Taucher)
↗Emilio Magana

CARDREW (Romanfigur)
In ↗*003½ James Bond Junior* ist Cardrew der Besitzer eines Kolonialwarenladens, in dem die Komplizen von ↗Mr. Merck einkaufen. Dabei werden sie von Mitgliedern der ↗Löwenbande gesehen. Im Gegensatz zu ↗Alfie Maws kann man bei Cardrew anschreiben lassen. Das ist auch der Grund, warum ↗Audrey Wedderburn ihren Whisky und Gin bei ihm kauft.

CARGILL, MORRIS (Romanfigur)
Für die Akten bestätigt Richter Morris Cargill im Buch ↗*007 James Bond und der Mann mit dem goldenen Colt* die Vorfälle unter Nennung der betroffenen Personen James Bond, ↗Felix Leiter, ↗Percival Sampson und ↗Dr. Lister Smith.

CARIBBEAN PRINCE (Schiff)
James Bond und ↗Flicka von Grusse befinden sich im Roman ↗*Seafire* an Bord des Schiffes »Caribbean Prince«, auf dem sie angegriffen werden.

CARLA DER SCHAKAL (Computerfigur)
Carla der Schakal ist einer der Handlanger von ↗Adrian Malprave im Computerspiel ↗*Agent im Kreuzfeuer*.

CARLIEZ, CLAUDE
(Darsteller/Stuntman/Stunt-Team-Aufsicht)
Claude Carliez spielte in ↗*Moonraker – streng geheim* (1979) eine Figur namens ↗»Gondoliere«. Da es im Film zwei dieser Figuren gibt, kann man nur vermuten, welche von beiden von Carliez verkörpert wurde. Der eine Gondoliere geht mit seiner zerteilten Gondel unter, nachdem James Bond mit der ↗Bondola darübergerast war und diese zerschnitten hatte. Der andere Gondoliere stirbt, als sich eine vermeintliche Leiche als Killer entpuppt und mit einem Messer wirft. Letzterer wird vermutlich Carliez sein, weil er 007s persönlicher Gondoliere ist. Zudem passt der Sturz ins Wasser besser zu einem Stuntman, und Carliez gehörte zur Stunt-Crew unter der Leitung von ↗Bob Simmons. Im Abspann wird Carliez sogar als Stunt-Koordinator für den Bereich Frankreich aufgelistet. Je riskanter die Stunts in James-Bond-Filmen werden, desto mehr Personen müssen die Aufsicht führen. Bei den Dreharbeiten von ↗*Im Angesicht des Todes* (1985) waren es ↗Jim Arnett, ↗Bob Simmons und Claude Carliez.

CARLO (Romanfigur)
Als ↗Ann Reilley in ↗*Countdown für die Ewigkeit* erstmals auf James Bond trifft, lädt er sie zum Essen ein. Beide suchen ein Lokal auf, in dem sie von »Carlo« freundschaftlich empfangen werden – er ist vermutlich der Geschäftsführer des Restaurants. In der Trattoria in der Abingdon Road erinnert man sich an den Stammgast Bond. Der Klavierspieler ↗Alan Clares sorgte für die romantische Stimmung.

CARLOS (Filmcharakter)
↗*Casino Royale* (2006)

CARLOS UND WILMSBERG (fiktive Firma)
↗C. & W. Rio de Janeiro

CARLSON (Romanfigur)
James Bond malt sich im Roman ↗*Feuerball* aus, wer auf den ↗Bahamas auftauchen würde, um die ↗Operation Feuerball weiterzuleiten, wenn die Bomben nicht gefunden werden würden: Brigadier ↗Fairchild und ein Mann namens Carlson, der früher bei der US-Navy tätig war und bis vor kurzem als Sekretär des Komitees des US-Generalstabschefs arbeitete. 007s Befürchtungen erfüllen sich nicht.

CARLSON
James Bonds Boot im Film ↗*Moonraker – streng geheim* (1979) trägt den Firmennamen »Carlson« – die Ausstattung ist jedoch von ↗»Q«.

CARLSON, ERIC (Romanfigur)
Bei dem Rallyespezialisten Eric Carlson handelt es sich um einen alten Freund von 007. Carlson wurde von ↗John Gardner im Roman ↗*Operation Eisbrecher* eingeführt: Er nimmt Bonds Wagen ↗Silberbiest in Verwahrung und bereitet 007 mit einem Winterfahrkurs auf die bevorstehenden Strapazen in den Polregionen vor. Der stämmige Carlson arbeitet mit dem adretten ↗Simo Lampinen zusammen. In Bonds Handschuhfach befindet sich eine Grußkarte von Carlson, auf der steht: »Ich weiß nicht, was Sie vorhaben, aber ich wünsche Ihnen viel Glück. Und vergessen Sie nicht, was wir mit dem linken Fuß geübt haben! Eric.« Bond hatte bei Eric Carlson nicht nur gelernt, den Wagen bei Schnee und Eis kontrolliert driften und schleudern zu lassen, sondern auch mit dem linken Fuß zu bremsen.

CARLSON, PAUL (Darsteller)
Paul Carlson verkörpert im Film ↗*Man lebt nur zweimal* (1967) einen amerikanischen Astronauten. Der Zuschauer konnte den fiktiven Weltraumaufenthalt in der ↗Pre-Title-Sequenz bewundern.

CARLTON HOTEL
Siehe Inhaltsangabe ↗*Never Dream Of Dying*

CARL WALTHER GMBH (Firma)
Die Carl Walther GmbH, die nur im Roman ↗*Der Morgen stirbt nie* mit diesem Namen bezeichnet wird, produziert die Waffen für James Bond, angefangen von der ↗Walther PPK, der populärsten Bond-Waffe, bis hin zur modernen ↗Walther P99, die 007 im Film ↗*Der Morgen stirbt nie* (1997) erhält.

CARLYLE, ROBERT (Darsteller)
Robert Carlyle wurde am 14. April 1961 in Glasgow geboren. Nach Abschluss der Schule war sich Carlyle nicht sicher, welchen Beruf er ergreifen sollte. Nach einigen Gelegenheitsjobs als Schaufensterdekorateur beschloss er im Alter von 21 Jahren, die Schauspielschule zu besuchen. Nachdem er sein Handwerk auf dem Glasgow Art Centre gelernt hatte, war er am Mainstream Theatre, fühlte sich dort aber nicht wohl, deshalb gründete er mit Gleichgesinnten die Theatergruppe »Raindog«. 1989 feierte er sein Spielfilmdebüt in *Silent Scream* und gewann bei den Berliner Filmfestspielen einen Preis. Die Reporter zeigten jedoch wenig Interesse, was sich in kürzester Zeit ändern sollte, nachdem er für *Riff Raff* (1991) mit dem europäischen Filmpreis ausgezeichnet wurde. Es folgte 1994 ein Film, der von der Kritik weitgehend unbeachtet blieb (*Der Priester*), doch danach ging es mit *Trainspotting – Neue Helden* und *Ravenous – Friss oder stirb* steil nach oben auf der Karriereleiter.

↗Michael G. Wilson und ↗Barbara Broccoli wurden durch *Ganz oder gar nicht* auf Carlyle aufmerksam, waren aber zurückhaltend, weil sie nicht wussten, wie der hervorragende Komödiant als Fiesling ankommen würde. Probeaufnahmen wurden organisiert, und der Darsteller wurde gebeten, sich die Haare abzurasieren (»Was tut man nicht alles für Bond«), doch er erhielt die Rolle als Renard in ↗*Die Welt ist nicht genug* (1999) und ist seit ↗Robert Davi alias ↗Franz Sanchez einer der eindrucksvollsten Bond-Gegner. Für seine Rolle soll er eine Gage von drei Millionen Dollar bekommen haben, so wertvoll kann eine Glatze sein. Der 1,72 Meter große Robert Carlyle ist bekennender Connery-Fan: »Er war zu meiner Jugend der einzige schottische Darsteller, der Rollenangebote bekam. Connery war seit ↗*Goldfinger* mein Idol.«

CAROFF, JOSEPH (Designer)
↗007 Gun Logo und ↗David Chasman

CAROLINE (Romanfigur/Filmcharakter)
Psychologin Caroline soll über James Bond im Roman und auch im Film ↗*GoldenEye*

(1995) ein Gutachten erstellen. ↗John Gardner bezeichnet dies als »Fünfjahres-Gutachten«. Bond-Kenner vermuten, das Gutachten wurde von ↗»M« verlangt, nachdem 007 im Film ↗*Lizenz zum Töten* (1989) seinen Dienst quittiert hatte, um auf eigene Faust hinter dem Drogenbaron ↗Franz Sanchez herzujagen. Bond verführt Caroline und erhält von ihr natürlich eine gute Beurteilung. Im Film wurde die Psychologin von ↗Serena Gordon dargestellt.

CARPENTER, JOAN (Frisuren)
↗Vera Mitchell

CARR, DAPHNE (Logik)
Neben der erfahrenen ↗Penny Danliels arbeitete Daphne Carr bei der Produktion von ↗*Im Angesicht des Todes* (1985). Sie waren für die Logik bei den Aufnahmen der Second Unit zuständig.

CARRERA, BARBARA (Darstellerin)
In ↗*Sag niemals nie* (1983) verkörpert Barbara Carrera die Killerlady ↗Fatima Blush alias ↗Nummer 12; die für ↗SPECTRE arbeitet. Carrera wurde 1954 in Nicaragua geboren (andere Quellen: 1945). 1964 besuchte sie die St. Joseph Academy in Tennessee. Ihre Modelkarriere begann im Alter von 16 Jahren. Sie heiratete 1970 einen deutschstämmigen Baron und hätte von diesem Moment an auf die Arbeit verzichten können, tat es aber nicht. Nachdem sie in mehreren Werbespots aufgetaucht und auch ihr Gesicht erfolgreich auf Covern von namhaften Zeitungen platziert war, wurde Carrera von einem Produzenten entdeckt, der ihr eine Rolle in *The Master Gunfighter* (1975) besorgte. Zu Carreras weiteren Filmen gehören *Die Insel des Dr. Moreau* (1976), *Der Tag, an dem die Welt unterging* (1979), *Masada* (1980), *Condorman* (1980), *Ich, der Richter* (1981), *McQuade – Der Wolf* (1982). Ebenfalls 1982 bekam sie von Regisseur ↗Irvin Kershner das Angebot, Nr. 12, die böse Killerin Fatima Blush, in ↗*Sag niemals nie* (1983), zu spielen. Sie akzeptierte das Angebot unter der Bedingung, bei der Rolle freie Interpretationsmöglichkeiten zu haben. Die Darstellerin war begeistert über dieses Rollenangebot. Carrera lernte extra für den Film das Autofahren; so konnte sie sich an Bonds Verfolgungsjagd beteiligen und musste nicht gedoubelt werden. Bei den Wasserskisequenzen stieg sie aber nicht selbst auf die Bretter. Carrera stand nur in einem Boot und ließ Nahaufnahmen von sich machen. Die ersten Szenen mit ihr wurden durch den Effekt der »Weichzeichnung« unterstrichen, das sollte zunächst ihre Wirkung auf ↗Connery in der entsprechenden Szene verstärken.

Außerdem brachte ihr die Darstellung eine Golden-Globe-Nominierung ein. Ihre zweite Ehe mit einem deutschen Model hielt nicht lange, in dritter Ehe heiratete sie einen Reederei-Erben aus Griechenland. Mit ihrem Manager Alan David gründete Barbara Carrera eine eigene Produktionsfirma. Zu ihren weiteren Filmen gehören auch *Die Wildgänse II* (1985), *Loverboy* (1989), *Das Geheimnis der spanischen Rose* (1993), *Die Nacht des Killers* (1994), *Air Panic* (2001). Barbara Carrera war eine neue Art Gegner in der Bond-Serie. ↗Albert R. Broccoli schenkte der Figur große Beachtung, auch wenn der Film nicht aus seiner Produktion war: Einen weiblichen Killer von diesem Format wollte er auch in seinen James-Bond-Filmen haben. Schon im kommenden Film tauchte dann eine extrem dominante Frau als Gegnerin 007s auf: ↗May Day in ↗*Im Angesicht des Todes* (1985). Fortgeführt wurde die Tradition weiblicher Gegner Bonds, die sehr gut beim Publikum ankamen, durch ↗Xenia Onatopp in ↗*GoldenEye* (1995), Höhepunkt war bisher das Auftauchen eines weiblichen Hauptgegners Bonds: ↗Elektra King in ↗*Die Welt ist nicht genug*.

CARRERAS, CHRIS (Zweiter Regieassistent)
Um nichts dem Zufall zu überlassen, wurde neben den Regieassistenten der Second Unit (↗Peter Bennett und ↗Meyer Berreby) noch ein so genannter »Zweiter Regieassistent« eingestellt, um die Dreharbeiten von ↗*Moonraker – streng geheim* (1979) reibungslos zu gestalten. Chris Carreras bekam diesen Job und arbeitete zusammen mit ↗Gareth Tandy, die die Models beaufsichtigte.

CARRICK, ANTHONY (Darsteller)
Nicht nur Frauen erschienen bei James Bond in den Rollen von Sekretärinnen. Anthony Carrick hatte eine kleine Rolle als Sekretär in ↗*Der Hauch des Todes* (1987) und war im Haus in ↗Blayden zu sehen.

CARRIGA, FIDEL (Darsteller)
Der Mexikaner Fidel Carriga verkörpert in ↗*Lizenz zum Töten* (1989) den Fahrer für ↗Franz Sanchez.

CARRIGAN, DAVID (Regieassistenz)
↗Paul Taylor

CARSON (TV-Moderator)
Der gezwungene Humor in einer Fernsehshow macht James Bond im Roman ↗*Fahr zur Hölle, Mr. Bond!* auf den Moderator Carson aufmerksam. 007 sieht die Sendung, als er in San Francisco gerade Abendbrot isst. Für den Agenten ist diese Art von Unterhaltung nicht »sophisticated« genug.

CARTER (Romanfigur)
Commander Carter kommt im Roman ↗*James Bond und sein größter Fall* vor. Bond mag den Mann auf den ersten Blick. Der Kapitän auf der ↗U.S.S. Wayne wird als groß und ungelenk beschrieben. Er sieht Gary Cooper ähnlich und scheint für seine Kabinen viel zu groß zu sein. »Er hatte winzige Fältchen um die Augen, wie sehr viele Seemänner, aber die Fältchen konnten genauso gut vom Lachen kommen wie vom Starren in schlechtes Wetter«, heißt es im Roman von ↗Wood. Carter hat eine lange knochige Nase und einen breiten dünnlippigen Mund. Wie fast alle Verbündeten von 007 hat er einen kräftigen, festen Händedruck.

CARTER (Filmcharakter)
Im Film ↗*Der Spion, der mich liebte* (1977) ist Captain Carter Kommandant der ↗U.S.S. Wayne. Dargestellt wurde er von ↗Shane Rimmer, der bereits 1971 in ↗*Diamantenfieber* als Angestellter von ↗Williard White durchs Bild gelaufen war. Carter arbeitet eng mit James Bond zusammen, sie wollen Strombergs Pläne durchkreuzen. Er verschafft dem Geheimagenten sogar Zeit, um ↗Anja Amasowa zu retten und riskiert es, ein Disziplinarverfahren zu bekommen. Mit der U.S.S. Wayne fliehen die Überlebenden des Minikriegs zwischen Gefangenen und Strombergs Männern aus dem sinkenden Supertanker ↗Liparus.

CARTER (Filmcharakter)
↗*Casino Royale* (2006)

CARTER, GARRY (Stuntman)
↗B. J. Worth

CARTER, MICHAEL (Mischung Ton-Neuaufnahme)
↗Graham Victor Hartstone

CARTER, MIKE (Romanfigur)
Mike Carter ist ein Amerikaner, der sich James Bond am Ende des Buches ↗*Sieg oder stirb, Mr. Bond* vorstellt. Carter gehört zu Bonds Leuten und weist sich mit dem Codewort ↗Singvogel aus. Er ist kurzzeitig der Chauffeur des britischen Geheimagenten.

CARTER, REGINALD (Darsteller)
Seinen Auftritt hatte Reginald Carter in ↗*James Bond 007 jagt Dr. No* (1962). In diesem Film spielte er ↗Jones, einen von

↗Dr. No beauftragten Handlanger, der als Chauffeur dafür sorgen soll, dass 007 sein Ziel nicht erreicht.

CARTLIDGE, WILLIAM P. (Regieassistent/Co-Produzent)
1966 unterschrieb William P. Cartlidge den Vertrag als Regieassistent von ↗Lewis Gilbert beim fünften James-Bond-Abenteuer ↗*Man lebt nur zweimal*. Als 1977 der Film ↗*Der Spion, der mich liebte* (1977) gedreht wurde, arbeitete er als Co-Produzent. Da er bei den Credits nach ↗Maurice Binder genannt wird, scheint auch ein Zusammenhang zwischen seiner Arbeit und dem Titelvorspann beim zehnten James-Bond-Film zu bestehen. Bei ↗*Moonraker – streng geheim* (1979) war er erneut Co-Produzent.

CARUSO (Filmcharakter)
Die erste Frau, die bei James Bond zu Hause gezeigt wird, ist Miss Caruso im Film ↗*Leben und sterben lassen* (1973). Es handelt sich um eine italienische Agentin, die sich während eines Einsatzes in Rom in 007 verliebt hat und nun in London das Bett mit ihm teilt. Als plötzlich der Geheimdienstchef ↗»M« zu nachtschlafender Zeit auftaucht, versteckt sich Caruso im Wandschrank. ↗Moneypenny sieht dies, deckt 007 jedoch. Als »M« gegangen ist, öffnet Bond nicht nur den Wandschrank, sondern auch den Reißverschluss der Kleidung der Agentin mit einer magnetischen Uhr. Ein Schäferstündchen ist noch drin. Dargestellt wurde Miss Caruso von der Schauspielerin ↗Madeline Smith.

CARVER, ELLIOT (Romanfigur/Filmcharakter)
Medienmogul Elliot Carver ist der Bösewicht im Roman und auch im Film ↗*Der Morgen stirbt nie* (1997). Carver ist der Gründer des Nachrichtensenders ↗CMGM und Herausgeber der Zeitschrift ↗*Der Morgen* und plant einen Dritten Weltkrieg, um damit das allgemeine Interesse an den Medien zu steigern und größere Profite zu erzielen. In ↗Raymond Bensons Roman wird die Figur als groß, vornehm und fünfzigjährig beschrieben. Körperlich sei der Mann bemerkenswert fit und habe die Umgangsformen eines Aristokraten. In jungen Jahren war der jetzt Ergraute wegen seines guten Aussehens und seiner »samtweichen« Stimme zu Anstellungen bei Nachrichtensendern gekommen. Carver erfuhr von einem Psychologen, er leide an einem »Vaterkomplex« und habe daher schlechte Leistungen in der Schule gezeigt und jüngere Mitschüler gequält. Mit 26 verließ er die ärmlichen Verhältnisse der chinesischen Familie, bei der er aufgewachsen war und schaffte durch Ehrgeiz den Sprung in die Medienbranche. Er wurde als unehelicher Sohn eines Lords und einer deutschen Prostituierten geboren, die bei seiner Geburt gestorben war. Der ↗MI6 hat die Information, Carvers Vater ↗Lord Rovermann habe Selbstmord begangen.

Die Realität ist bedrückender: Rovermann und Carver trafen sich, doch der alte Mann lehnte seinen Sohn ab. Carver war enttäuscht und wurde von seinem Freund ↗Kriegler zu einem Herrn ↗Schnitzler geschickt. Der bei Schnitzler wohnende Mann namens ↗Stamper erhielt den Auftrag, Rovermann zu überwachen und rufschädigende Informationen zu liefern.

Die peinlichen Beweise waren erdrückend. Carver setzte Rovermann mit pornografischen Fotos unter Druck, und dieser änderte sein Testament zugunsten seines unehelichen Sohnes Elliot Carver, der Alleinerbe wurde. Um Schnitzler und Stamper bezahlen zu können, musste das Testament aber in Kraft treten. Stamper brachte Carvers Vater dazu, Selbstmord zu begehen. Carver war auf einen Schlag reich. Er investierte sein Geld in ↗GPS, ↗NAVSTARS Global Positioning System, und sein Vermögen wuchs gradezu unglaublich. Sein Sender CMGM brachte als erster Live-Berichte vom Golfkrieg. Elliot Carver, der in Hongkong lange Zeit den

Spitznamen »König des Fernsehens« trug, leidet unter einem psychisch bedingten Unterkieferzucken, das immer dann auftritt, wenn er nervös ist – also praktisch immer. Er beißt dann die Zähne aufeinander, bis die Wangen und der ganze Kopf zu schmerzen beginnen. Im Schlaf knirscht Carver mit den Zähnen. Als es in ↗Der Morgen stirbt nie auf der ↗Sea Dolphin II zur letzten Auseinandersetzung zwischen Carver und James Bond kommt, fliegen im wahrsten Sinne des Wortes die Fetzen: 007 hält den Bösewicht vor die ↗Sea Vac. »Auf den Bildschirmen wurde Carvers Gesicht größer und größer, und er hatte den Mund zu einem Schrei geöffnet, aber seine Schreie wurden vom enormen Lärm der Sea-Vac und dem Geräusch der brechenden Knochen übertönt. Elliot Carver wurde zerstückelt wie eine Möhre, die in einen Mixer geworfen wurde.« (Benson)

CARVER FILMS
Die von ↗Elliot Carver im Roman ↗Der Morgen stirbt nie beschriebene Firma Carver Films hat einen Zeichentrickfilm auf den Markt gebracht, bei dem sich keine Mutter traut, ihn ihrem Kind vorzuenthalten. Weitere Geschäfte macht ↗»Der König des Fernsehens« mit seinem Unternehmenszweig ↗Carver Spielzeug.

CARVER NEWSPAPERS
Bevor Elliot Carver mit ↗CMGM und ↗Tomorrow Geld verdiente, gab er Carver Newspapers heraus, eine Zeitung mit den besten Schlagzeilen. In ↗Der Morgen stirbt nie schreibt ↗Raymond Benson, Carvers Zeitungen berichten vornehmlich über Katastrophen, Aufstände und politische Konflikte.

CARVER, PARIS (Romanfigur/Filmcharakter)
Um in ↗Der Morgen stirbt nie (1997) an den Medienmogul ↗Elliot Carver heranzukommen, soll James Bond mit einer Ex-Liebschaft ↗Paris McKenna, mittlerweile die Ehefrau des ↗CMGM-Gründers, wieder Kontakt aufnehmen. Als Bond die erotische Frau im ↗Kempinski-Hotel Atlantis in der Vertikalen und später in der Horizontalen trifft, erinnert er sich wieder an ihr Leben als Paris McKenna. Sie war sieben Jahre vor diesem Treffen ein aufstrebendes »Sternchen« am Himmel der Modewelt. 007 hatte die Tochter eines reichen Aktienmaklers auf einer Cocktail-Party kennen gelernt. Die Affäre dauerte zwei Monate, und Paris machte sich Hoffnungen auf eine Heirat. Bond verließ sie eines Morgens, weil Paparazzi während der Modeshows Fotos von James Bond hatten schießen wollen. Im Film wird es anders begründet: Paris sei 007 zu nahe gekommen. (Die Unterschiede zwischen Roman und Film haben damit zu tun, dass ↗Pierce Brosnan die Verknüpfungen der Charaktere emotionaler gestalten wollte.) Vier Jahre nach Bond traf das Model auf Elliot Carver und heiratete ihn drei Monate später. Paris verliebt sich erneut in 007, trennt sich im Roman sogar von ihrem Mann und wird, wie auch im Film, in Bonds Hotelzimmer von ↗Dr. Kaufmann ermordet. Im Roman flog sie auf, weil sie ihre Schwester in New York angerufen hatte. Im Film ist es eine Überwachungskamera von ↗Henry Gupta, die ein Gespräch zwischen Bond und Paris aufzeichnet, das Elliot Carver so eifersüchtig macht, dass er Mordpläne schmiedet. Paris Carver deutet Bond gegenüber ihre Ermordung an: »Der Job, den du hast, der ist einfach tödlich für eine Beziehung.«

CARVER PUBLISHING
Carver Publishing ist eine Firma, die im Roman ↗Der Morgen stirbt nie genannt wird. Sie berichtet von Morden an Prominenten und den Opfern, die an einer Überdosis Rauschgift gestorben sind. Mit ↗Bensons Nennung von Carver Publishing ergibt auch die Figur ↗Dr. Kaufmann mehr Sinn, der sich im Film ↗Der Morgen stirbt

nie (1997) als Experte auf dem Gebiet des Goldenen Schusses empfiehlt.

CARVER, ROSIE (Filmcharakter)
»Ein verräterisches böses Weib – eine Lügnerin!« James Bond durchschaut mit der Hilfe ↗Solitaires, um wen es sich bei der angeblichen ↗CIA-Agentin Rosie Carver handelt. Der Agent ↗Banes, der per Schlangenbiss getötet wurde, war ihr erster Fall, was 007 nicht gerade sehr beruhigend findet. Mit einer Perücke getarnt, schleicht sich Carver in Bonds Hotelzimmer und bekommt sogleich seine Zigarre zu spüren. Beide verbringen anschließend eine turbulente Nacht miteinander. Carver arbeitet für ↗Kananga und soll Informationen über James Bond beschaffen. Als der Agent ihre Tarnung auffliegen lässt, flüchtet die Farbige und wird durch eine Schussvorrichtung getötet, die sich in einer Vogelscheuche befindet. Dargestellt wurde Rosie Carver von ↗Gloria Hendry. Der Name Carver taucht 24 Jahre später im Film ↗*Der Morgen stirbt nie* auf – hier heißt Bonds Gegenspieler so.

CARVER SPIELPARKS
In ↗*Der Morgen stirbt nie*, dem Roman zum Film von ↗Raymond Benson, ist ↗Elliot Carver Besitzer von Spielparks.

CARVER SPIELZEUGGESCHÄFTE
Carver Spielzeug ist neben ↗*Carver Newspaper*, ↗Carver Films, ↗Carver Spielparks und ↗Carver Television nur eine Einnahmequelle, die der Medienmogul aus dem Roman ↗*Der Morgen stirbt nie* nutzt, bevor er ↗CMGM und ↗*Tomorrow* ins Leben ruft.

CARVER TELEVISION
Die Mediengesellschaft Carver Television hatte die TV-Sendungen mit höchsten Einschaltquoten, da Carver über Katastrophen, Aufstände und politische Konflikte berichtete. Carver Television wird von ↗Raymond Benson im Roman ↗*Der Morgen stirbt nie* beschrieben.

CARY-HIROYUKI, TAGAWA
Tagawa Cary-Hiroyuki verkörpert ↗Kwang in ↗*Lizenz zum Töten* (1989).

CASA-212 (Flugzeug)
Die Parahawks, die James Bond und ↗Elektra King im Roman und auch im Film ↗*Die Welt ist nicht genug* (1999) nachjagen, starteten nach ↗Raymond Bensons Beschreibungen im Buch aus einem Casa-212-Flugzeug.

CASABLANCA
Siehe Inhaltsangabe ↗*High Time To Kill*

CASALE, DIANNA (Darstellerin)
↗Odette Benatar

CASARES, JORGE (Stuntman)
↗Greg Powell

CASARO, RENATO (Designer)
Die italienische Posterwerbung zu ↗*James Bond 007 jagt Dr. No* (1962) wurde von dem anerkannten Designer Renato Casaro entworfen. Casaro wurde 1935 in Treviso geboren, ging dann nach Rom, wo er für das Studio »Favalli« arbeitete, ab 1960 war er dann in Deutschland tätig. Seine erfolgreichen Bond-Poster-Entwürfe stammen aus dem Jahr 1982: Er schuf die in Deutschland genutzten Plakate zu ↗*Sag niemals nie* (1983) und entwickelte die Hauptkampagne zu ↗*Octopussy* (1983). Noch heute gilt Casaro als einer der erfolgreichsten Illustratoren im Filmgeschäft. Für ↗*The Last Emperor* gewann er den »Key Art Award« der Hollywood-Reporter.

CASERTA (Ort)
In der Nähe von Caserta wird James Bond in eine sichere Militärbasis gebracht. 007 jagt die geheimnisvolle Organisation ↗BAST und muss im Roman ↗*Sieg oder stirb, Mr. Bond* den Anschlag auf ↗Beatrice da Ricci verkraften.

CASE, TIFFANY (Romanfigur)
Bond-Girl im James-Bond-Roman ↗*Diamantenfieber* ist Tiffany Case. Die 27-jährige Amerikanerin wurde in San Francisco geboren. Mit blonden Haaren und blauen Augen unterscheidet sich Case deutlich von der gleichnamigen Figur im Film, die von ↗Jill St. John verkörpert wurde. Im Buch heißt es, Case sei 1,65 Meter groß und von Beruf »ledig«. Auch wenn nichts Nachteiliges bekannt ist – James Bond, der sich als ↗Peter Franks ausgibt, soll mit Case bezüglich eines Diamantenschmuggels Kontakt aufnehmen. Case wird von ↗Vallance als Franks »Leibwächter« beschrieben. Über die Mutter von Case wird bekannt, dass sie in San Francisco Leiterin eines Bordells war. Weil die Mutter plötzlich aufhörte, Schmiergelder an die dortigen Gangster zu zahlen, wurde ihr Geschäft zerstört und ihre Tochter Tiffany als sechzehnjähriges Mädchen von den Gaunern vergewaltigt. Am nächsten Tag stahl sie die Kasse und verschwand. Seitdem hat sie eine Abneigung gegen Männer. Tiffany Case arbeitete als Garderobenmädchen, Taxigirl in einem Tanzlokal, Statistin beim Film und Kellnerin. Die Jobs übte sie bis zu ihrem zwanzigsten Lebensjahr aus.

Nach einer Phase der Alkoholsucht gelangte ihr Name in die Presse, weil sie ein Kind vor dem Ertrinken rettete. Ein weiblicher »Fan« von Tiffany steckte sie zur Rettung ihrer Zukunft in ein Erziehungsheim. Wieder ausgerissen, kehrte die junge Frau zu ihrer Mutter zurück, die sich vom Geschäft mit der Prostitution zurückgezogen hatte.

Case lernte ↗Seraffimo Spang kennen, dem sie aber seine sexuellen Wünsche nicht erfüllte. Durch ihn kam sie zum Diamantenschmuggel und lernte auch James Bond kennen. Während Tiffany Case im Film diesen Namen hat, weil sie bei »Tiffanys« geboren wurde, hat die Benennung im Roman eine tiefere Bedeutung. Ihr Vater war bei der Geburt des Mädchens so traurig gewesen, weil es kein Junge war, dass er ihrer Mutter eine bei »Tiffany« gekaufte Puderdose geschenkt habe und verschwunden sei. Der doppelte Wortwitz liegt darin, dass »Case« übersetzt auch »Dose«, »Kistchen«, »Kasten« und »Schachtel« heißt. Der Vater sei zur Marine gegangen und später im Iwo Jima gefallen. Die Mutter verdiente für ihre Tochter das Geld und gründete einen Callgirl-Ring. Dass James Bond ein anstrengender und auch unerträglicher Lebensgefährte sein kann, stellt sich in ↗*Liebesgrüße aus Moskau* heraus. In diesem Roman wird erzählt, dass Tiffany Case Bond verlassen habe, nachdem sie viele glückliche Monate miteinander verbracht hatten. Sie sei nach »qualvollen Wochen« in einem Hotel nach Amerika abgereist, und er vermisse sie sehr. ↗»M« spricht 007 später auf die Beziehung an und vermutet, dass eine Hochzeit zwischen Case und Bond geplant sei. Bond bestätigt den Heiratsgedanken. Case habe dann jedoch einen Mann von der amerikanischen Botschaft kennen gelernt (Major des Marinecorps), den sie vermutlich heiraten werde. Bond bezeichnet seine Ex-Freundin rückblickend als eine neurotische Person.

CASE, TIFFANY (Filmcharakter)
Der von ↗Ian Fleming erfundene Name für den weiblichen Part im Buch ↗*Diamantenfieber* wurde im Jahr 1971 für den gleichnamigen Film beibehalten. ↗Jill St. John schlüpfte in die Rolle der Diamantenschmugglerin, die sich später dafür entscheidet, mit James Bond zusammenzuarbeiten. Beim ersten Treffen der beiden in Amsterdam* ist Case noch recht abweisend, aber das Eis schmilzt mit jeder Minute, die die beiden miteinander verbringen.

Tiffany weiß sich zu helfen: Als sie von ↗Ernst Stavro Blofeld entführt wird, tut sie so, als gefalle es ihr, sich in Gefangenschaft zu sonnen. Blofeld lässt sie daraufhin auf seiner Ölbohrinsel frei herumlaufen. ↗Plenty O'Toole starb anstelle von Case, weil sie von Blofelds Killern miteinander verwechselt wurden.

) Es ist verwirrend, dass für Cases Wohnung in Amsterdam ihr Name am Klingelschild auf die vierte Etage hinweist, Franks und Bond aber in den dritten Stock gebeten werden.

CASEY, BERNIE (Darsteller)

In ↗ *Sag niemals nie* (1983) verkörpert Bernie Casey ↗ Felix Leiter. Das ist das erste Mal, dass ein farbiger Darsteller Bonds Kollegen von der ↗ CIA spielt. Da ↗ Flemings Romane die Hautfarbe der Figuren offen lassen, liegt die Wahl von Casey nicht so fern, wie die Presse einst meinte. Ursprünglich war es geplant, ↗ Larry Hagman alias J. R. Ewing als Leiter auftauchen zu lassen, doch der Texaner lehnte die Rolle ab.

CASINO (Lied)

↗ *The World Is Not Enough* (Soundtrack)

CASINO ROYALE (Comic)

↗ Comics

CASINO ROYALE (Kasino)

Nachdem ↗ Teresa di Vicenzo mit einem Lancia an James Bond vorbeigefahren ist, überlegt 007 im Buch ↗ *007 James Bond im Dienst Ihrer Majestät*, ob er nicht den Abend im Casino Royale verbringen solle. Angeblich kommt 007 jedes Jahr an diesen Ort zurück und erinnert sich an das »heiße« Spiel gegen ↗ Le Chiffre. Bond nutzt dann immer die Zeit, um ans Grab von ↗ Vesper Lynd gehen zu können.

CASINO ROYALE (Ort)

Das namensgebende Casino Royale, das in ↗ Ian Flemings erstem Roman Hauptschauplatz der Auseinandersetzung zwischen ↗ Le Chiffre und James Bond ist, steht in ↗ Royale-les-Eaux. Das Spielcasino – in Weiß-Gold gehalten – ist vor langer Zeit vom ↗ Mahomet Ali Syndicate übernommen worden. Der Fernsehfilm von 1954, der in Studiokulissen gedreht wurde, spielt durchgehend in diesem Kasino. Die Kinoversion von ↗ *Casino Royale* (1966) zeigt im Kasino ein Bakkarat-Spiel zwischen 007 und Le Chiffre. Das Kasino explodiert im Finale durch eine Bombe, die 007s Neffe ↗ Jimmy Bond geschluckt hat.

CASINO ROYALE (Roman)

Casino Royale von ↗ Ian Fleming war der erste James-Bond-Roman. Das Buch legte den Grundstein zum Erfolg der Figur James Bond, die den Sprung ins Fernsehen und ins Kino schaffte. James Bond wurde zum erfolgreichsten Kinohelden unserer Zeit. Angeblich hat der Journalist Fleming am 15. Januar 1952 mit dem Schreiben begonnen – ein Manuskript mit über 60.000 Wörtern auf 238 Seiten. Am 13. April 1953 bei Jonathan Cape Ltd. erschienen, basiert *Casino Royale* teilweise auf einer wahren Begebenheit: Ian Fleming hegte im Juni 1941 die Absicht, den Chef des deutschen Nachrichtendienstes und zwei von dessen Kollegen durch geschicktes Spielen im Kasino einen großen Verlust zu bescheren. Flemings Vorgesetzter Godfrey willigte ein. Ian Fleming verspielte an diesem Abend 500 Pfund beim ↗ Chemin de Fer. Eine misslungene Aktion, die in leicht veränderter Form den Weg in *Casino Royale* schaffte. Wenn Fleming schon nicht in der Realität gewonnen hatte, so verhalf er seiner Schöpfung James Bond zum Sieg gegen ↗ Le Chiffre. Der Roman wurde 1960 (als zweiter James-Bond-Roman nach ↗ *Diamantenfieber*) auch ins Deutsche übersetzt, wobei der Originaltitel erhalten blieb.

27 Kapitel im Original füllen, je nach Druck, 144 bis 189 Seiten.

Die Kapitel in der Originalausgabe sind mit folgenden Titeln versehen: 1) The Secret Agent; 2) Dossier For M; 3) Number 007; 4) L'Enemi Écoute; 5) The Girl From Headquarters; 6) Two Men In Straw Hats; 7) Rouge Et Noir; 8) Pink Lights And Champagne; 9) The Game Is Baccarat; 10) The High Table; 11) Moment Of Truth;

12) The Deadly Tube; 13) »A Whisper Of Love, A Whisper Of Hate«; 14) »La Vie En Rose?«; 15) Black Hare And Grey Hound; 16) The Crawling Of The Skin; 17) »My Dear Boy«; 18) A Crag-Like Face; 19) The White Tent; 20) The Nature Of Evil; 21) Vesper; 22) The Hastening Saloon; 23) Tide Of Passion; 24) Fruit Défendu; 25) »Black-Patch«; 26) »Sleep Well, My Darling«; 27) The Bleeding Heart

Ein Script von Fleming befindet sich in den Vereinigten Staaten in der Indiana University's Lilly Library in Bloomington. Es ist nur dürftig korrigiert, was darauf schließen lässt, dass es sich um eine Kopie handelt, die während der Entstehungsphase benutzt wurde. Eine frühere Scriptversion befindet sich in den Archiven von Glidrose, wird aber seit Jahrzehnten unter Verschluss gehalten. Es heißt, dass noch weitere Kopien des Urscripts existieren. Iain Campbell ist der Meinung, es gebe einen Vorabdruck von *Casino Royale*, der im Juli 1967 im Buchkatalog von G. F. Sims zum Verkauf angeboten wurde. In Amerika bekam jeder Kunde, der sechs ↗ John-Gardner-Hardback-Bond-Romane kaufte, ein Exemplar von *Casino Royale* gratis. Am 4. Februar 2005 wurde bekannt, dass der 21. James-Bond-Film den Titel dieses Romans tragen würde. Viele Elemente aus dem Roman haben die Drehbuchautoren ↗ Purvis und ↗ Wade in den Film übernommen.

CASINO ROYALE (Roman)

Die deutsche Übersetzung des ersten James-Bond-Romans erschien unter dem gleichen Titel wie das Original 1960 beim Ullstein Taschenbuchverlag in Berlin in der Übersetzung von Günter Eichel.

Das Buch umfasst ca. 173 Seiten (je nach Ausgabe). Die Übersetzung wurde oft bemängelt, da weder Kapitelüberschriften vorhanden sind, noch die von ↗ Ian Fleming beschriebenen Marken übernommen wurden. Viele »rechtsradikale« Vokabeln, die der Autor einbaute, wurden einfach gestrichen. Auf Grund der fehlerhaften Übersetzung sollte ursprünglich eine neu übersetzte Version auf den Markt kommen, doch wegen sinkender Verkaufszahlen der James-Bond-Romane ist es nicht dazu gekommen. Das später im Scherz-Verlag veröffentlichte Buch weist einen schweren Fehler auf: Zwar sind hier Kapitelnummern vorhanden, doch da man vergessen hat, Kapitel vier durch eine Nummer anzuzeigen und gleich zu fünf überging, stimmt die Gliederung hinten und vorne nicht. Selbst viele Auflagen später wurde der offensichtliche Fehler nicht behoben.

2003 brachte Heyne eine neue »vollständig überarbeitete Ausgabe« der ersten sechs Bond-Romane von Fleming auf den Markt (↗ *Leben und sterben lassen*). Die Neuauflage ist durch andere Schriftgrößen mit 224 Seiten die dickste deutschsprachige Ausgabe von *Casino Royale*. In dieser überarbeiteten Version, die wie die anderen fünf Neuauflagen auch der neuen deutscher Rechtschreibung entspricht, sind die Kapitel richtig nummeriert. Der Text wurde leicht verändert und somit Flemings Original angeglichen:

1. Auflage 1993: »Es war genau zwölf Uhr, als Bond das Splendide verließ, und die Turmuhr (...)«

Neuauflage 2003: »Es war genau zwölf Uhr, als Bond aus dem Splendide trat; die Turmuhr (...)«

Und heißt es in der 93er-Auflage im Kapitel 20 noch, dass Bonds »Erholung« Fortschritte macht, so wurde daraus in der überarbeiteten Auflage von 2003 »Bonds Genesung« in Kapitel 19. Vespar ist am Ende der Neuauflage kein »Doppel« mehr, sondern eine »Doppelagentin«.

Dies sind nur einige wenige Stellen, die die Veränderung deutlich machen.

Inhaltsangabe »Casino Royale«:

1) James Bond befindet sich in einem Spielcasino und gewinnt. Er erhält ein Telegramm. Schließlich durchsucht er sein Zimmer nach Spuren ungebetener Gäste.

2) »M«, der Chef des britischen Geheimdienstes, erhält von der Abteilung S ein Schreiben, in dem ihm vorgeschlagen wird, einen Gegner namens »Le Chiffre« von einem guten Spieler beim Geheimdienst schlagen zu lassen. Die Gruppe SMERSH würde Le Chiffre bei Verlust von Geldern töten, und damit deren Ruf erheblicher Schaden zugefügt. Man vermutet, Le Chiffre werde versuchen, Bakkarat zu spielen, um seine bereits vorhandenen Schulden durch Gewinne zu tilgen.

3) Der Geheimagent Bond bekommt den Auftrag, Le Chiffre zu besiegen. Er beobachtet den Mann und trifft auf den Kollegen Mathis, der ihn auf weibliche Unterstützung und einen Mann von CIA namens Felix Leiter vorbereitet. James Bond, der die Nummer 007 trägt, macht sich Gedanken, weil seine Tarnung schon aufgeflogen zu sein scheint: Er wird abgehört.

4) Bond lernt Vesper Lynd kennen und möchte mit ihr schlafen. Mathis verabredet sich mit seinen Freunden, Bond vereinbart ein Treffen mit Lynd. Als er den Raum verlässt, explodiert etwas vor der Tür; die Fensterscheibe zersplittert. Mathis rennt aus dem Kasino, um zu sehen, was mit Bond geschehen ist.

5) Die Explosion wurde von zwei Attentätern ausgelöst, die 007 töten wollten, jedoch bei der Handhabung der Bombe versagten und sich selbst in die Luft sprengten. Der Agent erholt sich auf seinem Zimmer.

6) 007 lernt Felix Leiter kennen, und zusammen mit Mathis betreten beide das Hotel, in dem Leiter logiert.

7) James Bond durchdenkt die verbleibenden Möglichkeiten, die beim Spiel gegen Le Chiffre in Betracht kommen. Er geht mit Vesper Lynd essen, und sie macht ihn neugierig, da Mathis etwas über die Bombenexplosion herausgefunden hat.

8) Die Frau erklärt Bond das Attentat: Die Terroristen dachten, es gebe eine Nebelbombe und eine mit zerstörerischer Wirkung. Sie sollten 007 mit Letzterer killen und dann im Nebel verschwinden, drehten den Plan aber um, weil sie zuerst die Nebelbombe zünden wollten. Zu ihrem Pech handelte es sich bei beiden Sprengsätzen um tödliche Bomben, und sie sprengten sich in die Luft, bevor sie Bond töten konnten. Nach dieser Geschichte erläutert James Bond Vesper das Bacarrat-Spiel.

9) Im Kasino übergibt 007 Vesper an Leiter und macht sich mit den Personen am Spieltisch vertraut. Le Chiffre taucht auf, das Spiel beginnt. Nachdem ein Grieche am Tisch mehrmals verloren hat, ergreift Bond die Initiative. Er sagt: »Banco«.

10) Anfänglich gewinnt James Bond gegen den SMERSH-Mann, doch letzten Endes hat er sein gesamtes Kapital an Le Chiffre verloren.

11) Von der CIA bekommt 007 unerwartet eine hohe Summe und riskiert ein weiteres Spiel. Hinter ihm taucht ein Killer mit einem tödlichen Spazierstock auf und will Bond zwingen, das Spiel abzubrechen. Mit Wucht wirft sich James Bond nach hinten und entgeht dem Tod; das Spiel kann fortgesetzt werden.

12) Bond gewinnt gegen Le Chiffre, steht auf und verschwindet. Leiter begleitet James Bond zu seinem Hotelzimmer. Dort angekommen versteckt 007 den Scheck.

13) Nun will Bond mit Vesper einen schönen Abend verbringen, sie wird jedoch aus der Hotelhalle entführt.

14) Als er dem Wagen der Entführer folgt, rast Bond in eine Falle: In einer Kurve betätigt eine Person im Fluchtwagen einen Hebel, und etwas fällt auf die Straße. Bond fährt ungebremst darauf zu.

15) Ausgeworfene Stahlnägel lassen Bond verunglücken. Gemeinsam mit Vesper wird er in eine Villa gebracht, wo Le Chiffre zunächst mit 007 allein sein will.

16) Le Chiffre peinigt Bond, indem er ihn mit einem Teppichklopfer auf die Hoden schlägt. Der Agent bleibt hart.

17) Plötzlich kommt ein SMERSH-Agent herein und erschießt Le Chiffre für den

Schaden, den er der Organisation zugefügt hat. Der Unbekannte ritzt 007 ein auf dem Kopf stehendes »M« in die Hand, um ihn als Spion zu kennzeichnen.

18) Im Krankenhaus wacht James Bond auf. Mathis kommt und lässt sich über das Geschehen informieren. Er berichtet auch, dass Le Chiffres Schergen tot seien: Genickschuss. Bond soll sich erholen.

19) Als Mathis Bond drei Tage später besucht, geht es dem Verletzten schon besser. Die Männer philosophieren über »Gut« und »Böse«.

20) 007 bestellt Vesper zu sich, und sie zeigt ihr Mitgefühl. Bond hat Angst, impotent zu sein. Er spielt mit dem Gedanken, sich an Vesper »auszuprobieren« – sie scheint dem nicht abgeneigt zu sein.

21) In einem Hotel will der Brite Vesper verführen, doch sie blockt ab. Er macht sich über sie Gedanken.

22) In der folgenden Nacht erhält der Agent Gewissheit darüber, dass sein Körper völlig genesen ist. Er will Vesper einen Heiratsantrag machen.

23) Versehentlich überrascht er Vesper beim Telefonieren und von diesem Moment an verhält sich die Frau ihm gegenüber merkwürdig. Als ein Mann mit einer Augenklappe im Restaurant auftaucht, wird sie noch nervöser und zieht sich mit Kopfschmerzen in ihr Hotelzimmer zurück.

24) James Bond will Vesper zur Rede stellen, sie weicht ihm aber aus. Der Mann mit der Augenklappe hat eine reine Weste. In der Nacht lieben sich Vesper und der Geheimagent, danach schickt sie ihn aber auf sein Zimmer.

25) Am nächsten Tag findet Bond Vespers Leiche neben einem Brief, in dem sie ihm gesteht, eine Doppelagentin zu sein. Sie setzte ihrem Leben mit Schlaftabletten ein Ende. 007 schwört, SMERSH zu jagen und erstattet London Bericht.

CASINO ROYALE (Fernsehfilm)
Inhaltsangabe »Casino Royale« (1954):

1. Akt: James Bond sucht das Casino Royale auf. Im Eingangsbereich wird auf ihn geschossen. Er überlebt das Attentat. Im Kasino begegnet er seinem Kollegen Clarence Leiter. Die beiden Männer sprechen über das Geschäft. Bond erläutert Leiter die Bakkarat-Regeln und erfährt von Leiter, dass sich auch der Gangster Le Chiffre im Kasino aufhält. Bonds Auftrag ist es, gegen Le Chiffre zu spielen und ihn beim Bakkarat zu schlagen. Verliert der Schurke, so kann er die Schulden bei seiner Organisation nicht begleichen und wäre damit so gut wie tot. Valerie Mathis taucht auf und warnt James Bond vor Le Chiffre. Sie bittet Bond, nicht gegen ihn zu spielen, weil er sonst sein Leben in Gefahr bringt. Le Chiffre hört die Gespräche zwischen 007 und Mathis ab. Er erfährt auch, dass sie sich in Bond verliebt hat – nicht zuletzt, weil ihr Lippenstift verschmiert ist, als sie aus Bonds Zimmer kommt. Bond ignoriert den Tipp der Frau und will das Spiel wie geplant durchführen. 007 und Le Chiffre verfügen beide über 26 Millionen Francs. Im Kasino wird Clarence Leiter bedroht, doch er reagiert sofort, als ein Casinoangestellter in die Nähe kommt, und er kann das Geld Bonds in sichere Verwahrung geben, bevor es ihm gestohlen wird. Am Folgetag steht das große Spiel bevor. Bond und Le Chiffre, der sich Herr Ziffer nennt, werden von Mathis miteinander bekannt gemacht.

2. Akt: 007 erhält einen Anruf, in dem ihm gedroht wird, Valerie würde sterben, wenn er gegen Le Chiffre gewinnt. Während Leiter ein Auge auf Valerie hat, will Bond es doch riskieren. Zunächst verliert er sein komplettes Geld, und Le Chiffre freut sich, doch unerwartet erhält der Agent eine große Summe zugesteckt, um einen zweiten Versuch zu starten, seinen Gegner zu schlagen. Es geht um 87 Millionen Francs, die Bond schließlich gewinnt. Ein Killer mit einem Gewehrstock taucht auf und will Bond zur Herausgabe des Geldes zwingen, doch 007 kann der prekären Lage entkommen. Inzwischen ist Valerie Mathis entführt worden. Bond ist entsetzt. Er versteckt den Scheck hinter dem Schild seiner Zimmernummer.

3. Akt: Le Chiffre und seine Männer tauchen zusammen mit Valerie Mathis in Bonds Hotelzimmer auf. Sie fesseln die Frau und schlagen Bond brutal zusammen. Der Agent will nicht verraten, wo er den Scheck hat. Er wird in eine Badewanne gesteckt und Le Chiffre benutzt eine Zange, um die Zehen des Agenten zu zerquetschen. 007 erträgt schreckliche Qualen. Mit dem Zigarettenetui von Le Chiffre kann 007 seine Fesseln lösen. Er befreit sich, überwältigt einen Wächter und gelangt an eine Waffe. Er schießt Le Chiffre zwei Kugeln ins Herz und durchsiebt auch einen Wächter. Der geschaffte Bond sitzt dem sterbenden Le Chiffre an einem Tisch gegenüber und bittet Mathis, die Polizei zu alarmieren ...

CASINO ROYALE (Kinofilm)
Inhaltsangabe »Casino Royale« (1966): In der zwanzig Sekunden dauernden Pre-Title-Sequenz trifft Leutnant Mathis auf James Bond und bittet ihn mitzukommen. (Die Szene ist ein Vorgriff und schließt an die Waschanlagenszene an.) An einem geheimen Treffpunkt finden sich die Geheimdienstchefs der wichtigsten Organisationen ein und begeben sich zu Sir James Bond. Der beschwert sich bei »M«, dass ein anderer Mann mit dem Namen James Bond und der Nummer 007 tätig ist, um den Mythos des Geheimagenten am Leben zu erhalten. Nach sieben toten und vier vermissten Agenten in einer Woche will »M« nicht mehr auf den wahren Bond verzichten. Der Agent hatte mit Mata Hari die Frau seines Lebens gefunden, musste sie aber an ein Exekutionskommando ausliefern, seither will er nicht mehr für den Secret Service tätig sein. »M« lässt Bonds Anwesen sprengen, kommt dabei aber selbst ums Leben.

Für den Agenten ist dies der Zeitpunkt zurückzukehren und »Ms« Familie aufzusuchen, um mehr herauszufinden. SMERSH weiß sofort, dass Bond wieder auf der Bildfläche auftaucht, und der »SMERSH-Plan-B« wird eingeleitet. 007 soll vernichtet werden. Eine SMERSH-Agentin (Mimi) spielt »Ms« Witwe und empfängt Bond in Schottland auf dem Schloss der McTerrys. Bond übersteht einige Anschläge auf sein Leben, und Mimi verliebt sich in ihn. Der Agent kann flüchten. Beim Verlassen Schottlands wird 007 von einem ferngesteuerten Milchwagen mit explosiver Ladung verfolgt – auch dieser tödlichen Falle kann er dank seines Fahrkönnens entkommen. In London begrüßt Bond die Tochter von Moneypenny und übernimmt die Abteilung von »M«. Mit Hadley beschließt 007, einen SSA – einen Sex-Spionage-Abwehragenten – zu rekrutieren. Mit ihm soll gegen die vielen weiblichen Spione gekämpft werden, die ständig auftauchen. Moneypennys Tochter testet die Agenten auf SSA-Tauglichkeit. Es wird ein Mann gesucht, der nicht auf Frauen fliegt und gegen weibliche Spione immun ist. Cooper ist der Mann, der den Test besteht. Er wird sofort ausgebildet und muss sich gegen ein Dutzend erotischer Frauen beweisen. Sir James Bond bestimmt, dass alle Agenten, auch die weiblichen, in James Bond 007 umbenannt werden. Dies soll beim Feind für Verwirrung sorgen. Sir James Bond sucht Vesper Lynd auf und bittet sie um Hilfe. Es geht um Evelyn Tremble. Der Bakkarat-Experte wird von Lynd verführt und sie instruiert ihn, gegen Le Chiffre, einen Gangster, Bakkarat zu spielen. Lynd will das Geld besorgen, Tremble hat den Auftrag zu gewinnen. Damit Le Chiffre Tremble nicht erkennt, wird dieser in James Bond umbenannt und sucht das James-Bond-007-Schulungszentrum auf, um ausgerüstet und fortgebildet zu werden. Von Fordyce und »Q« wird der neue 007 ausgestattet, während Sir James Bond in London dem einzigen Hinweis nachgeht, ob hinter der Internationalen Mütterhilfe in Ostberlin die gegnerische Organisation steckt. Bonds Plan sieht vor, eine zuverlässige Person in die SMERSH-Tarnfirma einzuschleusen. Nur 007s Tochter Mata Bond kommt infrage. Er sucht die miserable Tänzerin im Urwald Tibets in einem Palast auf. Sie soll in der alten Tanzschule ihrer Mutter die Organisation SMERSH infiltrieren. Mata Bond freut sich, auf den Pfaden ihrer Mutter zu wandeln und macht sich nach einem Training in London auf den Weg.

In Berlin angekommen trifft Mata Bond in der Mata-Hari-Tanzschule, in der Spione ausgebildet werden, auf die Leiterin Frau Hoffner und Paule. Die Frau des Hauses entschuldigt sich und sucht eine dringende Konferenz auf. Von Paule erfährt die Spionin Bond, dass ein Vertreter Le Chiffres erwartet werde. Dieser versuche, eine Kunstsammlung zu verkaufen, um Le Chiffre aus Geldnöten zu befreien. Agent Carleton Towers unterstützt Bonds Tochter bei der Vernichtung von Le Chiffres Kunstsammlung. Dr. Noah, der Kopf von SMERSH, hat vom Versagen Wind bekommen und sprengt seinen Vertreter mit einer Telefonzelle in die Luft. Le Chiffre will das fehlende Geld jetzt beim Bakkaratspielen gewinnen. Tremble/007 reist nach Frankreich, wo er zunächst einen Zollbeamten zusammenschlägt und schließlich mit Mathis eine Waschanlage aufsucht, um Instruktionen zu erhalten (↗ Pre-Title-Sequenz oben). Er soll Le Chiffre schlagen. Sir James Bond glaubt, Tremble sei ein Doppelagent und warnt Vespa Lynd. Diese hält ihn aber schon als »Einzelagent« für überfordert. In Trembles Hotelzimmer wartet eine unbekannte Frau namens Langbein. Sie betäubt ihn mit einer Tablette. Lynd erscheint und macht Tremble/007 für das entscheidende Spiel fit. Beide betreten das Casino Royale, in dem Tremble Le Chiffre beim Bakkarat schlägt. Am selben Abend wird Lynd entführt, und Tremble/007 jagt ihr in einem Rennauto hinterher.

Tremble/Bond gerät in Gefangenschaft und kann sich an nichts erinnern. Le Chiffre wendet psychische Folter an, um an sein Geld zu kommen. Vesper Lynd unterbricht die Folter. Mit den Worten »Mr. Tremble, vertrauen Sie nie einer reichen Spionin« erschießt sie Tremble, damit der Geldgewinn an sie fällt. Le Chiffre hat keine Chance mehr. Ein SMERSH-Mann erschießt den Gangster mit einem Kopfschuss. In der Londoner Innenstadt wird Mata Bond von einem berittenen Polizisten entführt und in ein UFO (!) gebracht. Mimi gibt den entscheidenden Hinweis und Mata Bond wird ins Kasino Royale verschleppt. Die Entführer hoffen darauf, Sir James Bond in eine Falle zu locken. Auch die anderen James Bonds sind schon in Gefangenschaft. Zusammen mit Moneypenny sucht Sir Bond das Kasino auf, wo sie sogleich zum Direktor gerufen werden. Sie gelangen durch Hintertüren ins SMERSH-Hauptquartier und treffen auf Dr. Noah, den Anführer von SMERSH. Zu seiner Überraschung muss Sir James Bond feststellen, dass Noah in Wirklichkeit sein kleiner Neffe Jimmy Bond ist. Er präsentiert seinem Onkel James Bond stolz seine biologische Waffe mit dem Namen »Dr. Noahs Bazillus«. Wenn das Mittel in die Atmosphäre gelangt, werden alle Frauen schön und alle Männer über 1,27 Meter vernichtet.

Zusätzlich hat Noah ein Aspirin mit 400 Zeitpillen erfunden, die zu einer gewaltigen Explosion führen sollen. Am 20. April (im Untertitel am 1. April, am 20. April hatte Adolf Hitler Geburtstag!) hat Jimmy Bond Geburtstag und an diesem Tag will er alle wichtigen Staatsmänner töten und sie durch Doubles ersetzen lassen, um so die Welt zu regieren. Ein weiblicher James Bond bringt Noah dazu, sein Aspirin zu schlucken und ab diesem Moment bricht das Chaos aus. Die Bonds versuchen, einen Weg aus dem Kasino zu finden. Sir Bond will einen Notruf absetzen, doch da stellt sich heraus, dass Vesper Lynd auf der Seite von SMERSH steht. Bei der Explosion kommen alle sechs James Bonds ums Leben. Sie landen im Himmel. Jimmy Bond, der auch tot ist, versucht sich als Harfenspieler einzuschleichen, wird aber augenblicklich dahin befördert, wo er hingehört: in die Hölle.

CASINO ROYALE (Film von 2006)

James Bond erhält seine Tötungslizenz und die damit verbundene Nummer 007, weil er zwei Gegner im Auftrag des Britischen ↗MI6 tötet. ↗Dryden und ↗Mr. Fisher sind die Opfer. Währenddessen lernen sich in Uganda zwei Top-Terroristen kennen: ↗Mr. White und ↗Le Chiffre. Beide sind zwar keine aktiven Schurken, machen sich also ungern die Hände schmutzig, haben aber ihr Vermögen durch weltweite Terroraktivitäten verdient.

Der Kosovo-Albaner Le Chiffre verwaltet zumeist Gelder, die in Terrorzellen fließen sollen, White hat größere Summen, die angelegt werden sollen. ↗Steven Obanno, der den Kontakt zwischen den beiden Männern herstellt, ist Kopf einer Armee von Rebellen und hofft durch die Verbindung auf erhöhtes Anschlagspotenzial. ↗Valenka, die rechte Hand und Geliebte von Le Chiffre hat die Situation als Bodyguard genau im Auge ... 007, der seine »Lizenz zum Töten« druckfrisch erhalten hat, will auf Madagaskar gemeinsam mit einem Rekruten den vermeintlichen Bombenleger Mollaka stellen.

Mollaka bemerkt jedoch seine Verfolger und flüchtet. Nach einer wilden Verfolgungsjagd zu Fuß wird Mollaka daraufhin in der ausländischen Botschaft von Nambutu getötet. Szenenwechsel: Le Chiffre ist an Bord seiner Jacht in ein Pokerspiel vertieft, als er die Nachricht vom Tod des Bombenlegers durch einen feindlichen Agenten erhält. Le Chiffre zeigt, welch ein Choleriker in ihm steckt. Er fürchtet, seine Mission »Ellipse« könne scheitern. »M« ist nach der Sichtung des Videomaterials ebenso erbost über Bonds drastische Vorgehensweise, und selbst die Anwesenheit ihres Mitarbeiters ↗»Villiers« stört sie nicht, James Bond als unfähig hinzustellen: »Wenn sich früher jemand so etwas Peinliches geleistet hat, hatte er wenigstens den Anstand, zum Gegner überzulaufen.« Auf jeden Fall sei er von seinem Auftrag entbunden. James Bond möchte sich beweisen: Er steigt in »Ms« Privatgemächer ein, um ihren Computer auszuspähen und mehr über Mr. Bomber herauszufinden.

Unglücklicherweise wird 007 von »M« und ihren Männern ertappt. Das Verhältnis zwischen »M« und dem Agenten ist enorm angespannt* und sie spielt mit dem Gedanken, Bond seine Tötungslizenz wieder zu entziehen. Bond verfolgt die Spuren, die er gefunden hat, unbeirrt weiter und observiert auf Nassau ↗Alexander Dimitrios und dessen Freundin ↗Solange. Über den Computerserver des MI6 kann 007 herausfinden, dass der intelligente Dimitrios als Regierungsberater seine Kontakte benutzt, um illegal Waffengeschäfte durchzuführen; auch ein Kontakt zu Le Chiffre ist wahrscheinlich.

007s Einhacken in den Rechner des Secret Service ist nicht ohne Folgen geblieben: Man konnte seine Spur zurückverfolgen und auch »M« ist schon informiert.

Bond nimmt mit Dimitrios Fühlung auf und beide pokern in einem Club. 007 hat die besseren Karten und gewinnt dessen ↗Aston Martin DB5.

Solange, die lieber auf der Seite des Gewinners steht, verbringt die Nacht mit dem Agenten. Die Spannung zwischen Dimitrios und Bond steigt. 007 muss flüchten, weil er überrascht wird, als er das Handy des Mannes stehlen will. Dimitrios reist nach Miami, wo der größte Jumbojet der Welt der Öffentlichkeit vorgestellt werden soll. Bond folgt Dimitrios und verhindert einen Terroranschlag, wobei ein kompletter Flughafen in Mitleidenschaft gezogen wird.**

Le Chiffre verliert ein Vermögen an der Börse. Kurze Zeit später sind Dimitrios und Solange tot. Musste der Geheimagent in ↗ *Feuerball* (1965) fortschrittlich eine Pille schlucken***, um geortet zu werden, wird ihm nun von »Ms« medizinischem Personal ein Sender in den Handrücken implantiert.****

Le Chiffre befindet sich in Geldnöten, da das verlorene Geld der Widerstandsbewegung von Obanno gehörte. Um den Verlust auszugleichen, veranstaltet er ein Pokerspiel im Casino Royale von Montenegro. Hier will Le Chiffre 100 Millionen Dollar gewinnen – zehn Spieler, die je zehn Millionen einsetzen, sind an dem Pokerspiel beteiligt. »M« sendet 007, um Le Chiffre lebend zu fassen. Le Chiffre pokert im wahrsten Sinne des Wortes, denn er hat kein Geld, das er verlieren könnte, da Bond einen so großen Schaden angerichtet hat. »Ms« Plan: Bond soll Le Chiffre am Spieltisch schlagen und sie würde dem Schurken bei der Flucht schließlich im Gegenzug für Geheiminformationen Unterschlupf anbieten. Im Speisewagen eines Zuges bekommt James Bond von ↗ Vesper Lynd (sie arbeitet angeblich für das Schatzamt) zehn Millionen Dollar, um diese einsetzen zu können. Das Eis zwischen Bond und Vesper beginnt zu schmelzen. Bond verliebt sich in Vesper. Bond zur Seite steht der in Montenegro stationierte MI6-Agent ↗ Mathis. Die ersten Pokerpartien gehen an Le Chiffre, Bond verliert Millionen und als wäre das nicht schon entmutigend genug, wird im nächsten Moment auch noch Vesper entführt, Bond enttarnt und gefoltert …

*) Wie schon in ↗ Im Geheimdienst Ihrer Majestät (1969), ↗ Lizenz zum Töten (1989) und ↗ GoldenEye (1995). **) Laut Drehbuch soll Le Chiffre eine Summe von 101.206.000 $ Schaden entstehen. ***) In ↗ Im Geheimdienst Ihrer Majestät (1969) hatte »Q« eine radioaktive Faser entwickelt, die man in der Tasche unterbringen konnte, um so geortet zu werden. ****) Was 007s Narbe auf der Hand erklären könnte, falls ein Gegner den Sender entdeckt und herausschneidet.

CASINO ROYALE (Soundtrack)

Der Soundtrack zum Film ↗ *Casino Royale* enthält folgende Lieder: 1) Casino Royale Theme; 2) The Look Of Love; 3) Money Penny Goes For Broke; 4) Le Chiffre's Torture Of Mind; 5) Home James, Don't Spare The Horses; 6) Sir James' Trip To Find Mata; 7) The Look Of Love*; 8) Hi There Miss Goodthights; 9) Little French Boy; 10) Flying Saucer – First Stop Berlin; 11) The Venerable Sir James Bond; 12) Dream On James, You're Winning; 13) The Big Cowboys And Indians Fight At Casino Royale/Casino Royale Theme

Das Lied ↗ *Casino Royale*, das 1966 zum gleichnamigen Film herauskam, stieg im Juli 1967 in die englischen Charts ein und erreichte in den vierzehn Chart-Wochen den 27. Platz. In Amerika blieb das Lied von Herb Alpert zehn Wochen auf den Listen und erreichte als beste Plazierung den 21. Platz.

*) The Look Of Love von Dusty Springfield wird in der deutschen Version des Films von Mireille Mathieu gesungen. Hier heißt das Lied Ein Blick von dir. **) Der Titel Flying Saucer kommt auch als Name des Schiffes im Film ↗ Sag niemals nie (1983) vor.

CASINO ROYALE (Bühnenstück)

Das von ↗ Raymond Benson 1986 geschriebene Bühnenstück *Casino Royale* basiert auf dem gleichnamigen Roman von ↗ Ian Fleming. Laut Benson war es das einzige Buch, das sich zu einem Bühnenstück umarbeiten ließ, weil der Schauplatz nur das Kasino ist. Bisher wurde das Stück nicht produziert, lediglich eine Lesung fand statt.

CASINO ROYALE THEME (Lied)

↗ *Casino Royale* (Soundtrack)

CASTING

↗ *James-Bond-Test*

CASTRATO, FIDEL (Romanfigur/Filmcharakter)
↗ Fidel

CASTRO, FIDEL
Der Geheimeingang zu den versteckten Räumen und Krankenzimmern der Klinik ↗ Los Organos ist im Roman ↗ *Stirb an einem anderen Tag* hinter einer Wand verborgen, die Porträts der Helden Fidel Castro, ↗ Che Guevara und ↗ Camilo Cienfuegos zeigt.

CASTRO-REBELLEN (Romanfiguren)
In der Kurzgeschichte ↗ *Ein Minimum an Trost* wird erwähnt, warum sich James Bond auf den Bahamas aufhält: Er soll illegale Waffenlieferungen an die Castro-Rebellen unter Kontrolle bringen. Bond hat den Auftrag nur ungern übernommen, denn die Castro-Rebellen sind dem Agenten sympathisch.

CATCHING THE WAVE (Zeichentrickfilm)
↗ *James Bond Jr.*

CATCH ME, IF YOU CAN (Film)
Der auf einer wahren Begebenheit basierende Film *Catch Me, If You Can* (2003) ist ein besonderer Leckerbissen für Bond-Fans.

Im Film sieht Darsteller Leonardo Di Caprio ↗ *Goldfinger* (1964) im Kino und kauft sich daraufhin nicht nur den Anzug, den Bond trägt, sondern auch den ↗ Aston Martin DB III.

Die Szenen aus *Goldfinger* in ↗ Steven Spielbergs Film zeigen das Treffen von 007 und ↗ Tilly Masterson im Hotelzimmer in Miami sowie die Begegnung zwischen James Bond und ↗ Pussy Galore in ↗ Goldfingers Privatflugzeug.

CATHY (Romanfigur)
↗ Trish Nuzzi

CAT STREET
In der Cat Street in Hongkong hat der britische Geheimdienst seinen Sitz. Im Roman ↗ *Countdown!* ist der Stützpunkt als Antiquitätengeschäft getarnt. Der Name Cat Street kam zu Stande, weil auf dieser Straße in der Vergangenheit mehrere Bordelle zu finden waren. In ↗ Raymond Bensons Roman ist ↗ T. Y. Woo Leiter dieser Zweigstelle des ↗ MI6.

CAVANAUGH, LARRY (Spezialeffekte)
Nach seiner Zusammenarbeit mit ↗ John Morris koordinierte Larry Cavanaugh die Spezialeffekte beim James-Bond-Film ↗ *Lizenz zum Töten* (1989).

CAVENDISH (Romanfigur)
Anders als ↗ Gilbert schaffte die Romanfigur Cavendish aus dem Buch ↗ *Moonraker Streng geheim* den Sprung in den Film ↗ *Moonraker – streng geheim* (1979). Cavendish ist ↗ Drax' Butler, Gilbert hat sich u. a. um 007s Gepäck zu kümmern. James Bond wird von Cavendish im Roman und im Film in Drax' Arbeitszimmer geführt.

CAVENDISH (Filmcharakter)
Cavendish ist Bonds Chauffeur, der ihm im Film ↗ *Moonraker – streng geheim* (1979) vom Bösewicht ↗ Hugo Drax zugeteilt wird. Die Figur scheint unparteiisch zu sein, denn als ein Mordversuch von Drax' Killern scheitert, fährt Cavendish – dargestellt von ↗ Arthur Howard – 007 pünktlich zum Flughafen. Bond reist darauf nach Venedig.

CAVIAR FACTORY (Lied)
↗ *The World Is Not Enough* (Soundtrack)

CAVIGAN, GERRY (Regieassistenz)
↗ *Im Angesicht des Todes* (1985) war das erste James-Bond Projekt, an dem Gerry Cavigan mitwirkte. Er arbeitete als Regieassistent für ↗ John Glen.

C. B.
↗ Anmerkung des Übersetzers

C. C. (Romanfigur)
Im Buch ↗ *007 James Bond und der Mann mit dem goldenen Colt* liest ↗ »M« einen Bericht über eine Person mit den Initialen C. C. Der Text handelt von ↗ Francisco Scaramanga, dessen Entwicklung zum Mörder unter der Berücksichtigung der Thesen von ↗ Siegmund Freud.

CC 500 (Zerhacker)
Der Zerhacker CC 500 ermöglicht es 007 im Roman ↗ *Niemand lebt für immer*, Nachrichten zu übersenden, die niemand ohne Befugnis entschlüsseln kann. Der CC 500 konnte an jedes Telefon auf der Erde angeschlossen werden. Jeder Zerhacker wurde individuell programmiert. Alle Agenten, ob im Urlaub oder dienstlich, nutzten das Gerät, dessen Code täglich geändert wurde, um Gespräche zu führen. Auch im Roman ↗ *Nichts geht mehr, Mr. Bond* bekommt der Geheimagent von ↗ Ann Reilly – besser bekannt als ↗ Q'ute oder ↗ Q'sinchen – einen CC-500. Ein ähnliches Gerät wie der C 500 wird im Roman ↗ *Scorpius* von der ↗ CIA auch im Esszimmer ↗ Vater Valentine installiert.

CCI (Organisation)
Im Buch ↗ *Fahr zur Hölle, Mr. Bond!* erwähnt ↗ »M« zwei Organisationen, die er als Rotchinas Antwort auf den ↗ CIA bezeichnet: Das ↗ CELD (»Central External Liaison Department«) und das CCI (»Central Control of Intelligence«). Beide Organisationen seien skrupellos.

CECIL (Romanfigur)
Cecil ist vermutlich der Sohn der Romanfigur ↗ Alfred Blacking. Von Blacking erfährt James Bond im Roman ↗ *Goldfinger*, Cecil sei im Vorjahr »Zweiter der Mannschaft von Kent geworden« – die Sportart ist offensichtlich Golf, denn Blacking arbeitet als Trainer im ↗ Royal St. Marks Golfclub.

CELD (Organisation)
Das CELD wird im Roman ↗ *Fahr zur Hölle, Mr. Bond!* von »M« erwähnt. Es handelt sich um eine rotchinesische Organisation, die man mit der ↗ CIA, dem ↗ SIS und dem ↗ NSA vergleichen kann. Neben dem CELD (»Central External Liaison Department«) erwähnt der Geheimdienstchef auch noch das ↗ CCI. Bond vermutet, dass mit dem Ort ↗ Beijing Hsia das Hauptquartier des CELD in Beijing gemeint ist, so wie die »Anlagen in und um Moskau, die vom KGB benutzt wurden, als Moskauer Zentrum benannt waren«.

CELI, ADOLF (Darsteller)
Adolf Celi wurde am 27. Juli 1922 in Messina, Sizilien, geboren. Er machte eine Ausbildung an der Akademie der Schauspielkunst in Rom und wanderte aus, weil er hoffte, in Südamerika bessere Chancen auf Rollen und eine internationale Karriere zu haben. Obwohl es von Celi nicht geplant war, hatte er zunächst als Regisseur Erfolg. Er wurde einer der bekanntesten Regisseure in Brasilien und drehte dort annähernd 50 Filme. Das Operntheater in Rio de Janeiro wurde von Celi geleitet, und er suchte sich die Stücke aus, bei denen er Regie führen wollte. Zurück in Europa, spielte er in dem Film *That Man From Rio* mit. Diese Parodie auf die James-Bond-Filme sahen ↗ Albert R. Broccoli und ↗ Harry Saltzman und sie entschieden sich, Celi die Rolle als ↗ Emilio Largo in ↗ *Feuerball* (1965) zu geben. In einem Interview berichtete Adolf Celi: »Ich flog von Hollywood über New York nach Madrid, und brauchte etwas zu lesen (...) so wählte ich aus dem Stapel einer Buchhandlung *Thunderball* aus. Rein zufällig. Mir gefiel die Geschichte sehr gut, und ich dachte, dass ich diesen Largo gerne im Film darstellen würde. (...) Zwanzig Tage später be-

nachrichtigte mich mein Agent, dass mich Mr. Saltzman in Paris treffen wollte. Wir sprachen über Bond, und man bot mir eine Rolle im neuen Bond-Film an. ›Welches Buch?‹, fragte ich. Sie sagten es mir und ich lachte: ›Oh, *Thunderball*, darüber weiß ich alles.‹ Das Leben ist schon ziemlich komisch, nicht wahr?«

Nach Drehschluss sollte der Schauspieler wegen seines italienischen Akzents synchronisiert werden, aber er nahm Sprachtraining und sprach die Ton-Neuaufnahme selbst. Nachdem der Film ↗*Feuerball* in die Kinos gekommen war, erhielt Celi viele Angebote für Rollen, die der des Largo ähnlich waren. Er ging auf zwei der Angebote ein und spielte in *Operation Kid Brother* (1966) und *Gefahr: Diabolik* (1967). ↗*Feuerball* ließ Celis Gagen für weitere Filme beachtlich steigen. Er starb am 19. Februar 1986 in Italien.

CELLO (Instrument)

Im Roman ↗*Stirb an einem anderen Tag* hätte James Bond in seiner Situation jedes Fahrzeug für gut befunden, selbst wenn es sich um einen Cellokasten gehandelt hätte – eine Anspielung auf den Film ↗*Der Hauch des Todes* (1987).

↗Lady Rose

CELLOKASTEN

Auf zwei Arten nutzen ↗Kara Milovy und James Bond einen Cellokasten in ↗*Der Hauch des Todes* (1987). Zum einen lassen sie einen Kasten in einer Telefonzelle stehen, nachdem sie ihn mit einem Mantel und einer Mütze getarnt haben – die Schurken denken, es stünde Milovy in der Telefonzelle und telefoniere, zum anderen benutzen sie einen Cellokasten als Schlitten, als sie nach einer wilden Verfolgungsjagd im Schnee über die österreichische Grenze fliehen wollen.

CENTRAL AMERICAN SECTION
↗M. A.

CENTRAL CASTING (Firma)

↗Roger Moore läuft als James Bond in ↗*Im Angesicht des Todes* (1985) auf dem Vorplatz des Eiffelturmes an mehreren »Künstlern« vorbei. Die Statisten wurden von der Firma Central Casting ausgesucht und mussten Moores Hindernisrennen über den Platz ermöglichen. Aus über 100 Personen wurden Pantomimen, Jongleure und Stelzenläufer für diese Aufnahmen ausgewählt.

CENTRAL INTELLIGENCE AGENCY (Organisation)
↗CIA

CENTRE DE LA SANTÉ (Wellness-Salon)

In ↗*Sag niemals nie* (1983) verfolgt James Bond ↗Domino Petachi ins »Centre de la Santé«. In diesem Schönheitssalon gibt er sich als Masseur aus und beginnt, die Freundin von ↗Maximilian Largo zu massieren. Als die tatsächliche Masseuse auftaucht, sucht Bond das Weite.

CENTRIFUGE AND CORRINE PUT DOWN (Lied)
↗*Moonraker* (Soundtrack)

CERBERUS

Nach dem Höllenhund Cerberus, dessen drei Köpfe immer nachwachsen, wenn sie abgeschlagen werden, ist einer der Wachhunde benannt, die in ↗*003½ James Bond Junior* auf ↗Sheila hören. »Cerby«, ein Weibchen, hat James Bond Junior gewittert und macht lautes Gebell, bis Sheila auf ihn aufmerksam wird.

CERBY
↗Cerberus

CERCLE FERMÉ
↗*Doubleshot* (Roman)

CERVANTES, IGNACIO (Produktionsassistent)

Als Produktionsassistenten bei ↗*Lizenz zum Töten* (1989) arbeiteten Ignacio Cervantes, ↗Marcia Perskie, ↗Gerardo Barrea und ↗Monica Greene.

CESARI, OLIVIER (Romanfigur)
Olivier Cesari ist in ↗ *Never Dream Of Dying* Kopf der Union, nachdem er die Organisation von den amerikanischen Gründern übernommen hat. Bond, der versucht, Cesari das Handwerk zu legen, muss mit Entsetzen feststellen, dass beide verwandt sind. Cesari ist der Cousin von Tracy Bond – aus diesem Grund machen auch Marc-Ange-Draco und Cesari gemeinsame Sache. 007s Schwiegervater ist also zu seinem Feind geworden.

CESSNA (Flugzeug)
Die erste Cessna, die der Zuschauer bei 007 zu sehen bekommt, fliegt 1967 durchs Bild. Es handelt sich um das Flugzeug von ↗ Helga Brandt, ↗ Phantoms Nr. 11. Die zweimotorige Maschine ist mit einem Zusatzgerät ausgestattet, das James Bond die Hände fesselt, nachdem Helga im Cockpit einen Knopf gedrückt hat. Als eine Rauchbombe aus Brandts Lippenstift explodiert ist, verlässt die Schurkin das Zwei-Personen-Flugzeug per Fallschirm. Nachdem die Doppelnull mit der Cessna notgelandet ist, explodiert die Maschine – Bond überlebt. Als sich 007 im Film ↗ *Leben und sterben lassen* (1973) an das Steuer einer Cessna mit der Kennung N77029 setzt und sich als Fluglehrer ausgibt, weiß der Zuschauer bereits, dass die folgenden Szenen in einer Materialschlacht enden werden. Die Cessna der fiktiven Flugschule ↗ Bleeker Flying School hinterlässt auf der Flucht vor ↗ Kanangas Männern nicht nur einen völlig verwüsteten Flughafen, sondern verliert beim Durchfahren eines Hangartores auch beide Tragflächen. Die unfreiwillige Passagierin ↗ Mrs. Bell landet später in der Nervenklinik. Bei den Dreharbeiten wurden insgesamt acht Flugzeuge komplett zerstört. Mit einer Cessna 182 macht sich James Bond im Roman ↗ *Nichts geht mehr, Mr. Bond* auf den Weg in den geheimnisvollen Fernen Osten; ↗ Dietrich und ↗ Jungle haben sich nämlich auf der Flucht vor ↗ General Tschernow in einem ↗ GRU-Haus auf der Insel ↗ Cheung Chau verschanzt. Auch im Film ↗ *GoldenEye* benutzt James Bond eine Cessna. Diese stammt vom ↗ CIA-Kollegen ↗ Jack Wade. Bond und ↗ Natalja Simonowa suchen mit der Maschine den Dschungel nach einer Satellitenschüssel ab. Die Absturzscene wurde mit Modellen von ↗ Derek Meddings aufgenommen.

CESSNA 185 (Flugzeug)
↗ Franz Sanchez kann über seine Flucht schmunzeln, als er mit einer Cessna 185 vor den Augen von ↗ Felix Leiter und James Bond im Film ↗ *Lizenz zum Töten* (1989) abhebt. Doch er freut sich zu früh. Mit einem Hubschrauber der Küstenwache verfolgen die Agenten den Drogendealer, und 007 geht »angeln«. Die Cessna wird von Bond mit einem Tau am Helikopter befestigt und Sanchez somit während des Fluges festgenommen.

CESSNA AG (Flugzeug)
Um einen »Angriff« aus der Luft starten zu können, eignet sich ↗ Pamela im Roman ↗ *Lizenz zum Töten* eine Cessna AG an. Die Cessna ist mit Kanistern ausgestattet, in denen sich Pestizide befinden. Diese versprüht die Pilotin so über James Bonds Feinde, dass er einen kleinen Vorsprung bekommt.

CESSNA-WASSERFLUGZEUG
Auf den Füßen fährt James Bond im Film ↗ *Lizenz zum Töten* (1989) Wasserski, nachdem er eine Harpune in den Schwimmer eines startenden Wasserflugzeugs vom Typ Cessna gejagt hat. Bevor die Cessna abhebt, kann sich 007 am Flugzeug festhalten und an Bord gehen. Er wirft den Kopiloten aus dem Flugzeug und schlägt den Piloten k. o. Die Fracht an Bord der Maschine: mehrere Millionen Dollar, die aus ↗ Milton Krests Drogengeschäften stammen.

CEYLAN, HASAN (Darsteller)
Den Bulgaren im Film ↗*Liebesgrüße aus Moskau* (1963) verkörperte Hasan Ceylan. Zunächst hatte der Darsteller viel mehr Szenen im Film. Nach dem Schnitt waren sie auch noch vorhanden, aber der Sohn ↗Terence Youngs bemerkte einen Fehler: Ceylan tauchte auch noch auf, nachdem die von ihm dargestellte Figur schon von Bond in der ↗Hagia Sophia ermordet worden war. Der Film musste umgeschnitten werden.

CHA (Filmcharakter)
↗Cheung Chuen Nam

CHABLIS '78 (Getränk)
Nachdem 007 im Roman ↗*Nichts geht mehr, Mr. Bond* von ↗Norman Murray erfahren hat, dass die Killer nicht ↗Ebbie Heritage, sondern ein Zimmermädchen namens ↗Betty-Anne Mulligan getötet haben, genehmigt er sich mit seiner Zimmergenossin ↗Heather Dare einige Sandwiches und einen '78 Chablis, dessen Jahrgang zwar gut, dessen Preis aber erheblich zu hoch ist.

CHABLIS GRAND CRU (Getränk)
↗Wladimir Scorpius bietet James Bond im Roman ↗*Scorpius* lachend an, den Chablis Grand Cru für ihn zu kosten, um sicherzugehen, dass kein Gift enthalten ist. Bond kann das gar nicht komisch finden, nachdem sich ↗Trilby Shirvenham als Scorpius' Frau herausgestellt hat.

CHA CHA CHA (Tanz)
↗Tanz

CHAE (Romanfigur)
↗Tattoo

CHAGRIN-INSEL (Ort)
Auf der Suche nach einem seltenen Fisch in der Kurzgeschichte ↗*Die Hildebrand-Rarität* kommt 007 mit dem Schiff ↗Wavekrest in die Nähe der Insel ↗Chagrin (»eine halbe Meile weißgeränderten Grüns«).

CHAIR (Passwort)
Das Passwort, mit dem ↗Natalja Simonowa ↗Boris Grischenkos Standpunkt herausfinden will, lautet »Chair«. Sie denkt zunächst an »Hintern«, »Arsch«, »Hinterteil« oder »Po«, weil Grischenko meinte, man sitze darauf, könne es aber nicht mitnehmen. Bond kommt sofort auf »Stuhl«.

CHAIRMAN (Romanfigur)
Als »Chairman« werden zwei Figuren bezeichnet, zum einen ↗Lord Shirvenham im Roman ↗*Scorpius*, Jahre später ↗Sir Robert King im Buch ↗*Die Welt ist nicht genug*.

CHAKRA-FOLTER
Experte auf dem Gebiet der Chakra-Folter im Film ↗*Der Morgen stirbt nie* (1997) ist ↗Dr. Kaufman. Sein Schüler ↗Stamper verspricht, Kaufmans Folterrekord an Bond und ↗Wai Lin zu brechen. Über 72 Stunden soll das Opfer unter größtmöglichen Schmerzen am Leben bleiben. Die Chakra-Folter bezieht sich auf Energiezentren des Körpers (z. B. Herz oder Genitalien), diese sollen entfernt werden, ohne den Gefolterten sterben zu lassen.

CHALMER, CINDY (Romanfigur)
Cindy Chalmer gehört in ↗John Gardners viertem James-Bond-Roman ↗*Die Ehre des Mr. Bond* neben ↗Peter Amadeus und ↗Dazzele St. John-Finnes zu den Personen, die 007 im ↗Haus Endor von ↗Dr. Jay Autem Holy kennen lernt. Der Spitzname der Cambridge-Absolventin Chalmer lautet »Sinful Cindy« (eine Alliteration, und Gardners typisches Stilmittel bei Namensgebungen), berichtet ↗Freddi Fortune im Roman. Cindy kennt ↗Percy Proud angeblich seit acht Jahren. Nachdem sie die High School verlassen hatte, erkrankte sie und war wegen Nierenproblemen acht Monate

im Krankenhaus – das ist die offizielle Version. In Wirklichkeit besuchte sie in der Zeit die »Farm«, was ihr ein Stipendium einbrachte, um in Cambridge zu studieren. Nach Arbeiten bei IBM und Apple bewarb sich Chalmer um eine Stelle bei Dr. Jay Autem Holy. Die Amerikanerin wurde lange Zeit überprüft, bis sie sich ihr Vertrauen beim Gangster Holy gesichert hatte.

DAS CHAMÄLEON (Zeichentrickfilm)
↗ *James Bond Jr.*

CHAMONIX (Ort)
Dreharbeiten zu ↗ *Die Welt ist nicht genug* (1999) fanden in La Flégère bei Chamonix statt. ↗ Pierce Brosnan und ↗ Sophie Marceau erhielten von der Versicherung nicht das O.K, bei den Dreharbeiten dabei zu sein: die Lawinengefahr war zu groß. Die Aufnahmen mit den Stars wurden im Studio gedreht.
↗ Nachruf

CHAMPAGNE À L'ORANGE (Getränk)
↗ Getränke

CHAMPAGNER (Getränk)
James Bond trinkt in den Filmen oft Champagner. Das beginnt bereits in ↗ *James Bond 007 jagt Dr. No* (1962) an, als er ↗ No klarmacht, dem Dom Perignon einem 55er vorzuziehen. Auch in ↗ *Goldfinger* (1964) will sich 007 den Dom Perignon Jahrgang 1953 wieder schmecken lassen – doch erst, wenn er unter 3°C kalt ist. Seltsam nur, dass Bond in ↗ *Feuerball* (1965) selbst einen 55er bestellt, obwohl er die Wahl hat. Einen jüngeren Jahrgang bekommt der Agent in ↗ *Man lebt nur zweimal* (1967) serviert. ↗ Phantoms Nr. 11 bietet Bond ein Glas des 59ers an. Dom Perignon 1957 bestellt Bond in ↗ *Im Geheimdienst Ihrer Majestät* (1969) für sich und seine zukünftige Frau. In ↗ *Leben und sterben lassen* (1973) scheint 007 keinen Wert auf den Jahrgang seines ↗ Bollinger Champagners zu legen. Die Flasche wird ohne Nennung des Alters von ↗ Whisper geliefert. Einen Perignon 1964 gab es dann in ↗ *Der Mann mit dem goldenen Colt* (1974), der nicht Bonds Wünschen entsprach. Er hätte lieber einen 53er getrunken. ↗ Francisco Scaramanga will daraufhin seinen Weinkeller aufstocken und Bonds Wunsch mit aufnehmen.

Kaum aus der Gefahrenzone entkommen, köpft der Agent in ↗ *Der Spion, der mich liebte* (1977) auch schon einen Dom Perignon 1952 – er bezeichnet die Flasche als »gute Seite an Strombergs Geschmack«. Im Film ↗ *Moonraker – streng geheim* (1979) leert Bond zusammen mit ↗ Holly Goodhead in Venedig einen Bollinger '69. Danach wird erst wieder in ↗ *Im Angesicht des Todes* (1985) zum Bollinger gegriffen. Dieser ist von 1975, und Bond trinkt ihn mit ↗ Achille Aubergine. In diesem Film kommt auch ↗ Stacey Sutton in den Genuss, mit Bond Bollinger zu schlürfen. Der Jahrgang des Bollingers in ↗ *Der Hauch des Todes* (1987) ist nicht bekannt. ↗ Linda lädt 007 auf ein Glas und ein Schäferstündchen ein. Auch ↗ Georgi Koskov freut sich über eine Flasche dieser Sorte, die er später im Film von James Bond bekommt. Im Handschuhfach seines ↗ Aston Martin DB5 hat 007 in ↗ *GoldenEye* (1995) einen Bollinger Jahrgang '88. Er stößt mit der Psychologin ↗ Caroline auf seine Beurteilung an.
↗ Getränke

CHAMPAGNERKOMMUNISTIN
James Bond nennt die triebhafte Bekanntschaft ↗ Freddi Fortune im Roman ↗ *Die Ehre des Mr. Bond* »Champagnerkommunistin«. Ein weiterer Spitzname ist ↗ »Rote Freddi«, was sich auf ihre feuerroten Haare bezieht.

CHAMPION-HARPUNENGEWEHR (Waffe)
In der Kurzgeschichte ↗ *Die Hildebrand-Rarität* ist James Bond mit einem Champion-Harpunengewehr mit zwei Gummis

ausgestattet. Die Waffe ist mit einer ↗ Dreizackharpune geladen, wie sie auf einigen Filmplakaten von ↗ Feuerball zu sehen ist.

CHANDLER (Romanfigur/Filmcharakter)
Im Buch und im Film ↗ Stirb an einem anderen Tag (2002) kommt General Chandler vor. Er trifft unter anderem die Entscheidung, wann ↗ Ikarus durch eine Rakete zerstört werden soll. Der Abschussversuch missglückt. Chandler wurde von ↗ Michael G. Wilson verkörpert.

CHANDLER, RAYMOND (Autor)
↗ Bücher

CHANEL NO. 5 (Parfüm)
↗ Parfüm

CHANG (Filmcharakter)
Der erste Chang der Bond-Film-Geschichte kommt in ↗ James Bond 007 jagt Dr. No (1962) vor. Der Mann wird von Bond erwürgt. Später verwechselt ↗ Dr. No 007 mit Chang, da dieser den Strahlenschutzanzug des Toten angezogen hat.

CHANG (Filmcharakter)
Viele Zeitungen sprachen von einer ↗ Oddjob-Reinkarnation, aber Chang, der im Film ↗ Moonraker – streng geheim (1979) vorkommt, hat seine eigene »Persönlichkeit«. Als Diener des Industriellen ↗ Hugo Drax war Chang dafür zuständig, die unangenehmen Arbeiten auszuführen. Darunter fielen: ↗ Corinne Dufour töten, James Bond angreifen und Drax Tee bringen. Die Versuche des Chinesen, 007 zu eliminieren, schlugen fehl, und er wurde selbst zum Opfer. Als er mit Bond kämpfte, schleuderte ihn der Agent durch das Zifferblatt einer riesigen Uhr in Venedig. Der Killer schlug mehrere Stockwerke tiefer auf einem Flügel auf und blieb mit seinem Kopf darin stecken. Genickbruch. Dargestellt wurde Chang von ↗ Toshiro Suga.

CHANG (Romanfigur/Filmcharakter)
Im Buch und im Film ↗ Stirb an einem anderen Tag (2002) ist Chang der Manager eines Hotels in Hongkong. Er erkennt James Bond als ehemaligen Gast wieder und bietet ihm die Präsidentensuite an. Bond weiß, dass Chang chinesischer Agent ist und erwischt ihn dabei, wie er heimlich mit einer Kamera hinter einer Spiegelwand in Bonds Zimmer steht. Chang ist überrascht, lässt sich aber auf einen Deal mit 007 ein: Er verrät den Aufenthaltsort von ↗ Zao. Chang wird im Film von ↗ Ho Yi verkörpert.

CHANG (Romanfigur)
↗ Großer Daumen Chang

CHANG (Romanfiguren)
Die Albino-Chinesen aus dem Roman ↗ Countdown! sind Söhne der Diener des Großvaters von ↗ Guy Thackeray. Bond nennt die Killer ↗ Tom, ↗ Dick und ↗ Harry, um sie auseinander halten zu können. Alle drei wurden als Albinos geboren, und ↗ Thomas Thackeray sorgte dafür, dass sie geschützt aufwuchsen. Seitdem sind sie den Thackerays treu ergeben.

CHANG (Romanfigur/Filmcharakter)
General Chang ist eine Figur im Roman und auch im Film ↗ Der Morgen stirbt nie (1997), die auf der Seite von ↗ Elliot Carver steht, um durch den Medienmogul eine bessere politische Position zu erlangen. In ↗ Bensons Buch wird ↗ Wai Lin von ↗ General Koh auf General Chang angesetzt. Die Figur ↗ Hung aus dem Roman ↗ Der Morgen stirbt nie soll durch Carvers Aktivitäten und den Einfluss von General Chang als neuer »Kaiser von China« eingesetzt werden. Nachdem Carvers Pläne gescheitert sind, wird Chang zusammengekauert auf einer Damentoilette im ↗ CMGM-Hauptquartier gefunden und verhaftet.

CHANNEL PACKET (Hotel)
Bevor James Bond im Roman ↗*Goldfinger* das berühmte Golfmatch mit Goldfinger spielt, bezieht er ein Zimmer mit Bad im obersten Stock des Channel Packet.

CHANTILLY (Ort)
Die Dreharbeiten auf Schloss Chantilly dauerten zwei Wochen, dann zog die Crew von ↗*Im Angesicht des Todes* (1985) weiter.
  ↗ Musée Vivant du Cheval

CHANTRY, CARMEL (Romanfigur)
↗ Gerald Grants MI5-Partnerin im Roman ↗*Never send Flowers* ist Carmel Chantry, die angeblich im Hotel erstochen worden ist. Später taucht sie aber wieder auf und bietet 007 an, einen Kontakt zwischen ihm und dem Terroristen ↗ David Dragonpol herzustellen. Carmel Chantry wird in dieser Mission getötet.

CHAN YIU LAM (Darsteller)
Aufgrund seiner hervorragenden Karatekenntnisse wurde der Schauspieler Chan Yiu Lam für die Rolle des ↗ Chula im Film ↗*Der Mann mit dem goldenen Colt* (1974) verpflichtet. Das Ringen mit ↗ Roger Moore wirkte ausgefeilt choreografiert.

CHAPMAN, KATE (Romanfigur)
Im Roman ↗*James Bond und sein größter Fall* tötet ↗ Siegmund Stromberg seine »Assistentin« ↗ Kate Chapman, indem er sie in ↗ Zimmer 4c schickt. Die große, schlanke, dunkle Schönheit, die versucht haben soll, die Pläne des »Submarine-Tracking-Systems« zu verkaufen, wird von einem Hai gefressen. Namenlos kommt die Figur auch im Film ↗*Der Spion, der mich liebte* (1977) vor, hier ereilt sie dasselbe Schicksal.

CHARCHARADON CARCHARIAS (Tier)
Der Fachausdruck für einen großen Weißen Hai lautet Charcharadon carcharias. James Bond will mit seinen vorgetäuschten Kenntnissen ein solches Exemplar suchen, um so Einlass in ↗ Milton Krests dubiose Firma ↗ Ocean Exotika Inc. zu erlangen. Der Wachmann kann mit dem Fachausdruck nichts anfangen, und Krest persönlich will den unerwünschten Gast loswerden: erfolglos.

CHARING CROSS PLACE 450 (Deckadresse)
↗ 55200

CHARLES (Filmcharakter)
Im Film ↗*Sag niemals nie* (1983) kommt eine Figur vor, die Charles heißt. Er ist ein Angestellter von ↗ Maximilian Largo und arbeitet auf dessen Schiff.

CHARLES, RAY (Darsteller)
Ray Charles, ↗ Michael Moor, ↗ Ravinder Singh Revett, ↗ Gurdial Sira, ↗ Sven Surtees, ↗ Peter Edmund und ↗ Talib Johnny stellten im Film ↗*Octopussy* (1983) Schläger dar, die James Bond an den Kragen wollten. Sie verfolgen 007 bei seinem Aufenthalt in Indien.

CHARLIE (Filmcharakter)
In ↗*Casino Royale* (1966) ist Charlie ein Palmwedler im Tempel von ↗ Mata Bond. Als Sir James Bond wissen will, ob Charlie ihn verstehen könne, antwortet dieser mit einem klaren »Nein.«

CHARLIE (Filmcharakter)
Ein schlichter Bauarbeiter ist Charlie in ↗*Diamantenfieber* (1971). Sein Kollege meint, er sei dran, den Buckligen zu spielen, was heißt, Charlie soll in eine Pipeline hinabsteigen und ein elektrisches Schweißgerät reparieren. Als die Einstiegluke freigegraben ist und Charlie hinab will, kommt ihm James Bond entgegen, der behauptet, auf der Suche nach seiner Ratte zu sein, mit der er Gassi gewesen ist.

CHARLIE (Filmcharakter)
Einen unschönen Tod erleidet ↗ Joie Chitwood im Film ↗*Leben und sterben lassen*

(1973). In der Rolle des Chauffeurs Charlie bekommt er einen Pfeil in die Schläfe, während er 007 sicher durch den New Yorker Verkehr bringen will. ↗Whisper war für den Mord verantwortlich, der von ↗Mr. Big alias ↗Dr. Kananga befohlen wurde. Dass sich 007 und Charlie bereits kannten, kann nur vermutet werden. Der Agent spricht mit ↗Leiter nach dem Attentat über den »guten alten Charlie«.

CHARLIE

»C wie Charlie«, meldet sich die Seestation im Roman ↗*Goldfinger*, als 007 die Flugzeugentführer einer ↗G-ALGY-Speedbird 510 zur Notlandung zwingt.

CHARLIE (Romanfigur)

Die Romanfigur »Charlie« ist in ↗John Gardners Werk ↗*Scorpius* ein CIA-Agent, der zusammen mit ↗David Wolkovsky den Fall bearbeitet. Charlie gibt zwar einige Informationen an 007 heraus, er wird aber nicht näher charakterisiert.

CHARLIE EINS (Helikopter)

»Charlie Eins« ist der Helikopter, mit dem ↗Williard Whyte und ↗Felix Leiter in ↗*Diamantenfieber* (1971) einen Angriff auf die Öl-Bohrinsel von ↗Ernst Stavro Blofeld fliegen.

CHARLIE II. (U-BOOT)

↗U-Boot

CHARMIAN (Romanfigur)

↗Charmian Bond

CHARON

Charon ist der Fährmann der griechischen Unterwelt, der die Schatten (= Toten) über den Styx übersetzt. Bond vergleicht im Roman ↗*Tod auf Zypern* den Leiter des Decks der ↗Jacht Persephone mit dieser Gestalt der griechischen Mythologie.

CHARRON, PIERRE (Garderobiere am Set)

Als Garderobieren am Set wurden bei den extravaganten Kostümen, die man für den Film ↗*Moonraker – streng geheim* (1979) benötigte, gleich zwei Personen verpflichtet: Pierre Charron und ↗André Labussiere.

CHASE HER (Lied)

↗*Never Say Never Again* (Soundtrack)

CHASE, ROBERT (Garderobenaufsicht)

Garderobenaufsicht bei ↗*Lizenz zum Töten* (1989) war Robert Chase.

CHASMAN, DAVID (Creative Director)

Als Creative Director von ↗United Artists arbeitete David Chasman in den Sechzigern mit ↗Robert Brownjohn zusammen. Chasman zeichnet für die ersten Poster eines James-Bond-Films verantwortlich. Für die Kampagne zu ↗*James Bond 007 jagt Dr. No* (1962) engagierte er ↗Mitchell Hooks, der den lässigen Stil Connerys in Bilder umsetzte. So zeigt der Plakatentwurf einen 007 mit einer Zigarette in der einen und einer rauchenden Pistole in der anderen Hand. Ohne David Chasman gäbe es kein 007-Gun-Logo, denn er nahm ↗Joseph Caroff unter Vertrag, der das Logo kreierte.

CHÂTEAU FLIGHT (Lied)

↗*Thunderball* (Soundtrack)

CHAUDHURI, ELEANOR (Produktionssekretärin)

Bei ↗*Octopussy* (1983) gab es drei Produktionssekretärinnen: Eleanor Chaudhuri, ↗Joanna Brown und ↗Mary Stellar.

CHAUFFEUR (Romanfiguren/Filmcharaktere)

Chauffeure gibt es in James-Bond-Romanen und -Filmen zur Genüge. Einige Charaktere sind anonym, andere sind: ↗»Der Stier«, ↗Womasa, ↗Boris, ↗Charlie, ↗Mike Carter, ↗Cavendish, ↗David, ↗Grady, ↗Jones (↗Reginald Carter), ↗Godfrey Tibbett (↗Patrick MacNee)

u. v. a. m. ↗Jason Nevill spielte einen Fahrer in ↗*Liebesgrüße aus Moskau* (1963)

CHAZA, KUBI (Darstellerin)
Die farbige Schauspielerin ↗Kubi Chaza verkörpert im Film ↗*Leben und sterben lassen* (1973) eine Verkäuferin in der 75th Street in Harlem. Chaza war eine der Wenigen, die nach ihrer Rolle bei Bond absolut unbeachtet blieb.

CHÉ-CHÉ (Romanfigur)
Der Mann mit der Boxernase im Roman ↗*007 James Bond im Dienst Ihrer Majestät* ist Ché-Ché, ein treu ergebener Handlanger von ↗Marc-Ange Draco, der 007 bei seinem Kampf gegen ↗Ernst Stavro Blofeld unterstützen soll. Ché-Ché ist Korse, er trägt den Beinamen ↗»Der Überredungskünstler«. Der Mann stirbt beim Stürmen vom ↗Piz Gloria mit einem weiteren Verbündeten. Die Figur wurde als Che Che auch in den Film ↗*Im Geheimdienst Ihrer Majestät* (1969) übernommen. Überraschenderweise tritt Ché-Ché, obwohl er schon tot ist, im Roman *Never Dream Of Dying* wieder in Erscheinung. ↗Raymond Benson, der seine Hausaufgaben sonst immer sehr gut macht, hat hier scheinbar nicht aufgepasst. Die Figur an der Seite von Marc-Ange Draco trägt in diesem Buch den Beinamen ↗»Le Persuadeur« (↗»Der Überreder«) und kämpft wie auch Draco gegen James Bond.

CHECKLISTE (Codename)
»Checkliste« ist im Roman ↗*Fahr zur Hölle, Mr. Bond!* der Deckname von ↗Chi-Chi. ↗Ed Rushia heißt ↗Indexer, und 007 muss sich mit dem Pseudonym ↗Custodian anfreunden. Erfinder dieser Namen ist ↗»M«, der die Operation geplant hat.

CHECKPOINT CHARLIE (Ort)
Als James Bond in der Kurzgeschichte ↗*Der Hauch des Todes* von ↗Ian Fleming seinen Scharfschützenjob erledigen will, weiß er noch nicht, dass dieser Schauplatz ein Jahr nach seinem Auftrag als »Checkpoint Charlie« bekannt werden sollte. Jahre danach wurde der »Checkpoint Charlie« zum Schauplatz eines James-Bond-Filmes. Roger Moore drehte hier ↗*Octopussy* (1983) und ließ sich vor diesem berühmten Grenzübergang zwischen West- und Ostberlin von zahlreichen Fotografen ablichten.

CHEFCHEMIKER (Filmcharakter)
In ↗*Lizenz zum Töten* (1989) zeigt ↗Franz Sanchez seinen potenziellen Drogenkunden die Labors am Rande von ↗Isthmus City. James Bond sieht sich die Einrichtungen auch an, wobei er auf den bärtigen Chefchemiker trifft. Der Experte für die Vermischung von Heroin und Benzin wurde von ↗Honorato Magaloni verkörpert.

CHEMIEWAFFENFABRIK
↗Archangelsk

CHEMIKALIEN
Im Film ↗*Man lebt nur zweimal* gibt sich 007 als Mr. Fischer, Leiter von ↗Empire Chemicals, aus und bestellt bei der Firma ↗Osato Industries größere Mengen Fermentierchemikalien: Monosodiumglutamat und Ascorbinsäure (= Vitamin C!). Im Roman ↗*Tod auf Zypern* stößt Bond bei der Firma ↗ReproCare auf ↗Zyanogenchlorid, hydrozyanische Säure, Abrin, Soman, Sarin und Botulin; der Beweis dafür, dass hier nicht nur mit toxischen Chemikalien, sondern auch mit biologischen Waffen herumexperimentiert wird.

CHEMIN-DE-FER (Spiel)
Im Roman ↗*Feuerball* treffen ↗Felix Leiter und James Bond auf ↗Emilio Largo. Der Schurke sitzt am Spieltisch eines Kasinos und vergnügt sich beim Chemin-de-fer. 007 steigt ins Spiel mit ein und beginnt zu sticheln. Er spricht von einem »Gespenst«, was Largo als Doppeldeutigkeit auffassen soll, denn ↗SPECTRE ist ein ↗PHAN-

TOM. Auch im Roman ↗*007 James Bond im Dienst Ihrer Majestät* lockt es James Bond im Casino Royale an den Chemin-de-fer-Tisch. Hier trifft er Contessa ↗Teresa di Vicenzo wieder. Auch im Roman ↗*Never Dream Of Dying* kommt das Spiel vor. James Bond trifft im Kasino von Nizza am Chemin-de-fer-Tisch auf einen Widersacher. Hier ist es ↗Le Gérant.

CHEN CHEN (Romanfigur)

Bei dem Namen Chen Chen handelt es sich nur um den Spitznamen des 15 Jahre alten ↗Chen Woo, den 007 bei seiner Mission ↗*Countdown!* in Hongkong kennen lernt. Chen Chen ist im Besitz eines gefälschten Führerscheines, den er durch Beziehungen seines Vaters ↗T. Y. Woo erhalten hat. Insider wissen: Autor ↗Benson spielt mit dem Namen auf die ↗Fleming-Figur ↗Ché-Ché an.

CHESTER (Schiff)

Um die ↗Marinevariante durchführen zu können, lässt ↗Roebuck im Roman und auch im Film ↗*Der Morgen stirbt nie* eine Rakete vom Kriegsschiff »Chester« abfeuern, die den Flohmarkt für Terroristen vernichten soll. Das Schiff ist eine »Duke-Class-Fregatte vom Typ 23, die mit »acht doppelläufigen McDonnell-Douglas-Geschützen für Boden-Boden-Raketen und einem British Aerospace Seawolf GWS 26 Mod 1 VLS für Boden-Luft-Raketen ausgestattet ist« (Raymond Benson).

CHESTERFIELD (Zigarettenmarke)

Keine Angst vor gefährlichen Missionen und vor Gefäßverengung hat ↗Felix Leiter im Roman ↗*Casino Royale*. Er raucht mit Genuss Zigaretten der Marke Chesterfield. Seine erste Chesterfield im Roman ↗*Leben und sterben lassen* raucht Bond in ↗Zimmer 2100 im ↗St. Regis Hotel in New York. James Bond verrät ↗Solitaire später im Roman, dass er ca. drei Päckchen pro Tag rauche. Auch bietet James Bond ↗Vivienne Michel im Roman ↗*Der Spion, der mich liebte* eine Zigarette der Marke Senior Service an und fügt hinzu, er werde wohl ab nun Chesterfields rauchen müssen. Obwohl 007 im Roman ↗*Feuerball* ↗Dominetta Vitali dabei unterstützt, sich das Rauchen abzugewöhnen, denkt er selbst nicht daran, es aufzugeben und kauft sich, wie so oft, eine Packung Chesterfield.

CHETTAN (Romanfigur)

Siehe Inhaltsangabe ↗*High Time To Kill*

CHEUNG CHAU (Insel)

Im Buch ↗*Nichts geht mehr, Mr. Bond* wird erwähnt, dass die ehemaligen ↗Emilys ↗Dietrich und ↗Belzinger auf ihrer Flucht vor dem ↗Dominikaner in ein ↗GRU-Haus auf der Insel Cheung Chau eingedrungen sind. Die Insel befindet sich in der Nähe Hongkongs. Mit einer ↗Cessna 128 macht sich 007 auf den Weg zu dem »geheimnisvollen, fernen Osten«.

CHEUNG CHUEN NAM (Darstellerin)

Cheung Chuen Nam verkörperte in ↗*Der Mann mit dem goldenen Colt* (1974) die langhaarige Nichte ↗Hips. Sie ist Karateexpertin. Verwirrenderweise sind in den letzten Jahren für die beiden Darstellerinnen von Hips Nichten, die im Drehbuch als ↗Cha und ↗Nara benannt sind, andere Namen aufgetaucht. Die Darstellerin der Nara, die erst Cheung Chuen Nam hieß, erscheint in der Literatur plötzlich als ↗Qiu Yuen.

CHEVROLET (Fahrzeug)

(Auch »Chevy« oder »Chevy Sedan«). Die Beobachtungen im Buch ↗*Leben und sterben lassen* laufen nicht so unauffällig ab, dass Bond sie nicht mitbekommt. Als er im ↗St. Regis eincheckt, fällt ihm eine schwarze Limousine auf. Der Chevrolet schert auffällig aus und behindert andere Verkehrsteilnehmer – ein Spitzel von ↗Mr. Big lenkt den Wagen. ↗Ernest Cureo fährt im Roman ↗*Diamantenfieber* einen Chevrolet. Das »Taxi« wird von 007 genutzt, um sich in Las Vegas bewegen zu können. Die Kühlerfigur des Fahrzeugs ist ein verchromtes nacktes Mädchen, an dem ein Waschbärschwanz als Glücksbringer befestigt ist. Im Verlauf von *Diamantenfieber* wird 007 aus einem schwarzen Chevrolet und einem roten Jaguar beobachtet. Es ist ein alter Chevy, den der unsympathische Agent ↗Wood im Roman *Fahr zur Hölle, Mr. Bond!* steuert. James Bond wird in diesem Chevy von Wood, ↗Nolan und ↗Broderick eskortiert. Auf dem Weg zu seinem letzten Duell mit ↗Lee Fu-Chu im Roman ↗*Fahr zur Hölle, Mr. Bond!* nimmt James Bond einen großen, grünen Chevy Sedan (=Limousine).

CHEVRON MOTOROIL COMPANY (Firma)

Unter dem Motto »Eine Hand wäscht die andere« kooperierten die Chevron Motoroil Company und ↗Albert R. Broccoli bei den Dreharbeiten zu ↗*Im Angesicht des Todes*. Die Firma stellte das Hauptquartier von ↗Max Zorin, dafür bekam sie kostenloses Product Placement: Bei der Verfolgungsjagd in San Francisco zerstört ein Leiterfahrzeug der Feuerwehr eine Leuchtreklame der Chevron Motoroil Company. Der Crash ist in Großaufnahme zu sehen, und der Firmenname war nach Aussage des Vorstandes »gut platziert«.

CHEW MEE (Filmcharakter)

In der englischen Originalversion von ↗*Der Mann mit dem goldenen Colt* (1974) nennt sich die Schwimmerin in einem Pool von ↗Hai Fat gegenüber 007 »Chew Mee«. Im deutschen Untertitel wurde dies mit »Kau Misch« übersetzt. Die Synchronregie hatte aber andere Vorstellungen von einem Gag und übersetzte den Namen in »Hasch Misch«, worauf Bond entgegnet: »Gern!« Chew Mee bringt im Original noch einen Wortwitz: Als der Agent nach der Wassertemperatur fragt, antwortet sie: »Why don't you come in and find out?« Chew Mee wurde von Francoise Therry verkörpert.

CHEW ME IN CRISLY LAND (Lied)
↗*The Man With The Golden Gun* (Soundtrack)

CHEYKO, MICHEL (Regieassistenz)

Als Regieassistent arbeitete Michel Cheyko bei der Produktion des elften offiziellen James-Bond-Films ↗*Moonraker – streng geheim* (1979).

CHIANTI (Getränk)

In der Kurzgeschichte ↗*Risiko* trinkt James Bond Chianti zu seinem mit Butter bestrichenen Weißbrot.
↗Seezunge

CHIANTI BROGLIO (Getränk)

Im Speisewagen des ↗Orient-Expresses im Roman ↗*Liebesgrüße aus Moskau* bestellt James Bond ↗Americanos und eine Flasche Chianti Broglio.

CHI-CHI (Romanfigur)

Im Roman ↗*Fahr zur Hölle, Mr. Bond!* von ↗John Gardner taucht »Chi-Chi« auf, eine junge Frau, die mit James Bond zusammenarbeitet und gegen ↗Gebrochene Klaue Lee vorgeht. Chi-Chi ist der Spitzname, den ihr Freunde gegeben haben. In Wirklichkeit heißt die CIA-Mitarbeiterin Sue Chi-Ho. Bei ihrer Zusammenarbeit mit 007 handelt es sich um ihren ersten richtigen Einsatz. Bond soll sie laut ↗»M« unter »seine Fittiche nehmen«. Chi-Chi ist nicht größer als einsfünfzig, aber Bond erhält bei der Begrüßung einen kraftvollen Händedruck. Außerdem spürt die Doppelnull einen elektrischen Impuls, der in ihn überfließt – knisternde Erotik? Sofort sieht Bond in die klaren haselnussbraunen Augen seiner neuen Kollegin. Auf dem Weg zum John F. Kennedy Airport erzählt die Frau aus ihrem Leben: Sie sei bei der US Navy, weil sie die

Welt sehen wolle. Der Mann, den sie heiraten wollte, sei nichts für eine Karriere-Frau und sie habe sich von ihm getrennt.

CHIEF OF STAFF (Romanfigur)
↗ M. A.

CHIFFRIER-MASCHINE
Die Chiffrier-Maschine im Roman ↗ *Liebesgrüße aus Moskau* ist nach ↗ Ian Flemings Beschreibungen ein Modell vom Typ ↗ »Spektor«.

CHIGROES (Romanfiguren)
Fast alle bösen Charaktere im Roman ↗ *James Bond 007 jagt Dr. No* sind Chigroes. Es handelt sich um Mischlinge aus *Chi*nesen und Ne*groes*.

CHILDREN OF THE LAST DAYS (Organisation)
↗ *Cold*

CHILES, LOIS (Darstellerin)
Lois Chiles wurde am 15. April 1947 in Texas geboren. Sie besuchte nach der Highschool die Universität von Texas und wechselte dann auf ein College in Manhattan. Schon immer von Models fasziniert, folgte sie einem Werbeaufruf und machte bei einem Casting mit. Sie erhielt einen Vertrag bei der Agentur »Wilhelmina« und ihr Gesicht war in der Zeitschrift *Glamour* zu sehen. Die Filmwelt wurde auf das Modell aufmerksam. Es kam zu »Meetings«, und Chiles erhielt ihre erste Filmrolle in *Cherie bitter* (1973) – für die Filmmusik erhielt Marvin Hamlish zwei Oscars. Es folgten *Der große Gatsby* (1974) sowie *Tod auf dem Nil* (1977). »Um mich nicht fehl am Platz zu fühlen, habe ich schon während meiner ersten Rollen Schauspielunterricht genommen, und das gab mir Selbstvertrauen«, erzählte Chiles 1978 bei einem Interview. Zum elften offiziellen James-Bond-Film kam Chiles eher per Zufall: »Ich saß im Flugzeug neben Regisseur Lewis Gilbert, und er lud mich zu Probeaufnahmen nach London ein.« Es ging um die Rolle der CIA-Agentin ↗ Holly Goodhead in ↗ *Moonraker – streng geheim* (1979). Die Aufnahmen fielen positiv aus, und Chiles durfte nach ↗ Barbara Bach (↗ »XXX« in ↗ *Der Spion, der mich liebte*) eine weitere starke Frau an Bonds Seite verkörpern. (In einigen Quellen heißt es, schon für die Rolle der ↗ Anya Amasowa in ↗ *Der Spion, der mich liebte* war Lois Chiles in Betracht gezogen worden.) Insider behaupten, Bond-Darsteller Moore hätte der Draht zu seiner Filmpartnerin gefehlt, was die Dialoge zwischen beiden unglaubwürdig wirken lässt.

Als die Dreharbeiten ihren Höhepunkt erreicht hatten, erhielt Chiles die Nachricht, dass ihr an Lymphogranulomatose erkrankter Bruder im Sterben lag. Obwohl ihr ↗ Albert R. Broccoli einen Flug nach Hause anbot, bestand sie darauf, ihre Szenen abzudrehen. Sie spendete alle zehn Tage Blut für ihren Bruder, doch der starb an der seltenen Krankheit (sechs von 100.000 Personen erkranken im Schnitt). Chiles stürzte in ein tiefes Loch, dennoch wohnte sie den Premieren von ↗ *Moonraker – streng geheim* in mehreren Großstädten bei. Ihre Freundschaft zu Albert R. Broccoli hielt auch nach den Dreharbeiten an. Sie war eine der Prominenten, die dabei waren, als der Produzent zehn Jahre später mit einem Stern auf dem Hollywood Boulevard geehrt wurde. Lois Chiles nahm die Schauspielerei wieder auf und hatte einen erwähnenswerten Part in der TV-Serie *Dallas*. Hier lernte sie ↗ Larry Hagman kennen, der mehrmals als potenzieller Bond-Bösewicht gehandelt wurde, aber niemals einen spielen durfte. Anschließend spielte sie in *Brodcast News* (1987) und *Lush Life*. Die heute in Los Angeles lebende Schauspielerin zieht das Arbeiten vor der Kamera dem Theaterspielen vor, dennoch hat sie auch immer wieder Bühnen-Rollen übernommen.

CHINA BLUE
Bei einem Pferderennen in Ascot im Roman ↗*Countdown für die Ewigkeit* trifft der Geheimagent erstmals auf ↗Dr. Anton Muric. Muric lässt dort nicht ganz legal sein Pferd China Blue antreten, um den Goldpokal zu gewinnen. Was keiner weiß: China Blue ist eines von zwei Pferden, die als Zwillinge geboren wurden. Ein Tier ist schwach und unfähig, ein Rennen zu gewinnen, das andere ist in Hochform. Durch geschickte Manöver täuscht Muric die Buchmacher und gewinnt Höchstsummen. James Bond setzt natürlich auch auf China Blue.

CHINESIN (Filmcharakter)
↗Todesengel

CHINN, BILLY (Romanfigur)
Um das Leben der ↗Wanda Man Song Hing menschlicher erscheinen zu lassen und vielleicht um zu verstehen, warum er ihr egal ist, von ↗Lee Fu-Chu sexuell benutzt zu werden, erfand ↗John Gardner für ↗*Fahr zur Hölle, Mr. Bond!* auch die Figur Billy Chinn. Chinn ist der Ex-Freund von Wanda. Vor ihrer Hochzeit starb der Pilot bei einem Überschlag seiner F-14 »Tomcat« nach dem Start. Wanda brauchte ca. ein Jahr, um den Verlust ihres Geliebten zu verwinden.

CHIN, ANTHONY (Darsteller)
»Diese Forderung ist unverschämt«, hätte Anthony Chin nicht nur im Film, sondern auch in der Realität sagen können, als er seine Aufgaben für die Rolle des taiwanesischen Tycoons in ↗*Im Angesicht des Todes* (1985) bekam. Chin sollte sich in der entsprechenden Szene mit dem Bösewicht ↗Max Zorin anlegen und schließlich von ↗May Day per Treppenrutsche aus dem Zeppelin ↗Airship 6000 katapultiert werden. Natürlich kam beim Sturz eine Puppe zum Einsatz. Was viele nicht wissen: Chin hat auch in ↗*James Bond 007 jagt Dr. No* (1962), ↗*Goldfinger* (1964) und ↗*Man lebt nur zweimal* (1967) mitgewirkt. 1962 spielte er einen Mitarbeiter in der Dekontaminationsanlage, 1964 Goldfingers Kellner auf der Farm in Kentucky und 1967 einen Wächter in Blofelds Vulkan.

CHINA-SYNDROM
↗Dr. Anton Muric gewinnt im Roman ↗*Countdown für die Ewigkeit* Oberhand über mehrere Atomkraftwerke in der Bundesrepublik, der Deutschen Demokratischen Republik, Frankreich, Großbritannien und in Amerika. Die Ausschüsse der Regierung, des Sicherheitsdienstes und der Krisenstab ↗COBRA tagen in Anbetracht dieser heiklen Situation. ↗John Gardner beschreibt das »China-Syndrom« wie folgt: Murics Terroristen würden die Kühlanlagen der Reaktoren außer Betrieb setzen. Eine Explosion wie ein Erdbeben wäre die Folge und Radioaktivität würde austreten. Der Reaktorkern würde sich durch den Erdball hindurchbrennen, vermutlich auf der anderen Seite wieder austreten und großen Schaden durch radioaktive Verseuchung anrichten.

CHINATOWN (Ort)
Die Leiche von ↗Chuck Lee im Film ↗*Im Angesicht des Todes* (1985) wird in Chinatown gefunden. James Bond selbst durchquert diesen Stadtteil im Roman ↗*Fahr zur Hölle, Mr. Bond!*, als ihn ein Delfin verfolgt. ↗Patrick Malloney wird in einer Nebenstraße von Chinatown zu Tode geknüppelt.

CHINOOK-HELIKOPTER (Fluggerät)
Mit einem Chinook-Helikopter der ↗United States Air Force werden ↗Jinx und James Bond im Roman ↗*Stirb an einem anderen Tag* über die entmilitarisierte Zone zwischen Nord- und Südkorea geflogen. Die beiden Agenten wollen versuchen, den größenwahnsinnigen ↗Gustav Graves, der ein böses Spiel mit ↗Ikarus plant.

CHIN, TSAI (Darstellerin)
Knapp bekleidet verführt die Schauspielerin Tsai Chin den Geheimagenten James Bond in der ↗Pre-Title-Sequenz von ↗*Man lebt nur zweimal* (1967). Die Figur ↗Ling steht auf der Seite Bonds und arbeitet mit ihm zusammen, um seinen Tod vorzutäuschen. Im »Making of« kann man einige Szenen der Dreharbeiten mit Tsai Chin sehen, die von einer Kamera außerhalb des Sets aufgenommen wurden. 39 Jahre nach diesem Dreh stand Tsai Chin ein zweites Mal für einen James-Bond-Film vor der Kamera: in ↗*Casino Royale* (2006) verkörpert sie die Figur Madame Wu, eine Chinesin, die am Pokerspiel beteiligt ist und sich mit Le Chiffre verbündet hat.

CHIOS (Ort)
Chios ist eine griechische Insel, auf der 007 im Roman ↗*Tod auf Zypern* ermittelt.

CHIRURGIE
Nach ↗Ian Flemings Beschreibung des Geheimagenten James Bond hat sich 007 plastischer Chirurgie unterzogen: Er hatte Hautverpflanzungen. Aber nicht nur bei Bond wird zu medizinischen Zwecken das Messer gewetzt. ↗Helga Brandt, ↗Nummer 11 in ↗*Man lebt nur zweimal* (1967), verfügt über interessante chirurgische Instrumente. Eines zum Hautabtrennen, will sie Bond demonstrieren. Als aus der Vorführung eine Verführung wird, nimmt Bond die gefährliche Waffe, um die Träger des Kleides der Killerlady durchzutrennen. Vier Jahre später in ↗*Diamantenfieber* (1971) ist es ↗Blofeld, der die Kenntnisse von Chirurgen nutzt, indem er sich durch Gesichtsoperationen Doppelgänger anfertigen lässt. Bond spickt die Killer mit dem Skalpell und erledigt seine Feinde noch im Operationssaal. ↗Phase 4. Auch die Romanfigur ↗Wladimir Scorpius ließ sein Gesicht umwandeln, um für alle Welt als ↗Vater Valentine die ↗Gesellschaft der Demütigen anzuführen. Zum Pech des Killers sind seine Ohren die alten geblieben, und James Bond durchschaut daraufhin das Doppelspiel.

CHISHOLM, JOHN (Requisiteur)
Bei dem Film ↗*Im Angesicht des Todes* (1985) arbeitete John Chisholm als Requisiteur.

CHITWOOD, JOIE (Darsteller/Stuntman)
Joie Chitwood holt 007 alias ↗Roger Moore in ↗*Leben und sterben lassen* (1973) vom Flughafen ab. Chitwood von ↗Whisper mit einem Pfeil getötet. Die Stuntmen hatten im achten 007-Film viel zu tun. Chitwood war für die Aufnahmen Moores Stand-in bei den Actionszenen. Neben ↗Eddi Smith waren ↗Ross Kananga, ↗Jerry Comeaux und ↗Bill Bennet dafür engagiert worden, Kopf und Kragen zu riskieren. ↗Bob Simmons leitete und koordinierte die gefährlichen Einlagen. Schon zu ↗Connerys Zeiten war der Stuntman Chitwood für 007 tätig: Er vollführte unter anderem den Stunt in ↗*Diamantenfieber* (1971), bei dem der Wagen auf nur zwei Rädern durch eine enge Gasse rast.

↗Murray Cleveland und ↗Weltrekord

CHLOE (Vogel)
↗Fahnenschwanz

CHLORALHYDRAT (Betäubungsmittel)
In ↗*Liebesgrüße aus Moskau* (1963) wirft ↗Grant ↗Tatjana Romanowa eine Tablette Chloralhydrat in ihr Glas mit ↗Blanc de Blancs. Die Russin wird wenig später ohnmächtig. ↗Kamal Khan will in ↗*Octopussy* (1983) von James Bond Näheres über seinen Auftrag erfahren, doch 007 hat nicht die Absicht, Geheimnisse preiszugeben. Deshalb droht Khan damit, Chloralhydrat in Verbindung mit einer effektvollen psychogenen Droge anzuwenden, um ihn zum Sprechen zu bringen. 007 kann vor dem Verhör flüchten. ↗Kara Milovy weiß in ↗*Der Hauch des Todes* (1987) nicht, wem

sie trauen soll. Auf ↗Koskovs Wunsch hin betäubt sie James Bond mit Chloralhydrat, das sie in seinen ↗Wodka-Martini gegeben hat. 007 merkt den Zusatz nicht, er meint sogar, der Drink wäre sehr gut (!) und wird kurz drauf ohnmächtig und von ↗Necros gefangen genommen.

CHLORALHYDRATGAS (Betäubungsmittel)
Der Schlüsselfinder, den James Bond im Film ↗*Der Hauch des Todes* (1987) von ↗»Q« bekommt, enthält Chloralhydratgas, das freigesetzt wird, sobald jemand ↗»Rule Britannia« pfeift. 007 nutzt das Gas, um die Gegner auf einem russischen Luftwaffenstützpunkt in Afghanistan auszuschalten.

CHLORHYDRIT
Um die ↗Operation schlafende Schöne durchzuführen, benutzen die ↗BAST-Terroristen im Roman ↗*Sieg oder stirb, Mr. Bond* Chlorhydrit. 007 entgeht der Falle, weil er keinen damit versetzten Kaffee zu sich nimmt.

CHLOROFORM
Mit Chloroform wird ↗Paula Kaplan im Film ↗*Feuerball* (1965) durch ↗Janni und ↗Vargas zum Schweigen gebracht. Die Idee, das Betäubungsmittel zu benutzen, stammt von ↗Fiona Volpe. Ein für Paula lebensgefährlicher Einfall.

CHOPIN (Komponist)
In ↗*Der Spion, der mich liebte* (1977) sind mehrere klassische Musikstücke zu hören, so das ↗*Nocturne Nr. 8* von Chopin, als James Bond durch ein Fenster unter Wasser die Hand einer Leiche sieht.

CHOPIN-WALZER (Lied)
↗Lieder

CHOPPER VIEWS (fiktive Firma)
Der Bösewicht ↗Lee Fu-Chu aus dem Roman ↗*Fahr zur Hölle, Mr. Bond!* hat eine Abmachung mit der Firma »Chopper Views« getroffen. Stolz berichtet er James Bond und ↗Chi-Chi von der Kooperation. »Chopper Views« ist im Besitz von Hubschrauberlandeplätzen, die Lee benutzen darf. So kann er 007 gut im Auge behalten. ↗Ding soll als Bewacher mitfliegen.

CHOPPING, RICHARD (Zeichner/Designer)
Richard Chopping zeichnete die Titel der Hardcoverausgaben von James-Bond-Romanen. Seine Illustrationen wurden außerordentlich erfolgreich. Er schuf u. a. auch die Cover zu ↗*Goldfinger*, ↗*For Your Eyes Only*, ↗*Thunderball*, ↗*The Spy Who Loved Me* und ↗*You Only Live Twice*. Richard Choppings Vorliebe, Waffen und Blumen zu kombinieren, prägte seine Bilder, und spiegelte sich auf dem Cover von Flemings Buch ↗*Dr. No* wider. Das letzte Fleming-Buch, zu dem Richard Chopping das Cover gestaltete, war ↗*Octopussy And The Living Daylights*. Als John Gardner das Schreiben der Bond-Romane übernahm, wandte man sich erneut an Chopping, und er schuf in Anlehnung an *Dr. No* 25 Jahre später erneut für ↗*Licence Renewed* ein Coverbild, das Blumen und Waffen kombiniert. Dass sich der Stil in dieser langen Zeitspanne leicht geändert hat, zeigt sich an Choppings übermäßig fein gezeichneter ↗*Browning 9mm* auf Gardners Roman. Designer, die später Cover zu Romanen Gardners gestalteten, orientierten sich an Richard Choppings Stil.

CHOW, MICHAEL (Darsteller)
Schauspieler Michael Chow übernahm im Bond-Film ↗*Man lebt nur zweimal* die Rolle eines ↗Phantom-Mannes. Im 1967 gedrehten Film tauchen mehrere Schauspieler neben Chow auf, die auch Schergen des Supergangsters ↗Ernst Stavro Blofeld verkörperten. Unter anderem waren dies ↗Peter Fanene Maivia, ↗Burt Kwouk und ↗David Toguri. Alle Rollen fielen recht klein aus, sodass sie im Drehbuch nicht unter eigenen Namen geführt, sondern un-

ter »Phantom 1, Phantom 2« usw. erwähnt wurden.

CHRIS (Filmcharakter)
↗ Jupiter 16

CHRISTIANA
Nach ↗ »Ms« Entführung im Roman ↗ *Liebesgrüße aus Athen* ist ein Zettel, den ein Entführer bei sich hatte, der einzige Hinweis auf den Verbleib des Geheimdienstchefs. Auf dem Papierfetzen stehen die Worte »Christiana« und ↗ Vasso, ↗ Paris, ↗ Antigone und eine Nummer. Man beginnt zu kombinieren, und ↗ Bill Tanner kommt der Lösung einen Schritt näher, als ihm einfällt, dass »Antigone« ein griechisches Drama von Sophokles ist. James Bond hat auch Geistesblitze: »(...) unmittelbar über dem Namen ›Paris‹. Die Zeile ist schwer zu lesen, aber könnte das nicht heißen: ›Falls Vorrat ausgeht?‹ Dass also ›Paris‹ ihm andere Mädchen besorgen sollte, falls ›Antigone‹ und die beiden anderen nicht erreichbar wären (...) Ich halte das für einen Trick, Sir. Sollte der Zettel echt sein, dann ist er durch ein dreifaches Versehen in unsere Hände gefallen: Die Leichen wurden nicht beseitigt, seine Taschen wurden nicht entleert, und er wurde nicht gründlich durchsucht. (...) Der Zettel deutet auf Griechenland hin, unauffällig, aber eindeutig.« 007 ist auf griechischer Spur ...

CHRISTIANA-SPRUNG
Im Roman ↗ *Die Welt ist nicht genug* wird James Bond von ↗ Parahawks verfolgt und führt bei der Flucht auf Skiern einen »Christina-Sprung« aus. Während der Drehung in der Luft versucht der Agent, einen Parahawk mit Schüssen zu stoppen, doch die Kugeln prallen alle ab. Das Skifahren lernte 007 bei einem Lehrer namens ↗ Fuchs.

CHRISTIAN, LINDA (Darstellerin)
Das erste Bond-Girl der Filmgeschichte ist Linda Christian. Sie verkörperte in der TV-Version ↗ *Casino Royale* (1954) ↗ Valerie Mathis. Da es sich um ein Fernsehspiel in drei Akten und nicht um einen Kinofilm handelt, wird sie oft nicht zu den offiziellen Bond-Girls gerechnet, sonst wäre ↗ Ursula Andress nur Nummer 2.

CHRISTIE, HAROLD (Romanfigur)
In Wirklichkeit handelt es sich bei Harold Christie gar nicht um eine Romanfigur. ↗ Felix Leiter erfindet den Namen in ↗ Emilio Largos Gegenwart nur, um 007 im Roman ↗ *Feuerball* zu einem angeblichen Treffen mit Christie wegzulocken. 007 will sich aber nicht stören lassen und meint, Christie sei ein netter Mensch, der Geduld habe. Bond will sich zunächst die ↗ Disco Volante ansehen.

CHRISTMAS IN TURKEY (Lied)
↗ *The World Is Not Enough* (Soundtrack)

CHRISTOPHER, JAMIE (Regieassistenz)
↗ Paul Taylor

CHRONICLE (Zeitschrift)
Um sich über das aktuelle Kinoprogramm zu informieren, greift die Romanfigur ↗ Wanda Man Song Hing im Buch ↗ *Fahr zur Hölle, Mr. Bond!* nach der Zeitung *Chronicle*.

CHRYSLER IMPERIAL (Fahrzeug)
Im Roman ↗ *Goldfinger* wird James Bond in einem Fahrzeug vom Typ Chrysler Imperial chauffiert.

CHUEN NAM, CHEUNG (Darstellerin)
↗ Cheung Chuen Nam

CHULA (Filmcharakter)
Träger des schwarzen Gürtels und bester Schüler in der Karateschule von ↗ Hai Fat ist der schmierige Chula, mit dem es 007 im Film ↗ *Der Mann mit dem goldenen Colt* (1974) aufnehmen muss. Mit einem Faustschlag ins Gesicht kann Bond den

wendigen Kämpfer kurzzeitig ausschalten und flüchten, doch die Schüler der Karateschule nehmen sofort die Verfolgung auf. Zu 007s Glück tauchen ↗Hip und seine beiden Nichten auf, die sich bestens mit dem Kampfsport auskennen und einen Großteil der Angreifer erledigen. ↗Chan Yiu Lam stellte Chula dar.

CHUNG, ANNABEL (Romanfigur)
Im Roman ↗*James Bond 007 jagt Dr. No* gibt sie sich als Reporterin des *Daily Gleaner* aus und will 007 mit einer Leica fotografieren. Ihren Namen nennt sie erst, als ↗Quarrel sie dazu zwingt: Annabel Chung. ↗»Krake« findet heraus, dass Chung tatsächlich freie Mitarbeiterin ist. Mehr Informationen bekommt 007 aber nicht aus der Frau heraus.

CHURCH
Einen großen Werbevertrag schloss die Schuhproduktionsfirma Church ab, als die Produktion von ↗*GoldenEye* (1995) begann. Brosnan trägt im Film Schuhe dieser Marke.

CHURCHER, TERENCE (Produktions-Manager)
Neben ↗Jean-Pierre Spiri-Mercanton war Terence Churcher Produktions-Manager bei den Dreharbeiten zum elften 007-Kinofilm ↗*Moonraker – streng geheim* (1979). Es war der einzige James-Bond-Film, der zum Teil in Frankreich produziert wurde.

CHURCHILL, DELLA (Romanfigur/Filmcharakter)
In ↗*Lizenz zum Töten* ist es Della Churchill, eine alte Freundin von James Bond, die ↗Felix Leiter in der Paulskirche das Jawort geben will. Leiter kommt zwar verspätet, weil er noch den Drogenbaron ↗Sanchez fangen will, doch die Hochzeit findet am selben Tag statt. Die Figur wurde im Film von ↗Priscilla Barnes verkörpert.

CHURUBUSCO-STUDIOS
↗Howard Hughes, ↗Filmstudios

CIA (Organisation)
In vielen Filmen und Romanen arbeitet James Bond mit der CIA Hand in Hand. ↗Felix Leiter und ↗Holly Goodhead sind nur zwei der Charaktere, mit denen Bond im Laufe seiner Einsätze zu tun hat. Der Chef des Geheimdienstes informiert Bond im Roman ↗*Nichts geht mehr, Mr. Bond* über die Zusammenhänge von ↗BfV, ↗BND, ↗SIS, CIA, ↗Mossad und dem ↗KGB. 007 hört interessiert zu und erfährt eine Menge über ↗Emilies. Auch ↗Jack Wade, der in den Romanen und Filmen ↗*GoldenEye* (1995) und ↗*Der Morgen stirbt nie* (1997) auftaucht, arbeitet für den CIA. Er selbst gibt seine Missionen mitunter nicht an die Organisation weiter und behauptet Bond gegenüber, die Welt sei sein Büro.

CIA-AUSRÜSTUNG
In ↗*Moonraker – streng geheim* (1979) entlarvt James Bond ↗Holly Goodhead als CIA-Agentin. Er probiert sämtliche Ausrüstungsgegenstände aus, egal wie sie getarnt sind: So entpuppt sich eine Handtasche als Sendestation, ein Parfümzerstäuber als Flammenwerfer, ein Kugelschreiber als Giftspritze und ein Tagebuch als Pfeilabschussgerät. Die Szene kam beim Publikum sehr gut an, sicher ein Grund dafür, James Bond im Film ↗*Der Morgen stirbt nie* (1997) eine ähnliche Aktion durchführen zu lassen: diesmal bei ↗Wai Lin.

CIA-HAUPTQUARTIER
Da James Bond für den britischen Geheimdienst arbeitet, kommen Hauptquartiere von fremden Organisationen nur äußerst selten vor. Im Roman ↗*Scorpius* gewährt Autor ↗John Gardner jedoch Einblicke in das CIA-Hauptquartier in Langley, Virginia. 007 befindet sich in der zweiten Etage, wo er Einsicht in die Akte ↗»Peng« nehmen will, die Geheimnisse über ↗Wladimir Scorpius enthält. Im Inneren des Gebäudes befinden sich viele Türen rechts und links der Korri-

dore, die in den unterschiedlichsten Farben gestrichen wurden. Gardner weist auf die Tatsache hin, dass der Instandsetzungsabteilung nur eine bestimmte Farbpalette zur Verfügung stand; als die rote Farbe ausging, wurde mit Blau weitergestrichen. Die Korridore des CIA-Hauptquartiers wurden scherzhaft nach den dort vorherrschenden Farben benannt. 007 betritt einen Raum, der eine rosa Tür hat, es ist ↗Zimmer 41. Nachdem er seine persönlichen Sachen hat abgeben müssen, steht er vor der Akte mit der Aufschrift ↗»Cosmic«. Im Zimmer selbst befinden sich außer den Dokumenten nur ein Stuhl und ein Tisch.

CIARFALIO, CARL (Darsteller)
↗Jeff Moldovan

CICERO (Romanfigur)
In ↗*Mondblitz* denkt James Bond an Cicero, den Kammerdiener des Britischen Botschafters im Krieg, und bei seinen Erinnerungen läuft 007 ein Schauer über den Rücken. Cicero und ↗Willy Krebs haben irgendetwas gemeinsam ...

CIENFUEGOS, CAMILO
↗Fidel Castro

CIGAR-GIRL (Filmcharakter)
↗Giulietta

CILENTO, DIANE
Sie war die Ehefrau von James-Bond-Darsteller ↗Sean Connery. Eigentlich nichts Besonderes, doch Diane Cilento war die einzige Ehefrau eines 007-Darstellers, die mit ihrem Mann zusammen in einem Bond-Film vor der Kamera stehen durfte. In ↗*Man lebt nur zweimal* (1967) wurde die Darstellerin ↗Mie Hama krank, und Regisseur ↗Lewis Gilbert bat Connerys Frau, als Double einzuspringen. Mit schwarzer Perücke schwamm Cilento zusammen mit Connery in einer langen Unterwasseraufnahme durchs Bild.

CINE VIDEO TECH (Firma)
↗Tratafilms

CINZANO (Getränk)
↗Getränke

CIRCUS, CIRUCS (Lied)
↗*Diamonds Are Forever* (Soundtrack)

CIRENDINI, EMILE (Romanfigur)
Siehe Inhaltsangabe ↗*Never Dream Of Dying*

CIRIELLO, AVERARDO (Designer)
Averardo Ciriello wurde 1918 in Mailand geboren. Erste Erfolge hatte er mit Entwürfen für die Filmplakate zu *Spellbound* (1945) und fünf Jahre später für *The Outlaw*. Seine Zeichnungen für den Film ↗*Liebesgrüße aus Moskau* (1963), die ↗Sean Connery und ↗Daniela Bianchi auf für Bond-Poster untypische Weise zeigen, bildeten die Grundlage der italienischen Posterkampagne zum Film. Als für den vierten offiziellen James-Bond-Film ↗*Feuerball* (1965) geworben wurde, entwarf Ciriello unter Verwendung der ungenutzten Entwürfe von ↗Robert·McGinnis die italienischen Filmplakate. Sie zeigten Connery ohne Hosen, was ein neues Bond-Image im Vergleich zu den anderen Werbekampagnen der Welt zur Folge hatte.

CITROËN (Fahrzeug)
Das erste Fluchtauto der James-Bond-Geschichte ist ein Citroën. Mit dem von ↗Le Chiffre höchstpersönlich gesteuerten Fahrzeug wird ↗Vesper Lynd entführt. Die Schergen des Bösewichts werfen eine Kette aus dem Wagen und provozieren damit einen Unfall, bei dem 007 nur leichte Verletzungen davonträgt. Ein weißer Citroën ist es auch, der 007 im Roman ↗*Die Ehre des Mr. Bond* Schwierigkeiten bereitet. Bond rammt das Fahrzeug, und ein ihm feindlich gesinnter Mann mit einer Axt gerät dabei zwischen Bonds ↗Bentley

und ein abgestelltes Fahrzeug: Er wird zerquetscht!

CITROËN 2CV (Fahrzeug)
Die Gerüchteküche brodelte wie noch nie, als sich herausstellte, dass James Bond im Film ↗ *In tödlicher Mission* (1981) einen Citroën 2CV fahren würde. Erst der Film macht die Wahl eines solchen Gefährtes verständlich. Bonds ↗ Lotus explodiert auf Grund von ↗ »Q«s extravaganter Diebstahlsicherung, und die schöne ↗ Melina Havelock hat leider nur die gelbe Ente anzubieten. 007 ist in der Szene zwar verwundert, doch er nutzt die Chance zur Flucht mit dem 2CV. Vier äußerlich identische Fahrzeuge waren bei den Dreharbeiten im Einsatz. Jedes war innen für die spezielle Stunt-Sequenz präpariert worden. Ein Modell verfügte beispielsweise über einen Überrollbügel, der die Karosserie verstärkte. Die in Spanien spielende Verfolgungsjagd wurde in der Nähe des Dorfes Pagi auf Korfu gedreht. Dort stellte man eine speziell auf die Örtlichkeiten passende Route zusammen, bei der die Serpentinen genutzt werden konnten. Als Gärtner verkleidet übermittelt »Q« ↗ Pamela im Roman ↗ *Lizenz zum Töten* wichtige Informationen. Sein Fahrzeug in dieser Mission ist ebenfalls ein Deux-chevaux (2CV).

CITY OF GOLD (Zeichentrickfilm)
↗ *James Bond Jr.*

CL-20
Siehe Inhaltsangabe ↗ *Never Dream Of Dying*

CLAIRE, COLONEL (Stuntdouble)
Colonel Claire doubelte ↗ Roger Moore in ↗ *Der Mann mit dem goldenen Colt* (1974). Er flog das Wasserflugzeug, mit dem 007 im Film zu ↗ Scaramangas Insel gelangt. Beim Vorbeifliegen an den Felsen war es schon einmal haarscharf und diese Szene ist im Film enthalten. Als Claire einen anderen Felsen berührte, wäre er mit dem Wasserflugzeug fast abgestürzt. Seine Flugerfahrung verhinderte Schlimmeres.

CLANCY, PAUL (Spezialeffekte)
↗ Nicholas Finlayson

CLARE, ALAN (Romanfigur)
Alan Clare wird im Buch ↗ *Countdown für die Ewigkeit* von ↗ John Gardner als Klavierspieler in einem Restaurant genannt. James Bond ist dort Stammgast, war aber lange Zeit nicht mehr da und taucht im Roman erstmals mit ↗ Q'ssi alias ↗ Ann Reilley auf, um gemütlich zu Abend zu essen. Reilley wünscht sich bei Clare den Song *As Time Goes By*. Der Pianist erfüllt ihr den Wunsch, und der Abend wird recht romantisch.

CLARET (Getränk)
↗ Mouton Rothschild '55

CLARK, ANTHONY (Bühnenarbeiter)
↗ John Pinner

CLARK, JIM (Schnitt)
Ein Praktikum als Cutter im Jahre 1951 begründete die Karriere von Jim Clark, der sich durch seine Arbeit an Projekten wie *Ladykillers*, *Der große Atlantik* und *Kapitän Seekrank* einen Namen machte. Als Chefcutter arbeitete er an *Surprise Package* (1951), und es dauerte nicht lange, bis er auch für den Schnitt international erfolgreicher Filme verantwortlich war. Zu diesen Projekten gehören *Schloss des Schreckens*, *Der Tag der Heuschrecke*, *Sherlock Holmes' cleverer Bruder*, *Der Marathon-Mann*, *Das Geheimnis der Agatha Christie* – hier arbeitete Jim Clark mit ↗ Timothy Dalton und Bond-Regisseur ↗ Michael Apted zusammen –, *Nell* (ebenfalls mit Apted als Regisseur), *Der Schakal* u. v. m. Auch als Regisseur versuchte sich Jim Clark: Der Film *Marty Feldman – Ich kann alles* war allerdings kein durchschlagender Er-

folg. Sein bisher größtes Filmprojekt bleibt ↗ *Die Welt ist nicht genug* (1999).

CLARK, NIKE (Darstellerin)
Als Bond-Girl in ↗ *Im Angesicht des Todes* (1985) war Nike Clark neben ↗ Sian Adey-Jones, ↗ Mayako Torigai, ↗ Caroline Hallett, ↗ Paula Thomas, ↗ Gloria Douse, ↗ Elke Ritschel und ↗ Lou-Anne Ronchi eine der vielen, die ihren kurzen Ruhm dazu nutzten, aus Interviews Profit zu schlagen.

CLAUDE (Romanfigur)
Als nicht ganz loyaler Arbeiter in einem Atomkraftwerk hat die von ↗ John Gardner erfundene Figur »Claude« im Buch ↗ *Countdown für die Ewigkeit* ihren Auftritt. Als die von ↗ Dr. Anton Muric und ↗ Franco instruierten Terroristen in Kernkraftwerken auf der ganzen Welt mit der ↗ Operation Schmelzbrand beginnen, offenbart Claude erstmals seinen wahren Charakter. Der Terrorist arbeitet als Wachmann und will die Kontrolle über die Kommandozentrale des Kraftwerks erlangen. Kurz darauf würde der Kontakt zur Außenwelt sofort abgebrochen werden.

CLAUS (Filmcharakter)
Claus ist neben ↗ Karageorge und ↗ Apostis einer der drei kleinen Killer, die im Film ↗ *In tödlicher Mission* (1981) in den Diensten von ↗ Emile Leopold Locque stehen. Claus taucht bei der Skiverfolgungsjagd auf und springt mit 007 von der Schanze – die Storyboards deuten darauf hin. Die Figur wurde von ↗ Charles Dance verkörpert. Im Film wird der Name der Figur jedoch nicht genannt.

CLAVELL, MICHAELA (Darstellerin)
Aussicht auf eine dauerhafte Rolle in den James-Bond-Filmen hatte Michaela Clavell 1983, als sie einen Vertrag für ↗ *Octopussy* (1983) unterzeichnete. Die Tochter des englischen Schriftstellers und Regisseurs ↗ James Clavell spielte die Figur ↗ Penelope Smallbone. Es war geplant, sie nach dem Ausscheiden von ↗ Lois Maxwell alias ↗ Miss Moneypenny als Vorzimmerdame von ↗ »M« zu übernehmen. Clavell unterschrieb zwar für drei Filme, der Vertrag trat aber nicht in Kraft.

CLAVELL, JAMES (Autor)
↗ John Gardner arbeitet gern mit Anspielungen auf seine Kollegen: So wirft der Juwelier ↗ Tony Man Song Hing seiner Tochter ↗ Wanda im Roman ↗ *Fahr zur Hölle, Mr. Bond!* vor, sie habe zu viele Romane von James Clavell gelesen.

CLAY PIDGEON (Schiff)
↗ *Cold*

CLAYTON, MICHAEL (Romanfigur)
↗ *Doubleshot* (Roman)

CLEESE, JOHN (Darsteller)
↗ Desmond Llewelyn alias ↗ »Q« bat schon bei den Dreharbeiten zu ↗ *GoldenEye* (1995) darum, eine Figur in den James-Bond-Filmen einzuführen, die als »Qs« Assistent agiere. Erst bei den Dreharbeiten von ↗ *Die Welt ist nicht genug* (1999) kam man seinem Wunsch nach. John Cleese wurde für die Rolle des tollpatschigen Assistenten ausgewählt, der von 007 ↗ »R« genannt wird, weil er der Nachfolger von »Q« werden soll. Llewelyn kam nach den Dreharbeiten bei einem Verkehrsunfall ums Leben. Cleese hatte bereits seinen Vertrag für mehrere James-Bond-Filme unterschrieben. Er spielt ab ↗ *Stirb an einem anderen Tag* (2002) »Q«. Von John Cleese hörte man erstmals etwas 1966: Er debütierte in *The Frost Report*. Cleese ist Mitbegründer von Monty Pythons Flying Circus, was seine Popularität erklärt, denn das Monty-Python-Team schuf mehrere Kultfilme und -serien, darunter *Monty Pythons wunderbare Welt der Schwerkraft* (1971), *Die Ritter der Kokusnuss* (1974),

Das Leben des Brian (1979) und *Monty Pythons – Der Sinn des Lebens* (1983). Nach vielen Liveauftritten und Bühnenshows trat Cleese 1974 und 1979 in der Serie *Fawlty's Hotel* auf.

Dass Cleese auch schreiben kann, bewies er als Co-Autor des Films *Ein Fisch namens Wanda*, in dem er mitspielte. 1983 veröffentlichte er *Families & How To Survive Them*. Das Buch wurde zum Bestseller, und Cleese schob *Life & How To Survive It* (1993) nach. Bei beiden Projekten war Dr. Robin Skynner sein Co-Autor. »Nach all den Drehbüchern, die ich in meinem Leben geschrieben habe, betrachte ich mich durchaus als Experte im Finden von Entscheidungen«, meinte Cleese in einem Interview, in dem er als Experte für Familienfragen angesprochen wurde: »Ich war dreimal verheiratet. Zuerst mit Connie Booth, mit der ich an verschiedenen Projekten zusammengearbeitet habe. 1981 habe ich Barbara geheiratet; die Ehe war nicht sehr erfolgreich. 1988 habe ich meine jetzige Frau getroffen, sie ist Psychoanalytikerin.« John Cleese wurde international bekannt und nahm zahlreiche Gastrollen an. Er war in *Die große Muppet-Sause* (1980), *Time Bandits* (1980), *Hey Soldat – dein Täschchen brennt* (1982), *Erik, der Wikinger* (1992), *Mary Shelleys Frankenstein* (1994) und *Das Dschungelbuch* (1995) zu sehen. Cleeses erfolgreichster Film bis dato wurde *Ein Fisch namens Wanda* (1989), das Team des Films drehte 1995 *Wilde Kreaturen*: Neben John Cleese als Zoodirektor treten Jamie Lee Curtis als Managerin, Michael Palin als quasselnder Tierwärter und Kevin Kline als berechnender Schurke auf. Die Verträge für zwei weitere James-Bond-Filme hat John Cleese bereits unterschrieben.

CLEMENS (Romanfigur)

Clemens ist im Roman ↗ *Casino Royale* der Leiter von James Bonds Abteilung, der alle Informationen an ↗»M« weiterleitet. Die Figur bekommt Bonds Mitteilungen über die ↗ Station Paris, die in diesem Roman noch nicht als ↗»Station F« bezeichnet wird.

CLÉRY, CORINNE (Darstellerin)

Corinne Cléry wurde 1950 in Paris geboren. Nach der Schule wurde sie Fotomodell. Schon 1968 hatte sie erste Aufträge – vom Modeln zum Schauspiel war es für Cléry nur ein kleiner Schritt, so spielte sie bereits 1975 die Hauptrolle im Softporno *L'Histoire d'O* (*Die Geschichte der O*). Hier durfte die junge Darstellerin auch viel von ihrem Körper zeigen. Der Film über Sado-Maso-Sex gilt heute als Kult, war aber lange Jahre umstritten. Mit Bond-Veteranen hatte Cléry schon 1978 zu tun. Ihre Filmpartner in *Kampf um die fünfte Galaxis* waren ↗ Richard Kiel und ↗ Barbara Bach, die beide zuvor in ↗ *Der Spion, der mich liebte* (1977) mitgewirkt hatten. Kleinere Projekte Clérys zu dieser Zeit waren *Wenn du krepierst – lebe ich noch!* (1976) und *Rauschgift tötet leise* (1978). Aber schließlich kam der Durchbruch. Die Französin bekam das Angebot, Bond-Girl in ↗ *Moonraker – streng geheim* (1979) zu werden. Welches Bond-Girl kann schon sagen, dass es Einfluss auf den Filmnamen der zu verkörpernden Figur hatte? Wäre eine Änderung möglich gewesen, hätten vermutlich viele Damen ihr Veto eingelegt, um nicht »Goodnight oder »Anders« heißen zu müssen. Corinne Cléry durfte auf Wunsch ihren Vornamen im Film behalten. Weil sie Französin ist, wurde aus der ursprünglich geplanten Figur namens ↗ Trudi Parker die ↗ Corinne Dufour, die als Privatpilotin von ↗ Drax vorkommt. Roger Moore schwärmte von der Zusammenarbeit mit der 29-jährigen Cléry.

CLEVELAND, MURRAY (Stuntman)

Für die Dreharbeiten von ↗ *Leben und sterben lassen* (1973) benutzte man Rennboote vom ↗ Typ CV-19. Dabei wurde von den Stuntmen (Murray Cleveland, ↗ Jerry

Comeaux, ↗Joey Citwood Eddie Smith u.v.m.) allerhand abverlangt. Sie mussten nicht nur sehr schnell über die Wasseroberfläche, sondern auch über Landzungen, durch Hochzeitsgesellschaften mit dazugehörigen Torten und in Swimmingpools rasen.

↗Jerry Comeaux

CLEVER & SMART (Comic)
Die in Deutschland sehr erfolgreichen Comicbände *Clever und Smart* von Francisco Ibañez sind eindeutig auf die Welle der James-Bond-Filme zurückzuführen. In den Comics, von denen es bisher über 150 Ausgaben gibt, agieren zwei merkwürdige Geheimagenten namens Fred Clever und Jeff Smart. Clever ist von seiner Kleidung her »bondiger«. Er trägt immer einen schwarzen Anzug. Die beiden Figuren, die in den ersten Bänden noch ohne Chaos gegen Schurken kämpften und diese auch fingen, wurden mehr und mehr zu Pechvögeln. Clever verkleidet sich dauernd als Tier, Monster oder verwandelt sich in Gegenstände, Smart ist so von Clever genervt, dass er ständig explosionsartige Tobsuchtsanfälle bekommt. Auch was Unfälle angeht, ist Smart stets der Leidtragende. Die Zusammenhänge mit James Bond sind nicht nur in diesen beiden Figuren zu finden. Das Auftauchen des Geheimdienstchefs Mr. L ist eine Parodie ↗»Ms«. Flirtet James Bond in den Filmen mit ↗Miss Moneypenny, so ist es in den Comics Fräulein Ophelia, die Clevers Geliebte werden will, meist aber eine Abfuhr bekommt und gedemütigt wird.

Dr. Bakterius ist eine Abwandlung der Filmfigur ↗»Q«. Bakterius stattet die Agenten Clever und Smart häufig mit Erfindungen aus, die getestet werden müssen. Das endet für die Tester oft im Krankenhaus. Verliert Bakterius eine Formel oder wird sie ihm gestohlen, so reisen Clever und Smart an abgelegenste Orte der Welt, um sie wiederzufinden – auch Bond-Filme spielen an exotischen Schauplätzen. Die Organisation, für die alle arbeiten, ist die T.I.A. (Trans Internationaler Agentenring). Neben den Abwandlungen 007s kommt die Figur James Bond auch im Leben der Agenten vor. In Band 4 *(Verdammt, wer macht die Kiste auf?)* freut sich Clever, wie James Bond reisen zu können, weil »L« versehentlich zu viel Spesengeld gezahlt hat. In Band 8 *(Wir bringen Nachschub für den Knast!)* müssen die Agenten mit einer Straßenbahn zum Hauptquartier fahren, und Clever meint, mit einem Spezialfahrzeug von Bond wären sie schneller gewesen. Im 6. Kapitel des 24. Bandes *(Ein Job, bei dem man Haare lässt!)* wohnt ein Schurke in der »James-Bond-Straße 7«. In *Dieser Schütze macht wohl Witze!* (Band 27) ärgert sich »L« über Agenten, die scharf auf James-Bond-Jobs sind. In Band 69 *(Bei diesem Job kriegt man's im Kopf!)* sollen Clever & Smart in der Geschichte *Der Tag der Milch macht jeden zum Knilch!* aus einem »08/15-Agenten« einen »007-Typen« machen. Eine Ausgabe später *(Mit ÄCHZ und ORKH quer durch New York!)* treffen die beiden Agenten auf James Bond selbst. Smart will in New York ein Auto klauen, wird aber von der Sicherheitseinrichtung k.o. geschlagen. Kurz darauf kommt ein Mann (eine Karikatur ↗Sean Connerys) im Anzug die Straße entlang, verpasst Smart noch einen Fausthieb und fährt mit seinem Wagen davon, der das Kennzeichen JB-007 hat.

Der Comic mit dem größten Bezug zu James Bond ist Band 73 *(Das Chaos tobt – der Wahnsinn droht!)*. Hier findet sich eine Geschichte mit dem Titel *Kein Bussi für Octopussy*. Ophelia hängt an dem Höhenruder eines Jets, mit dem James Bond geflogen wird. Sie beteuert ihre Liebe (»Oh, James«), während der Jet von einer Rakete verfolgt wird (eine Anspielung auf die ↗Pre-Title-Sequenz von ↗*Octopussy*). Clever und Smart tauchen mit einem Heißluftballon auf. Das Chaos nimmt seinen

Lauf: Die beiden Möchtegern-Agenten kollidieren mit dem Jet und stürzen mit Ophelia ab. Die Sekretärin von Mister L nimmt sofort die Verfolgung Bonds auf, den sie über alles liebt. Mister L befiehlt Clever und Smart, Ophelia zurückzubringen, James Bond habe sie entführt. Im Dschungel sehen die beiden, wie Ophelia hinter einem Krokodil herschwimmt, in dessen Plastikkörper 007 steckt (die Tarnung stammt ebenfalls aus *Octopussy*). Plötzlich taucht ein Helikopter mit Sean Connery (!) an Bord auf. Dieser ruft: »Hier spricht Sean Connery! Es ist aus mit dir, Roger! In deinem lächerlichen Amphibienfahrzeug entkommst du mir nicht ...!« Connery wirft eine Handgranate ab, Moore entkommt jedoch. In einer neuen Tarnung, einem Erdhügel, wird Bond/Moore wieder von Ophelia gefunden. Connery taucht auf und eröffnet das Feuer. Moore/Bond versteckt sich auf einem Berggipfel (Anspielung auf ↗ *In tödlicher Mission*), als Smart, Ophelia und Clever am Berg hochklettern, werden sie mit siedendem Öl übergossen. Connery bringt den Berg mit einer Ladung TNT zur Explosion. Clever und Smart tauchen mit Ophelia bei Mister L auf und übergeben ihm ein »Mitbringsel eines Industriellen anlässlich eines Parteitages«. Auch die Pläne einer vollautomatischen Geldwaschanlage und zahlreicher Extras konnte Clever von Moore/Bond bekommen. Moore stellte eine Bedingung: Er wollte von Ophelia in Ruhe gelassen werden. Diese wurde auf John Travolta angesetzt und hat sich unsterblich in ihn verliebt. Clever will auf den Erfolg ein Foto von sich anfertigen lassen: Er hat zwei Poster mit Frauen darauf an die Wand geklebt und stellt sich in Bond-Pose dazwischen.

Ein Filmvorführer sucht in *Da kommt der Minister – und weg ist er!* (Band 77) einen politischen Film und findet stattdessen eine Filmrolle von *James Bond jagt Dr. Kohl. Hier fliegen die Fetzen – uns packt das Entsetzen!* (Nr. 89) ist die Ausgabe, in der eine Frau Fred Clever den »James Bond der T.I.A.« nennt. Auch bei einer Taxifahrt in *Horror frei Haus – da rastet man aus!* (Band 96) fragt sich ein Passant, ob James Bond am Steuer sitze. In *Stets auf der Piste – mit heißer Kiste!* (Band 114) kommt sogar ein Agent mit der Codenummer 007 vor, der aber nichts mit dem Filmagenten von ↗ Fleming zu tun hat. In *Krank im Kopf – da hilft kein Tropf!* (Band 117) suchen Clever und Smart ein Bestattungsinstitut auf. Smart vermutet, Tote würden hier zweimal bestattet werden, damit das Institut doppelt Gelder kassieren kann. Clever meint: »Klar! Man lebt nur zweimal!« In *Aberglaube, Hexenkult – und wir sind schuld!* (Band 121) wollen Clever und Smart einem Würdenträger den à la James Bond durchgestylten Fuhrpark zeigen, in *Trali, trala – Justitia!* (Band 138) glaubt ein Halbblinder einen Kugelschreiber von James Bond in Händen zu halten, in Wirklichkeit ist es eine Maschinenpistole, in *Stets auf Zack – auch huckepack!* (Band 139) fragt Clever Mister L, ob sie den neuen James-Bond-Wagen von ↗ BMW bekämen und in *Der Größen-Killer – Viren-Thriller!* (Band 140) ist ein Barkeeper der Ansicht: »Wenn ich einen Cocktailshaker in der Hand habe, muss ich ihn schütteln!«, worauf Smart erwidert: »James Bond hätte dich umgebracht!« (ein Fehler des Texters, denn 007 will ja seinen Martini immer geschüttelt, nicht gerührt!). Dem Auftauchen der Bond-Figur bei *Clever & Smart* scheinen keine Grenzen gesetzt zu sein. Zuletzt wurde in der deutschen Version des Comics 170 *(Die geilsten User – die coolsten Loser!)* bewusst auf 007 angespielt. Da heißt es am Schluss auf Seite 44, der Erfinder eines Cumpuervirus, ein gewisser Dr. Fidelius, habe zu viele James-Bond-Filme gesehen und glaube deshalb, der Herrscher der Welt werden zu können.

CLEVER, FRED (Comicfigur)
↗ *Clever & Smart*

CLIFTON PIER
Clifton Pier in Nassau wurde zum Drehort der meisten Szenen für die Wasserschlacht von ↗*Feuerball* (1965).

CLIMAX MYSTERY THEATRE (TV-Reihe)
Die CBS-TV-Reihe mit dem Titel *Climax Mystery Theatre* zeigte am 21.10.1954 die TV-Version *Casino Royale* (1954). William Lundigan spielte 007.

CLIVE (Filmcharakter)
Major Clive ist eine Figur aus dem Film ↗*Octopussy* (1983), verkörpert von ↗Stuart Saunders.

CLIVE (Romanfigur/Filmcharakter)
Clive ist einer der Angestellten auf der ↗Wavekrest im Roman und im Film ↗*Lizenz zum Töten* (1989). Er informiert seinen Vorgesetzten ↗Milton Krest über Rauschgift liefernde Schiffe und die Lademanöver der Sonde ↗Sentinel. Der Name taucht im Abspann auf. Die Figur wurde von ↗Eddie Enderfield verkörpert. Und auch Sharkys Killer in ↗*Lizenz zum Töten* (1989) trägt den Vornamen Clive. Er wird von James Bond mit einer Harpune getötet.

CLOWN (Romanfigur/Filmcharakter)
Der Clown im Roman und im Film ↗*Moonraker – streng geheim* (1979) ist kein Geringerer als der verkleidete ↗Jaws (↗Beißer), der James Bond und ↗Manuela verfolgt, um einen Mordanschlag auf sie zu verüben. Im Film ↗*Octopussy* schlüpft 007 selbst in ein Clownskostüm, um unentdeckt in eine Vorstellung des ↗Octopussy-Zirkus zu gelangen und die Bombe von ↗General Orlov und ↗Kamal Khan zu entschärfen.

CLOWN
Als Clown verkleidet flüchtet ↗009 in ↗*Octopussy* (1983) vor ↗Mischka und ↗Grischka. Er hat ein ↗Fabergé-Ei gestohlen und schafft es, sich schwer verletzt zur Residenz des britischen Botschafters durchzuschlagen, wo er beim Eintreffen stirbt. Der Fall wird an 007 übergeben. Auch James Bond schlüpft in diesem Film in die Rolle eines Clowns. Er tarnt sich so, um der deutschen Polizei zu entkommen und die Bombe in der Manege während einer Zirkus-Vorstellung entschärfen zu können.

CLOWNSMÜTZE
↗009, der in ↗*Octopussy* (1983) als Clown verkleidet vor ↗Mischka und ↗Grischka flieht, verliert seine Clownsmütze. Die hinterlassene Spur macht es den Verfolgern einfacher, 009 hinterherzujagen.

CLOWNSSCHUHE
Das laute Geräusch beim Auftreten mit Clownsschuhen wird ↗009 in ↗*Octopussy* (1983) zum Verhängnis. ↗Mischka und ↗Grischka, die ihn verfolgen, können sich am Geräusch orientieren und den flüchtenden Geheimagenten mit dem gestohlenen ↗Fabergé-Ei aufspüren.

CLUB 21
Bevor James Bond und ↗Solitaire am Ende von ↗*Leben und sterben lassen* (1973) in den Zug steigen, verabredet sich der Agent noch mit ↗Felix Leiter im Club 21.
↗Mac Kriendler

CMG (Orden)
Im Roman ↗*Liebesgrüße aus Moskau* heißt es in einer Akte, die James Bonds Gegner über ihn besitzen: »Die Tatsache, dass dieser Spion 1953 mit dem CMG ausgezeichnet wurde, einen Verdienstorden, den Agenten normalerweise erst bei ihrer Versetzung in den Ruhestand erhalten, lässt Rückschlüsse auf den Wert des Mannes zu.«

CMGM (fiktiver Nachrichtensender)
CMGM ist der Nachrichtensender des Medienmoguls ↗Elliot Carver aus dem Film ↗*Der Morgen stirbt nie* (1997). CMGM bedeutet »Carver Media Group Network«

und ist laut ↗ Raymond Benson im gleichnamigen Roman ein weltbekanntes Unternehmen. Durch Carvers Firma wurden bereits Weltrekorde gebrochen, da er Nachrichten schneller verbreitete als jeder andere Sender. Kommunikationssatelliten der Firma umkreisen die Erde. Der Bösewicht Carver will einen Dritten Weltkrieg auslösen, um damit die Einschaltquoten zu erhöhen. Zum Unternehmen gehört auch die Zeitschrift ↗ *Der Morgen* (↗ *Tomorrow*). Der Nachrichtensender CMGM wirbt mit dem Slogan »Die Nachrichten von morgen – schon heute«. James Bond muss feststellen, dass dieser Slogan durch Carvers bösartige Vorgehensweise mehr und mehr zur Realität wird. James Bond durchkreuzt allerdings die Pläne des Verrückten und zerstört dessen Imperium. In frühen Drehbuchversionen von ↗ *Tomorrow Never Dies* heißt Carvers Nachrichtengesellschaft noch »SCNews« (»Satellit Carver News«). Eine Änderung wurde nur für den Film und Raymond Bensons Roman zum Film vorgenommen.

CNN (Fernsehsender)
↗ »M« macht im Roman und auch im Film ↗ *GoldenEye* (1995) keinen Hehl daraus, dass sie den Informationen von CNN keinen Glauben schenkt. Als der gestohlene ↗ Tiger-Helikopter in ↗ Sewernaja auftaucht und der ↗ Goldeneye-Satellit ↗ Petya zu explodieren droht, will James Bond wissen, ob die Satellitenaufnahmen auf den Monitoren beim ↗ MI6 live sind. »M« bestätigt: »Im Gegensatz zur amerikanischen Regierung ziehen wir es vor, keine falschen Nachrichten von CNN zu bearbeiten.« Im Roman ↗ *Der Morgen stirbt nie* heißt es, der Sender CMGM von Elliot Carver mache dem Sender CNN möglicherweise den ersten Platz als erfolgreichster Nachrichtensender streitig.

CNNTV (fiktiver TV-Sender)
↗ Anna Rack arbeitet im Roman ↗ *Lizenz zum Töten* für den TV-Sender CNNTV. Ein Bericht vom Galaabend, bei dem unter anderem auch Gastgeber ↗ Franz Sanchez und ↗ Hector Lopez anwesend sind, wird live aus ↗ Isthmus City übertragen. 007 sieht sich alles im Fernsehen an.

CNOCKERS (Passwort)
↗ Titten

CO_2-HARPUNENGEWEHR (Waffe)
In der Kurzgeschichte ↗ *Risiko* wird James Bond nach einem Treffen mit ↗ Liesl Baum von mehreren Gegnern mit CO_2-Harpunengewehren bedroht.

CO_2-UNTERWASSERGEWEHR (Waffe)
↗ Blofeld vergewissert sich im Roman ↗ *Feuerball* gegenüber ↗ Nummer 1, ob die Ausbildung am CO_2-Unterwassergewehr stattfinde. Sein Gesprächspartner kann dies nur bejahen. Die Waffe wird später auch gegen Bond eingesetzt, als er bei einem Tauchgang herausfinden will, ob die ↗ Disco Volante über eine Unterwasserluke verfügt.

COAP (Ausrüstung)
Von ↗ Ann Reilly erhält 007 im Roman ↗ *Nichts geht mehr, Mr. Bond* ein Covert Operations Accessor Pack – kurz: COAP. Bei der Beschreibung des COAP im Roman ist gut zu erkennen, wie auch ↗ John Gardner mit dem ↗ »Fleming-Effekt« arbeitet: »Das Covert Operations Accessor Pack, COAP, war nach dem Prinzip der altmodischen Royal-Navy-›Hausfrau‹-Ausrüstung konzipiert. Es war ein dickes, längliches, in Ölleinen gewickeltes Paket, das vierzig Zentimeter lang und sechzehn Zentimeter breit war. Am linken Ende hingen zwei lange Bänder heraus, die das Paket mit einem schnell zu lösenden Knoten sicherten. Wenn man es öffnete und flach hinlegte, sah man die fünf Taschen, von denen jede für einen bestimmten Ausrüstungsgegenstand maßgeschneidert war. Ganz links befanden sich zwei Objekte, die

wie kurze HP 11-Batterien aussahen. Eines von ihnen war eine helle Leuchtkugel, die mit dem Knopf aktiviert wurde, der als der Pol der Batterie getarnt war. Wenn man sie auf Armlänge von sich hielt, verbreitete sie innerhalb eines Radius von sechs Metern strahlende Helligkeit und beleuchtete ein Gebiet mit einem Radius von vierhundert Metern. Wenn sie auf der richtigen Flugbahn abgefeuert wurde, konnte sie den Gegner blenden. Die zweite Batterie wurde genauso in Betrieb genommen wie die erste, allerdings behielt man sie nicht in der Hand, denn innerhalb von sieben Sekunden explodierte sie mit beinahe der doppelten Sprengkraft der alten Mills-Handgranate. Beide Batterien enthielten die nicht nachweisbare Plastiksubstanz, die den Antiterrororganisationen solche Sorgen bereitete.

Die dritte Tasche enthielt ein fünfzehn Zentimeter langes Messer aus gehärtetem Polykohlenstoff und konnte deshalb bei der Sicherheitskontrolle auf Flugplätzen nicht entdeckt werden. Die Klinge steckte in der Scheide, die gleichzeitig als Handgriff diente. Die vierte Tasche war beinahe vollkommen flach, denn sie enthielt einen gezahnten Würgedraht. In der fünften Tasche befand sich die tödlichste Waffe – ein Füllfederhalter, der natürlich kein gewöhnlicher Füllfederhalter war. Er wurde in Italien hergestellt und bereitete den Sicherheitsdiensten ebenfalls Kummer. Durch eine schnelle Drehung wurde er zu einer kleinen Pistole. Mittels Druckluft wurden gehärtete Stahlnadeln abgefeuert, die töten konnten, wenn sie aus einer Entfernung von zehn Schritten in das Gehirn, den Hals, die Lunge oder das Herz drangen. Der Füllfederhalter konnte nur dreimal eingesetzt werden.«

COBRA

Der Krisenausschuss namens »Cobra« tagt im Roman ↗*Countdown für die Ewigkeit* und auch ↗»M«, Mitglieder der britischen Regierung und des Sicherheitsdienstes sind anwesend. Anlass sind die unerwarteten Aktionen, die sich in einigen Atomkraftwerken weltweit abgespielt haben. Diese wiederum gehen auf die finsteren Pläne von ↗Dr. Anton Muric zurück, der eine weltweite Katastrophe auslösen will. ↗John Gardner lässt diesen Ausschuss im Roman ↗*Scorpius* erneut tagen. Der Name leitet sich vom Namen »Cabinet Office Briefing Room« ab. COBRA setzt sich aus dem Innenminister als Vorsitzenden, dem Minister des Kabinetts, Repräsentanten des Innen- und Außenministeriums, des ↗MI6, des ↗Secret Intelligence Service, der ↗Metropolitan Police und des Verteidigungsministeriums zusammen. Er ist befugt, mit Mitgliedern aus anderen Abteilungen zu kooperieren, besonders bei einem Problem wie ↗Wladimir Scorpius und seiner terroristischen Sekte. In *Scorpius* soll auch der ↗CIA mit dem Vertreter ↗David Wolkowski zu COBRA gehören.

COBRA-HELIKOPTER
↗*Cold*

COBURN, BRIAN (Darsteller)
Der südamerikanische V.I.P. in ↗*Octopussy* (1983) wurde von Brian Coburn verkörpert, der dazugehörige Offizier von ↗Michael Halphie.

COCA-COLA (Getränk)
Ein für James-Bond-Romane besonders extravagantes Getränk bestellt sich ↗Honeychile Rider in der Festung von ↗Dr. No: Während 007 einen ↗Wodka-Martini zu sich nimmt, will Rider Coca-Cola.

COC-CHAI (fiktiver Spielklub)
Der fiktive Spielklub »Coc-Chai« ist eine Erfindung von ↗John Gardner. Zwei Romanfiguren (↗James Joseph Jepson III. und ↗Frankie McGregor) verschulden sich im Roman ↗*Fahr zur Hölle, Mr. Bond!* durch ihre Spielsucht so stark, dass beide

an unterschiedlichen Tagen nach Besuchen im »Coc-Chai« spurlos verschwinden. Viel alarmierender für ↗»M«, ↗Bond und ↗Rushia ist jedoch, dass noch drei weitere Männer unauffindbar sind. Alle waren am Projekt ↗Lords and Lords' Day beteiligt.

CODE 1
Code 1 ist im Roman ↗*Scorpius* die Bezeichnung der höchsten Dringlichkeitsstufe. Der Zusatz »Magnum« bedeutet, dass Handfeuerwaffen benutzt wurden. James Bond ist gewarnt. Er erhält von ↗»Oddball« – dem ↗MI6 – noch eine Vielzahl von weiteren Codes und Decknamen. Code 1 ist gleichbedeutend mit »schwerer Unfall«.

CODE 10
Code 10 ist in ↗*Der Hauch des Todes* (1987) das Notfallprogramm von ↗Blayden. Der Code 10 kommt zum Einsatz, als ↗Necros mit seinen explosiven Milchflaschen ein Chaos anrichtet.

CODE 22
Der Code 22 signalisiert dem Geheimagenten James Bond im Roman ↗*Countdown!*, sofort London zu kontaktieren. 007 stößt auf diese festgelegte Ziffernfolge, als er nach ↗T. Y. Woo und ↗Sunni sucht, die beide verschwunden sind.

CODE 33
Im Roman ↗*Countdown!* wird dieser Code benutzt, um James Bond auf einen dringenden Auftrag einzustimmen. 007 erhält ihn von Agentin ↗03. Code 33 bedeutet, dass 007 unverzüglich nach London zurückkehren muss.

CODE 7348777
Wütend ergreift 007 den Telefonhörer im Roman ↗*Die Ehre des Mr. Bond*. Am anderen Ende behauptet eine Frau, sie hätte die Nummer 7348777 des »Record Shop« in der Dean Street gewählt. 007 muss die Dame enttäuschen, er weiß aber, was der Code 7348777 bedeutet: ein Treffen mit ↗»M« ist geplant. Die ersten zwei Ziffern ergeben zehn. Dies ist der Zeitpunkt, für den das Treffen anberaumt wurde. Über die weiteren Ziffern gibt Autor ↗John Gardner leider keine Auskunft. Das Treffen zwischen 007 und seinem Vorgesetzten im Beisein ↗Bill Tanners findet in der fiktiven Firma ↗Rich Photography Ltd. nahe der St. Martin's Lane in London statt.

CODE-BUCH
Im Roman ↗*Casino Royale* schlägt der ↗Leiter S ↗Bill Tanner vor, er solle ein gutes Code-Buch lesen, bis ↗»M« sich bezüglich der Aufgaben der ↗Abteilung S entschieden habe. Als James Bond später in die Gewalt ↗Le Chiffres gerät, fliegt seine Tarnung durch ein Code-Buch auf: Le Chiffres Männer stoßen im Kugelventil des Klosetts auf dieses Buch und berichten ihm davon.

CODE FOXTROTT
James Bond 007 tanzt nicht nur im Film ↗*Sag niemals nie* (1983) Tango, auch ein weiterer Tanz findet in seinem Leben Verwendung – wenn auch nur als Code. Im Werk ↗*Countdown für die Ewigkeit* spricht Bond vom »Code Foxtrott«, der immer benutzt wird.

CODEKNACKER
James Bonds Codeknacker im Roman und auch im Film ↗*GoldenEye* (1995) stammt wieder aus der ↗Abteilung Q. Das Gerät funktioniert wie eine Telefonzentrale: »Es registriert sämtliche bekannten Kombinationen von Ziffern und Buchstaben mit einer Geschwindigkeit von rund fünfhundert pro Sekunde. (...) Selbst bei einem überaus clever erdachten System dauert es höchstens eine Viertelstunde, bis der Code geknackt ist.« Das Gerät erinnert an die Safeknacker, die James Bond schon in den Filmen ↗*Man lebt nur zweimal* (1967), ↗*Im Geheimdienst Ihrer Majestät* (1969),

und ↗Moonraker – streng geheim (1979) benutzt hat.

CODES

↗James Bond 007 jagt Dr. No, ↗WXN und ↗WWW

Ein schönes Beispiel für ein von Codes durchzogenes Gespräch findet im Roman ↗Leben und sterben lassen statt. 007: »Ich war heute Nacht bei unseren Hauptkunden« (Bond meint ↗Mr. Big). »Während meines Besuchs erkrankten drei seiner besten Leute (...) hoffnungslos, hier herrscht nämlich eine Grippeepidemie.« (Bond signalisiert, dass er drei von Bigs Männern ausgeschaltet hat). M: »Hoffentlich haben Sie sich nicht angesteckt?« (M will wissen, ob Bond verletzt wurde). 007: »Nur leicht, Sir. (...) Die Schwierigkeit ist nur, dass das hiesige Büro wegen dieser Grippeepidemie der Ansicht ist, ich solle umgehend abreisen.« (Der Agent deutet damit an, leicht verletzt worden zu sein und das er vom amerikanischen Geheimdienst gebeten wurde, das Land zu verlassen). Des Weiteren bringt James Bond ↗Felicia ins Spiel, ein Deckname für den Kollegen ↗Felix Leiter. Bond gibt vor, die Firma »San Pedro« aufsuchen zu wollen und zeigt damit sein Vorhaben an, nach St. Petersburg in Florida zu reisen.

Die Agenten im Roman ↗Liebesgrüße aus Moskau erkennen sich an einem Code. Der genau festgelegte Dialog läuft wie folgt ab:

Grant: »Entschuldigen Sie, könnten Sie mir ein Streichholz geben?«

Bond: »Ich nehme ein Feuerzeug.«

Grant: »Das ist noch besser.«

Bond: »Wenn es funktioniert.«

Der Code zur Erkennung Gleichgesinnter sollte ursprünglich zwischen ↗Nash und Bond ausgetauscht werden, doch ↗Grant fängt Nash ab und gibt sich gegenüber 007 als Verbündeter aus.

Der Dialog wurde mit geringen Abweichungen auch im Film ↗Liebesgrüße aus Moskau (1963) benutzt:

Person 1: »Darf ich um ein Streichholz bitten?«

Person 2: »Ich benutze immer mein Feuerzeug.«

Person 1: »Das ist noch besser.«

Person 2: »Bis es kaputt geht!«

007 führt diesen Dialog mit Grant, der sich als Nash ausgibt, und mit einem von ↗Kerim Beys Söhnen, der ihn auf dem Flughafen in Istanbul abholt. In der Originalversion von Liebesgrüße aus Moskau (1963) stellt sich heraus, dass Grant den Text hat, weil ↗SPECTRE einen Geheimagenten des britischen Geheimdienstes in Tokio zum Sprechen bringen konnte.

↗Hauptkartell

In ↗Der Spion, der mich liebte (1977) wird der Code zur Benutzung der ↗Polaris-Einsatzzentrale von ↗Benson eingegeben. Nummeriert man die beiden untereinander liegenden Fünferreihen der Tasten von links oben nach rechts unten durch, so drückt Benson die Tastenfolge 185329. Weitere Codes werden in ↗In tödlicher Mission (1981) ausgetauscht: Ferrara: »Der Schnee ist besser in Innsbruck«, 007: »Aber nicht in St. Moritz.«

↗Kovacs Code, um ↗Largo in ↗Sag niemals nie (1983) zu signalisieren, dass das Abfangen der Nuklearsprengköpfe reibungslos vonstatten gegangen ist, lautet: »Die Fische sind im Netz.« Largo antwortet ironisch auf seine Art: »Legen Sie sie auf Eis« (deutsche Version: »Dann werden wir sie aufs Eis legen«).

Von Codes wimmelt auch das Gespräch, das James Bond im Roman ↗Goldfinger mit der ↗Station H führt: »›Hier spricht Dickson. Es ist wegen des Telegramms über den Mango-Transport. Obst. Sie wissen davon?‹

Bond: ›Ja, ich hab's hier.‹ (...) er wusste Bescheid. Das Obst waren Haftminen für die Station H. Damit sollten drei Dschunken des rotchinesischen Spionagedienstes versenkt werden, die vor Maçao britische Frachter anhielten und nach Flüchtlingen durchsuchten.

Dickson: ›Bis zum Zehnten muss die Zahlung erfolgt sein!‹ Also würden nach diesem Datum die Dschunken abgezogen oder die Wachen verdoppelt sein.«

Der Codesatz »Die Vögel haben sich in der Stadt versammelt und fliegen alle morgen ab« steht in einem Telegramm an ↗Marc-Ange Draco. Dieser weiß mit dem Codesatz von ↗Universal Exports zunächst nichts anzufangen. 007 erläutert im Roman ↗*007 James Bond im Dienst Ihrer Majestät* den Inhalt der Geheimnachricht: Alle Mädchen, ↗Blofelds (Todesengel), seien in Zürich angekommen und würden am Folgetag nach England fliegen.

↗Heather Dare klärt James Bond im Roman ↗*Nichts geht mehr, Mr. Bond* über die Codes auf, die sie und ↗Ebbie Heritage benutzen, um sich gegenseitig zu warnen. Der Dialog: »Elisabeth ist krank« mit der Antwort: »Ich bin heute Nachmittag bei dir.« bedeutet, dass die Deckung aufgeflogen ist und ein Treffen in Dublin stattfinden soll. Der Code »Wie geht es deiner Mutter?« gibt beiden das Signal, notwendige Sicherheitsvorkehrungen zu ergreifen. Der Code bedeutet in etwa: »Du bist aufgeflogen, ergreife sofort notwendige Maßnahmen!«

Um eine Geheimdienstvilla und vier Mietgaragen im Roman ↗*Scorpius* zu sichern, benutzen die Agenten täglich neue Codes. Einer dieser vorher abgesprochenen Dialoge hätte wie folgt lauten sollen:

Person in der Villa: »Wer ist da? Bist du's, Brian?«

Person vor der Tür: »Sonderlieferung für Mr. Dombey.«

Person in der Villa: »In Ordnung, hier ist sein Sohn.«

Zu Dans Unglück kam der Dialog nicht zu Stande und er wusste, dass vor der Tür Feinde standen. Im selben Buch wird 007, der den Decknamen ↗»Pedator« trägt, vom ↗MI6 per Funk benachrichtigt, dass er nach »Tango Sechs« (zur oben beschriebenen Villa) fahren solle, da sich dort »Drei Tafeln (bedeutet: drei Tote) und ein Hänger (bedeutet: ein Verletzter)« befänden. Natürlich handelt es sich bei den Ausdrücken um Codes, die nur James Bond kennt. Des Weiteren gibt der MI6, der den Decknamen ↗Oddball trägt, den ↗Code 1 durch, eine Bezeichnung für die höchste Dringlichkeitsstufe. Der Zusatz ↗Magnum bedeutet, dass bei einer Aktion Handfeuerwaffen benutzt wurden. ↗Blau heißt, die Polizei ist bereits am Einsatzort eingetroffen. So können sich Bond und der MI6 verständigen, ohne dass ↗Harriett Horner und ↗Pearlman wissen, worum es geht. Es fallen die Schlagworte »Oddball« und ↗Erdbeben. Dies signalisiert James Bond, dass sich ein von ihm erwarteter Zwischenfall ereignet hat. Außerdem kann er nun sicher sein, dass sich ein Maulwurf in seiner Nähe befindet. Als später ein Anschlag im Krankenhaus verübt wird, benutzt Bond das Notfallsystem. 007 gibt zwei Codes durch: ↗Hospice und ↗Flash Red. Damit signalisiert er einen Zwischenfall im Krankenhaus, der der höchsten Dringlichkeitsstufe unterliegt. Der Code ↗Ultra, den Bond auch in diesem Buch benutzt, ist eine versteckte Bitte an »M«, Männer zu beauftragen, die ihn beschatten. Er verwendet den Code, bevor er sich mit Pearlman aufmacht, um dessen Tochter Ruth zu befreien und die Sekte ↗Gesellschaft der Demütigen zu zerschlagen.

Im Roman ↗*Fahr zur Hölle, Mr. Bond* kommen zwei Codedialoge vor:

Person 1: »Indexer lässt Grüße ausrichten.«

Person 2 (Bond): »Das Glossar ist also rechtzeitig fertig geworden?«

Später im Roman antwortet 007, der sich als ↗Peter Abaelard ausgibt, auf die Frage, ob seine Operation erfolgreich sei, mit dem Identifikationscode: »Völlig. Ich bin ein ganz wiederhergestellter Mann.« Im Roman ↗*GoldenEye* ist ein Dialog zwischen James Bond und ↗Jack Wade aufgeführt, der zur Erkennung zwischen MI6-Mann und ↗CIA-Mann dienen soll. 007 spricht die ersten Zeilen: »In London gehört der

April zum Frühling.« Wade reagiert nicht und wird von Bond unter Druck gesetzt, bis er die richtige Antwortparole nennt: »(...) während wir uns in St. Petersburg den Hintern abfrieren«. Da Bond noch nicht ganz überzeugt ist oder vielmehr Wade für seine Arroganz bestrafen will, lässt er sich eine Tätowierung auf der Kehrseite des CIA-Agenten zeigen.

↗ Mein Freund und ↗ Werkzeug

Im Roman ↗ *Stirb an einem anderen Tag* will ↗ Raoul feststellen, ob James Bond tatsächlich die Codes beherrscht. Nachdem 007 nach ↗ Delctados verlangt hat, holt der Schläfer eine dieser Zigarren und beginnt den festgelegten Codedialog:

Raoul: »Sie sind äußerst gesundheitsschädlich, Mr. Bond. Wissen Sie, warum?«

Bond: »Das liegt an der Balkanmischung von Volado-Tabak. Brennt langsam und geht niemals aus.«

Raoul: »Wie ein Schläfer.«

Bond: »Ich bedaure, Sie so unsanft geweckt zu haben.«

↗ James-Bond-Thema

Um in ↗ *Im Angesicht des Todes* (1985) mit ↗ Chuck Lee von der ↗ CIA Kontakt aufzunehmen, muss James Bond einen bestimmten Code nennen. Er bestellt bei dem als Verkäufer am Hafen getarnten ↗ Lee eine weichschalige Krabbe. Die Zusammenarbeit beginnt.

CODETASTEN
↗ Lektor

COFFEY, AL (Turmspringer)
Der Turmspringer Al Coffey hatte seinen Auftritt zu Beginn des Films ↗ *Goldfinger* (1964). Er taucht nach einem 10-Meter-Sprung nahezu perfekt in das Schwimmbecken des ↗ Fontainbleau-Hotels in Miami ein. Die Kamera schwenkt von ihm auf den ↗ Felix-Leiter-Darsteller ↗ Cec Linder.

COGGER, BRIAN (Romanfigur)
Brian Cogger taucht erstmals im Roman ↗ *Fahr zur Hölle, Mr. Bond!* auf, um James Bond und ↗ Chi-Chi beim Eindringen in ↗ Lees Gefilde zu unterstützen. Cogger, ↗ Tanner, ↗ Q'ute und ↗ Orr begrüßen James Bond, und der Agent verschafft sich einen Überblick über die Mitarbeiter. Cogger ist Spezialist auf dem Gebiet der »Dokumente« – es handelt sich um qualitativ hochwertig gefälschte Dokumente, und der Notar ist in der Lage, jeder Person innerhalb weniger Stunden eine neue Identität zu verschaffen. Die gefälschten Unterlagen aus Coggers Hand würden selbst einer genauen Überprüfung standhalten.

COGNAC (Getränk)
Einen Cognac bestellt sich James Bond im Roman ↗ *Casino Royale*. Die Wahl seiner Getränke ist in diesem Buch sehr abwechslungsreich. Er trinkt ↗ Champagner, Cognac, ↗ Wodka Martini und ↗ Whisky. Interessantes über ↗ »Q« erfährt man im Roman ↗ *Lizenz zum Töten*. Es scheint, als habe der Waffenmeister ein Lieblingsgetränk, denn Bond gießt seinem alten Kollegen einen Cognac ein. »Q« bittet um einen ↗ Rémy Martin. In ↗ *GoldenEye* (1995) bietet die Chefin des Geheimdienstes in »Ms« Büro Bond ein Getränk an. 007 stellt richtig fest, ihr Vorgänger habe immer Cognac in der obersten Schublade der Minibar aufbewahrt. Die Zeiten haben sich jedoch geändert. Die neue ↗ »M« bevorzugt ↗ Bourbon, aber auch diesem ist 007 nicht abgeneigt.

COGNAC NAPOLEON (Getränk)
↗ Goldfinger erzählt 007 im gleichnamigen Roman von Giften in Getränken. Besonders beim im Fass gealterten Cognac Napoleon – (in der deutschen Übersetzung »Kognak« geschrieben) – seien mehr tödliche Gifte enthalten als in anderen Schnäpsen. An zweiter Stelle komme ↗ Bourbon.

COHEN, JEFFREY (Texter)
↗ Gladys Knight

COHEN TANUGI, SASKIA (Darstellerin)
Die Rolle der französischen ↗Agentin Nicole, die Saskia Cohan Tanugi in ↗*Sag niemals nie* (1983) spielte, kam ein wenig kurz. Ihre Auftritte sind unspektakulär, und der baldige Tod der Figur mit der Dienstnummer 326 lässt sie nicht nur im Film, sondern auch beim Publikum in Vergessenheit geraten.

COLD (Organisation)
↗*Cold (Roman)*

COLD (Roman)
Der sechzehnte James-Bond-Roman von ↗John Gardner trägt den Titel *Cold*. Das Werk ist eins der verzwicktesten des Autors John Gardner und wurde noch nicht ins Deutsche übersetzt. *Cold* erschien im Juni 1996 als »G. P. Putnam's Sons Edition« und im Juli 1997 als »Berkley Edition«. Gardner lässt hier die Figur ↗Sukie Tempesta wieder erscheinen, die schon im Buch ↗*Niemand lebt für immer* vorkam.

Das Buch kam in Amerika auch unter dem Titel ↗*Cold Fall* und als Audio-Book gelesen von ↗Christopher Cazenove heraus (»Dove Audio«). Es ist der letzte James-Bond-Roman von John Gardner. Das Werk hat die Widmung: »This book is dedicated to the executives and staff of Gildrose Publications (the owners of the James Bond Literary Copyright) who had the confidence in me when choosing a successor to the late Ian Fleming and have given me so much assistance and help over the past sixteen years.«

Als Paperback von Coronet Books hat *Cold* 278 Seiten, die Hardcoverausgabe von Hodder & Stoughton 213. Obwohl das Buch in England unter dem Titel *Cold* erschien, wurde es in den USA als *Cold Fall* veröffentlicht. Diese Ausgabe teilt das Buch in zwei Teile, die 1990 und 1994 spielen. In einigen Quellen heißt es, *Cold* sei mit der geringsten Auflagenstärke eines Bond-Romans auf den englischen Markt gebracht worden. Von nur 900 Exemplaren ist die Rede, was die horrenden Preise in Auktionshäusern wie E-Bay erklären würde. Die US-Ausgabe weist auf ↗*Zero Minus Ten* hin, den ersten Bond-Roman von Raymond Benson.

Der zweite Teil von *Cold* kann als direkte Fortsetzung der Geschichte ↗*Seafire* gesehen werden. Mehrere Ideen, die in James-Bond-Filmen vorkamen, basieren möglicherweise auf diesem Roman. So wird ↗M (wie auch in ↗*Liebesgrüße aus Athen*) im Film ↗*Die Welt ist nicht genug* (1999) gekidnappt. Im selben Film verfällt ↗Elektra King nach einer Entführung dem Schurken (↗»Stockholm-Syndrom«) – wie ↗Sukie Tempesta in *Cold*. 007 führt einen ↗HALO-Jump durch, und auch diese Idee fand Eingang in einen Film: ↗*Der Morgen stirbt nie* (1997). Die Erstausgaben dieses Romans wurden bei folgenden Verlagen veröffentlicht: 1996: Erste britische Ausgabe: Hodder & Stoughton (Hardback Edition) / 1996: Erste amerikanische Ausgabe: Putnam (Hardback Edition) / 1996: Erste britische Ausgabe: Coronet (Paperback Edition) / 1997: Erste amerikanische Ausgabe: Berkley (Paperback Edition) / 1997: Erste britische Ausgabe: ISIS Large Print Edition

Cold ist in »Book One« *(Cold Front 1990)* mit 14 Kapiteln und »Book Two« *(Cold Conspiracy 1994)* mit 12 Kapiteln unterteilt. Die 26 Kapitel tragen folgende Überschriften: Cold Front 1990: 1) Disaster; 2) Bait?; 3) Voice Mail; 4) A Chill Down The Spine; 5) Conjunction; 6) Cold Comfort; 7) A Judas Kiss?; 8) At The Villa Tempesta; 9) If You Can't Beat 'EM; 10) Kidnap; 11) Graveyard; 12) The High Road; 13) Water Carnival; Interlude; Cold Conspiracy 1994; 15) A Voice From The Past; 16) Need-To-Know; 17) In Room 504; 18) The Unraveling; 19) Lazarus; 20) A Close Call; 21) Antifreeze; 22) Die Like A Gentleman; 23) Wedding Bells; 24) A Day Of Days; 25) Clay Pigeon; 26) Facing The Music

Inhaltsangabe »Cold«: Als im März 1990 der Flug BD299 der Bradlury Airlines aus London auf dem internationalen Flughafen Dulles (Washington D.C.) landet, schlagen Flammen aus dem Flugzeug, und Explosionen sind zu hören. Die 747 löst sich auf dem Rollfeld in einem Feuerball in ihre Bestandteile auf.

»M« beauftragt Bond zu ermitteln. 007 erfährt, dass möglicherweise eine seiner guten alten Freundinnen an Bord des Unglücksflugzeugs gewesen ist: Principessa Sukie Tempesta, auch bekannt als Susan Destry. In der Vergangenheit hat der Agent Freud und Leid mit ihr geteilt *(Niemand lebt für immer)*. Unerwartet trifft Bond Sukie Tempesta in Dulles, sie ist auf der Suche nach ihm. Es stellt sich heraus, dass sie nicht im Bradbury-Flugzeug war, sich aber aufgrund einer angeblichen Nachricht von 007 mit der Bitte, nach Washington zu kommen, auf die Suche nach dem Agenten begeben hat.

Vor Jahren hat sie Pasqual Tempesta geheiratet. Zusammen mit seinen Söhnen Luigi und Angelo ist die Familie mit organisierter Kriminalität beschäftigt und verbunden mit COLD (Children of the Last Days – in Anlehnung an »Saints of the Latter Days« [die »Heiligen der letzten Tage«]) zu einer internationalen Terroristenorganisation gewachsen. Sukie will bei Bond bleiben, muss aber noch ihre Sachen aus dem Hilton holen. Als 007 von seinem Treffen zurückkommt, findet er eine Nachricht von Sukie vor, sie sei in Gefahr und müsse eine Weile untertauchen. Später bittet die Polizei Bond, sich Sukies Lexus anzusehen. Eine Bombe hat das Dach weggerissen, und eine verkohlte Gestalt in verkrümmter Haltung wird sichtbar.

Auf Befehl von »M« wird Bond nach Quantico geschickt, um Eddie Rhabb zu treffen. Rhabb ist ein leitender Angestellter des FBI. Hier trifft Bond auch Toni Nicolletti – einen FBI-Mann, der darauf spezialisiert ist, sich einzuschleichen (»penetration agent«). Zu allem Überfluss läuft 007 auch Luigi Tempestas Geliebte über den Weg.

Die Frau will Bond als »altem Freund« Zugang zur Villa Tempestas verschaffen. 007 fliegt nach Pisa, wo er Luigi Tempesta trifft. Als sie an der Villa ankommen, flüstert Toni Nicholetti Bond zu, dass die Brüder Tempesta sie beide umbringen wollen. Nach dem Lunch treffen die Brüder auf den Agenten. Bond teilt ihnen mit, dass er den Mörder Sukie Tempestas sucht. Man nennt ihm den Namen des pensionierten Generals Brutus Clay, dessen Heiratsantrag Sukie Tempesta bereits dreimal abgelehnt hat. Clay ist ein reicher Mann, der in Idaho Kriegsspiele inszeniert. Als die Brüder später auf Geschäftsreise gehen, isst Bond mit den Frauen zu Abend. Zurück in seinem Zimmer, erscheint Giulliana Tempesta und hat es auf 007 abgesehen. Plötzlich fliegt die Tür auf, und Luigi will beide mit einer automatischen Pistole umbringen. Im selben Moment erscheint Toni Nicholetti auf der Bildfläche und schießt mit einem Hochleistungs-Luftgewehr und Narkosepfeilen auf Luigi und Giulliana. James Bond und Nicholetti entkommen vom Bootshaus aus auf Jet-Skiern zum Hafen von Viareggio. Sie erstatten »M« und Rhabb von dort aus Bericht. Bond soll General Clay verfolgen. Auf dem Weg nach London wird »M« von Tempestas Gangstern gekidnappt und nach Seattle geflogen.

Bond fliegt nach Coeur d'Alene. Er ruft General Clay an, der ihn auf eine Landkarte verweist und ihm ein Zeitlimit von 30 Minuten setzt. Nach einer mehrstündigen Fahrt trifft 007 auf einem Friedhof ein. Unter Donnergetöse erscheinen drei dunkle Gestalten. Bond flüchtet in den nahen Wald; kurz darauf landet Clay in seinem Cobra-Helikopter. Der General hat von den Tempesta-Brüdern den Auftrag erhalten, Bond zu töten. Er befiehlt Bond, aus dem Wald herauszukommen. Der Helikopter steht nur etwa sechs Meter von dem Ort entfernt, an dem 007 hingekauert ausharrt. Im Helikopter befindet sich der mit Sicherheitsgurten gefesselte Chef des Geheimdienstes. Es gelingt 007, unentdeckt in den Helikopter zu gelangen und damit abzuheben. Verfolgt von zwei anderen Helikoptern beginnt die Jagd, in deren Verlauf die Verfolger von 007s Tow-Geschossen getroffen werden und explodieren. Bond nähert sich Coeur d'Alene über einen See, als die Maschine plötzlich zu stottern beginnt und ausgeht. Es gelingt ihm, einen letzten Notruf an den Tower in Spokane abzusetzen.

Im Krankenhaus: James Bond kommt wieder zu Bewusstsein – auch »M« hat den Absturz überlebt. Nachdem sich 007 von seinen leichten Verletzungen erholt hat, kehrt er mit »M« nach London zurück. Im folgenden Jahr erfährt Bond von Eddie Rhabb, dass General Clay wieder aufgetaucht ist, die Brüder Tempesta weitere Verbrechen planen und die Mitgliedszahl von COLD stetig angestiegen ist. 1994: Noch einmal schließt sich James Bond einem MI6-Agenten an: Beatrice da Ricci, mit der er in der Vergangenheit schon zusammengearbeitet hat *(Sieg oder stirb, Mr. Bond)*. Es hat den Anschein, dass sich die Gebietsbefehlshaber von COLD zu einer speziellen Einweisung in der Villa Tempesta treffen. COLD möchte die Kontrolle über die USA erlangen, um ihre isolationistische Politik durchzuführen. Durch das Unternehmen würde die Welt in die Steinzeit zurückversetzt werden! Bond und Beatrice Maria da Ricci werden für die Operation »Frostschutz« eingewiesen und ausgestattet. Der Plan sieht es vor, die Anführer von COLD samt der Brüder Tempesta dingfest zu machen und von der Umwelt abzuschneiden. Nachdem da Ricci zur Villa aufgebrochen ist, zeigt Rhabb ein Farb-Fax von einer Frau, die in der Villa angekommen ist. 007 fehlen die Worte: Es ist Sukie Tempesta! Dem Agenten ist übel und er ärgert sich. Per Fallschirm springt Bond über der Villa Tempesta ab und landet auf dem besagten Grundstück, wo er sich mit da Ricci treffen will.

Italienische Männer einer Spezialeinheit und Kommandos der Königlichen Marine folgen ihnen. 007 und seine Verbündete werden unglücklicherweise von den Tempesta-Ganoven und Sukie Tempesta entdeckt. Sie freut sich, James Bond zu sehen, denn sie plant, am nächsten Tag zu heiraten und möchte, dass Bond der Brautführer ist. Sie war es auch, die mit einer Fernsteuerung den Sprengstoff an Bord des Bradbury-Flugs ausgelöst hat. Im Verlauf des Gesprächs kommt heraus, dass Sukie Tempesta sich mit einem Zimmermädchen angefreundet hat, das für sie im Lexus gestorben ist. Die bevorstehende Hochzeit mit General Brutus Clay ist das harmloseste Vorhaben Tempestas. Die Operation Blizzard beginnt Weihnachten. Bomben sollen am Times Square und bei den Vereinten Nationen überall in Amerika explodieren. Besonderer Schaden soll dabei an den Regierungsgebäuden angerichtet werden.

Fernseh- und Radioanstalten sowie Waffenlager sollen eingenommen werden. Mit ihrer Gürtelschnalle senden Bond und da Ricci ein Notruf-Signal. Als der Angriff beginnt, zwingt Clay die beiden, ihn durch ein Labyrinth von Tunneln zu begleiten. Sie kommen in Clays Schlafzimmer heraus, wo die von ihm ermordete Sukie Tempesta liegt. Durch weitere Tunnel gelangen sie zum Bootsanleger mit Clays Barkasse, der »Clay Pidgeon«. Als sie das Bootshaus verlassen, nehmen italienische Spezialeinheiten die Tempesta-Brüder und die Anführer von COLD fest. Beatrice da Ricci schießt auf Clay, verletzt ihn und stößt den Verwundeten über Bord. Clay taucht noch mehrfach auf, ruft, er könne nicht schwimmen und geht dann unter. Zurück in London, findet Bond in seiner Wohnung eine offizielle Nachricht vor, dass er sich umgehend beim MI6 zu melden habe. Eine überraschende Information in dieser Nachricht setzt 007 davon in Kenntnis, dass der neue »M« eine

Frau ist. Ying und Yang, zwei Aufpasser des MI6, eskortieren Bond.

COLD FALL (Roman)
↗ *Cold*

COLLEN-SMITH, JENNIFER (PR-Assistenz)
Jennifer Collen-Smith war PR-Assistentin bei der Produktion ↗ *Im Angesicht des Todes* (1985).

COLLINS, BOB (Aufnahmen)
Zusätzliche Bild-Aufnahmen für die Produktion von ↗ *Octopussy* (1983) lieferten Jimmy Davis und Bob Collins.

COLLINS, MICHAEL (Synchronisation)
Weil ↗ Gert Fröbe in seiner Rolle als ↗ *Goldfinger* (1964) ein so undeutliches Englisch sprach, wurde er in der Endversion des Films von Michael Collins synchronisiert. Die Stimmen der beiden Männer klingen jedoch zum Verwechseln ähnlich – deshalb taucht in einigen Büchern vermutlich auch die Behauptung auf, Fröbe wäre in der englischen Originalversion selbst zu hören und hätte sich dann in der deutschen Version synchronisiert.

COLOMBA D'ORO (Restaurant)
James Bond und ↗ Kristatos haben in ↗ *Risiko* ein Treffen im Restaurant »Colomba d'Oro«. James Bond benutzt – möglicherweise als Erkennungszeichen – Streichhölzer, auf deren Verpackung der Restaurantname gedruckt ist.

COLOMBO, ENRICO (Romanfigur)
Die Romanfigur Enrico Colombo kommt in der Kurzgeschichte ↗ *Risiko* vor. Unter dem Spitznamen ↗ Die Taube sei Colombo in der Unterwelt bekannt. Als Chef des Restaurants »Colomba d'Oro« hat Colombo den Überblick, als sich 007 und ↗ Kristatos in ebendieser Lokalität treffen. Die Freundin des Restaurantbesitzers ist die Wienerin ↗ Liesl Baum. 007 bezeichnet Colombo als »lebenslustigen, reichen, dem Wohlleben zugetanen« Mann – eine Art Mensch, die Bond mag. Enrico Colombo schafft es, James Bond zu beweisen, dass er auf seiner Seite kämpft. Beide Männer stellen Kristatos nach. Colombo überlässt dem britischen Agenten als Dank seine Freundin Liesl Baum.

COLONEL SUN (Comic)
↗ Comics

COLONEL SUN (Roman)
Der erste und einzige James-Bond-Roman von ↗ Kingsley Amis, den er unter dem Pseudonym ↗ Robert Markham schrieb, war *Colonel Sun*. Das Buch wurde 1968 – vier Jahre nach ↗ Ian Flemings Tod – beim Verlag Jonathan Cape Ltd. veröffentlicht und verkaufte sich sehr gut. Einige Ideen fanden sogar – auch wenn die Bond-Produzenten es nicht gerne zugeben – den Weg in die Filme. ↗ »Ms« Entführung ist in ↗ *Die Welt ist nicht genug* (1999) zu sehen, der Bösewicht »Colonel Sun« wurde für ↗ *Stirb an einem anderen Tag* (2002) zu ↗ Colonel Tan-Gun Moon. Der Schauplatz Griechenland wurde für den Film ↗ *In tödlicher Mission* (1981) verwendet, doch verweigerte die griechische Regierung die Dreherlaubnis in der Akropolis. Der Roman *Colonel Sun* wurde 1968 als ↗ *007 James Bond auf griechischer Spur* ins Deutsche übersetzt und erschien später auch als ↗ *Liebesgrüße aus Athen* (um an den Erfolg von ↗ *Liebesgrüße aus Moskau* anzuknüpfen). Amis widmete das Buch Ian Fleming.

Die 21 Kapitel des englischsprachigen Originals füllen je nach Druck ca. 220 Seiten. Die Kapitel in *Colonel Sun* tragen folgende Titel: 1) A Man In Sunglasses; 2) Into The Wood; 3) Aftermath; 4) Love From Paris; 5) Sun At Night; 6) The Shirine Of Athene; 7) Not-So-Safe-House; 8) Council Of War; 9) The Altair; 10) Dragon Island; 11) Death By Water; 12) General Incompetence; 13) The Small Window; 14)

The Butcher Of Kapoudzona; 15) »Walk, Mister Bond«; 16) The Temporary Captain; 17) In The Drink; 18) The Dragon's Claws; 19) The Theory And Practice Of Torture; 20) »Goodbye, James«; 21) A Man From Moscow

Inhaltsangabe ↗ *Liebesgrüße aus Athen*

COLT (Waffe)

Bei der Verfolgung eines ↗ Citroën, in dem ↗ Vesper Lynd und ↗ Le Chiffre sitzen, greift James Bond im Roman ↗ *Casino Royale* zu einem langläufigen Colt. Die Waffe nützt ihm jedoch nichts, denn die Gegner werfen Stahlnägel auf die Straße.

↗ Spannschloss-45er-Colt

COLTHORPE (Filmcharakter)

Zusammen mit ↗»Q« versucht Colthorpe in ↗ *Der Mann mit dem goldenen Colt* (1974) als einer der ersten aktiven Gehilfen in der Abteilung des Waffenmeisters, den Weg einer goldenen Patronenkugel zurückzuverfolgen. Colthorpe taucht bereits nach der ↗ Pre-Title-Sequenz zusammen mit den Filmfiguren ↗»M« und ↗ Bill Tanner im Büro des Geheimdienstchefs auf. Das Dumdum-Geschoss, das ↗002 tötete, wird von Colthorpe so genau beäugt, dass er ↗ Lazar als Hersteller ausmachen kann. James Bond ist beeindruckt.

Colthorpe ist eine Figur wie ↗ Smithers – beide hätten an Stelle von ↗»R« in ↗ *Die Welt ist nicht genug* (1999) auch als »Qs« Nachfolger auftreten können. Der seltsame Name wurde vom Drehbuchautor ↗ Richard Maibaum bewusst gewählt und sollte zuerst »Colthope« lauten. Da der Sinn dann jedoch ins Auge springt, (Colthope = Colthoffnung) fügte man noch ein »r« in den Namen ein. Die Silbe »thorpe« als zweiter Bestandteil eines englischen Namens ist jedoch keine Seltenheit. Verkörpert wurde »Qs« Gehilfe vom Schauspieler ↗ James Cossin. Gelegentlich wird die Figur auch »Calharpe« genannt (z. B. in *The Book Of Bond, James Bond*)

COLT 45 (Waffe)

Im Buch ↗ *James Bond 007 jagt Dr. No* meint 007, er ziehe die ↗ Beretta Kaliber 25 einem Colt Kaliber 45 im Nahkampf vor. James Bonds ↗ Aston Martin DB III im Roman ↗ *Goldfinger* verfügt über einen Colt 45 mit langem Lauf, der sich unter dem Fahrersitz befindet. Als James Bond im Roman ↗ *Nichts geht mehr, Mr. Bond* eine Person mit einem 45er-Colt sieht, kann es sich um keinen Polizisten handeln. Bond und ↗ Dare flüchten vor den Killern, die von ↗ Maxim Smolin geschickt wurden, um Heather Dare zu töten und ihr die Zunge herauszuschneiden. Nachdem James Bond später drei ↗ Robinsons erledigt hat, taucht ↗ Richard Han auf, um 007 mit einem Colt 45 den Garaus zu machen. Als James Bond im Roman ↗ *Lizenz zum Töten* erstmals ↗ Sanchez gegenüber steht, richtet ↗ Perez einen Colt 45 auf den Geheimagenten. 007 schiebt die Waffe einfach beiseite und rät Perez zu weniger Knoblauchkonsum. Dieser scheint sich vor Wut auf Bond stürzen zu wollen, tut es aber doch nicht.

COLT PYTHON (Waffe)

An Bord der massigen ↗ Lockheed-Georgia-C-14 stellt 007 im Buch ↗ *Countdown für die Ewigkeit* mit seiner unverwechselbaren Beobachtungsgabe fest, dass sein Kontrahent ↗ Dr. Anton Muric mit einer Waffe ausgestattet ist. Es handelt sich um einen »Colt Python«, der unter Murics Jackett in einem Hüftholster steckt. Charakteristisch für diese recht handliche Waffe ist der gebogene Kolben. James Bond sieht es positiv: »Immerhin etwas«, sagte er sich – »eine Waffe in Reichweite.«

COLTRANE, ROBBIE (Darsteller)

Robbie Coltrane wurde am 30. März 1950 in Glasgow, Schottland, unter dem Namen Robbie McMillan geboren. Weltbekannt wurde er durch die Rollen in der TV-Serie *Für alle Fälle Fitz* (engl. *Cracker*) und im Kinofilm *Nonnen auf der Flucht*. Seinen Künstlernamen wählte er, weil er ein großer Fan des Jazzmusikers John Coltrane ist. Erst mit 23 Jahren begann Coltrane mit der Schauspielausbildung an der School of Dramatic Art. Sein erstes großes Projekt war ein Dokumentarfilm mit dem Titel *Young Mental Health*. Völlig überraschend gewann dieser Film die schottische Auszeichnung »Film des Jahres«. Von diesem Moment an ging es mit Coltranes Karriere bergauf. Als Dauerbesetzung auf zwei Wanderbühnen in Amerika bekam der korpulente Schauspieler gute Kritiken. Er entdeckte sein komödiantisches Talent, das ihn von der Theaterbühne auf den Bildschirm brachte. Er trat der Gruppe »The Comicstrip« bei, wo er sich als Komiker einen festen Platz erspielte. Die Popularität Robbie Coltranes stieg mit einem Engagement in der Serie *Cracker*.

Als Idealbesetzung des ↗Valentin Zukowsky in ↗*GoldenEye* (1995) erhielt Coltrane für diesen Bond-Film den ersten Vertrag für ein Mammutprojekt. Am ersten Drehtag hatte er die erste Szene zusammen mit ↗Pierce Brosnan, und Regisseur ↗Martin Campbell war vom Zusammenspiel der beiden Akteure begeistert. Coltrane legte in die Figur des Zukowsky trotz der Rivalität zu Bond eine Wärme, die beim Publikum so gut ankam, dass die Figur auch in das Drehbuch des übernächsten James-Bond-Films ↗*Die Welt ist nicht genug* (1999) hineingeschrieben wurde. Die Freundschaft zwischen 007 und dem Russen vertieft sich hier, und sie retten sich sogar gegenseitig das Leben. Einen weiteren Auftritt als Zukowsky wird es jedoch nicht geben, denn die Figur wird im Film von ↗Elektra King erschossen. Nach Bond zeigte sich der Darsteller mit weiteren Kinohits einem Millionenpublikum: Er verkörperte mehrfach Hagrid in den Harry-Potter-Filmen.

COLT WOODSMAN (Waffe)
Als 007 ↗Irma Wagen alias ↗Heather Dare in ihrem Schönheitssalon ↗»Wagen Sie es, chic zu sein« aufsucht, blickt er in den Lauf einer Colt Woodsman, die in den Vereinigten Staaten als ↗Plinking Pistol bezeichnet wird. Im Buch ↗*Nichts geht mehr, Mr. Bond* hat Bond jedoch Glück, Heather Dare feuert den Colt nicht ab.

COLUMBIA (Produktionsfirma)
Ohne groß zu überlegen, lehnte die Produktionsfirma 1961 das Angebot von ↗Harry Saltzman und ↗Albert R. Broccoli ab, die James-Bond-Romane zu verfilmen. Damit entging Columbia die erfolgreichste Filmserie, die es jemals auf der Welt gegeben hat. ↗United Artists waren schlauer – hier sagte man sofort für ein Paket von sechs Filmen zu.

COLUMBINA (Schiff)
Das Schiff im Besitz ↗Enrico Colombos in der Kurzgeschichte ↗*Risiko* trägt den Namen »Columbina«. An Bord sind außer Bond und Colombo noch zwölf Mann Besatzung.

COLUMBIT
Als edler Spender gibt sich ↗Hugo Drax im Roman ↗*Mondblitz* aus. Er stiftet England seinen gesamten Besitz an Columbit, um so den Bau einer Atomrakete zu fördern, die er schließlich gegen London selbst richten will.

COLUMBO, MILOS (Filmcharakter)
»Ich schmuggle Gold, Diamanten, Zigaretten, Pistazienkerne, aber kein Heroin«, äußert sich Milos Columbo im Film ↗*In tödlicher Mission* (1981) und arbeitet daraufhin mit James Bond zusammen. Sein Feind ist ↗Aris Kristatos, der auch seine Freundin ↗Lisa von Sahm tötete. Im Finale des Films wirft Columbo ein Messer und tötet Kristatos damit. Leicht verletzt, signalisiert er ↗Bibi Dahl mit der Übergabe von Pistazienkernen, dass sie einen neuen Sponsor gefunden hat ... Dargestellt wurde Columbo vom Schauspieler ↗Topol. Für

Regisseur ↗John Glen war es sehr vorteilhaft, dass die Figur Milos Columbo in seiner ersten Bond-Regiearbeit auftauchte. »Columbo« kommt von italienisch »colomba«, was übersetzt »Die Taube« heißt. Glen ließ die Taube zum Markenzeichen der Figur werden und hatte damit gleich die Möglichkeit, auch sein eigenes Markenzeichen – die weiße, auffliegende Taube – im Film unterzubringen.

COMANCHE (Flugzeug)
Die Flugzeuge, die im Film ↗*Goldfinger* (1964) über ↗Fort Knox fliegen, sind vom Typ »Comanche«. Sie verteilen ↗Delta 9-Nervengas über dem Golddepot.

COME AGAIN (Pferd)
»Come Again« ist im Roman ↗*Diamantenfieber* ein erfolgreiches Rennpferd im Besitz von ↗C. V. Whitney, es trägt beim Rennen die Startnummer 1.

COMEAUX, JERRY (Stuntman)
Jerry Comeaux brach als Stuntman für den Film ↗*Leben und sterben lassen* (1973) einen Weltrekord, als er mit einem ↗Glastron Schnellboot über 30 Meter weit sprang. Die Stuntmen hatten bei *Leben und sterben lassen* Großeinsätze. Neben ↗Eddi Smith waren ↗Ross Kananga, ↗Joie Chitwood und ↗Bill Bennet engagiert worden. ↗Bob Simmons leitete und koordinierte die gefährlichen Einlagen. Vor den Dreharbeiten zu ↗*Leben und sterben lassen* arbeitete der 1943 geborene Comeaux hauptberuflich als Anwalt in New Orleans. Gemeinsam mit ↗Murray Cleveland verdiente er pro Motorbootsprung umgerechnet ca. 6.500 EUR.
↗Murray Cleveland und ↗Weltrekord

COME IN 007, YOUR TIME IS UP (Lied)
↗*The World Is Not Enough* (Soundtrack)

COMFORT, JOHN (Drehort-Manager)
John Comfort war Drehort-Manager beim Film ↗*Moonraker – streng geheim* (1979) in den USA. ↗Frank Ernst war für Brasilien zuständig und ↗Philippe Modave für Italien.

COMICS
James-Bond-Comics gab es schon weit vor den ersten Verfilmungen. So erschien der erste Comic Strip von ↗*Casino Royale* in der Zeit vom 7. Juli 1958 bis zum 13. Dezember 1958 im *Daily Express*. In weiteren Ausgaben der Zeitung erschienen vom 15. Dezember 1958 bis zum 22. Januar 1976 weitere 38 Bond-Comicversionen in folgender Reihenfolge: 2) *Live And Let Die*; 3) *Moonraker*; 4) *Diamonds Are Forever*; 5) *From Russia With Love*; 6) *Dr No*; 7) *Goldfinger*; 8) *Risico*; 9) *From A View To A Kill*; 10) *For Your Eyes Only* ; 11) *Thunderball*; 12) *On Her Majesty's Secret Service*; 13) *You Only Live Twice*; 14) *The Man With The Golden Gun*; 15) *The Living Daylights*; 16) *Octopussy*; 17) *The Hildebrand Rarity*; 18) *The Spy Who Loved Me*; 19) *The Harpies**; 20) *River Of Death**; 21) *Colonel Sun*; 22) *The Golden Ghost**; 23) *Fear Face**; 24) *Double Jeopardy**; 25) *Star Fire**; 26) *Trouble Spot**; 27) *Isle Of Condors**; 28) *The League Of Vampires**; 29) *Die With My Boots On**; 30) *The Girl Machine**; 31) *Beware Of Butterflies**; 32) *The Nevsky Nude**; 33) *The Phoenix Project**; 34) *The Black Ruby Caper**; 35) *Till Death Dio Us Apart**; 36) *The Torch-Time Affair**; 37) *Hot-Shot**; 38) *Nightbird**; 39) *Ape Of Diamonds**.

Bond-Comic Nr. 40 mit dem Titel *When The Wizard Awakes** erschien im *Sunday Express*, die darauf folgenden vier Nummern mit den Titeln *Sea Dragon**; *Death Wing**; *The Xanadu Connection** und *Doomcrack** wurden im *Daily Star* veröffentlicht. Zu den nicht in Zeitungen Großbritanniens veröffentlichten Comic Strips gehören *Shark Bait**, *The Paradise Plot**; *Deathmask**; *Flittermouth**; *Polestar**; *The Secret Of Danger**; *Snake Goddess** und *Double Eagle**. Nachdem diese Comics in der Presse erschienen waren, wurden ganze James-Bond-Comic-Bände veröffentlicht, wie es bereits einmal in den Sechzigern der Fall war. Damals hatte man erfolgreich einen Comic zu *Doctor No* mit demselben Titel herausgebracht. Erst zehn Bond-Filme später gab es dann wieder einen ganzen Comic, der direkt auf einem Film basierte: *For Your Eyes Only*. Es folgten *Octopussy*; *Licence To Kill* und *GoldenEye*, die beim Publikum jedoch nicht den gewünschten Erfolg erzielten.

Verantwortliche Autoren für die Comics in Zeitschriften waren Anthony Hearne (Nr. 1), Henry Gammidge (Nr. 2–5, Nr. 7–13), Peter O' Donnell (Nr. 6), James Lawrence (Nr. 14–51 [*Double Eagle*]). Die Zeichnungen der Zeitschriften-Comics stammen von John McLusky (Nr. 1–13 und 45 [*The Paradise Plot*] – 51 [*Double Eagle*], Yaroslaw Horak (Nr. 14 – 43 [*The Xanadu Connection*], Harry North ([*Shark Bait* und *Doomcrack*]). Ab 1989 kamen von Mike Grell drei Bände unter dem Titel *Permission To Die** auf den Markt. In den Jahren 1992 und 1993 erschienen drei Bände mit den Titeln *Serpenth's Tooth**, *Blooded In Eden** und *Mass Instinction** von Doug Moench. *Light Of My Death** von Das Petrou (Autor) und John Watkiss (Zeichner) erschien 1993 vierbändig. Im selben Jahr schuf Simon Jovett die Geschichte *A Silent Armageddon** als Comic. Von ihm stammt auch *Shattered Helix** mit *The Greenhouse Effect** und *A Cold Day In Hell** – Zeichner bei beiden Comics war David Jackson.

Im September 1994 wurde der Dreiteiler *Minute Of Midnight** mit den Comics *Operation Miasma**, *Freefall** und *Business At Hand** von Doug Moench (Autor) und Russ Heath (Zeichner) herausgegeben. Ein Jahr später erschien vom Autor Donald McGregor und dem Zeichner Gary Caldwell der dreibändige Comic *The Quasimodo Gambit*. Der letzte Comic-Neuling auf dem Markt war (von *GoldenEye* abgesehen) *The Barbi Twins Adventure*, der im Juli 1995 veröffentlicht wurde. Verantwortlich für diesen Band zeichnet Simon Jovett.

*) *Diese Comics basieren nicht auf James-Bond-Romanen oder -Filmen.*

Im März 1963 wurde der Comic Strip zu ↗*James Bond 007 jagt Dr. No* (1962) in der 43. Ausgabe der Reihe »Showcase Comics« veröffentlicht. Nach dieser Comicversion eines Films wurde es zunächst still um die farbigen Bondbilder. Erst 1981 brachten Marvel Comics wieder einen Strip zu ↗*In tödlicher Mission* (1981) heraus. Auch Comics zu Filmen erschienen später. Teilweise gezeichnet, teilweise mit Fotos aus dem Film und auch Mischformen wie bei ↗*Octopussy* (herausgegeben von »ehapa«) und ↗*Im Angesicht des Todes* (herausgegeben von »semic«). Im Jahre 1992 erschienen in den USA drei Bände von James-Bond-Comics, die nicht auf Büchern oder Romanen basieren. Die Comics wurden von ↗Paul Gulacy gezeichnet, ↗Doug Moench textete. ↗Wolfgang Keller war für die Gestaltung, ↗Steve Oliff für die Farben und ↗Sylvia Meisel für das Lettering verantwortlich. Die deutsche Version der Comics erschien 1993 unter der Leitung von ↗Georg F. W. Tempel bei »FeestUSA«.

Die drei Geschichten gehen nahtlos ineinander über und fügen sich zu einem Auftrag zusammen, bei dem 007 nicht nur auf schöne Frauen, überdimensionale Schurken und gefährliche Bestien trifft, sondern auch Geheimwaffen vom ↗Boothroyd erhält (ausbalancierte Machete als Wurfwaffe, ein spezielles Boot, einen Ring, der durch Ultraschallwellen Insekten verscheucht [er kann als Vorversion des Rings gewertet werden, den Bond in ↗*Stirb an einem anderen Tag* von ↗»Q« bekommt], einen Kompass, der Peilsignale aussendet, und einen Zahn, der mit Sprengstoff gefüllt ist [Nick Knatterton lässt grüßen]). Die Figuren in der Geschichte sind neben dem Helden 007 (er benutzt den Decknamen Derek Pentecost), ↗Moneypenny, »M« und Boothroyd. Auf der Seite der Guten stehen: Sunny Vasquez,

Cruzado, Simon Hargreave, Laya Rio, auf der Seite der Bösen stehen: Martika Pavna (Witwe von Sergei Pavna), Indigo (Hauptschurke), Kane und sein Zwillingsbruder (Bond nennt ihn »Abel«), Goliath, ein Dinosaurier (Deinonychus).

Die Bände tragen folgende Titel: 1) Serpent's Tooth (deutsch: Der Zahn der Schlange); 2) Serpent's Tooth Part II: Blooded In Eden (deutsch: Blut in Eden); 3) Serpent's Tooth Part III: Mass Extinction (deutsch: Der Fall von Eden).

Die Story ist voll von Dingen, die man auch schon in James-Bond-Filmen gesehen hat: ein Schurke, der eine Flutwelle auslösen will (↗ Max Zorin), ein mörderisches Zwillingspaar, ein Unterwasserhauptquartier (↗ Atlantis), ein Ring (↗ *Stirb an einem anderen Tag*), ein riesiger Tintenfisch (Roman ↗ *Doctor No*), ein Mini-U-Boot (↗ *Neptune*), eine ↗ »Pre-Title-Sequenz« auf einer Berghütte vor einem Kamin und U-Boote mit Atomwaffen (↗ *Der Spion, der mich liebte*), eine Zugbrücke und ein »enthauptetes« Fahrzeug wie ↗ *Im Angesicht des Todes* (1985), Ufos wie in ↗ *Casino Royale* (1966), ein Q-Boot wie in ↗ *Moonraker – streng geheim* (1979) und ↗ *Die Welt ist nicht genug* (1999), Wasserfälle wie in *Moonraker – streng geheim* und ↗ *Stirb an einem anderen Tag* (2002) und natürlich ein Countdown. Die drei Bände enthalten des Weiteren Zusatzinformationen, und zwar Band I über die Bond-Filme und -Romane bis ↗ *Lizenz zum Töten* (1989) und ↗ *The Man From Barbarossa* (dieses Buch wurde mit dem Titel *Der Mann aus Barbarossa* aufgeführt, obwohl es nie auf Deutsch erschien), Band II enthält Biografien von ↗ Sean Connery und ↗ George Lazenby, Band III Biographien über ↗ Roger Moore und ↗ Timothy Dalton.

↗ *James Bond Jr.* und ↗ *Clever & Smart*

C/O MINISTERY OF DEFENCE, STOREY'S GATE, LONDON, S.W. 1 (Adresse)

Nachdem 007 im Roman ↗ *Der Spion, der mich liebte* ↗ Horror und ↗ Sluggsy getötet hat, verschwindet er wieder aus dem Leben von ↗ Vivienne Michel. Er hinterlässt ihr einen Brief, in dem er als Adresse »c/o Ministery of Defence, Storey's Gate, London, S.W. 1.« angibt.

COMMANDER (Rang)

Schon in den Romanen von Ian Fleming hatte James Bond den Rang eines Commanders. John Gardner beförderte 007 in seinem Buch ↗ *Sieg oder stirb, Mr. Bond!* zum ↗ Captain. Diesen Titel behält 007 bis zum letzten Gardner-Abenteuer. Raymond Benson, der bei seinen Romanen die Vorgänger Gardners nicht berücksichtigen sollte, degradierte Bond wieder zum Commander.

↗ Nachruf

COMMANDER JAMAICA (Titel)

↗ Ian Fleming wurde vom NBC-Produzenten Henry Morgenthau III beauftragt, eine Abenteuerserie zu schreiben. Begeistert von der Idee, fürs Fernsehen zu schreiben, erfand Fleming, der bereits fünf James-Bond-Romane geschrieben hatte, die Figur James Gunn und nannte seine Geschichte *Commander Jamaica*. Als aus der Verfilmung nichts wurde, war Fleming enttäuscht. Um nicht umsonst gearbeitet zu haben, benutzte er seine Ideen für seinen sechsten James-Bond Roman ↗ *Doctor No* und griff wieder auf seinen Erfolgshelden Bond zurück. Der Titel *Commander Jamaica* sollte zunächst beibehalten werden, aber Fleming glaubte, es könne mit NBC Probleme geben, und so wurde auch der Titel geändert.

COMMUNICATIONS CONTROL SYSTEMS (fiktive Firma)

Normalerweise ist die ↗ Abteilung Q dafür zuständig, den Geheimagenten James Bond mit technischen Raffinessen auszurüsten. In ↗ *Operation Eisbrecher* erwähnt Autor ↗ John Gardner jedoch, dass das Zubehör in Bonds ↗ Saab 900 Turbo

(↗»Silberbiest«) von der Firma Communications Control Systems eingebaut wurde. Nur 007 wusste, was in dem Saab steckte, denn er hatte die Aufträge erteilt und die gefährlichen Spielereien aus eigener Tasche bezahlt. In den Gardner-Romanen wird beschrieben, wie Mitarbeiter der Abteilung Q immer wieder versucht haben, hinter die Geheimnisse des Agentenfahrzeuges zu kommen – sogar ↗ Ann Reilly. Die Firma Communication Control Systems ist auch im Buch ↗ *Countdown für die Ewigkeit* für die Veränderungen und Verbesserungen an James Bonds Saab 900 Turbo zuständig. Es wurden Sicherheitsvorrichtungen von solcher Raffinesse eingebaut, dass selbst die Abteilung Q vor Neid erblassen würde, da war sich Bond sicher.

COMPANION OF THE ORDER OF BATH
↗ Anmerkungen des Übersetzers

COMPANY CAR (Lied)
↗ *Tomorrow Never Dies* (Soundtrack)

COMPUTERABTASTUNG
↗ Kontaktlinsen

COMPUTERANALYSE
↗ »Q« berichtet in ↗ *Im Geheimdienst Ihrer Majestät* (1969) von der Computeranalyse, die bei der Verbrechensbekämpfung völlig neue Möglichkeiten geschaffen habe. Er nennt diese Form der Analyse in Zusammenhang mit einer radioaktiven Faser.

COMPUTERANIMATIONEN
Viele Jahre wurden die James-Bond-Filme ohne Computeranimationen produziert. »Das Publikum liebt es handgemacht, und bei Bond ist alles echt«, kommentierte ↗ Michael G. Wilson die Verfahrensweise. Erster Stilbruch war dann in ↗ *Der Morgen stirbt nie* (1997) ein Wagen, der aus der obersten Etage eines Parkdecks über die Mönckebergstraße fliegt und bei einer Avis-Autovermietung eine Schaufensterscheibe durchschlägt. Noch dramatischer wurde es in ↗ *Stirb an einem anderen Tag* (2002): 007 surft vor einer Riesenwelle davon, gehalten von einem Bremsfallschirm auf der Abdeckung eines Überschallfahrzeugs. »Jede Playstation bietet bessere Animationen«, so Kameramann und Cutter C. Danner.

COMSATS
Bei den im Roman ↗ *Sieg oder stirb, Mr. Bond* erwähnten »COMSATS« handelt es sich um Kommunikations-Satelliten, die in Verbindung mit dem System ↗ ELINT von Autor ↗ John Gardner genannt werden.

CONCH REPUBLIC (fiktive Republik)
↗ Tamil Rahani, nach ↗ Blofeld und ↗ Nena Bismarquer Anführer von ↗ SPECTRE, kaufte sich unter dem Namen ↗ Tarquin Rainey eine Insel nahe Key West. Er nannte sein Anwesen ↗ Shark Island. Innerhalb eines Sommers habe Herr Rainey das Haus auf der Insel gebaut und im zweiten Jahr die Landschaft komplett umgestaltet. Die Menschen auf Key West sind laut ↗ Sukie Tempesta äußerst beeindruckt, besonders weil der Besitzer von Shark Island tatsächlich behauptet, es handle sich bei seinem Gebiet um eine eigene Republik mit dem Namen »Conch Republic«. James Bond reist im Roman ↗ *Niemand lebt für immer* im Taucheranzug auf die gefährliche Insel, um seinem Feind den Garaus zu machen. »Conch« ist eine Schnecke, Tritonshorn genannt.

CONCH TOUR TRAIN
Rundfahrten von ca. 23 Kilometern können Touristen mit dem in ↗ *Lizenz zum Töten* vorkommenden Conch Tour Train in Key West machen. ↗ Gardner beschreibt eine Art Spielzeuglokomotive, die die mit Gummi bereiften Wagen zieht. Im Film selbst kommt der Zug nicht vor. Bond springt im Roman zur Seite, als das Fahrzeug auf ihn zukommt.

CONCLUSION (Lied)
↗ *The Spy Who Loved Me* (Soundtrack)

CONDOM
↗ Aids

CONLEY, BOB (Filmcharakter)
Der Schnauzbartträger Bob Conley ist als Überwacher von ↗ Zorins Ölprojekten und Geologe sowie Vorarbeiter beim Unternehmen ↗ Main-Strike im Film ↗ *Im Angesicht des Todes* (1985) bei Max Zorin angestellt. James Bond trifft den Mann erstmals auf Zorins Gestüt in Frankreich. Conley ist aus San Francisco (dt. Synchronversion: »Frisco« – jeder Amerikaner würde es »San Fran« nennen) und hat sich aufs Öl-Geschäft spezialisiert. Bond fotografiert den Mann und erfährt später vom CIA-Angestellten ↗ Chuck Lee, dass Conley als Geologe tätig war, jedoch nach einem Unfall verschwand, bei dem 20 Männer den Tod fanden. Als Max Zorin seine Pläne in die Tat umsetzen will und Conleys Arbeiter auf einen Schlag töten möchte, geraten die beiden aneinander. ↗ Scarpine, der Sicherheitschef des Bösewichts, greift ein und schlägt Conley k. o. Der Geologe wird von Maschinenpistolenkugeln durchsiebt. Die Figur wurde von ↗ Manning Redwood gespielt.

CONNELL, THELMA (Schnitt)
↗ Lewis Gilbert gelang es nicht, den Film ↗ *Man lebt nur zweimal* (1967) von 133 Minuten auf eine Länge von 120 Minuten zu schneiden, mit der ↗ Albert R. Broccoli und ↗ Harry Saltzman den Film bereits verkauft hatten. So bat er Thelma Connell, eine Überarbeitung durchzuführen, aber auch sie schaffte es nicht (nach zahlreichen Schnitten und dem Austausch verschiedener Szenen kam sie wieder auf 133 Minuten). Erst ↗ Peter Hunt gelang es, den Film auf 112 Minuten zu bringen.

CONNER, FRANK (Standaufnahmen)
Die Standaufnahmen von Frank Conner bereichern den Film ↗ *Octopussy* (1983). Conner arbeitete mit ↗ George Whitear zusammen.

CONNERY, JASON (Darsteller)
↗ Sean Connerys Sohn Jason spielte in dem fiktiven Film *Das geheime Leben des Ian Fleming* den Schriftsteller ↗ Ian Fleming.

CONNERY, THOMAS SEAN (Darsteller)
Thomas Sean Connery, Sohn von Joseph und Euphamia Connery, ist für viele der Inbegriff von James Bond. Der am 25. August 1930 in Fountainbridge (Edinburgh, Schottland) geborene Schauspieler verkörperte den Geheimagenten erstmals 1962 in ↗ *James Bond 007 jagt Dr. No*. Mit seiner Art, den britischen Geheimagenten zu spielen, prägte er nicht nur die Heldenfigur in den Sechzigern, sondern setzte auch Maßstäbe für seine Nachfolger ↗ George Lazenby, ↗ Roger Moore, ↗ Timothy Dalton und ↗ Pierce Brosnan – alle werden immer wieder mit Connery verglichen. Sean Connerys Mutter Euphamia arbeitete als Putzfrau und er wuchs in beengten Verhältnissen auf. So behaupten einige Quellen, er habe als Baby zeitweise sogar in einer Schublade geschlafen. Die Schulzeit bildete Connery nicht sehr; vieles lernte er durch stetiges Lesen. Nach der Schulzeit arbeitete er als LKW-Fahrer für eine Molkerei. Ein harter Job, der nur einen Vorteil hatte: Der junge Mann baute erhebliche Muskelpakete auf, die ihm später bei der Wahl zum Mr. Universum zugute kamen. Mit einer falschen Altersangabe trat Sean Connery mit 17 Jahren in die Royal Navy ein, die er aber bereits drei Jahre später wieder verließ. Seine Anstellung als Vollmatrose hinterließ neben der Berufserfahrung auch ein Magengeschwür, das zum Verlassen der Navy beigetragen hatte. Weitere Jobs waren unter anderem Zementmischer und Bauarbeiter, sowie Laufbursche für eine Druckerei. Er jobbte zeitweise sogar als Sargträger (einige Quellen nennen hier auch »Sargpo-

lierer«). Connerys Muskelmasse hatte noch zugenommen, und so ergab sich auch ein Job als Leibwächter.

Mit dem Interesse für Kunst nutzte Connery seine Chance, als er einen Mann beim »Mr. Universum«-Wettbewerb kennenlernte. Dieser riet dem Schotten dazu, sich als Statist bei der *South Pacific*-Truppe zu bewerben. Das hörte sich für Sean Connery interessant an. Mit dem dritten Platz bei der »Mr.Universum«-Wahl in der Tasche trat er der besagten Gruppe für ein Monatsgehalt von ca. 140 $ bei. Das Interesse am Theater wuchs, und die schauspielerische Bildung kam nach und nach. Im Jahre 1956 gab es das erste große Angebot: eine Hauptrolle in *Requiem für ein Schwergewicht*. Von Kritikern fast übersehen, zog der Auftritt weitere Angebote nach sich. Bereits 1957 unterzeichnete Connery seinen Festvertrag mit 20th Century Fox. Nachdem er in Filmen wie *Tarzans größtes Abenteuer*, *On The Fiddle* und weiteren aufgetreten war, wurde der Vertrag gelöst. Zur James-Bond-Rolle kam er eher durch Zufall. Die Zeitung *London Express* veranstaltete eine Umfrage, als es um die Besetzung des Geheimagenten ging, und überraschenderweise sprach sich eine Vielzahl der Leser für Sean Connery aus. Die Produzenten ↗Albert R. Broccoli und ↗Harry Saltzman wollten sich aber selbst ein Bild machen und luden den Mann zu sich ein. Etwas »ungeschliffen«, wie ↗Terence Young später berichtete, dennoch mit »sicherem Auftreten« machte Sean Connery beim Produzentengespann einen guten Eindruck. Da zwei andere in Betracht gezogene Darsteller sich nicht für drei Filme in Folge binden wollten, erhielt Connery den Zuschlag und unterschrieb einen Vertrag über fünf James-Bond-Filme.

Bond-Autor ↗Ian Fleming traf sich kurz vor der Vertragsunterzeichnung mit Connery und äußerte später Saltzman gegenüber leichte Skrupel. Da die Produzenten aber beide für den jungen Schauspieler waren, blieben die Proteste Flemings ungehört. Auch der Darsteller hatte zunächst Schwierigkeiten damit, den Vertrag zu akzeptieren. In einem späteren Interview beschrieb er die Angst, sich für eine Sache zu binden, und verglich dies mit einer unüberlegten Hochzeit. Dennoch akzeptierte er und spielte sich an die Weltspitze. Er begriff erst, was er geschaffen hatte, als ihn Menschen auf der Straße mit »Mr. Bond« ansprachen. Die Bond-Rolle brachte nicht nur Popularität ein, sondern auch Geld und die Chance, sich die Projekte aussuchen zu dürfen, bei denen er mitwirken wollte. Nach ↗*Liebesgrüße aus Moskau* (1963) erklärte Connery öffentlich, gern mit Alfred Hitchcock, dem Erfinder der Schlangengrubeneffekte, zusammenarbeiten zu wollen. Der berühmte Thriller-Regisseur erfuhr davon und bot Connery eine Hauptrolle im Film *Marnie* (1964) an. Alle Darsteller dieser Ära hätten sofort den Vertrag unterschrieben, doch nicht der James-Bond-Darsteller. Er bestand darauf, zunächst das Drehbuch zu lesen; das hatte bei Hitchcock bisher keiner vor ihm gewagt.

Aus der Freude, andere Projekte wahrnehmen zu können, zog Connery die Energie für Bond, doch bald wurde er der Rolle überdrüssig. Die positive Ausstrahlung, die ihm noch während der Dreharbeiten zu ↗*Goldfinger* (1964) anzumerken war, verflog mit der Zeit. Auf dem Höhepunkt des Bond-Ruhms schlief er sogar während der Dreharbeiten zu ↗*Feuerball* (1965) bei einer Bettszene ein. Zu einer Pressekonferenz von ↗*Man lebt nur zweimal* (1967) erschien er im schmuddeligen Touristenhemd und ohne Toupet (dies trug er übrigens seit *Goldfinger*). Die Reporter stürzten sich förmlich auf ihn und rissen ihm einmal sogar alle Knöpfe vom Hemd ab. Der Bond-Wahnsinn nervte Connery dermaßen, dass er in Japan beschloss, nach *Man lebt nur zweimal* das Amt des Geheimagenten niederzulegen – die Presse war entsetzt. Harry Saltzman und Albert R. Broccoli beschlossen, ihrem Star nicht nachzurennen und fanden einen nicht ganz ausreichenden Ersatz in ↗ George Lazenby. Der Erfolg ließ nach, und nach langen Unterredungen mit den Filmfirmen, den Produzenten und anderen einflussreichen Personen, unter ihnen United-Artists-Präsident ↗ David Picker, entschied man sich, Connery mit einer hohen Gage für die Rolle des 007 zu ködern.

Der Ur-Bond hatte alle Trümpfe in der Hand und trieb seine Forderungen auf die Spitze: Neben der Megagage, die einen Eintrag im Guinnessbuch der Rekorde brachte, wurde Connery zugesichert, zwei Filmprojekte seiner Wahl zu verwirklichen. Die Gage von 1,25 Millionen Dollar spendete der Schauspieler an den selbstgegründeten Scottish Educational Trust und wurde so für viele Schotten zum Idol. Eine weiterhin vereinbarte Gewinnbeteiligung von 1,25 Prozent am Brutto-Einspielergebnis des Films dürfte es Connery leicht gemacht haben, die Spende zu verkraften. Das Werk der Rückkehr hieß ↗ *Diamantenfieber* (1971), und viele Kritiker lobten Connery jetzt als »endlich gereiften Bond«.

Viele Filme folgten (siehe Filmographie), doch Connery, der nach seinem sechsten James-Bond-Film endgültig geschworen hatte, »nie« wieder 007 zu spielen, wurde wortbrüchig und wollte allen beweisen, dass nicht der aktuelle James-Bond-Darsteller ↗ Roger Moore der wahre Bond sei, sondern er. Ironischerweise hieß das Konkurrenzprodukt, das zum selben Zeitpunkt wie Moores ↗ *Octopussy* (1983) in die Kinos kommen sollte, ↗ *Sag niemals nie* (1983). Die Geschichte, die schon den Stoff zu *Feuerball* geliefert hatte, wurde von ↗ Kevin McClory zu Connerys siebtem Bond-Drehbuch umgearbeitet. Im Herbst 1984 soll Sean Connery Albert R. Broccoli und MGM/UA auf 200 Millionen Pfund Schadenersatz verklagt haben, die ihm angeblich als unbezahlte Anteile an seinen ersten fünf James-Bond-Filmen zustünden. Connery verlor in der ersten Instanz. Er wurde des Klagens aber nicht müde und zog im Oktober 1985 gegen Jack Schwartzman wegen noch ausstehender Gagen vor Gericht. Der Ausgang dieses Verfahrens ist unbekannt.

Obwohl die Kritiker eindeutig Connery für den Inbegriff des 007 hielten, blieben die Einspielergebnisse von *Sag niemals nie* leicht hinter *Octopussy* zurück. Nach Filmen wie *Highlander* (1985) und *Der Name der Rose* (1986) erhielt Sean Connery für *Die Unbestechlichen* (1987) einen Oscar als bester Darsteller in einer Nebenrolle. ↗ Steven Spielberg, der sich schon lange gern als Bond-Regisseur gesehen hätte, setzte Connery schließlich sehr erfolgreich als Vater von Indiana Jones in *Indiana Jones und der letzte Kreuzzug* (1989) ein. Fortsetzungen sind hier geplant. Obwohl mit 60 Jahren von der Zeitschrift *People* zum »sexiest man alive« gewählt, blieb Connery auf dem Teppich. Als er mit einem Stern auf dem »Walk of Fame« geehrt wurde und das Publikum in Sprechchören »Connery! Connery!« rief, meinte er gelassen: »Was schreien Sie so? Ich bin der einzige Connery hier!«

Auf alle Filmrollen hat sich Connery immer intensiv vorbereitet. Das Lesen der literarischen Vorlage ist dem Darsteller ebenso wichtig wie ein fehlerfreies Beherrschen der Texte. Wie wichtig ihm Vorbereitung auch bei anderen ist, zeigte sich während eines Interviews, das er bei den Dreharbeiten von *Goldfinger* (1964) gab. Eine Reporterin fragte, was es mit der »Frau Goldfinger« auf sich hätte. Connery drehte sich einfach um und ließ die Interviewerin stehen (in anderen Quellen heißt es, sie habe nicht gewusst, wer Gert Fröbe sei). Die Frauen, die den Weg des Schauspielers kreuzten, mussten nicht nur starke Nerven haben, denn als James Bond hat man Verehrerinnen auf der ganzen Welt, sondern auch ihre Wangen mussten etwas aushalten: »Es spricht nichts dagegen, eine Frau zu schlagen. Ein Schlag mit der offenen Hand ins Gesicht ist oft begründet«, meinte Connery zu seinem Umgang mit dem weiblichen Geschlecht. ↗Diane Cilento war Sean Connerys erste Frau. Er ließ sich von ihr scheiden, nachdem er 1970 auf einem Golfturnier seine nächste Ehefrau, Micheline Roquebrune, kennen gelernt hatte. Die Hochzeit war fünf Jahre später auf Gibraltar. Mit der Malerin Micheline Roquebrune ist Connery seit 1975 verheiratet. Mit der Schauspielerin Diane Cilento war er von 1962 bis 1973 verheiratet. Sein Sohn Jason Joseph wurde 1963 geboren.

Kontakt: *c/o Creative Artists Agency; 9830 Wilshire Blvd; Beverly Hills, CA 90212, USA*

Filmographie Sean Connery: 1954: Lilacs In The Spring / 1956: No Road Bach (Die blinde Spinne) / 1957: Hell Drivers (Duell am Steuer) / 1957: Time Lock (Zwölf Sekunden bis zur Ewigkeit) / 1957: Action Of The Tiger (Operation Tiger) / 1958: Another Time, Another Place (Herz ohne Hoffnung) / 1959: Darby O'Gill And The Little People / 1959: Tarzan's Greatest Adventure (Tarzans größtes Abenteuer) / 1961: The Frightened City (Die Peitsche) / 1961: Go The Fiddle (US-Titel: Operation Snafu) / 1962: The Longest Day (Der längste Tag) / 1962/GB: **Dr. No (James Bond 007 jagt Dr. No)** / 1963/GB: **From Russia With Love (Liebesgrüße aus Moskau)** / 1964: Woman Of Straw (Die Strohpuppe) / 1964: Marnie (Marnie) / 1964/GB **Goldfinger (Goldfinger)** / 1965: The Hill (Ein Haufen toller Hunde) / 1965/GB: **Thunderball (Feuerball)** / 1966: A Fine Madness (Simson ist nicht zu schlagen) / 1967/GB: **You Only Live Twice (Man lebt nur zweimal)** / 1967: The Bowler And The Bonnet [Sean Connery führte Regie] / 1968: Shalako (Shalako) / 1969: The Molly Maguires (Verflucht bis zum jüngsten Tag) / 1969: La tenda rossa (Das rote Zelt) / 1971/GB: **Diamonds Are Forever (Diamantenfieber)** / 1971: The Anderson Tapes (Der Anderson-Clan) / 1972: The Offence (Sein Leben in meiner Gewalt) / 1974: Zardoz (Zardoz – der Bote des Todes) / 1974: Ransom/The Terrorists (Die Uhr läuft ab) / 1974: Murder On The Orient Express (Mord im Orient Express) / 1975: The Wind And The Lion (Der Wind und der Löwe) / 1975: The Man Who Would Be King (Der Mann, der König sein wollte) / 1976: Robin And Marian (Robin und Marian) / 1976: The Next Man (Öl) / 1977: A Bridge Too Far (Die Brücke von Arnheim) / 1978: The First Great Train Robbery (Der große Eisenbahnraub) / 1979: Meteor (Meteor) / 1979: Cuba / 1981: Outland (Outland) / 1981: Time Bandits (Time Bandits) / 1982: The Man With The Deadly Lens (Flammen am Horizont) / 1982: Sean Connery's Edinburgh [Connery kommentierte diese Dokumentation] / 1982: Five Days One Summer (Am Rande des Abgrunds) / 1983/US: **Never Say Never Again (Sag niemals nie)** / 1984: Sword Of The Valiant (Camelot – Der Fluch des goldenen Schwertes) / 1985: Highlander (Highlander – Es kann nur einen geben) / 1985: Der Name der Rose / 1985: The Untouchables (Die Unbestechlichen) / 1987: The Presidio (Presidio) / 1989: Memories Of Me / 1989: Indiana Jones And The Last Crusade (Indiana Jones und der letzte Kreuzzug) / 1989: Family Business (Family Business) / 1989: The Hunt For Red October (Jagd auf Roter Oktober) / 1989: The Russia-House (Das Russland-Haus) / 1990: Highlander II – The Quickening (Highlander II – Die Rückkehr) / 1990: Robin Hood – Prince Of Thieves (Robin Hood – König der Diebe) / 1991: Medicine Man (Medicine Man – Die letzten Tage von Eden) / 1992: Rising Sun (Die Wiege der Sonne) / 1993: A Good Man In Africa / 1995: Just Cause (Im Sumpf des Verbrechens) / 1995: First Knight (Der erste Ritter) / 1995: Dragonheart [Connery synchronisierte den Drachen] / 1995: The Rock (The Rock – Fels der Entscheidung) / 1995: The World Of 007 / 1995: Three Decades Of James Bond 007 / 1995: James Bond 007: Yesterday And Today / 1995: Behind The Scenes With Thunderball / 1995: Behind The Scenes With Goldfinger / 1997: The Secrets Of 007: The James Bond Files / 1997: Sean Connery, An Intimate Portrait / 1997: Sean Connery Close Up / 1997: The Avengers (Mit Schirm, Charme und Melone) / 1998: Junket Whore / 1998: Nobody Does It Better: The Music Of James Bond / 1998: 30 Years Of Billy Connolly / 1998: Playing By Heart (Leben und Lieben in L.A.) / 1999: Entrapment (Verlockende Falle) / 1999: The Kennedy Center Honors / 1999: The James Bond Story / 2000: The Trouble With Marnie / 2000: The BBC And The BAFTA Tribute To Michael Caine / 2000: Inside Dr. No / 2000: Finding Forrester (Forrester – Gefunden) / 2001: Behind The Scenes: Finding Forrester / 2003: The League Of Extraordinary Gentleman (Die Liga der außergewöhnlichen Gentlemen)

CONNINGTOWER, CUTHBERT (Romanfigur)
Commander Sir Cuthbert Conningtower ist ein Freund von James Bond Juniors Vater in ↗*003½ James Bond Junior*. Ihm gehört das Gehölz von Windlehurst, durch das sich der Junge schlagen muss, um zum Anwesen ↗Hazeley Hall zu gelangen. Sir Cuthbert ist ehemaliger Geheimdienstmitarbeiter und ahnt genau wie der junge Bond, dass ↗Mr. Merck auf Hazeley Hall gegen das Gesetz verstößt. Zusammen mit der Schauspielerin ↗Audrey Wedderburn forscht er nach, kann aber nichts herausfinden. Cuthbert trinkt gern Gin und hat falsche Zähne. Als James Bond Junior schließlich den Fall löst, geht Conningtower zur Polizei und erntet alle Lorbeeren. Er gilt seitdem als Volksheld und rät dem Jungen Bond, Stillschweigen über die Angelegenheit zu bewahren.
↗Marsham 221 und ↗Schlagzeilen

CONNINGTOWER, LADY (Romanfigur)
Beim Versuch ↗Sir Cuthbert zu erreichen, bekommt James in ↗*003½ James Bond Junior* nur dessen Frau Lady Conningtower an den Apparat. »Sie hatte früher bestimmt mal ein schönes Gesicht, jetzt ist sie voller Falten, doch immer noch stolz und vornehm, selbst wenn sie sich ärgert.«

CONNOR, SEAN (Kamera-Focus)
↗Jasper Fforde

CONSUELA (Romanfigur/Filmcharakter)
Der Chef der ↗Banco de Isthmus beschreibt Consuela als eine seiner attraktivsten Assistentinnen. Die Sekretärin wird von ihm im Roman und im Film ↗*Lizenz zum Töten* (1989) damit beauftragt, das von 007 eingezahlte Geld zu zählen. Verkörpert wurde sie von ↗Cynthia Fallon.

CONTENT (Landbesitz)
In der Kurzgeschichte ↗*Für Sie persönlich* heißt der Landbesitz der ↗Havelocks »Content«. Er wurde der Familie vor Generationen von ↗Oliver Cromwell überschrieben und umfasst eine Fläche von ca. achttausend Hektar. Zur Schenkung kam es, weil die Havelocks damals ihr schriftliches Einverständnis zum Todesurteil von König Charles unterschrieben hatten. Die Havelocks sind ca. 300 Jahre auf »Content« ansässig, als ↗Gonzalez auftaucht und sie vertreiben will.

CONTE, RICHARD (Darsteller)
Die britischen Paperback-Ausgaben von ↗*Casino Royale* zeigen auf dem Cover den amerikanischen Schauspieler Richard Conte, der so zum ersten James Bond mit realem Gesicht wurde. Conte war zwar in erster Linie Darsteller, arbeitete aber auch als Model für derartige Aufträge.

CONTI, BILL (Musiker)
Bill Conti wurde am 13. April 1942 in Rhode Island, USA geboren. Bereits 1949 lernte der junge Conti von seinem Vater das Klavierspielen. Die Beziehung zwischen den beiden war sehr innig, und als der Va-

ter unerwartet verstarb, verließ der Rest der Familie Rhode Island und zog nach Florida. Conti blieb der Musik treu und gründete eine eigene Schülerband. Sein Mitwirken bei einem Symphonieorchester brachte ihm eine klassische Fortbildung. Er wurde für die »hohen musikalischen Leistungen« gelobt und gewann Preise. Nach Verlassen der North Dade County Highschool befasste sich der Musiker so intensiv mit dem Instrument Fagott, das er ein Stipendium an der Louisiana State University erlangen konnte. Im Alter von 23 Jahren gewann er den Julliard-Marion-Fenschel-Preis für die Komposition des besten Songs. Ein weiterer Wohnortwechsel verschlug den Musiker mit seiner Ehefrau nach Italien. Von 1967 bis 1974 verdiente er sich sein Geld als Musiker in Nachtklubs. Nachdem der Autor Morris West Conti dazu geraten hatte, Komponist zu werden, begann sein beruflicher Aufstieg.

Conti wagte in kleinen, vorsichtigen Schritten den Einstieg ins Komponistengeschäft: Er begann mit Filmmusiken, das Projekt *Candidate For Killing* war sein Debüt. Zurück in Amerika folgten Kompositionen für *Harry und Tonto* (1973) und *Rocky* (1976), was eine Oscar-Nominierung einbrachte und ihn zu einer festen Größe unter den Filmkomponisten machte. Es ergaben sich weitere Nominierungen, und Conti erhielt das Angebot, den Soundtrack für den zwölften offiziellen James-Bond-Film ↗*In tödlicher Mission* (1981) zu schreiben. Er komponierte die Melodie des Titelliedes. Der Text kam von ↗Michael Leeson, ↗Sheena Easton sang ↗*For Your Eyes Only*. Auch dieses Lied wurde für den Oscar nominiert. Die begehrte Trophäe bekam Bill Conti jedoch erst zwei Jahre später für die Filmmusik zu *Der Stoff, aus dem die Helden sind*, dennoch gehört der Musiker zu den wenigen, die viele Jahre lang mit dem Oscar zu tun hatten: Er war vielfach musikalischer Orchesterleiter bei den Liveübertragungen der Oscar-Nacht.

CONTINENTAL BENTLEY (Fahrzeug)

Als Rückblick wird im Buch ↗*007 James Bond im Dienst Ihrer Majestät* beschrieben, wie 007 mit seinem Continental Bentley unterwegs ist. Es handelt sich um ein Auto, das eine Sechszylinder-Maschine als Spezialausstattung hat. Im Buch ↗*Liebesgrüße aus Athen* fährt 007 ebenfalls einen Continental Bentley.

CONTRA-DAMM (Drehort)

Der in der ↗Pre-Title-Sequenz von ↗*GoldenEye* (1995) auftauchende Staudamm existiert tatsächlich, er befindet sich in der Schweiz. Stuntman ↗Wayne Michaels sprang als Double für ↗Pierce Brosnan vom Contra-Damm und stellte damit einen neuen Weltrekord auf: mit 228,6 Metern Falltiefe handelte es sich um den tiefsten Bungee-Sprung gegen ein feststehendes Objekt.

CONTRAS

Film und Roman ↗*Lizenz zum Töten* (1989) geben darüber Aufschluss, dass ↗Sanchez' Handlanger ↗Darion für die Contras arbeitete, bevor er herausgeschmissen wurde. Laut ↗John Gardner kaufte Franz Sanchez vier tragbare Raketen von den Contras.

COOLIDGE, RITA (Sängerin)

In Tennessee, USA, wurde Rita Coolidge am 1. Mai 1944 geboren. Ihr Vater war von Beruf Baptistenprediger, ihre Mutter gebürtige Cherokee-Indianerin. Schon während der Schulzeit entdeckte Coolidge ihre Liebe zur Musik. Es gab immer wieder Auftritte, bei denen die Hobbysängerin Erfahrungen sammeln konnte. Im Alter von 24 Jahren lernte Rita Coolidge Leon Russell sowie Delaney und Bonnie kennen. Zwischen 1968 und 1970 knüpfte sie weitere Kontakte und arbeitete mit Joe Cocker, Eric Clapton und Steven Stills zusammen. Sie stieg von der Background-Sängerin zur Solointerpretin auf, nachdem sie durch ihre

Darbietung des Songs *Superstar* vom Publikum begeistert gefeiert worden war. Im Folgejahr traf Coolidge Kris Kristofferson, mit dem gemeinsam sie ihre erste Schallplatte veröffentlichte. Am 19. August 1975 heirateten Coolidge und Kristofferson und im September desselben Jahres wurde Coolidges Album *Full Moon* mit dem Goldaward ausgezeichnet. Es folgten Alben und Singles wie *Anytime ... Anywhere* (1977), *Higher And Higher*, *We're All Alone*, *The Way You Do The Things You Do* und *I'd Rather Leave While I'm In Love* (1979).

Die Aufgabe, die Titelmelodie für den dreizehnten offiziellen James-Bond-Film ↗*Octopussy* (1983) zu singen, gestaltete sich mehr als schwierig, denn das Wort ↗*Octopussy* gab nichts als Aufhänger für einen Liedtext her, und Rita Coolidge und Texter ↗Tim Rice waren der Verzweiflung nahe. Nach Gesprächen mit ↗Albert R. Broccoli und ↗Michael G. Wilson einigte man sich darauf, *Octopussy* durch die kurze Zeile ↗*All Time High* zu ersetzen – das war 007s Werbeslogan für das Jahr 1983. So wurde der Text um diesen Satz gebaut, und der tatsächliche Filmtitel kommt darin nicht vor. Bisher war dies nur bei drei James-Bond-Filmen der Fall: ↗*James Bond 007 jagt Dr. No* (1962), ↗*Im Geheimdienst Ihrer Majestät* (1969) und *Octopussy* (1983). Fast wäre es auch beim Song zu ↗*Der Spion, der mich liebte* (1977) passiert, aber die Texter schafften es, die Zeile ↗*The Spy Who Loved Me* unterzubringen (wenn auch nur einmal). Rita Coolidge sang das von ↗John Barry komponierte Lied *All Time High*, und es wurde zum Hit (England Platz 75, Amerika Platz 36). Zum Zeitpunkt des Bondsongs scheiterte die Ehe zwischen Coolidge und Kristofferson. Sie ließen sich scheiden, und die Sängerin strebte eine Karriere als Countrysängerin an. Ihre Interpretation der Bond-Musik lässt sich neben ↗Nancy Sinatras ↗*You Only Live Twice*, ↗Sheena Eastons ↗*For Your Eyes Only* und ↗Louis Armstrongs ↗*We Have All The Time In The World* einordnen.

COOPER (Filmcharakter)
Cooper ist ein Agent im Film ↗*Casino Royale* (1966). Er wird von ↗Moneypennys Tochter auf ↗SSA-Tauglichkeit geprüft und scheint zu bestehen. Sein Spitzname lautet »Coop«. Er ist 1,94 Meter groß und 83 Kilo schwer. Er hat Karate- und Judopreise gewonnen und ist Träger des schwarzen Kamasutragürtels. Cooper wird von Sir James Bond in James Bond 007 umbenannt (wie alle anderen Agenten und Agentinnen). Cooper wurde von ↗Terence Cooper verkörpert.

COOPER GIRL (Pferd)
↗Pegasus

COOPER, GEORGE (Darsteller)
George Cooper spielte in *Im Geheimdienst Ihrer Majestät* (1969) eine kleine Rolle. Es handelt sich aber nicht um den Darsteller, der in *Diamantenfieber* (1971) zu sehen war.

COOPER, GEORGE LANE (Darsteller)
In *Diamantenfieber* (1971) verkörperte George Lane Cooper den Handlanger eines Blofeld-Doubles, ihm werden die Finger in 007s Taschen-Mausefalle eingeklemmt.

COOPER, JACK (Double)
Bei den Kampfszenen im ↗Orient-Express in ↗*Liebesgrüße aus Moskau* (1963) doubelte Jack Cooper den Darsteller ↗Robert Shaw. Er drehte die Szenen mit ↗Bob Simmons als ↗Connery-Double. Die Choreografie stammte von ↗Peter Perkins.

COOPER, SAUL (PR-Leitung)
Das nicht ganz so prächtige Geschäft von ↗*Lizenz zum Töten* (1989) wurde oft mit der fehlgeleiteten PR-Kampagne entschuldigt. Saul Cooper war der zuständige PR-Leiter.

COOPER, TERENCE (Darsteller)
↗ Charles F. Feldman holte Terence Cooper zum Projekt ↗ Casino Royale (1966). Cooper war 1966 noch unbekannt. Seine fehlende Prominenz glich Feldman dadurch aus, dass er neben Cooper Stars wie David Niven, Orson Wells und ↗ Ursula Andress agieren ließ. Feldman glaubte, aus Cooper einen Star machen zu können, und er köderte den Iren mit einem Vertrag, der über sieben Jahre lief. Der Darsteller bekam eine Gage, die bei 250 Pfund begann und pro Woche um 1.000 Pfund anstieg.

↗ Cooper

CORAL HARBOUR (Drehort)
↗ Martin Campbell drehte auf den Bahamas zusammen mit dem Second Unit Regisseur ↗ Alexander Witt Szenen, bei denen die Presse zugelassen wurde. Die Bilder der Dreharbeiten gingen um die ganze Welt.

CORBETT, RONNIE (Darsteller)
↗ Paule

CORBOULD, CHRIS (Spezialeffekte)
Der in London geborene Chris Corbould führt mit seiner Berufswahl eine Familientradition fort, denn er ist der Neffe des Effekt-Spezialisten Colin Clivers. Corboulds Arbeit bei der Bond-Crew begann bei ↗ Der Spion, der mich liebte (1977), er war an ↗ Moonraker – streng geheim (1979), ↗ In tödlicher Mission (1981) sowie an ↗ Im Angesicht des Todes (1985) und ↗ Der Hauch des Todes (1987) beteiligt. Bei den Dreharbeiten von Der Hauch des Todes waren Chris Corbould, ↗ Joss Williams, ↗ Brian Smithies, ↗ Ken Morris und ↗ Willy Neuner für die Spezialeffekte zuständig. Zum selbstständigen Koordinator für Spezialeffekte wurde er beim sechzehnten offiziellen James-Bond-Film ↗ Lizenz zum Töten (1989) – auch sein Bruder erhielt bei den Dreharbeiten einen Arbeitsplatz. Nachdem Corbould beim Besuch seines Onkels Filmluft geschnuppert hatte, bewarb er sich bei der Firma Effects Associates, bei der er fünf Jahre beschäftigt war. Er sammelte unverzichtbare Erfahrungen, erweiterte seinen Horizont schließlich, als er einen Posten bei der Produktion der Superman-Filmreihe bekam. Chris Corbould wusste, dass man 15 Jahre Branchenerfahrung aufweisen musste, um als Koordinator für Spezialeffekte arbeiten zu können – »eine reine Sicherheitsvorkehrung, damit sich Neulinge nicht sofort in die Luft sprengen können«. Bei Nightbreed (1989) durfte sich Corbould richtig ausleben.

Sein nächster James-Bond-Film wurde ↗ GoldenEye (1995), die schwierigste Aufgabe für den Spezialisten. Er musste nicht nur für Spezialeffekte im Bereich der Pyrotechnik sorgen, sondern sich auch um die Koordination von Miniatureffekten und extravagante Sets kümmern. Er arbeitete Hand in Hand mit Computerexperten, um die Illusionen perfekt zu machen. Der Mann mit der auffälligen Geste, seinen Kopf schief zu legen, arbeitete außer an 007-Filmen auch an Shadowlands, Hudson Hawk (1990), Highlander II – Die Rückkehr (1990, mit ↗ Sean Connery) und In einem fernen Land (1992). Als komplizierteste Aufgabe seines Lebens bezeichnete er 1995 eine Panzerverfolgungsjagd durch die Straßen von St. Petersburg. Corbould ließ sich nicht lange bitten und kehrte für ↗ Der Morgen stirbt nie (1997) zurück, zwischenzeitlich war er für die Spezialeffekte in den Filmen Der Geist und die Dunkelheit (1996) und Die Mumie (1999) zuständig. ↗ Die Welt ist nicht genug (1999) und ↗ Stirb an einem anderen Tag (2002) wurden zu Corboulds Spezialeffektspektakeln der Superlative.

Bei Stirb an einem anderen Tag war Corboult Leiter der Spezialeffekte. Die Action-Szenen mit den überdimensionalen Spezialeffekten für ↗ Casino Royale (2006) hielt Corbould für »die größte Herausforderung, der ich mich je im Filmgeschäft gestellt habe«.

CORBOULD, NEIL (Spezialeffekte)
Mehrere Quellen nennen Neil Corbould als Mann für Spezialeffekte bei der 1. Unit von ↗*Lizenz zum Töten* (1989). Er ist der Bruder von ↗Chris Corbould.

CORD (Fahrzeug)
Im Roman ↗*Leben und sterben lassen* beschreibt ↗Ian Fleming den Wagen von ↗Felix Leiter als einen der wenigen amerikanischen Wagen mit Persönlichkeit. Leiter fährt einen alten Cord. Der im Buch ca. fünfzehn Jahre alte Wagen gehört zu den am modernsten aussehenden der Welt.

CORDON JAUNE (Bordelle)
Die von ↗Le Chiffre im Roman ↗*Casino Royale* ab 1946 betriebenen Bordelle sind unter dem Namen »Cordon Jaune« bekannt geworden. Er musste die Einrichtungen aufgrund des in Frankreich verabschiedeten Gesetzes Nr. 4 schließen.

CORDOVA, PAUL (Romanfigur)
Es ist dem Leser von ↗*Niemand lebt für immer* zuerst ein Rätsel, warum der bekannte Verbrecher Paul Cordova in 007s Nähe auftaucht und plötzlich tot auf der Straße liegt. Sein Kopf ist seltsam verdreht, da er eine tiefe Schnittwunde im Hals hat. Die Lösung: ↗SPECTRE hatte zu einer Kopfjagd aufgerufen, bei der der Sieger, der mit James Bonds Kopf auftauchte, eine Belohnung erwarten durfte. Cordova geriet zwischen verschiedene Gruppen, die Bond verfolgten. Bekannt war der Killer auch unter den Spitznamen ↗Die Ratte und ↗Der Giftzwerg. Er gehörte der New Yorker Mafia an.

CORK, JOHN (Deckname)
↗*Doubleshot* (Roman)

CORNELIUS, MARJORY (Garderobe)
Wenn James Bond einen Schottenrock und eine Brille trägt, fragt man sich, ob dies nicht nur ein übler Scherz ist. In ↗*Im Geheimdienst Ihrer Majestät* (1969) war Marjory Cornelius für die Gardrobe der Schauspieler zuständig. Doch Bonds Rock ergibt dann im Film plötzlich einen Sinn: Er tritt als ↗Sir Hilary Bray auf und will mit seinem seltsamen Outfit ↗Irma Bunt und ↗Ernst Stavro Blofeld an der Nase herumführen.

CORNELL, CHRIS (Sänger)
Der am 20. Juli 1964 in Seattle, Washington, geborene Chris Cornell ist durch seine Tätigkeit als Sänger in der Rockband Audioslave ein Begriff. Er war zuvor Sänger, Gitarrist und Songschreiber der Band Soundgarden. Im Jahre 1984, als die Vorproduktion für ↗ *Im Angesicht des Todes* (1985) begann, gründete er mit dem Bassisten Hiro Yamamoto eine Band, in der er Schlagzeug spielte. Als musikalisches Allroundtalent scheinbar überall einsetzbar, tauschte er seinen Platz in der Gruppe und wurde Sänger von Soundgarden.

Sieben Jahre später gründete er das Temple of the Dog-Projekt, zu dem ihn der Tod eines Freundes inspiriert hatte. Der Verstorbene war der Sänger der Gruppe Mother Love Bone Andy Wood. Temple of the Dog brachte nur eine CD auf den Markt, 1997 löste sich die Band wieder auf. Musikkenner schätzen Cornells ausdrucksstarken Gesangsstil und seine technische Perfektion. Als er den Zuschlag erhielt, das Titellied von ↗*Casino Royale* (2006) zu singen, ließ er verlauten, dass das Stück an ↗*Live And Let Die* erinnern wird, also temporeiche Passagen enthält. Cornell arbeitet für den Song mit dem Titel ↗*You Know My Name* mit David Arnold zusammen. Oft wird Cornell für homosexuell gehalten (besonders aufgrund seiner oft freizügigen Auftritte), doch heute ist er nicht mehr die Sexsymbol mit Traumkörper, das ihn in den Anfangsjahren von Soundgarden zur Schwulen-Ikone hatte werden lassen.

Eine weitere Arbeit des dritten männlichen Sängers bei Bond nach ↗Duran

Duran und ↗A-Ha, ist das Soloalbum *Euphoria Morning*.

CORNELL, PHYLLIS (Double)
Im Film ↗*Goldfinger* (1964) war Phyllis Cornell als Double für die Darstellerin ↗Tania Mallet verpflichtet, die ↗Tilly Masterson verkörperte. Cornell saß im ↗Aston Martin neben ↗Bob Simmons, als ↗Goldfingers Schergen 007 verfolgen.

CORONA (Deckname)
Im Roman ↗*007 James Bond im Dienst Ihrer Majestät* wird die ↗Operation »Bedlam« abgeschlossen, und Bond erfährt über die ↗Station Z, dass der neue Deckname seiner Mission »Corona« lautet. 007 tritt als ↗Hilary Bray auf.

CORONA, JUAN DARIO (Taucher)
↗Emilio Magana

CORONA, SERGIO (Darsteller)
Sergio Corona verkörperte in ↗*Lizenz zum Töten* (1989) einen Pagen.

CORPORAL-MITTELSTRECKENRAKETE (Waffe)
Im Roman ↗*Goldfinger* plant der Schurke, die Panzertür von ↗Fort Knox durch die Explosion einer Corporal-Mittelstreckenrakete zu sprengen. Sie stammt von einem Alliiertenstützpunkt aus Deutschland und hat ↗Goldfinger eine Million Dollar gekostet.

CORSARO, JASON (Musikproduzent)
Zusammen mit der Gruppe ↗a-ha und dem Komponisten ↗John Barry stellte Jason Corsaro den Soundtrack zum Film ↗*Der Hauch des Todes* (1987) her.
↗Duran Duran

CORSE SHIPPING
Siehe Inhaltsangabe ↗*Never Dream Of Dying*

CORTINA (Lied)
↗*For Your Eyes Only* (Soundtrack)

CORTINA D'AMPEZZO (Ort)
Im Film ↗*In tödlicher Mission* (1981) ermittelt James Bond im Wintersportort Cortina d'Ampezzo. Um mit ↗Luigi Ferrara Kontakt aufzunehmen, begibt sich 007 auf die Tofana. Ein Drama ereignete sich bei den Dreharbeiten in Italien. Während einer Actionszene überschlug sich ein Bob, und dem Stuntman ↗Paolo Rigon wurde beim Aufprall das Genick gebrochen. James-Bond-Darsteller ↗Roger Moore war von Cortina so begeistert, dass er sich dort ein Haus kaufte. Hier verbringt er auch die meiste Zeit mit seiner Familie.

C.O.S. (Kürzel)
↗M. A.

COSMIC
Akten mit dem Vermerk »Cosmic« unterliegen strengster Geheimhaltung. James Bond hat mit diesen Dokumenten im Roman ↗*Scorpius* zu tun. Es ist die Akte von ↗Wladimir Scorpius, die von ↗David Wolkovski mit dem Wort »Cosmic« ergänzt wurde. Nun muss 007 die strengen Sicherheitsvorkehrungen einhalten, wenn er Einsicht in die Geheimakte nehmen will. Er bekommt das ↗Zimmer 41 im Hauptquartier des ↗Secret Service zugeteilt. Vor der Tür steht ein Wachposten, und der Agent muss vor dem Betreten des Raumes alle seine Privatgegenstände (Kugelschreiber, Notizbuch, Tagebuch ...) bei dem Wachposten abgeben. ↗»M« vertraue zwar 007, aber er halte sich an die Vorschriften.

COSSEY, CAROLINE (Darstellerin)
Ein gefundenes Fressen für die Presse war das ↗Bond-Girl Caroline Cossey alias ↗Tula. Sie spielte eine Statistenrolle in ↗*In tödlicher Mission* (1981). Erst nach den Dreharbeiten offenbarte sie, früher Barry Cossey und männlich gewesen zu sein. Die Presse sprach vom »Bondboy«, und die Fotos vom Girl neben ↗Moore gingen um die ganze Welt. Cossey geht in einer Sze-

ne an ↗Gonzales Pool powackelnd durchs Bild und sorgt bei Bond-Fans, die um den Geschlechtswechsel wissen, noch heute für Gesprächsstoff.

COSSIN, JAMES (Darsteller)
Als ↗Colthorpe in ↗*Der Mann mit dem goldenen Colt* (1974) setzt James Cossin den Geheimagenten James Bond auf die richtige Spur, um ↗Francisco Scaramanga ausfindig zu machen. Cossins Figur erinnert entfernt an ↗»R«, der Jahre später in ↗*Die Welt ist nicht genug* (1999) erstmals als ↗Qs Nachfolger gehandelt wurde. Einziger Unterschied: Colthorpe fehlte der Humor und die Tollpatschigkeit.

CÔTE, GEORGES (Stuntman)
Als Double für ↗Timothy Dalton stieg Georges Côte in ↗*Der Hauch des Todes* (1987) in den ↗Aston Martin Volante und sprang damit über eine Rampe. Fast wäre es zu einem dramatischen Unfall gekommen, weil der Wagen über den stoßabfangenden Kartonberg hinausschoss und auf dem Eis des Weißensees landete. Profi ↗Rémy Julienne beschloss daraufhin, den gleichen Sprung mit einem Lada selbst auszuführen.

COTTLE, GEORGE (Stuntman)
Bei den Aufnahmen der ↗Pre-Title-Sequenz zu ↗*Stirb an einem anderen Tag* (2002) doubelte Stuntman George Cottle ↗Pierce Brosnan auf dem ↗Hovercraft.
↗Ray De-Haan

COUCH (Falle)
↗Sofa

COUGAR-CABRIO 1969 (Fahrzeug)
Der rote Flitzer von ↗Teresa Di Vicento im Film ↗*Im Geheimdienst Ihrer Majestät* (1969) ist ein 1969er-Cougar-Cabrio. James Bond folgt dem Fahrzeug und findet es vor einem Hotel, in dem die Gräfin abgestiegen ist. Die Romanze beginnt und führt gar zur Ehe. Wie von vielen anderen Modellen fertigte die Firma ↗Corgi Spielzeugvarianten. Das kleine Modell vom Cougar-Cabrio bringt heutzutage unter Sammlern bis 600 Euro.

COULÉ
↗Gustav Graves erfolgreichste Aktion beim Fechtkampf gegen James Bond ist ein »Coulé« genanntes Manöver. Hierbei führt er sein Schwert an der Klinge von 007 vorbei und ritzt ihm die Haut am Bauch auf.

COUNTDOWN
Der Kampf gegen die Zeit spielt in den James-Bond-Romanen und auch -Filmen eine sehr wichtige Rolle. Durch den Druck, der auf dem Agenten lastet, werden das Publikum und die Leserschaft noch mehr in Spannung versetzt. Meist schafft es 007, kurz vor Ablauf des Countdowns einzuschreiten und die Menschheit oder sich selbst zu retten. Als Überblick hier die populärsten Countdowns aus den Filmen des Agenten:
James Bond 007 jagt Dr. No (1962): 007 zerstört ↗Dr. Nos Atomreaktor kurz nach dem Raketenstart in ↗Cape Canaveral. Die Sekunden werden im Film zwar nicht angezeigt, aber es dürften nur noch wenige gewesen sein. Bond entkommt mit ↗Honey Rider, bevor Nos Inselfestung ↗Crab Key explodiert.
Goldfinger (1964): »Noch sieben Ticker und Goldfinger hätte die Partie gewonnen«, meint 007, als die Bombe im Gold-Depot ↗Fort Knox durch seine Hilfe hat entschärft werden können. Im Drehbuch waren ursprünglich drei Restsekunden angegeben, aber Regisseur ↗Guy Hamilton hatte später die Idee, die Uhr der Bombe bei »007« stoppen zu lassen. Das ist auch der Grund, warum Bond in der Originalversion von »drei Tickern« redet, obwohl der Countdown erst in sieben abgelaufen wäre. Die Sekunden änderte man, nicht aber die Dialoge.
Feuerball (1965): ↗Blofeld stellt hier ein Ultimatum, wann eine Lösegeldübergabe spätestens erfolgen soll.

Casino Royale (1966): Da James Bond am Ende des Filmes tot (!) ist, konnte er hier den Countdown nicht stoppen. Der Zeitzünder war ↗Jimmy Bond persönlich, in dessen Körper eine Bombe explodierte, die er selbst erfunden und versehentlich verschluckt hatte.

Man lebt nur zweimal (1967): Fünf Sekunden vor dem Abfangen der amerikanischen Raumkapsel kann James Bond ↗Blofelds Rakete Bird 1 per Fernzündung zerstören. James Bond drückt den Zerstörungsmechanismus im Vulkankrater von Ernst Stavro Blofeld.

Im Geheimdienst Ihrer Majestät (1969): Hätte sich die Sprengung der Alpenfestung ↗Piz Gloria nicht um mehrere Sekunden verzögert, wäre James Bond umgekommen. Der Agent kannte zwar den mit ↗Draco abgesprochenen Zeitplan, doch ↗Blofeld bereitete Schwierigkeiten. Die Zeit, die James Bond beim Countdown bleibt, um den mit Sprengladungen versehenen Piz Gloria zu verlassen, beträgt fünf Minuten und zehn Sekunden.

Diamantenfieber (1971): Laut und deutlich sagt eine Stimme die verbleibende Zeit an, bis der Killersatellit einen vernichtenden Laserstrahl auf Washington D. C. abfeuern soll. Der britische Geheimagent schleudert ↗Blofeld so lange mit dessen Mini-U-Boot gegen die Stahlkonstruktionen der Ölbohrinsel, bis der Countdown verstummt.

Leben und Sterben lassen (1973): ↗Quarrel informiert 007, die Brandbomben für ↗Kanangas Moonfelder seien auf »Mitternacht« eingestellt. James Bond wartet bis zur letzten Sekunde, um ↗Solitaire zu retten. Als beide einen Fluchtversuch starten, explodieren Quarrels Bomben.

Der Mann mit dem goldenen Colt (1974)*: Nachdem ↗Kra in einen Tank mit flüssigem ↗Helium gefallen ist und seine Körpertemperatur die Temperatur des Heliums zum Ansteigen bringt, beginnt der Countdown für James Bond und ↗Mary Goodnight. Sie müssen das ↗Solex aus Scaramangas Sonnenenergiezentrum ausbauen, bevor alles um sie herum explodiert. Bond und Bond-Girl schaffen es in letzter Sekunde.

Der Spion, der mich liebte (1977): Den Zünder der Sprengkapsel Nr. 6, mit der James Bond in *Der Spion, der mich liebte* (1977) den Sprengkopf einer Nuklearrakete zur Explosion bringt, ist auf 20 Sekunden eingestellt. Auf einer Deckenkamera, die sich nach Stromabschaltung wieder in Bewegung setzt, kann er entkommen. Wenig später läuft ein Ultimatum ab, die Bombe explodiert, ohne ihn zu verletzen. Nervösmachendes Piepen signalisiert die verrinnende Zeit, als die Atom-U-Boote den Befehl ausführen wollen, Moskau und New York zu vernichten. Bond sendet den Booten falsche Koordinaten, und die Unterseeboote zerstören sich in letzter Sekunde gegenseitig. Wenig später beginnt der nächste Countdown: Torpedos versenken »Atlantis«. Vor den hereinbrechenden Wasserfluten rettet Bond ↗Anja Amassowa in letzter Sekunde.

Moonraker – streng geheim (1979)*: 007 muss mit ↗Holly Goodhead die Globen zerstören, bevor sie auf der Erde einschlagen. Er schafft es in letzter Sekunde.

In tödlicher Mission (1981): Selbst unter der Wasseroberfläche bleibt 007 nicht von tickenden Bomben verschont. Zwar hat er den Zeitzünder am ↗Mantis-Man in der versunkenen ↗St. Georges selbst aktiviert, doch es gelingt ihm erst im letzten Moment, das Wrack zu verlassen.

Octopussy (1983): Den knappsten Sieg erringt James Bond in *Octopussy* (1983). Die Uhr zeigt bereits eine 0, als Bond die Bombe entschärft. Bond zieht den Zünder aus einer Bombe, die ungewollt vom Zirkus ↗Octopussy nach Westdeutschland geschmuggelt wurde. Keine Sekunde später macht es »klick« – da kein »Bumm« folgt, hat es Bond wieder einmal geschafft.

Sag niemals nie (1983): Die Atombombe ist schon scharf, jetzt muss Bond handeln. Er taucht hinter ↗Largo her, und es gelingt ihm, den Zünder kurz vor Ablauf des Ultimatums zu unterbrechen.

Im Angesicht des Todes (1985): In *Im Angesicht des Todes* (1985) muss James Bond feststellen, dass er weniger als eine Stunde Zeit hat, um Zorins Bombe zu entschärfen. ↗»9:41« So einen langen Zeitablauf zeigte noch kein Bond-Film zuvor. Die Bombe von ↗Max Zorin, die ein Erdbeben und eine Überschwemmung auslösen soll, wird von 007 und ↗May Day aus dem Gefahrenbereich geschafft. Es gelingt zwar, die Bombe weit genug von einer Dynamitaufschichtung zu entfernen, doch May Day kommt bei der Explosion ums Leben.

Der Hauch des Todes (1987): Zuschauer im Dauerstress brachte Bonds Bombe mit Zeitzünder für den Plastiksprengstoff, mit denen James Bond das Opium vernichten will (Countdown: zehn Minuten und 30 Sekunden) im Film *Der Hauch des Todes* mit sich. 007 kämpft gegen ↗Necros, die Schwerkraft, eine unfähige Pilotin und seine eigene tickende Zeitbombe. 007 schafft es, den Countdown zwei Sekunden vor der Explosion zu stoppen. Er verwendet die Bombe anderweitig.

Lizenz zum Töten (1989)*: Ebenso schaffen 007 und Pam Bouvier ihre Flucht in diesem Film auch erst in letzter Sekunde, bevor Sanchez' Drogenfabrik explodiert.

GoldenEye (1995): Eine Drehbuchänderung spiegelt sich auch im gleichnamigen Roman von ↗John Gardner wider. Im Film stellt Bond die Zeitzünder in der Fabrik für chemische und biologische Waffen von sechs Minuten auf drei Minuten um – durch die verfrühte Explosion wird ↗006 entstellt. Der spätere Gegner von Bond will 007 die gleichen sechs Minuten zubilligen: Bond hat also auch nur drei. Ein Countdown läuft auch für ↗Boris Girschkow ab, als er feststellt, dass ↗Natalja Simonowa die Bremsraketen bei zwei ↗Goldeneye-Satelliten gezündet hat. Im Roman ↗*GoldenEye* ist die Zeit etwas knapper bemessen. Bei der ↗Operation Schlüsselblume stellt 007 die Zünder von drei auf eine Minute, was später auch ↗Trevelyan tut, als er den britischen Geheimagenten und Natalja Simonowa im Panzerzug zurücklässt. Eine andere rückwärts laufende Uhr schockt James Bond, als er mit der Russin Simonowa gefesselt im ↗Tiger-Helikopter sitzt. Eine Art Schleudersitz bringt die Rettung. Nachdem James Bond in *GoldenEye* (1995) von Alec Trevelyans Männern entdeckt worden ist, verbleiben 16 Minuten und 42 Sekunden, bis der Schurke seinen Plan, London in die Steinzeit zurückzuversetzen, in die Tat umgesetzt haben will.

Der Morgen stirbt nie (1997): In der ↗Pre-Title-Sequenz versucht James Bond, eine atomare Verseuchung zu verhindern und Nukleartorpedos vor einer Explosion zu bewahren. Eine auf den Ort zurasende Rakete bringt Bond in Zeitdruck. Er schafft es natürlich, in letzter Sekunde den Ort des Einschlags zu verlassen. Eine weitere Rakete, die aus dem ↗Stealths-Schiff von ↗Elliot Carver abgefeuert werden soll, bringt einen zweiten Countdown mit sich. Auch dieses Rennen gegen die Zeit gewinnt der Superagent. ↗Stamper hat weniger Glück: Von ihm bleibt nur Asche übrig.

Die Welt ist nicht genug (1999): Hier rasen die Ziffern so schnell wie nie zuvor. ↗Renard will Bond einen schönen Tod bescheren, doch 007 ist flink. Die Feuersäule im Rücken, kann der Agent aus dem Gefahrenbereich springen. Dies war mit Sicherheit nicht der letzte Countdown, dem der Agent entgegentreten musste. Auf einer Atombombe fahrend, müssen 007 und ↗Dr. Jones schnelle Entscheidungen treffen. Sie springen ab und lassen die Bombe detonieren, um ihren Tod vorzutäuschen und Handlungsfreiheit zu haben. Auch der Buch-Bond hat kein ruhigeres Leben: Im Roman ↗*Tod auf Zypern* passiert die Entschärfung eines Atomsprengkopfes 45 Sekunden, bevor die Bombe explodiert. Da die Sprengkraft ohne Sprengkopf nicht so groß ist, bleibt Bond die Zeit zur Flucht.

Im Buch ↗ *Cold* setzt General Clay 007 ein Zeitlimit von 30 Minuten.

Stirb an einem anderen Tag (2002)*: Auch in diesem Film muss Bond wieder gegen mehrere Countdowns ankämpfen: Jinx droht zu ertrinken, der Ikarus-Satellit droht Gustav Graves Eispalast einstürzen zu lassen und am Ende des Films muss 007 noch schaffen, ein Flugzeug zu verlassen, dem nicht nur der Absturz, sondern auch eine Explosion droht.

*) Handelt es sich in diesen Filmen zwar um keine »Zeit-Countdowns«, bei denen die Zuschauer eine tickende Bombe oder eine Uhr sehen, so wird die Spannung durch den Zeitdruck, der auf 007 lastet, doch enorm gesteigert.

COUNTDOWN! (Roman)

Der Roman ↗ *Countdown!* erschien in englischer Sprache unter dem Titel ↗ *Zero Minus Ten* und wurde 1998 erstmals in deutscher Sprache im Heyne Verlag veröffentlicht. Das Werk, das aus dem Englischen von Bea Reiter übersetzt wurde, hat auf 299 Seiten 22 Kapitel. In der Allgemeinen Reihe hat das Buch die Nummer 01/10761. Eine der Anmerkungen bezieht sich auf das siebte Kapitel: ↗ Benson legt Wert darauf, den Leser darüber zu informieren, dass die beschriebene Bank in diesem Kapitel zwar existiert, die Ereignisse jedoch frei erfunden sind. Da der Ort der Übergabe Hongkongs an China noch nicht feststand, als das Buch verfasst wurde, wählte Benson den Statue Square.

Die Kapitel tragen folgende Überschriften: 1) Shamelady; 2) Drei Vorfälle; 3) Die Pflicht ruft; 4) Britisches Erbe; 5) Die Perle in der Krone; 6) »Der vorherrschende Wind«; 7) Der Jadedrachen; 8) Ein gefährlicher Tanz; 9) Interview mit einem Drachen; 10) Das Todesurteil; 11) Das Attentat; 12) Die erste Spur; 13) Die Triade; 14) Die Gutenachtgeschichte; 15) Tagesausflug nach China; 16) Schmerz und Wut; 17) Männer von Ehre; 18) Die goldene Meile; 19) Auf Wiedersehen, Hongkong; 20) Walkabout; 21) Countdown; 22) Keine Tränen für Hongkong.

Teilweise sind diese Kapitel durch eine zweite Überschrift unterteilt:

- **Kapitel 1:** 20. Juni 1997, 21.55 Uhr, Jamaika
- **Kapitel 2:** a) 17. Juni 1997, 23.45 Uhr, England; b) 18. Juni 1997, 20.00 Uhr, Hongkong; c) 21. Juni 1997, 11.55 Uhr, Westaustralien
- **Kapitel 3:** Null minus zehn: 21. Juni 1997, 10.15 Uhr, England
- **Kapitel 5:** Null minus zehn*: 22. Juni 1997, 10.30 Uhr, Hongkong
- **Kapitel 6:** 16.00 Uhr
- **Kapitel 8:** Null minus acht: 23. Juni 1997, 14.00 Uhr
- **Kapitel 11:** a) (Beginnend mit einem Zeitungsbericht) Schießerei in Kowloon; b) Null minus sieben: 24. Juni 1997, 15.55 Uhr
- **Kapitel 12:** 18.30 Uhr
- **Kapitel 13:** 22.00 Uhr
- **Kapitel 14:** Null minus sechs: 25. Juni 1997, 01.00 Uhr
- **Kapitel 15:** a) 10.30 Uhr; b) Null minus fünf: 26. Juni 1997, 08.00 Uhr
- **Kapitel 17:** a) 21.00 Uhr; b) Null minus vier: 27. Juni 1997, 00.01 Uhr
- **Kapitel 18:** a) 27. Juni 1997, 10.30 Uhr, Westaustralien; b) Null minus drei: 28. Juni 1997, 05.00 Uhr
- **Kapitel 20:** a) 28. Juni 1997, 18.00 Uhr; b) Null minus zwei: 29. Juni 1997, 6.00 Uhr
- **Kapitel 21:** a) Null minus eins: 30. Juni 1997, 21.30 Uhr, Hongkong b) 32.10
- **Kapitel 22:** Null: 1. Juli 1997, 00.01

*) Bei Kapitel fünf lautet die zweite Überschrift im englischen Original »zero minus nine«. In der deutschen Übersetzung muss es sich also um einen Fehler handeln.

Um dem Leser das komplizierte Kartenspiel zwischen James Bond und Guy Thackeray zu veranschaulichen, befinden sich auf den Seiten 81, 96 und 98 Abbildungen der Spielkarten, die Bond oder sein Gegner gerade vor sich haben.

Inhaltsangabe »Countdown!«:

1) Shamelady: Der Geheimagent James Bond trifft sich nachts mit Agent 03. Er hat wie immer einen Auftrag zu erfüllen, aber auch die Agenten 03 und 05 haben eine Mission: Sie sollen 007 töten. Bond gewinnt, lässt aber beide Widersacher am Leben. Und nachdem die weibliche 03 einen Funkspruch erhalten hat, den sie an 007 weiterleitet, landet sie mit ihm unter der Dusche. Der Mordanschlag war nur ein gefährliches Training.

2) Drei Vorfälle: In England werden zwei Polizisten im Kugelhagel getötet, als sie eine Kiste mit Heroin entdecken, die von mehreren Chinesen im Hafen gelöscht wird. In Hongkong zerfetzt eine von drei Albino-Chinesen gelegte Bombe ein schwimmendes Restaurant. Guy Thackeray, der neue Geschäftsführer von EurAsia Enterprises, hatte das Todesschiff zuvor verlassen. In Westaustralien vergraben Terroristen eine Atombombe, deren spätere Detonation ein Gebiet von fünf Quadratkilometern vernichtet.

3) Die Pflicht ruft: Bond kommt in England an und wird von »M« über die Vorfälle in Hongkong informiert.

4) Britisches Erbe: Nachdem 007 mit M über den Opiumkrieg gesprochen hat, wird er auf den Verdächtigen Guy Thackeray angesetzt. »Q« stattet Bond mit dem nötigen Zubehör aus.

5) Die Perle in der Krone: In Hongkong angekommen, trifft die Doppelnull auf seinen Kontaktmann. Erste Verdächtigungen werden ausgesprochen.

6) »Der vorherrschende Wind«: Bond und Kontaktmann T. Y. Woo treffen im Kasino Simon Sinclair und Guy Thackeray, mit denen sie Mah-Jongg spielen. Bond glaubt, einen Betrug festzustellen.

7) Der Jadedrachen: Mit einem Trick gelingt es 007, Thackeray beim Mah-Jongg viel Geld abzuknöpfen. Als Thackeray auf der Toilette verschwunden ist, tauchen drei Killer im Privatspielraum auf und greifen alle Anwesenden mit Messern an. Bond und Woo kommen mit Verletzungen davon. Sie finden eine Geheimtür. Eine schwarze Limousine, besetzt mit den Attentätern, fährt gerade mit quietschenden Reifen davon.

8) Ein gefährlicher Tanz: Bond will Kontakt zur Triade aufnehmen, die offensichtlich ihre Finger im Spiel hat. In einem Nachtklub lernt er die Hostess Sunni kennen. Nachdem er Wodka mit Tsingtao-Bier getrunken hat, stellt sie ihm den Anführer der Triade vor. Dieser beendet gerade ein Treffen mit den Albino-Brüdern. 007 lässt Li Xu Nau seine Journalistenvisitenkarte überbringen.

9) Interview mit einem Drachen: Bond »interviewt« Li Xu Nau und macht ihn durch seine Anspielungen auf die Triaden wütend. Nach seinem Gespräch bekommt der Geheimagent einen Zettel, in dem Sunni um seine Hilfe vor den Triaden bittet. Beide treffen sich und wollen gemeinsam flüchten.

10) Das Todesurteil: Nachdem James Bond und Sunni mehrere Angreifer erledigt haben, finden sie Sunnis ermordete Mutter in der Wohnung. Bond, der am rechten Arm verletzt ist, ruft Woo und dessen Sohn Chen Chen und bittet um Hilfe – diese bringen Bond und Sunni in Sicherheit. 007s neue Verbündete schleicht sich nachts in sein Bett.

11) Das Attentat: Sunni wird bereits polizeilich gesucht, während Bond zu Thackerays Pressekonferenz fährt. Thackeray gibt seinen Rücktritt bekannt und wird beim Verlassen der Veranstaltung von einem Attentäter scheinbar samt Fahrzeug in die Luft gesprengt. Bond nimmt die Verfolgung des Attentäters auf, der von der Brüstung eines Hochhauses springt. Agent 007 fährt zu einem Aquariengeschäft, in dem der Hongkonger Geheimdienst seinen Sitz hat. Alles ist verwüstet, Sunni und Woo sind verschwunden.

12) Die erste Spur: Bond nimmt zu Bill Tanner in London Kontakt auf. Woo sei angeblich in Sicherheit, das Mädchen Sunni jedoch verschwunden. Bond sucht das Lagerhaus von EurAsia auf, wo er einen Albino-Chinesen und Li Xu Nau sieht. Nachdem er Heroin und ein seltsames rotes Boot entdeckt hat, steigt er in ein Taxi und folgt den beiden Chinesen.

13) Die Triade: Das Taxi bringt Bond in ein heruntergekommenes Viertel. Er folgt den Personen und wird Zeuge einer Zeremonie der Triade, an deren Ende Sunni in den Raum geführt wird und später getötet werden soll. Bond will dies verhindern.

14) Die Gutenachtgeschichte: Bond wird von Li Xu Nau gefangen genommen und über die Hintergründe der Geschichte aufgeklärt. Es gebe einen Vertrag, wonach EurAsia Li Xu Nau gehöre. Das Dokument sei jedoch im Besitz General Wongs. Bond wird beauftragt, Wong zu stellen und den Vertrag zu beschaffen. Um Sunni zu retten, nimmt 007 den Auftrag an.

15) Tagesausflug nach China: Bond macht sich im Auftrag des Triadenführers als Anwalt auf den Weg zu General Wong. Der zeigt 007 das begehrte Dokument, aber unerwartet wird Woo in den Raum geführt. Bond bestreitet, Woo zu kennen, doch er wird von den Wachen angegriffen. Der General zeigt James Bond ein Foto, das den echten Anwalt zeigt. Nun will er Bonds wahre Identität wissen.

16) Schmerz und Wut: Der Agent wird vom General mit Peitschenhieben gefoltert. Als der General in eine Besprechung gerufen wird, gelingt es Bond, die Wachen zu erledigen. Er findet T. Y. Woos Leiche und macht sich auf die Suche nach Wong. Dieser verlebt momentan ein Schäferstündchen. Bond tötet ihn, stiehlt den Vertrag und wird bei der Flucht von Li Xu Naus Limousine gestoppt.

17) Männer von Ehre: Nachdem Bond Li den Vertrag übergeben hat, sind er und Sunni frei. Er nimmt mit »M« Kontakt auf. General Wong sei korrupt gewesen, Fotos und Tonaufnahmen belegten es. Im Lagerhaus war 007 auf eine Karte von Australien gestoßen. Mit Lis Privatjet fliegt er los.

18) Die goldene Meile: Mit Sunni in Australien angekommen, schließen sie Freundschaft mit Skip Stewart, der sich als Pilot anbietet. Eine Mine, die sie aufgrund der Landkarte finden, bietet den Baustein für Atomwaffen: Uran. Kurz bevor Bond »M« informieren kann, wird er von den Albino-Brüdern und Thackeray überrascht.

19) Auf Wiedersehen, Hongkong: Thackerey nimmt 007 und Sunni gefangen. Er will mit dem gestohlenen Geld von EurAsia entkommen und Hongkong am Übergabetag an China um 0.01 Uhr mit einer Atombombe zerstören. Bond selbst soll an einem abgelegenen Ort in Australien getötet werden.

20) Walkabout: James Bond gelingt es, während des Fluges nach Australien den kleinen Albino aus dem Flugzeug zu werfen. Er übernimmt das Steuer, landet jedoch mitten in der australischen Wüste, wo er sich mit Wölfen auseinander setzen muss. Nachdem Bond weiter durch den Busch gewandert ist, kommt er mit Hilfe einer Aborigine zurück in die Zivilisation.

21) Countdown: Bond informiert »M« erneut, setzt sich mit Li Xu Nau in Verbindung und fliegt darauf nach Hongkong. 007 erinnert sich, dass die Bombe zur Übergabe Hongkongs an einem Boot befestigt werden soll. Nach langem Suchen finden sie das Wasserfahrzeug, das an einem riesigen Schiff festgemacht ist. Bond und Nau wollen die Atombombe entschärfen.

22) Keine Tränen für Hongkong: Thackeray taucht auf und tötet Nau. Bond gelingt es, Thackeray zu erschießen. Sunni wird gerettet, die Bombe entschärft. »M« verspricht Bonds neuer Freundin einen Pass. Die Übergabe Hongkongs an die Volksrepublik China findet wie geplant statt. Bond wird drei Monate »suspendiert« – jedoch bei voller Bezahlung ...

COUNTDOWN FOR BLOFELD (Lied)
↗ *You Only Live Twice* (Soundtrack)

COUNTDOWN FÜR DIE EWIGKEIT (Roman)
Deutsche Übersetzung des ersten James-Bond-Romans von Autor ↗ John Gardner. Das Buch erschien in englischer Sprache unter dem Titel ↗ *Licence Renewed*. Die deutsche Erstausgabe erschien im Scherz-Verlag und wurde von Mechthild Sandberg-Ciletti aus dem Englischen übersetzt. Gardners Erstlingswerk hat 23 Kapitel auf 158 Seiten. Während *Licence Renewed* noch mit Überschriften der einzelnen Kapitel aufwartet, fehlen diese im Scherz-Krimi völlig.

Der Umschlag der dritten Auflage aus dem Jahre 1987, von Heinz Looser mit Fotos vom Fotografen Thomas Cugini gestaltet, zeigt Roger Moore.

Inhaltsangabe »Countdown für die Ewigkeit«:
1) Wie ein professioneller Maskenbildner verändert ein Mann auf einer Dubliner Flughafentoilette sein Aussehen. Der einzige Zeuge – ein Mann vom Reinigungspersonal – ruft daraufhin eine geheime Telefonnummer an.
2) James Bond wird per Notruf von seinem neuen Landsitz zur Firma Universal Transworld gerufen und trifft bei Moneypenny ein. An einem anderen Ort hat der mutmaßliche Maskenbildner namens Franco ebenfalls ein Treffen.
3) 007 wird vom MI5 und dem Polizeichef über Franco und dessen Kontakt zu einem gefeierten Kernphysiker informiert. Bond soll Franco im Ausland überwachen, doch »M« hält es für besser, seinen Agenten direkt an den Kernphysiker Dr. Muric herantreten zu lassen.
4) Der Geheimagent wird über die Person Muric in Kenntnis gesetzt und soll nun mit dem Erfinder eines angeblich sicheren Atomreaktors bei einem Pferderennen Kontakt aufnehmen.
5) »Q« rüstet 007 aus. Eine neue Mitarbeiterin – Q'ssi aus der Abteilung des Tüftlers – verbringt den Abend mit Bond, sie haben jedoch keinen Sex.
6) 007 lernt Muric beim Pferderennen kennen, indem er die Perlenkette einer Begleiterin des Kernphysikers stiehlt und sich als Finder ausgibt. Wie es der Zufall will, setzt Bond sein Geld auf Murics Pferd »China Blue«. Nach dem ersten Treffen wird Bond als Gast auf Murics Schloss eingeladen.
7) Der MI6-Agent reist zum Anwesen und beobachtet es mit einer Nachtsichtbrille von draußen. Murics Handlanger Caber taucht auf, und im Verlauf einer Attacke wird die Nase des Fleischberges von Bond blutig geschlagen. Alles sieht wie ein Missverständnis aus, und Bond wird ins Schloss gebeten.
8) »China Blue« hat das Pferderennen gewonnen, weil Muric Zwillingspferde hat: ein starkes und ein schwaches. Im Schloss bringt 007 eine Wanze an. Der Doktor will, dass sein Gast einige Tage bleibt, um ihm ein Geschäft anbieten zu können. Franco ist ebenfalls bei Muric.
9) Über die Wanze erfährt Bond von einem Gespräch zwischen Muric und Franco. Die Frau des Schlossherrn, Mary-Jane Mashkin, kommt in Bonds Zimmer und will ihn verführen. James Bond wittert eine Falle und gibt ihr einen Korb. Mashkin verschwindet wütend.
10) Lavendel Peacock, die Schönheit mit der Perlenkette, versucht ihr Glück am selben Abend. Sie berichtet Bond von dubiosen Dingen und informiert ihn über Mary-Jane Mashkin, die nur bei Bond gewesen sei, um ihn zu testen. Als Bond sich an Lavendel heranmacht und sie küssen will, erzählt sie von dem Unglück, dass alle Männer, die bisher ihr Leben gekreuzt hatten, umkamen oder ermordet wurden.
11) Bond überprüft seinen Saab und tritt bei einem Dorffest zum Kampf gegen Murics rechte Hand Caber an. Er gewinnt im Ring, weil er Caber mit dem Narkotikum Halothen K.O. gehen lässt.
12) Muric verrät Bond seinen Plan und will ihn anstelle Cabers jetzt immer an seiner Seite haben. Im Auftrag Murics soll 007 Franco töten, um Geld zu sparen, das der

Schlossherr zum Bau seines Atomreaktors benötigt.

13) Der Agent flüchtet nachts mit seinem Saab. Ein Hubschrauber hält ihn auf, und Bond hat mit seinem Fahrzeug einen Unfall. Der Pilot war im Besitz von Bonds Nachtsichtbrille und damit im Vorteil.

14) Mit einem Wahrheitsserum verhören Muric und Mary-Jane den Agenten, doch er hält den Fragen stand und verrät nichts. »M« in London beurteilt Bonds Lage falsch und will noch nicht eingreifen.

15) Ein Privatjet befördert 007 nach Frankreich. Am Flughafen in der Nähe von Perpignan flieht Bond und entkommt per Anhalter.

16) Als er den Geheimdienst in London über eine Telefonzelle erreichen will, wird Bond angegriffen. Auf seiner Flucht entdeckt er den Ort, den Muric für Lavendels Tod vorgesehen hat: eine Modenschau, an der Lavendel als Model teilnimmt. »M« muss warten, die Frau geht 007 vor.

17) Killer Franco, der den Mord begehen sollte, wird von Bond in einen Kampf verwickelt. Der tödliche Schuss, der Lavendel gelten sollte, trifft Mary-Jane Mashkin. Der Agent erschießt Franco, wird jedoch von Caber gefangen.

18) »Operation Schmelzbrand« ist das Unternehmen, in das Muric Bond eingeweiht hat. In einigen Atomkraftwerken sollen die Kühlsysteme lahm gelegt werden, wenn die Regierungen dem Bau von Murics unfallsicherem Atombunker nicht zustimmen sollten. Lavendel sollte sterben, weil sie die rechtmäßige Erbin war und Muric sich zu Unrecht »Laird of Murcaldy« nannte. 007 wird zusammen mit Lavendel eingesperrt.

19) In Murics Privatjet werden Bond und Lavendel ausgeflogen. Bond soll einen »Logenplatz« bekommen. Anton Muric gibt der Regierung eine Lösegeldforderung durch, nachdem von ihm angestellte Terroristen in Atomkraftwerken auf der ganzen Welt die Kontrollräume besetzt haben.

20) Bond befreit sich, erledigt einige Wachen und schlägt den Oberbösewicht bewusstlos. 007 kombiniert und löst das Rätsel des Abbruchcodes der Operation: »Lock« ist das rettende Wort, da »War« der Befehl zum Beginn der Terroraktion war. Caber taucht auf und versucht, 007 das Leben schwer zu machen.

21) Caber wird im Kampf getötet. Dilly stößt ihm ein Messer in den Hals, und er stürzt aus dem Flugzeug. Die Terroristen in den Atomkraftwerken ergeben sich, doch Muric ist scheinbar mit einem Fallschirm abgesprungen und verschwunden.

22) Bill Tanner und 007 lauern Muric im Schloss auf. Als er auftaucht und es zu einem Schusswechsel kommt, schießt Bond seinem Gegner einen Pfeil in die Brust und zerstört dessen Körper zusätzlich mit einer Gyrojet-Raketenpistole.

23) Ein Ölhautpäckchen, das Muric bei sich trug, enthält die Unterlagen, die Lavendel als »Lady of Murcaldy« bestätigen. Bond schläft mit ihr, jedoch verlässt sie ihn, um eine Landwirtschaftsschule zu besuchen. Er findet Lavendel bewundernswert.

COUNTDOWN (Romankapitel)

Wenn man die Kapitelüberschriften von ↗ Raymond Bensons Büchern liest, sollte man besser zweimal hinschauen. In ↗ *Tod auf Zypern* heißt ein Kapitel ↗ *Die Welt ist nicht genug*: Diese »Überschrift« wurde später zum Titel eines Romans und auch eines Films. Im Buch ↗ *Die Welt ist nicht genug* heißt das sechzehnte Kapitel *Countdown* – ebenso wie im Roman *Countdown!*, der bereits 1998 erschien, dort trägt das 21. Kapitel diese Überschrift.

COURT, KEN (Künstlerischer Leiter)

Als zusätzlicher künstlerischer Leiter arbeitete Court bei ↗ *Octopussy* (1983) gemeinsam mit ↗ Michael Lamont, ↗ Ram Yedekar und ↗ Jan Schlubach. Court kehrte für ↗ *Im Angesicht des Todes* (1985) zurück, wo er mit den Kollegen ↗ Alan Tomkins, ↗ Serge Douy, ↗ Armin Ganz, ↗ Katharina

Brunner und erneut mit Lamont zusammentraf. Später war er auch an ↗*Der Hauch des Todes* (1987) und ↗*Lizenz zum Töten* (1989) beteiligt.

COUSINS, FRANK (Double)
Bei den Unterwasseraufnahmen von ↗*Feuerball* (1965) konnte ↗Sean Connery aufgrund vertraglicher Einschränkungen nicht alle Szenen selbst drehen. Frank Cousins sprang immer dann ein, wenn es zu tief oder zu gefährlich wurde. Die Liebesszene zwischen James Bond und ↗Domino Derval, die unter Wasser stattfindet, wurde nicht von Connery und ↗Auger gespielt, es waren Cousins und ↗Evelyn Boren, die hinter einem Felsen verschwanden. Der später aufsteigende Badeanzug von Domino Derval fiel wegen Bedenken der Produzenten dem Schnitt zum Opfer. Auch in den Szenen, in denen 007 mit seinem ↗Unterwasser-Düsenrucksack durchs Meer rauscht, wurden nicht mit Connery, sondern mit Cousins gedreht. Dieser hing an einem Draht hinter einem Motorboot und wurde so schnell durchs Wasser gezogen, dass eine falsche Kopfbewegung seinerseits zum Genickbruch hätte führen können.

COUSTEAU, JACQUES (Meeresforscher)
Für die Hai-Szenen in ↗*Feuerball* (1965) wurde der Experte Jacques Cousteau verpflichtet. Er soll angeblich ↗Sean Connery dazu überredet haben, in einen Swimmingpool voller Haie zu steigen. Connery verließ sich aber lieber auf ↗Ken Adam, der eine Plexiglasscheibe ins Becken einließ, um die Haie vom Darsteller zu trennen. Dass diese nicht lang genug für den Pool war und doch einige Haie durchkamen, musste der erschrockene Connery feststellen, als die Szene gerade gefilmt wurde; sie ist im Film enthalten.

COVERT OPERATIONS ACCESSOR PACK (Ausrüstungspaket)
↗COAP

COWARD, NOËL (Nachbar)
↗Ian Flemings Nachbar auf Jamaika war Noël Coward, der die James-Bond-Romane nie für gut hielt. Als er in einem Telegramm darum gebeten wurde, ↗Dr. Julius No im ersten offiziellen James-Bond-Film zu verkörpern, soll er zunächst gelacht haben, um dann die Rolle des »No« mit einem dezenten »no« abzulehnen. Krasser Fehler in *The James Bond Story*: Hier heißt es bei einem Interview mit Coward in einer Bildunterschrift, er habe tatsächlich Dr. No verkörpert, dabei war es ↗Joseph Wiseman.

COWBOY (Deckname)
↗John Gardner gab seiner Figur ↗Sergeant Pearlman einen besonderen Decknamen. Unter dem Pseudonym »Cowboy« schickt Pearlman im Roman ↗*Scorpius* eine Nachricht an James Bond und ↗Harriett Horner.

COWBOY (Romanfigur)
Als Cowboy bezeichnet ↗Raymond Benson in seinem Roman ↗*Tod auf Zypern* einen Bösewicht namens ↗Jack Hermann. Neben ihm tauchen noch weitere Charaktere auf, die Cowboys genannt werden, da ihre Kleidung und der Schauplatz Texas darauf schließen lassen.

COWBOYHUT
↗Hut

COWBOY IM FUN HOUSE (Filmcharakter)
↗Leslie Crawford

COWLING, BRENDA (Darstellerin)
Die Engländerin Brenda Cowling spielt in ↗*Octopussy* (1983) eine Deutsche, die mit ihrem Mann eine Autoreise macht und den gestressten James Bond an der Straße aufliest. Cowling trug den Rollennamen ↗»Schatzl«, ihr Filmmann hieß »Bubi«.

COXON, BRENDA (Digitale optische Effekte)
↗The Magic Camera Company

COYLE, CHUCK (Romanfigur)
Im Buch ↗ *James Bond und sein größter Fall* ist »Chuck« Coyle der Pettylon-Offizier an Bord der ↗ USS Wayne und arbeitet mit ↗ Commander Carter, James Bond und ↗ Anya Amasowa zusammen.

COYTE, DEREK (Marketingdirektor)
Derek Coyte war bei ↗ Eon Productions viele Jahre »Director of marketing«.

CP-3-2006 (Schiff)
Das Schiff ↗ Largos in ↗ *Sag niemals nie* (1983), mit dem die W-80-Thermonuklearsprengköpfe nach der Bergung abtransportiert werden und mit dem später auch James Bond und ↗ Domino nach ↗ Palmyra »verschifft« werden, trägt die Aufschrift CP-3-2006. Das Schiff Largos in ↗ *Feuerball* (1965) hieß ↗ Disco Volante.

CRAB KEY (fiktive Insel)
Ein Ausflug auf die Insel Inagua inspirierte ↗ Ian Fleming dazu, eine Insel namens Crab Key in ein Buch einzubauen. Im Roman ↗ *James Bond 007 jagt Dr. No* wird mehr über die Insel Crab Key bekannt. Es ist eine Ex-Guano-Insel, die dreißig Meilen nördlich von Jamaika und sechzig Meilen südlich von Kuba liegt. Nachdem die Insel fünfzig Jahre unbewohnt war, hatten sich rosa Löffelreiher angesiedelt. Durch den Schutz der Behörden entwickelte sich eine Population von über fünftausend Tieren auf Crab Key. ↗ Dr. No kaufte die Insel 1943 für zehntausend Pfund, angeblich, um Guano abzubauen – er versprach, das Naturschutzgebiet der Vögel aber unangetastet zu lassen. Durch den späteren Fall des Guano-Preises glaubt Stabschef ↗ Bill Tanner im Roman, Dr. No habe Probleme, die Kosten zu decken. Von ↗ Pleydell-Smith bekommt 007 eine Generalstabskarte von Crab Key aus dem Jahre 1910. Die Fläche der Insel beträgt nach Angaben auf der Karte 80 Quadratkilometer. Drei Viertel der Fläche sind Sumpfgebiet. Neben einem seichten See gibt es einen kleinen zum Meer führenden Fluss.

Ein 150 Meter hoher Hügel, der zum Meer hin steil abfällt, befindet sich im Westen. Unweit davon ist auf der Karte mit einer gestrichelten Linie das letzte Abbaugebiet von Guano eingetragen, das letztmalig 1880 genutzt worden sein soll. Der Name der Insel rührt daher, weil auf ihr unzählige schwarze Krabben leben. Auf der fiktiven Karibikinsel residierte Dr. No im gleichnamigen Film ↗ *James Bond 007 jagt Dr. No* (1962). Der Bauxithafen, der nicht im Roman, jedoch im Film auftaucht, war nach Aufnahmen des Bauxithafens von Ocho Rios gebaut worden. Dieser dient heutzutage als Anlegestelle für Kreuzfahrtschiffe und trägt den Namen »James-Bond-Pier«.

CRACKNELL, DEREK (Regieassistenz)
Mit der Regieassistenz wurde Derek Cracknell 1971 bei ↗ *Diamantenfieber* beauftragt. Cracknell arbeitete mit ↗ Jerome M. Siegel zusammen. Dieser war neu im Team und ebenfalls Regieassistent. Auch die Folgefilme ↗ *Leben und sterben lassen* (1973), in dem erstmals ↗ Roger Moore als 007 auftritt, und ↗ *Der Mann mit dem goldenen Colt* (1974) entstanden unter der Mitarbeit von Derek Cracknell als Regieassistent.

CRADDOCK, TERESA (Akrobatin)
Nicht nur für die Show im Zirkus des Films ↗ *Octopussy* (1983) musste Teresa Craddock Akrobatisches leisten, sondern auch bei der Stürmung von ↗ Kamal Khans Monsun-Palast in Indien. Craddock arbeitete im Team mit Kirsten Harrison, Christine Cullers, Lisa Jackman, Jane Aldridge, Christine Gibson, Tracy Llewelyn und Ruth Flynn.

CRAFFORD, CHARLES (Synchronregie)
Der dritte Mann bei der Synchronregie beim Film ↗ *Der Mann mit dem goldenen Colt* (1974) war neu in der Bond-Crew: Charles Crafford traf auf ↗ Christopher Lancas-

ter und ↗Jimmy Shields. Die Synchronmischung war Aufgabe von ↗Ken Barker.

CRAIG, DANIEL (Darsteller)
Am 14. Oktober 2005 (Sir Roger Moores 74. Geburtstag) wurde das Geheimnis um den sechsten offiziellen James-Bond-Darsteller gelüftet: Daniel Craig. Zwar sollte die Bekanntgabe erst auf einer Pressekonferenz in London erfolgen, doch Craigs Mutter Carol konnte das Geheimnis nicht für sich behalten (Vater Tim Craig hatte sich schon vor Jahren als Bondfan geoutet). Um 12.15 Uhr bestätigten ↗Barbara Broccoli und ↗Michael G. Wilson die Gerüchte an Bord des Schiffes »HMS President«, auf dem die Pressekonferenz stattfand. Der Brite Daniel Craig wurde am 2. März 1968 in Chester geboren. Als James Bond in ↗*Casino Royale* (2006) war Craig schon seit Anfang April 2005 im Gespräch – die englische Zeitung *Sun* hatte diese Information verbreitet. Gegen ihn sprach in der Presse besonders die Damenwelt (»nicht attraktiv genug«), doch Barbara Broccoli sah das anders. Sie habe sich darum bemüht, den Charakterdarsteller trotz der Einsprüche von Regisseur ↗Martin Campbell zu gewinnen – Fürsprecher war u. a. Regisseur ↗Matthew Vaughan, der sich erhofft hatte, den 21. James-Bond-Film realisieren zu dürfen. Daniel Craig wuchs mit seiner Schwester Lia in ärmlichen Verhältnissen in Liverpool auf und ist nach ↗Roger Moore und ↗Timothy Dalton wieder ein waschechter Engländer – so wie es ↗Ian Flemings Romanvorlage vorsieht. Seine Karriere begann Craig 1984 als Mitglied im National Youth Theatre. Er studierte Ende der 1980er Jahre an der Guildhall School of Music and Drama. Sein Bühnendebüt gab er im Stück *The Power Of One* (1992).

Besonders die Rollen, die Daniel Craig vor seinem Bond-Engagement spielte, unterscheiden ihn von seinen Vorgängern. Er wurde fast immer als Schurke besetzt, deshalb glauben viele, Craig wird einen sehr harten und rauen 007 abliefern. Zu seinen bekanntesten Rollen gehört die Verkörperung des Bösewichts in *Lara Croft: Tomb Raider* – eine Figur, die als Mischung aus Indiana Jones und James Bond bezeichnet wurde. Zu seinen besten darstellerischen Leistungen gehören die Rollen in den Filmen *Road To Perdition* (neben Oscar-Preisträger Tom Hanks) und *Layer Cake* (auch hier spielt er einen Schurken). Nach dem Film *Munich* (2005) von Steven Spielberg, in dem er neben dem ↗potenziellen Bond-Darsteller ↗Eric Bana zu sehen war, ist sein letztes Projekt vor *Casino Royale* (2006) die Rolle des »Ben« im Film *The Visiting* mit Nicole Kidman. Die Presse zerriss Craig schon, bevor er die erste Szene für den 21. offiziellen 007-Film gedreht hatte. Einige Blätter schrieben sogar, er sei schwul – vermutlich, weil er in einem Film eine längere Kussszene mit einem Mann hatte. In einigen Berichten hieß es vorschnell, er sei ein »Weichei«, weil er auf der Themse eine Rettungsweste trug. Für die Pressekonferenz von *Casino Royale* (2006) wurde er von den Dreharbeiten von *The Visiting* freigestellt. Um der Rolle des Agenten gewachsen zu sein, so Craig bei einem Interview für die Website ComingSoon.net, habe er vier Monate regelmäßig im Fitnessstudio trainiert. Craig berichtete von der Interpretation der Rolle: »Bond hat zu Beginn des Films Ecken und Kanten (...) er wird erst im Verlauf der Handlung zu dem Bond, den wir kennen, lieben und hassen. Ich versuche Bond so darzustellen, dass man seine Hintergründe versteht. Er verliebt sich und andere Sachen passieren, die ungewöhnlich für einen 007-Film sind. Bond wird verletzlich sein!«

Filmografie: 1997: Obsession / 1998: Love Is The Devil / 1998: Elizabeth / 2000: I Dreamed Of Africa (Ich träumte von Afrika) / 2001: Tomb Raider / 2001: Ten Minutes Older – The Cello (Episode: Addicted To The Stars) / 2002: Road To Perdition / 2003: The Mother (Die Mutter) / 2003: Sylvia / 2004: Enduring Love / 2004: Layer

Cake / 2005: The Jacket / 2005: Sorstalanság (Fateless – Roman eines Schicksallosen) / 2005: Munich / 2006: The Visiting / 2006: **Casino Royale**

CRANE, SIMON (Stuntman/Stuntkoordinator)
Simon Crane doubelte ↗Timothy Dalton in ↗*Der Hauch des Todes* (1987) und ↗*Lizenz zum Töten* (1989). Hier hatte er neben ↗Doug Robinson und ↗Gerardo Moreno als Stuntman mitgewirkt. Er war Stunt-Koordinator bei ↗*GoldenEye* (1995) und ist das perfekte Stuntdoubel für ↗Pierce Brosnan. Er koordinierte in der ↗Pre-Title-Sequenz den ↗Bungee-Sprung vom Staudamm. Erfahrung im freien Fall hatte er schon gesammelt: Beim Projekt *Cliffhanger* mit Silvester Stallone sprang er für eine Einstellung zwischen zwei fliegenden Flugzeugen hin und her. Das von Crane koordinierte Stuntteam bei *GoldenEye* bestand aus ↗Jamie Edgell, ↗Gary Powell, ↗Sean McCabe, ↗Wayne Michaels, ↗Steve Griffin, ↗Tracey Eddon, ↗Jim Dowdall, ↗Paul Heasman und ↗Eunice Huthart. Crane koordinierte auch bei *Bravehard* (mit Mel Gibson) die Stunts. Bei *Mary Shelleys Frankenstein* übernahm er die Regie der Second Unit. Zu seinen gefährlichsten Arbeiten gehören neben den James-Bond-Filmen *Total Recall*, *Batman*, *Indiana Jones und der letzte Kreuzzug* (mit ↗Sean Connery), *Robin Hood, König der Diebe*, *Rambo 3*, *Aliens*, *Willow*, *Superman IV*, *Ein Fisch namens Wanda* und *Das vierte Protokoll*. Beim letztgenannten Film lernte Crane Pierce Brosnan kennen und doubelte ihn mehrfach. Der bekannteste Film, an dem Stuntman und Stuntkoordinator Simon Crane mitwirkte, ist *Titanic* von James Cameron. Es folgten Steven Spielbergs *Der Soldat James Ryan*, der Kassenschlager *Die Mumie* und das Filmepos *Troja*.

CRANWELL, PETER (Darsteller)
Peter Cranwell verkörpert im dritten James-Bond-Film ↗*Goldfinger* (1964) die Figur »Johnny«. Vermutlich ist er einer der Ganoven, die ↗Auric Goldfinger auf seinem Gestüt in Kentucky mit ↗Delta-9-Nervengas tötet.

CRAPS (Spiel)
Das amerikanische Würfelspiel »Craps« wird von James Bond im Film ↗*Diamantenfieber* (1971) in einem Spielkasino in Las Vegas gespielt. Der Spieler hat zwei Würfelbecher und zwei Würfel. Die 7 und die 11 gewinnt, während eine 2, 3 oder 12 verliert. Bei den übrigen Zahlen gewinnt man nur, wenn man sie erneut würfelt, bevor eine 7 gefallen ist. Das Spiel lebt, auch wenn es im Film nicht ganz deutlich wird, von den Nebenwetten der anderen Spielteilnehmer, die entweder für oder gegen den Hauptspieler setzen.

CRAWFORD (Romanfiguren)
Neben ↗Hassett und ↗Wragg ermittelt auch Inspektor Crawford im Entführungsfall von ↗»M«. Crawford kommt im Buch ↗*Liebesgrüße aus Athen* vor. Er ist ein großer ernster Mann in den Vierzigern, und er gefällt 007 auf Anhieb.

CRAWFORD, LESLIE (Darsteller)
Die Rolle, die Leslie Crawford in ↗*Der Mann mit dem goldenen Colt* (1974) spielte, fällt im Film so klein aus, dass die Zuschauer zunächst glauben, es handelt sich in Scaramangas Fun House gar nicht um einen Darsteller, sondern um eine Wachsfigur. Dennoch war es Crawford, der in die Rolle des Cowboys im Fun House schlüpfte. Schon in ↗*Im Geheimdienst Ihrer Majestät* (1969) war Crawford mit dabei: er spielte Felsen.

CRAWLEY, STEVE (Aufsicht Drahteffekte)
Sprengkörper, die im Film ↗*GoldenEye* (1995) ausgelöst wurden, explodierten erst, nachdem ein so genannter Auslösedraht das Signal gegeben hatte. Die Aufsicht hatte Steve Crawley.

CRAY CAY (Ort)

Die erste Konfrontation zwischen ↗Franz Sanchez und ↗Felix Leiter im Roman und im Film ↗*Lizenz zum Töten* (1989) findet auf Cray Cay statt. Die Insel fällt in den Bereich des Rauschgiftdezernates von Key West. Sanchez trifft ein, um ↗Alvarez zu töten und ↗Lupe Lamora mitzunehmen. Der kleine Erholungsort verfügt über eine Landebahn und mehrere verstreut liegende Schindelhäuser. Sanchez' Unauffindbarkeit wird erst plausibel, wenn man bedenkt, dass es über 10.000 kleine Inseln gibt, die im Allgemeinen als »Cays« bezeichnet werden.

CRAYSON, GERRY (Pilot)

Bei ↗*Im Angesicht des Todes* (1985) waren ↗Chuck Tamburro, ↗Robert Liechti, ↗Rick Holley und Gerry Crayson als Piloten tätig.

CREDIT LYONNAIS

Nachdem James Bond im Roman ↗*Casino Royale* 32 Millionen Francs von ↗Le Chiffre gewonnen hat, lässt er sich einen Scheck auf die Bank »Credit Lyonnais« ausstellen.

CREDITS

Erst als alle wichtigen Geschichten ↗Ian Flemings filmisch umgesetzt wurden, beschlossen die Produzenten auch die Credits zu ändern. Das Drehbuch zu ↗*In tödlicher Mission* (1981) basierte zwar auf Ideen Flemings, die Zusammenstellung stammt aber von den Drehbuchautoren, und so veränderte man auf den Plakaten das einstige »Roger Moore as James Bond 007 in Ian Fleming's ... (Filmtitel)« in ein von Flemings Geschichten distanziertes »Roger Moore as Ian Fleming's James Bond 007 in ... (Filmtitel)«. So erfuhr man: Die Figur Bond stammt vom Autor, die Story aber von jemand anderem.

CREEP (Filmcharakter)

↗Ian Pirie

CREIGHTON, CHRISTOPHER (Pseudonym)

↗Operation James Bond

CRÈME DE MENTHE FRAPPÉ (Getränk)

Nachdem ↗Emilio Largo im Buch ↗*Thunderball* Phase I bis III der ↗Operation Omega überstanden hat, nimmt er seinen Lieblingsdrink zu sich: »Crème de Menthe frappé mit einer Maraschinokirsche obendrauf.«

CRESTA BLANCA (Getränk)

↗Martini

CREWMITGLIEDER DER JAMES-BOND-FILME

Casino Royale (1954): Produzent: Britaige Windust / Koproduzent: Elliot Lewis / Regie: William H. Brown / Drehbuch: Anthony Ellis, Charles Bennett / Künstlerische Leitung: Robert Tyler Lee, James De Val

James Bond 007 jagt Dr. No (1962): Produzenten: Harry Saltzman und Albert R. Broccoli / Regie: Terence Young / Drehbuch: Richard Maibaum, Johanna Harwood / Musik komponiert von John Barry und Orchester / Musik dirigiert von Eric Rogers / Orchestrierung: Burt Rhodes / James-Bond-Thema: Monty Norman / Kamera: Ted Moore, B.S.C. / Kameraführung: John Winbolt / Productionsdesigner: Ken Adam / Produktionsmanager: L. C. Rudkin / Schnitt: Peter Hunt / Titeldesigner: Maurice Binder / Animationen: Trevor Bond, Robert Ellis / Künstlerischer Leiter: Syd Cain / Make-up: John O'Gorman / Spezialeffekte: Frank George / Logik: Helen Whitson / Regieassistent: Clive Reed / Tonaufnahme: Wally Milner, John Dennis / Frisuren: Eileen Warwick / Schnittassistent: Ben Reyner / Synchronisation: Archie Ludski, Norman Wanstall / Garderobe: Tessa Wellborn / Garderobiere am Set: Freda Pearson / Stuntman: Bob Simmons (Double für Sean Connery) / Stuntman: George Leech (Double für J. Wiseman)

Liebesgrüße aus Moskau (1963): Produziert von Harry Saltzman und Albert R. Broccoli / Regie: Terence Young / Drehbuch:

Richard Maibaum / Bearbeitung: Johanna Harwood / Kamera: Ted Moore, B.S.C. / Schnitt: Peter Hunt / Produktionsmanager: Bill Hill / Künstlerische Leitung: Syd Cain / Titeldesigner: Robert Brownjohn, Trevor Bond / Titelsong: Lionel Bart / Gesungen: Matt Munro / *James-Bond-Thema*: Monty Norman / Musik komponiert und dirigiert von John Barry / Regieassistenz: David Anderson / Kamera Second Unit: Robert Kindred / Kameraführung: John Winbolt / Logik: Kay Mander / Maske: Basil Newall, Paul Rabiger / Frisuren: Eileen Warwick / Drehortmanager: Frank Ernst / Produktionsmanager (Istanbul): Ilham Filmer / Spezialeffekte: John Stears assisted by Frank George / Production Liaison: Chades Russhon / Stuntman: Jack Sholomir / Stunt Work arranged by: Peter Perkins / Tonaufnahme: John W. Mitchell, C. Le Messurier / Synchronisation: Norman Wanstall, Harry Miller / Montage: Ben Reyner / Kostümdesigner: Jocelyn Rickards / Gewandmeisterin: Eileen Sullivan / Gewandmeister: Emie Farrer / Assistent des künstlerischen Leiters: Michael White / Garderobiere am Set: Freda Pearson / Stuntman: Bob Simmons (Double für Sean Connery) / Stuntman: Jack Cooper (Doubel für R. Shaw) / Musik aufgenommen in den C.T.S. Studios, London.

Goldfinger (1964): Produzenten: Albert R. Broccoli und Harry Saltzman / Regie: Guy Hamilton / Regieassistent: Frank Ernst / Drehbuch: Richard Maibaum, Paul Dehn / Kamera: Ted Moore, B.S.C. / Productionsdesigner: Ken Adam / Spezialeffekte: John Stears, Frank George / Koordinator der Actionszenen: Bob Simmons / Künstlerischer Leiter: Peter Murton / Toneffekte: Norman Wanstall / Schnitt: Peter Hunt / Titeldesigner: Robert Brownjohn / Goldene Tänzerin im Vorspann: Vicki Kennedy / Musik komponiert und musikalische Leitung: John Barry / Titelsong: Leslie Bricusse, Anthony Newley / Sängerin: Shirley Bassey / Produktionsmanager: I. C. Rudkin / Synchronisation: Norman Wanstall, Harry Miller / Tonaufnahme: Dudley Messengart und Gordan McCullum / Frisuren: Eileen Warwick / Garderobenaufsicht: Elsa Fennell / Gewandmeisterin: Eileen Sullivan / Choreografin: Selina Wylie / PR: Tom Carlisle / Production Liaison: Charles Russhon / Montage: Ben Rayner / Garderobiere am Set: Freda Pearson / Gewandmeister: John Hilling / Assistenten des künstlerischen Leiters: Michael White, Maurice Pelling / Kameraführung: John Winbolt / Logik: Constance Willis / Make-up: Paul Rabiger, Basil Newall / Stuntman: Bob Simmons (Double für Michael Mellinger und Sean Connery) / Stuntman: George Leech (fuhr als Sean Connery den Aston Martin DB5 in eine Mauer) / Stuntgirl: Phyllis Cornell (Double für Tania Mallet) / *James-Bond-Thema*: Monty Norman.

Feuerball (1965): Produzent: Kevin McClory / Präsentatoren: Harry Saltzman und Albert R. Broccoli / Regie: Terence Young / Regieassistent: Gus Agosti / Drehbuch: Richard Maibaum und John Hopkins nach einem Roman von Kevin McClory, Jack Whittingham und Ian Fleming / Kamera: Ted Moore, B.S.C. / Titeldesigner: Maurice Binder / Production-Design: Ken Adam / Schnittaufsicht: Peter Hunt / Schnitt: Ernie Holster / Musik komponiert und dirigiert von John Barry / Songtext: Don Black / Sänger: Tom Jones / Spezialeffekte: John Stears / Produktionsaufsicht: David Middlemas / Montage: Ben Rayner / Künstlerischer Leiter: Peter Murton / Kameraführung: John Winbolt / Assistent des künstlerischen Leiters: Michael White / Garderobiere am Set: Freda Pearson / Synchronisation: Norman Wanstall, Harry Miller / Frisuren: Eileen Warwick / Gewandmeisterin: Eileen Sullivan / Gewandmeister: John Brady / Logik: Joan Davis / Make-up: Paul Rabiger, Basil Newall / Tonaufnahme: Bert Ross, Maurice Askey / *James-Bond-Thema*: Monty Norman / Kostümdesigner: Anthony Medelson / Berater: Charles Russhon / Unterwasseraufnahmen: Ivan Tors Underwater Studios Ltd. / Unterwasserregie: Ricou Browning / Unterwasserkamera: Lamar Boren / Unterwasseringenieur: Jordan Klein / Koordination/Durchführung der Kampfszenen: Bob Simmons, Harold Anderson / Action-Choreographie: Bob Simmons

Casino Royale (1966): Produzenten: Charles K. Feldman und Jerry Bresler / Regie: John Huston, Ken Hughes, Val Guest, Robert Paris, Joseph McGrath / Kamera: Jack Hildyard B.S.C., Nicholas Roeg B.S.C., John Wilcox B.S.C. / Drehbuch: Wolf Mankowitz, John Law, Michael Sayers / Musik: Burt Bacharach / Titelsong: Herb Alpert and The Tijuana Brass / *The Look Of Love* gesungen von: Dusty Springfield / Songtexte: Hal David / Produktionsdesigner: Michael Stringer / Kostümdesigner: Julie Harris / Schnitt: Bill Lenny / Spezialeffekte/Titel: Richard Williams, Cliff Richardson, Roy Whybrow / Mitproduzent: John Dark / Regieassistenten: John Stoneman, Douglas Pierce, Barrie Meirose, John Merriman, John Howell, Lionel Couch, Dick Talmadge, Anthony Swire / Ton: J. W. Mitchell, Sash Fisher, Bob Jones und Dick Chris Greeham. / Künstlerische Leiter: John Howell, Ivor Beddoes und Lionel Couch. / Make-up: Neville Smallwood, John O'Gorman.

Man lebt nur zweimal (1967): Produzenten: Harry Saltzman und Albert R. Broccoli / Regie: Lewis Gilbert / Drehbuch: Roald Dahl / Kamera: Freddie Young / Schnitt: Thelma Connell / Productionsdesigner: Ken Adam / Spezialeffekte: John Stears / Koordination/Durchführung der Actionszenen: Bob Simmons, George Leech / Regie Second Unit und Schnitt: Peter Hunt / Titeldesigner: Maurice Binder / Musik komponiert, dirigiert und arrangiert: John Barry / Titelsong: Leslie Bricusse / Sängerin: Nancy Sinatra / Kamera Second Unit: Bob Huke / Luftaufnahmen: John Jordan / Unterwasserkamera: Lamar Boren / Zusätzliches Drehbuchmaterial: Harold Jack Bloom / Künstlerischer Leiter: Henry Pottle / Produktionsaufsicht: David Middlemas / Regieassistent: William P. Cartlidge / Drehortmanager: Herbert Watts / Kameraführung: Ernie Day / Logik: Angela Martelli / Maske: Paul Rabiger, Basil Newall / Berater: Charles Russhon / Gruppenführer: Hamish Mahaddie / Pilot »Little Nellie«: Kenneth H. Wallis / Synchronisation: Norman Wanstall, Harry Miller / Montage: Robert Richardson / Tonaufnahme: John Mitchell, Gordon McCallum / *James-Bond-Thema*: Monty Norman / Gewandmeisterin: Eileen Sullivan / Frisuren: Eileen Warwick / Bauten (Inneneinrichtung der Sets): David Folkes / Technical Advisor: Kikumaru Okuda

Im Geheimdienst Ihrer Majestät (1969): Produzenten: Harry Saltzman und Albert R. Broccoli / Koproduzent: Stanley Sopel / Regie: Peter Hunt / Drehbuch: Richard Maibaum / Kamera: Michael Reed / Productionsdesigner: Syd Cain / Spezialeffekte: John Stears / Stuntorganisator: George Leech / StockCar-Rennen: Anthony Squire / Schnitt und Second-Unit-Regie: John Glen / Titeldesigner: Maurice Binder / Musik komponiert, dirigiert und arrangiert: John Barry / *We Have All The Time In The World* getextet von Hal David / Sänger: Louis Amstrong / Kamera: Ken Higgins / Produktionsaufsicht: David Middlemas / Produktionsmanager (Schweiz): Hubert Fröhlich / Erster Regieassistent: Frank Ernst / Logik: Joan Davis / Kameramann: Alec Mills / Kamerafokus: Ron Drinkwater / Tonmischung: John Mitchell, Gordon McCallum / Künstlerischer Leiter: Bob Laing / Inneneinrichtung der Sets: Peter Lamont / *James-Bond-Thema*: Monty Norman / Konstruktionen: Ron Udell / Kostümdesigner: Marjone Cornelius (andere Quellen: Marjory Cornelius) / Garderobenaufsicht: Jackie Cummins / Gewandmeister: John Brady / Maske: Basil Newall, Paul Rabiger / Frisuren: Eileen Warwick / Dialogregie: Job Stewart / Montage: Robert Richardson / Stuntkoordinator: George Leech / Stuntman: Chris Webb

/ Synchronisation: Nicholas Stevenson, Harry Miller / Zusätzliche Dialoge: Simon Raven / Stuntmen: Heinz Leu (Double für Blofeld), Robert Zimmerman (Double für 007) / Stuntfahrer Stock-Car-Sequenz: Erich Glavitza / Stuntmen: Chris Webb, Richard Graydon (Double für George Lazenby) / Kamera: Egil Woxholt, Roy Ford, Willy Bogner, Alex Barbey, John Jordan

Diamantenfieber (1971): Produzenten: Albert R. Broccoli und Harry Saltzman / Koproduzent: Stanley Sopel / Regie: Guy Hamilton / Drehbuch: Richard Maibaum und Tom Mankiewicz / Regieassistenten: Jerome M. Siegel, Derek Cracknell / Logik: Del Rose, Elaine Schreyeck / Kamera: Ted Moore, B.S.C. / Kameraführung: Bill Johnson, Bob Kindred / Künstlerischer Leiter: Bill Kenney, Jack Maxsted / Ausstatter: John Austin, Peter Lamont / Spezialeffekte: Whitney McMahon, Leslie Hillman / Production Buyer: Ronnie Quelch / Kostüme Jill St. John: Don Feld / Kamera Second Unit: Harold Wellman / Optische Effekte: Albert Whitlock, Wally Veevers / Organisator Stuntszenen: Paul Baxley, Bob Simmons, George Leech / Drehortmanager: Eddie Saeta, Bernard Hanson / Synchronisation: Teddy Mason, Jimmy Shields, Christopher Landcaster / Tonmischung: Gordon McCallum / Tonaufnahme: Al Overton, John Mitchell / Garderobenaufsicht: Ted Tetrick, Elsa Fennell / Titeldesigner: Maurice Binder / Autostunt: Buzz Bundy / Stuntman: Jack Sholomir / Produktionsmanager: Milton Feldman, Claude Hudson / Schnitt: John W. Holmes, ACE, Bert Bates / Ausstattung: Ken Adam / Musik komponiert, dirigiert und arrangiert: John Barry / Songtexte: Don Black / Sängerin: Shirley Bassey / *James-Bond-Thema*: Monty Norman

Leben und sterben lassen (1973): Produzenten: Albert R. Broccoli und Harry Saltzman / Regie: Guy Hamilton / Drehbuch: Tom Mankiewicz / Logik: Elaine Schreyeck / Kamera: Ted Moore, B.S.C. / Kameraführung: Bob Andred / Kameramann Second Unit: John Harris / Produktionsaufsicht: Laurd Staffell / Maske: Paul Rabiger / Frisuren: Colin Jamieson / Konstruktionen: Leon Davis / Requisiten: Patrick Weymouth / Produktionsmanager: Stephen F. Kesten, Steven P. Skloot / Regieassistent: Alan Hopkins / Regieassistent: Derek Cracknell / Kameraführung: Bob Kindred / Titeldesigner: Maurice Binder / Unit Manager: Michael Rauch / Drehortkoordination: Jack Weiss / Künstlerischer Leiter: Stephen Hendrickson / Kameraführung USA-Team: George Bouillett, Warren Rothenberger / Stuntszenen: William Grefe / Stuntdouble für R. Moore: John Woods / Bus-Stunts: Maurice Patchett / Aufsicht künstlerische Leitung: Syd Cain / Künstlerischer Leiter: Bob Laing, Peter Lamont / Spezialeffekte: Derek Meddings / Optische Effekte: Charles Staffel / Rennbootstuntfahrer: Murray Cleveland / Autostunts: Jim Heck / Stuntfahrer: Al Gross / Rennbootorganisator: John Kerner / Zweiter Regieassistent: Joel Rosen / Koch: Tom Hardy / Fahrer zum Drehort: George Crawford / Sekräterin des Produzenten: Jane Ascroft / Standbilder: Terry O'Neill, John Bryson / American Publicist: Vic Hentschy / Clapper/Loader: Colin Davidson / PR Director: Derek Coyte / Regieassistent: Richard Jenkins / Schnitt: Bert Bates, Raymond Poullen, John Shirley / Synchronisation: Teddy Mason, Jimmy Shields, Chris Lancaster / Tonaufnahme: John Mitchell, Ken Barker / Stuntkoordinatoren: Bob Simmons, Ross Kananga, Eddie Smith, Joie Chitwood, Jerry Conneaux, Bill Bennett / Choreografie: Geoffrey Holder / Kostümdesignerin: Julie Harris / Stuntdouble für Roger Moore: Martin Grace / Production Liaison: Charles Russhon / Besetzungsleiter: Weston Drury, Jr. / Produktionsaufsicht: Claude Hudson / Drehortmanager: Bernard Hanson / Titelsong komponiert von Paul and Linda McCartney / Titelsong gespielt von Paul McCartney and Wings / Musik Score: George

Martin / *James-Bond-Thema* von Monty Nonnan / *Oh For A Closer Walk With Thee* gespielt von The Olympia Brass Band / *Live And Let Die* and *Filet Of Soul* von: B. J. Arnau

Der Mann mit dem goldenen Colt (1974): Produzenten: Harry Saltzman und Albert R. Broccoli / Regie: Guy Harnilton / Drehbuch: Richard Maibaum, Tom Mankiewicz / Kamera: Ted Moore, Oswald Morris / Ausstattung: Peter Murton / Spezialeffekte: John Stears / Schnitt: John Shirley and Raymond Poulton / Titeldesigner: Maurice Binder / Musik komponiert, dirigiert und arrangiert: John Barry / Text Titelsong: Don Black / Sängerin: Lulu / *James-Bond-Thema*: Monty Norman / Astro-Spiral-Auto-Stunt: W. Jay Milligan / Durchgeführt von Bumps Willard / Künstlerischer Leiter: Peter Lamont / Bauleitung: Leon Davis / Regieassistent: Derek Cracknell / Garderobenaufsicht: Elsa Fennell / Produktionsaufsicht: Claude Hudson / Drehortmanager: Frank Ernst, Eric Rattray / Koroduzent: Charles Orme / Kameraführung: Bob Kindred / Spezialeffekte: Derek Meddings / Besetzungsleiter: Weston Drury, Jr., Maurice Spector / Requisiten: Patrick Weymouth / Produktionsassistent: Reginald Barkshire / Synchronisation: June Shells, Christopher Lancaster, Charles Crawford / Schnitt: John Shirley, Raymond Poulion / Logik: Elaine Schreyeck / Kameramann Second Unit: John Harris / Ton: Gordon Everett / Maske: Paul Engelen / Produktionsbuchhalter: Brian Bailey

Der Spion, der mich liebte (1977): Produzent: Albert R. Broccoli / Regie: Lewis Gilbert / Drehbuch: Christopher Wood, Richard Maibaum / Kamera: Claude Renoir / Ausstattung: Ken Adam / Kamera Skiszenen: Willy Bogner / Kamera Unterwasserszenen: Lamar Boren / Spezialeffekte: Derek Meddings, Alan Maley / Regie Second Unit: Ernest Day, John Glen / Koordinator Actionszenen: Bob Simmons / Skisprung: Rick Sylvester / Schnitt: John Glen / Titeldesigner: Maurice Binder / Musik komponiert: Marvin Hamlisch / Sängerin: Carly Simon / Text Titelsong: Carole Bayer Sager / Fotograf und Fahrer des Unterwasserlotus: Don Griffin / Fahrer des U-Bootes »Shark Hunter II«: Keith Anderson / Bergsteigerexperte: Bob Richardson / Fallschirmexperte: Jim Buckley / Produktionskoordinator Kanada: Rene DuPont / Erster Kameramann: Alan Hume / Regieassistent: William P. Cartlidge / Spezialeffekte im Studio: John Evans / Konstruktionsmanager: Michael Redding / Script-Schnitt: Vernon Harris / Gewandmeisterin: Rosemary Burrows / Produktionsmanager: David Middlemas / Regieassistent: Ariel Levy / Regieassistent Second Unit: Chris Kenny / Drehortmanager Ägypten: Frank Ernst / Drehortmanager Kanada: Golda Offenheim / Künstlerischer Leiter: Peter Lamont / Produktionsassistent: Brian Bailey / Assistent des Regisseurs: Michael G. Wilson / Marineberater: Richard Kennan / Assistent der künstlerischen Leitung: Ernie Archer / Tonaufnahme: George Everett / *James-Bond-Thema*: Monty Norman / Kostüme: June Randall / Produktionsassistentin: Marguerite Green / Schnittassistent: John Grover / Besetzungsleiter: Maud Spector, Weston Drury, Jr. / Frisuren: Barbara Ritchie / Maske: Paul Engelen / Produktionskoordinator: Reginald A. Barkshire / Synchronmischung: Gordon K. McCallum, Allen Soles / Schnittassistent: Allan Stichon (andere Quelle: Montage: Alan Strachan)

Moonraker – streng geheim (1979): Produzent: Albert R. Broccoli / Ausführender Produzent: Michael G. Wilson / Regie: Lewis Gilbert / Drehbuch: Christopher Wood / Kamera: Jean Tournier / Produktionsdesigner: Ken Adam / Regie Stunt-Unit: Ernest Day, John Glen / Optische Spezialeffekte: Derek Meddings / Stunt-Organisator: Bob Simmons / Schnitt: John Glen / Titeldesigner: Maurice Binder / Musik: John Barry / Titelsong geschrieben von Hal David / Sängerin: Shirley Bassey / Drehbuchschnitt:

Vernon Harris / Assembly Schnitt: John Grover / Künstlerischer Leiter der »Visual Effects«: Peter Lamont / Koproduzent: William P. Cartlidge / Optische Effekte: Robin Browne / Produktionskoordinator: Reginald Barkshire / Künstlerische Leiter: Max Douy, Charles Bishop / Produktionsbuchhalter: Brian Bailey / Kamera Second Unit: Jacques Renoir / Aktionszenen: Bob Simmons / Kamera »Visual Effects«: Paul Wilson / Regieassistent: Michel Cheyko / Setregie: Peter Howitt / Drehortmanager Brasilien: Frank Ernst / Unit Manager Frankreich: Rober Saussier / Unit Manager Großbritannien: Chris Kenny / Drehortmanager Italien: Philippe Modave / Drehortmanager USA: John Comfort / Produktionsmanager: Jean-Pierre Spiri-Mercanton, Terence Churcher / Dolby-Berater: John Isles / Synchronisation: Allan Sones, Dino de Campo, Collin Miller / Mischung Neuaufnahme: Gordon McCullum, Nicholas Le Messurier, Graham V. Hartstone, Jacques Touilland / Entwicklungsberater: Bill Hansard / Entwicklungseffekte Frankreich: Louis Lapeyre / Optische Effekte Frankreich: Michel Fransois Films / Kameraführung: Alec Mills, Michel Debire, Guy Delatre, James Davis, John Morgan / Künstlerischer Leiter Second Unit: Peter Bennett, Meyer Barreby / Regieassistent Second Unit: Chris Carreras / Spezialeffekte: John Evans, John Richardson, Rene Albouze, Serge Ponvianne, Charles Abbola / Friseure: Pierre Vade, Mike Jones / Frisur Roger Moore: Mike Jones / Produktionssekretärin: Simone Ebcoffier, Dominique Back / Produktionsassistentin: Marguerite Green / Konstruktionsmanager: Michael Redding / Logik: Josie Fulford, Gladys Goldsmith, Elaine Schreyeck / Tonmischung: Daniel Brisseau / Assistenten Tonmischung: Gerard De Lagarde, Jean Labourel / Weltraumberater: Eric Burgess / Künstlerischer Leiter Weltraumaufnahmen: Harry Lange / Requisiten: Pierre Roudeix, Raymond Le Moigne / Kostümdesigner: Jacques Fonteray / Soundeffekte: Jean Pierre LeLong / Models: Gareth Tandy / Assistenten der künstlerischen Leitung: Marc Frederix, Jacques Douy, Serge Douy, Ernie Archer, John Fenner / Setausstatter: Pierre Charron, Andre Labussiere / Käufer: John Lanzer, Alan Guyard, Jean Nassereau / Produktionsbuchhalter Frankreich: Paul Beuori / Maske: Monique Archambault, Paul Engelen / Optische Effekte Frankreich: Jean Berard / Stuntorganisator Frankreich: Claude Carliez / Drehortmanager Brasilien: Andy Armstrong / Besetzung: Budge Drury, Margot Capelier / Gewandmeisterin: Colette Baudot / Gewandmeister: Jean Zay / Dialog-Schnitt: Catherine Kelber / Assistent Drehortmanager Frankreich: Robert Boulic / Schnittassistent: Michael Round, Peter Davies, Luce Gruenwald / Key Grip: Rene Strasser / Camera Grip: Chunky Huse / Produktions-Presse: Steve Swan, Gilles Durieux / *James-Bond-Thema*: Monty Norman

In tödlicher Mission (1981): Produzent: Albert R. Broccoli / Ausführender Produzent: Michael G. Wilson / Regie: John Glen / Drehbuch: Richard Maibaum, Michael G. Wilson / Kamera: Alan Hume / Ausstattung: Peter Lamont / Regisseur Action Unit: Arthur Wooster / Spezialeffekte: Derek Meddings / Unterwasserkamera: Al Giddings / Luftkamera: James Devis / Kamera Skiaufnahmen: Willy Bogner / Organisator Aktionsszenen: Bob Simmons, Rémy Julienne / Schnitt: John Grover / Titeldesigner: Maurice Binder / Musik: Bill Conti / Text des Titelsongs: Michael Leeson / Sängerin: Sheena Easton / Bergsteigerstunts: Rick Sylvester / Koproduzent: Tom Pevsner / Regieassistenten Second Unit: Terry Madden, Gareth Tandy, Michael Zimbrich, Tony Broccoli, Gerry Gavigan / Logik Second Unit: Phyllis Townsend / Kontaktperson in London: Van Jones / Produktionsassistentinnen: Iris Rose, Sally Ball / Griechische Hochzeit: Das Dorf Bouas-Danilia / Soundeffekte: Jean Pierre LeLong

/ Zusätzlicher Schnitt: Eric Boyd-Perkins / Montage: Peter Davies, Derek Trigg / Zusätzlicher künstlerische Leiter: Michael Lamont, Mike Karapiperis, Franco Fumagalli / Synchronisation: Colin Miller, Bill Trent, Vernon Messenger / Musikmischung: John Richards / Mischung Neuaufnahmen: Gordon McCallum, Ken Barker / Kameraführung: Alec Mills / Produktionskoordinator: Reginald A. Barkshire / Regie und Kamera Second Unit: Arthur Wooster / Produktionsmanager: Mario Blasetti, Philip Kohler, Aspa Lambrou / Regieassistent: Anthony Waye / Tonmischungen: Derek Ball / Künstlerischer Leiter: John Fenner / PR-Leiter: Charles Juroe / Produktionsbuchhalter: Douglas Noakes / Logik: Elaine Schreyeck / Kamera optische Effekte: Paul Wilson / Setregie: Vernon Dixon / Produktionsaufsicht: Bob Simmonds / Sekretärin des ausführenden Produzenten: Joanna Brown / Besetzung: Maude Spector, Deborah McWilliams / Kostümdesigner: Elizabeth Waller / Gewandmeister: Tiny Nicholls / Garderobe für C. Bouquet und C. Harris: Raemonde Rahvis / Assistent des künstlerischen Leiters: Ernie Archer / Illustrator: Dennis Rich / Landschaftskünstler: Ernest Smith / Kameraführung Second Unit: Jack Lowin, John Morgan, Dewi Humphreys, Robert Kindred / Bedienung Mikrofon-Galgen: Ken Nightingall / Make-up: George Frost, Eric Allwright / Frisuren: Stephanie Kaye, Marsha Lewis / Spezialeffekte: John Evans / Stills: Keith Hamshere / *James-Bond-Thema*: Monty Norman / Konstruktionsmanager: Michael Redding / Chef-Elektriker: John Tythe / Camera Grip: Chunky Huse / Requisiteur: Brian Humphrey / Marine-Berater: David Halsey, Barry Goldsmith / Organisation Eislaufszenen: Brian Foley / Optische Effekte: Michel Fransois Films / Unit- und Drehortmanager: Vincent Winter, Peter Bennett, Michalis Lambrinos, Redmond Morris, Umberto Sambuco / Stunt-Team: Paolo Rigon, Martin Grace, Pat Banta, Cyd Child, Jo Cote, John Eaves, Hans Hechenbichler, Michel Julienne, Wolfgang Junginger, George Leech, Wendy Leech, Gavin McKinney, Gareth Milne, Bernard Pascual, Frances Young / Luft-Stunts: Marc Wolff, Albert Werry, John Crewdson, Robin Browne, Andrew Von Preußen, Nigel Brendish, Czeslav Dyzma / Ski-Stunts: Gerhard Fromm, Peter Rohe, George Ostler, Gerhard Huber, Christian Troschke, Wolfgang Kleinwächter, Michael Ratajczak, Sabine Boueke, Victor Tourjansky, Verena Baldeo, Giovanni Dibona / Unterwasser-Stunts: Ken Court, Walter Clayton, Charles Nicklin, Steve Bowerman, Arlette Greenfield, Doug Laughlin, Rondolph Johnson, Terry Kerby, Jack Monestier, Richard Mula, Pete Romano, Moby Griffin, John Bremer, Doug Laughlin / Bergsteiger-Stunts: Rick Sylvester, Herbert Raditschnig, Chester Brown, Bill Fox / Drehort- und Unit-Manager: Vincent Winter, Peter Bennett, Michaelis Lambrino, Redmond Morris, Umberto Sambuco

Octopussy (1983): Produzent: Albert R. Broccoli / Regie: John Glen / Drehbuch: George Macdonald Fraser, Richard Maibaum, Michael G. Wilson / Ausführender Produzent: Michael G. Wilson / Koproduzent: Thomas Pevsner / Musik: John Barry / Ausstattung: Peter Lamont / Titeldesigner: Maurice Binder / Kamera: Alan Hume / Schnittaufsicht: John Grover / Spezialeffekt-Aufsicht: John Richardson / Regie und Kamera Second Unit: Arthur Wooster / Kostümdesigner: Emma Porteous / Besetzung: Debbie McWilliams / Produktionsaufsicht: Hugh Harlow / Produktionsmanager: Philip Kohler, Barrie Osborne, Leonard Gmur, Gerry Levy / Produktions-Geschäftsführung: Douglas Noakes / Produktionsüberwachung: Reginald A. Barkshire / PR-Leiter: Charles Juroe / Regieassistent: Anthony Waye / Kameraführung: Alec Milis / Tonaufnahmen: Derek Ball / Logik: Elaine Schreyeck / Actionszenen arrangiert von Bob Simmons / Autostunts arrangiert von Rémy Julienne / Künstlerischer Leiter: John Fenner

/ Bauten: Jack Stephens / Make-up-Aufsicht: George Frost / Frisuren-Aufsicht: Christopher Taylor / Schnitt: Peter Davies, Henry Richardson / Tonbearbeitung: Colin Miller / Produktionsberatung Indien: Shama Habibullah / Drehortmanager: Peter Bennett, Rashid Abassi / Zusätzliche Regieassistenten: Baba Shaikh, Don French / Logik Second Unit: Doreen Soan, Penny Daniels / Regieassistenten Second Unit: Terry Madden, Michael Zimbrich, Andrew Warren, Tony Broccoli, Gerry Gavigan / Drehort-Buchhalter: Jane Meagher, Marge Rowland, Ursula Schlieper / Produktionsassistenten: Iris Rose, Joyce Turner, Sheila Barnes, May Capsaskis, Mohini Banerji / Ausführende Assistentin: Barbara Broccoli / Produktionssekretärinnen: Mary Stellar, Joanna Brown, Eleanor Chaudhuri / Casting und Besetzung USA: Jane Jenkins / Aufsicht »Modell Effects«: Brian Smithies / Modellaufnahmen: Leslie Dear / Zusätzliche Aufnahmen: Jimmy Devis, Bob Collins / Kameraführung Second Unit: Malcolm Vinson, David Nowell, Jack Lowin / Frontprojektionen: Charles Staffel / Garderobenmeisterin: Tiny Nicholis / Kostüme: Bermans and Nathans / Zusätzliche künstlerische Leiter: Michael Lamont, Ken Court, Ram Yedekar, Jan Schlubach / Setausstatter Indien: Crispian Sallis / Assistenten der künstlerischen Leitung: Ernie Archer, Jim Morahan, Fred Hole / Produktionskäufer: Ron Quelch / Landschaftsgestalter: Ernest Smith, Jacqueline Stears / Bedienung Mikrofon-Galgen: Ken Knightingall / Maske: Peter Robb-King, Eric Allwright / Frisuren: Jeannette Freeman / Effekt-Aufsicht Second Unit: John Evans / Produktions-Presse: Geoff Freeman / Standaufnahmen: Frank Connor, George Whitear / Konstruktionsmanager: Michael Redding / Chef-Elektriker: John Tythe / Kamera-Grips: Chunky Huse, Colin Manning / Requisiteur: David Jordan / Stunt-Ingenieure: Dave Bickers, Dan Peterson / Bootsführer: Michael Turk / Zirkuszelt von Supertents / Verpflegung: The Location Caterers Ltd. / Helikopter: Management Aviation Ltd. / Transporte: D & D & Location Facilities Reknown Freight Ltd, The Travel Company / Soundeffekte: Jean Pierre Lelong / Synchronisation: Derek Holding, Michael Hopkins / Musikmischung: John Richards / Mischung Neuaufnahme: Gordon McCallum, Ken Barker / Musik: John Barry / Songtexte: Tim Rice / Sängerin: Rita Coolidge / *James-Bond-Thema*: Monty Norman / Stunt-Aufsicht: Martin Grace, Paul Weston, Bill Burton / Stunt-Team: Dorothy Ford, Clive Curtis, Del Baker, Pat Banta, Bill Weston, Rocky Taylor, Jim Dowall, Wayne Michaels, Nick Hobbs, Jazzer Jeyes, Christopher Webb, Malcolm Weaver, Jack Sholomir / Regie Luftaufnahmen: Philip Wrestler / Koordination Luftaufnahmen: Clay Lacy / Stunts »Beech H18«: B. J. Worth, Rande Deluca, Jake Lombard, Joe Taylor / Stunts »Bede Acro Star Jet«: Corky Fornof, Rick Holley

Sag niemals nie (1983): Produzent: Jack Schwarzmann / Regie: Irvin Kershner / Künstlerischer Leiter: Michael White, Roy Stannard / Setdekorateur: Peter Howitt / Requisiteur: Peter Hancock / Konstruktionsmanager: Bill Welch / Kamera und Regie Second Unit: Paul Beeson / Luftaufnahmen: Peter Allwork / Produktionsmanager (UK): John Davis / Produktionskoordinator: Gladys Pearce / Drehbuchüberwachung: Pamela Mann Francis Petain / Produktionskonten: Paul Tucker / Schnitt: Ian Crafford / Zusätzliche Schnitte: Peter Musgrave / Synchronisation: Norman Wanstall, John Poyner / Musikschnitt: Valerie Lesser / Regieassistenten: Roy Button, Carlos Gil, Greg Dark, Steve Harding / Produktionsmanager Bahamas: Malcolm Christopher / Produktionsmanager Frankreich: Jean Pierre Avice / Produktionsmanager Spanien: Arnold Ross, Apolinar Rabinal / Kameraführung: Chic Waterson, Wally Byatt / Drehbuch: Lorenzo Semple, Jr. / Nach einer Geschichte von Kevin McClory, Jack

Whittingham, Ian Fleming / Ausführender Produzent: Kevin McClory / Koproduzent: Michael Dryhurst / Regie/Kamera: Douglas Slocombe / Ausstattung: Philip Harrison, Stephen Grimes / Aufsicht Schnitt: Rohert Lawrence / Musik: Michel Legrand / Regie Second Unit: Michael Moore / Unterwasseraufnahmen: Ricou Browning / Erster Regieassistent: David Tomblin / Beraterin des Produzenten: Talia Shire Schwartzman / Kostümdesigner: Charles Knode / Besetzung: Maggie Cartier, Mike Fenton, Jane Feinberg / Optische Effekte: Apogee Inc., Los Angelas / Aufsicht der »Special Visual Effects«: David Dryer / Produktionskontrolle: Jack Smith / Produktionsaufsicht: Ian Wingrove / Aufsicht des künstlerischen Leiters: Leslie Dilley / Comedy-Schreiber: Dick Clement, Ian LeFrenais / Motorradstunts: Mike Runyard / Stunt-Team: Roy Alon, Dickie Beer, Marc Boyle, Edward Garcia, Frank Henson, Billy Horrigan, Wendy Leech / Unterwasserberatung: Scott Carpenter / Regie/Kamera Unterwasseraufnahmen: Bob Steadman / Kameraführung unter Wasser: Jordan Klein, Mike Ferris / Underwater Gaffer: Montie Taylor / Tauchmeister: Gavin McKinney / Bootsführer: »Moby« Griffin / Tonaufnahme: Simon Kaye / Ton: David Alleb / Sound Boom: David Sutton / Sound Maintenance: Taffy Haines / Schnittassistenten: Wally Nelson, Jonathan Nuth, Nicholas Moore, Bill Barringer, Annie Negro / Tonmischung: Bill Rowe / Synchronisation Assistent: Ray Merrin / Musikmischung: Keith Grant / Produktions-Presse: Sara Keene / Standfotos: Bob Penn / Stand-by-Crew: Robert Betts, George Gibbons, Stephen Hargreaves, Allan Williams, Joe Dipple, Robert Hill / Focus Pullers: Robin Vidgeon, Keith Blake / Assistenten der künstlerischen Leitung: Don Dossett, George Djurkovic, John Wood / Property Buyer: John Lanzer / Make-up: Robin Grantham / Make-up und Frisur Sean Connery: Ilona Herman / Leitung Frisuren: Stephanie Kaye / Frisuren: Sue Love / Garderobenaufsicht: Ron Beck / Assistenz von Irvin Kershner: Anne Marie Stein / Mitarbeiter von Jack Schwartzmann: Yvonne McGeeney, Anne Schwebel / Produktions-Presse: Jeff Freedman / Produktionsassistenten: Linda Rabin, Jill Bender, Beatrice Geffriaud / Manager Second Unit: Evzen Kolar / Drehortberaterin: Anne Glanfield / Techniker für Spezialeffekte: Trevor Neighbor, Roger Nicholls, David Beavis, David Harris, David Watkins / Aufsicht Electronics Graphics: Rob Dickenson / Assistent Electronic Graphics: Ira Coleman / Stuntkoordinator: Glenn Randall, Vic Armstrong / Camera Grip: Brian Osborne / Electrical Gaffer: Martin Evans / Best Boy: Ray Meehan / Produktionsaufsicht und Optische Spezialeffekte: Robert R. Shepherd / Aufsicht Optik: Roger Dorney / Kameraführung (Optik): Douglas Smith / Technikberater: Guy Alimo / Beleuchtungstechnik: Lee Electric, London / Zusätzliche optische Effekte: General Screen Enterprises / Musik: Michael LeGrand / Texte des Titelsongs: Alan Bergman, Marilyn Bergman / Sängerin: Lani Hall

Im Angesicht des Todes (1985): Produzenten: Albert R. Broccoli, Michael G. Wilson / Regie: John Glen / Drehbuch: Richard Maibaum, Michael G. Wilson / Koproduzent: Thomas Pevsner / Musik: John Barry / Titelsong komponiert und gesungen von Duran Duran / Titelsong produziert: Bernard Edwards / Ausstattung: Peter Lamont / Titeldesigner: Maurice Binder / Kamera Aufnahmen: Alan Hume / Regie Second Unit, Kamera Second Unit: Arthur Wooster / Regie und Kamera Skiszenen: Willy Bogner / Kostümdesigner: Emma Porteous / Besetzung: Debbie McWilliams / Schnitt: Peter Davies, John Groves / Soundbearbeitung: Colin Miller / Spezialeffekt-Aufsicht: John Richardson / Produktionsaufsicht: Anthony Waye / Produktionsmanager: Philip Kohler, Serge Touboul, Leonard Gmur, Ned Kopp and Company, Jon

Thor Hannesson / Dritter Regieassistent: Geoffrey Moore / Unitmanager: Iris Rose / Produktions-Geschäftsführung: Douglas Noakes / Regieassistent: Gerry Gavigan / Kameraführung: Michael Frift / Tonaufnahme: Derek Ball / Logik: June Randall / Chef-Elektriker: John Tythe / Actionszenen arrangiert von Martin Grace / Autostunts arrangiert von Rémy Julienne / Künstlerische Leitung: John Fenner / Bauten: Crispian Sallis / Konstruktionsmanager: Michael Redding / Make-up-Aufsicht: George Frost / Frisuren-Aufsicht: Ramon Gow / Produktionskontrolle: Reginald A. Barkshire / PR-Leiter: Charles Juroe / Drehortmanager: Nick Daubeny, Agust Baldursson, Stefan Zurcher, Jean-Marc Deschamps, Steph Benseman, Rory Enke / Regieassistent Second Unit: Peter Bennett / Logik Second Unit: Peter Daniels, Daphne Carr / Zusätzliche Regieassistenten: Edi Rubschmid, Laurent Bregeat, Serge Menard, Terry Madden, Andrew Warren, Simon Haveland, Nick Heckstall-Smith, Barbara Broccoli / Drehort-Buchhalter: Hazel Crombie, Mauricette Boisard, Jane Meagher, Christl Kirchner / Produktionskoordinatoren: May Capsaskis, Nathahe Farjon, Norma Garment, Sally Hayman, Maureen Murphy / Produktionssekretärinnen: Joanna Brown & Janine King / Roger Moores Assistentin: Doris Spriggs / Besetzung USA: Jane Jenkins, Janet Hirshenson / Kontaktleute USA: Mary Stellar, Tina Banta / Garderobenaufsicht: Tiny Nicholls / Kostüme von C & G Garderobenrs Ltd. / Garderobe für Grace Jones: Azzedine Alaia / Zusätzliche künstlerische Leiter: Michael Lamont, Ken Court, Alan Torrikins, Serge Douy, Armin Ganz, Katharina Brunner / Assistenten der künstlerischen Leitung: James Morahan, Ted Ambrose, Michael Boone / Assistentin für Bauten: Jille Brown / Skizzen: Roger Deer, Maciek Piotroski / Produktionskäufer: Ron Quelch / Landschaftsgestalter: Ernest Smith, Jacqueline Stears / Computereffekte: Ira Curtis Coleman / Bedienung Mikrofon-Galgen: Ken Nightingall / Make-up: Eric Allwright, Bunty Phillips / Frisuren: Vera Mitchell, Joan Carpenter / Produktions-Presse: Geoff Freeman / Spezialeffekte: John Morris, Joss Williams, Ken Morris, Andre Trielli, Larry Cavanaugh, Willy Neuner / PR-Assistent: Jennifer Collen-Smith / Standaufnahmen: Keith Hamshere, George Whitear / Requisiteur: John Chisholm / Modellaufnahmen: Leslie Dear / Zusätzliche Aufnahmen: Jan d'Alquen, Egil Woxholt / Kameraführung Second Unit: Malcolm Vinson, Robert Hiliman / Focus: Simon Hume, Michael Evans / Frontprojektionen: Charles Staffell, Roy Moores / Kamera-Grips: Colin Manning; Ken Atherfold / Crowd Artists: Central Besetzung / Eiffelturm: S.N.T.E. / Zorins Stall: Musee Vivant Du Cheval, Chantilly / Whitewood House: Dunsmuir House, Oakland / Title Skifahrer: British Ski Federation / Blumen im Schloss: Rene Veyrat / Speedboats: Glastron and Chantiers Rocca / Kräne: Lee Lifting Services / Ultraviolette Beleuchtung: Thorn EMI / Fotoapparate und Ferngläser: Nikon UK Ltd. / Spezial Properties: The Sharper Image / Islandberater: Iceland Breakthrough, Tony Escritt Travel and Transport Renown Freight Ltd, The Travel Company, D & D International, Locations Ltd., Location Facilities / Soundeffekte: Jean-Pierre LeLong / Zusätzlicher Cutter: John S. Smith, Henry Richardson / Schnittassistent: John Nuth / Synchronisation: Jack Knight, Nigel Galt, Stanley Fiferman / Synchronisations-Assistent: Bill Barringer / Musikschnitt: Alan Killick / Orchestrierung: Nicholas Raine / Musikmischung: Dick Lewzey / Mischung Neuaufnahme: Graham Hartstone, John Hayward / *James-Bond-Thema*: Monty Norman / Schnee-Stunt-Team: Peter Rohe, John Eaves, Thomas Sims, Steven Link, Joe Brown, Andrea Florineth / Pferde-Stunt-Team: Olivier Victor-Thomas, Christian de Lagarde, Marcel Riou, Francois Nadal, Mario Luraschi, Brian Bowes, Anthony

Fairbairn / Fahrzeug-Stunt-Team: Michel Julienne, Dominique Julienne, Robert Blasco, Christian Bonnichon, Jean-Claude Lagniez, Jean-Claude Bonnichon, Jean-Claude Houbart / Stunt-Team-Aufsicht: Jim Arnett, Bob Simmons, Claude Carliez / Stuntmen: Jason White, Mike Runyard, Tracey Eddon, Bill Weston, Elaine Ford, Doug Robinson, Pat Banta / Luft-Stunts: (Sprung vom Eiffelturm) B. J.Worth, (Skyship 500) Nicholas T. Bennett, (Helikopter) Helicopter Hire, Aerospatiale, Heliswiss, HeliFrance, Castle Air / Piloten: Marc Wolff, Rick Holley, Chuck Tamburro, Robert Liechti, Gerry Crayson / Kamera: David Butler, Peter Allwork, Doug Milsome / Bond-Girls: Sian Adey-Jones, Samina Afzal, Celine Cawley, Nike Clark, Helen Clitherow, Maggie Defreitas, Gloria Douse, Caroline Hallett, Debrah Hanna, Josanne Haydon-Pearce, Ann Jackson, Terri Johns, Karen Loughlin, Angela Lyn, Patricia Martinez, Kim Ashfield Norton, Elke Ritschel, Lou-Anne Ronchi, Helen Smith, Jane Spencer, Paul Thomas, Mayako Torigai, Toni White

Der Hauch des Todes (1987): Produzenten: Albert R. Broccoli, Michael G. Wilson / Regie: John Glen / Drehbuch: Richard Maibaum, Michael G. Wilson / Koproduzent: Tom Pevsner, Barbara Broccoli / Musik: John Barry / Ausstattung: Peter Lamont / Titeldesigner: Maurice Binder / Kamera: Alec Mills / Kamera Second Unit: Arthur Wooster / Spezialeffekte: John Richardson / Kostümdesigner: Emma Porteous / Besetzung: Debbie McWilliams / Schnitt: John Grover, Peter Davies / Tonbearbeitung: Colin Miller / Produktionsaufsicht: Anthony Waye / Produktions-Geschäftsführung: Douglas Noakes / Marketingleiter: Charles Juroe / Produktionsmanager: Philip Kohler, Sparky Greene, Arno Ortmair, Denise O'Dell, Leonard Gmur / Unit-Manager: Iris Rose / Regieassistent: Gerry Gavigan / Kameraführung: Michael Frift / Luftkamera: Tom Saunders / Regieassistent Second Unit: Terry Madden / Zusätzliche Regieassistenten: Crispin Reece, Terry Blyther, Callum McDougall, Nick Heckstall-Smith, Mohamed Hassini, Urs Egger, Ahmed Hatimi / Marokkanische Produktionsvermittlung: Zakaria Alaoui / Produktionsvermittlung Gibraltar: Joseph Viale / Logik Second Unit: Jean Bourne / Tonaufnahme: Derek Ball / Logik: June Randall / Stuntkoordinator: Paul Weston / Fahr-Stunts arrangiert: Rémy Julienne / Luft-Stunts arrangiert: B. J. Worth / Pferdemeister: Greg Powell / Chef-Elektriker: John Tythe / Künstlerischer Leiter: Terry Ackland-Snow / Set-Dekoration: Michael Ford / Konstruktionsmanager: Anthony Graysmark / Double Timothy Dalton: Robert Grayson / Make-up-Aufsicht: George Frost / Frisuren-Aufsicht: Ramon Gow / Produktionskontrolle: Reginald A. Barkshire / Assistenz-Buchhaltung: Allan Davies / Drehort-Buchhalter: Jane Meagher, Christl Kirchner / Drehortmanager: Driss Gaidi, Nick Daubeny, Stefan Zurcher, John Bernard, Ane Bohrer / Modellaufnahmen: Leslie Dear / Landschaftsgestalter: Jacqueline Stears / Chefbildhauer: Fred Evans / Skizzen: Roger Deer / Drehort Transportmanager: Andy Grosch, Arno Esterez / Produktionskoordination: May Capsaskis, Pam Parker, Dawn Severdsia, Janine Lodge, Brenda Ramos, Daniela Stibitz, Ihsanne Khalafaoui / Produktionskäufer: Sid Palmer, Peter Palmer / Requisiteur: Bert Hearn / Zusätzliche Konstruktionsmanager: Ken Pattenden, Alfred Dobsak / Assistenten Bauten: Jille Brown, Christopher Kanter / Zusätzliche künstlerische Leiter: Michael Lamont, Peter Manhard, Ken Court, Thomas Riccabona, Fred Hole, Bert Davey / Assistenten der künstlerischen Leitung: James Morahan, Dennis Bosher, Ted Ambrose / Sekretärin von Albert R. Broccoli: Sandra Frieze / Sekretärin von Michael G. Wilson: Joanna Brown / Sekretärin von Charles Juroe: Amanda Schofield / Location to Production Secretaries: Sophie Koekenhoff, Sonja Beutura, Hind Hanif / US-Kontakte:

Tina Banta, Mary Stellar / Zusätzliche Aufnahmen: Phil Pastuhov, Tom Sanders / Kameraführung Second Unit: Malcolm Macintosh / Zusätzliche Kameraführung: Michael Anderson, Fred Waugh, Peter Rohe / Focus: Frank Elliott, Horst Becker, Michael Evans, Dan McKinny, Nicholas Wilson / Camera-Grips: Chunky Huse, Ken Atherfold, Richard Haw / Aufsicht Videoeffekte: Richard Hewitt / Musikschnitt: Alan Killick / Zusätzliche Tonaufnahme: Brian Marshall, Roby Guever / Tonbearbeitung: Peter Musgrave, Derek Holding, Vernon Messenger / Frontprojektionen: Roy Moores / Bedienung Mikrofon-Galgen: Ken Nightingall / Musikmischung: Dick Lewzey / Assistenten Tonbearbeitung: William Barringer, Mark Mostyn, Ross Adams, Robert Gavin / Schnittassistenten: Matthew Glen, John Nuth, Wayne Srnith / Zusätzliche Sound-Effekte: Jean-Pierre Lelong / Orchestrierung: Nicholas Raine / Mischung Neuaufnahme: Grabam Hartstone, John Hayward / Garderobenaufsicht: Tiny Nicholis / Garderobenleitung Second Unit: Don Mothersill / Make-up: Naomi Donne, Eric Allwright, Edwin Erfmann / Frisuren: Helen Lennox, Barbara Sutton / Flugvermittlung: Marc Wolff / Sicherheitsklettterer: Hamish MacInnis / Spezialeffekte: Chris Corbould, Willy Neuner, Joss Williams, Ken Morris, Brian Smithies / Waffen: Simon Atherton / Modellbauer: Terence Reed / Produktions-Presse: Geoff Freeman / PR-Assistentin: Rebecca West / Standaufnahmen: Keith Hamshere, George Whitear / Bond-Girls: Odette Benatar, Dianna Casale, Sharon Devlin, Femi Gardiner, Patricia Keefer, Ruddy Rodriquez, Moyte Sanchez, Cela Savannah, Karen Seeberg, Maris Walsh, Karen Williams. / Stunt-Team: Doug Robinson, Michel Julienne, Nick Wilkinson, Simon Crane, Elaine Ford, Ray Olon, Del Baker, Jason White / Pferde-Stunt-Team: Brian Bowes, Graeme Crowther, Jorge Casares, Steve Dent, Nick Gillard, Joaquin Olias, Miguel Peoregosa, Jose Maria Serrano. / Luft-Stunt-Team: Jake Brake, Garry Carter, Jake Lombard, Dan O', Brien. / Fahr-Stunt-Team: Christian Bonnichon, Jo Cote, Jean Caude Houbard, Dominique Julienne, Jean Claude Justice, Jean-Jacques Villain, Brigitte Magnin / Schnee-Stunt-Team: John Fallriner, Ida Huber, Rene Seiler, Herman Sporer

Lizenz zum Töten (1989): Produzenten: Albert R. Broccoli and Michael G. Wilson / Regie: John Glen / Drehbuch: Michael G. Wilson / Idee: Richard Maibaum and Michael G. Wilson / Koproduzent: Tom Pevsner and Barbara Broccoli / Ausstattung: Peter Lamont / Kamera: Alec Mills / Aufsicht Spezialeffekte: John Richardson / Kostümdesigner: Jodie Tillen / Schnitt: John Grover / Aufsicht Aktionsszenen: Paul Weston / Erster Schnittassistent: Matthew Glen / Underwater Stills: Michael G. Wilson / Standaufnahmen: Keith Hamshere / Titeldesigner: Maurice Binder / Originalmusik komponiert und dirigiert: Michael Kamen / Titelsong komponiert von Jeffrey Cohen, Walter Afanasieff, Narada Michael Walden / Sängerin: Gladys Knight / Frisuren: Trish Cameron / Regie und Kamera Second Unit: Arthur Wooster / Besetzung: Jane Jenkins, Janet Hirshenson / Produktionsaufsicht: Anthony Waye / Unterwasserregie, -kamera: Ramon Bravo / Produktions-Geschäftsführung: Douglas Noakes / Stuntkoordinator: Paul Weston / Fahrzeugstunts arrangiert von Rémy Julienne / Musikberater: Joel Sill / Skizzen: Roger Deer / Grafik: Robert Walker / Bildhauer: Daniel Miller / Landschaftskünstler: Gilly Noyes-Court / Camera Focus: Frank Elliott / Zweite Kamera (Mexico): Donald Bryant Tim Ross / Requisiteur: Bert Hearn / Produktionskäufer: Ron Quelch / PR-Leiter: Saul Cooper / Spezial-Effekte: Neil Corbould / Aufsicht Spezial-Effekte: Laurence Cordereo, Sergio Jara / Technik Spezialeffekte: Peter Pickering, Clive Beard, Nick Finlayson / Make-up: Norma Webb, George Frost / Garderobenmeister (Mexico): Enrique Villavicencio / Garderobenaufsicht: Barbara Scott, Hugo Pena / Bedienung Mikrofon-Galgen: Martin Trevis / Camera Grip: Chunky Huse / Musikschnitt: Andrew Glen / Schnittassistenten: John Nuth, Wayne Smith, Ross Adams, Richard Fettes, Mark Mostyn, Rob Green / Zusätzliche Sound-Effekte: Jean-Pierre Lelong / Mischung Neuaufnahme: Graham Hartstone, John Hayward / Musikmischung: Dick Lewzey / Musikprogrammierung: Stephen McLaughlin / Musik eingespielt von The National Philharmonic Orchestra, London / Künstlerischer Leiter: Dennis Bosher / Assistenten der künstlerischen Leitung: Neil Lamont, Richard Holland, Andrew Ackland-Snow, Hector Romero / Tonbearbeitung: Peter Musgrave, Mark Auguste / Schnitt (Mexico): Carlos Puente / Assembly Editor: Matthew Glen / Assistenz Buchhaltung: Andrew Noakes / Buchhalterinnen: Jane Meagher, Rosa Marie Gomez / Besetzung (Mexico): Claudia Becker / Produktionssekretärin: Ileana Franco / Aufsicht Luftstunts: Corky Fornof / PR-Leiter: Charles Juroe / Produktionsaufsicht (Mexico): Hector Lopez / Produktionsmanager: Philip Kohler, Efren Flores / Unit-Manager: Iris Rose / Regieassistenten: Gil Miguel, Lima Miguel / Kameraführung: Michael Frift / Tonaufnahme: Edward Tise / *James-Bond-Thema*: Monty Norman / Logik: June Randall / Chef-Elektriker: John Tythe / Künstlerischer Leiter: Michael Lamont / Bauten: Michael Ford / Konstruktionsmanager: Tony Graysmark / Frisuren-Aufsicht: Tricia Cameron / Tonbearbeitung: Vernon Messenger / Produktionsmanager Mexiko: Crispin Reece / Drehortmanager Mexiko: Laura Aguilar / Produktionskoordinatorin: Loolee Deleon / Produktionskoordinatorin Mexiko: Georgina Heath / Zweiter Regieassistent: Callum McDougall / Produktionsassistenten: Ignacio Cervantes, Marcia Perskie, Gerardo Barrera, Monica Greene / Stand-by-Requisite: Bernard Hearn / Waffen: Harris Bierman, Tony Didio / Transportmanager: Arthur Dunne / Transportleiter (Mexico): Mauro Venegas / Kontakt London: Amanda Schofield / Kontakt Los Angeles: Linda Brown / Regieassistent Second Unit: Terry Madden, Sebastian Silva / Zweiter Regieassistent Second Unit: Marcia Gay / Logik Second Unit: Sue Field / Kameraführung Second Unit: Malcolm Macintosh / Kamera-Focus Second Unit: Michael Evans / Camera-Grip Second Unit: Ken Atherfold / Standaufnahmen Second Unit: George Whitear / Aufsicht Spezial-Effekte: Chris Corbould / Techniker Spezial-Effekte Second Unit: Andy Williams, Paul Whybrow / Make-up und Frisuren Second Unit: Di Holt / Stand-by-Requisite Second Unit: Rodney Pincott

Crew in Florida: Produktionsaufsicht: Ned Kopp / Produktionskoordinatorin: Patricia Madiedo / Drehortmanagerin: Colette Hailey / Drehort-Buchhaltung: Jack Descent / Zweite Kamera: John Elton / Künstlerische Leitung: Ken Court / Bauten: Richard Helfritz, Frederick Weiler / Koordinator Spezialeffekte: Larry Cavanaugh / Chef-Elektriker: Norman Zuckerman / Key Grip: Eddie Knott III / Garderoben-Aufsicht: Robert Chase / Marinekoordinator: Lorentz Hilis Transportkoordinator: Joyce Lark / Stuntteam Aufsicht: Gerardo Morerno, Marc Boyle, Art Malesci / Stuntmen: Simon Crane, Jake Lombard, Steve Dent, David Reinhardt, Mark Bahr, Julian Bucio, Javier Lambert, Alex Edlin, Mauricio Martinez / Fahrstuntteam: Gilbert Bataille, Jean-Claude Houbart, Jo Cote, Didier Brule, Dorninique Julienne / Kamera Luftstunts: Philip Pastuhov / Koordination Fallschirmstunts: B. J. Worth / Kamerahelikopter: French Aircraft Agency / Helikopterpilot: Ken Calman / US-Küstenwache Technical Advisor: John McElwain / Helikopterpilot US-Küstenwache: Lt. CDR. Randy Meade III, Lt. Neil Hughes, R.N., Lt. CDR. R. Allen / Koordination Unterwasseraufnahmen: Rita Sheese / Drehortmanager Unterwasseraufnahmen: Nicole Kolin, Tony Broccoli /

Kameraassistent Unterwasseraufnahmen: Pepe Flores / Spezielleffekte unter Wasser: Daniel Dark / Taucher: Emilio Magana, Juan Dario Corona, Alex Arnold, Jorge Cardenas, Manuel Cardenas

GoldenEye (1995): Regie: Martin Campbell Produzenten: Michael G. Wilson, Barbara Broccoli / Drehbuch: Jeffrey Caine, Bruce Feirstein / Idee: Michael France / Ausführender Produzent: Tom Pevsner / Titelsong geschrieben: Bono and the Edge / Titelsong produziert: Nellee Hooper / Sängerin: Tina Turner / Musik: Eric Serra / Ausstattung: Peter Lamont / Kamera: Phil Meheux / Schnitt: Tery Rawlings / Kostümdesigner: Linda Hemining / Koproduzent: Anthony Waye / Regie Second Unit: Jan Sharp / Kamera Second Unit: Harvey Harrison / Regie und Kamera Extra-Unit: Arthur Wooster / Aufsicht Spezialeffekte: Chris Corbould / Miniatureffekte: Derek Meddings / Stuntkoordinator: Simon Crane / Besetzung: Debbie McWilliams / Titeldesigner: Daniel Kleinman / Kamera optische Effekte: Paul Wilson B.S.C. / Aufsicht Soundbearbeitung: Jim Shields / Aufsicht des künstlerischen Leiters: Neil Lamont / Bauten: Michael Ford / Bautenkoordinator: Tony Graysmark / Requisiteur: Barry Wilkinson / Künstlerischer Leiter Modell-Unit: Michael Lamont / Abteilungsleiter Modellbau: Brian Smithies / Make-up-Aufsicht: Linda Devetta / Frisuren-Aufsicht: Colin Jamison / Frisuren: Jan Jamison, Hilary Haines / Garderobenaufsicht: John Scott / Garderobe entworfen von Lindy Hemming / Studioleitung: Daniel Dark / Zusätzliche Produktionsleitung: Callum McDugall, Crispen Reece / Drehort-Manager: Neil Raven, Harriet Earle, Chris Wheeldon, Julia Sobolevskaya, Richard Sharkey, Amy Segal, Rica Groennou, Natalya Smirnova / Produktions-Koordination: Elena Zokas, Sandra Scott, Hanka Weißflog, Karen Uphoff, Eric Vega, Kathy Caraveo / Produktionskäufer: Lee Taylor, Christopher Brosnan / Standfotos: Keith Hamshere / PR- und Marketingleiter: Gordon Arnell / Stunts Autoverfolgungsjagd: Rémy Julienne / Produktionsmanager: Philip Kohler / Finanzkontrolle: Douglas Noakes / Produktionsbuchhaltung: Andrew Noakes / Buchhaltung Besetzung: John Roebuck / Buchhaltung Drehorte: Irina Ganina, Jane Meagher, Penny Robinson, Jacqueline Benloulou, Helga Patry-Ploiner, Karen Mercurio / Unit-Manager: Iris Rose / Juristische Dienste: David Pope / Produktionsdrehortmanager: Serge Touboul, Valery Yermolaev, Ellen Gordon, Leonhard Gmur, Stefan Zurcher / Regieassistent: Gerry Gavigan / Zusätzliche Regieassistenten: Paul Taylor, David Wilson, Richard Whelan, Elliott Meddings, Bernard Seitz, David Carrigan, Eric Fourniols, Jamie Cristopher, Tim Lewis, Richard Styles / Logik Second Unit: Sue Field / Assistentin der Produzenten: Celia Irvin / Assistentin von Martin Campbell: Sarah Hinch / US-Kontaktmann: Michael Tavares / US-Militärkoordinator: Dustin Salem / Repräsentantin United Artists: Marge Rowland / Russische Produktionsvermittlung: Anja Wronskaja / US-Besetzung: Pam Dixon / Dialog-Training: Andrew Jack / Besetzung der Menge: Ray Knight Casting / Kameraführung Modellabteilung: John Morgan, Dave Worley / Alpine Einheit Kameraführung: Herbert Raditschnig, Tim Wooster / Kamera-Fokus: Jasper Fforde, Mike Evans, Christopher Frutiger, Sean Conner, David Watkins / Video-Assistenz: Rebecca Peters, Mark Ward, Candida Richardson / Camera Grips: Bob Freeman, Kenneth Atherfold, Ricky Hall / Giraffe- und Louma-Kranbedienung: Andrew Hopkins, Adam Samuelson / Bedienung Mikrofon-Galgen: Anthony Bell / Erster Schnittassistent optische Effekte: Tim Crover / Zweiter Schnittassistent: Graham Peters, Susan French / Dialogschnitt: Peter Musgrave / Musikschnitt: Bob Hathaway / Foley-Editor: Bob Risk / Assistenz Tonbearbeitung: Pat Gilbert, Tony Tromp, Mark Sale / Künstlerische Leitung: Andrew Ackland-Snow, Charles Lee, Kathrin Brunner / Assistenten der künstlerischen Leitung: Steven Lawrence, Mike Boone / Kameraführung: Roger Pearce / Tonaufnahme: David John / Script Recordist: June Randall / Electrical Aufsicht: Terry Potter / Regieassistent Second Unit: Terry Madden / Piloten: Tiger-Helikopter: Etienne Herrenschmidt, Pilatus Porter: Hans-Peter Künzli, Cessna 172: Tom Danaher, Action-Helikopter: David Paris, Peter Flynn / Storyboard-Zeichner: Martin Asbury, Syd Cain / Fotokulissen: Alan White / Landschaftskünstler: Steven Sallybanks, Brain Bishop / Produktionskäufer: Ron Quelch / Bauleiter: Peter Williams, Clive Brown / Aufsicht Spezialeffekte: Andy Williams, Steve Hamilton / Spezialeffekte: Nicholas Layson, Roy Quinn, Norman Bailie, Andy Smith, Paul Knowles, Dave Knowles, Brain Warner, Robbie Scott, David Eltham, Peter Notley, John Modder, Saun Rutter, Luke Rutter, Paul Taylor, Jamie Thomas, Dave Keen, Paul Dunn, Paul Clancy / Aufsicht Drahteffekte: Steve Crawley / Aufsicht Modelle: Mark Meddings, Digby Milner / Modelleur Spezialeffekte: Jamie Thomas / Modelleur und Bildhauer: Fred Evans / Modelltechniker Spezialeffekte: Matthew Horton, Christine Overs, Leslie Wheeler / Gewandmeister: Nigel Egerton, Colin Wilson / Make-up: Jane Royle, Trefor Proud / Requisite: Peter Wallis, Simon Wilkinson, Ron Higgins / Waffen: Charlie Bodycomb / Elektrik-Gehilfe: Ray Potter / Elektriker: Steve Foster, Luigi Bisioli, Bill Pochetty / Viezepräsident Marketing (Danjaq): John Parkinson / Unit-Publicist: Geoff Freeman / Standaufnahmen Second Unit: George Whitear / PR-Assistentin: Amanda Schofield, Patricia O'Reilly / Koordination digitaler optischer Effekte: Mara Bryan •»The Magic Camera Company«: Steve Begg, Agnus Cameron, Brenda Coxon, Evam Davies, Roger Gibbon / Computer-Bildschirmsysteme: Justin Owen / Computer-Storyboards: Jim Staines / Video- und Computertechnik: John Fisher, Sean Woodward / Aufsicht Videoeffekte: Dick Hewitt / Rückprojektionen: Roy Moores / Choreograf: Jane Turner / Musikberater: Tony Fabian / Flugberater: Mike Woocley / Wartungsdienst vor Ort: Delta Doric / Feueroffizier: David Deane / Transportkoordinator: Tony Bradley / Bungee-Berater: The Oxford Stunt Company / Sicherheitsbergsteiger: Thomas Ulrich, Ernst Michael / Garderobe: Angele / Transporte und Reisen: The Travel Company, Renown Freight Ldt., D&D, Location Facilities / Verpflegung am Drehort: Busters on Location / Elektrische Ausrüstung: AFM Lighting / Kran- und Kamera-Aufhängungssysteme: Louma UK, Megamount Aerial Camera Systems / Ton-Neuaufnahme: Pinewood Studios / Mischung Ton-Neuaufnahme: Graham Hartstone, Michael Carter, John Hayward

Der Morgen stirbt nie (1997): Regie: Roger Spottiswoode / Produzenten: Michael G. Wilson, Barbara Broccoli / Drehbuch: Bruce Feirstein / Titelsong gesungen von Sheryl Crow / Titelsong geschrieben von Sheryl Crow, Mitchell Froom / Titelsong produziert von Mitchell Froom / Musik: David Arnold / Ausstattung: Allan Cameron / Kamera: Robert Elswit / Kamera Second Unit: Jonathan Taylor / Kameramann, Modell-Einheit: Paul Wilson / Unterwasserkamera: Peter Romano / Schnitt: Dominique Fortin, Michel Arcand / Kostüme: Lindy Hemming / Produktionsaufsicht: Collum McDougall / Production Executive: David Pope / Regieassistent: Gerry Gavigan / Kameraführung: Jan Foster / Drehbuchüberwachung: Angela Wharton / Ton: Chris Munro / Supervising Sound Editor: Martin Evans / Regieassistent Second Unit: Terry Madden / Far East Produktionsaufsicht: Philip Kohler / Unit-Manager: Iris Rose / Produktionsmanager: Janine Modder / Make-up-Aufsicht: Norma Webb / Make-up Pierce Brosnan: Bron Roylance / Frisur Pierce Brosnan: Colin Jaminson / Frisuren-Aufsicht: Eithne

Fennell / Garderobenaufsicht: John Scott / Chef-Elektriker: John Higgins / Standfotos: Keith Hamshere / PR and Marketing: Gordon Arnell / Bauten: Peter Young / Bautenkoordinator: Ray Barrett / Requisiteur: Tony Teiger / Drehortproduktionsmanager: Terry Bamber, John Bernard, Leonhard Gmur, Neil Ravan / Besetzung: Debbie McWilliams / Stuntkoordinator: Dickey Beers / Regie Second Unit: Vic Armstrong / Aufsicht Spezialeffekte: Chris Corbould / Aufsicht Miniatureffekte: John Richardson / Aufsicht visuelle Effekte: Bill Neil / Visuelle Effekte, Produzent: Mara Bryan / Produktions-Geschäftsführung: Andrew Noakes / Produktions-Presse: Geoff Freeman

Die Welt ist nicht genug (1999): Produzent: Michael G. Wilson, Barbara Broccoli / Regie: Michael Apted / Regieassistent: Anthony Waye / Drehbuch: Neil Purvis, Robert Wade, Bruce Feierstein / Idee: Neil Purvis, Robert Wade / Kamera: Adrian Biddle / Ausstattung: Peter Lamont / Schnitt: Jim Clark / Musik: David Arnold / Kostüme: Lindy Hemming / Besetzung: Debbie McWilliams / Leiter Spezialeffekte: Chris Corbould / Leiter Miniatureffekte: John Richardson / Überwachung optische Effekte: Mara Bryan / Leiterin der Entwicklungsabteilung bei Danjaq LLC.: Barbara Broccoli / Regie Second Unit: Vic Armstrong / Stunt-Koordinator: Simon Crane / Regie Third Unit: Arthur Wooster / Flugkoordination: Marc Wolff / Kamera Second Unit: Jonathan Taylor / PR-Leiterin: Anne Bennett / Standaufnahmen: Keith Hampshire / Leiter Elektrik: Kevin Day / Frisurenaufsicht: Colin Jamison / Make-up-Aufsicht: Linda de Vetta / Produktionsaufsicht: Janine Madder / Produktionsaufsicht (Aserbaidschan) Hugo Harlow / Produktionsaufsicht (Türkei): Philip Kohler / Tonaufnahme: Chris Munro / Drehbuchaufsicht: Nikki Clapp / Regieassistent: Gerry Gavigan / Zweiter Regieassistent: Terry Madden / Finanzbuchhaltung: Andrew Noakes / Associate Producer: Nigel Goldsack / Konstruktions-Koordinator: Peter G. Williams / Make-up von Pierce Brosnan: Bron Roylance / Frisur von Pierce Brosnan: Rick Provenzano / Unit Publicist: Geoff Freeman / Musik: David Arnold / Titelsong gespielt und gesungen von Garbage / *James-Bond-Thema*: Monty Norman

Stirb an einem anderen Tag (2002): Regie: Lee Tamahori / Produzenten: Barbara Broccoli, Michael G. Wilson / Koproduzent: Callum McDougall / Ausführender Produzent: Anthony Waye / Drehbuch: Neal Purvis, Robert Wade / Produktionsdesign: Peter Lamont / Schnitt: Christian Wagner / Kamera: David Tattersall / Musik: David Arnold / Titelsong gesungen von Madonna / Kostüme: Lindy Hemming / Besetzung: Debbie McWilliams / Regie Second Unit: Vic Armstrong / Kamera Second Unit: Jonathan Taylor / Spezialeffekte: Chris Corbould / Miniatur-Effekte: John Richardson / Stunt-Koordinator: George Aguilar / Ski-Berater: Stefan Zürcher / Cinematography: David Tattersall / Schnitt: Andrew MacRitchie, Christian Wagner / Künstlerische Leitung: Neil Lamont, Simon Lamont / Stand-by-Regie: Su Whitaker / Set-Regie: Ute Bergk / Hairstylist für Pierce Brosnan: Rick Provenzano / Make-up für Pierce Brosnan: Bron Roylance / Dritter Regieassistent der Action Unit: James Armstrong (II) / Regie Second Unit: Vic Armstrong / Regieassistent Second Unit: Toby Hefferman / Erster Regieassistent Second Unit: Terry Madden / Konzeptillustrationen: Ravi Bansal / Kostümrequisiteur: Alex Boswell / Drapesman: Graham Caulfield / Stand-by art director: Robert Cowper / Stand-by-Requisiteur: Matthew Forster / Koordination der künstlerischen Leitung: Katie Gabriel / Drapes Koordinator: Gary Handley / Chargehand Stand-by Requisite: Bernhard Hearn / Drapesman: Frank Howe / Draughtsman: Stuart Kearns / Assistent des Requisiteurs: Martin Kingsley / Kleidungsrequisite: Rene Knol / Draughtsman: Jason Knox-Johnston / Chargehand Kleidungsrequisite: Dave

Midson / Zusätzlicher Setdekorateur: Richard Roberts / Drapes master: Chris Seddon / Requisiteur: Ty Teiger / Künstlerischer Leiter Stand-by-Kamera: Su Whitaker / Stuckateur: Dean Coldham / ADR mixer: Peter Gleaves / ADR editor: Daniel Laurie / Tonmischung und -aufnahme: Chris Munro / Boom Operator Action Unit: Paul Munro / Assistent Tonschnitt: Jack Whittaker / Spezialeffekttechnikerin: Gareth Wingrove / Spezialeffekttechniker: Benjamin M. Esterson / Visuelle Digitaleffekte (Komposition): Paul Bayliss / Produzent der visuellen Effekte: Alex Bicknell / Überwachung der visuellen Effekte: Mara Bryan / Assistent beim Schnitt der visuellen Effekte: Billy A. Campbell / Digitale Zusammenstellung: Renee Chamblin / Produzent der visuellen Effekte: MPC Stefan Drury / Digitale Zusammenstellung: Yasmine El-Ghamrawy / Künstlerische visuelle Effekte (Double Negative): Paul J. Franklin / Studiomanager (Double Negative): Pete Hanson / Digitale Zusammenstellung: Michael S. Harbour, Jeremy Hattingh, Rudi Holzapfel / Kamera visuelle Effekte: Stefan Lange / Digitale Zusammenstellung: Douglas Larmour, (Double Negative) Andrew Lockley / Computer- und Videoüberwachung: Chris McBride / Schnitt der visuellen Effekte: Mark Sanger / Kontrolle der Bewegungsabläufe: Michael Talarico / Kamera visuelle Effekte: Tim Wooster / Visuelle Effekte: Alex Wuttke / Digitale Zusammenstellung: Christian Zeh / Rotoscope: Wally Chin / Digitale Zusammenstellung: Simon Trafford / Stuntkoordinator: G. A. Aguilar / Stunts: Roy Alon / Stuntkoordinator: Vic Armstrong / Stuntdouble: Nicola Berwick / Stunts: Richard Bradshaw, Marc Cass / Stuntdouble für Pierce Brosnan: George Cottle / Stuntfahrer Aston Martin: Ray DeHaan / Stuntmen: Ray De-Haan, Nrinder Dhudwar, Jim Dowdall, David Foreman, / Surfstunts: Laird John Hamilton / Stunts: Paul Heasman / Fallschirmpilot: Allan Hewitt / Stunts: Peter Miles, Ray Nicholas / Stuntüberwachung/Darbietung: Andreas Petrides / Stunts: Buster Reeves, Sean Rogers, Tony Smart / Utility Stunts: Peter Pedrero / Produktionskoordinator Action Unit: Judy Britten / Schnittassistent: Tania Clarke, Jo Dixon, Alex Fenn, James Herbert, Kevin Holt / Kameraassistent: Carlos De Carvalho / Digitaloperator: Wendy Dixon / Hintergrundcasting: Chuck Douglas / Waffenschmied: Dave Evans / Unit publicist: Geoff Freeman / Casting USA: Janet Hirshenson, Jane Jenkins / Titeldesignerin des Abspanns: Pauline Hume / Titeldesigner: Daniel Kleinman / Produktionsassistent: Alex Klien / Chefbeleuchter: Eddie Knight / Assistierender Videooperator London: Stephen Lee / Equipmentkoordination: Jess Lewington / Locationmanager: Juan Lorenzo Prada, Simon Marsden / Standfotos der Action Unit: Jay Maidment / Kostümkoordination: Martin Mandeville / Clapper loader: Jennie Paddon / Production Executive: David Pope / Produktionsassistent: Juan Lorenzo Prada / Assistent Schnittanpassung: Debs Richardson / Locationassistent: Lee Robertson / Überwachung der Nachproduktion: Michael Solinger, Todd Spangler / Double und Stand-In Pierce Brosnan: Dean Taylor / Helikopterpilot: Marc Wolff / Casting associate USA: Michelle Lewitt / *James-Bond-Thema*: Monty Norman / Remix James Bond Thema: Paul Oakenfold

Casino Royale (2006): Produzenten: Barbara Broccoli, Michael G. Wilson / Koproduzent: David Minkowski, Matthew Stillman / Ausführender Produzent: Anthony Waye / Regie: Martin Campbell / Buch: Ian Fleming / Drehbuch: Neal Purvis, Robert Wade, Paul Haggis / Musik: David Arnold / James-Bond-Thema: Monty Norman / Kamera: Phil Meheux / Schnitt: Stuart Baird / Besetzung: Stéphane Foenkinos, Debbie McWilliams / Szenenbild: Peter Lamont / Künstlerische Leiter: Peter Francis, James Hambidge, Steven Lawrence, Dominic Masters / Kostüme: Lindy Hemming /

Make-Up/Frisuren: Paul Engelen, Melissa Lackersteen / Produktionsmanager Second Unit: Terry Bamber / Unit-Manager (Tschechien): Jiri Husak / Unit-Manager Second Unit (Tschechien): Silvie Janculová / Überwachung Nachproduktion: Michael Solinger / Zweiter Regieassistent (Bahamas): Michael Michael / Erster Regieassistent: Bruce Moriarty / Zweiter Regieassistent Second Unit (Tschechien): Martin Sebik / Regie Second Unit (Action Unit): Alexander Witt / Prop Coordinator: Bara Barova / Art Department Assistent: Guy Bevitt / Dressing props (Bahamas): Alex Boswell, John Botton / Junior draghtsman: Anna Bregman / Draughtsman/standby Art Director: Neal Callow / Props: Roy Chapman / Junior Draughtsman: Hayley Cotton / Storeman (Prag): Quentin Davies / Assistent Produktionsdesign: Jakub Eliasek / Propshop Model Maker: James Enright / Assistent der künstlerischen Leitung: Jordana Finkel / Stand-by props: Matthew Foster, Bernie Hearn / Assistent Property Master: Martin Kingsley / Computer- und Videoüberwachung: Chris McBride / Setausstatter: Stefan Mily / Dressing Props (Bahamas): Keith Pitt / Graphics Assistent: Joanna Pratt / Art Department Assistent: Maia Sautelet / Assistent Künstlerische Leitung: Molly Sole / Property Master: Ty Teiger / Dressing Props (Prag): Peter Watson / Storeman (London): Brian West / Boom Operator: Steve Finn / Foley Supervisor: Alex Joseph / Überwachung Tonschnitt: Eddy Joseph / Tonmischung: Chris Munro / Koordination Spezialeffekte: Chris Corbould / Senior Special Effects Technician: Nick Finlayson / Spezialeffekttechniker: Dan Homewood, Comway Wickliffe / Stand-by-Spezialeffekte: George Morris / Überwachung Model-Unit und visuelle Effekte: Steven Begg / Lead Motion Graphics Designer: David Hicks / Koordination Miniatureffekte und Produktion visueller Effekte: Sharon Lark / Lead Screen Graphics Artist: Neil Pinkawa / Stunt Riding Double: Guiomar Alonso / Stuntwoman: Nicola Berwick / Stuntdouble Sebastian Foucan: Marvin Campbell / Pferdestunts: Rowley Irlam / Stuntdouble: Charles Jarman / Stuntkoordinator: Gary Powell / Assistent des Stuntkoordinators: Mark Roundthwaite / Stunts: Diz Sharpe / Erste Schnittassistentin: Kate Baird / Zweiter Kameraassistent: Sam Barnes / Casting (Deutschland): Annette Borgmann / Produktionskoordinatorin Second Unit: Judy Britten / Office Production Assistent: Terneille Burrows / Dialog-Coach für Eva Green: Roisin Carty / Assistent des Ausführenden Produzenten: Catrin Cooper / Schnittassistent: Jo Dixon / Assistent Accountant: Michal Engrth / Bildfahrzeugkoordinator: Jiri Fleischer / Kostümüberwachung: Dan Grace / Boom Operator, Second Unit (Bahamas) und Tonproduktions-Assistent / Schnittassistent: P.J. Harling, Martin Hubacek / Supervising Armorer: Richard Hooper / Still Photographer: on-screen graphics/art department: Larry D. Horricks / Zusatzcasting: Jirí Hrstka / Transportkoordination (Tschechien): Jiri Husak / Assistentin des Produktionskoordinators: Silvie Janculová / Location Assistent Accountant: Kelly Johnson / Unit-Transport: Forbes KB / Designer Vortitelsequenz: Daniel Kleinman / Assistentin des Produktionskoordinators: Veronika Lencova / Assistent des Ausführenden Produzenten: David Lobatto / Video assist operator; Second Unit (Bahamas und Tschechien): Viktor Lonek / Grip; Second Unit (Bahamas): Julian Lord / Standaufnahmen: Jay Maidment / Produktionskoordinatorin am Set: Lulu Morgan / Location-Manager: Pavel Mrkous / Set Dressing Department Coordinator: Marija Nikolic / Casting Associate: Reg Poerscout-Edgerton / Costume Ager/Dyer: Steven Porch / Koordinatorin für Product-Placement: Sarah Robinson / Production Runner: Jon Roper / Camera Trainee: Vaclav Sramek / Unit-Transportmanager: Gerry Turner / Assistent Accountant: John Udall / Erster Kameraassistent Luft-Unit:

J. Glyn Williams / Schnittassistent: Gregg Wilson / Regisseur Stunt-Unit: Alexander Witt / Pilot: Marc Wolff / Negativ-Schnitt: Mark Wright / Drehbuchüberwachung: Lori Wyant / Produktionskoordination im Studio: Robyn Younie

CRIBBINS, BERNARD (Darsteller)
↗ Carleton Towers

CRISP, TRACEY (Darstellerin)
↗ Heather

CRISTALLO
↗ Melina Havelock wohnt im Film ↗ *In tödlicher Mission* (1981) in ↗ Cortina d'Ampezzo im Hotel Cristallo.

CRITON (Romanfigur)
Die taubstumme Figur aus dem Roman ↗ *Moment mal, Mr. Bond* ist Bewacher des Hauses am Bayou. Criton erinnert an die Filmfigur ↗ Oddjob aus dem dritten Bond-Film ↗ *Goldfinger*. Erwachsene mögen Criton nicht, und Kinder laufen vor ihm weg. Er wird laut Erzählungen von Schlangen verschont und tut diesen auch nichts. Einmal pro Woche kauft der »Haushälter« ein und verschwindet dann wieder mit seinem Boot in Richtung Geisterhaus.

CROMBIE, HAZEL (Drehortbuchhalterin)
Drehortbuchhalterin bei der Produktion von ↗ *Im Angesicht des Todes* (1985) war Hazel Crombie gemeinsam mit ↗ Mauricette Boisard, ↗ Jane Meagher und ↗ Christl Kirchner.

CROMWELL, OLIVER
↗ Content

CROQUE
James Bond vermutet im Film ↗ *GoldenEye* (1995) eine tödliche Erfindung in einem Croque, das in der ↗ Abteilung Q herumliegt, doch der Waffenmeister klärt schnell auf: »Nehmen Sie Ihre Hände da weg! Das ist mein Mittagessen!« (Ein Croque ist ein knuspriges Weißbrot – lautmalerisch der ›Kracher‹ als schneller Imbiss.)

CROSBY, BING (Sänger)
Nachdem James Bond im Roman ↗ *Sieg oder stirb, Mr. Bond* glaubt, ↗ Beatrice Maria da Ricci sei einer Autobombe zum Opfer gefallen, hört er unerwartet die Stimme von Bing Crosby aus dem Radio. Crosby singt *Feiert fröhliche Weihnachten (Have A Holly Jolly Christmas)*.

CROWDEN, GRAHAM (Darsteller)
Graham Crowden verkörpert im Film ↗ *In tödlicher Mission* (1981) den »Ersten See-Lord«, eine Figur, die die Informationen vom gesunkenen Spionageschiff ↗ St. Georges an den ↗ MI6 weiterleitet.

CROWLEY, DERMOT (Darsteller)
1983 spielte Dermot Crowley eine Figur in ↗ *Octopussy* (1983), die namentlich zwar nicht genannt wird, jedoch mit dem Rollennamen »Kamp« im Abspann steht.

CROWTHER, GRAEME (Stuntman)
↗ Greg Powell

CRU
Im Buch ↗ *Liebesgrüße aus Athen* wird aufgeklärt, dass CRU der Geheimdienst der Roten Armee ist. ↗ Ariadne Alexandrou behauptet gegenüber dem ↗ KGB-Mitglied ↗ Arenski, sie gehöre der CRU an. Da diese Organisation auch spioniert, müssten CRU und KGB eigentlich Feinde sein, aber die Rivalität wird unterdrückt, weil Arenski glaubt, durch Alexandrou an James Bond heranzukommen.

CRUISE MISSILE (Rakete)
Im *Feuerball*-Remake ↗ *Sag niemals nie* (1983) werden zwei ↗ Cruise Missiles gestohlen. Bond soll die Raketen wiederfinden. Im Roman und im Film ↗ *Der Morgen stirbt nie* (1997) beschäftigt 007 ebenfalls

eine Cruise Missile. Diesmal jagt sie aber auf ihn zu. Die von der ↗Chester abgefeuerte Rakete soll einen Flohmarkt für Terroristen am ↗Khaiberpass zerstören. Erst zu spät bemerkt ↗Admiral Roebuck die Nukleartorpedos. 007 versucht, die gefährlichen Waffen zu sichern, um eine nukleare Verseuchung zu verhindern. Als ↗Stamper mit der ↗Sea Vac das Schiff ↗Devonshire zum Sinken bringt, bergen Taucher aus der Waffenkammer des britischen Schiffes eine der sieben Boden-Raketen, damit ↗Elliot Carver sie später auf Hongkong abfeuern kann. Auch dieses Unternehmen vereitelt Doppelnullagent.

CRUISE TO OBLIVION (Zeichentrickfilm)
↗*James Bond Jr.*

CRUZADO (Comicfigur)
↗Comics

CRYOCENTER (Ort)
Das CryoCenter ist ein Ort im Roman ↗*Tod auf Zypern*. James Bond ist zur Samenspende in diesem Gebäude, das auch Büros und Laboratorien der Firma ↗ReproCare beherbergt.

CT582B (Kennzeichen)
↗Dr. Metz übernimmt in ↗*Diamantenfieber* (1971) von ↗Burt Saxby einen Kleinbus mit dem Kennzeichen CT582B, um damit die Diamanten zum Firmenkomplex der ↗»Whyte Tectronics« zu bringen.

C. T. S. STUDIOS
Diese Studios in London waren für die Aufnahmen der Musik bei vielen James-Bond-Filmen verantwortlich, u. a. ↗*Liebesgrüße aus Moskau* (1963), ↗*Diamantenfieber* (1971) und ↗*Der Hauch des Todes* (1987).

CUB 1 (Nummernschild)
Das Nummernschild von ↗Albert R. Broccolis Rolls Royce hat das Nummernschild CUB 1. Der Wagen kam während der Dreharbeiten zu ↗*Im Angesicht des Todes* (1985) zum Einsatz, wo das Nummernschild geändert wurde. CUB ist die Abkürzung von Broccolis Spitznamen »Cubby«.

CUBBY (Spitzname)
↗Albert R. Broccoli

CUBISON, RICHARD (Darsteller)
Schauspieler Richard Cubison ist in ↗*Der Hauch des Todes* (1987) in der Rolle eines Mannes zu sehen, der einen verbalen Toast im Handelszentrum vorbereitet.

CUCURUZZU
Siehe Inhaltsangabe ↗*Never Dream Of Dying*

CUDNEY, ROGER (Darsteller)
Roger Cudney verkörperte in ↗*Lizenz zum Töten* (1989) den Kapitän des Forschungsschiffes ↗Wavekrest.

CULIOLI, ANNETTE (Romanfigur)
Siehe Inhaltsangabe ↗*Never Dream Of Dying*

CULLERS, CHRISTINE (Akrobatin)
Christine Cullers gehörte bei den Dreharbeiten zu ↗*Octopussy* (1983) zu den Akrobatinnen. Die Kampfszenen mit ↗Kamal Khans Männern wurden bis ins Letzte durchchoreografiert. Cullers arbeitete mit Teresa Craddock, Kirsten Harrison, Lisa Jackman, Jane Aldridge, Christine Gibson, Tracy Llewelyn und Ruth Flynn zusammen. Die Überwachung der Stunts übernahm ↗Susanne Dando.

CULPEPPER (Filmcharakter)
↗Vincent Marzello spielt in ↗*Sag niemals nie* (1983) Culpepper.

CULVER, ROLAND (Darsteller)
Roland Culvers Auftritt beschränkt sich auf den Kinofilm ↗*Feuerball*. Culver spielt in diesem vierten James-Bond-Streifen den Außenminister, der durch die Machen-

schaften des Gangsters ↗Emilio Largo ins Schwitzen gerät.

CUMMING, ALAN (Darsteller)
Alan Cumming wurde 1965 in Schottland geboren. Der Sohn eines Försters interessierte sich nicht nur für die Musik, sondern auch fürs Schreiben und die darstellende Kunst.

In einer Theater-AG der Schule begann er mit dem Schauspiel und entschied sich sehr bald, sein Hobby zum Beruf zu machen. Noch unerfahren im Berufsleben, aber sehr aufstrebend, bekam Cumming die Möglichkeit, als freier Mitarbeiter am Jugendmagazin *Tops* mitzuarbeiten. Er schrieb sogar Horoskope. Mit dem Eintritt in die schottische Akademie für Musik und Theater baute er seine Fähigkeiten als Schauspieler aus und erhielt schon Aufträge für Theaterstücke und Fernsehfilme. Plötzlich entstand großes Interesse am Nachwuchstalent Cummings. Er debütierte beim Londoner Royal Court Theatre in dem Stück *Die Eroberung des Südpols*, was ihm den Preis als bester Nachwuchsdarsteller einbrachte. Die Produzenten von ↗*GoldenEye* (1995) wurden durch Cummings Bühnenerfolge auf ihn aufmerksam, als sie einen Darsteller für den ↗Boris Grischenkow im siebzehnten offiziellen James-Bond-Film suchten.

Er bezeichnete sich in Interviews im Gegensatz zum Bond-Girl als »Bond-Boy«, den er mit fettigen Haaren, unrasiert und schlampig gekleidet voll auslebte. Die Todesszene, die er spielen musste, gestaltete sich extrem schwierig. Um den Effekt des Einfrierens glaubhaft darstellen zu können, wurde Cummings mit einem Gemisch aus Nebel und Mehl beschossen. Nach einem Cut kam dann eine Glasfaserpuppe zum Einsatz.

Das Modell des eingefrorenen Boris sollte eigentlich noch umkippen und zersplittern, diese Idee wurde aber wegen des zu hohen Gewaltfaktors verworfen. Die Glasfaserpuppe wurde nach Kinostart von *GoldenEye* an die Restaurantkette Planet-Hollywood verliehen und zog auch mit der James-Bond-Ausstellung durch die Lande.

CUMMINGS, BILL (Darsteller)
Als ↗Quist tauchte Bill Cummings bereits im vierten Kinoabenteuer des Geheimagenten auf. Der Charakter aus ↗*Feuerball* (1965) war einer der Ersten, die für den Film besetzt wurden. Von Cummings' zweitem Auftritt bei 007 wissen die wenigsten. Der Darsteller spielte in ↗*Casino Royale* (1966) einen Russen.

CUMMINS, JACKIE (Gewandmeisterin)
Die Gewandmeisterin Jackie Cummins arbeitete bei der Produktion von ↗*Im Geheimdienst Ihrer Majestät* (1969) erstmals an einem James-Bond-Film. Eine der kniffligsten Aufgaben Cummins' bestand darin, die Todesengel auf dem ↗Piz Gloria so zu kleiden, dass die Kleidung zur jeweiligen Nationalität der jungen Damen passte.

CUNEO (Filmcharakter)
Die Figur Cuneo erfand ↗Ian Fleming für eine frühe Drehbuchversion. Es war der erste Schurke für einen Film: Cueno (Capo Mafiosi), der Befehle an ↗Largo weitergibt. Die Figur Largo schaffte es in den Roman ↗*Thunderball* und in die Filme ↗*Feuerball* (1965) und ↗*Sag niemals nie* (1983). Cuneo taucht nirgends mehr auf. In Überarbeitungen wurde aus Cueno Bastico, aber auch dieser Name wird in der Bond-Geschichte nicht mehr genannt. Eine Verbindung zu ↗Ernst Cuneo ist bei der Namensgebung wahrscheinlich.

CUNEO, ERNST
Ernest Cuneo, den ↗Ian Fleming als Figur in einem frühen Drehbuch (aus dem später ↗*Feuerball* werden sollte) einschrieb, existierte tatsächlich: Es war mit großer Wahrscheinlichkeit der gute Freund Fle-

mings, der den Autor 1959 mit ↗Kevin McClory bekannt machte. Auch ist wahrscheinlich, dass der Name Ernst Cuneo von Ian Fleming des Weiteren zu Ernest Cureo umgewandelt wurde und zum Namen des Taxifahrers im Roman ↗*Diamantenfieber* wurde.

CURARE
↗Natrium-Pentothal

CURELAB INC. (fiktives Pharmaunternehmen)
Siehe Inhaltsangabe ↗*The Man With The Red Tattoo*

CUREO, ERNEST (Romanfigur)
Als Taxifahrer in Las Vegas getarnt, kommt Ernest Cureo als Kontaktmann von James Bond im Roman ↗*Diamantenfieber* vor. »Er kennt jeden Dreck und weiß, wo die Bonzen gerade sind (...)«, beschreibt ↗Felix Leiter den Mitarbeiter von ↗Pinkertons. Ernest Cureo, Spitzname ↗»Ernie«, hat die Taxilizenznummer 2584. Er will 007 beim Entkommen helfen und wird bei einer Autoverfolgungsjagd angeschossen.

CURTIS, CLIVE (Stuntman)
Clive Curtis führte seine Stunts in ↗*Octopussy* (1983) unter der Aufsicht von ↗Martin Grace, ↗Paul Weston und ↗Bill Burton aus. Er arbeitete im Team mit ↗Dorothy Ford, ↗Pat Banta, ↗Jim Dowdall, ↗Jazzer Jeyes, ↗Bill Weston, ↗Wayne Michaels, ↗Christopher Webb, ↗del Baker, ↗Rocky Taylor, ↗Nick Hobbs und ↗Malcom Weaver. Auch in kleineren Rollen war Curtis schon zu sehen. Er spielte einen Handlanger von Hector Gonzales in ↗*In tödlicher Mission* (1981) und den Verkäufer am Eifelturm in ↗*Im Angesicht des Todes* (1985) dem Bond sein Geschäft versaut.

CURTIS COLEMANN, IRA (Computereffekte)
Der erste James-Bond-Film, bei dem besondere Computereffekte zum Einsatz kamen, war ↗*Im Angesicht des Todes* (1985). Ira Curtis Colemann war dafür zuständig.

CURVE (Deckname)
»Curve« ist ein Deckname im Roman ↗*Fahr zur Hölle, Mr. Bond!* Mit dem von ↗John Gardner als »ironisch« bezeichneten Wort wird auch die Mission benannt, bei der 007 und ↗Chi-Chi für die gefangen genommenen Personen namens ↗Peter Argentbright und ↗Jenny Mo einspringen. »Curve« (auch: »Delikatessen-Curve«) steht hier ebenso für den ↗MI6.

Beim Gespräch zwischen Bond und seinen Kontaktpersonen werden die festgelegten Codes ausgetauscht. Bond sagt: »Entschuldigen Sie.« Diese Einleitung gibt seinem Gesprächspartner die Order, ↗Grants Leute sollten dringend Kontakt mit ↗Ed Rushia aufnehmen und sich für einen zweiten Anruf von ↗Custodian bereithalten. Der Pseudoladen wird auch als »Deli Curve« erwähnt.

CUSTODIAN (Deckname)
James Bond trägt im Roman ↗*Fahr zur Hölle, Mr. Bond!* den Decknamen »Custodian«. Er arbeitet zusammen mit ↗Ed Rushia, der »Indexer« genannt wird. Auch ↗Chi-Chi unter dem Pseudonym Checkliste ist an der Operation beteiligt.

CUTHBERT (Romanfigur)
In ↗*Seafire* hat ↗Sir Maxwell Tarn zwei Handlanger, Cuthbert und ↗Archibald. Er setzt die Männer auf James Bond und ↗Fredericka von Grusse an, um bei seinen illegalen Geschäften nicht gestört zu werden.

CUTSCENES
Ein James-Bond-Film kam bisher nie so in die Kinos, wie es im Drehbuch vorgesehen war. Regisseure, Drehbuchautoren und auch die zu erreichende Alterszulassung (FSK) bringen die Cutter immer dazu, Szenenblöcke zu entfernen oder zu

kürzen. Ein weiterer Grund ist die Filmlänge – Überlängen sollen vermieden werden. Szenen, die entfallen sind:

James Bond 007 jagt Dr. No (1962): Auch Musik wird geschnitten. Als 007 im ersten 007-Kinofilm sein Appartement betritt, ist in der Originalversion spannungsaufbauende Hintergrundmusik zu hören. In der deutschen Version fehlt sie. Ebenso fehlt bei 007s Ankunft auf dem Flughafen in Jamaika und später im Hotel das James-Bond-Thema.

Goldfinger (1964): Im Vorspann ist eine Szene zu sehen, die im fertigen Film nicht vorhanden ist. Sie spielt in »Qs« Werkstatt. 007 marschiert vor den unterschiedlichen Geräten entlang.

Casino Royale (1966): Einige Szenen in *Casino Royale* (1966) wurden geschnitten, sind aber auf der DVD enthalten. Hierzu gehören Einstellungen, in denen Evelyn Tremble als Adolf Hitler verkleidet auftritt.

Im Geheimdienst Ihrer Majestät (1969): Den meisten Zuschauern wird bei diesem Film ein sehr langes Stück Film vorenthalten. Als Bond im Film die Rechtsanwaltskanzlei der Gebrüder Gumbolt betritt, legten die Cutter in England richtig Hand an. Warum die Szenen des Safeknackens weichen mussten, ist unklar; man kann nur vermuten, dass man sich für das drastische Reduzieren auf Grund der Überlänge des Filmes entschied. Leider wird der Zuschauer durch das fehlende Material auch verwirrt. So überlegt er später im Film, was es mit dem Charakter Campbell auf sich hat. Dieser stellt sich bei der fehlenden Szene jedoch bereits als 007s Verbündeter vor. In einer weiteren Passage, die aus Zeitgründen geschnitten wurde, wird 007 im Büro abgehört, als er mit Hilary Bray spricht. Bond verfolgt einen von Blofelds Männern in die Londoner U-Bahn-Schächte. Beweise für die Existenz dieser Szenen gibt es im Archiv von EON. Leider wurden sie bisher nicht als Zusatzmaterial auf DVDs veröffentlicht. Zu weiteren Cutscenes bei *Im Geheimdienst Ihrer Majestät* (1969) gehören Szenen, die auf Birg spielen. In einer Szene wird Campbell von Grunther angeschrien. Auch dieses Stück ist nur in der englischen Videoversion und nicht einmal auf der DVD enthalten. Besonders die DVD-Besitzer werden sich wundern, wenn sie die TV-Version sehen, die der WDR mehrfach ausgestrahlt hat. Während 007 den Gumbold-Safe knackt, ist eine zweisekündige Filmszene zu sehen, in der Tracy im Auto ihren Vater auf die Wange küsst. Warum dieser Augenblick auf der DVD fehlt, ist ungeklärt.

Diamantenfieber (1971): Hier plante es Regisseur Guy Hamilton, den Tod des Zahnarztes, verkörpert von David de Keyser, noch bestialischer zu gestalten. Putter Smith und Bruce Glover als Mr. Wint und Mr. Kidd sollten dem Zahnarzt einen Skorpion in den Mund (!) stecken. Da man aber befürchtete, die Szene wäre zu brutal, schnitt man sie aus dem Film und drehte eine, in der Wint dem Diamantenschmuggler das giftige Tier in den Hemdkragen fallen lässt. Auf der DVD ist die geschnittene Szene als Zusatz enthalten.

Leben und sterben lassen (1973): Für diesen Film wurde eine Einstellung gedreht, in der 007 mit einer Flugabwehrrakete schießt. Die Szene wurde geschnitten. Auch belegen Fotos der Dreharbeiten, wie Roger Moore als Bond einen Gegner mit dem Halteriemen einer Maschinenpistole erwürgt. Diese Inhalte wurden wohl wegen zu hoher Brutalität aus dem Film gekürzt. Auch existieren Fotos zu einer Szene, bei der 007 und Adam sich in einem Motorboot befinden und gegeneinander kämpfen. Hiervon ist im Film nichts mehr zu sehen.

Der Spion, der mich liebte (1977): Dieser Film hätte eigentlich mit Beißers Tod enden sollen, doch Testvorführungen ließen den Beliebtheitsgrad dieses Charakters erkennen, und Regisseur Lewis Gilbert inszenierte das Ende noch einmal um. Er ließ Beißer aus der versunkenen Atlantis auftauchen und aufs offene Meer hinausschwimmen. Er kam in *Moonraker – streng geheim* (1979) wieder vor und hatte großen Erfolg.

Moonraker – streng geheim (1979): Das Drehbuch sah eine Einstellung vor, in der Bösewicht Hugo Drax auf einem Monitor die geschlechtliche Vereinigung seiner Superrasse beobachtet. Man entschied sich dafür, die Aufnahmen im Film zu streichen und es bei der Erwähnung dieses Planes in der Raumstation zu lassen.

Sag niemals nie (1983): Besonders interessant sind die herausgeschnittenen Szenen aus *Sag niemals nie* (1983). James Bond ist schon zu Beginn des Films auf der Spur von Maximilian Largo und durchstöbert dessen Akte, die dem Geheimdienst vorliegt. Schließlich kommt Moneypenny und holt 007 zu einer Besprechung. Auch Szenen, bei denen Bomben vorkamen, eine Würgeszene und Aufnahmen im U-Boot entfielen. Als sie nachträglich (bei der DVD-Version) eingefügt wurden, mussten Sean Connery und Kim Basinger auch hier synchronisiert werden. Da Connerys deutscher Sprecher schon verstorben war, hat der Hauptdarsteller im Film *Sag niemals nie* zwei verschiedene Stimmen. Zu den zunächst geschnittenen, dann wieder hinzugefügten Szenen gehört ein Techtelmechtel zwischen James Bond und Domino unter der Dusche, sowie 007s Gang durch das Kasino, nachdem er dem Rausschmeißer die Kreiselkompassbombe in die Hand gedrückt hat. Bond steckt hier einen Revolver in einen Sektkühler und sucht nach Domino.

Im Angesicht des Todes (1985): Als James Bond im vierzehnten offiziellen James-Bond-Film von einem Hubschrauber verfolgt wird, gerät er in arge Bedrängnis. Viele der Szenen wurden aus Gründen der Zeitersparnis herausgeschnitten. Unter anderem kann man nur noch auf Fotos sehen, wie 007 von der Kufe eines Helikopters gerammt wird. Ein weiterer Grund für das Entfernen der Szene sind zu große Parallelen zu *Liebesgrüße aus Moskau* (1963). Aus *Im Angesicht des Todes* (1985) wurde eine Sekunde Filmmaterial aus Bonds Aufenthalt auf dem Eiffelturm herausgeschnitten. Sie zeigt den vergifteten Schmetterling, der in der Wange von Achille Aubergine steckt. Auf der DVD ist die Szene wieder vorhanden, im Fernsehen wurde sie nicht gezeigt. In einigen Versionen wurden Stücke aus James Bonds Gefangenschaft in einem brennenden Aufzug geschnitten. Die DVD bietet das vollständige Filmmaterial der Fahrstuhl-Sequenz. Die FSK sorgte für das Schneiden der Szenen, die Zorin lachend zeigt, als er mit einem Maschinengewehr seine Mitarbeiter umbringt und auch das Zerstückeln von Pola Ivanovas Kollegen fiel der Schere zum Opfer. Auch hier gilt: Auf der DVD sind sie vorhanden. Beim abschließenden Kampf in *Im Angesicht des Todes* (1985) wurde u. a. eine Szene geschnitten, in der Zorin die Feueraxt auf den Kehlkopf von 007 drückt, während dieser auf einem Rohr der Golden-Gate-Brücke liegt und abzustürzen droht. Im selben Film war auch eine Szene enthalten, in der 007 im brennenden Fahrstuhlschacht über einen schmalen Stahlträger balanciert, als würde er über ein Seil laufen. Auch diese Passage fiel dem Schnitt zum Opfer.

Lizenz zum Töten (1989): Zu gekürzten Szenen in *Lizenz zum Töten* (1989) gehört unter anderem eine Passage, in der 007 tagsüber Lupe Lamora auf dem Schiff von Krest beobachtet, 007 und Pam Bouvier in Isthmus City ankommen und der Agent in der Empfangshalle der »Banco de Isthmus« auf Franz Sanchez trifft. Besonders interessant: Die Ninjas verfrachteten 007 zunächst in den Kofferraum eines Autos und brachten ihn zu einem anderen Gebäude, das schließlich von Hellers Männern beschossen wird; auch dieser Standortwechsel wurde herausgeschnitten, ebenso wie 007s Landgang, nachdem er sich am Boot von Lamora festgeklammert hat und so ungesehen das Haus von Sanchez verlassen konnte. Erst die DVD *Lizenz zum Töten* zeigte den Bond-Fans Passagen, die in der deutschen Kinofassung nicht enthalten waren. So sah man hier erstmals ungekürzt, wie Sanchez Lupe Lamora mit der Peitsche quält und auch eine längere Version von Darios *Tod im Mixer*.

GoldenEye (1995): Dem Kinopublikum wurden einige angeblich zu gewaltreiche Szenen vorenthalten. Der Kampf zwischen James Bond und Xenia Onatopp wurde leicht und völlig unbegründet gekürzt: Es fehlt der Satz, den 007 nach Onatopps Tod sagt: »Das war eine sehr zugkräftige Nummer.« Ferner fehlt der tatsächliche Tod von Alec Trevelyan. In der Kinoversion sah man ihn nur von der Satellitenschüssel stürzen und dann nichts mehr. Im Original überlebt er den Sturz und kommt erst um, als die Satellitenanlage einstürzt und er von der herabfallenden Antenne durchbohrt wird. Als *GoldenEye* erstmals von der ARD ausgestrahlt wurde, waren diese Cutscenes enthalten und auch auf der DVD sind sie vorhanden.

Die Welt ist nicht genug (1999): Eine Szene in *Die Welt ist nicht genug*, in der Bond im Torpedoschacht liegt und keine Luft mehr bekommt, wurde geschnitten, um den Spannungsfluss nicht zu unterbrechen. Bond schaut auf seine Uhr, weil es so lange dauert, bis Christmas Jones die Luke öffnet.

Sirb an einem anderen Tag (2002): Laut Michael G. Wilson ist die britische Version der Liebesszene zwischen 007 und Jinx länger als die amerikanische und die deutsche.

CV-19 (Rennboot)
↗ Murray Cleveland

C&W INC. (fiktive Firma)
Als 007 in ↗*Moonraker – streng geheim* (1979) ↗Drax' Spuren in Brasilien verfolgt, stößt er auf die Firma C&W Inc. (Carlos und Wilmsberg).

Das Unternehmen ist eine Tochtergruppe von ↗Drax Industries und dafür zuständig, die Globen zu bauen und für den Start in den Weltraum zu präparieren. Bond findet einen Bierdeckel mit einem Aufdruck von Drax' Luftfahrtsgesellschaft. Um das Starten und Landen der Maschinen beobachten zu können, begibt sich 007 in Rio de Janeiro auf den Zuckerhut.

C. & W. RIO DE JANEIRO
Im Roman ↗*Moonraker Streng geheim* sucht James Bond die Firma mit den Initialen »C. & W.« auf. ↗Manuela von der ↗Station VH hat die Information für Bond, dass die Initialen zur Firma »Carlos und Wilmsberg« gehören – eine große Import-und-Export-Gesellschaft. 007 ist nicht überrascht, als er erfährt, dass es sich um eine Tochtergesellschaft des ↗DRAX-Konzerns handelt.

CYANIDGAS (Gift)
↗ Zyanidgas

CYCLORAMA
↗ Illusionsfenster

CYNTHIA (Schiff)
In dem Buch ↗*Liebesgrüße aus Athen* ist die »Cynthia« das Schiff von ↗George Iondes, der es mit James Bonds ↗Altair tauscht.

CYRUS, TONY (Darsteller)
Ein ungepflegtes Äußeres ist das Markenzeichen von Tony Cyrus, der den Anführer der ↗Schneeleoparden-Bruderschaft in ↗*Der Hauch des Todes* (1987) verkörperte.

CZ 421 (Kennzeichen)
Das Fahrzeug, mit dem ↗Largo erstmals im Film ↗*Feuerball* (1965) zu sehen ist, trägt das Kennzeichen CZ 421. Der Schurke parkt damit im Halteverbot in einer Pariser Nebenstraße. Die Polizei lässt es bei dem einäugigen ↗SPECTRE-Mitglied durchgehen.

D (Logo)
↗ Hugo Drax besitzt im Roman ↗ *Moonraker Streng geheim* ein Logo. Es handelt sich um den Buchstaben »D«, der von einem Blitz gespalten wird. Daneben steht der Name »Drax«. Das Logo ist u. a. in die Overalls der Mechaniker des Drax-Konzerns eingestickt.

D11
Chief Superintendent ↗ Bailey berichtet im Roman ↗ *Scorpius* von ↗ A11, ↗ C13, ↗ MI5, ↗ C7 und dem D11. ↗ John Gardner erklärt die Bezeichnung der Abteilungen oder Organisationen. D11, auch ↗ »Blue Berets« genannt, ist ↗ Scotland Yards »Feuerwehr«, eine Eingreiftruppe von Spezialisten für ernste Zwischenfälle.

D98 (Straße)
Der Meldefahrer in der Kurzgeschichte ↗ *Tod im Rückspiegel* wird auf der D98, einer Straße nahe Paris, umgebracht. James Bond nennt die Strecke einfach »Mordstraße«.

D'ABO, MARYAM (Darstellerin)
Maryam D'Abo wurde 1961 in London geboren, ihr Vater war Holländer, die Mutter Russin. Sie wuchs französischsprachig auf, weil dies die gemeinsame Sprache der Eltern war. Den ersten Kontakt zu James Bond hatte sie als Kinobesucherin. Der Film ↗ *Diamantenfieber* (1971) beeindruckte das junge Mädchen sehr, und es heißt, sie habe damals den Entschluss gefasst, Schauspielerin zu werden. Sie studierte am Londoner Drama Centre und arbeitete vier Jahre am Theater. Filmrollen bekam sie nur selten. D'Abo wirkte u. a. im Horror-Film *X-Tro – Nicht alle Außerirdischen sind freundlich* (1982) mit. Hier verlangten die Produzenten kaum professionelles Schauspiel, sondern eher den Mut, sich nackt zu zeigen. Obwohl D'Abo nur über wenig Schauspielerfahrung verfügte, bewarb sie sich um die Rolle der ↗ Pola Ivanova in ↗ *Im Angesicht des Todes* (1985). Sie wurde nicht angenommen und glaubte kaum, jemals in einem Bond-Film auftreten zu können.

1986 wurde ↗ Maryam d'Abo erneut zu Aufnahmen eingeladen. Ein neuer James-Bond-Darsteller wurde gecastet und sie sollte ihm als ↗ Tatjana Romanowa »Stichworte« liefern. Für eine Rolle als Bond-Girl schien sie den Produzenten doch noch zu unreif. ↗ Barbara Broccoli sah Maryam d'Abo in der Rohversion des Films *Laughter In The Dark*. »Sie wirkte mit kurzen Haaren völlig anders, und ich beschloss, sie erneut zum Casting zu bestellen.« D'Abo war über das Angebot verwundert, nahm es aber wahr, ohne sich Hoffnungen zu machen. Sie wurde als ↗ Kara Milovy für ↗ *Der Hauch des Todes* (1987) unter Vertrag genommen. Einen Monat vor Drehbeginn nahm sie Cellounterricht, um bei der Darstellung der weltbesten Cellistin wenigstens etwas mit dem Musikinstrument umgehen zu können. D'Abo posierte 1987 sehr freizügig im *Playboy*. »Ich war nie ganz nackt. Ich habe eine Augenklappe getragen«, meinte die attraktive Schauspielerin, die in 1990er Jahren unter anderem in den Komödien *Wie kommt man schnell ans große Geld?* (1995) und *Mr. Right ... zur falschen Zeit* (1997) sowie dem Science-Fiction-Thriller *Time Lock* (1996) zu sehen war.

DACH
Bei der Skiverfolgungsjagd in ↗ *Im Geheimdienst Ihrer Majestät* (1969) ist für ↗ Tracy di Vicenzo selbst ein Hausdach als Hin-

dernis kein Grund anzuhalten: Sie springt über die zugeschneiten Dächer von zwei Häusern, um sicher neben James Bond zu landen und die Flucht vor ↗Blofelds Männern mit ihm gemeinsam fortzusetzen.

DACOR-EXTREME-PLUS-ATEMGERÄTE
↗SeaQuest-Diamond-Auftriebskompensator

DACOR-SAUERSTOFFFLASCHEN
↗SeaQuest-Diamond-Auftriebskompensator

DAEWOO-380ER (Waffe)
Im High-Tech-Büro von ↗Wai Lin in Saigon findet James Bond im Roman ↗*Der Morgen stirbt nie* unter anderem auch Handfeuerwaffen vom Typ Daewoo-380er sowie Haftminen.

DAHL, ARNIM (Sensationsdarsteller)
Als der Film ↗*James Bond 007 jagt Dr. No* in Deutschland anlaufen sollte, überlegte man sich eine ganz spezielle Werbekampagne. Als Dr. No verkleidete Darsteller tauchten in mehreren Großstädten auf und sollten sich von den Bürgern jagen und fangen lassen. Dem Gewinner winkten Preise in Form von Englandreisen und Musicalbesuchen. Der bekannte Sensationsdarsteller Arnim Dahl (1922–1998) spielte Dr. No in Frankfurt.

DAHL, BIBI (Filmcharakter)
An Drehbuchautor ↗Roald Dahl wurde im Film ↗*In tödlicher Mission* (1981) erinnert, als man der Filmfigur Bibi seinen Nachnamen gab. Das junge Mädchen ist eine von ↗Jacoba Brink trainierte Eiskunstläuferin auf dem Weg nach oben. Sie wird von ↗Aris Kristatos gesponsert, und nur James Bond ist in der Lage, sie aus den Klauen des Bösewichts zu befreien. Sie versucht, 007 zu verführen, doch – oh Wunder – es gelingt ihr nicht. Der Seniorenagent hält sie für zu jung. Dargestellt wurde die quirlige Blondine von der Schauspielerin ↗Lynn-Holly Johnson.

DAHL, ROALD (Drehbuchautor)
Der berühmte Kinder- und Drehbuchautor Roald Dahl wurde am 13. September 1916 in Cardiff, Wales, geboren. Dahls Eltern waren norwegischer Herkunft. Er verlor seinen Vater sehr früh und begann mit dem Schreiben, um der Realität entfliehen zu können. Zum Drehbuchautor von ↗*Man lebt nur zweimal* (1967) wurde Dahl durch eine tragische Wendung in seinem Leben. Seine Ehefrau Patricia Neal, die er 1953 geheiratet hatte, war nach mehreren Schlaganfällen schwer behindert. Die Honorare der Ärzte überstiegen Dahls finanzielle Möglichkeiten, und er war schon im Begriff sich aufzugeben. Telefonisch wurde er gebeten, das Produkt ↗*Man lebt nur zweimal* leinwandtauglich zu machen, und obwohl er sich geschworen hatte, nie mehr ein Drehbuch zu schreiben, nahm er den Auftrag an, um seiner schwer kranken Frau zu helfen. Dahl kannte ↗Ian Fleming, und wie der Bond-Schöpfer selbst war auch Roald Dahl im Zweiten Weltkrieg beim Geheimdienst: eine gute Voraussetzung, um sich mit 007 zu beschäftigen. Schnell stellte der Drehbuchautor fest, dass sein ganzer Einsatz gefragt war: Die Romanvorlage Flemings war inhaltlich fürs Kino völlig unbrauchbar. Dahl schrieb eine neue Geschichte und behielt nur den Titel und einige Hauptcharaktere bei. ↗Harry Saltzman und ↗Broccoli stimmten Dahls Vorgehensweise zu, bestanden aber darauf, weder James Bonds Charakter noch den der Frauen stark zu verändern.

Viele Kritiker halten ↗*Im Geheimdienst Ihrer Majestät* (1969) für den ersten James-Bond-Film, in dem der Agent echte Gefühle hat, doch Dahl schrieb diese Gefühle auch schon in das Drehbuch von ↗*Man lebt nur zweimal*. 007 ist hier tief im Inneren verletzt, als er ↗Aki durch den Anschlag eines Giftmörders verliert. Früher hatten Dahl und Fleming Ideen ausgetauscht und über Projekte gesprochen, jetzt musste Dahl beweisen, wie gut er sich mit 007 auskannte.

Er schrieb das Script zum Film in nur sechs Wochen. Der am 20. November 1990 in Oxford verstorbene Schriftsteller zählt zu den besten Schreibern des 20. Jahrhunderts. Seine neun Kurzgeschichtenbände mit skurrilen Inhalten – z. B. *Küsschen Küsschen!* – brachten Dahl den Titel »Meister des Makaberen« ein. Von ihm erschienen außerdem 19 Kinderbücher (u. a. *James und der Riesenpfirsich*) und drei Romane. 1964 kam Dahls Buch *Charlie und die Schokoladenfabrik* heraus, das 1971 von Mel Stuart als knall-buntes Fantasy-Musical (mit dem berühmten Song *The Candyman*) verfilmt wurde: Gene Wilder spielte die Hauptrolle des Willy Wonka. Ein erfolgreiches Remake mit Johnny Depp kam 2005 in die Kinos. Dahl verfasste Drehbücher fürs Fernsehen und adaptierte 1968 auch Ian Flemings dreiteiligen Roman *Tschitti-Tschitti-Bäng-Bäng* für die Kinoleinwand. Dem Orchideen-Freund Dahl wurde Tribut gezollt, als ↗Richard Maibaum im Drehbuch von ↗*Moonraker – streng geheim* (1979) ↗Drax aus der Orchidee ein tödliches Gift gewinnen lässt.

DAILY EXPRESS (Zeitung)

Der *Daily Express*, der mehrere Fleming-Romane als Vorabdruck herausbrachte, lehnte eine vorzeitige Veröffentlichung des Buches ↗*The Spy Who Loved Me* als Serie wegen Brutalität und sexueller Freizügigkeit ab. Im Roman ↗*Der Spion, der mich liebte* gibt ↗Len Holbrook sein beim *Daily Express* erworbenes Wissen an ↗Vivienne Michel weiter: »Wie man den Leser mit kleinen Tricks schon in der Einleitung fesseln konnte, dass man kurze Sätze machen sollte, und vor allem, dass man über Menschen schreibt.« Die erfolgreiche Journalistin Michel bekommt das Angebot, für den *Daily Express* und die ↗*Daily Mail* zu arbeiten.

DAILY GLEANER (Tageszeitung)

Kaum auf Jamaika angekommen, stürzt sich im Roman ↗*James Bond 007 jagt Dr. No* eine angebliche Reporterin vom *Daily Gleaner* auf 007, die nicht nur ein Foto ergattern will, sondern auch an Informationen über Unterkunft und Länge des Aufenthalts von Bond interessiert ist. Während dieselbe Fotografin in ↗*James Bond 007 jagt Dr. No* (1962) in der deutschen Version des Films für die *Kingston News* arbeitet, ist sie in der Originalversion wie im Roman freie Mitarbeiterin des *Daily Gleaner*. In der Kurzgeschichte ↗*Für Sie persönlich* liest Oberst ↗Havelock den *Daily Gleaner*. Nicht selten reist James Bond getarnt um die Welt. Als Journalist des *Daily Gleaner* gibt er sich im Werk ↗*Countdown!* aus und trifft in der Rolle des nervigen Reporters auf ↗Li Xu Nau, den Anführer der ↗Gesellschaft des Drachenflügels. Im Roman ↗*007 James Bond und der Mann mit dem goldenen Colt* kauft James Bond einen *Daily Gleaner*. Bond liest in seiner Lieblingszeitung neben den aktuellen Nachrichten auch sein Horoskop.

DAILY MAIL (Zeitung)

James Bond kreuzt sich im Buch ↗*Nichts geht mehr, Mr. Bond* in den Zeitungen *Daily Mail*, ↗*Daily Express* und ↗*The Times* Artikel an. Alle drei Zeitungen berichten über Aktivitäten des Geheimdienstes: Ein Geheimdienstmann in Madrid wurde verhaftet, im Mittelmeer fand ein Zwischenfall statt, an dem sich angeblich ↗MI5 und Schwesterorganisationen beteiligt hätten. Durch Zufall entdeckt 007, aufmerksam geworden durch ↗May, dass eine Person ermordet wurde, die etwas mit der ↗»Operation Seefalke« zu tun hatte. ↗Vivienne Michel arbeitet sich im Roman ↗*Der Spion, der mich liebte* zu einer Erfolgsjournalistin hoch und bekommt die Angebote, für den *Daily Express* und die *Daily Mail* zu schreiben.

DAILY TELEGRAPH (Zeitung)

Im Roman ↗*007 James Bond im Dienst Ihrer Majestät* stoßen die Männer vom

↗Secret Service bei den Ermittlungen gegen ↗Blofeld auf einen Zeitungsbericht aus dem *Daily Telegraph*, in dem es um die Hühnerpest geht.

DAINTREE (Romanfigur)
In ↗*003 ½ James Bond Junior* gibt ↗Mr. Maws James Bond klar zu verstehen, dass er nicht im Geringsten daran denkt, mit seinen Vermutungen, wer hinter dem Goldbarrenraub steckt, zu dem »einsfünfundachtzig langen, achtzehnkarätigen Einfaltspinsel, genannt Sergeant Daintree« zu gehen. Daintree, so Maws, fresse den Golddieben vermutlich aus der Hand.

DAISY (Romanfigur)
Im Roman ↗*007 James Bond und der Mann mit dem goldenen Colt* gehört Daisy zu den Mädchen, die auf ↗Scaramangas Party für Stimmung sorgen sollen.

DALADIER (Filmcharakter)
Mademoiselle Daladier kommt bei der Fasanenjagd im Film ↗*Moonraker – streng geheim* (1979) vor.

DALI, SALVADOR
↗Tom Adams

D'ALQUEN, JAN (zusätzliche Aufnahmen)
Zusätzliche Aufnahmen von ↗*Im Angesicht des Todes* (1985) stammen von Jan d'Alquen und ↗Egil Woxholt.

DALTON, TIMOTHY (Darsteller)
Der vierte Mann in der Rolle des Geheimagenten James Bond ist der am 21. März 1946 in Colwyn, North Wales, geborene Timothy Dalton. Er spielte 007 in ↗*Der Hauch des Todes* (1987) und ↗*Lizenz zum Töten* (1989). Der Sohn eines Werbefachmannes wuchs zusammen mit seinen vier Brüdern auf. Den Draht zum Theater entdeckte Dalton schon früh, vielleicht auch, weil sein Großvater Theateragent war und seine Großmutter sogar mit Charlie Chaplin zusammengearbeitet hatte. Nachdem er eine Theaterinszenierung von *Macbeth* gesehen hatte, glaubte der Waliser fest daran, dass er das auch kann. »Als das Publikum applaudierte, bekam ich eine Gänsehaut«, erinnerte sich Dalton in einem Interview. Nach dem Schulabschluss war er 1964 bei einem Jugendtheater und feierte ein »kleines« Debüt in einer Nebenrolle in Shakespeares *Coriolanus* im Londoner Queen's Theatre. Trotz guter schulischer Leistungen entschied sich Dalton gegen die Universität und wurde Mitglied der Königlichen Akademie der Darstellenden Künste. »Das brachte mir nichts!«, erinnerte sich Dalton allerdings später.

Die erste Hauptrolle kam 1966 – ↗Sean Connery war auf dem Höhepunkt seines Ruhmes als James Bond, und Dalton spielte den Malcolm in *Little Malcolm And His Struggle Against The Eunuchs*, was ihm einen Vertrag am Birmingham Repertory Theatre einbrachte. 1967 erhielt er eine Rolle in der Fernsehserie *Saturday While Sunday* und schließlich folgte sein Filmdebüt als König Philipp von Frankreich im oscargekrönten *Der Löwe im Winter* (1968). Nach diesem Erfolg ging es zurück zum Theater. Weitere Angebote ließen aber nicht lange auf sich warten. Als Connery nach ↗*Man lebt nur zweimal* (1967) zunächst nicht mehr Bond sein wollte, wandte sich ↗Albert R. Broccoli 1968 auf der Suche nach einem Darsteller an Timothy Dalton. Der Produzent war beeindruckt, als sich der Schauspieler Dalton ernsthafte Gedanken machte und schließlich mit der Begründung ablehnte, zu jung für die Rolle des James Bond zu sein. Broccoli wollte irgendwann später wieder auf ihn zurückzukommen – ↗George Lazenby erhielt in ↗*Im Geheimdienst Ihrer Majestät* (1969) die Rolle des Agenten.

»Ich war zu jung, Connery zu gut«, kommentierte er die Ablehnung des ersten Bond-Angebotes. Bei den Dreharbeiten zu *Maria Stuart, Königin von Schottland* lernte er 1971 Vanessa Redgrave kennen, und den beiden wurde oft ein Verhältnis angedichtet. Seine Hauptrolle trug ihm den britischen Filmpreis ein. Danach folgte eine dreijährige Filmpause, in der er seine Schauspielkunst auf der Bühne perfektionieren wollte – er lehnte jedes Filmangebot ab und unternahm Theater-Tourneen durch England und sogar Australien. Als Romeo in *Romeo und Julia* glänzte er erneut und heimste positive Kritiken ein. 1975 kehrte Dalton mit *Vollmacht zum Mord* zum Film zurück und arbeitete auch wieder mit Vanessa Redgrave zusammen – die Gerüchteküche brodelte erneut. Da ↗ Roger Moore nach jedem Bond-Film mit utopischen Gagenforderungen Broccolis Gesichtszüge zum Entgleisen brachte, wurden zwischenzeitlich immer wieder Darsteller gecastet, die die Rolle des 007 hätten übernehmen können. Auch Dalton wurde wieder gefragt. Dieser hatte aber gerade für *Flash Gordon* unterschrieben und wagte es nicht, aus dem Vertrag auszusteigen. 1980 wurde Dalton erneut als Ersatz für Moore in Erwägung gezogen, aber auch beim zweiten Anlauf erhielt der Darsteller keine »Tötungslizenz«, Roger Moore blieb 007.

Timothy Dalton spielte Hauptrollen in *The Doctor And The Devil* (1984/85) und in der Comic-Verfilmung *Brenda Starr* (1989) mit Brooke Shields. Als 1987 ein neuer James Bond als Nachfolger von Roger Moore gesucht wurde, wandte sich Broccoli erneut an Dalton, denn die Wunschbesetzung ↗ Pierce Brosnan war wegen vertraglicher Verpflichtungen *(Remington Steel)* nicht frei. Beim dritten Angebot griff Dalton zu. Bevor er den Vertrag jedoch unterschrieb, wollte er das Drehbuch zu *Bond 15* genau lesen. In der zweiwöchigen Bedenkzeit sah er sich alle James-Bond-Filme an. Zu seinen Lieblingsfilmen gehören ↗ *James Bond 007 jagt Dr. No* (1962), ↗ *Liebesgrüße aus Moskau* (1963) und ↗ *Goldfinger* (1964). Er las akribisch alle Romane von ↗ Ian Fleming und behauptete in Interviews immer wieder, dass die Bücher interessanter als die Filme seien. Dennoch unterschrieb er den Vertrag und wurde der Presse am 7. August 1986 als neuer James Bond angekündigt.

Offizielle Bestätigungen auf einer Pressekonferenz gab es erst im Oktober 1986, obwohl die Dreharbeiten schon am 29. September begonnen hatten. Wie jeder Schauspieler, der mit Leib und Seele dabei ist, war Dalton Bond. Er ließ sich nicht ablenken und lehnte es sogar ab, während der Dreharbeiten einen Werbespot für American Express zu drehen – der hätte immerhin 200.000 Pfund gebracht. Nachdem ↗ *Der Hauch des Todes* abgedreht war, spielte Dalton wieder mit Vanessa Redgrave Theater. »Ein Mann, der schon Heinrich V., Antonius, Petruccio und Lord Byron gespielt hat, schüttelt eine Nullnummer locker aus dem Ärmel«, schrieb ein Kritiker 1988.

Zwei Jahre später kehrte er zur Bond-Rolle zurück. Es sollte ein harter Film werden und der 007-Darsteller freute sich darauf, die Rolle mit mehr Ernst anzulegen als bei seinem ersten Film. Das Drehbuch zu ↗ *Lizenz zum Töten* wurde ihm von ↗ Michael G. Wilson auf den Leib geschrieben. Das brutale Drogengeschäft kam mit einem realitätsnahen Bond ohne technische Spielereien auf die Leinwand, und das Publikum reagierte entsetzt und überrascht zugleich. Kritiker lobten die Art des Films, doch beim Publikum fiel er durch. Noch 1993 amüsierte sich Dalton, als andere Darsteller für die Rolle des Geheimagenten im Gespräch waren, denn er ging mit hundertprozentiger Sicherheit davon aus, der nächste Bond-Film werde in diesem Jahr gedreht. Rechtsstreitigkeiten verhinderten das jedoch, und Dalton, der auf seinen Einsatz wartete, stieg nach Vertragsablauf aus der Rolle aus. Seinen dritten Film nahm er nicht mehr wahr. Oft hört man, Dalton sei »gegangen worden«, das stimmt aber nicht. Er selbst traf diese Entscheidung.

1993 agierte der Ex-007 in dem Thriller *Eiskaltes Duell* als raffinierter Supergangster und Kronzeuge auf der anderen Seite des Gesetzes, 1996 war er in dem Kinderabenteuer *Ein Elch in Seenot* und dem Melodram *Riff* zu sehen und im Jahr 2000 spielte er an der Seite von Nastassja Kinski in der Familienkomödie *Time Share*.

Filmographie Timothy Dalton: 1968: The Lion In Winter (Der Löwe im Winter) / 1970: Cromwell (Cromwell – Krieg dem König / Cromwell, der Unterbittliche) / 1970: Il Voyeur / 1970: Wutherings Heights / 1971: Mary Queen Of Scots (Maria Stuart, Königin von Schottland) / 1975: Permission to Kill (Vollmacht zum Mord) / 1976: El Hombre que supo Amar / 1978: Sextette (Sextette) / 1978: Saturday While Sunday* / 1979: Agatha (Das Geheimnis der Agatha Christie); Regie: Michael Apted / 1979: Charlie's Angels (Drei Engel für Charlie: Der gefallene Engel)* / 1980: Centennial* / 1980: Flash Gordon (Flash Gordon) / 1981: Colorado Saga* / 1982: Jane Eyre* / 1984: The Master Of Ballantrae* / 1985: Chanel Solitaire (Coco Chanel; Einzigartige Chanel) / 1985: Sins (Sünden; Im Labyrinth der Rache)* / 1985: Florence Nightingale* / 1985: The Doctor And The Devils / 1986: Brenda Starr (Brenda Starr) / 1986: Mistral's Daughter (Erben der Liebe – 4 Teile)* / 1987/GB: **The Living Daylights (Der Hauch des Todes)**; Regie John Glen / 1988: Hawks (Hawks – Die Falken) / 1989/GB: **Licence To Kill (Lizenz zum Töten)**; Regie: John Glen / 1989: The King's Whore (Die Hure des Königs) / 1991: The Rocketeer (Rocketeer) / 1991: The Visitor / 1992: Framed (Der gewisse Dreh; Eiskaltes Duell)* / 1993: Naked In New York (Nackt in New York) / 1993: In The Wild: Wolves (Terra Magica: Unter Wölfen)* / 1994: Scarlett (4 Teile)* / 1994: Masters Of Horror – Tales From The Crypt: Werewolf Concerto (Das Werwolfkonzert)* / 1994: Red Eagle (Roter Adler; Ken Folletts Roter Adler – 2 Teile)* / 1996: Salt Water Moose (Salt Water Moose; Ein Elch namens Charlie; Ein Elch in Seenot) / 1996: The Reef* (Riff) / 1997: The Beautician And The Beast (Mein Liebling, der Tyrann) / 1997: The Informant* / 1999: Made Men / 1999: Cleopatra* / 1999: Passion's Way* / 1999/US: James Bond Story* / 2000: Time Share* / 2000: Possessed (Vom Teufel besessen) / 2000: Inside »The Living Daylights« / 2001: American Outlaws*

*) *Diese Filme wurden ausschließlich für das Fernsehen oder als Zusatzmaterial für DVDs produziert.*

DAMBALA (Filmcharakter)

Dambala ist eine Figur aus dem achten James-Bond-Film ↗*Leben und sterben lassen* (1973). ↗Michael Ebbin verkörpert den Hohen Priester Dambala, der für die Tötung eines ↗MI6-Agenten verantwortlich ist. Eine Schlange, die während der Todessequenz der Filmfigur ↗»Baines« gebraucht wurde, biss den Schauspieler. Ebbin hatte schon zuvor darauf hingewiesen, dass er große Angst vor Schlangen habe. Bond erschoss Dambala im Film, als auch ↗Solitaire durch einen Schlangenbiss getötet werden sollte.

DAMON (Romanfigur)

↗Plender

DAMPF

↗Wasserdampf

DAMPFBAD

Bereits in ↗*Feuerball* (1965) hat James Bond mit Dampfbädern zu tun. Er lässt ↗Graf Lippe garen, nachdem dieser ihn auf einer automatischen Dehnungsbank fast getötet hätte. Im englischen Original sagt Bond nichts, nachdem er Lippe den Ausgang versperrt hat. In der deutschen Version singt er: »Schwitze Gräflein, schwitze schnell, Schwitzen macht die Äuglein hell ...« In einer der ersten Drehbuchversionen sollte ↗Sean Connery in Cockney-Akzent etwas von einer tropischen Hitzewelle erzählen.

Als ↗Schnick Schnack ↗Scaramanga im Film ↗*Der Mann mit dem goldenen Colt* (1974) zum Dampfbad ruft, hat er für ihn einen neuen Killer organisiert, um den Mann mit dem goldenen Colt in Form zu erhalten.

DAN (Romanfigur)
↗Danny de Fretas

DANAHER, TOM (Pilot)
↗Etienne Herrenschmidt

DANA UND ALBERT BROCCOLI BUILDING (Gebäude)
Zu Ehren von ↗Dana und ↗Albert R. Broccoli wurde am 18.07.1988 das »Dana und Albert Broccoli Building« in New York eröffnet. Es handelt sich um den Mädchentrakt des »Variety Boys' and Girls' Club of Queens«. Der Produzent wuchs in der Nähe dieses Gebäudes auf.

DANCE, CHARLES (Darsteller)
Charles Dance wurde am 10. Oktober 1946 in Redditch, Worcestershire, England geboren. Der Schauspieler spielte in ↗*In tödlicher Mission* (1981) den Bösewicht ↗Claus. Wie auch das *Mad-Magazin* feststellte, strotzt der zwölfte offizielle 007-Film nur so vor zahlreichen »nebensächlichen Schurkentypen«. Neben Charles Dance traten auch ↗Paul Angelis und ↗Jack Klaff in Nebenrollen auf. Im englischen Fernsehfilm ↗*Goldeneye* hatte Charles Dance 1989 wieder mit James Bond zu tun. Der Film handelt vom Leben ↗Ian Flemings und Dance verkörperte den Romanautor. Die doppelte Verbindung Dances zu 007 wurde niemals publik. Dance war auch mehrfach als potenzieller 007-Darsteller im Gespräch. Nach seinem Auftritt bei 007 hatte er zahlreiche kleine Rollen in (hauptsächlich mittelmäßig erfolgreichen) Filmen wie *Eine demanzipierte Frau* (1985), *Auf der Suche nach dem goldenen Kind* (1986), *Good Morning Babylon* (1986) oder *Die letzten Tage in Kenya* (1987). Seine bisher größte Filmrolle war die des Mr. Clemens in *Alien 3* (1992), er spielte einen Geliebten der Hauptdarstellerin, der ums Leben kommt. Erwähnenswert wäre noch Dances Auftritt in *Last Action Hero* (1993) an der Seite von Arnold Schwarzenegger. Zuletzt war er in der Komödie *Ali G IndaHouse* (2002) und dem Thriller *Swimming Pool* (2003) zu sehen.

DANCE OF THE TOREADOR (Zeichentrickfilm)
↗*James Bond Jr.*

DANDO, SUSANNE (Aufseherin)
Bei der Produktion von ↗*Octopussy* (1983) überwachte Susanne Dando die Arbeit von ↗Teresa Craddock, ↗Kirsten Harrison, ↗Christine Cullers, ↗Lisa Jackman, ↗Jane Aldridge, ↗Christine Gibson, ↗Tracy Llewelyn und ↗Ruth Flynn. Prädestiniert für diese Aufgabe war Dando, weil sie als Chefin das britische Turnteam zu den Olympischen Spielen in Moskau begleitet hatte.

DANGERFIELD, TOMMY (Romanfigur)
Tommy Dangerfield ist im Buch ↗*Mondblitz* der Bridgepartner von ↗Basildon. Dangerfield ist an dem Spiel beteiligt, bei dem James Bond ↗Hugo Drax des Falschspielens überführen will.

DANGER TRAIN (Zeichentrickfilm)
↗*James Bond Jr.*

DANGEROUSLY YOURS (Filmtitel)
↗*Millennium Dome*

DANIELS, PENNY (Logik)
Erstmals bei der Produktion des Films ↗*Octopussy* (1983) gab es jemanden, der speziell für die Logik der Second Unit zuständig war. Es waren Penny Daniels und ↗Doreen Soan. Neben ↗Daphne Carr hatte Daniels diese Aufgabe auch bei der Produktion von ↗*Im Angesicht des Todes* (1985).

DANJAQ, INC. (Firma)
Danjaq wurde Ende 1963/Anfang 1964 gegründet. ↗Broccoli und ↗Saltzman erkannten, dass man mit den Nebenrechten an James Bond auch gutes Geld verdienen konnte. Über »Danjaq« heißt es in einem Artikel von ↗Erich Kocain, es seien auch die ↗Eon-Filmproduktion, der ↗Fleming-Verleger und die Gesellschaft ↗»Fleming-Enterprise« an dieser Firma beteiligt, die sich auf die Vergabe der Lizenzrechte von James Bond spezialisiert habe.

DANJAQ S.A. (Firma)
Danjaq S.A. war das erste von ↗Albert R. Broccoli und ↗Harry Saltzman gegründete Unternehmen. Diese Firma hatte die Filmrechte. Der Sitz war in Lausanne, 44 Avenue de la Gare (Tel.: 021-202231/239338).

DANKSAGUNGEN IN ROMANEN
Besonders in den ↗Benson-Romanen erscheinen Namen aus den Danksagungen. Wo deutsche Übersetzungen der ACKNOWLEDGEMENTS vorhanden waren, sind diese angeführt. Bei Romanen, die noch nicht ins Deutsche übersetzt wurden, sind die Original-Danksagungen zitiert.

Licence Renewed: »I would like, especially, to thank the Board of Directors of Glidrose Publications Ltd, the owners of the James Bond literary copyright, for asking me to undertake the somewhat daunting task of picking up where Mr Ian Fleming left off, and transporting 007 into the 1980s. In particular, my thanks to Mr Dennis Joss and Mr Peter Janson-Smith; also to H.R.F.K., who acted as the original ›Go-Between‹. We have become so used to James Bond gadgets which boggle the mind that I would like to point out to any unbelievers that all the ›hardware‹ used by Mr Bond in this story is genuine. Everything provided by Q Branch and carried by Bond – even the modifications to Mr Bond's Saab – is obtainable on either the open, or clandestine, markets. For assistance in seeking details about such equipment I am especially indebted to Communication Control Systems Ltd and, more particularly, to the delicious Ms Jo Ann O'Neill and the redoubtable Sidney. As for the inventions of Anton Murik, Laird of Murcaldy, only time will tell. 1981, JOHN GARDNER«

Icebreaker: »I would like to thank those who gave invaluable assistance in the preparation of this book. First, to my good friends Erik Carlsson and Simo Lampinen who put up with me in the Arctic Circle. To John Edwards who suggested that I go to Finland, and made it possible. To Ian Adcock who did not lose his temper, but remained placid, when, during a cross-country ride in northern Finland – in early February 1982 – I took him, not once, but three times, into snowdrifts. My thanks also to that diplomat among Finnish gentlemen, Bernhard Flander, who did the same thing to me in a slightly more embarrassing place – right on the Finnish-Russian border. We both thank the Finnish Army for pulling us out. Acknowledgements would not be complete without reference to Philip Hall who has given me much support throughout. 1983, JOHN GARDNER«

Zero Minus Ten: »The author wishes to thank the following individuals and organizations for their help in the writing of this book. In the U.S. and Canada – Robert Coats; Susan Elder and Invacare; Dr. Ed Fugger and Fairfax CryoBank; James Goodner; Kathleen Hamilton and Jaguar Cars; Dan Harvey; Ambassador Namik Korhan; Stephen McKelvain and Interarms; James McMahon; Page Nordstrom and Chuy's Restaurant; Charles Plante; Doug Redenius; David A. Reinhardt; Moana Re Robertson; Gary Rosenfeld; Thomas J. Savvides and National Travel Service, Inc.; Dan Workman; and my wonderful wife Randi. In the UK – Carolyn Caughey; Peter Janson-Smith; Lucy Oliver; Fergus Pollock (for the Jaguar design); Corinne B. Turner; Elaine Wiltshire; and the Heirs of the late Ian

Lancaster Fleming. In Greece – Casino Au Mont Parnes; C. Dino Vondjidis and the Hotel Grande Bretagne. In Cyprus – Zebra Basaran; Ambassador Kenneth Brill; Louis Travel Service; Valerie Mawdsley; Christina Mita; Ashley Spencer, Captain Sean Tully and the Sovereign Base Areas Administration A very special thanks to Panos Sambrakos, my guide in Greece, for the initial Inspiration.«

Der Morgen stirbt nie: »Besonderen Dank an Barbara Broccoli, Michael G. Wilson, John Parkinson und Meg Simmonds von EON Productions; Elizabeth Beier, Carolyn Caughey, Dan Harvey, James McMahon, David A. Reinhardt, Corinne B. Turner und Mike Vincitore.«

Countdown: »Der Autor möchte sich bei folgenden Personen und Organisationen für ihre Hilfe bedanken. In den USA und Kanada: Kevin Chin, Paul F. Dantuono, Sandra Groark, Alexandra Harris, Dan Harvey, Daisy Koh, Joseph Lau, Hen Chen Lee, Charles Plante, Doug Redenius, David A. Reinhardt, Moana Re Robertson, Kathy Tootelian (für die Mah-Jongg-Illustrationen), Mike VanBlaricum, Amanda Wu, Kenneth Yung und bei den Mitarbeitern von Viacom New Media. In Großbritannien: Peter Janson-Smith, Carolyn Caughey, Man Wei Tam, Pradip Patel und Rina Gokani von der Apotheke in Chiswick, Corinne B. Turner, bei den Mitarbeitern von Glidrose Publications Ltd. und den Erben des verstorbenen Ian Lancaster Fleming. In Hongkong und Australien: Sarah Cairns und Henry Ho vom Mandarin Oriental, Terry Foo von der Hongkong and Shanghai Bank, Eric Lockeyear, Mark Bowles, Peter IP Paujuk von der Royal Hong Kong Police, Marg Mason vom Touristen-Informationsbüro in Kalgoorlie-Boulder, Jacqueline L.S. Ng, James Pickard, Jeanie Wong und Stephen Wong vom Tourismusverband Hongkong. Besonderer Dank gilt der Royal Hong Kong Police für ihre Genehmigung, Material aus dem Buch Triad Societies in Hong Kong von W. P. Morgan verwenden zu dürfen (Government Press, 1960).

Anmerkung des Autors: Die in Kapitel sieben beschriebene Architektur und Innenausstattung der Hongkong and Shanghai Bank entspricht der Wirklichkeit. Die in diesem Buch beschriebenen Ereignisse sind jedoch frei erfunden, da es aufgrund des modernen Sicherheitssystems der Bank gar nicht erst zu einem solchen Szenario kommen könnte. Auch das Unternehmen EurAsia Enterprises Ltd. ist erfunden und soll keinerlei Assoziationen zu existierenden Handels- und Schifffahrtsgesellschaften wecken. Der Ort, an dem die Übergabezeremonie stattfinden sollte, stand zu dem Zeitpunkt, als ich dieses Buch geschrieben habe, noch nicht fest. (China hatte noch nicht einmal einer gemeinsamen Zeremonie zugestimmt!) Dass meine Wahl auf den Statue Square gefallen ist, hängt mit der historischen Bedeutung und der Lage dieses Platzes zusammen sowie mit Vermutungen von Freunden in Hongkong.«

Tod auf Zypern: »Der Autor dankt den folgenden Menschen, Unternehmen und Organisationen für ihre Hilfe beim Schreiben dieses Buchs. In den Vereinigten Staaten und Kanada: Robert Coats; Susan Elder und Invacare; Dr. Ed Fugger und der Fairfax CryoBank; James Goodner; Kathleen Hamilton und Jaguar Cars; Dan Harvey; Botschafter Namik Korhan; Stephen McKelvain und Interarms; James McMahon; Page Nordstrom und dem Chuy's Restaurant; Charles Plante; Douf Redenius, David A. Reinhard; Moana Re Robertson; Gary Rosenfeld; Thomas J. Savvides und dem National Travel Service, Inc.; Dan Workman und meiner wundervollen Frau Randi. Im Vereinigten Königreich: Carolyn Caughey; Peter Jason-Smith; Lucy Oliver; Fergus Pollock (für das »Design« des Jaguars); Corinne B. Turner; Elaine Whitshire und den Erben von Ian Lancaster Fleming. In Griechenland: Casino Au Mont Parnes; C. Dino Vondjidis und dem Hotel Grande

Bretagne. In Zypern: Zehra Basaran; Botschafter Kenneth Brill; Louis Travel Service; Valerie Mawdsley; Christina Mita; Ashley Spencer, Captain Sean Tully und der Sovereign Base Areas Administration. Mein ganz besonderer Dank gilt Panos Sambrakos, meinem Reiseführer in Griechenland, für die ursprüngliche Inspiration zu diesem Buch.«

Die Welt ist nicht genug: »Für ihre Hilfe bei den Vorarbeiten zu diesem Buch dankt der Autor: Bruce Feirstein, Peter Lamont, James McMahon, Moana Re Robertson.«

High Time To Kill: »The author and publishers wish to thank the following individuals and organisations for their assistance in preparing this book: Belgian Tourist Office (US) – Liliane Opsomer; Carolyn Caughey; Tom Colgan; Dan Harvey; Hospital Erasme (Brussels) – Mrs Laurence Taca; Captain Alexander Howard; Hotel Metropole (Brussels) – Serge Schultz and Chafik Habib; Hotel Yak & Yeti (Kathmandu) – Richard Launay; Jaguar Cars (UK) – Fergus Pollock; Peter Janson-Smith; L‹Alban Chambon Restaurant (Brussels) – Dominique Michou; Madeline Neems; Roger Nowicke; Lucy Oliver; Louisa Parkinson; Police de Bruxelles (Brussels) – Lucien Vermeir; Doug Redenius; Dave Reinhardt; Moana Re Robertson; Dr Patrick Sepulchre; Spymaster Inc. (UK) – Lee Marks; Stoke Poges Golf Club (UK) – Chester King, Ralph Pickering and Nolan Edwards; Sulzer Intermedics Inc. (US) – Julia Hsi Morris; Tor Imports (UK) – Mark Acton; Tourist Information Brussels – An Depraedere; Corinne B. Turner; Elaine Wiltshire; the heirs of Ian Lancaster Fleming; and of course, Randi and Max, without whom, etc ... A special thank you to the Ist Royal Gurkha Rifles for their invaluable assistance, and to Scott McKee, the first American to summit Kangchenjunga via the North Face.«

Doubleshot: »The author and publishers wish to thank the following individuals and organisations for their assistance in the writing of this book. IN GIBRALTAR: Andrew Bonfante; His Excellency the Governor, Sir Richard Luce and Lady Luce; Gail Francis – Gibraltar Tourist Board; Pepe Rosado. IN LONDON: Carolyn Caughey; Peter Janson-Smith; Corinne B. Turner; Zoe Watkins; The Heirs of Ian Lancaster Fleming. IN MOROCCO: Said Arif; Bazid LaHoussine; Philippe Seigle and Reto Grass – Le Royal Mansour Meridien Hotel (Casablanca); Khalil Tass – Magic Carpet Adventures S.A. (Tangier); Rizki Mohamed Zouhir. IN SPAIN: Victoriano Borrego Aguayo; Javier Conde; Felipe Paramio Alonso, Francisco Amorós Bernabeu, Agustin Lomena and Diana Serop – Costa del Sol Patronato de Turismo (Torremolinos); Pepillo de Mälaga – El Ranchito Equestrian School (Torremolinos); Iwan and Margareta Morelius; Antonio Carlos Munoz (›El Cuqui‹); Francisco Rivera Ordonez and Maria Eugenia, Duquesa de Montoro; Jose Antonio Guerrero Pedraza and D. Alberto Urzaiz – Plaza de Toros (Ronda); Pena Juan Breva (Mälaga); Restaurante El Chinitas (Mälaga); Javier Rosenberg and Frederick A. Parody – Marbella Club Hotel (Marbella); José Navio Serrano – Parador de Ronda Hotel (Ronda). IN THE U.S.: Paul Baack; Tom Colgan; Paul F. Dantuono; EC Tours; Sandy Groark – Bannockburn Travel (Chicago); James McMahon; Moana Re Robertson; Gary Rosenfeld; Dr Michael Sergeant; Patricia Winn – Tourist Office of Spain (Chicago).«

Never Dream Of Dying: »The author and publisher wish to thank the following individuals and organisations in the preparation of this book. IN CORSICA: Antenne Médicale d'Urgence (Calvi); Astalla Taverne (Calvi); Jean Philippe Di Grazia – Agence du Tourisme de la Corse; Le Goulet Restaurant (Bonifacio). IN LONDON: Carolyn Caughey; Samantha Evans; Peter Janson-Smith; Corinne Turner; Zoë Watkins; the heirs of the late Ian Lancaster Fleming. IN MONACO: William Ray – Casino de Monte Carlo. IN PARIS: Blandine Bideau – France Télévision; Pascal Boissel – Le Grand Hotel Inter-Continental; François-Xavier Busnel; Kevin Collette; Le Petit Mâchon Restaurant; Laurent Perriot; Daniel Pont – Musée de la Police. IN NICE: Christian Duc – Riviera Studios; Sandra Jurinic – Office du Tourisme et des Congrès; Palais Maeterlinck; Pierre Rodiac. IN THE US: Paul Baack; Gaz Cooper; Paul F. Dantuono; Fountain Powerboats; Dr Ira Garoon; Dr Rob Gerowitz; Isabelle Grasset-Lapiere – French Government Tourist Office; Sandy Groark – Bannockburn Travel; Tylyn John; David Knox; James McMahon; Gary Rosenfeld; and my wonderful wife Randi.«

The Man With The Red Tattoo: »The author and publishers would like to thank the following individuals and organisations for their help in the preparation of this book: In the US and Canada: Paul Baack; Claude Berman; Tom Colgan; Contra Costa Mosquito and Vector Control District (Concord, CA): Steve Schutz; John Heaton; Imperial Hotel Tokyo (Chicago): Walter Hladko; Japan Airlines (Chicago): Yasuharu Noda, Toshinara Akita and Otoya Yurugi; Japan National Tourist Organisation (Chicago): Yasutake Tsukamoto, Masahiro Iwatsuki, Risa Sekiguchi and John Ventrella; Lawrence Keller; Prince Hotels Japan (Chicago): Yasuko Machida-Chang; Doug Redenius; David Reinhardt; My wife Randi and my son Max. In Japan: The Ainu Museum (Shiraoi): Ikuo Yamamaru, Miyuki Muraki and Shigeru Funahashi; Tadao Ando; Aomori JR Rail Station: Meiji Araya, Yoshio Kuroda and Yoshiki Tamura; Aomori Prefectural Government: Takashi Okawara, Yutaka Ogasawara, Yoshiko Abo and Kerianne Panos; Bear Park (Noboribetsu): Genzo Kawakami and Naoko Maeda; Christopher Belton; Benesse House and Benesse Corporation: Soichiro Fukutake, Reiko Fukutake, Yuji Akimoto, Ryoji Kasahara, Kayo Tokuda and Yukiko Tanaka; Dai-ichi Takimotokan (Noboribetsu): Tomoko Okumura; Don Juan Men‹s Club (Tokyo): Keita Ono and ›Rei‹; Imperial Hotel Tokyo: Mari Miyazaki, Hideya Sadayasu and Yohkoh Sato; Japan National Tourist Organisation (Tokyo): Hideaki Mukaiyama, Mariko Tatsumi, Masaki Hirata, Yoshitaka Hara and Isao Yoshiike; Kabuki-za Theater: Munehiro Matsumoto and Simon Yoshizumi; Yoshiko Kitanishi and family; Mie Hårna; Glen A. Hüll Hokkaido Prefectural Government: Masaaki Hirano, Rie Toyama and Seiji Miura; Reiko Ishizaki; Yoshihisa Nakayama; Randy Rice; Sapporo Prince Hotel: Taniguchi Akihiko and Murakami Yoshiki; Seikan Tunnel Museum and Seikan Tunnel: Hiromitsu Hamaya, Kazuhiro Horiba, Masahiro Ichijo, Mitsugu Tamai and Hiroshi Inayama; Takanawa Prince Hotel/Sakura Tower (Tokyo): Yusuke Watanabe, Kajiwara Satoshi and Hiroshi Moriyama; Tokyo Convention and Visitors Bureau: Naotaka Odake, Yasuyuki Yabuki, Yuka Takahashi and Koichi Hagiwara; Yayoi Torikai; Akiko Wakabayashi. In the UK: Carolyn Caughey; Hillingdon and Uxbridge Coroner's Office: Bob Greenwell; Ian Fleming (Glidrose) Publications Ltd; and, as always, the heirs of Ian Lancaster Fleming. A special thank you to the Japan National Tourist Organisation for their generous contributions to the making of this book, and to James McMahon for being my ›Richard Hughes‹ while in Japan.«

Silverfin: »My thanks to Kate Jones for thinking of me, everyone at Ian Fleming Publications Ltd for trusting me, but most of all to Ian Fleming, without whom none of this would be here.«

Bloodfever: »Thanks to Michael Meredith and Nick Baker at Eton for all their help.«)

DANKSAGUNGEN (oder besser: Werbepartner)
Werbepartner sind für James-Bond-Filme ganz besonders wichtig. Sie liefern einen Großteil des Geldes, mit dem ein Film produziert wird – zumindest bei den neueren Bond-Filmen ist das der Fall. Man sieht

das vor allem beim ↗Product Placement oder bei gegenseitiger Werbung, wie sie beispielsweise ↗BMW bei ↗*GoldenEye* (1995), ↗*Der Morgen stirbt nie* (1997) und ↗*Die Welt ist nicht genug* (1999) dem Publikum vorsetzte. Der Autohersteller warb in seinen Werbespots für den Film, und im Film tauchte ein entsprechendes Fahrzeug auf. Neben Product Placement erscheinen Firmennamen auch oft im Abspann. 007s Werbepartner sind nicht zu zählen. Es gibt weltweit Tausende von Lizenznehmern. Die wichtigsten Firmen und Organisationen von 1973 bis 1995, mit denen kooperiert wurde, sind:

Organisationen/Personen: Police Department, International Airport of New Orleans, National Aeronautics and Space Administration, U.S. Air Force, U.S. Marine Corps, Nationalparkbehörde Brasilien, Regierung von Argentinien, Flughafen von Paris, Fremdenverkehrsministerium und Regierung der Bahamas, Griechisches nationales Fremdenverkehrsbüro und Kulturministerium, S.M. König Hassan II, Militär- und Zivilbehörden von Marokko, Regierung von Gibraltar, Verteidigungsministerium von London, Provinz Kärnten, Einwohner von Weißensee, Behördenvertreter und Einwohner der Lower Keys (Florida), United States Küstenwache, Baron Enrico di Portanova, französisches Verteidigungsministerium, Kapitän und Crew der Fregatte »La Fayette«, Marine Corps Security Force Company, Puerto Rico National Guard, Einwohner von St. Petersburg, Fürstentum Monaco, The Key West Chamber of Commerce, Menschen und Regierung von Mexiko, französische Marine.

Firmen: Chrevrolet Motor Division-General Motors Corp., Glastron Boat Company, Evinrudo Motors, Harley Davidson Motor Company Inc., Budget Rent-A-Car Inc., A.M.F. Inc., Panasonic, Visi-Tel Corporation, Exotic Cars by Dunham Coach of New York, Pan American World Airways, Rolex Inc., Pulsar, The Time Computer, Rockwell International Space Division, Florida State Film Commission, Glastron Boat Company, Seiko Watches, Bollinger Champagne, Air France, Seven Up, Marlboro, Christian Dior, Canon Camera, British Airways, Varig Airways, Lotus Cars, S.A. Automobiles Citroen, Mitsui Yamaha UK, Osel Mantis, Oceaneering International Services, Scubapro Diving Equipment, Perry Oceanographics, Normalair-Garrett Dive Helmets, Siko Time (UK), Philips Industries, Olin Skis, Tyrolia Bindings, Garamont Boots, Jewelwater Buggies, North Thames Gas Board, Aston Martin Lagonda Limited, Audi AG, Bollinger Champagne, Cartier, Philips Electronics, The Florida Film Bureau, John J. Perry Inc., Submersible Systems Technology Inc., Cigarette Racing Team Inc., Aerospatiale, Kenworth Truck Company, Philips Electronics, Furuno U.S.A. Inc., Dacor Corporation, Mappin & Webb, Eurocopter für den Tiger-Helikopter, The Puerto Rico Film Commission, die Arecibo-Sternwarte, BMW N.A., Nene-Valley-Bahn, Monaco Boat Service, Cantieri Riva SpA, Ferrari SpA Modena, Rosso Corsa Milano, IBM, Cagiva Motorcycles SpA, Air-Glaciers SA

DANKWAERTS (Romanfigur)

↗Vallance lässt im Buch ↗*Diamantenfieber* nach Dankwaerts schicken. Der Mann soll zusammen mit 007 den Geschäftsführer des ↗»Hauses der Diamanten« ↗Rufus B. Saye aufsuchen. Dankwaerts ist Vallances Sekretär. Er hat lichtes Haar, eine blasse Gesichtsfarbe und trägt eine Brille.

DANSEY (Romanfigur)

Der ehemalige Leiter der ↗Station T holte ↗Drako Kerim ins Spionagegeschäft. Im Roman ↗*Liebesgrüße aus Moskau* wird beschrieben, dass Kerim von Major Dansey die Station T übernommen habe.

DANTES INFERNO

Die vielen Codewörter und Decknamen, die im Buch ↗*Sieg oder stirb, Mr. Bond* genannt werden, stammen, wie 007 richtig feststellt, aus Dantes *Inferno* in der *Göttlichen Komödie*. Bond erinnert sich an die verschiedenen Charaktere in den Zeilen: »Katzenbuckel, Scharlachhahn, Hundsfratz, Drachennase! Sudelschnauzbart führe sie, Zehne sollen's sein: Krallhund, Schlappschwing, Borstenvieh, Fliegaas, Hakenschwein!«. Einige dieser Figuren sind in der Hölle beschäftigt, wo sie die Seelen quälen.

DANVERS (Romanfiguren)

Lady und Lord Danvers teilen in ↗ *Casino Royale* mit James Bond und ↗ Le Chiffre den Spieltisch, als es zur entscheidenden Partie zwischen Gut und Böse kommt. Lord Danvers sitzt auf Platz 9 und hat sein Geld vermutlich von seiner reichen amerikanischen Frau. Er wirkt als Engländer »zu weich«. Lady Danvers ist auf Platz 3. Ihr Mund ist vampirartig. James Bond sieht in dem nervös spielenden Ehepaar das erste Opfer des Abends.

DAPHNE (Romanfigur)

Daphne arbeitet in ↗ *Sieg oder stirb, Mr. Bond* für ↗ Clover Pennington und somit für die terroristische Organisation ↗ BAST. Sie stirbt an Bord der ↗ Invincible durch einen Genickbruch. Bond geht so unbarmherzig gegen die Frau vor, um ↗ Bush, ↗ Thatcher und ↗ Gorbatschow zu retten.

DAPHNIS (Vogel)

↗ Fahnenschwanz

DARE, HEATHER (Romanfigur)

James Bond sucht im Roman ↗ *Nichts geht mehr, Mr. Bond* den Kosmetiksalon von Heather Dare auf. Diese Dame ist eine von drei noch lebenden Personen, bei denen der Geheimdienstchef ↗ »M« vermutet, dass sie bald eliminiert werden sollen. 007 wird zum Schutz von Heather Dare abgestellt. Er weiß, dass die Frau als ↗ Emily gearbeitet hat und nun in Lebensgefahr schwebt. Der Name der Frau ist eine Idee des Geheimdienstes, der sie mit einer anderen Identität vor feindlichen Agenten schützen soll. Man hat einfach den deutschen Begriff »wagen« übersetzt. Seitdem leitet Heather Dare alias ↗ Irma Wagen den Schönheitssalon ↗ »Wagen Sie es, schick zu sein«. Bond hatte sie bei der Durchführung der ↗ Operation Seefalke bereits kennen gelernt. Er erinnert sich an eine ängstliche Frau in Jeans und Pullover. Als er Dare nun zum zweiten Mal gegenübersteht, stellt er fest, dass ihre Tarnung vollkommen ist: »Sie war eine sehr selbstsichere, attraktive Dame mit langem dunklem Haar, einer großen, schlanken Figur und wohlgeformten Beinen.« Bond bemerkt, dass ihre Eleganz zum Schönheitssalon und zu ihrem Geschäft gehört und dass sie sehr zärtlich und etwas eigensinnig ist.

Nachdem James Bond und Heather Dare in Gardners Buch *Nichts geht mehr, Mr. Bond* vor den Killern flüchten konnten, erfährt 007 mehr über die Frau, die als Emily auf ↗ Oberst Maxim Smolin angesetzt worden war. Zu diesem Zeitpunkt war Smolin stellvertretender Kommandeur der ↗ HVA. Heathers Vater war ebenso wie der von ↗ Jungle ein deutscher Offizier in der Kaserne Karlshorst, in der sowohl der Geheimdienst als auch das sowjetische Hauptquartier für Ostdeutschland untergebracht waren. Am Ende des Buches stellt sich heraus, dass Heather Dare eine feindliche Agentin ist. Sie tötet ↗ Richard Han mit zwei Kopfschüssen. Sie erzählt 007, sie sei schon seit frühester Jugend im ↗ KGB. ↗ »Operation Sahnetorte« war also vom ersten Augenblick an missglückt. Kurz bevor die Frau Bond töten kann, gelingt es ihm, ihr das Rückgrat mit seinem Knie zu brechen. Mit einem Gnadenschuss, den auch ↗ Felix Leiter für ↗ Nena Bismarquer in ↗ *Moment mal, Mr. Bond* übrig hatte, tötet 007 seine Gegnerin durch einen gezielten Kopfschuss.

DA RICCI, BEATRICE MARIA (Romanfigur)
↗ John Gardner beschreibt Beatrice Maria da Ricci in ↗ *Sieg oder stirb, Mr. Bond* als Frau mit langen, prächtigen Beinen an einem exquisiten Körper. James Bond lernt da Ricci in der ↗ Villa Capricciani auf Ischia im Golf von Neapel kennen. Zuerst spricht sie noch mit italienischem Akzent, als Bond jedoch erfährt, dass sie für den Geheimdienst arbeitet, ist dieser verschwunden. Als 007 Beatrice ansieht, funkeln ihre dunklen Augen über einer Stupsnase, die im frech wirkenden Gesicht sitzt. Die erotische Frau mit dem breiten Mund trägt ihr schwarzes Haar zum Teil in Locken. Über die Familie der Frau erfährt Bond, dass da Riccis Vater beim italienischen Geheimdienst arbeitete. Seine Ehe mit Beatrices Mutter, einer Engländerin, scheiterte und Beatrice wuchs bei ihrer alkoholabhängigen Mutter auf. Über ihre Schulbildung sagt Beatrice: »Zur Schule gegangen in Benenden und Lady Margaret Hall, Oxford«. Bonds neue Kollegin studierte neun Sprachen und promovierte in Computerwissenschaften. Diese Qualifikationen verschafften ihr einen Platz in »Santa's Grotto«. Als eine Autobombe explodiert, denkt 007, da Ricci sei tot. ↗ Clover Pennington behauptet, sie als ↗ Katze entlarvt zu haben, doch genau das Gegenteil ist der Fall: Pennington ist die Katze von ↗ BAST, und da Ricci hat ihren Tod nur vorgetäuscht. Die Figur taucht auch im Roman ↗ *Cold* auf. Hier arbeitet sie mit 007 an der ↗ Operation Frostschutz.

DARIO (Romanfigur/Filmcharakter)
Dario und ↗ Braun sind im Roman und auch im Film ↗ *Lizenz zum Töten* zwei von ↗ Franz Sanchez sorgfältig ausgewählte Leibwächter. Sie arbeiten unter anderem mit ↗ Perez zusammen und erledigen die schmutzigen Aufgaben für ihren Chef. Dario ist ein schmieriger, äußerst unsympathischer Mann. Nachdem Bond Dario im Roman ↗ *Lizenz zum Töten* einmal kurz vor der Festnahme von Franz Sanchez gesehen hat, trifft er erst wieder auf ihn, als er ↗ Pam Bouvier retten will. Vor seinem Job für Sanchez war Dario bei den Kontras, wo er jedoch gefeuert wurde. Pam meint, ein Typ wie Dario reiße Fliegen zum Spaß die Flügel aus. Er benutzt vornehmlich eine ↗ Magnum 375, mit der er auch einmal auf Pam Bouvier schießt. Als der Killer James Bond töten will, fällt er in eine Heroinzerhäckselungsmaschine. ↗ Benicio Del Toro spielt die Rolle des Dario.

DARJEELING
Siehe Inhaltsangabe ↗ *High Time To Kill*

DARK, DANIEL (Spezialeffekte/Studioleitung)
Für die Spezialeffekte bei den Unterwasseraufnahmen in ↗ *Lizenz zum Töten* (1989) engagierte man Daniel Dark. Er war auch Studioleiter bei der Produktion von ↗ *GoldenEye* (1995)

DARSTELLER IN JAMES-BOND-FILMEN
Casino Royale (1954): (James Bond) Barry Nelson / (Le Chiffre) Peter Lorre / (Valerie Mathis) Linda Christian / (Clarence Leiter) Michael Pate / (»Chef de partie«) Eugene Borden / (Croupier) Jean De Val / (Le Chiffres Handlanger Nr. 1) Kurt Katch / (Le Chiffres Handlanger Nr. 2) Gene Roth
James Bond 007 jagt Dr. No (1962): (James Bond 007) Sean Connery / (Dr. No) Joseph Wiseman / (Honey Rider) Ursula Andress / (Felix Leiter) Jack Lord / (M) Bernard Lee / (Professor Dent) Anthony Dawson / (Quarrel) John Kitzmiller / (Miss Taro) Zena Marshall / (Sylvia Trench) Eunice Gayson / (Miss Moneypenny) Lois Maxwell / (Puss-Feller) Lester Prendergast / (Strangways) Tim Moxon / (Fotografin) Margaret Lewars / (Jones) Reginald Carter / (Major Boothroyd) Peter Burton / (Duff) William Foster-Davis / (Playdell-Smith) Louis Blaazer / (Rose) Michele Mok / (Lily) Yvonne Shima / (Mary) Dolores Keator / (Die Byron Lee Band) Die Byron Lee Band / (Potter) Burton / (Stewardess) Margaret Ellery

Liebesgrüße aus Moskau (1963): (James Bond) Sean Connery / (Tatjana Romanowa) Daniela Bianchi / (Kerim Bey) Pedro Armendariz / (Rosa Klebb) Lotta Lenya / (Grant) Robert Shaw / (M) Bernard Lee / (Sylvia Trench) Eunice Gayson / (Morzeny) Walter Gotell / (Vavra) Francis de Wolff / (Zugschaffner) George Pastell / (Kerims Freundin) Nadja Regin / (Miss Moneypenny) Lois Maxwell / (Vida) Aliza Gur / (Tänzerin im Zigeunerlager) Leila / (Zora) Martine Beswick / (Kronsteen) Vladek Sheybal / (ausländischer Agent [Bulgare]) Hasan Ceylan / (Krilencu) Fred Haggerty / (Kerims Sohn/Fahrer) Neville Jason / (Benz) Peter Bayliss / (Mehmet) Nushet Ataer / (Rhoda) Peter Brayham / (Boothroyd) Desmond Llewelyn / (Masseuse) Jan Williams / (McAdams) Peter Madden / (Reiseführer Hagia Sophia) Muhammat Kohen / (Ernst Stavro Blofeld) Anthony Dawson / (Stimme von Blofeld) Eric Pohlman / (Nash) Bill Hill / (Hubschrauberpilot) John Crewdson

Goldfinger (1964): (James Bond) Sean Connery / (Pussy Galore) Honor Blackman / (Auric Goldfinger) Gert Fröbe / (Jill Masterson) Shirley Eaton / (Tilly Masterson) Tania Mallet / (Oddjob) Harold Sakata / (M) Bernard Lee / (Felix Leiter) Cec Linder / (Miss Moneypenny) Lois Maxwell / (Q) Desmond Llewelyn / (Solo) Martin Benson / (Simmons) Austin Willis / (Midnight) Bill Nagy / (Capungo) Alf Joint / (Bonita) Nadja Regin / (Sierra) Raymond Young / (Colonel Smithers) Richard Vernon / (Brunskill) Denis Cowles / (Kisch) Michael Mellinger / (Johnny) Peter Cramwell / (Mai Lin – Goldfingers Stewardess) Mai Lei / (Sydney, Galores Kopilotin) Tricia Muller / (Tor-Oma/Harmlose Dame) Varley Thomas / (Ling) Bert Kwouk / (Strap) Hai Galili / (Kumpan) Lenny Robin / (Dink) Margaret Nolan / (Truppenführer) John McLaren / (Atomexperte) Robert Macleod / (Blacking) Victor Brooks / (Hawker) Gerry Dugan / (Dienstmädchen) Janette Rowsell

Feuerball (1965): (James Bond) Sean Connery / (Domino Derval) Claudine Auger / (Emilio Largo) Adolf Celi / (Fiona Volpe) Luciana Paluzzi / (Felix Leiter) Rik Van Nutter / (M) Bernhard Lee / (Paula Caplan) Martine Beswick / (Graf Lippe) Guy Doleman / (Miss Moneypenny) Lois Maxwell / (Q) Desmond Llewelyn / (Patricia Fearing) Molly Peters / (Außenminister) Roland Culver / (Pinder) Earl Cameron / (Francois Derval) Paul Stassino / (Jack Boivard [auch Jacques Boitier]) Bob Simmons / (Jack Boivard als Frau) Rose Alba / (Vargas) Philip Locke / (Kutz) George Pravda / (Janni) Michael Brennan / (Gruppen-Kapitän) Leonard Sachs / (Air Vice Marshall) Edward Underdown / (Kenniston) Reginald Beckwith / (U.S. Air Force Officer) Charles Russhon / (Quirt) Bill Cummings / (Domino-Double) Evelyn Boren / (Bond-Double) Frank Cousins / (La Porte) Mitsouko / (Hydrofoil Kapitän/Bond-Double) Harold Sanderson / (Blofelds Stimme) Joseph Wiseman / (Pure) Suzie Kendall

Casino Royale (1966): (Sir James Bond) David Niven / (Evelyn Tremble) Peter Sellers / (M) John Huston / (Le Chiffre) Orson Welles / (Vesper Lynd) Ursula Andress / (Miss Goodthighs) Jacqueline Bisset / (Cooper) Terence Cooper / (Detainer) Daliah Lavi / (Mata Bond) Joanna Pettet / (Jimmy Bond) Woody Allen / (Mimi) Deborah Kerr / (Ransome) William Holden / (Fordyce) John Wells / (Le Grand) Charles Boyer / (Smernov) Kurt Kasznar / (George Raft) George Raft / (Legionär) Jean-Paul Belmondo / (Moneypenny) Barbara Bouchet / (Buttercup/Thermometerchen) Angela Scoular / (Eliza) Gabriella Licudi / (Heather) Tracey Crisp / (Frau Hoffner) Anna Quayle / (Headmistress) Hermione Baddeley / (Teedame) Mona Washbourne / (Peg) Elaine Taylor / (Meg) Alexandro Bastedo /˙(Küsser) Peter Burton / (Hadlley) Derek Nimmo / (Casinoangestellter) Fred Haggerty / (Pob [Paule]) Ronnie Corbett / (Hones) Colin Gordon / (Taxifahrer / Carleton Towers) Bernard Cribbins / (Kasino-

Portier/MI5-Agent) John Bluthal / (Fang Leader) Tracy Reed / (Q) Geoffrey Bayldon / (Tempelwächter) Milton Reid / (Mathis) Duncan MacRae / (Kassierer) Graham Stark / (britischer Offizier) Richard Wallis / (Lt. Chiffres Vertreter) Vladek Sheybal / (chinesischer General) Burt Kwouk / (Russe) Bill Cummings / (Russe 2) Joseph Furst / (Amerikaner) Hal Gallali / (Wache) Marilyn Rickards / (Wache 2) Jeanne Roland / (Monk) John Hollis

Man lebt nur zweimal (1967): (James Bond) Sean Connery / (Aki) Akiko Wakabayashi / (Tiger Tanaka) Tetsuro Tamba / (Kissy Suzuki) Mie Hama / (Osato) Teru Shimada / (Helga Brandt) Karin Dor / (Ernst Stavro Blofeld) Donald Pleasence / (M) Bernard Lee / (Miss Moneypenny) Lois Maxwell / (Q) Desmond Llewelyn / (Henderson) Charles Gray / (Ling) Tsai Chin / (Amerikanischer Vorsitzender) Alexander Knox / (Assistent des Vorsitzenden) Robert Hutton / (Britischer Polizeioffizier 1) Patrick Jordan / (Britischer Polizeioffizier 2) Anthony Ainley / (SPECTRE. Nr. 4) Michael Chow / (SPECTRE. Nr. 3) Burt Kwouk / (Fahrer) Peter Fanere Maivia / (Hans) Ronald Rich / (Giftmörder im Schlafzimmer) David Toguri / (Masseuse) Jeanne Roland / (U-Boot-Kapitän) John Stone / (Sadoyanama) Sadoyanama / (1. amerikanischer Astronaut Nr. 1) Norman Jones / (1. amerikanischer Astronaut Nr. 2) Paul Carson / (2. amerikanischer Astronaut Nr. 1) Bill Mitchell / (2. amerikanischer Astronaut Nr. 2) George Roubicek / (1. russischer Kosmonaut) Laurence Herder / (2. russischer Kosmonaut) Richard Graydon / (Radarüberwacher) Ed Bishop / (Hawaii-Kontrolle) Shane Rimmer / (Helga-Brandt-Double) Jenny Le Free / (Russischer Diplomat) George Murcell / (Amerikanischer Diplomat) David Bauer / (Sekretärin) Robin Bailey / (Russischer Funker) Richard Marner / (Amerikanischer Präsident) Alexander Knox

Im Geheimdienst Ihrer Majestät (1969): (James Bond) George Lazenby / (Tracy) Diana Rigg / (Ernst Stavro Blofeld) Telly Savalas / (Irma Bunt) Ilse Steppat / (Draco) Gabriele Ferzetti / (Grunther) Yuri Borienko / (Campbell) Bernard Horsfall / (Hilary Bray) George Baker / (M) Bernard Lee / (Miss Moneypenny) Lois Maxwell / (Q) Desmond Llewelyn / Todesengel: (Ruby) Angela Scoular / (Nancy) Catherine von Schell / (amerikanischer Todesengel) Dani Sheridan / (skandinavischer Todesengel) Julie Ege / (englischer Todesengel) Joanna Lumley / (chinesischer Todesengel) Mona Chong / (australischer Todesengel) Anoushka [auch: Anouska] Hempel. (deutscher Todesengel) Ingrid Back / (italienischer Todesengel) Jenny Hanley / (indischer Todesengel) Zara / (jamaikanischer Todesengel) Sylvana Henrique [auch: Henriques] (israelischer Todesengel) / Helena Ronee; Dracos Männer: (Toussaint) Geoffrey Cheshire / (Che Che) Irvin Allen / (Raphael) Terry Mountain / (Braun) George Cooper / (Fahrer) Reg Harding / (Gumbold) James Bree / (Olympe) Virginia North / (Manuel) Brian Worth / (amerikanischer Kasinogast) Bessie Love / (Griechischer Tycoon im Kasino) Steve Plytas / (Chef de Jeu) Robert Rietty / (amerikanischer Kasinogast) Elliott Sullivan / (Chef de Jeu Huissier) Martin Leyder / (Hausmeister) Norman McGlen / (Gepäckträger) Dudley Jones / (Dracos Helikopterpilot) John Crewdson / (Rezeption Piz Gloria) Josef Vasa / Blofelds Männer: (Felsen) Leslie »Les« Crawford / (Blofelds Mann) Thomas Gould / (Erster Wächter auf dem Piz Gloria) Sam Ammon / (Zweiter Wächter auf dem Piz Gloria) David Brandon / (Dracos Fahrer) Richard Graydon / (Hilary Brays Helfer) Brian Grellis / (Blofelds Fahrer) Reg Harding / (Mann, der sich im Universal Export-Schild spiegelt) Peter Hunt / (Blofelds Mann, der von Bond mit dem Skistock gewürgt wird) George Leech / (Chef de Jeu Huissier) Martin Leyder [andere Quellen: Leyden] / (Hausmeister, der das Lied »Goldfinger« pfeift) Norman McGlen / (Klett, Dracos Mann [andere

Quellen: Kleff]) Bill Morgan / (Dritter Wächter Piz Gloria) Willy Oehrli / (Kasinogast) Lenny Rabin / (vierter Wächter Piz Gloria) Andreas Schlunegger / (fünfte Wache Piz Gloria) Hans Schlunegger / (Rezeption Piz Gloria) Josef Vasa [andere Quellen: Joseph] / (sechste Wache Piz Gloria) Rudi Wehren / (siebte Wache Piz Gloria) Stefan Zürcher / (achte Wache Piz Gloria) Bruno Zyrd / (Hammond) John Gay

Diamantenfieber (1971): (James Bond) Sean Connery / (Tiffany Case) Jill St. John / (Ernst Stavro Blofeld) Charles Gray / (Plenty O'Toole) Lana Wood / (Williard Whyte) Jimmy Dean / (Burt Saxby) Bruce Cabot / (M) Bernard Lee / (Miss Moneypenny) Lois Maxwell / (Mr. Wint) Bruce Glover / (Mr. Kidd) Putter Smith / (Q) Desmond Llewelyn / (Felix Leiter) Norman Burton / (Dr. Metz) Joseph Furst / (Gangster Nr. 1) Marc Lawrence / (Tom) Shane Rimmer / (Klaus Hergersheimer) Ed Bishop / (Slumber) David Bauer / (Shady Tree) Leonard Barr / (Klopfer) Trina Parks (Bambi) Lola Larson (nicht wie oft behauptet Donna Garret!) / (Mrs. Whistler) Margaret Lacey / (Peter Franks) Joe Robinson / (Arzt) David de Keyser / (Donald Munger) Lawrence Naismith / (Marie) Denise Perrier / (Gangster Nr. 2) Sid Haig / (Gangster Nr. 3/4) Michael Valeute / (Dr. Tynan / Zahnarzt) Henry Rowland / (Maxwell) Burt Metcalf / (Barker) Larry Blake / (Türsteher Tropicana) Nicky Blair / (1. Gehilfe von Metz) Constantin de Goquel / (2. Gehilfe von Metz) Jonos Kurucz / (Einwanderungsoffizier) Clifford Earl / (Agent) Karl Held / (Repräsentant der Fluggesellschaft) John Abineri / (Mann / der Blofelds Identität annehmen will) Max Latimer / (Mondlandschaftsüberwacher) Bill Hutchinson / (Bewacher) Frank Mann / (Donalds Sekretär) Mark Elwes / (»Mann in Fez«) Frank Olegario / (Abschussrampenleiter Vandenburg) David Healy / (Gehilfe in Vandenburg) Gordon Ruttan / (Hausjunge) Brinsley Farde / (Maxie) Ed Call / (Hubschrauberpilot) Raymond Baker / (Junge) Gary Dubin / (Sozialarbeiter) Catherine Dreney / (Mann den Bond auf den Roulettetisch schmeißt – Rollenname: »Mann in Fez«) Frank Olegario / (Craps Dealer) EJ »Tex« Young

Leben und sterben lassen (1973): (James Bond) Roger Moore / (Dr. Kananga/Mr. Big) Yaphet Kotto / (Solitaire) Jane Seymour / (J. W. Pepper) Clifton James / (Tee Hee) Julius W. Harris / (Baron Samedi) Geoffrey Holder / (Felix Leiter) David Hedison / (Rosie Carver) Gloria Hendry / (M) Bernard Lee / (Miss Moneypenny) Lois Maxwell / (Quarrel Junior) Roy Stewart / (Whisper) Earl Jolly Brown / (Adam) Tommy Lane / (Sängerin »Sister Love« im Fillet of Soul) Brenda Arnau / (Harold Strutter) Lon Satton / (Taxifahrer) Arnold Williams / (Bell) Ruth Kempf / (Charlie) Joe Chitwood / (Caruso) Madeline Smith / (Hoher Priester Dambala) Michael Ebbin / (Verkäuferin im Voodoo Shop) Kubi Chaza / (Hamilton) Bob Dix / (Kid – Mörder bei Beerdigung) Thomas Valentine / (Krabbenmann) Don Topping / (Baines) Dennis Edwards / (Fluglehrer Bleeker) Stephen Hendrickson

Der Mann mit dem goldenen Colt (1974): (James Bond) Roger Moore / (Francisco Scaramanga) Christopher Lee / (Mary Goodnight) Britt Ekland / (Andrea) Maud Adams / (Schnick-Schnack) Hervé Villechaize / (J.W. Pepper) Clifton James / (Bill Tanner) Michael Goodliffe / (M) Bernard Lee / (Hip) Soon-Taik Oh / (Moneypenny) Lois Maxwell / (Q) Desmond Llewelyn / (Hai-Fat) Richard Loo / (Rodney) Marc Lawrence / (Lazar) Marne Maitland / (Colthope; auch Colthorpe) James Cossins / (Chula) Chan-Yiu-Lam / (Saida) Carmen Sautoy / (Marine-Leutnant) Michael Osborne / (1. Double R. Moore) Mike Lovatt / (2. Double R. Moore) Claire / (Frazier) Gerald James / (Cowboy im Fun House) Leslie Crawford / (Gibson) Gordon Everett / (Al Capone) Ray Marioni / (Schläger in Beirut) Terence Plummer / (Schläger 2 in Beirut) Rocky Taylor / (Fetter Schläger in Beirut)

George Silver / (Karate-Schüler) Master Toddy / (Kra) Sonny Caldinez / (Cha, Hips Nichte) Joie Vijjiijiva [auch: Joie Pacharintaporn] / (Nara, Hips Nichte) Qui Yuen [auch: Cheung Chuen Nam] / (Chew Mee) Francoise Therry / («Tischbedienung« im Bottoms Up) Keiko Mari [andere Quellen: Wei Wei Wong]

Der Spion, der mich liebte (1977): (James Bond) Roger Moore / (Anya Amasowa) Barbara Bach / (Karl Stromberg) Curd Jürgens / (Beißer) Richard Kiel / (Naomi) Caroline Munro / (M) Bernhard Lee / (Verteidigungsminister) Geoffrey Keen / (General Gogol) Walter Gotell / (Benson) George Baker / (Moneypenny) Lois Maxwell / (Q) Desmond Llewelyn / (Captain Carter) Shane Rimmer / (Commander Talbot) Bryan Marshall / (Sergei Borzov) Michael Billington / (Felicca) Olga Bisera / (Scheich Hossein) Edward de Souza / (Max Kalba) Vernon Dobtcheff / (Empfangsdame) Valerie Leon / (Kapitän der Liparus) Sidney Tafler / (Fekkesh) Nadim Sawalha / (Berghüttenbesitzerin) Sue Vanner / (Rubelvitch) Eva Rueber-Staier / (Admiral Hargreaves [andere Quellen: Harbeaver]) Robert Brown / (Stormbergs Sekretärin) Marilyn Galsworthy / (Sandor) Milton Reid / (Bechmann) Cyril Shaps / (Markovitz) Milo Sperber / (Barmann) Albert Moses / (Kellner in Kalbas Club) Rafiq Anwar / (Arabische Schönheit Nr. 1) Dawn Rodrigues / (Arabische Schönheit Nr. 2) Anika Pavel / (Arabische Schönheit Nr. 3) Jill Goodall / (Die Ägyptische Folklore-Gruppe) Die Ägyptische Folklore-Gruppe / (Anthony Forrest) John Sarbutt / (Garrick Hagon) David Auker / (Ray Evans) Dennis Blanche / (Vincent Marzello) Keith Buckley / (Nicholas Campbell) Keith Morris / (Ray Jewers) Jonathan Bury / (George Malloby) Nick Ellsworth / (Christopher Muncke) Tom Gerrard / (Anthony Pullen) John Salthouse / (Dean Warwick) Kazik Michalski; Strombergs Mannschaft: George Roubicek / Lenny Rabin / Irvin Allen / Yasher Adem / Peter Ensor / Eric Stine / Robert Sheedy / Don Stanton / Stephen Temperley; Mannschaft der U.S.S. Wayne: Shane Rimmer (Captain) / Bob Sherman / Doyle Richmond / Murray Salem / John Truscott / Peter Whitman / Ray Hassett / (Zuschauer bei der Pyramidenshow hinter XXX und Fekkesh) Michael G. Wilson; Mannschaft der HMS Ranger: Bryan Marshall (Captain) / Michael Howarth / Kim Fortune / Barry Andrews / Kevin McNalley / Jeremy Bullock / Sean Bury

Moonraker – streng geheim (1979): (James Bond) Roger Moore / (Holly Goodhead) Lois Chiles / (Hugo Drax) Michael Lonsdale / (Beißer) Richard Kiel / (Corrine Dufour) Corinne Cléry / (M) Bernard Lee / (Manuela) Emily Bolton / (Chang) Toshiro Suga / (blonde Schönheit) Irka Bochenko / (Frederick Gray) Geoffrey Keen / (Moneypenny) Lois Maxwell / (Q) Desmond Llewelyn / (Gogol) Walter Gotell / (Dolly) Blanche Ravalec / (Scott) Michael Marshall / (Drax' Stewardess) Leila Shenna / (Museumsführerin) Anne Lonnberg / (Drax' Pilot) Jean Pierre Castaldi / (Leiter der Einsatzsteuerung) Douglas Lambert / (Konsum-Italiener) Alfie Bass / (Kapitän des Shuttles) Brian Keith / (Pilot der Boing 707) George Birt / (RAF Offizier) Kim Fortune / (Russisches Mädchen) Lizzie Warville / (Drax' Sanitäter) Guy Di Rigo / (Drax' Techniker Nr. 1) Chris Dillinger / (Drax' Techniker Nr. 2) Georges Beller / (Gondoliere) Claude Carliez / (Offizier der Boing 707) Denis Seurat; Drax' Mädchen: Christina Hui / Beatrice Libert / Catherine Serre / Nicaise Jean Louis / Françoise Gayat / Chichinou Kaeppler; Stunt-Team: Claude Carliez / Martin Grace / Richard Graydon / Dorothy Ford / Michel Berreur / Guy Di Rigo / Paul Weston / Daniel Breton / (Drax' Junge) Nicholas Orbez / (Gräfin Lubinski) Catherine Serre / (Victoria Devon) Françoise Gayat / (Empfangsdame bei Venini Glas) Irka Bochenkon / (Toristen bei Bonds Ankunft in Venedig) Albert R. Broccoli / Dana Broccoli und Michael G. Wilson /

(Bootkapitän in Venedig) Michel Berreur / (Mann, der vom Kellner mit Wein übergossen wird) Lewis Gilbert / (Funambulist/Sänger) Johnny Traber / (Flughafensicherheitsbeamter am Metalldetektor) Carlos Kurt / (Hotelmanager in Rio) Peter Howitt

In tödlicher Mission (1981): (James Bond) Roger Moore / (Melina Havelock) Carole Bouquet / (Milos Columbo) Chaim Topol / (Bibi Dahl) Lynn-Holly Johnson / (Aris Kristatos) Julian Glover / (Lisa von Sahm) Cassandra Harris / (Jacoba Brink) Jill Bennett / (Emile Leopold Locque) Michael Gothard / (Sir Timothy Havelock) Jack Hedley / (Iona Havelock) Toby Robins / (Gogol) Walter Gotell / (Moneypenny) Lois Maxwell / (Q) Desmond Llewelyn / (Eric Kriegler) John Wyman / (Frederick Gray) Geoffrey Keen / (Hector Gonzales) Stefan Kalipha / (Luigi Ferrara) John Moreno / (Margaret Thatcher) Janet Brown / (Dennis Thatcher) John Wells / (Bill Tanner) James Villiers / (Smithers) Jeremy Bullock / (Claus) Charles Dance / (Apostis) Jack Klaff / (Mantis Man) Graham Hawkes / (Karageorge) Paul Angelis / (Santos) Alkis Kritikos / (McGregor) William Hoyland / (Bunky) Paul Brooke / (Pfarrer) Fred Bryant / (Nikos) Stag Theodore / (Erster Seelord) Graham Crowden / (Vizeadmiral) Noel Johnson / (Rubelvitch) Eva Rueber-Staier / (Papagei Max – Stimme) Percy Edwards / (Blumenverkäuferin) Robbin Young / (Frau im Kasino) Max Vesterhalt / Poolschönheiten bei Gonzales: Lalla Dean / Evelyn Drogue / Laoura Hadzivageli / Koko / Chai Lee / Kim Mills / Tula / Vanya / Viva / Lizzie Warville / Alison Worth / (Helikopterpilot in der Pre-Title-Sequenz) George Sweeney

Octopussy (1983): (James Bond) Roger Moore / (Octopussy) Maud Adams / (Kamal Khan) Louis Jourdan / (Magda) Kristina Wayborn / (Gobinda) Kabir Bedi / (General Orlov) Steven Berkoff / (Mischka [erster Zwilling]) David Meyer / (Grischka [zweiter Zwilling]) Antony Meyer / (Vijay) Vijay Amritraj / (Q) Desmond Llewelyn / (M) Robert Brown / (General Gogol) Walter Gotell / (Verteidigungsminister / Frederick Gray) Geoffrey Keen / (Gwendoline) Suzanne Jerome / (Midge) Cherry Gillespie / (Sadruddin) Albert Moses / (Jim Fanning) Douglas Wilmer / (009) Andy Bradford / (Moneypenny) Lois Maxwell / (Penelope Smallbone) Michaela Ciavell / (Auktionator) Philip Voss / (U.S. General) Bruce Boa / (U.S. Adjutant) Richard Parmentier / (sowjetischer Vorsitzender) Paul Hardwick / (Kamp) Dermot Crowley / (Lenkin) Peter Porteous / (Rubelvitch) Eva Rueber-Staier / (Zec) Jeremy Bullock / (Bianca) Tina Hudson / (Yo-Yo-Killer) William Derrick / (Clive) Stuart Saunders / (Britischer Botschafter) Patrick Barr / (Borchoi) Gabor Vernon / (Karl) Hugo Bower / (Oberst Toro) Ken Norris / (Mufti) Tony Arjuna / (Bubi) Gertain Klauber / (Schatzl) Brenda Cowling; (Tankwart) David Grahame / (südamerikanischer V.I.P) Brian Cobum / (südamerikanischer Offizier) Michael Halphie / Die Schläger: Ray Charles / Sven Surtees / Michael Moor / Taub Johnny / Ravider Singh Reyett / Peter Edmund / Gurdial Sira; Zirkusangestellte: (Ringmeister) Roberto Germains / (Francisco the Fearless) Richard Graydon / (The Hassani Troupe) The Flying Cherokees: Vera Fossett / Shirley Fossett / Barry Winship / Carol Richter / Josef Richter; Artisten: Suzanne Dando / Teresa Craddock / Kirsten Harrison / Christine Cullers / Lisa Jackman / Jane Aldridge / Christine Gibson / Tracy Llewelyn / Ruth Flynn; Octopussys Girls: Mary Stavin / Carolyn Seaward / Cheryl Anne / Carole Ashby / Jani-z / Julie Martin / Joni Flynn / Julie Barth / Kathy Davies / Helene Hunt / Gillian De Terville / Safira Afzal / Louise King / Tina Robinson / Allison Worth / Janine Andrews / Lynda Knight / (Major Clive) Stuart Saunders / (U.S. Adjutant) Richard Parmentier [auch LeParmentier]

Sag niemals nie (1983): (James Bond) Sean Connery / (Maximilian Largo) Klaus Maria Brandauer / (Ernst Stavro Blofeld)

Max von Sydow / (Fatima Blush) Barbara Carrera / (Domino Petachi) Kim Basinger / (Felix Leiter) Bernie Casey / (Q [auch: Algernon oder Algy]) Alec McCowen / (M) Edward Fox / (Moneypenny) Pamela Salem / (Small-Fawcett) Rowan Atkinson / (Frau, die 007 »an Land zieht«) Valerie Leon / (Kovacs) Milow Kirek / (Lippe) Pat Roach / (Lord Ambrose) Anthony Sharp / (Patricia) Prunella Gee / (Jack Petachi) Gavan O'Herlihy / (Elliott) Ronald Pickup / (Italienischer Minister Nr. 1) Robert Rietty / (Italienischer Minister Nr. 2) Guido Adorni / (Culpepper) Vincent Marzello / (Nummer 5) Christopher Reich / (Captain Pederson) Billy J. Mitchell / (General Miller) Redwood Manning / (Kurt) Anthony Van Laast / (Nicole / 236) Saskia Cohen Tanugi / (Französische Ministerin) Sylvia Marriott / (Rausschmeißer im Kasino) Dan Meaden / (Arzt in Shrublands) Michael Medwin / (Krankenschwester in Shrublands) Lucy Hornak / (Portier in Shrublands) Derek Deadman / (Köchin in Shrublands) Joanna Dickens / (Auktionator) Tony Alleff / (Schiffssteward) Paul Tucker / (Masseuse) Brenda Kempner / (Rezeption in Health Spa) Jill Meager / (Kommunikationsoffizier) John Stephen Hil / (weibliche Geisel) Wendy Leech / (Schiffskapitän) Roy Bowe

Im Angesicht des Todes (1985): (James Bond) Roger Moore / (Max Zorin) Christopher Walken / (Stacey Sutton) Tanya Roberts / (May Day) Grace Jones / (Tibbett) Patrick Macnee / (Scarpine) Patrick Baucheau / (Chuck Lee) David Yip / (Pola Ivanova) Fiona Fullerton / (Bob Conley) Redwood Manning / (Jenny Flex) Alison Doody / (Karl Mortner) Willoughby Gray / (Q) Desmond Llewelyn / (M) Robert Brown / (Moneypenny) Lois Maxwell / (Gogol) Walter Gotell / (Frederick Gray / Verteidigungsminister) Geoffrey Keen / (Achille Aubergine) Jean Rougerie / (Howe) Daniel Benzah / (Klotkoff) Bogdan Koninowski / (Pan Ho) Papillon Soo Soo / (Kimberley Jones) Mary Stavin / (Buttertly Act Compere) Dominique Risbourg / (Pfeiferin) Carole Ashby / (Taiwanesischer Tycoon) Anthony Chin / (Pariser Taxifahrer) Lucien Jerome / (U.S. Police-Captain) Joe Flood / (Auktionator) Gerard Buhr / (Venz) Dolph Lundgren / (Minen-Vorarbeiter) Tony Sibbald / (O' Rourke) Bill Ackridge / (Wache 1) Ron Tarr / (Wache 2) Taylor McAuley / (Wirtschaftsmogul) Peter Ensor / (Helikopterpilot) Seva Novgorodtsev

Der Hauch des Todes (1987): (James Bond) Timothy Dalton / (Kara Milovy) Maryam d'Abo / (Georgi Koskov) Jeroen Krabbé / (Brad Whitaker) Joe Don Baker / (Pushkin) John Rhys-Davies / (Kamran Shah) Art Malik / (Necros) Andreas Wisniewski / (Saunders) Thomas Wheatley / (Q) Desmond Llewelyn / (M) Robert Brown / (Verteidigungsminister / Frederick Gray) Geoffrey Keen / (Alexis Gogol) Walter Gotell / (Moneypenny) Caroline Bliss / (Felix Leiter) John Terry / (Rubavitch) Virginia Hey / (Feyador) John Bowe / (Rosika Miklos) Julie T. Wallace / (Linda / Frau im Boot) Kell Tyler / (Liz) Catherine Rabett / (Ava) Dulice Liecier / (Sicherheitschef Tangiers) Nadim Sawalha / (Koskovs KGB Minder) Alan Talbot / (Imposter) Carl Rigg / (Chef der Schneeleoparden-Bruderschaft) Tony Cyrus / (Achmed) Atik Mohamed / (Kamran Shahs Mann 1) Michael Moor / (Kamran Shahs Mann 2) Sumar Khan / (Gefangener) Ken Sharrock / (Nachtschicht im Gaswerk) Peter Porteous / (Sekretär) Antony Carrick / (002) Glyn Baker / (004) Frederick Warder / (Zeremonienmeister auf der Konferenz in Tanger) Richard Cubison / (Toilettenreinigung) Leslie French / (Butler, der von Necros getötet wird) Bill Weston / (Ava – Pushkins Geliebte) Dulice Liecier / (Gefängniswärter in Afghanistan) Ken Sharrock / (Stagg) Derek Hoxby

Lizenz zum Töten (1989): (James Bond) Timothy Dalton / (Pam Bouvier) Carey Lowell / (Franz Sanchez) Robert Davi / (Lupe Lamora) Talisa Soto / (Milton Krest) Anthony Zerbe / (Sharkey) Frank McRae / (Felix Leiter) David Hedison / (Ed Killifer) Everett McGill / (Dario) Benicio Del Tor / (Perez) Alejandro Bracho / (Della Churchill) Priscilla Barnes / (M) Robert Brown / (Q) Desmond Llewelyn / (Heller) Don Stroud / (Kwang) Cary-Hiroyuki Tagawa / (Joe Butcher) Wayne Newton / (William Truman-Lodge) Anthony Starke / (Spezialagent) Robert Martinez / (Loti) Diana Lee-Hsu / (Fallon) Christopher Neame / (Hector Lopez) Pedro Armendariz / (Moneypenny) Caroline Bliss / (Hawkins) Grand L. Bush / (Braun) Guy De Saint Cyr / (Mullens) Rafer Johnson / (Stripperin) Jeannine Bisignano / (Alvarez) Gerardo Moreno / (Montolongo) Claudio Brook / (Consuela) Cynthia Fallon / (Rasmussen) Enrique Novi / (Orientale) Osarni Kawawo / (Arzt) George Belanger / (Kapitän der Wavekrest) Roger Cudney / (Chefchemiker) Honorato Magaloni / (Pit Boss) Jorge Russek / (Page) Sergio Corona / (Ninja) Stuart Kwan / (Fahrer Tanklastzug) Jose Abdala / (Frau am Flughafenschalter) Teresa Blake / (Della Churchills Onkel) Samuel Benjamin Lancaster / (Kasinomanager) Juan Peleaz / (Funker Küstenwache) Mark Kelty / (Assistierender Hotelmanager) Umberto Elizondo / (Sanchez' Fahrer) Fidel Carriga / (Kellnerin im »Barrelhead«) Edna Bolkan / (Clive) Eddie Enderfield / (1. Sicherheitsmann in Krests Langer) Jeff Moldovan / (2. Sicherheitsmann in Krests Lager) Carl Ciarfalio

GoldenEye (1995): (James Bond) Pierce Brosnan / (Alec Trevelyan) Sean Bean / (Natalya Simonowa) Izabella Scorupco / (Xenia ZaragevnaOnatopp) Famke Janssen / (Jack Wade) Joe Don Baker / (M) Judi Dench / (Valentin Zukovsky) Robbie Coltrane / (Dimitri Mishkin) Tcheky Karyo / (Ourumov) Gottfried John / (Boris Grischenko) Alan Cumming / (Q) Desmond Llewelyn / (Moneypenny) Samantha Bond / (Bill Tanner) Michael Kitchen / (Caroline) Serena Gordon / (Offizier in Servernaja) Simon Kunz / (Französischer Kriegesschiffkapitän) Pavel Douglas / (Französischer Kriegsschiffoffizier) Olivier Lajous / (Chuck Farrel) Billy J. Mitchell / (Computerladenbesitzer) Constantine Gregory / (Irina) Minnie Driver / (Anna) Michelle Arthur / (Pilot der MiG) Ravil Isyanov / (Croupier) Vladimir Milanovich / (Zugführer) Trevor Byfield / (Zukovskys Leibwächter) Peter Majer

Der Morgen stirbt nie (1997): (James Bond) Pierce Brosnan / (Elliot Carver) Jonathan Pryce / (Wai Lin) Michelle Yeoh / (Paris Carver) Teri Hatcher / (Henry Gupta) Ricky Jay / (Stamper) Götz Otto / (Jack Wade) Joe Don Baker / (Dr. Kaufman) Vincent Schiavelli / (M) Judi Dench / (Q) Desmond Llewelyn / (Moneypenny) Samantha Bond / (Charles Robinson) Colin Salmon / (Roebuck) Geoffrey Palmer / (Verteidigungsminister) Julian Fellowes / (Bukharin) Terence Rigby / (Inga Bergström) Cecilie Thomsen / (Tamara Steel) Nina Young / (PR-Lady) Daphne Deckers / (Dave Greenwalt) Colin Stinton / (Master Sergeant 3) Al Matthews / (Kapitän Sealth Schiff) Mark Spaiding / (Kapitän HMS Chester) Bruce Alexander / (Firing Officer HMS Chester) Anthony Green / (Richard Day / Kommandant HMS Devonshire) Christopher Bowen / (Peter Hume / Lieutenant Commander HMS Devonshire) Andrew Hawkins / (Lieutenant Commander HMS Devonshire) Dominic Shaun / (Yeoman) Julian Rhind-Tutt / (Führender Seemann) Gerard Butler / (Sonar) Adam Barker / (Kelly) Michael Byrne / (Kapitän HMS Bedford) Pip Torrens / (Luftwaffenoffizier HMS Bedford) Hugh Bonneville / (Leitender Kriegsführungsoffizier HMS Bedford) Jason Watkins / (Yeoman HMS Bedford) Erin McCarthy / (Leitender Seemann HMS Bedford) Brendan Coyle / (Erster Seelord HMS Bedford) David Ashton / (1. Stabsoffizier HMS Bedford) William Scott-Masson / (2. Stabsoffizier HMS Bedford) Laura Brattan / (Beth Davidson) Nadia Cameron / (Mary Golson) Liza Ross / (Jeff Hobbs) Hugo Napier / (Philip Jones) Rolf Saxon / (Pilot MiG) Vincent Wang / (General Chang) Philip Kwok

Die Welt ist nicht genug (1999): (James Bond) Pierce Brosnan / (Elektra King) Sophie Marceau / (Renard [Victor Zokas]) Robert Carlyle / (Dr. Christmas Jones) Denise Richards / (Valentin Zukovsky) Robbie Coltrane / (M) Judi Dench / (Q) Desmond Llewelyn / (R) John Cleese / (Moneypenny) Samantha Bond / (Sir Robert King) David Calder / (Bill Tanner) Michael Kitchen / (Charles Robinson) Colin Salmon / (Molly Warmflash) Serena Scott Thomas / (Colonel Akakiewitsch) Claude-Oliver Rudolph / (Sascha Davidow) Ulrich Thomsen / (Lachaise) Patrick Malahide / (Bull) Goldie / (Cigar-Girl) Maria Grazia Cuccinotta / (Gabor) John Seru / Nikolai (Justus von Dohnanyi) / (Arkov) Jeff Nuttall / (Vorarbeiter) Omid Djalili / (»Coptle Priest«) Diran Meghreblian / (Helikopterpilot) John Alsasiny / (Pilot) Patrick Romer / (Pipelinetechniker) Jimmy Roussounis / (Arzt) Hassani Shapi / (Turkhin) Carl McCrystal / (Nachrichtensprecher) Matyn Lewis / (russischer Funker) Kouroush Asad / (Nina) Daisy Beaumont / (Verushka) Nina Muschallik / (Schläger im Kasino) Daz Crawford / (Dealer im Kasino) Peter Mehtab
Stirb an einem anderen Tag (2002): (James Bond) Pierce Brosnan / (Jinx) Halle Berry / (Gustav Graves) Toby Stephens / (Miranda Frost) Rosamund Pike / (Zao) Rick Yune / (Damian Falco) Michael Madsen / (Colonel Moon) Will Yun Lee / (Raoul) Emilio Echevarria / (Vlad) Michael Gorevoy / (General Moon) Kenneth Tsang / (M) Judi Dench / (Q) John Cleese / (Moneypenny) Samantha Bond / (Charles Robinson) Colin Salmon / (Kil) Lawrence Makoare / (Stewardess) Deborah Maria Moore / (Varity) Madonna / (Van Bierk) Mark Dymond / (Alvarez) Simon Andreu / (»Peaceful Fountains of Desire«) Rachel Grant / (Hotelmanager) Ho Yi / (Krug [auch: Creep]) Ian Pirie / (Concierge) Oliver Skeete / (Raouls rechte Hand) Joaquin Martinez / (Chandler) Michael G. Wilson / (General Han) Daryl Kwan / (General Li) Vincent Wong / (General Dong) Stuart Ong / (Fidel) Manolo Caro / (Scorpion-Girl) Tymarah / (Doktor) Paul Darrow / (Krankenpfleger) Lucas Hare / (Krankenschwester) Christina Contes / (Reporter 1) Steward Scudamore / (Reporter 2) Bill Nash / (Reporter 3) James Wallace / (Reporter 4) Ami Chorlton
Casino Royale (2006): (James Bond) Daniel Craig / (Vesper Lynd) Eva Green / (Le Chiffre) Mads Mikkelsen / (Rene Mathis) Giancarlo Giannini / (M) Judi Dench / (Dimitrios) Simon Abkarian / (Felix Leiter) Jeffrey Wright / (Solange) Caterina Murino / (Villiers) Tobias Menzies / (Valenka) Ivana Milicevic / (Kratt) Clemens Schick / (Mr. White) Jesper Christensen / (Carlos) Claudio Santamaria / (Obanno) Isaach De Bankolé / (Leo) Emmanuel Avena / (Tournament Director) Carlos Leal / (Carter) Joseph Millson / (Mollaka) Sebastien Foucan / (Kaminofski) Lazar Ristovski / (Mendel/Bankier) Ludger Pistor / (Dryden) Malcolm Sinclair / (Fisher) Daud Shah / (Tomelli) Urbano Barberini / (Gallardo [als Charlie Levi Leroy]) Charlie Levy / (Madame Wu) Tsai Chin / (Fukutu) Tom So [auch: Tommy So] / (Infante) Ade / (Dealer im »Salon Privee«) Daniel Andreas [auch: Daniel Andreasson] / (John Bliss) Con O'Neill / (Schultz) Jürgen Tarrach / (Club Receptionist) Christina Cole / (Als sie selbst) Alessandra Ambrosio / (Rollenname unbekannt) Seydina Balde / (The Dossier Girl) Simona Brhlikova / (Gallardo) Charlie Leroy

Weitere Figuren, die zunächst für *Casino Royale* geplant waren, in überarbeiteten Drehbuchversionen aber nicht mehr zu finden waren: Bomber, Gettler und Solari [letzterer sollte der zweite Name von Steven Obanna gewesen sein]

DARTH TRAIN
Wegen der Ähnlichkeit der Spitze von ↗Trevelyans Raketenzug aus ↗*GoldenEye* (1995) mit der Maske von Darth Vader aus *Krieg der Sterne* nannten die Crewmitglieder von *GoldenEye* den Raketenzug

»Darth Train«. Auf die Idee, den Schurken aus dem Film mit einem Panzerzug auszustatten, war man gekommen, weil auch Stalin einst einen solchen Zug besessen hatte. ↗Brosnan hingegen hielt »Death Train« für eine bessere Beschreibung. Insider wissen warum: Diesen Titel trug ein Film, in dem er Jahre vor Bond mitspielte.

DARWIN, BERNARD (Autor)
↗ *The Field*

DASH 7 (Flugzeug)
Mit einem Flugzeug des Modells Dash 7 der ↗Piedmont Airlines begibt sich James Bond zusammen mit ↗Pearlman nach South Carolina, um den dort lebenden ↗Wladimir Scorpius unschädlich zu machen. 007 reist im siebten James-Bond-Roman ↗*Scorpius* von ↗John Gardner unter dem Decknamen ↗Mr. Boldman.

DASILVA (Deckname)
»Dasilva« ist vermutlich ein Deckname von ↗»M«, den er im Roman ↗*Casino Royale* benutzt, um James Bond durch ein Telegramm mitzuteilen, dass eine große Summe Francs unterwegs sei, um damit ↗Le Chiffre am Spieltisch zu schlagen.

DASILVA, CHARLES (Romanfigur)
Im Roman ↗*Casino Royale* hat James Bond für den Fall, dass jemand Nachforschungen anstellen würde, einen Plan: Er würde den Namen Charles Dasilva nennen und den Mann als seinen Anwalt in Kingston vorschieben, um alle von 007 gemachten Angaben zu bestätigen.

DAUBENY, NICK (Drehortmanager)
Sechs Drehortmanager arbeiteten am James-Bond-Film ↗*Im Angesicht des Todes* (1985): Nick Daubeny, ↗August Baldursson, ↗Stefan Zucker, ↗Jean-Marc Deschamps, ↗Steph Benseman und ↗Rory Enke. Daubeny kehrte mit ↗John Bernard, ↗Arie Bohrer, Stefan Zucker und ↗Driss Gaidi als Drehortmanager für ↗*Der Hauch des Todes* (1987) zurück.

DAVEY, BERT (Künstlerischer Leiter)
↗Michael Lamont

DAVID
Bei seinem Kampf gegen ↗Blofeld gesteht sich James Bond im Roman ↗*Du lebst nur zweimal* ein, es handle sich um eine Begegnung wie zwischen David und Goliath, nur dass er als David in diesem Fall von Blutrache angetrieben sei.

DAVID (Tier)
James Bond lernt durch ↗Kissy Suzuki auf Kuro den Kormoran David kennen. Das Tier ist schwarz und bewegt sich im Wasser wie ein Torpedo und hilft der Japanerin beim Tauchen nach Awabi-Muscheln. Den Namen gab Suzuki dem Tier nach einem Mann, den sie in Hollywood kennen gelernt hatte und der nett zu ihr war: David Niven – ein Schauspieler und Produzent. James Bond will David ein großes Stück Fisch zukommen lassen, als Dank für das Vergnügen, das ihm David Niven bereits bereitet hat.

DAVID (Romanfigur)
In ↗John Gardners Werk ↗*Countdown für die Ewigkeit* heißt der Ex-Geliebte von ↗Lavendel Peacock David. Lavendel erzählt 007, dass David verschwand und seine Familie wegziehen musste.

DAVID (Romanfigur)
Golden funkeln James Bond die Zahnfüllungen von David an, als der Mann ihn in Hongkong im Roman ↗*Nichts geht mehr, Mr. Bond* breit angrinst. Er arbeitet als Chauffeur und bringt 007 und ↗Ebbie in einer Limousine ins ↗Mandarin-Hotel.

DAVID, HAL (Textschreiber)
↗Louis Armstrong sang den Titelsong zum Film ↗*Im Geheimdienst Ihrer Majestät* (1969), für den Hal David den Text ver-

fasst hatte. Das Lied wird erst in der Mitte des Films gespielt, weil es den Produzenten für den Vorspann als nicht rasant genug erschien, doch unterstreicht der Text die romantischen Szenen zwischen ↗George Lazenby und ↗Diana Rigg als verliebtes Paar James Bond und ↗Tracy. Etwa zehn Jahre später sorgte David mit seinem Text – gesungen von Shirley Bassey als Titellied ganz am Anfang von ↗*Moonraker – streng geheim* (1979) – wieder für die passende Stimmung. Hal David zeichnet als Texter der James-Bond-Titelsongs zu ↗*Casino Royale* (1966) und ↗*Moonraker – streng geheim* (1979) verantwortlich. Er lieferte ebenfalls den Text zum Song *We Have All The Time In The World*, der in ↗*Im Geheimdienst Ihrer Majestät* (1969) von Louis Armstrong gesungen wird.

DAVIDSON, ALEC (Romanfigur)
↗May

DAVIDSON, MAY (Romanfigur)
↗May

DAVIDSONS (Romancharaktere)
Die Davidsons sind ↗Ms Haushälter im Anwesen ↗Quarterdeck. Sie sind die direkten Nachfolger der ↗Hammonds, die bei der ↗*Liebesgrüße aus Athen*-Affäre ums Leben gekommen waren. In ↗Raymond Bensons Roman ↗*Tod auf Zypern* wird 007 von dem früheren Unteroffizier Davidson empfangen.

DAVIES, ALLAN (Buchhaltungsassistent)
In ↗*Der Hauch des Todes* (1987) wurde Allan Davies als Assistent der Buchhaltung eingestellt.

DAVIES, EVAM (Digitale optische Effekte)
↗The Magic Camera Company

DAVIES, JOAN (Anschlüsse/Logik)
Bei den Dreharbeiten zum Kinofilm ↗*Feuerball* im Jahre 1965 hatte Joan Davies für die Anschlüsse Sorge zu tragen. Vier Jahre später war sie erneut an einem James-Bond-Film beteiligt: Bei ↗*Im Geheimdienst Ihrer Majestät* (1969) war Davies für die Logik verantwortlich.

DAVIES, KATHY (Darstellerin)
Kathy Davies verkörpert in ↗*Octopussy* (1983) eines der bildhübschen Mädchen, die für Octopussy arbeiten. Die erotischen Angestellten helfen bei der Bewachung des Schwimmenden Palastes. Dargestellt wurden die Charaktere neben Davies von Mary Stavin, Carolyn Seaward, Carole Ashby, Cheryl Anne, Jani-z, Julie Martin, Joni Flynn, Julie Barth, Helene Hunt, Gillian de Terville, Safira Afzal, Louise King, Tina Robinson, Alison Worth, Janine Andrews und Lynda Knight.

DAVIES, PETER (Schnitt/Montage)
Der Weg zum erfolgreichen Cutter von James-Bond-Filmen führte Peter Davies zunächst über kleine Aufträge zu Dokumentarfilmen. Weil er mit wirkungsvollen Überblendeffekten arbeitete, erhielt Davies bald auch die Chance, Werbespots zu schneiden. Diese lukrativere Arbeit war zugleich auch werbewirksamer für Davies selbst. ↗John Glen engagierte den jungen Mann für *Die Wildgänse kommen* (1978), und Peter Davies schnitt seinen ersten Film mit ↗Roger Moore. Dass Jahre später vier weitere folgen würden, konnte niemand ahnen.

Die Bekanntschaft zu Glen zahlte sich aus. Als er den elften offiziellen James-Bond-Film ↗*Moonraker – streng geheim* (1979) inszenierte, holte er Davies mit ins Bond-Boot. Die Zusammenarbeit lief von diesem Tag an noch acht weitere Jahre. Peter Davies, ↗Michael Round und ↗Luce Gruenwaldt wurden im Abspann unter der Bezeichnung »Regieassistenten« genannt, obwohl sie eindeutig für den Schnitt zuständig waren. Bei ↗*In tödlicher Mission* (1981) sorgte Davies zusammen mit

↗ Derek Trigg für die Montage und unter ↗ John Grover arbeitete er gemeinsam mit Henry Richardson für den Film ↗ *Octopussy* (1983). Es folgten die Projekte ↗ *Im Angesicht des Todes* (1985), wo Davies die Hauptverantwortung trug, weil Grover verhindert war, und ↗ *Der Hauch des Todes* (1987). Bei Davies' letztem Bond-Film kam Grover zum Team zurück und erhielt neben Peter Davies einen gleichberechtigten Posten.

DAVIES, WILLIAM (Drehbuchautor)
↗ William Osbourne

DA VINCI, GIULIETTA (Romanfigur)
↗ Giulietta

DA-VINCI-MASCHINE
Der Name »Da-Vinci-Maschine« wird im Roman ↗ *Stirb an einem anderen Tag* erwähnt. James Bond liegt nach seiner Entlassung aus koreanischer Gefangenschaft zur Krankheitsbestimmung nackt in diesem Gerät, das auch im Film vorkommt. Man kann ohne Anwesenheit von medizinischem Personal einen Patienten untersuchen. Die Da-Vinci-Maschine erforscht innere Verletzungen, erstellt ein Blutbild und ermöglicht es, weitere »diagnostische Tests durchzuführen, ohne den Körper verletzen zu müssen.« Im Film ↗ *Stirb an einem anderen Tag* (2002) wird herausgefunden, dass Bond von einem Skorpion (»Odontobutus odontorus«) gestochen und ihm ein Gegengift verabreicht worden war.

DAVI, ROBERT (Darsteller)
Robert Davi wurde am 26. Juni 1956 in Astoria, New York, geboren. Zunächst machte er eine Ausbildung zum Opernsänger. 1971 trat er mit der Lyric Opera Company auf. Davi erhielt ein Stipendium als Schauspieler und besuchte daraufhin die Hofstra University und galt als hervorragender Shakespeare-Interpret. Zu seinen ersten Filmrollen gehört *Das Cherry Street Fiasko* (1977), wo er mit Frank Sinatra zusammen spielte. Robert Davi hatte regelmäßig Engagements, wurde aber durch seine Rollen in *Der City-Hai* (1986) und *Traxx* zu seinem Leidwesen schnell als Filmbösewicht abgestempelt. Auch der Erfolg als CIA-Mitarbeiter in *Stirb langsam* (1987) verstärkte dieses Image. ↗ Albert R. Broccoli sah 1988 die CBS-Serie *Terrorist On Trial* und beschloss daraufhin, Davi als ↗ Franz Sanchez für den sechzehnten offiziellen James-Bond-Film ↗ *Lizenz zum Töten* (1989) zu casten. Kritiker sprachen davon, Davi habe Beziehungen schamlos ausgenutzt, weil er mit ↗ Tina Banta befreundet war, die viel Einfluss auf ↗ Albert R. Broccoli nahm. Davi stellt einen der überzeugendsten und bedrohlichsten Bösewichte der gesamten James-Bond-Reihe dar. Als Franz Sanchez durfte Davi zum Topdrogendealer werden. Um sich auf seine Rolle vorzubereiten, studierte er sogar den Akzent eines Spaniers ein, las Dutzende von Büchern, die sich mit dem Drogenhandel und Waffen beschäftigen, und traf auch Menschen, die mit Dealern zu tun hatten. Bei der Polizei nahm der Schauspieler Einsicht in Akten von Verbrechern und kreierte aus allen Informationen die Figur des Sanchez. »Im richtigen Leben bin ich genau das Gegenteil von Sanchez«, verriet er glaubhaft bei der Premiere von *Lizenz zum Töten*. Die Karriere des Darstellers hatte zu diesem Zeitpunkt noch nicht ihren Höhepunkt erreicht. Davi wirkte seitdem in über 30 Filmen mit: *Predator 2* (1990), *Tödliche Intrigen* (1991), *Dead Instinct – Leidenschaft ohne Grenzen* (1991), *Blonder Todesengel* (1993), *Codename: Silencer* (1994), *Showgirls* (1995), *Rache des Kartells* (1996).

DAVIS, LEON (Bauleitung)
Leon Davis war für die Bauleitung bei den Dreharbeiten des Films ↗ *Leben und sterben lassen* (1973) zuständig. Die Requisiten stammten von ↗ Patrick Weymouth und wurden von Davis zusammengestellt.

Bei den Dreharbeiten zu ↗ *Der Mann mit dem goldenen Colt* (1974) war Davis wieder für die Bauleitung verantwortlich.

DAVIDOW, SASCHA (Romanfigur/Filmcharakter)

(Auch: Dawidow) Der Sicherheitchef von ↗ Elektra King im Roman und im Film ↗ *Die Welt ist nicht genug* (1999) ist der Russe Sascha Davidow (engl.: Sasha Davidov). Auffallend bei der von ↗ Raymond Benson beschriebenen Figur ist der feste Händedruck (was in den Romanen eigentlich für einen Verbündeten Bonds spricht, Handlanger der Bösewichte haben fast immer einen schlaffen Händedruck). Der große Mann, Anfang dreißig, wird von ↗ Renard mit einem heißen Stein verletzt und muss mit ansehen, wie der Handlanger ↗ Arkov getötet wird. Davidow übernimmt dessen Posten und versucht, die Leiche zu beseitigen. 007 kommt dazwischen und erschießt den Sicherheitchef, als dieser recht reaktionslahm seine Waffe ziehen will. Bond schlüpft in die Rolle von Davidow, nachdem er die Leiche in einen Müllcontainer geworfen hat.

DAWES (Filmcharakter)

In ↗ *Leben und sterben lassen* (1973) war Dawes der erste Agent des ↗ MI6, der umgebracht wurde, weil er hinter ↗ Kanangas Geheimnisse hätte kommen können. Dawes starb an einem sehr hohen Ton, der über seinen Kopfhörer kam, auf dem er die Übersetzung einer Konferenz der Vereinten Nationen verfolgte.

DAWN RAID ON FORT KNOX (Lied)

↗ *Goldfinger* (Soundtrack)

DAWSON (Filmcharakter)

Dawson ist in ↗ *Feuerball* (1965) ein ranghoher Beamter auf dem Luftwaffenstützpunkt, der den Flug des ↗ Vulcan-Bombers überwacht. Er ist nach der Entführung des Fliegers verständlicherweise besorgt und gibt sein Wissen an andere Beamte weiter.

DAWSON, ANTHONY (Darsteller)

Wie schon bei ↗ Joseph Wiseman bot Regisseur ↗ Terence Young auch Anthony Dawson an, in einem James-Bond-Film zu spielen. Dawson ist ein professioneller Charakterdarsteller, der noch lange nach ↗ *James Bond 007 jagt Dr. No* (1962) mit Young zusammenarbeitete. Er spielte in diesem Bond-Film den Handlanger ↗ Professor Dent. Seine Figur gab Anstoß zu einer Debatte: Obwohl Dent sehr verschlagen wirkt, konnte das Publikum nur schlecht damit leben, wie brutal 007 den Professor im Film beseitigt. Über das menschenunwürdige Hinrichten mit mehreren Kugeln aus Bonds Waffe meinte Dawson in einem Interview kurz: »Dent war ein Gegner Bonds und an mehreren Morden und Anschlägen beteiligt, er hat eine Strafe verdient, denn er wäre mit Bond nicht milder umgesprungen, wenn er die Chance gehabt hätte.« Um ↗ Daniela Bianchi zu casten, spielte Dawson vor den Dreharbeiten von ↗ *Liebesgrüße aus Moskau* (1963) James Bond. Die Test-Szene »007 trifft Romanowa in seinem Hotelzimmer« wurde später zur klassischen Prüfung für potenzielle Bond-Darsteller. In *Liebesgrüße aus Moskau* (1963) und ↗ *Feuerball* (1965) durfte Dawson nochmals als Gegner des Geheimagenten auftreten, doch ist hier sein Gesicht nicht zu sehen: Er spielte ↗ Ernst Stavro Blofeld, der seine Perserkatze krault, Pläne schmiedet und Tötungsaufträge gibt. Dawsons Stimme ist hier allerdings nicht zu hören. Wegen der besseren Wirkung wurde er von ↗ Eric Pohlman synchronisiert. Zu seinen bekanntesten Rollen gehört die des Mörders in Alfred Hitchcocks *Bei Anruf Mord* (1954). Dawson starb am 8. Januar 1992 an Leberzirrhose (andere Quellen: Krebs).

DAY, CHOCKY (Romanfigur)

↗ *Midsummer Night's Doom*

DAY, ERNIE (Kamera)
Wenn Zuschauer bei spektakulärsten Verfolgungsjagden und gewaltigsten Explosionen rüttelfrei gestochen scharfe Filmsequenzen bewundern können, dann liegt das an der Kameraführung: Bei ↗*Man lebt nur zweimal* (1967) war Ernie Day dafür zuständig.

DAY, ERNEST (Regie)
Ob der Regisseur der Second Unit bei den Dreharbeiten zu ↗*Der Spion, der mich liebte* (1977) und Ernie Day, der Kameramann von ↗*Man lebt nur zweimal* (1967), dieselbe Person sind, ist nicht sicher. Gelegentlich ändern sich Vornamen leicht; dies fällt besonders auf, wenn man das Team mehrerer Produktionen miteinander vergleicht. Ernest Day arbeitete bei *Der Spion, der mich liebte* mit John Glen zusammen, der es später zum Regisseur der meisten James-Bond-Filme bringen sollte – bei diesem war er jedoch Day untergeordnet!

Day wurde auch für ↗*Moonraker – streng geheim* (1979) wieder als Regisseur der Second Unit verpflichtet. Und Glen hatte denselben Posten wie bei *Der Spion, der mich liebte*.

DAY, RICHARD (Romanfigur)
Der Name Richard Day wird im Film ↗*Der Morgen stirbt nie* (1997) nicht genannt. Die Figur ist in ↗Bensons Roman zum Film der Commander des Schiffes ↗Devonshire. Er arbeitet eng mit seinem Ersten Offizier ↗Peter Hume zusammen. Day ist 44 Jahre alt und seit über zwanzig Jahren bei der Royal Navy. Er hat über zehn Jahre seiner militärischen Laufbahn in Hongkong verbracht und beherrscht mehrere orientalische Sprachen. Er stirbt, als die Devonshire durch eine Attacke der ↗»Sea Vac« sinkt.

DC-3 (Flugzeug)
Ein Flugzeug vom Typ DC-3, ein »altes Schlachtross«, kommt im Roman ↗*Fahr zur Hölle, Mr. Bond!* vor. ↗Nolan und ↗Wood, getarnt als FBI-Agent und Krankenpfleger, sind mit der DC-3 unterwegs, um ↗Chi-Chi zu den Indianern von ↗Lee Fu-Chu zu bringen. James Bond und ↗Ed Rushia nehmen die Verfolgung mit einem ↗Learjet auf.

D&D (Reisen und Transport)
↗Renown Freight

DDR-AGENT (Romanfigur)
James Bond erkennt einen Kriminellen wieder, den er im Roman ↗*Niemand lebt für immer* eliminiert hatte. Der Tote tauchte in den Akten der Deutschen Demokratischen Republik auf und hatte Verbindungen zum Terrorismus. Auch wenn Bond das Gesicht erkennt, der Name fällt ihm nicht ein. Der DDR-Agent arbeitete zusammen mit ↗Steve Quinn, der die ↗Sektion S leitet.

DEA
Die DEA (Drug Enforcement Administration) ist eine US-amerikanische Strafverfolgungsbehörde, die sich darum kümmert, den Handel und Missbrauch von Drogen zu unterbinden. Sie setzt damit den amerikanischen Gesetzesbeschluss »Controlled Substances Act« von 1970 durch. ↗Felix Leiter arbeitet in ↗*Lizenz zum Töten* (1989) mit dem DEA zusammen. Auf dem Weg zu seiner Hochzeit wird er in eine Operation einbezogen, bei der es darum geht, ↗Franz Sanchez dingfest zu machen. Das DEA-Rauschgiftdezernat sammelt 007 und Leiter mit einem Helikopter ein.

DEADLY RECALL (Zeichentrickfilm)
↗*James Bond Jr.*

DEADMAN, DEREK (Darsteller)
↗Hausmeister

DEANE, DAVID (Feueroffizier)
David Deane war Feueroffizier bei der Produktion ↗*GoldenEye* (1995).

DEAN, JIMMY (Darsteller)
Jimmy Dean wurde 1929 in Texas geboren. Schon mit fünf Jahren nahm er Klavierunterricht. Der neugierige Junge hatte Talent, und schon kurz darauf lernte er auch Akkordeon- und Harmonikaspielen. Bei der US Air Force entdeckte Dean 1946 sein Entertainertalent und entschied sich in dieser Zeit für eine Karriere in der Musikbranche. 1949 wurde er fast über Nacht zum Star. Er trat in Washington D. C. auf, und es dauerte nicht lange, bis die amerikanischen Fernsehsender Interesse an Jimmy Dean zeigten. Er erhielt eine Morgenshow auf CBS und schrieb kurz darauf den Song *Big Bad John*, der 1961 zum Hit werden sollte. ABC startete 1964 *The Jimmy Dean Show*. Als Showmaster zu Reichtum gekommen, kaufte Dean in den späten 1960er Jahren eine Schweinefarm. Zehn Jahre später kam das Angebot, in einem James-Bond-Film mitzuwirken. »Zunächst hatte ich Angst, denn ich sollte eine Figur spielen, von der jeder wusste, dass sie an den tatsächlich lebenden Milliardär ↗Howard Hughes angelehnt war. Bei dem Gedanken an seine Reaktion, wenn ihm meine Interpretation nicht gefallen sollte, wurde mir übel«, erinnerte sich Dean. Howard Hughes wurde für ↗*Diamantenfieber* (1971) in ↗Willard Whyte umbenannt. Die Angst des Darstellers war unbegründet, Hughes fand Dean in der Rolle hervorragend. Während der Dreharbeiten baute der frischgebackene Darsteller eine freundschaftliche Beziehung zu ↗Sean Connery auf, und Connery erteilte seinem Schauspielerkollegen in der freien Zeit Golfunterricht, obwohl Connery selbst erst bei den Dreharbeiten zu ↗*Goldfinger* (1964) das Golfspielen gelernt hatte. Jimmy Dean lebte bei Reaktionsschluss auf seiner luxuriösen Jacht »Big Bad John« und reist durch die Weltmeere.

DEAR, LESLIE (Modellaufnahmen)
Beeindruckende Modellaufnahmen in ↗*Octopussy* (1983) stammen von Leslie Dear. Er arbeitete mit ↗Brian Smithies zusammen. Zusätzliche Aufnahmen stammen von ↗Jimmy Devis und ↗Bob Collins. Dear kehrte bei den Produktionen von ↗*Im Angesicht des Todes* (1985) und ↗*Der Hauch des Todes* (1987) zur Bond-Crew zurück.

DEATH AT THE WHYTE HOUSE (Lied)
↗*Diamonds Are Forever* (Soundtrack)

DEATH IS FOREVER (Roman)
Der zwölfte James-Bond-Roman von ↗John Gardner trägt den Titel *Death Is Forever*. Das Buch wurde noch nicht ins Deutsche übersetzt. Es erschien 1992 bei Hodder & Stoughton. Die Widmung des Buches lautet »For John and Pam who love joy and living. Remember ›Lucky‹. Gardner wählte den Titel, weil er sich durch eine Aussage am Ende in ↗Ian Flemings Roman ↗*Diamonds Are Forever* inspiriert fühlte. Die 22 Kapitel des englischen Originals füllen je nach Druck und Ausgabe ca. 248 Seiten. 21 Kapitel tragen in der Überschrift das Wort »Death«, erst im letzten Kapitel lässt Gardner mit der Überschrift »R.I.P.« Ruhe einkehren. John Gardner bediente sich in seinem Roman bei einer Gedichtsammlung: »Extracts from *The Hollow Men* by T. S. Eliot taken from Collected Poems 1909–1962, *Letter To Lord Byron* from Collected Longer Poems by W. H. Auden *and May* from Collected Shorter Poems by W. H. Auden reproduced with kind permission of Faber & Faber. Extracts from *The Raft* and *A Bracelet* are taken from Collected Poems 1975 by Robert Graves and are reproduced with the kind permission of A. P. Watt on behalf of The Trustees of the Robert Graves Copyright Trust.«
Die Kapitel in *Death Is Forever* tragen folgende Überschriften: 1) The Deaths Of Vanya And Eagle; 2) Death Of Cabal; 3) Responsible For A Death; 4) Death Through The Mouth; 5) Death Of A Queen; 6) Death And A Pair Of Aces; 7)

Death Threat; 8) Death In Proximity; 9) Death On Wheels; 10) Appointments With Death; 11) Death Comes Expensive; 12) Keeps Death His Court, 13) Talk Of Death And Disaster; 14) Signing A Death Warrant; 15) Death On The Grand Canal; 16) Death In Venice; 17) Death Squad; 18) A Matter Of Life Or Death; 19) Death On The Road; 20) Curse Of Death; 21) Death Under Water; 22) R.I.P.

Inhaltsangabe »Death Is forever«: Nach der deutschen Wiedervereinigung hat sich das britisch-amerikanische Geheimdienst-Netzwerk »Cabal« aufgelöst. Zwei »Sozialarbeiter« (wahrscheinlich Mitarbeiter) sind ermordet worden, als sie mit ihren Undercover-Agenten Kontakt aufnehmen wollten. James Bond und sein CIA-Pendant Easy St. John werden zur Ermittlung nach Berlin geschickt. Nach Kontaktaufnahme mit einem Agenten stehen die beiden auf der Todesliste. Während sie mit dem Zug und dem Flugzeug quer durch Europa reisen, erfahren sie, dass Wolfgang Weisen, der frühere Chef des ostdeutschen Sicherheitsdienstes, alle Cabal-Agenten ausschalten will, weil sie eine Bedrohung für seinen Plan darstellen: Ermordung aller europäischen Spitzenpolitiker und Destabilisierung der europäischen Wirtschaft. Ihre Jagd auf Weisen führt sie nach Paris, Venedig und Calais, wo sich 007 und Weisen schließlich begegnen. Bei einem Zug, in dem sich alle europäischen Staatschefs befinden und der durch den Kanal-Tunnel fährt, lässt Weisen 500 Pfund Semtex-Sprengstoff anbringen. Bond rast von Venedig nach Calais und warnt die französischen und britischen Streitkräfte vor dem finsteren Plan. Er befiehlt ihnen, die Stromversorgung der Schienen lahm zu legen. Bond wird zum Tunnel gebracht, wo er seine letzte Begegnung mit Weisen und seinen Männern hat, die damit beschäftigt sind, den Sprengstoff zu deponieren. Mit einem kleinen Sender schaltet 007 den Strom im passenden Moment wieder ein. Weisen und seine Schergen werden »in einem Todestanz« durch den Stromschlag getötet.

DEATH LEAVES AN ECHO (Kurzgeschichtentitel)
Die Kurzgeschichte ↗ *For Your Eyes Only* sollte ursprünglich den passenderen besseren Titel *Death Leaves An Echo* tragen. Dieser spielt auf den »Echo Lake« an, an dem 007 zusammen mit ↗ Judy Havelock den Mörder ↗ Hammerstein und dessen Gesinnungsgenossen umbringt. Um aber einen Titel einzusetzen, der nicht nur für die Kurzgeschichte, sondern auch für ein Buch mit mehreren Kurzgeschichten verwendet werden kann, entschied sich der Autor für *For Your Eyes Only*.

DEATHMASK (Comic)
↗ Comics

DEATH OF FIONA (Lied)
↗ *Thunderball* (Soundtrack)

DEATH OF GRANT (Lied)
↗ *From Russia With Love* (Soundtrack)

DEATH OF KERIM (Lied)
↗ *From Russia With Love* (Soundtrack)

DEATH OF LARGO (Lied)
↗ *Thunderball* (Soundtrack)

DEATH OF TILLEY (Lied)
↗ *Goldfinger* (Soundtrack)

DEATH TRAIN
↗ Darth Train

DEATH WING (Comic)
↗ Comics

DE BEDON, EMMY (Romanfigur)
↗ Emmy Martell

DE BEERS (Diamantenhändler/Romanfigur/Filmcharakter)
De Beers ist ein Diamantenhändler in London. Einer der dort Angestellten heißt

↗Percy Sillitoe und arbeitete zuvor als Kopf des ↗MI5. Beide Personen existieren nicht nur in der Realität, sondern im Roman ↗*Diamantenfieber* und im Film ↗*Feuerball* (1965): ↗Kenniston soll sich mit De Beers in Verbindung setzen, damit eine Diamantenübergabe an ↗SPECTRE erfolgen kann. De Beers wird nur genannt, Kenniston ist bei einer Sitzung anwesend.

DE BLEAUCHAMP, BALTHAZAR (Filmcharakter)

(Auch: de Bleuchamp) In ↗*Im Geheimdienst Ihrer Majestät* (1969) wendet sich ↗Ernst Stavro Blofeld über die Anwaltskanzlei der ↗Gebrüder Gumbold an das ↗Amt für Heraldik in London. Er möchte einen Adelstitel bestätigt haben, da er angeblich zu dem Geschlecht der Bleauchamps gehört und so Anspruch auf den Titel besitzt. Bond reist als Heraldikexperte getarnt nach Mürren, um die Legalität des Titels »Graf de Bleauchamp« zu überprüfen.

DE BLEUVILLE, BALTHASAR (Romanfigur)

Im Roman ↗*007 James Bond im Dienst Ihrer Majestät* möchte ↗Ernst Stavro Blofeld den Namen Comte Balthasar de Bleuville annehmen. Da Geburtsurkunden fehlen, stellt ↗Sable Basilisk Nachforschungen an und findet tatsächlich eine Familie de Bleuville, die in einem Dorf Blonville-sur-Mer in der Normandie im heutigen Departement Calvados gelebt hatte. Im Roman weist Sable Basilisk als Erkennungsmerkmal der de Bleuvilles das Fehlen von Ohrläppchen nach und Bond ist sich sicher, dass Blofeld sehr ausgeprägte Ohrläppchen besitzt.

DE BLEUVILLE, GUILLAUME (Romanfigur)

Guillaume de Bleuville wird im Roman ↗*007 James Bond im Dienst Ihrer Majestät* nur genannt. James Bond schreibt den Namen auf, als er beginnt, einen Stammbaum der Bleuvilles anzufertigen, um seine Tarnung als ↗Hilary Bray aufrechtzuerhalten. Guillaume de Bleuville hat von 1207 bis 1243 gelebt. 007 will einen fünfhundert Jahre umfassenden Stammbaum erarbeiten.

DE BLEUVILLE, KHARASCHO (Romanfigur)

Bei seinen Nachforschungen im Stammbaum der de Bleuvilles stößt James Bond im Roman ↗*007 James Bond im Dienst Ihrer Majestät* auf den Namen Kharascho de Bleuville. Mit solchen Ergebnissen schafft es 007, ↗Blofeld im Glauben zu lassen, er sei ↗Sir Hilary Bray.

DE BRY (Kaffee)

James Bonds Lieblingskaffee, den er sehr stark mag, ist ein Produkt der Marke De Bry. Seine Haushälterin ↗May versorgt ihn damit im Roman ↗*Tod auf Zypern* von ↗Raymond Benson. Auch im Roman ↗*Nichts geht mehr, Mr. Bond* und in ↗*Scorpius* serviert seine Haushälterin May wieder die gewohnte Kaffeemarke. In ↗*Der Morgen stirbt nie* gibt Autor Raymond Benson Auskunft darüber, dass der De-Bry-Kaffee aus der New Oxford Street stammt. Eine Ergänzung zu James Bonds Lieblingskaffee bringt ↗Ian Fleming im Buch ↗*Liebesgrüße aus Moskau*. Hier heißt es, das Getränk sei in einem amerikanischen Kaffeetopf zubereitet worden.

DEBUSSY, CLAUDE (Komponist)

Im Film ↗*Casino Royale* (1966) heißt es, Sir James Bond würde jeden Tag Debussy spielen, bis ihm die Noten vor den Augen verschwimmen. Der französische Komponist Claude Debussy (1862–1918) ist ein Begründer und Vollender des Impressionismus in der Musik. Auch ↗Jimmy Bond versucht sich in *Casino Royale* am Flügel – ohne Erfolg.

DECADA (Gruppenbezeichnung)

Als »Decada« bezeichnet der Anführer der ↗Pythagoräer seine Gruppe. Decada, weil die Mitglieder mit zehn Terroranschlägen ein von ihnen symbolisch gesetztes rechtwinkliges Dreieck schaffen wollen, das für Vollendung und Perfektion steht. Die Gruppe der Pythagoräer besteht mit dem Anführer, der sich als Reinkarnation des ↗ Pythagoras sieht, aus zehn Personen.

DECADA-VIRUS (Virus)

Im Roman ↗ *Tod auf Zypern* wird Bond mit dem Decada-Virus konfrontiert. ↗ Melina Papas trägt ihn bei sich und hat sich selbst sowie ihre Anhänger bereits mit einem Impfstoff versorgt.

DECADE (Organisation)

Die Decade geht im Roman ↗ *Tod auf Zypern* aus der von ↗ Konstatine Romanos geführten ↗ Monade hervor. ↗ Hera Volopoulos tötet den Anführer, um ihre Organisation, die Decade, ins Leben zu rufen. Sie will die Menschheit mit einem tödlichen Virus konfrontieren: dem ↗ Decada-Virus.

DECCA, CONRAD (Romanfigur)

Conrad Decca ist einer von zahlreichen Namen, die der ↗ BAST-Bösewicht ↗ Bassam Baradj benutzt hat. Er taucht im Roman ↗ *Sieg oder stirb, Mr. Bond* auf. Viele Behörden haben die Namen in ihren Karteien unter »Betrug« abgeheftet, dennoch ziehen sie keine Verbindungen zwischen ihnen und Baradj. Weitere Identitäten des Terroristen sind: ↗ Bennie Benjamin, ↗ Ben Brostow und ↗ Vince Phillips. Weitere von ↗ John Gardner nicht genannte Pseudonamen tauchen nach seinen Angaben in den Akten des ↗ NYPD auf.

DECCA NAVIGATOR

Im Roman ↗ *Goldfinger* entdeckt James Bond auf dem Dach der Firma ↗ »Enterprises Auric S.A.« ein sich drehendes Gebilde, das ihn an einen Decca Navigator erinnert – ein oft auf Schiffen benutztes Radargerät.

DECKNAMEN

In den James-Bond-Romanen und auch in den Filmen tauchen oft Decknamen für Operationen oder Personen auf. Während sich 007 fast immer ↗ James Boldman nennt, wechseln die anderen Namen ständig. Im Roman ↗ *Nichts geht mehr, Mr. Bond* weist 007 ↗ Heather Dare auf die Vorschrift zur Nutzung von Decknamen hin: »Laut Vorschrift dürfen wir Smith, Jones, Green und Brown nicht verwenden. Sie müssen etwas Überzeugenderes anbieten.« Dare wählt ↗ »Arlington« – wie der amerikanische Ehrenfriedhof in Washington, auf dem J. F. Kennedy begraben liegt. Auch Operationen und Organisationen tragen manchmal Decknamen. Hier eine Auflistung der wichtigsten im Bond-Universum: ↗ ABC, ↗ Anthony Denton, Arlington, ↗ Briefkastenfaust, ↗ Caroline Somerset, ↗ Cassandra Talon, ↗ Charles Moreton, ↗ Checkliste, ↗ Conrad Decca, ↗ Corona, ↗ Cowboy, Crabbe, ↗ Curve, ↗ Custodian, ↗ Dasilva, David Barlow, ↗ David Somerset, ↗ Der Dominikaner, Derek Pentecost, ↗ Die Tränen von Allah, Dieter Frobe, Elisabeth, ↗ Felicia, ↗ Fisher, ↗ Fred Robson, ↗ Glühwürmchen, ↗ Gold, Hawk, ↗ Hawk's Wing, ↗ Héloise, ↗ Henry John Temple Palmerston, Herr Nummer, Herr Ziffer, ↗ Hetty, ↗ Indexer, Jacko B., ↗ James, ↗ James Betteridge, ↗ James Boldman, James St. John Smythe, ↗ James Stock, Jay, ↗ Jerzy Bondov, ↗ Jim Bates, John Brice, ↗ John Cork, John E. Bunyan, ↗ John Hunter, ↗ Johnston, Jones, ↗ Joseph Penbrunner, ↗ Jungle, ↗ Kennedy, ↗ Kuckuck, Larke, ↗ Macabre, ↗ Mandarin, Mango-Transport, ↗ Mark Hazard, ↗ Mary Ling, ↗ Millicent Zampek, Mrs. Boldman, ↗ Muschik, Nicholas S. Mosterlane, Obst, ↗ Oddball, Operation Großer Schlag, ↗ Pedator, ↗ Peng, ↗ Peter Abaelard, ↗ Peter Piper, Peter Woodward, ↗ Quaterman, Randall Rice, ↗ Robert Sterling, ↗ Rufus B. Saye, Salmon, ↗ Scotland, ↗ Seezunge, Shark, ↗ Shatterhand, Sole, Sparrow, ↗ Swift, ↗ Talanow, ↗ Taro Todoroki, ↗ Tarquin Rainey, Thomson, ↗ Transworld Consortium, ↗ Transworld Exports,

Travis, ↗Trojanisches Pferd, ↗Universal Exports, ↗Veronica, ↗Vuobma, ↗Wald, ↗William Deeds, Wren ↗Operationen

DEEDS, WILLIAM (Romanfigur)
Ein weiterer ausgedachter Name, unter dem die Romanfigur ↗Robert Besavitsky im Buch ↗Sieg oder stirb, Mr. Bond Kontakt zu einem Börsenmakler namens ↗Jerry Finestone aufnimmt. Letzterer musste die »Freundschaft« mit dem Leben bezahlen, denn Deeds/Besavitsky war nur an dem Geld des Mannes interessiert. Robert Besavitskys Spitzname als William Deeds lautete »Bill«. Er heiratete die Witwe ↗Ruth Finestone und von da an ging es mit ihr bergab: Sie stürzte mit ihrem Cadillac in eine Schlucht.

DEELEY, SARAH (Romanfigur)
Ein Mädchen an Bord der ↗Invincible im Roman ↗Sieg oder stirb, Mr. Bond heißt Sarah Deeley. Sie muss sich von ↗Clover Pennington anschnauzen lassen, als sie nach dem Mord an ↗Edgar einen Blick aus ihrem Zimmer wagt. Bond findet per Computer heraus, dass keine Person mit diesem Namen als ↗Wrens auf die ↗Invincible abkommandiert wurde. Mit Erschrecken muss er feststellen, dass Deeley die Mörderin von Edgar Morgan ist. Bond bestellt die Frau zu sich in die Kabine, um mehr herauszubekommen. Sie nennt ihre Personalkennnummer (»762845«) und die Division, der sie angehört: »Plymouth«. 007 hält Deeley, nachdem sie ihn mit einem K-Bar-Messer (↗US Marines K-Bar) angegriffen hat, für eine gefährliche Psychopathin. Die gefährliche Frau stirbt im Kugelhagel, ebenso wie Clover Pennington und ↗Speaker.

DEER, ROGER (Skizzen)
Die Skizzen für den Film ↗Im Angesicht des Todes (1985) stammen von Roger Deer und ↗Maciek Piotrowski. Deer arbeitete auch an ↗Der Hauch des Todes (1987) und ↗Lizenz zum Töten (1989) mit.

DEFENCE EVALUATION AND RESEARCH AGENCY
Siehe Inhaltsangabe ↗High Time To Kill

DEFIANT (Schiff)
Das Schiff »Defiant« wird im Roman ↗Der Morgen stirbt nie genannt. James Bond erfährt über den abhörsicheren Kanal 4, dass die »Defiant« einem chinesischen U-Boot folgt, während die ↗Invincible von Gibraltar ausgelaufen sei. ↗Moneypenny drängt 007, den Sprachunterricht bei ↗Inga Bergstrom abzubrechen und wegen der Brisanz der Lage sofort zum Geheimdienst zu kommen.

DE FRETAS, DANNY (Romanfigur)
Zur Bewachung von ↗Harriet Horner im Roman ↗Scorpius stellt James Bond seine Kollegen De Fretas und ↗Sweeney ab. De Fretas war als »Danny« bekannt und ist wie auch sein Kollege als ausgebildeter Mann der 23. SAS Territorial-Armee für diesen Job besonders geeignet. Beide werden jedes Jahr einen Monat freigestellt, um als Teilzeitsoldaten in Übung zu bleiben. 007 bevorzugt die Männer, weil sie einen speziellen Leibwächterkurs absolviert haben. De Fretas stirbt, als ↗Scorpius' Männer in die über Mietgaragen erreichbare Villa des britischen Geheimdienstes eindringen. Die Ladung aus einer Schrotflinte trifft den Agenten frontal in die Brust. Er ist auf der Stelle tot. Kollege Sweeney nennt De Fretas nicht »Danny«, sondern »Dan«.

DEGEN (Waffe)
Den ersten Degen in einem Bond-Film schwingt ↗Roger Moore in ↗Moonraker – streng geheim (1979), als er in einem Glasmuseum in Venedig gegen ↗Chang antritt. Der Degen mit Glasgriff soll im späten 18. Jahrhundert General Menotti gehört haben. Mit Degen beginnt auch der Fechtkampf zwischen James Bond und ↗Gustav Graves im Roman und im Film ↗Stirb an einem anderen Tag (2002). Um die Spannung des Films zu erhöhen, ließ

↗ Lee Tamahori James Bond und Graves erst mit Degen, dann mit Säbeln und zum Schluss mit Breitschwertern kämpfen.

DE GRAAF (Romanfigur)
De Graaf ist im Roman ↗ *Liebesgrüße aus Athen* ein Handlanger von ↗ Sun Liangtan. De Graaf ist Anführer der Truppe, die ↗ »M« aus London entführte. Im Roman wird er häufig als schwarzhaariger Revolvermann beschrieben. Sexuell ist De Graaf sehr aktiv. Er nimmt die Prostituierten ↗ Dony Maden und ↗ Luisa Tartinis mit auf sein Zimmer. Er bekommt seine gerechte Strafe für den Mord an den ↗ Hammonds: James Bond schlägt ihn auf der ↗ Insel Vrakonisi so stark, dass er tot zusammenbricht. ↗ Litsas nimmt der Leiche eine Waffe vom Typ Smith and Wesson Centennial Airweight ab.

DE-HAAN, RAY (Stuntman)
Als die Autoverfolgungsjagd für ↗ *Stirb an einem anderen Tag* (2002) gedreht wurde, kamen zwei Stuntmen zum Einsatz, die ↗ Pierce Brosnan und ↗ Rick Yune doubelten: Ray De-Haan und George Cottle lieferten sich ein erbittertes Auto-Duell auf dem Eis. Trotz mehrerer Unfälle wurde keiner der Stuntmen ernsthaft verletzt.

DEHN, PAUL (Drehbuchautor)
Zusammen mit ↗ Richard Maibaum arbeitete Paul Dehn am Drehbuch zu ↗ *Goldfinger* (1964).

DEIGHTON, LEN (Autor)
Len Deighton war 1961 einer der Ersten, die an einem Drehbuch von ↗ *James Bond 007 jagt Dr. No* (1962) arbeiteten. ↗ Richard Maibaum und ↗ Johanna Harwood übernahmen das Projekt schließlich. 1976 soll es Bestrebungen gegeben haben, einen Konkurrenz-Bond-Film zu ↗ Broccolis Projekten zu drehen. Es hieß, ↗ Sean Connery und der Romanautor Len Deighton würden an einem Drehbuch schreiben. Der Titel lautete ↗ *James Bond Of The Secret Service*. Auch beim Drehbuch von ↗ *Sag niemals nie* (1983) wirkte Deighton mit (im Titelvorspann wird sein Name aber nicht genannt). Über den Roman ↗ *Win, Lose Or Die* von ↗ John Gardner schrieb er positive Kritiken.

DEINONYCHUS (Comicfigur)
↗ Comics

DE KEYSER, DAVID (Darsteller)
Der erste und einzige Zahnarzt bei 007 wurde vom Schauspieler David de Keyser im Film ↗ *Diamantenfieber* (1971) verkörpert. De Keyser stirbt, als ↗ Mr. Wint einen Skorpion in seinen Hemdkragen fallen lässt. Eine Szene, in der De Keyser das Tier in den Mund bekommen soll, wurde geschnitten – ↗ Cutscenes. De Keyser war auch als Synchronsprecher für Bond tätig. Schon vor ↗ Connerys erstem Comeback synchronisierte er den ↗ Draco-Darsteller ↗ Frazetti in ↗ *On Her Majesty's Secret Service* (1969).

DEKOMPRESSIONSKAMMER
↗ Milton Krest stirbt in ↗ *Lizenz zum Töten* (1989) in einer Dekompressionskammer. ↗ Franz Sanchez sperrt Krest dort ein, erzeugt zunächst einen Überdruck, schlägt dann mit einer Feueraxt einen Schlauch durch, und Krest platzt durch den entstehenden Unterdruck.

DELACROIX, MONIQUE (Romanfigur)
Monique Delacroix ist James Bonds Mutter. Im Roman ↗ *Stille Wasser sind tödlich* wird erstmals ausführlich über sie berichtet. Die Tochter eines wohlhabenden Schweizer Industriellen wurde mit ↗ Andrew Bond nicht sesshaft und war mit ihrem Sohn bis zu dessen sechstem Lebensjahr in Europa unterwegs. Sie lebten in Italien, der Schweiz, Frankreich und England (London).

↗ Nachruf, ↗ James Bond (Romanfigur)

DE LAGARDE, CHRISTIAN (Pferdeaufnahmen)
↗ Oliver Victor-Thomas

DE LAGARDE, GERARD (Tonassistenz)
Gerard De Lagarde arbeitete zusammen mit ↗ Jean Labourel als Tonassistent bei der Produktion des Films ↗ *Moonraker – streng geheim* (1979).

DELANE, CARMEL (Romanfigur)
Der amerikanische Filmstar Carmel Delane sitzt im Roman ↗ *Casino Royale* an einem Spieltisch, dessen Platzbelegung von ↗ Ian Fleming genau beschrieben wird (»Platz 1–10«). Sie verspielt nach 007s Informationen Unterhaltsgelder von drei Ehemännern.

DELANEY BROS. LTD. (fiktive Firma)
↗ Universal Exports

DELATTE, GUY (Kameraführung)
Die Kameraführung bei den Dreharbeiten zu ↗ *Moonraker – streng geheim* (1979) hatte unter anderem Guy Delatte. Er arbeitete wie auch ↗ Michel Deloire, ↗ John Morgan und ↗ James Devis unter der Aufsicht von ↗ Alec Mills, der mehrfach mit 007-Filmen zu tun hatte.

DELECTADOS (Zigarren)
»Delectados stellen wir schon seit dreißig Jahren nicht mehr her«, erfährt James Bond im Roman ↗ *Stirb an einem anderen Tag* von einem Angestellten der Firma »Raoul'd Cigars« in Havanna. 007 gibt an, von ↗ »Universal Exports« zu kommen, und wird zum Schläfer ↗ Raoul weitergeleitet. James Bond und der Schläfer tauschen ↗ Codes aus, die sich auf die Schädlichkeit der Delectados beziehen (»die Mischung des Volado-Tabaks in der Zigarre ist nicht gut für die Gesundheit des Rauchers«).

DELEON, LOOLEE (Produktionskoordinator)
Bei ↗ *Lizenz zum Töten* (1989) arbeitete Loolee Deleon als Produktionskoordinator. In Mexiko erledigte diese Aufgabe seine Kollegin ↗ Georgina Heath.

DELFIN (Romanfigur)
Im Roman ↗ *Fahr zur Hölle, Mr. Bond!* ist es Bonds sechster Sinn, der ihn einen Verfolger lokalisieren lässt. 007 bemerkt den ↗ »Kaukasier«, der etwa 70 Kilo schwer, Mitte dreißig, gutrasiert, gutgebaut, hinter ihm auftaucht. Blicke, die der Kaukasier nach rechts und links schickt, signalisieren dem Agenten, dass sein Verfolger im Team arbeitet. Der Kaukasier (im Original ist von »Caucasian« die Rede, was im Englischen »Weißer« bedeutet) wird von 007 aufgrund des Märchens *Alice im Wunderland* (↗ Zitate) »Delfin« genannt. Bond hängt den Delfin ab und verfolgt ihn seinerseits. Er wird Zeuge, wie der Mann von Unbekannten zu Tode geknüppelt wird. Später stellt sich heraus, dass der Verfolger auf James Bonds Seite war und ↗ Patrick Malloney hieß.

DEL MATEO (Filmcharakter)
Signorina del Mateo kommt bei der Fasanenjagd im Film ↗ *Moonraker – streng geheim* (1979) vor.

DELOIRE, MICHEL (Kameraführung)
Unter ↗ Alec Mills arbeitete Michel Deloire bei der Produktion des Films ↗ *Moonraker – streng geheim* (1979). Des Weiteren waren auch ↗ Guy Delatte, ↗ John Morgan und ↗ James Devis für die Kameraführung bei den Dreharbeiten zuständig.

DELTA
↗ Ed Rushia und ↗ »M« sprechen in ↗ John Gardners Roman ↗ *Fahr zur Hölle, Mr. Bond!* über einsetzbare Gruppen, die das Netz von ↗ Lee Fu-Chu zerstören könnten. Delta sei nur eine von vier möglichen Einsatzgruppen. Alle Gruppen seien so gut wie die Sondereinheiten der Luftwaffe.

DELTA-9-NERVENGAS
Im James-Bond-Film ↗*Goldfinger* (1964) benutzt der Bösewicht Delta-9-Nervengift, um sich seiner »Geschäftspartner« zu entledigen. Er will dieses Gas in seinem Plan »Grand Slam« dazu verwenden, die in ↗Fort Knox stationierten Truppen außer Gefecht zu setzen. ↗Goldfinger redet bei der Wirkung des Gases von einer 24-Stunden-Ohnmacht, in die jemand fällt, der das unsichtbare Nervengas einatmet. James Bond weiß da besser Bescheid: Delta-9-Nervengas wirkt tödlich. Als die Szene geplant wurde, murrte Darsteller ↗Gert Fröbe, er fände die Tötungsmethode mit Gas geschmacklos. Jüdische Zuschauer könnten Parallelen zu den Tötungsmethoden im Dritten Reich vermuten. Eine solche Anspielung ist hierbei jedoch nicht gewollt. Für die Aufnahmen, in denen Hunderte von Soldaten umfallen, weil sie Delta-9-Nervengas einatmen, ließ sich Regisseur ↗Guy Hamilton etwas Besonderes einfallen: Jeder Soldat erhielt zehn Dollar und ein Bier, wenn er sich fallen ließ, nachdem ein Flugzeug von ↗Pussy Galores Flying Circus über seinen Kopf hinweggeflogen war.

DELTA – DELTA (Code)
Der verabredete Code für das Auftauchen des Unterseebootes bei der ↗»Operation Seefalke« im Roman ↗*Nichts geht mehr, Mr. Bond* lautet »Delta – Delta«. ↗John Gardner ließ diesen Code in seinem Roman von Bond selbst und dem U-Boot-Kapitän ↗Alec Stewart verwenden. Der Code »Bravo – Bravo – Bravo« war bei Gefahr anzuwenden.

DELTA DORIC (Firma)
Delta Doric war die Baufirma, die die 007-Stage wieder aufbaute, nachdem sie vor der Produktion von ↗*Im Angesicht des Todes* (1985) bei einem Feuer vernichtet worden war. Die Firma war auch für den Ausbau der Leavesde-Hallen verantwortlich. In ihnen wurde ↗*GoldenEye* (1995) gedreht. Der Umbau der alten Fabrik in ein Filmstudio von über 110.000 Quadratmetern dauerte nur fünf Monate.

DEL TORO, BENICIO (Darsteller)
Benicio del Toro wurde 1968 in Puerto Rico geboren. Er behauptet heute, sich unabsichtlich für das Fach »Schauspiel« auf einer kalifornischen Universität eingeschrieben zu haben. Aus dem Versehen entwickelte sich eine Leidenschaft, die del Toro noch heute Erfolge beschert.

Der junge Puertoricaner war damals so gut in diesem Fach, dass er ein Schauspielstipendium erhielt und sich am Stella Adler Conservatory in New York ausbilden ließ. Nachdem er auch am Circle in the Square und am Actor's Theatre in Los Angeles Erfahrungen gesammelt hatte, ging er zum Film. Seine erste Rolle in der Serie *Miami Vice* war klein, brachte ihm aber weitere Angebote ein, so z. B. in *Big Top Pee-Wee* (1988).

↗Michael G. Wilson bezeichnet Benicio del Toro heute als eine »große Entdeckung«. Mit 21 Jahren war del Toro einer der jüngsten Darsteller, die je in einem Film gegen James Bond kämpften. ↗Albert R. Broccoli war sehr angetan davon, dass der junge Schauspieler sogar Unterricht im Umgang mit einem Butterfly-Messer nahm, um vor der Kamera damit professionell umgehen zu können.

Für ↗*Lizenz zum Töten* wurde er wegen seiner Augen ausgewählt, in denen angeblich etwas wie ein »böser Funke« glomm, was ↗Ian Fleming in seinen Romanen immer wieder bei 007s Gegnern beschrieben hatte (↗roter Funke). Del Toro spielte ↗Franz Sanchez' besten Mann ↗Dario in ↗*Lizenz zum Töten* (1989). Zwar wurde er mit diesem Film einem Millionenpublikum bekannt, doch der Weltruhm infolge einer Auszeichnung kam erst Jahre später. Del Toro erhielt für den Film *Traffic – Macht des Kartells* (2000), in dem er unter anderem neben Michael Douglas spielte, einen Oscar als bester Nebendarsteller. Bei der Oscarverleihung hielt der Profi, sicherlich nicht nur wegen des Zeitdrucks, nur eine kurze Rede. Das mag daran gelegen haben, dass del Toro hauptsächlich spanisch spricht. Bei den Dreharbeiten zum Erfolgsfilm hatte es deswegen auch schon Verständigungsprobleme gegeben. Vor seiner Auszeichnung hatte er u. a. auch in dem raffinierten Krimi *Die üblichen Verdächtigen* (1995) mitgewirkt.

DELUCA, RANDE (Stuntman)
Zusammen mit ↗B. J. Worth gestaltete Rande Deluca bei der Produktion von ↗*Octopussy* (1983) eine Szene auf der Außenhaut einer fliegenden ↗Beechcraft 18. Weiterer Stuntman im Team: ↗Jake Lombard.

DELVILLE, ASKON (Romanfigur)
Askon Delville ist Ladenbesitzer am Mississippi. Im Roman ↗*Moment mal, Mr. Bond* kauft der taubstumme ↗Criton einmal pro Woche bei Delville ein.

DEMAIN (Zeitung)
In ↗Carvers Hamburger Nachrichtenzentrum im Film ↗*Der Morgen stirbt nie* (1997) befindet sich auch eine Abteilung zur Zeitungsproduktion. An einer Tür steht »Demain«, was darauf schließen lässt, dass Carver die Zeitung ↗»Der Morgen« (↗»Tomorrow«) auch in Frankreich vertreibt.

DEMI-TASSE (Filmcharakter)
In den frühen Drehbuchentwürfen von ↗*Der Mann mit dem goldenen Colt* (1974) taucht zwar ein »Zwerg« auf, doch heißt er weder ↗Nick Nack noch ↗Schnick-Schnack. ↗Tom Mankiewicz hatte der Figur den Namen »Demi-tasse« gegeben, der aber bei der Drehbuchüberarbeitung von ↗Richard Maibaum geändert wurde.

DEMONS CROSS (Ort)
Die endgültige Liquidation ordnet ↗Sanchez im Roman ↗*Lizenz zum Töten* an, als 007 beginnt, seine Tankwagen anzugreifen. Am »Demons Cross« sollen Sanchez' Schergen zuschlagen. James Bond will noch nicht aufgeben. Als eine Rakete auf ihn abgefeuert wird, fährt er seinen LKW auf einer Seite, und das Geschoss jagt unter dem schräg stehenden Fahrzeug hindurch. Der Wagen der Bösewichte wird am »Demons Cross« vom Lastwagen des Agenten zerquetscht.

DER DEMÜTIGE (Romanfigur)
↗Wladimir Scorpius/Vater Valentine

DER DEMÜTIGE WIRD ERBEN ...
Immer wieder stammeln unter Drogen stehende Personen im Roman ↗*Scorpius* den Satz »Der Demütige wird erben ...«. Bei dem Demütigen handelt es sich um ↗Vater Valentine, der James Bond aus den Geheimakten des ↗MI6 besser als ↗Wladimir Scorpius bekannt ist. Er ist Anführer der ↗»Gesellschaft der Demütigen« und macht aus Menschen Kamikaze-Terroristen.

DENCH, JUDI (Darstellerin)
Die Schauspielerin Judi Dench wurde am 9. Dezember 1934 in England unter dem Namen Judith Olivia Dench geboren. Nach der Mont School in York, auf der sie schon früh ihr schauspielerisches Talent entdeckte, besuchte sie die Central School of Speech and Drama.

Dench zeigte großen Einsatz für das Theater, spielte oft und wurde dafür 1970 mit dem Orden des British Empire ausgezeichnet. 1988 erhielt Dench den Titel »Dame« von Königin Elisabeth II. und wurde in den Adelsstand erhoben. Um James Bond zeitgemäßer zu gestalten, beschlossen ↗Albert R. Broccoli, ↗Michael G. Wilson und Regisseur ↗Martin Campbell, den Chef ↗»M« im geplanten Film ↗*GoldenEye* (1995) weiblich sein zu lassen. Zuletzt hatte ↗Robert Brown in ↗*Lizenz zum Töten* (1989) »M« gespielt. Judi Dench, die schon 23 Bühnen- und Filmpreise gewonnen hatte, bekam das Angebot und war begeistert. »Ich war eng mit dem ersten ›M‹-Darsteller Bernhard Lee befreundet und empfinde es als eine Ehre, eine Rolle zu spielen, die er geprägt hat, auch wenn ich eine andere ›M‹ bin«, freute sich die Darstellerin auf ihre neue Aufgabe. Dennoch gestalteten sich die Dreharbeiten sehr schwierig. Dench, die die Größe des Projekts erkannte, war so aufgeregt, dass einzelne Szenen für sie umgeschrieben werden mussten. So sollte sie ursprünglich rauchen, doch Denchs Hand zitterte so sehr, dass es dem Zuschauer aufgefallen wäre, und sie bekam einfach ein Glas in die Hand, um sich daran »festhalten« zu können.

Das Publikum reagierte auf die Veränderung unterschiedlich. Nach sechzehn Filmen mit einem männlichen »M« war die Bond als »frauenfeindlichen Dinosaurier« beschimpfende Frau nicht nach dem Geschmack eines jeden Kinogängers. Nachdem die Darstellerin für *Ihre Majestät: Mrs. Brown* (1997) eine Oscarnominierung erhalten hatte, kam sie zu Bond zurück: Sie übernahm die Rolle der »M« auch in ↗*Der Morgen stirbt nie* (1997) (wo sie mehr Sicherheit ausstrahlte) und wurde nun vom Publikum voll akzeptiert. Der große Part im Film ↗*Die Welt ist nicht genug* (1999), in dem Dench als »M« entführt und von 007 gerettet wird, ließ Dench die Freiheit, der Figur mehr Menschlichkeit und Ausstrahlung zu geben. Die Darstellerin hat sich in der Rolle so durchgesetzt, dass sie nicht mehr wegzudenken ist. Ihren ersten Oscar gewann Dench für die beste Nebenrolle in *Shakespeare In Love* (1998) als Königin Elisabeth I. Den vierten Auftritt als Geheimdienstchefin hatte sie schließlich in ↗*Stirb an einem anderen Tag* (2002). Für ↗*Casino Royale* (2006) drehte Dench auf den Bahamas und lobte das angenehme Arbeiten an den traumhaften Stränden.

DENG (Romanfigur)
Auf der Suche nach General ↗Chang sucht ↗Wai Lin den Manager Mr. Deng auf. Sie gibt sich als Prostituierte namens Anita aus, und als sie in seiner Wohnung ist, will sie an die nötigen Informationen herankommen. Deng ist ein übergewichtiger Mann Mitte vierzig.

DENIKIN (Romanfigur)
Im Buch ↗*Liebesgrüße aus Moskau* denkt ↗Tatjana Romanowa an Professor Denikin. Denikin hatte Romanowa für gute Leistungen gelobt.

DENNIS, JOHN (Tonaufnahme)
Für den ersten 007-Film ↗*James Bond 007 jagt Dr. No* (1962) arbeitete Dennis bei der Tonaufnahme mit ↗Wally Milner zusammen.

DENKTA, RAUF (Romanfigur)
Der Verbrecher Manville Duncan plant im Roman ↗*Tod auf Zypern*, den Präsidenten Rauf Denkta der Türkischen Republik Nordzypern zu töten.

DENTON, ANTHONY (Romanfigur)
Nicht nur James Bond benutzt Decknamen und gibt sich als eine andere Person aus, auch ↗Bill Tanner tarnt sich so. Im Roman ↗*Die Ehre des Mr. Bond* soll 007 im Auftrag von ↗Tamil Rahani, ↗General Zwingli und ↗Dr. Jay Autem Holy die ↗EPOC-Frequenz beschaffen. Holy nennt den Namen des Sicherheitsoffiziers vom Dienst: Anthony Denton. Bond kennt Denton gut. Er hatte vor einigen Jahren gemeinsam mit ihm einen sowjetischen Überläufer, der sich in der Britischen Botschaft in Helsinki aufhielt, nach London gebracht. Tanner, der in die Rolle von Denton schlüpft, telefoniert mit Bond, um die Gegenseite zu täuschen.

DENTONITE (Waffe)
Wie der Name schon sagt: die Zahnpasta Dentonite, die ↗»Q« für James Bond in

↗ *Lizenz zum Töten* (1989) mit in seinem Reisegepäck hat, ist in Wirklichkeit (Plastik-)Sprengstoff.

DEN TRITT KRIEGEN

Als James Bond im Buch ↗ *007 James Bond und der Mann mit dem goldenen Colt* von ↗ Scaramanga »zum Abschuss freigegeben wird«, verhalten sich alle Ganoven gegenüber 007 sehr abweisend.

Bond erkennt die gefährliche Situation, denn er soll »den Tritt kriegen« – was in der Gaunersprache »umgebracht werden« heißt.

DENT, STEVE (Stuntman)
↗ Greg Powell und ↗ Gerardo Moreno

DERANGE (Comicfigur)
↗ *James Bond Jr.*

DE RAUCH, MICKEY (Schwimmerin/Darstellerin)
↗ Jean McGrath

DERA
Siehe Inhaltsangabe ↗ *High Time To Kill*

DERGAN, LISA (Romanfigur)
↗ *Midsummer Night's Doom*

DERMATOM (Waffe)
↗ Helga Brandt hat gefährliche Spielzeuge in ihrer Schublade. In ↗ *Man lebt nur zweimal* (1967) zeigt sie James Bond auf dem Schiff Ning-Po ein »Dermatom« – ein Skalpell, das in der plastischen Chirurgie benutzt wird, um Haut abzutrennen. Sie bedroht 007 mit der Waffe, doch sein Charme ist stärker: Bond benutzt das Dermatom, um die Träger von Brandts Kleid zu durchtrennen.

DERRICK-ARME (Romanfiguren)
↗ Emilio Largos Team wird im Roman ↗ *Feuerball* als Derrick-Arme bezeichnet. Sie holen ihre Kollegen nach Tauchgängen an Bord der ↗ Disco Volante.

DERRICK, WILLIAM (Darsteller)
Schauspieler William Derrick spielt in ↗ *Octopussy* (1983) den ↗ Jo-Jo-Killer. Er stürzte bei den Dreharbeiten von einem Balkon und brach sich beide Arme. Regisseur ↗ John Glen wollte die Rolle neu besetzen, aber die vielen mit Derrick gedrehten Szenen ließ diese Lösung nicht zu. William Derricks eingegipste Arme wurden in der Farbe seines Körpers geschminkt. Geschickte Kameraeinstellungen bei den Dreharbeiten lassen die eingegipsten Arme im fertigen Film nicht erkennen.

DERRINGER (Waffe)
Ähnlich wie ↗ Stromberg im Film ↗ *Der Spion, der mich liebte* (1977) hat auch ↗ Francisco Scaramanga im Buch ↗ *007 James Bond und der Mann mit dem goldenen Colt* einen letzten Trumpf in der Hand: eine Waffe vom Typ Derringer. Damit schießt der Killer auf 007 und trifft. Bond feuert zurück – er überlebt das Duell. Die Patrone, die Bond traf, war mit Schlangengift gefüllt.

DERVAL, DOMINO (Filmcharakter)
Domino Derval ist die Schwester von ↗ Fransois Derval und die Geliebte von ↗ Emilio Largo. Ihr richtiger Name im Drehbuch lautete eigentlich Dominique Derval – Domino sollte der Spitzname sein. Die Figur kommt im Film ↗ *Feuerball* (1965) vor, wo sie von ↗ Claudine Auger verkörpert wird. Domino verbündet sich im Verlauf des Films mit James Bond und rächt ihren von Largo getöteten Bruder, indem sie den Schurken mit einer Harpune erschießt. Als es um die Besetzung der Figur ging, wollte ↗ Broccoli ursprünglich ↗ Raquel Welch sehen. Sie wurde in letzter Minute durch Auger ersetzt.
↗ Dominetta Vitali

DERVAL, FRANÇOIS (Filmcharakter)
Im Drehbuch von ↗ *Feuerball* (1965) und im Nachspann nur noch als ↗ Franco Palaz-

zi bezeichnet, wird Major François Derval im vierten Bond-Abenteuer vom Schauspieler ↗Paul Stassino verkörpert. Stassino hatte eine Doppelrolle: Derval wird von Palazzi ermordet und dieser nimmt seinen Platz ein.

DESCENT, JACK (Drehortbuchhaltung)
Bei der Produktion ↗Lizenz zum Töten (1989) war Jack Descent Drehortbuchhalter in Florida.

DESCHAMPS, JEAN-MARC (Drehortmanager)
↗Nick Daubeny

DESMOND, JOHN (Romanfigur)
John Desmond wird dem Leser im Roman ↗Countdown! vorgestellt. Er ist neben dem Vorsitzenden ↗Guy Thackeray eines der Vorstandsmitglieder der Firma ↗EurAsia und besitzt Aktien. Desmond wird von ↗Benson als scheidender Vorsitzender beschrieben, der mit seiner Frau bei einer Firmenfeier auf dem schwimmenden Restaurant ↗»Emerald Palace« anwesend ist. Der 65 Jahre alte Mann, der dreißig Jahre mit an der Spitze EurAsias gestanden hat, soll von Thackeray verabschiedet werden. Desmond kommt um, als das Restaurant durch eine Explosion in Flammen aufgeht. Mit Desmond sterben nicht nur seine Frau, sondern auch alle anderen Anwesenden mit Ausnahme von Thackeray, der sich frühzeitig mit einem Schnellboot abgesetzt hat. Der Anschlag ging auf das Konto der ↗Albino-Chinesen.

DE SOUZA, EDWARD (Darsteller)
Es ist ungewöhnlich, dass die Wahl der Produzenten für den Darsteller des Scheichs ↗Hussein im Film ↗Der Spion, der mich liebte (1977) auf Edward de Souza fiel. Er war zwar wie ein Scheich gekleidet, wirkte jedoch wenig überzeugend, besonders, als er erwähnte, mit 007 in Cambridge studiert zu haben.

DESPERATE DAN (Romanfigur)
Der Spitzname von ↗Dan Woodward im Roman ↗Sieg oder stirb, Mr. Bond lautet »Desperate Dan«. 007 erfährt, dass Woodward als Ersatz für ↗Edgar Morgan an Bord der ↗Invincible kommen soll.

DESTROY SILICON VALLEY (Lied)
↗A View To A Kill (Soundtrack)

DESTRY, SUSAN (Romanfigur)
↗Sukie Tempesta

DETEKTIVBÜRO
↗Melina Havelock behauptet in ↗In tödlicher Mission (1981), sie habe ↗Gonzales mit Hilfe eines Detektivbüros ausfindig gemacht. ↗Felix Leiter, der enge Freund Bonds, arbeitet in den Romanen nach seiner Tätigkeit bei der ↗CIA für eine Detektivagentur.

DE TERVILLE, GILLIAN (Darstellerin)
Gillian de Terville spielte in ↗Octopussy (1983) eines der bildhübschen Mädchen, die für Octopussy arbeiten und bei der Bewachung des Schwimmenden Palastes helfen. Dargestellt wurden die Charaktere neben de Terville von Mary Stavin, Carolyn Seaward, Carole Ashby, Cheryl Anne, Jani-z, Julie Martin, Joni Flynn, Julie Barth, Kathy Davies, Helene Hunt, Safira Afzal, Louise King, Tina Robinson, Alison Worth, Janine Andrews und Lynda Knight.

DETROIT PURPLE GANG (Organisation)
In ↗Flemings Roman ↗007 James Bond und der Mann mit dem goldenen Colt heißt es, ↗Francisco Scaramanga habe bei einem Duell in Amerika ↗Ramon Rodriguez erschossen. Rodriguez, auch ↗»Schießeisen« genannt, war Mitglied bei der »Detroit Purple Gang«. Nach dem Mord musste Scaramanga Amerika verlassen, soll aber von ↗»Mob« mit 100.000 Dollar entlohnt worden sein.

DEUTSCH (Sprache)

Fragt man Bond-Fans, wann 007 deutsch gesprochen hat, so fällt als erster und meist auch einziger Film ↗*Der Morgen stirbt nie* (1997). 007 sagt hier in der Originalversion den deutschen Satz: »Ja, mein Büro hat ein Auto reserviert (...) Dankeschön.« (in der Synchronversion wurde daraus: »Das ist sehr freundlich, mein Büro hatte ein Auto reserviert (...) Dankeschön.«) Selbst Thomas Gottschalk war davon so begeistert, dass er Brosnan den Satz in *Wetten dass ...?* wiederholen lassen wollte (Brosnan hatte ihn aber vergessen). Der Bond-Film, in dem 007 am meisten deutsch spricht, ist ↗*Octopussy* (1983). Der Agent fährt als Anhalter bei Bubi und ↗Liebchen mit und in der englischen Originalversion hört man folgende Dialoge:

James Bond: »Schnell bitte, schnell!« – und als ihm ein Würstchen von Liebchen angeboten wird, lehnt er mit »Danke« ab. Auch das später angebotene Bier nimmt er nicht an: »Dankeschön, sehr freundlich.« Beim Verlassen des VW-Käfers wehrt er immer noch ab: »Nichts, danke!«, sagt 007 (↗Roger Moore) genervt.

Er versucht mit den Worten »Bitte, Fräulein! Ist sehr wichtig ...« in eine Telefonzelle zu gelangen, doch eine unfreundliche Deutsche drängelt sich vor.

In ↗*Stirb an einem anderen Tag* (2002) will ↗Zao die Identität des Deutschen ↗Thomas Schiller annehmen. Er lernt auf ↗Los Organos die deutsche Sprache. Ein Handlanger auf Island spricht James Bond auch im Originalfilm auf Deutsch an.

↗Nachruf

DEUTSCHE (Filmcharakter)

Zu den Todesengeln auf dem ↗Piz Gloria gehören viele Mädchen verschiedener Nationalitäten. Neben einer Australierin, einer Israelin und einer Irin taucht auch eine Deutsche auf. Die Rolle dieser Deutschen im Film ↗*Im Geheimdienst Ihrer Majestät* (1969) wurde von ↗Ingrid Back gespielt.

DEUTSCHE DARSTELLER IN JAMES-BOND-FILMEN

Deutsche Darsteller gab es in James-Bond-Filmen schon früh, doch erst seit ↗*Goldfinger* (1964) gelten sie als Geheimtipp bei der Besetzung der Schurken: ↗Lotte Lenya als ↗Rosa Klebb in ↗*Liebesgrüße aus Moskau* (1963) / ↗Gert Fröbe als ↗Auric Goldfinger in ↗*Goldfinger* (1964) / ↗Karin Dor als Nr. 11, ↗Helga Brandt, in ↗*Man lebt nur zweimal* (1967) / ↗Ilse Steppat als ↗Irma Bunt in ↗*Im Geheimdienst Ihrer Majestät* (1969) / ↗Curd Jürgens als Karl Stromberg in ↗*Der Spion, der mich liebte* (1977) / ↗Gottfried John als ↗Arkadi Grigorovitsch Ourumov in ↗*GoldenEye* (1995) / ↗Götz Otto als ↗Stamper in ↗*Der Morgen stirbt nie* (1997) / ↗Justus von Dohnanyi als ↗Nikolai in ↗*Die Welt ist nicht genug* (1999) / Nur ↗Claude Oliver Rudolph als ↗Colonel Akakievich in ↗*Die Welt ist nicht genug* (1999) spielte einen »Guten«.

DEUTSCHE VERSIONEN VON JAMES-BOND-SONGS

Im Laufe der Jahre erschienen immer mehr – meist erfolglose – deutsche Versionen von James-Bond-Songs.

Original (Deutsche Version) – Sänger/Gruppe:

- From Russia With Love *(Die Wolga ist weit*)* – **Ruth Berle**
- You Only Live Twice *(Du lebst nur zweimal)* – **André Gissy**
- Do You Know How Christmas Trees Are Grown *(Wovon träumt ein Weihnachtsbaum im Mai)* – **Katja Ebstein**
- Diamonds Are Forever *(Diamanten sind für immer)* – **Tanja Berg**
- Nobody Does It Better *(Kein anderer fliegt mich höher)* – **Tine Kemp**
- For Your Eyes Only *(In deinen Augen)* – **Sollie Nero**

*) ↗Als *Liebesgrüße aus Moskau* (1963) in den deutschen Kinos lief, legte man Berles Lied über den Abspann einiger Filmkopien.

DEUTSCHLAND (Ort)
Viele Deutsche fühlten sich geehrt, als bekannt wurde, dass ihr Lieblingsheld im Film ↗*Octopussy* (1983) in Deutschland agieren würde. Die Freude kam jedoch etwas spät: Schon 1971 wurden Szenen für ↗*Diamantenfieber* in der Bundesrepublik gedreht: 007s Ankunft auf dem Frankfurter Flughafen mit der Leiche von ↗Peter Franks im Gepäck. Die Aufnahmen für *Octopussy* waren umfangreicher, und selbst ↗Roger Moore kam nach Berlin und schrieb fleißig Autogramme. Gedreht wurde in der Friedrichstraße und am Grenzübergang ↗Checkpoint Charlie. Anstoß für die Dreharbeiten in Deutschland gab ↗Ian Fleming in seiner Kurzgeschichte ↗*The Living Daylights* – ↗*Der Hauch des Todes*. In *Octopussy* hält sich die Doppelnull sowohl in Ost- als auch in Westberlin auf. Erst für ↗*Der Morgen stirbt nie* (1997) wurde wieder ein deutscher Drehort gewählt. Diesmal war es Hamburg, wo ↗Elliot Carver eine Nachrichtenzentrale seiner Firma ↗CMGM betreibt.

DEUXIÈME BUREAU
↗René Mathis arbeitet für das Deuxième Bureau, das für einen Franzosen ist, was für den Engländer der ↗Secret Service ist. So wird es im Roman ↗*Casino Royale* beschrieben.
↗Tripel-X (Code)

DEVETTA, LINDA (Make-up-Aufsicht)
Die Beaufsichtigung der Make-up-Effekte in ↗*GoldenEye* (1995) hatte Linda Devetta.

DEVIS, JAMES (Kameraführung)
Unter ↗Alec Mills arbeitete James Davis bei der Produktion des Films ↗*Moonraker – streng geheim* (1979). Des Weiteren waren auch ↗Michel Deloire, ↗Guy Delatte und ↗John Morgan für die Kameraführung zuständig. In ↗*In tödlicher Mission* (1981) muss 007 an einem fliegenden Helikopter herumklettern, um ins Führerhaus zu gelangen. Devis machte die Aufnahmen diesmal als Regisseur und Kameramann der Second Unit.

DEVIS, JIMMY (Aufnahmen)
Zusätzliche Aufnahmen für die Produktion von ↗*Octopussy* (1983) lieferten Jimmy Davis und Bob Collins.

DEVLIN, SHARON (Darstellerin)
↗Odette Benatar

DEVONSHIRE (Schiff)
Das Schiff »Devonshire« kommt im Film und auch im Roman ↗*Der Morgen stirbt nie* vor. Die britische Fregatte vom ↗Typ 23 Duke Class absolviert routinemäßige Patrouillenfahrten zwischen den Philippinen und Hongkong. Commander ↗Richard Day befehligt das Schiff. Die Position wird durch Satelliten bestimmt. Was keiner weiß: ↗Elliot Carver und ↗Henry Gupta haben den Satelliten beeinflusst. Die gelieferten Daten sind falsch. Zwei chinesische MiGs überfliegen die »Devonshire« und in der Nähe taucht Carvers ↗Stealths-Boot »Sea Dolphin II« auf. Von dort aus lässt der deutsche ↗Stamper mit einem Riesenbohrer namens ↗»Sea Vac« unter Wasser ein Loch in die »Devonshire« »fressen«. Das britische Schiff sinkt, und um Briten und Chinesen als Feinde dastehen zu lassen, wird auch eine chinesische MiG abgeschossen.

DEVON, VICTORIA (Filmcharakter)
Lady Victoria Devon kommt in ↗*Moonraker – streng geheim* (1979) vor. Sie lauscht ↗Drax' Klavierspiel in dessen Domizil in Kalifornien. Lady Victoria Devon kommt in ↗*Moonraker – streng geheim* (1979) vor. Sie lauscht ↗Drax' Klavierspiel in dessen Domizil in Kalifornien. Dargestellt wurde Victoria Devon von ↗Françoise Gayat.

DEXEDRIN
Im Roman ↗*Niemand lebt für immer* will es 007 nicht riskieren, im Schlaf ermor-

det zu werden. Er schluckt Dexedrin. Am nächsten Tag trifft er ↗Steve Quinn, ohne auch nur ein Auge zugemacht zu haben.

DEXTER (Romanfigur)
Dexter ist eine Figur aus dem Roman ↗*Leben und sterben lassen*. Er wird als melancholisch aussehende Person mittleren Alters beschrieben und steht im Rang eines Captains. ↗Halloran macht 007 und Dexter in New York miteinander bekannt.

DEXTRINTABLETTEN
Die ↗»Operation Großer Schlag« im Roman ↗*Goldfinger* ist für alle Schurken anstrengend. Neben Kaffee gibt es auf Wunsch auch zwei Dextrintabletten pro Person, um eine aufputschende Wirkung zu erzielen.

DI
»Di« ist ein erfundener Name, der von einem Bösewicht im Roman ↗*Sieg oder stirb, Mr. Bond* von ↗John Gardner benutzt wird. Um den echten ↗Dan Woodward außer Gefecht zu setzen, wendet die Gegenseite einen alten Trick an. Einer tarnt sich als Taxifahrer, der angeblich am Straßenrand seinen alten Freund ↗Nobby entdeckt und seiner Frau Di etwas ausrichten lassen will. Als das Taxi dann hält, springt der angebliche Nobby zum Fahrgast auf den Rücksitz und bedroht ihn mit einer Waffe.

DIAGNOSE
↗»M« verliest im Roman ↗*Feuerball* die Diagnose, die James Bonds Arzt erstellt hat. Darin geht es um 007s ungesunde Lebensweise, seinen Alkohol- und Zigarettenkonsum und seine Werte. »Die Untersuchung erbrachte nur geringe Schädigungsanzeichen: Zunge belegt, Blutdruck leicht erhöht (160/90), Leber o. B. Doch gibt der Beamte zu, häufig an Schmerzen im Hinterkopf zu leiden. Die Trapezmuskeln sind verkrampft, Rheumaknoten fühlbar – wohl eine Folge der Lebensweise. Vorhaltungen gegenüber bleibt der Beamte unzugänglich. Zur Wiederherstellung seines früheren ausgezeichneten Gesundheitszustandes werden Nr. 007 zwei bis drei Wochen Ausspannen bei strenger Diät empfohlen. (...) leichte osteopathische Veränderungen in den oberen Wirbeln – daher wohl die Kopfschmerzen –, und eine etwas nach hinten verlagerte rechte Hüfte, wohl als Folge eines schweren Sturzes.«

An eine Diagnose, die »M« an Bond weitergegeben hat, erinnert sich 007 auch im Roman ↗*Moonraker Streng geheim*. Darin heißt es: »Der Untersuchte räumt einen täglichen Konsum von mehr als einer halben Flasche Spirituosen mit einem Alkoholgehalt von 35 Prozent und mehr ein. Ferner raucht er am Tag durchschnittlich sechzig Zigaretten ohne Filter. Diese aus einer Mixtur von türkischen und Balkan-Tabaken eigens für ihn hergestellten Zigaretten haben einen höheren Nikotingehalt als handelsübliche Marken. Bei einer Untersuchung ergab sich, dass diese Art der Lebensführung die erwarteten Wirkungen zu zeigen beginnt. Die Zunge ist belegt. Der Blutdruck wurde mit 180/100 gemessen. Die Leber ist tastbar. In der Häufigkeit und Stärke der Hinterhaupt-Kopfschmerzen, die in einem früheren Bericht erwähnt werden, hat es keinen Rückgang gegeben. Die Verkrampfung im Kapuzenmuskel hat an Stärke zugenommen, und die auf Muskelrheumatismus deutenden Knötchen haben sich vergrößert. Es fällt schwer, der Schlussfolgerung auszuweichen, dass die Gesundheit des Untersuchten durch seine mode de vivre systematisch untergraben wird. Wenn seine Einsatzfähigkeit nicht ernsthaft eingeschränkt werden soll, muss dringend empfohlen werden, dass er sofort das Rauchen einstellt und seinen Alkoholkonsum reduziert. Ein Umsteigen auf Wein wäre vorzuziehen, völlige Abstinenz ideal.«

DIAMANTEN

↗SPECTRE versucht in ↗*Feuerball* (1965), ein Lösegeld zu erpressen, das in Diamanten übergeben werden soll. Die Edelsteine sollen zwischen drei und acht Karat haben und insgesamt 100 Millionen Pfund wert sein. Diamanten als Hauptthema enthält natürlich der Film ↗*Diamantenfieber* (1971), aber auch in ↗*Der Hauch des Todes* (1987) kommen die Edelsteine vor. ↗Koskov bezahlt mit ihnen das Opium, das er von der ↗Schneeleoparden-Bruderschaft kauft. Von ↗»M« wird James Bond im Roman ↗*Diamantenfieber* über Namen und Wert verschiedener Steine aufgeklärt. Bond sieht unter anderem das »schönste Stück« mit Namen ↗»Fine Blue-White«, den zehnkarätigen ↗»Top Crystal« (ein Baguetteschliff [wer sich auskennt, weiß, es müsste eigentlich »Navette-Schliff« heißen]), den leicht bräunlich wirkenden »Cape« und eine große Anzahl von Industriediamanten. Der Geheimdienstchef informiert 007 darüber, dass 90 Prozent des Diamantenhandels über London von der ↗Diamond Corporation abgewickelt und pro Jahr Diamanten im Wert von ca. zwei Millionen Pfund aus Afrika herausgeschmuggelt würden.

Gegenüber ↗Rufus B. Saye redet ↗Sergeant Dankwaerts von folgenden Diamanten, an denen er angeblich interessiert ist: »ein zwanzigkarätiger Wesselton, zwei Fine Blue-whites von je zehn Karat, ein dreißigkarätiger Yellow Premier, ein fünfzehnkarätiger Top Cape und zwei fünfzehnkarätige Cape Unions.« Durch die Aufzählung der Diamanten stellt Dankwaerts fest, dass Saye kein Diamantenhändler sein kann, denn Steine mit den Namen »Yellow Premier« und »Cape Union« sind Fiktion. Zu den beliebtesten Diamant-Schliff-Formen gehören der runde Brillant-Schliff, der viereckige Prinzess-Schliff, der augenförmige Navette-Schliff, der Smaragd-Schliff und der Tropfen-Schliff. Man spricht bei Diamanten oft von vier »Cs« (Cut, Colour, Clarity, Carat [Schliff, Farbe, Reinheit, Gewicht]). Top-Wesselton steht für »hochfeines Weiß«, Wesselton bedeutet »feines Weiß«.

Das Diamantenfieber packt ↗Lee im Roman ↗*Stirb an einem anderen Tag*, als er einen Koffer voller Edelsteine öffnet, die James Bond, getarnt als ↗Van Bierk, an ↗Colonel Moon weiterleiten soll. Im Roman und im Film ↗*Stirb an einem anderen Tag* (2002) stellt 007 fest, dass ↗Gustav Graves bzw. Colonel Moon mit Blut- oder Konfliktdiamanten handelt. ↗Raoul erklärt im Roman: »Die chemische Zusammensetzung zeigt, dass dieser Stein aus Sierra Leone kommt. Das sind Konfliktdiamanten. Seit die Vereinigten Staaten sie mit einem Embargo belegt haben, sind sie wertlos.« Die Diamanten von Graves sind mit dem Logo GG versehen. Sie stammen angeblich aus einer Mine in Island. Graves meint im Roman ↗*Stirb an einem anderen Tag* zum Thema Diamanten: »Nun, Diamanten sind nicht nur sehr teure Steine. Sie sind auch der Stoff, aus dem die Träume gemacht sind – aber sie können auch Träume wahr machen.«

↗Der Stern von Südafrika und ↗Der Akbarschah

DIAMANTENFIEBER (Roman)

↗Ian Flemings vierter 007-Roman ↗*Diamonds Are Forever* aus dem Jahre 1956 wurde in Deutschland 1960 unter dem Titel *Diamantenfieber* veröffentlicht. Viele Ideen fanden ihren Weg in die unterschiedlichsten James-Bond-Filme: So kommt das Pferderennen in veränderter Form in ↗*Im Angesicht des Todes* (1985) vor, der Luxuszug, in dem ↗Mr. Spang reist, erinnert an den Panzerzug von ↗Alec Trevelyan in ↗*GoldenEye* (1995), und ein Teil des Inhalts findet sich natürlich in ↗*Diamantenfieber* (1971) wieder. Der Originaltitel des Buches wurde von Fleming aus einer Werbeanzeige übernommen, in der es hieß: »A Diamond is Forever« (ein Spruch, der noch heute in der Werbung von ↗ De-Beers eingesetzt wird). Ein Titelchaos wie bei ↗ Moonraker blieben Autor und Verleger erspart. Das Buch erschien in der Übersetzung von Günther Eichel bei Ullstein und hat je nach Druck und Auflage ca. 187 Seiten, die in 25 Kapitel gegliedert sind. Die Kapitel wurden in der Übersetzung nur mit Ziffern bezeichnet.

2003 brachte Heyne eine neue »vollständig überarbeitete Ausgabe« der ersten sechs Bond-Romane von Fleming auf den Markt. ↗ Leben und sterben lassen. Der Text wurde an mehreren Stellen geändert. So wurde das Wort »Neger« aus der ursprünglichen Übersetzung immer in »Schwarzer« umgewandelt (siehe Kapitel 13) und auch andere Textänderungen blieben nicht aus. Durch bessere Wortwahl kam die Ausgabe Flemings Original etwas näher:

Beispiele für Wortänderungen:
1. Auflage 1992; Kapitel 1: »Die beiden Scheren wie die Arme eines Ringers vorgestreckt, kam der große Pandius-Skorpion ...«

Neuauflage 2003; Kapitel 1: »Die beiden Scheren wie die Arme eines Ringers vorgestreckt, kroch der große Pandius-Skorpion ...«

Kapitel 7: »kam gemächlich« = »schlenderte gemächlich«; Kapitel 11: »... die grüne Majestät der Ulmen« = »... die grünen majestätischen Ulmen«.

Beispiel für Satzbauänderungen:
1. Auflage 1992; Kapitel 4: »Im Streifenwagen war Sergeant Dankwaerts völlig mit seinen Gedanken beschäftigt, und schweigend fuhren sie den Strand entlang und die Chancery Lane hinauf nach Holborn.«

Neuauflage 2003; Kapitel 4: »Im Streifenwagen war Sergeant Dankwaerts völlig mit seinen Gedanken beschäftigt, und sie fuhren schweigend den Strand entlang und die Chancery Lane hinauf nach Holborn.«

Die Neuauflage ist durch andere Schriftgrößen mit 288 Seiten die dickste deutschsprachige Ausgabe von *Diamantenfieber*.

Inhaltsangabe »Diamantenfieber«:

1) Ein Zahnarzt übergibt einem Diamantenschmuggler die Schmuggelausbeute, die er aus den Mündern farbiger Arbeiter entnommen hat. Der Arzt drängt auf eine »Gehaltserhöhung«. Nach der Übergabe trennen sich die Wege der Männer.

2) James Bond wird von »M« über Diamanten und Schmuggelaffären aufgeklärt. 007 bekommt den Auftrag, in die Rolle eines Schmugglers zu schlüpfen, der zuvor in England verhaftet werden soll. »M« erhofft sich dadurch, an die Hintermänner zu gelangen.

3) Der Geheimagent trifft auf seinen alten Kollegen Vallance. Um unbemerkt den Inhaber eines großen Diamantengeschäftes aufzusuchen, lässt sich Bond sein Gesicht beim Maskenbildner Lobiniere verändern.

4) Zusammen mit dem Kollegen Dankwaerts sucht 007 Rufus B. Saye auf. Die Frage, ob bestimmte Diamanten bei ihm aufgetaucht seien, verneint der Händler. Dankwaerts untermauert Bonds Ansicht, indem er meint, Saye sei kein Diamantenhändler, weil er auf erfundene Namen von Diamanten eingegangen sei.

5) Als Peter Franks trifft James Bond seine Kontaktperson Tiffany Case, und sie beschließt, Franks/Bond solle die Diamanten aufgrund seines Hobbys in Golfbällen versteckt schmuggeln.

6) »M« schickt seinem Mann die Nachricht, unter bestimmten Bedingungen das FBI in den Fall einzuschalten. Ein als Chauffeur getarnter Mann steckt Bond die mit wertvoller Fracht gefüllten Golfbälle ins Gepäck. Auf dem Flug in die USA bemerkt 007 einen außergewöhnlichen Herrn, auf dessen Visitenkarte »W. Winter« steht.

7) Nachdem James Bond den Zoll passiert hat, liefert er die Schmuggelware bei der Kontaktperson Tree ab. Bond soll sein Honorar bei einem getürkten Pferderennen gewinnen. Er bittet um weitere Aufträge und soll deswegen zu einem späteren Zeitpunkt bei Tree anrufen.

8) Unerwartet taucht Felix Leiter auf, der mittlerweile als Privatdetektiv arbeitet und sich für »Pferderennen« interessiert, weil es dort nicht mit rechten Dingen zugeht. Die Männer entschließen sich, wieder zusammenzuarbeiten.

9) Tiffany Case und Bond essen gemeinsam, wobei sie ausschließlich vom »Geschäft« reden. 007 will an den Hintermann ABC herankommen. Als er Case ins Hotel bringt, dreht sie sich plötzlich um, küsst ihn und verschwindet in ihrem Zimmer.

10) Auf dem Weg zur Rennbahn zeigt Leiter Bond einen Zeitungsartikel über das Dorf Saratoga Springs. Der Artikel handelt von der Vergangenheit des Dorfes und der damals herrschenden Kriminalität.

11) Bond und Leiter beobachten die Pferde und sind bei einer Auktion anwesend. Leiter besticht einen Jockey, der andere Pferde beim Rennen im Endspurt behindern soll. »Shy Smile«, das Pferd, auf das 007 setzen sollte, um sein Schmugglerhonorar zu bekommen, sollte ursprünglich so geritten werden, dass es sich auf jeden Fall qualifiziert.

12) Felix Leiters Plan geht auf: »Shy Smile« wird disqualifiziert. Bond hat mit seinem Partner ausgemacht, dem Jockey das Bestechungsgeld persönlich zu übergeben. Später will 007 Shady Tree zur Rede stellen und klären, warum er sein Geld für den Schmuggel beim Pferderennen nicht gewonnen habe.

13) 007 sucht ein Schlammbad auf, wo er dem Jockey das Bestechungsgeld geben will. Der Reiter wird aber von einem unbekannten Attentäter im Schlamm erstickt, während 007 hilflos und in seiner Bewegungsfreiheit eingeschränkt in einer Schlammpackung steckt.

14) Bond ruft Tree wegen des Geldes an und bekommt die Weisung, sich seinen Lohn an den Spieltischen von Las Vegas zu beschaffen. Felix Leiter vermutet, beim Pferderennen wurden zwei Zwillingspferde (ein starkes und ein schwaches) benutzt, um die Rennen zu manipulieren. Er begibt sich auf die Suche nach dem Gebiss des tatsächlichen Pferdes »Shy Smile«, denn nur an den Zähnen kann man dessen Identität nachweisen. Leiter will Bond in die größte Spielhölle der Welt begleiten. James Bond hat den Schlammmörder anhand einer Warze identifizieren können: Mr. Wint.

15) In Las Vegas lernt Bond Leiters Freund Ernest Cuero kennen.

16) Er betritt ein Spielkasino und überdenkt seine Vorgehensweise.

17) Wie geplant gewinnt der Brite am Spieltisch 5000 $. Tiffany Case hat das Spiel als Croupier nach außen hin legal wirken lassen. Bond bricht die vorgegebenen Regeln und spielt weiter: Roulette. Er gewinnt dreimal, als er auf eine Farbe setzt und schickt die Summe von 15.000 $ per Post an Universal Exports.

18) Ernie Cuero und Bond werden verfolgt. Sie flüchten mit dem Auto, doch Cuero wird angeschossen, und Bond von zwei Männern aus dem Wagen gedrängt.

19) In einem Luxuszug trifft Bond als »Geisel« auf Mr. Spang. Da der echte Peter Franks, für den sich 007 ausgibt, nach Spangs Informationen in England im Gefängnis sitzt, sieht es für 007 nicht gut aus. Wint soll Bond zum Reden bringen. Bond geht es hauptsächlich darum, Leiter, Case und Cuero zu retten.

20) Nachdem 007 von Wint und dessen Kollegen Kidd ohnmächtig geprügelt wurde, weckt ihn Case wieder, und beide flüchten mit einer Draisine. Bond legt in SPECTREville Feuer, muss aber bald feststellen, dass einer der Brüder Spang, die hinter der ganzen Sache stecken, mit einem Zug hinter ihnen her ist. Der Agent stellt die Weiche um, und der Bösewicht stürzt mit »The Cannonball« in eine Schlucht. Felix Leiter liest Bond und Case am Straßenrand auf.

21) Zusammen mit Case wird Bond von Leiter in Sicherheit gebracht. Beide gehen an Bord der »Queen Elizabeth«. 007 plant es, den zweiten der Spang-Brüder und

ABC in London zu erwischen. Kurz darauf kommen auch Wint und Kidd an Bord, die einen Hinweis auf Bonds Anwesenheit bekommen haben.

22) Auf der »Queen Elizabeth« kommen sich James Bond und Tiffany Case näher. Sie beschließt, mit ihm zu schlafen. Bond wartet in seinem Zimmer auf sie.

23) Später bei einer Auktion auf dem Schiff fallen 007 zwei Männer auf, von denen einer permanent am Daumen lutscht. Bond kommt nicht darauf, dass es sich um den an seiner Warze lutschenden Mr. Wint handelt und zieht sich in seine Kabine zurück.

24) Nachdem Case unerwartet verschwunden ist, kombiniert Bond, dass die Killer an Bord sind. Er überrumpelt beide, indem er durch das Bullauge in ihre Kabine eindringt. Kidd und Wint sterben durch Bonds Beretta, und er lässt ihren Tod wie Mord und Selbstmord aussehen.

25) In der Wüste lauert James Bond später Jack Spang alias ABC auf. Nachdem der Kopf des »Spangled Mob« den schmuggelnden Zahnarzt erschossen hat, bringt 007 den Helikopter mit Spang in der Kanzel zum Absturz. Der Bösewicht stirbt. Der tote Wint erinnert Bond daran, dass der Tod für immer ist, aber auch daran, dass Diamanten für die Ewigkeit sind.

↗ Saratoga Springs

DIAMANTENFIEBER (Film)

Inhaltsangabe »Diamantenfieber« (1971): James Bond will den Tod seiner Frau Tracy (↗ *Im Geheimdienst Ihrer Majestät*) rächen und tötet Ernst Stavro Blofeld, der sich durch den Einsatz von Doubles hatte retten wollen. Der neue Auftrag des Agenten scheint zunächst Routinearbeit zu sein. Es soll einen Diamantenschmugglerring zerschlagen. Der Profischmuggler Peter Franks soll festgehalten werden und Bond in dessen Rolle zu den Hintermännern vordringen. Zeitgleich sorgen die Killer Mr. Kidd und Mr. Wint dafür, dass alle Mitwisser des Diamantenschmuggels ums Leben kommen.

007 trifft in der Rolle Franks bei seiner Kontaktperson Tiffany Case ein, um die Diamanten entgegenzunehmen. Case überzeugt sich zunächst von »Franks« Identität. Künstliche Fingerkuppen, die »Q« angefertigt hat, machen James Bonds Tarnung perfekt.

Bei einem Telefonat mit dem Waffenmeister erfährt Bond, dass Franks entkommen ist. 007 kann Franks abfangen und tötet ihn im Kampf. Bond tauscht seine Geldbörse mit der der Leiche, und Tiffany Case glaubt, 007 sei tot. Im Magen-Darm Trakt der Leiche schmuggelt Bond die Diamanten in die USA.

Ein Bestattungsunternehmen ist die nächste Station der Diamanten. Mr. Wint und sein schwuler Freund Kidd tauchen auf, schlagen Bond nieder, legen ihn in einen Sarg und wollen ihn verbrennen. Kurz vor seinem Tod wird der Agent gerettet, da in der überführten Leiche nur Fälschungen und nicht die echten Diamanten steckten. Der MI6-Agent mietet sich in einem Luxushotel in Las Vegas ein, wo er in einem Werbeheft des »Whyte House« ein Bild von Shady Tree entdeckt, den er schon im Bestattungsunternehmen getroffen hat. Bond sucht das Kasino »Whyte House« auf, doch er kommt zu spät: Tree wurde schon von Kidd und Wint ermordet. Der Abend lässt sich doch noch viel versprechend an, als er die Bekanntschaft Plenty O'Tooles macht. Sie gehen in sein Hotelzimmer, wo drei Unbekannte schon auf Bond warten. Die Fremden werfen O'Toole aus dem Zimmerfenster. Sie landet im Pool. Ohne ein Wort verschwinden die Grobiane. In seinem Bett findet James Bond Tiffany Case vor, die ihn überreden soll, den Aufbewahrungsort der echten Diamanten zu verraten. Beide verbünden sich. Der Übergabetermin in einem Zirkus wird vereinbart. Felix Leiter von der CIA unterstützt Bond bei diesem Unternehmen. Die Diamantenübergabe läuft ohne Probleme ab, doch Case entkommt. Bond vermutet Case in ihrem Haus in Kalifornien und hat damit Recht. Zu seiner Überraschung schwimmt die Leiche von Plenty O'Toole im Pool. O'Toole war auf der Suche nach Bond und Case beim Haus aufgetaucht und als vermeintliche Case (vermutlich) von Wint und Kidd ertränkt worden.

Die Tote vor Augen will sich Tiffany Case nun tatsächlich mit 007 verbünden. Die Diamanten werden von einer unbekannten Person aus dem Schließfach geholt. Bond verfolgt den Weg der kostbaren Fracht, die mehrfach den Besitzer wechselt. Ziel ist eine Scheinfirma, in die sich der britische Geheimagent einschleicht. Er wird entdeckt, nachdem er sich ein Labor angesehen hat. Mit einem Moonbuggy flüchtet er vor motorisierten Dreirädern und entkommt schließlich mit Tiffany Case nach Las Vegas. Dort beginnt die Jagd auf die Doppelnull – erfolglos. Der Fuhrpark der Polizei gleicht schließlich einem Schrotthaufen. Williard Whyte, der Besitzer des »Whyte House«, ist seit Jahren nicht gesehen worden, Bond interessiert sich für den Mann und klettert nachts in dessen Penthouse: Die Überraschung ist gelungen, als 007 feststellen muss, dass sich hinter dem Namen Whyte Ernst Stavro Blofeld verbirgt. Der hat Whyte entführt und den Platz des Millionärs eingenommen. Noch ein weiterer Blofeld kommt die Treppe herunter – der Erzfeind 007s hat also wieder ein Double.

James Bond wird betäubt und in eine Pipeline vergraben. Er schließt ein elektrisches Schweißgerät kurz und entkommt durch die Einstiegsluke, die die Reparateure nutzen. Man findet Williard Whyte in seinem Wochenendhaus und befreit ihn. Durch Zufall stößt Bond auf das Versteck Blofelds, der mit den Diamanten einen riesigen Laser im Weltraum speist und damit die Weltmächte in Schach halten will. Der Gangster verschanzt sich auf einer Ölbohrinsel. James Bond taucht dort auf und erlebt mit, wie eine Hubschrauberstaffel den Unterschlupf bombardiert. Blofeld will in einem Mini-U-Boot entkommen, doch Bond schleudert seinen Gegner im U-Boot mit einem Kran gegen die Stahlkonstruktionen der Bohrinsel. An Bord eines Luxusdampfers wollen sich 007 und Case erholen, doch Kidd und Wint tauchen auf, um die Mordreihe zum Abschluss zu bringen. Beide Killer überleben den Abend nicht, da Bond der bessere Kämpfer ist. Case blickt zu den Sternen und fragt sich, wie man wohl an die im Satelliten eingebauten Diamanten herankommt.

DIAMANTENFIEBER (Zeichentrickfilm)
↗ *James Bond Jr.*

DIAMANTENMINEN VON SEFADU (Ort)
Die Diamantenminen von Sefadu liefern im Roman ↗ *Diamantenfieber* die Edelsteine. Die Minen gehören laut ↗ Ian Fleming der ↗ Sierra International, die ein Teil der Bergwerksgesellschaft Afric International ist.

DIAMANTENSCHMUGGEL
Im Roman ↗ *Liebesgrüße aus Moskau* fällt das Stichwort »Diamantenschmuggel«. Mitglieder der Organisationen und Abteilungen ↗ RUMID, ↗ MGB und ↗ GRU unterhalten sich über die Schmuggelaffäre, in die auch James Bond (im Roman ↗ *Diamantenfieber*) verwickelt war. Man beschließt, die ↗ Akte »Bond« zu sichten.

DIAMANTENSCHMUGGLERRING
Die geschmuggelten Diamanten in ↗ *Diamantenfieber* (1971) gehen durch viele Hände (und Münder). Angefangen bei schwarzen Arbeitern in den Diamantenminen, werden die Edelsteine von einem korrupten Zahnarzt gesammelt und an einen Hubschrauberpiloten weitergegeben. Der Pilot seinerseits leitet die Ware weiter zur Grundschullehrerin ↗ Mrs. Whistler. Die alte Frau bringt die Diamanten zu ↗ Tiffany Case, die schließlich einen Profischmugg-

ler einschaltet – im Fall des Films ↗Peter Franks, der durch James Bond ersetzt wird, der die Ware in die USA begleitet. In Amerika angekommen, ist eine Übergabe im Krematorium von ↗Mr. Slumber geplant. ↗Shady Tree soll die Diamanten schließlich über ↗Burt Saxby an ↗Ernst Stavro Blofeld weiterleiten (Saxby denkt, Blofeld sei ↗Williard Whyte). ↗Mr. Kidd und ↗Mr. Wint werden im Film beauftragt, alle am Schmuggel beteiligten Personen zu töten; nur Bond und Case überleben.

DIAMANTEN SIND FÜR IMMER (Lied)
↗Deutsche Versionen von James-Bond-Songs

DIAMOND CORPORATION
Von ↗»M« erfährt James Bond im Buch ↗*Diamantenfieber*, dass 90 Prozent des Diamantenhandels in London von der Diamond Corporation abgewickelt werden würden. Auch ist im Roman die Rede vom Geheimagenten ↗Sillitoe, der zum Ärger der Schmuggler mit neuen Bestimmungen in den Bergwerken aufgetaucht ist.

DIAMOND NEWS (Zeitschrift)
Auf einem Tisch im »Haus der Diamanten« liegt eine Zeitschrift mit dem Namen *Diamond News*. Bonds Begleiter ↗Dankwaerts widmet sich der August-Ausgabe (vermutlich August 1956).

DIAMONDS ARE FOREVER (Comic)
↗Comics

DIAMONDS ARE FOREVER (Roman)
Der vierte James-Bond-Roman, der auf den Markt kam, war *Diamonds Are Forever* von ↗Ian Fleming. Das Buch erschien in der Erstauflage von 12.500 Stück (andere Quellen: 14.700) am 4. April 1956 in Großbritannien. Der Verkauf des Romans lief besser an als bei ↗*Moonraker*. Fleming selbst bestand auf Werbeanzeigen, um die Leserschaft auf seinen neuen Roman aufmerksam zu machen. Der Roman *Diamonds Are Forever* wurde 1960 als ↗*Diamantenfieber* ins Deutsche übersetzt – acht Jahre vor *Moonraker*, obwohl dieser Roman schon ein Jahr früher existierte. Weil *Diamantenfieber* nicht so viele Nazi-Elemente wie *Moonraker* enthielt, erschien er als dritter, nicht als vierter Roman in Deutschland. Die 25 Kapitel des englischsprachigen Originals füllen je nach Druck ca. 192 Seiten. Kapitel zehn beinhaltet einen komplett zitierten Zeitungsartikel über das Dorf ↗»Saratoga Springs«, von dem nicht bekannt ist, ob er von Fleming erfunden oder tatsächlich, wie im Roman beschrieben, von ↗Jimmy Cannon geschrieben wurde. Der im Original im letzten Kapitel vorkommende Satz: ↗*Death Is Forever* wurde 36 Jahre später als Titel für ↗John Gardners zwölften James-Bond-Roman verwendet. ↗Kidds Spitzname sollte zunächst ↗»Boofy« sein, so ist er auch in einigen englischen Ausgaben vorhanden, doch ↗Lord Arran, ↗Anne Flemings Cousin, beschwerte sich, weil sein eigener Spitzname »Boofy« Gore war. Daraufhin änderte man den Namen von »Boofy« in ↗»Dolly«. In der vierten Ausgabe von 1962 änderte man »Boofy« in ↗»Windy«, was für Verwirrung sorgte.

Die Kapitel in *Diamonds Are Forever* sind mit folgenden Titeln versehen: 1) The Pipeline Opens; 2) Gem Quality; 3) Hot Ice; 4) »What Goes On Around Here?«; 5) »Feuilles Mortes«; 6) In Transit; 7) »Shady« Tree; 8) The Eye That Never Sleeps; 9) Bitter Champagne; 10) Studillac To Saratoga; 11) Shy Smile; 12) The Perpetuities; 13) Acme Mud And Sulphur; 14) »We Don't Like Mistakes«; 15) Rue De La Pay; 16) The Tiara; 17) Thanks For The Ride; 18) Night Falls In The Passion Pit; 19) Spectreville; 20) Flames Coming Out Of The Top; 21) »Nothing Propinks Like Propinquity«; 22) Love And Sauce Bearnaise; 23) The Job Comes Second; 24) Death Is So Permanent; 25) The Pipeline Closes

DIAMONDS ARE FOREVER (Soundtrack)
Der Soundtrack zum Film ↗*Diamonds Are Forever* enthält folgende Lieder: 1) Diamonds Are Forever; 2) Bond Meets Bambi And Thumper*; 3) Moon Buggy Ride; 4) Circus, Circus; 5) Death At The Whyte House; 6) Diamonds Are Forever; 7) Diamonds Are Forever; 8) Bond Smells A Rat**; 9) Tiffany Case; 10) 007 And Counting; 11) Q's Trick; 12) To Hell With Blofeld.

Die remasterte Version des Soundtracks (erschienen 2003) enthält zusätzlich die Titel: 13) Gunbarrel And Manhunt; 14) ↗Mr. Wint And Mr. Kidd/Bond To Holland; 15) Peter Franks; 16) Airport Source/On The Road; 17) Slumber, Inc.; 18) The Whyte House; 19) Plenty, Then Tiffany; 20) Following The Diamonds; 21) Additional And Alternate Cues

Zum zweiten Mal nach ↗*Goldfinger* (1964) sang ↗Shirley Bassey den Titelsong zu einem James-Bond-Film. *Diamonds Are Forever* stieg im Januar 1972 in die englischen Charts ein und erreichte in sechs Wochen einen 38. Platz. Die Amerikaner behielten *Diamonds Are Forever* nur neun Wochen in den Charts, und das Lied erreichte hier nur einen 67. Platz.

*)↗*Meet-Thema*. **) *Beim Soundtrack von* ↗*Never Say Never Again wurde dieser Liedtitel wieder aufgegriffen, nicht aber die Musik.*

Die CD ↗*The James Bond Collection* enthält zusätzlich das Lied ↗*Blofeld's Laser*.

DIAMONDS ARE FOREVER (Lied)
↗*Diamonds Are Forever* (Soundtrack)

DIAMONDS FOR EVER
Als 1970 die Vorarbeiten für ↗*Diamonds Are Forever* begannen und sich ↗Ken Adam an das Design der Sets machte, glaubte er, der Film würde »Diamonds for ever« heißen und beschriftete mit diesem falschen Titel all seine Skizzen.

DIAVOLO, NICOLAI (Computerfigur)
Im Computerspiel ↗*Alles oder Nichts* kämpft James Bond gegen den Schurken Nicolai Diavolo.

DI CAM, DINO (Synchronisation)
Für die Synchronisation der Produktion ↗*Moonraker – streng geheim* (1979) waren Dino Di Cam, ↗Colin Miller und ↗Allan Sones verantwortlich. Alle drei arbeiteten bei diesem elften offiziellen James-Bond-Film nicht nur erstmalig an einem 007-Abenteuer, sondern auch erstmalig gemeinsam.

DICK (Romanfigur)
Dick ist der Navigator der Boing 747, mit der im Buch ↗*Moonraker Streng geheim* eine ↗Moonraker-Raumfähre überführt werden soll. Er kommt beim Absturz des Flugzeugs ums Leben. Hätte er überlebt, wäre er seinen Plänen nachgegangen: Er wollte sich mit seiner Freundin Louise treffen.

DICK (Romanfigur)
Um die Brüder ↗Changs, drei ↗Albino-Chinesen, im Roman ↗*Countdown!* auseinanderhalten zu können, gibt James Bond ihnen die Namen ↗Tom, Dick und ↗Harry. Dick hat etwa Bonds Statur, was bedeutet, dass er ca. 76 Kilo wiegt und etwa 1,82 Meter groß, schlank und sportlich ist. Die Familie Changs arbeitet als Diener für ↗Thomas Thackeray. James Bond schaltet Dicks Brüder aus, Dick selbst stirbt bei einem Kampf mit ↗Li Xu Nan auf dem Schiff ↗»Glory«, auf dem im Hafen von Hongkong Feuer ausgebrochen ist.

DER DICKE PANCHAX (Tier)
↗Pachypanchax Playfairi

DICKENS, JOANNA (Darstellerin)
In ↗*Sag niemals nie* (1983) spielt Joanna Dickens die Köchin in ↗Shrublands, die schreiend des Weite sucht, als der

↗SPECTRE-Killer James Bond durch eine Scheibe in die Küche schleudert, um dort den Kampf fortzusetzen.

DICKSON (Romanfigur)

Dickson ist Mitarbeiter der ↗Station H im Roman ↗Goldfinger und telefoniert mit James Bond über eine Ladung Haftminen. Dickson trägt die Nummer 279.

DIDIO, TONY (Waffen)

↗Harry Bierman

DIE ANOTHER DAY (Roman)

Der James-Bond-Roman *Die Another Day* wurde von ↗Raymond Benson verfasst. Er basiert auf dem Drehbuch von ↗Neal Purvis und ↗Robert Wade und ist der Roman zum vierten James-Bond-Film mit ↗Pierce Brosnan als 007. Benson schrieb auch die vorherigen Romane zu Brosnan-Bond-Filmen, basierend auf Drehbuchvorlagen. Das Buch erschien in der Erstauflage im November 2002 als Berkley Boulevard Book. *Die Another Day* wurde im Dezember 2002 ins Deutsche übersetzt. Eine fehlerhafte Hardcoverversion des Romans wurde vom Verlag zurückgerufen. Die wenigen verkauften Exemplare sind Sammlerstücke geworden. Die 22 Kapitel des englischsprachigen Originals füllen 216 Seiten. Bensons Bösewicht kann als Anspielung auf den Roman *Colonel Sun* von ↗Robert Markham gesehen werden. Einer von Bonds Gegenspielern heißt z. B. Colonel Moon. Wie der Film *Die Another Day* ist auch das Buch voller Insidergags, die an vergangene Bondabenteuer erinnern (↗Anspielungen in *Stirb an einem anderen Tag*).

Die Kapitel im Buch tragen folgende Titel: 1) Surf's Up; 2) Shooting Galery; 3) Ordeal; 4) Impatient Patient; 5) Seoul Feud; 6) Stopover In Hongkong; 7) Jinxed; 8) The Beauty Parlour; 9) A Man Called Graves; 10) Flashing Blades At St. James's; 11) Reinstated; 12) The Ice Palace*; 13) Let There Be Light ... And Love; 14) In The Hothouse; 15) Betrayed Again; 16) Fire And Ice**; 17) That Sinking Feeling; 18) A New Moon; 19) Korean Standoff; 20) Icarus Unleashed; 21) Into The Maelstrom; 22) Another Day Of Life

*) In ↗John Gardners Buch ↗Icebreaker heißt das dreizehnte Kapitel auch ↗The Ice Palace. **) Eine Anspielung Bensons auf den Film ↗Fire, Ice And Dynamite, in dem ↗Roger Moore 1990 die Hauptrolle spielte und ↗Willy Bogner Regie führte.

DIE ANOTHER DAY (Soundtrack)

↗*Stirb an einem anderen Tag* (Soundtrack)

DIE ANOTHER DAY (Lied)

↗*Stirb an einem anderen Tag* (Soundtrack)

DIEBSTAHLSICHERUNG

Die Diebstahlsicherung à la ↗»Q« in ↗*In tödlicher Mission* (1981) ist explosiv: James Bonds ↗Lotus explodiert, als einer von ↗Gonzales' Handlangern das Beifahrerfenster einschlägt. Die Diebstahlsicherung wird durch einen Aufkleber an der Fensterscheibe »angepriesen«. Nachdem der Film ↗*In tödlicher Mission* (1981) erfolgreich in den Kinos lief, waren die Aufkleber ein Verkaufsschlager.

DIENER

Wie der Roman ↗*Countdown für die Ewigkeit* zeigt, sind die Diener der Bösewichte auch immer potenzielle Feinde James Bonds. Ausnahme ist hierbei der Diener von ↗Hugo Drax im Roman ↗*Mondblitz*. Die Figur ist unwichtig. Im Film ↗*Moonraker – streng geheim* (1979) ist dem nicht so, dort wird ↗Chang aggressiv. Weitere Filme, in denen Diener für Bond gefährlich werden, sind ↗*Goldfinger* (↗Oddjob), ↗*Im Geheimdienst Ihrer Majestät* (↗Grunther) und ↗*Der Mann mit dem goldenen Colt* (↗Schnick Schnack).

DIENSTAUSWEIS

Auf Grund eines noch vorhandenen Dienstausweises, den sie nach der Kündigung durch ↗W. G. Howe nicht abgegeben hat, ist ↗Stacey Sutton in ↗*Im Angesicht des Todes* (1985) noch bevollmächtigt, Zutritt zum Grundbuchamt zu bekommen. Hier recherchiert sie mit 007 und findet heraus, wo sich der Platz ↗»Main Strike« befindet.

DIENSTMÄDCHEN (Romanfigur)
↗Nachruf

DIETRICH
Was für einen Dietrich James Bond in ↗*Im Geheimdienst Ihrer Majestät* (1969) benutzt, um in das Büro der Gebrüder ↗Gumbold einzudringen, wird nicht gezeigt, der Agent schafft es aber, das Türschloss in wenigen Sekunden zu knacken. Mit einem einfachen Dietrich öffnet Bond in ↗*Moonraker – streng geheim* (1979) eine Hintertür, die in die geheimen Gänge von ↗Venini Glas führt. 007 entdeckt im Labor. Die Dietriche, die James Bond im Roman und im Film ↗*Die Welt ist nicht genug* (1999) benutzt, unterscheiden sich voneinander: Im Buch handelt es sich um einen Dietrich, der Klangwellen in das entsprechende Schloss aussendet und es so knackt. Im Film ist es eine Visa-Karte, die an die aus ↗*Im Angesicht des Todes* (1985) erinnert, aber altmodischer wirkt, da sie nicht elektronisch funktioniert. Bond dringt mit dem Dietrich in das mobile Büro von ↗Elektra King ein.

Inhaltsangabe ↗*Never Dream Of Dying*

DIETRICH, SUSANNE (Romanfigur)
In der Geschichte ↗*Nichts geht mehr, Mr. Bond* erfährt der Leser, welche Aufgabe ↗Jungle alias ↗Franz Belzinger oder auch ↗Frank Baisley als ↗Emily auszuführen hatte: Er sollte den weiblichen Offizier Fräulein Dietrich verführen. Die Vorliebe dieser Dame für junge Männer war bekannt und so war es sinnvoll, den jungen Mann mit dem späteren Decknamen ↗»Wald« auf die Frau loszulassen. Susanne Dietrich war für die leitenden Zivilisten der ↗HVA zuständig. ↗Smolin, der sich später als 007s Verbündeter herausstellt, hat die Affäre zwischen Dietrich und Baisley gedeckt und die vier anderen Mädchen gewarnt. Bond ist zunächst verwirrt, kann dann aber überzeugt werden. Als Bond die Geliebte von Jungle in der ↗GRU-Villa zum ersten Mal sieht, ist er überrascht. Sie ist älter, als er erwartet hat, und hat helle, ungekämmte Haare.

DIE WITH MY BOOTS ON (Comic)
↗Comics

DIGITALKAMERA
Wie ein Fernrohr sieht die Digitalkamera aus, die James Bond in ↗*GoldenEye* (1995) benutzt, um ↗Xenia Onatopp beim Betreten der Jacht ↗Manticore zu beobachten. Die digitale Sendekamera leitet aufgenommene Bilder direkt an den ↗MI6 weiter, und so konnte ↗Moneypenny etwas über die Manticore und Onatopp herausfinden. Die Uplink-Kamera verfügt über Mehrfachzoom und einen Restlichtverstärker.

DILLINGER, CHRIS (Darsteller)
Chris Dillinger verkörpert in ↗*Moonraker – streng geheim* (1979) eine Figur, die den Rollennamen »Drax' Techniker« trägt. Da es zwei Schauspieler mit dieser Bezeichnung gibt, ist die Szene, in der Dillinger spielt, nicht eindeutig auszumachen. Darsteller ↗Georges Beller ist der zweite Techniker von Drax.

DILLY (Romanfigur)
↗Lavendel Peacock bittet James Bond in ↗*Countdown für die Ewigkeit*, dass er sie »Dilly« nennt. Da der Vorname »Lavendel« auch in einem Lied vorkommt, das Mrs. Peacock Bond vorsingt, erklärt dies 007 alles. Die Liedzeilen lauten: »Blau blüht der Lavendel, dilly-dilly-...« Lavendel Peacock findet das Lied zwar albern, möchte trotzdem von Bond so genannt werden.

DIMITRI (Filmcharakter)
Einer von ↗Largos Handlangern auf ↗Palmyra in ↗*Feuerball* (1965) ist Dimitri. Er stellt fest, dass der Strom auf der gesamten Insel ausgefallen ist und berichtet seinem Vorgesetzten davon.

DIMITRI (Romanfigur/Filmcharakter)
Liest man den Roman ↗*Die Welt ist nicht genug*, vermutet man noch, Dimitri sei mit der in ↗*GoldenEye* vorkommenden Person identisch, doch weit gefehlt. Der Vorarbeiter in ↗Zukovskys ↗Kaviarfabrik in ↗*Die Welt ist nicht genug* heißt auch Dimitri. Im Film wird sein Name nicht genannt.

DIMITRIJ (Romanfigur/Filmcharakter)
Fast alle Russen im Roman ↗*GoldenEye* haben die Buchstabenkombination »ij« ihres Namens. So auch der Leibwächter ↗Valentin Zukovskys, der Dimitrij heißt. Der auch im Film von 1995 vorkommende Charakter arbeitet mit einem zweiten Mann zusammen, dessen Name nicht genannt wird. Dimitrij, den ↗Gardner im Roman als bulligen Mann mit niedrigem IQ beschreibt, ist auch im Film nicht gerade ein Schnelldenker.

DIMITRIOS, ALEXANDER (Filmcharakter)
↗*Casino Royale* (2006)

DING (Romanfigur)
Ding ist ein Bodyguard in den Diensten von ↗»Gebrochene Klaue Lee« im Roman ↗*Fahr zur Hölle, Mr. Bond!*. Sein Spitzname lautet »Bone Bender Ding«. Er stellt James Bond und ↗Chi-Chi seinen Kollegen als »Fox« vor. Ding hat ein pathologisches Problem: Er lutscht häufig an seinen Fingerknöcheln. Für James Bond hat der Mann mit den Goldzähnen ein Gesicht, als würde es ihm Freude bereiten, andere Menschen zu quälen oder zu töten. Mit zwei Schüssen tötet Bond seinen Widersacher: »Ding flog noch weiter auf ihn zu, den Mund voll Blut und die Augen weit aufgerissen.«

DINGO (Tier)
Nach dem Absturz mit einem Flugzeug in der australischen Wüste ist 007 im Roman ↗*Countdown!* auf sich allein gestellt. Er wandert stundenlang, bis er plötzlich merkt, dass er von Dingos verfolgt wird. Diese australischen Wildhunde sind in einem Achterrudel herangeschlichen, um Bond zu fressen! Mit Hilfe einer Fackel und Schreien schlägt der Agent die Tiere in die Flucht und setzt seinen »Walkabout« fort.

DINING ALONE (Lied)
↗*For Your Eyes Only* (Soundtrack)

DINK (Filmcharakter)
Dink ist im Film ↗*Goldfinger* (1964) das erste Bond-Girl, das 007 massieren darf. Beide befinden sich in einem Hotel in Miami Beach. Als ↗Felix Leiter auftaucht, schickt Bond Dink mit einem Klaps auf den Po weg: »Männergespräch!« Dinks Name ist als Kurzwort aus dem Englischen übernommen, ein Insidergag der Drehbuchautoren: »Dink« steht hier als Abkürzung für »double income, no kids« (»Doppeltes Einkommen, keine Kinder«). Verkörpert wurde die Blondine von der Schauspielerin ↗Margaret Nolan.

DINNER WITH 007 (Lied)
↗*Never Say Never Again* (Soundtrack)

DINOSAURIER (Comicfigur)
↗Comics

DINOSAURIER
Als »frauenfeindlicher Dinosaurier« wird James Bond von ↗»M« im Film ↗*GoldenEye* (1995) bezeichnet. Was aber die wenigsten wissen: Bereits im Roman ↗*Sieg oder stirb, Mr. Bond* bezeichnete sich 007 selbst als Dinosaurier, weil er der Meinung ist, zu einer aussterbenden Spezies zu gehören.

DIPLOMATENPASS
Im Roman ↗*Leben und sterben lassen* von ↗Ian Fleming erfährt der Leser etwas über James Bonds Diplomatenpass. Das Dokument hat die Nummer 0094567. Bonds Pass wird überprüft, als er auf dem Weg nach New York ist und durch die Flughafenkontrolle muss.

DI RIGO, GUY (Darsteller/Stuntman)
Haare ließ Guy di Rigo im wahrsten Sinne des Wortes, als er mit ↗Roger Moore für den Film ↗*Moonraker – streng geheim* (1979) eine Schlägerei in einem Krankenwagen probte. Moore sollte dem Stuntman ein Büschel Kunsthaare vom Kopf reißen, doch griff er auch die echten Haare von Di Rigo, der im elften offiziellen James-Bond-Film »Drax' Sanitäter« verkörperte. Bei der Schlägerei im Krankenwagen gleicht sein Auftritt eher dem eines Stuntmans als dem eines Schauspielers. Als ↗Holly Goodhead das Radarstörsystem von ↗Drax' Raumstation sabotieren will, schlägt sie eine Wache nieder. Auch dies ist wieder Guy di Rigo.

DIRTY JIMMY (Werbeplakat)
↗Donald Smolen

DIRTY LOVE (Lied)
Tim Feehan singt das Lied *Dirty Love*, es läuft als integrierter Titel in ↗*Lizenz zum Töten* (1989). Feehan produzierte das Lied zusammen mit ↗David White. Der Song wurde von ↗Steve Dubin und ↗Jeff Pescetto geschrieben und ist im Hintergrund zu hören, als eine Massenschlägerei in der Barrelhead-Bar ausbricht.
↗*Licence To Kill* (Soundtrack)

DISCO VOLANTE (Schiff)
Im Film ↗*Feuerball* (1965) besitzt Schurke ↗Emilio Largo das luxuriöse Schiff namens »Disco Volante«. Es handelt sich bei dem Filmschiff um ein altes Tragflächenboot, das ↗»The Flying Fish« hieß (gebaut von ↗Rodriguez fuhr es als Passagierschiff zwischen Mexiko und Venezuela). Es wurde von Ken Adam in Puerto Rico erworben und für 500.000 US-Dollar ausgestattet und für die Dreharbeiten zur besonderen Jacht umgebaut. Der Zuschauer kommt leider nicht mehr in den Genuss, das hergerichtete Schiff zu sehen, denn die Szenen, in denen James Bond (↗Sean Connery) einen Rundgang auf der Jacht macht, wurden aus zeitlichen Gründen herausgeschnitten. Die Kampfszenen auf der Brücke des Schiffes wirken etwas seltsam, was daran liegt, dass sie in einer schnelleren Geschwindigkeit aufgenommen wurden, um dem Zuschauer durch die rasanten und hektischen Abläufe mehr Spannung zu suggerieren. Die »Disco Volante« fuhr im »Normalzustand« 40 Meilen pro Stunde, das abgekoppelte Tragflächenboot brachte es auf 95 Meilen pro Stunde. Zur Ausstattung des Bootes gehören ein Flugabwehr-Geschütz, großkalibrige Maschinengewehre und Panzerplatten. »Disco Volante« heißt übersetzt »Fliegende Scheibe«, ein passender Name, wenn man weiß, dass Largo in ↗*Feuerball* mit Begeisterung auf Tontauben schießt.

Im Roman ↗*Feuerball* heißt es über Largos Schiff: »Die Motorjacht Disco Volante war ein Tragflächenboot, das mit SPECTRE-Geldern von den italienischen Konstrukteuren der Firma Leopoldo Rodriguez, Messina, für Largo gebaut worden war. (...) Mit einem Schiffsrumpf aus Aluminium-Magnesium-Legierung, ausgerüstet mit zwei Daimler-Benz-Viertaktdieseln mit Spezialkompression durch einen Brown-Boveri-Zwillings-Turboverdichter, konnte die Disco Volante ihre hundert Tonnen mit etwa fünfzig Knoten fortbewegen, wobei ihr Aktionsradius sechshundert Kilometer betrug. Sie hatte 200.000 Pfund gekostet, war aber das einzige Schiff der Welt, das bei solcher Geschwindigkeit Platz für Passagiere und Ladung bot und für die Gewässer der Bahamas flach genug gebaut war.« Im Roman trägt das Schiff den Beinamen »Die Fliegende Untertasse«. Das Schiff »Disco

Volante« verfügt auch über einen Rauchentwickler, um die Verfolger bei der Flucht einzunebeln. Sie schafft 50 Knoten und hat eine Reichweite von 640 Kilometer.

DISH OUT OF WATER (Lied)
↗ *GoldenEye* (Soundtrack)

DISNEYLAND
Regisseur ↗ Guy Hamilton träumte davon, 007 in ↗ *Leben und sterben lassen* (1973) durch Disneyland flüchten zu lassen. Hierbei sollten sich die Figuren, die im Park umherlaufen und Besucher belustigen, als Männer von ↗ Mr. Big entpuppen. Die Idee wurde jedoch verworfen.

DISNEYLAND DES TODES
↗ Ernst Stavro Blofeld selbst beschreibt seinen ↗ »Garten des Todes« in ↗ *Du lebst nur zweimal* als poetisches »Disneyland des Todes«.

DISTINGUISHED SERVICE ORDER
↗ Anmerkung des Übersetzers

DI VICENZO, CONTESSA TERESA (Romanfigur)
Contessa Teresa di Vicenzo kommt im Roman ↗ *007 James Bond im Dienst Ihrer Majestät* vor. Sie ist die Tochter von ↗ Marc-Ange Draco, dem Anführer der ↗ Union Corse. Tracy – so ihr Spitzname – will Selbstmord begehen, weil sie in ihrem Leben keinen Sinn mehr sieht. James Bond verhindert dies. Der Leiter des Casinos Royale meint über sie: »Die Contessa ist eine Dame, die (...) das Leben zu genießen versteht.« Die Tochter eines korsischen Vaters und einer englischen Mutter wurde nach dem Tod ihrer Mutter auf ein Schweizer Internat geschickt. Von ihrem reichen Vater mit Geld versorgt, gestaltete sich Tracys Jugend sehr schwierig. Sie geriet in die Hände von Playboys, bis Draco die monatlichen Zahlungen einstellte. Teresa Draco heiratete Conte Giulio di Vicenzo, um wieder ein ordentliches Leben führen zu können. Ihr Mann verhielt sich nicht wie ein Gentleman. Er nahm ihr viel Geld ab und Marc-Ange Draco erkaufte schließlich die Scheidung. Tracy hatte inzwischen ein Kind bekommen. Als dieses an Kinderlähmung starb, verfasste sie einen Abschiedsbrief und wollte Selbstmord begehen. Bond und Dracos Tochter heiraten. Auf der Hochzeitsreise wird sie von ↗ Ernst Stavro Blofeld erschossen. James Bond trauert sehr um sie. Im Roman ↗ *James Bond und sein größter Fall* wird Teresa di Vicenzo mit ↗ Anya Amasowa verglichen – die Frauen sind sich nach Bonds Auffassung sehr ähnlich.
↗ Frauen

DI VICENZO, TERESA (Filmcharakter)
↗ Diana Rigg spielte die Teresa di Vicenzo in ↗ *Im Geheimdienst Ihrer Majestät* (1969), die von allen immer nur »Tracy« genannt werden möchte. Im Film liefert ihr Vater, der Korse ↗ Marc-Ange Draco, einen kompletten Lebenslauf von der zukünftigen Ehefrau des Geheimagenten James Bond. Teresa hat eine englische abenteuerlustige Mutter (bereits verstorben). Teresa hatte viele Liebschaften, und als ihr Vater die monatlichen Zahlungen einstellte, trieb sie es nur noch wilder. Einer ihrer Männer fuhr sich mit seiner Geliebten in einem Maserati zu Tode. Tracy geriet in die Hände von Playboys und Tennisprofis. In *Im Geheimdienst Ihrer Majestät* schlägt Draco Bond ein Geschäft vor: 007 soll eine Million Pfund bekommen, sobald er Teresa di Vicenzo heiratet. Bond lehnt ab (»Mir ist meine Freiheit wichtiger!«). Als 007 Tracy öfter trifft, merkt er, dass er für diese Frau doch mehr empfindet als nur körperliche Begierde. Sie hilft ihm bei der Flucht vor ↗ Blofeld und gerät in Gefangenschaft, doch James Bond rettet sie. Bond hat sich Hals über Kopf verliebt und macht ihr sogar einen Heiratsantrag. Im Finale des Films werden beide getraut. Bei der Hochzeitsreise geschieht dann die Tragödie: Ernst Stavro Blofeld rast mit sei-

nem Auto an Bond und Tracy vorbei, und ↗Irma Bunt beschießt vom Rücksitz aus die Bonds. Tracy stirbt im Kugelhagel. 007 wird oft auf seine Ehe angesprochen (↗*Der Spion, der mich liebte*, ↗*Lizenz zum Töten*) und besucht sogar Tracys Grab (↗*In tödlicher Mission*). Eine zweite Ehe ist nicht vorstellbar. Bond zu Tracy: »Eine Frau wie dich finde ich nie wieder.«

DIX, BOB (Darsteller)
↗Roger Moore verschaffte Bob Dix die Rolle des ↗Hamilton in ↗*Leben und sterben lassen* (1973). Moore bezeichnete sich als großer Fan der Filme, die Bobs Vater Richard einst drehte. Als der 007-Darsteller erfuhr, dass Bob Dix in New Orleans leben würde, überzeugte er ↗Harry Saltzman, die Rolle mit dem Sohn seines Idols zu besetzen.

DIXIE HIGHWAY (Straße)
↗Fort Knox

DIXON, PAMELA (US-Besetzung)
Für die US-Besetzung bei ↗*GoldenEye* (1995) war Pamela Dixon zuständig.

DIXON, VERNON (Ausstatter)
Bei ↗*In tödlicher Mission* (1981) arbeitete Vernon Dixon als Set-Ausstatter. Die Ausstattung wurde vom künstlerischen Leiter ↗John Fenner abgesegnet.

DNA-AUSTAUSCH-THERAPIE
↗Dr. Alvarez ist ein Spezialist auf dem Gebiet der DNA-Austausch-Therapie. Er kommt im Roman und im Film ↗*Stirb an einem anderen Tag* (2002) vor und stellt ↗Jinx diese Methode vor – ↗Zao ist schon in Behandlung. Alvarez erklärt im Roman: »Zuerst werden wir ihr Knochenmark entfernen und alle Aufzeichnungen über Ihre DNA löschen, bis wir nur noch ein unbeschriebenes Blatt vorfinden, wenn Sie so wollen. (...) Phase zwei besteht aus dem Einbringen der neuen DNA, die wir von gesunden Spendern bekommen – Waisen, Ausreißern, Leuten, die nicht vermisst werden. (...) Leider ist es ein schmerzhafter Prozess, aber es ist große Kunst.«

DOBERMANN (Hund)
Im Film ↗*James Bond 007 jagt Dr. No* (1962) ist die Rede von Bluthunden, im gleichnamigen Roman handelt es sich aber um Dobermänner, die von ↗Dr. Nos Männern eingesetzt werden, um 007, ↗Quarrel und ↗Rider aufzuspüren. 007 und Rider fliehen später mit dem Drachenpanzer, wobei sie von den Dobermännern verfolgt werden. Bond schätzt die Lage richtig ein: Er erschießt einen Hund, und die anderen fallen über das Tier her. Im Roman ↗*Tod auf Zypern* wird der Geheimagent James Bond von einem Dobermann verfolgt. 007 gelingt es, das Tier durch eine Scheibe zu schleudern, nachdem es bereits mit gefletschten Zähnen auf ihn zugesprungen war. Die Tiere scheinen bei James Bond keine Seltenheit zu sein. Auch im Film ↗*Moonraker – streng geheim* (1979) hält sich ↗Drax zwei Dobermänner, die auch unliebsame Mitarbeiter aus dem Weg räumen. ↗Corinne Dufour wird von den Bestien verfolgt und zerfleischt. Auch ↗Mr. Kil hat im Roman ↗*Stirb an einem anderen Tag* zur Bewachung von ↗Graves' Unterschlupf zwei Dobermänner. Um sein Anwesen vor unerwünschten Besuchern zu schützen, hält sich ↗Mr. Merck auf ↗Hazeley Hall im Roman ↗*003½ James Bond Junior* mehrere Dobermänner. Eines der Tiere wird von ↗Nobby Scales mit einem Postauto überfahren. Ein anderer Dobermann gerät in eine eiserne Fußangel und wird von Mr. Merck erschossen. Neben Dobermännern gibt es auf Hazeley Hall noch mehrere Schäferhunde.

DOBERMANNPINSCHER (Tier)
↗Drax aus dem Buch ↗*Moonraker Streng geheim* ist Besitzer von zwei Dobermannpinschern. Bond nimmt die Tiere beim ers-

ten Treffen mit Drax in dessen Arbeitszimmer wahr. Genau wie im Film ↗*Moonraker – streng geheim* (1979) fressen die Tiere erst, wenn ihr Herrchen mit den Fingern schnippst.

DOBSAK, ALFRED (zusätzlicher Bauleiter)
↗Ken Pattenden

DOBTCHEFF, VERNON (Darsteller)
Dobtcheff spielte im Film ↗*Der Spion, der mich liebte* ↗Max Kalba. Der Schauspieler meinte bei den Dreharbeiten, dieser Bond gleiche einem »Horror-Film« - verständlich, er starb im Film, nachdem ihm ↗Beißer ins Genick gebissen hatte.

DOCKER STREET
In ↗*Leben und sterben lassen* (1973) befindet sich auch in New Orleans ein ↗Filet of Soul Restaurant. ↗Felix Leiter hat schon die Adresse herausgefunden. Es ist die Docker Street.

DOCTOR KAUFMAN (Lied)
↗*Tomorrow Never Dies* (Soundtrack)

DOCTOR NO (Comic)
↗Comics

DOCTOR NO (Roman)
Der sechste James-Bond-Roman ↗Ian Flemings trägt den Titel *Doctor No*. Das Buch entstand, nachdem Fleming die Abenteuerstory *Commander Jamaica* für den Sender NBC geschrieben hatte, die nicht verfilmt wurde. Enttäuscht benutzte der Autor das Material für seinen Roman. Er beschrieb das Werk als »Formelbuch«, da er vorhatte, alle kommenden James-Bond-Romane nach dem gleichen Prinzip wie *Dr. No* zu schreiben. Der immer gleich bleibende Ablauf ist auch zur Erfolgsformel der Filme geworden. Das Buch erschien am 31. März 1958.

20 Kapitel füllen im Schnitt 192 Seiten – damit ist *Doctor No* ein verhältnismäßig kurzes Buch. Die Kapitel haben folgende Überschriften: 1) Hear You Loud And Clear*; 2) Choice Of Weapons; 3) Holiday Task; 4) Reception Committee; 5) Facts And Figures; 6) The Finger On The Trigger; 7) Night Passage; 8) The Elegant Venus; 9) Close Shaves; 10) Dragon Spoor; 11) Amidst The Alien Cane; 12) The Thing; 13) Mink-Lined Prison; 14) Come Into My Parlour; 15) Pandora's Box; 16) Horizons Of Agony; 17) The Long Scream; 18) Killing Ground; 19) A Shower Of Death; 20) Slave-Time

*) *In einigen Quellen heißt es, das erste Kapitel habe zunächst »The Quick, Neat Job« geheißen.*

DOCTOR'S WIND
↗Totengräberwind

DODGE 600ES (Fahrzeug)
Im Roman ↗*Die Ehre des Mr. Bond* fährt ↗Percy Proud einen Dodge 600ES.

DOERNER, DARRICK (Surfprofi)
↗Laird Hamilton

DOG ISLAND (Insel)
Dog Island kommt im Roman ↗*Feuerball* vor und ist nach den Beschreibungen ↗Ian Flemings so groß wie zwei Tennisplätze. Das aus Korallen gebildete Inselchen wird von ↗Emilio Largo als Atombombenversteck missbraucht.

DOKTOREN BEI BOND
Bei James Bond tauchen in den Romanen und Filmen zahlreiche Personen mit Doktortitel auf:
In Romanen:
- Dr. Alington in ↗**Stille Wasser sind tödlich**
- Dr. Allison in ↗**Liebesgrüße aus Athen**
- Dr. Anton Murik in ↗**Countdown für die Ewigkeit**
- Dr. Ashley Anderson in ↗**Tod auf Zypern**
- Dr. Baker-Smith in ↗**Scorpius**

- Dr. Baumgarten in ↗ Liebesgrüße aus Moskau
- Dr. Baumgarten in Scorpius
- Dr. Braunschweig in ↗ Der Spion, der mich liebte
- Dr. Dave Greenwalt in ↗ Der Morgen stirbt nie
- Dr. Fanshawe in ↗ Globus – Meistbietend zu versteigern
- Dr. Foch in ↗ Goldfinger
- Dr. Gerowitz in ↗ Never Dream Of Dying
- Dr. Gordon in Stille Wasser sind tödlich
- Dr. Gumpold-Moosbugger in ↗ 007 James Bond im Dienst Ihrer Majestät
- Dr. Guntram Martell in ↗ Du lebst nur zweimal
- Dr. James Moloney in ↗ James Bond 007 jagt Dr. No
- Dr. Jay Autem Holy in ↗ Die Ehre des Mr. Bond
- Dr. Jimmy Graves in ↗ Octopussy
- Dr. Johnson in ↗ Fahr zu Hölle, Mr. Bond
- Dr. Johnson in Goldfinger
- Dr. Johnson in ↗ James Bond und sein größter Fall
- Dr. Kirchtum in ↗ Niemand lebt für immer
- Dr. Lister Smith in ↗ 007 James Bond und der Mann mit dem goldenen Colt
- Dr. Lo in ↗ Countdown!
- Dr. Lohmann in Liebesgrüße aus Athen
- Dr. Macdonald in 007 James Bond und der Mann mit dem goldenen Colt
- Dr. McConnell in ↗ Niemand lebt für immer
- Dr. Pawlow in ↗ Diamantenfieber
- Dr. Perseus Friend in Stille Wasser sind tödlich
- Dr. Peter Steincrohn in ↗ James Bond 007 jagt Dr. No
- Dr. Roberts in ↗ Leben und sterben lassen
- Dr. Roberts in Scorpius
- Dr. Robinson in Scorpius
- Dr. Samusi in ↗ Cold
- Dr. Stengel in ↗ 007 Feuerball
- Dr. Süßkind in ↗ Der Spion, der mich liebte
- Dr. Walker in Stille Wasser sind tödlich
- Dr. Walter in ↗ Mondblitz

In Filmen:
- Dr. Julius No in ↗ James Bond 007 jagt Dr. No (1962)
- Dr. Noah in ↗ Casino Royale (1966)
- Dr. Wain in ↗ Feuerball (1965)
- Dr. von Sant in ↗ Im Geheimdienst Ihrer Majestät (1969)
- Dr. Tynan in ↗ Diamantenfieber (1971)
- Dr. Metz in Diamantenfieber (1971) (auch Professor)
- Dr. Kananga in ↗ Leben und sterben lassen (1973)
- Dr. Bechmann in ↗ Der Spion, der mich liebte (1977)
- Dr. Holly Goodhead in ↗ Moonraker – streng geheim (1979)
- Dr. Kovacs in ↗ Sag niemals nie (1983)
- Dr. Karl Mortner in ↗ Im Angesicht des Todes (1985)
- Dr. Kaufman in ↗ Der Morgen stirbt nie (1997)
- Dr. Arkow in ↗ Die Welt ist nicht genug (1999)
- Dr. Molly Warmflash in Die Welt ist nicht genug (1999)
- Dr. Christmas Jones in Die Welt ist nicht genug (1999)
- Dr. Alvarez in ↗ Stirb an einem anderen Tag (2002)

DOKTORKOLIBRI (Vogel)
↗ Fahnenschwanz

DOKTOR SCHIWAGO
↗ Musikbox

DOKTORVOGEL (Tier)
Zwar ist ↗ Tiffy im Roman ↗ *007 James Bond und der Mann mit dem goldenen Colt* der Ansicht, der schönste Vogel Jamaikas sei der Doktorvogel, der Kolibri mit dem Streifenschwanz, dennoch wären ihr ihre Haustiere Joe und May lieber.

DOLCH (Waffe)
↗Schnick Schnack führt seinen letzten Angriff im Film ↗*Der Mann mit dem goldenen Colt* (1974) mit einem Dolch durch. Er hält die Waffe zwischenzeitlich sogar mit der Schneide im Mund fest. ↗Gobinda besitzt in ↗*Octopussy* (1983) auch einen Dolch, mit dem er James Bond verletzen will. Gobinda und 007 liefern sich ein Duell auf der Außenhaut eines fliegenden Flugzeugs. Sechsmal muss 007 der Klinge ausweichen, die mehrfach eine Antenne trifft. Bond biegt die Antenne nach hinten und lässt sie Gobinda ins Gesicht schnellen. Der Schurke stürzt mit einem »Elefantentröten« in die Tiefe.

↗Bond, James (Romanfigur in ↗*003½ James Bond Junior*)

Siehe auch Inhaltsangabe ↗*High Time To Kill*

DOLEMAN, GUY (Darsteller)
Der 1923 in Neuseeland geborene Guy Doleman spielte in ↗*Feuerball* (1965) ↗Graf Lippe. Er startete seine Karriere im Showgeschäft als Radiomoderator und gelangte schließlich an kleine Theaterrollen. Über England führte Dolemans Weg nach Amerika. Durch seine Auftritte in England hatte Doleman unter anderem mit Patrick Macnee in *Mit Schirm, Charme und Melone* zusammengearbeitet. Dass in der Bond-Filmbranche nicht wenig über Beziehungen abgewickelt wird, weiß man nicht erst seit ↗Terence Young. Auch ↗Harry Saltzman griff gern auf Darsteller zurück, die schon in seinen Produktionen mitgewirkt hatten. Saltzman hatte Guy Doleman schon oft gebucht, und so kam auch für *Feuerball* ein Vertrag zu Stande. Nach Bond ging der Darsteller wieder zurück nach Amerika und spielte in mehreren erfolgreichen Serien, zu denen ↗*Der 6-Millionen-Dollar-Mann* und *General Hospital* gehören. Guy Doleman starb am 30. Januar 1996 in Los Angeles an Lungenkrebs.

DOLLY (Filmcharakter)
Dass sich der Film ↗*Moonraker – streng geheim* (1979) selbst auf den Arm nimmt, merkt man spätestens, wenn der Charakter Dolly auftaucht. Die blonde, eher unattraktive, kleine Frau verliebt sich in Beißer, kurz nachdem dieser mit einer Gondel in eine Talstation rauscht. Beißer nimmt Dolly mit in ↗Drax' Raumstation. Als Drax jedoch zu erkennen gibt, dass schlechte Gene bei ihm keine Überlebenschance haben (er will eine neue Rasse züchten und braucht dafür einen bestimmten Menschentyp), fürchtet Beißer um das Leben seiner Geliebten und schlägt sich auf James Bonds Seite. Die Raumstation explodiert durch das Eingreifen der ↗NASA. Dolly und Beißer stoßen noch einmal an, bevor sie, in einem Trümmerstück sitzend, auf die Erde zurasen. Bond hat Recht, als er meint: »Die schaffen's bestimmt.« Dolly wurde von der Darstellerin ↗Blanche Ravelec gespielt. Im Buch ↗*Moonraker Streng geheim* wird die Figur nur als »Mädchen« bezeichnet, das von ↗Jaws beim Auseinanderbrechen von Drax' Raumstation gerettet wird. Was mit den beiden geschieht, und ob sich eine Liebesbeziehung wie im Film *Moonraker – streng geheim* entwickelt, wird nicht beschrieben.

DOLMECH, PETER (Romanfigur)
Peter Dolmech ist im Roman ↗*Seafire* ein Verbündeter von James Bond und ↗Fredericka von Grusse. Er stirbt bei einer Motorrad-Verfolgungsjagd in Sevilla.

DOMBEY (fiktive Person)
Mr. Dombey ist kein wirklicher Mensch, sondern ein Code, der ↗Danny De Fretas im Roman ↗*Scorpius* signalisiert, dass er nicht in Gefahr schwebt.

DOMINATION (Spiel)
↗Maximilian Largo ist nicht nur ↗SPECTREs bester Mann, er ist in ↗*Sag niemals nie* (1983) auch ein fanatischer Spieler,

der das Computerspiel »Domination« entwickelt hat. Es geht dabei um den Kampf um die Weltherrschaft. Jeder der beiden Spieler muss versuchen, vom Computer ausgewählte Länder und darin aufleuchtende Sektoren in einem Hologramm mit seinem Laserstrahl zu treffen. Gelingt es ihm, bekommt er Punkte. Zusätzlich verfügt jeder Spieler über ein ↗Cruise Missile und einen Schutzschild, um die des Gegners abzuwehren. Clou des Spiels: Der schlechtere Spieler wird durch einen steigenden Elektroschockpegel in seinen zwei Joysticks gemartert. Bond weiß zunächst nichts von den Stromschlägen und lässt die Joysticks los, wodurch er die Runde verliert. Im Verlauf von mehreren spannenden Duellen schafft es James Bond, Largo zu schlagen und so 267.000 $ zu gewinnen. Bond ist Gentleman und tauscht das Geld gegen einen Tanz mit ↗Domino ein.

DOMINGUE, MARIUS (Romanfigur)
↗Nummer 7

DER DOMINIKANER (Romanfigur/Deckname)
↗Maxim Anton Smolin bringt den Decknamen »Der Dominikaner« im Roman ↗Nichts geht mehr, Mr. Bond erstmalig ins Gespräch. Der wirkliche Name dieses Mannes lautet ↗Konstantin Nikolajewitsch Tschernow, auch ↗Kolja Tschernow genannt. Er ist der leitende Ermittlungsoffizier der ↗Abteilung 8, Direktorium S. Bond weiß, dass dies ein neuer Name seiner alten Feinde von ↗SMERSH ist.

DOMINIKANISCHE REPUBLIK (Drehort)
Für die Szene, in der James Bond in ↗GoldenEye (1995) mit einem Flugzeug an der Küste Kubas entlangfliegt, um das Versteck von Trevelyan zu finden, reiste ein Teil der Crew in die Dominikanische Republik. Hier wurde der Küstenabschnitt gefilmt, der im Film Kuba sein soll.

DOMINIQUE (Filmcharakter)
Dominique ist die Pfeiferin im Restaurant des Eiffelturms, die eine Show mit unechten Schmetterlingen vorführt.

DOMINO (Spitzname)
↗Dominetta Vitali

DOMINO-EFFEKT
Dreimal griff ein Regisseur bei den Bond-Filmen auf den Domino-Effekt zurück, um Spannung zu erzeugen. Bei der Flucht mit Skiern rast James Bond in ↗In tödlicher Mission (1981) über die Skier einer Gruppe von Skischülern. Die Anfänger reißen sich beim Umfallen gegenseitig zu Boden. ↗Martin Campbell ließ in ↗GoldenEye (1995) Bücherregale wie Dominosteine umfallen. Das letzte umstürzende Regal blockiert dann eine Tür, die die Verfolger von James Bond und ↗Natalja Simonowa abschneidet. Auch eine Gruppe von Fahrradfahrern fällt im Film in einer Kettenreaktion um, als Bond im ↗Aston Martin vorbeirast. In ↗Der Morgen stirbt nie (1997) passiert der Domino-Effekt unter Wasser. ↗Roger Spottiswoode als verantwortlicher Regisseur griff die Idee aus GoldenEye auf und ließ in einer gefluteten Waffenkammer eines gesunkenen Schiffes mehrere Waffenschränke umstürzen. Auch hier blockiert das letzte umfallende Teil die Tür. 007 und ↗Wai Lin scheinen eingesperrt zu ein.

DOM PÉRIGNON 46 (Getränk)
↗Mouton Rothschild 34

DOM PÉRIGNON 52 (Getränk)
In einem Rettungssatelliten findet James Bond am Schluss von ↗Der Spion, der mich liebte (1977) einen Dom Pérignon Jahrgang 1952, den er mit ↗Anja Amasowa trinken will. Sein Kommentar dazu: »Eine gute Seite hat sogar ein Stromberg, und wenn's nur sein Champagner ist.«

DOM PÉRIGNON 55

Beim Essen am Pool bestellt James Bond in ↗*Feuerball* (1965) für sich und ↗Domino einen Dom Pérignon 55. Am selben edlen Tropfen will sich James Bond im Roman ↗*Countdown für die Ewigkeit* erfreuen. Er kommt jedoch nicht dazu, da das rote Telefon klingelt. ↗Bill Tanner ist am anderen Ende und beordert 007 zur Tarnfirma ↗»Transworld Exports Ltd.«.

DOM PÉRIGNON 57 (Getränk)

In ↗*Im Geheimdienst Ihrer Majestät* (1969) bestellt sich James Bond einen Dom Pérignon Jahrgang 57 auf ↗Tracy di Vincenzos ↗Zimmer 423.

DOM PÉRIGNON 59 (Getränk)

↗Helga Brandt bietet James Bond in ↗*Man lebt nur zweimal* (1967) einen 1959 Dom Pérignon an, den der Agent zunächst ablehnt, da er in ↗Osatos Bar die Leiche eines Sumoringers vermutet. Als sich herausstellt, dass die Leiche ↗Sadoyanamas verschwunden ist, nimmt 007 gern einen Dom Pérignon 59.

DOM PÉRIGNON 64 (Getränk)

James Bond trinkt im Film ↗*Der Mann mit dem goldenen Colt* (1974) einen Dom Pérignon 64. Der Jahrgang erinnerte an den ersten James-Bond-Film, bei dem ↗Guy Hamilton Regie führte: ↗*Goldfinger* (1964).

DON (Filmcharakter)

Don ist in ↗*Leben und sterben lassen* (1973) der Gesprächspartner des Fluglehrers ↗Mr. Bleeker. Beide telefonieren nur, Don ist weder zu sehen noch zu hören.

DON (Romanfigur)

Die beiden Agenten, die James Bond im Roman ↗*Stirb an einem anderen Tag* an der Küste von Nord-Korea unterstützen, heißen Don und ↗Lee. Sie sind Südkoreaner, ihre Nachnamen kennt 007 nicht.

DONAHUE, SARAH (Stuntwoman)

Sarah Donahue doubelte ↗Maria Grazia Cucinotta in der ↗Pre-Title-Sequenz von ↗*Die Welt ist nicht genug* (1999). Donahue raste mit dem von ↗Sunseeker umgebauten Motorboot über die Themse.

DONAL (Romanfigur)

Als Butler von ↗Dr. Anton Murik hat Donal im Roman ↗*Countdown für die Ewigkeit* die ehrenwerte Aufgabe, die Koffer von James Bond in das ↗Schloss Murik zu tragen und die Anwesenden zum Abendessen zu rufen. Als 007 später die Flucht ergreift, stellt sich ihm Donal in den Weg, und Bond zögert keine Sekunde: Er schießt den Butler an; die Schulter des Mannes wird zerschmettert.

DONALD (Romanfigur)

Donald ist in ↗*003½ James Bond Junior* einer von ↗Mr. Mercks Handlangern und Lebensgefährte von ↗»Tante Mo«.

DONALD DUCK

↗Dick Tracy

DONALD, JOHN (Romanfigur)

Im Buch ↗*Liebesgrüße aus Athen* wird 007 beschattet. Der Verfolger, der Bond auch beim Golfspiel im Auge hat, hat sich eine Ausrede parat gelegt, falls er angesprochen wird: Er suche nach einem John Donald – den Mann gibt es tatsächlich im Klub, momentan ist er aber in Paris.

DONALDSON, FRANK (Romanfigur)

Im Buch ↗*Der Spion, der mich liebte* ist Frank Donaldson ein Busfahrer, über den ↗Vivienne Michel einen Bericht schreibt. Er ist 27 Jahre alt und hat mit seiner Frau Gracie zwei Kinder im Alter von sechs und fünf Jahren, die Bill und Emily heißen.

DONALDSON, GREGORY (Romanfigur)

Bei Gregory Donaldson handelt es sich um einen der renommiertesten Anwälte Englands. Er taucht im Roman ↗*Countdown!* auf, wo ihn eine Autobombe in Hongkong tötet. Die Kanzlei, für die er arbeitet, heißt »Donaldson und Patrick«. Als 007 mit ↗Tanner über den Anwalt spricht, verwendet der Stabschef den Namen »Gregory Donaldson von Fuitch«. James Bond erkennt Donaldson auf einem Foto wieder, das ihn zusammen mit ↗Guy Thackeray, dem Leiter von ↗EurAsia, zeigt. Am Tod von Donaldson ist Guy Thackeray beteiligt, der den Anwalt ausschaltete, weil er Mitwisser war. Das ergab zudem die Möglichkeit, General ↗Wong für dieses Attentat verantwortlich zu machen.

DONATIENNE (Romanfigur)
James Bond spielt in der Kurzgeschichte ↗*Tod im Rückspiegel* in Paris mit dem Gedanken, eine Frau für sich zu gewinnen. Er malt sich aus, ihre Geldgier mit 500 N.F. (neuen Francs) zu stillen und vorzuschlagen, sie Donatienne oder Solange zu nennen.

DONG (Romanfigur)
↗Han

DONG, KIM (Romanfigur)
Kim Dong ist eine Figur aus dem Buch ↗*Stirb an einem anderen Tag*. Er will ↗Mr. Tattoo eine Lehre erteilen, weil dieser Schulden bei ihm hat. James Bond wird Zeuge und hilft Mr. Tattoo, um dadurch die Chance zu bekommen, die koreanische Halbinsel zu verlassen. Kim Dong zieht bei einem Handgemenge mit Bond den Kürzeren und landet mit gebrochener Nase im Straßengraben. Die Figur kommt im Film nicht vor.

DONNE, NAOMI (Make-Up)
Fürs Make-up bei den Dreharbeiten von ↗*Der Hauch des Todes* (1987) waren Naomi Donne, ↗Eric Allwright und ↗Edwin Erfmann zuständig. Sie kehrte bei ↗*Lizenz zum Töten* (1989) zur Bond-Crew zurück.

DONOHUE, SARAH (Stuntwoman)
Bei den Dreharbeiten zu ↗*Die Welt ist nicht genug* (1999) doubelte Sarah Donohue die Darstellerin ↗Maria Grazia Cuccinotta. Donohue ist Rennbootfahrerin und durfte mit Hochgeschwindigkeit die Themse befahren.

DONOVAN (Romanfigur)
Aus den Akten des britischen Geheimdienstes über ↗SMERSH geht hervor, dass die britischen Doppelagenten Donovan, ↗Harthorp-Vane, ↗Elisabeth Dumont, ↗Ventor, ↗Mace und ↗Stavarin von der Verbrecherorganisation der UdSSR getötet wurden. Die toten Doppelagenten, über die mehr Informationen im Leichenschauhaus der ↗Abteilung Q vorliegen, werden im Roman ↗*Casino Royale* genannt.

DONSKAJA (Scharfschützin)
Als James Bond in der Kurzgeschichte ↗*Der Hauch des Todes* feststellt, dass »Abzug« eine Frau ist, verfehlt er sie absichtlich. ↗Paul Sender gibt zu bedenken, dass unter den besten Scharfschützen gelegentlich Frauen auftauchen. Er erinnert an die Weltmeisterschaften und nennt die Namen »Donskaja« und ↗»Lomowa« als Beispiel für ausgezeichnete Scharfschützinnen.

DOODY, ALISON (Darstellerin)
»Sehen Sie sexy aus« lautete die Anweisung, die die Darstellerin Alison Doody bei der Gestaltung ihrer Rolle als ↗Jenny Flex in ↗*Im Angesicht des Todes* (1985) zu beachten hatte. Nach dem ersten Auftritt erwartete der Zuschauer mehr von Doody zu sehen, doch der Part fiel im Film erschreckend klein aus. Ihre große Chance bekam die Darstellerin dann im dritten Teil der Indiana-Jones-Trilogie. Sie spielt Dr. Elsa Schneider, eine undurchschaubare Figur, die sowohl mit Indiana Jones als auch mit seinem Vater (gespielt von ↗Sean Connery) schläft.

DOOMCRACK (Comic)
↗Comics

DOPPELBLICK
Der Doppelblick ist ein Stilmittel, das ganz besonders die Moore-Ära der James-Bond-Filme geprägt hat. ↗Moore als 007 nahm in seinen Filmen eine Besonderheit erst durch den zweiten Blick wahr. Diese Unterstreichung der außergewöhnlichen Entdeckung 007s zeigt sich u. a. in folgenden Szenen:

↗*Diamantenfieber* (1971): 007 sieht ↗Kidd mit brennenden Schaschlikspießen auf sich zukommen.

↗*Leben und sterben lassen* (1973): 007 sieht die Schlange in seinem Badezimmer.

↗*Der Mann mit dem goldenen Colt* (1974): 007 entdeckt den Hinterausgang des Nachtklubs in Beirut.

↗*Der Spion, der mich liebte* (1977): 007 sieht ↗Naomi im Helikopter.

↗*Octopussy* (1983): Bond sieht den Wagen einer deutschen Frau, die die Telefonzelle blockiert.

Aber auch andere Charaktere in James-Bond-Filmen sehen zweimal hin: So erblickt ↗Gobinda 007 in ↗*Octopussy* (1983) auf der Tragfläche von ↗Kamal Khans Flugzeug, und ein Kopilot sieht in ↗*Lizenz zum Töten* (1989) auf diese Art James Bond, kurz bevor der Agent in das Flugzeug gelangt und den Mann durch den Notausstieg wirft. Auch ↗Sanchez bringt den ungläubigen Doppelblick, als 007 im selben Film in der ↗Pre-Title-Sequenz am Heck seines Flugzeugs auftaucht.

DOPPELDECKERBUS (Fahrzeug)
Als fahrendes Wahrzeichen Londons kommen Doppeldeckerbusse in vielen James-Bond-Filmen vor – meist bevor eine Szene im Hauptquartier des ↗MI6 folgt (u. a. in ↗*In tödlicher Mission* und ↗*Octopussy*). In ↗*Leben und sterben lassen* hat der Doppeldeckerbus jedoch einen Großauftritt. 007 rast mit dem hohen Gefährt vor den Verfolgern davon, die ihn und ↗Solitaire an ↗Mr. Big ausliefern wollen. Als Bond auf eine niedrige Brücke zurast, duckt er sich nur und durch die Wucht des Aufpralls wird das obere Geschoss des Busses abgerissen. Die Szene schrieb Filmgeschichte und wurde hundertfach parodiert. Der Londoner Busfahrer Maurice Patchett doubelte ↗Roger Moore und wurde eigens für die Bus-Stunts nach Jamaika eingeflogen. Damit das obere Geschoss auch wirklich plangemäß abgefahren werden konnte, sägte man die Eisenverstrebungen bereits an, sodass die obere Etage nur auf dem Bus lag, als Patchett den Stunt durchführte. Zwei obere Busetagen, die auf Rollen in Schienen entlangliefen, wurden für die Einstellung benötigt. Dieser Doppeldeckerbus kostete zusammen mit der Ausstattung der entsprechenden Szene ca. 300.000 Euro.

DOPPEL-0-ABTEILUNG
↗00-Abteilung

DOPPEL-0-AUSBILDUNG
Im Roman ↗*Countdown!* erfährt man von einer »Doppel-0-Ausbildung«. Die Agenten ↗03 und ↗05 wollen sich bei einem Manöver ihre zweite »0« erarbeiten. Sie sollen James Bond ausschalten, doch 007 ist besser und die »Mission« zur Aus- und Weiterbildung der Agenten schlägt fehl. Im Film ↗*Casino Royale* (2006) soll James Bond seine Doppel-00 für die Morde an zwei Schurken (↗Dryden und ↗Fisher) erhalten. Die zwei Nullen werden in seinen ↗MI6-Ausweis gebrannt.

DOPPELGÄNGER (Romanfiguren/Filmcharaktere)
↗*Doubleshot* (Roman) und Inhaltsangabe ↗*Diamantenfieber* (1971)

DOPPELNULL
↗00

DOPPEL-X (Code)
↗Tripel-X (Code)

DOPPEL-ZERO
↗ 36 rot

DOR, KARIN (Darstellerin)
»Die bösen Frauen sind in Bond-Filmen meist am interessantesten«, stellte Karin Dor 1967 fest – und dies, obwohl es erst vier 007-Filme gab. Sie spielte die Killerin ↗ Helga Brandt in ↗ *Man lebt nur zweimal* (1967). Karin Dor wurde am 22. Februar 1938 in Wiesbaden geboren. 16-jährig wurde sie von der Produzentin und Drehbuchautorin Maria von der Osten-Sacken sowie von ihrem späteren Ehemann, dem Regisseur Harald Reinl (1908–1986), für den Film entdeckt und kontinuierlich gefördert. Ihre erste Hauptrolle erhielt sie 1954 in *Der schweigende Engel*. Über viele Jahre war sie die Protagonistin in Reinls Fimserien: Nach diversen Heimatfilmen findet sie ab 1960 ihr bevorzugtes Rollenfach als verfolgte und schutzsuchende Unschuld im deutschen Krimi. Mit den Karl-May-Filmen, speziell in ihrer Rolle als Winnetous großer Liebe Ribanna, stieg sie zu einer der populärsten Schauspielerinnen Deutschlands auf.

Als das Angebot für den James-Bond-Film kam, wollte Karin Dor zunächst ablehnen, um durch einen Imagewechsel von der beliebten Blondine zur rothaarigen Killerlady die Fans in Deutschland nicht zu enttäuschen, doch das Angebot von angeblich 50.000 $ ließ sie sich dann doch nicht entgehen. Zudem war 1966 Krebs bei Karin Dor festgestellt worden, und sie fühlte sich erst nicht motiviert, ein so großes Projekt anzutreten. Für ihre Rolle als Phantoms Nummer 11 musste sich die Schauspielerin die Haare rot färben lassen. Für die Nahaufnahme in einem Piranhabecken (beim Hineinfallen wurde sie gedoubelt) schrie sie so laut, dass sie anschließend heiser war und sich einen vollen Tag schonen musste, um wieder sprechen zu können. Die Idee, erneut eine aggressive Frau als 007-Gegnerin einzusetzen, kam den Produzenten, weil die Figur ↗ Fiona Volpe in ↗ *Feuerball* (1965) so gut beim Publikum angekommen war. Drehbuchautor ↗ Roald Dahl machte der Darstellerin seine Aufwartung, wurde aber links liegen gelassen. Nach dem Bond-Erfolg spielte Dor u. a. in Alfred Hitchcocks *Topas* (1969). Nachdem sie mit Harald Reinl und Günther Schmuckler verheiratet war, lebt sie heute in dritter Ehe mit dem Filmproduzenten George Robotham in Süddeutschland und in Beverly Hills.

DOSENFALLEN
↗ Fallen

DOSSIER 007 (Klubmagazin)
↗ Bondklub Deutschland

DOUBLE EAGLE (Comic)
↗ Comics

DOUBLE JEOPARDY (Comic)
↗ Comics

DOUBLE M (potenzieller Buchtitel)
↗ Charlie Higsons zweiter 007-Roman aus der ↗ Young-Bond-Reihe sollte zunächst *Double M* heißen, kam dann aber mit dem Titel *BloodFever* auf den Markt. Lediglich das zweite Kapitel dieses Buches erinnert noch an den geplanten Titel, denn es heißt *Double M*.

DOUBLESHOT (Roman)
Die englische Originalausgabe des sechsten James-Bond-Romans von ↗ Raymond Benson trägt den Titel *Doubleshot*. Es handelt sich um das zweite Buch der ↗ Union-Trilogie und wurde nicht ins Deutsche übersetzt. *Doubleshot* erschien 2000 bei Hodder & Stoughton als Hardback. Die Widmung des Buches lautet: »For Randi«. Das Buch beginnt mit einem Prolog (»Paseo«) und ist in drei Akte (»Tercio de Varas«, »Tercio de Banderillas« und »Tercio de la Muerte«) aufgeteilt. 26 Kapitel füllen 247 Seiten. Sie tragen folgende Überschriften: Prologue:

Paseo: 1) Dramatis Personae. Act One: Tercio de Varas: 2) Suicide Mission; 3) Fortune Cookie; 4) Chasing Clues; 5) Espada; 6) Live Girls, Etc.; 7) Dazed And Confused; 8) The Heat Of The Moment; 9) Sunrise In Three Countries. Act Two: Tercio de Banderillas: 10) On The Run; 11) Swift Settlement; 12) The Camp; 13) All-Points Alert; 14) Journey By Rail; 15) ›As Time Goes By‹; 16) ⊐ Change Of Plans; 17) Mounting Evidence. Act Three: Tercio de la Muerte: 18) The Young Matador; 19) Death In The Afternoon; 20) The Man Who Came To Dinner; 21) Doppelgänger; 22) Bullring; 23) Blood And Lust; 24) Back To The Beginning; 25) Faena; 26) Aftermath

Inhaltsangabe »Doubleshot«:

Prolog: Paseo [Prozession der Matadore*]

1) Dramatis personae: Auf einem Gipfeltreffen zum Gibraltar-Konflikt wird der Leibwächter eines Teilnehmers definitiv als James Bond erkannt, obwohl er als »Peter Woodward« auftritt ... Nadir Yassasin, der Stratege der Union, hat ihn als Attentäter engagiert und die gesamte Operation geplant: Die Teilnehmer des Treffens sollen getötet oder als Geiseln genommen werden.

1. Akt: Tercio de Varas [Drittel der Lanzen*]

2) Suicide Mission [Selbstmordauftrag*]: In Casablanca findet ein Treffen des »cercle fermé« der Union statt. Dabei handelt es sich um 26 so genannte Kommandanten, von denen jeder für ein bestimmtes Gebiet auf der Erde zuständig ist. Le Gérant, der Kopf der Union, Neugründer und Leitfigur, beschäftigt mit seiner Organisation die Geheimdienste der Welt. Der einzige Misserfolg war das »Skin-17-Projekt«. Dadurch hat es Verluste an Menschen, Geld und Ansehen im Fernen Osten gegeben, und Le Gérant hasst dafür das MI6, SIS und das Verteidigungsministerium, ganz besonders aber James Bond. Er erklärt Bond zum Feind Nr. 1 der Union.

3) Fortune Cookie [Glückskeks*]: James Bond ist nach seinem Erfolg beim »Skin-17-Projekt« für drei Monate in Genesungsurlaub geschickt worden. Dieser Auftrag hat ihm körperlich schwer zugesetzt; er leidet unter sehr starken Kopfschmerzen und Ohnmachtsanfällen. Auch der Tod seiner persönlichen Assistentin Helena Marksbury macht ihm zu schaffen, denn er fühlt sich für ihren Tod verantwortlich und sinnt auf Rache. Wegen persönlicher Befangenheit soll Bond im Mordfall Marksbury nichts unternehmen, schon gar nicht allein gegen die Union, die er für den Mord verantwortlich macht. Dr. Kimberley Feare, eine Neurologin, die Sir James Molony vertritt, vermutet bei Bond eine Schädelverletzung, vielleicht ein Blutgerinnsel oder eine Verletzung am Temporallappen. Trotz der Einnahme von Tabletten verspürt Bond keine Verbesserung. Ohne Auftrag ist 007 depressiv, fühlt sich ständig beobachtet und hat Angst vor Wahnvorstellungen, zumal er bei »seinem« Chinesen die Glückskeks-Botschaft »Wenn du deinen Doppelgänger triffst, bedeutet das deinen Tod« gefunden hat und sich danach selbst auf der anderen Straßenseite sieht. Bond wird ohnmächtig und wacht mehr als eine Stunde später zu Hause auf, ohne zu wissen, wie er dahin gekommen ist.

4) Chasing Clues [Spuren verfolgen*]: Bond macht einen Termin mit Dr. Feare und fährt dann ins SIS-Hauptquartier, wo er auf seinem Schreibtisch eine Mappe zum Mord Helena Marksbury und die neuste Akte zur Union und ein Pornobuch mit dem Titel *Helenas Haus der Schmerzen* in einem Umschlag vorfindet. Im Buch liegt der Kassenzettel eines Buchladens in Soho. Tanner rät Bond dringend ab, auf eigene Faust zu ermitteln, schon aus emotionaler Betroffenheit. Er versichert ihm, dass die Union erste Priorität beim SIS habe, doch im Moment gebe es Schwierigkeiten mit einem einflussreichen spanischen Millionär, der lautstark die Rückgabe Gibraltars fordere. Bei einem Gespräch mit Inspektor Howard von Scotland Yard erfährt Bond von Michael Clayton, einem Haus- und

Ladenbesitzer, dessen Partner Walter van Breeschooten ist. Helena hatte zwei Mitglieder der Union, einen Engländer und einen Holländer, erwähnt. Bond fährt nach Soho.

5) Espada: Domingo Espada, ein landesweit bekannter Ex-Torero, hat bei Marbella ein großes Anwesen mit allem, was dazu gehört; so auch Ställe, eine moderne Stierkampfarena, ein Schlachthaus. Er hält sich Sex-Sklavinnen, die er armen Familien abgekauft hat, und sieht sich dafür noch als Retter und Wohltäter. Nadir Yassasin sucht Espada auf und unterbreitet ihm Le Gérants Angebot, beim Umsturz in Gibraltar zu helfen und Espada als Gouverneur einzusetzen. Bei der Aktion soll der britische Premierminister getötet werden – das ist Le Gérants Bedingung, da er sich an Großbritannien rächen will.

6) Live Girls, Etc. [Echte Mädchen usw.*]: James Bond sucht in Soho den Buchladen auf, aus dem das zugesandte Buch stammt. Er belauscht zwei Männer in einer Wohnung im selben Haus und hört in deren Gespräch den Namen Le Gérant. Als Bond entdeckt wird, kommt es zu einer üblen Schlägerei, aus der 007 nur mit Mühe entkommt – nicht zuletzt deshalb, weil Michael Clayton und Walter van Breeschooten den Schlägern verboten haben, Bond zu töten. Jimmy Powers bleibt Bond auf den Fersen.

7) Dazed And Confused [Benommen und verwirrt*]: Wieder beim SIS, erlaubt »M« nicht, dass Bond den Fall Marksbury aufnimmt, und rät ihm, sich einige Wochen nach Jamaika zurückzuziehen. Scotland Yard lässt Bond mit seiner Information über Clayton und van Breeschooten abblitzen, und ein Fax von Felix Leiter bringt nichts Neues über die Union. Bond entwendet (unter einem Vorwand) die neue Walther P99 aus der Abteilung Q und bucht für den nächsten Morgen einen Flug nach Tanger.

8) The Heat Of The Moment [In der Hitze des Gefechts*]: Bond sucht Dr. Kimberley Feare auf, die von einem Abendessen kommt, und berichtet ihr von seinen neuerlichen Ohnmachtsanfällen und den Kopfschmerzen, nicht aber von den Halluzinationen. Kimberley nimmt ihn mit in ihre Wohnung. Sie überprüft die Medikation und lässt ihn vier Tabletten einnehmen. Bei einer Tasse Kaffee besprechen die beiden Bonds Krankheitsbild, und Kimberley versucht, Bond seine Reise auszureden. Nach einem weiteren Geplänkel schlafen die beiden miteinander. Kimberley geht ins Bad und bevor sie zurückkommt, erleidet Bond einen fürchterlichen Anfall von Kopfschmerzen, Herzrasen, Todesangst. Er fällt in Ohnmacht. In Kimberleys Badezimmer wacht er blutverschmiert wieder auf. Seine Finger- und Fußabdrücke sind überall, an der Tür liegt ein großes blutiges Küchenmesser auf dem Boden. Er findet Kimberley im Schlafzimmer, die Kehle von Ohr zu Ohr durchgeschnitten und mit mehreren Stichwunden.

9) Sunrise In Three Countries [Sonnenaufgang in drei Ländern*]: In völliger Verwirrung weiß Bond nicht, ob er Kimberley getötet hat, doch nach Überdenken der Situation erkennt er, dass die Union ihm einen Mord anhängen will. Er will Helenas und Kimberleys Mörder auf eigene Rechnung finden und fliegt als John Cork nach Tanger. An der Grenze zu Gibraltar hat sich eine protestierende Menschenmenge versammelt. Die Grenzpolizei schließt die Grenze. Es kommt zu gewalttätigen Ausschreitungen, die vom Steinewerfen bis zu Bombenexplosionen mit Toten und Verletzten reichen. Großbritannien und Spanien machen sich gegenseitig dafür verantwortlich. Le Gérant denkt über eine Verlegung des Hauptquartiers nach, denn die Entdeckung des jetzigen ist zu erwarten. Zunächst soll es in Marrakesh sein. Nadir Yassasin berichtet Le Gérant telefonisch, dass Bond alles wie erwartet tut; dass Clayton und van Breeschooten anreisen werden; das Espada zufrieden ist. Le Gérant hat schon beschlossen, den Spanier zu töten.

2. Akt: Terci de banderillas [Drittel der Banderillas*]

10) On The Run [Auf der Flucht*]: In Tanger sucht James Bond Latif Reggab auf, der für den Geheimdienst arbeitet (Q Branch, Station North Africa), und erklärt ihm seinen persönlichen Rachefeldzug. Reggab erhält Fotos von einem Zeltlager, bei dem es sich vermutlich um ein Trainingslager für Terroristen handelt. Auf einem der Fotos entdeckt 007 Clayton und van Breeschooten. Nach Einbruch der Dunkelheit wollen Bond und Reggab ins Lager fahren.

11) Swift Settlement [Schnelle Entscheidung*]***: »M« erfährt vom Mord an Kimberley Feare und davon, dass James Bond in den Fall verwickelt sein könnte. Mittlerweile ist auch Bonds Diebstahl in der Abteilung Q bemerkt worden. In der spanischen Stadt Ronda findet ein Stierkampf statt, vor dessen Beginn Espada eine Rede hält. Der Torero Roberto Rojo ist mit Espadas ehemaliger Konkubine geflohen und hält sich in einem Hotel in Ronda auf. Margareta Piel verschafft sich Zugang zum Hotelzimmer und ermordet Roberto Rojo und Maria. Sie entkommt unbemerkt mit einem Base-Jump vom Balkon des Zimmers.

12) The Camp [Das Lager*]: Nach Sonnenuntergang fahren Reggab und Bond ins Rif. Auf der etwa dreistündigen Fahrt, die auch in einen Souq führt, erfährt Reggab von einem Verbindungsmann von der Ermordung des Fotografen Rizki. Mitten im Gebirge angekommen, beobachten die beiden zunächst das Lager, dann schleicht sich Bond hinein. Er entdeckt Clayton und van Breeschooten und hört in deren Unterhaltung das Stichwort »Treffpunkt Casablanca«. Bond lauert Clayton auf, nimmt ihm einen Zettel mit der Adresse des Hauptquartiers der Union ab und tötet ihn. Bond flieht aus dem Lager zurück zu Reggab, doch ist er entdeckt worden und wird verfolgt. Die Verfolger beschießen den Agenten und Reggab bei einer wilden Jagd, in deren Verlauf Reggab tödlich getroffen wird. Das Auto explodiert. Bond wird von seinen Gegnern aus der Gefahrenzone gezogen und mit einer Spritze betäubt.

13) All-Points Alert [Alarmbereitschaft*]: Bond wacht in der Altstadt von Tanger auf und stellt fest, dass seine P99 fehlt. Auf dem Weg zum Hauptquartier der Union hört er von einem terroristischen Überfall auf einer Fähre, bei dem zehn britische Touristen geradezu hingerichtet worden sind. Das Phantombild eines Täters sieht so aus wie er. Nun ist Bond klar, dass irgendjemand seine Rolle spielt. Bond fährt, notdürftig mit Sonnenbrille und Baseball Cap getarnt, mit dem Zug nach Casablanca. In London geht eine Nachricht Bonds über Latif Reggabs Tod ein. »M« weiß jetzt definitiv: Bond arbeitet auf eigene Faust und gegen die Vorgaben. Ein der SIS-Anti-Terrorismus-Abteilung zugespieltes Videoband zeigt James Bond bei dem Überfall auf der Fähre. Nach Abschluss der Aktion legt er seine P99 deutlich erkennbar auf die Theke. Die beiden anderen Attentäter werden getötet; ihre Akten und die Art, wie sie gehandelt haben, weisen sie als Männer der Union, nicht als Männer Espadas aus. Obwohl sich beim MI5 niemand vorstellen kann, dass James Bond am Überfall beteiligt war und »M« schon den Einsatz eines Doubles vermutet, ist seine Ergreifung sehr wichtig.

14) Journey By Rail [Bahnfahrt*]: Im Zug lernt Bond nacheinander die eineiigen Zwillinge Heidi und Hedy Taunt kennen, was ihn wegen seiner mentalen Verfassung zunächst sehr verwirrt. Beim gemeinsamen Abendessen in Casablanca klärt sich jedoch alles auf. Bei einem Zwischenaufenthalt in Rabat erfährt Bond aus der Zeitung vom Mord an Roberto Roja und sieht in derselben Zeitung ein Foto des jungen Stierkämpfers Javier Rojos. Der könnte Bond beim Kampf gegen Espada in Spanien eine Hilfe sein.

15) »As Time Goes By« [Mit der Zeit ...*]: Am nächsten Morgen geht die Doppelnull in die Ville de Casablanca 14, das Hauptquartier der Union. Van Breeschooten erscheint, Bond folgt ihm und erschießt ihn nach dessen Warnung, die Union sei hinter ihm her. Bond nimmt dem Getöteten einen Umschlag mit einer Karte der Provinz Malaga und einer Eintrittskarte für einen Stierkampf ab, der in zwei Tagen stattfindet. Der erste Torero in diesem Kampf ist Javier Rojo. Dann hört Bond eine Explosion: Das Gebäude der Union ist bombardiert worden. Ein falscher Bettler gibt einem Polizisten ein Zeichen, und Bond muss aufgeben.

16) Change Of Plans [Die Pläne werden geändert*]: Bond rennt in wilder Flucht davon. Als seine Situation aussichtslos ist, sieht er vor sich ein Seil und hört Hedy Taunts Stimme, die ihm Anweisungen gibt. Bond und Taunt fliehen weiter über die Dächer und gelangen ins CIA-Hauptquartier in Casablanca, für das die Zwillinge arbeiten. Allerdings ist allen nur *eine* Person bekannt, Hillary Taunt. James Bond soll von ihnen bzw. ihr nach London gebracht werden. Sie entwaffnen ihn und erzählen ihm von der Vermutung, er sei ein Überläufer. Bond seinerseits erklärt, dass offenbar ein Double für ihn eingesetzt wird und Espada mit der Union in Verbindung steht. Nach einem Telefonat mit »M« erhält Bond die Erlaubnis weiterzuarbeiten. Er fährt mit den Taunt-Zwillingen auf einer Jacht nach Spanien.

17) Mounting Evidence [Die Beweise häufen sich*]: Im Hafen von Marbella empfängt Espada auf seiner Jacht Besucher: Bei Javier Rojo weist er alle Zusammenhänge mit dem Mord an dessen Bruder Roberto von sich; mit Nadir Yassasin, der ihm die Erfüllung seiner Gibraltar-Pläne verspricht, werden die Regeln für das Gipfeltreffen festgelegt. Nach dem Stierkampf am nächsten Tag wird Espada den Attentäter kennen lernen. Für Inspector Howard von Scotland Yard ist James Bond nach der Spurensicherung der Hauptverdächtige im Mordfall Dr. Feare. Captain Hodge erkennt auf der Gästeliste des Gipfeltreffens den Bodyguard Espadas »Peter Woodward«: Das Bild zeigt Bond. 001, der den britischen Premierminister begleitet, soll Bond im Ernstfall erschießen.

3. Akt: Tercio de la Muerte [Drittel des Todes*]

18) The Young Matador [Der junge Matador]: Die Taunt-Zwillinge und Bond fahren nach Marbella, wo sich Bond am Strand mit Javier Roja verabredet hat. Er möchte vor dem Gipfeltreffen Informationen über Espada haben, evtl. über Zusammenhänge mit der Union. Obwohl Javier dabei unwohl ist, will er versuchen, etwas herauszufinden. Man verabredet sich für den nächsten Tag nach dem Stierkampf. Jimmy Powers hat alles beobachtet und an Yassasin weitergemeldet.

19) Death In The Afternoon [Tod am Nachmittag*]: Javier schleicht sich auf die Ranch und sieht den falschen James Bond. Er wird von Margareta Piel, die Powers und Yassasin von seinem Besuch berichtet, entdeckt und weggeschickt. Bond besucht den Stierkampf, dessen Atmosphäre ihn vom ersten Moment an fasziniert. Er hat einen guten Platz neben Margareta Piel, der von Hedy, die ihm gefolgt ist, gut gesehen werden kann. Vor dem Kampf hält Espada eine Rede, in der er für seine politische Idee und Unterstützung wirbt. Im ersten Stierkampf, der sehr genau beschrieben wird, kommt Javier Roja durch Unachtsamkeit zu Tode: Er starrt in der letzten Phase des Kampfes auf einen Banderillero und wirkt desorientiert. Der Stier verletzt Rojo tödlich. Margareta Piel führt Bond durch das Gedränge nach draußen, wo Bond einen Schwächeanfall erleidet. Er nimmt in der Kapelle, die zur Arena gehört, den Banderillero aus dem Kampf wahr – es ist sein Double. Das also hatte Roja abgelenkt. Piel schlägt Bond mit ihrer Pistole nieder. Hedy beobachtet, wie unter Piels Anweisungen zwei Männer eine Trage mit einer zugedeckten Person in einen Minivan laden. Piel steigt hinten in den Wagen ein, Bond setzt sich auf den Beifahrersitz. James Bond erlangt auf der Trage wieder sein Bewusstsein. Er trägt nicht mehr seine Kleidung, und seine Hände sind auf dem Rücken gefesselt worden. Die Fahrt geht zu Espadas Landsitz.

20) The Man Who Came To Dinner [Der Mann, der zum Essen kam*]: Heidi und Hedy haben mit einem Auto die Verfolgung aufgenommen. In Gibraltar bringt Jimmy Powers in der Kapelle, die zum Gouverneurspalast gehört, an verschiedenen Kirchenbänken Seidenbeutel mit Pistolen an. Der Minivan hält auf der Rückseite einer Scheune auf Espadas Ranch. Bond wird in einen Raum geführt, an einen Stuhl gefesselt und gezwungen, über die Fernsehüberwachungsanlage ein Essen bei Espada zu verfolgen. Hedy geht hinunter zur Ranch, Heidi bleibt im Auto. Beim Essen, das Bond via Bildschirm sieht, besprechen Piel, Espada und Yassasin den Zeitplan für das Gipfeltreffen. Dann kommt – in Bonds Kleidung – Bonds Doppelgänger dazu, der Espada als der echte vorgestellt wird. Hedy wird zwischenzeitlich entdeckt und niedergeschlagen. James Bond muss miterleben, wie sie vorgeführt und als CIA-Agentin enttarnt wird. Espada bietet sie dem falschen Bond für die Nacht an. Das Essen ist beendet.

21) Doppelgänger: Yassasin zählt Bond noch einmal auf, welche Köder die Union ausgelegt hat, um ihn dahin zu bringen, wo er jetzt ist: Glückskeks, Pornobuch, Fotos, Camp, Karte für den Stierkampf, außerdem die Morde, die sein Doppelgänger begangen hat, an Dr. Feare, den britischen Touristen und an Javier Rojo. Beim Gipfeltreffen soll der falsche Bond den Gouverneur von Gibraltar und den britischen Premierminister erschießen, evtl. auch den spanischen. Dann wird der falsche Bond erschossen, damit »James Bond« Geschichte ist. Bis auf wenige Personen verlassen diejenigen, die rechtzeitig in Gibraltar sein müssen, die Ranch. Heidi Taunt ist an der Ranch angekommen, erschießt zwei Wachen und betritt das Gebäude.

22) Bullring [Stierkampfarena]: James Bond wird in Espadas Übungsarena geführt, wo er mit dem falschen Bond und drei Männern allein bleibt. Ein Stier wird in die Arena gelassen, und für Bond scheint es kein Entrinnen zu geben. Heidi Taunt kommt in die Arena, erschießt einen der Männer und wirft Bond ein Pfefferspray zu, mit dem er den Stier ausschaltet. Die beiden Bonds kämpfen gegeneinander. Taunt rennt ins Schlachthaus, wo sie den zweiten Mann erschießt, selbst aber angeschossen wird. Sie ersticht den dritten Mann, als er sich davon überzeugen will, dass sie tot ist, und sich über sie beugt. Danach wird sie ohnmächtig. In der Arena geht der Kampf weiter; in einem Handgemenge versucht jeder, den anderen zu erwürgen. James Bond fühlt seine Sinne schwinden und verliert das Bewusstsein.

23) Blood And Lust [Blut und Wollust*]: Nach einem Rundgang geht Margarete Piel in ihr Zimmer. Der falsche Bond, den Piel mit seinem richtigen Namen Peredur Glyn anspricht, meldet Vollzug und geht, um sich mit der blonden Amerikanerin zu beschäftigen. Kurz darauf ruft er Piel an und teilt ihr mit, dass das Mädchen sich nicht kooperativ gezeigt und er sie getötet habe. Piel befiehlt Glyn, alle Spuren zu beseitigen und zu ihr ins Zimmer zu kommen. Sexuell sehr von einem Mann angeregt, der getötet hat, verführt Piel Glyn zu wildem Sex.

24) Back To The Beginning [Zurück zum Anfang*]: Nach dem Sex hat Piel einen Verdacht, von dem sie nicht weiß, wie sie ihn werten soll, und schiebt ihn erst einmal beiseite. Espada, Agustin Piel und Bond kommen in den Gouverneurspalast, wo Yassasin, Powers, ein Berater des spanischen Premierministers und eine verschleierte arabische Frau bereits anwesend sind. Piel entschließt sich, Yassasin von ihrem Verdacht zu erzählen, kommt aber wegen eines Streits zwischen dem spanischen Premierminister und Espada nicht dazu. Es findet eine Führung durch den Palast statt, um die Zeit bis zur Ankunft des britischen Premierministers und des Gouverneurs zu überbrücken. Die Tour führt auch in die Kapelle, wo Powers, Piel, Espada, Yassasin, Agustin und Peter Woodward (Bond) die dort deponierten Waffen an sich nehmen. Yassasin teilt Powers den geänderten Plan mit: Der Attentäter tötet zunächst den britischen Premierminister und den Gouverneur samt ihrer Bodyguards, dann tötet er Espada; Piel tötet – falls noch notwendig – den Attentäter. Man geht in den Speisesaal. Piel, die neben dem Attentäter sitzt, will ihn mit ihrem Verdacht konfrontieren.

25) Faena**: Beim Sex hat Margareta Piel James Bond erkannt und befiehlt ihm jetzt, auf jeden Fall alles so zu machen, wie der falsche Bond es gemacht hätte, denn sie erschieße ihn sowieso. Bond kommen Zweifel an der Durchführung seines Plans, außerdem muss er gegen rasende Kopfschmerzen und einen kommenden Ohnmachtsanfall ankämpfen. Powers und Yassasin merken, dass irgendetwas nicht stimmt. Der britische Premierminister und der Gouverneur betreten den Raum, an ihrer Seite ist einer der Taunt-Zwillinge. Dann läuft das Geschehen in Sekundenschnelle ab: Die arabische Frau erschießt Piel, Bond erschießt Powers und Agustin, dann Espada, Yassasin verfehlt Bond. Taunt hält Yassasin mit einer Waffe in Schach, er wird abgeführt, und alles beruhigt sich. Unter dem arabischen Frauengewand ist Heidi Taunt verborgen. Zur Berichterstattung treffen sich der Gouverneur, 001, 007, Hedy und die beiden Premierminister. Hedy und 007 berichten, wie sie Piel getäuscht haben und entkommen konnten.

26) Aftermath [Nachwirkungen*]: Dr. James Molony hat seine Vortragsreise abgeschlossen und James Bond noch in Gibraltar operiert. Vielleicht hätte die Operation umgangen werden können, aber Deborah Reilly, Dr. Molonys Krankenschwester und Michael Claytons Cousine, hat Bond die falschen Tabletten untergeschoben. James Bond erholt sich. Le Gérant schwört Rache. Der Gibraltar-Konflikt ist beigelegt.

) Übersetzung der Kapitelüberschrift. **) In welcher Bedeutung Benson das Wort »Faena« benutzt, ist nicht geklärt. Es kann sowohl für »körperliche Arbeit« als auch für »Zusatzarbeit oder Sonderschicht« stehen. Im Stierkampf kommt eine mögliche dritte Bedeutung zum Tragen: Der Stierkämpfer muss hier seine faena, seine Meisterschaft im Umgang mit dem Stier, beweisen, und ein künstlerisches Gleichgewicht zwischen menschlicher Geschicklichkeit und animalischer Kraft herstellen. ***) Hier könnte »Swift« auch in der Doppeldeutigkeit als »Mauersegler« gesehen werden, denn das Kapitel endet mit einem Base-Jump (↗»Swift«).

DOUGLAS-MOTORRAD 1924

↗ Ian Flemings erstes Fahrzeug soll ein Douglas-Motorrad Baujahr 1924 gewesen sein. Seine Leidenschaft für fahrbare Untersätze brachte er in die James-Bond-Romane ein. Die Produzenten ↗ Harry Saltzman und ↗ Albert R. Broccoli ließen sich davon inspirieren, und so fährt auch 007 in den Filmen immer wieder extravagante Fahrzeuge.

DOUGLAS, PAVEL (Darsteller)

Im Hafen von Monaco hatte der Schauspieler Pavel Douglas in ↗ *GoldenEye* (1995) seinen Auftritt als Kapitän des französischen Kriegsschiffes, auf dem der ↗ Tiger-Helikopter steht. ↗ Xenia Onatopp entführte das Fluggerät in der entsprechenden Szene vor den Augen von 007. Als Offizier des Kriegsschiffes war der Commandant ↗ Oliver Lajous zu sehen.

DOUSE, GLORIA (Darstellerin)

In ↗ *Im Angesicht des Todes* (1985) trat Gloria Douse auf. Sie war neben ↗ Sian Adey-Jones, ↗ Mayako Torigai, ↗ Nike Clark, ↗ Caroline Hallett, ↗ Paula Thomas, ↗ Elke Ritschel und ↗ Lou-Anne Ronchi eine der vielen, die es kaum fassen konnten, eine Rolle in einem James-Bond-Film zu bekommen. Das Interesse der Presse an den Mädchen ebbte nach Filmstart schnell wieder ab. Ihre Rollen waren einfach zu belanglos, um große Storys daraus zu machen.

DOUY, MAX (Künstlerischer Leiter)
Die beiden künstlerischen Leiter bei der Produktion des elften offiziellen James-Bond-Films ↗ *Moonraker – streng geheim* (1979) waren ↗ Charles Bishop und Max Douy. Seine Brüder Jacques Douy und Serge Douy arbeiten als Assistenten. ↗ Marc Frederix, Serge Douy, ↗ Ernie Archer und ↗ John Fenner. Serge Douy arbeitete auch an ↗ *Im Angesicht des Todes* (1985). ↗ Alan Tomkins.

DOWDALL, JIM (Stuntman)
Jim Dowdall führte seine Stunts in ↗ *Octopussy* (1983) unter der Aufsicht von ↗ Martin Grace, ↗ Paul Weston und ↗ Bill Burton durch. Er arbeitete im Team mit ↗ Dorothy Ford, ↗ Pat Banta, ↗ Jazzer Jeyes, ↗ Clive Curtis, ↗ Bill Weston, ↗ Wayne Michaels, ↗ Christopher Webb, ↗ del Baker, ↗ Rocky Taylor, ↗ Nick Hobbs und ↗ Malcom Weaver. Bei ↗ *GoldenEye* (1995) arbeitete er mit ↗ Simon Crane zusammen.

DOYLE (Romanfigur)
Dass eine kleine Wunde, beigebracht durch James Bond, tödlich sein kann, beweist die Geschichte der Figur Doyle im Roman ↗ *Liebesgrüße aus Athen*. Beim Versuch, 007 zu entführen, wird Doyle im Gesicht leicht verletzt. Seine Mittäter beschließen daraufhin, ihn zu töten, um bei der Ausreise aus England kein Aufsehen mit einem verletzten Mann im Schlepptau zu erregen. In der Tasche der Leiche von Doyle findet die Polizei Hinweise auf den möglichen Verbleib des entführten ↗ »M«.

DOYLE, BRIAN (Unit-Publicist)
Brian Doyle war Unit-Publicist bei der Produktion des zwölften offiziellen James-Bond-Films ↗ *In tödlicher Mission* (1981).

DO YOU KNOW HOW CHRISTMAS TREES ARE GROWN? (Lied)
↗ *On Her Majesty's Secret Service* (Soundtrack)

DP216-1 (Prototyp)
Der Prototyp des ↗ Aston Martin DB5, der in ↗ *Goldfinger* (1964) zum Einsatz kam, trug die Kennnummer DP216-1.

DRACHE (Fahrzeug)
Der Drachenpanzer aus dem Film ↗ *James Bond 007 jagt Dr. No* (1962), der auch im gleichnamigen Buch vorkommt, wird hier nur als »Drache« bezeichnet. Aus dem Fahrzeug heraus wird ↗ Quarrel mit einem Flammenwerfer getötet; Fahrer ist ↗ Sam. James Bond und ↗ Honeychile Rider benutzen den Drachen zur Flucht, auch ↗ Joe und ↗ Lemmy können die beiden nicht aufhalten.

DRACHE (Waffe)
Die Ausrüstungsgegenstände von ↗ Wai Lin aus dem Film ↗ *Der Morgen stirbt nie* (1997) und dem gleichnamigen Roman unterscheiden sich stark. Im Roman sind es Fächer, Reis, Essstäbchen und Schirme. Im Film blieb davon nur der Fächer übrig, hinzu kamen ein Drache, der bei Berührung zum Flammenwerfer wird, und eine mit Druckluft schießende Kanone. Der löwengroße Kunstdrache, der Feuer speit, wenn man einen Auslöser am Kopf betätigt, erschreckt 007, als er ihn versehentlich berührt. Bezug am Rande: Die Ha-Long-Bucht, in der 007 und ↗ Wai Lin operieren, heißt übersetzt »Bucht der herabsteigenden Drachen«.

DRACHEN
↗ Flugdrachen

DRACHENFLIEGER
↗ Flugdrachen

DRACHENGARTEN (Drehort)
↗Hai Fats Haus im Film ↗*Der Mann mit dem goldenen Colt* (1974) existierte tatsächlich, es war der »Drachengarten«, der einem chinesischen Händler namens ↗Lu Cheung Lee gehörte. Der Mann, der in den New Terretories zu Geld gekommen war, stellte den Drachengarten für die Dreharbeiten zur Verfügung.

DRACHENNASE (Codename)
Aus Dantes *Inferno* stammt im Roman ↗*Sieg oder stirb, Mr. Bond* der Codename »Drachennase«, den 007 in der Gegenwart von ↗Beatrice da Ricci benutzt. Er will herausfinden, ob es sich bei ihr um ↗»Die Katze« alias Saphii Boudai handelt.

DRACHENPANZER
Die erste überdimensionale Maschine, der Bond bei einem Auftrag gegenübersteht, ist der legendäre Drachenpanzer. In ↗*James Bond 007 jagt Dr. No* (1962) tötet ein Flammenstrahl aus dessen Front 007s Verbündeten ↗Quarrel. Das Fahrzeug wurde nach den Dreharbeiten zu ↗*Dr. No* verkauft. Erst in den 1990er Jahren versuchte man, den Käufer ausfindig zu machen, um dieses Stück Filmgeschichte auf Ausstellungen und für Liebhaber öffentlich zu präsentieren. Zum Bedauern der Suchenden musste man feststellen, dass ↗Eon Productions dem Käufer auferlegt hatten, die Zusatzteile wie z. B. Flammenwerfer, Leuchtaugen und Schwanzzacken zu entfernen und zu vernichten. Von ↗Ian Fleming selbst stammt die Idee, ein solches Gefährt zu bauen. Er kam darauf, als er einen großen Geländebuggy auf der Sumpfinsel Great Iguana beobachtet hatte.

DRACO CONSTRUCTIONS (fiktive Firma)
Auch wenn ↗Draco ein in Europa operierender Ganove ist: James Bond findet seine legale Geschäftsfassade in ↗*Im Geheimdienst Ihrer Majestät* (1969) imponierender als alles, was ↗SPECTRE sonst zu bieten hat. Unter dem Firmennamen »Draco Constructions« hat Marc Ange Draco Beteiligungen im Baugeschäft, im Bereich Elektrogeräte und in der Landwirtschaft.

DRACO, MARC-ANGE (Romanfigur)
Der Vater von ↗Contessa Teresa di Vicenzo kommt im Buch ↗*007 James Bond im Dienst Ihrer Majestät* vor. Er ist Leiter der ↗Union Corse und tarnt sich als Hersteller von Elektrogeräten. Draco ist über James Bonds Verhältnis zu seiner Tochter informiert und bietet dem Agenten eine Million Pfund, wenn er Tracy heiratet. Bond lehnt ab.

Schon bei der ersten Begegnung ist Draco Bond sympathisch. Er hat ein »humorvolles, verschmitztes Gesicht«. Draco ist ein kleiner, muskulöser Mann im mittleren Alter, dessen Gesicht als verwittert beschrieben wird. Er war mit einer englischen Gouvernante verheiratet, die den irrwitzigen Wunsch hatte, von einem Banditen vergewaltigt zu werden. Draco erfüllte ihr den Wunsch. Das Ergebnis der Vergewaltigung ist Tracy (Teresa). Draco wurde zum Capu. Er unterstützt 007 im Buch bei dessen Kampf gegen ↗Blofeld und ist überglücklich, als Bond und seine Tochter doch noch heiraten. Jahre später, nach dem Tod des Anführers der Union Corse, ist die Organisation gegenüber James Bond nicht mehr sehr entgegenkommend. 007 merkt dies besonders im Roman ↗*Niemand lebt für immer*. ↗Raymond Benson lässt Draco in ↗*Never Dream Of Dying* wieder auftreten. Bonds ehemaliger Schwiegervater hat seine Beziehung zu Bond aber grundlegend geändert. Siehe Inhaltsangabe ↗*Never Dream Of Dying* ab Kapitel 13. Nachdem Tracy Bond getötet wurde, ist Draco verbittert. Draco hat mit seinem Neffen ↗Olivier Cesari gemeinsame Sache gemacht und ist vor Jahren stiller Teilhaber der Union geworden, die Cesari übernommen hatte. Als aber auch seine neue Frau und eine gemeinsame Tochter bei einem

Brand in den Filmstudios in Nizza ums Leben gekommen sind, ist Marc-Ange Draco nun 007s Gegner, denn er macht Bond für die Katastrophe verantwortlich. 007 hat keine andere Wahl: Bei einer Konfrontation erschießt er seinen Schwiegervater.

DRACO, MARC ANGE (Filmcharakter)

Als Vater von ↗Teresa »Tracy« di Vicenzo und Leiter der ↗Union Corse lastet auf der Figur Marc Ange Draco eine große Verantwortung. Draco kommt im Film ↗*Im Geheimdienst Ihrer Majestät* (1969) vor und wird vom Schauspieler ↗Gabriele Ferzetti verkörpert. Er nimmt Kontakt zu James Bond auf, als er von einem Verhältnis erfährt, das der mit Tracy hat. Draco bietet 007 eine Million Pfund, die ausgezahlt werden würde, sobald Bond Tracy heiratet, doch der Agent lehnt dieses Angebot ab: »Sie braucht einen Psychiater!« Der Anführer der Union Corse verschafft 007 Informationen über ↗Ernst Stavro Blofelds Aufenthaltsort in den Schweizer Alpen. Als Tracy von Blofeld gekidnappt wird, arbeiten beide erneut zusammen. Marc Ange Draco leitet die Operation, bei der Blofelds Festung ↗Piz Gloria gesprengt werden soll. Nach dem Tod von Tracy besteht kein Kontakt mehr zwischen James Bond und seinem Schwiegervater Marc Ange Draco.

DRACULA (Romanfigur/Filmcharakter)

↗Ian Fleming schrieb in seinem Roman ↗*Du lebst nur zweimal*, ↗Blofelds »Schloss des Todes« wirke wie eine Kulisse für Dracula. Der Autor wusste natürlich, dass ↗Christopher Lee, sein entfernter Verwandter, mit dem er manchmal Golf spielte, die Dracula-Figur durch seine Verkörperung berühmt gemacht hatte. Lee selbst träumt heute noch davon, Dracula einmal so zu verkörpern, wie ihn sich Bram Stoker tatsächlich vorgestellt hat. Fleming hätte Lee gern in der Rolle des ↗Dr. No in ↗*James Bond 007 jagt Dr. No* (1962) gesehen, doch es kam erst bei ↗*Der Mann mit dem goldenen Colt* (1974) zu einem Engagement Lees. Er spielte ↗Francisco Scaramanga und wollte mit dieser Figur den Absprung von der Festlegung auf die Dracula-Rolle schaffen.

DRAGONPOL, DAVID (Romanfigur)

David Dragonpol ist ein Schauspieler und Fan von Shakespeare, der im Roman ↗*Never Send Flowers* vorkommt. 007 erhält von ↗Cramel Chantry Informationen über Dragonpol, dessen Schwester ↗Maeve Horton Rosen mit »blutenden Herzen« züchtet. Er verübt, wie 007 und ↗Flicka von Grüsse vom Detektiv ↗Bodo Lempke erfahren, schon seit 1920 als Terrorist Anschläge. Im Roman stellt sich heraus, dass Dragonpol einen Zwillingsbruder hat, der jedoch ums Leben kommt, als er einen Anschlag verüben will. Im Verlauf seiner Mission entdeckt Bond, dass David Dragonpol ↗Prinzessin Diana und ihre beiden Kinder bei einem Besuch im Euro Disney bei Paris ermorden will. 007 verhindert dies, tötet Dragonpol und entschärft eine Bombe am Dampfer ↗»Mark Twain«. Maeve Horton wird von der Polizei festgenommen.

DRAHT (Waffe)

↗*Midsummer Night's Doom*

DRAHT-STAB

Zur Ausrüstung von ↗Jinx im Roman ↗*Stirb an einem anderen Tag* gehört ein Draht-Stab, den sie benutzt, um in das Treibhaus von ↗Gustav Graves einzudringen. »Der Draht, der sich aus dem Stab abspulte und an ihrem Gürtel befestigt war, machte es möglich, sanft auf dem Dach des Treibhauses zu landen.«

DRAKE, RAFAEL (Computerfigur)

James Bonds Widersacher im Computerspiel ↗*Nightfire* ist Rafael Drake, der illegale Machenschaften mit einem Raketensteuerungssystem plant.

DRAX AIRLINES (Firma)
Zum Drax-Konzern gehört auch der Zweig DRAX AIRLINES. Hier werden unter anderem Flugzeuge und Helikopter entwickelt. Einen Prototyp fliegt ↗Trudi Parker im Roman ↗*Moonraker Streng geheim*.

DRAX, CONNOLLY (potenzielle Romanfigur)
↗Ian Flemings Frau schlug ihrem Mann vor, er solle in seinem dritten Roman ↗*Mondblitz* den Bösewicht Connolly Drax nennen. Damit erhoffte sie sich, den aggressiven Kritiker ↗Cyril Connolly zu verärgern, der bereits schlechte Kritiken über ↗*Leben und sterben lassen* verfasst hatte. Fleming entschied sich gegen seine Frau und nannte die Figur ↗Hugo Drax.

DRAX' DIENER (Filmcharakter)
Wortlos empfängt der Diener von Drax James Bond im Film ↗*Moonraker – streng geheim* (1979). Nachdem er seinen Chef informiert hat, verschwindet er wieder. Dargestellt wurde der Diener vom Schauspieler ↗Nicholas Arbez.

DRAX HALL
↗Ian Flemings Schwager wohnte in einem Haus namens Drax Hall. Ob dieser Name schließlich zur Namensgebung der Romanfigur ↗Hugo Drax beitrug, konnte nicht geklärt werden.

DRAX, HUGO (Romanfigur)
Sir Hugo Drax ist eine Figur, die im Roman ↗*Mondblitz* vorkommt. James Bond weiß über Drax, dass dieser nach der Stiftung einer Rakete an England als Nationalheld behandelt wird und durch seine Popularität schon Idol-Status erreicht hat. Das abstoßende Aussehen Drax' kommt durch zahlreiche Narben aus dem Krieg zu Stande. Hugo Drax wurde damals als Verwundeter gefunden, der angeblich sein Gedächtnis verloren hatte. Aufgrund von 25 unidentifizierbaren Leichen, die in der Nähe des verwundeten Drax gefunden wurden, konnte die Identität des Mannes nur sehr schwer geklärt werden. Drax hatte sich nach Vorlage der Namenslisten der Opfer selbst »wiedergefunden«. Ein Freund von Drax hat ihn später wiedererkannt. Als Schwerbeschädigter aus der Armee entlassen, verschwand Drax nach dem Krieg für drei Jahre. Danach hatte er mit dem Metallgeschäft zu tun, tauchte dann an der Börse auf und operierte sogar aus Tanger. Drax hatte seine Finger in vielen Geschäften und war bereits 1946 Multimillionär. Mit verschwenderischem Lebensstil fiel er schließlich in England auf. Per Post an die Königin stiftete der Einwanderer seinen gesamten Besitz an Columbit an England, um damit den Bau einer Super-Atomrakete zu fördern, die zum Schutz Londons dienen sollte. Des Weiteren wird vom Aussehen Drax' berichtet, dass er sehr behaarte, ständig in Bewegung befindliche Hände hat, stark schwitzt und Zigaretten der Marke Virginia raucht. Eine abstoßende Angewohnheit Drax' ist es, sich die Fingernägel bis aufs Fleisch abzukauen. Über die Vergangenheit von Drax wird bekannt, dass er unter dem Namen Graf Hugo von der Drache in England geboren wurde und dort bis zu seinem zwölften Lebensjahr lebte. Schließlich kam er nach Deutschland, wo er in Leipzig und Berlin studierte.

Mit zwanzig stieg er in die Familienfirma »Rheinmetall Börsig« ein. Den Krieg erlebte er im 140. Panzerregiment. Durch spätere Aufträge kam von der Drache in den Spionagedienst der SS und hatte 1942 als obersten Vorgesetzten Obersturmbannführer Otto Skorzeny. Es kam zu einem Einsatz, bei dem er das Kommando Drache anführte: 1944 wurden die amerikanischen Linien mit der 150. Panzerbrigade durchbrochen. Auf dem Rückzug versteckte sich Hugo von der Drache in den Wäldern der Ardennen.

Das Schicksal spielte ihm übel mit. Er geriet durch einen Fliegerangriff verletzt an einen Ort, an dem zuvor eine Bombe von seinen Männern deponiert worden war. Eine Ohnmacht hinderte Drax an der Flucht, die Bombe explodierte und riss ihm unter anderem eine Gesichtshälfte weg. Umso unglaublicher klingt das Zitat von der Draches: »Und dann kam der Krieg. Die schönste Zeit meines Lebens.« Im Lazarett spielte von der Drache den Gedächtnislosen und erlangte so seine neue Identität: Hugo Drax. Diese Erlebnisse steigerten den Hass von Drax auf England so stark, dass er beschloss, sich zu rächen: James Bond wird in *Mondblitz* von ↗»M« beauftragt, Drax beim Falschspielen im ↗Blades Club zu überführen. Dies gelingt 007, und nachdem in Drax' Firma ein seltsamer Selbstmord passiert ist, wird Bond eingeschleust und findet heraus, dass Drax die für London zur Sicherung geschaffene Atomrakete gegen die Stadt selbst richten will. Gemeinsam mit der Polizistin ↗Gala Brand geht Bond gegen Drax vor und schafft es durch Koordinatenumstellung der Rakete, Drax auf einem U-Boot abzuschießen und zu töten.

Schon als 007 erfährt, dass Drax einen Brief an die Königin mit »Eure Majestät« begonnen hat und nicht mit »Madame«, wie es sich für einen waschechten Engländer gehört, schöpft er Verdacht. Die Physiognomie Drax' beschreibt ↗Ian Fleming wie folgt: »Drax wirkte überlebensgroß. Er war großgewachsen – Bond schätzte ihn auf fast einsneunzig – und auffallend breitschultrig. Er hatte einen mächtigen Schädel und rötliches, in der Mitte geschnitteltes Haar. Auf beiden Seiten war das Haar tief auf die Schläfen heruntergekämmt. Vermutlich, dachte Bond, um so viel wie möglich von der glänzenden, narbigen Haut zu verbergen, die den größten Teil seiner rechten Gesichtshälfte bedeckte.« Nachdem Bond im Buch gegen Drax gewonnen hat, denkt er über den seltsamen Mann nach: »Alle Anzeichen wiesen auf Paranoia hin. Seine Geltungssucht, hinter der Verfolgungswahn steckte. (...) Sein polterndes Wesen, die lärmende Stimme, der Ausdruck geheimen Triumphs (...) Der Triumph des Wahnsinnigen, der immer im Recht zu sein glaubt, ohne Rücksicht auf die Tatsachen. Er glaubt allen überlegen zu sein, über geheime Kräfte zu verfügen. Er glaubt, Gold machen oder fliegen zu können wie ein Vogel, er hält sich für allmächtig – der Mann in der Gummizelle, der glaubt, Gott zu sein.«

DRAX, HUGO (Romanfigur 2)
Im Buch ↗*Moonraker Streng geheim* ist Hugo Drax ebenfalls Inhaber des »Drax-Konzerns«. Der Multimillionär fördert die NASA mit Geldern und erprobt die von seinem Konzern gebauten ↗Moonraker-Raumfähren. Ferner besitzt Drax auch DRAX AIRLINES, Eisenbahnlinien in Amerika, eine Reederei in Japan und eine Ferntransportfirma. Buchautor ↗Christopher Wood beschreibt Drax als großen Mann mit den »Schultern eines amerikanischen Footballspielers«. Er hat einen »mächtigen, kantigen Schädel und karottenrotes Haar (...) seine Haut besaß die rötliche Tönung seiner Haare; das fiel besonders auf an der rechten Schläfe und Wange, wo offenkundig eine kosmetische Operation vorgenommen worden war. Die Haut war faltig und glänzte auf unangenehme Weise wie ein zerlaufener Kunststoff.« Unter dem Haarschopf am rechten Ohr kann man erkennen, dass dieses stark verstümmelt ist. »Sein Gesicht wirkte schief, weil ein Auge größer war als das andere, was Bond auf die Zusammenziehung der Haut zurückführte, die entnommen worden war, um Ober- und Unterlid zu formen.« Im Roman trägt Drax einen buschigen Schnurrbart, und das Gesicht weist an einigen Stellen unregelmäßige Haarbüschel auf. »(...) der ganze Kopf wirkte wie ein aus dem Wasser gezogener Stein, an dem Tang und Seepflanzen klebten.« Hugo Drax ist Ende fünfzig – die Verletzungen scheinen aus dem Zweiten Weltkrieg zu stammen.

Im Roman und im Film heißt es, Drax habe schon einmal Bridge mit ↗ Frederick Gray gespielt – eine Anspielung auf die Romanfigur ↗ Drax aus dem Buch ↗ Mondblitz. Die von ↗ Ian Fleming erfundene Figur mit gleichem Namen betrügt ↗ »M« im Blades Club beim Bridge. In *Moonraker Streng geheim* schießt 007 Drax einen Zyankalipfeil in die Brust und befördert den Weltraumbesessenen in eine Schleuse: »Bond warf die Tür unbarmherzig zu und griff nach dem Hebel unter dem Schild »Außentür auf«: Ohne Zögern drückte er ihn nieder. Durch das Sichtfenster erkennbar, öffnete Drax' Mund sich weit, aber kein Laut war vernehmbar. Seine Wangen fielen ein, die Haut an seinem Körper schrumpfte plötzlich, als wäre sein Inneres herausgesogen worden. Seine Augen verschwanden, und er hing in der Luft wie eine riesenhafte, dräuende Vogelscheuche, die der Wind hochgehoben hatte. Dann wurde er von unsichtbaren Fäden davongerissen, wurde kleiner und kleiner, bis er nicht größer war als einer der fernen Sterne.«

DRAX, HUGO (Filmcharakter)
Der Großindustrielle Sir Hugo Drax ist James Bonds Widersacher im Film ↗ *Moonraker – streng geheim* (1979). Als Inhaber der Firma ↗ Drax Industries baute Hugo Drax mehrere Space Shuttles, um im Schutz einer Raumstation eine neue Superrasse Menschen zu züchten.

007 stellt sich dem Schurken in den Weg. Drax hatte eine bereits verkaufte ↗ Moonraker-Raumfähre stehlen müssen, weil eines seiner eigenen fünf Space Shuttles etliche Fabrikationsfehler aufwies. Nachdem ↗ Chang, die rechte Hand des Übeltäters, von 007 in Notwehr getötet wurde, heuert Drax den Killer ↗ Beißer an. Dieser hat den Auftrag, Bond zu vernichten, doch nachdem Hugo Drax eine Auseinandersetzung mit Beißer gehabt hat, schlägt sich der Stahlgebissträger auf die Seite des Geheimagenten. Sir Drax ist darauf aus, die Menschen auf der Erde mit Nervengift zu vernichten, um sie dann von seiner neuen Superrasse besiedeln zu lassen. Er wählt nur genetisch einwandfreie Menschenexemplare zu »Zuchtzwecken«. Im Finale des Films schießt Bond dem Feind einen Giftpfeil ins Herz. Sterbend stolpert der Schurke in eine Luftschleuse und wird von James Bond in die Weiten des Alls hinausgeschleudert. Drax wurde vom Schauspieler ↗ Michael Lonsdale verkörpert.

DRAX INDUSTRIES (fiktive Firma)
Die Firma Drax Industries kommt im Film ↗ *Moonraker – streng geheim* (1979) vor. In den Gebäuden der Drax Cooperation wird die Rakete ↗ Moonraker hergestellt. Drax Industries verfügt über Hangars, Labore und eine Fülle von Testzentren. 007 probiert sogar eine Zentrifuge aus.

DRAX-KONZERN (Firma)
Vom Drax-Konzern, der seinen Sitz in Kalifornien hat und der die ↗ Moonraker-Raumfähren herstellt, ist im Roman ↗ *Moonraker Streng geheim* die Rede. Die Firma kommt unter anderem Namen auch im Film ↗ *Moonraker – streng geheim* (1979) vor. Darin ist die Rede von »Drax Corporation«.

DRAX LUFTFRACHT (Firma)
Im Buch ↗ *Moonraker Streng geheim* und im Film ↗ *Moonraker – streng geheim* (1979) wird 007 auf »Drax Luftfracht« aufmerksam. Die Ermittlungen führen von Rio de Janeiro direkt in den Weltraum.

DRAX' MÄDCHEN (Filmcharaktere)
Hübsche Frauen gibt es in ↗ *Moonraker – streng geheim* (1979) zur Genüge. Neben den »normalen« Bond-Girls hat sich ↗ Hugo Drax Frauen ausgesucht, mit deren Hilfe er im All seine neue Superrasse züchten will. Neben der »Blonden Schönheit« (↗ Irka Boschenko) und der »Museumsführerin« (↗ Anne Lonnberg) sind noch sechs

weitere Darstellerinnen als »Drax' Mädchen« aufgeführt: ↗Chichinou Kaeppler, ↗Christina Hui, ↗Françoise Gayat, ↗Nicaise Jean Louis, ↗Catherine Serre und ↗Beatrice Libert. Zur Hauptaufgabe neben den Dreharbeiten wurden die zahlreichen Fototermine, bei denen sie ↗Roger Moore einrahmten.

DRAX METAL COMPANY (fiktive Firma)
Im Roman ↗*Mondblitz* wird das Unternehmen »Drax Metal Company« erwähnt, das vor drei Jahren von ↗Drax gegründet worden ist.

DRAX' PILOT (Filmcharakter)
Ähnlich wie mit der »Hostess im Privatflugzeug« verhält es sich auch mit dem Piloten »Pilot des Privatflugzeuges«. Beide kommen mit unterschiedlichen Rollenbezeichnungen in der Filmliteratur vor. So ist »Drax' Pilot« im eigentlichen Sinne gar nicht sein Pilot, sondern vielmehr ein Rächer von ↗Karl Stromberg. Deshalb ist die Bezeichnung »Pilot im Privatflugzeug« viel treffender, auch wenn dies weniger aussagekräftig ist und auf viele andere Filmfiguren zutreffen kann. Der Pilot zerschießt im elften James-Bond-Film die Armaturen des Privatflugzeuges und will Bond abstürzen lassen. Der Agent wehrt sich jedoch und beide springen mit nur einem Fallschirm ab. Dargestellt wurde er im Film ↗*Moonraker – streng geheim* (1979) vom Schauspieler ↗Jean Pierre Castaldi. Der Pilot stirbt, als er ohne Fallschirm aus mehreren tausend Metern Höhe auf die Erde stürzt – 007 hatte den Fallschirm an sich gerissen.

DRAX' SANITÄTER (Filmcharakter)
Ein »kleiner« Bösewicht im Film ↗*Moonraker – streng geheim* (1979) ist »Drax' Sanitäter«, der von ↗Guy Di Rigo dargestellt wird. Nachdem James Bond und ↗Holly Goodhead ein Attentat an der Seilbahn überlebt haben, werden sie gefangen genommen und von dem falschen Sanitäter per Krankenwagen abtransportiert. Während sich der Sanitäter mit einem Skalpell die Fingernägel sauber macht, schafft es 007, seine Fesseln zu lösen und den Mann anzugreifen. Beide stürzen mit der Trage aus dem Krankenwagen. Während Bond abspringt, stirbt der Sanitäter, als sich die Trage in eine Plakatwand bohrt.

↗Guy di Rigo

DRAX' SCHLOSS
Sir ↗Hugo Drax sollte im Film ↗*Moonraker – streng geheim* (1979) einen ganz besonderen Wohnsitz haben: ein Schloss. Die Residenz, die sich im Film in Kalifornien befindet, steht in Wirklichkeit in der Nähe von Paris. Es ist das Schloss ↗Vaux-le-Vicomte.

DRAX' STEWARDESS (Filmcharakter)
Die Bezeichnung »Drax' Stewardess« für ↗Leila Shenna im Film ↗*Moonraker – streng geheim* (1979) zu wählen, scheint unpassend. Zum einen hat der Filmcharakter nichts mit Drax zu tun, sondern eher mit ↗Karl Stromberg aus dem vorherigen Film ↗*Der Spion, der mich liebte* (1977) und zum anderen taucht oft die viel passendere Bezeichnung »Hostess im Privatflugzeug« auf. Ebenso verhält es sich mit der Figur »Pilot des Privatflugzeuges«, der auch als ↗»Drax' Pilot« auftaucht.

DRAX' TECHNIKER (Filmcharakter)
Es handelt sich eigentlich um zwei Filmcharaktere, denn in ↗*Moonraker – streng geheim* (1979) tragen zwei Rollen die Bezeichnung »Drax' Techniker«. Vermutlich handelt es sich zum einen um den ursprünglichen Überwacher einer Zentrifuge, der dann von ↗Chang abgelöst wird, und zum anderen um den glatzköpfigen Bösewicht, der die Seilbahn bedient, auf deren Dach sich ↗Beißer befindet. ↗Chris Dillinger und ↗Georges Beller waren die Schauspieler in diesen Rollen.

DRAYCOTT (Romanfigur)
Nach den Angaben des undurchsichtigen ↗ Toby Lollenberg in ↗ *Sieg oder stirb, Mr. Bond* ist Draycott einer von seinen Männern, die bereits das Pensionsalter erreicht haben. Er stammt genau wie auch ↗ Mac und ↗ Walter aus ↗ Langley. Draycott sieht durchschnittlich aus und versucht als legendärer Detektiv durchzugehen. Er hat einen Hang zum Ländlichen und raucht Pfeife, die er wirkungsvoll einsetzt, um seine Aussagen bei Gesprächen zu unterstreichen.

DREAM ON JAMES, YOU'RE WINNING (Lied)
↗ *Casino Royale* (Soundtrack)

DREAMWEAVER (Filmtitel)
↗ Aquator

DREAMY WATERS (See)
Ein See in der Nähe des Motels ↗ The Dreamy Pines trät den Namen »Dreamy Waters«. Vermutlich stürzen die Killer ↗ Sluggsy und ↗ Horror im Roman ↗ *Der Spion, der mich liebte* mit ihrem Auto in diesen See.

DREHBUCHAUTOREN
[in eckigen Klammern Drehbuchautoren, die niemals offiziell erwähnt wurden, jedoch Beiträge zu Drehbüchern leisteten]
Casino Royale (1954): Anthony Ellis
James Bond 007 jagt Dr. No (1962): Richard Maibaum, Johanna Harwood, Berkely Mather, [Len Deighton, Wolf Mankowitz ließ sich als offizieller Autor streichen, weil ihm das fertige Drehbuch nicht zusagte.]
Liebesgrüße aus Moskau (1963): Richard Maibaum, Johanna Harwood
Goldfinger (1964): Richard Maibaum, Paul Dehn
Feuerball (1965): Richard Maibaum, John Hopkins (basierend auf der Originalgeschichte von Kevin McClory, Jack Whittingham und Ian Fleming)
Casino Royale (1966): Wolf Mankowitz, John Law, Michael Sayers
Man lebt nur zweimal (1967): Roald Dahl, Harold Jack Bloom (er wurde bei der Nennung im Abspann zunächst nicht genannt und klagte schließlich. In der Literatur taucht er als Schreiber des Hauptdrehbuchs fast nie auf, er soll nur für zusätzliches Material gesorgt haben)
Im Geheimdienst Ihrer Majestät (1969): Richard Maibaum, [Simon Raven (nur Dialoge)]
Diamantenfieber (1971): Richard Maibaum (1. Version), Tom Mankiewicz (Endversion)
Leben und sterben lassen (1973): Tom Mankiewicz
Der Mann mit dem goldenen Colt (1974): Richard Maibaum, Tom Mankiewicz (er stieg wegen Problemen mit Regisseur Guy Hamilton frühzeitig aus dem Projekt aus)
Der Spion, der mich liebte (1977): Richard Maibaum, Christopher Wood (er schrieb die Drehbücher auch zu Romanen um [die unter den Titeln *The Spy Who Loved Me* und *Moonraker* veröffentlicht wurden]), Anthony Burgess (er lieferte eine frühe Drehbuchvorlage ab, in der u. a. die Organisation SPECTRE auftauchte. Broccoli gefiel dies nicht, und er ließ die Idee erneut überarbeiten. Sein Name taucht nirgends auf, SPECTRE wurde aus dem fertigen Skript entfernt), Tom Mankiewicz (er lieferte auch Drehbuchvorlagen für Bond 10 und 11, wurde aber nicht genannt, weil nur noch Bruchstücke seiner Ideen übrig blieben. In anderen Quellen heißt es, Mankiewicz wollte nicht genannt werden, weil er fürchte, dadurch Angebote für anspruchsvollere Drehbücher zu verlieren. Gleiches gilt für *Moonraker – streng geheim*) – insgesamt sollen zwölf Autoren versucht haben, ein ideales Drehbuch zu entwickeln (siehe auch Cary Bates, Anthony Barwick, Roald Hardy, Derek Marlowe, John Landis und Sterlin Silliphant).
Moonraker – streng geheim (1979): Christopher Wood [Tom Mankiewicz, ↗ *Der Spion, der mich liebte*]
In tödlicher Mission (1981): Richard Maibaum, Michael G. Wilson

Octopussy (1983): George MacDonald Fraser, Richard Maibaum, Michael G. Wilson
Sag niemals nie (1983): Lorenzo Semple jr., [Francis Ford Coppola, Ian La Frenais, Dick Clement, Len Deighton (insgesamt zehn Autoren sollen mitgeschrieben haben)]
Im Angesicht des Todes (1985): Richard Maibaum, Michael G. Wilson
Der Hauch des Todes (1987): Richard Maibaum, Michael G. Wilson
Lizenz zum Töten (1989): Richard Maibaum, Michael G. Wilson
GoldenEye (1995): Jeffrey Caine, Bruce Feirstein, Michael France (Handlung), [William Osbourne, William Davies, John Byrum, Willard Huyck]
Der Morgen stirbt nie (1997): Bruce Feirstein, [Nicholas Meyer, Daniel Petrie jr., David Campbell Wildon]
Die Welt ist nicht genug (1999): Neal Purvis, Robert Wade, [Dana Stevens, Bruce Feirstein (er schrieb nur die Dialoge)
Stirb an einem anderen Tag (2002): Neil Purvis, Robert Wade
Casino Royale (2006): Robert Wade, Neil Purvis und Oscar-Preisträger Paul Haggis
Bond 22 (vermutlich 2007): Robert Wade und Neil Purvis sollen den Auftrag erhalten haben, ein direkt an Casino Royale (2006) anknüpfendes Drehbuch zu verfassen.

Aufgeführt sind alle Autoren, die am Drehbuch mitgearbeitet haben. Da einige am Projekten ausstiegen oder ihre Entwürfe fast gänzlich umgeschrieben wurden, tauchen nicht alle Namen im Abspann der Filme auf.

DREHORTE/SCHAUPLÄTZE

Die James-Bond-Filme wurden an den exotischsten Orten der Welt gedreht – sicher ein Grund für den Erfolg beim Publikum. Zur Übersicht werden als »Drehorte« die Orte genannt, an denen tatsächlich mit Hauptdarstellern gefilmt wurde, »Schauplätze« sind die Orte, an denen die Szenen im fertigen Film spielen.

James Bond 007 jagt Dr. No (1962): Drehorte: England; Jamaika / Schauplätze: MI6-Hauptquartier; London; Crab Key (fiktive Insel); Jamaika
Liebesgrüße aus Moskau (1963): Drehorte: England; Istanbul (Türkei) / Schauplätze: MI6-Hauptquartier; London; Istanbul; Jugoslawien; Venedig; Italien; Orientexpress
Goldfinger (1964): Drehorte: England; Schweiz / Schauplätze: MI6-Hauptquartier; London; Miami; Florida; Genf; Fort Knox; Kentucky
Feuerball (1965): Drehorte: England; Paris; Bahamas / Schauplätze: MI6-Hauptquartier; London; Bahamas; Paris
Casino Royale (1966): Drehorte: England; Monte Carlo; Shepperton / Schauplätze: Schottland; England; Spanien
Man lebt nur zweimal (1967): Drehorte: England; Japan / Schauplätze: MI6-Hauptquartier; London; Hongkong; Maçao (damals Großbritannien und Portugal); Tokio; Japan; Weltraum
Im Geheimdienst Ihrer Majestät (1969): Drehorte: Portugal; Schweiz; England / Schauplätze: MI6-Hauptquartier; London; Portugal; Bern
Diamantenfieber (1971): Drehorte: England; Las Vegas; Amsterdam; Frankfurt; Nizza; Palm Springs in Los Angeles; Pazifikküste Amerika; London; Southamton; Dover; Deutschland / Schauplätze: MI6-Hauptquartier; London; Amsterdam; Südafrika; Las Vegas; Nevada; Baja; Kalifornien
Leben und sterben lassen (1973): Drehorte: England; Jamaika; USA / Schauplätze: San Monique (fiktiv; gedreht auf Jamaika); New Orleans; New York City
Der Mann mit dem goldenen Colt (1974): Drehorte: England; Hongkong; Maçao; Thailand (Phuket Islands) / Schauplätze: MI6-Hauptquartier; London; Beirut; Hongkong und Maçao (damals Großbritannien und Portugal); Bangkok (im Film China)
Der Spion; der mich liebte (1977): Drehorte: England; Ägypten; Sardinien; Kanada; Malta; Schottland; Okinawa; Schweiz; Bahamas / Schauplätze: MI6-Hauptquartier; London; England; Sardinien; Kairo; Österreich

Moonraker – streng geheim (1979): Drehorte: England; Italien; Brasilien; Guatemala; Frankreich; USA / Schauplätze: MI6-Hauptquartier; London; Los Angeles; Rio de Janeiro; Venedig; Weltraum

In tödlicher Mission (1981): Drehorte: England; Griechenland; Italien / Schauplätze: MI6-Hauptquartier; London; Korfu und Meteora; Griechenland; Cortina d'Ampezzo; Nassau

Octopussy (1983): Drehorte: England; Indien; Deutschland; USA / Schauplätze: MI6-Hauptquartier; London; Udaipur; Indien; Berlin (Ost und West)

Sag niemals nie (1983): Drehorte: England; Nassau; Nizza; Monaco / Schauplätze: England; Nassau; Südafrika

Im Angesicht des Todes (1985): Drehorte: England; Island; Schweiz; Frankreich; USA / Schauplätze: MI6-Hauptquartier; London; Island; Paris; San Francisco

Der Hauch des Todes (1987): Drehorte: England; Gibraltar; Wien; Tanger / Schauplätze: MI6-Hauptquartier; London; Bratislava; Österreich; Gibraltar; Großbritannien; Marokko

Lizenz zum Töten (1989): Drehorte: Mexiko; Florida; Key West; Durango; Acapulco; Vera Cruz / Schauplätze: MI6-Hauptquartier; London; Key West; Florida; Mexiko; Isthmus City (fiktiv)

GoldenEye (1995): Drehorte: Puerto Rico; Monte Carlo; Frankreich; Russland; Schweiz / Schauplätze: MI6-Hauptquartier; London; Monte Carlo; St. Petersburg; Kuba

Der Morgen stirbt nie (1997): Drehorte: England; Thailand (im Film Vietnam); Deutschland; Mexiko / Schauplätze: MI6-Hauptquartier; London; Hamburg; Vietnam

Die Welt ist nicht genug (1999): Drehorte: England; Spanien; Frankreich; Aserbaidschan; Türkei / Schauplätze: MI6-Hauptquartier; Themse; Millennium Dome; London; Bilbao; Ross-Shire Castle; Schottland; Baku; Aserbaidschan; Montblanc-Gebiet (im Film Kaukasus); Istanbul

Stirb an einem anderen Tag (2002): Drehorte: Airport; Army Driving Training Area; Aldershot Korea (Hovercraft Szene); Hawley Hill (Korea; Agentenaustausch-Szene); RAF Area Odiham; Hampshire (Korea; entmilitarisierte Zone); London Manston Airport; Kent (Antonow-Szene); Rissington Runways (Teile der Autoszene auf gefrorenem See); Reform Club; Pall Mall (Blades Club); Buckingham Palace (Szene mit Graves und dem Fallschirm); The Eden Project Biodome; Cornwall (diverse Action-Szenen); übrige Welt: Jokulsarlon See; Hofn; Island (Auto-Verfolgungsjagd auf dem See); Cadiz (im Film Havanna; Kuba); Jaws Beach; Maui Hawaii (im Film Küste Nordkoreas); Norwegen – Pinewood Studios; Iver Heath; Bucks; England – Aldershot; Hampshire; England – Hackney; London; England – Eden-Projekt; Saint Austell; Cornwall; England – Holywell Bay; Newquay; Cornwall; England – Republik Island – Cádiz; Andalusien; Königreich Spanien (für Havanna; Kuba) – Republik Korea (Südkorea) – Alaska; USA – Jaws; Insel Maui; Hawaii; USA / Schauplätze: Nordkorea; Kuba; Island; London; MI6-Hauptquartier; Heathrow

Casino Royale (2006): Drehorte: England (Pinewood Studios London); Venedig; Bahamas; Prag; Barrandov-Studios; Tschechischen Republik (Karlsbad); Loket (im Film Krankenhaus-Szene) / Schauplätze: MI6 Hauptquartier; London; Madagaskar; Bahamas; Italien (Comer See); Venedig; Montenegro; Miami; Uganda

DREIECKS-PRISMASPIEGEL

Die Dreiecks-Prismaspiegel aus ↗Scaramangas ↗Fun House in ↗*Der Mann mit dem goldenen Colt* (1974) sind auch im Schönheitssalon von ↗Dr. Alvarez in ↗*Stirb an einem anderen Tag* (2002) zu sehen.

DREIECKSYSTEM

↗SPECTRE

DREIERZELLEN
↗ SPECTRE

DREIKANTNÄGEL (Waffe)
Die Idee mit den Dreikantnägeln stammt aus dem Roman ↗ *Casino Royale*. Hier benutzen ↗ Le Chiffres Männer eine Nagelkette, um James Bond mit seinem ↗ Bentley in einen Unfall zu verwickeln. Die Nagelkette wird aus dem Citroën geworfen, in dem sich ↗ Vesper Lynd als Geisel befindet.

DREIRAD-RIKSCHA (Fahrzeug)
↗ Dreiradtaxi

DREIRADTAXI (Fahrzeug)
(Auch Dreirad-Rikscha). Im Film ↗ *Octopussy* (1983) steht James Bond als ungewöhnliches Fluchtfahrzeug ein von ↗ Vijay gesteuertes Dreiradtaxi zur Verfügung. Als die beiden Agenten von ↗ Gobinda und seinen Schergen verfolgt werden, stellt Vijay das Taxi auf die Hinterachse, damit die Menschen schnell eine Gasse bilden. Erst 1996 erwarb die ↗ Ian-Fleming-Stiftung ein Original-Dreiradtaxi der Dreharbeiten und restaurierte es für Ausstellungen.

DREIZACK (Waffe)
↗ Schnick Schnack benutzt im Film ↗ *Der Mann mit dem goldenen Colt* (1974) einen Dreizack, um Bond niederzuschlagen. Als er den Agenten damit erstechen will, erscheint ↗ Hai Fat auf der Bildfläche und ordnet an, Bond zur »Schule« zu bringen.

DRITTER WELTKRIEG
Der Dritte Weltkrieg ist bei James Bond häufig ein Thema. In ↗ *Man lebt nur zweimal* (1967) will ↗ Ernst Stavro Blofeld den Krieg auslösen, für den er von seinen japanischen Auftraggebern bezahlt wird. ↗ Elliot Carver verfolgt in ↗ *Der Morgen stirbt nie* (1997) die gleichen Pläne, um den Verkauf seiner Zeitung ↗ *Der Morgen* und die Einschaltquoten seines Senders ↗ CMGM in die Höhe zu treiben.

DRIVER, MINNIE (Darsteller)
Schon vor ihrem Durchbruch in *Circle Of Friends* spielte Minnie Driver in ↗ *GoldenEye* (1995) die schräg singende Geliebte ↗ Irina von ↗ Valentin Zukovsky, die versucht, den Song *Stand By Your Man* zum Besten zu geben. ↗ Pierce Brosnan bemerkt in seiner ersten Szene als James Bond: »Wann lernt die Lady singen?« Zukovsky ist von dieser Äußerung gar nicht begeistert und zieht die Waffe.

DR. NO (Comic)
↗ Comics

DR. NO (Soundtrack)
Der Soundtrack zum Film *Dr. No* enthält folgende Lieder: 1) James Bond Theme; 2) Kingston Calypso; 3) Jamaican Rock; 4) Jump Up; 5) Audio Bongo; 6) Under The Mango Tree; 7) Twisting With James; 8) Jamaica Jazz; 9) Under The Mango Tree; 10) Jump Up; 11) Dr. No's Fantasy; 12) Kingston Calypso; 13) The Island Speaks; 14) Under The Mango Tree; 15) The Boy's Chase; 16) The James Bond Theme; 17) The James Bond Theme; 18) Love At Last

Viele Songs sind im fertigen Film nicht zu hören. Ein später erschienenes Lied auf *The James Bond Collection* trägt den Titel *Suite*.

DR. NOAHS BAZILLUS (Waffe)
Im Film ↗ *Casino Royale* (1966) präsentiert Dr. Noah alias ↗ Jimmy Bond seinem Onkel James Bond stolz seine biologische Waffe mit dem Namen »Dr. Noahs Bazillus«. Wenn das Mittel in die Atmosphäre gelangt, werden alle Frauen schön und alle Männer über 1,27 Meter vernichtet.

DR. NO'S FANTASY (Lied)
↗ *Dr. No* (Soundtrack)

DROGEN
↗ Anspielungen

DROGENBEHÄLTER
↗ Metallcontainer

DROGENMISCHUNG
↗ Franz Sanchez plant im Roman und auch im Film ↗ Lizenz zum Töten, seine Drogen durch die Auflösung in Benzin zu schmuggeln und anschließend zurückzugewinnen. Ein Chemiker in den Labors verrät das Mischverhältnis der Drogen: »(...) 18 Prozent Heroin oder reines Kokain gelöst bzw. verflüssigt in 82 Prozent Benzin.«

DRUCKLUFTKANONE
Druckluftkanonen werden nicht selten bei den Dreharbeiten zu James-Bond-Filmen benutzt. Als ↗ Octopussy (1983) entstand, wurde ein Wagen per Druckluft durch die Luft geschleudert. Das Fahrzeug flog an einem Zug vorbei und landete in einem See. Dasselbe Verfahren wurde auch angewandt, um James Bonds ↗ BMW 750 bei den Dreharbeiten zu ↗ Der Morgen stirbt nie (1997) in Hamburg in eine Avis-Autovermietung zu schleudern. ↗ Wai Lin verfügt im selben Film über eine mit Druckluft schießende Kanone, von der Bond in Lins Unterschlupf in Saigon erfährt.

DRUCKRAUM
Als »Druckraum« wird die Folterkammer bezeichnet, in die ↗ Fakto Bond im Roman ↗ Goldfinger bringen soll. Bond soll mit einer Kreissäge zweigeteilt werden.

DRUCKVORLAGEN
↗ Kamal Khan sorgt in ↗ Octopussy (1983) vor. Für seine Flucht aus Indien steckt er sich Druckvorlagen für Falschgeld in seine Reisetasche. Gegenüber ↗ Octopussy lügt er später, er habe die Druckvorlagen als »Lebensversicherung« für sie und sich eingesteckt.

DRURY, WESTON (Besetzungsleiter)
Beim Film ↗ Leben und sterben lassen (1973) war Weston Drury Jun. der Besetzungsleiter. Das Entscheidungsrecht lag jedoch bei den Produzenten (↗ Harry Saltzman und ↗ Albert R. Broccoli), und der Regisseur (↗ Guy Hamilton) hatte ein Mitspracherecht. Besetzungsleiter bei ↗ Der Mann mit dem goldenen Colt (1974) war neben Weston Drury Jun. auch ↗ Maude Spector. Für den nächsten James-Bond-Film – ↗ Der Spion, der mich liebte (1977) – wurden sie erneut verpflichtet. Zusammen mit der Französin ↗ Margot Capelier arbeiteten sie auch zwei Jahre später für ↗ Moonraker – streng geheim (1979).

DRYDEN (Filmcharakter)
↗ Casino Royale (2006)

DSCHUNKE (Schiff)
Der extravagante Stil spiegelt sich nicht nur in der Einrichtung von ↗ Francisco Scaramangas Wohnräumen, sondern auch in seinen besonderen Fortbewegungsmitteln wider. Neben einem ↗ AMC-Matador, der fliegen kann, besitzt er im Film ↗ Der Mann mit dem goldenen Colt (1974) eine Dschunke mit exklusiver Ausstattung. Zu den Besonderheiten dieses chinesischen Schiffes gehören nobel eingerichtete Wohnräume, elektrische Anlagen aller Art, ein Weinkeller sowie ein Autopilot, der von James Bond »George« genannt wird. Des Weiteren gibt es in der Dschunke Geheimgänge, die von ↗ Schnick Schnack genutzt werden. 007 flüchtet auf dem Schiff zusammen mit ↗ Mary Goodnight, als Scaramangas Insel zu explodieren beginnt. Schnick Schnack, der sich nicht einmal in Bonds Weg stellt, wird in den Mastkorb der Dschunke gesperrt und später vermutlich dem britischen Geheimdienst übergeben. ↗ Wai Lin ist im Roman und auch im Film ↗ Der Morgen stirbt nie (1997) ebenfalls Besitzerin einer chinesischen Dschunke. ↗ Benson beschreibt das Schiff mit »über-

hängendem Vordersteven und einem tief gelegenen Steuerruder.«
↗ Codes

DSERSCHINKIJ, FELIX (KGB-Gründer)
Nachdem James Bond erkannt hat, was ↗ Xenia Onatopp unter ↗ »Safer Sex« versteht, wird er von der Killerlady dort abgesetzt, wo er ↗ »Janus« zu treffen hofft. Als er im Roman ↗ *GoldenEye* aus dem Auto steigt, steht er neben einer Statue von ↗ Felix Dserschinkij, dem Gründer des ehemaligen ↗ KGB (jetzt ↗ RIS).

D.S.O.
↗ Anmerkung des Übersetzers

DSS
Die DSS ist die kubanische Geheimpolizei, für die ↗ Francisco Scaramanga nach der Revolution auf Kuba im Roman ↗ *007 James Bond und der Mann mit dem goldenen Colt* gearbeitet hat. Sein Posten: ausländischer »Zwangsvollstrecker«.

DUBERNES (Romanfigur)
↗ Mathis entschuldigt sich im Roman ↗ *Casino Royale* bei James Bond und ↗ Vesper Lynd, weil er noch ein Telefonat mit Dubernes führen müsse. 007 kommt es entgegen, dass er sich ungestört mit Lynd unterhalten kann.

DUBIN, STEVE (Texter)
↗ *Dirty Love*

DUBLIN EVENING PRESS (Zeitung)
In dieser Dubliner Zeitung liest James Bond von dem Mord an ↗ Ebbie Heritage. Erst später stellt er fest, dass es sich um eine Verwechslung handelt und die wahre Ebbie noch lebt.

DUCLOS (Romanfigur)
Duclos ist im Buch ↗ *Casino Royale* der »Chef de partie« im Spielkasino. Er kennt alle Einzelheiten und ist ein guter Beobachter, der James Bond, ↗ Le Chiffre, ↗ Fairchild und ↗ Le Vicomte de Villorin genau im Auge hat.

DUDELSACK (Waffe)
Zuweilen scheint es, als würden die Macher der James-Bond-Filme nicht nur bestohlen werden, sondern auch selbst Ideen aus den Parodien auf Bond-Filme übernehmen. Der Dudelsack mit eingebautem Maschinengewehr stammt ursprünglich aus dem Film ↗ *Casino Royale* (1966): Um Tremble/Bond zu retten und schließlich zu töten (!) benutzt ↗ Vesper Lynd einen Dudelsack, der ein integriertes Maschinengewehr verbirgt. Lynd erschießt einen ganzen Spielmannszug von Dudelsackspielern und durchkreuzt damit ↗ Le Chiffres Pläne. Ein ↗ SMERSH-Mann benutzt im Film *Casino Royale* (1966) ein in einem Dudelsack eingebautes Mikrofon, um den Kontrollpunkt über das Auftauchen von Sir James Bond in Schottland zu informieren. Der Dudelsack in ↗ *Die Welt ist nicht genug* (1999) verfügt über ein integriertes Maschinengewehr und einen Flammenwerfer. Er wird in der ↗ Abteilung Q an einem Dummy getestet. 007 bewundert die Waffe, als er sich in ↗ Thane Castle aufhält.

DUDLEY, CLIFFORD ARTHUR (Romanfigur)
In ↗ *Operation Eisbrecher* ist Clifford Arthur Dudley ein Agent des ↗ MI6, der als getarnter Resident vom britischen Geheimdienst in Helsinki untergebracht wurde. 007 hat schon mit ihm zusammengearbeitet und schätzt ihn als »guten Mann«. 007 und Dudley hatten vor einigen Jahren einen Fall in Paris bearbeitet, bei dem es darum gegangen war, einen rumänischen Diplomaten zu bewachen. Für das Unternehmen Eisbrecher wurde Dudley von ↗ »M« damit beauftragt, dem amerikanischen Verbündeten bei diesem Unternehmen einen Kinnhaken zu verpassen. Auswirkung dieses Schlages: Bond soll im Austausch gegen Dudley dem Unternehmen in der heißen Phase beiwohnen.

DUELL
Bond scheint es in ↗*Der Mann mit dem goldenen Colt* (1974) zunächst altmodisch, als sich ↗Scaramanga mit ihm duellieren will, doch lässt er sich darauf ein. Zwanzig Schritte entfernt 007 und der Mann mit dem Colt voneinander, bis aus Bonds ↗Walther PPK der erste Schuss fällt, doch sein Gegner ist verschwunden.

DUELLES, ALLAN (Romanfigur)
↗»M« meint in der Kurzgeschichte ↗*Risiko*, er habe den Namen des Verbindungsmannes James Bonds von Allan Duelles persönlich erhalten. Kurz darauf trifft sich Bond mit ↗Kristatos. ↗Ian Fleming zeigte seine Dankbarkeit bei Freunden und Bekannten gern dadurch, dass er sie in den James-Bond-Romanen auftauchen ließ. Duelles, der ihn oft unterstützt hatte, wurde auch in ↗*Feuerball* in seiner Position als Chef der ↗CIA genannt. Er nimmt darin mit dem ↗MI6 Kontakt auf und chiffriert die Nachricht über den Atombombenklau von ↗SPECTRE mit dem ↗Code XXX. Als »M« verrät, dass Duelles für das ↗Unternehmen Feuerball einen Mann beauftragt, kann man sich schon denken, dass ↗Felix Leiter zum Einsatz kommt. Leiter bezeichnet Allan Duelles als »seinen alten Chef«. Dieser habe außer ihm noch ca. zwanzig andere Agenten in Alarmbereitschaft versetzt. In ↗*Du lebst nur zweimal* wird von Duelles nur noch in der Vergangenheit geschrieben. Sein Nachfolger ist ↗McCone. Dass Allan Duelles auch Autor ist, erfährt der Leser von ↗*007 James Bond und der Mann mit dem goldenen Colt*. Hierin liest James Bond nach dem Endkampf mit ↗Scaramanga während seines Krankenhausaufenthaltes das Buch über den Geheimdienst, das Dulles geschrieben haben soll. ↗John Gardner erwähnt in seinem Buch ↗*Sieg oder stirb, Mr. Bond* eine Person namens Mrs. Allan Duelles. Bond sagt diesen Namen, als er mit ↗Clover Pennington über den seltsamen Vornamen »Clover« und dessen Herkunft spricht. Eine versteckte Anspielung steckt in 007s Worten, denn er will damit herausfinden, ob Clover genau wie auch Mrs. Allan Duelles in der Geheimdienstbranche beschäftigt ist. Duelles lebte tatsächlich. Er war Fan der James-Bond-Romane und leitete die CIA bis September 1961.

DUFF, SUSAN (Romanfigur)
Im Buch ↗*Der Spion, der mich liebte* freundet sich ↗Vivienne Michel mit der Schottin Susan Duff an. Beide treiben gern Sport und »erholen« sich. Susan Duff war nach der Libanesin die zweite Zimmermitbewohnerin von Michel im ↗Astor House.

DUFOUR, CORINNE (Filmcharakter)
Privatpilotin von ↗Hugo Drax im Film ↗*Moonraker – streng geheim* (1979) ist Corinne Dufour, gespielt von ↗Corinne Cléry. Dufour muss ihre Arbeit für Drax teuer bezahlen. Nachdem James Bond mit ihr geschlafen und sie ihm indirekt den Safe gezeigt hat, ist sie todgeweiht. ↗Chang, Drax' rechte Hand, hetzt ↗Dobermänner auf die flüchtende Frau, nachdem er ihr gekündigt hat. Sie wird zerfleischt. In einer frühen Version des Drehbuchs sollte die Figur nicht Corinne Dufour, sondern ↗Trudi Parker heißen. Dies wurde geändert, als sich herausstellte, dass eine Französin den Part übernimmt.

DUGGAN, GERRY (Darsteller)
Gerry Duggan spielt den sympathischen Caddy ↗Hawker im James-Bond-Film ↗*Goldfinger* (1964). Das Golfspiel zwischen Bond und Goldfinger war in ↗Flemings Romanvorlage sehr ausführlich beschrieben worden.

DUGGAN, SIR RICHARD (Romanfigur)
↗John Gardner ist Schöpfer der Romanfigur Sir Richard Duggan. Dieser Charakter ist der Direktor des ↗MI5. 007 lernt ihn bei ↗Transworld Exports kennen. Auch

Polizeichef ↗David Ross ist bei diesem Treffen anwesend. Bond findet die Situation sonderbar, da es in der Geschichte des britischen Geheimdienstes äußerst selten gewesen ist, dass der ↗MI5 und das Sonderdezernat, die den britischen Sicherheitsdienst bilden, zusammen mit dem Geheimdienst arbeiten. Da der Fall so verzwickt ist, lohnt es sich aber doch, Informationen über ↗Dr. Murik auszutauschen, der mit dem Terroristen ↗Franco Verbrechen plant.

DUI-CF200

↗Raymond Benson gibt in seinem Roman zum Film ↗*Der Morgen stirbt nie* (1997) genaue Auskunft über den Trockenanzug, den 007 benutzt, um zur gesunkenen ↗Devonshire zu gelangen. Der DUI-CF200 besteht aus sehr widerstandsfähigem Neopren. Bond trägt ihn beim ↗HALO-Jump aus einem ↗C-130.

DUKE OF DURNHAM (Zigarettenmarke)

↗Zigaretten

DU LEBST NUR ZWEIMAL (Lied)

↗Deutsche Versionen von James-Bond-Songs

DU LEBST NUR ZWEIMAL (Roman)

Der James-Bond-Roman ↗*007 James Bond Du lebst nur zweimal* wurde im März 1965 in der Zeitschrift *Stern* unter dem Titel ↗*Du lebst nur zweimal* als Fortsetzungsroman abgedruckt.

DULING, DAN (Romanfigur)

Siehe Inhaltsangabe ↗*Never Dream Of Dying*

DUMDUM-GESCHOSSE

Die Patronen, die ↗Francisco Scaramanga im Roman ↗*007 James Bond und der Mann mit dem goldenen Colt* und im Film ↗*Der Mann mit dem goldenen Colt* (1974) benutzt, sind von ihm (im Roman) selbst hergestellte Dumdum-Geschosse. Im Film erklärt ↗Colthorpe: »Diese Dumdum-Geschosse mit abgeflachter Spitze reißen riesige Wunden in den Körper«. Bond, der die Kugel versehentlich verschluckt hat, bestätigt dies auf seine gewohnt ironische Weise.

DUMDUM-GESCHOSS KALIBER 45 (Waffe)

Das 45. Dumdum-Geschoss kommt im Roman ↗*Casino Royale* vor. James Bond hat das Glück, davon nicht getötet zu werden. Die Kugel wird aus einem Spazierstock abgefeuert, den der Korse bedient, um ↗Le Chiffre vor einem großen Geldverlust zu bewahren.

DUMMYS

Dummys sind in mehreren James-Bond-Filmen zu sehen und werden meist dazu benutzt, um Erfindungen von ↗»Q zu testen. Die Testkörper sind danach oft völlig zerstört. Während in der deutschen Synchronversion von ↗*Liebesgrüße aus Moskau* (1963) von Puppen die Rede ist, meint ↗Kerim Bey im Original, sein Sohn fahre als Ablenkungsmanöver für die Bulgaren einen Wagen mit zwei Dummys auf dem Rücksitz. Arbeitet man in ↗*Man lebt nur zweimal* (1967) noch mit einfachen Holzplatten mit den Umrissen einer Person, so sind es ab ↗*Der Spion, der mich liebte* (1977) Puppen. Eine von ihnen wird mit einem Spiralschleudersitz in die Luft katapultiert. In ↗*Moonraker – streng geheim* (1979) kommen zwei Dummys vor. Bei einem explodiert der Kopf, als er von »Qs« Bola getroffen wird, beim anderen schmilzt der Plastikschädel durch Lasereinwirkung. Im Film ↗*In tödlicher Mission* zertrümmert Smithers den Gipskopf eines Dummys mit einer Waffe, die wie ein Gipsarm aussieht. Einer anderen Figur wird beim Zuschnappen eines Regenschirms der Hals eingeklemmt.

In ↗*Octopussy* (1983) wird ein Porzellandummy durch das Aufschlagen einer

Tür in Einzelteile zerschmettert und bei ↗ Timothy Daltons erstem Einsatz in ↗ *Der Hauch des Todes* (1987) wird ein Dummy durch eine Rakete zur Explosion gebracht, die aus einem Gettoblaster herausgeschossen kommt. »Q« bezeichnet einen Dummy in ↗ *GoldenEye* (1995) als Freddy, bevor er an ihm seinen detonierenden Kugelschreiber ausprobiert. In ↗ *Die Welt ist nicht genug* (1999) wird der Dummy in der ↗ Abteilung Q zunächst von Kugeln aus einem Dudelsack und dann von einer Stichflamme aus demselben Instrument getroffen. Reste der zahlreichen Dummys, die bei der Abteilung Q ständig zum Testen der neuen Waffen benutzt werden, werden im Roman ↗ *Stirb an einem anderen Tag* erwähnt.

DUMONT, ELISABETH (Romanfigur)
↗ Donovan

DUNBAR (Romanfigur)
Mr. Dunbar ist im Roman ↗ *Feuerball* wie James Bond ein Patient auf der Gesundheitsfarm ↗ Shrublands.

DUNCAN, CYNTHIA (Romanfigur)
Cynthia Duncan ist die Frau von ↗ Manville Duncan, einem Charakter aus ↗ Raymond Bensons Roman ↗ *Tod auf Zypern*, die 007 und ↗ Bill Tanner auf einer großen Party kennen lernen, die im Hause ↗ Quarterdeck von ↗ Miles Messervy gegeben wird. Cynthia ist eine ungewöhnlich dünne Frau, die von der Atmosphäre auf der Party eingeschüchtert wirkt.

DUNCAN, JIMMY (Produzent/Texter)
↗ *Wedding Party*

DUNCAN, MANVILLE (Romanfigur)
Dieser Charakter aus dem Roman ↗ *Tod auf Zypern* wird als direkter Nachfolger von ↗ Alfred Hutchinson nach dessen Tod mit wichtigen Geschäftsreisen beschäftigt, während 007 nach den Tätern suchte. Seine Frau hat den Namen ↗ Cynthia.

DÜNGERBOMBE
Von einer Düngerbombe redet ↗ Tanner in ↗ *Die Welt ist nicht genug* (1999). Er meint damit das mit Harnstoff getränkte Geld ↗ Sir Robert Kings, bei dem in einem Schein der Anti-Fälschungsstreifen gegen ein Magnesiumband ausgetauscht wurde, das als Detonator fungierte. Kings Revers-Nadel mit Funktransmitter löste die Sprengung aus: ↗ Elektra King hatte ihrem Vater den Transmitter untergeschoben.

DUNHILL-FEUERZEUG
↗ Feuerzeug

DUNLOP 7 (Golfball)
Um den betrügerischen ↗ Auric Goldfinger im gleichnamigen Roman beim ↗ Golfspiel zu schlagen, schiebt 007 ihm einen falschen Golfball unter. Statt des ↗ Dunlop 65 spielt Goldfinger dann einen Dunlop 7 und verliert so das Loch und das Match.

DUNLOP 65 (Golfbälle)
James Bond, der im Buch ↗ *Diamantenfieber* als ↗ Peter Franks in einen Schmugglerring eindringt, wird von ↗ Tiffany Case eine Schmuggelvariante vorgeschlagen: 007 soll die Diamanten in hohlen Golfbällen der Marke Dunlop 65 schmuggeln.

DUNLOP 65, NUMMER 1 (Golfball)
↗ Goldfinger ist im gleichnamigen Roman stolz darauf, beim Spielen immer denselben Golfball zu benutzen. Es handelt sich um einen Golfball vom Typ »Dunlop 65, Nummer 1«.

DUNNE, ARTHUR (Transportmanager)
Transportmanager bei der Produktion ↗ *Lizenz zum Töten* (1989) war Arthur Dunne, Transportleiter in Mexiko ↗ Mauro Venegas.

DUNN, PAUL (Spezialeffekte)
↗ Nicholas Finlayson

DUNSMUIR HOUSE (Filmkulisse)
Das Dunsmuir House in Okland, in dem ↗Stacey Sutton in ↗*Im Angesicht des Todes* (1985) wohnt, wurde für Filmzwecke in ↗Whitewood House umbenannt.

DU PONT, JUNIUS (Romanfigur)
Am Spieltisch im ↗*Casino Royale* sitzt Bond mit zehn Mitspielern und dem Bankhalter ↗Le Chiffre. Zu den Personen gehört das Ehepaar Du Pont auf den Plätzen 4 und 5. Die beiden spielen mit dem »Du-Pont-Vermögen« und wirken auf 007 sehr wohlhabend. Da sich der Agent ein Bild von den Spielern macht, werden die Du Ponts als mögliche »Überlebende« des Abends beschrieben. Der Vorname Junius wird erst beim zweiten Auftreten des Mannes genannt: Im Roman ↗*Goldfinger* begegnet Bond Junius Du Pont erneut. Der fünfzig Jahre alte Mann erinnert 007 an ihr letztes Treffen 1951 im Royale-les-Eaux. (Verwunderlich, denn der Roman sollte eigentlich 1953 spielen). Du Pont bittet James Bond, ↗Mr. Goldfinger beim Falschspiel im Canasta zu entlarven. 007 nimmt sich der Angelegenheit an. Es gelingt Bond tatsächlich, und er zwingt Goldfinger, einen Scheck für Du Pont auszustellen. Die Wege von Du Pont und 007 haben sich seitdem nie mehr gekreuzt.

DUPONT, RENÉ (Produktionskoordinator)
Als Produktionskoordinator beim Film ↗*Der Spion, der mich liebte* (1977) arbeitete René Dupont. Sein Aufgabenbereich umfasste alle Dreharbeiten in Kanada, so war er auch vor Ort, als ↗Ricky Sylvester seinen Stunt am ↗Asgard ausführte.

DUPRÉ, EMMA (Romanfigur)
Die erste Leiche im Roman ↗*Scorpius* von ↗John Gardner ist die 23-jährige Emma Dupré. Sie ertrinkt in der Themse, nachdem ihr zwei Punker nachgestiegen waren. Sie war Jungfrau und hatte mit der Sekte ↗»Die Gesellschaft der Demütigen« zu tun, deren 1. Vorsitzender ↗Vater Valentine ist. In den Notizen, die sie bei sich hatte, stoßen die Ermittler auf die Telefonnummer des britischen Geheimagenten James Bond. Chief Superintendent ↗Bailey macht sich sofort auf den Weg, um mit 007s Chef ↗»M« zu sprechen. Nach sieben Stunden im Wasser wurde die tote Frau von der Wasserschutzpolizei geborgen. Man stellt fest, dass sie eine Heroin-Entziehungskur gemacht hat. Das Geld, das sie mit ihrem 21. Lebensjahr geerbt hatte, war größtenteils an die »Gesellschaft der Demütigen« gegangen. Bei der Leiche wird eine Kreditkarte gefunden, auf der ↗Avante Carte steht. Die Eltern von Emma sind ↗Peter und ↗Liz Dupré.

DUPRÉ, LIZ (Romanfigur)
Mutter der verstorbenen ↗Emma Dupré. Liz Duprés Mann ↗Peter arbeitet als Finanzier in der ↗Gomme-Keogh-Bank. Von den Frauen ist in ↗*Scorpius* die Rede.

DUPRÉ, PETER (Romanfigur)
Peter und ↗Liz Dupré sind die Eltern der toten ↗Emma Dupré und werden im Buch ↗*Scorpius* nur genannt. Der Männername weckt bei ↗»M« Interesse: »Der Finanzier? Der Handelsbankier?« Chief Superintendent ↗Bailey klärt auf: Peter Dupré ist der Direktor von ↗Gomme-Keogh – eine »unfehlbare Handelsbank ...« James Bond kennt Emma Dupré, weil er mit Peter Duprés Bruder auf dieselbe Schule gegangen ist. Dieser kam bei einem Motorradunfall ums Leben. Bond lernte Emmas Vater bei der Beerdigung kennen.

DUQUENNE, LOUIS (Bauleitung)
Bei der Produktion des Films ↗*Moonraker – streng geheim* (1979) waren Louis Duquenne und ↗Michael Redding Bauleiter.

DURAN DURAN (Band)
Die aus Großbritannien stammende Rockband Duran Duran bestand aus Roger, John

und Andy Taylor sowie aus Nick Rhodes und Simon Le Bon. Gegründet wurde die erfolgreiche Gruppe 1978. Der Name stammt aus dem Film *Barbarella*. Der wichtige Plattenvertrag mit EMI Records folgte drei Jahre nach Bandgründung und machte sich für die fünf Musiker schnell bezahlt. In regelmäßigen Abständen schrieben Duran Duran Songs, die sofort nach Erscheinen zu Hits wurden. Es soll ↗Barbara Broccoli gewesen sein, die die Musik der Gruppe so gut fand, dass sie für das Titellied von ↗*Im Angesicht des Todes* (1985) Duran Duran vorschlug. Die Gruppe Duran Duran komponierte zusammen mit ↗John Taylor. Das Lied ↗*From A View To A Kill* (von Duran Duran gesungen und von ↗Bernard Edwards produziert) mauserte sich zum Welterfolg und schaffte etwas, was zuvor noch keinem Bond-Song gelungen war: Es erreichte den zweiten Platz in den englischen und den ersten Platz in den amerikanischen Charts. Die Gruppe steuerte neben dem Titellied noch das Stück ↗*Bond Meets Stacey* zum Soundtrack bei. Sie produzierten es mit Bernard Edwards und ↗Jason Corsaro, der für die Aufnahme und die Mischung zuständig war. Besonderen Anklang bei den Bond-Fans fand das aufwändige Musikvideo zum Titel, das am Eiffelturm gedreht wurde und zahlreiche Szenen aus ↗*Im Angesicht des Todes* enthält. Angeblich soll ↗Albert R. Broccoli von den darstellerischen Fähigkeiten des Bassisten John Taylor so angetan gewesen sein, dass er ihm die Rolle als James Bond in ↗*Der Hauch des Todes* (1987) anbot. Taylor habe dies aber abgelehnt. In anderen Quellen heißt es, er habe sogar Probeaufnahmen gemacht.

Simon le Bon, Nick Rhodes und Roger Taylor gründeten die Band ↗Arcadia und spielten das Platinalbum *So Red The Rose* mit der Top 20-Single *Election Day* ein. Mit ↗Grace Jones (↗May Day aus *Im Angesicht des Todes*), Sting (der für die Rolle des ↗Max Zorin im Gespräch war), David Gilmour und Herbie Hancock arbeiteten einige berühmte Gastkünstler an diesem Album mit. Der Erfolg von Arcadia und Power Station, dem Nebenprojekt von Andy und John Taylor mit Robert Palmer, kündigte die Trennung von Duran Duran an. Der letzte gemeinsame Auftritt erfolgte im JFK-Stadion in Philadelphia anlässlich des Live-Aid-Festivals. Simon le Bon wäre in den Achtzigern fast mit seinem Boot tödlich verunglückt. Im Jahre 1985 verließen Roger und Andy Taylor Duran Duran. Während sich Roger völlig aus dem Musikgeschäft zurückzog, startete Andy eine Solokarriere. Warren Cuccurullo übernahm schließlich die Position des Gitarristen. John, Nick und Simon spielten das funkorientierte Album *Notorious* ein. Die gleichnamige Single erreichte Platz zwei der Charts.

1993 erhielt die Band einen Stern auf dem berühmten »Walk of Fame«. 1996 verließ John Taylor Duran Duran, um sich besser auf seine Solokarriere konzentrieren zu können. Zwei Jahre später verließ die Band das Studio der EMI. Nach mehreren Flops arbeitet die Musikgruppe seit 2002 an ihrem Comeback.

DURCHSCHLAG-ERSTELLER
↗Schriftreproduzierer

DURIEUX, GILLES (Unit-Publicist)
Als Unit-Publicists waren bei der Produktion von ↗*Moonraker – streng geheim* (1979) zwei Männer beschäftigt: Gilles Durieux und ↗Steve Swan. Sie werden im Abspann des Films als letzte Crew-Mitglieder genannt.

DUSCHE
↗Rosie Carver kann James Bond in ↗*Leben und sterben lassen* (1973) kaum verstehen, als er mit ihr spricht. Sie steht unter einer Dusche und das Wasser rauscht so laut. In ↗*Im Angesicht des Todes* (1985) fällt James Bond auf einen alten Trick her-

Sean Connery in seiner berühmtesten Rolle als James Bond 007.

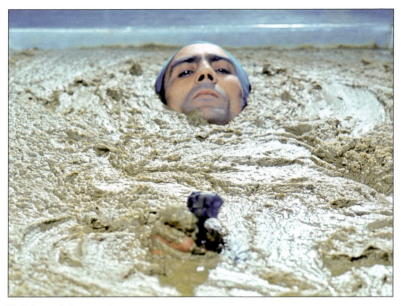

Ein Schuss geht immer noch.

Helfer oder Gegner: Geheimagent 007 in Bedrängnis.

Sean Connery als Ur-Bond.

James Bond lässt seinen Gegner fliegen.

GOLDFINGER

Telefon für Bond, James Bond: Sean Connery.

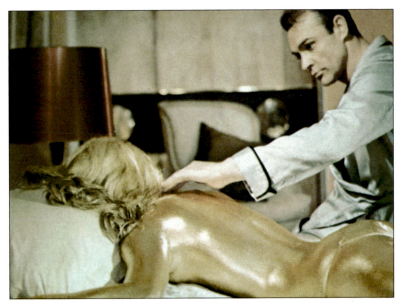

Glanz in Gold: In GOLDFINGER segnet Shirley Eaton das Zeitliche, ihr Körper ist mit dem Edelmetall überzogen.

Bösewicht Gert Fröbe erklärt seinen perfiden Plan.

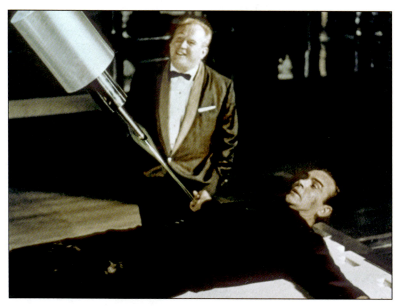

Superagent James Bond (Sean Connery) und Bösewicht Auric Goldfinger (Gert Fröbe) liefern sich ein Duell.

FEUERBALL

Schönes Strandleben, aber nicht ohne Knarre: Claudine Auger und Sean Connery.

Paula (Martine Beswick) vom Secret Service und James Bond (Sean Connery).

FEUERBALL

Zweikampf Bond gegen Largo (Adolfo Celi).

Sean Connery im Taucher-Outfit.

Emilio Largo, Blofelds bester Mann.

FEUERBALL

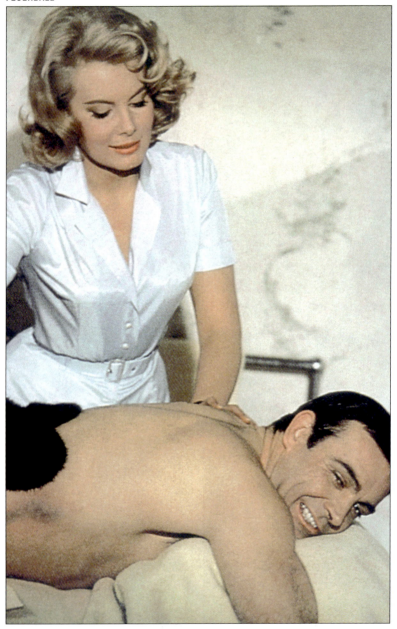

Ganz besondere Massage: Molly Peters bringt Sean Connery auf Touren.

FEUERBALL

Claudine Auger als Playgirl Domino.

FEUERBALL

Bilder eines Bond-Girls: Claudine Auger mal ohne ...

FEUERBALL

... und mal mit Handtuch

MAN LEBT NUR ZWEIMAL

Sean Connery fliegt mit dem Einmann-Minihubschrauber.

MAN LEBT NUR ZWEIMAL

Sean Connery als »vermenschlichter« Bond im gefährlichen Einsatz.

MAN LEBT NUR ZWEIMAL

Der Einmann-Minihubschrauber James Bonds ist mit Raketen und vielerlei Wunderwaffen bestückt.

Im Vulkan Shinmoe in der Kirishima-Gebirgskette ist die technisch perfekt ausgebaute SPECTRE-Raketenbasis verborgen.

MAN LEBT NUR ZWEIMAL

Karin Dor – Bond-Girl aus Deutschland.

MAN LEBT NUR ZWEIMAL

Essen mit Stäbchen will gelernt sein: Karin Dor bekommt Nachhilfe.

So lässt es sich leben: James Bond wird im Badehaus verwöhnt.

MAN LEBT NUR ZWEIMAL

Bootstour mit Mie Hama.

Planschereien mit den japanischen Bond-Girls.

MAN LEBT NUR ZWEIMAL

Akiko Wakabayashi präsentiert den japanischen Superauto-Sechszylinder-Zweisitzer ...

... der eigens für 007-Zwecke mit diversen Einbauten versehen wurde.

MAN LEBT NUR ZWEIMAL

Vorhang auf für Akiko Wakabayashi.

Mie Hama und Sean Connery in den Bergen.

MAN LEBT NUR ZWEIMAL

Mie Hama posiert im Hauptquartier der SPECTRE-Raketenbasis.

Noch ein Einsatz für Akiko Wakabayashi: Bond wird massiert.

MAN LEBT NUR ZWEIMAL

Ein Kuss von James für Mie Hama.

DIAMANTENFIEBER

Jill St. John spielt die verführerische Tiffany Case an der Seite von Sean Connery.

DIAMANTENFIEBER

Bond bevorzugt Martini, in allen Lebenslagen.

Für Tiffany Case und James Bond führt der Weg direkt ins Wasserbett.

DIAMANTENFIEBER

Jill St. John und die faszinierende Schaltzentrale.

Jill St. John als amerikanische Diamantenschmugglerin mit dauernd wechselnder Haarfarbe.

DIAMANTENFIEBER

Bond-Girl Jill St. John und die Suche nach dem Diamanten

Jill bezeichnete Sean Connery als »wahren Freund, mit außergewöhnlichen Qualitäten. Er ist einfach ein Supertyp«.

DIAMANTENFIEBER

Beim Spiel trifft Bond auf die hübsche Plenty O'Toole mit eindeutigen körperlichen Vorzügen.

Was für ein Oberteil: Sean Connery im Clinch mit Denise Perrier.

Auch ein Girl für Bond: Denise Perrier.

DIAMANTENFIEBER

Lana Wood in der Rolle der Plenty O'Toole.

DIAMANTENFIEBER

Bambi (Donna Garratt) und Klopfer (Trini Parks) haben es auf 007 abgesehen.

Trini Parks gibt Sean Connery Nachhilfe in Karate.

Am Ende des Kampfes landet Bond im Pool.

DIAMANTENFIEBER

Bambi umklammert James Bond.

DIAMANTENFIEBER

Zweikampf: Bruce Glover und Sean Connery.
Als mordlustiger homosexueller Mr. Wint leitete Bruce Glover eine Dekade schräger 007-Feinde ein.

DIAMANTENFIEBER

Zum Höhepunkt traten die Mörder Mr. Wint und Mr. Kidd als Kellner an Bord eines Luxusliners auf, um James Bond zu versichern, dass der letzte Gang des Menüs eine bombige Erfahrung werden würde.

Charles Gray ist einer der wenigen Schauspieler, der nicht nur in zwei Bond-Filmen auftrat, sondern auch in beiden Filmen umgebracht wurde. Als Henderson in MAN LEBT NUR ZWEIMAL wird Charles Gray hinterrücks mit dem Messer erstochen, in DIAMANTENFIEBER ist Charles Gray Blofeld.

Nach dem enttäuschenden Abschneiden von DER MANN MIT DEM GOLDENEN COLT an den Kinokassen entschied sich Harry Saltzman, seine 007-Anteile abzustoßen.

Bond-Produzenten der ersten Stunde: Harry Saltzman, Albert R. Broccoli und ihr Star Sean Connery.

ein. Als er das Rauschen der Dusche hört, glaubt er, ↗Stacey Sutton sei im Badezimmer, in Wirklichkeit steht sie mit einem Gewehr hinter ihm. In ↗*Der Mann mit dem goldenen Colt* (1974) hatte 007 dagegen Recht; hier stand ↗Andrea Anders tatsächlich unter der Dusche. Unter der Dusche vergnügt sich 007 zusammen mit Sutton, als alle Gegner erledigt sind. ↗»Q« beobachtet das mit Hilfe seines ↗Snoopers.

DÜSENANTRIEB

In ↗*Feuerball* (1965) schwebt Bond per ↗Jetpack mit Düsenantrieb durch die Luft. Die kleine Patrone, die ↗Tanaka James Bond in ↗*Man lebt nur zweimal* (1967) erklärt, erreicht durch einen integrierten Düsenantrieb eine enorme Geschwindigkeit und wird so zu einer tödlichen Waffe. James Bonds Motorrad in ↗*Sag niemals nie* (1983) verfügt über einen Düsenantrieb. Damit schafft er es, bei einer Verfolgungsjagd über ein feindliches Fahrzeug hinwegzuschießen. Der Düsenantrieb hilft ihm auch, als er von einer Uferseite zur anderen springen will. Der ↗Aston Martin in ↗*Der Hauch des Todes* (1987) und das ↗»Q-Boot« in ↗*Die Welt ist nicht genug* (1999) verfügen ebenfalls über einen Düsenantrieb.

DUSK AT PIZ GLORIA (Lied)
↗*On Her Majesty's Secret Service* (Soundtrack)

DUSK THAT EVENING (Kapitelüberschrift)
Als ↗Ian Fleming sein neuntes Buch ↗*The Spy Who Loved Me* verfasste, wollte er das erste Kapitel »Dusk That Evening« nennen. Bei der Überarbeitung benannte er es in »Scardy Cat« um.

DUTCH TREAT (Zeichentrickfilm)
↗*James Bond Jr.*

DVDS

Die ersten neunzehn offiziellen James-Bond-Filme kamen 2000 als »Special 007 Edition« mit zahlreichen Extras auf den Markt. Die DVDs enthalten umfangreiches Zusatzmaterial (siehe DVD-Beschreibung). Alle DVDs zusammen waren in einer »Monsterbox« erhältlich. Die Cover-Rücken bilden, in der richtigen Reihenfolge aufgestellt, das 007-Gun-Logo. ↗*Casino Royale* (1966) und ↗*Sag niemals nie* (1983) sind auch als DVD erschienen, gehören aber nicht zur »Special 007 Edition«. ↗*Stirb an einem anderen Tag* (2002) war noch nicht erschienen, deshalb enthält die Monsterbox eine Spezial-DVD als Platzhalter. Zum Erstaunen der Fans war die DVD ↗*Der Hauch des Todes* (1987) sehr schnell vergriffen, was dafür sorgte, dass sie bei Internet-Auktions-Häusern wie ebay für durchschnittlich 120 Euro versteigert wurde. Gerüchteweise wurde keine Neuauflage der DVD auf den Markt gebracht, weil im Zusatzmaterial dieser Version Szenen von ↗Sam Neil zu sehen waren, deren Lizenzen nicht bei MGM/UA lagen.

James Bond 007 jagt Dr. No (1962): Kapitel: 1) Eröffnungssequenz; 2) Drei »blinde« Mörder; 3) Die Kartenrunde; 4) Waffen für den Auftrag; 5) Sexy Golf; 6) Ein sehr schlechter Fahrer; 7) Das Haus des Toten; 8) Vorsichtsmaßnahmen; 9) Auf der Suche nach Quarrel; 10) Begegnung der Spione; 11) Keine Fotos, bitte; 12) Der falsche Geologe; 13) Ich mag keine Fehlschläge; 14) Was krabbelt denn da?; 15) Hoppla! Fehlende Akten; 16) Radioaktive Proben; 17) Verfolgungsjagd; 18) Gute Hinhaltetechnik; 19) Die Falle; 20) Die Muschelüberraschung; 21) Versteck unter Wasser; 22) Diesel-Drache; 23) Entseuchungsdusche; 24) Ein Luxusgefängnis; 25) Zierfische so groß wie Wale?; 26) Dinner mit Dr. No; 27) Tunnel voller Schwierigkeiten; 28) Der Anzug passt mir gut; 29) Gefahrenstufe »hoch«; 30) Sieh mal, keine Hände!; 31) Runter vom sinkenden Schiff!; 32) Ruderlos, aber glücklich. **Zusatzmaterial:** Audio-Kommentar des Regisseurs Terence Young und Mitgliedern der Crew, verschiedene

Trailer, Fotogalerie mit Textpassagen, Special: *Inside Dr. No*, Special: *Dr. No 1963*, 8-seitiges Booklet mit Hintergrund-Informationen. **Sprache:** Englisch, Deutsch, Spanisch. **Untertitel:** Deutsch, Spanisch, Portugiesisch, Schwedisch, Dänisch, Norwegisch, Finnisch, Englisch, Polnisch. **Für Hörgeschädigte:** Deutsch. Eine Vorversion von *James Bond 007 jagt Dr. No* (1962), die zusammen mit Phillips DVD-Playern vertrieben wurde (»Diese DVD ist nur in Verbindung mit einem Phillips DVD-Abspielgerät im Rahmen einer befristeten Aktion erhältlich. Der Wiederverkauf dieser DVD außerhalb der Aktion ist nicht gestattet«), ist inhaltlich identisch, weist nur leichte Unterschiede in der Cover-Gestaltung auf.

Liebesgrüße aus Moskau (1963): Kapitel: 1) Bond-Übung; 2) Eröffnungssequenz; 3) Schachmeister; 4) SPECTRE 1-3-5; 5) Gemeingefährlicher Mörder; 6) Aus Liebe zur Sache; 7) Alte Fälle; 8) Eine offensichtliche Falle; 9) Ein paar angenehme Tage; 10) Wanzenplage; 11) Kalter Krieg in Istanbul; 12) Ich sehe was; 13) Kämpfende Zigeuner; 14) Anita Ekbergs Mund; 15) Eine richtige Vorstellung; 16) Hilf deinem Feind; 17) Sprich mit der Maschine; 18) Russische Uhren; 19) Der Flitterwochenzug; 20) Die Fahrkarten, bitte!; 21) Englische Bräuche; 22) Ein schrecklicher Unfall; 23) »Ich weiß, ich liebe dich«; 24) Der gute Freund Nash; 25) Der falsche Wein; 26) Die ganze Geschichte; 27) Zug zwischen Bahnhöfen; 28) Feuersturm; 29) Wen der Schuh trifft; 30) Wo Rauch ist; 31) Klebbs Krieg; 32) Abspann. **Zusatzmaterial:** Audio-Kommentar des Regisseurs, Fotogalerie mit Textpassagen, Verschiedene Trailer, Special: *Inside From Russia With Love*, Harry-Saltzman-Special, 8-seitiges Booklet mit Hintergrund-Informationen. **Sprache:** Englisch, Deutsch, Spanisch. **Untertitel:** Englisch, Deutsch, Spanisch, Portugiesisch, Schwedisch, Dänisch, Norwegisch, Finnisch, Polnisch. **Für Hörgeschädigte:** Deutsch.

Goldfinger (1964): [Das Goldfinger-DVD-Booklet ist eine Fehlproduktion. Die Kapitelüberschriften beziehen sich auf den Film ↗ *Liebesgrüße aus Moskau* (1963)]. Kapitel: 1) Eröffnungssequenz; 2) Mord-Probe; 3) Haupttitel; 4) Schachmatt; 5) SPECTRES Plan; 6) SPECTRES Insel; 7) Tatiana trifft Klebb; 8) Bonds Auftrag; 9) Qs neues »Spielzeug«; 10) Ankunft in Istanbul; 11) Bey wird vorgestellt; 12) Wanzensicher?; 13) Knapp entkommen; 14) Dem Feind auf der Spur; 15) Das Zigeunerlager; 16) Belagerung; 17) Beys Rache; 18) Begegnung mit Tatiana; 19) Mord in der Moschee; 20) Diebstahl des Lektors; 21) Der Orientexpress; 22) Eine tragische Entdeckung; 23) Mr. Grants Plan; 24) Die Wahrheit kommt ans Licht; 25) Faustkampf; 26) Flucht aus dem Zug; 27) Hubschrauber-Angriff; 28) Der Preis für den Fehlschlag; 29) Motorboot-Jagd; 30) Klebb tritt zu; 31) Auf den Kanälen Venedigs; 32) Abspann. **Sinnvollere Kapitelüberschriften wären:** 1) Eröffnungssequenz; 2) Ramirez' Ende; 3) Schöne Augen; 4) Haupttitel; 5) Felix und Bond; 6) Goldfinger; 7) Tilly Masterson; 8) Oddjobs Angriff 9) Golden Girl; 10) Smithers Vortrag; 11) Abteilung Q; 12) Golffinger; 13) Lektion à la Oddjob; 14) Quer durch die Berge; 15) Aufschneider; 16) »Auric Enterprises«, 17) Jill Masterson; 18) Bondmobil; 19) Schleudersitz; 20) »Ich erwarte von Ihnen, dass Sie sterben ...«; 21) Im Himmel; 22) Mai Lei austricksen; 23) Pussys Staffel; 24) Ganoventreffen; 25) Goldfingers Plan; 26) Delta 9; 27) Solos Ende; 28) Goldfinger und 007; 29) In der Scheune; 30) »Das Baby schläft«; 31) »In der Falle«; 32) Goldfingers Ende Als die oben genannten falschen Kapitelüberschriften auffielen, gestaltete man für die Neuauflage der Goldfinger-DVD ein neues Booklet. Die Ausgabe mit den Fehlern wurde damit zu einem begehrten Sammlerstück. Die überarbeiteten Kapitelüberschriften lauten: 1) Eröffnungssequenz; 2) Die Bombenlegung; 3) Ein unerledigtes Geschäft; 4) Haupttitel; 5) In guten Händen; 6) Mogelspiel; 7) Spion überwacht Spion; 8) Küchenhiebe; 9) Goldbedeckt; 10) Der Köder; 11) Spionage-Ausrüstung; 12) Spiel um Gold; 13) Hut-Trick; 14) Verfolgungsjagd in Genf; 15) Fang des Heckenschützens; 16) Schmuggeln ist eine Kunst; 17) Schwesterliche Rache; 18) Ein Mordsschnitt; 19) Rettung durch Schleudersitz; 20) Präzisionsschnitt; 21) Geschüttelt, nicht gerührt; 22) Peepshow; 23) Hübsche Pilotinnen; 24) Trickreicher Billardtisch; 25) Das Versteckspiel; 26) Vergasung der bösen Jungs; 27) Dringende Verabredung; 28) Ideen beim Mint Julip; 29) »So kenne ich James!«; 30) Eine Bombe als Schlaflied; 31) Der Mann aus Stahl; 32) Rettung unerwünscht. **Zusatzmaterial:** *Making Of Goldfinger*, Audio-Kommentar des Regisseurs, Original Radio-Interview mit Sean Connery, Dokumentation *Das Goldfinger Phänomen*, Fotogalerie mit Textpassagen, Original-Kino-Trailer, 8-seitiges Booklet mit Hintergrundinformationen. **Sprache:** Englisch, Deutsch, Spanisch. **Untertitel:** Englisch, Deutsch, Spanisch, Portugiesisch, Schwedisch, Dänisch, Norwegisch, Finnisch, Polnisch. **Für Hörgeschädigte:** Deutsch.

Feuerball (1965): Kapitel: 1) Die schwarze Witwe; 2) Haupttitel; 3) Berichterstattung an Nr. 1; 4) Folter & Schweiß; 5) Ein Zwilling wird gebraucht; 6) Aufdeckung eines Hinweises; 7) Sauerstoffmangel; 8) Unterwasser-Einsatz; 9) Autoprobleme; 10) Codename: Thunderball; 11) Plaudereien am Pool; 12) Ein Glücksspiel; 13) Haifischköder; 14) Spezialausrüstung; 15) Erpressung auf Tonband; 16) Wasserkämpfe; 17) Angeberei; 18) Tödliche Falle; 19) Kampf der Egos; 20) Aufregende Flucht; 21) Der Kuss-Club; 22) Versunkenes Flugzeug; 23) Vorliebe für Domino; 24) Bomben & Leuchtfeuer; 25) Mit Spion-Spielzeug erwischt; 26) Hubschrauber-Rettung; 27) Luft-See-Angriff; 28) Unterwasser-Krieg; 29) Ein neues Schiff; 30) Stürmischer Kampf; 31) Himmelhohes Überleben; 32) Abspann **Zusatzmaterial:** *Making Of Feuerball*, Special: *Das Feuerball-Phänomen*, Audio-Kommentar des Regisseurs, Audio-Kommentar von Peter Hunt, John Hopkins u.a., Special: *Inside Thunderball*, Fotogalerie mit Textpassagen, Original-Kino-Trailer, 8-seitiges Booklet mit Hintergrundinformationen. **Sprache:** Englisch, Deutsch, Spanisch. **Untertitel:** Englisch, Deutsch, Spanisch, Portugiesisch, Schwedisch, Dänisch, Norwegisch, Finnisch, Polnisch. **Für Hörgeschädigte:** Deutsch.

Casino Royale (1966): Kapitel: 1) Sir James; 2) M's Überreste; 3) Wettstreit; 4) Verführung oder Tod; 5) Hartes Training; 6) Evelyn Tremble; 7) Eine neue Identität; 8) Mata Bond; 9) Schule der Spione; 10) Der Diebstahl der Filme; 11) Spielvorbereitung; 12) Le Chiffre; 13) Geistige Folter; 14) Das Hauptquartier von SMERSH, 15) Casino Royale; 16) Abspann. **Zusatzmaterial:** Original-Kino-Trailer, Teaser-Trailer. **Sprachen:** Englisch, Deutsch, Spanisch, Französisch, Italienisch. **Untertitel:** Englisch, Deutsch, Spanisch, Französisch, Italienisch, Niederländisch, Schwedisch, Dänisch, Norwegisch, Finnisch. **Für Hörgeschädigte:** Deutsch, Englisch.

Man lebt nur zweimal (1967): Kapitel: 1) Eröffnungssequenz; 2) Im Dienst getötet; 3) Haupttitel; 4) Bestattung auf hoher See; 5) Reines Rätselraten; 6) Begegnung beim Sumo; 7) Hendersons Rücken; 8) »Mitgenommene« Kriminelle; 9) Tanaka liebt Bond; 10) Schnappschuss; 11) Japanische Sitten; 12) Gepfefferte Geschäfte; 13) Parken und Fliegen; 14) Freundliche Häfen; 15) Für England ...; 16) Kleine Nellie; 17) Ein heißer Empfang; 18) Moskau, wir haben ein Problem; 19) Die striktesten Befehle; 20) Die Ninja-Akademie; 21) James Bond-san; 22) Der Tod schmeckt süß; 23) Mrs. Bond; 24) Rein geschäftlich; 25) »Die Flitterwochen sind um«; 26) Eine Fliege an der Wand; 27) Gefangene Kosmonauten; 28) »Stoppt diesen Astronauten«; 29) Die nächste Welle; 30) Der Preis des Versagens; 31) Bevorstehende Zerstörung; 32) Abspann. **Zusatzmaterial:** Audio-Kommentar des Regisseurs, Special: *Inside You Only Live Twice*, Dokumentation: *Die James-Bond-Titel*, Special: *Bond-Vorspann*, Original-Kino-Trailer, verschiedene Radio- und TV-Spots, 8-seitiges Booklet mit Hintergrundinformationen. **Sprache:** Englisch, Deutsch, Spanisch. **Untertitel:** Englisch, Deutsch, Spanisch, Portugiesisch, Schwedisch, Dänisch, Norwegisch, Finnisch, Polnisch. **Für Hörgeschädigte:** Deutsch.

Im Geheimdienst Ihrer Majestät (1969): Kapitel: 1) Eröffnungssequenz; 2) Rettung am Strand; 3) Haupttitel; 4) Herzdame; 5) Unerwarteter Gast; 6) Voller Überraschungen; 7) Dracos Vorschlag; 8) Rücktritt; 9) Verwöhntes Töchterchen; 10) Mit Bond allein; 11) Einbruch; 12) Rollentausch; 13) Flug in die Alpen; 14) Ein gemütlicher Ort; 15) Der Alpen-Raum; 16) Treffen mit Blofeld; 17) Zeit zum Vergnügen; 18) Private Party; 19) Der Plan eines Verrückten; 20) Hochseilakt; 21) Traumhafte Party; 22) Flucht ins Tal; 23) Von der Menge verschluckt; 24) Liebesrettung; 25) Heiratspläne; 26) Die Lawine; 27) Hilfe gesucht; 28) Rettungsaktion; 29) Selbsterhaltung; 30) Schlittenfahrt à la Bond; 31) Mrs. James Bond; 32) Nachspann. **Zusatzmaterial:** Audio-Kommentar des Regisseurs, Special: *Inside On Her Majesty's Secret Service*, Bildergalerie mit Textpassagen, Special: *Inside Qs Labor – Tricks und Wunderwaffen für 007*, Original-Kino-Trailer, verschiedene Radio- und TV-Spots und Interviews, 8-seitiges Booklet mit Hintergrundinformationen. **Sprachen:** Deutsch. **Untertitel:** Englisch, Deutsch. **Für Hörgeschädigte:** Deutsch.

Diamantenfieber (1971): Kapitel: 1) Eröffnungsszene; 2) Haupttitel; 3) Schlichte, solide Arbeit; 4) Fast wie ein Fluch; 5) Ködern und sausen lassen; 6) Eine Frage der Identität; 7) Bonds Tod; 8) Eine Bruderleiche; 9) Letzte Reise; 10) Tree ist tot; 11) Eine große Hilfe; 12) Frühstück bei Tiffany; 13) Was für ein Zirkus; 14) Das nächste Glied in der Kette; 15) Folgen Sie diesen Felsen; 16) Kleine Leute; 17) Allradantrieb?; 18) Immer knapper; 19) Kurzer Ausflug nach oben; 20) »Doppelte Gefahr«; 21) »Mut, nur Mut«; 22) Gassi mit der Ratte; 23) Eigenartige Stimmen; 24) Wildes Königreich; 25) Nicht überzeugende Verkleidung; 26) Wo ist der Satellit?; 27) In Baja ist nichts; 28) Säuberung der Welt; 29) Wie jedes vernünftige Tier; 30) »Vollidioten«; 31) Schlemmerbombe; 32) Abspann. **Zusatzmaterial:** Special: *Inside Diamonds Are Forever*, Porträt: *Cubby Broccoli – Der Mann hinter Bond*, bisher unveröffentlichte Szenen, Audio-Kommentar des Regisseurs Guy Hamilton, Original-Kino-Trailer, verschiedene Radio- und TV-Spots, 8-seitiges Booklet mit Hintergrundinformationen. **Sprachen:** Englisch, Deutsch, Spanisch. **Untertitel:** Englisch, Deutsch, Spanisch, Portugiesisch, Schwedisch, Dänisch, Norwegisch, Finnisch, Polnisch. **Für Hörgeschädigte:** Deutsch

Leben und sterben lassen (1973): Kapitel: 1) Eröffnungssequenz; 2) Haupttitel; 3) Ein Mehrzweck-Magnet; 4) Tödliche Fahrt; 5) Verfolgung des »Billardballs«; 6) Es steht alles in den Karten; 7) CIA zur Rettung; 8) »Der, der nicht sterben kann«; 9) Wanzen und Schlangen; 10) »Mrs. Bond?«; 11) Fischen am Morgen; 12) Doppelagent; 13) Blasphemischer Bond; 14) Ohne Sicht; 15) Vogelscheuchen weisen den Weg; 16) Bullen-Angriff; 17) Gefangen im Taxi; 18) »Heben wir doch einfach ab«; 19) Leben und sterben lassen; 20) Entlarvt; 21) Die Todeskarte; 22) Von Krokodil zu Krokodil; 23) Motorboot-Verfolgungsjagd; 24) Billy Bob; 25) Das Ende der Verfolgungsjagd; 26) Junge Dame in Nöten; 27) Toter wieder auferstanden; 28) Böses unter der Erde; 29) Aufgeblasen und verdorben; 30) Romantische Zugfahrt; 31) Entwaffnender Gast; 32) Abspann. **Zusatzmaterial:** Special: *Inside Live And Let Die*, Audio-Kommentar des Regisseurs Guy Hamilton, Audio-Kommentar des Drehbuchautors Tom Mankiewicz, Hintergrundinformationen zu Richard Dix No. 1-Fan, Hintergrundinformationen: Drachenflugszene, am Set mit ↗Roger Moore: Beerdigungsparade, am Set mit Roger Moore: Flugstunden, 2 Original-Kino-Trailer, verschiedene Radio- und TV-Spots, 8-seitiges Booklet mit Hintergrundinformationen. **Sprachen:** Englisch, Deutsch, Spanisch. **Untertitel:** Englisch, Deutsch, Spanisch, Portugiesisch, Schwedisch, Dänisch, Norwegisch, Finnisch, Polnisch. **Für Hörgeschädigte:** Deutsch.

Der Mann mit dem goldenen Colt (1974): Kapitel: 1) Eröffnungssequenz; 2) Haupttitel; 3) Auf der schwarzen Liste; 4) Glückszauber; 5) Magische Kugel; 6) Meister der Waffen; 7) Die Mörderin; 8) »Eine Wasserpistole?«; 9) Fehlzündung; 10) Gefangen; 11) Willkommen an Bord; 12) Anregende Begegnung; 13) Hungrig zu Bett; 14) Himmel und Hölle; 15) Frauenpower; 16) Chaos mit dem Motorboot; 17) Ein neuer Chef; 18) Dieser Augenblick; 19) Mann in der Mitte; 20) »Auge um Auge«; 21) Jagd auf Goodnights Entführer; 22) Metamorphose; 23) Goodnights Signal; 24) Ein erwarteter Gast; 25) Ein Monopol auf Sonnenenergie; 26) Essen mit einem Mörder; 27) Showdown; 28) Der verrückte Palast; 29) Flucht von der Insel; 30) Der kleine Teufel; 31) »Goodnight, Sir!«; 32) Abspann. **Zusatzmaterial:** Special: *Inside The Man With The Golden Gun*, die besten Stuntszenen und Stuntdarsteller, Audio-Kommentar von Regisseur Guy Hamilton und Mitgliedern der Crew, Original-Kino-Trailer, verschiedene Radio- und TV-Spots, 8-seitiges Booklet mit Hintergrundinformationen. **Sprachen:** Englisch, Deutsch, Spanisch. **Untertitel:** Englisch, Deutsch, Spanisch, Portugiesisch, Schwedisch, Dänisch, Norwegisch, Finnisch, Polnisch. **Für Hörgeschädigte:** Deutsch.

Der Spion, der mich liebte (1977): Kapitel: 1) Eröffnungsszene; 2) Entführung auf hoher See; 3) Verfolgungsjagd per Ski; 4) Haupttitel; 5) Bonds Auftrag; 6) Der Zorn des Stromberg; 7) Atlantis steigt auf; 8) Weg durch die Wüste; 9) Gefahr in Kairo; 10) Mord in der Pyramide; 11) Der Mujamba-Club; 12) Jaws auf der Spur; 13) Die Straße nach Kairo; 14) Körperwärme; 15) Pyramiden-Hauptquartier; 16) Q's Labor; 17) Kampf im Zug; 18) Ankunft in Sardinien; 19) Zusammentreffen mit Stromberg; 20) Tödliche Verfolgungsjagd; 21) Angriff unter Wasser; 22) An Bord der USS Wayne; 23) Der Liparus schlägt zu; 24) Strombergs Plan; 25) Bond entkommt; 26) Die Revolte; 27) Die Sprengkapsel; 28) Tanker Liparus zerstört; 29) Anjas Rettung; 30) Hai von Mensch gebissen; 31) Flucht von Atlantis; 32) Abspann. **Zusatzmaterial:** Special: *Inside The Spy Who Loved Me*, Special: *Ken Adam Designing Bond*, Audio-Kommentar von Regisseur Lewis Gilbert und Mitgliedern der Crew, Original-Kino-Trailer, verschiedene Radio- und TV-Spots, 8-seitiges Booklet mit Hintergrundinformationen. **Sprachen:** Englisch, Deutsch, Spanisch. **Untertitel:** Englisch, Deutsch, Spanisch, Portugiesisch, Schwedisch, Dänisch, Norwegisch, Finnisch, Polnisch. **Für Hörgeschädigte:** Deutsch.

Moonraker – streng geheim (1979): Kapitel: 1) Eröffnungssequenz; 2) Sprung ins Schwarze; 3) Haupttitel; 4) Das Anwesen von Drax; 5) Zentrifugaler Bond; 6) Dufour-Spiel; 7) Tresorknacker; 8) Fasantastischer Zeitvertreib; 9) Vom Hund verfolgt; 10) Auf Dr. Goodheads Fährte; 11) Gondeln mal anders; 12) Giftige Begegnung; 13) Mit Schwert und Klaviersaiten; 14) Dr. Goodhead entwaffnet; 15) Mummenschanz in Rio; 16) Clown mit Biss; 17) Tram-Rammen; 18) Entführt; 19) Spiel mir das Lied vom ... Bond?; 20) Meine Mine – deine Mine; 21) Kein Herumhängen; 22) Die Schönen und die Boa; 23) Flottenabschuss; 24) Manche mögen's heiß; 25) Cockpit für zwei; 26) Die Weltraumrasse; 27) Die Stadt im All; 28) Revolte; 29) Kampf im

All; 30) Drax-Abschuss; 31) Verfolgung über den Globus; 32) Abspann. **Zusatzmaterial:** Special: *Inside Moonraker*, Special: *Die Männer hinter den Bond-Spezialeffekten*, 8-seitiges Booklet mit Hintergrundinformationen, Audio-Kommentar von Lewis Gilbert (Regisseur), Michael G. Wilson (ausführender Produzent), William P. Cartlidge (Koproduzent) und Christopher Wood (Drehbuchautor), Original-Kino-Trailer. **Sprachen:** Englisch, Deutsch, Spanisch. **Untertitel:** Englisch, Deutsch, Spanisch, Portugiesisch, Schwedisch, Dänisch, Norwegisch, Finnisch, Polnisch. **Für Hörgeschädigte:** Deutsch.
In tödlicher Mission (1981): Kapitel: 1) Eröffnungssequenz; 2) Haupttitel; 3) Ein unidentifiziertes Objekt; 4) Ein kurzes Wiedersehen; 5) Operation »Undertow«; 6) Der rettende Schirm; 7) Spritztour im Grünen; 8) Der Identigraph; 9) Medaillenhoffnung; 10) Motorradmörder; 11) Jugendlicher Annäherungsversuch; 12) Spring oder stirb; 13) An Hängen und Pisten; 14) Ein harter Sport; 15) Griechische Kultur; 16) Der Drogenboss; 17) Gelegenheit oder Falle?; 18) Ein beherzter Schmuggler; 19) Kampf am Lagerhaus; 20) Spion gegen Auto; 21) Max, das Sprachgenie; 22) Auf Wracksuche; 23) Unterwasserkampf; 24) »Ein appetitlicher Köder«; 25) Der Vogel »singt«; 26) Freeclimbing; 27) Der Korbfahrstuhl; 28) Im Schlaf überrascht; 29) »Aus dem Weg!«; 30) Bis dann, Genosse; 31) »Gib uns einen Kuss!«; 32) Abspann. **Zusatzmaterial:** Special: *Inside For Your Eyes Only*, Audio-Kommentar mit John Glen und Darstellern, Audio-Kommentar mit Michael G. Wilson & Crew, *Sheena Easton Musikvideo For Your Eyes Only*, animierte Storyboard-Szenen: Das Schlittenrennen, animierte Storyboard-Szenen: Wiedererlangen des ATAC, Original-Kino-Trailer, verschiedene Radio- und TV-Spots, 8-seitiges Booklet mit Hintergrundinformationen. **Sprachen:** Englisch, Deutsch, Spanisch. **Untertitel:** Englisch, Deutsch, Spanisch, Portugiesisch, Schwedisch, Dänisch, Norwegisch, Finnisch, Polnisch. **Für Hörgeschädigte:** Deutsch.
Octopussy (1983): Kapitel: 1) Eröffnungssequenz; 2) Adios Amigos; 3) Haupttitel; 4) Keine Clownsgeschichten; 5) Das Ei des Clowns; 6) in Argument für Aufrüstung; 7) Fälschungen und Fanatiker; 8) Ein Deal in Delhi; 9) Alles im Handgelenk; 10) Jagd mit Tennisschläger; 11) Im Labor des Erfinders; 12) Abendessen mit Dame; 13) Wer ist der Boss?; 14) Der Monsoon-Palast; 15) Abreise; 16) Der sowjetische Psychopath; 17) Die Britenjagd; 18) Der schwimmende Palast; 19) Die Macht des Geldes; 20) 8-armige Liebe; 21) M's Warnung; 22) Eine Zirkusvorstellung; 23) Russische Rubine; 24) Eine Bombenvorstellung; 25) Orlow verschwindet; 26) Morgen werde ich zum Helden; 27) Verabredung mit dem Schicksal; 28) Entschärfung der Bombe; 29) Die Rache der Frauen; 30) Hilfe aus der Luft; 31) Der fliegende Agent; 32) Abspann. **Zusatzmaterial:** Special: *Inside Octopussy*, Porträt: *Bond-Designer Peter Lamont*; Audio-Kommentar des Regisseurs John Glen, Storyboard: Taxi-Verfolgung, Storyboard: Bond rettet Octopussy, *All Time High Musik-Video*, Original-Kino-Trailer, 8-seitiges Booklet mit Hintergrundinformationen. **Sprachen:** Englisch, Deutsch, Spanisch. **Untertitel:** Englisch, Deutsch, Spanisch. **Für Hörgeschädigte:** Deutsch.
Sag niemals nie (1983): Kapitel: 1) Eröffnungssequenz; 2) Raus mit den Giften; 3) SPECTRE-Hauptquartier; 4) Ein Teufelsweib, die Schwester; 5) Umlenken der Raketen; 6) Die Tränen Allahs; 7) Kein Geld für Q; 8) Angelausflug; 9) Nizzas schöne Aussicht; 10) Die Herausforderung; 11) Tango der schlechten Kunde; 12) Fatimas Hinterlassenschaft; 13) Verraten mit einem Kuss; 14) Andere Pläne; 15) Das Räumen der Höhle; 16) Abspann. **Zusatzmaterial:** Original-Kino-Trailer. **Sprachen:** Englisch, Deutsch, Französisch, Italienisch, Spanisch. **Untertitel:** Englisch, Deutsch, Spa-

nisch, Französisch, Italienisch, Niederländisch, Schwedisch, Dänisch, Norwegisch, Finnisch. **Für Hörgeschädigte:** Deutsch, Englisch.

Im Angesicht des Todes (1985): Kapitel: 1) Eröffnungssequenz; 2) Haupttitel; 3) Identische Chips; 4) Jedem sein eigenes Rennen; 5) Schmetterling in der Suppe; 6) Folgen Sie dem Fallschirm; 7) Pferdehandel; 8) Eine erfolgreiche Tarnung; 9) Baggern und schnüffeln; 10) Der Fahrstuhl im Stall; 11) Gut verpackt; 12) Auf die Matte gelegt; 13) Zurück ins Bett; 14) »Ausdauer oder Schnelligkeit?«; 15) Auf dem Rücken von Inferno; 16) Etwas frische Luft; 17) »Uns verlässt niemand«; 18) Markenanalyse; 19) Das Psychopathen-Baby; 20) Propellerstau; 21) Eine hübsche Überraschung; 22) Das Salzgewehr; 23) Der Entschluss; 24) Faktensuche; 25) Wir sehen uns im Rathaus; 26) Die Flucht im Feuerwehrauto; 27) Sie arbeitet unter Tage!; 28) Zorin, der Zerstörer; 29) Was mein ist, ist sein; 30) May Day!; 31) Auf der Golden-Gate-Brücke; 32) Abspann. **Zusatzmaterial:** Special: *Inside A View To A Kill*, Audio-Kommentar mit John Glen, Darstellern und Mitgliedern der Crew, *A View To A Kill Musik-Video*, unveröffentlichte Szene: Paris Police Station 64, verschiedene Radio- und TV-Spots, Dokumentation: Der Bond-Sound; 8-seitiges Booklet mit Hintergrundinformationen, Original-Kino-Trailer. **Sprachen:** Englisch, Deutsch, Spanisch. **Untertitel:** Englisch, Deutsch, Spanisch. **Für Hörgeschädigte:** Deutsch, Englisch.

Der Hauch des Todes (1987): Kapitel: 1) Eröffnungssequenz; 2) Haupttitel; 3) Eine klassische Verschwörung; 4) Ein bezaubernder Attentäter; 5) Willkommen in Österreich; 6) Dame gesucht; 7) Saure Milch; 8) Der Auftrag; 9) Kara auf der Spur; 10) Ein falscher Überläufer; 11) Auf Wiedersehen, Bratislava; 12) »Nichts zu verzollen!«; 13) Der verrückte Oberst; 14) Er ist wieder da; 15) Romantische Serenaden; 16) Der Ballonmörder; 17) Suche nach Antworten; 18) Eine perfekte Inszenierung; 19) Eine starke Mischung; 20) Der Preis des Eises; 21) Schlagkräftige Argumente; 22) Die Wüstenbekanntschaft; 23) Afghanischer Plan; 24) Opium ade!; 25) Kampf am Luftwaffenstützpunkt; 26) Warte auf mich!; 27) Das Frachtnetzduell; 28) Ich werde da sein; 29) Das Hintertürchen; 30) Die Abrechnung; 31) Ende mit Pfiff; 32) Abspann. **Zusatzmaterial:** Special: *Inside The Living Daylights*, Dokumentation: *Ian Fleming – Der Erfinder von 007*, Audio-Kommentar mit Regisseur John Glen, Schauspielern und Mitgliedern der Crew, Making of: *Musik-Video The Living Daylights*, Musik-Video: *The Living Daylights*, Unveröffentlichte Szene: The Magic Carpet Ride, 8-seitiges Booklet mit Hintergrundinformationen, 3 Original-Kino-Trailer. **Sprachen:** Englisch, Deutsch, Spanisch. **Untertitel:** Englisch, Deutsch, Spanisch. **Für Hörgeschädigte:** Deutsch.

Lizenz zum Töten (1989): Kapitel: 1) Eröffnungssequenz; 2) Haupttitel; 3) Jeder hat einen Preis; 4) Flucht unter Wasser; 5) »Auf Wiedersehen in der Hölle!«; 6) Agent begegnet Hai; 7) Blutgeld; 8) Lizenz widerrufen; 9) Der Man(n)ta-Rochen; 10) »Verriegelt die Tür!«; 11) Agentenjagd/Drogendung; 12) Wasserski-Flucht; 13) Fliegendes Geld; 14) Schlägerei in der Bar; 15) »Kein Treibstoff mehr!«; 16) Banco de Isthmus; 17) Prof. High Stakes; 18) Familientreffen; 19) Das Treffen der Schurken; 20) Agent geht ins Netz; 21) Ehemaliger britischer Agent; 22) 007 kehrt immer zurück; 23) Geld in der Druckkammer; 24) Romanze/Eifersucht; 25) Besichtigung der Drogenfabrik; 26) Das Förderband; 27) Gewinn geht in Flammen auf; 28) Lastwagenentführung; 29) Tankerangriff; 30) Noch nicht tot; 31) Feuchtes Ende; 32) Abspann. **Zusatzmaterial:** Special: *Inside Licence To Kill*, Audio-Kommentar mit Regisseur John Glen und Schauspielern, Audio-Kommentar mit Produzent Michael G. Wilson und Mitgliedern der Crew, Dokumentation:

Kenworth Truck, Dokumentation: *Hinter den Kulissen*, Musik-Video: *Licence To Kill von Gladys Knight*, Musik-Video: *If You Ask Me To von Patti LaBelle*, verschiedene Radio- und TV-Spots, 8-seitiges Booklet mit Hintergrundinformationen, Original-Kino-Trailer. **Sprachen:** Englisch, Deutsch, Spanisch. **Untertitel:** Englisch, Deutsch, Spanisch. **Für Hörgeschädigte:** Deutsch.

GoldenEye (1995): Kapitel: 1) Eröffnungssequenz; 2) Haupttitel; 3) Aston Martin DB-5; 4) Bakkarat mit Xenia; 5) Tiger-Testflug; 6) Boris und Natalja; 7) Goldeneye zielt; 8) Abendliches Briefing; 9) Überlebender; 10) M informiert den Spion; 11) St. Petersburg, Russland; 12) Q's neustes Rüstzeug; 13) Jack Wade; 14) Computer-Warnung; 15) Ausgleich; 16) 007 gewinnt die Oberhand; 17) »Zurück von den Toten«; 18) Gefangen im Tiger; 19) Verhör; 20) Hinterhalt im Archiv; 21) Aufgetankt; 22) Vereitelung böser Ansichten; 23) Flucht; 24) Besuch von Wade; 25) Absturz von Kuba; 26) Nächstes Ziel: London; 27) Stopp des Satelliten; 28) Philosophischer Schlagabtausch; 29) Atempause; 30) Spion gegen Spion; 31) Endlich allein ...; 32) Abspann. **Zusatzmaterial:** Audio-Kommentar mit Regisseur Martin Campbell und Produzent Michael G. Wilson, Dokumentation: *Die Welt von 007*, Musikvideo: *GoldenEye von Tina Turner*, zwölf TV-Spots, *GoldenEye Video-Journal*, 8-seitiges Booklet mit Hintergrundinformationen, zwei Original-Kino-Trailer, Featurette. **Sprachen:** Englisch, Deutsch, Spanisch. **Untertitel:** Englisch, Deutsch, Spanisch. **Für Hörgeschädigte:** Deutsch

Der Morgen stirbt nie (1997): Kapitel: 1) Eröffnungssequenz; 2) Ein-Mann-Einsatztruppe; 3) Billige Plätze; 4) Haupttitel; 5) H.M.S. Devonshire; 6) Angriff des Unterwasser-Bohrers; 7) Die Schlagzeilen von morgen; 8) Eine neue Sprache für Bond; 9) Qs neues Gerät; 10) Der Bankier; 11) Hamburg & Paris; 12) Dringender Anruf; 13) Auf Sendung/Nicht auf Sendung; 14) Sehnsucht nach Paris; 15) Untersuchungen; 16) Dringende Verabredung; 17) Arzt des Todes; 18) BMW-Sonderausstattung; 19) Rendezvous unter Wasser; 20) Carvers neue Schlagzeilen; 21) Folterinstrumente; 22) Am seidenen Banner; 23) Beifahrer; 24) »Ich arbeite allein«; 25) Spontaner Besuch; 26) Ihre eigene Abteilung Q; 27) Stealth-Boot geordert; 28) »Bond ist tot«; 29) Notfallpläne; 30) Die Jagd auf das Stealth-Boot; 31) Carver wird zerkleinert; 32) Abspann. **Zusatzmaterial:** Audio-Kommentar mit Vic Armstrong und Michael G. Wilson, Audio-Kommentar mit Regisseur Roger Spottiswoode und Dan Petrie jr., Musik-Video: *Sheryl Crow*, Music Track: *Tomorrow Never Dies*, Dokumentation: *Die Geheimnisse von 007*, Interview mit Komponist David Arnold, Spezialanfertigungen: Unterwassertorpedo (Sea-Vac), BMW, Telefon, Special Effect Trailer, Storyboard-Szenen, 12-seitiges Booklet mit Hintergrundinformationen, Original-Kino-Trailer. **Sprachen:** Englisch, Deutsch. **Untertitel:** Englisch, Deutsch. **Für Hörgeschädigte:** Deutsch. Eine Vorversion von *Der Morgen stirbt nie* (1997), die zusammen mit Philips DVD-Playern vertrieben wurde (»Diese DVD ist nur in Verbindung mit einem Phillips DVD-Abspielgerät im Rahmen einer befristeten Aktion erhältlich. Der Wiederkauf dieser DVD außerhalb der Aktion ist nicht gestattet«), enthält anders zusammengesetzte Kapitel, die auch andere Überschriften haben, weniger Zusatzmaterial, aber mehr Sprachoptionen: **Kapitel:** 1) Unter Beschuss; 2) Weißer Springer; 3) Auf dem Schleudersitz; 4) Vorspann; 5) H.M.S. Devonshire; 6) Vermeintliche Rettung; 7) Schlagzeilen von Morgen; 8) Fremde Sprache; 9) Q's ganzer Stolz; 10) Hamburg & Paris; 11) Auf Sendung; 12) Paris' Sehnsucht; 13) Druckreif; 14) Doktor des Todes; 15) Freude am Fahren; 16) Rendezvous unter Wasser; 17) Neue Schlagzeilen; 18) Folterinstrumente; 19) Das Banner fällt; 20) Motorradfahrt; 21) Ich arbeite allein; 22) Wie zu Hause;

23) Das Schiff wird gefunden; 24) Bond ist tot; 25) Plan B; 26) Im Visier; 27) Carvers Tod; 28) Abspann. **Zusatzmaterial:** Audio-Kommentar mit Produzent Michael G. Wilson und dem Regisseur des 2. Drehteams, Vic Armstrong, 8-seitiges Booklet mit Hintergrundinformationen, Anwahl einzelner Szenen über den Szenenindex (was auch bei jeder anderen 007-DVD möglich ist), Original-Kino-Trailer. **Sprachen:** Englisch, Deutsch, Spanisch. **Untertitel:** Englisch, Deutsch, Spanisch, Holländisch, Finnisch, Schwedisch, Norwegisch, Dänisch, Portugiesisch. **Für Hörgeschädigte:** nicht vorhanden.

Die Welt ist nicht genug (1999): Kapitel: 1) Schießerei in Spanien; 2) Explosive Banknoten; 3) Wilde Bootsjagd; 4) Vorspann; 5) Doktorspiele; 6) Qs Verabschiedung; 7) Botschaft eines Terroristen; 8) Eine Kugel im Kopf; 9) Bond lernt Elektra kennen; 10) Gefährliche Skifahrt; 11) »Bleib bei mir«; 12) »Geschüttelt, nicht gerührt«; 13) »Die Teufelshöhle«; 14) Sex kommt vor dem Spionieren; 15) Dr. Christmas Jones; 16) »Ich bin schon tot«; 17) Flucht vor der Explosion; 18) »Du hast mich benutzt«; 19) Entschärfung auf engstem Raum; 20) Ein Schlag ins Gesicht; 21) »Was machen wir jetzt?«; 22) »Fass dein Schicksal an«; 23) »Ich spüre nichts!«; 24) »Was weißt du dann?«; 25) Fliegende Sägen; 26) »Sie wollen das U-Boot!«; 27) »Macht über die Menschheit«; 28) »Halt ihn auf!«; 29) Tauchmanöver; 30) Kampf gegen den Verrückten; 31) »Christmas in der Türkei«; 32) Abspann. **Zusatzmaterial:** Making of, Musikvideo von Garbage, Audio-Kommentar des Regisseurs Michael Apted, Audio-Kommentar von Peter Lamont, David Arnold und Vic Armstrong, die Geheimnisse der 007, Special: *Bond Cocktail*, Special: *Bond Stunts*, Original-Kino-Trailer, 8-seitiges Booklet mit Hintergrundinformationen. **Sprachen:** Englisch, Deutsch, Spanisch. **Untertitel:** Englisch, Deutsch, Spanisch, Portugiesisch, Französisch, Schwedisch, Dänisch, Norwegisch, Finnisch. **Für Hörgeschädigte:** Deutsch, Englisch.

Stirb an einem anderen Tag (2002): Kapitel: 1) Wellenreiter im Anflug; 2) Aggressionsmanagement; 3) Diamantenhandel; 4) Minenfeld; 5) Eröffnungstitel/Folter; 6) Eine Brücke zwischen Welten; 7) Ein unfreundliches Willkommen; 8) Vom Herzstillstand zum Luxus; 9) Massage gefällig?; 10) Kubanische Zigarren; 11) Eine wunderbare Aussicht; 12) Zugänglich nur für Rollstuhlfahrer; 13) Das Leiden des DNS-Künstlers; 14) Aus Alt mach Neu; 15) London Calling; 16) Bis aufs Blut; 17) Im Untergrund; 18) Unsichtbarer Fortschritt; 19) Eine frostige Mission; 20) Eispalast der Träume; 21) Er weiß von nichts; 22) Ein Diamant am Himmel; 23) Unbefugter Eindringling; 24) Unter Laken/Unter Folter; 25) Laser-Chirurgie; 26) Doppeltes Spiel; 27) Spiel mit dem Feuer; 28) Eiskalte Verfolgung; 29) Eine glatte Sache; 30) Im Sturzflug nach Nordkorea; 31) Generationskonflikt; 32) Unter Druck; 33) Entflammt; 34) Virtuelle Moneypenny; 35) Immer noch die Guten; 36) Abspann. **Zusatzmaterial:** Bei *Stirb an einem anderen Tag* handelt es sich um eine Doppel-DVD. Auf einer sind der Film und folgende Extras: MI6-Datenstrom: Trivia-Track mit nahtlosem Übergang zu 19 »Hinter den Kulissen«-Featurettes, Audiokommentar 1 mit Lee Tamahori und Michael G. Wilson, Audiokommentar 2 mit Pierce Brosnan und Rosamund Pike. **DVD 2 enthält folgende Extras:** Vom Drehbuch auf die Leinwand: Exklusives Dokumentarmaterial für Region 2; hinter den Kulissen von *Stirb an einem anderen Tag*: Ein Einblick in die Entstehung des Films; geschüttelt & gerührt: Spezial-Doku zu der atemberaubenden Verfolgungsjagd im Auto; Inter-Aktions-Sequenzen: Multi-Angle-Analyse der fantastischen Action-Sequenzen; Szenenentstehung: Vom Storyboard zur letzten Aufnahme – Vergleich zwischen Schlüsselszenen; Die Eröffnungsszene: Ein Einblick in ihre Entstehung; Digitales Gra-

ding: Vorher-Nacher-Vergleich von digital aufbereitetem Material; Equipment-Briefing: Featurette über die Gadgets, Waffen und Fahrzeuge des Films; Bild-Datenbank: über 200 Standfotos inklusive Stunts und Besetzung; Musikvideo: *Die Another Day von Madonna*; *Making Of Die Another Day von Madonna*; *Making of 007: Nightfire*; Kino- und Werbetrailer. Mit der DVD werden eine doppelseitige Sammlerhülle und eine »Making-of«-Broschüre zum Sammeln geliefert. Bei den anderen DVDs wird die Broschüre immer Booklet genannt. **Sprachen:** Englisch, Deutsch DTS, Deutsch. **Untertitel:** Englisch, Deutsch, Türkisch. **Für Hörgeschädigte:** Deutsch.
Der ultimative Bond DVD Sampler-DVD [Platzhalter] (2001). Der Platzhalter ist eine DVD, die Werbung für die anderen DVDs und Zusatzmaterial über *Stirb an einem anderen Tag* (2002) enthält. Specials: Original-Dokumentationen, Hintergrundinformationen, unveröffentlichte Szenen, interaktives Menü. Zusätzlich: *Stirb an einem anderen Tag* Film-Material: *Meet the Cast*, *Stirb an einem anderen Tag* Kino-Trailer, *Stirb an einem anderen Tag* Teaser-Trailer, Nightfire-Game-Trailer, Original-Kino-Trailer aller 19 Bond-Filme u. v. m. **Sprachen:** Englisch (Multiaudio). **Untertitel:** Englisch, Deutsch, Spanisch, Französisch, Italienisch, Niederländisch.

D'YE KEN JOHN PEEL (JAGDLIED)
Den Titel zu seiner Kurzgeschichte ↗*From A View To A Kill* hat ↗Ian Fleming aus einer Strophe des Jagdliedes *D'Ye Ken John Peel*. Darin heißt es: »From the drag to the chase, From the chase to the view, from the view to a death ...« Der Autor dieses Liedes ist John Woodcock Graves (ein Zufall, man denke an ↗Gustav Graves). Er schrieb es um 1820.

DYKSTRAS, JOHN (Spezialeffekte)
John Dykstras sah große Einnahmen für seine Firma Apogee auf sich zukommen, als er für die Special Effects des Films ↗*Sag niemals nie* (1983) engagiert wurde. Dykstras' Firma war u. a. für den hochgelobten Flug der ↗Cruise Missiles und auch die Szenen am Spieltisch von ↗Domination zuständig. Connery und ↗Brandauer spielten ihre Parts, ohne etwas von dem zu sehen, was der Zuschauer als Hologramm erblickt. Ferner war Apogee auch am Erstellen der Aufnahmen der XT-7Bs beteiligt.

DYNAMITSTANGE (Waffe)
↗Dr. Karl Mortner will seinen Sohn rächen und entzündet in ↗*Im Angesicht des Todes* (1985) eine Dynamitstange, die er auf 007 schleudern will. Bond reagiert sofort und kappt die Seile, die den Zeppelin, in dem sich Mortner befindet, in Bonds Nähe halten. Der Angreifer wird mit seiner Dynamitstange zu Boden geschleudert. Selbst ↗Scarpine kann das Drama nicht mehr verhindern: Die beiden Männer auf ↗Zorins Seite kommen bei der Explosion ums Leben.

E

EARLE, HARRIET (Drehortmanagerin)
↗ Neil Raven

EARL OF THANET (Filmcharakter)
↗ le Bon, Otho

EARTHCRACKER (Zeichentrickfilm)
↗ James Bond Jr.

EASTERN LIGHTS (Lied)
↗ The Spy Who Loved Me (Soundtrack)

EASTON, SHEENA (Sängerin)
Geboren wurde die Sängerin Sheena Easton am 27. April 1959 in Bellshill, Schottland. Die sprachbegabte Easton – sie machte ihren Schulabschluss in Englisch, Latein und Französisch – stammt aus einer schottischen Arbeiterfamilie. Nach dem Besuch der Royal Scottish Academy of Music and Drama bekam sie die Chance, in einer BBC-Show live aufzutreten. Ein Produzent sah sie und organisierte für Sheena Easton ein zukunftweisendes Treffen. Die Sängerin erhielt einen Vertrag bei der Plattenfirma EMI Records und veröffentlichte Hits wie *Morning Train (9 To 5)* und *Modern Girl*, was schließlich zum Angebot führte, den neuen Bond-Song zu singen. Vorspanndesigner ↗ Maurice Binder sah das junge Talent und verliebte sich auf Anhieb in sie. Er bestand darauf, Easton im Vorspann von ↗ *In tödlicher Mission* (1981) auftreten zu lassen. Sie war die erste Sängerin, der dies bis heute gelang. Der Song *For Your Eyes Only* wurde zum Welterfolg und schaffte es auf den vierten Platz der amerikanischen und auf den achten Platz der englischen Charts.

Die Dreharbeiten gestalteten sich als äußerst schwierig. »Maurice war ein Perfektionist, der genau wusste, was ging und was nicht«, so Easton. In einer Aufnahme wollte er nur den Mund der Sängerin filmen, was voraussetzte, dass sie sich nicht bewegen durfte, während sie sang – ein schwieriges Unterfangen, von dessen Gelingen der Filmvorspann aber sehr profitiert.

Sheena Easton, die seit ihrem vierten Lebensjahr singt, brachte im selben Jahr ihre erste Langspielplatte auf den Markt. 1987 nahm sie zusammen mit Prince *U Got The Look* auf. Nach zwei gescheiterten Ehen wollte Easton wieder zu einem Familienleben zurückkehren, wie sie es kannte. Da sie mit fünf Geschwistern aufgewachsen war und Kinder liebt, adoptierte sie einen Sohn und eine Tochter. Die erfolgreiche Sängerin hat mehrfach bekannt gegeben, sie würde das Singen jederzeit beenden und hauptberuflich als Schauspielerin arbeiten. Erste Rollen in den Serien *Miami Vice*, *Highlander*, *The Adventures Of Brisco County Jr.*, *Tek Wars* und *Outer Limits* haben sie in diesem Entschluss bestärkt.

EASTWOOD, WADE (Stuntman)
Für ↗ *Die Welt ist nicht genug* (1999) musste Stuntman Wade Eastwood das Fahren eines ↗ Bentz-Bootes trainieren. Er rast damit als Double von ↗ Pierce Brosnan über die Themse.

EASY COME EASY GO (Zitat)
↗ Wie gewonnen, so zerronnen

EATON, SHIRLEY (Darstellerin)
Shirley Eaton wurde am 12. Januar 1937 in Edgeware, England, geboren. Mit zehn Jahren verließ sie die Klosterschule und besuchte die Aida Fosters Professional Children's School. Sie bekam die Hauptrolle im Stück *Set To Partners*, durfte aber

bei den ersten beiden Vorstellungen des Stücks nicht mitmachen, weil sie laut Gesetz zu jung war. Als sie schließlich in der dritten Aufführung spielte, überschlugen sich die Zeitungen mit positiven Berichten über die »Kinder-Darstellerin«. Durch die Schauspielerei kam Eaton als Moderatorin zum *Teleclub* des Senders BBC. Schließlich folgte ein Jahresvertrag. Viele Filme verschafften ihr das Image der »dummen Blondine«. Hauptsächlich wegen ihrer Schönheit und des makellosen Körpers erhielt sie die Rolle der ↗ Jill Masterson in ↗ *Goldfinger* (1964). Sie erlangte Weltruhm, weil sie sich ihren Körper mit Goldfarbe bepinseln ließ. Das Foto erschien auf unzähligen Titelblättern. Die Bemalung erfolgte zweimal: für die Filmaufnahmen und für den Pressetermin. Der vergoldete Körper Eatons schmückte am 6. November 1964 den Titel des *Life*-Magazins. Verantwortlicher Maskenbildner war ↗ Paul Rabiger. ↗ Tania Mallet spielte Eatons Filmschwester ↗ Tilly, die auf Rache aus ist. Shirley Eaton war auch mit ↗ Roger Moore in einer Folge der Fernsehserie *The Saint* zu sehen. Heute lebt sie zurückgezogen mit ihrem Mann und zwei Kindern in Südfrankreich.

EAVES, JOHN (Schneeszenen)
↗ Peter Rohe

EBBIN, MICHAEL (Darsteller)
Als Hoher Priester ↗ Dambala in ↗ *Leben und sterben lassen* (1973) musste der Schauspieler Michael Ebbin einiges über sich ergehen lassen: Eine ↗ Schlange, die während der Todessequenz der Filmfigur ↗ Baines gebraucht wurde, biss den Schauspieler, und die Dreharbeiten verzögerten sich, da das Reptil giftig war und Ebbin versorgt werden musste.

EBSTEIN, KATJA (Sängerin)
In der deutschen Version von ↗ *Im Geheimdienst Ihrer Majestät* (1969) ist das Lied ↗ *Wovon träumt ein Weihnachtsbaum im Mai?* zu hören (gesungen von Katja Ebstein). Die englische Originalversion enthält an dieser Stelle den Song ↗ *Do You Know How Christmas Trees Are Grown?* (gesungen von Nina).

↗ Deutsche Versionen von James-Bond-Songs

EBURY STREET 22
In den Jahren 1934 bis 1939 hatte ↗ Ian Fleming in der Ebury Street 22 ein Büro. Am 15. April 1996 wurde dort feierlich eine Ehrenplakette enthüllt, die an ihn erinnert. Die Fassade des Hauses, an der die Plakette hängt, wurde im August 2004 renoviert.

ECHEVARRIA, EMILIO (Darsteller)
Emilio Echevarria verkörpert in ↗ *Stirb an einem anderen Tag* (2002) den Kontaktmann ↗ Raoul.

ECHO LAKE (See)
Der »Echo Lake« kommt in der Kurzgeschichte ↗ *Für Sie persönlich* vor. An diesem See hatten die ↗ Havelocks ihr Haus, bevor sie von ↗ Gonzalez' Killern ermordet wurden. 007 will die Bösewichte ermorden und versucht herauszufinden, wie und in welche Richtung der See das Echo zurückwirft. ↗ Ian Fleming wollte seinen Roman nach diesem erfundenen See nennen: *Death Leaves An Echo*.

ECLAIR STUDIOS (Produktionsstudios)
Als einzige französisch-britische Produktion wurde der elfte offizielle James-Bond-Film ↗ *Moonraker – streng geheim* (1979) in den Eclair Studios hergestellt. Weitere Produktionsorte waren die ↗ Paris-Studios-Cinema, die ↗ Studios de Boulogne und die ↗ Pinewood-Studios.

ECM
In ↗ *Sieg oder stirb, Mr. Bond* wird das Electronic Counter Measure Pod (ECM) erwähnt.

Laut ↗John Gardner handelt es sich um ein elektronisches Gerät, das zur Störung von Bodenradar und Raketen verwendet wird.

ECUREUIL (Hubschrauber)
↗AS-350

ED (Romanfigur)
↗Edgar Morgan

EDDIE (Filmcharakter)
Eddie ist einer der Polizisten, die in ↗*Leben und sterben lassen* (1973) ↗Sheriff Pepper und sein zerstörtes Fahrzeug finden. Pepper beschlagnahmt den Streifenwagen.

EDDIE (Filmcharakter)
Das Besatzungsmitglied eines U-Boots in ↗*Der Spion, der mich liebte* (1977) heißt Eddie. Der Name wird kurz von einem Kollegen genannt, als das U-Boot wegen des Auftauchens der ↗Liparus zu vibrieren beginnt.

EDDON, TRACEY (Stuntwoman)
Neben Tracey Eddon gehörten bei den Dreharbeiten von ↗*Im Angesicht des Todes* (1985) noch ↗Jason White, ↗Mike Runtard, ↗Bill Weston, ↗Elaine Ford, ↗Doug Robinson und ↗Pat Banta zum Stuntteam, das von ↗Jim Arnett, ↗Bob Simmons und ↗Claude Carliez beaufsichtigt wurde. ↗Simon Crane, mit dem sie bei ↗*GoldenEye* (1995) zusammenarbeitete.

EDELNUTTE (Romanfigur)
↗Ian Fleming benutzte den Ausdruck »Edelnutte« mehrfach, z. B. für ↗Lisl Baum in der Kurzgeschichte ↗*Risiko*. ↗Christopher Wood nahm diesen Begriff in seinem Buch ↗*James Bond und sein größter Fall* wieder auf. Bei ihm ist es ↗Felicca, die er so abwertend charakterisiert.

EDEN-PROJEKT
Das bekannte Eden-Projekt in Südengland diente als Kulisse für den Film ↗*Stirb an einem anderen Tag* (2002). Schurke ↗Gustav Graves hat sich im Film eine Unterkunft auf Island gebaut, in der er tropische Pflanzen züchten lässt. ↗Jinx dringt über das Kuppeldach des Treibhauses ein, Bond flieht darüber. Das Eden-Projekt erinnert an die ↗James-Bond-Comics.

EDGELL, JAMIE (Stuntman)
Stuntman Jamie Edgell war das Stuntdouble für ↗Pierce Brosnan bei den Kampfszenen zwischen Bond und ↗Trevelyan im Finale des Films ↗*GoldenEye* (1995).
↗Simon Crane

EDLIN, ALEX (Aufsicht Stuntteam)
↗Gerardo Moreno

EDMUND, PETER (Darsteller)
Peter Edmund, ↗Michael Moor, ↗Ravinder Singh Revett, ↗Gurdial Sira, ↗Sven Surtees, ↗Ray Charles und ↗Talib Johnny spielten Schläger, die James Bond im Film ↗*Octopussy* (1983) beim Aufenthalt in Indien an den Kragen wollen.

EDNA (Romanfigur)
Als ↗Scaramanga im Buch ↗*007 James Bond und der Mann mit dem goldenen Colt* die ↗Kling-klings von Tiffy getötet hat, schwört die Frau, Mutter Edna aufzusuchen. Edna beherrscht angeblich die schwarze Magie und soll einen Fluch gegen Scaramanga aussprechen.

EDVARDSSON, ISABEL (Profi-Tänzerin/Trainerin)
↗James Bond (Tanzkür)

EDWARDS (Romanfigur)
Im Werk ↗*Mondblitz* hat Commander Edwards einen Kurzauftritt an Bord eines Patrouillenbootes: Hier gibt ↗Peter Trimble seinen Kommentar zum Zielpunkt der ↗Mondblitz-Rakete ab.

EDWARDS, BERNARD (Produzent)
Der Titelsong des Films ↗*Im Angesicht des Todes* (1985), der von ↗Duran Duran ge-

sungen wurde, ist eine Produktion von Bernard Edwards. Das Lied wurde von Duran Duran zusammen mit ↗ John Barry komponiert. Edwards erarbeitete mit der Gruppe auch das Stück ↗ Bond Meets Stacey, das während des Films zu hören ist.

EDWARDS, DENNIS (Darsteller)
Der Darsteller Dennis Edwards hatte seinen Auftritt als Agent ↗ Baines in der ↗ Pre-Title-Sequenz von ↗ Leben und sterben lassen (1973). Er wird von ↗ Baron Samedi bei einer Zeremonie auf der Karibikinsel ↗ San Monique durch einen Schlangenbiss getötet. Edwards war während der Aufnahmen sehr nervös, weil für die Szenen eine echte Schlange benutzt wurde.

EGERTON, NIGEL (Gewandmeister)
Nigel Egerton und ↗ Colin Wilson arbeiteten bei der Produktion von ↗ GoldenEye (1995) als Gewandmeister.

EGGER, URS (Regieassistent)
↗ Terry Madden

EHERING
↗ Ring

DIE EHRE DES MR. BOND (Roman)
Bei ↗ John Gardners Werk *Die Ehre des Mr. Bond* handelt es sich um die Übersetzung seines vierten 007-Romans, der unter dem englischen Titel ↗ *Role Of Honour* veröffentlicht wurde. Die deutsche Erstausgabe erschien in der Übersetzung von Wulf Bergner im Heyne Verlag.

Mit 20 Kapiteln auf 252 Seiten ist das Buch unwesentlich kürzer als seine drei Vorläufer vom selben Autor. *Die Ehre des Mr. Bond* ist der 19. offizielle James-Bond-Roman (wenn man Flemings Kurzgeschichtenbände außen vor lässt).

Auf dem Umschlag ist die Silhouette eines Mannes in Bond-Pose zu erkennen, der ↗ Roger Moore ähnelt. Aus einem vorbeifliegenden Flugzeug fällt eine Person, und im Vordergrund kniet eine bewaffnete Frau in einem roten Body. Das Cover ist wie bei ↗ *Operation Eisbrecher* auch von ↗ Bernhard Förth gezeichnet und in München im Atelier Ingrid Schütz gestaltet worden.

Die Kapitel sind mit folgenden Überschriften versehen: 1) Raub in Violett; 2) Die Verbannung; 3) Das süße Leben; 4) Stolze Percy; 5) Kriegsspiele; 6) Holy Code; 7) Rolling Home; 8) »The Bull« in Nun's Cross; 9) Im Haus Endor; 10) Erewhon; 11) Terroristen zu vermieten; 12) Annahme verweigert; 13) Zahlenlotto; 14) Bunker's Hill; 15) Das Ballonspiel; 16) EPOC; 17) Im zweiten Stock; 18) Der fliegende Teppich; 19) Pflugscharen; 20) Das Ende der Affäre

Inhaltsangabe »Die Ehre des Mr. Bond«:
1) Raub in Violett: Eine Sammlung von Bildern und anderen Kunstgegenständen, die in London ausgestellt werden soll, wird gestohlen. Zwei Frauen sind an dem Diebstahl beteiligt. Violetter Rauch hat die Eskorte betäubt. Die Zeitungen berichten über den Raub und auch darüber, dass Commander James Bond aus dem Dienst ausgeschieden ist.

2) Die Verbannung: Bond tritt das Erbe vom verstorbenen Bruder seines Vaters an und kauft sich von dem Geld einen Bentley Mulsanne Turbo. Bei einem »dienstlichen« Treffen wird James Bond von »M« und Bill Tanner in einen geheimnisvollen Plan eingeweiht: Da sich fremde Agenten in London befinden, die andere abwerben, soll 007 scheinbar aus dem Secret Service ausscheiden und darauf warten, dass die Fremden ihn anwerben wollen.

3) Das süße Leben: Der Agent bekommt bei einer geheimen Sitzung die Aufgabe, eine Dame zu treffen. Er arbeitet offiziell als »verstoßener« Ex-Agent des Geheimdienstes.

4) Stolze Percy: In einem Spielkasino trifft James Bond auf Percy. Sie weist ihn ein: Ihr Exmann Doktor Jay Autem Holy sei gar nicht tot, wie behauptet wird. Er lebe und sei für die Überfälle und Diebstähle verantwortlich. 007 soll bei ihm eingeschleust werden.

5) Kriegsspiele: Percy zeigt dem MI6-Agenten Gefechtssimulationen am Computer. Sie will ihm eine Einweisung in die Programmiersprache geben und ihm beibringen, wie man Programme knackt.

6) Holy Code: Bond lernt von Percy viel über Computerprogramme und Dr. Holys Vorgehensweise. Eines Abends werden die beiden von Fahrzeugen verfolgt. 007 und Percy entfliehen, und nach dem Schreck kommen sie sich näher. Im Verlauf der Zusammenarbeit bekommt Bond realistische »Computerspiele« zu sehen. Später, in einem Spielkasino in Monte Carlo, sehen sie einen Mann namens Zwingli.

7) Rolling Home: Nachdem Zwingli einen Mann namens Tamil Rahani begrüßt hat, verschwindet Bond aus Monte Carlo. Bei »M« in London wird alles Weitere geplant: Bond soll »zufällig« seine frühere Freundin Freddi Fortune wieder treffen. Die schläft natürlich mit ihm, und da Bond Jobsuchender ist, erhält er von Freddi die Adresse »Nun's Cross« bei Banbury in England. Sie rät ihm, dort hinzufahren.

8) »The Bull« in Nun's Cross: Bond checkt in »The Bull« ein. Er trifft sich wieder mit Freddie und fährt mit ihr zu Doktor Jay Autem Holy. Dort lernt er dessen Frau und die Angestellten Cindy Chalmer (Sinful Cindy) und Peter Amadeus kennen. Autem zeigt Bond »Endor« und lädt ihn für den Folgetag zum Spiel ein. Als der Agent ins Hotel zurückgebracht wird, wartet dort schon Cindy auf ihn.

9) Im Haus Endor: 007 testet Cindy auf ihre Glaubwürdigkeit und kopiert dann Disketten, die sie aus Endor herausgeschmuggelt hat, auf der von denen mehrere Verbrechen (unter anderem der Raub der Kruxator Collection) als Simulation zum Training zu sehen sein sollen. Cindy erwähnt ein geplantes »Ballonspiel« und unterhält sich mit Bond über die Sicherheitsvorkehrungen in Endor. Bond steckt die kopierten Disketten in einen Umschlag und wirft ihn in einen Briefkasten. Ein Mercedes verfolgt 007. Die Flucht Bonds endet in einem Unfall, als er mit dem Fahrzeug durch das Unterholz eines Waldes jagt.

10) Erewhon: Bond wird gefangen genommen und von einem gewissen Simon abgeführt. In einem anderen Land kommt er wieder zu sich. Tamil Rahani befindet sich ebenfalls an diesem Ort, der Erewhon heißt.

11) Terroristen zu vermieten: Rahani hat Interesse an Bond und will sich dessen Loyalität beweisen lassen. Er fragt nach geheimen Informationen, Bond sagt nur, was er für richtig hält. Rahani glaubt, er habe genug gehört und stellt den Geheimagenten ein. Nun soll Bond sein Können unter Beweis stellen. Als sich 007 schon mitten in einer angeblichen Simulation von Angriffen befindet, erweisen sich die Platzpatronen, mit denen er und seine Angreifer schießen, als scharfe Munition.

12) Annahme verweigert: Erfolgreich besiegt 007 die vier Gegner. Rahani ist von Bonds Können überzeugt. Erneut wird der Agent betäubt und soll »zurück«gebracht werden.

13) Zahlenlotto: Bond wacht in Doktor Jay Autem Holys alias St. John Finnes Haus auf. Er erfährt, wofür Holy ihn braucht: 007 soll Passwörter beschaffen, mit denen der amerikanische Präsident seine Befehle über Streitmächte und Waffen im Notfall durchgibt. Cindy ist scheinbar auf Bonds Seite, denn die hat seinen Computer aus dem Wagen geschafft und versteckt. Holy berichtet, er arbeite für SPECTRE.

14) Bunker's Hill: Bond trifft auf Holy, Rahani, Simon und General Zwingli. Der Plan, an eine EPOC-Frequenz zu gelangen, wurde von 007 bereits ausgearbeitet. Bei einem Strategiespiel am PC, das von der amerikanischen Revolution handelt, besiegt Bond Dr. Holy, und der Doktor rastet aus. Später trifft 007 in seinem Zimmer erneut auf Cindy.

15) Das Ballonspiel: Cindy übergibt 007 das geplante »Ballonspiel« als Computersimulation auf einer Diskette. Sie lenkt strippend die Wachen ab, während der Agent vom Autotelefon einen Notruf nach London absetzt. Auf dem Rückweg in sein Zimmer vernimmt Bond ein Pistolenklicken.

16) EPOC: In der Garage ist 007 mit Amadeus konfrontiert. Dieser will auch flüchten, und Bond gibt ihm die Kofferraumschlüssel seines Fahrzeugs. Das Ballonspiel auf Diskette war nur eine von Doktor Jay Autem Holy für Cindy gestellte Falle. Sie ist enttarnt. In Anwesenheit der Feinde nimmt Bond telefonisch zu seinem Kollegen Anthony Denton Kontakt auf. Dieser ist in Wirklichkeit Bill Tanner. Die beiden verabreden ein Treffen.

17) Im zweiten Stock: Bei »M« angekommen, berichtet James Bond: Ein Luftschiff solle über den Staatsoberhäuptern kreisen und die EPOC-Frequenz zum Waffeneinsatz absenden. Mit Peilsendern ausgestattet, die ihm aber, als er abgefangen wird, wieder abgenommen werden, verfehlen sich Verfolger (MI6) und Verfolgte.

18) Der fliegende Teppich: 007 wird zum Flughafen gebracht, wo bereits ein Luftschiff wartet, das vom Piloten Nick gesteuert wird. Es soll über dem Gipfeltreffen in Genf schweben. Rudi – ein Deutscher – und Cindy sind auch an Bord.

19) Pflugscharen: Bond kann im Luftschiff das Senden der EPOC-Frequenz nicht verhindern, doch Rahani hatte einen eigenen Plan, dessen Ausführung eine Schießerei auslöst. Rahani gibt sich als Blofelds Nachfolger aus, der mit Autems Frau Dizzi ein Verhältnis hat. Er entkommt mit einem Fallschirm. Holy, Simon, Zwingli und ein junger Araber sterben bei diesem Tumult. Wieder auf der Erde angekommen, muss sich Bond von einem Streifschuss erholen.

20) Das Ende der Affäre: Percy und 007 entgehen einem Mordanschlag, Rahani entkommt. Bond trennt sich wieder von Percy und bringt sie zum Flughafen.

Ei

In ↗ *Scorpius* werden Bonds Frühstückseier von seiner Haushälterin May zubereitet. Ein nach Bonds Vorstellungen gelungenes Frühstücksei darf nur 3 1/3 Minuten kochen; außerdem wird im Roman ↗ *Der Morgen stirbt nie* noch bekannt, dass es von einer französischen Maran-Henne gelegt worden sein muss. Die Kochdauer variierte in den Romanen niemals. Die »produzierende« Maran-Henne gehört einer auf dem Land lebenden Freundin der Haushälterin May. Im englischen Original von ↗ *Liebesgrüße aus Moskau* heißt es: »Bond disliked white eggs and, faddish as he was in many small things, it amused him to maintain that there was such a thing as the perfect boiled egg.« Das 3 1/3 Minuten gekochte Frühstücksei Bonds kommt auch in der deutschen Version vor.

↗ Essstäbchen

EICKMAN, ROBIN (Filmkoordinator)

Filmkoordinator Robin Eickman war für die Dreharbeiten von ↗ *Im Angesicht des Todes* (1985) in San Francisco zuständig. Nachdem die Bürgermeisterin ihre volle Unterstützung zugesichert hatte, stand Eickman nichts mehr im Weg. Es gelang dem Filmteam sogar, die Stadthalle in »Brand« zu stecken.

EIDECHSENPULVER

↗ Kröten

EIDGENÖSSISCHE GEBIRGSPOLIZEI

Zur Tarnung lässt ↗ Marc-Ange Draco im Roman ↗ *007 James Bond im Dienst Ihrer Majestät* Armbinden verteilen, die die Träger als Mitarbeiter der Eidgenössischen Gebirgspolizei ausweisen. Im Film ↗ *Im Geheimdienst Ihrer Majestät* (1969) geben sich Bond und die Männer der ↗ Union Corse als Mitarbeiter des Roten Kreuzes aus.

EIER

In ↗*Octopussy* (1983) schlägt ↗Magda James Bond einen Tausch vor, den ↗Kamal Khan unterbreitet hat: das ↗Fabergé-Ei gegen Bonds Leben. 007 meint ironisch: »Ich wusste, dass die Preise für Eier gestiegen sind, aber ist das nicht ein bisschen sehr hoch?«

↗Rühreier »James Bond« für 4 Personen

EIERHANDGRANATE (Waffe)

↗Handgranate

EIFFELTURM (Ort)

Wer sagt, der Eiffelturm sei nur im James-Bond-Film ↗*Im Angesicht des Todes* (1985) zu sehen, der irrt! Bereits in ↗*Feuerball* (1965) ist er im Hintergrund zu sehen, als ↗Emilio Largo seinen Wagen im Halteverbot parkt. Natürlich ist die Szene in *Im Angesicht des Todes* eindrucksvoller. James Bond verfolgt ↗May Day, die den Detektiv ↗Aubergine ermordet hat, und sieht mit an, wie die Killerin mit einem Fallschirm vom Eiffelturm springt. Bond folgt ihr, springt auf einen abwärts fahrenden Fahrstuhl und schnappt sich vor dem Bauwerk von Gustav Eiffel ein Taxi, dessen Fahrer er einfach aus dem Wagen wirft. In ↗*Moonraker – streng geheim* (1979) heißt es, ↗Drax habe zwar den Eiffelturm gekauft, die französische Regierung habe aber die Ausfuhrgenehmigung verweigert. Bis 1994 kündete ein Plakat auf dem Eiffelturm davon, dass ↗Roger Moore und ↗Grace Jones hier am 12. August 1984 eine Szene für den 14. offiziellen James-Bond-Film drehten.

EIGHT

↗Handsender

EILEAN DONAN CASTLE (Drehort)

Das schottische Schloss Eilean Donan Castle wurde für die Dreharbeiten von ↗*Die Welt ist nicht genug* (1999) zum ↗MI6-Hauptquartier umfunktioniert.

EINAUGE (Spitzname)

Im Buch ↗*Fahr zur Hölle, Mr. Bond!* gibt ↗Lee Fu-Chu seinem Mitarbeiter ↗H'ang den Spitznamen »Einauge«, da der General 1948 oder 1949 ein Auge verloren hat.

EINHEIT 2-5

Bei einem Polizistenduo, das James Bond in ↗*Leben und sterben lassen* (1973) hinterherjagt, handelt es sich um die Einheit 2-5. Die farbigen Polizisten stehen auf ↗Kanangas Seite, 007 muss ihnen entkommen.

EINIGE PSYCHOSOMATISCHE NEBENWIRKUNGEN INFERIORITÄT (fiktives Buch)

Für das Buch *Einige psychosomatische Nebenwirkungen Inferiorität* soll der bedeutende Neurologe ↗Dr. James Moloney den Literaturnobelpreis erhalten haben. Moloney behandelte auch schon 007.

EINMARSCH DER GLADIATOREN

↗Julius Fuciks

EINSATZBERICHT

James Bond ist seinen Vorgesetzten gegenüber verpflichtet, über seine Einsätze Berichte zu verfassen. Im Film ↗*In tödlicher Mission* (1981) verweist der Stabschef 007 auf die misslungene ↗Operation Undertow auf Seite 2 Absatz 4 seines Berichtes. Der Eintrag handelt von ↗Emile Leopold Locque, der ↗Gonzales bezahlt hat und später mit Hilfe von ↗»Qs« ↗Identigraphen entlarvt wird.

EINSATZ IN TORONTO (Zeichentrickfilm)

↗*James Bond Jr.*

EINSCHALTQUOTEN DER JAMES-BOND-FILME 1991 BIS 2002

Die Einschaltquoten der James-Bond-Filme gelten für die Bundesrepublik Deutschland. Die überdurchschnittlich hohen Einschaltquoten treten besonders bei TV-Premieren auf. Die Statistik enthält alle wichtigen Bond-Aufführungen von 1991 bis 2002.

Sie ist keinesfalls vollständig, dies würde den Rahmen sprengen. Es geht nur um einen Überblick der ermittelten Quoten. Stark abfallende Einschaltquoten derselben Filme kurz hintereinander sind damit zu begründen, dass sie im Vormittagsprogramm oder spät in der Nacht wiederholt wurden.

Am Freitag, dem 29.12.2000 wurde der ↗ *Der Morgen stirbt nie* (1997) ausgestrahlt. Es handelt sich bis zu diesem Zeitpunkt um den teuersten Spielfilm-Einkauf der ARD. Der Film erreichte 7,29 Millionen Zuschauer (*Der Morgen stirbt nie* erreichte auf Pro 7 am 17.3.2002 noch 6,62 Millionen Zuschauer).

- **Octopussy** – 02.03.02, ARD, 4,21 Mio.
- **Feuerball** – 16.02.02, ARD, 1,92 Mio.
- **Lizenz zum Töten** – 25.01.02, Pro 7, 2,96 Mio.
- **Goldfinger** – 19.01.02, ARD, 4,0 Mio.
- **Im Angesicht des Todes** – 29.12.01, ARD, 3,60 Mio.
- **GoldenEye** – 02.09.01, ORF, 0,88 Mio.
- **GoldenEye** – 02.09.01, Pro 7, 5,93 Mio.
- **Der Hauch des Todes** – 28.07.01, ARD, 3,10 Mio.
- **In tödlicher Mission** – 21.07.01, ARD, 4,26 Mio.
- **Moonraker** – 30.06.01, ARD, 4,11 Mio.
- **Sag niemals nie** – 14.06.01, Pro 7, 3,7 Mio.
- **Feuerball** – 30.04.01, MDR, 0,26 Mio.
- **Goldfinger** – 23.04.01, MDR, 0,35 Mio.
- **Lizenz zum Töten** – 02.01.01, Pro 7, 0,15 Mio.
- **Lizenz zum Töten** – 01.01.01, Pro 7, 3,41 Mio.
- **Feuerball** – 01.01.01, Berlin1, 0,04 Mio.
- **Feuerball** – 01.01.01, Nord3, 0,55 Mio.
- **Der Morgen stirbt nie** – 30.12.00, ARD, 2,08 Mio.
- **Der Morgen stirbt nie** – 29.12.00, ARD, 7,24 Mio.
- **Feuerball** – 26.12.00, SWR3, 0,29 Mio.
- **Goldfinger** – 26.12.00, N3, 0,28 Mio.
- **Goldfinger** – 26.12.00, Berlin1, 0,03 Mio.
- **Goldfinger** – 25.12.00, SWR3, 0,3 Mio.
- **Feuerball** – 18.10.00, Bayern3, 0,17 Mio.
- **Feuerball** – 14.10.00, ARD, 2,25 Mio.
- **Goldfinger** – 11.10.00, Bayern3, 1,03 Mio.
- **Man lebt nur zweimal** – 07.10.00, ARD, 2,34 Mio.
- **Diamantenfieber** – 30.09.00, ARD, 2,69 Mio.
- **Liebesgrüße aus Moskau** – 27.09.00, SWR3, 0,11 Mio.
- **James Bond 007 jagt Dr. No** – 23.09.00, ORB, 0,02 Mio.
- **Liebesgrüße aus Moskau** – 23.09.00, ORB, 0,03 Mio.
- **Liebesgrüße aus Moskau** – 21.09.00, HR3, 0,07 Mio.
- **James Bond 007 jagt Dr. No** – 20.09.00, SWR3, 0,12 Mio.
- **James Bond 007 jagt Dr. No** – 19.09.00, HR3, 0,06 Mio.
- **Liebesgrüße aus Moskau** – 13.09.00, BR3, 0,13 Mio.
- **Goldfinger** – 09.09.00, ARD, 2,36 Mio.
- **Liebesgrüße aus Moskau** – 07.09.00, N3, 0,54 Mio.
- **Liebesgrüße aus Moskau** – 05.09.00, WDR, 0,28 Mio.
- **Liebesgrüße aus Moskau** – 04.09.00, MDR, 0,35 Mio.
- **Liebesgrüße aus Moskau** – 02.09.00, ARD, 1,21 Mio.
- **James Bond 007 jagt Dr. No** – 31.08.00, N3, 0,50 Mio.
- **James Bond 007 jagt Dr. No** – 29.08.00, WDR, 0,35 Mio.
- **James Bond 007 jagt Dr. No** – 28.08.00, MDR, 0,47 Mio.
- **James Bond 007 jagt Dr. No** – 26.08.00, ARD, 2,25 Mio.

- Sag niemals nie – 13.05.00, Pro 7, 2,09 Mio.
- Octopussy – 06.05.00, ARD, 2,14 Mio.
- GoldenEye – 01.05.00, Pro 7, 5,80 Mio.
- Moonraker – 29.04.00, ARD, 2,49 Mio.
- Im Angesicht des Todes – 22.04.00, ARD, 2,49 Mio.
- Der Spion, der mich liebte – 15.04.00, ARD, 2,18 Mio.
- Der Mann mit dem goldenen Colt – 08.04.00, ARD, 2,32 Mio.
- Leben und sterben lassen – 01.04.00, ARD, 2,42 Mio.
- Im Geheimdienst Ihrer Majestät – 11.03.00, ARD, 1,87 Mio.
- Lizenz zum Töten – 08.01.00, ARD, 4,29 Mio.
- In tödlicher Mission – 01.01.00, ARD, 4,26 Mio.
- Im Angesicht des Todes – 24.10.99, Pro 7, 4,37 Mio.
- Der Hauch des Todes – 05.09.99, Pro 7, 4,53 Mio.
- Leben und sterben lassen – 17.07.99, ARD, 2,48 Mio.
- Der Hauch des Todes – 16.01.99, ARD, 3,00 Mio.
- GoldenEye – 03.01.99, ZDF, 0,45 Mio.
- GoldenEye – 02.01.99, ZDF, 10,54 Mio.
- Feuerball – 05.12.98, ARD, 3,08 Mio.
- Octopussy – 17.10.98, RTL II, 0,50 Mio.
- Octopussy – 16.10.98, RTL II, 1,57 Mio.
- James Bond 007 jagt Dr. No – 01.08.98, ARD, 3,61 Mio.
- Sag niemals nie – 21.05.98, Pro 7, 2,80 Mio.
- Im Angesicht des Todes – 11.04.98, RTL II, 0,57 Mio.
- Im Angesicht des Todes – 10.04.98, RTL II, 1,51 Mio.
- Liebesgrüße aus Moskau – 28.03.98, ARD, 3,21 Mio.
- Der Hauch des Todes – 24.01.98, ARD, 4,99 Mio.
- Leben und sterben lassen – 13.12.97, ARD, 3,46 Mio.
- Im Angesicht des Todes – 08.11.97, ARD, 4,59 Mio.
- Moonraker – 25.10.97, ARD, 2,41 Mio.
- In tödlicher Mission – 19.10.97, RTLII, 1,29 Mio.
- Man lebt nur zweimal – 18.10.97, ARD, 3,70 Mio.
- In tödlicher Mission – 18.10.97, RTLII, 2,00 Mio.
- Im Geheimdienst Ihrer Majestät – 27.09.97, ARD, 1,77 Mio.
- Der Spion, der mich liebte – 06.09.97, ARD, 1,94 Mio.
- Der Mann mit dem goldenen Colt – 06.09.97, ARD, 4,24 Mio.
- Octopussy – 01.05.97, Pro 7, 3,49 Mio.
- Diamantenfieber – 22.03.97, ARD, 3,77 Mio.
- Goldfinger – 21.03.97, ARD, 2,91 Mio.
- James Bond 007 jagt Dr. No – 22.02.97, ARD, 4,05 Mio.
- Feuerball – 08.02.97, ARD, 4,88 Mio.
- Sag niemals nie – 18.01.97, Pro 7, 2,37 Mio.
- Lizenz zum Töten – 28.12.96, ARD, 4,18 Mio.
- Moonraker – 27.10.96, RTLII, 1,30 Mio.
- Moonraker – 26.10.96, RTLII, 3,15 Mio.
- Der Spion, der mich liebte – 15.09.96, Pro 7, 4,24 Mio.
- Leben und sterben lassen – 07.09.96, ARD, 5,02 Mio.
- In tödlicher Mission – 06.09.96, Pro 7, 3,27 Mio.
- Octopussy – 31.08.96, ARD, 5,96 Mio.
- Liebesgrüße aus Moskau – 25.05.96, ARD, 4,44 Mio.
- Man lebt nur zweimal – 18.05.96, ARD, 4,30 Mio.

- Der Hauch des Todes – 30.03.96, ARD, 3,66 Mio.
- Sag niemals nie – 26.01.96, Pro 7, 4,88 Mio.
- Lizenz zum Töten – 23.12.95, ARD, 6,48 Mio.
- Im Angesicht des Todes – 09.12.95, ARD, 5,81 Mio.
- In tödlicher Mission – 07.10.95, ARD, 5,16 Mio.
- Moonraker – 08.09.95, Pro 7, 3,36 Mio.
- Moonraker – 18.03.95, ARD, 4,79 Mio.
- James Bond 007 jagt Dr. No – 07.01.95, ARD, 4,8 Mio.
- Sag niemals nie – 10.12.94, Pro 7, 2,94 Mio.
- Der Spion, der mich liebte – 18.09.94, ARD, 4,07 Mio.
- Feuerball – 17.07.94, ARD, 5,47 Mio.
- Goldfinger – 03.07.94, ARD, 4,59 Mio.
- Der Hauch des Todes – 22.05.94, ARD, 7,56 Mio.
- Octopussy – 16.04.94, ARD, 5,89 Mio.
- Der Mann mit dem goldenen Colt – 12.03.94, RTL, 4,20 Mio.
- Diamantenfieber – 12.02.94, RTL, 4,59 Mio.
- Leben und sterben lassen – 07.01.94, RTL, 6,06 Mio.
- In tödlicher Mission – 01.01.94, BR3, 0,42 Mio.
- Im Geheimdienst Ihrer Majestät – 01.01.94, RTL, 3,82 Mio.
- Man lebt nur zweimal – 24.12.93, RTL, 4,42 Mio.
- Im Angesicht des Todes – 11.04.93, ARD, 11,09 Mio.
- Der Spion, der mich liebte – 09.01.93, ARD, 9,31 Mio.
- In tödlicher Mission – 19.05.91, ARD, 9,70 Mio.
- Liebesgrüße aus Moskau – 29.03.91, RTL, 5,76 Mio.

EINSCHIENENBAHN (Fahrzeug)

Einschienenbahnen kommen in den James-Bond-Filmen ↗*Man lebt nur zweimal* (1967), ↗*Leben und sterben lassen* (1973) und ↗*Der Spion, der mich liebte* (1977) vor. ↗Roger Moore machte mit den Bahnen schlechte Erfahrungen. Bei den Dreharbeiten zu seinem dritten 007-Film wurde er mit einem Wagen aus der Führungsschiene geschleudert. Als er es ein weiteres Mal versuchte, raste er davon, ohne zu wissen, wo sich die Bremse befand. Im Nachhinein amüsierte sich die Crew köstlich über die Missgeschicke des Briten.

EINSEITEN-FAHREN EINES FAHRZEUGS

Wenn ein Fahrzeug auf den Reifen nur einer Seite fährt, gehört das zu den spektakulärsten Sekunden in Actionfilmen. Das zeigt sich schon allein daran, wie oft ein solcher Stunt in die Romane und Filme mit dem Titelhelden James Bond Eingang fand. Erstmals passiert es im Roman ↗*Diamantenfieber*: »Bond klammerte sich fest, als die Reifen quietschten, der Wagen nur noch auf zwei Rädern fuhr, sich wieder aufrichtete und anhielt.« Die Idee ↗Flemings wurde im gleichnamigen Film von 1971 gezeigt. Hier steuert 007 einen Ferrari auf zwei Rädern in eine enge Gasse und begeht damit einen der populärsten ↗Filmfehler, die jemals in einem James-Bond-Film zu sehen waren: Der Wagen fährt auf den rechten Rädern in die Gasse, kommt aber auf den linken fahrend wieder heraus. Auch in ↗*Octopussy* (1983) rast Bond mit einem Mercedes seinen Gegnern davon. Er fährt auf eine Rampe und stellt den Wagen auf die linke Seite. Die Maschinengewehrpatronen der Feinde prallen von der Unterseite des Autos ab. Höhepunkt des Einseiten-Fahrens bietet der Film ↗*Lizenz zum Töten* (1989). Der Stunt wurde hier mit einem LKW ausgeführt. Während 007 den Truck auf den linken Rädern steuert, schießt ein Feind eine Stinger-Rakete unter dem Fahrzeug hindurch. Bond kippt den LKW wieder auf alle Räder und zerstört damit den Jeep der Feinde, auf dem er landet.

EINSPIEL-ERGEBNISSE DER JAMES-BOND-FILME WELTWEIT [PLATZIERUNG]

Da unterschiedliche Quellen vorhanden sind, deren Angaben voneinander abweichen, sind mehrere Angaben (in Klammern) möglich. Die zuerst genannte Summe entspricht bei den offiziellen Filmen den Angaben von UA/MGM:

1. **Stirb an einem anderen Tag** (2002) – 431,9 Millionen Dollar
2. **Die Welt ist nicht genug** (1999) – 361,8 Millionen Dollar
3. **GoldenEye** (1995) – 357 Millionen Dollar (351,2)
4. **Der Morgen stirbt nie** (1997) – 339,3 Millionen Dollar (343,3)
5. **Moonraker – streng geheim** (1979) – 203 Millionen Dollar
6. **In tödlicher Mission** (1981) – 196 Millionen Dollar (100)
7. **Der Hauch des Todes** (1987) – 191 Millionen Dollar (183)
8. **Octopussy** (1983) – 188 Millionen Dollar (194)
9. **Der Spion, der mich liebte** (1977) – 186 Millionen Dollar
10. **Lizenz zum Töten** (1989) – 157 Millionen Dollar (153,6)
11. **Im Angesicht des Todes** (1985) – 153 Millionen Dollar
12. **Sag niemals nie** (1983) – 150 Millionen Dollar (unter 183,7)
13. **Feuerball** (1965) – 141 Millionen Dollar
14. **Leben und sterben lassen** (1973) – 127 Millionen Dollar (38)
15. **Goldfinger** (1964) – 125 Millionen Dollar*
16. **Diamantenfieber** (1971) – 116 Millionen Dollar (35)
17. **Man lebt nur zweimal** (1967) – 112 Millionen Dollar (72)
18. **Der Mann mit dem goldenen Colt** (1974) – 98 Millionen Dollar
19. **Liebesgrüße aus Moskau** (1963) – 79 Millionen Dollar (12,5)
20. **Im Geheimdienst Ihrer Majestät** (1969) – 65 Millionen Dollar (36)
21. **James Bond 007 jagt Dr. No** (1962) – 60 Millionen Dollar (9)
22. **Casino Royale** (1966) – 40,6 Millionen Dollar

Casino Royale (1954) keine (da TV-Film)
*) *Angaben nach Wiederaufführung des Films durch MGM/UA*

Info: Der erfolgreichste James-Bond-Film in Griechenland bis 1994 war ↗*Lizenz zum Töten* (1989) und das obwohl ↗*In tödlicher Mission* (1981) zum Teil dort gedreht worden war.

EINSTEIN IN NOT (Zeichentrickfilm)
↗*James Bond Jr.*

EINTRITTSKARTE
↗Sotheby's

EINTRITT STRENGSTENS VERBOTEN
»Eintritt strengstens verboten«, ist der erste deutsche Satz, der in einem James-Bond-Film zu sehen ist. Er steht auf dem Firmengelände der Firma ↗Auric Enterprises im Film ↗*Goldfinger* (1964).

EIS
↗Fingerabdrücke

EISBÄR (Tier)
Bond läuft auf der Flucht vor ↗Blofelds Männern in ↗*Im Geheimdienst Ihrer Majestät* (1969) durch Menschenmassen, stößt mit einem als Eisbär verkleideten Schausteller zusammen und wird zusätzlich vom Eisbärmann fotografiert. Die Flucht mit dem erschreckenden Zusammenstoß hatte sich ↗Peter Hunt aus ↗*Feuerball* (1965) abgeschaut, wo eine ähnliche Szene enthalten ist. In diesem Film ist es aber ein normaler Passant, mit dem Bond kollidiert.

EISBERG-BOOT (Fahrzeug)
Das Eisberg-Boot ist einer der Gags in der ↗ Pre-Title-Sequenz von ↗ *Im Angesicht des Todes* (1985). Das getarnte Wasserfahrzeug, dessen Einstiegsluke den Union Jack zeigt, wird von ↗ Kimberley Jones gesteuert. Im Inneren sind neben zahlreichen Überwachungsmonitoren auch komfortable Sitz- bzw. Schlafgelegenheiten vorhanden. Bond bittet Jones, den Autopiloten einzuschalten. Die Fahrt nach Alaska, so erfährt der Zuschauer, dauert vier Tage.

EISBRECHER-TEAM
In ↗ *Operation Eisbrecher* besteht das Team aus vier Personen. James Bond, ↗ Brad Tirpitz, ↗ Kolja Mosolow und ↗ Rivke Ingber. Bond kam im Austausch für ↗ Clifford Arthur Dudley, der auf ↗ »Ms« Befehl hin Bad Brad einen Kinnhaken verpasste. Im Laufe der Mission stellt sich heraus, dass 007 viele Gegenspieler hat. Kolja Mosolow will Bond an ↗ SMERSH ausliefern, Rivke Ingber ist in Wirklichkeit ↗ Anni Tudeer und will erste Führerin im Vierten Reich werden und auch Brad Tirpitz macht Bond das Leben schwer, obwohl er auf 007s Seite steht.

EISCREME
↗ Speiseeis

EISENSTANGE (Waffe)
↗ Müll

DIE EISFORMEL (Zeichentrickfilm)
↗ *James Bond Jr.*

EISHOCKEYSPIELER (Filmcharaktere)
Drei Eishockeyspieler greifen James Bond in ↗ *In tödlicher Mission* (1981) an. 007 kann alle drei niederschlagen, ohne großen Schaden davonzutragen.

EISJET (Fahrzeug)
Im Roman und im Film ↗ *Stirb an einem anderen Tag* (2002) besitzt ↗ Gustav Graves einen Eisjet, den er in der Nähe seines Eispalastes in Island ausprobiert. Graves schafft mit dem Hochgeschwindigkeitsgefährt 518 Stundenkilometer (im Film sind es 520). Das mit Bremsfallschirmen ausgestattete Schneefahrzeug wird von James Bond später zur Flucht benutzt, und der Agent schlägt den Rekord von Graves, wie ↗ Vlad auf seiner Stoppuhr ablesen kann. Zuvor ist noch von ↗ Donald Campbell die Rede, der 1967 tödlich verunglückte, als er versuchte, einen Geschwindigkeitsrekord aufzustellen. Die Fahrzeuge, die eigens für den Film entwickelt wurden, tragen auch den Namen »Eis-Dragster«.

EIN EISKALTER TÄNZER (Zeichentrickfilm)
↗ *James Bond Jr.*

EISKRONLEUCHTER (Waffe)
↗ Kronleuchter

EISNER, MICHAEL D.
Michael D. Eisner war zum Zeitpunkt der Diskussion um die Neuverfilmung von ↗ *Feuerball* (1965) Präsident von Paramount. Er berichtete, dass ↗ Kevin McClory einen Konkurrenz-Film zu ↗ *Octopussy* (1983) herausbringen werde.

EISPALAST
Der Eispalast ist im Roman ↗ *Operation Eisbrecher* Stützpunkt des ↗ Grafen Konrad von Glöda, der in Wirklichkeit ↗ Aarne Tudeer heißt. »Der Komplex, der in der Sowjetunion liegt, besteht aus zwei Teilen: einem Munitions- und Wartungsbunker und den Unterkünften.« Bond wird vor dem Eispalast gefangen genommen, gefoltert und eine Zeit lang festgehalten. Die »Festung« wird später von Flugzeugen bombardiert und vollständig zerstört. ↗ Brad Tirpitz und Glöda entkommen dem Inferno ebenso wie 007. Die Idee mit dem Eispalast wurde in den Film ↗ *Stirb an einem anderen Tag* (2002) übernommen. Hierbei handelt es sich um ↗ Gustav Gra-

ves' Unterschlupf. 007 und ↗Jinx wohnen im Eispalast, der später eingeschmolzen wird, als Graves ↗Ikarus auf das ungewöhnliche Gebäude richtet. Der Palast befindet sich im Film auf Island

Mit dem ↗Aston Martin Vanquish macht sich 007 im Roman ↗*Stirb an einem anderen Tag* auf den Weg zu Graves' Eispalast. Der Palast liegt in der Nähe der Stadt Höfn in der südöstlichen Ecke Islands. Bond bekommt unterwegs auch den größten Gletscher Islands, den Vatnajökull-Gletscher, zu sehen. Bonds erste Eindrücke sind überwältigend: »Er stand etwa 300 Meter von dem Gebäudekomplex entfernt auf einem zugefrorenen See und schien aus mehreren Ebenen zu bestehen. Das Gebilde erinnerte Bond ein wenig an das riesige herrschaftliche Wohnhaus, das am Ende des Films *Dr. Schiwago* zu sehen ist, allerdings wies Graves' Palast einen moderneren architektonischen Stil auf.«

EISPICKEL (Waffe)
Schon lange bevor der Eispickel in Kinofilmen zu einer beliebten Waffe wurde, benutzte man ihn in der Welt James Bonds. ↗Vivienne Michel verteidigt sich im Buch ↗*Der Spion, der mich liebte* mit einem Eispickel gegen ↗Horror und ↗Sluggsy. In der ↗Pre-Title-Sequenz von ↗*Im Angesicht des Todes* (1985) sollte James Bond ursprünglich einem Gegner einen Eispickel entgegenschleudern. Die Szene wurde als zu gewalttätig aus dem Script gestrichen.

EISSCHWANBETT
Für ↗*Stirb an einem anderen Tag* (2002) konstruierte ↗Peter Lamont ein Eisschwanbett – eine Steigerung des Tintenfischbetts aus ↗*Octopussy* (1983) – auf dem es sich 007 und ↗Frost gemütlich machen. Das Bett steht in einem der Zimmer von Graves' Eispalast.

EKBERG, ANITA (Darstellerin)
↗Rik van Nutter

EKLAND, BRITT (Darstellerin)
Britt Ekland wurde am 6. Oktober 1942 unter dem Namen Britt-Marie Ekland in Stockholm geboren. Das strahlende Lächeln Eklands kommt nicht von ungefähr: Bereits mit 15 Jahren tat sie dies für eine Zahnpastawerbung. Die junge Darstellerin nahm Schauspielunterricht, und die ersten kleinen Rollen in TV-Filmen ließen nicht lange auf sich warten. Nach einigen Engagements, die sie in Italien populär machten, wurde sie in Rom von einem Produzenten angesprochen, der auf Talentsuche war. Von diesem Zeitpunkt an ging es mit Eklands Karriere steil bergauf. Sie lernte den Schauspieler Peter Sellers in Hollywood kennen und heiratete ihn 1964. Gemeinsam spielten sie in zwei Filmen. 1968 ließen sie sich scheiden. Ende 1973 nahm Ekland am Casting für einen James-Bond-Film teil, von dem die Presse einige Wochen nach dem Casting berichtete, eine Schwedin sei das neue Bond-Girl. Ekland konnte ihr Glück kaum fassen, doch auf den Jubel folgte bittere Enttäuschung, als in einem späteren Bericht der Name der Schwedin veröffentlicht wurde: ↗Maud Adams. Ekland sah ihre Karriere zu Ende gehen. Nicht ganz so pessimistisch war Produzent ↗Harry Saltzman. Er lud Britt Ekland erneut ein und bot ihr die Rolle an, die die Schauspielerin schon aus ↗Flemings Roman kannte: die der ↗Mary Goodnight. Auch wenn die Rolle kleiner ausfiel als die von Adams, so wurde auch Ekland zur Gefährtin von 007: Die Geheimagentin vom ↗MI6 im neunten offiziellen James-Bond-Film ↗*Der Mann mit dem goldenen Colt* (1974).

Dies ist nur einer von zwei Filmen, bei denen die »Bondine« mit Christopher Lee zusammenarbeitete, der andere war *The Wicker Man*. Das Werk erreichte Kultstatus. Die Darstellerin, die nach ihrem 007-Einsatz nicht ganz den erhofften Ruhm erlangte, schrieb ihre Autobiografie *True Britt*. Neben der großen Leidenschaft für die Schauspielerei sorgten ihre Beziehungen – wie die zu Rod Stewart – für Schlagzeilen. Die Tatsache, viele Männer gehabt zu haben, brachte ihr nicht nur positive Publicity. Sie hoffte, als Goodnight erneut besetzt zu werden, als bekannt wurde, dass James Bond in ↗*Moonraker – streng geheim* (1979) Unterstützung von einer Frau bekommen sollte. Diese Rolle erhielt aber ↗Lois Chiles. Britt Ekland ist Mutter zweier Kinder und hat sich heute von der Schauspielerei zurückgezogen. Sie lebt in London.

EKSTASE (Operation)
Die Operation Ekstase kommt in der Kurzgeschichte ↗*Der Hauch des Todes* vor. Es handelt sich um den Plan, ↗Agent 272 beim Überlaufen zu unterstützen. Der Ortswechsel von Ost nach West soll an der Berliner Mauer stattfinden, und James Bond, der mit der Station ↗W. B. zusammenarbeitet, gibt 272 mit einer Matchwaffe Feuerschutz, damit der Überläufer nicht ermordet werden kann.

ELDER, PATTY (Stuntwoman)
Patty Elder wird in ↗*Diamantenfieber* (1971) als Stuntfrau an Stelle von ↗Lana Wood aus großer Höhe in den Swimmingpool geworfen.

ELEFANT
Ein Elefant ist in ↗*Octopussy* (1983) eine große Hilfe: Das Tier aus dem Octopussy-Zirkus tritt auf eine Wippe und katapultiert damit eines der Mädchen auf eine Mauer, über die man in den Monsun-Palast eindringen kann.
↗Glück

ELEFANTENTRÖTEN
Um den Schrei von todgeweihten Menschen, die in James-Bond-Filmen aus oder von Flugzeugen fallen, noch dramatischer klingen zu lassen, wurde bei der Nachvertonung auf einen ganz besonderen Ton zurückgegriffen: Wenn ↗Drax' Pilot in der ↗Pre-Title-Sequenz von ↗*Moonraker – streng geheim* (1979), ↗Gobinda in ↗*Octopussy* (1983) oder ↗Necros in ↗*Der Hauch des Todes* (1987) buchstäblich aus »allen Wolken fallen«, wird der natürliche menschliche Schrei durch ein Elefantentröten verstärkt.

ELEKTRA (Filmcharakter/Sagengestalt)
Schon lange bevor die Figur Elektra King im Roman und im Film ↗*Die Welt ist nicht genug* (1999) auftaucht, kommt der Name Elektra bei Bond vor. Elektra ist die Tochter des Agamemnon und der Klytämnestra, Schwester des Orest und der Iphigenie. Sie rächt mit Orest die Ermordung ihres Vaters. Die Griechin ↗Melina Havelock aus ↗*In tödlicher Mission* (1981) erklärt James Bond, warum sie ihre ermordeten Eltern rächen will: »Ich bin Griechin, und griechische Frauen lieben Elektra. Am Mörder ihrer Lieben Rache zu nehmen, ist ihre Pflicht!« Bond hält scheinbar nichts von der Rache und rät dazu, zwei Gräber zu schaufeln. Acht Jahre später wird er selbst zum Rächer: In ↗*Lizenz zum Töten* (1989) jagt er ↗Franz Sanchez. Monate, bevor etwas über den James-Bond-Film *Die Welt ist nicht genug* bekannt wurde, kochte die Gerüchteküche. So tauchte in der Presse der Name Elektra auch als angeblicher Filmtitel auf.

ELEKTRA'S THEME (Lied)
↗*The World Is Not Enough* (Soundtrack)

ELEKTRONISCHE TARNANLAGE
↗Hugo Drax' Raumstation im Roman ↗*Moonraker Streng geheim* verfügt über eine »Elektronische Tarnanlage«, die von ↗Holly Goodhead und James Bond lahm gelegt wird, damit die Station auf den Radarschirmen der Erde gesehen werden kann. Im Film ↗*Moonraker – streng geheim* (1979) wird die Anlage als »Radarstörsystem« bezeichnet.

ELEKTRORASIERER (auch: Wanzendetektor)
Der Elektrorasierer in ↗*Im Angesicht des Todes* (1985) ist ein Wanzendetektor. James Bond und ↗Godfrey Tibbett durchsuchen mit dem Rasierer ihr Zimmer in ↗Zorins Schloss nach Abhöreinrichtungen und werden fündig. Tibbett platziert ein Tonbandgerät neben der Wanze, um die Anwesenheit der beiden Männer vorzutäuschen. Der im Film ↗*Stirb an einem anderen Tag* (2002) auftauchende Elektrorasierer von Phillips ist ein weiteres Stück an ↗Product Placement in einem Bond-Film. 007 rasiert sich einen Vollbart ab, den er aus der Gefangenschaft mitgebracht hat.

ELEKTROSCHOCKS
Seine ersten Elektroschocks erhält 007 im Roman ↗*007 James Bond und der Mann mit dem goldenen Colt*, als er im Park 24 Schockeinheiten in dreißig Tagen ertragen muss, um wieder der »alte« Bond zu werden, der gegen Russland und nicht gegen England kämpft. In ↗*James Bond und sein größter Fall* wird dem Agenten Starkstrom durch die Genitalien gejagt. Stromstöße im Film werden dem Agenten erst in ↗*Stirb an einem anderen Tag* (2002) verabreicht: zunächst beim Versuch, ihn wieder zu beleben (hier bekommt aber nicht er den Strom ab, sondern die Ärzte) und später von der Sicherheitsvorrichtung, die ↗Vlad in ↗Gustav Graves' ↗Ikarus-Steuerung eingebaut hat.

ELINT
ELINT ist ein Programm zur weltweiten Datenüberwachung. Wenn bei einem Telefongespräch oder einer E-Mail bestimmte Wörter in bestimmten Zusammenhängen fallen, schaltet sich sofort ein Ermittler ein, der das Gespräch daraufhin überprüft, ob es harmlos ist oder etwa beispielsweise terroristische Hintergründe hat. ELINT ist eine wirkungsvolle Vorrichtung, um Terrorakte zu vermeiden. ↗Gardner spricht in ↗*Sieg oder stirb, Mr. Bond* von der Koppelung zwischen ELINT, einem Agenten und ↗COMSATS. Nachdem ein Schlüsselwort oder -satz gefallen ist, lokalisieren die Großrechner sofort den Ort der Nennung. Anschließend werden Stimmanalysen durchgeführt und mit bereits gespeicherten Stimmen von Terroristen und Verbrechern verglichen. Der Satz, der im Roman ↗*Sieg oder stirb, Mr. Bond* die Maschinerie in Gang setzt, lautet: »Gesundheit hängt von Stärke ab.«

ELISABETH (Königin)
Die erste weltbekannte Adelige, die eine James-Bond-Premiere besuchte, war Königin Elisabeth II. Sie sah sich die Uraufführung von ↗*Man lebt nur zweimal* (1967) am 12. Juli 1967 im Londoner Kino Odeon an.

ELISE (Romanfigur)
↗Wally

ELIZA (Filmcharakter)
Eliza ist eine Figur im Film ↗*Casino Royale* (1966). Sie bringt ↗»Ms« Toupet zu den Familienstücken. Eliza wurde von ↗Gabriella Licudi dargestellt.

ELIZONDA, UMBERTO (Darsteller)
Im Film ↗*Lizenz zum Töten* (1989) trifft James Bond im Hotel ↗El Presidente in ↗Isthmus City auf den stellvertretenden Hotelleiter, dargestellt vom Schauspieler Umberto Elizonda.

EL KADER, AHMED (Romanfigur)
Als Mitglied der ↗Gesellschaft der Demütigen steht ↗Ahmed el Kader im Roman ↗*Scorpius* leider auf der falschen Seite. ↗Sir James Molony verabreicht dem Attentäter eine weiterentwickelte Droge auf der Basis von Sodium-Pentathal, um mehr über ↗Wladimir Scorpius zu erfahren. Der Mann aus Libyen ist bereit, für die grausame Sekte sein Leben zu geben, um dadurch in die Welt der Demütigen zu ge-

langen. Er spricht von seinem »Totennamen Joseph«, den er tragen wird, wenn er seine Aufgaben erfüllt hat.

ELLE BOND (Werbeplakat)
↗ Donald Smolen

ELLI (Romanfigur)
Elli ist im Roman ↗ *Nichts geht mehr, Mr. Bond* der Spitzname von ↗ Eleonore Zuckermann, die ↗ Emily war und unter dem Namen ↗ Millicent Zampeks vor ihrem Tod in Großbritannien mit neuer Identität untertauchte. Sie war eine Freundin von ↗ Bridget Hammond und ↗ Irma Wagen.

ELLIOT (Filmcharakter)
↗ Ronald Pickup

ELLIOT, FRANK (Focus)
Für den Focus bei der Produktion von ↗ *Der Hauch des Todes* (1987) waren Frank Elliot, ↗ Michael Evans, ↗ Nicholas Wilson, ↗ Dan McKinny und ↗ Horst Becker zuständig. Das Team musste mit den eisigen Temperaturen auf einem zugefrorenen See kämpfen – oft froren die Kameras ein. Staub war das Problem bei den Dreharbeiten zu ↗ *Lizenz zum Töten* (1989) in Mexiko. Elliot war wieder für den Kamera-Focus zuständig.

EL MORRO
↗ Seafire

EL PRESIDENTE (Hotel)
Als El Presidente wird im Roman und auch im Film ↗ *Lizenz zum Töten* (1989) ↗ Hector Lopez bezeichnet. Der von ↗ Franz Sanchez bestochene Mann wirbt mit dem Slogan »Profit für das Volk«; er ist Präsident von ↗ Isthmus. Nach ihm ist das Hotel benannt, in dem James Bond logiert. Das Ambiente beeindruckt selbst den Geheimagenten der britischen Regierung.

ELSÄSSER (Hund)
↗ Schäferhund

EL SCORPIO (fiktiver Nachtklub)
Der Name des Nachtklubs, den James Bond in der ↗ Pre-Title-Sequenz von ↗ *Goldfinger* (1964) betritt, wird im Film zwar nicht genannt, geht aber aus dem Drehbuch hervor: »El Scorpio« sollte des Tanzlokal heißen, in dem 007 auf die von ↗ Nadja Regin verkörperte Flamencotänzerin trifft.

ELSTREE-STUDIOS (Filmstudios)
↗ *Sag niemals nie* (1983) wurde nicht wie zahlreiche offizielle James-Bond-Filme in den ↗ Pinewood-Studios gedreht, sondern in den ebenfalls in London befindlichen Elstree-Studios. Da Roger Moore zur selben Zeit an ↗ *Octopussy* (1983) arbeitete, besuchten sich die Darsteller und gingen auch zusammen essen.
↗ Filmstudios

ELSWIT, ROBERT (Kameramann)
Robert Elswit, der sein Können als Kameramann bei ↗ *Der Morgen stirbt nie* (1997) unter Beweis stellen durfte, gewann für *The Color Game* (1988) einen Emmy Award. Elswits offizielles Kameradebüt ist *Waterland* (1994). Gleich anschließend drehte er *A Dangerous Woman* und *Am wilden Fluss*. Der aufstrebende amerikanische Kameramann, der auch für die wichtigen Aufnahmen in *Boys*, *Hard Eight* und *The Pallbearer* verantwortlich ist, drehte vor Bond schon mit Regisseur ↗ Roger Spottiswoode den Pilotfilm *Prince Street* zur gleichnamigen Serie. Besonderes Kritikerlob wurde Robert Elswit für seine Kameraarbeit bei *Boogie Nights* (1997) zuteil. In diesem Film sind es besonders lange Kamerafahrten, die das Publikum in ihren Bann ziehen.

ELTERN
Bei vielen Romanfiguren von ↗ Ian Fleming und seinen Nachfolgern fällt auf, dass sie ohne Eltern aufwuchsen und diese sogar

durch tragische Umstände verloren haben. Bestes Beispiel ist James Bond selbst, dessen Eltern bei einer Bergbesteigung tödlich verunglückten. Die Eltern von ↗Judy Havelock in ↗*Für Sie persönlich* wurden ermordet, ↗Honeychile Rider in ↗*James Bond 007 jagt Dr. No* ist auch auf sich gestellt, und Gleiches gilt für ↗Solitaire aus ↗*Leben und sterben lassen*. ↗Vivienne Michels Eltern in ↗*Der Spion, der mich liebte* kamen bei einem Flugzeugabsturz ums Leben. Die fehlenden Eltern wurden auch in die Lebensläufe der Filmfiguren übernommen. So hat ↗Elektra King in ↗*Die Welt ist nicht genug* (1999) keine Mutter und sie selbst tötet ihren Vater. ↗Alec Trevelyans Vater brachte dessen Mutter und dann sich selbst um und ↗Octopussy im gleichnamigen Film von 1983 spricht 007 auf ihren Vater an: Er hatte in der Vergangenheit von Bond die Chance bekommen, Selbstmord zu begehen, um nicht für seine Verbrechen verurteilt zu werden. ↗Gustav Graves erschießt im Film ↗*Stirb an einem anderen Tag* (2002) seinen Vater, weil sich dieser gegen Graves' Pläne ausspricht.

ELTHAM, DAVID (Spezialeffekte)
↗Nicholas Finlayson

ELTON, JOHN (2. Kamera)
Bei der Produktion von ↗*Lizenz zum Töten* (1989) war John Elton in Florida für die zweite Kamera zuständig.

EM
↗Mailedfist

EMERALD PALACE
Das schwimmende Restaurant »Emerald Palace« kommt im Werk ↗*Countdown!* vor. Hier ist von einer »Geschlossenen Gesellschaft« gebucht worden. ↗EurAsia Enterprises gab dort am 18. Juni 1999 (laut Autor ↗Raymond Benson) ein Essen zu Ehren des Vorsitzenden ↗Guy Thackeray. Bei einem Anschlag, der von drei ↗Albino-Chinesen verübt wird, explodiert eine Bombe, und das schwimmende Restaurant wird ein Raub der Flammen.

EMILIO
Emilio überreicht in ↗*Moonraker – streng geheim* (1979) Gasmasken an James Bond, ↗»M« und ↗Frederick Gray

EMILY (Codename)
Im Roman ↗*Nichts geht mehr, Mr. Bond* erfährt der Leser, dass die amerikanischen Schwesterorganisationen des ↗MI6 spezielle Zielpersonen des ↗KGB mit »Emily« bezeichneten. Emilies wurden hauptsächlich in Westdeutschland rekrutiert. Es waren Frauen, die ein unauffälliges Leben führten, Familienangehörige versorgten und keine Beziehungen zu anderen Männer hatten. Ferner arbeiteten sie in Regierungsstellen, meist in Bonn, und oft als Sekretärinnen im ↗Bundesamt für Verfassungsschutz. Das Amt ist das westdeutsche Gegenstück zum britischen ↗MI4, es untersteht jedoch dem Innenministerium oder dem Bundesnachrichtendienst. Emilies wurden mit Männern bekannt gemacht, die großes Interesse an Akten und Dokumenten aus den Ämtern hatten. Vorteil für die Frauen, die sonst nicht sehr beschäftigt waren: Sie bekamen Geschenke, wurden in teure Restaurants ausgeführt, gingen ins Theater oder in die Oper. Wenn die Staatsgeheimnisse verraten worden waren, flüchteten die »Paare«. Im Zielland Russland oder der DDR angekommen, waren die Männer fast immer verschwunden.

EMISSION
Im Roman ↗*Der Morgen stirbt nie* fragt ↗General Koh ↗Wai Lin, was »Emission« sei. Die chinesische Agentin erklärt: »Ein Radarsystem, dessen Wellen von so niedriger Frequenz sind, dass ein Stealth-Flugzeug (oder im Falle von Carver ein Stealth-Boot) es verwenden kann, ohne selbst bemerkt zu werden.«

EMM (Romanfigur)
Die Mitarbeiter vom ↗Secret Service stellen sich im Roman ↗*007 James Bond und der Mann mit dem goldenen Colt* bewusst dumm, als James Bond auftaucht. Als 007 zu ↗»M« will, behauptet ↗Captain Walker, er kenne keine Person mit Namen »Emm«.

EMMA (Romanfigur)
Im Roman ↗*Sieg oder stirb, Mr. Bond* gibt James Bond zu, die Cousinen von ↗Clover Pennington »intim« zu kennen. Clover geht darauf nicht weiter ein. Ihre Nichten heißen Emma und Jane.

EMMERICH, ROLAND (Regisseur)
Ähnlich wie ↗Steven Spielberg ist auch Erfolgsregisseur Roland Emmerich daran interessiert, einen James-Bond-Film zu machen. 1997 sagte Emmerich, er habe sich sogar schon den Kopf über eine mögliche Story zerbrochen und sollte es zu einem Film kommen, spiele er mit dem Gedanken, ↗Sean Connery als Ausbilder für 007, verkörpert von ↗Pierce Brosnan, auftreten zu lassen.

EMP
Die Abkürzung EMP steht für electromagnetic pulse. Im Film ↗*GoldenEye* (1995) lautet die Übersetzung »Elektromagnetische Paralyse«. James Bond, ↗»M« und ↗Tanner unterhalten sich über diese Art von Waffensystem, nachdem der ↗Goldeneye-Satellit ↗Petya über der ↗Sewernaja-Station explodierte. EMP arbeitet mit elektromagnetischen Schwingungen. Russen wie auch Amerikaner entwickelten das System gleichzeitig zur Zeit des Kalten Krieges. Der Effekt eines geladenen Feldes wurde nach der Hiroschima-Atombombe entdeckt: Explodiert eine Atombombe in der oberen Schicht der Atmosphäre, breitet sich die Strahlung netzartig aus und zerstört alle elektrischen Geräte, die in Reichweite sind: Deshalb stehlen auch ↗Ourumov und ↗Onatopp den ↗Tiger-Helikopter. Der Prototyp ist gänzlich unempfindlich gegen elektrische Schwingungen jeglicher Art. Die Sewernaja-Station ist nach der Explosion von Petya völlig zerstört. Ziel der EMP-Waffe ist es, die Kommunikation des Feindes lahm zu legen, bevor er seinen Gegenschlag durchführen kann.

EMPFANGSDAME (Filmcharakter)
↗Valerie Leon spielte im Film ↗*Der Spion, der mich liebte* (1977) die Empfangsdame in einem Hotel auf Sardinien. Als 007 und ↗XXX einchecken, liest die Frau eine Nachricht von ↗Moneypenny und will dem Paar zwei Schlafzimmer geben.

EMPIRE-CEMICALS (Firma)
↗Fisher

ENCODER
Der ↗Dechiffriercomputer – der rote Kasten – wird in ↗*Der Morgen stirbt nie* (1997) auch als Encoder bezeichnet.

ENDERFIELD, EDDIE (Darsteller)
Eddie Enderfield stellte im Film ↗*Lizenz zum Töten* (1989) das Besatzungsmitglied Clive auf der ↗Wavekrest dar.

ENDLOSWANZE
Mit seinem ↗VL 34 spürt die Doppelnull in ↗*Operation Eisbrecher* eine Endloswanze in seinem Telefon auf. Die Wanze verwandelt das Telefon zu einem tag- und nachtaktiven Sender, der ein Abhören von allen Punkten der Welt möglich macht. Die Endloswanze erlaubt es, den Raum rund um die Uhr zu belauschen, auch wenn nicht telefoniert wird.

ENDOR (Haus)
↗Professor Jason St. John-Finnes alias ↗Dr. Jay Autem Holy bewohnt im Buch ↗*Die Ehre des Mr. Bond* ein Haus namens Endor. »Wie die Hexe von Endor?«, fragt James Bond ungläubig, als er den Namen

erstmals hört. ↗Percy Proud bejaht dies. In Endor finden gelegentlich Wochenendpartys statt, bei denen sich die Gäste mit Kriegsspielen beschäftigen, die in Holys kleiner Firma ↗Gunfire Simulations hergestellt werden. 007s Vermutung bestätigte sich: Endor ist ein großer Landsitz mit etwa zwanzig Räumen: im klassisch georgianischen Stil aus goldgelbem Cotswold-Kalkstein. Das Vordach wird von Säulen getragen, und der Komplex hat zahlreiche symmetrisch angeordnete Schiebefenster. Ein Kiesweg führt von einer im 18. Jahrhundert erbauten Grundstücksmauer zum Anwesen von Dr. Holy. Endor wird von dem jungen Filipino ↗Toma und vier Wachmännern bewacht, es ist auch mit einem ausgeklügelten Sicherheitssystem versehen. Das Haupttor und die Mauern, die das Anwesen umgeben, werden optisch überwacht. Man müsse das System in allen Einzelheiten kennen, so ↗Cindy Chalmer, denn die Codierung werde von Schicht zu Schicht geändert.

END TITLE – A VIEW TO A KILL (Lied)
↗*A View To A Kill* (Soundtrack)

END TITLE – NEVER SAY NEVER AGAIN (Lied)
↗*Never Say Never Again* (Soundtrack)

END TITLE: THE MAN WITH THE GOLDEN GUN (Lied)
↗*The Man With The Golden Gun* (Soundtrack)

END TITLES (Lied)
↗*Thunderball* (Soundtrack)

END TITLES – NOWBODY DOES IT BETTER (Lied)
↗*The Spy Who Loved Me* (Soundtrack)

ENFIELD .38 (Waffe)
Als James Bond im Roman ↗*Nichts geht mehr, Mr. Bond* auf ↗Großer Daumen Chang stößt, will er über den Mann mit der Missbildung an der rechten Hand an zwei Waffen vom Typ Enfield .38 gelangen. Chang tut zunächst so, als sei dies unmöglich, als die zu zahlende Summe jedoch Changs Vorstellungen erreicht, bekommt 007, was er will.

EN GARDE
Mit einem entschiedenen »en garde« beginnt das Fechten zwischen James Bond und ↗Gustav Graves im ↗Blades Club. Die Männer liefern sich das Duell im Roman und im Film ↗*Stirb an einem anderen Tag* (2002).

ENGEL
Das Erste, was James Bond in ↗*Im Geheimdienst Ihrer Majestät* (1969) sieht, als er nach seinem Zusammentreffen mit dem Totschläger auf dem ↗Piz Gloria wieder zu sich kommt, ist die Figur eines Engels. Eine schöne Anspielung auf ↗Blofelds Pläne, der dabei ist, Todesengel auszubilden. Der Engel, den 007 sieht, ist eine Tonfigur auf der Spitze eines Weihnachtsbaums.

ENGELEN, PAUL (Visagist/Make-Up-Künstler)
Als Chefvisagist arbeitete Paul Engelen beim Film ↗*Der Mann mit dem goldenen Colt* (1974) zusammen mit ↗Mike Jones, der für die Frisuren der Darsteller zuständig war. Engelen wurde für ↗*Der Spion, der mich liebte* (1977) erneut verpflichtet, hier stammten die Frisuren jedoch von ↗Barbara Ritchie. Paul Engelen und ↗Monique Archambault waren später auch an ↗*Moonraker – streng geheim* (1979) beteiligt.

ENGLISH, JOHNNY (Film/Filmcharakter)
Der Film *Johnny English* mit dem gleichnamigen Hauptcharakter, gespielt von ↗Rowan Atkinson, basiert auf einem Drehbuch von ↗Neil Purvis und ↗Robert Wade, die auch für Drehbücher zu den 007-Filmen ↗*Die Welt ist nicht genug* (1999), ↗*Stirb an einem anderen Tag* (2002) und ↗*Casino Royale* (2006) verantwortlich zeichnen.

ENIGMA (Dechiffriermaschine)
↗ Lektor

ENKE, RORY (Drehortmanager)
↗ Nick Daubeny

ENSOR, PETER (Darsteller)
Nachdem Peter Ensor in ↗ *Der Spion, der mich liebte* (1977) ein Mitglied der Stromberg-Crew gespielt hatte, war er in ↗ *Im Angesicht des Todes* (1985) als Wirtschaftsmogul an Bord von Zorins Zeppelin zu sehen.

ENTE (Fahrzeug)
↗ Citroën 2CV

ENTERHAKENPISTOLE
Die Enterhakenpistole aus ↗ *Diamantenfieber* (1971) taucht auch im Roman ↗ *Stirb an einem anderen Tag* auf.
↗ Anspielungen

ENTERPRISES AURIC S. A. (Firma)
Im Roman ↗ *Goldfinger* heißt die Firma des gleichnamigen Bösen mit Sitz in Coupet »Enterprises Auric S.A.«. »Auric«, abgeleitet vom lateinischen Wort »aureus« für golden bzw. von »aurum« für Gold, ist im Film und im Buch auch der Vorname Goldfingers.

ENTSCHULDIGEN SIE ... (Code)
Bei einem Telefongespräch aus ↗ Myras Wohnung in dem Roman ↗ *Fahr zur Hölle, Mr. Bond!* sagt James Bond als Code: »Entschuldigen Sie.« Diese Einleitung gibt seinem Gesprächspartner die Order, ↗ Grants Leute sollten dringend Kontakt mit ↗ Ed Rushia aufnehmen und sich für einen zweiten Anruf von ↗ Custodian bereithalten.

ENTSEUCHUNGSKAMMER
Die Kulisse der Entseuchungskammer in ↗ *James Bond 007 jagt Dr. No* (1962) ist ein Entwurf von ↗ Ken Adam. Er hat sie den Anlagen in Atomforschungszentren der 1960er Jahre nachempfunden.
↗ Strahlungswerte

ENTWEIHEN (Codewort)
Das Codewort »Entweihen« soll im Buch ↗ *Sieg oder stirb, Mr. Bond* von ↗ Pennington benutzt werden, sobald ↗ Viper kommt. Andere in diesem Roman gebrauchten Codewörter der ↗ BAST-Terrorgruppe sind ↗ »Mützen ab« und ↗ »Kratzen«.

ENZYMHEMMER
↗ Gift

EOKA
Die Guerilla-Armee EOKA wird im Zusammenhang mit ↗ Wladimir Scorpius im Roman ↗ *Scorpius* erwähnt. Der ↗ Secret Service hat erstmals Kenntnis von diesem Mann bekommen, als er Ende der 1950er Jahre zahlreiche Waffen an die EOKA lieferte. Er unterstützte damit den Krieg gegen die britischen Streitkräfte auf Zypern, den die griechische Regierung, die Kommunistische Partei und die Guerilla-Armee führten.

EON PRODUCTIONS (Produktionsfirma)
Die von ↗ Albert R. Broccoli und ↗ Harry Saltzman gegründete Firma produzierte die James-Bond-Filme. Eon Productions verfügt über alle Rechte der bisher noch nicht verfilmten James-Bond-Romane. Es könnte also jederzeit auf einen Titel zurückgegriffen werden. Ideen aus den Romanen werden laut ↗ Michael G. Wilson (»Die Bücher sind unser Fundus«) ohnehin ständig benutzt und »fertiggedacht«.

EON STUDIOS (Produktionsstudios)
Als der Film ↗ *Der Morgen stirbt nie* (1997) gedreht werden sollte, standen ↗ Michael G. Wilson und Barbara Broccoli vor dem Problem, keine freien Filmstudios zu finden. Kurzerhand beschloss man, einen leer stehenden »Kwik-Save-Warenkomplex«

in eine Produktionsstätte umzubauen, die man »Eon Studios« taufte.

EPINAY (Studio)
↗ Filmstudios

EPOC-FREQUENZ
Im Roman ↗ *Die Ehre des Mr. Bond* hat 007 mit der EPOC-Frequenz zu tun. Diese Frequenz besteht aus einfachen Zahlengruppen. Es sind Fünfergruppen mit verschlüsselten Informationen. EPOC bedeutet »Emergency Presidential Orders Communications«, und mit diesem Code kann der amerikanische Präsident beim Aufenthalt außerhalb der Vereinigten Staaten Anweisungen für Notfälle übermitteln. Nur äußerst wichtige militärische Befehle werden über EPOC durchgegeben. Ein Fernmeldesatellit übermittelt dann die Informationen über einen Hochleistungsfernschreiber. Die Verbindung wird für EPOC ständig frei gehalten.

Da mit der Frequenz gefährliche Waffen ausgelöst werden, würde der Präsident laut Bond einen Befehl nur nach Absprache mit seinen militärischen Beratern geben. Ein Befehl könnte auch Auswirkungen auf die Bereitschaft von Atomwaffen haben – ein Aspekt, der ↗ Dr. Jay Autem Holys Interesse an EPOC enorm wachsen lässt. Es gibt elf Codes, die übermittelt werden können. Sie werden selten geändert. Nach Durchgabe des Codes laufen Programme ab, die der Präsident mit EPOC aus dem Ausland startet. Code elf ist ein Widerrufscode. Er lässt sich jedoch nur in einem bestimmten Zeitraum übermitteln. Die Frequenz selbst wird alle zwei Tage um Mitternacht geändert. Ein »Bag Man« – ein Mann mit einem Aktenkoffer – transportiert die Codes und hält sich damit stets in der Nähe des Staatsoberhauptes auf. Holys Problem: Das Programm wird nur gestartet, wenn sein Satellit bestätigt, dass der Befehl aus einem Gebiet kommt, in dem sich der Präsident zum Zeitpunkt der EPOC-Übermittlung aufhält. Holy hat aber schon einen Plan. Er will mit einem Zeppelin über dem Präsidenten kreisen und dann den Code senden.

ERBE DER MING-DYNASTIE
Der mit ↗ Carver unter einer Decke steckende ↗ Hung aus dem Roman ↗ *Der Morgen stirbt nie* nennt sich selbst »Erbe der Ming-Dynastie« oder auch »Kronprinz«. Er soll durch Carvers Aktivitäten und den Einfluss von ↗ General Chang als neuer »Kaiser von China« eingesetzt werden.

ERBSCHAFT
Eben noch in geistestötenden Routinearbeiten steckend, erhält der Geheimagent James Bond im Roman ↗ *Die Ehre des Mr. Bond* unerwartet einen braunen Umschlag, der sich als wertvolle Erbschaft entpuppt. Anfang November traf der in Sydney abgestempelte Umschlag ein. Die Anwaltskanzlei von Bonds Onkel ↗ Bruce schickte die Post.

Bruce war reich gestorben und hatte 007 sein gesamtes Vermögen vermacht: Der Wert des Nachlasses betrug etwa eine Viertelmillion Pfund Sterling. Der humorvolle Onkel hat eine Bedingung gestellt, die Bond akzeptieren müsse, um an die Erbschaft zu gelangen: 007 sollte innerhalb der ersten vier Monate mindestens 100.000 Pfund »leichtsinnig« verschleudern. Kein Problem für James Bond – er hatte sich bereits vor Monaten in einen ↗ Bentley Mulsanne Turbo »verliebt«. 007 nahm die Erbschaft an.

ERDBEBEN (Codewort)
Um sich verständigen zu können, ohne dass ↗ Harriet Horner und ↗ Pearlman wissen, worum es geht, benutzt ↗ Oddball im Roman ↗ *Scorpius* das Codewort »Erdbeben«. Dies signalisiert James Bond, dass sich ein von ihm erwarteter Zwischenfall ereignet hat. Und er kann nun sicher sein, dass sich ein Maulwurf in seiner Nähe befindet.

ERDBEBEN

Während ↗Marc Ange Draco in der deutschen Synchronversion von ↗*Im Geheimdienst Ihrer Majestät* (1969) behauptet, die Helikopter des Roten Kreuzes würden Medikamente und Blutplasma für die Erdbebenopfer in Rovigo, Italien, transportieren, ist in der Originalversion nicht von einem Erdbeben, sondern von einer Flutkatastrophe die Rede. Das Erdbeben, das in ↗*Im Angesicht des Todes* (1985) vorkommt, hat eine Stärke von 2,5 auf der Richterskala. Ausgelöst wurde das Beben von ↗Zorin, der seine Pipelines mit Meerwasser füllt und für die Operation ↗Main Strike »probt«. Das Zentrum des Bebens liegt in der Nähe des ↗Hayward-Grabens in den USA. In ↗*Leben und sterben lassen* (1973) scherzte 007 noch, als er ↗Mr. Big in die Falle ging und dieser fragte: »Worauf wollen wir trinken?« – Bond sagte mit gewohnter Ironie: »Vielleicht auf ein Erdbeben?«

DIE ERDBEBEN-SONDE (Zeichentrickfilm)
↗James Bond Jr.

ERDBEEREN

↗Alec Trevelyan meint gegenüber James Bond, ↗Natalja Simonowa schmecke nach Erdbeeren. Der Schurke will das beurteilen können, nachdem er Simonowa gegen ihren Willen geküsst und sich dafür eine Ohrfeige eingefangen hat. Bond hat sich noch kein Geschmacksbild verschafft.

ERDKUGEL (Kunstwerk)
↗Smaragd-Globus

ERDROSSELUNG

In den James-Bond-Filmen wird zweimal eine Erdrosselungsszene gezeigt: In ↗*Sag niemals nie* (1983) verwendet Bond selbst diese brutale Tötungsmethode, in ↗*Lizenz zum Töten* (1989) ist es einer von ↗Franz Sanchez' Handlangern, der eine Wache am Haus von ↗Lupe Lamoras Geliebten erdrosselt.

EREWHON (Ort)

Die Terroristen bei einem Süppchen zu beobachten – das hätte sich James Bond wohl auch niemals träumen lassen. Im Roman ↗*Die Ehre des Mr. Bond* verstellt sich 007 und tut so, als arbeite er für die Gegenseite. ↗Dr. Holy und ↗Tamil Rahani wollen den Agenten natürlich auf die Probe stellen und verfrachten ihn unter Narkose in ein Ausbildungslager für Terroristen: Erewhon. James Bond lernt dort nicht nur ↗Simon kennen, sondern tötet auch mehrere feindliche Männer, die des Tests wegen auf ihn angesetzt werden. 007 besteht die Prüfung mit Bravour.

ERFMANN, EDWIN (Make-Up)
↗Naomi Donne

ERIC (Filmcharakter)

Eric ist ein Angestellter bei ↗Vesper Lynd, aber im Film ↗*Casino Royale* (1966) nicht zu sehen. Lynd telefoniert nur mit ihm und bittet ihn, am nächsten Tag die Gefriertruhe auszuräumen – darin befindet sich eine Leiche.

ERICSSON, JAN (Romanfigur)

Der Isländer Jan Ericsson ist eine Figur aus dem Buch ↗*Stirb an einem anderen Tag*. Er wird als ehemaliger Geschäftspartner von ↗Gustav Graves genannt. Die Männer machten gemeinsam dubiose Geschäfte mit ↗Blutdiamanten. Ericsson, Besitzer einer Mine in Island, hat behauptet, offiziell dort die Edelsteine gefunden zu haben, und schuf sich somit die Möglichkeit, Steine aus Afrika zu »waschen«. Graves witterte das große Geschäft und ließ seinen Partner im Vollrausch ein Testament unterschreiben, das Graves zum Besitzer der Mine machen würde, wenn Ericsson das Zeitliche segnet. Kurz darauf nahm Graves eine Magnum 357 und erschoss Ericsson und drei ihm nahe stehende Mitarbeiter. Die Leichen wurden von Gustav Graves alias ↗Colonel Moon im isländischen Eis vergraben.

ERINNERUNGSSTÜCKE

Neben Charakteren, an die sich James Bond im Laufe von Missionen immer wieder erinnert (meist ist es seine erschossene Frau ↗Tracy), hat der Filmagent auch ein paar »Requisiten« aus seiner Vergangenheit in seinem Büro: In ↗*Im Geheimdienst Ihrer Majestät* (1969) holt 007 unter anderem das ↗Tauchermesser aus der Mission ↗*James Bond 007 jagt Dr. No* (1962), die ↗Uhr mit der ↗Drahtschlinge aus ↗*Liebesgrüße aus Moskau (1963)* sowie die ↗Unterwasser-Atemstäbchen aus ↗*Feuerball* (1965) aus seinem Schreibtisch. Um die Erinnerung auch für den Zuschauer zu verdeutlichen, werden in den entsprechenden Szenen die Musiken der jeweiligen Filme eingespielt. Der Roman-Bond hat nicht so ausgefallene Erinnerungsstücke. In ↗*Countdown!* weist Autor ↗Raymond Benson nur auf ein Bild hin, das auf Bonds Schreibtisch steht und den Agenten mit seinem alten Freund ↗Felix Leiter in einer Bar in New York zeigt. Es soll wahrscheinlich aus der Zeit stammen, in der der Roman ↗*Leben und sterben lassen* spielt. »Das Foto war sehr alt (...) Immer, wenn Bonds Blick darauf fiel, musste er lächeln.«

ERNST, FRANK (Drehortmanager/Regieassistent)

Frank Ernst war zunächst der Drehortmanager des Films ↗*Liebesgrüße aus Moskau* (1963) und dann Regieassistent bei ↗*Goldfinger* (1964). Die Aufgabe übernahm er im fünf Jahre später gedrehten James-Bond-Film ↗*Im Geheimdienst Ihrer Majestät* (1969) erneut. Erst weitere fünf Jahre später wurde der Drehort-Manager wieder mit Ernst besetzt: ↗*Der Mann mit dem goldenen Colt* (1974) war sein viertes Mitwirken an einem Bond-Film. Er arbeitete hier mit ↗Eric Rattray zusammen, der ebenfalls als Drehort-Manager engagiert wurde. Erneut als Drehort-Manager wurde er für Ägypten bei der Produktion des Films ↗*Der Spion, der mich liebte* (1977) verpflichtet. Über zu wenige Fernreisen konnte sich Frank Ernst nicht beschweren, zumal auch ↗*Moonraker – streng geheim* (1979) wieder von ihm betreut wurde; diesmal als Drehort-Manager in Brasilien.

ERNTE-AMEISE (Insekt)

Im Roman ↗*Moment mal, Mr. Bond* muss sich der Geheimagent gegen sehr seltsame tierische Gegner wehren. Als er auf dem Anwesen von ↗Marcus Bismarquer das ihm zur Verfügung gestellte Haus aufsucht, warten Tausende von hungrigen Ernte-Ameisen auf ihn. Bond weiß: »Die sind nicht zufällig hier!« Sie leben normalerweise in trockenen Gegenden und sammeln Körner als Vorrat. Mehrere Stiche dieser Insekten wären tödlich. 007 entschließt sich, die ungebetenen Gäste kurzerhand mitsamt dem Gebäude in die Luft zu sprengen.

ERSTER SEELORD (Filmcharakter)

Die Maschinerie des ↗MI6 im Film ↗*In tödlicher Mission* (1981) läuft erst an, als der »Erste Seelord« und der Vizeadmiral ↗Jack im Büro von ↗»M« auftauchen und ↗Tanner über den Verlust des britischen Spionageschiffes ↗St. Georges unterrichten. Der »Erste Seelord« wurde vom britischen Schauspieler ↗Graham Crowden verkörpert.

DER ERSTE SCHULTAG (Zeichentrickfilm)

↗*James Bond Jr.*

ER WAR NICHT DAMIT EINVERSTANDEN, AUFGEFRESSEN ZU WERDEN (Zitat)

↗Felix Leiter wird im Roman ↗*Leben und sterben lassen* schwer verwundet: ↗The Robber lässt den ↗CIA-Agenten einem Hai zum Fraß vorwerfen. Bond findet seinen verstümmelten Kollegen; neben ihm liegt eine Nachricht: »Er war nicht damit einverstanden, aufgefressen zu werden (PS Wir haben noch ein paar ebenso gute Späße auf Lager).« Im englischen Original: »He disagreed with something that ate him.« Die Idee wurde im Film ↗*Lizenz zum Tö-*

ten (1989) wieder verwendet, hier findet Bond ebenfalls ein blutverschmiertes Blatt mit diesem Text.

ESCAPE FROM PIZ GLORIA (Lied)
↗ *On Her Majesty's Secret Service* (Soundtrack)

ESCHER, M. C. (Maler)
James Bond fühlt sich im Roman ↗ *Die Welt ist nicht genug* durch die Kaviarfabrik von ↗ Valentin Zukovsky in Baku an eine Zeichnung des Malers M. C. Escher erinnert.

ESCOFFIER, SIMONE (Produktionssekretärin)
Beim elften offiziellen James-Bond-Film ↗ *Moonraker – streng geheim* (1979) arbeitete Simone Escoffier als Produktionssekretärin. Dennoch hatte der Produzent ↗ Broccoli mit ↗ Dominique Bach noch eine eigene Sekretärin.

ESCRITT, TONY (Berater)
Bei den Dreharbeiten für die ↗ Pre-Title-Sequenz von ↗ *Im Angesicht des Todes* (1985) half Tony Escritt dem Drehteam bei den Actionszenen in Island.

E SENSUAL (Bewertung)
↗ Anya Amasowa

ESMERALDA (Romanfigur)
Diese Romanfigur aus ↗ *Tod auf Zypern* ist nicht menschlicher, sondern tierischer Natur. Esmeralda ist der Dalmatiner von ↗ Felix Leiter und seiner Frau ↗ Manuela Montemayor. James Bond freundet sich sofort mit dem Vierbeiner an.

ESPADA, DOMINGO (Romanfigur)
Domingo Espada aus ↗ *Doubleshot* war 30 Jahre lang Stierkämpfer und ist sehr beliebt. Als Kopf der spanischen Mafia und als Geschäftsmann ist er erfolgreich und will nun als Politiker eine Idee verwirklichen, für die er sterben würde: Gibraltar soll an Spanien zurückgegeben werden. Das erste Angebot der Union, ihr beizutreten, hat er abgelehnt; jetzt will er von ihr gegen gute Bezahlung Unterstützung bei seinem Plan. Espada wird von James Bond erschossen.

ESPOSITO, STEFFI (Romanfigur)
Gesprächsthema im Roman ↗ *Mondblitz* ist ↗ Steffi Esposito. James Bond und ↗ »M« erinnern sich daran, dass 007 einst den Auftrag hatte, in Monte Carlo den rumänischen Falschspieler Esposito auszuschalten. Der Falschspieler beherrschte alle Tricks, konnte ein Ass so präparieren, dass der Kartenstapel an der richtigen Stelle aufbrach, und er schaffte es auch, Markierungen zu setzen oder einen Kartenstapel ordnungsgemäß zu mischen und später dennoch alle Asse zu haben.

ESSEN
Bekanntlich ist James Bond ein Gourmet. Abgesehen von den einfachen Gerichten, die er morgens isst (↗ Frühstück), nimmt er im Restaurant sehr Extravagantes zu sich. Alle Gerichte zu nennen, die 007 je in einem Roman verspeist hat, ist schier unmöglich, um aber einen Überblick über die abwechslungsreiche Nahrungsaufnahme von Bond zu geben, hier einige Beispiele. ↗ *Niemand lebt für immer*: Muschelsuppe; Rindfleischsalat à la Thai, zum Nachtisch Limetten von den Florida Keys. Shrimps mit Soßen gewürzt. 007 meidet Puddings, doch wie sich im Roman ↗ *Scorpius* herausstellt, kann er einer Puddingart nicht widerstehen: Pfirsich-Cobbler (enthäutete Pfirsiche, die fünf Minuten lang in einem Sirup aus Zucker und Wasser leicht gekocht werden, manchmal mit einem Beutel Rosenblätter). ↗ Gardner beschreibt dieses Gericht als eine von Bonds »Lieblingsspeisen«. Diese und wirklich gute Meringue (Baiser) bringen ihn fast immer in Versuchung. Im Roman ↗ *Fahr zur Hölle, Mr. Bond!* bekommt der Agent etwas für ihn Ungenießbares angeboten: ein fingerförmiges Sandwich, ge-

schmacklose Petits Fours und ein »abscheuliches Ding, das Honig-Crumpet genannt wurde«. Der Agent ist Letzteres mit Butter gewohnt, aber von seinem tropft rote und gelbe Marmelade.

ESSSTÄBCHEN (Waffe)
Im Buch ↗*Du lebst nur zweimal* kämpft James Bond mit den Essstäbchen, um seine Tarnung als Japaner aufrechtzuerhalten. Ein paar Kapitel weiter kann er damit umgehen: »Er war stolz darauf, es mit diesen Instrumenten zu Meisterwürden gebracht zu haben – der Fähigkeit, ein nicht genügend gebackenes Spiegelei damit zu essen.« Die Aluminium-Essstäbchen, die James Bond im Roman ↗*Der Morgen stirbt nie* im Unterschlupf von ↗Wai Lin untersucht, entpuppen sich als getarnte Messer. Bond wirft sie in ein Poster, um Zielübungen zu machen. Die Stäbchen explodieren zwei Sekunden nach dem Aufprall.

ESTADO NOVO (Schiff)
Eines von vielen Schiffen im Buch ↗*Sieg oder stirb, Mr. Bond* ist die »Estado Novo«. ↗Felipe Pantano, Dieb einer ↗Sea Harrier, und ↗Abou Hamarik treffen sich auf diesem Schiff, um ihre Pläne zu besprechen. ↗Baradj sorgt im Roman dafür, dass das Schiff Estado Novo, das die Straße von Gibraltar passiert, eine bestimmte Ladung an Bord hat. Mit Schmiergeldern gelingt es ihm, an eine ↗AIM-9J Luft-Luft-Sidewinder-Rakete und an große Mengen 30mm-Munition zu gelangen.

ESTEREZ, ARNO (Drehort-Transportmanager)
Drehort-Transportmanager bei der Produktion von ↗*Der Hauch des Todes* (1987) waren Arno Esterez und Andy Grosch.

ESTHER WILLIAMS (Fahrzeug)
Schon ↗Cary Bates hatte in Drehbuch-Entwürfen zu ↗*Der Spion, der mich liebte* (1977) das Unterwasserauto »Esther Williams« eingeführt. Der Name ist auf »Die 100 dollsten Playmates« zurückzuführen: Esther Williams war die Filmnixe schlechthin. 1942 hatte Esther Williams (geboren 1923) mehrere US-Schwimmmeisterschaften gewonnen. Sie wurde von MGM als Mitglied einer Unterwasserrevue entdeckt und zunächst in der 1942 populären Spielfilmreihe um *Andy Hardy* getestet. Schon zwei Jahre später hatte sie es geschafft, als *Badende Venus* wurde sie zum Star. Der Film ist ganz auf sie zugeschnitten, wichtiger als die Handlung sind die Musik- und Tanzszenen und vor allem, als Höhepunkt, ein farbenprächtiges, opulent ausgestattetes Wasserballett, wie es für alle Esther-Williams-Filme obligatorisch wurde, ob in *Flitterwochen zu dritt*, in *Bezaubernde Lippen*, *Neptuns Tochter* oder in *Die goldene Nixe*. In über zwanzig Filmen stellte sie immer wieder ihre sportliche Begabung unter Beweis. Das Fahrzeug, mit dem 007 die Welt der Meere erkunden sollte, wurde von ↗Christopher Wood ins Drehbuch übernommen und erhielt dort den Namen ↗»Wet Nellie« – im Film war es ein ↗Lotus Esprit.

ESTRAGON (Romanfigur)
↗Raymond Benson orientierte sich bei der Namensgebung von Estragon, der in ↗*Midsummer Night's Doom* auftritt, an Samuel Becketts *Warten auf Godot*. Den Vornamen Wladimir (Scorpius) hatte ↗John Gardner schon in ↗*Scorpius* genutzt, und Estragon ist eine weitere Figur aus diesem Stück.

ETON (Internat)
↗Nachruf
 Siehe auch Inhaltsangabe ↗*High Time To Kill*

EULE
↗Unternehmen Barker

EURASIA ENTERPRISES (fiktive Firma)
Bei EurAsia Enterprises handelt es sich um eine vom Autor ↗Raymond Benson

erfundene Firma, die sich als Handels- und Schifffahrtsgesellschaft seit dem 19. Jahrhundert im Privatbesitz einer Familie befindet. EurAsia kommt im Roman ↗*Countdown!* vor. Erster Vorsitzender des Unternehmens ist der schwer durchschaubare Geschäftsmann ↗Guy Thackeray. Die Firma wurde 1850 von seinem Urgroßvater gegründet. Da Thackeray sich weigerte, an die Börse zu gehen, hielt er 59 Prozent der EurAsia-Aktien. Der Rest lag bei den anderen Mitgliedern des Vorstandes, zu denen auch ↗John Desmond gehörte. EurAsia hat Niederlassungen in Toronto, London, New York Tokio und Sydney. Ferner ist die Firma im Besitz einer Goldmine in Westaustralien. Der Sitz des Unternehmens ist jedoch in Hongkong.

EURASIA
↗*Countdown!* ist ein äußerst verstrickter Roman. Erst spät erfährt der Leser, was es mit EurAsia, ↗Guy Thackeray, ↗Li Xu Nan und deren Urgroßvätern wirklich auf sich hat. Guy Thackerays Ururgroßvater James hatte Li Xu Nan mit Opium versorgt. So wurden beide Freunde. Als sie ihre Firma gründeten, wurde vertraglich festgelegt, dass das Unternehmen so lange in Thackerays Händen bleibt, bis Hongkong von den Briten wieder an China zurückgegeben werden würde. James Thackeray starb 1871 und rechnete nicht wirklich mit der Übergabe. Als das am 31.12.1999 dann doch geschah, sah sein Enkel und Erbe die Gefahr, das Unternehmen zu verlieren, und so kam es zum erbitterten Hass zwischen Guy Thackeray und Li Xu Nan.

EURO-BOND
Nach dem Erscheinen von ↗*GoldenEye* (1995) entstand in der Presse eine neue Vokabel: Vom »Euro-Bond« war die Rede, weil ↗Pierce Brosnan in seinem ersten Film so viele Marken aus den unterschiedlichsten Gebieten Europas benutzte; er fuhr im ↗BMW aus Deutschland, trug Schuhe aus England (seine ↗Church) und italienische Maßanzüge.

EUROCARD (Kreditkarte)
Ein alter Trick, der auch mit einem Ausweis oder einer Versicherungskarte funktionieren würde, wird von James Bond im Roman ↗*Lizenz zum Töten* an Bord der ↗*Wavekrest* angewandt: Er benutzt eine Eurocard zum Öffnen einer Tür. Sein Kommentar dazu: »Ich hoffe, es klappt mit Eurocard.«

EUROCOPTER DAUPHIN (Hubschrauber)
Der Eurocopter Dauphin mit ↗Gabor und ↗Sascha Davidow an Bord kommt im Roman ↗*Die Welt ist nicht genug* ins Dorf Ruan, um Elektra King und James Bond zu beobachten. Das Fluggerät trägt das Logo ↗King Industries an der Seite.

EUROCOPTER EC 135 (Hubschrauber)
↗Elektra King tut im Roman und im Film ↗*Die Welt ist nicht genug* (1999) so, als brauche sie ↗»Ms« Hilfe. Die Geheimdienstchefin fliegt daraufhin mit einem Eurocopter EC 135 der britischen Armee zur Tochter von ↗Sir Robert King nach Istanbul. Ein verheerender Fehler ...

EUROCOPTER SQUIRREL (Helikopter)
Mit riesigen hängenden Kreissägen ausgestattet sind die Eurocopter vom Typ Squirrel, die im Roman ↗*Die Welt ist nicht genug* die ↗Kaviarfabrik von ↗Zukovsky angreifen, um James Bond und ↗Dr. Jones aus dem Weg zu räumen. ↗»Der Stier« hat dafür gesorgt, dass die Eurocopter einen Angriff starten. James Bond schafft es, beide Helikopter zum Absturz bzw. zum Explodieren zu bringen.

EURO DISNEY (Schauplatz)
↗*Never Send Flowers*

EUROPA (Luftschiff)
Das Luftschiff »Europa«, mit dem »Goodyear«-Firmenzeichen auf dem Rumpf,

kommt im James-Bond-Roman ↗*Die Ehre des Mr. Bond* vor. Bond fragt sich, ob die Besatzung tatsächlich für »Goodyear« arbeitet. Die »Europa« ist in der Schweiz stationiert, und in diesem Zeppelin will ↗Dr. Jay Autem Holy zusammen mit ↗General Joe Zwingli und ↗Tamil Rahani über dem Genfer Gipfeltreffen kreisen, um die ↗EPOC-Frequenz direkt über dem Haupt des amerikanischen Präsidenten übermitteln zu können.

EVANS (Filmcharakter)

Evans und ↗Hector sind in ↗*Leben und sterben lassen* (1973) zwei vorkommende Charaktere, deren Namen nur in der englischen Originalversion des Films genannt werden. Sie beteiligen sich bei der Jagd auf 007, nachdem dieser die Krokodilfarm in Brand gesteckt hat.

EVANS, FRED (Chefbildhauer/Modelleur)

Nur eine Szene in ↗*Der Hauch des Todes* (1987) lässt darauf schließen, dass ein Bildhauer engagiert werden musste: James Bond lässt mit seinem Schlüsselfinder eine Büste auf ↗Brad Whitakers Schädel stürzen. Die Büste vom Chefbildhauer Fred Evans zeigt den Feldherrn Wellington. Bei den Dreharbeiten gab es zwei identische Büsten als unterschiedlichen Materialien. Eine von ihnen war leicht, sodass ↗Joe Don Baker sie ohne Probleme mit seinem Körper abfangen konnte, als sie auf ihn niederstürzte. Auch für die Produktion von ↗*GoldenEye* (1995) wurde Fred Evans als Modelleur und Bildhauer verpflichtet.

EVANS, JOHN (Spezialeffekte)

Bei ↗*Der Spion, der mich liebte* (1977) war John Evans für die Spezialeffekte im Studio zuständig. Großes Lob erhielt er für die faszinierenden Aufnahmen in der ↗Abteilung Q. Evans wirkte Hand in Hand mit ↗Alan Maley, dem Mann für die optischen Spezialeffekte. Zur Bond-Crew kehrte Evans bereits 1979 bei ↗*Moonraker – streng geheim* (1979) zurück, doch arbeitete er hier mit ↗John Richardson, ↗René Albouze und ↗Serge Ponvianne zusammen. Von Evans gab es mit einer an der Luft gedrehten Unterwasseraufnahme im Studio weitere Spezialeffekte in ↗*In tödlicher Mission* (1981): Es galt, Luftblasen aufsteigen zu lassen, um den Tauchgang von ↗Roger Moore und ↗Carole Bouquet echt aussehen zu lassen. Außerdem mussten die Maschinengewehre, die sich hinter den Blinklichtern der Motorräder verbargen, einen gefährlichen und überzeugenden Eindruck machen. Evans setzte Druckluft und Qualm ein, wie man es schon bei ↗*Goldfinger* (1964) getan hatte. Die Effektaufsicht der Second Unit bei ↗*Octopussy* (1983) hatte ebenfalls Evans inne.

EVANS, LAURENCE (Agent)

Ein früherer Agent ↗Ian Flemings war Laurence Evans von ↗MCA. Evans beriet den Autor bei den ersten Bestrebungen, James Bond auf die Leinwand zu bringen. Er hielt es für angebracht, einen namhaften Regisseur zu verpflichten, damit sich große Stars locken ließen, im Film mitzuwirken. Als ↗Albert R. Broccoli und ↗Harry Saltzman den Film-Bond zum Leben erweckten, waren Laurence Evans Tipps für Ian Fleming nicht mehr relevant.

EVANS, MICHAEL (Fokus)

Nach ersten Bond-Erfahrungen und Zusammenarbeit mit seinen Kollegen ↗Simon Hume und ↗Frank Elliot wurde Michael Evans für den Kamera-Fokus bei ↗*Lizenz zum Töten* (1989) wieder unter Vertrag genommen.

EVANS, MIKE (Kamera-Fokus)

↗Jasper Fforde

EVANS, SO (Romanfigur)

Siehe Inhaltsangabe ↗*Never Dream Of Dying*

EVELYN-TREMBLE-SYSTEM

Das »Evelyn-Tremble-System« wird im Film ↗*Casino Royale* (1966) von der gleichnamigen Filmfigur angesprochen. Es handelt sich um die Methode, Bakkarat zu spielen und zu gewinnen.

EVENING STANDARD (Zeitung)

Nicht der Artikel wegen faltet James Bond im Roman ↗*Diamantenfieber* die Zeitung *Evening Standard* auseinander. Es geht ihm hauptsächlich darum, über die Zeitung hinweg die Passagiere in einem Flugzeug zu beobachten, mit denen er in die USA reist.

EVERETT, GORDON (Darsteller/Tonaufnahme)

In die Fußstapfen von ↗Ken Barker trat Gordon Everett im Jahre 1974. Bei ↗*Der Mann mit dem goldenen Colt* war Everett für die Tonaufnahmen zuständig. Er erhielt den Job, weil Barker bereits eine Verpflichtung für die Synchronmischung in der Tasche hatte. Auch drei Jahre später bei ↗*Der Spion, der mich liebte* (1977) war Gordon Everett für die Tonaufnahme zuständig. Doch: Die Crewlisten, die zum Film *Der Mann mit dem goldenen Colt* (1974) in der Literatur existieren, sind alle unvollständig. Gordon Everett war auch als Darsteller tätig: Er spielte den Solarexperten Gibson, was bisher nirgends erwähnt wurde. Und dies obwohl Gibson eine der Schlüsselfiguren in diesem achten offiziellen James-Bond-Film ist.

EVERYTHING OR NOTHING (Computerspiel)

↗James-Bond-Computerspiele

EXCLUSIVE DAVID ARNOLD INTERVIEW (Original-Interview)

↗*Tomorrow Never Dies* (Soundtrack)

EXERCISE AT GIBRALTAR (Lied)

↗*The Living Daylights* (Soundtrack)

EXPRESS (Zeitung)

Im Roman ↗*Mondblitz* liest James Bond die Zeitung *Express*, die einen Bericht über die seltsamen Vorfälle auf dem Raketengelände von ↗Hugo Drax bringt. James Bond kreuzt sich im Roman ↗*Nichts geht mehr, Mr. Bond* in den Zeitungen *Daily Mail*, *Daily Express* und *The Times* Artikel an, die sein Interesse wecken. Alle drei Zeitungen berichten über Aktivitäten des Geheimdienstes: Ein Geheimdienstmann in Madrid wurde verhaftet, bei einem Zwischenfall im Mittelmeer waren angeblich ↗MI5 und seine Schwesterorganisationen beteiligt. Durch Zufall entdeckt 007, dass eine Person ermordet wurde, die etwas mit der ↗Operation Seefalke zu tun hatte.

EXTRUDER

Mit dem Extruder will ↗Renard im Buch und im Film ↗*Die Welt ist nicht genug* (1999) in wenigen Minuten einen Brennstab aus Plutonium formen, um in einem U-Boot im Bosporus eine Kernschmelze auszulösen.

EXZELSIORBAR

James Bond trifft Kristatos in der Kurzgeschichte ↗*Riskante Geschäfte* in der Exzelsiorbar.

EYEPATCH (Romanfigur)

Siehe Inhaltsangabe ↗*Never Dream Of Dying*

F-14 TOMCAT (Flugzeug)
Der Tod kam plötzlich. Romanfigur ↗Billy Chinn ist schon ein Jahr tot, als ↗John Gardner über ihn schreibt. Der verunglückte Freund von ↗Wanda Man Song Hing aus dem Roman ↗*Fahr zur Hölle, Mr. Bond!* verunglückte in einer ↗F-14 »Tomcat«, mit der er sich kurz nach dem Start von einem Flugzeugträger mehrmals überschlug. Ein Anschlag ist ausgeschlossen.

FABERGÉ (Juwelierfirma)
↗Grants Zigarettenetui im Roman ↗*Liebesgrüße aus Moskau* weist das Kennzeichen der Juwelierfirma Fabergé auf, die es einst anfertigte. Von ↗Dr. Fanshawe erfährt James Bond in der Kurzgeschichte ↗*Globus – Meistbietend zu versteigern* mehr über den russischen Juwelier Fabergé. Er hat nicht nur die berühmten Eier hergestellt (Jahre später im Film ↗*Octopussy* eine wichtige Requisite), sondern auch andere Kunstwerke, darunter einen ↗»Smaragd-Globus«.

FABERGÉ (Operation)
↗Operation Fabergé

FABERGÉ-EI
↗»M« ist im Film ↗*Octopussy* (1983) zu Recht beeindruckt, als James Bond sein Wissen preisgibt über das Fabergé-Ei, das bei der Leiche des Agenten ↗009 gefunden wurde. Als sich herausstellt, dass es sich um eine Fälschung handelt, beginnt 007 zu ermitteln. ↗Kamal Khan, ↗Magda und ↗Octopussy kreuzen seine Wege, denn hinter dem Fabergé-Ei steckten ein enormer Schmuckschmuggel und der Plan einer Bombenzündung in ↗Feldstadt. Die Idee mit dem wertvollen Ei kam ursprünglich vom James-Bond-Schöpfer ↗Ian Fleming. Er schrieb die Kurzgeschichte *The Property Of A Lady*, die in dem Buch *The Ivory Hammer – The Year at Sotheby's* veröffentlicht wurde. In einer Taschenbuchausgabe mit mehreren Kurzgeschichten über Bond wurde *The Property Of A Lady* erneut veröffentlicht. Im Film liest 007 den Titel der Kurzgeschichte als Beschreibung der Fabergé-Ei-Versteigerung in der Werbebroschüre von Sotheby's. Zar Nikolaus II. schenkte im Jahr 1897 seiner Frau besagtes Ei. Es war mit Diamanten geschmückt und enthielt eine Miniaturausgabe der Kutsche, mit der Nikolaus und seine Frau zur Krönung nach Moskau gefahren waren.

Eines der beiden im Film verwandten Fabergé-Eier wird von ↗»Q« mit einem Sender versehen, damit Bond es mit der Uhr orten und per Wanze alles in der Umgebung des Eies hören kann. Orlov zerschlägt das gefälschte Kunstwerk (zumindest glaubt er, dass es die Fälschung ist) und findet den Minisender. Bond soll dafür büßen. Als Anspielung auf *Octopussy* (1983) kann gedeutet werden, dass ↗Dr. Alvarez, der Arzt auf ↗Los Organos im Roman *Stirb an einem anderen Tag*, ein Fabergé-Ei sein Eigen nennt. Das Verwirrspiel mit dem Fabergé-Ei in *Octopussy* (1983) wurde oft kritisiert. Der folgende Überblick soll Klarheit verschaffen: ↗Lenkin hat eine Fälschung angefertigt, die 009 im ↗Octopussy-Zirkus stehlen kann. Sie gelangt zum ↗MI6. Das Original-Fabergé-Ei soll bei Sotheby's in London versteigert werden. Bond taucht dort mit der Fälschung auf und vertauscht die Eier bei der Auktion. Ab diesem Moment taucht die Fälschung im Film nicht mehr auf. Das Originalei wird von »Q« präpariert und von 007 gegenüber Kamal Khan als Köder benutzt. ↗General Orlov hält das Original später für eine Fälschung und zerschlägt es mit seiner Waffe, was den seltsamen Blick Khans erklärt.

FABIAN, TONY (Musikberater)
Musikberater bei der Produktion ↗*GoldenEye* (1995) war Tony Fabian.

FACH 64
Im Roman ↗*Fahr zur Hölle, Mr. Bond!* findet Bond in einem Schließfach mit der Nummer 64 ein Paket, das von seinem Kontaktmann ↗Grant stammt.

FACH 700
James Bond sucht im Roman ↗*Scorpius* eine Bank auf und übergibt der Kassiererin eine Karte. Er wird zu einem Schließfach gebeten, das die Nummer 700 hat. Das Fach öffnet sich, nachdem Bond und die Kassiererin jeweils einen Schlüssel in unterschiedliche Schlösser gesteckt haben. In dem Fach befindet sich alles, was Bond für seinen Identitätswechsel zu Mr. ↗Boldman benötigt. Bei den Tarndokumenten gibt es neben einem Pass auch eine Brieftasche mit Kreditkarten, einen kleinen Ledernotizblock, zwei zerknitterte Umschläge, die an »James Boldman Esq.« adressiert sind und eine Anschrift enthalten, die überprüft werden kann.

FÄCHER (Waffe)
Der Fächer, den James Bond im Roman und auch im Film ↗*Der Morgen stirbt nie* (1997) im Unterschlupf von ↗Wai Lin findet, ist eine tödliche Waffe. Als 007 ihn im Buch öffnet, fliegen Messer heraus, die in der Decke stecken bleiben. Im Film sind es mit Schnüren verbundene Haken, mit denen Bond einen ↗Dummy an die Wand »nagelt«.

FACKEL
Als 007 in ↗*Octopussy* (1983) von ↗Kamal Khans Männern angegriffen wird, stiehlt er einem Mann, der auf der Straße mit brennenden Fackeln jongliert, eine Fackel, um sich damit zu wehren.

FADEN
An einem Faden lässt ein Attentäter in ↗*Man lebt nur zweimal* (1967) Gift herunter, das in James Bonds Mund fließen soll. 007 dreht sich beiseite, und Bonds Bettgenossin ↗Aki tropft das Gift in den Mund. Sie stirbt.

FAFIE (Romantier/Schäferhund)
Ob Film oder Roman, die Fieslinge umgeben sich immer mit gefährlichen Tieren. Im Buch ↗*Nichts geht mehr, Mr. Bond* sind es drei Schäferhunde, die auf die Namen ↗Sigi, ↗Wotan und Fafie hören. Sie sind auf ↗Schloss Varvick untergebracht, das ↗John Gardner als Schloss Gruselig bezeichnet. Die Tiere hören auf die Befehle der ↗»Schwarzen Ingrid«. Als die Hunde auf 007 losgelassen werden, sind ihm Tierschutzgesetze gleichgültig: Er erdrosselt Fafie vor den Augen seiner Besitzerin.

FAHNENSCHWANZ (Vogel)
Eine Hommage an den Vogelkundler James Bond ist in ↗Ian Flemings Kurzgeschichte ↗*Für Sie persönlich* zu finden. Darin steht als Einleitungssatz, dass der schönste Vogel Jamaikas ein Fahnenschwanz (Doktorkolibri) sei. In der Geschichte werden zwei Vogelpärchen dieser Art vom Ehepaar ↗Havelock beobachtet. Die ersten Fahnenschwanzpärchen wurden von Mrs. Havelocks Mutter Pyramus und Thisbe sowie Daphnis und Chloë genannt.

FAHRRAD
James Bond ist in ↗*Sag niemals nie* (1983) als Radfahrer unterwegs. Nachdem er ↗Fatima Blush ermordet hat und ↗Felix Leiter aufgetaucht ist, tarnen sich beide als Sportler: 007 fährt Rad, Leiter joggt nebenher.

FAHRRADFAHRER
Ein Fahrradfahrer brachte sich während der Dreharbeiten zu ↗*Octopussy* (1983) in Indien in Lebensgefahr, als er zwischen zwei Wagen hindurchfuhr, die bei den Aufnahmen einer Verfolgungsjagd durch indische Straßen rasten. Regisseur ↗John Glen hielt die dadurch entstandenen Aufnahmen aber für so spektakulär, dass er sie im Film verwandte.

FAHRKARTENKONTROLLE
↗Kerim Bey gibt sich in ↗*Liebesgrüße aus Moskau* (1963) als Fahrkartenkontrolleur im ↗Orient Express aus, um in das Abteil von ↗Benz zu gelangen. Als Benz öffnet, blickt er in die Mündung einer Waffe.

FAHRSTUHL
Obwohl James Bond Sportler ist, verzichtet er auf die Treppe, wenn ein Aufzug vorhanden ist. Das ist schon im TV-Film ↗*Casino Royale* (1954) zu sehen, und auch in ↗*James Bond 007 jagt Dr. No* (1962) erreicht er die Etage seiner Wohung mit dem Lift. Einen Fahrstuhl benutzt er auch in den Gefilden des ↗Dr. No. ↗Kisch, der Bond in ↗*Goldfinger* (1964) an eine Bombe kettet, lässt 007 mit einem offenen Fahrstuhl in die Kammern des ↗Fort Knox hinab. Von einem Gegner getragen schickt sich Bond in ↗*Man lebt nur zweimal* (1967) per Fahrstuhl in die oberste Etage des ↗Osato-Firmengebäudes bringen. Auch ↗Tiger Tanaka bietet Bond den Lift an. Die Astronauten, die ↗Bird 1 fliegen sollen, erreichen die Einstiegsluke im selben Film ebenfalls nur über einen Fahrstuhl. Um einen Gegner zu erledigen, benutzt Bond in ↗*Im Geheimdienst Ihrer Majestät* (1969) auf dem ↗Piz Gloria die Tür eines Aufzugs – Bond knallt der Wache die Tür vor den Kopf. Auf das Dach eines Aufzugs schafft es 007 in ↗*Diamantenfieber* (1971) zur Spitze des ↗Whyte House zu gelangen, wo er auf ↗Blofeld trifft. In diesem Film hat Blofelds Lift im Inneren des Gebäudes besondere Eigenschaften: 007 soll auf »L« für »Lobby« drücken. Er glaubt kurz darauf, der Boden würde sich öffnen, doch es passiert etwas anderes: Aus der Decke strömt Gas und betäubt Bond. Im selben Film findet auch eine Schlägerei zwischen James Bond und ↗Peter Franks auf engstem Raum statt: Die beiden prügeln sich in einem Aufzug im Haus, in dem ↗Tiffany Case wohnt. Einen Lift der anderen Art bietet ↗*Leben und sterben lassen* (1973) auf einem Friedhof: Von einem Grab aus führt der Weg nach unten in ↗Mr. Bigs Reich. Als ↗Kananga besitzt der Drogendealer auch einen hinter einem Schrank versteckten Aufzug in Harlem.

Um in ↗*Der Mann mit dem goldenen Colt* (1974) alle Abteilungen von ↗Scaramangas Sonnenkraftwerk erreichen zu können, ist ein Aufzug nötig. ↗Karl Stromberg hat in ↗*Der Spion, der mich liebte* (1977) aus praktischen Gründen auf eine Treppe verzichtet: Bei seinem Lift öffnet sich der Boden, und unerwünschte Gäste fallen in ein Haibecken. Bei Bond klappt das nicht: Er stellt sich auf den stehen bleibenden Rand, als sich die Falltür öffnet, und kommentiert: »Eine bodenlose Gemeinheit!« Benutzt Bond in ↗*In tödlicher Mission* (1981) den Aufzug lediglich, um auf eine Sprungschanze zu gelangen, soll er in ↗*Im Angesicht des Todes* (1985) auf ↗Zorins Wunsch in einem Fahrstuhl verbrennen. Durch die Dachluke kann 007 mit ↗Stacey Sutton dem Feuer entkommen, bevor der Fahrstuhl in die Tiefe stürzt. 007 steigt durch die Notausstiegsluke des Lifts aus, klettert im Fahrstuhlschacht nach oben und rettet auch Sutton mit einem Feuerwehrschlauch aus dem Inferno. Im selben Film war 007 schon auf dem Dach eines Fahrstuhls »gesurft«. Es handelte sich um einen Aufzug im Eiffelturm – 007 folgte ↗May Day, die sich mit einem Fallschirm davonmachte. Der größte vorkommende Fahrstuhl taucht auch in *Im Angesicht des Todes* (1985) auf. Es handelt sich um eine Pferdebox, in der ↗Pegasus gehalten wird. Sie lässt sich in ein Kellergeschoss fahren, wo ↗Karl Mortner Operationen an dem Tier durchführt. Über diesen Fahrstuhl gelangen James Bond und ↗Godfrey Tibbett in eine Mikrochipfabrik. Auch auf das Kabinendach begibt sich 007 in ↗*Lizenz zum Töten* (1989), als er versucht, zur Außenfassade eines Gebäudes zu gelangen, in dem sich ↗Franz Sanchez befindet. Mit einem Lift entkommen Bond und ↗Natalja in ↗*GoldenEye* (1995) den Feuerwalzen in ↗Trevelyans Hauptquartier zur Antenne, wo er mit James Bond auf Leben und Tod kämpfen will. In ↗*Der Morgen stirbt nie* (1997) beschließt 007, das nächste Mal wieder den Lift zu nehmen, weil ihm das Hängen an der Außenfassade von ↗Carvers Wolkenkratzer zu gefährlich und zu anstrengend erscheint. In Carvers Hauptquartier in Hamburg nutzt 007 einen Fahrstuhl, um zu Paris Carver im ersten OG zu gelangen. Nachdem 007 und ↗Jinx in ↗*Stirb an einem anderen Tag* (2002) aus ↗Gustav Graves' Eispalast entkommen sind und sich mit ↗Robinson treffen, benutzen sie auf einem Militärstützpunkt einen Lift, der sie in einem Jeep sitzend eine Etage tiefer befördert. Dort warten ↗»M« und ↗Falco auf die drei. Auch in der Bond-Literatur spielen Fahrstühle eine Rolle: In ↗*For Special Services* sind 007 und ↗Cedar Leiter in einem Aufzug eingeschlossen und können sich im letzten Moment retten, bevor der Lift in die Tiefe stürzt. Dass diese Passage aus ↗John Gardners Roman die Filmemacher zur o. g. Fahrstuhlszene von *Im Angesicht des Todes* (1985) angeregt hat, kann als wahrscheinlich angesehen werden. Auch im Film ↗*Casino Royale* (2006) ist wieder ein Fahrstuhl zu sehen. Der Film-Trailer zeigt eine Szene, in der 007 eingeführt wird, als sich die Fahrstuhltüren öffnen.

FAHR ZUR HÖLLE, MR. BOND! (Roman)

Der zehnte James-Bond-Roman aus der Feder von ↗John Gardner ist das siebenundzwanzigste Werk über Bond, wenn man Flemings Kurzgeschichtenbände und die Bücher von Christopher Wood und Kingsley Amis mitzählt, das in Deutschland erschienen ist. Der 1992 in der Bundesrepublik veröffentlichte Roman hat in der englischen Originalausgabe den Titel ↗*Brokenclaw* und erschien bereits 1990 – nach dem Buch zum Film ↗*Lizenz zum Töten* also, vielleicht auch ein Grund, warum sich das Buch nicht so gut verkaufte wie seine Vorgänger. Der Markt war mit einem Kinofilm und zwei Romanen in kurzer Folge vielleicht einfach übersättigt. Die deutsche Übersetzung stammt von Katharina Jonas und erschien bei Heyne in der Allgemeinen Reihe unter der Nummer 01/8606. Unverständlich hierbei: Während *Brokenclaw* die Widmung »For Ed & Mary Anna with thanks« enthält, wartet die deutsche Übersetzung mit der Widmung »Für Russ und Randy« auf. Die zwanzig Kapitel, die sich über 283 Seiten erstrecken, haben folgende Überschriften: 1) Tod am Nachmittag; 2) Die Seele eines Mannes ist der Mann; 3) Hinter mir ist ein Delfin; 4) Lords und Lords Day; 5) Das trojanische Pferd; 6) Wandas Geschichte; 7) Ein fröhlicher Tanz; 8) Abaelard und Héloïse; 9) Einschlafgeschichten; 10) Täuschungsmanöver; 11) Willkommen; 12) Chinesische Schachteln; 13) Schwarze Magie; 14) Ein Weg zur Bank; 15) Sterben wie ein Gentleman; 16) Zum Fürchten; 17) Neue Tage, neue Wege, alte Liebe; 18) Die Chelan Mountains; 19) Forderung zum Marterduell; 20) O-Kee-Pa

Inhaltsangabe »Fahr zur Hölle, Mr. Bond!«:

1) Tod am Nachmittag: Zwei unbekannte Agenten wollen Professor Allardyce abholen. Als er sich weigert, werden die Männer gewalttätig. Er wird k. o. geschlagen und abtransportiert. Als er später einen Fluchtversuch unternimmt, wird er hinterrücks niedergeschossen.

2) Die Seele eines Mannes ist der Mann: James Bond trifft Lee Fu-Chu – Gebrochene Klaue – und ist von ihm fasziniert. Er will mehr über den Mann mit der missgebildeten Hand erfahren, doch ein Telegramm trifft ein, und er wird nach San Francisco beordert.

3) Hinter mir ist ein Delfin: Als die Doppelnull einen Spaziergang in San Francisco macht, taucht ein Verfolger auf, den er Delfin nennt. Bond schüttelt ihn ab und verfolgt ihn seinerseits. Der Delfin wird von auftauchenden Schlägern zu Tode geknüppelt. Am nächsten Tag erscheinen zwei FBI-Männer in 007s Hotel, die den Toten als Agenten Patrick Malloney beschreiben. Bond soll damit zu tun haben, und der Chef der beiden Agenten will offensichtlich mit ihm sprechen.

4) Lords und Lords Day: Bond trifft auf »M« und möchte zuerst wissen, warum er offiziell nicht für den Secret Service, sondern als Commander für die Royal Navy arbeitet. Lösung: 007 soll möglicherweise bei der US-Navy eingesetzt werden. »M«s Kollege Ed Rushia informiert 007 über »Lords und Lords Day«, ein elektronisches U-Boot-Ortungsgerät und ein Gerät zur Störung des Ersten. Als »M« von einem verschwundenen Professor berichtet, erwähnt 007 sein zufälliges Wissen über Lee Fu-Chu. Der Geheimdienstchef will mehr erfahren.

5) Das trojanische Pferd: Malloney ist getötet worden, weil er sich in Lees Revier vorgewagt hatte, er dachte, 007 wolle mit diesem Kontakt aufnehmen. Bond erzählt von seinem einseitigen Treffen mit Gebrochene Klaue Lee. »M« und Rushia sind überrascht. Im Verlauf des Gesprächs erfährt der Geheimagent, dass Lee vermutlich mit dem Verschwinden von fünf Männern zu tun hat, die alle am Projekt »Lords and Lords Day« mitgearbeitet haben. Wanda Man Song Hing ist die bisher einzige nicht verschwundene Person des Projekts. Sie kommt zu einem Gespräch zu »M«, Rushia und Bond, um ihnen Fakten zu liefern.

6) Wandas Geschichte: Wandas Geschichte ist ein Tatsachenbericht aus der Vergangenheit. Sie erzählt von ihrem Vater, der sie wegen Schulden an Lee übergab. Da sie ohnehin an einem Plan arbeitete, willigte sie ein und spielte die gehorsame Tochter. Rushia weiß davon, will aber offiziell keine Erlaubnis zu diesem Unterfangen erteilen. Brokenclaw, der sexuell unersättlich ist, machte sich sofort über Wanda her.

7) Ein fröhlicher Tanz: Zwei Personen, die Lee Geld für »Lords and Lords Day« geboten haben, werden abgefangen. 007 und die Agentin Sue Chi-Ho sollen sie ersetzen.

8) Abaelard und Héloise: James Bond und Chi-Chi werden per Jet nach Manhattan geflogen, wo es so aussieht, als würden sie aus einer Linienmaschine steigen. 007 und Chi-Chi gelangen nach einigen Telefonaten an eine Frau namens Myra. Als Chi-Chi an der Tür klingelt, sagt Myra, sie würde sich freuen, Mo wiederzusehen – Bond ist alarmiert, da Chi-Chi die besagte Mo ja vertritt.

9) Einschlafgeschichten: Myra berichtet von ihrem Leben und ihrer Bekanntschaft mit Jenny Mo. Bond beschafft ein Foto von Mo, die vom Geheimdienst abgefangen wurde, doch Myra erkennt die Frau auf dem Bild nicht. Myra wird in Sicherheit gebracht und 007 und Chi-Chi machen sich auf den Weg zu Mr. Lee. Derweilen zerschießt ein Killer das präparierte Bett von Myra und glaubt, sie getötet zu haben.

10) Täuschungsmanöver: Lees Jet mit Bond und seiner Partnerin an Bord täuscht auf dem Flughafen Salinas eine Notlandung vor, beide werden mit einer Limousine zu Brokenclaw gebracht. Dieser freut sich, »Peter« und »Mo« empfangen zu können, und erwähnt, dass eine Verräterin aus ihrer Mitte enttarnt wurde. Mit Entsetzen sieht die Doppelnull Wanda zusammengeschlagen auf einem Stuhl kauern. Der Handlanger Ding soll sich um sie »kümmern«.

11) Willkommen: Die Geheimagenten bekommen ein luxuriöses Zimmer. Beide wollen im Stundenwechsel wachen, doch Bond schläft bei seiner ersten Schicht ein. Als er morgens erwacht und aus dem Fenster blickt, sieht er die Blue Ridge Mountains (Virginia). Bond ist verwirrt, weil er sicher ist, sich in Kalifornien zu befinden.

12) Chinesische Schachteln: Bond frühstückt mit Lee, und ihm wird das faszinierende Haus mit den »Illusionsfenstern« erklärt, die jede Landschaft als Projektion wiedergeben können. Wandas Vater wird hereingeführt und soll hingerichtet werden, weil Wanda einen Sender in Lees Haus versteckt hat. Der Mann soll Wölfen zum Fraß vorgeworfen werden. Für 007 und Chi-Chi steht Arbeit für Lee auf dem Plan. Der Bösewicht geht davon aus, dass Bond die Mikrodots herausschmuggeln wird und Chi-Chi derweil im Hause Lees bleibt. Mit Erschrecken begreift 007, dass Einauge alias H'ang vom Bösewicht erwartet wird.

13) Schwarze Magie: James Bond und die Frau tun so, als würden sie, wie von Lee erwartet, das Material mit dem Codenamen »Schwarze Magie« prüfen. Rushia hat währenddessen das Homer-Signal wieder gefunden. »M«, Tanner, Grant und Franks beraten sich über die Vorgehensweise. Bond meldet sich telefonisch aus der Bank, wo er Geld beschaffen will, das Brokenclaw für seine Informationen verlangt.

14) Ein Weg zur Bank: In der Bank erhält Bond von »M« die Instruktion, sofort zurückzukommen, Bond benutzt die Hintertür, da Ding vor dem Ausgang wartet. Doch die FBI-Männer Nolan und Wood halten den Agenten auf und übergeben ihn Ding, der ihn seinerseits zu »Gebrochene Klaue Lee« bringen will.

15) Sterben wie ein Gentleman: James Bond gelingt es, Bone Bender Ding niederzuschlagen, als er im Helikopter zu Lee zurückgebracht werden soll, aber der Hubschrauber von H'ang taucht auf und bringt 007s Fluggerät zum Absturz. Der Agent überlebt, da er aber nicht reden will, schmiert Lee Bonds Genitalien mit Fett ein und fesselt den Nackten mit gespreizten Beinen in einem Wolfskäfig.

16) Zum Fürchten: Rushia hat die Wölfe schläfrig gemacht, und Bond wurden lediglich die Genitalien abgeleckt. Ein großer Kampf bricht aus, bei dem ein Sicherheitsspezialist anwesend ist, um Lee »auszuräuchern«. Auch Tanner wohnt dem Spektakel bei. 007 findet Chi-Chi, tötet Pu und Ding, muss aber feststellen, dass H'ang und Lee entkommen sind. Auch Wanda soll noch gerettet werden. Sie befindet sich in einem Haus in Sausalito. Ein Bordell könnte mit Lee in Verbindung stehen.

17) Neue Tage, neue Wege, alte Liebe: Nach einer Besprechung verbringen 007 und Chi-Chi ein paar angenehme Tage in Chi-Chis Wohnung in San Francisco. Als Bond in die Stadt geht, um Champagner zu kaufen, wird seine neue Liebe entführt. Lee will 007 zu einem bestimmten Zeitpunkt treffen. Der Agent ruft bei Rushia an und bittet um Hilfe.

18) Die Chelan Mountains: Bond vermutet Gebrochene Klaue in einem Indianercamp und hat damit Recht. Rushia unterstützt 007. Beide versuchen, Nolan, Wood und H'ang zu verhaften, doch den entscheidenden Kampf will Bond Mann gegen Mann führen. Lee schlägt »O-kee-pa« vor, eine Martermethode, mit der Indianerstämme den Häuptling bestimmen.

19) Forderung zum Marterduell: Der britische Geheimagent wird von Gebrochene Klaue Lee über »O-kee-pa« informiert. 007 will die Qualen auf sich nehmen – schon wegen Chi-Chi. Mental versucht er, sich auf das bevorstehende Ritual vorzubereiten.

20) O-Kee-Pa: Die Qualen, die Lee und Bond über sich ergehen lassen, sind unmenschlich. Je zwei lange Nägel werden in die Haut über den Schulterblättern und in die Waden getrieben. Nachdem sie daran aufgehängt worden sind, müssen sie anschließend lange Büffelschädel, die ebenfalls an den Nägeln befestigt worden sind, bis zu einem Ziel ziehen. 007 reißt sich die Nägel aus dem Fleisch. Er schafft es genau wie Lee, bei Pfeil und Bogen anzukommen. Lee verfehlt ihn, Bond aber trifft genau in die

Kehle des Bösewichts. Der Agent behält große Narben und benötigt ein Jahr Physiotherapie, doch er genießt das Leben und verbringt einige Zeit mit Chi-Chi. Als sie ihn bittet, Wein zu holen (siehe Kapitel 17) lehnt er kategorisch ab: »Auf keinen Fall! Nichts zu machen! Schluss und aus!«

FAIR, VIC (Designer)
Vic Fair entwarf die britischen Plakate zu ↗ *Im Angesicht des Todes* (1985). Er zeigte 007 erstmals in einem weißen Anzug als Kontrast zur dunkelhäutigen ↗ Grace Jones im Hintergrund. Fair hatte sich u. a. mit dem Design und den Illustrationen zu *The Man Who Fell To The Earth/Der Mann, der vom Himmel fiel* (1976) einen Namen gemacht.

FAIRBAIRN, ANTHONY (Pferdeszenen)
↗ Oliver Victor-Thomas

FAIRBANKS, BILL (Filmcharakter)
Bill Fairbanks wird in ↗ *Der Mann mit dem goldenen Colt* (1974) nur genannt. ↗ Moneypenny berichtet 007, dass Fairbanks in Beirut ermordet worden sei, der Mörder ↗ Scaramanga aber mangels Beweisen nicht in den Akten auftauche. James Bond will nach Hinweisen suchen. Der Mord an Fairbanks, der bereits 1969 stattgefunden haben soll, ereignete sich in der Garderobe der Tänzerin ↗ Saida. Bill Fairbanks hatte wie auch Bond die ↗ *Lizenz zum Töten*. Seine Nummer lautete ↗ 002.

FAIRCHILD (Romanfigur)
Im Buch ↗ *Casino Royale* kommt eine Person vor, die Miss Fairchild heißt. Fairchild spielt völlig kühl und bietet dem Bösewicht ↗ Le Chiffre dreimal »banco«. Sie gewinnt in einer Stunde eine Million Franc und verlässt darauf das Kasino.

FAIRCHILD (Romanfigur)
James Bond malt sich im Roman ↗ *Feuerball* aus, wer auf den Bahamas auftauchen würde, um die Operation Feuerball weiterzuleiten, wenn die Bomben nicht gefunden werden würden: Brigadier Fairchild, C. B., D.S.o. (↗ Anmerkung des Übersetzers), britischer Militärattaché in Washington, und ein Konteradmiral namens ↗ Carlson.

FAIREY MARINE'S (Firma)
↗ Peter Twiss

FAIRLIE (Romanfigur)
Wer genau Mr. Fairlie ist, der im Roman ↗ *Goldfinger* vorkommt, kann nicht bestimmt werden. Entweder handelt es sich um den Bewohner des Aloha-Appartements, der James Bond weichen muss, oder es ist ein leitender Angestellter im ↗ Bill's on the Beach Hotel in Miami. Fairlie soll sich im Buch mit ↗ Mr. Du Pont in Verbindung setzen, falls »Schwierigkeiten« auftreten.

FAKIR (Filmcharakter)
In ↗ *Octopussy* (1983) kommt ein Fakir vor, auf dessen Nagelbrett 007 einen seiner Gegner aufspießt. In der deutschen Version herrscht hier ein Stimmen- und Übersetzungschaos: Man hört den Inder in seiner Muttersprache, ließ die deutsche Synchronisation (»Was machen fremder Mann in mein Bett?«) zusätzlich einspielen und versah die Szenen obendrein noch mit einem englischen Untertitel.

FAKTO (Romanfigur)
Im Buch ↗ *Goldfinger* ist sich James Bond nicht sicher, ob ↗ Goldfingers Chauffeur ein Japaner oder ein Koreaner ist. Der Mann wird mit einem irren Funkeln in den Augen und einer Oberlippe charakterisiert, die einen »Wolfsrachen zu verdecken« scheint. Im englischen Original heißt der Charakter ↗ »Oddjob« (Goldfinger: >I call him Oddjob because that describes his functions on my staff.<), wie auch später die von ↗ Harold Sakata dargestellte Figur im dritten offiziellen James-Bond-Film.

Fakto verspeist Goldfingers Katze; bei einer Hungersnot in seinem Heimatland ist er auf den Geschmack gekommen. Der Koreaner hat an den Hand- und Fußkanten einen Wulst aus knochenartiger Masse. Damit gelingt es ihm, Holz zu zerschlagen, als wäre es Styropor. Goldfinger bezeichnet seinen Diener als ↗ »Faktotum«. Da Fakto den besagten Wolfsrachen hat, ist der Juwelier der Einzige, der ihn verstehen kann. Bond stellt fest, dass sein Handbuch »Verteidigung« gegen diese »lebende Keule« kaum von Nutzen ist. Des Weiteren besitzt Fakto einen Hut, dessen Rand aus einer leichten, aber stabilen Legierung besteht. Der Kämpfer schleudert die Melone mit solcher Wucht gegen die Wand, dass sie im Paneel stecken bleibt. Goldfinger versichert, beim Hut sei nur der Stoff beschädigt, und Fakto könne gut mit Nadel und Faden umgehen. Und nicht nur das: Fakto ist einer von drei Männern auf der Welt, die den schwarzen Gürtel in Karate haben. Er kann mit einem gezielten Angriff auf einen von sieben Punkten des menschlichen Körpers sofort töten. Bond bemerkt gegenüber Goldfinger, er kenne nur fünf Arten, Fakto umzubringen.

Um sich in Form zu halten, trainiert Fakto täglich. Eine Stunde prügelt er auf Säcke ein, in denen sich ungeschälter Reis befindet, und schlägt auf einen Balken, der mit einem Seil umwickelt ist. James Bond kämpft an Bord eines Flugzeugs mit dem Killer, und dieser wird nach draußen gesogen, weil ein Fenster zerstört worden ist: »Faktos Körper schien der heulenden, schwarzen Öffnung entgegenzuwachsen! Krachend fuhren Kopf und Schultern durch den Rahmen, und dann zog es den Koreaner langsam, stückweise wie Zahnpasta und mit schrecklichem Pfeifen hinaus in die Schwärze der Nacht. Schon war er bis zum Gürtel draußen, doch seine starken Hinterbacken blieben noch stecken. Aber dann gab es einen Knall, die Hinterbacken waren durchgerutscht und die Beine verschwanden wie aus der Pistole geschossen!« Der Tod wurde im Film ↗ *Goldfinger* (1964) auf Goldfinger selbst übertragen. So brutal wie beschrieben (»Zahnpasta«) kommt er aber nur im Film *Alien – die Wiedergeburt* vor.

FAKTOTUM
Im Roman ↗ *Goldfinger* bezeichnet der Böse seinen Diener ↗ Fakto als »Faktotum« – eine »Person, die alles tut«. Auch die Figur ↗ Cleek MacSawney aus dem Buch ↗ *Stille Wasser sind tödlich* wird als ↗ Randolph Hellebores Faktotum beschrieben. Im Originalroman ↗ *Silverfin* lautet die Bezeichnung aber »gillie«.

FALCO, DAMIAN (Romanfigur/Filmcharakter)
Damian Falco ist im Roman ↗ *Stirb an einem anderen Tag* einer der »kühlen Sicherheitsberater der Südkoreaner«. Der Amerikaner arbeitet für die ↗ NSA. Zunächst sollte die Figur durch einen Laserstrahl von ↗ Ikarus umkommen, Darsteller ↗ Michael Madsen überzeugte die Produzenten aber, ihn in seiner Rolle am Leben zu lassen. Insider vermuten, die Figur Falco wird in kommenden James-Bond-Filmen wieder auftauchen.

DIE FALKEN (Romanfiguren)
Im Buch ↗ *Stirb an einem anderen Tag* berichtet ↗ Robinson, »Die Falken« hätten einen Staatsstreich verübt und ↗ General Moon gestürzt. Ein Detail, das im Film ↗ *Stirb an einem anderen Tag* (2002) nicht vorkommt. Im englischen Originalbuch werden »Die Falken« nicht »Hawks«, sondern »Hardliners« genannt (dieser Name fällt auch im Film).

FALKINER, JOHN (Stuntman)
Das Team, das bei den Dreharbeiten von ↗ *Der Hauch des Todes* (1987) die Schnee-Stunts ausführte, bestand aus John Falkiner, Ida Huber, René Seiler und Herman Sporer.

FALKLANDKRIEG
Eine interessante Tatsache über James Bonds Tätigkeit verrät ↗ John Gardner im Roman ↗ *Sieg oder stirb, Mr. Bond*. Mit einer Zusatzbemerkung über den Falklandkrieg schreibt er: »Obwohl das nur angedeutet und nie in gedruckter Form zugegeben wurde, war Bond fast mit Sicherheit während des Falklandkrieges im Einsatz. Man munkelte, er sei der Mann gewesen, der heimlich landete, um Zivilisten zu unterstützen und bei ihrer Ausbildung zu helfen, bevor der Krieg ausbrach.« Dieser mit einem Sternchen angefügte Absatz vermittelt den Eindruck, als sei James Bond eine reale Person. Der ↗ Harrier Jump-Jet, mit dem ↗ Koskov im Film ↗ *Der Hauch des Todes* (1987) beim Überlaufen in den Westen unterstützt wird, ist nicht nur ein erstaunlicher Senkrechtstarter, sondern wurde während des Falklandkrieges von den Engländern zur Bombardierung von argentinischen Militäranlagen benutzt.

FALLLEITER
↗ Leiter

FALLSCHIRM
In ↗ *Octopussy* (1983) nutzt Bond einen Moment der Unachtsamkeit und betätigt die Reißleinen der Fallschirme seiner Bewacher, die mit ihm auf einem fahrenden Jeep sitzen. Durch den Fahrtwind öffnen sich die Fallschirme, die bewaffneten Männer werden aus ihren Sitzen gerissen und fliegen knapp über dem Boden durch die Luft. Der ↗ BMW Z3 Roadster in ↗ *GoldenEye* (1995) hat einen im Heck befindlichen Fallschirm, der beim Sturz des Wagens aus großer Höhe eingesetzt werden kann. Diese Sonderfunktion kommt im Film nur zu Testzwecken zum Einsatz.

FALLSCHIRMSPRÜNGE IN JAMES-BOND-FILMEN
Gäbe es keinen Fallschirm, wäre James Bond schon oft am Boden zerstört gewesen. In ↗ *Goldfinger* (1964) retten sich 007 und ↗ Pussy Galore mit einem Fallschirm bei einem Flugzeugabsturz. In ↗ *Feuerball* (1965) wird eine Großaktion mit Fallschirmen durchgeführt. Die Froschmänner, die auf Bonds Seite gegen ↗ Largo kämpfen, springen aus Flugzeugen ab.

Auch die Indianer in ↗ *Casino Royale* (1966) sollen nicht unerwähnt bleiben: Sie stürmen das Kasino im Filmfinale nach dem Absprung aus einem Flugzeug. In ↗ *Man lebt nur zweimal* (1967) springt ↗ Helga Brandt aus einer einmotorigen Maschine, von der sie hofft, der Agent würde mit ihr abstürzen. In ↗ *Diamantenfieber* (1971) gibt sich James Bond als Inspekteur für Umweltschutz aus und landet mit einer Kugel aus silberner Plane per Fallschirmsprung vor ↗ Blofelds Öl-Bohrinsel. Die Kugel hängt an drei Fallschirmen, als sie aus dem Flugzeug abgeworfen wird. 007 benutzt sie nach dem Auftreffen auf der Meeresoberfläche, um sich darin fortzubewegen. Die ↗ Pre-Title-Sequenz von ↗ *Der Spion, der mich liebte* (1977) zeigt 007s populärsten Fallschirmsprung. Bond fährt mit Skiern über einen Abhang hinaus, der sich öffnende Schirm ist der »Union Jack«. In ↗ *Moonraker – streng geheim* (1979) fällt Bond ohne Fallschirm aus einem Flugzeug. Er schafft es aber, den zuvor abgesprungenen Piloten einzuholen und ihm seinen Fallschirm abzunehmen. Beißers Fallschirm funktioniert in dieser Szene nicht, der Riese stürzt in ein Zirkuszelt. In ↗ *Im Angesicht des Todes* (1985) springt ↗ May Day mit einem Fallschirm vom Eiffelturm. Drei Agenten, zu denen auch James Bond gehört, springen in ↗ *Der Hauch des Todes* (1987) mit Fallschirmen über Gibraltar ab. Als 007 schließlich einem Attentäter folgt, kann er aus einem über eine Klippe rasenden abstürzenden Auto nur dadurch entkommen, weil er den Fallschirm wieder zusammengelegt und in seinem Rucksack gepackt hat. Er springt aus dem Jeep, rettet sich mit dem Schirm und sieht mit an, wie sein Gegner in dem explodierenden Auto umkommt.

Zur Hochzeit von ↗Felix Leiter treffen James Bond und Leiter in ↗*Lizenz zum Töten* (1989) aus der Luft ein. Die beiden haben zuvor noch ↗Franz Sanchez dingfest gemacht. In ↗*GoldenEye* (1995) hängt das Cockpit des Tiger-Helikopters an zwei Fallschirmen, als Bond wegen auf ihn zurasender Raketen den »Schleudersitz« betätigt hat. Der ↗BMW Z3 hat im selben Film einen von ↗»Q« ins Heck integrierten Schirm, der aber nicht zum Einsatz kommt. Einen ↗HALO-Jump wagt Bond in ↗*Der Morgen stirbt nie* (1997). Er öffnet den Fallschirm erst kurz bevor er auf der Wasseroberfläche aufschlägt. Sekunden später schneidet er sich vom Schirm los und wird zum Taucher. In ↗*Stirb an einem anderen Tag* (2002) landet ↗Gustav Graves mit einem Fallschirm zu einer Pressekonferenz vor dem Buckingham Palace. 007 benutzt später einen Bremsfallschirm als Gleitschirm, um vor einer riesigen Welle zu flüchten. Graves, der sich aus einem abstürzenden Flugzeug mit einem Fallschirmsprung retten will, muss durch Bonds Eingreifen der »Schwerkraft ins Auge sehen«. Graves wird durch den Schirm in die Turbine gesogen und zerfetzt. In ↗*Countdown!* von ↗Raymond Benson springt James Bond mit einem Fallschirm des Typs ↗SAS Modified XL Cloud ab, um sich am vereinbarten Platz mit der Kollegin ↗05 zu treffen. Der Schirm ist bereits offen, als Bond das Flugzeug verlässt. Der Sprungmeister wirft die Fallbremse hinter dem Agenten her und dieser wird so kurz über der Wasseroberfläche abgefangen.

FALLEN

Um sich vor potenziellen Eindringlingen warnen zu lassen, stellt James Bond im Roman ↗*Sieg oder stirb, Mr. Bond* ganz besondere Fallen auf. Er verteilt Flaschen, Dosen und Gläser so in der ↗Villa Capricciani, dass jeder Einbrecher einen Höllenlärm verursacht, wenn er durch die Räume schleichen will. Ferner verrückt 007 die Möbel, um auch Ortskenner durch das totale Chaos in Schwierigkeiten zu bringen. Schnüre, die James Bond spannt, sollen das Restrisiko ausschließen, dass jemand geräuschlos in die Villa eindringen kann. Um in Sicherheit zu sein, schläft der Agent in dieser Nacht auf dem Dach.

FALLON (Romanfigur)

Im Roman ↗*Feuerball* ist Fallon ein Maat an Bord des U-Bootes ↗Manta. Er führt das Schwimmkommando an und untersteht den Befehlen von James Bond. Fallons Team besteht u. a. aus den Männern Bracken, Fonda und Johnson.

FALLON, CYNTHIA (Darstellerin)

Zweimal »Fallon« in ↗*Lizenz zum Töten* (1989). Neben der Figur ↗Nick Fallon taucht die Darstellerin Cynthia Fallon auf. Sie verkörpert ↗Sanchez' Bankangestellte ↗Consuela.

FALLON, NICK (Romanfigur/Filmcharakter)

Nick Fallon ist Mitarbeiter des ↗MI6 in ↗Isthmus City. James Bond glaubt im Buch ↗*Lizenz zum Töten* zunächst, Fallon sei zu ↗Sanchez übergelaufen, doch dem ist nicht so. Sein Kollege versucht nur, auf recht abwertende Weise 007 wieder zurück nach London zu schaffen. Bond will dies nicht und hat Glück im Unglück: Sanchez' Männer greifen an. ↗Kwang und ↗Loti vom Rauschgiftdezernat Hongkong kommen bei diesem Angriff ums Leben. Fallon, der zwar im gleichnamigen Film von 1989 vorkommt, aber namentlich nur im Abspann genannt wird, wurde von ↗Christopher Neame verkörpert. Die Akte Sanchez gewinnt durch Fallon im Roman an Umfang. Schrapnellsplitter im Schädel sind nach einer Explosion vermutlich die Todesursache für den MI6-Agenten Nick Fallon.

FALLTÜR

Die erste klassische Falltür in der James-Bond-Geschichte taucht im Roman ↗*Le-*

ben und sterben lassen auf; sie wurde in den gleichnamigen Film von 1973 übernommen. Die Falltür in ↗*Man lebt nur zweimal* (1967) hat ihren Ursprung im Roman ↗*Du lebst nur zweimal*, nur wird sie hier nicht von ↗Tanaka, sondern von ↗Ernst Stavro Blofeld eingesetzt (Bond fällt im Film in ein Rutschensystem, das in einem bequemen Ledersessel Tanakas endet). Im Roman *Du lebst nur zweimal* ist 007 auch ein Opfer der Bodenklappe: Als er Wagners Oper »Walkürenritt« hört und sich daran orientiert, schleicht er durch das ↗»Schloss des Todes« – plötzlich öffnet sich unter ihm der Boden. ↗Fleming beschreibt: »(...) und wie eine Wippe drehte sich der ganze sieben Meter lange Boden lautlos um seine Mittelachse und Bond sauste, mit Armen und Beinen um sich schlagend, in einen schwarzen Abgrund hinunter.« Blofeld hat im Film *Man lebt nur zweimal* auch eine Brücke, die über ein ↗Piranha-Becken führt, zur Falle umfunktionieren lassen. Per Fußsteuerung klappt eine Brückenseite nach unten, und die Opfer werden zum Fischfutter.

Als Falltür kann man auch einen Bereich im ↗»Fillet of Soul« im Film ↗*Leben und sterben lassen* (1973) bezeichnen. Bond wird mitsamt Tisch abwärts transportiert. In ↗*Der Spion, der mich liebte* (1977) hat ↗Karl Stromberg die Falltür in seinen Fahrstuhl einbauen lassen. Die Opfer, die hindurchfallen, landen direkt in einem Haifischbecken und werden verspeist. 007 schafft es, auf den Rändern der sich öffnenden Bodenluke zu balancieren. Im Folgefilm ↗*Moonraker – streng geheim* (1979) ist es ein kippender Felsen, der 007 in ein Wasserbecken katapultiert. Im Zeppelin von ↗Max Zorin öffnet ↗May Day per Knopfdruck eine Falltür. Der abtrünnige Mitarbeiter des Schurken wird über eine sich zur Rutsche verwandelnde Treppe nach draußen befördert und stürzt mehrere hundert Meter tief in den Tod. ↗Milton Krests Falltür in ↗*Lizenz zum Töten* (1989) führt ähnlich wie Strombergs auch zu einem Hai. ↗Felix Leiter kommt schwer verletzt davon, für ↗Ed Killifer endet der Fall durch die Luke zwischen den Kiefern des Hais. Eine Art Falltür löst 007 in ↗*GoldenEye* (1995) aus, um dem tödlichen Schuss von ↗Trevelyan zu entgehen. Als der Boden unter Bond aufgeht, saust er mit einer ausfahrbaren Leiter an der Satellitenschüssel hinunter.

DER FALL VON EDEN (Comic-Titel)
↗Comics

FALN
Im Roman ↗*Niemand lebt für immer* ist die Organisation FALN neben ↗IRA, ↗SMERSH, ↗SPECTRE, den ↗Roten Brigaden und ↗Union Corse an einer Kopfjagd auf James Bond beteiligt.

DAS FALSCHE UFO (Zeichentrickfilm)
↗*James Bond Jr.*

FALSCHGELD
↗Druckvorlagen

FAMILIEN-BOND
↗Guy Hamilton

FAMILIENWAPPEN
↗*Die Welt ist nicht genug* (Familienmotto) und auch ↗Arae et foci

FANG LEADER (Filmcharakter)
↗Tracy Reed

FANGNETZ
↗Spidermannet

FANNING, JIM (Filmcharakter)
Für ↗»Ms« Verhältnisse ist Jim Fanning aus ↗*Octopussy* (1983) ein zu redefreudiger Mann. Die Zusammenarbeit zwischen dem Kunstexperten Jim Fanning und James Bond findet nur statt, weil Fanning sich mit Auktionspreisen und einem ↗Fabergé-Ei auskennt, das bei der Leiche von ↗009

gefunden wurde. 007 taucht mit Fanning bei ↗Sotheby's auf, und der Agent steigert ↗Kamal Khan fast in den Ruin. Die Nerven des von ↗Douglas Wilmer dargestellten Kunstexperten Fanning liegen blank. In der Originalkurzgeschichte ↗*The Property Of A Lady* taucht die Figur unter dem Namen Dr. Fanshause auf.

FANSHAWE (Romanfigur)
In ↗*Globus – Meistbietend zu versteigern* trifft James Bond auf Dr. Fanshawe, einen Mann in mittleren Jahren, der auf 007 rosig und wohlgenährt wirkt. Bond vermutet, er sei ein Zeitungskritiker, der als Junggeselle lebt und homosexuelle Neigungen habe. ↗»M« klärt auf, Fanshawe sei eine Koryphäe auf dem Gebiet des antiken Schmucks und Berater für Zoll und ↗CID. Zusammen mit Fanshawe soll Bond einen dubiosen Fall aufklären: ↗Maria Freudenstein, die angeblich geerbt hat, scheint mit dem Erbe für einen Spionagejob bezahlt worden zu sein.

FARAS (Filmcharakter)
↗Ithacus

FARBPATRONEN
Die Männer der ↗SAS auf Gibraltar beschießen die ↗00-Agenten in ↗*Der Hauch des Todes* (1987) bei einem Manöver mit roten Farbpatronen. Als ein feindlicher Agent auftaucht, der für ↗Koskov arbeitet, gerät die Übung außer Kontrolle: Zwei 00-Agenten und zahlreiche andere Personen kommen ums Leben. James Bond schafft es, den Killer zu töten.

FARJON, NATHALIE (Produktionskoordinatorin)
Die Produktion von ↗*Im Angesicht des Todes* (1985) wurde von May Capsaskis, Nathalie Farjon, Norma Garment, Sally Hayman und Maureen Murphy koordiniert.

FARM (Trainingslager)
↗Camp Peary

FARNKRAUT
↗Farnwedel

FARNWEDEL
Zur Tarnung schneidet sich James Bond Junior in ↗*003 ½ James Bond Junior* zwei Farnwedel ab und trägt sie beim Erkunden von ↗Hazeley Hall mit sich her. Mit Farnkraut hat er zuvor die Blutung einer Wunde gestillt. Als James später bei der Flucht vor ↗Merck und seinen Männern keine Spuren hinterlassen will, legt er Farnwedel auf einen liegenden bemoosten Baumstamm, über den er klettert, damit er keine Abdrücke hinterlässt.

FAROUK (Filmcharakter)
Auf ↗Zorins Party in ↗*Im Angesicht des Todes* (1985) ist auch ein Scheich anwesend. Er heißt Farouk und wird kurz vorgestellt, als 007 erscheint.

FAR OUT WEST (Zeichentrickfilm)
↗*James Bond Jr.*

FARQUHARSON (Romanfigur)
↗Alfred Blacking und James Bond schwelgen im Roman ↗*Goldfinger* in Erinnerungen. Sie sprechen im ↗Royal St. Marks Golfklub von einem Mr. Farquharson. Dieser sei vor zwanzig Jahren der langsamste Golfspieler Englands gewesen. Dennoch »zogen« Blacking und Bond immer wieder mit ihm los.

FARQUHARSON, JIMMY UND URSULA (Romanfiguren)
Die Familie ↗Havelock spricht in der Kurzgeschichte ↗*Für Sie persönlich* von Jimmy und Ursula Farquharson, die einen Käufer für ihr auf Jamaika befindliches Haus gefunden haben.

FARRAGUT, PHOEBE (Comicfigur)
↗*James Bond Jr.*

FARREL, CHUCK (Romanfigur/Filmcharakter)
Über viele Nebenfiguren erfährt man in den Romanen mehr als in den Filmen. So ist es auch bei Admiral Chuck Farrel, der seine Schwäche für das schöne Geschlecht büßen muss, weil er auf ↗Xenia Onatopp hereinfällt. Farrel aus dem Film und auch dem Roman ↗*GoldenEye* (1995) hat den Vornamen Charles und arbeitet für die ↗US Navy. Der Experte für Marinehubschrauber hat nur wegen seiner Frauengeschichten Probleme bei seiner Karriere.

Er ist eine der Personen, die bei der Vorführung des ↗Tiger-Helikopters in ↗Monte Carlo anwesend sein sollen. Die Anklagen während des Tailhok-Skandals von 1993 endeten mit Freispruch, Xenia Onatopp stranguliert ihn mit ihren Oberschenkeln, und ein Double begleitet sie zu dieser militärischen Veranstaltung. Auf der Identifikationskarte von Admiral Farrel in ↗*GoldenEye* stehen die Kennnummer 2488 und der Name der Behörde, für die Farrel arbeitet: ↗Departement of National Defence. Dargestellt wurde die Figur vom Schauspieler ↗Billy J. Mitchell.

FARRER, ERNIE (Gewandmeister)
Als Gewandmeister von ↗*Liebesgrüße aus Moskau* (1963) arbeitete Ernie Farrer mit ↗Eileen Sullivan zusammen.

FARSEE, JULIAN (Romanfigur)
Mit einem heftigen Pochen an James Bonds Tür tritt die Romanfigur Farsee im Buch ↗*Sieg oder stirb, Mr. Bond* auf. Farsee ist in den Vierzigern und beeindruckt 007 mit seiner strengen militärischen Haltung. Er versucht, wie ein Zivilist zu wirken, was ihm aber in Bonds Gegenwart nicht gelingt. Das Lachen des Mannes mit einer Gesichtsfarbe, die aus dem Mittleren Osten zu stammen scheint, wirkt gekünstelt. Farsees Spitzname lautet »Tomate«. Er erklärt Bond: »Ein Wortspiel, wissen Sie. Tomate Farsee. Tomates Farcies – die gefüllten französischen Tomaten, ja?« Auffällig bei der Figur ist ein ständiges »Ja« am Schluss fast aller Sätze. Erst später im Roman muss James Bond zu seinem Entsetzen feststellen, dass Julian Farsee in Wirklichkeit ↗Ali Al Adwan ist. Gegenüber Bond behauptet Adwan als Farsee ein »Two I/C« zu sein.

FASANENJAGD
Fasanenjagd spielt in ↗*Moonraker – streng geheim* (1979) eine Rolle. Bond meint, es sei aus Sicht eines Fasans kein schöner Sport. Als 007 sich bei der Jagd versucht, schießt er einen Killer vom Baum. Einen Insidergag erlaubten sich die Produzenten: Bei der Fasanenjagd bläst ein Jagdhelfer das Thema von *Also sprach Zarathustra*.

FASLANE (Schiff)
↗Sea King 05

FÄSSER
Auf der Flucht vor ↗Orlovs Männern flüchtet James Bond in ↗*Octopussy* (1983) mit einem Mercedes. Als er seine Gegner am Straßenrand stehen sieht, reißt er das Steuer herum, um mit der Wagenseite einen Stapel von Fässern in die Luft zu schleudern. Bonds Gegner werden durch die Fässer getroffen und somit ausgeschaltet.

FASTO (Romanfigur)
Zu den »Augen« von ↗Mr. Big im Roman ↗*Leben und sterben lassen* gehört auch die Figur Fasto. Nachdem Fasto James Bond und ↗Felix Leiter gesehen hat, erstattet er ↗»The Whisper« Bericht.

FATAL WEAKNESS (Lied)
↗*GoldenEye* (Soundtrack)

FATIMA BLUSH (Lied)
↗*Never Say Never Again* (Soundtrack)

FAUCI (Comicfigur)
↗*James Bond Jr.*

FAUST
Im Roman ↗*Feuerball* will sich ↗Dominetta Vitali das Rauchen abgewöhnen. James Bond übergibt ihr eine Packung Zigaretten, die ihr nicht schmecken werden, damit ihre Nikotinsucht nachlässt und sagt: »Mit Fausts Empfehlungen«.

FAV821 (Kennzeichen)
Der wohl am häufigsten abgebildete LKW im Jahre 1989 trug das Kennzeichen FAV821. Das Fahrzeug kommt im Film ↗*Lizenz zum Töten* (1989) vor, wo es von einem LKW gleicher Bauart gerammt wird und explodiert. Der Lastwagen schaffte es nicht nur in alle Zeitungen (die Fotos gehörten zum Pressematerial), sondern ist auch auf dem Hauptfilmplakat des sechzehnten offiziellen Bond-Films zu sehen.

FAWCETT (Romanfigur)
Bonds Verbindungsmann im Buch ↗*Casino Royale* heißt Fawcett und ist offiziell Redakteur des ↗*Daily Gleaner*, inoffiziell Geheimagent. Er war ursprünglich Buchhalter bei einer Fischfanggesellschaft auf den ↗Cayman-Inseln. Fawcett hatte sich bei Kriegsausbruch freiwillig gemeldet und arbeitete schließlich als Verwaltungsangestellter einer Spionagegruppe der britischen Kriegsmarine auf Malta. Er kehrte später auf die Cayman-Inseln zurück, wo er ein Angebot vom ↗Secret Service bekam.

FAY821 (Kennzeichen)
Ein LKW in ↗*Lizenz zum Töten* (1989) trägt das Kennzeichen FAY821. Das Fahrzeug kommt bei der abschließenden Verfolgungsjagd zum Einsatz.

FAYADOR (Filmcharakter)
↗Feyador

FAYPRINCE (Romanfigur)
Auch: Fay Prince. Fayprince ist eine junge, gutaussehende »Quadrone« aus Port Maria, die in der Kurzgeschichte ↗*Für Sie persönlich* vorkommt. Sie wird von Agatha, dem Hausmädchen der Familie ↗Havelock, angelernt.

F-COM/09 (Kennnummer)
↗Q-Boot

FEARE, KIMBERLEY (Romanfigur)
↗*Doubleshot* (Roman)

FEAR FACE (Comic)
↗Comics

FEARING, PATRICIA (Romanfigur)
Mit dem Spitznamen Pat taucht die Figur Patricia Fearing im Roman ↗*Feuerball* auf. Sie ist eine Krankenschwester auf ↗Shrublands und hat sich nicht nur um James Bond, sondern auch um ↗Graf Lippe zu kümmern. Fearing rettet 007 von der Traktionsbank, und er macht sich an die Krankenschwester heran. Sie kommt auch als Figur im Film ↗*Sag niemals nie* (1983) vor.

FEARING (Filmcharakter)
Mrs. Fearing ist eine Krankenschwester, die in ↗*Sag niemals nie* (1983) vorkommt und dem Charme von James Bond und seinem Foie gras (= fette Leber) verfällt. Die Figur, die im Film Mrs. Fearing genannt wird, taucht in den Drehbüchern als »Patricia« auf. Sie wurde von ↗Prunella Gee verkörpert.

FECHTEN (Sport)
Das Kartenspiel, das 007 im Roman ↗*Mondblitz* mit ↗Drax im Blades Club spielt, wurde nicht benutzt, als die Kulisse Blades erstmals in einem Film zu sehen ist. In ↗*Stirb an einem anderen Tag* (2002) ficht James Bond sportlich gegen ↗Gustav Graves. Aus Spaß wird sehr bald Ernst, und der Kampf wird zunächst mit Degen, dann mit Breitschwertern ausgetragen. ↗Miranda Frost geht dazwischen, bevor jemand ernsthaft zu Schaden kommt. ↗en garde,

↗froissement, ↗coulé, ↗Konversation, ↗Balestra und ↗In Quartata. Nach den Fechtszenen in *Stirb an einem anderen Tag* (2002) erlebte der Fechtsport in der britischen Bevölkerung einen Aufschwung. Es wurden mehr Fechtklubs genutzt und auch die Waffenhersteller freuten sich über die plötzliche Nachfrage.

FEDDENS (Romanfiguren)
Die Feddens werden in der Kurzgeschichte ↗*Für Sie persönlich* nur genannt. Es handelt sich um Personen, die ↗Mrs. Havelock als »widerlich« beschreibt. Die Feddens sind in Port Antonio zu Hause.

FEDERN
↗Yo-Yo

FEEHAN, TIM (Produzent/Sänger)
↗*Dirty Love*

FEHLSCHLAG
In der Kurzgeschichte ↗*Tod im Rückspiegel* erlebt der Leser etwas Seltenes: James Bond hält sich in Paris auf, nachdem eine Operation an der ungarisch-österreichischen Grenze fehlgeschlagen ist. 007 sollte einem Überläufer helfen, ohne die ↗Station V mit einzubeziehen, was eine Reihe von Fehlinformationen zur Folge hatte, die die Mission scheitern ließen. Der Überläufer kam im Minenfeld der Grenze um.

FEILE
Mit seiner Feile schafft es James Bond in ↗*Du lebst nur zweimal*, die Glieder einer Kette aufzubiegen und so in das ↗Schloss des Todes im ↗Garten des Todes zu gelangen.

FEIN, ARTHUR (Romanfigur)
Arthur Fein ist im Buch ↗*Leben und sterben lassen* der Inhaber der Firma ↗»Fein Jewels Inc.« und kauft dem Kunden ↗Zachary Smith seltene aus dem 16. und 17. Jahrhundert stammende Münzen ab. Nach ↗Ian Flemings Beschreibung müsste das Geschäft am 21. November 1953 stattgefunden haben. Rund ein Jahr später erhält 007 seinen Auftrag von ↗»M«. Später stellt sich heraus, dass die Münzen aus einem Schatz von ↗Bloody Morgan stammen. Die Spur führt über Umwege zu ↗Mr. Big, und James Bond nimmt sie auf.

FEIN JEWELS INC. (fiktive Firma)
Die Firma Fein Jewels Inc. gehört ↗Arthur Fein. Sie befindet sich in der 870 Lenox Avenue in New York. Sie kommt im Buch ↗*Leben und sterben lassen* vor.

FEIRSTEIN, BRUCE (Drehbuchautor)
Der in New Jersey geborene Bruce Feirstein bezeichnet sich selbst als größten James-Bondfan. Schon im Teenageralter las Feirstein alle zwölf von ↗Ian Fleming verfassten James-Bond-Romane. Er verfasste mehrere Drehbücher und bot diese verschiedenen Produzenten an. Nach ersten Erfolgen war klar, dass Feirstein hauptberuflich Autor bleiben würde. Insgesamt zwölf Drehbücher konnte er an namhafte Filmemacher verkaufen, doch bis zum fertigen Film brachte es keines davon. Auch auf dem Buchmarkt erschienen zwei Werke von Feirstein: *Real Men Don't Eat Quiche* (1983) und *Nice Guys Sleep Alone* (1986). Die beiden satirischen Geschichten wurden zu Bestsellern. Bruce Feirstein hat für mehr Zeitungen gearbeitet als kaum ein anderer Drehbuchautor, der später an einer James-Bond-Story beteiligt war. Zu den Zeitungen, für die er Artikel verfasste, gehören u. a. die *New York Times*, die *Washington Post*, die *Los Angeles Times* und einige Fernsehzeitungen. Der Satire treu geblieben, schreibt Feirstein noch heute eine Kolumne im *New York Observer*. Dass ein Autor genau weiß, wie er sich die Szene gedacht hat, die er für einen Film entwarf, ist einer der Gründe, warum Bruce Feirstein auch Regie bei der TV-Sendung *Monsters* führen durfte.

1994 begann Feirstein am Drehbuch für den siebzehnten offiziellen James-Bond-Film ↗*GoldenEye* (1995) zu schreiben. Er arbeitete mit ↗Michael G. Wilson und ↗Michael France zusammen. Unterschiedliche Ansichten führten aber zu kleinen Auseinandersetzungen. Im Nachhinein musste Feirstein vor der Writers' Guild of America kämpfen, damit sein Name in der Liste der an *GoldenEye* mitarbeitenden Autoren auftauchte. ↗Albert R. Broccoli schlug vor, dass Caine und France als Autoren genannt werden sollten, nicht Feirstein. Auch in der Werbebranche ist der Name Feirstein ein Begriff. Er war für eine erfolgreiche Kampagne der Firma BMW verantwortlich, was vermutlich auch der Grund ist, warum man sich schnell darüber einig wurde, einen BMW in *GoldenEye* zu platzieren. Bruce Feirstein überarbeitete auch die Drehbücher von ↗*Der Morgen stirbt nie* (1997) und ↗*Die Welt ist nicht genug* (1999). Er wird oft als einziger amerikanischer Autor bezeichnet, der es versteht, englischen Humor und dementsprechende Wortspiele und Witze in die Bond-Drehbücher der ↗Brosnan-Ära einfließen zu lassen.

FEKKES, AZIZ (Romanfigur)
In ↗Christopher Woods Buch ↗*James Bond und sein größter Fall* ist die Figur Aziz Fekkes (im Originalroman »Aziz Fekkesh«) 007s Kontaktmann, den Bond nicht mehr lebend antrifft. In Fekkes' Wohnung war Bond zuvor auf ↗Felicca getroffen und hatte herausgefunden, dass der Ägypter zwei Kinder hat. Das Buch und dessen Charaktere basieren auf dem Drehbuch zum Film ↗*Der Spion, der mich liebte* (1977)

FEKKESH, AZIZ (Filmcharakter)
Bei den Pyramiden von Gizeh zu sterben, ist nicht jedem vergönnt. Aziz Fekkesh wird im Film ↗*Der Spion, der mich liebte* (1977) in einer Grabstätte von ↗Beißer durch einen Genickbiss getötet. Der schnauzbärtige Mann war das Glied einer Kette, die von ↗Scheich Hossein zu ↗Max Kalba, dem Besitzer eines Nachtclubs, führte. Alle hatten etwas mit dem ↗U-Boot-Ortungssystem zu tun. Beißer folgte der Spur genau wie James Bond und auch ↗Anja Amasowa. Im Tagesplaner des ermordeten Fekkesh findet Bond Kalbas Adresse und macht sich auf den Weg. Fekkesh wurde vom Schauspieler ↗Nadim Sawalha verkörpert.

FELD, DON (Garderobe)
Erstmals in ↗*Diamantenfieber* war eine Person für nur eine Schauspielerin zuständig. Der extravagante Designer Don Feld entwarf und kombinierte die Kleidungsstücke für ↗Jill St. John als ↗Tiffany Case.

FELDER
↗Tarnfelder

FELDKIRCH (Ort)
Als James Bond in ↗*Im Geheimdienst Ihrer Majestät* (1969) gegenüber ↗Tracy di Vicenzo betont, er müsse dringend London erreichen, schlägt sie vor, nach Feldkirch zu fahren, um von dort aus zu telefonieren.

FELDMAN, CHARLES K. (Produzent)
Für umgerechnet 150.000 EUR erwarb Charles K. Feldman die Filmrechte von ↗*Casino Royale* von der Witwe ↗Gregory Ratoffs. Feldman bot den Stoff United Artists an, die jedoch ablehnten. Die Firma Columbia ließ sich die Chance aber nicht entgehen, und so konnte die Planung für den Kinofilm – eine Parodie auf Bond – beginnen. Charles K. Feldman, der nach dem Erscheinen seines Bond-Films von Kritikern und Bond-Fans niedergemacht worden war, starb im April 1968. Die Bond-Parodie war sein letztes Projekt.

FELDMAN, MILTON (Produktionsmanager)
Seinen ersten Kontakt mit James Bond hatte Milton Feldman im Jahre 1971. Er arbeitete bei ↗*Diamantenfieber* als Produktions-

manager mit ↗Claude Hudson zusammen, der auch neu im 007-Team war.

FELDMANNSTRASSE
Die »Feldmannstraße« ist im Film eine Anspielung auf Charles K. Feldman. Sie taucht im Untertitel von ↗*Casino Royale* (1966) auf: ↗Friedrichstraße.

FELDSTADT (Ort)
↗Upper Hayford

FELICCA (Romanfigur)
↗Aziz Fekkesh lässt auf sich warten. James Bond muss sich im Roman ↗*James Bond und sein größter Fall* mit Felicca begnügen, die auf den ersten Blick wie eine Ägypterin aussieht. Bond vermutet aber, dass sie französischer Abstammung ist. »Alles an ihr war ein bisschen zu groß. Der Mund, die Brüste, der Hintern – sogar die Augen. Sie erinnerten Bond an eine überreife tropische Frucht.« Felicca trägt Zigeunerohrringe, ein albern wirkendes Kleid, und ihr Auftreten scheint sie als »Edelnutte« zu kennzeichnen. Die Frau wird von der Kugel einer ↗M14 getötet.

FELICCA (Filmcharakter)
Der Name Felicca ist selbst den aufmerksamen Zuschauern der James-Bond-Filme nicht sehr geläufig. Bei der Figur handelt es sich um die in ↗*Der Spion, der mich liebte* (1977) vorkommende triebhafte Assistentin von ↗Aziz Fekkesh. Sie wird von ↗Sandor versehentlich erschossen, als sie gerade versucht, 007 mit »eindringlichen« Küssen die Zeit zu vertreiben. Dargestellt wurde die Figur von der Schauspielerin ↗Olga Bisera.

FELICIA (Deckname)
Im Roman ↗*Leben und sterben lassen* telefoniert James Bond mit ↗»M« und benutzt den Namen »Felicia«, mit dem er vermutlich ↗Felix Leiter meint – Felicia ist Bonds Sekretärin aus Washington.

FELIX AND JAMES EXIT (Lied)
↗*Never Say Never Again* (Soundtrack)

FELIX-FEUERZEUG
↗Zigarettenanzünder

FELSAUSGANG
Der in ↗*Diamantenfieber* (1971) vorkommende Felsausgang ist ein Geheimgang, den ↗Ernst Stavro Blofeld hat anlegen lassen, um das ↗Whyte House bei Gefahr verlassen zu können. Der Felsausgang führt in die Wüste; er ist durch einen hydraulisch steuerbaren Felsen aus Pappmaché getarnt. ↗Wint und ↗Kidd benutzen den Ausgang, um den betäubten Bond zu einer Baustelle zu transportieren und dort begraben lassen zu können.

FELSBLOCK
Regisseur ↗Lewis Gilbert ließ den Darsteller ↗Richard Kiel in einer Szene des Films ↗*Der Spion, der mich liebte* (1977) einen Felsblock hochheben und sich auf seinen eigenen Fuß fallen. Experten behaupten, in diesem Moment sei Beißer vom Bond-Gegner zum »Tragischen Helden« geworden. Beißers Pech und die Entwicklung zum Antihelden werden in ↗*Moonraker – streng geheim* (1979) fortgesetzt.

FELSENHAKEN-GEWEHRLASER (Waffe)
Nachdem James Bond den Weltrekord im Bungee-Springen überboten hat, benutzt er in ↗*GoldenEye* (1995) ein oft als »Felsenhaken-Gewehrlaser« (auch »Felsenhakengewehr«) beschriebenes Gerät, um zu verhindern, durch das gespannte Bungeeseil wieder nach oben gegen die Felswand zurückgeschleudert zu werden. Das Felsenhaken-Gewehr ist ähnlich wie die Waffe in ↗*Diamantenfieber* (1971) mit einem Stahlhaken ausgestattet, den 007 in den Fels abschießt, um sich zu stabilisieren. Nachdem er sich mit der integrierten Seilwinde näher an den Felsen herangezogen hat, benutzt er den Laser, um einen Eingang in eine Bo-

denluke zu brennen und in eine Chemiewaffenfabrik in ↗Archangelsk, Russland, einzudringen.

FELSENKLAPPE

Hinter einer Felsenklappe verbirgt sich in ↗*Man lebt nur zweimal* (1967) eine tödliche Waffe: ↗Blofeld öffnet die Klappe, gibt per Schlüssel einen Sprengschalter frei und löst mit diesem die Explosion seines Vulkans aus, der ihm zuvor als Versteck gedient hat. Bei dem Vulkanausbruch können sich 007 und ↗Suzuki mit vielen anderen Ninjas und ↗Tiger Tanaka retten.

FELSEN VON GIBRALTAR (Ort)

Die letzte Auseinandersetzung im Roman ↗*Sieg oder stirb, Mr. Bond* findet auf bzw. in dem Felsen von Gibraltar statt. ↗Bassam Baradj versucht, 007 und ↗Beatrice zu entkommen, doch er schafft es nicht. Auch Bonds Seebestattung (durchgeführt vom Deck der ↗HMS Tenby) wurde im Hafen von Gibraltar gefilmt. Hier lag der englische Zerstörer bei den Aufnahmen für ↗*Man lebt nur zweimal* (1976) vor Anker. Im Film ↗*Der Hauch des Todes* (1987) spielt die ↗Pre-Title-Sequenz auf diesem besonderen Berg, der das Wahrzeichen von Gibraltar ist. Bei den Dreharbeiten vor Ort ließ es die Stuntcrew richtig krachen. Schon die perfekte Landung der Fallschirme am Felsen war Millimeterarbeit. Der Jeep, in dem im Film ein Bösewicht flieht und auf dessen Dach Bond sich festkrallt, geriet mehrmals außer Kontrolle und kippte um. Der Stuntman auf dem Dach konnte immer rechtzeitig abspringen. Die Dreharbeiten am Felsen von Gibraltar begannen am 29.09.1986.

FEMME FATALE

Im James-Bond-Universum hat sich der Ausdruck »Femme Fatale« für ein gegen 007 arbeitendes »Bond-Girl« durchgesetzt. Es handelt sich zumeist um gefährliche Frauen, die für den Schurken handeln, jedoch fast immer mit 007 im Bett landen. Die bisherigen Figuren, auf die die Bezeichnung »Femme Fatale« zutrifft: ↗Miss Taro aus ↗*James Bond jagt Dr. No* (1962), ↗Fiona Volpe aus ↗*Feuerball* (1965), ↗Helga Brandt aus ↗*Man lebt nur zweimal* (1967), ↗Bambi und ↗Klopfer aus ↗*Diamantenfieber* (1971), ↗Rosie Carver aus ↗*Leben und sterben lassen* (1973), ↗Naomie und die ↗Berghüttenbesitzerin aus ↗*Der Spion, der mich liebte* (1977), ↗Drax' Pilotin und seine Schönheiten aus der Pyramide in ↗*Moonraker – streng geheim* (1979), ↗Magda* aus ↗*Octopussy* (1983), ↗Fatima Blush aus ↗*Sag niemals nie* (1983), ↗May Day und ↗Jenny Flex aus ↗*Im Angesicht des Todes* (1985), ↗Xenia Onatopp aus ↗*GoldenEye* (1995), ↗Elektra King** aus ↗*Die Welt ist nicht genug* (1999) und ↗Miranda Frost aus ↗*Stirb an einem anderen Tag* (2002). Auch ↗Vesper Lynd in ↗*Casino Royale* (2006), gespielt von ↗Eva Green, wird zur Femme Fatale wie die Figur aus der Roman-Vorlage von ↗Ian Fleming. Alle Figuren mit Ausnahme von Miss Taro (sie wird verhaftet), Bambi und Klopfer (Verbleib ungewiss, vermutlich verhaftet), der Berghüttenbesitzerin (Verbleib ungewiss) und Magda (*) kommen im Film ums Leben.

*) *Magda wandelt sich im Verlauf des Films von der Femme Fatale zum Bond-Girl.* **) *Elektra King ist nicht nur Femme Falte, sondern auch Hauptbösewicht (↗Schurkentypen)*

FENCER

Der Begriff »Fencer« ist im Roman ↗*Operation Eisbrecher* die Nato-Bezeichnung für ein bestimmtes Flugmuster. 007 und ↗Paula Vacker beobachten Jagdbomber und kampfstarke zweisitzige Jäger, als am ↗Eispalast ein Angriff geflogen wird. Bond weiß sofort Bescheid, denn die kompletten Einzelheiten der technischen Informationen dieser Maschinen laufen wie auf einem Computerbildschirm vor seinem geistigen Auge ab.

FENDER (Filmcharakter)
↗ Leaver

FENELLA (Filmcharakter)
Fenella ist eine in ↗ *Casino Royale* (1966) erwähnte Frau. Sie wird von ihrem Mann angerufen, der an einer Auktion teilnimmt, die außer Kontrolle gerät, als ↗ Mata Bond die Kunstsammlung ↗ Le Chiffres stiehlt.

FENN, BOB (Literaturagent)
↗ Ian Flemings wichtigster Literaturagent war Bob Fenn. Die beiden Männer arbeiteten viele Jahre zusammen, und Fleming holte sich bei Fenn immer wieder Rat, wenn es um die Verstrickungen in seinen Romanen ging.

Bei der Verfilmung der Bond-Romane rettete Fenn das Buch ↗ *Moonraker*, für das eine Option auf Verfilmung noch bei der Rank Organisation lag (Schauspieler ↗ Ian Hunter hatte sich das Buch für 1.000 englische Pfund kurz nach Erscheinen und die Filmrechte für 10.000 englische Pfund für die Rank Organisation von Fleming sichern lassen). Mit allen Titeln außer ↗ *Casino Royale* und ↗ *Thunderball* in der Tasche organisierte Fenn ein Treffen mit ↗ Harry Saltzman. Man einigte sich, und Saltzman erwarb die Optionen auf die Verfilmung der Bond-Titel. Später kam es zwischen Saltzman und ↗ Albert R. Broccoli zur Partnerschaft, und die 007-Streifen gingen in Serie. Bob Fenn erhielt kurz vor Flemings Tod die Anweisung des Autors, die Rechte für das Werk ↗ *The Spy Who Loved Me* niemals zur Verfilmung freizugeben. Über den Kopf von Fenn hinweg lockerten die Fleming-Erben die Verfügung. Sie billigten ↗ Albert R. Broccoli 1976 den Buchtitel und die darin handelnden Charaktere zu, die Drehbuchautoren von ↗ *Der Spion, der mich liebte* (1977) mussten aber eine ganz neue Story entwickeln. Bob Fenn war auch die rechte Hand des MCA-Präsidenten Jules Stein.

FENNELL, ELSA (Garderobenaufsicht)
Da in ↗ *Goldfinger* (1964) streckenweise an zwei Sets gleichzeitig gedreht wurde, überwachte Elsa Fennell die Kostüme, damit bei Schnitten zwischen zwei verschiedenen Orten keine Unterschiede in den Kleidungsstücken auftraten. Mit ihr arbeiteten ↗ Eileen Sullivan und John Hilling. Regisseur ↗ Guy Hamilton kam für ↗ *Diamantenfieber* (1971) zurück und brachte Fennell erneut zum Team. Auch hier arbeitete sie als Garderobenaufsicht. ↗ Ted Tetrick half ihr. Da Erfahrung beim Dreh eines 007-Abenteuers von größter Wichtigkeit ist und gern Personen verpflichtet werden, mit denen bereits gearbeitet wurde, war Fennell auch bei ↗ *Der Mann mit dem goldenen Colt* (1974) als Garderobenaufsicht dabei.

FENNER, JOHN (Künstlerischer Leiter)
Wie Marc Frederix, ↗ Jacques Douy, ↗ Serge Doux und ↗ Ernie Archer, so war auch Fenner bei den Dreharbeiten zu ↗ *Moonraker – streng geheim* (1979) als Assistent des künstlerischen Leiters engagiert. Er arbeitete so wie seine Kollegen für die künstlerischen Leiter ↗ Max Douy und ↗ Charles Bishop. Schon beim nächsten Projekt kam der berufliche Aufstieg: John Fenner wurde künstlerischer Leiter bei ↗ *In tödlicher Mission* (1981) und war nun selbst in einer Position, wo er Mitarbeiter unter sich hatte. Diese Tätigkeit übte er auch bei ↗ *Octopussy* (1983) und ↗ *Im Angesicht des Todes* (1985) aus.

FENSTER
↗ Illusionsfenster

FERIEN
In ↗ *Mondblitz* erfährt der Leser, dass James Bond niemals richtige Ferien macht, sondern nach jedem »Sonderauftrag« zusätzlich vierzehn Tage Urlaub zu dem ihm zustehenden Kranken- oder Erholungsurlaub bekommt.

FERNBEDIENUNG

↗ Brad Whitaker hat in ↗ *Der Hauch des Todes* (1987) in seinem Haus alles per Fernbedienung unter Kontrolle, angefangen bei Schubladen über Blitzlichter bis hin zu Kanonen. Jeder Knopf, den der Amerikaner auf der Fernbedienung drückt, piept kurz. Als Bond Whitaker getötet hat, richtet er die Fernbedienung auf den Schurken, lässt es auch einmal piepsen und wirft das Gerät auf die Leiche.

FERNGLAS

↗ Blofeld benutzt in ↗ *Im Geheimdienst Ihrer Majestät* (1969) mehrfach ein Fernglas. Er beobachtet damit James Bond und ↗ Tracy di Vicenzo bei der Flucht auf Skiern, und die abgehende Lawine. Von ↗ Raoul borgt sich James Bond in ↗ *Stirb an einem anderen Tag* (2002) ein Fernglas, mit dem er nicht nur ↗ Los Organos anschaut, sondern auch ↗ Jinx aus dem Meer auftauchen sieht.

FERNGLASBRILLE

Die Fernglasbrille stammt mit ziemlicher Sicherheit von ↗ »Q«. James Bond benutzt sie in ↗ *Der Hauch des Todes* (1987), um ↗ General Pushkin zu beobachten. Das Gestell der Brille ist normal, doch anstelle der Gläser hat die Brille zwei Objektive, um einen Vergrößerungseffekt wie bei einem Fernglas zu erzielen. Durch Drehen an den Objektiven kann der Agent die Schärfe regulieren.

FERNLENKWAFFE MIT INFRAROTSENSOREN
(potenzielle Waffe)

Warum der Film ↗ *Diamantenfieber* (1971) in zahlreichen Beschreibungen mit einer »tragbaren Fernlenkwaffe mit Infrarotsensoren« in Verbindung gebracht wird, ist nicht klar. Fest steht: Bond hat im Film keine Waffe dieser Art – in der gesamten Bond-Serie kommt sie nicht vor! Dennoch: Die Cover der Videos und sogar das DVD-Cover preisen diese »phänomenale Geheimwaffe« an.

FERNROHR

In ↗ *Im Geheimdienst Ihrer Majestät* (1969) benutzt 007 das Fernrohr seines zerlegbaren Gewehrs, um ↗ Tracy di Vicenzo zu beobachten. Mit einem Fernrohr hat 007 nicht nur die Flugzeuge von ↗ Drax im Auge, die von San Piedro in ↗ *Moonraker – streng geheim* (1979) davonfliegen, sondern auch die ↗ »Flying Saucer« in ↗ *Sag niemals nie* (1983). Bond und ↗ Leiter beobachten ↗ Maximilian Largos Jacht und die darauf umhertanzende ↗ Domino Petachi. Das Fernglas, das James Bond im Roman und im Film ↗ *GoldenEye* (1995) benutzt, ist wieder eine Erfindung von ↗ »Q«. Die Qualität der Bilder ist so gut, dass sich 007 direkt neben die beobachtete Person versetzt fühlt. Per Knopfdruck speichert der Agent den gesichteten Bildausschnitt in einem Miniaturcomputer im Mittelteil des Feldstechers. Durch Satellitenübermittlung erhält auch ↗ Moneypenny beim ↗ MI6 die Fotos von ↗ Chuck Farrel, ↗ Xenia Onatopp und dem zur ↗ Jacht Manticore gehörenden Schnellboot. Die Informationen vom Geheimdienst werden an das Farbfax in Bonds ↗ Aston Martin DB 5 übermittelt.

FERNSTEUERUNG

Auch wenn James Bond in den Filmen ↗ *Der Morgen stirbt nie* (1997) und ↗ *Die Welt ist nicht genug* (1999) seinen Wagen mit einer Fernsteuerung bedienen kann, ist er in den Romanen noch lange nicht auf diesem futuristischen Level angelangt. Von ↗ Vlad hat ↗ Gustav Graves in ↗ *Stirb an einem anderen Tag* (2002) eine Fernsteuerung für ↗ Ikarus erhalten. Die Fernsteuerung ist in einen Handschuh eingebaut, der wiederum zu einem Robo-Cop-Anzug gehört. Nahezu unbesiegbar ist man mit diesen Entwicklungen Vlads durch ein integriertes 100.000-Volt-Sicherheitssystem. Bond und ↗ Jinx bekommen im Film die Stromstöße zu spüren. In ↗ *Scorpius* lässt eine Fernsteuerung den ↗ Bentley ansprin-

gen. So überprüft der Geheimagent, ob sich unter seinem Gefährt eine Bombe befindet, die ihn töten würde, wenn er den Wagen mit der Hand anließe. Richtig per Fernsteuerung lenken kann 007 erst seit dem oben genannten Film von 1997. Sein Handy verfügt über die Schaltfläche, und der ↗BMW setzt sich in Bewegung, wenn James Bond seinen Finger wie eine Computermaus über ein bestimmtes Feld zieht. In Miniaturform taucht die Fernbedienung im folgenden Film auf. Dort befindet sie sich direkt am Wagenschlüssel.
↗Cold

FERNZÜNDER

Nachdem ↗Jack Petachi wegen ↗Fatima Blushs Schlange einen Autounfall hatte, wird sein Körper von einer Bombe in Stücke gerissen, die Blush mit einem Fernzünder auslöst. Während der Dreharbeiten war es tatsächlich Darstellerin ↗Barbara Carrera, die in der Rolle der Killerin auf den Auslöser drücken durfte. Da die Szene nicht wiederholt werden konnte, sieht man deutlich, wie Carrera sich bei der Explosion erschreckt.

FERRARA, LUIGI (Filmcharakter)

Auf dem Berg Tofana nimmt James Bond zum italienischen ↗MI6-Agenten Luigi Ferrara Kontakt auf. Beide verstehen sich sofort prächtig. Ferrara informiert 007 in ↗*In tödlicher Mission* (1981) über ↗Columbo und dessen Machenschaften. Doch die Gegenseite schläft nicht. Als Ferrara in Bonds ↗Lotus Esprit Turbo wartet, wird er von ↗Emile Locque erwürgt. Der einzige Hinweis, den der Italiener geben kann, ist von den Bösen als Irreführung gedacht: Ferrara krallt sich an eine Anstecknadel, die eine weiße Taube zeigt. Dargestellt wurde 007s Kontaktperson vom Schauspieler ↗John Moreno.

FERRARI (Fahrzeug)
↗Jaguar XKR

FERRARI 355 (Fahrzeug)

↗Xenia Onatopp fährt im Roman und auch im Film ↗*GoldenEye* (1995) einen roten Ferrari. Bond liefert sich mit ihr ein Rennen. Er selbst fährt einen ↗Aston Martin und muss zusätzlich mit dem Gejammer der Psychologin ↗Caroline klarkommen, die neben ihm sitzt und sein Fünfjahres-Gutachten erstellen will. James Bond lässt dem Ferrari den Sieg. Er findet das Fahrzeug später vor einem Kasino in Monte Carlo. Als er die Fahrerin trifft, gibt er ihr einen Tipp: »Die französischen Nummernschilder dieses Jahrgangs beginnen alle mit einem »L« – selbst die gefälschten!« Onatopp zeigt sich von 007s Wissen wenig beeindruckt und verlässt das Kasino mit ↗Chuck Farrel. Interessant sind die Bedingungen, die die Firma Ferrari stellte, damit der Wagen im Film vorkommen durfte: Der Ferrari musste das Rennen gegen den Aston Martin gewinnen. Das Drehbuch wurde für diese Szene kurzerhand umgeschrieben.

FERRARI DINO (Fahrzeug)

In Woods Buch ↗*Moonraker Streng geheim* wird James Bond von einem Ferrari Dino verfolgt.

FERRARI F355 GTS (Fahrzeug)

Als die Produktion ↗*GoldenEye* (1995) in Angriff genommen wurde, stellte sich ↗Pierce Brosnan zusammen mit anderen Darstellern der Weltpresse für ein Fotoshooting. Die Bilder, die um die Erde gingen, zeigen Brosnan, ↗Janssen und ↗Scorupco vor einem gelben Ferrari F355 GTS, der später im Film gar nicht vorkommen sollte. Der Wagen trug als Nummernschild den Namen »Xenia«. Schon im Roman ↗*Tod auf Zypern* kam ein Ferrari dieses Typs als Verfolgerfahrzeug vor. James Bond und ↗Niki Mirakos flüchten vor diesem Ferrari, nachdem sie ↗Miltiades verlassen haben, der sie über ↗Konstantine Romanos und ↗Pythagoras, den ↗Pythagoräer, aufgeklärt hat.

FERRARI-F550-COUPÉ (Fahrzeug)
Was im Film ↗ *Der Morgen stirbt nie* (1997) ein Geheimnis bleibt, erfährt der Leser des gleichnamigen Romans von ↗ Raymond Benson: ↗ Wai Lin besitzt ein rotes Ferrari-F559-Coupé.

FERZETTI, GABRIELE (Darsteller)
Eine ähnlich warmherzige Figur wie sie schon ↗ Pedro Armendariz in ↗ *Liebesgrüße aus Moskau* (1963) verkörpert hatte, durfte der 1925 in Rom geborene Darsteller Gabriele Ferzetti in ↗ *Im Geheimdienst Ihrer Majestät* (1969) verkörpern: ↗ Marc-Ange Draco. Ferzetti trug den bürgerlichen Namen Pasquale und war schon vor seiner Arbeit am Bond-Projekt ein bekannter Schauspieler in Italien. Noch während Ferzetti studierte, besuchte er Theatergruppen und beschäftigte sich intensiv mit der Schauspielerei. Nach einer kurzen Mitgliedschaft bei der römischen Akademie der dramatischen Künste kam er zum Nationaltheater. Das war ein Sprungbrett, um in Vivo Giois Theatergruppe aufgenommen zu werden. Schon 1951 stand Ferzettis Name im Titel der Gruppe. Bereits im Alter von 17 Jahren erhielt er seine erste Filmrolle in *Via delle cinque lune*, danach war er häufig als Liebhaber und Herzensbrecher zu sehen: Mit Regisseur Michelangelo Antonioni drehte er die Filme *Die Freundinnen* (1955) und *Die mit der Liebe spielen* (1959), auch in Sergio Leones *Spiel mir das Lied vom Tod* (1968) wirkte er mit. Seiner italienischen Herkunft wegen hielten ihn ↗ Albert R. Broccoli und ↗ Harry Saltzman für die Idealbesetzung des Vaters von ↗ Tracy di Vicenzo und des korsischen Leiters der nicht ganz so düsteren Verbrecherorganisation ↗ Union Corse. Regisseur ↗ Peter Hunt war mit der Art, wie Ferzetti Texte sprach, nicht einverstanden und ließ ihn trotz seiner Popularität von ↗ David de Keyser, der später in ↗ *Diamantenfieber* (1971) einen Zahnarzt verkörpern sollte, synchronisieren.

FETTER SCHLÄGER IN BEIRUT (Filmcharakter)
↗ George Silver stellte im Film ↗ *Der Mann mit dem goldenen Colt* (1974) den »fetten Schläger in Beirut« dar. Mit seinen beiden Komplizen will er James Bond in ↗ Saidas Garderobe daran hindern, die goldene Patrone zu stehlen, die Saida als Talisman in ihrem Bauchnabel als Schmuck trägt. Der fette Schläger wird im Verlauf der gewaltsamen Auseinandersetzung mit 007 versehentlich von einem seiner Kumpels mit einem Stuhl niedergeschlagen.

FETTES
↗ Nachruf

FETTES, RICHARD (Schnitt-Assistenz)
↗ Wayne Smith

FEUERALARM
Dass ein Feueralarm losgeht, ist für James-Bond-Filme nichts Besonderes. In ↗ *Feuerball* (1965) löst 007 den Alarm mit einem Ellenbogenschlag gegen den Alarmknopf aus, um so Unruhe zu stiften. Um auf der ↗ Flying Saucer für Verwirrung zu sorgen, drückt ↗ Domino Petachi in ↗ *Sag niemals nie* (1983) den Feueralarmknopf. Die Mannschaftsmitglieder räumen kurzzeitig ihre Posten, und James Bond kann unentdeckt einen geheimen Funkspruch an ↗ »M« absetzen. ↗ Largo, der wegen seiner Eifersucht auf Bond dabei ist, mit einer Feueraxt die Einrichtung auf der Flying Saucer zu zerstören, trifft gerade die lärmende Stereoanlage, als der Feueralarm als Fehlalarm erkannt wird. In anderen Filmen wie z. B. ↗ *Lizenz zum Töten* (1989) wird die Sirene tatsächlich durch ein Feuer ausgelöst.

FEUERAXT (Waffe)
Eine Feueraxt benutzt James Bond in ↗ *Octopussy* (1983), um an die Bombe zu gelangen, die sich hinter einer verschlossenen Klappe verbirgt. ↗ Octopussy taucht auf und nimmt Bond die Arbeit mit der Dienstwaffe eines Polizisten ab. Mit einer

Feueraxt zerschlägt der eifersüchtige Maximilian Largo in ↗ *Sag niemals nie* (1983) den Tanzsaal und die darin befindlichen Spiegel nebst Stereoanlage, als er mitbekommen hat, dass James Bond ↗ Domino Petachi geküsst hat. Die Idee, eine Feueraxt als Waffe einzusetzen, entstand durch ein tatsächliches Ereignis: Als ↗ Peter Lamont am 20.08.1982 in eine Flugzeugentführung geriet, benutzte ein Pilot eine Feueraxt und schlug sie einem Flugzeugentführer auf den Schädel. Der Schurke taumelte auf den Ausgang zu, stürzte auf das Rollfeld des indischen Flughafens und wurde von den Maschinengewehren der Sicherheitsbeamten getötet. Lamont schlug vor, ↗ Max Zorin letzte Attacke mit einer Feueraxt durchführen zu lassen. Gesagt, getan: Max Zorins will im Filmfinale von ↗ *Im Angesicht des Todes* (1985) mit einer Feueraxt aus seinem Zeppelin James Bond und ↗ Stacey Sutton töten. Bond kann den Schlägen ausweichen und die Axt an sich bringen. Als Zorin von der Golden Gate Bridge gefallen ist, benutzt 007 die Axt, um die Taue zu kappen, die den Zeppelin an der Brückenspitze halten. ↗ Franz Sanchez benutzt in ↗ *Lizenz zum Töten* (1989) eine Feueraxt, um sich auf brutalste Art ↗ Milton Krests zu entledigen. Er sperrt Krest in eine Druckkammer, erzeugt einen Überdruck und schlägt dann mit der Feueraxt durch einen Schlauch durch, was Krest durch den abrupt entstehenden Unterdruck zerplatzen lässt. Im Buch ↗ *Stille Wasser sind tödlich* versucht James Bond, im ↗ Schloss Silverfin an eine Feueraxt zu gelangen, um sich gegen Angreifer zu wehren.

Siehe auch Inhaltsangabe ↗ *High Time To Kill*

FEUERBALL (Roman)
↗ Ian Flemings achter 007-Roman ↗ *Thunderball* (die veröffentlichten Kurzgeschichten in einem Band nicht mitgezählt) aus dem Jahre 1961 wurde in Deutschland 1964 unter dem Titel *Bomben auf Florida* in einer Zeitschrift veröffentlicht. Das Buch erschien 1965 als *007 James Bond und die Aktion Feuerball* auf dem Buchmarkt. Die Übersetzung stammt von Willy Thaler und hat je nach Ausgabe ca. 175 Seiten, die sich in 24 überschriftslose Kapitel gliedern. In späteren Veröffentlichungen hieß das Buch auch ↗ *007 Feuerball* oder *Sag niemals nie oder Feuerball*.

Inhaltsangabe »007 James Bond und die Aktion Feuerball«:
1) James Bond wird zu »M« gerufen. Dieser schickt 007 auf Grund dessen ungesunder Lebensweise zur Entschlackung in eine Klinik namens Shrublands.

2) Im Sanatorium angekommen, stößt Bond nicht nur auf die schöne Krankenschwester Patricia, sondern auch auf Graf Lippe. Der Mann, so stellt 007 zufällig fest, hat eine Tätowierung auf dem Handgelenk unter der Armbanduhr. Bond will mehr darüber herausfinden.

3) Lippes Zeichen stammt von einem verbrecherischen Geheimbund. Als 007 auf einer motorisierten Dehnungsbank zur Streckung der Wirbelsäule liegt, taucht Lippe auf. Er stellt die Streckung auf ein Maximum. Der Agent wird bis zur Ohnmacht gedehnt.

4) 007 spioniert Lippes Tagesablauf aus und stellt die Temperatur auf 80°C, als dieser in einem Schwitzkasten sitzt. Der Mann bietet Bond 50.000 Pfund, wenn er ihn herauslässt. 007 wundert sich über das hohe Angebot und verschwindet, während Graf Lippe in zweierlei Hinsicht vor sich hin kocht.

5) Als ein legales Amt getarnt, hat Ernst Stavro Blofeld eine Verbrecherorganisation geschaffen. Es findet ein Treffen statt, an dem 20 Verbrecher der ganzen Welt teilnehmen.

6) Nummer 2 – Blofeld – berichtet über die Planung der Operation Omega. Es geht um viel Geld. Nachdem ein ineffektiv arbeitender Verbrecher aus der Runde von Blofeld per Starkstrom getötet worden ist, geht die

Besprechung des Plans weiter. Die Mitglieder der Organisation SPECTRE sind mit dem Vorhaben einverstanden.

7) James Bond wird zu »M« gerufen, wo er erfährt, dass SPECTRE zwischenzeitlich die Entführung eines Flugzeugs gelungen ist, in dem sich zwei Atombomben befinden. Ein Lösegeld wird per Brief gefordert, die Situation ist ernst ...

8) Von »M« informiert, soll 007 die Bahamas auf einen Verdacht hin nach dem vermissten Flugzeug und den Atombomben absuchen. Als er das Hauptquartier verlässt, versucht Graf Lippe ihn während der Fahrt zu erschießen. Ein auftauchendes Motorrad ändert die Situation: Der Fahrer wirft eine Handgranate und Lippes Wagen explodiert mit ihm.

9) Giuseppe Petacchi war der Entführer des Flugzeugs. Nachdem er SPECTRE die Maschine mit den Bomben darin an der verabredeten Stelle abgeliefert hat und auf seine Belohnung hofft, wird er ermordet.

10) Emilio Largo – Nummer 1 – schafft mit seinem Schiff »Disco Volante« und seinen Männern die Bomben aus dem im Meer versunkenen Flugzeug weg. Nachdem eine Atombombe in einem Korallenriff versteckt wurde, erstattet Largo Blofeld Bericht.

11) Auf den Bahamas angekommen, lernt Bond die Geliebte von Largo kennen. Sie heißt Dominetta Vitai. Er macht ihr Komplimente, und die Frau ist 007 gegenüber nicht abgeneigt, scheint aber extrem unter Druck zu stehen. Bond will »Domino«, so ihr Spitzname, im Kasino treffen.

12) Der Agent ist überrascht, als Felix Leiter als Unterstützung auftaucht. Leiter tarnt sich als Mr. Larking, und beide wollen die »Disco Volante« mit einem Geigerzähler untersuchen.

13) James Bond und Leiter suchen Largo auf. Sie wollen mit dem Geigerzähler herausfinden, ob die Atombomben an Bord des Schiffes sind: Das Ergebnis ist negativ. Ein Kasinobesuch und ein Tauchgang sollen weitere Informationen bringen.

14) Leiter und Bond überlegen, ob Largo der gesuchte Gangster sein könnte.

15) 007 schlägt Largo am Spieltisch und macht Anspielungen bezüglich »SPECTRE«. Largo wird unruhig. Bond lädt Domino auf einen Drink ein und erfährt durch sie von ihrem Bruder Giuseppe Petacchi.

16) Beim Tauchgang unter der »Disco Volante« wird 007 von einem Taucher angegriffen. Kurz bevor der Agent getötet werden kann, eilt ihm ein riesiger Barrakuda zur Hilfe: Der Feind wird gefressen.

17) Mit einem Flugzeug suchen Leiter und Bond nun nach dem versunkenen Bomber (Vindicator). Nachdem sie ihn gefunden haben, taucht 007 hinab und stellt fest, dass die Bomben fehlen. Von der Leiche des ermordeten Petacchi nimmt er die Uhr und die Erkennungsmarke mit.

18) Wieder im Hotel, bittet Domino Bond schriftlich um ein Treffen. Am verabredeten Ort findet er die Frau mit einem Seeigelstachel im Fuß vor. Er saugt ihr den Giftstachel aus dem Ballen.

19) Domino wird von Bond instruiert. Wenn die Bomben an Bord des Schiffes gelangen, soll sie sich augenblicklich an Deck sehen lassen und dort bleiben. Das von Leiter angeforderte Unterseeboot »Manta« trifft ein.

20) Im U-Boot haben 007, Leiter und der Kapitän Peterson eine Lagebesprechung. Domino lässt sich nicht an Deck der »Disco Volante« sehen. Entweder sind die Bomben nicht auf dem Schiff, oder ihr Fortbleiben hat andere Gründe.

21) Domino ist ertappt worden. Durch Folter will Largo aus ihr herausbringen, was sie weiß und was es mit den beiden Männern auf sich hat.

22) Die Besatzung der »Manta« wird von 007 zusammengerufen. Man bereitet sich auf eine Unterwasserschlacht gegen Largos Männer vor.

23) Das Massaker im Meer fordert viele Opfer auf beiden Seiten. Es kommt zum Duell zwischen Largo und 007. Bond scheint verloren zu sein, doch Domino taucht auf und schießt Largo mit einer Harpune einen Pfeil durch den Hals.

24) Im Krankenhaus erholt sich Bond. Nach einem Besuch von Leiter schleppt sich 007 in Dominos Zimmer, wo er auf Grund der verabreichten Schlaf- und Beruhigungsmittel wieder in sich zusammensinkt.

FEUERBALL (Film)
Inhaltsangabe »Feuerball« (1965): Nachdem sich James Bond eines alten Feindes entledigt hat, wird er von »M« in eine Kurklinik geschickt, um sich zu erholen. Die Verbrecherorganisation SPECTRE mit Ernst Stavro Blofeld an der Spitze plant einen neuen Coup: Auftragsleiter Emilio Largo lässt einen Jagdbomber kidnappen. Die zwei Atombomben aus dem bei den Bahamas versenkten Flugzeug werden als Druckmittel benutzt. In der Kurklinik laufen dubiose Dinge ab. 007 trifft auf Graf Lippe, der einen Mordanschlag auf den Agenten verübt. Bond revanchiert sich, als Lippe im Schwitzkasten sitzt. Nachts beobachtet Bond, wie eine Leiche ins Sanatorium geschafft wird. Nachdem der Agent wieder im Dienst ist, erfährt er von »M«, was SPECTRE wieder verbrochen hat. Er identifiziert die Leiche aus dem Sanatorium als Major Derval, der das Flugzeug entführt hat, Fazit: Der Mann wurde durch einen anderen ersetzt. Bond bittet, in Nassau eingesetzt zu werden, weil sich dort Dervals Schwester aufhält. »M« ist einverstanden, und James Bond reist ab.

Er nimmt Fühlung zu Domino Derval auf, die sich mit ihrem Geliebten in Nassau aufhält. Bond lernt den Mann mit der Augenklappe kennen: Verbrecher Emilio Largo. Wo die Atombomben sind, scheint zunächst unklar. Zusammen mit seinem Kollegen Felix Leiter beginnt Bond, nach den Bomben zu suchen. Beide finden das Flugzeugwrack getarnt am Meeresgrund, und 007 bricht nachts in den Besitz Largos ein. Hier wird er in ein Haibecken geschleudert, entkommt jedoch. Mit der Vermutung, die Bomben seien an Bord von Largos Jacht »Disco Volante«, stattet Bond Domino mit einer Kamera mit integriertem Geigerzähler aus. Er informiert sie über den Tod ihres Bruders Francois Derval und bittet um ihre Hilfe. Sie willigt unter der Voraussetzung ein, dass auch Largo sterben muss. Während Bond sich unter Largos Männer mischt und in einer Grotte festgesetzt wird, fliegt Domino auf und wird von Largo gefoltert.

James Bond wird aufgespürt und alarmiert einen Trupp tauchfähiger Fallschirmspringer, die Largos Bombentransporte unter Wasser stoppen sollen. Ein spektakulärer Kampf entbrennt, in dessen Verlauf Largo mit der Jacht zu fliehen versucht. 007 schmuggelt sich an Bord, und es kommt zu einer handfesten Auseinandersetzung. Bevor Largo Bond erschießen kann, wird er von einer Harpune durchbohrt, die Domino abgefeuert hat. Das Steuerruder der »Disco Volante« ist blockiert, und die Überlebenden müssen abspringen, bevor die Luxusjacht an einem Felsen zerschellt und in einem Feuerball aufgeht. 007 und Domino treiben in einem Rettungsboot dahin. Er füllt einen Ballon mit Gas und lässt ihn an einem Seil steigen. Ein vorbeifliegendes Flugzeug verankert das Seil am Bug und reißt den Agenten mit Domino im Arm in die Höhe: Freiflug nach London vermutlich.

FEUERFELD (Ort)
Im Roman ↗ *Die Welt ist nicht genug* wird ein Ort beschrieben, der »Feuerfeld« bzw. »Teufelsatem« genannt wird. Er liegt fünfzehn Kilometer außerhalb von ↗ Baku in der Mitte eines Ölfeldes. Der Name kommt von den brennenden Gasen, die aus dem Boden entweichen. Hier treffen ↗ Davidow und ↗ Arkow auf ↗ Renard – Arkow wird dieses Treffen nicht überleben. Im Film nennt der Bösewicht den Platz ↗ »Der Atem des Teufels«.

FEUERHAKEN (Waffe)
Mit einem Feuerhaken wird 007 in ↗ *Feuerball* (1965) von ↗ Jacques Bouvier geschlagen, später wird der Agent von ↗ Pat auf die verdächtigen blauen Flecken angesprochen. Bouvier trägt von der Auseinandersetzung mehr als nur Flecken davon. James Bond erdrosselt den Ganoven mit dem Feuerhaken.

FEUERLEITER
In ↗ *Leben und sterben lassen* (1973) schleudert James Bond eine Feuerleiter nach unten und erschlägt damit einen von ↗ Mr. Bigs Schlägern, die den Auftrag haben, ihn umzubringen.

FEUERLÖSCHER (Waffe)
Lange bevor James Bond zum Feuerlöscher greift, benutzt ↗ Mata Bond ihn als Waffe. In ↗ *Casino Royale* (1966) erledigt sie mit dem Löscher mehrere Angreifer. ↗ Peter Franks muss in ↗ *Diamantenfieber* (1971) Löschschaum schlucken und wird von Bond mit der weißen Substanz kampfunfähig gesprüht. Im fertigen Film ↗ *Der Mann mit dem goldenen Colt* (1974) war die Szene nicht mehr enthalten, gedreht wurde sie aber: James Bond wirft einen Feuerlöscher (in anderen Quellen ist von einer Thermosflasche die Rede) und schießt auf ihn, als er sich über ↗ Scaramanga befindet. In einigen TV-Spots ist der Leckerbissen für Fans noch zu sehen. Auch in ↗ *Moonraker – streng geheim* (1979) kommt ein Feuerlöscher vor. 007 betätigt ihn mit seinen Füßen, und einem Gegner fällt das Skalpell aus der Hand, als er die Löschsubstanz ins Gesicht bekommt. ↗ Stacey Sutton schlägt in ↗ *Im Angesicht des Todes* (1985) ↗ Scarpine mit dem kleinen Handfeuerlöscher nieder, als er James Bond töten soll. Der Fahrer eines mit Drogen beladenen Tankwagens wird in ↗ *Lizenz zum Töten* (1989) von Bond wieder mit einem Feuerlöscher behandelt. Die Szene kommt sowohl im Film als auch im Roman von ↗ John Gardner vor.

FEUERWEHRHELM
Als James Bond in ↗ *Im Angesicht des Todes* (1985) bei der Silbermine ↗ Main Strike in einem Feuerwehrfahrzeug angehalten wird, glaubt er zunächst, seine Tarnung sei aufgeflogen. Er wird aber nur darauf hingewiesen, einen Feuerwehrhelm aufzusetzen.

FEUERWEHRLEITER
Das brennende Rathaus verlässt James Bond in ↗ *Im Angesicht des Todes* (1985) mit ↗ Stacey Sutton auf den Schultern über eine Feuerleiter – zahlreiche Menschen, unter ihnen ein Obdachloser, sehen dem Ereignis zu.

FEUERWEHRSCHLAUCH
In ↗ *Im Angesicht des Todes* (1985) benutzt James Bond einen Feuerwehrschlauch, um ↗ Stacey Sutton aus einem brennenden Fahrstuhlschacht zu retten. Er zieht Sutton am Schlauch aus dem Inferno.

FEUERWERK
Ein Feuerwerk tauchte bis jetzt in zwei James-Bond-Filmen auf: In ↗ *Im Geheimdienst Ihrer Majestät* werden James Bond und ↗ Tracy di Vicenzo Zeugen eines Feuerwerks in Lauterbrunnen. Das Feuerwerk lenkt Bonds Verfolger ab. Während die Feuerwerkskörper am Himmel explodieren, schleichen sich der Agent und Teresa di Vicenzo zu ihrem Auto. In ↗ *Die Welt ist nicht genug* (1999) feiern ↗ Christmas Jones und 007 die Jahrtausendwende in der Türkei. Sie beobachten das Feuerwerk vom Balkon aus.

FEUERZEUG
James Bond benutzt in ↗ *Casino Royale* ein »schwarzoxidiertes Feuerzeug«. Die Marke wird nur in der Originalausgabe des Romans genannt (»black oxidized Ronson«). In der deutschen Übersetzung wurden diese Feinheiten leider gekürzt – ein guter Grund, um eine Neuübersetzung in Angriff zu nehmen. Im Roman ↗ *Mondblitz* besitzt

007 noch immer ein schwarz oxidiertes Ronson-Feuerzeug. Das Feuerzeug ist aber nicht nur zum Anzünden von Zigaretten da. Bond benutzt später im Buch ein Ronson-Feuerzeug von ↗Hugo Drax, um sich von seinen Fesseln zu befreien, die ihn und ↗Gala Brand an der Flucht hindern. Im Roman ↗*Liebesgrüße aus Moskau* ist ↗Grant Besitzer eines abgenutzten goldenen Dunhill-Feuerzeugs. Im selben Buch benutzt 007 ein Ronson-Feuerzeug, als er mit ↗Nash alias Grant einen Code austauscht. Im Roman ↗*Moonraker Streng geheim* hat ↗Holly Goodhead ein ↗Zippo-Feuerzeug. James Bond findet heraus, dass dieses Feuerzeug zwei Funktionen hat, eine ist das Anzünden von Zigaretten, die andere ist das Versprühen einer chemischen Keule. Das Feuerzeug, das angeblich als Sturm- und regentauglich für den Vietnamkrieg entwickelt wurde, fand nicht den Weg in den Film ↗*Moonraker – streng geheim* (1979).

007s Dunhill-Feuerzeug in ↗*Countdown für die Ewigkeit* hat dagegen noch andere Vorteile: Beim Kampf gegen ↗Caber benutzt Bond eine von ↗Ann Reilly angefertigte Imitation dieses Feuerzeugs. Die Kopie versprüht die Droge Halothan, die den Gegner kampfunfähig macht. Durch diese Waffe gewinnt der Geheimagent den Ringkampf gegen ↗Anton Murics Killer Caber und steht als neuer Champion von Murcaldy fest. Greift der Film-Bond zum Feuerzeug, hat dies schon andere Dimensionen: In ↗*Leben und sterben lassen* (1973) befindet sich ein echtes Felix-Feuerzeug im Auto des CIA-Agenten ↗Harold Strutter. ↗Felix Leiter nimmt über diese getarnte Sprechfunkeinrichtung Kontakt zum Geheimagenten 007 auf. Bond ist überrascht. ↗Scaramanga verwendet im Kinofilm ↗*Der Mann mit dem goldenen Colt* (1974) ein Feuerzeug, aus dem er mit anderen Gegenständen einen Colt zusammenbaut. ↗Anja Amasowa erfährt durch ein Feuerzeug im Film ↗*Der Spion, der mich liebte* (1977), dass Bond ihren Geliebten getötet hat. Anja findet das Feuerzeug so hübsch, dass der Agent verrät, er habe es in der Nähe von Berngarden gekauft, als er dort zum Skilaufen war. Anjas Freund ist dort beim Skilaufen umgekommen. James Bond benutzt sein Feuerzeug auch, um in einer Grabkammer für Licht zu sorgen, damit er im Taschenkalender von ↗Aziz Fekkesh lesen kann. Ebenfalls in ↗*Der Spion, der mich liebte* benutzt Bond selbst ein Feuerzeug, um den Mikrofilm anzusehen, den er ↗Beißer abjagen konnte. Der Film wird in das Feuerzeug eingelegt, und beides zusammen muss in die dafür vorgesehene Verankerung ins Zigarettenetui gesteckt werden. 007 projiziert die Geheimnisse des ↗U-Boot-Ortungssystems auf eine Seite des Etuis und überprüft die technischen Details.

Auch zum Entfernen eines Blutegels benutzt Bond ein Feuerzeug, dies passiert in ↗*Octopussy* (1983). Zunächst will 007 in ↗*Im Angesicht des Todes* (1985) in der Mine ↗Main Strike mit der Flamme aus seinem Feuerzeug nur für Helligkeit sorgen, um eine Karte besser lesen zu können, doch schnell bringt die Flamme einen weiteren Vorteil: Sie bewegt sich in einem Luftstrom. 007 weiß nun, wo der Ausgang ist. Ein Dupont-Feuerzeug aus massivem Gold bekommt James Bond im Roman und auch im Film ↗*Lizenz zum Töten* (1989) von ↗Della und ↗Felix Leiter als Geschenk. Das Feuerzeug ist mit einer Gravur versehen. Im Roman lautet der Satz: »James zur steten Erinnerung an Della & Felix«, im Film heißt es »Für James in ewiger Liebe Della & Felix«. Das Geschenk ist jedoch leicht defekt und spuckt bei Betätigung eine Stichflamme aus. Später rettet das Feuerzeug Bonds Leben, indem er damit seinen Gegner ↗Franz Sanchez in Brand setzt. Ein Feuerzeug, das Stichflammen produziert, wurde schon Jahre vor *Lizenz zum Töten* (1989) bei den Dreharbeiten für *Im Angesicht des Todes* (1985) benutzt; die Szene (↗Paris Police Station 64) allerdings geschnitten. Zu Beginn seiner Mission ↗*Der Morgen stirbt nie* am ↗Khaiberpass setzt James Bond ein Feuerzeug der Marke Dunhill ein. »Rauchen gefährdet die Gesundheit«, kommentiert der Agent ganz richtig, als er einen der Terroristen mit seinem Feuerzeug ablenkt und niederschlägt. Im Roman und auch im Film bindet 007 das Feuerzeug noch mehr in seine Versuche ein, Sb-5-Atomtorpedos zu sichern. Der Agent betätigt einen verborgenen Schalter und startet einen Countdown, der auf einer LCD-Anzeige von fünf an rückwärts läuft. Das Feuerzeug ist nämlich auch eine »leichte Granate« aus der ↗Abteilung Q. Mit dem Feuerzeug von ↗Fiona Volpe löst James Bond in einem Auto ein Chaos aus: In ↗*Feuerball* (1965) schüttet er zunächst hochprozentigen Alkohol eines Straßenhändlers über die Sitze und über ↗Largos Handlanger, um diesen schließlich mit dem Feuerzeug, mit dem sich Fiona eine Zigarette anzünden will, in Brand zu stecken.

FEYADOR (Filmcharakter)

Auch: Fayador. Colonel Feyador war einst Kampfgenosse von ↗Koskov. Oberst Feyador, verkörpert von ↗John Bowe, entscheidet in ↗*Der Hauch des Todes* (1987) über Leben und Tod. Er hat ↗Kamran Shah, 007 und ↗Kara Milovy gefangen genommen; ihnen gelingt jedoch die Flucht. Als es zum explosiven Finale auf einem sowjetischen Luftwaffenstützpunkt in ↗Afghanistan kommt, wird Feyador von einer Handgranate getötet.

FFOLKES, DAVID (Inneneinrichter)

Für die Inneneinrichtung der Sets bei ↗*Man lebt nur zweimal* (1967) war David Ffolkes zuständig. Er erfüllte zwar Wünsche und Vorschläge, die von ↗Ken Adam stammten, als Inneneinrichter hatte er jedoch die Möglichkeit, eigene Ideen in die Setgestaltung einfließen zu lassen.

FFORDE, JASPER (Kamera-Fokus)

Für den Kamera-Fokus bei der Produktion von ↗*GoldenEye* (1995) waren Jasper Fforde, Mike Evans, David Watkins, Sean Conner und Christopher Frutiger zuständig.

FIAT (Fahrzeug)

Ein simpler Fiat verfolgt James Bond und ↗Anya Amasowa im Buch ↗*James Bond und sein größter Fall*. Der Agent und die Spionin fliehen in einem ↗Lotus Esprit. Der Fiat, den der Geheimagent 007 im Roman ↗*Sieg oder stirb, Mr. Bond* benutzt, wird von ihm sorgfältig überprüft. Da er es mit der Verbrecherorganisation ↗BAST zu tun hat, ist ein Attentat nicht auszuschließen. Bond benutzt den Fiat, um zur ↗Villa Capricciani zu gelangen, wo er auf die schöne ↗Beatrice trifft, mit der er dieses Abenteuer zu bestehen hat.

FI-BGS (Kennzeichen)

Die Erkennungsbuchstaben FI-BGS werden im Roman ↗*007 James Bond im Dienst Ihrer Majestät* auf einen Hubschrauber gemalt. Mit ihm soll Bond von ↗George zum ↗Piz Gloria gebracht werden.

FIDEL (Romanfigur/Filmcharakter)

Fidel ist eine Figur, die im Roman und auch im Film ↗*Stirb an einem anderen Tag* (2002) als Angestellter im ↗Hotel de Los Organos auftaucht. Er bedient die Gäste und übergibt Herrn ↗Krug im Roman auch die Unterlagen für seine Therapie im Schönheitssalon von Los Organos bei ↗Dr. Alvarez. Von Krug wird Fidel mit einer Waffe bedroht – sie zeigt auf die Genitalien des Kellners und Krug fragt, ob Fidel zu Fidel Castrato werden möchte.

FIDO (Spitzname)

↗Fidelé Barbey

FIELD, SUE (Logik)

Sue Field war bei der Produktion von ↗*Lizenz zum Töten* (1989) für die Logik verantwortlich. Sie kehrte für ↗*GoldenEye* (1995) zurück – hier war sie für die Logik bei der Second Unit verantwortlich.

FIESELER STORCH (Flugzeug)

↗John Gardner beschreibt im Roman ↗*GoldenEye* ein Flugzeug vom Typ »Fieseler Storch«. 007 sieht das Fluggerät erstmals, als er die ↗»Operation Schlüsselblume« durchführt. Als er später auf der Flucht ist, benutzt er den Storch, um seinen in der »Aufbereitungsanlage Numero eins« gelegten Bomben zu entkommen. Mit einem Motorrad springt er dem führerlosen abstürzenden Flugzeug entgegen und kann sich im letzten Moment zur Tür hineinziehen und den Storch unter Kontrolle bringen. Der »Fieseler Storch« ist das erste Langsamflugzeug der Welt und wurde von Gerhard Fieseler gebaut. Ein Modell ist im Deutschen Museum in München zu bestaunen.

FIFERMAN, STANLEY (Synchronisation)
↗Jack Knight

FIGHT AT KOBE DOCK – HELGA (Lied)
↗*You Only Live Twice* (Soundtrack)

FIGHT ON THE DISCO VOLANTE (Lied)
↗*Thunderball* (Soundtrack)

FIGHT TO THE DEATH (Lied)
↗*Never Say Never Again* (Soundtrack)

FIKTIVITÄT

Mit dem Erscheinen von ↗*Im Angesicht des Todes* (1985) wurde auf die Fiktivität des Charakters ↗Max Zorin und anderer Personen hingewiesen. Bei ↗*Lizenz zum Töten* (1989) hieß es schließlich: »Alle Personen und Ereignisse in diesem Film sind fiktiv. Ähnlichkeiten mit tatsächlichen Ereignissen oder lebenden oder toten Personen sind nicht beabsichtigt« – eine Aussage, die auf keinen Fall für ↗*Diamantenfieber* (1971) zutrifft: Hier ist ↗Williard Whyte ein Abbild von ↗Howard Hughes.

FILLET OF SOUL (fiktive Restaurantkette)

Die fiktive Restaurantkette »Fillet of Soul« existiert im Film ↗*Leben und sterben lassen* (1973) weltweit. Inhaber ist der Drogenproduzent ↗Mr. Big, der ein Doppelleben führt und auch als ↗Dr. Kananga Unheil verbreitet. Die Inneneinrichtung des »Fillet of Soul« ist überall ähnlich. In einem Restaurant der Kette in New York wird 007 durch eine sich drehende Nische direkt an der Wand in einen Nebenraum befördert, in dem bereits Killer und ↗Solitaire auf ihn warten. Als Bond später in New Orleans erneut ein »Fillet of Soul« betritt, möchte er lieber an der Bühne sitzen. Seinem Wunsch wird entsprochen, doch es nützt nichts. Der Boden öffnet sich, und der Agent landet erneut in den Händen der Killer. ↗Felix Leiter ist verwundert, als Bond verschwunden ist. Vor der Lokalität in New Orleans passieren ständig Morde. Gleich zu Beginn des Films stirbt ↗Hamilton (dargestellt von ↗Robert Dix), als er niedergestochen wird, später ist es ↗Strutter, der an der Straßenecke scheinbar auf seine eigene Beerdigung gewartet hat. Die Sängerin ↗B. J. Arnau trat in diesem achten 007-Film als Sängerin des Songs der ↗*Live And Let Die* im Restaurant auf.

FILLET OF SOUL HARLEM (Lied)
↗*Live And Let Die* (Soundtrack)

FILLET OF SOUL – NEW ORLEANS (Lied)
↗*Live And Let Die* (Soundtrack)

FILMBEZEICHNUNGEN

In der Presse tauchten nach mehreren James-Bond-Filmen immer wieder Filmbezeichnungen auf, die einen Bond-Film charakterisieren sollten und sich von den wichtigen Ereignissen im Film oder von den Schauplätzen ableiten ließen:
- *James Bond 007 jagt Dr. No* (1962) – **Urbond**
- *Liebesgrüße aus Moskau* (1963) – **Kalter-Krieg-Bond**

- *Feuerball* (1965) – **Unterwasserbond**
- *Man lebt nur zweimal* (1967) – **Orientbond**
- *Im Geheimdienst Ihrer Majestät* (1969) – **Schneebond**
- *Moonraker – streng geheim* (1979) – **Weltraumbond**
- *In tödlicher Mission* (1981) – **Realitätsbond**
- *Sag niemals nie* (1983) – **Remakebond**
- *Lizenz zum Töten* (1989) – **Rachebond**

Im Laufe der Jahre erhielt auch ↗*Der Mann mit dem goldenen Colt* (1974) die Bezeichnung »Orientbond«. Der Richtigkeit halber müsste man ihn aber »Orientbond II« nennen.

FILMER, ILHAM (Produktionsmanager)
Ilham Filmer war der Produktionsmanager des zweiten offiziellen James-Bond-Films ↗*Liebesgrüße aus Moskau* (1963) in Istanbul.

FILMFEHLER
Auch die James-Bond-Filme sind nicht fehlerfrei. Unachtsamkeiten, falsche Anschlüsse, Durcheinander bei der Ausstattung und logistische Probleme sind Hauptursache für die so genannten »Filmfehler«. Alle Fehler aufzulisten, ist schier unmöglich, hier die wichtigsten und auffälligsten Fehler bei 007 nach Filmen geordnet:

James Bond jagt Dr. No (1962):
Neben Spiegelungen von Scheinwerfern in Fahrzeugen (Leichenwagen) und Bildern (in »Ms« Büro) fallen noch einige unübersehbare Anschlussfehler auf:
- 007 sitzt am Spieltisch und hat die Zigarette mal im Mund, mal in der Hand.
- Der von Bond geworfene Hut landet so am Garderobenständer von Moneypenny, dass die offene Seite zu »Ms« Bürotür zeigt. Als Bond wieder ins Vorzimmer kommt, hängt die Kopfbedeckung aber anders herum (vermutlich, damit Connery sie besser greifen konnte).
- Schnelle Schnitte lassen einige Filmfehler nur bei genauem und konzentriertem Hinsehen erkennen: Bei der Schlägerei zwischen 007 und dem Chauffeur auf Jamaika holt Bond mit der rechten Faust aus. Der Chauffeur wird nach einem Schnitt aber mit links getroffen.
- Die Fotografin im Pussfaller-Club trägt die Halteschlaufe ihrer Kamera um den Hals, in der nächsten Einstellung ist diese aber verschwunden. Kurz darauf erscheint die Schlaufe wieder.
- Oft bei Bond-Verfolgungsjagden kritisiert: das Quietschen der Reifen von Fahrzeugen. Auch in *James Bond 007 jagt Dr. No* ist dies ein völlig unsinniges Geräusch: Die Wagen fahren auf einer Schotterstraße.
- Dass mit mehreren Fahrzeugen vom gleichen Typ gedreht wurde, zeigt sich in der Autoverfolgungsjagd. Dort hat das Fahrzeug hinter Bond die Scheinwerfer neben dem Kühlergrill. Als es den Abhang hinunterstürzt, befinden sich die Scheinwerfer aber in den Kotflügeln.
- Das Einfügen von Szenen (Großaufnahmen, Landschaftsaufnahmen) nach oder vor dem Dreh der dazugehörigen Szene mit den Darstellern birgt immer Risiken. So hat James Bond im Haus von Miss Taro eine schwarze Krawatte um, diese fehlt aber, wenn er in einer Großaufnahme den Schalldämpfer auf seine Walther PPK schraubt.
- Als Bond seinem Gegner Professor Dent gegenübersteht, sagt Bond: »That's a Smith & Wesson and you've had your six!«, denn Dent hat bereits sechs Schüsse in die von 007 präparierte Matratze abgefeuert. Waffenexperten stellten jedoch später fest: Bei Dents Modell handelte es sich um eine Waffe, die acht Geschosse hätte abfeuern können.
- Ein klassischer Filmfehler, der schon in jeder großen Kinozeitschrift beschrieben wurde, spielt auf 007s Socken an, bevor er Professor Dent erschießt. Die Socken rutschen zwischen den einzelnen Einstellungen, einmal sind sie hochgezogen, dann wieder heruntergerutscht.

- Ferner taucht in der deutschen Version von *James Bond 007 jagt Dr. No* (1962) ein böser Handlanger auf, der eine ganz besondere Fähigkeit besitzt: Er klingt unverändert, ob er in das Megafon spricht oder nicht.
- In nasser Kleidung zu drehen, scheint für Darsteller unzumutbar zu sein. So sind 007 und Honey Rider nach ihrem Bad auf Crab Key schon in der nächsten Einstellung wieder trocken.
- Im Jahre 1962 war es undenkbar, eine nackte Frau auf der Leinwand zu zeigen, deshalb auch Honey Riders hautfarbener BH, als sie durch die Entseuchungsstraße in Dr. Nos Laboratorium fährt.
- Ähnlich schlechte Anschlüsse wie zuvor am Spieltisch sind auch wieder beim Dinner mit dem Bösewicht auszumachen. Das Tafelmesser wird von Bond mal vor seinem Gesicht und mal unter dem Tisch gehalten. Die Position wechselt dreimal.
- Die von Dr. No mit seinen Stahlprothesen zerquetschte Statue fällt in der Großaufnahme zerstört vom Tisch. In der nächsten Einstellung liegt sie aber wieder auf dem Tisch.
- Ein Fehler in der »Umsetzung« ist noch am Schluss des ersten James-Bond-Films zu finden. Hier steigt 007 in das rettende Boot und sitzt links neben Rider. In der nächsten Einstellung sitzt er plötzlich rechts von ihr.

Liebesgrüße aus Moskau (1963):
- Überraschend in *Liebesgrüße aus Moskau* (1963) ist zunächst Blofelds Aquarium. Die drei Kampffische befinden sich erst in einem Abschnitt, sind aber nach dem Schnitt durch eine Glasscheibe voneinander getrennt.
- Lotte Lenyas Haarfarbe wechselt in einer Szene auf Blofelds Schiff, weil die Aufnahmen zeitlich weit auseinanderliegend gedreht worden sind.
- Was beim Bösewicht im Roman ↗*Fahr zur Hölle Mr. Bond,* wegen seiner missgebildeten Hände vielleicht nicht aufgefallen wäre, sticht im zweiten Bond-Film umso mehr ins Auge: Blofeld drückt mit seiner linken Hand einen Knopf auf dem Schaltpult, in der nächsten Einstellung ist es aber die rechte Hand.
- Das Nahrungsproblem in der Dritten Welt wäre gelöst, hätten sie dort James Bonds Teller. Der Agent hat im Zigeunerlager einen Teller vor sich, der fast leer ist, in der nächsten Szene aber etwas weiter rechts steht und gut gefüllt ist.
- Die Röcke der Zigeunerinnen werden während des Kampfes zu kurzen Hosen.
- Sean Connery ging ungeschminkt in die Badezimmerszene, bevor er erstmals auf seine Filmpartnerin traf, denn die Narbe, die sie bei ihm auf dem Rücken findet, ist dort noch nicht zu sehen.
- Dass Zuschauer bei Dreharbeiten oft ein Problem darstellen, zeigt sich auch im zweiten James-Bond-Film. Die Menschenmengen sind hinter einer Absperrung zu sehen, als ein Basar in Istanbul aufgenommen wird.
- Der Bulgare in Istanbul hat ein ähnliches Problem mit seiner Kleidung wie zuvor die Zigeunerinnen: Sein schwarzes Hemd verwandelt sich nach mehreren Schnitten in einen Pullover.
- Wer Veränderungen in James Bonds Gesicht bemerkt hat, der ist ein guter Beobachter. Zwar sollte sich Sean Connery in der Pre-Title-Sequenz von *Liebesgrüße aus Moskau* leicht von seinem Aussehen als Bond im Rest des Films abheben, doch in der Szene, in der Kerim Bay Krilencu erschießt, hat Connery von Einstellung zu Einstellung unterschiedlich geschminkte Augenpartien, und das war nicht geplant.
- Bei 007 fließt nicht nur gewohnheitsmäßig sehr wenig Blut, es verschwindet auch dann und wann. Nach dem Kampf mit Red Grant im Orient-Express ist der eine Handrücken des Agenten mit Blut beschmiert, in der nächsten Szene ist dieses verschwunden.
- Der kurz darauf von Hubschraubern attackierte LKW ist schwarz von Ruß, der

nach einer Explosion am Fahrzeug haftet, dann aber wieder verschwunden ist.

Goldfinger (1964):

• Actionszenen in James-Bond-Filmen sind oft so rasant geschnitten, dass man die Fehler einfach übersieht. So ist der Angreifer, der sich in der Pre-Title-Sequenz von *Goldfinger* im Auge des Bond-Girls spiegelt, mit erhobenem rechten Arm zu sehen. Es hätte aber der linke sein müssen, da es sich um eine Spiegelung handelt.

• Die Beobachtung Auric Goldfingers durch ein Fernglas hätte geräuschlos bleiben müssen, doch man hört, wie Goldfinger seinen Bleistift zerbricht. Auch bewegt Bond das Fernglas, obwohl seine Hände es nie berühren und es auch fest am Balkon montiert ist.

• Leichenbewegung zeigt die Todesszene von Jill Masterson. Zunächst liegt ihr Körper so auf dem Bett, dass nur ein Bein über die Bettkante hängt. In der nächsten Einstellung sind es schon beide.

• Alkoholisiert kommt sich der Zuschauer vor, als die Kognakflasche auf Colonel Smithers Tisch von Bonds Hand direkt wieder vor »M« wandert, ohne dass 007 sie jemals dorthin gestellt hat.

• Ein seltsamer Ortswechsel wird auch von Oddjobs Melone vollzogen. Diese verschwindet aus dem Bild, nachdem die Statue beim Golfclub geköpft wird, liegt aber in der nächsten Einstellung neben dem Gipskopf.

• Hyper-Color nennt man es, wenn Kleidungsstücke ihre Farbe wechseln. Dass Sean Connery 1964 schon über einen solchen Anzug verfügte, ist aber auszuschließen. Dennoch wechselt dieser die hellbraune Farbe in einer Nahaufnahme des Ärmels beim Betätigen der Steuerkonsole im Aston Martin DB 5 von Grau auf Schwarz.

• Bei der »Schrottplatzszene« waren Puppen möglicherweise zu teuer, denn der Wagen, in dem eigentlich der tote Mr. Solo liegen sollte, ist leer, als er vom Kran in die Presse gehievt wird – leerer noch, als man vermuten möchte: Auch der Motor ist verschwunden.

• Eine Reifenpanne von Oddjob auf dem Weg vom Schrottplatz zu Goldfingers Gestüt stand nicht im Drehbuch, warum die Reifenfarbe wechselt, kann also nicht erklärt werden.

Feuerball (1965):

• Eine merkwürdige Metamorphose machen die Pflanzen in der Vase bei Jack Bouvier durch: Aus den weißen Rosen werden nach einem Einstellungswechsel rosa Tulpen.

• Zehn Minuten soll Molly Bond auf der Streckbank allein gelassen haben. Laut der Uhr im Hintergrund ist das aber nicht nachvollziehbar, denn diese zeigt beim Wiedereintreffen der Krankenschwester dieselbe Zeit an wie zuvor.

• Die Racheaktion 007s an Graf Lippe findet in einem Raum statt, auf dessen Tür zunächst »Massage« und später »Sitz Bath & Heat Treatment« steht.

• »Das nächste Mal musst du mit meinen Haaren aber etwas vorsichtiger sein, du Wüstling«, sagt Fiona Volpe zu Bond. Das haarige Thema hätte lieber von Domino angesprochen werden sollen, denn während des Tanzes mit dem Agenten verändern sich die Positionen ihrer Haarspangen.

• Kleidung bei Bond ist ein heikles Thema, jeder Film enthält mindestens einen Fehler. In *Feuerball* ist es Felix Leiter, dessen Hosen bei der Suche nach dem Vulkan-Bomber mal kurz und mal lang sind.

• Verluste bei der Ausrüstung beklagt Bond gelegentlich bei »Q«, aber dass ihm nach seinem Tauchgang zum Vulkan-Bomber die Armbanduhr fehlt, die er zuvor trug, scheint nicht aufgefallen zu sein.

• Bei Domino verschwinden die Uhr und die Erkennungsmarke ihres Bruders zwar aus der rechten Hand, tauchen aber in der nächsten Szene in der linken Hand wieder auf.

• Ein klassischer *Feuerball*-Fehler ist die Farbe der Taucherbrillen. Bond verliert sei-

ne blaue, schnappt sich die schwarze von einer Leiche und hat in der nächsten Einstellung wieder eine blaue Brille auf.
- »Schneiderei unter Deck« heißt es dann im Finale des Films: Dominos gerissener Kleidträger ist plötzlich wieder heil.
- Zu guter Letzt: Die Darstellerin Mollie Peters, die Patricia spielt, wird im Abspann falsch geschrieben.

Man lebt nur zweimal (1967):
- Die Anweisung, während der Fahrt sitzen zu bleiben, hat James Bond in *Man lebt nur zweimal* offensichtlich nicht befolgt: Er steigt links in den Toyota ein, verlässt diesen bei Henderson aber auf der rechten Seite.
- Der fliegende Wechsel eines Messers ist auch ein Filmfehler: Der Killer von Henderson hat die Waffe erst in der rechten, nach einem Filmschnitt aber in der linken Hand.
- Das Double von Akiko Wakabayashi wurde nicht aufgrund besonderer Ähnlichkeit ausgewählt. Das fällt besonders in der Szene auf, die an den Docks von Kobe spielt: Das Double hat kürzere Haare, die außerdem noch viel heller sind als die der Darstellerin.
- Für Verwirrung sorgen auch die Startaufnahmen von »Little Nellie«: Ein Stützmetall des Rotors wird von einem Gehilfen »Qs« entfernt, ist aber in der nächsten Szene wieder vorhanden.
- Auf Grund der Dreharbeiten mit Sean Connery vor einer blauen Leinwand verschwindet die das Blau widerspiegelnde Frontscheibe von »Little Nellie« zwischen den einzelnen Schnitten.
- Das Mikro am Kamerahelm Bonds wechselt die Seiten zwischen den einzelnen Szenen.
- Der rote Stern, den 007 in den Romanen oft auf Akten mit hohem Dringlichkeitsgrad findet, ist als Zeichen Russlands in *Man lebt nur zweimal* auch auf einer Rakete im Vulkankrater Blofelds zu sehen. Das Symbol verschwindet aber von Zeit zu Zeit.
- Der auffälligste Fehler im fünften offiziellen James-Bond-Film hat mit einem Lampenschirm in Blofelds Hauptquartier zu tun. 007 kämpft mit Hans, und der Schirm fällt um. In der nächsten Szene steht der auffällige orange Lampenschirm wieder am alten Platz.

Im Geheimdienst Ihrer Majestät (1969):
- Dreharbeiten, die mit unberechenbaren Elementen wie Wasser zu tun haben, stellen immer ein Fehlerrisiko dar. So ist die Schlägerei zwischen Bond und einem Killer in der Pre-Title-Sequenz von George Lazenbys erstem und einzigem Bond-Film eine einzige Aneinanderreihung von Fehlern. Ankommende Wellen werden zu auslaufenden Wellen, Wasserstände verändern sich von einer Einstellung zur nächsten, und auch die Wellenhöhe variiert in vier Sekunden mehrfach. Ein am Horizont entlangfahrendes Schiff ist nach dem nächsten Cut plötzlich verschwunden – und es war kein U-Boot.
- Auch bei der Strandszene quietschen wieder die Reifen der Fahrzeuge, obwohl sie das auf Sand gar nicht tun dürften.
- Bewegungen, die nicht zu Großaufnahmen passen, bietet dieser Film auch: So sieht man Lazenbys Hand eine Schublade öffnen, in der sich ein Spielchip vom Roulettetisch befindet. Als man die Körperansicht des Darstellers sieht, beugt er sich erneut vor und öffnet die diesmal nicht sichtbare Schublade.
- Eine abweichende Übersetzungsart ist beim Gespräch zwischen James Bond und Moneypenny festzustellen. Das »You« wird einmal mit »Du« und einmal mit »Sie« übersetzt.
- Durch die Verfilmungsreihenfolge, die nicht dem Erscheinen der James-Bond-Romane entspricht, kommt folgender Filmfehler zu Stande: James Bond trifft Blofeld in *Im Geheimdienst Ihrer Majestät*, und beide kennen sich nicht, hätten sich aber aus *Man lebt nur zweimal* wiedererkennen müssen. Albert R. Broccoli war sich des

Fehlers bewusst und begründete ihn so: »James Bond hat ein neues Gesicht – das von George (Lazenby), und auch Blofeld hat sich verändert (der Darsteller Donald Pleasence wurde durch Telly Savalas ersetzt), da können sie sich gar nicht wieder erkennen.«

• Das Stockcarrennen enthält eine Szene, in der ein Fahrzeug auf das Wagendach kippt und darauf rutscht. Wenn der Fahrer in Großaufnahme zu sehen ist, kann man erkennen, dass nur die Kamera gedreht wurde, nicht der Wagen: Der Hintergrund steht auch kopf.

• Das Chaos der durcheinander rasenden Fahrzeuge verschleiert auch folgenden Fehler: Der Verfolger-Mercedes rammt einen Mini mit der Startnummer 11. Der Wagen wird aber in der nächsten Szene von 007 überholt und das, obwohl Bond weit vor dem schwarzen Mercedes fährt.

Diamantenfieber (1971):

• Schon in der Pre-Title-Seqenz kommt es zu den ersten Filmfehlern. Die im Schlammbad erstickte Leiche kneift die Augen fester zusammen, als 007 deren Gesicht mit Wasser abspritzt.

• Der von Ken Adam entworfene Moonbuggy verliert bei der Verfolgungsjagd in den USA in einer Szene ein Rad, das in der nächsten aber wieder voll funktionsfähig an der Achse sitzt.

• Die in Las Vegas spielende Verfolgungsjagd zwischen 007 und der Polizei wurde wegen auf den Aufnahmen zu sehender Passanten hinter Absperrungen teilweise zweimal gedreht, dennoch sind nicht alle Fehler beseitigt. Eine Absperrung mit Menschenmassen dahinter ist deutlich zu erkennen.

• Der populärste Fehler in einem James-Bond-Film bezieht sich auf den Ferrari. Abgesehen davon, dass Bond im Verlauf der Jagd sechsmal am Golden Nugget Kasino vorbeijagt, kippt er sein Fahrzeug auf die beiden rechten Räder, um durch eine enge Gasse jagen zu können, kommt aber auf den linken Reifen wieder heraus. Um den Fehler zu vertuschen, schnitt man ein Kippen der Darsteller von einer Seite auf die andere in Großaufnahme dazwischen, aber der Fehler lässt sich nicht leugnen und wird bei Auflistungen immer an erster Stelle genannt.

• Die Nachvertonung stimmt bei Bonds Kampf mit Bambi und Klopfer nicht ganz. Mehrere Dekorationssäulen kippen um, aber der Aufprall der letzten ist nicht zu hören.

• Nach einem Sturz in den Swimmingpool taucht Connery frisch gekämmt wieder auf – ein zu vermeidender Filmfehler, den Timothy Dalton in seinen Bonds nicht haben wollte. Er weigerte sich, immer gekämmt zu werden.

• Auch die Temperaturen in den USA erklären nicht, warum die Kleidung des 007-Darstellers nach Verlassen des Pools sofort wieder trocken ist.

• Einen weiteren fatalen Fehler begingen die deutschen Synchronstudios. Sie vertauschten in der letzten Szene, in der Mr. Wint und Mr. Kidd auftreten, die Namen. Als Kidd brennend über die Reling springt, ruft ihm Wint statt Kidd seinen eigenen Namen hinterher.

Leben und Sterben lassen (1973):

• Fehlerfrei sind auch die Moore-Bonds nicht. So wird Hamilton in der Pre-Title-Sequenz erstochen und fällt auf den Gehweg. In der nächsten Einstellung liegt er aber auf der Straße.

• Um die Schauspieler vor Schlangenbissen zu schützen, musste der Darsteller des Medizinmannes die Schlange immer dann sehr nahe an ihrem Kopf halten, wenn er seinem Gegenüber nahe kam. So hat er die Schlange mal am Körper und mal am Kopf fest im Griff.

• James Bonds Sitzposition in einem Boot wechselt bei der Verfolgungsjagd: Beim Sprung über J. W. Peppers Polizeiauto sitzt 007 links – wenn sein Boot landet, sitzt er rechts.

Der Mann mit dem Goldenen Colt (1974):
• Die Brustwarze Scaramangas verschwindet, nachdem sie zunächst zu sehen ist, wenn er in der Pre-Title-Sequenz aus dem Meer kommt.
• Der Killer Rodney benutzt zwar einen Schalldämpfer, aber bei der Nachvertonung scheint es keiner gemerkt zu haben, denn das Geräusch des Schusses entspricht dem einer Waffe ohne Schalldämpfer.
• Um welches Waffenmodell es sich handelt, scheint sowieso unklärbar, denn zählt man Rodneys Schüsse mit denen zusammen, die Scaramanga noch aus derselben Pistole abfeuert, wenn er der Wachsfigur von 007 die Finger abschießt, kommt man auf 13 Schuss.
• Wenn sich 007 später im Film in der Umkleide von Saida mit drei Killern schlägt, stößt einer versehentlich gegen eine Frisierkommode mit Spiegel. Der Spiegel wird dadurch zur Seite gerückt, und man sieht darin ein Crew-Mitglied und einen Scheinwerfer.
• Mit einem Wasserflugzeug steuert James Bond auf Scaramangas Insel zu. Verwunderlich nur, dass ein Schwimmer an den Tragflächen nicht mehr vorhanden ist, wenn 007 am Strand des Bösewichts ankommt.
• Ob Francisco Scaramanga Antialkoholiker ist, kann nicht bestätigt werden, es würde aber erklären, warum alle im Finale von Schnick Schnack auf Bond geschleuderten Weinflaschen leer sind.
• Schnick Schnack attackiert Bond auf Scaramangas Dschunke flaschenweise mit dessen »Weinvorrat«. Wer mitzählt, wird sich wundern: Das Weinregal beinhaltet 30 Flaschen. Schnick Schnack wirft 15, später fehlen jedoch 18, denn es bleiben nur zwölf im Regal übrig.

Der Spion, der mich liebte (1977):
• Unmöglich sind James Bonds Wege in Ägypten: zwischen Orten, die Bond zu Fuß an einem Tag zurücklegt, liegen mehrere hundert Kilometer. Als nächstes Hindernis kommt hinzu, dass die Ruinen, bei denen 007 gegen Beißer kämpft, auf unterschiedlichen Nil-Seiten liegen.

Moonraker – streng geheim (1979):
• Von Dobermännern verfolgt, flüchtet Corinne Dufour in den Wald. Dummerweise trägt sie dabei zuerst normale Schuhe und dann wieder hohe Stiefel.
• Unstimmigkeiten der gleichen Art finden sich auch bei der Gondel-Szene: Holly Goodhead trägt mal helle und mal schwarze Schuhe.
• Neben vielen kleinen nicht erwähnenswerten Fehlern kommt in *Moonraker – streng geheim* ein besonderer Schnitzer der logischen Art vor: Beißer kappt mit seinen Zähnen das Stahlseil der Seilbahn am Zuckerhut. Die Gondel kommt abrupt zu stehen. Beißers Komplize bringt die »defekte« Gondel aber per Knopfdruck wieder zum Laufen.
• Chang und 007 liefern sich im Glasmuseum eine wilde Schlägerei, bei der fast alles zerstört wird. Unerklärlich bleibt, warum eine grüne Vase, die niemals berührt wurde, plötzlich kaputt am Boden liegt.
• Die besagte Schlägerei findet im Film am frühen Morgen statt – es ist noch dunkel. Wenn Chang aber durch das Zifferblatt der großen Uhr geschleudert wird, landet er in einem Piano neben einem Sänger und zahlreichen Zuschauern – alle Frühaufsteher?
• Die Bespannung von 007s Flugdrachen, der ihn vor dem Sturz in die Wasserfälle bewahrt, ändert nach einigen Schnitten ihre Farbe.
• Auch seltsam: Ein Techniker des Radarstörsystems ist derselbe Schauspieler, der zuvor mit James Bond in einem Krankenwagen kämpfte und starb, als er mit einer Bahre in ein Werbeplakat geschleudert wurde – der Fehler würde besser zu *Man lebt nur zweimal* passen.

In tödlicher Mission (1981):
• Die Einschusslöcher beim Citroën 2CV, in dem James Bond und Melina Havelock

flüchten, verschwinden auf unerklärliche Weise und tauchen schließlich wieder auf. Nachdem sich die Ente überschlagen hat, sind die Scheinwerfer zerstört. In der darauf folgenden Einstellung sind sie aber wieder intakt.
• Bremsspuren auf der Straße verraten dem Zuschauer im Voraus, wann Bond auf die Bremse treten wird. Die Spuren stammen von Testszenen und misslungenen Takes und wurden nicht ordentlich entfernt.
• Dass Drehzeit vergeht, der Film aber nur minutenweise fortläuft, kann man gut erkennen, wenn Locque mit seinem Wagen flüchtet und 007 ihm zu Fuß den Weg abschneiden will. Er startet im Dunklen, zwischendurch scheint die Sonne, und als Bond seinem Gegner in die Schulter schießt, geht die Sonne gerade auf.
• Locques Mercedes-Rücklichter sind übrigens mal intakt und mal defekt.

Octopussy (1983):
• Dass der Minijet auf einem Fahrzeug befestigt ist, fällt schon beim ersten Anschauen von *Octopussy* auf. Jede Filmzeitschrift brachte einen Bericht über die Gestaltung dieses durchschaubaren Tricks.
• Wenn Roger Moore im Jet zu sehen ist, kann man hinter ihm im Fenster deutlich Pflanzenwuchs ausmachen; ein Beweis, dass er den Jet nicht wirklich flog.
• Ein schwer wiegender Fehler betrifft ein Messer. 009 steckt der Dolch im Rücken, doch als er durch die Glastür der britischen Botschaft stürzt, ist die Waffe verschwunden.
• Synchronisationsprobleme gab es bei einem indischen Fakir: Die Figur spricht Hindi (das ist im Film auch zu hören), wurde aber mit Deutsch übersprochen (»Was machen fremder Mann in mein Bett?«) und zusätzlich noch mit einem Untertitel ins Englische übersetzt.
• Die Nägel, auf die Bond seinen Gegner schleudert, sind unschwer als Gummiattrappen auszumachen.
• Während einer Zirkusvorstellung muss sich 007 von Zuschauern anpöbeln lassen, weil er vor ihnen steht und ihnen die Sicht nimmt. Er setzt sich daraufhin neben die Zuschauer in die erste Reihe. In der nächsten Einstellung sitzen alle Zuschauer in der zweiten Reihe.
• An einem Touristenboot steht »Cincinatti« statt »Cincinnati«.
• Wie bei vielen Verfolgungsjagden sind auch in diesem Film wieder Bremsspuren auf den Straßen zu sehen, die von vorher gedrehten Szenen stammen. Man weiß also genau, wann ein Fahrzeug im Film bremsen wird, oder wo es zu schleudern beginnt.

Sag niemals nie (1983):
• Das *Feuerball*-Remake ist auch nicht fehlerfrei. Die geschlossenen schwarzen Schuhe von Fatima Blush sind nach ihrem Tod zu offenen Pumps geworden.
• Die oft gekürzte Pferdeszene auf Palmyra zeigt 007 mit einem Kopftuch, das in der nächsten Einstellung plötzlich verschwunden ist.
• Auch die Jacke, die Bond trägt, als er mit Domino und dem Pferd ins Wasser stürzt, ist verschwunden, wenn er auftaucht.
• Farbliche Varianten bietet *Sag niemals nie* zur Genüge. Die schwarzen Sauerstoffflaschen von Felix Leiter und 007 sind nach der Landung mit dem XT-7B plötzlich silbern. Wenigstens Leiter selbst bleibt schwarz.

Im Angesicht des Todes (1985):
• Offensichtlich ist es Roger Moore schwer gefallen, einen kleinen Anhänger in der Pre-Title-Sequenz von *Im Angesicht des Todes* mit seinen Handschuhen zu öffnen, diese sind bei der Nahaufnahme nämlich verschwunden. Erst als die Verfolgungsjagd beginnt, trägt er die Handschuhe wieder.
• Keinen Sinn ergibt auch die Verfolgungsjagd am Eiffelturm. Bond stiehlt vor dem Bauwerk ein Taxi und rast damit eine Treppe hinunter, die er zunächst hätte hinauffahren müssen, da sie sich gegenüber dem Eiffelturm befindet.
• Nach seinem Sprung von der Brücke stürzt Bond in ein Boot, durchbricht die

Decke und landet in einer Hochzeitstorte. Sein Anzug trägt aber keinen einzigen Sahnefleck davon.
• Bei der Schlägerei in Zorins Mikrochip-Fabrik wird ein Angreifer von herabstürzenden Kisten getroffen und bricht ohnmächtig zusammen. Verwunderlich ist, dass Bond den Gegner so zu Fall bringt, dass dieser am anderen Ende des Raumes ordentlich auf einem Förderband zu liegen kommt.
• Eine verräterische Kameraeinstellung zeigt ein Seil, das am Rolls Royce festgebunden ist, als May Day das Fahrzeug angeblich per Körperkraft in den See schiebt.
• Das in einer Mine zerissene Kleid Stacys ist nach dem Verlassen der Mine wieder heil.
• Auch das Schuhwerk Tatiana Roberts wechselt in einer Sequenz: Zunächst trägt sie Pumps, doch beim Kampf auf der Golden Gate Bridge sind die Absätze verschwunden.

Der Hauch des Todes (1987):
• Von einem Markierungsgeschoss getroffen, springt 007 auf den Jeep mit dem flüchtenden Mörder darin, doch die rosa Farbe auf seinem schwarzen Tarnanzug ist plötzlich verschwunden.
• Die vielen Geschosse, die auf den Aston Martin DBS V8 Vantage abgefeuert werden, lassen den linken Vorderreifen des Fahrzeugs platzen, doch dieser ist beim Sprung über die Treppe am zugefrorenen See wieder heil. Eine Erfindung, die das möglich gemacht hätte, wird erst in *Der Morgen stirbt nie* (1997) vorgestellt.
• Das Einschussloch in Kara Milovys Cello ist deutlich zu sehen, doch das Austrittsloch fehlt.
• Beim Kampf in der Wüste rast Milovy mit einem Jeep davon, und ein Feind springt auf die Haube. Dabei hat er eine Mütze auf, die in der nächsten Szene verschwunden ist – vermutlich, um die Verletzung an seinem Kopf besser zu zeigen.
• Die englische Beschriftung des Flugzeugs, mit dem Bond vom russischen Luftwaffenstützpunkt in Afghanistan flieht, löst beim Zuschauer Verwirrung aus, denn es ist ein russisches Flugzeug.
• Eine Landung scheint aufgrund der Gebirgsregionen unmöglich. Nachdem 007 und Milovy das abstürzende Flugzeug verlassen haben und dies an einem Berg zerschellt, kann man die beiden Überlebenden mit dem Jeep wegfahren sehen: weit und breit kein Berg in Sicht, alles Flachland.
• Brad Whitakers Panzerglasschutz an seiner Waffe wird von Bonds Kugeln aus der Walther PPK mehrfach getroffen, die Schrammen sind aber erst in der darauf folgenden Einstellung zu sehen.

Lizenz zum Töten (1989):
• Spiegelverkehrte Aufnahmen oder einfach nur ein Fehler: Die Flugtickets, die 007 in seiner rechten Sakko-Innentasche hat verschwinden lassen, werden von ihm aus der linken Innentasche wieder hervorgezaubert.
• Killifer stürzt mit seinem Schmiergeld ins Wasser. Merkwürdig ist, warum bei der Unterwasseraufnahme schon Blut zu sehen ist, obwohl der weiße Hai erst jetzt zum ersten Angriff ansetzt.
• Eine nicht klärbare Diffusion lässt die Taucherbrille des Agenten zu: In der einen Szene ist sie zur Hälfte mit Wasser gefüllt, dann ist sie wieder leer.
• Bei der Verfolgungsjagd mit den Tanklastwagen passiert ein Filmfehler, der wegen der Rasanz vom Publikum oft unbemerkt bleibt: Der LKW, der von Bond gerammt wurde und schließlich von einer Stingerrakete zerstört werden wird, müsste eigentlich im Hintergrund an einer Felswand zu sehen sein, wenn 007 seinen Truck auf die linke Seite kippt. Hinter Bond ist aber nur weite Prärie zu erkennen.
• Auch die Haare von Dalton wechseln nach seinem Sprung in den Pool am Ende des Films mehrmals ihre Stellung.

GoldenEye (1995):
• Ein zu spät gesetzter Schnitt lässt in der Pre-Title-Sequenz erkennen, dass der

Stuntman von einer Plattform den Bungee-Sprung ausführte und nicht vom Geländer der Staumauer. Zudem kann man in einer ganz kurzen Totalen am Anfang einen LKW auf der Staumauer erkennen.

- Der Wechsel der Jahreszeiten geht in *GoldenEye* schneller als gewohnt vor sich. Beim Sprung vom Staudamm sind Bäume zu erkennen, beim Verlassen der Fabrik für biologische und chemische Waffen liegt Schnee.
- Der Laserstrahl aus Bonds Waffe entpuppt sich als ungefährlich, denn er verfehlt die Stelle, an der die Eisenluke zu schmelzen beginnt. Vermutlich steht jemand mit dem Schweißbrenner darunter.
- Es stellt sich auch die Frage, wie 007 das Bungee-Seil von seinen Beinen gelöst hat, denn er hat ja mit einer Hand die Pistole festhalten müssen.
- *GoldenEye* musste entschärft werden, Gewaltszenen wurden geschnitten. Martin Campbell musste so auf andere Kameraeinstellungen zurückgreifen, um die Cutscenes zu vervollständigen. In der Pre-Title-Sequenz war zunächst eine Großaufnahme von einem Chemiker zu sehen, der von 006 niedergeschossen wird und in seine Reagenzgläser stürzt. Die Szene wurde herausgeschnitten und durch eine Einstellung von 006 selbst ersetzt, der beim Abfeuern der Waffe zu sehen ist. Fehler in dieser Einstellung: Der Chemiker spiegelt sich in einer Scheibe und zeigt beim Abschuss von Trevelyans Waffe keinerlei Reaktion.
- Die Szene, in der 007 alias Pierce Brosnan mit einem Piloten aus dessen startendem Flugzeug stürzt, lässt erkennen, dass die Dreharbeiten bei niedrigen Temperaturen durchgeführt wurden: 007 trägt zunächst keine Handschuhe, hat aber beim Fallen aus dem Flugzeug welche an.
- Bei einer Szene, die auf einem Hoteldach in Monte Carlo spielt, beobachtet 007 Onatopp durch sein Fernrohr – und zwar erst mit dem linken und nach dem Schnitt mit dem rechten Auge.
- Der tote Chuck Farrel auf der Jacht verändert seinen Gesichtsausdruck. Als er aus dem Schrank fällt, ist sein Mund geschlossen und er schaut geradeaus, als er auf dem Boden aufschlägt, sind seine Augen nach oben verdreht und die Lippen entblößen seine Zähne.
- Die Zeitschrift *Cinema* deckte einen Fehler auf, der durch das Verwenden von Miniaturen zu erklären ist. Das Cockpit des Tiger-Helikopters wird in einer Szene mit Bond und Simonowa darin in die Luft geschleudert, und Fallschirme öffnen sich. Diese sind in der ersten Einstellung komplett weiß, beim Landen aber rot-weiß gemustert.
- Als Pierce Brosnan den Panzer durch St. Petersburg steuert, sitzt er auf der falschen Seite. Die Steuerung ist bei diesem Modell links.
- Auffälligster Fehler in *GoldenEye* ist das abfließende Wasser in der riesigen Satellitenschüssel von Alec Trevelyan. Man kann deutlich erkennen, dass der Film an dieser Stelle eine Szene beinhaltet, die rückwärts eingefügt wurde. Das Wasser spritzt nämlich vorm Ablaufen kurz in die Höhe und hinterlässt keine Feuchtigkeitsspuren.

Der Morgen stirbt nie (1997):

- Um die Darsteller nicht zu gefährden, hält der BMW Z8 auf dem Flughafen nicht direkt vor Pierce Brosnan und Desmond Llewelyn, sondern versetzt. Die Kameraeinstellung von der Seite vertuscht dies nicht perfekt genug.
- Der Winkel des abstürzenden BMWs, der nach der Verfolgungsjagd vom Parkhausdeck in die Avis-Autovermietung stürzt, stimmt nicht mit einem realen Sturz überein. Die Computersimulation ist deutlich zu erkennen.
- Bonds Taschenspielertrick in diesem Film: Er steckt sein Handy in die linke Sakkotasche, holt es in der nächsten Einstellung aber aus der rechten hervor.
- Bei der Schlägerei in der Druckerei hängt Brosnans Krawatte zunächst über seine Schulter und dann wieder vor der Brust.

- Vor dem HALO-Jump trägt 007 mal eine Sauerstoffmaske und mal nicht.
- Auf dem Dach des Medienzentrums in Saigon nutzen Wai Lin und Bond die Stahlkabel des Banners. Zwar greift 007 nach einer Werkzeugkiste, doch nach dem Schnitt ist diese verschwunden, und die Stahlseile sind bereits gekappt. Die Szene, in der Bond die Halterungen mit einer Axt durchschlägt, wurde zu Gunsten der Rasanz geschnitten. Beim anschließenden Sprung wechselt die Gebäudefarbe durch fehlerhafte Computeranimationen und Modelle mehrfach.
- »Woher hat 007 den Handschellenschlüssel?«, kann man sich nach dem Sprung mit dem BMW-Motorrad über den Helikopter fragen. Die Position der aneinander gefesselten Arme von 007 und Wai Lin haben nämlich zu den Szenen vor dem Sprung gewechselt.
- Zudem ist der Sprung über den Verfolger-Helikopter völlig überflüssig, die Hubschrauberpiloten haben Bond schon längst aus den Augen verloren.
- Das Durchrutschen unter den Rotorblättern wurde mit einer Seilwinde gedreht. Das Stahlseil ist in der Szene leider zu sehen. Carvers Männer sind kurz vor der Explosion des Helikopters deutlich als Puppen zu erkennen.
- Der Schalldämpfer, den der Geheimagent auf seine Waffe geschraubt hat, als er in Carvers Stealth-Schiff eindringt, hat keine Wirkung – die Schüsse klingen genauso laut wie ohne.

Die Welt ist nicht genug (1999):
- Die Zuschauer bei den Dreharbeiten in Bilbao waren nicht zu bändigen. So kann man eine Absperrung mit neugierigen Menschen dahinter sehen, als 007 die Straße in Spanien überquert, um zum Bankier zu gelangen.
- Bei den komplizierten Dreharbeiten an der Themse ließ es sich nicht vermeiden, in zwei Szenen Setmitglieder und einen Kamerakahn mitzufilmen.
- Der schwarze Helm des Stuntmans ist bei der Barrel-Roll deutlich zu erkennen.
- Die aus dem Q-Boot abgefeuerten Torpedos werden zweimal aus dem oberen Rohr, nicht aber aus dem unteren abgeschossen, obwohl das obere nach dem ersten Abschuss hätte leer sein müssen.
- Schon in der Kinovorschau ist ein Fehler deutlich auszumachen: Das Dach des Bootes fehlt, als 007 aus ihm springt, um sich am Halteau des Ballons festzuhalten, mit dem das Cigar-Girl flüchten will.
- Die Verfolgungsjagd mit den Parahawks enthält auch unplausible Stellen: Warum beginnt der Motor des Flugobjekts zu stottern, wenn 007 den Fallschirm des Parahawks mit dem Skistock aufschlitzt?
- Per Internetkamera nimmt Elektra King Kontakt zu »M« auf und trägt dabei ein weißes Kleid. Als das Gespräch beendet ist und Elektra den Laptop schließt, hat sie aber ein dunkles Kleid an.
- Unerklärlich ist auch, warum die bei der Explosion zerstörten Bäume saubere Schnittstellen aufweisen, als seien sie abgesägt worden.
- Das von der gefangenen »M« getragene Halstuch wandert permanent: Es verschwindet von ihrer Schulter und ist später auf der Matratze zu sehen.

Stirb an einem anderen Tag (2002):
- Colonel Moon rammt das Hovercraft, auf dem sich 007 befindet, und schiebt es mit seinem Luftkissenfahrzeug vor sich her, doch als Moon mit seinem Fahrzeug den Wasserfall hinunterstürzt, ist Bonds Hovercraft verschwunden.
- Bond klettert am Hafen von Hongkong an Land – warum aber sieht man die Skyline Hongkongs im Hintergrund?
- 007 kann ohne Probleme in England einreisen, obwohl er vom MI6 gesucht wird.
- Als Graves Ikarus präsentiert, brauchen alle Sonnenbrillen, weil das Licht so blendet, nur Bond, Jinx und Graves nicht.
- Bonds Wagen ist zwar unsichtbar, als er einige Männer verfolgt, aber nicht ge-

räuschlos. Der Motor läuft. Warum hören die Schurken Bonds Auto nicht?
• Als 007 mit einem Eisjet vor dem Ikarusstrahl flieht, rast er durch einen Tannenwald, in der Totale sind die Bäume aber verschwunden.
• Wenn man die Geschwindigkeit des Ikarusstrahls sieht, als er 007 verfolgt, hätte der Agent niemals entkommen können. Ikarus hätte ihn Sekunden nach dem Filmschnitt einholen müssen.
• Trotz der Druckwelle ist der Fallschirm bei Bonds Flucht mit dem Bremsfallschirm direkt über, und nicht vor ihm.
• Die Glasfront von Graves' Flugzeug fehlt in einigen Szenen.
• Im Finale des Films wälzen sich 007 und Jinx in Diamanten – die Frau hat dabei einen unbekleideten Bauch. Dort, wo eine Wunde zu sehen sein müsste, die ihr Frost zufügt, ist kein Kratzer vorhanden.

FILMLÄNGE
James-Bond-Filme und deren Laufzeit (Angaben auf DVDs).
- **Casino Royale (1954)** – ca. 60 Minuten
- **James Bond 007 jagt Dr. No (1962)** – ca. 105 Minuten
- **Liebesgrüße aus Moskau (1963)** – ca. 115 Minuten
- **Goldfinger (1964)** – ca. 106 Minuten
- **Feuerball (1965)** – ca. 125 Minuten
- **Casino Royale (1966)** – ca. 125 Minuten
- **Man lebt nur zweimal (1967)** – ca. 112 Minuten
- **Im Geheimdienst Ihrer Majestät (1969)** – ca. 135 Minuten*
- **Diamantenfieber (1971)** – ca. 120 Minuten
- **Leben und sterben lassen (1973)** – ca. 116 Minuten
- **Der Mann mit dem goldenen Colt (1974)** – ca. 120 Minuten
- **Der Spion, der mich liebte (1977)** – ca. 120 Minuten
- **Moonraker – streng geheim (1979)** – ca. 122 Minuten
- **In tödlicher Mission (1981)** – ca. 121 Minuten
- **Octopussy (1983)** – ca. 125 Minuten
- **Sag niemals nie (1983)** – ca. 128 Minuten
- **Im Angesicht des Todes (1985)** – ca. 126 Minuten
- **Der Hauch des Todes (1987)** – ca. 130 Minuten
- **Lizenz zum Töten (1989)** – ca. 127 Minuten
- **GoldenEye (1995)** – ca. 124 Minuten
- **Der Morgen stirbt nie (1997)** – ca. 114 Minuten
- **Die Welt ist nicht genug (1999)** – ca. 123 Minuten
- **Stirb an einem anderen Tag (2002)** – ca. 127 Minuten

*) *Anders geschnittene Fassungen laufen bis zu 140 Minuten*

FILMPLAKATE
Einen interessanten Plakatfehler weist das Filmplakat von ↗*Im Geheimdienst Ihrer Majestät* (1969) auf: Darauf sieht man ↗Blofeld in einem gelb-schwarz-karierten Bob fahren. Im Film fährt aber 007 diesen Bob.

↗ James Bond Movie Posters

FILMROLLE
↗Armin Dahl und Inhaltsangabe ↗*Never Dream Of Dying*

FILMS, MICHEL FRANÇOIS (Effekte)
Bei ↗*Moonraker – streng geheim* (1979) war Michel François Films nur für die optischen Effekte in Frankreich zuständig. Bei ↗*In tödlicher Mission* (1981) stammen alle optischen Effekte von Films.

FILMSTUDIOS
Alle offiziellen James-Bond-Filme mit den Ausnahmen ↗*Lizenz zum Töten* (1989) und ↗*GoldenEye* (1995) wurden zu großen Teilen in den Pinewood-Studios gedreht. Die TV-Version von ↗*Casino Royale*

(1954) entstand ausschließlich in den Studios von CBS Televison City in Los Angeles. Der zweite ↗ *Casino Royale*-Film von 1966 wurde nicht nur in den Pinewood-Studios, sondern auch in den MGM-Studios hergestellt. ↗ *Moonraker – streng geheim* (1979) war eine britisch-französische Produktion und entstand neben den Pinewood-Studios auch in den ↗ Billancourt Studios, den ↗ Bois Boulogne Studios und den ↗ Epinay Studios (alle in Paris). ↗ *Lizenz zum Töten* (1989) wurde zu großen Teilen in den Churubusco-Studios in Mexiko-City realisiert, weil man Steuern in England sparen wollte. ↗ *Sag niemals nie* (1983) wurde überwiegend in den Elstree-Studios in London produziert. Weil die Pinewood-Studios ausgebucht waren, mussten ↗ Albert R. Broccoli und sein Team für ↗ *GoldenEye* in die ehemaligen Rolls-Royce-Werke in Leavesden südlich von London umziehen. Später hieß es, auch die Größe der Pinewood-Studios hätte für *GoldenEye* nicht ausgereicht. Der jüngste Film ↗ *Casino Royale* (2006) ist wieder eine Ausnahme. Man hat erneut die Prager ↗ Barrandov-Filmstudios gebucht. Wie schon 1989 sollen Kostengründe bei dieser Entscheidung eine Rolle gespielt haben.

FILMTITEL

Die James-Bond-Filmtitel kann man in mehrere Kategorien einteilen. Zum einen basieren die frühen Filmtitel auf ↗ Ian Flemings Romantiteln, dann verwendete man auch Kurzgeschichtentitel, später wurden die Titel lyrisch.

1) Filmtitel, die durch die im Film agierenden Charaktere zu Stande kamen:

- *James Bond 007 jagt Dr. No* (1962) – im Englischen wie auch der Roman durch den Bösewicht Dr. No entstanden, im Deutschen auch mit Bezug auf Bond.
- *Goldfinger* (1964) – auch hier ist der Schurke Namensgeber.
- *Der Mann mit dem goldenen Colt* (1974) – Francisco Scaramanga ist der Mann mit dem goldenen Colt. Er nennt sich selbst auch einmal so.
- *Der Spion, der mich liebte* (1977) – gemeint ist Anja Amasowa.
- *Octopussy* (1983) – Der Titel einer Kurzgeschichte Ian Flemings ist im Film der Name der weiblichen Hauptfigur.

2) Filmtitel, die sich auf im Film vorkommende Gegenstände oder Orte beziehen:

- *Casino Royale* (1954) und (1966): Handlungsschauplatz im Roman und in beiden Filmen.
- *Moonraker – streng geheim* (1979) – im Original (»Moonraker«) ebenso wie im gleichnamigen Buch die Rakete von Hugo Drax.
- *GoldenEye* (1995) – Satellitensystem, dessen sich Alec Trevelyan bemächtigt.

3) Filmtitel, in denen edle Materialien genannt werden:

- *Goldfinger* (1964) – Das Edelmetall taucht so in zwei Kategorien auf.
- *Diamantenfieber* (1971) – im Englischen als *Diamonds Are Forever* fast noch edler.
- *Der Mann mit dem goldenen Colt* (1974) – wie *Goldfinger* in zwei Kategorien, durch die Waffe aus Gold.
- *GoldenEye* (1995) – siehe auch Punkt 1).

4) Filmtitel, die auf Missionen anspielen:

- *Feuerball* (1965) – die »Aktion Feuerball« ist die Operation im Roman und im Film.
- *Moonraker – streng geheim* (1979) – siehe auch Punkt 2). Das »streng geheim« in der deutschen Version steht für die Mission.
- *In tödlicher Mission* (1981) – Nur im Original *For Your Eyes Only* – der Name von Bonds Mission. Der Titel stammt von einer Kurzgeschichte Ian Flemings.
- *GoldenEye* (1995) – so heißt Bonds Mission im Film ebenfalls Goldeneye.

5) Filmtitel, die auf Leben und Tod anspielen:

- *Man lebt nur zweimal* (1967)
- *Leben und sterben lassen* (1973)
- *In tödlicher Mission* (1981) – nur in der deutschen Version in dieser Kategorie (Original: *For Your Eyes Only*)

- *Im Angesicht des Todes* (1985) – im Englischen *A View To A Kill*; auch tödlich.
- *Der Hauch des Todes* (1987) – im Englischen *The Living Daylights*; Redewendung des Lebens.
- *Lizenz zum Töten* (1989)
- *Der Morgen stirbt nie* (1997)
- *Stirb an einem anderen Tag* (2002)

6) Filmtitel, die aus dem Film selbst stammen:
- *Liebesgrüße aus Moskau* (1963) – Bond schreibt Moneypenny vor seiner Russlandreise auf ein Foto »From Russia with Love«.
- *Man lebt nur zweimal* (1967) – Blofeld stellt gegenüber Bond fest: »Sie leben auch nur zweimal.«
- *Sag niemals nie* (1983) – Sean Connerys Schlussworte.
- *Im Angesicht des Todes* (1985) – Die Aussicht auf die Golden Gate Bridge für Zorin und May Day ist im Film ein »view to a kill«.
- *Der Hauch des Todes* (1987) – 007 nimmt an, dass man den »Hauch des Todes« spüren kann.
- *Die Welt ist nicht genug* (1999) – Bonds Familienwappen reißt den Agenten zu diesem Zitat hin.
- *Stirb an einem anderen Tag* (2002) – laut Bond lebt Gustav Graves, um an einem anderen Tag zu sterben.

7) Filmtitel, die einen tiefschürfenden Hintergrund haben:
- *Man lebt nur zweimal* (1976) – stammt aus Flemings Roman, hierin ist es ein von Bond gemachtes »haiku«.
- *Diamantenfieber* (1971) – in Deutsch kitschig, im Original poetisch wirkungsvoll (*Diamonds are forever*). Den Titel hat Fleming aus einer Zeitungsanzeige, in der für Diamanten geworben wird.
- *Leben und sterben lassen* (1973) – eine Anspielung auf »Leben und leben lassen«
- *In tödlicher Mission* (1981) – im Original *For Your Eyes Only* bezieht sich auf den Geheimhaltungsgrad von Geheimdokumenten.
- *Sag niemals nie* (1983) – Doppeldeutigkeit, da Connery nach *Diamantenfieber* nicht wiederkehren wollte, es dann aber doch tat. Den Filmtitel schlug seine Frau vor.
- *Im Angesicht des Todes* (1985) – »A View To A Kill«, der Originaltitel stammt aus einem Jagdlied.
- *Der Morgen stirbt nie* (1997) – Doppeldeutigkeit, die sich auf Carvers Zeitung wie auf das Leben bezieht.
- *Die Welt ist nicht genug* (1999) – Spruch auf Bonds Familienwappen.
- *Stirb an einem anderen Tag* (2002) – nur im Original »Die Another Day«. »Also haben Sie überlebt und sich einen anderen Tag zum Sterben ausgesucht, Colonel?«, fragt James Bond Colonel Moon im Roman *Stirb an einem anderen Tag* und liefert so das Zitat für den Roman- und den Filmtitel.

FIN (Romanfigur)
In ↗ *Niemand lebt für immer* soll der britische Geheimagent auf ↗ Shark Island mit einer ↗ Guillotine exekutiert werden. Der Killer Fin soll die Hinrichtung durchführen und wurde gebeten, im Anzug zu erscheinen. ↗ Rahani will sich das Schauspiel aus seinem Bett ansehen.

FINAL ASSIGNMENT (Filmtitel)
↗ *Beyond The Ice*

FINAL CONFRONTATION (Lied)
↗ *The Living Daylights* (Soundtrack)

FINDEN, VERKEHREN, VERGESSEN (Motto)
In ↗ *Sieg oder stirb, Mr. Bond* berichtet ↗ John Gardner von einer Regel, nach der James Bond lange Jahre sein Geheimagentenleben ausgerichtet hat. In Bezug auf die Damenwelt handelte 007 mit dem Motto: »Finden, Verkehren, Vergessen«. Diese Vorgehensweise hat sich als die sicherste herauskristallisiert. Agenten im Außendienst sollten nur verheiratet sein, wenn sie eine

Tarnung benötigen. »Es war eine kalte und sterile Einstellung, aber die richtige.«

FINDING THE PLANE (Lied)
↗ *Thunderball* (Soundtrack)

FINESTONE, JERRY (Romanfigur)
Einer der größten Fehler des Börsenmaklers Jerry Finestone im Roman ↗ *Sieg oder stirb, Mr. Bond* war sein Vertrauen in ↗ William Deeds. Finestone wusste nicht, dass es sich bei Deeds um ↗ Robert Besavitsky alias ↗ Bassam Baradj handelt. Finestone starb bei einem Attentat Baradjs, als er durch eine geöffnete Fahrstuhltür trat, hinter der keine Kabine war. Firestones Frau Ruth heiratete Deeds und wurde auch ermordet, was jedoch nicht nachgewiesen werden konnte.

FINESTONE RUTH (Romanfigur)
Ruth Finestone wusste nicht, dass ihr Mann Jerry von ↗ William Deeds ermordet wurde. Nachdem sie um ihn getrauert hatte, heiratete sie Deeds und kam auch auf seltsame Art ums Leben: Ihr Cadillac stürzte einen Abhang hinunter.

FINDLAY, MADELEINE (Romanfigur)
Gibt es eine attraktive Frau, die nicht für James Bonds Charme empfänglich ist? Ja: Mrs. Madeleine Findlay, die Haushüterin von ↗ »Scatter«, einem geheimen Ort des ↗ MI6. Findlay ist die Tochter eines alten Kollegen von ↗ »M«. Sie gilt als »verschwiegener als ein Grab«. Als Mitarbeiterin des Geheimdienstes verlässt sie das Haus immer nur dann, wenn es wirklich von einem Agenten benötigt wird. James Bond sucht »Scatter« im Roman ↗ *Scorpius* auf.

FINE À L'EAU (Getränk)
↗ Getränke

FINE BLUE-WHITE (Diamant)
↗ Diamanten

FINGER
↗ Kananga testet in ↗ *Leben und sterben lassen* (1973) die hellseherischen Fähigkeiten ↗ Solitaires. Er befiehlt ↗ Tee Hee, bei der ersten falschen Antwort der Frau sofort den kleinen Finger von 007s rechter Hand abzukneifen. Obwohl Solitaire versagt, bleiben Bonds Hände unversehrt. Im gleichnamigen Roman wird 007 der Finger gebrochen.

FINGERABDRÜCKE
Unter dem Vorwand, Eis zu holen, nimmt ↗ Tiffany Case James Bond in ↗ *Diamantenfieber* (1971) sein Glas aus der Hand. In Wirklichkeit besprüht sie das Glas mit Fingerabdruckspray, fotografiert es mit einer Fingerabdruckkamera und vergleicht Bonds Abdruck mit dem von Franks. Das geschieht in ihrem Schrank in einem »Fingerabdruckvergleichprojektor«. Durch ↗ »Q«s Einfallsreichtum stimmen die Abdrücke überein.

FINGERABDRUCKFOLIEN
Um die Tarnung als ↗ Peter Franks aufrechtzuerhalten, bekommt 007 im Film ↗ *Diamantenfieber* (1971) etwas ganz Besonderes von ↗ »Q«. Die für Bond gefertigten Fingerabdruckfolien geben die Fingerlinien von Franks wieder, sodass der Agent James Bond trotz der Überprüfung seiner Abdrücke als Franks identifiziert wird. ↗ Tiffany Case fällt so auf den ↗ 00-Agenten herein.

FINGERABDRUCKKAMERA
↗ Fingerabdrücke

FINGERABDRUCKSPRAY
Im Roman ↗ *Mondblitz* benutzt James Bond ein Spray, um Fingerabdrücke auf den Schlössern seines Aktenkoffers sichtbar zu machen. Auch ↗ Tiffany Case besitzt im Film ↗ *Diamantenfieber* (1971) eine Spraydose, deren Inhalt sie für das Sichtbarmachen von Fingerabdrücken verwendet.
↗ Fingerabdrücke

FINGERABDRUCKVERGLEICHPROJEKTOR
↗ Fingerabdrücke

FINGER, GOLDIE (Comicfigur)
↗ *James Bond Jr.*

FINGERKLEMMER (Waffe)
In der ↗ Pre-Title-Sequenz von ↗ *Diamantenfieber* (1971) muss der Agent James Bond eine Taschenkontrolle über sich ergehen lassen. Zwei Killer ↗ Blofelds versuchen, Bond die Waffe abzunehmen, dabei steckt einer unvorsichtigerweise seine Hand in Bonds Jacketttasche. Die Fingerklemme schnappt zu. Mit einer blutüberströmten Hand kann Blofelds Scherge nicht mehr reagieren, als 007 zur Attacke übergeht. Die Klemme stammt aus der ↗ Abteilung Q.

FINGERNAGELSCHERE (Waffe)
↗ Nagelschere

FINLAYSON, NICHOLAS (Techniker/Spezialeffekte)
Auch: Nick Finlayson. Er war bei ↗ *GoldenEye* (1995) für Spezialeffekte zuständig. Schon vorher hatte er mit James Bond zu tun und arbeitete bei der Produktion ↗ *Lizenz zum Töten* (1989) als Techniker mit Peter Pickering zusammen. Im Spezialeffektteam bei *GoldenEye* waren unter anderem Roy Quinn, Norman Baillie, Andy Smith, Paul und Dave Knowles, Brain Warner, Robbie Scott, David Eltham, Peter Notley, John Modder, Paul Clancy, Paul Dunn, Dave Keen, ↗ Jamie Thomas, ↗ Paul Taylor, Like Rutter sowie Saun Rutter. Spezialeffekt-Techniker Nick Finlayson wird von seinen Kollegen »Der wahre ›Q‹« genannt, denn er entwickelt die Spielereien (z. B. James Bonds ↗ Wunderuhr in ↗ *Die Welt ist nicht genug*), mit denen ↗ »Q« in den James-Bond-Filmen auftrumpft. In einem Interview meinte Finlayson, über dreißig Personen, die an einem James-Bond-Film arbeiten, müssten den Spitznamen »wahrer ›Q‹« tragen, denn er sei nicht allein für die technischen Umsetzungen zuständig.

FINNT RESERVOIR (Ort)
Das Finnt Reservoir, das ca. sechs Meilen vor ↗ Quarzatate liegt, fungierte im Film ↗ *Der Hauch des Todes* (1987) als Oase und Unterschlupf von ↗ Kamran Shahs Männern.

FIONA (Filmcharakter)
↗ Mimi

FIRCO (fiktive Firma)
Die Verbrecherorganisation ↗ SPECTRE verbirgt sich im Roman ↗ *Feuerball* hinter der Firma »FIRCO« (»Fraternité Internationale de la Résistance Contre l'Oppression«). Alle Personen, die versehentlich bei »FIRCO« landen, sind von der Existenz dieser Firma überzeugt. Ein Concierge bittet die Gäste oft herein und versichert dann glaubhaft, dass sich »FIRCO« durch Spenden und Mitgliedsbeiträge finanziere und verschollene Angehörige ausfindig mache.

FIREBREAKER (Filmtitel)
↗ Aquator

FIREFLY (Filmtitel)
↗ *Beyond The Ice*

FISCH (Tier)
↗ Roger Moore als James Bond warf in ↗ *Der Spion, der mich liebte* (1977) einen Fisch aus dem Seitenfenster des ↗ Lotus Esprit, als er nach dem Tauchgang aus dem Meer auftaucht und den Strand hinauffährt. Ein aufgerichteter Fisch ist zudem das Firmenzeichen der ↗ Stromberg-Schifffahrtslinie.

FISH, BEN
Ben Fish, ein Freund ↗ Peter Hunts, machte ↗ Sean Connery mit den Produzenten ↗ Harry Saltzman und ↗ Albert R. Broccoli bekannt.

FISHER (Deckname)
Unter dem Decknamen »Mr. Fisher« lässt sich James Bond in ↗ *Man lebt nur zwei-*

mal (1967) einen Termin bei ↗Mr. Osato geben. Bond behauptet, er sei der neue Leiter von ↗Empire Chemical, nachdem ↗Williamson in eine Pulvermühle gefallen und ums Leben gekommen sei. Als Mr. Fisher zeigt Bond Interesse an Fermentierchemikalien wie Monosodiumglutamat und Askorbinsäure. Osato kommt Bond/Fisher auf die Schliche: Per Röntgenschirm entdeckt er die Walther PPK, die 007 im Schulterhalfter trägt.

FISHER (Filmcharakter)
↗*Casino Royale* (2006)

FISHER, JOHN (Video-/Computertechnik)
Für die Produktion von ↗*GoldenEye* (1995) wurde viel Video- und Computertechnik benötigt. Für diese waren John Fisher, Peter Jones und Sean Woodward zuständig.

FITZSIMMONS, JIM (Romanfigur)
↗Felix Leiter bittet James Bond im Roman ↗*Diamantenfieber* darum, sich unauffällig zu verhalten, als er ihm ↗»Sunny Jim« Fitzsimmons zeigt. Bei diesem Mann handelt es sich um den besten Pferdetrainer Amerikas. Er ist ein alter, gebeugt gehender Mann, dessen Beschreibung und Fachgebiet später zum Teil in die Filmfigur Karl Mortner in ↗*Im Angesicht des Todes* (1985) einging.

FLAMENCO-TÄNZERIN (Romanfigur)
In ↗*Die Welt ist nicht genug* heißt es, Bond habe schon einen Aufenthalt in ↗Bilbao gehabt und hier eine Flamenco-Tänzerin getroffen, die ihre Hüftschwünge nicht nur tänzerisch verwenden konnte. Er halte Spanierinnen seitdem für besonders heißblütig. Sein zweiter Aufenthalt in der Stadt gilt dem Geld von ↗Sir Robert King, dem ermordeten ↗Agenten 0012, und dem dubiosen Bankier ↗Lachaise.

FLAMMENWERFER
Der erste Flammenwerfer der 007-Geschichte kommt im Film ↗*James Bond 007 jagt Dr. No* (1962) vor. Hier ist der Drachenpanzer mit dieser Waffe ausgestattet, und ↗Quarrel kommt durch eine Feuerfontäne um. Mit einem Flammenwerfer üben die Killer von ↗SPECTRE im Film ↗*Liebesgrüße aus Moskau* (1963) ihre Schnelligkeit. Sie beschießen sich auf einem Testgelände gegenseitig damit. Im Film ↗*Im Geheimdienst Ihrer Majestät* (1969) kommt ebenfalls ein Flammenwerfer beim entscheidenden Kampf auf dem ↗Piz Gloria zum Einsatz. Einer von ↗Blofelds Handlangern stirbt im Feuerstrahl. James Bond hingegen bastelt sich seinen Flammenwerfer in ↗*Leben und sterben lassen* (1973) selbst: Als eine Schlange angekrochen kommt, hält 007 seine glühende Zigarre gegen eine Sprühdose mit Aftershave und entzündet das Treibgas. Mit der entstehenden Stichflamme tötet er das gefährliche Tier.

↗Strombergs Besatzung des Tankers ↗Liparus nimmt im Film ↗*Der Spion, der mich liebte* (1977) auch keine Rücksicht auf Menschenleben. Als die U-Boot-Besatzungen den Kontrollraum des Tankers Liparus einnehmen wollen, setzt Strombergs Besatzung Flammenwerfer ein. Captain ↗Carter kann es kaum mit ansehen, als einer seiner Kollegen zur menschlichen Fackel wird. Neben ↗Holly Goodheads Parfümzerstäuber im Film ↗*Moonraker – streng geheim* (1979) sind auch die ↗Hovercrafts im Film und im Roman ↗*Stirb an einem anderen Tag* mit Flammenwerfern ausgerüstet. Zu den Waffen, die Colonel ↗Tan-Gun Moon im Roman *Stirb an einem anderen Tag* mit einem Hovercraft transportiert, gehören zusätzlich Panzerabwehrraketen und Schnellfeuerwaffen.

FLANDERS, SVEN (Romanfigur)
↗Nikolai Mosolow

FLANELLHOSE
↗Kurzarmhemden

FLASCHE (Waffe)
Mit einer Flasche versucht sich ↗Tracy di Vicenzo in ↗*Im Geheimdienst Ihrer Majestät* (1969) gegen ↗Grunther und einen weiteren Handlanger ↗Blofelds zu verteidigen. Im Verlauf eines Kampfes schlägt sie den Boden der Flasche ab und versucht ohne Erfolg, Grunther mit den scharfen Spitzen des Flaschenrestes zu verletzen. Nicht nur Tracy di Vicenzo kämpft mit einer Flasche; auch ↗Octopussy erledigt damit in ↗*Octopussy* (1983) einen Angreifer.

↗Obdachloser

FLASCHENFALLEN
↗Fallen

FLASH RED (Codewort)
In ↗Gardners siebtem James-Bond-Roman ↗*Scorpius* wird ein Terroranschlag in einem Krankenhaus verübt. 007 stellt fest, dass ↗Harriet Horner und ↗Pearlman verschwunden und vermutlich entführt sind. Bond nutzt das Notfallsystem und übermittelt den Code »Flash Red«: Dies signalisiert dem britischen Geheimdienst, dass es sich um die höchste Dringlichkeitsstufe handelt.

FLATSCOM
Als FLATSCOM wird im Roman ↗*Sieg oder stirb, Mr. Bond* die allgemeine Satellitenkommunikation der US-Marine bezeichnet.

FLECKENSICHERUNG
↗Taschentuchsicherung

FLECKER, JAMES ELROY (Dichter)
↗Gedicht

FLEDERMÄUSE (Tiere)
Kaum hat James Bond in ↗*Du lebst nur zweimal* das ↗»Schloss des Todes« betreten, als ihm auch schon die Fledermäuse um den Kopf fliegen. Das Auftauchen der Tiere unterstreicht die vorangehende Beschreibung, das Schloss wirke wie aus einem Dracula-Film. Während der Dreharbeiten zu ↗*Der Mann mit dem goldenen Colt* (1974) stießen ↗Roger Moore und ↗Christopher Lee in einer Höhle auf echte Fledermäuse. Während Moore zusammenzuckte, sprach der Ex-Dracula-Darsteller Lee die Tiere an, als würde es sich um verwandelte Vampire handeln.

FLEDERMAUSBLUT (Codewort)
Nachdem James Bond schon einen Kampf mit einer Vampirfledermaus gehabt hat, nennt ↗John Gardner das sechzehnte Kapitel in ↗*Sieg oder stirb, Mr. Bond* »Fledermausblut«. Der Sinn: Es handelt sich um ein Codewort, das die Terroristen per Telefon durchgeben, als Gorbatschow, Thatcher und Bush auf der ↗Invincible in Gefangenschaft geraten. Das verlangte Lösegeld beträgt 200 Milliarden pro Staatsoberhaupt.

FLEISCHERBEIL (Waffe)
Nachdem James Bond in ↗*Im Angesicht des Todes* (1985) auf einem Schiff auf der Seine aufgetaucht ist und eine Hochzeitstorte zerstört hat, halten ihn zwei Köche fest. Einer der Köche hält ein Fleischerbeil in der Hand und bedroht 007 damit. Bond wird in die ↗Police Station 64 gebracht.

FLEISCHERHAKEN (Waffe)
Fleischerhaken werden in ↗*Octopussy* (1983) von ↗Kamal Khans Männern benutzt, um die Leichen im Keller zu lagern. Zu den Toten, die an den Haken baumeln, gehört auch ↗Saddrudin, Chef der ↗Station I. Fleischerhaken fanden auch Erwähnung im Roman ↗*Niemand lebt für immer*: Der österreichische Inspektor ↗Heinrich Osten, der im Dritten Reich bevorzugt mit einem Fleischerhaken gegen seine Widersacher vorging und im Roman ↗*Niemand lebt für immer* 007 nach dem Leben trachtet, hat den Spitznamen »Der

Haken«. Der Agent Ihrer Majestät findet die an der Wand hängende durchbohrte Leiche des korrupten Polizisten, der bei der Kopfjagd von einer Organisation eliminiert wurde: »Hände und Füße des Polizisten waren gebunden, die Spitze des Hakens war in die Kehle gesetzt worden. Sie war lang genug, um den Gaumen zu durchdringen und aus dem linken Auge wieder herauszuragen.«

FLEMING, CASPAR

Der einzige Sohn von ↗ Ian Lancaster Fleming und seiner Frau ↗ Ann Rothermere hieß Caspar. Er wurde am 12. August 1952 geboren und starb 1975 nach übermäßigem Drogenkonsum.

FLEMING-EFFEKT

In seinem Buch ↗ *Geheimakte 007 – Die Welt des James Bond* beschreibt ↗ Kinsley Amis den »Fleming-Effekt« und erläutert ↗ Ian Flemings Art, Gegenstände, Schiffe oder Tiere zu beschreiben, die für den Fortlauf der Geschichte nicht zwingend notwendig sind, dem Leser jedoch den Eindruck von Echtheit vermitteln, auch wenn die gegebenen Informationen nicht hundertprozentig stimmen. So wird das Interesse des Lesers gesteigert. Der »Fleming-Effekt« wird in die Handlung integriert. Nach Amis ist ↗ *Feuerball* der Roman, in dem der Effekt am häufigsten auftaucht. Als Beispiel führt er Flemings Beschreibung der »Disco Volante« an.

FLEMING, IAN LANCASTER (Autor)

Ian Lancaster Fleming wurde am 28. Mai 1908 geboren und wuchs in der englischen Oberschicht auf. Er erlebte Extravaganz schon als Kind und lebte in diesem Stil bis zum Ende seines Lebens. Sein Vater ↗ Valentin Fleming, der im Ersten Weltkrieg fiel, war englisches Parlamentsmitglied. Sein Großvater war ein erfolgreicher schottischer Bankier. Ian Fleming hatte drei Brüder: Michael, Peter und Richard. Vom Bruder ↗ Peter Fleming, der Eton und Oxford besuchte, stets übertroffen, versuchte Ian Fleming einen völlig anderen Weg einzuschlagen und auf seine Art erfolgreich zu werden. Ebenfalls in Eton trat Ian Fleming als hervorragender Sportler hervor. Sicher wäre seine Karriere dort noch besser verlaufen, wenn er Eton nicht wegen einer Affäre mit einem Dienstmädchen der Schule hätte verlassen müssen. Die Frauengeschichten übertrug er Jahre später auf seinen Helden James Bond, der nie für seine Affären hat büßen müssen. Die Militärakademie duldete ebenfalls keine Frauengeschichten, und so musste er auch sie aufgeben.

Mit dem Rang eines Offiziers zog Fleming nach einer gescheiterten Beziehung nach London. Es hielt ihn hier nicht lange, und er ließ sich zeitweise in Österreich nieder. Als Psychologiestudent besuchte er kurzfristig die Universität, doch auch dort hielt es ihn nicht.

Nachdem er eine Aufnahmeprüfung für den Auswärtigen Dienst nicht bestanden hatte, orientierte er sich wieder an seinem Bruder Peter und schlug die Journalistenlaufbahn ein. Er arbeitete zunächst für die Nachrichtenagentur Reuters, wo sein größter Erfolg ein Artikel über einen Spionageprozess in Russland wurde. Wie auch 007 in den Büchern, sprach Fleming neben Englisch Deutsch, Russisch und Französisch. Mit der Vorstellung reich zu werden, bewarb sich Fleming als Bankier. Er erhielt den Posten, doch hatte er sich als Journalist einen Namen gemacht, und die Zeitung *Times* bot dem gelangweilten Fleming eine Korrespondenten-Stelle an, die ihn in die Sowjetunion führte. Die Arbeit endete in einem Spionageakt, den er für das Auswärtige Amt durchführte. Es war der Einstieg in das geheimnisvolle Leben eines Spions und der Grundstein für Flemings Geheimdiensttätigkeit, die Mitte 1939 begann.

Mit Eintritt in den Marinegeheimdienst und einer schnellen Beförderung zum Assistenten des Direktors wurde Fleming zunächst Leutnant und später Commander (wie auch Bond in den Romanen). Er arbeitete unter Admiral John Godfrey (der auch den Weg in die James-Bond-Romane fand) und plante im Zweiten Weltkrieg gefährliche Missionen. Für eine besondere Leistung erhielt er einen Revolver mit der Inschrift »For Special Services«. Die Gravur wurde zum Titel eines Romans des Fleming-Nachfolgers ↗ John Gardner. Für den Befehl über die Einsatztruppe 30 AU (30 Assault Unit) erntete Fleming viel Lob. Er machte sich während seiner gesamten Geheimdiensttätigkeit Notizen und schrieb auch einige Kurzgeschichten, deren Veröffentlichung aber niemals geplant war. Ein Jamaika-Besuch inspirierte Fleming dermaßen, dass er beschloss, sich einst hier niederzulassen. Schneller als erwartet kaufte er ein Anwesen auf der Insel und nannte es »Goldeneye« – der Name sollte fast fünfzig Jahre später zum Titel des siebzehnten offiziellen James-Bond-Films *GoldenEye* (1995) werden.

Mit einem vertraglich festgelegten Urlaub von zwei Monaten im Januar und Februar nahm Fleming nach dem Krieg eine Stelle bei Kemsley Newspaper an. In den folgenden sechs Jahren war er in den ersten Monaten des Jahres immer in »Goldeneye«. Nach vielen Beziehungen Flemings wurde die noch verheiratete Anne Rothermere von Fleming schwanger, und er sah sich gezwungen, sie nach ihrer Scheidung zu ehelichen.

Während Fleming darauf wartete, dass die Scheidung ausgesprochen wurde, begann er, seinen ersten James-Bond-Roman zu schreiben. Das Schreiben gab ihm die Möglichkeit, aus der vor ihm liegenden Zukunft auszubrechen und sich von den Sorgen und dem Ärger des alltäglichen Lebens zu entfernen. Es entstand das Werk ↗ *Casino Royale*. Die Hauptfigur des britischen Spions sollte einen Namen tragen, der einprägsam, männlich hart und in jeder Sprache dieser Welt gleich klingen sollte. Die Wahl wurde Fleming abgenommen, als er in sein Bücherregal blickte: Dort stand ein Buch des Ornithologen James Bond. Der Name war hervorragend geeignet und wurde so populär, wie es sich Fleming niemals hätte träumen lassen.

Zwölf Jahre in Folge schrieb der Schriftsteller jedes Jahr einen James-Bond-Roman. Der Sohn, der am 12. August 1952 geboren wurde, bekam den Namen Caspar. 1961 erlitt Fleming den ersten Herzanfall, über den er noch scherzte. Der zweite Anfall folgte, und Fleming wurde ins Canterbury Hospital in Kent gebracht. Für einen dritten Herzanfall, den er dort erlitt, entschuldigte er sich beim Krankenhauspersonal mehrfach und verstarb in der Nacht zum 12. August 1964 – zwölf Jahre, nachdem sein Sohn geboren wurde. (↗ Zeitleiste). 325 Pfund (damals 3.812 DM) hatte Ian Flemming Mitte 1954, ein Jahr nach dem Erscheinen seines ersten Bond-Romans *Casino Royale*, an Tantiemen eingenommen. Die Millionenauflagen seiner Bücher hat er nicht mehr erlebt, genauso wenig wie den dritten Film *Goldfinger* – er starb fünf Wochen vor der Premiere. Flemings Erben leben noch heute gut von den Einnahmen der Bond-Romane. 1970 hieß es, eine vertragliche Regelung zwischen den Bond-Produzenten und den Fleming-Erben billige Letzteren für die James-Bond-Romane, die darin vorkommenden Charaktere, Storys und Titel eine jährliche Zahlung von 100.000 Dollar zu. Dieser Betrag dürfte sich durch den Erfolg der 007-Streifen bis heute noch beträchtlich gesteigert haben.

FLEMING, MICHAEL

Einer der drei Brüder ↗ Ian Lancaster Flemings hieß Michael. Er starb sehr früh in einem Kriegsgefangenenlager, nachdem er sich bei der Schlacht um Dünkirchen schwere Verletzungen zugezogen hatte.

FLEMING, MICHAEL (Darsteller)

Zwar ist Michael Fleming nicht mit dem Schöpfer der Figur James Bond verwandt, dennoch schaffte es der Schauspieler, eine kleine Rolle in einem James-Bond-Film zu bekommen. In ↗ *Der Mann mit dem goldenen Colt* (1974) spielte Fleming den Funkoffizier.

FLEMING, PETER

Peter Fleming, der 1907 geboren wurde, war einer der Brüder von ↗ Ian Lancaster Fleming. Er starb nach einem Jagdausflug im Jahre 1971.

FLEMING, RICHARD

Richard Fleming, der unscheinbare Bruder ↗ Ian Flemings, starb 1977, als ↗ Roger Moore mit ↗ *Der Spion, der mich liebte* (1977) den Höhepunkt seiner Bond-Karriere erreichte.

FLEMING'SCHE NAMEN

Wie kein anderer verstand es ↗ Ian Fleming, die Namen in seinen Romanen so zu gestalten, dass sie die Leser unwillkürlich zum Schmunzeln bringen. Die »Fleming'schen Namen« sind typisch für die Welt des 007, und auch die Autoren, die sich nach Fleming an Bond versuchten, übernahmen den Hang zu unglaublichen Namen. Meist sind es Frauen, aber auch 007s Gegner und Verbündete müssen mit teilweise schockierenden Namen leben. Zu den Fleming'schen Frauennamen gehören: Vesper Lynd, Miss Moneypenny*, Solitaire, Tiffany Case, Miss Taro, Honeychile Rider, Mary Trueblood, Pussy Galore (!), Domino Vitale, Mary Goodnight, Kissy Suzuki und Lisl Baum.

Von anderen Autoren stammen die Namen: Sun, Lavendel Peacock, Percy Proud*, Nannie Norrich*, Harriet Horner*, Lupe Lamora*, Sue Chi-Ho, Easy St. John, Fredericka (auch: Flicka) von Grusse (auch Grüsse), Xenia Onatopp, Cheryl Haven, Sunni Pei, Paris Carver, Natalja Lustokov, Randolph Hellebore, Wilder Lawless, Christmas Jones und Elektra King. Bei den Bösewichten, Verbündeten und anderen Figuren tauchen Namen wie »Le Chiffre«, Hugo Drax, Krassno Granitzky, Julius No, Quarrel, Auric Goldfinger, Oddjob, Kotze, Tiger Tanaka*, Tee Hee, Francisco Scaramanga, Ruby Rotkopf*, Milton Krest, Trigger, Ed Killifer, Brokenclaw, Franz Reichsleinter, Ariel (Karl Kuckuck*) u. v. m. auf.

Die Drehbuchautoren übernehmen die Namen aus den Romanen oder schufen selbst welche: Dink, Miss Goodthinks, Dr. Noah, Plenty O'Toole, Williard Whyte*, Klopfer (Thumper), Bambi, Schnick-Schnack*, Beißer (Jaws), Naomi, Holly Goodhead, Melina Havelock, Octopussy, Kamal Khan*, Gobinda, Penelope Smallbone, May Day, Scarpine, Pola Ivanova, Jenny Flex, Achille Aubergine, Necros, Milton Krest, Sharkey, Ed Killifer, Stamper, Inga Bergström, Molly Warmflash, Bull, Cigar-Girl, Jinx, Miranda Frost, Gustav Grave und Moon.

*) ↗ *Alliterationen*

FLEMING, VALENTIN

Bei Valentin Fleming handelt es sich um den Vater des Autors ↗ Ian Lancaster Fleming. Valentin Fleming fiel 1917 im Ersten Weltkrieg in Flandern. Sein Nachruf in der Zeitung *Times* wurde von Winston Churchill verfasst.

FLEURS DES ALPES (Seife)

Nachdem James Bond und ↗ Vivienne Michel im Buch ↗ *Der Spion, der mich liebte* unter der Dusche die Seife »Camay« benutzt haben, schreibt 007 in einem Brief an Michel, sie solle einmal »Fleurs des Alpes« versuchen.

FLEX, JENNY (Filmcharakter)

James Bond ist im Film ↗ *Im Angesicht des Todes* (1985) vom erotischen Erscheinungsbild der sportlichen Jenny Flex (↗ Alison Doody) beeindruckt. Die leidenschaftliche Reiterin arbeitet nur leider für die falsche Seite. Als Angestellte von ↗ Max Zorin büßt sie ihren Job als Verkäuferin von

Rennpferden und Mordkomplizin ein: Sie ertrinkt in einer Mine, als der Bösewicht eine Bombe zündet und die unterirdischen Gänge flutet.

FLICKA (Romanfigur)
↗ *Never Send Flowers* und ↗ *Seafire*

FLICK, VIC (Musiker)
Der erste Musiker, der das James-Bond-Thema auf einer Gitarre spielte und damit aufgenommen wurde, war Vic Flick. Seine Version des Themas erklingt im Film ↗ *James Bond 007 jagt Dr. No* (1962). Geschrieben wurde das Lied von ↗ Monty Norman.

DIE FLIEGENDEN PALACIOS (Artisten)
Die »fliegenden Palacios« im Film ↗ *Diamantenfieber* (1971) sind Trapezkünstler, die ihre Showeinlagen zeigen, als ↗ Tiffany Case zur Diamantenübergabe in einen Zirkus geht.

FLIEGENDER ADLER LEE (Romanfigur)
Im Roman ↗ *Fahr zur Hölle, Mr. Bond!* wird durch ↗ John Gardner geklärt, dass ↗ »Gebrochene Klaue Lee« der Sohn von »Fliegender Adler Lee« und ↗ »Winterfrau« ist.

FLIEGENDER TEPPICH
Eine Szene, die für ↗ *Der Hauch des Todes* (1987) gedreht wurde, zeigte ↗ Timothy Dalton als 007 in Tanger auf der Flucht vor der Polizei. Bond nimmt darin einen präparierten Teppich, legt ihn auf Telefondrähte und rutscht damit von einem Hausdach in sichere Entfernung. Während der Rutschpartie sind die Augenzeugen völlig verwirrt, weil sie glauben, einen fliegenden Teppich zu sehen. 007 hangelt sich an einer Flagge entlang und landet stehend auf einem vorbeifahrenden Motorrad. Er übernimmt den Lenker und rast, auf einem Rad fahrend, davon. Regisseur ↗ John Glen entschloss sich, die Szene zu streichen, weil er sie für zu langatmig hielt und sie mehr den Roger-Moore-Humor darstellte, den man in *Der Hauch des Todes* bewusst vermeiden wollte. Im Zusatzmaterial der DVD ist die Szene enthalten. Weil die Zeitschrift *Cinema* und viele andere von den Dreharbeiten dieser Szenen berichtet hatten und sie oft als Szene mit dem »fliegenden Teppich« bezeichneten, ging sie so in die Bond-Geschichte ein.

DIE FLIEGENDE UNTERTASSE (Zeichentrickfilm)
↗ *James Bond Jr.*

FLIEGENNETZ
Der erste Auftritt von ↗ Franz Sanchez in ↗ *Lizenz zum Töten* (1989) ist von ↗ John Glen geheimnisvoll in Szene gesetzt worden. Sanchez' Gesicht ist zunächst kaum zu erkennen, weil er hinter einem Fliegennetz steht. Er reißt das Netz herunter, und sein markantes, zernarbtes Gesicht ist in Großaufnahme auf der Leinwand zu sehen. Das Fliegennetz umspannte das Bett von ↗ Lupe Lamora und ihrem Geliebten.

FLIGHT INTO SPACE (Lied)
↗ *Moonraker* (Soundtrack)

FLIGHT TO THE DEATH WITH THE TIGER SHARKS (Lied)
↗ *Never Say Never Again* (Soundtrack)

DER FLIMMERMOB (Organisation)
Der Verbrecher ↗ Jack Strap, der zu einer Sitzung von ↗ *Goldfinger* im gleichnamigen Roman gerufen wird, arbeitet für das Syndikat »Der Flimmermob« in Las Vegas.

FLIP G YO YO (Manöver)
↗ Lehrgänge

FLITTERMOUSE (Comic)
↗ Comics

FLITTERWOCHEN
In mehreren James-Bond-Filmen spielen Flitterwochen eine Rolle: In ↗ *Liebesgrüße*

aus Moskau (1963) reisen 007 und ↗ Tatiana Romanowa als Ehepaar, und die Russin freut sich darüber, sich wie eine Frau in den Flitterwochen fühlen zu können. In ↗ *Man lebt nur zweimal* (1967) debattieren Bond und ↗ Kissy Suzuki nach einer getürkten Hochzeit über die Flitterwochen. Sie meint zunächst, es gäbe keine, weil es nur eine Scheinhochzeit war. Als sich der Agent und die Japanerin näherkommen, wird das Thema wieder aufgegriffen. Bond vergleicht die Arbeit beim Geheimdienst mit Flitterwochen, denn beides sei sehr schwer. Als ein Helikopter von ↗ SPECTRE auftaucht, sind die »Flitterwochen im Eimer«. Die Flitterwochen, die James Bond und ↗ Teresa di Vicenzo im Roman ↗ *007 James Bond im Dienst Ihrer Majestät* planen, sollen in Kitzbühl stattfinden, doch Bonds Frau wird während der Flitterwochen von ↗ Irma Bunt erschossen.
↗ Heirat

FLOGGER-KS (Flugzeug)
↗ MiG-23MDL

FLOOD, JOE (Darsteller)
Der US-Polizei-Captain in ↗ *Im Angesicht des Todes* (1985) wurde von Joe Flood verkörpert. Die Figur entstand aufgrund der erfolgreichen Vorgänger, an die die Produzenten ↗ Albert R. Broccoli und ↗ Michael G. Wilson anknüpfen wollten. Nach den Figuren des Polizisten aus ↗ *Diamantenfieber* (1971) und ↗ J. W. Pepper aus ↗ *Leben und sterben lassen* (1973) und ↗ *Der Mann mit dem goldenen Colt* (1974) sollte Joe Flood wieder für Lacher beim Publikum sorgen. Zwar hatte die Figur des US-Polizei-Captains einen höheren Stellenwert, aber einen Kultstatus wie ↗ Clifton James erreichte Flood nicht.

FLOPPIPAK DISK MAILER
007 muss über den Namen »FloppiPak Disk mailer« im Roman ↗ *Die Ehre des Mr. Bond* lachen – das Wort scheint dem Agenten eine grässliche fremdsprachige Bezeichnung zu sein. Er verstaut in diesem Floppipak seine kopierten Disketten und steckt alles zusammen in einen Umschlag, den er an sich selbst adressiert.

FLORES, EFREN (Produktionsmanager)
Produktionsmanager bei ↗ *Lizenz zum Töten* (1989) war Efren Flores. Er ist mit ↗ Pepe Flores verwandt.

FLORES, PEPE (Kamera-Assistenz)
Beim Unterwasserteam der Produktion ↗ *Lizenz zum Töten* (1989) arbeitete Pepe Flores.

FLORINETH, ANDREA (Schneeszenen)
↗ Peter Rohe

FLÖTE
↗ Baron Samedi verfügt in ↗ *Leben und sterben lassen* (1973) über eine Blockflöte, die beim Auseinanderziehen zu einem Funkgerät wird. Mit der Flöte hält der auf einem Friedhof auf Bond lauernde Samedi Kontakt mit ↗ Tee Hee.

FLOWER (Spitzname)
Die Frau von ↗ Lord Basil Shrivenham und Mutter von ↗ Trilby wird im Roman ↗ *Scorpius* von ihrem Mann »Flower« genannt. Sie selbst nennt ihn »Batty«.

FLOWERS FOR TERESA (Lied)
↗ *For Your Eyes Only* (Soundtrack)

DER FLUCH DES GOLDES (Zeichentrickfilm)
↗ *James Bond Jr.*

DER FLUCH DES PHARAOS (Zeichentrickfilm)
↗ *James Bond Jr.*

FLUGABWEHRKANONE (Waffe)
James Bonds Attacke mit einer Flugabwehrkanone im Film ↗ *Leben und sterben lassen* (1973) fiel der Schere zum Opfer. Szenenbilder der entsprechenden Einstel-

lung finden sich aber in einigen Büchern zum Thema und auf allen Filmplakaten. Bond sollte die Waffe benutzen, bevor er in den Doppeldeckerbus steigt und damit flüchtet.

FLUGDRACHEN
Für den Film ↗*Leben und sterben lassen* (1973) lernte ↗Roger Moore extra das Flugdrachen-Fliegen. Nach kurzer Einweisung schwebte der Darsteller schon einige hundert Meter über dem Boden. In einigen Quellen heißt es, ↗Mankiewicz habe die Flugdrachensequenz schon für ↗*Diamantenfieber* (1971) geschrieben. Bond sollte mit einem Drachen zum Penthouse von ↗Williard Whyte gelangen. Bei den Dreharbeiten von ↗*Moonraker – streng geheim* (1979) wagte sich Moore nicht mehr selbst in die Luft. Per Miniaturmodell wurde die Szene realisiert: Als das ↗Q-Boot die ↗Iguacu-Wasserfälle herunterzustürzen droht, zieht Bond an einer Reißleine, und ein Flugdrachen schnellt aus dem Dach des Bootes. 007 verlässt damit sein Boot und überfliegt die tödlichen Fluten. Im Roman ↗*Sieg oder stirb, Mr. Bond* sind es ausnahmsweise einmal die Feinde, die per Flugdrachen das Schiff ↗»Son of Takashani« angreifen, um eine Operation mit dem Namen ↗»WIN« durchzuführen – der terroristische Akt scheitert.

FLUGHAFEN FUHLSBÜTTEL (Ort)
Dreharbeiten für den Film ↗*Der Morgen stirbt nie* (1997) fanden im März 1997 auch auf dem Hamburger Flughafen Fuhlsbüttel statt. Davor hatten Fans in Deutschland 1971 einen Flughafendreh für Bond miterlebt. Damals entstanden Szenen für ↗*Diamantenfieber* (1971) auf dem Frankfurter Flughafen.

FLUGHOSTESS
↗Heirat

FLUGZEUGABSTÜRZE
Für Normalsterbliche endet ein Flugzeugabsturz in den meisten Fällen tödlich, und die wenigsten geraten überhaupt in diese Situation. In der Welt des James Bond sollte man niemals in ein Flugzeug steigen, der Agent landet nur selten auf die herkömmliche Art. Laut Statistik hat 007 bisher acht Flugzeugabstürze (inkl. Notlandungen) und zwei Helikopterabstürze überlebt.

Goldfinger (1964): Das Flugzeug ↗Goldfingers explodiert beim Aufprall aufs Meer. 007 und ↗Pussy Galore retten sich mit einem Fallschirm.

Feuerball (1965): Der ↗Vulcan-Bomber wird per Wasserlandung in die Hände von ↗Emilio Largo getrieben.

Man lebt nur zweimal (1967): Bond schafft es, das abstürzende Flugzeug von ↗Helga Brandt notzulanden und auszusteigen, bevor es explodiert. Mit seiner ↗Little Nellie holt er später vier Helikopter vom Himmel.

Diamantenfieber (1971): Zwei Hubschrauber explodieren beim Angriff auf ↗Blofelds Öl-Bohrinsel.

Der Spion, der mich liebte (1977): Die Erfinder des ↗U-Boot-Ortungssystems werden von ↗Stromberg mit ihrem Hubschrauber in die Luft gesprengt.

Moonraker – streng geheim (1979): Schon in der ↗Pre-Title-Sequenz des Films stürzt eine Boing 747 ab, als eine Raumfähre vom Rücken des Flugzeugs aus startet. Bond selbst findet sich ohne Fallschirm in einem Flugzeug wieder, das abzustürzen droht. Er springt dem Piloten hinterher und nimmt ihm im freien Fall den Fallschirm ab, um zu überleben.

In tödlicher Mission (1981): Ein ferngesteuerter Hubschrauber soll zum Grab von Bond werden, doch der Agent kann das Fluggerät wieder unter Kontrolle bringen.

Octopussy (1983): Bonds ↗Acrostar hat in der ↗Pre-Title-Sequenz keinen Sprit mehr, Bond muss bei einer Tankstelle notlanden.

Auf einem Flugzeug kämpft Bond im Finale mit ↗Gobinda und gewinnt. Als das Flugzeug mit ↗Kamal Khan darin abstürzt, springen 007 und ↗Octopussy einfach ab.
Im Angesicht des Todes (1985): Der Schnee lässt die Explosion eines Helikopters in der Pre-Title-Sequenz wirkungsvoll aussehen.
Der Hauch des Todes (1987): Bevor die abstürzende ↗Hercules an einem Berg zerschellt, steigen James Bond und ↗Kara Milovy mit einem Jeep aus der Frachtluke aus.
Lizenz zum Töten (1989): Ohne Schrammen kommt ↗Pam Bouvier davon, als sie mit ihrer einmotorigen Maschine abstürzt, nachdem ↗Sanchez mit einer ↗Stinger-Rakete den Heckflügel perforiert hat.
GoldenEye (1995): Abwärts geht's mit dem britischen Agenten schon zu Beginn des Films. Er schafft es aber, eine abstürzende Maschine zu stabilisieren und mit ihr davonzufliegen. Später im Film stürzt er mit dem Flugzeug von ↗Jack Wade auf Kuba ab. Im Film explodieren auch drei MiGs. Bond schießt später einen Helikopter ab, was ↗Xenia Onatopp das Leben kostet.
Der Morgen stirbt nie (1997): Eine MiG wird von ↗Carvers Männern abgeschossen.
Stirb an einem anderen Tag (2002): Das Finale des Films spielt in einem abstürzenden Flugzeug. Bond und ↗Jinx steigen mit einem Helikopter aus und kommen vom Regen in die Traufe: Der Helikopter will nicht anspringen. 007 wird Herr der Lage, bevor beide auf dem Boden aufschlagen.

FLUGZEUGTRÄGER
↗John Gardner scheint eine besondere Vorliebe für Flugzeugträger zu haben. Bereits im Roman ↗Sieg oder stirb, Mr. Bond beschreibt er diese in aller Ausführlichkeit. Auch im nach ↗Lizenz zum Töten beim Heyne Verlag erschienenen Roman ↗Fahr zur Hölle, Mr. Bond! treffen sich wichtige Personen auf einem Flugzeugträger. Das nuklear angetriebene Wasserfahrzeug ist ein Modell der Nimitz-Klasse. ↗»M« wartet dort bereits auf seinen besten Agenten.

Nimitz war ein amerikanischer Admiral (1885–1966) und Oberbefehlshaber der amerikanischen Streitkräfte im Zentralpazifik.

FLUGZEUGWRACK
Wracks gehören in James-Bond-Filmen fast zur Standardausstattung. In ↗*Feuerball* (1965) fing alles an. Hier jedoch nicht mit einem versunkenen Schiff, sondern mit einem versunkenen Flugzeug: dem ↗Vulcan-Bomber, aus dem ↗Largo die Atombomben stiehlt.

FLUKE (Pferd)
↗Pegasus

FLUOROSKOP
James Bond hat im Buch ↗*007 James Bond und der Mann mit dem goldenen Colt* ein Treffen mit ↗Townsend. Als sie in einem Raum an einem Fenster vorbeigehen, wird ein Fluoroskop ausgelöst, das Röntgenbilder von Bond macht, da dessen Identität nicht hundertprozentig bewiesen ist.

FLÜSSIGER SAUERSTOFF
↗LOX

FLUSSSÄURE (Waffe)
↗Säure

FLUTKATASTROPHE
↗Erdbeben und ↗*Im Angesicht des Todes* (Film)

FLYING SAUCER (Schiff)
↗Maximilian Largos Schiff im Film ↗*Sag niemals nie* (1983) trägt den Namen »Flying Saucer«. Dies bedeutet übersetzt »Fliegende Untertasse« – in Anlehnung an die ↗»Disco Volante« (»fliegende Scheibe«) aus ↗*Feuerball* (1965). Die »Flying Saucer« verfügt neben einer Unterwasserschleuse und einem schwer zugänglichen Privatbüro von ↗Largo auch über einen Helikopterlandeplatz und einen Saal, der

von ↗Domino Petachi fürs Jazztanzen genutzt wird. Zahlreiche Mitarbeiter Largos und ↗SPECTREs arbeiten an der Operation ↗»Die Tränen von Allah«. 007 wird mit dem Schiff nach ↗Palmyra gebracht. Das Schiff, das für die Dreharbeiten benutzt wurde, hieß tatsächlich »Nabila« und gehörte einem bekannten Waffenhändler.

FLYING SAUCER – FIRST STOP BERLIN (Lied)
↗*Casino Royale* (Soundtrack)

FLYNN, JONI (Darstellerin)
Joni Flynn verkörpert in ↗*Octopussy* (1983) eines der bildhübschen Mädchen, die für ↗Octopussy arbeiten. Die erotischen Angestellten helfen bei der Bewachung des Schwimmenden Palastes. Dargestellt wurden die Charaktere neben Flynn von Mary Stavin, Carolyn Seaward, Carole Ashby, Cheryl Anne, Jani-z, Julie Martin, Julie Barth, Kathy Davies, Helene Hunt, Gillian de Terville, Safira Afzal, Louise King, Tina Robinson, Alison Worth, Janine Andrews und Lynda Knight.

FLYNN, PETER (Pilot)
↗Etienne Herrenschmidt

FLYNN, RUTH (Akrobatin)
Ruth Flynn arbeitete bei ↗*Octopussy* (1983) zusammen mit Teresa Craddock, Kirsten Harrison, Christine Cullers, Lisa Jackman, Jane Aldridge, Christine Gibson und Tracy Llewelyn im Team.

FN 9MM (Waffe)
In einem Knöchelhalfter trägt James Bond im Roman ↗*Lizenz zum Töten* die Taschenausgabe einer Hochleistungs-9mm-FN mit besonders kurzem Kolben und Lauf. Er verlässt sich auf diese Ausrüstung, als er mit seinem ↗Glasfasergewehr und ↗Zahnpasta den Versuch startet, ↗Franz Sanchez zu töten.

FN-FAL-SCHARFSCHÜTZENGEWEHR (Waffe)
Das im Roman ↗*Die Welt ist nicht genug* beschriebene FN-Fal-Scharfschützengewehr von ↗Renard ist im gleichnamigen Film von 1999 gar nicht zu sehen. Die Waffe verfügt über ein Laser-Visier, und der Killer benutzt sie, um einen Bodyguard von ↗Lachaise umzubringen.

FN FAL-GEWEHR
Siehe Inhaltsangabe ↗*High Time To Kill*

FOCAL PLANE ARRAY (Infrarot-Sichtgerät)
↗*Midsummer Night's Doom*

FOCH (Romanfigur)
Der Arzt Dr. Foch, der im Roman ↗*Goldfinger* auf den angeschlagenen James Bond trifft, verkennt die Situation und belässt 007 in der Gewalt des verrückten ↗Auric Goldfinger. Als Bond darum bittet, Washington zu informieren, weil er gefangen sei, tut Goldfinger es als Verfolgungswahn ab. Dr. Foch – »eine Kapazität in Genf« – sediert Bond für den Weitertransport.

FÖHN
Ein schönes Beispiel für die Unvollkommenheit von James Bonds Technik in den Filmen bietet ↗*Octopussy* (1983). 007 besitzt hier einen Empfänger, mit dem sich eine Wanze abhören lässt, die ↗»Q« in das ↗Fabergé-Ei eingesetzt hat. Als ↗Magda aber weit entfernt ihren Föhn in Betrieb nimmt, um sich die Haare zu trocknen, hat der Agent keinen Empfang mehr.

FOIE GRAS (Nahrungsmittel)
James Bond hat in ↗*Sag niemals nie* (1983) zwar eine strenge Diät verordnet bekommen, hält sich aber nicht daran. In seinem Koffer hat er neben vielen anderen Leckereien auch »Foie gras« aus Straßburg. Krankenschwester ↗Fearing probiert den kleinen Bissen und scheint begeistert zu sein. Auch in ↗*Der Hauch des Todes* (1987) kommt »Foie gras« vor. Bond hat diese

Köstlichkeit bei Harrods für ↗Koskov besorgt.

FOLEY, BRIAN (Organisator der Eiskunstlaufszenen)
↗Bibi Dahl sollte im Film ↗*In tödlicher Mission* (1981) eine besonders begabte Eiskunstläuferin darstellen. Brian Foley organisierte die Szenen im Olympischen Eisstadion von ↗Cortina d'Ampezzo. Auch ↗Roger Moore musste aufs Eis, dies jedoch mit Schuhen. Die drei Hockeyspieler, die ihn angreifen, nutzen ihre Schlittschuhe als Waffen, doch 007 bleibt Herr der Lage.

FOLIE
↗Polaris-Einsatzzentrale

FOLLOWING THE DIAMONDS (Lied)
↗*Diamonds Are Forever* (Soundtrack)

FOLTER
↗Grant hat in ↗*Liebesgrüße aus Moskau* (1963) den Auftrag, James Bond qualvoll umzubringen. Der Killer hat seine Vorgehensweise schon bedacht: Die ersten drei Kugeln sollen 007 nicht töten! Bevor der Agent stirbt, will Grant, dass er ihm die Füße küsst.

↗Raymond Benson schreibt in seinem Buch ↗*Stirb an einem anderen Tag* zum Thema Folter: »Folter ist die grausamste Erfindung der Menschheit. Körperliche Schmerzen, die einem Menschen beabsichtigt und auf methodische Weise von anderen zugefügt werden, können ebenso großen psychischen wie physischen Schaden anrichten. (...) In allen zivilisierten Ländern ist das Foltern von Gefangenen verboten und wird als unmenschlich und barbarisch erachtet. (...) James Bond war darauf trainiert, Foltermethoden jedweder Art standzuhalten, und in seiner Laufbahn hatte er schon viele teuflische Bestrafungen erdulden müssen.« Die Folterszenen in ↗*Stirb an einem anderen Tag* (2002) basieren teilweise auf Ideen von ↗Pierce Brosnan. Bond wird hier ins Wasser getaucht, von Skorpionen gestochen und mit Strom und glühenden Eisen gefoltert. Nur durch Autosuggestion kann er die Prozeduren überleben. Das Becken mit Eiswasser könnte sich aus ↗John Gardners Folteridee entwickelt haben, die er schon in seinem Roman ↗*Operation Eisbrecher* beschrieb: darin wird 007 mit dem ganzen Körper in einkaltes Wasser getaucht, bis er bewusstlos ist.

↗Folterstuhl, ↗Folterbank, ↗Schmerz, ↗Schocktherapie, ↗Schmerzparabel und ↗Gehirnwäsche

FOLTERBANK
Die motorisierte Dehnungsbank zur Streckung der Wirbelsäule kommt im Film ↗*Feuerball* (1965) vor. ↗Pat meint, einige Patienten würden die Apparatur »Folterbank« nennen.

FOLTERSTUHL
»Sitzend in den Tod«, das könnte das Motto für die Folterstühle sein, die in den James-Bond-Filmen und -Romanen über die Jahre hinweg auftauchten. Es beginnt im Buch ↗*Casino Royale*, wo beim Stuhl die Sitzfläche fehlt, damit ↗Le Chiffre Bonds Hoden besser mit dem Teppichklopfer treffen kann. ↗Ernst Stavro Blofeld hat im Buch ↗*Du lebst nur zweimal* auch einen »heißen« Platz für 007. Aus einem Fumor/Geysir schießt in regelmäßigen Intervallen heißer Schlamm, der Bond töten soll. Die zuschnappenden Armfesseln des Folterstuhls aus ↗*Leben und sterben lassen* (1973) überraschen James Bond. Als er wehrlos vor ↗Kananga sitzt, bekommt ↗Tee Hee den Auftrag, Bond bei einer falschen Reaktion den kleinen Finger der linken Hand abzukneifen. Eine scharfe Klinge, die aus der Sitzfläche eines Stuhles schießt, beeindruckt im Film ↗*Der Spion, der mich liebte* (1977) ↗Anja Amasowa. Es handelt sich um eine Erfindung der Abteilung ↗Q, ebenso wie der Schleudersitz, der im selben Film eine Puppe in die Luft katapultiert.

Den geschichtsträchtigsten Folterstuhl besitzt jedoch ↗ Elektra King im Roman und im Film ↗ *Die Welt ist nicht genug*; er wurde bei Ausgrabungen gefunden. Das Prinzip ist einfach: Der Gefolterte wird auf dem Stuhl mit Fuß- und Handgelenksfesseln fixiert, der Folterknecht dreht an einem Rad, das eine hölzerne Schraube bewegt. Die Schraube befindet sich im Genick des Leidenden und erwürgt ihn nicht nur langsam, sondern durchbohrt auch sein Rückenmark.

Sieben Umdrehungen (im Roman) gibt King Bond zum Sterben. ↗ Valentin Zukovsky taucht jedoch auf, und Bond kann befreit werden. Der Folterstuhl, auf dem Elektra King im Film *Die Welt ist nicht genug* (1999) James Bond festschnallt, verfügt über ein Zahnrad. Fünf Umdrehungen sollen hier laut King erforderlich sein, um ein Folteropfer zu ersticken. Der Stuhl aus dem Osmanischen Reich ist eine Rarität und sehr alt. Er ist aus Mahagoni gefertigt und hat Elfenbeineinsätze.

FONDA (Romanfigur)
↗ Nummer 4

FONDA (Romanfigur)
↗ Fallon

FONTAINEBLEAU-HOTEL (Schauplatz)
Das Hotel steht in Miami (Florida) und war Schauplatz der ersten Szenen von ↗ *Goldfinger* (1964). Der Innenhof des Hotels wurde zwar in den Studios nachgebaut, aber ↗ Felix-Leiter-Darsteller ↗ Cec Linder war tatsächlich vor Ort. Die Suite, in der Bond auf ↗ Jill Masterson trifft, wurde der des Produzenten ↗ Harry Saltzman nachempfunden und hat mit den tatsächlichen Suiten im Fontainebleau nicht viel gemeinsam.

FONTERAY, JAQUES (Garderobe)
Jaques Fonteray kümmerte sich um die Entwürfe der Garderobe, als der elfte offizielle James-Bond-Film ↗ *Moonraker – streng geheim* (1979) in Produktion ging, denn hier musste Kleidung entworfen werden, die futuristisch genug für einen Weltraumfilm wirkt.

FOOT (Romanfigur)
Im Buch ↗ *James Bond 007 jagt Dr. No* wird über die Figur Sir Foot gesagt, dass es sich um den Ex-Gouverneur von Jamaika handele, der seinem Nachfolger Bond einen kühlen Empfang bereiten werde.

FOR 007 EYES ONLY
Im Buch ↗ *007 James Bond und der Mann mit dem goldenen Colt* erhält James Bond eine persönliche Nachricht von ↗ »M«. Im englischen Original beginnt diese mit den Zeilen »(...) for 007 Eyes only«: ein Geheimhaltungsindiz, das nicht nur bei einer von ↗ Flemings Kurzgeschichtensammlungen (↗ *For Your Eyes Only*), sondern auch beim gleichnamigen Film (deutsch: ↗ *In tödlicher Mission*) benutzt wurde.
↗ Geheimhaltungskodex

FORBES, ALLAN (Romanfigur)
Der Charakter Allan Forbes wird in der Kurzgeschichte ↗ *Tödliche Antwort* nur erwähnt. Er war laut ↗ Cheryl Haven ihr Vorgänger bei der Manhattaner Filiale, der seit er sechs Richtige im Lotto hatte und nach seiner Pensionierung in Texas lebt. Nun arbeitet Haven an seiner Stelle als Special Agent.

FORD ANGLIA (Fahrzeug)
↗ Hubbard

FORD CONSUL (Fahrzeug)
Zweimal wird bei James Bond ein Ford Consul erwähnt: Nach dem Mord an den ↗ Havelocks in der Kurzgeschichte ↗ *Für Sie persönlich* verlassen die Killer – unter ihnen ↗ Gonzales – das Anwesen »Content« in einem schwarzen Ford Consul. Der zweite Wagen dieser Art taucht erst

Jahre später auf: In Nassau treffen sich ↗Felix Leiter und James Bond im Roman ↗Feuerball. Leiter hat einen Ford Consul gemietet, denn er will nur ein Fahrzeug, das fährt, aber keins, das auch noch auffällt. Der Wagen stammt von der ↗Hertz-Autovermietung.

FORD, DOROTHY (Stuntwoman)
Als die »gefährlichen« Dreharbeiten zu ↗Moonraker – streng geheim (1979) auf dem Plan standen, hatte Dorothy Ford ihren Einsatz als Stuntwoman unter der Leitung von ↗Bob Simmons. Sie war neben den sechs Männern (↗Claude Carliez, ↗Richard Graydon, ↗Michel Berreur, ↗Guy Di Rigo, ↗Paul Weston, ↗Daniel Breton und ↗Martin Grace) in Bob Simmons Stunt-Team die einzige Frau. Nach gelungener Arbeit wurde Ford für ↗Octopussy (1983) erneut engagiert. Hier arbeitete sie unter der Aufsicht von ↗Martin Grace, ↗Paul Weston und ↗Bill Burton im Stuntteam mit ↗Pat Banta, ↗Jim Dowdall, ↗Jazzer Jeyes, ↗Clive Curtis, ↗Bill Weston, ↗Wayne Michaels, ↗Christopher Webb, ↗del Baker, ↗Rocky Taylor, ↗Nick Hobbs und ↗Malcom Weaver zusammen.

FORD, ELAINE (Stuntwoman)
Neben Elaine Ford, der Schwester von ↗Dorothy Ford, gehörten bei den Dreharbeiten von ↗Im Angesicht des Todes (1985) noch ↗Jason White, ↗Mike Runtard, Tracey Eddon, ↗Bill Weston, ↗Doug Robinson und ↗Pat Banta zum Stuntteam, das von ↗Jim Arnett, ↗Bob Simmons und ↗Claude Carliez beaufsichtigt wurde. Sie arbeitete auch bei ↗Der Hauch des Todes (1987) mit.

FÖRDERBAND
James Bond wird von ↗Sanchez in ↗Lizenz zum Töten (1989) auf ein Förderband geworfen, das Drogen zu einem Häcksler transportiert: Bond soll klein geschnitten werden. ↗Dario überwacht die geplante Hinrichtung, doch die erweist sich als schwierig: Zunächst bleibt Bond mit seiner Handfessel kurz vor den tödlichen Sägeblättern der Häckselmaschine hängen, doch als Dario schon zu seinem Messer gegriffen hat, taucht ↗Bouvier auf und schießt auf Dario. Bond zieht zusätzlich an dessen Bein und Sanchez' Handlanger stürzt selbst in die Zerkleinerungsmaschine.

FORD FAIRLANE 500 (Fahrzeug)
James Bond wird im Roman ↗Stirb an einem anderen Tag von ↗Raoul mit einem Ford Fairlane 500 ausgestattet. Der cremefarbene Wagen verfügt über ein aufklappbares Verdeck und wurde 1957 gebaut.

FORD, MICHAEL (Set-Ausstatter)
Die Set-Ausstattung bei den Produktionen ↗Der Hauch des Todes (1987), ↗Lizenz zum Töten (1989) und ↗GoldenEye (1995) war Michael Fords Aufgabe.

FORD POPULAR (Fahrzeug)
007 erinnert sich im Roman ↗Goldfinger an ↗Fakto. Dieser habe ihn bereits vor dem Aufeinandertreffen im ↗Royal St. Marks Golfklub mit einem Ford Popular überholt.

FORD, ROY (Kameraführung)
Unter der Aufsicht von ↗Egil Woxholt, der bereits bei ↗Feuerball (1965) mit James Bond Erfahrungen gemacht hatte, war Roy Ford beim Film ↗Im Geheimdienst Ihrer Majestät (1969) für die Kameraführung zuständig. Ford und Woxholt waren bei diesem sechsten 007-Abenteuer in der Second Unit.

FORD SIERRA (Fahrzeug)
In ↗Der Morgen stirbt nie (1997) verfolgt ein Ford Sierra James Bond in einem Parkhaus. Der Wagen wird durch eine Bazooka zur Explosion gebracht – 007 hat wieder freie Fahrt.

FORD THUNDERBIRD (Fahrzeug)
↗ Thunderbird

FORDYCE (Filmcharakter)
Die Figur Fordyce hat im Film ↗ *Casino Royale* (1966) die Aufgabe, die Agenten – in diesem Fall ↗ Evelyn Tremble – mit der neuesten Ausrüstung zu versorgen. Durch Fordyces seltsame Stimme wird seine Homosexualität betont. Dargestellt wurde die Figur, die in der Literatur auch als Quartiermeister auftaucht, von ↗ John Wells.

FORD ZEPHYR (Fahrzeug)
James Bond wird in ↗ *Liebesgrüße aus Athen* beschattet. Sein Verfolger fährt einen Ford Zephyr und ist dem Agenten auf den Fersen, als dieser mit einem Continental Bentley auf dem Weg zum ↗ »Zwischendeck« ist.

FOR EVER, JAMES (Lied)
↗ *GoldenEye* (Soundtrack)

FORLINI, BOB (Bondfan)
↗ Bondage

FORME
↗ Tony Hugill

FORNOF, CORKEY (Erfinder/Stuntman)
Corkey Fornof ist nicht nur der Erfinder des ↗ »Acrostar-Mini-Jets«, sondern er flog ihn auch als Double für ↗ Roger Moore bei den Dreharbeiten zum dreizehnten offiziellen James-Bond-Film ↗ *Octopussy* (1983). Fornofs Idee, den »Acrostar« bei einer Tankstelle zu landen und aufzutanken, gibt eine wahre Begebenheit wieder, die ihm selbst einst passierte. Die rasante Eröffnungssequenz wurde mit Hilfe vieler Tricks bewerkstelligt, unter anderem montierte man den »Acrostar« auf einer Stange über einem Jeep und fuhr ihn gemächlich durch den Hangar. Im Film selbst wirkt es, als flöge der Jet durch die Halle. Der Erfinder und seit *Octopussy* auch Stuntman arbeitete mit ↗ Rick Holley zusammen. Bei den Dreharbeiten zu ↗ *Lizenz zum Töten* (1989) war Fornof als Pilot engagiert. Kurz nach seinem Start mit einer ↗ Piper PA-18, die im Film von ↗ Pam Bouvier geflogen wird, tauchte die Polizei auf, die Fornof wegen seines seltsamen Flugstils und einer in der Prärie durchgeführten Landung für einen Drogendealer hielt. Die Crew amüsierte sich über diesen Zwischenfall sehr, denn der Hauptbösewicht im Film (↗ Franz Sanchez) soll einer der mächtigsten Drogendealer der Welt sein. Bei ↗ *Lizenz zum Töten* (1989) flog Corkey Fornof auch das Drogen-Wasserflugzeug und arbeitete für ↗ Timothy Daltons zweiten Bond-Film hauptsächlich als Aufsicht der Luft-Stunts.

FOR SPECIAL SERVICES (Gravur)
↗ Ian Fleming erhielt von ↗ William »Bill« Donovan einen Revolver mit der Gravur »For special Services«. Es handelte sich um ein Geschenk, denn Fleming hatte Donovan Aktennotizen zukommen lassen, die sich mit dem Aufbau einer Vorstufe der ↗ CIA befassten. ↗ John Gardner nutzte den Wortlaut der Gravur für den Titel seines zweiten James-Bond-Romans.

FOR SPECIAL SERVICES (Roman)
↗ John Gardners zweiter James-Bond-Roman hieß ↗ *For Special Services*. Der Roman erschien im Jahre 1982 und wurde 1984 unter dem Titel ↗ *Moment mal, Mr. Bond* in der deutschen Übersetzung von Ilka Paradies veröffentlicht. Im englischen Original hat das letzte Kapitel ebenfalls die Überschrift »For Special Services«. Der Roman erschien bei Berkley Novel und wurde als »The New York Times Bestseller« angepriesen. Die Kritik war durchaus positiv. So schrieb die *Associated Press*: »Pure Bondian Adventure«, die *Chattanooga Times*: »The Bond Brand of Excitement Gadgetry and Sex« und die *Buffalo Evening News*: »Keeps the Bond Flag Flying ... Legions of Fans who made License Renewed a Best-

seller will be Ecstatic about this One!« Das Buch ist ↗Desmond Elliott gewidmet und hat im Original 22 Kapitel auf 294 Seiten. Das Werk beginnt mit einem Vorwort des Autors. Das Nachwort bezieht sich auf ↗Ian Fleming.

Siehe Inhaltsangabe des Romans ↗*Moment mal, Mr. Bond*.

Die Kapitel in der englischen Originalausgabe tragen folgende Titel: 1) Three Zeros; 2) Ninety Seconds; 3) The House On The Bayou; 4) Pillow Thoughts; 5) Cedar; 6) Rare Prints For Sale; 7) Invitation By Force; 8) Intimations Of Mortality; 9) When The Fun Really Starts; 10) The Road To Amarillo; 11) Rancho Bismarquer; 12) Guided Tour; 13) Tour De Force; 14) Repellent Insects; 15) Grand Prix; 16) Nena; 17) Heavenly Wolf; 18) Shock Tactics; 19) Four-Star General; 20) Cheyenne Mountain; 21) Blofeld; 22) To James Bond: The Gift Of A Daughter

Das erste Kapitel von For Special Services wurde als so genannte »sneak preview« schon im Roman ↗*License Renewed* abgedruckt. Die Erstausgaben von *For Special Services* wurden bei folgenden Verlagen veröffentlicht: 1982: Jonathan Cape (Hardback Edition, GB) / 1982: Richard Marek (Hardback Edition, USA) / 1982: Coronet Paperback (GB) / 1982: G.K. Hall Large Print (Hardback Edition, USA) / 1983: Berkley (Paperback Edition, USA) / 2004: Coronet Omnibus (Paperback Edition, GB)

FORSYTH (Filmcharakter)
James Bond trifft in ↗*Der Spion, der mich liebte* (1977) auf dem ↗Schiff Faslane ↗Kapitän Forsyth. Der Mann ist anwesend, als Bond, ↗»Q«, ↗Admiral Harbreaver und der Verteidigungsminister eine Folie überprüfen, die die Existenz des ↗U-Boot-Ortungssystems beweist.

FORTBILDUNGEN
↗Lehrgänge

FORTIN, DOMINIQUE (Schnitt)
Eine der ersten Frauen, die als Cutter bei James-Bond-Produktionen arbeiteten, ist Dominique Fortin. Sie war zusammen mit ↗Michel Arcand für den Schnitt bei ↗*Der Morgen stirbt nie* (1997) zuständig. Die mehrfach ausgezeichnete Kanadierin hatte vor dem achtzehnten offiziellen James-Bond-Film schon mit Regisseur ↗Roger Spottiswoode zusammengearbeitet. Beide waren bei den TV-Filmen *Murder Live* und *Hiroshima* tätig. Dominique Fortin war ab 1981 drei Jahre bei Radio Canada und schnitt von 1984 bis 1989 mehrere Dokumentarfilme. Ihr Spielfilm-Schnitt-Debüt gab sie mit *City Of Champions* (1989). Es folgten *Montreal vu par... Rispondetemi* (1991) und *Erreur sur la personne* (1994). Durch ihre Arbeit an *Der Morgen stirbt nie* scheint die Möglichkeit in greifbare Nähe gerückt zu sein, dass zukünftig auch eine Frau im Regiestuhl bei einem Bond-Film sitzen könnte. Mehrere Cutter wie ↗John Glen und ↗Peter Hunt kamen über den Schnitt zur Regie.

FORT KNOX (Golddepot)
Das Hauptziel des Bösewichts ↗Goldfinger ist Fort Knox in Kentucky, der Aufbewahrungsort des Goldbestandes der USA. Im Film ↗*Goldfinger* (1964) will der Schurke (↗Schurkentyp I) die Barren radioaktiv verseuchen, damit sein Besitz an Wert gewinnt. Als ↗Ken Adam anfragte, ob er Fort Knox besichtigen dürfe, wurde dies von der amerikanischen Regierung abgelehnt, weil so Informationen über die Bauweise und die Grundrisse des Gebäudes an die Öffentlichkeit gelangt wären. Deshalb konnte man keine Fotos schießen, um diesen Ort naturgetreu für den Film nachzubauen. Ken Adam baute also ein Fort Knox seiner Fantasie. Goldfinger beschreibt im gleichnamigen Roman, welche Straßen um das Golddepot von Fort Knox ein Dreieck bilden: der Dixie Highway, der Buillon Boulevard und die Vine Grove Road. Die

von Ken Adam gebaute Kulisse für den Film kostete 1964 rund 30.000 Pfund.

FORTUNE (Comicfigur)
↗ *James Bond Jr.*

FORTUNE, FREDDIE (Romanfigur)
007 ist entsetzt, als ihm ↗ Percy Proud im Roman ↗ *Die Ehre des Mr. Bond* den Plan mitteilt, den der ↗ MI6 ausgearbeitet hat: Bond soll über Lady Freddie Fortune ins Haus ↗ Endor von ↗ Dr. Jay Autem Holy eingeschleust werden. 007 hatte vor einigen Jahren versucht, an Fortune heranzukommen, ließ aber die Finger von ihr, als er feststellte, dass sie der Liebling der Klatschkolumnisten war. Sie wurde politisch einseitig erzogen und stand laut Bond leicht links von Fidel Castro. 007 bezeichnet seine Bekanntschaft als »Champagnerkommunistin«, andere nennen sie aufgrund ihrer feuerroten Haare ↗ »Rote Freddi«.

FORTUNE, KIM (Darsteller)
Kim Fortune spielt im Film ↗ *Moonraker – streng geheim* (1979) den RAF-Offizier. Schon in ↗ *Der Spion, der mich liebte* (1977) soll Fortune mitgespielt haben, hier als Offizier der HMS Ranger.

FOR YOUR EYES ONLY (Comic)
↗ Comics

FOR YOUR EYES ONLY (Kurzgeschichtenband)
↗ Kurzgeschichten

FOR YOUR EYES ONLY (Kurzgeschichte)
↗ *Für Sie persönlich*

FOR YOUR EYES ONLY (Soundtrack)
Der Soundtrack zum Film ↗ *For Your Eyes Only* enthält folgende Lieder: 1) For Your Eyes Only ; 2) A Drive In The Country; 3) Take Me Home; 4) Melina's Revenge; 5) Gonzales Takes A Drive; 6) St. Cyril's Monastery; 7) Make It Last All Night; 8) Runaway; 9) Submarine; 10) Cortina; 11) The P.M. Gets The Bird/For Your Eyes Only Reprise.
Ein später erschienener Soundtrack enthält folgende Bonustracks: 13) Gunbarrel/Flowers For Teresa/Sinking The St. Georges; 14) Unfinished Business/Bond Meets Kristatos*; 15) Ski ... Shoot ... Jump ...; 16) Goodbye, Countess/No Head For Heights/Dining Alone; 17) Recovering The ATAC; 18) Sub Vs. Sub; 19) Run Them Down/The Climb. Zum Höhenflug setzte ↗ Sheena Easton an, als ihr Song *For Your Eyes Only* zum Film ↗ *In tödlicher Mission* (1981) in die englischen Charts einstieg. Sie erreichte mit dem Lied Platz acht und hielt sich acht Wochen in den Charts. In Amerika erreichte *For Your Eyes Only* Platz vier und hielt sich 25 Wochen.
*) ↗ *Meet-Thema*

FOR YOUR EYES ONLY (Lied)
↗ *For Your Eyes Only* (Soundtrack)

FOR YOUR EYES ONLY REPRISE (Lied)
↗ *For Your Eyes Only* (Soundtrack)

FOSSETT, VERA UND SHIRLEY (Darsteller)
↗ The Flying Cherokees

FOSTER (Filmcharakter)
↗ Leaver

FOSTER-DAVIS, WILLIAM (Darsteller)
Im ersten James-Bond-Abenteuer ↗ *James Bond 007 jagt Dr. No* (1962) taucht William Foster-Davis als ↗ Kommissar Duff auf. Die Rolle ist recht klein und erforderte nur einen Drehtag.

FOSTER, STEVE (Elektrik-Vorleute)
Die Elektrik-Vorleute bei der Produktion ↗ *GoldenEye* (1995) waren Steve Foster, Bill Pochetty und Luigi Bisioli.

FOTO
In ↗ *Octopussy* (1983) wird von James Bond ein Foto geschossen, als er mit

↗Magda im Hotel zu Abend isst. Magda behauptet, das Foto als Erinnerungsstück zu brauchen, doch in Wirklichkeit verwendet ↗Kamal Khan den Schnappschuss, um Killer auf 007 ansetzen zu können. Mit seinem tödlichen ↗Yo-Yo zerstört ein Mörder das Schwarz-Weiß-Bild.

FOTOGRAF (Romanfigur)
Der Fotograf, den ↗John Gardner im Roman ↗*Scorpius* ein Attentat verüben lässt, bleibt zunächst anonym. Mit einer sprengstoffgefüllten Kamera kann sich der Kamikazeterrorist getarnt als Journalist an sein Opfer heranschleichen. Die Bombe tötet fünfzehn Polizisten, zwei Fahrer, einen Sekretär, dessen Agenten, zwölf andere Menschen, den Attentäter und den Mann, der ursprünglich sterben sollte: einen Gewerkschaftsführer. Später im Buch nennt ↗Scorpius den Namen des toten Terroristen: ↗»Philip«.

FOTOKOPIERER
↗Safeknacker

FOTO-ROMAN – LIZENZ ZUM TÖTEN
1989 brachte »Bastei Clip« einen Foto-Roman zum Film ↗*Lizenz zum Töten* heraus. Er war in Österreich, Deutschland, Italien, Frankreich, den Niederlanden, Spanien und in der Schweiz erhältlich. Für den Betrag von 5,- DM konnte man den Inhalt des Films in über 320 Originalfilmfotos nachvollziehen. Einige erwiesen sich als Leckerbissen, weil sie aus Szenen stammen, die nicht im Film enthalten waren; sogar ein Bild der Dreharbeiten, auf dem ↗John Glen und sein Team zu sehen sind, rutschte versehentlich in die Story.

FOUCAN, SEBASTIAN (Darsteller)
Da Sebastian Foucan ein Spezialist auf dem Gebiet des »Free Running« ist, einer Sportart, bei der man möglichst elegant rennt und sich durch naturgegebene Hindernisse nicht von seinem Weg abbringen lässt, schien die Verfolgungsjagd, die im Drehbuch von ↗*Casino Royale* (2006) beschrieben wird, wie für ihn entworfen. Foucan spielt den Bösewicht ↗Mollaka.

FOUCHÉ (Romanfigur)
↗Zitat

FOUGHS, BRIAN (Produzent)
Der Name Brian Foughs wurde durch die Presse bekannt, als ↗Albert R. Broccoli und ↗Harry Saltzman ↗*Der Mann mit dem goldenen Colt* (1974) realisierten. Foughs behauptete, er habe vor 1964 Nachlassmaterial von ↗Ian Fleming gekauft. Es handle sich um unveröffentlichte Geschichten des Geheimagenten James Bond. Broccoli war geschockt, eine Konkurrenz konnte und wollte er nicht dulden. Foughs kündigte kurz darauf an, er werde die Geschichten zu einem Drehbuch mit dem Titel *Love Kills Everybody* verarbeiten lassen. Die Fans waren gespannt, denn Konkurrenz belebt das Geschäft, doch man wartet bis heute auf einen Film. Brian Foughs ließ nie wieder etwas zum Thema 007 von sich hören.

FOULKS (Romanfigur)
Im Buch ↗*Goldfinger* ist der Caddie von ↗Auric Goldfinger ein unterwürfiger, gesprächiger Mann namens Foulks. Bond, so heißt es, habe Foulks nie gemocht.

FOUNTAIN OF TERROR (Zeichentrickfilm)
↗*James Bond Jr.*

FOURNIOLS, ERIC (Regieassistenz)
↗Paul Taylor

FOURQUEUX (Ort)
Der tödliche Überfall zu Beginn der Kurzgeschichte ↗*Tod im Rückspiegel* ereignete sich laut ↗Oberst Rattery in der Nähe des kleinen Dorfes Fourqueux bei Paris.

FOX (Romanfigur)
Fox ist einer der Killer, die im Roman ↗ *Fahr zur Hölle, Mr. Bond!* für ↗ »Gebrochene Klaue Lee« arbeiten. Fox wird auch »Blutiger Fox« oder »Tödlicher Fox« genannt. Sein Kollege ist ↗ Bone Bender Ding.

FOX, EDWARD (Darsteller)
Der populäre Darsteller Edward Fox verkörperte in ↗ *Sag niemals nie* (1983) James Bonds Chef ↗ »M«. Obwohl der Film kein offizieller James-Bond-Film ist, trat er so in die Fußstapfen von ↗ Bernhard Lee (↗ *James Bond 007 jagt Dr. No* – ↗ *Moonraker – streng geheim*) und ↗ Robert Brown (↗ *Octopussy* – ↗ *Lizenz zum Töten*).

FOXTROT GOLF SIERRA
↗ Marc Ange Draco mit seinen Männern und James Bond suchen in ↗ *Im Geheimdienst Ihrer Majestät* (1969) den Piz Gloria per Helikopter auf. Beim Überfliegen von Basel werden sie von der Luftraumüberwachung angefunkt. Draco nennt die Kennung der Helikopter: »Foxtrot Golf Sierra«.

FOXWELL, JULIA (Stuntwoman)
↗ Allan Hewitt

FPA (Infrarot-Sichtgerät)
↗ *Midsummer Night's Doom*

FRACAS (Parfüm)
↗ Parfüm

FRACHTNETZ
Am Frachtnetz eines Flugzeugs hängend, kämpft James Bond in ↗ *Der Hauch des Todes* (1987) gegen ↗ Necros. Im Netz befinden sich Säcke, die Rohopium enthalten. Das Halteseil droht zu reißen, eine Bombe zu explodieren, das Flugzeug abzustürzen und Necros Bond zu töten: Mehr Spannung kann nicht sein! Bond schafft es, sich Necros' zu entledigen und an Bord zu klettern, bevor das Seil reißt. Er widmet sich der Bombe.

FRAME (Romanfigur)
Frame ist eine große, vornehme alte Dame, der im Roman ↗ *003½ James Bond Junior* das Anwesen ↗ Hazeley Hall gehört. Sie benutzt einen Gehstock mit Silberknauf. Sie hat James Bond Junior bereits getroffen und eine Ähnlichkeit zu ihrem Neffen Stephen festgestellt, der dreißig Jahre wäre, wenn er nicht im Koreakrieg ums Leben gekommen wäre. Mrs. Frame schenkt Bond Junior eine Hütte auf ihrem Anwesen. Als Bond im Internat ist, stirbt die Frau, und der Besitz einschließlich der Hütte wird von ↗ Mr. Merck ersteigert.

FRANCE, MICHAEL (Drehbuchautor)
Zusammen mit ↗ Bruce Feirstein und ↗ Jeffrey Caine schrieb Michael France das Drehbuch für den siebzehnten offiziellen James-Bond-Film ↗ *GoldenEye* (1995). Michael France wurde in Florida geboren, wo er auch die Universität besuchte. Später wechselte er auf die Columbia University. Sein Hobby war von jeher das Schreiben, und es gelang ihm, daraus Kapital zu schlagen. Als er gebeten wurde, das Drehbuch für *GoldenEye* (1995) zu liefern, machte er ähnlich wie ↗ Ian Fleming Reisen und recherchierte vor Ort in Ländern, die später zu Schauplätzen des Films werden sollten. Er besichtigte St. Petersburg und sammelte Material über die russischen Geheimdienste. Mit den neusten Informationen über Spionage und Hightechwaffen setzte er sich ans Drehbuchschreiben.

FRANCISCO DER FURCHTLOSE (Filmcharakter)
(Auch »Francisco the fearless«). »Francisco der Furchtlose« ist ein Artist im ↗ Octopussy-Zirkus in ↗ *Octopussy* (1983). Dargestellt vom Stuntman ↗ Richard Graydon wird »Francisco der Furchtlose« im Film *Octopussy* (1983) bei einem Gastspiel des gleichnamigen Zirkus' in ↗ Feldstadt aus einer Kanone abgeschossen. Das Publikum ist begeistert, »Der Furchtlose« übersteht seinen Showstunt unverletzt.

FRANCO (Romanfigur/Filmcharakter)
Im Buch ↗*Moonraker Streng geheim* ist Franco der Hochgewachsene, Gutgebaute, der für die ↗Station G arbeitet und die Gondel steuert, mit der James Bond in Venedig unterwegs ist. Francos Unschuld ist rein äußerlich. Er wird als hart wie Wolfram beschrieben. Bei einem feindlichen Angriff wird Franco von MG-Salven durchsiebt. Franco ist auch im Film ↗*Moonraker – streng geheim* (1979) der Gondoliere, der James Bond durch Venedig fährt. Ein Bezug zum Geheimdienst wie bei der gleichnamigen Romanfigur ist nicht vorhanden.

FRANCO (Romanfigur)
↗Franco Oliveiro Quesocriado

FRANCO (Romanfigur)
Franco ist eine Figur aus ↗Gardners Werk ↗*Sieg oder stirb, Mr. Bond*. ↗Beatrice hat Franco und einen Kollegen angestellt, um die ↗Villa Capricciani zu bewachen, während James Bond und sie es sich im Inneren gemütlich machen. Franco ist als Gärtner getarnt und arbeitet mit ↗Umberto zusammen, der die gleichen Aufgaben zu erfüllen hat. Er hat einen Körper wie ein Landsknecht aus dem sechzehnten Jahrhundert und seine Muskulatur wirkt, als trage er einen Brustpanzer mit Armschutz.

FRANCO, ILEANA (Produktionsassistentin)
Als Produktionsassistentin arbeitete Ileana Franco bei ↗*Lizenz zum Töten* (1989).

FRANKENSTEIN (Filmcharakter)
Auf der Suche nach einem Ausweg aus dem Kasino trifft Sir James Bond in ↗*Casino Royale* (1966) auf Frankenstein, der durch die Gänge irrt. Es handelt sich um eine Figur, die dem von Dr. Frankenstein im gleichnamigen Film geschaffenen Geschöpf nachempfunden ist. Der Lacher beim Bond-Publikum blieb aus, die Verwirrung nahm zu.

FRANKLIN (Romanfigur)
Franklin ist ein Charakter im Roman ↗*007 James Bond im Dienst Ihrer Majestät*. Der Mann wird zu einer Besprechung gerufen, als James Bond aus dem ↗Gloria-Klub entkommen ist und über ↗Blofelds Pläne berichtet. Laut ↗501 handelt es sich bei Franklin um eine »Koryphäe auf dem Gebiet der Schädlingsbekämpfung«, einen Mann, der hilfreiche Informationen liefern könnte, zumal Blofeld auf biologische Kriegsführung setzt. Wie ↗»M« ist Franklin auch Pfeifenraucher.

FRANKREICH (Drehort/Schauplatz)
Das Finale in ↗*Der Hauch des Todes* (1987) spielt in Frankreich. Hier ist eine Etappe der »World Tour Kara Milovy«. Bond wartet in der Garderobe auf die Frau, mit der er erfolgreich gegen ↗Koskov, ↗Necros und ↗Whitaker gekämpft hat. Die ↗Pre-Title-Sequenz von ↗*Der Morgen stirbt nie* (1997) unter der Regie von ↗Vic Armstrong entstand in den französischen Pyrenäen. Man nutzte das höchstgelegene Flugfeld Europas, um James Bonds Attacke auf den »Schwarzmarkt für Terroristen« zu realisieren. Die Crew wurde in Luchon, 14 Kilometer unterhalb des Drehortes, untergebracht. Ebenfalls für den Film ↗*Die Welt ist nicht genug* (1999) drehte man in den französischen Alpen Einstellungen, in denen James Bond und ↗Elektra King beim Skifahren zu sehen sind. Auch die Kämpfe mit den ↗Parahawks wurden hier in Szene gesetzt.

FRANKS (Romanfigur)
Nachdem ↗Felix Leiter im Roman ↗*Leben und sterben lassen* von einem Hai verstümmelt worden ist, hat James Bond zahlreiche Gespräche mit der Polizei. Ein anwesender Captain heißt Franks.

FRANKS (Romanfigur)
Die auch als »der Großinquisitor« bezeichnete Figur, deren richtigen Namen nie-

mand kennt, taucht in ↗John Gardners Roman ↗*Fahr zur Hölle, Mr. Bond!* bei einer Lagebesprechung zum Thema ↗»Lee Fu-Chu« auf. 007 zollt dem Mann, der »Franks« genannt wird, ungewollt seinen Respekt. Franks ist in der Lage, jedermann durch seine Befragungsmethoden zum völligen Zusammenbruch zu bringen. Franks Spektrum reicht von gemütlichen Plaudereien am Kamin bis hin zu Persönlichkeitsverhören, die in die Tiefe eines Menschen eindringen und nur in Anwesenheit eines Arztes durchgeführt werden können. Unter anderem arbeitet er mit Medikamenten aus der ↗Sodium-Pentathol-Familie. 007 stellt fest, dass der Mann bei Gesprächen nicht gern unterbrochen wird und einen Tick hat: Er reibt ständig sein Kinn an seiner Schulter.

FRANKS, PETER (Romanfigur)
Der aus einer reichen Familie stammende, gut aussehende Peter Franks hat laut ↗Vallance eine phänomenale Ähnlichkeit mit James Bond. Deshalb soll 007 in ↗*Diamantenfieber* auch in Franks' Schmugglerrolle schlüpfen. Franks ist schon früh auf die schiefe Bahn geraten. Nach vielen Einbrüchen in Landhäuser wurde er kurzzeitig eingesperrt. Jetzt befasst er sich mit Dingen, von denen er nichts versteht: dem Diamantenschmuggel.

FRANKS, PETER (Filmcharakter)
Die Schmugglerfigur Peter Franks taucht 1971 im Film ↗*Diamantenfieber* auf. ↗Joe Robinson verkörpert den skrupellosen Helfer ↗Blofelds, der von ↗Tiffany Case eine große Diamantenlieferung erwartet. Nachdem Franks vom ↗MI6 gefangen genommen worden ist, schlüpft James Bond in dessen Rolle. Leider ist Franks entkommen und in einem Amsterdamer Aufzug findet ein Kampf auf Leben und Tod statt. 007 geht als Sieger hervor, sein Gegner stirbt an Genickbruch, als er über ein Treppengeländer stürzt. Die Leiche von Peter Franks benutzt Bond, um die Diamanten darin nach Amerika zu schmuggeln. ↗Felix Leiter ist verblüfft, als er erfährt, wo genau sich die Edelsteine verbergen: »Im Magen-Darm-Trakt«, klärt ihn 007 auf.

FRANK, WILBUR (Romanfigur)
Getarnt als ↗Nash, »entdeckt« ↗Donovan Grant im Roman ↗*Liebesgrüße aus Moskau* angeblich einen Gegner Bonds, der ↗Wilbur Frank heißt, etwas mit Albanien zu tun hat, einen amerikanischen Pass besitzt, und als Beruf Bankier angibt.

FRANZI (Romanfigur)
»Franzi« ist im Roman ↗*Nichts geht mehr, Mr. Bond* der Spitzname von ↗Franziska Trauben, die eine ↗Emily war und unter dem Namen ↗Bridget Hammond in Großbritannien untergetaucht ist. Sie wird von feindlichen Agenten gefunden und getötet. Bond liest von dem grausamen Mord in der Zeitung und wird beauftragt, die überlebende ↗Irma Wagen alias ↗Heather Dare zu schützen. Ebenfalls ermordet aufgefunden wird ↗Eleonore Zuckermann. Sie war auch eine Emily und als ↗Millicent Zampeks untergetaucht. Bei ihrer Freundin Heather Dare hatte sie den Spitznamen »Elli«.

FRANZÖSISCH (Sprache)
↗Nachruf

FRANZÖSISCHE MINISTERIN (Filmcharakter)
In ↗*Sag niemals nie* (1983) kommt die französische Ministerin bei einer Versammlung vor. Sie wurde von ↗Sylvia Marriot dargestellt.

FRANZÖSISCHE TITEL VON JAMES-BOND-FILMEN:
- **James Bond 007 jagt Dr. No (1962)** – *James Bond 007 contre Dr No*
- **Liebesgrüße aus Moskau (1963)** – *Bons baisers de Russie*
- **Goldfinger (1964)** – *Goldfinger*

- Feuerball (1965) – *Opération tonnerre*
- Casino Royale (1966) – *Casino Royale*
- Man lebt nur zweimal (1967) – *On ne vit que deux fois*
- Im Geheimdienst Ihrer Majestät (1969) – *Au service secret de sa Majesté*
- Diamantenfieber (1971) – *Les diamants sont éternels*
- Leben und sterben lassen (1973) – *Vivre et laisser mourir*
- Der Mann mit dem goldenen Colt (1974) – *L'homme au pistolet d'or*
- Der Spion, der mich liebte (1977) – *L'espion qui m'aimait*
- Moonraker – streng geheim (1979) – *Moonraker*
- In tödlicher Mission (1981) – *Rien que pour vos yeux*
- Octopussy (1983) – *Octopussy*
- Sag niemals nie (1983) – *Jamais Plus Jamais*
- Im Angesicht des Todes (1985) – *Dangereusement vôtre*
- Der Hauch des Todes (1987) – *Tuer n'est pas jouer*
- Lizenz zum Töten (1989) – *Permis de tuer*
- GoldenEye (1995) – *GoldenEye*
- Der Morgen stirbt nie (1997) – *Demain ne meurt jamais*
- Die Welt ist nicht genug (1999) – *Le monde ne suffit pas*
- Stirb an einem anderen Tag (2002) – *Meurs un autre jour*
- Casino Royale (2006) – *Casino Royale*

FRASER (Filmcharakter)

Drax' Chauffeur in ↗*Moonraker – streng geheim* (1979) heißt Fraser. Er bringt Bond nach der Fasanenjagd pünktlich zum Flughafen.

FRASER-SMITH, CHARLES (Erfinder)

Geniale Ideen, wie sie ↗»Q« in den James-Bond-Romanen und -Filmen hat, scheinen oft utopisch zu sein, Charles Fraser-Smith kommt mit seinen Ideen nahe an »Q« heran. Bond-Kenner behaupten, Fraser-Smith habe ↗Ian Fleming als Vorbild für ↗Major Boothroyd gedient. Fest steht, dass der Mann Spezialmaterial für Geheimagenten entwickelt hat und von ihm die Idee der hohlen Golfbälle stammt, die Fleming in ↗*Diamantenfieber* beschreibt. Der 1903 geborene Mann starb am 12. November 1992 an den Folgen einer Lungenentzündung. Sein Ideenreichtum und Erfindungsgeist lebt in den James-Bond-Filmen weiter.

FRASSO (Romanfigur)

Die beiden Ganoven, die im Roman ↗*Diamantenfieber* in einem roten ↗Jaguar James Bond und ↗Ernie Cureo in Bedrängnis bringen, heißen Frasso und ↗McGonigle. Der aus Detroit stammende Frasso wird von ↗Felix Leiter aufgegriffen, nachdem er sich bei einer Schlägerei mit James Bond mehrere Verletzungen zugezogen und ein Bein gebrochen hat. Bei dieser Schlägerei kam vermutlich auch McGonigel ums Leben, denn im Verlauf des Kampfes mit 007 wurde der Gauner von einem elektrischen Klavier erschlagen. Leiter quetscht Frasso aus und kann mit Hilfe der Informationen James Bond und ↗Tiffany Case finden.

FRATERNITÉ INTERNATIONALE DE LA RÉSISTANCE CONTRE L'OPPRESSION (fiktive Firma)

↗FIRCO

FRATINI, RENATO (Designer)

Renato Fratini ist für die britische Plakat-Werbung zu ↗*Liebesgrüße aus Moskau* verantwortlich. Er zeichnete ein von ↗Eric Pulford erdachtes Muster: Connery mit Waffe in der Hand und einem grausamen Zug um den Mund. Später, als sich der Bond-Charakter stärker selbst parodierte und die Filme ironischer wurden, verwandelte Fratini den »harten Connery« in einen listig lächelnden Agenten mit dem markanten Augenbrauenspiel.

FRAUEN

Im Buch ↗ *007 James Bond im Dienst Ihrer Majestät* heißt es über 007s Geschmack: »Er mochte prominente Frauen nicht, die, wie Filmstars, der Öffentlichkeit gehörten, sondern unbekannte, die er selbst entdecken und erobern konnte.« Im Roman *007 James Bond im Dienst Ihrer Majestät* kommt es zu der Situation, dass James Bond sich sicher ist, ↗ Teresa di Vicenzo heiraten zu wollen. Ausgewählt hat er sie nach folgenden Aspekten: »Nie wieder werde ich eine solche Partnerin finden. Sie hat alles, was ich bei einer Frau gesucht habe. Sie ist wunderbar im Bett und auch sonst. Sie ist unternehmungslustig, tapfer, einfallsreich und nie langweilig. Sie scheint mich zu lieben. Sie würde mich weiterleben lassen wie bisher. Sie steht allein da und ist nicht mit Freunden, Verwandtschaft oder sonstigem Anhang belastet. Und vor allem, sie braucht mich. Und ich habe einen Menschen, für den ich sorgen kann. Ich habe diese sporadischen schalen Affären satt, die immer nur ein schlechtes Gewissen hinterlassen. Ich hätte auch nichts gegen Kinder! Wir wären ein ideales Paar.«

Zum Thema Frauen heißt es im Roman ↗ *James Bond und sein größter Fall*: »Frauen, die man in Kasinos aufliest, sind in harmlosen Fällen unkomplizierte Huren oder völlig abgebrannte Abenteurerinnen. So oder so: Sie kosten höchstens einen Haufen Geld und sind wahrscheinlich Neurotikerinnen.« Im Roman *James Bond und sein größter Fall* heißt es, 007 liebt bei Frauen Mut, Wachsamkeit und Intellekt. Teresa di Vicenzo und ↗ Anya Amasowa besitzen diese Eigenschaften nach Bonds Ansicht in ausreichendem Maß. In ↗ *Der Morgen stirbt nie* (1997) meint 007: »Man soll einer Frau nie widersprechen, sie hat meistens Recht!« Daraufhin nimmt er den Vorschlag ↗ Wai Lins an und befestigt Sprengkapseln an ↗ Carvers Rakete. In ↗ *Stille Wasser sind tödlich* meint ↗ Max Bond: »Gerüchte und Klatsch taugen nichts für Männer, sondern machen nur das Weibervolk glücklich.« Im selben Buch redet ↗ Randolph Hellebore von seiner Frau wie von einer Toten und macht seinem Sohn ↗ George klar: »Wir brauchen keine Frauen in unserem Leben.«

FRAUENFEIND

Es wurde oft darüber spekuliert, ob James Bond ein Frauenfeind ist oder nicht. Einerseits ist er Gentleman und immer höflich, andererseits schlägt er Frauen (↗ Tiffany Case, ↗ Andrea Anders, ↗ Tatjana Romanowa u.v.m.) und behandelt sie als Lustobjekte (↗ Solitaire, ↗ Plenty O'Toole, ↗ Fiona Volpe u.v.a.). ↗ Ian Fleming, der die James-Bond-Romane zu schreiben begann, weil er dem Leben als Ehemann entfliehen wollte, lässt James Bond in ↗ *Casino Royale* Folgendes denken, nachdem ↗ Vesper Lynd von ↗ Le Chiffre entführt wurde: »Diese geschwätzigen Weiber, die glaubten die Arbeit eines Mannes tun zu können. Warum konnten sie nicht zu Hause bleiben und sich um ihre Töpfe und Pfannen kümmern, sich mit Kleidern und Klatsch begnügen und Männerarbeit den Männern überlassen!?« Eine Aussage, die 1953 wenig Aufsehen erregte, um 1980 Ärger auslöste und heute nur noch ein Schmunzeln hervorruft. Im Buch ↗ *Feuerball* heißt es in Bezug auf Frauen und deren Fahrkünste: »Frauen sind oft vorsichtige, verlässliche Fahrer, chauffieren aber selten erstklassig.«

FRAUENHILFSDIENST

↗ Le Chiffre ist längst tot, als ↗ Vesper Lynd James Bond im Roman ↗ *Casino Royale* mehr über ihr Leben erzählt. Sie ist angeblich für den Frauenhilfsdienst in London tätig gewesen. 007 hört ihr interessiert zu.

FRAUENVERKLEIDUNG

Trotz der äußerst auffälligen Verkleidung als Frau schafft es ↗ Ernst Stavro Blofeld, das ↗ Whyte House, in dem es von CIA-

Agenten nur so wimmelt, über das Kasino zu verlassen. Blofeld trägt eine Perücke und ist grässlich geschminkt. Woran ihn aber ein Laie erkennen müsste: Der Verrückte trägt seine weiße Katze auf dem Arm.

FRAZIER (Filmcharakter)
In ↗»Ms« geheimem Büro auf der ↗»Queen Elisabeth« im Hafen von ↗Hongkong trifft James Bond zum ersten Mal auf Professor Frazier. Das Zusammentreffen in ↗*Der Mann mit dem goldenen Colt* (1974) hat einen Grund: ↗Gibson wurde ermordet, und Frazier ist der ↗MI6-Spezialist für Solarenergie, der das ↗Solex an sich nehmen und in Sicherheit bringen soll. 007 muss leider zugeben, dass das Solex nach ↗Scaramangas tödlichem Schuss verschwunden ist – ↗Schnick-Schnack hat es Gibsons Leiche aus dem Anzug gestohlen. Zwar bleibt Frazier recht gelassen, genau wie ↗»Q«, doch »M« reagiert leicht aufbrausend. Dargestellt wurde die Filmfigur »Professor Frazier« vom Schauspieler ↗Gerald James.

FRED (Romanfigur)
↗Fred Robson

FRED (Filmcharakter)
Fred ist ein Diener von ↗Mata Bond im Film ↗*Casino Royale* (1966).

FRED (Filmcharakter)
Fred ist in ↗*Diamantenfieber* (1971) ein Angestellter der ↗»Whyte Tectronics«. Er soll auf Anweisung eines Kollegen den Sheriff über die Flucht des Eindringlings James Bond informieren, nachdem bei einer Verfolgungsjagd alle Fahrzeuge von 007s Verfolgern zu Bruch gegangen sind.

FREDDIE
Den Dummy, den ↗»Q« in ↗*GoldenEye* (1995) benutzt, nennt er Freddie. Die Figur wird durch eine Klasse-3-Granate aus »Qs« Stift zerstört.

FREDDY
↗Freddie und ↗Dummys

FREDERIX, MARC (Assistent der künstlerischen Leitung)
Wie ↗Jacques Douy, ↗Serge Doux, ↗Ernie Archer und ↗John Fenner, so war auch Marc Frederix bei den Dreharbeiten zu ↗*Moonraker – streng geheim* (1979) als Assistent der künstlerischen Leitung engagiert. Er arbeitete wie alle seine Kollegen für die künstlerischen Leiter ↗Max Douy und ↗Charles Bishop.

FREE CLIMBING
In gewisser Weise ist auch das, was James Bond alias ↗Roger Moore 1981 in ↗*In tödlicher Mission* tut, Free Climbing. Ungesichert, da alle Kletterhaken durch ↗Apostis Mordversuch nachgeben, erreicht der Agent mit Mühe das Felsenkloster ↗St. Cyril's. Im Roman ↗*GoldenEye* hingegen beschreibt ↗John Gardner ein gewolltes Free Climbing. 007 ist auf dem Weg zu einer Fabrik, die biologische und chemische Waffen herstellt: Er klettert eine Felswand hinauf, nachdem er einen gefährlichen ↗HALO-Jump überstanden hat. Eine Free-Climbing-Szene sollte auch zu Beginn des dritten James-Bond-Films mit ↗Pierce Brosnan geboten werden, doch die Idee, Bond klettere ohne Sicherung an einem gefrorenen Wasserfall hinauf, wurde aus den Drehbuchentwürfen von ↗*Die Welt ist nicht genug* (1999) wieder gestrichen.

FREEFALL (Comic)
↗Comics

FREEFALL (Lied)
↗*Moonraker* (Soundtrack)

FREEMAN, BOB (Camera-Grips)
Bei der Produktion von ↗*GoldenEye* (1995) waren Bob Freeman, Kenneth Atherfold und Ricky Hall als Carmera-Grips engagiert.

FREEMAN, GEOFF (Unit Publicist)
Der Ehemann von ↗ Jeanette Freeman arbeitete wie auch seine Frau am dreizehnten offiziellen James-Bond-Film ↗ *Octopussy* (1983) mit. Er war als Unit Publicist tätig. Weiterhin arbeitete Freeman als Unit Publicist an ↗ *Im Angesicht des Todes* (1985), ↗ *Der Hauch des Todes* (1987) und ↗ *GoldenEye* (1995).

FREEMAN, JEANNETTE (Frisuren)
Jeannette Freeman war in der Produktion ↗ *Octopussy* (1983) für die Frisuren der Akteure verantwortlich.

FREE RUNNING
Siehe ↗ Sebastian Foucan

FREITAG, DER 13.
Die Produktion von ↗ *Diamantenfieber* (1971) stand zunächst unter keinem guten Omen. Einerseits war nicht sicher, ob ↗ Sean Connery zurückkehren würde. Dann endeten die Dreharbeiten an einem Freitag, dem 13. An diesem Freitag im August schrieben viele Kritiker Bond ab – Connerys letzte Szene war ein sich schließender Sargdeckel, was wieder für Anspielungen sorgte.

FRENCH AIRCRAFT AGENCY (Firma)
Die Kooperation mit der French Aircraft Agency war eine große Unterstützung bei der Produktion von ↗ *Lizenz zum Töten*. Die Firma stellte einen Kamerahubschrauber zur Verfügung, mit dem wichtige Luftaufnahmen aufgenommen werden konnten. Als Hubschrauberpilot arbeitete ↗ Ken Calman.

FRENCH, DON (Regieassistent)
Die zusätzlichen Regieassistenten ↗ Baba Shaikh und Don French unterstützten ↗ Gerry Gavigan, als der dreizehnte offizielle James-Bond-Film ↗ *Octopussy* (1983) produziert wurde.

FRENCH, LESLIE (Darsteller)
Der erste Darsteller, der nach den Dreharbeiten zu einem James-Bond-Film hätte behaupten können, der Job stinke ihm, war Leslie French. Er verkörperte den Toilettenmann in ↗ *Der Hauch des Todes* (1987).

FRENCH, SUSAN (2. Assistent-Cutterin)
↗ Tim Grover

FREUDE DER HÖLLE
↗ Gloria-Express-Bobbahn

FREUDENSTADTFRAGE
↗ Maria Freudenstadt

FREUDENSTADT, MARIA (Romanfigur)
Im Buch ↗ *007 James Bond und der Mann mit dem goldenen Colt* muss der ↗ Secret Service herausfinden, ob es sich um den wahren 007 handelt, der in England aufgetaucht ist. Bond soll als Beweis seiner Identität nicht nur den Geheimdienst beschreiben, sondern auch von einem vergangenen Auftrag berichten, in den eine Frau namens Maria Freudenstadt verwickelt war. Bond wird die »Freudenstadtfrage« gestellt. 007 erfährt, dass Freudenstadt tot ist. Er berichtet, sie habe als Doppelagentin für den ↗ KGB gearbeitet, und ihr Auftraggeber sei ↗ Abteilung 100 gewesen. Bondkenner wissen, dass es sich beim Namen der Figur um einen Fehler in ↗ Ian Flemings Roman handelt, denn die Person, die gemeint ist, heißt ↗ Maria Freudenstein – sie stammt aus der Kurzgeschichte ↗ *The Property Of A Lady*. Fleming muss hier aber in Schutz genommen werden, da er den Roman *007 James Bond und der Mann mit dem goldenen Colt* schrieb, als er schon sehr angeschlagen war. Möglich ist auch, dass der Fehler durch den Lektor des Verlags Jonathan Cape verursacht wurde. Dieser hat Flemings Text nach dessen Tod so überarbeitet, dass eine Veröffentlichung als Buch möglich war.

FREUDENSTEIN, MARIA (Romanfigur)
Maria Freudenstein wurde 1945 in Paris geboren, ihre Mutter war im Krieg aktive Widerstandkämpferin. Maria studierte an der Sorbonne und sicherte sich eine Arbeitsstelle als Marine-Attaché der Britischen Botschaft. Von Freunden mütterlicherseits vermutlich wegen einer Liebesaffäre unter Druck gesetzt, bemühte sich Freudenstein um die 1959 erhaltene englische Staatsbürgerschaft und ging zum Geheimdienst. In einem Jahr Sonderurlaub besuchte Maria Freudenstein die Leningrader Spionageschule. Der englische Geheimdienst erfuhr davon, und behielt die Frau im Auge. Von ↗»M« wird James Bond in ↗*Globus – Meistbietend zu versteigern* an Maria Freudenstein erinnert. Als ↗KGB-Agentin ist sie in der Nachrichtenabteilung des britischen Geheimdienstes tätig, und zwar in einer Abteilung, die dem »Purpur-Code« unterliegt. Die Botschaften, die sie übermittelt, werden von der ↗Abteilung 100 zusammengestellt und enthalten ein Gemisch aus unwichtigen Tatsachen und unklaren und verwirrenden Falschmeldungen. Freudenstein arbeitet also als Doppelagentin und weiß nicht, dass sie durchschaut worden ist.

Sie wird von »M« nicht als echtes Sicherheitsrisiko angesehen, weil sie nicht aktiv als Agentin arbeitet. Als Maria Freudenstein nach dreißigjähriger Mitarbeit beim ↗NKWD den wertvollen Smaragd-Globus »erbt«, wird der Geheimdienst stutzig. In der Herkunftsurkunde der Freudensteins steht, das Kunstobjekt sei 1917 von Freudensteins Großvater in Auftrag gegeben worden. 1918 erbte es sein Bruder, der es wiederum 1950 der Mutter von Maria Freudenstein vermachte. Das uneheliche Kind Maria erbt das Kunstobjekt und will es bei ↗Sotheby's unter den Hammer bringen. Bezogen auf die Versteigerung eines ↗Fabergé-Kunstwerks, die im Film ↗*Octopussy* (1983) aufgegriffen wurde, ist aus dem Charakter Freudenstein in diesem Fall ↗Magda geworden. Als 007 die Frau sieht, findet er sie nicht anziehend (»bleich, pickelige Haut, schwarzes Haar und ziemlich ungepflegt«). Ihr Leben als Doppelagentin erklärt sich 007 damit, dass sie sich als hässliches Entlein an der Gesellschaft rächen wollte. Er vermutet, »M« werde Freudenstein nicht plausible Falschmeldungen an den KGB leiten lassen, um die Gegner zu verunsichern. Man wird dort glauben, Freudenstein arbeite tatsächlich für die Briten und wolle die Russen täuschen. 007 ahnt schon, wie Freudenstein mit einer zyanidgefüllten Wasserpistole ermordet wird.

FREUD, SIGMUND (Verhaltensforscher)
Schon ↗C. C. orientiert sich im Roman ↗*007 James Bond und der Mann mit dem goldenen Colt* an Sigmund Freud. In einem Bericht, den C. C. über ↗Francisco Scaramanga verfasst hat, geht er auf eine Freud'sche These ein: Er meint, die Pistole in der Hand Scaramangas stehe für den Besitzer als Männlichkeitsbeweis – »eine Verlängerung des männlichen Gliedes –, und das übertriebene Interesse an Schusswaffen (...) ist eine Form des Fetischismus.« Auch Madonna singt in ihrem Song *Die Another Day* zum Film ↗*Stirb an einem anderen Tag* (2002) einmal den Namen »Sigmund Freud«.

FREUNDE (Codewort)
Wie sich im Roman ↗*Nichts geht mehr, Mr. Bond* herausstellt, bedeutet das Wort »Freunde« unter Agenten so viel wie »andere Mitglieder des Geheimdienstes«. ↗Heather Dare erkennt ↗Tom und ↗Maria Hazlett als »Freunde«.

FRIEDHOF
↗Solitaire und James Bond kommen bei ihrer Erkundung der Insel ↗San Monique in ↗*Leben und sterben lassen* (1973) an einem Friedhof vorbei. Dort sitzt schon ↗Baron Samedi als Bettler verkleidet an einem Grabstein und erwartet die beiden.
↗*Cold*, ↗*Arlington*

FRIEDLICHE QUELLEN DER LUST (Filmcharakter)
Die Inspiration zum Filmnamen der Masseuse stammt aus ↗Ian Flemings Buch ↗*Thrilling Cities*. Darin wird eine echte Masseuse genannt, deren Name für ↗*Stirb an einem anderen Tag* (2002) in »Friedliche Quellen der Lust« geändert wurde.
↗Peaceful Fountains Of desire

FRIEDRICHSTRASSE
Im Film ↗*Casino Royale* (1966) erinnert Sir James Bond seine Tochter ↗Mata Bond an ein Haus in der Friedrichstraße in Berlin (im Untertitel ist von der ↗Feldmannstraße die Rede). Hier befand sich einst die Tanzschule von ↗Mata Hari – die Räume gehören nun ↗SMERSH.

FRIEDVOLLE BRUNNEN DER SEHNSUCHT (Filmcharakter)
↗Peaceful Fountains Of Desire

FRIEND, PERSEUS (Romanfigur)
Siehe Inhaltsangabe ↗*Stille Wasser sind tödlich*

FRIEZE, SANDRA (Sekretärin)
Mit Produktionsbeginn von ↗*Der Hauch des Todes* (1987) stand fest, dass ↗»M« eine neue Sekretärin bekommen würde. Natürlich blieb es ↗Miss Moneypenny, doch löste ↗Caroline Bliss in der Rolle ↗Louis Maxwell ab. Auch ↗Albert R. Broccoli stellte sich zu diesem Anlass eine neue Sekretärin ein. Sandra Frieze arbeitete als persönliche Sekretärin auf Abruf.

FRIFT, MICHAEL (Kameraführung)
Für die Kameraführung bei ↗*Im Angesicht des Todes* (1985), ↗*Der Hauch des Todes* (1987) und ↗*Lizenz zum Töten* (1989) war Michael Frift verantwortlich.

FRIPP, RICK (Romanfigur)
Siehe Inhaltsangabe ↗*Never Dream Of Dying*

FRISBEE
In ↗*Sag niemals nie* (1983) benutzt James Bond eine Frisbee-Scheibe, um seine Gegner abzulenken. Während einer Testmission wirft er die Scheibe, die ein schrill pfeifendes Geräusch abgibt und die Wachen auf eine falsche Fährte lockt.

FRISTLOSE ENTLASSUNG DES GESCHÄFTSFÜHRERS UND ZWEIER VERTRETER (Code)
Der Code »Fristlose Entlassung des Geschäftsführers und zweier Vertreter« wird im Roman ↗*Liebesgrüße aus Athen* erwähnt. Der Satz steht für die Ermordung dreier Männer.

FRITZ (Romanfigur)
Der Maat auf dem Schiff ↗»Wavekrest« in der Kurzgeschichte ↗*Die Hildebrand-Rarität* ist Fritz. Kapitän ↗Milton Krest übergibt das Steuer an seinen Angestellten, als er sich mit 007 beschäftigen will.

FRITZ (Romanfigur)
Fritz ist im Roman ↗*007 James Bond im Dienst Ihrer Majestät* ein Angestellter im ↗Gloria-Klub, der den Gästen (u. a. ↗Bunt, Bond und den ↗Todesengeln) das Essen serviert. Weitere Angestellte sind ↗Joseph, ↗Bertil, Iwan, ↗Peter (Piotr) und ↗Achmed – Bond schließt durch die Angehörigen verschiedener Nationalitäten beim Personal auf das alte Schema von ↗SPECTREs Angestelltenauswahl. Der Jugoslawe Bertil macht sich an eines der Mädchen heran und wird zur Strafe die Bobbahn heruntergeschmissen, wobei er umkommt.

FROBE, DIETER (Deckname)
↗Vladimir Lyko

FRÖBE, GERT (Darsteller)
Unter dem Namen Karl-Gerhardt Fröbe wurde Gert Fröbe am 25. Februar 1913 in Zwickau geboren. Er wuchs in einem bäuerlichen Elternhaus auf, hatte aber immer

ein starkes Verlangen, etwas Künstlerisches zu tun. Erste Erfolge hatte er als Geigenvirtuose im Alter von 17 Jahren. Er spielte für den deutschen Rundfunk Stücke von Beethoven und trat schon bald in die Dresdner Kunstakademie ein, wo er mit Begeisterung Musik und Kunst studierte.

Als er zum Tanztee im Zwickauer Hotel Kaiserhof aufspielte, erhielt er den Beinamen »Der rote Geiger von Zwickau«. Nach einer Lehre zum Theaterdekorationsmaler holte Erich Ponto ihn 1936 zu sich und bildete ihn zum Schauspieler aus. Nach seinem ersten Auftritt 1937 an den Städtischen Bühnen von Wuppertal und einer weiteren Station in Frankfurt/Main ging Fröbe 1939 ans Wiener Volkstheater. Dort lernte Fröbe auch ↗ Curd Jürgens kennen, der in ↗ *Der Spion, der mich liebte* (1977) auch Bond-Bösewicht wurde. Beide verband eine tiefe Freundschaft. In vielen Quellen heißt es, Fröbe sei bei Ausbruch des Zweiten Weltkrieges nur deshalb in die NSDAP eingetreten, weil er weiterhin Schauspieler sein wollte, ohne eingeschränkt zu werden. Während einer kurzen Freistellung vom Wehrdienst debütierte Fröbe 1944 beim abendfüllenden Kinofilm mit einer winzigen Rolle als Bauer in dem Volksstück *Die Kreuzlschreiber*.

Die frühen Nachkriegsjahre überbrückte Fröbe mit Lesungen, als Kabarettist beim Münchner Simpl und als Pantomime. Nach einem weiteren Kurzauftritt als Oberkellner in dem satirischen Rühmann-Streifen *Der Herr vom andern Stern* 1948 erhielt der dürre Fröbe noch im selben Jahr die Rolle seines Lebens, mit der er schlagartig berühmt werden sollte. In Robert Stemmles kabarettistischem Film *Berliner Ballade* verkörperte er den sprichwörtlichen Durchschnittsbürger und Kriegsheimkehrer Otto Normalverbraucher. In der Gestalt des Kindermörders in *Es geschah am hellichten Tag* (1958) beeindruckte er neben Heinz Rühmann. Seit 1962 wurde Fröbe regelmäßig vom französischen Kino (zunächst in großen Nebenrollen) eingesetzt, ab 1964 entdeckte ihn auch der englische Film. Als das Angebot für ↗ *Goldfinger* kam, wollte Fröbe ablehnen, wurde aber von seiner Frau, die ↗ *James Bond 007 jagt Dr. No* (1962) und ↗ *Liebesgrüße aus Moskau* (1963) gesehen hatte, dazu überredet, den Part des ↗ Auric Goldfinger zu übernehmen. Fröbe unterschrieb und suchte sich einen Englischlehrer. Regisseur ↗ Guy Hamilton merkte bei den Dreharbeiten schnell, dass Fröbes Englischkenntnisse nicht sehr hilfreich waren. Er bat den Schauspieler, seine Texte in schnellem Deutsch zu sprechen, und so wurde Fröbe von ↗ Michael Collins synchronisiert, dessen Stimme sehr ähnlich klang. Fröbe wollte zunächst eine Gewinnbeteiligung für den Film aushandeln, doch dies lehnten die Macher ab. Bei der ersten gedrehten Szene in der »Druckkammer« war Fröbe sehr nervös. Mehrfach kamen Crewmitglieder wie Guy Hamilton oder ↗ Ted Moore und versuchten, ihn zu beruhigen. Die Aufregung schwand mit den ersten Aufnahmen.

Als *Goldfinger* in die Kinos kam, brach er alle Kassenrekorde, und Gert Fröbe wurde weltweit bekannt. Erst Jahre später erfuhr er, dass er nicht die erste Wahl für die Rolle war. Theodore Bickel und Orson Welles hatten bereits abgelehnt oder zu hohe Gagen gefordert (in einigen Quellen heißt es, Bickel habe nicht überzeugend gewirkt). Gert Fröbes Darstellung ist die Messlatte für alle Bond-Bösewichte seit 1964. In ↗ *Diamantenfieber* (1971) sollte er Goldfingers Zwillingsbruder spielen, doch die Idee wurde verworfen. Kinderfreund Fröbe übernahm 1973 und 1975 die Hauptrollen in Gustav Ehmcks Kinderfilmen *Der Räuber Hotzenplotz* und *Mein Onkel Theodor* und kehrte damit nach langer Abwesenheit wieder in deutsche Ateliers zurück. In seinen letzten Lebensjahren hatte sich Fröbe verstärkt der TV-Arbeit gewidmet, war als Rezitator von Christian-Morgenstern- und Erich-Kästner-Gedichten und bei Lesungen aufgetreten. In der TV-Serie *Die Schwarzwaldklinik* stellte er zuletzt einen Hundertjährigen dar. Gert Fröbe war fünfmal verheiratet und starb nach einem langen Krebsleiden am 5. September 1988 in München. Auf Grund seiner Krankheit musste er in seinem Todesjahr auch die Jury-Tätigkeit bei den Internationalen Filmfestspielen in Berlin absagen.

FROBES, MALCOM (Villen-Besitzer)
Die Bekanntschaft zwischen ↗Michael G. Wilson und Malcom Frobes verhalf der Figur ↗»Brad Whitaker« in ↗*Der Hauch des Todes* (1987) zu völlig neuen Charaktereigenschaften. Weil Frobes seine Villa für die Dreharbeiten zur Verfügung stellte und ein Waffen- und Kriegsartikelfan war, wurde Whitaker zum Waffensammler, der seine eigenen Schlachten auf Miniaturschlachtfeldern nachspielte. Frobes bestand darauf, im Abspann als »Frobes Magazine, Palais el Mendoub, Tanger« aufgeführt zu sein – Werbung muss sein.

FRÖHLICH, HUBERT (Produktionsleiter)
Hubert Fröhlich arbeitete als Produktionsleiter in der Schweiz und ist maßgeblich dafür verantwortlich, dass das ↗Schildhorn als ↗»Piz Gloria« in ↗*Im Geheimdienst Ihrer Majestät* (1969) genutzt wurde. Fröhlich arbeitete später mit dem ↗»James Bond 007 Fan Club« (Schweiz) zusammen. Unter der Redaktion von ↗Ernst Nuotclà entstand, basierend auf dem Manuskript *Das Schildhorn und die Schildhornbahn zwischen James Bond und Piz Gloria*, das informative 38-seitige Heft *Im Geheimdienst Ihrer Majestät – Die Hintergrundgeschichte*. Anlass war die Convention 2000 vom 7. Oktober 2000. Hubert Fröhlichs Heft enthält sechs Kapitel mit den Überschriften: »Piz Gloria und Mürren«, »Das Autorennen«, »Die Bobbahn«, »Die große Lawine«, »Der Schneepflug« und »Anekdoten«. Das Copyright liegt beim Schweizer James Bond 007 Fan Club. Am Freitag, dem 22. Juli 2005 verstarb Hubert Fröhlich im Alter von 76 Jahren in Herrsching bei München.

FROISSEMENT
»Froissement« ist ein Ausdruck beim Fechten. Hier wird bei einem Angriff die Klinge des »Gegners mit einer raschen, kräftigen Bewegung abgewehrt«. Die Aktion findet im Roman ↗*Stirb an einem anderen Tag* statt.

FROM A VIEW TO A KILL (Comic)
↗Comics

FROM A VIEW TO A KILL (Filmtitel)
Im Abspann von ↗*Octopussy* (1983) wird der kommende Bond-Film noch mit dem Titel ↗*From A View To A Kill* angekündigt.

FROM A VIEW TO A KILL (Kurzgeschichte)
↗*Tod im Rückspiegel*

FROM DANCELIFE WITH LOVE (CD)
↗Tanzmusik

FROM RUSSIA WITH LOVE (Comic)
↗Comics

FROM RUSSIA WITH LOVE (Roman)
From Russia With Love ist der fünfte James-Bond-Roman von ↗Ian Fleming, der am 8.4.1957 in Großbritannien erschien. Das Buch wurde von Fleming vor dem Erscheinen mehrfach überarbeitet; besonders beim Ende war sich Fleming scheinbar nicht sicher. Experten behaupten, Fleming habe vorgehabt, die Bond-Serie abzuschließen. Eine schlechte Idee, denn die positiven Kritiken nach Erscheinen von *From Russia With Love* boten gar keine andere Möglichkeit, als weiterzuschreiben. Sogar John F. Kennedy soll den Roman zu seinen zehn Lieblingsbüchern gezählt haben. Eine von Fleming handsignierte Erstausgabe von *From Russia With Love* brachte bei einer

Auktion im Jahre 1997 die stolze Summe von 7.000 Pfund. Die Widmung lautet: »To Bill once Again! From Ian.«

Mit 28 Kapiteln und im Schnitt 208 Seiten ist das Buch verhältnismäßig lang. Ian Fleming schrieb ein Vorwort mit folgendem Inhalt: »Not that it matters, but a great deal of the background to this story is accurate. SMERSH, a contraction of Smiert Spionam – Death to Spies – exists and remains today the most secret department of the Soviet government. At the beginning of 1956, when this book was written, the strength of SMERSH at home and abroad was about 40,000 and General Grubozaboyschikov was its chief. My description of his appearance in correct. Today the headquarters of SMERSH are where, in Chapter 4, I have placed them – at No 13 Sretenka Ulitsa, Moscow. The Conference Room is faithfully and the Intelligence chiefs who meet round the table are the real officials who are frequently summoned to that room for purposes similar to those I have recounted.«

Die Kapitel haben folgende Überschriften: Part One: The Plan. 1) Roseland; 2) The Slaughterer; 3) Post-Graduate Studies; 4) The Moguls Of Death; 5) Konspiratsia; 6) Death Warrant; 7) The Wizard Of Ice; 8) The Beautiful Lure; 9) A Labour Of Love; 10) The Fuse Burns. Part Two: The Execution 11) The Soft Life; 12) A Piece Of Cake; 13) »B.E.A. Takes You There...«; 14) Drako Kerim; 15) Background To A Spy; 16) The Tunnel Of Rats; 17) Killing Time; 18) Strong Sensations; 19) The Mouth Of Marilyn Monroe; 20) Black On Pink; 21) Orient Express; 22) Out Of Turkey; 23) Out Of Greece; 24) Out Of Danger; 25) A Tie With A Windsor Knot; 26) The Killing Bottle; 27) Ten Pints Of Blood; 28) La Tricoteuse

FROM RUSSIA WITH LOVE (Soundtrack)
Der Soundtrack zum Film *From Russia With Love* enthält folgende Lieder: 1) »Opening Titles« Enthält: A) James Bond Is Back; B) From Russia With Love***; C) James Bond Theme; 2) Tania Meets Klebb**; 3) Meeting In St. Sopia**; 4) The Golden Horn; 5) Girl Trouble; 6) Bond Meets Tania**; 7) 007*; 8) Gypsy Camp; 9) Death Of Grant; 10) From Russia With Love****; 11) SPECTRE Island; 12) Guitar Lament; 13) Man Overboard – SMERSH In Action; 14) James Bond With Bongos; 15) Stalking; 16) Leila Dances; 17) Death Of Kerim; 18) 007 Takes The Lektor

Das Lied *From Russia With Love* zum Film ↗*Liebesgrüße aus Moskau* (1963) stieg im November 1963 in die englischen Charts ein und hielt sich dort drei Wochen. Der Soundtrack wurde von ↗John Barry komponiert und erreichte den 39. Platz der Charts. Der gleichnamige Titelsong, gesungen von ↗Matt Munro, der am 30.11.1963 in die englischen Charts einstieg, schaffte sogar einen 20. Platz und hielt sich zehn Wochen länger auf den Listen.

*) *Das Lied »007« kommt in mehreren James-Bond-Filmen vor. Es handelt sich um ein Thema von John Barry, von dem man hoffte, es würde einen ähnlichen Wiedererkennungswert erreichen wie das klassische »James-Bond-Thema« von ↗Monty Norman.* **) *↗Meet-Thema.* ***) *Ein kurzes Instrumentalstück des Liedes wird auch in ↗Im Geheimdienst Ihrer Majestät (1969) angespielt, als 007 auf ↗Grants Armbanduhr stößt.* ****) *Das Lied läuft im Film selbst im Radio. James Bond hört From Russia With Love, als er mit ↗Sylvia Trench picknickt.*

Auf der später erschienenen CD *The James Bond Collection* sind zusätzlich die Lieder *From Russia With Love* (Filmversion) und *The Zagreb Express* zu hören.

FROM RUSSIA WITH LOVE (Lied)
↗*From Russia With Love* (Soundtrack)

FROM 007 WITH LOVE (Filmtitel)
In Indien wurde der Filmtitel ↗*From Russia With Love* (1963) in *From 007 With Love* umbenannt, um politische Reibereien zu vermeiden.

FROME
↗ WISCO-Zuckeranlage

FROM DANCELIVE WITH LOVE (CD)
↗ Tanzmusik

FROOM, MITCHELL (Songschreiber)
Der Titelsong ↗ *Tomorrow Never Dies* wurde von ↗ Sheryl Crow und Mitchell Froom geschrieben.

FROST, GEORGE (Make-Up)
Für das Make-up im Film ↗ *In tödlicher Mission* (1981) war George Frost zuständig. Er arbeitete mit ↗ Eric Allwright zusammen. Die Schwierigkeit bei James Bond ist es immer, eine Gewaltszene ohne viel Blutvergießen zu inszenieren. Doch auch bei diesem zwölften offiziellen Kinofilm gelang es selbst in Problemszenen: Als ↗ Lisa von Sahm von einem ↗ Strandbuggy überfahren wird oder ↗ Apostis von einem Felsen stürzt, ist nicht ein Tropfen Blut zu sehen. Die Make-up-Aufsichten bei ↗ *Octopussy* (1983), ↗ *Im Angesicht des Todes* (1985), ↗ *Der Hauch des Todes* (1987) und ↗ *Lizenz zum Töten* (1989) wurden ebenfalls von Frost durchgeführt. Bei Letzterem arbeitete er mit ↗ Naomi Donne zusammen.

FROST, MIRANDA (Romanfigur/Filmcharakter)
Bei der Entwicklung der Figur Miranda Frost hatten die Macher der Bond-Filme zunächst einen anderen Namen geplant: ↗ Gala Brand, wie die Romanfigur von ↗ Ian Fleming aus ↗ *Mondblitz*. Die Figur wird als ↗ Graves' PR-Agentin eingeführt. James Bond sieht Miranda Frost, die rechte Hand von Gustav Graves, im Roman erstmals bei einem Presseempfang von Graves: »Sie war blond, Anfang zwanzig, elegant gekleidet, offensichtlich sportlich und trat sehr professionell auf.« Frost tut alles, um Erfolg zu haben; sogar ihren Körper setzt sie ein, um an ihr Ziel zu kommen. Die Figur wurde bisexuell angelegt, so kommt dem Zuschauer der Verdacht, dass Frost auch mit der Fechtlehrerin ↗ Verity intim ist und so zum Erfolg in dieser Sportart kam. Frost hat in Sydney die Goldmedaille gewonnen, weil ihre Gegnerin durch Drogenmissbrauch ums Leben gekommen ist. Später stellt sich heraus, dass Graves/Moon nachgeholfen hat.

Graves alias Moon und Frost haben sich in Harvard kennen gelernt; Frost verriet Moon, dass sie ihren Vater umgebracht hat, nachdem dieser sie sexuell missbraucht hat. Mirandas Mutter war bei ihrer Geburt gestorben. Vater Frost ließ sich problemlos beseitigen, weil er allergisch gegen Bienengift war. Miranda fing drei Bienen und setzte sie ihrem Vater ins Auto. Auf dem morgendlichen Weg zur Arbeit wurde er von ihnen attackiert und verursachte einen Unfall. Todesursache war jedoch sein durch die Stiche und die Allergie zugeschwollener Hals. Er starb, bevor der Krankenwagen eintraf. Moon macht Frost zu seiner Untergebenen, indem er ihr zur besagten Goldmedaille verhilft. Sie zeigt sich dafür erkenntlich und baut den Diamantenkontakt in Afrika auf. Auch enttarnt Frost Bond, als dieser sich als Diamantenhändler ausgibt, und empfiehlt Moon den Schönheitssalon, damit der zu Graves werden kann.

»Frost. Miranda Frost«, stellt sich die Frau bei 007 vor und spielt damit auf seine Art an, den Namen zu nennen. James Bond weiß zunächst nicht, dass Frost als Agentin beim ↗ MI6 arbeitet. Sie war in der ↗ Kryptologie tätig, bevor sie vorschlug, Gustav Graves im Auge zu behalten. 007 findet heraus, dass Frost und Graves gemeinsame Sache machen. Sie benutzt den Geheimdienst als Informationsquelle, um immer einen Schritt voraus zu sein. Während Frost im Film tot ist, als ↗ Jinx ihr den Dolch in den Brustkorb rammt, auf dem auch schon das Buch *The Art Of War* aufgespießt ist, hat sie im Roman ↗ *Stirb an einem anderen Tag* einen sehr langsamen Tod. Sie bittet James Bond noch, mitgenommen zu werden. »Bond schüttelte den Kopf. ›Das hast du dir selbst zuzuschreiben.‹ Miranda erwartete keine Gnade. Aber sie wollte Bond offenbar so lange aufhalten, bis es auch für ihn und Jinx zu spät war, sich zu retten. (...) ›Willst du nicht wissen, warum ich es getan habe?‹ (eine Anspielung auf Bonds letzte Frage an Sanchez in ↗ *Lizenz zum Töten*), fragte sie. Bond überlegte kurz, kam aber zu dem Schluss, dass es ihn nicht im Geringsten interessierte«, heißt es. 007 lässt die Sterbende im abstürzenden brennenden Flugzeug zurück. Miranda Frost wurde von ↗ Rosamund Pike verkörpert.

EINE FROSTIGE ANGELEGENHEIT (Zeichentrickfilm)
↗ *James Bond Jr.*

FROSTSCHUTZ (Operation)
↗ *Cold*

FROZEN STALK PU (Romanfigur)
Als ↗ »M« James Bond im Roman ↗ *Fahr zur Hölle, Mr. Bond!* über die Killer von ↗ Lee Fu-Chu informiert, fallen Namen wie ↗ »Bone Bender Ding«, ↗ »Big Leu«, »Frozen Stalk Pu« und ↗ »Luk See«. Im Haus von Lee Fu-Chu lernt James Bond den Diener Frozen Stalk Pu kennen. Er sieht ausgemergelt aus und scheint Chinese zu sein. James Bond erschießt Pu mit zwei Schüssen.

FRÜHSTÜCK
James Bonds wichtigste Mahlzeit in den Romanen ist nach Angaben von Autor ↗ John Gardner das Frühstück. Bond freut sich auf die erste Nahrungsaufnahme des Tages. Meist serviert ihm seine Haushälterin ↗ May das Frühstück, bestehend aus Rühreiern, Toast, Marmelade und ↗ De Bry Kaffee. In ↗ *Scorpius* ist Gardner mit seiner Beschreibung am genausten. Zu einem in einem braunen Eierbecher mit goldenem Ring servierten Ei bekommt 007 die »übliche, tiefgelbe Jerseybutter und die Töpfe mit Tiptree ›Little Scarlet‹ Cooper's Vintage Oxford Marmelade und den norwegischen Heidehonig (...)« Im Roman ↗ *GoldenEye* hat 007 Coopers Vintage-Marmelade und Vollkorn-Weizenbrot aufgetrieben. Sein Ei kocht er exakt 3 Minuten und 20 Sekunden. In ↗ *Liebesgrüße aus Moskau* (1963) ordert James Bond sein Frühstück für 9:00 Uhr, bestehend aus grünen Feigen, Joghurt und schwarzem Kaffee. In ↗ *Never Dream Of Dying* bekommt 007 als Gefangener nur Haferbrei zum Frühstück. Bond schmiert die klebrige Masse vor ein Rattenloch, um sich damit ein Tier für seine Zwecke anzulocken.

FRÜHSTÜCKSEI
↗ Ei

FRUTIGER, CHRISTOPHER (Kamera-Fokus)
↗ Jasper Fforde

FRY, MARTIN
↗ *Shaken and Stirred*

FSK
FSK ist die »Freiwillige Selbstkontrolle«. Sie legt fest, für welche Altersgruppen die Kinofilme zugelassen werden. Die zurzeit erhältlichen 007-DVDs haben folgende Altersbeschränkung:
- **James Bond 007 jagt Dr. No (1962)** – Freigegeben ab 16
- **Liebesgrüße aus Moskau (1963)** – Freigegeben ab 16
- **Goldfinger (1964)** – Freigegeben ab 16
- **Feuerball (1965)** – Freigegeben ab 12
- **Casino Royale (1966)** – Freigegeben ab 12
- **Man lebt nur zweimal (1967)** – Freigegeben ab 12
- **Im Geheimdienst Ihrer Majestät (1969)** – Freigegeben ab 16
- **Diamantenfieber (1971)** – Freigegeben ab 16
- **Leben und sterben lassen (1973)** – Freigegeben ab 16
- **Der Mann mit dem goldenen Colt (1974)** – Freigegeben ab 16

- **Der Spion, der mich liebte (1977)** – Freigegeben ab 12
- **Moonraker – streng geheim (1979)** – Freigegeben ab 12
- **In tödlicher Mission (1981)** – Freigegeben ab 12
- **Octopussy (1983)** – Freigegeben ab 12
- **Sag niemals nie (1983)** – Freigegeben ab 12
- **Im Angesicht des Todes (1985)** – Freigegeben ab 12
- **Der Hauch des Todes (1987)** – Freigegeben ab 12
- **Lizenz zum Töten (1989)** – Freigegeben ab 16
- **GoldenEye (1995)** – Freigegeben ab 16
- **Der Morgen stirbt nie (1997)** – Freigegeben ab 16
- **Die Welt ist nicht genug (1999)** – Freigegeben ab 12
- **Stirb an einem anderen Tag (2002)** – Freigegeben ab 12

FU (Romanfiguren)
Von den Gebrüdern Fu hat James Bond genug belastende Informationen über Major ↗ Dexter Smythe erhalten. Die in der Kurzgeschichte ↗ *Octopussy* auftauchenden Brüder haben Smythe jahrelang Gold aus einem Schatz abgekauft, den Smythe nur durch einen Mord unentdeckt in seinen Besitz hatte bringen können.

FUCHS
↗ Unternehmen Barker

DER FUCHS (Romanfigur/Filmcharakter)
↗ Renard und ↗ Victor Zokas

FUCHS (Romanfigur)
Fuchs ist ein Wissenschaftler, der im Roman ↗ *Liebesgrüße aus Moskau* nur genannt wird. Er wurde wie auch ↗ Gruzenko und das gesamte kanadische Netz bei einer Operation verloren. Im Roman wird bei einem Treffen zwischen ↗ GRU, ↗ MGB und ↗ RUMID an den Rückschlag erinnert.

Zu den verlorenen Personen gehören auch ↗ Tokajew (in Amerika) und das Ehepaar ↗ Petrow (in Australien).

FUCHS (Romanfigur)
Im Roman ↗ *Feuerball* fragt sich ↗ Felix Leiter, wer wohl am Spieltisch neben ↗ Emilio Largo Platz genommen hat. Es kommen Mr. Fuchs und ↗ Signor Pontecorvo infrage.

FUCHS (Romanfigur)
James Bond entscheidet sich im Roman ↗ *Die Welt ist nicht genug*, eine Methode beim Skifahren anzuwenden, die ihm von seinem alten Lehrer namens Fuchs beigebracht wurde. Es handelt sich um eine Langlaufmethode des Vorwärtsgleitens.

FU-CHU, LEE (Romanfigur)
↗ Lee Fu-Chu

FUCIK, JULIUS (Komponist)
Während einer Vorstellung des ↗ Octopussy-Zirkus in ↗ *Octopussy* (1983) wird Julius Fuciks Marsch *Einmarsch der Gladiatoren* gespielt. Dasselbe Lied bekommt James Bond schon in ↗ *Stille Wasser sind tödlich* zu hören, als er mit seiner Tante ↗ Charmian einen Zirkus besucht.

FUGU-GIFT
Im Roman ↗ *James Bond 007 jagt Dr. No* klärt ↗ James Molony auf, womit ↗ Rosa Klebb James Bond in ↗ *Liebesgrüße aus Moskau* fast getötet hat: Fugu-Gift. Über das Gift »Fugu« wird später im Roman ↗ *Du lebst nur zweimal* gesprochen. »Fugu ist der japanische Kugelfisch. Im Wasser sieht er wie eine braune Eule aus, aber wenn man ihn fängt, bläht er sich zu einer mit spitzen Stacheln gespickten Kugel auf. (...) Das Fleisch schmeckt besonders köstlich. Es ist die Hauptnahrung für Sumo-Ringkämpfer, da es als sehr kraftvoll gilt. Allerdings ist der Fisch auch bei Mördern und Selbstmördern überaus beliebt, seine

Leber und seine Geschlechtsdrüsen nämlich enthalten ein Gift, das sofort tödlich wirkt«, berichtet ↗ Tiger Tanaka. Auch die Gallenblase und andere Eingeweide enthalten das Gift. Es heißt Telrodotoxin (TTX).

Das aus den Geschlechtsorganen japanischer Kugelfische gewonnene Gift hat die gleiche Wirkung wie Curare und lähmt das Zentralnervensystem. Herz und Atmung setzen in Sekundenschnelle aus. Zunächst sieht man doppelt und schließlich kann man die Augen nicht mehr offen halten. Wenn der Kopf dann nach vorn fällt, wird ein Schlucken unmöglich und man erstickt. Dieses äußerst gefährliche Gift wird in ↗ Raymond Bensons Kurzgeschichte ↗ *Tödliche Antwort* von ↗ Irma Bunt benutzt, um ↗ James Suzuki, den Sohn von 007 und ↗ Kissy Suzuki, zu töten. Auch Bond wird fast zum Opfer: Bunt rasiert ihn mit einer vergifteten Klinge. Sie beschreibt, wie das Gift seine Wirkung tut: »Nach fünf Minuten haben Sie keine Orientierung mehr. Nach zehn Minuten verlieren Sie die Kontrolle über Ihre Muskeln. Nach 15 Minuten setzt die Atmung aus ...«

FÜHRERSCHEIN

James Bonds Führerschein enthält folgende Daten. Das Dokument wurde für die Dreharbeiten von ↗ *Der Morgen stirbt nie* (1997) angefertigt: »Summary of entitlement / AiE only / James Bond / 61, Horseferry Rd. / Westminster / London / S.E.I. / Driver No Thurs 612164 / C99EE / Issue No 30 / 27.02.1984 – 15.12.2034 / Naval Intellegence / Born. 10.11.48 / P.O. Box 1800 Ldt. / SE1 M7 / J.B. / Die Führerscheinnummer lautet 6717658.«

In ↗ Sean Connerys Führerschein befand sich Ende der 1960er Jahre übrigens ein schwarzer Punkt. Er war in London zu schnell gefahren. ↗ Hertz

FUJIMOTO, SHINJI (Romanfigur)

Siehe Inhaltsangabe ↗ *The Man With The Red Tattoo*

FUJIWA, MATSOU (Filmcharakter)

Die Figur Matsou Fujiwa wird in ↗ *Feuerball* (1965) nur genannt. Bei der Sitzung von ↗ SPECTRE in Paris heißt es: Die Erpressung des Doppelagenten Matsou Fujiwa brachte SPECTRE eine Summe von 40 Millionen Yen. ↗ Nummer 7 berichtet über diese Vorgänge.

FULFORD, JOSIE (Logik)

Zusammen mit der erfahrenen Elaine Schreyeck und Gladys Goldsmith wurde Josie Fulford für die Logik beim James-Bond-Film ↗ *Moonraker – streng geheim* (1979) engagiert.

FÜLLER (Waffe)

Füllfederhalter sind im Leben von James Bond eine wertvolle Hilfe bei der Ausübung seiner Tätigkeit als Geheimagent. Beinahe benutzt ↗ Evelyn Tremble im Film ↗ *Casino Royale* (1966) einen Füller, der Giftgasfontänen in die Augen des Benutzers versprüht, wenn die Feder das Papier berührt. ↗ Fordyce warnt den angehenden James Bond rechtzeitig.

Ebenfalls im Film *Casino Royale* (1966) besitzt ↗ »M« flammenwerfende Füllfederhalter, die 007 lächerlich findet. Die Waffe wird nur genannt und kommt nicht zum Einsatz. Der goldene Füller ↗ Francisco Scaramangas darf nicht fehlen. ↗ *Der Mann mit dem goldenen Colt* (1974), der zweite 007-Film mit ↗ Roger Moore, zeigt, wie sich der Bösewicht seine Waffe aus verschiedenen Gegenständen zusammenbaut. Neben Manschettenknöpfen, einem Feuerzeug und einem Zigarettenetui ist auch ein Füller dabei, der später den Lauf des Colts darstellt. ↗ Hai Fat haucht sein Leben aus, als ihn eine Kugel aus dieser Waffe trifft.

In ↗ *Octopussy* (1983) entwickelt ↗ »Q« einen Füller, der gleich mehrere Funktionen hat. Neben einem Gemisch aus Nitrit und Salzsäure (Salpetersäure und Salzsäure), das es möglich macht, die Gitterstäbe in einem Gefangenenzimmer des ↗ Monsun Palastes durchzuätzen, ist das Schreibgerät noch mit einem Sender ausgestattet, der es 007 erlaubt, eine Wanze abzuhören, die »Q« mit Liebe in einem ↗Fabergé-Ei versteckt hat. Bond unterschätzt den Wert des Füllers zuerst und scherzt: »Damit kann man die giftigsten Briefe schreiben!« Bei genauem Hinsehen erkennt man, dass es sich um einen Montblanc-Füllfederhalter handelt.

Der Füller wurde auch bei den Dreharbeiten für ↗*Im Angesicht des Todes* (1985) benutzt, die Szene in der ↗Paris Police Station 64 allerdings geschnitten. Nachdem James Bonds Union-Jack-Fallschirm in ↗*Der Spion, der mich liebte* (1977) so gut beim Publikum angekommen war, bekam 007 auch im *Feuerball*-Remake ↗*Sag niemals nie* (1983) ein Ausrüstungsstück, das den Union Jack zeigt: Es ist der von »Q« alias ↗Algernon entwickelte, technisch noch nicht ausgereifte Füller, dessen Raketengeschosse abfeuern kann. Mit ihm tötet James Bond ↗Fatima Blush. ↗Felix Leiter hatte zuvor noch abgeraten. Er hatte angeblich das erste Modell des Füllers und es sei ihm fast in der Nase explodiert.

Auch der Roman-Bond ist mit geheimnisvollem Schreibgerät ausgestattet. Von ↗Q'ssi erhält er im Buch ↗*Countdown für die Ewigkeit* einen Füllfederhalter, der eine Minialarmanlage birgt. Mit diesem Zusatz kann er sofort Kontakt zum Hauptquartier aufnehmen, das sich am Regent's Park befindet, um Hilfe anzufordern. Der Besitzer hatte noch einen Vorteil durch den Füller: Er konnte über einen Sender jederzeit geortet werden. Natürlich können alle diese Füller auch wirklich schreiben. Doch diese Funktion ist 007 scheinbar zu langweilig, er nutzt sie niemals. Der Füller im Roman ↗*Die Ehre des Mr. Bond* hat auch seine praktischen Seiten. »Ein Universalwerkzeug, das jeder Reisende mit sich führen sollte!«, meint Bond zu sich selbst, als er die Metallhülse am falschen Ende des Füllers aufschraubt und so an drei kleine Schraubenzieherklingen gelangt. Das ↗COAP im Roman ↗*Nichts geht mehr, Mr. Bond* ist in 007s Besitz und enthält unter anderem einen Füllfederhalter, der es in sich hat: Das in Italien hergestellte Schreibgerät ist etwas ganz Besonderes. Durch Drehung wird es zu einer kleinen Pistole, die mit Hilfe von Druckluft gehärtete Stahlnadeln abfeuert, die aus einer Entfernung von zehn Schritten in Gehirn, Hals, Lunge oder Herz eindringen können. Nicht im Film, jedoch im Roman ↗*Lizenz zum Töten* ist es wieder ein Füller aus der ↗Abteilung Q, der zu einer hochmodernen Waffe umgewandelt wurde. Das mutmaßliche Schreibgerät hat den Aufdruck eines bekannten Fernsehsenders, beinhaltet aber so genannte »Triple-A-Batterien«. Durch sie wird er zu einem ferngesteuerten Gerät. In einem Hohlraum befinden sich mehrere Sprengkapseln, die 007 gerade recht kommen. Er will die Fenster von ↗Sanchez' Büro sprengen, und da die Scheiben die Aufschrift ↗»Armourlite-III« tragen, muss der Agent Geschütze vom Format dieses Füllers und des von »Q« beschafften C-4-Sprengstoffs auffahren.

↗*Midsummer Night's Doom*

FULLERTON, FIONA (Darstellerin)
Fiona Fullerton wurde 1955 in Kaduna, Nigeria, geboren. Schon 1967 hatte sie als Kinderdarstellerin ihre ersten Rollen und blieb dem Beruf treu. Sie spielte in *Zwei Freunde fürs Leben*, *Nikolaus und Alexandra* (das ist übrigens das ↗Fabergé-Zarenpaar!) und *Alice im Wunderland*. Auch das Theater war an Fullerton interessiert. Dort war sie in Stücken wie *Aschenputtel*, *Something Afoot* und *Caught Napping* zu sehen. Das Theater faszinierte die Darstellerin mehr als der Film, dennoch schlug sie Rollen in TV-Produktionen wie *The Human Factor* (1979), *Gauguin The Savage* und *A Question Of Faith* nicht aus. Gute Arbeit leistete sie auf allen Gebieten des Schauspiels. 1984 bekam sie schließlich die Rolle als Bond-Girl angeboten. Sie akzeptierte vor allem, weil sie zu dieser Zeit ver-

suchte, ihr »reines« Image zu ändern und aller Welt zu beweisen, dass sie auch eine fähige »Femme fatale« sein kann. Bei den Dreharbeiten zu ↗ *Im Angesicht des Todes* (1985) musste Fiona Fullerton schrumplige Haut verkraften können, denn eine Szene in einem türkischen Bad musste so oft wiederholt werden, dass Fullertons Haut völlig weich und faltig wurde.

Nach der Bond-Erfahrung und einer Rolle in *Ein Phantom in Monte Carlo*, der Verfilmung eines Romans der Britin Barbara Cartland, zog sich die damals 30-Jährige von der Arbeit vor der Kamera zurück und spielte nur noch im Theater. Zu weiteren Stücken, bei denen Fullerton mitwirkte, zählen *I Am A Camera*, *Bernardo*, *The Beggar's Opera*, *Gypsy*, *Camelot* und *The Boyfriend*. Obwohl Fiona Fullerton Freude bei Dreharbeiten hatte, bezeichnete sie die Schauspielerei als »knallhartes Geschäft«, bei dem man immer aufpassen muss, dass man nicht ausgetrickst wird. Als für ↗ *Der Hauch des Todes* (1987) neue potenzielle James-Bond-Darsteller gecastet wurden, übernahmen es Fiona Fullerton und ↗ Annie Lambert, mit den Darstellern Szenen aus vergangenen James-Bond-Filmen nachzuspielen. Drei Stationen musste jeder Darsteller durchlaufen: die Bettszene aus ↗ *Liebesgrüße aus Moskau* (1963), die Schlägerei zwischen ↗ Grant und 007 aus demselben Film und die Szene, in der Bond in ↗ *Im Geheimdienst Ihrer Majestät* (1969) im Hotelzimmer auf ↗ Tracy di Vicenzo trifft.

FUMAGALLI, FRANCO (Künstlerischer Leiter)
Drei Personen arbeiteten in den Jahren 1980/81 als künstlerische Leiter bei der Produktion des Kinofilms ↗ *In tödlicher Mission*: ↗ Michael Lamont, ↗ Mikes Karapiperis und Franco Fumagalli. Assistent war ↗ Ernie Archer.

FUMAROLE
Im Buch ↗ *Du lebst nur zweimal* sind in ↗ Blofelds ↗ »Garten des Todes« auch Fumarole vorhanden: schwefelgelbe kochende Schlammtümpel, die ständig Fontänen ausspeien.

FÜNFJAHRES-GUTACHTEN
Ob das Fünfjahres-Gutachten, das ↗ Caroline im Roman ↗ *GoldenEye* von James Bond erstellen soll, von jedem ↗ 00-Agenten gemacht wird, ist nicht geklärt. Fest steht: Bond verführt die Psychologin, und sein Gutachten fällt dementsprechend positiv aus. Bond-Kenner meinen, James Bond müsse diese Prüfung über sich ergehen lassen, weil er im Film ↗ *Lizenz zum Töten* (1989) seine Kündigung bekannt gegeben hat und im Alleingang gegen den Drogenbaron ↗ Franz Sanchez vorgegangen ist. Nur ein positives Gutachten bezüglich seiner Fähigkeiten und der Einstellung zum ↗ MI6 lassen ein weiteres Arbeiten für die britische Regierung zu.

FÜNF-STREIFEN-SKORPION (Tier)
↗ Skorpion

FUN HOUSE
Als Fun House wird ↗ Francisco Scaramangas »Irrgarten« auf seiner Insel im Film ↗ *Der Mann mit dem goldenen Colt* (1974) bezeichnet. Es handelt sich um eine Art tödliche Geisterbahn für Erwachsene. Das Fun House verläuft über mehrere Etagen und verfügt neben einem Fitnessraum auch über einen Schießstand, ein Spiegelkabinett, eine Geisterbahn für Fußgänger und zahlreiche andere zum Teil animierte Attraktionen. Im Fun House, dessen Attraktionen über eine Zentrale von ↗ Schnick Schnack betätigt und mit Kameras überwacht werden, stehen Wachsfiguren von ↗ Al Capone und auch von James Bond. Scaramanga benutzt sein Labyrinth, um im Training zu bleiben. Schnick Schnack schafft Killer herbei, die er dafür bezahlt, einen Mordversuch im Fun House auf Scaramanga zu verüben. Nachdem diese schließlich durch den goldenen Colt ums Leben gekommen

sind, kassiert der Liliputaner das Honorar. James Bond schlägt seinen Gegner im Filmfinale mit dessen eigenen Waffen: Scaramanga wird von Bond erschossen, der sich als seine eigene Wachsfigur getarnt hat. Bei der Explosion der Insel wird das Fun House zerstört.

FUNKOFFIZIER (Filmcharakter)
Die Rolle war so klein und anonym, dass der Funkoffizier in ↗ *Der Mann mit dem goldenen Colt* (1974) weder mit Vor- noch mit Nachnamen genannt wurde. Dargestellt wurde der Offizier vom Schauspieler ↗ Michael Fleming.

FÜR SIE PERSÖNLICH (Kurzgeschichte)
Die Kurzgeschichte *Für Sie persönlich* von ↗ Ian Fleming heißt im Original ↗ *For Your Eyes Only*. Die Geschichte aus dem Jahre 1960 wurde 1965 von Willy Thaler und Friedrich Polakovics übersetzt. Im Original erschien die Kurzgeschichte zusammen mit *From A View To A Kill, Quantum Of Solace, Risico* und *The Hildebrand Rarity* in einem Buch mit dem Titel *For Your Eyes Only*. Flemings Vorlage, die der Lektor bekam, hatte einen Umfang von 34 Seiten. Um möglichst viel Profit aus den Storys zu schlagen, wurden sie im Deutschen in unterschiedlicher Zusammenstellung mit anderen Kurzgeschichten veröffentlicht. Einige Elemente der Kurzgeschichte fanden ihren Weg in den Film ↗ *In tödlicher Mission* (1981). Dazu gehören u. a. der Handlungsfaden der sich rächenden Tochter, die mit Pfeil und Bogen (im Film: Armbrust) schießt, und der Gegner ↗ Gonzales. In dieser Kurzgeschichte weiß der Leser zum ersten Mal nicht schon am Anfang, wer der Schurke ist. Auch 007 hat keine Ahnung.
Inhaltsangabe »Für Sie persönlich«: Ein Kubaner namens Gonzales taucht auf und will den Besitz der Familie Havelock für seinen Auftraggeber kaufen. Als die Havelocks ablehnen, werden sie erschossen. Von »M« erhält James Bond die Informationen über diesen Fall und den Namen des Drahtziehers: Hammerstein. Die brutale Tat soll durch 007 gerächt werden. Bond erhält eine mit »Für Sie persönlich« gekennzeichnete Mappe. Er macht sich auf den Weg, den Auftraggeber Hammerstein, Gonzales und die anderen Killer zu erledigen. In den Wäldern begegnet 007 Judy Havelock, die darauf aus ist, ihre toten Eltern mit einer Armbrust zu rächen. Bond überlässt Hammerstein der Frau und erledigt die anderen Gangster. Judy wird verletzt. Der Agent versorgt sie, um darauf das tapfere Mädchen im Motel näher kennen zu lernen.

FÜR SIE PERSÖNLICH (Akte)
Als James Bond in der Kurzgeschichte ↗ *Für Sie persönlich* ↗ »Ms« Wunsch nachkommen will, die Mörder der ↗ Havelocks auszumachen und zu töten, bekommt er von seinem Chef eine Akte mit der Aufschrift »FÜR SIE PERSÖNLICH«, die alle vorhandenen Informationen zu diesem Fall enthält.

FURST, JOSEPH (Darsteller)
In ↗ *Casino Royale* (1966) hatte Furst erste Bond-Erfahrungen gesammelt. Er stellte einen Russen dar. Die Rolle war allerdings so klein, dass er später niemals darauf zu sprechen kam. Sein Bond-Film für die Presse bleibt weiterhin ↗ *Diamantenfieber* (1971). Im siebten offiziellen 007-Film spielte der grauhaarige Joseph Furst eine Rolle, die wie für ihn geschrieben war. Er verkörperte Professor ↗ Dr. Metz, der glaubt, mit seinem Projekt dem Weltfrieden ein Stück näher zu rücken. Fursts Darstellung des Professors, der ↗ Blofeld nicht durchschaut, ist überzeugend, obgleich die deutschen Synchronstudios sich einen Hammer erlaubten: Sie übersetzten Joseph Fursts Text in sächsischen Dialekt!

FUSSANGEL
James Bond Junior hat in ↗ *003 ½ James Bond Junior* großes Glück: Ein ↗ Dober-

mann, der ihn angreift, gerät in eine eiserne Fußangel. Das Tier schafft es nicht, sich das Bein abzubeißen, um freizukommen. James flüchtet. ↗ Mr. Merck erschießt den Hund.

FUSSKETTE
↗ Domino Derval trägt im Film ↗ *Feuerball* (1965) ein Fußkettchen. James Bond behauptet, er habe Dominos Vornamen auf der Kette gelesen, und sie lobt seine scharfen Augen.

FUTTERMADEN-INKUBATOR KREST
»Zum Patent angemeldet« ist der Futtermaden-Inkubator Krest, den ↗ Milton Krest entwickelt hat. Bond stößt im Roman ↗ *Lizenz zum Töten* auf dieses Gerät. Die darin befindlichen Maden bekommen vom Agenten einen besonderen Leckerbissen: Bond schleudert eine Wache zu den Tieren. In der deutschen Übersetzung trägt dieses Kapitel die Überschrift »Maden fressen alles«.

FUTTERSICHERUNG
Bond zieht im Buch ↗ *007 James Bond und der Mann mit dem goldenen Colt* das Futter aus den Brusttaschen seiner Anzüge ein Stück heraus. So kann er erkennen, ob später jemand in die Tasche gefasst hat, um sie zu durchsuchen.

G

G. (Romanfigur)
Offensichtlich will der Leiter von ↗SMERSH im Roman ↗*Liebesgrüße aus Moskau* anonym bleiben. Der Oberst trägt den Codenamen »G.« und heißt in Wirklichkeit ↗Grubozaboischenkow.

G (Romanfigur)
Im Roman ↗*Feuerball* ist Unteragent »G« ein Mitglied, das zwar für ↗SPECTRE tätig ist, nicht aber zu den 21 Nummern gehört. »G« (↗Graf Lippe) nimmt als Angehöriger der Verbrecherorganisation ↗»Roter Blitz« Kontakt zu ↗Petacchi auf.

G (Logo)
↗Irma Bunt trägt im Roman ↗*007 James Bond im Dienst Ihrer Majestät* auf ihrer Skijacke ein großes rotes »G« mit einer Krone darüber als Logo. Es steht für ↗Blofelds ↗»Gloria-Klub«.

G8-GIPFEL
Siehe Inhaltsangabe ↗*The Man With The Red Tattoo*

GABELSTAPLER (Fahrzeug)
Dreimal kommen Gabelstapler in James-Bond-Filmen vor: Schon in ↗*Man lebt nur zweimal* (1967) wird ein Gabelstapler James Bond und ↗Aki gefährlich. An den Docks von ↗Kobe rast das Fahrzeug auf die beiden Agenten zu, 007 weicht aus, reißt das Mädchen zur Seite und der Gabelstapler fährt gegen eine Kiste. In ↗*Lizenz zum Töten* (1989) lässt ↗Sanchez ↗Heller von einem solchen Fahrzeug aufspießen, weil er ihm nicht mehr vertraut, und in ↗*Der Morgen stirbt nie* (1997) wird James Bond fast von einem Gabelstapler überfahren, als er aus dem Medienzentrum von ↗Elliot Carver flieht. Ursprünglich sollte noch eine Verfolgungsjagd mit Gabelstaplern inszeniert werden, man strich diese wieder aus dem Drehbuch. Die Actionszene hätte durch zu viele Komponenten eher langweilig gewirkt. Im Roman ↗*Der Morgen stirbt nie* springt Bond bei der Flucht vor Elliot Carvers Killern auf einen ↗Hyster-350-Gabelstapler und versucht, damit zu entkommen.

GABOR (Romanfigur/Filmcharakter)
Im Roman ↗*Die Welt ist nicht genug* erfährt man mehr über die Figur Gabor als im gleichnamigen Film von 1999. Gabor stammt von den Fidschi-Inseln. Er ist Krieger der Insel Bega, der als Beschützer von ↗Elektra King arbeitet, seit sie von ↗Renard entführt worden ist. Der »pechschwarze Riese« trägt Dreadlocks. Die Rolle fällt im Film sehr klein aus und die Bedrohlichkeit des Handlangers wird dem Zuschauer nicht deutlich genug vermittelt. Bond schafft es, den Mann in ↗Baku k.o. zu schlagen. Gabor wird später von ↗Valentin Zukovsky erschossen. Gespielt wurde er im Film von ↗John Seru. In frühen Drehbuchentwürfen taucht noch der Name »The Boa« für Gabor auf, weil die Figur seine Opfer wie eine Boa Constrictor zerquetschen sollte.

GABY (Filmcharakter)
In einer frühen Drehbuchversion, die später zu ↗*Feuerball* (1965) werden sollte, taucht eine Frau namens Gaby auf. Sie ist eine Erfindung von ↗Jack Whittingham. Als Playgirl, das mit ↗Bastico/Cuneo zu tun hat, verfällt sie Bonds Charme und schlägt sich auf seine Seite. Im Drehbuch versteckt sie einen Zeitzünder im Flugzeug des Schurken, der mit einer Atombombe fliehen will.

Dieser explodiert am Horizont, 007 wird Augenzeuge. Die Figur Gaby schaffte nicht den Sprung in einen Bond-Film, aus dem Drehbuch wurde sie durch die zahlreichen Überarbeitungen wieder gestrichen. Man könnte sie jedoch als Ur-Version der ↗Domino betrachten.

G-ALGY-SPEEDBIRD 510 (Flugzeug)
↗BOAC-Flugzeug

GAIDI, DRISS (Drehortmanager)
↗Nick Daubeny

GAINSBOROUGH (Maler)
↗Knabe in Blau

GALEERE (Schiff)
Wie auf einem alten Sklavenschiff bewegt sich ↗Octopussy im gleichnamigen Film auf den Meeren der Welt. Die Barke wird von den Anhängerinnen des Octopus-Kults gerudert. Da Octopussy im Schwimmenden Palast wohnt, bietet sich die Galeere an. Im Finale des dreizehnten offiziellen James-Bond-Films erholt sich James Bond von seinen Verletzungen nach einem Flugzeugabsturz auf der Galeere.

GALIA STURMGEWEHR
Die ↗Drachenflieger im Roman ↗Sieg oder stirb, Mr. Bond!« sind mit Galia Automatic-Sturmgewehren, ↗Skorpion-Maschinenpistolen, ↗Handgranaten und ↗Kalaschnikows AK47 ausgestattet, um die Übungsoperation ↗»WIN« erfolgreich auszuführen. Zwei der Männer, die aus der Luft das Schiff ↗»Son of Takanashi« angreifen, verfügen zusätzlich über ↗Granatwerfer.

GALLALI, HAL (Darsteller)
Der Darsteller Hal Gallali spielte zwei kleine Rollen in der Geschichte des James Bond. In ↗Goldfinger (1964) war er auf der Versammlung der Schurken auf ↗Goldfingers Gestüt zu sehen und in ↗Casino Royale (1966) stellte er einen Amerikaner dar.

GALLIA, BUONAPARTE IGNACE (Romanfigur)
Unter dem Namen Buonaparte Ignace Gallia taucht der Bösewicht ↗Mr. Big im Roman ↗Leben und sterben lassen auf. Die Abkürzung der ersten Buchstaben von Vor- und Nachnamen ergeben das »Big«.

GALORE, PUSSY (Romanfigur)
»Und wer um Himmels willen war Miss Pussy Galore?« – schon der Name scheint James Bond im Roman ↗Goldfinger zu beeindrucken. Galore wird, wie auch ↗Ring, ↗Strap, ↗Solo und ↗Midnight, von ↗Auric Goldfinger eingeladen, um etwas über die ↗»Operation Großer Schlag« zu erfahren. Goldfinger beschreibt die Frau als Amerikas einzige Bandenführerin. Sie ist der Kopf der Frauengang ↗»Die Zementmixer«. Mit der Truppe »Pussy Galore und ihre Akrobatinnen« war sie erfolgreich, aber profitabler waren Einbrüche, und so entstand die Organisation. Die Frau im maskulinen Dress hilft 007 und Bond macht bei ihr sogar Wiederbelebungsversuche, als sie bei einer Flugzeugentführung durch Druckverlust ein Herzkammerflimmern erleidet. Sie lässt 007 eine Nachricht zukommen und beide überleben Goldfinger. Pussy Galore wirkt Männern gegenüber eher abweisend, was sich aus ihrer Kindheit erklären lässt: Ihr Onkel hatte sich an ihr vergangen, als sie zwölf Jahre alt war.

GALORE, PUSSY (Filmcharakter)
Man befürchtete 1964, die Zensur würde Schwierigkeiten bereiten, wenn herauskäme, wie die weibliche Hauptdarstellerin im Film ↗Goldfinger (1964) heißen sollte: Pussy ist der Slangausdruck für die weiblichen Geschlechtsteile und Galore steht für »in Hülle und Fülle«. Man suchte nach Notlösungen und blieb schließlich bei Kitty Galore hängen, was wiederum verworfen

wurde, als der Ärger geringer als befürchtet ausfiel. Dargestellt wurde Pussy von der Schauspielerin ↗Honor Blackman. Im Film ist Galore Goldfingers Privatpilotin. Sie bringt 007 zum Gestüt des Schurken und verhindert einen Fluchtversuch Bonds. In einer Scheune kommen sich der Agent und die Pilotin, die ↗Goldfinger abblitzen hat lassen, näher. Sie verfällt Bonds Charme und informiert, wie ↗Felix Leiter später berichtet, Washington über Goldfingers Pläne. Durch diese Information kann der ↗CIA reagieren und das ↗Delta-9-Nervengas, das über ↗Fort Knox versprüht werden soll, gegen harmloses Gas austauschen. Am Ende retten sich Galore und Bond mit einem Fallschirm aus dem abstürzenden Flugzeug.

GALSWERTHY, MARILYN (Darstellerin)
Marilyn Galswerthy, die im Film ↗*Der Spion, der mich liebte* (1977) ↗Strombergs Geliebte spielte, war nicht wasserscheu. Sie verkörpert einen undurchschaubaren Charakter und hatte nicht einmal Textzeilen. Als geldgierige Frau, die das U-Boot-Ortungssystem veräußern wollte, durfte sie bei ihrem Tod aus voller Kraft schreien. Zusammen mit einem Plastikhai schwamm Galswerthy in einem Wassertank in den ↗Pinewood Studios und wirkte recht überzeugend, als sie in zweierlei Hinsicht für immer von der Leinwand verschwand.

GALT, NIGEL (Synchronisation)
↗Jack Knight

GAMMIDGE, HENRY (Texter)
Für den ↗*Daily Express* textete Henry Gammidge die von John McLusky gezeichneten James-Bond-Comics, die auf den Romanen ↗*Casino Royale*, ↗*Leben und sterben lassen* u.v.m. basierten. Der Comic zum Buch ↗*Dr. No* wurde nicht von Gammidge getextet.

GANINA, JANE (Buchhaltung)
↗Jane Meagher

GANZ, ARMIN (Künstlerischer Leiter)
↗Alan Tomkins

GANZ SCHLECHTE NACHRICHTEN
↗Schnelltauchen

GARAGE
Eine geheimnisvolle Garage benutzt ↗Dr. Kananga in ↗*Leben und sterben lassen* (1973). Die in der Garage parkenden Autos des Gangsters werden per Lift zum tatsächlichen Ausgangstor befördert. Für Passanten sieht es so aus, als kämen die Wagen aus einer Garage im Erdgeschoss, nicht aus dem geheimen Untergeschoss.

GARBAGE (Musikgruppe)
Die Gruppe Garbage existiert seit 1995. Sie besteht aus Shirley Manson (Gesang und Gitarre), Steve Marker (Gitarre und Bass), Duke Erikson (Gitarre, Bass und Keyboards) und Butch Vig (Schlagzeug). Das Projekt *Version 2.0* wurde der erste Erfolg der Gruppe. Hier hatten noch weitere Bandmitglieder Einfluss genommen, und *Version 2.0* erreichte mit Einstieg in die britischen Charts sofort Platin. Vier Millionen Exemplare des Debütalbums der jungen Band haben sich bis heute verkauft. Das Video zum Song *Push It* wurde 1996 für acht MTV Video Awards nominiert und Garbage gewann für den besten Start einer Band. 1997 folgten fünf Grammy-Nominierungen. ↗Barbara Broccoli engagierte Garbage 1998 für das Titellied zu ↗*Die Welt ist nicht genug* (1999). Während Sängerin Manson in Edinburgh lebt, haben ihre Bandkollegen ihre Wohnsitze in den USA.

GARBO, GRETA (Schauspielerin)
In ↗*Liebesgrüße aus Moskau* macht es sich ↗Ian Fleming mit der Beschreibung der ↗Tatjana Romanowa einfach. Ihr Freund

habe einst zu ihr gesagt, sie ähnelt der jungen Greta Garbo. ↗Liesl Baum meint in der Kurzgeschichte ↗*Risiko* gegenüber Bond, sie mache es der Greta Garbo nach und sei dementsprechend immer allein anzutreffen. Autor ↗Christopher Wood beschreibt in seinem Buch ↗*James Bond und sein größter Fall* eine Filmszene aus einem Film mit der Garbo.

GARDEN OF EVIL (Zeichentrickfilm)
↗*James Bond Jr.*

GARDEROBENSTÄNDER
↗Hutwurf

GARDINER, FEMI (Darstellerin)
↗Odette Benatar

GARDNER, JOHN EDMUND (Autor)
Über John Edmund Gardner, den dritten Autor von James Bond-Romanen, ist nicht viel bekannt. Er wurde am 20. November 1926 geboren und begann im Alter von acht Jahren erste Texte zu verfassen. Im Herbst 1980 bekam John Gardner das Angebot von ↗Glidrose, weitere Bond-Romane zu schreiben, das er eigentlich ablehnen wollte, zumal ↗Kingsley Amis auch keinen Erfolg damit gehabt hatte. Gardner erfuhr, dass es eine Liste mit sechs Namen gab, auf der seiner als erster genannt wurde. Schließlich akzeptierte er das Angebot doch und schrieb die Romane: ↗*License Renewed* (↗*Countdown für die Ewigkeit*), ↗*For Special Services* (↗*Moment mal, Mr. Bond*), ↗*Icebreaker* (↗*Operation Eisbrecher*), ↗*Role Of Honour* (↗*Die Ehre des Mr. Bond*), ↗*Nobody Lives For Ever* (↗*Niemand lebt für immer*), ↗*No Deals Mr. Bond* (↗*Nichts geht mehr, Mr. Bond*), ↗*Scorpius* (↗*Scorpius*), ↗*Win, Lose Or Die* (↗*Sieg oder stirb, Mr. Bond!*), ↗*Licence To Kill* (↗*Lizenz zum Töten*), ↗*Brokenclaw* (↗*Fahr zur Hölle, Mr. Bond*), ↗*The Man From Barbarossa**, ↗*Death Is Forever**, ↗*Never Send Flowers**, ↗*Seafire**, ↗*GoldenEye* (↗*GoldenEye*) und ↗*Cold*. Gardner lag längere Zeit im Krankenhaus und es hieß, dieser Aufenthalt habe mit seiner Alkoholabhängigkeit zu tun. Heute wohnt der Autor in Irland, nachdem er neun Jahre in den USA gelebt hatte. Neben den beachtlichen Einkünften, die Gardner mit seinen James-Bond-Romanen verdiente, hatte er auch noch andere Vorteile. So erhielt er von der Firma ↗Bentley für ein Jahr einen ↗Bentley Mulsanne Turbo; als Gegenleistung ließ er 007 in seinem Roman ↗*Role Of Honour* diesen Wagen fahren.

*) bisher nicht in deutscher Übersetzung erschienen

GARFINKEL, HAL (Romanfigur)
In ↗*007 James Bond und der Mann mit dem goldenen Colt* wird Hal Garfinkel von ↗Scaramanga zu einer Sitzung eingeladen. Er soll sich mit Investitionen an den Projekten Scaramangas beteiligen. Garfinkel stammt aus Chicago und verwaltet große Summen der Lastwagenfahrergesellschaft. James Bond, der für Scaramanga Notizen über die Gauner machen soll, schreibt über Garfinkel: »Der schwierigste; schlechte Zähne, Revolver unter der rechten Achsel«. Der Gauner stirbt bei der Explosion der ↗»Schönen von der Bloody Bay«.

GARMENT, NORMA (Produktionskoordinatorin)
↗Nathalie Farjon

GAROTTE
↗*Midsummer Night's Doom*

GARRAD-JONES (Romanfigur)
↗Goytschew

GARRET, DONNA (Darstellerin)
Die Bond-Welt stand Kopf, als schließlich die DVD zu ↗*Diamantenfieber* (1971) auf den Markt kam. Darin hieß es, Donna Garret habe zwar zunächst die Rolle der ↗»Bambi« erhalten, wurde aber schließlich von ↗Lola Larson ersetzt! Nirgends in der Filmliteratur taucht Larson als Darstellerin

der Figur »Bambi« auf, immer ist es Garret. Die DVD belehrt eines Besseren, eindeutig ist es Larson, die Bambi verkörpert – es sei denn, es handelt sich um einen Fehler im »Making of«. Donna Garret (andere Quellen: Garrett) ist im fertigen Film nicht zu sehen!

GARTEN
↗ *007 in New York*

GARTEN DES TODES
Als ↗ Dr. Martell hat ↗ Ernst Stavro Blofeld im Roman ↗ *Du lebst nur zweimal* einen »Garten des Todes« auf der japanischen ↗ Insel Kiushiu angelegt. Der Garten mit giftigen und tödlichen Pflanzen hat auch Seen und Bäche, in denen giftige Fische leben. An Land halten sich Schlangen, Skorpione und Giftspinnen auf. Die suizidgefährdeten Japaner suchen den Garten auf, um ihrem Leben ein Ende zu setzen. Blofeld und seine Männer, die ↗ Gesellschaft der Schwarzen Drachen, helfen hier und da ein wenig nach. ↗ Tiger Tanaka will, dass sich James Bond des Falls annimmt. Als Bond herausfindet, dass Martell Blofeld ist und auch ↗ Irma Bunt in dessen Schloss lebt, startet er eine Racheaktion. Der »Garten des Todes« liegt auf geologisch interessantem Gebiet: Es gibt dort Geysire und Fumarolen.

GARTENZWERG (Filmcharakter)
In ↗ *Casino Royale* (1966) wird ↗ Evelyn Tremble von einem Gartenzwerg verfolgt. Es handelt sich um keinen Auszubildenden im James-Bond-007-Schulungszentrum, sondern um den Sicherheitsmann. Der Gartenzwerg war der erste Liliputaner in einem Bond-Film; sein Nachfolger im offiziellen Film ↗ *Der Mann mit dem goldenen Colt* (1974) wurde ↗ Schnick-Schnack.

G-ARZ8 (Little Nellie)
Der ↗ Mini-Helikopter aus ↗ *Man lebt nur zweimal* (1967) trägt am Heck in kleinen Buchstaben und Zahlen die Aufschrift G-ARZ8. Erfinder ↗ Ken Wallis ließ nach den Dreharbeiten den Schriftzug WA-116 auf ↗ Little Nellie pinseln.

GAS
In ↗ *Goldfinger* (1964) arbeitet der Schurke mit tödlichem Delta-9-Nevengas. Im Kinofilm ↗ *Feuerball* (1965) benutzt der vermeintliche ↗ Major Derval eine Gaspatrone, die er über die Luftzufuhr des ↗ Vulkanbombers entleert. Die Besatzung stirbt innerhalb von vier Sekunden. Der Name des Gases wird nicht genannt. Ein Betäubungsgas lässt 007 im Film ↗ *Diamantenfieber* (1971) in ↗ Ernst Stavro Blofelds Fahrstuhl im ↗ Whyte House bewusstlos werden. Und drei Filme später in ↗ *Der Spion, der mich liebte* (1977) droht ↗ Stromberg, die Besatzung eines U-Boots, zu der Bond auch gehört, mit Zyanidgas hinzurichten, sollten sie nicht die Luken öffnen und das Boot an Strombergs Besatzung der ↗ Liparus übergeben. James Bonds ↗ Schlüsselfinder, den er in ↗ *Der Hauch des Todes* (1987) von ↗ »Q« bekommen hat, enthält ebenfalls ein Gas. 007 kann es per Pfiff freisetzen und damit seine Gegner lahm legen.

GASMASKEN
James Bond, ↗ »M« und ↗ Frederick Gray tragen in ↗ *Moonraker – streng geheim* (1979) Gasmasken, als sie in das vermeintliche Labor von ↗ Drax eindringen wollen.
↗ Tränengas

GASSING THE GANGSTERS (Lied)
↗ *Goldfinger* (Soundtrack)

GASSING THE PLANE (Lied)
↗ *Thunderball* (Soundtrack)

GASTAUFTRITTE / GASTROLLEN / GASTDARSTELLER IN JAMES-BOND-FILMEN
Die Vokabel »Gastdarsteller« oder »Gastauftritt« wird oft benutzt, wenn ein Darsteller großen Formats in eine kleine Rolle

schlüpft, wie z. B. Madonna in ↗ *Stirb an einem anderen Tag* (2002) oder William Holden in ↗ *Casino Royale* (1966). Auch Charles Boyer, Jean Paul Belmondo, John Huston und George Raft gaben sich in diesem Film mit Kurzauftritten die Ehre. Viele Schauspieler fühlen sich geehrt, in James-Bond-Filmen Gastauftritte zu haben. Aber nicht immer sind es Schauspieler. ↗ Deloris Keator stellte für die Dreharbeiten von ↗ *James Bond 007 jagt Dr. No* (1962) ihr Haus zur Verfügung und hatte dadurch eine Rolle als Gastdarstellerin. Es ist die erste Gastrolle in der Geschichte der 007-Filme. Sie war als ↗ Strangways Sekretärin zu sehen. Sogar ↗ Ian Fleming ist in ↗ *Liebesgrüße aus Moskau* (1963) zu sehen, nachdem sich ein Zug in Bewegung gesetzt und die Kamera einen Mann und ein an der Straße wartendes Auto gezeigt hat. ↗ Bill Hill erscheint in diesem Film auf einem Bahnhof als Agent, der von ↗ Grant abgefangen wird. Auch die Frau des Regisseurs ↗ Young ist am Ende des Films in einer kleinen Statistenrolle zu sehen: Sie steht auf einer Brücke und beobachtet James Bond und ↗ Tatjana Romanowa, die darunter in einer Gondel durchfahren. Stuntman ↗ Bob Simmons hatte ebenfalls eine Gastrolle. Er ist der Taxifahrer, der von Red Grant ermordet wurde. Simmons' Rolle als 007 im Pistolenlauf von ↗ *James Bond 007 jagt Dr. No* kann ebenfalls als Gastauftritt gewertet werden. Er doubelt hier Connery.

In ↗ *Feuerball* (1965) ist es der Kameramann und Techniker ↗ Jordan Klein, der sich als Scherge von ↗ Emilio Largo ins Bild bringt, als er ein Mini-U-Boot steuert, auf dem Atombomben transportiert werden. ↗ Charles Russhon, Berater bei mehreren James-Bond-Filmen, bekam in *Feuerball* (1965) eine Rolle als Offizier der US Air Force bei der Einsatzbesprechung der ↗ 00-Agenten. Obwohl ↗ Vijay Amritaj in ↗ *Octopussy* (1983) eine tragende Rolle hatte, kann man seinen Auftritt als Gastrolle bezeichnen. Er ist hauptberuflich Tennisprofi und die »Insiderwitze« in diesem James-Bond-Film machen das deutlich. ↗ John Barry hatte seinen Gastauftritt als Dirigent in ↗ *Der Hauch des Todes* (1987). ↗ Wayne Newtons Rolle in ↗ *Lizenz zum Töten* (1989) wird von Experten als Gastauftritt gewertet. Newton ist ein bekannter Comedystar. Ebenfalls über eine Gastrolle freute sich ↗ Bob Martinez, der damalige Gouverneur von Florida. Er spielte auf Key West einen Zollbeamten am Flughafen. Wichtigste Gastrolle in ↗ *Lizenz zum Töten* bekam aber ↗ Pedro Armendariz Jr. Er spielte zu Ehren seines Vaters, der zuvor in ↗ *Liebesgrüße aus Moskau* (1963) mitgewirkt hatte und kurz nach den Dreharbeiten zu diesem zweiten offiziellen 007-Film verstorben war. Zahlreiche Gastauftritte hatte auch der jetzige Bond-Produzent ↗ Michael G. Wilson. Er behauptet, sie brächten ihm Glück. Er war in ↗ *GoldenEye* (1995), ↗ *Der Morgen stirbt nie* (1997) und ↗ *Die Welt ist nicht genug* (1999) zu sehen, kommt aber nach eigenen Angaben, wenn auch teilweise nur hörbar, in vielen weiteren James-Bond-Filmen vor. In *GoldenEye* (1995) hat ↗ Kate Gayson einen kleinen Part am Spieltisch. Ihre Gastrolle bekam sie als Tochter des Bond-Girls ↗ Eunice Gayson.

In *Stirb an einem anderen Tag* (2002) waren bisher die vorletzten vier Gastauftritte in einem James-Bond-Film zu sehen: Zum einen war es wieder ↗ Michael G. Wilson, diesmal in der Rolle des ↗ General Chandler, zum anderen Madonna (siehe oben) sowie Roger Moores Tochter, die James Bond im Film als Stewardess einen ↗ Wodka-Martini serviert und ↗ Justin Llewelyn, der Sohn des verstorbenen ↗ Desmond Llewelyn (jahrelanger ↗ »Q«), der seinem Vater mit seinem Auftritt Tribut zollte. Auch in ↗ *Casino Royale* (2006) sind wieder Gastauftritte zu verzeichnen. Michael G. Wilson schlüpft erneut in eine kleine Rolle.

GASTON (Romanfigur)
Gaston ist der Onkel von ↗ Fidelé Barbey in der Kurzgeschichte ↗ *Die Hildebrand-Rarität*. Barbey berichtet, sein Onkel habe ein Loch in das Familienvermögen gerissen.

GATES LEARJET (Flugzeug)
↗ Franz Sanchez ist im Besitz eines weißen Gates Learjets. Damit landen er und seine Männer auf der Insel ↗ Cray Cay, wo sie auf ↗ Lupe Lamora und ↗ Alvarez stoßen. Sanchez will seine Geliebte zurück.

GAULOISES (Zigaretten)
Bevor ↗ Le Chiffre im Roman ↗ *Casino Royale* zum Teppichklopfer greift, um James Bond die ↗ Hoden auszupeitschen, nimmt er sich eine Zigarette der Marke Gauloises. Von Le Chiffre wird zu Beginn des Buches noch behauptet, er bevorzuge Caporal.

GAVIGAN, GARRY (Regieassistent)
Bei der Second Unit der Produktion ↗ *In tödlicher Mission* (1981) war Garry Gavigan ebenfalls als Regieassistent tätig, ebenso wie im Folgefilm ↗ *Octopussy* (1983). Hier arbeitete er mit den zusätzlichen Regieassistenten ↗ Baba Shaikh und ↗ Don French zusammen. Nachdem er einen Bond-Film ausgesetzt hatte, stieß er bei der Produktion von ↗ *Der Hauch des Todes* (1987) wieder zum Team. Nachdem er erneut einen Film ausgesetzt hatte, führte er seine Arbeit bei »GoldenEye« (1995) fort.

GAVIN, JOHN (Darsteller)
John Gavin ist der einzige Darsteller, der an ↗ *Diamantenfieber* (1971) verdiente, obwohl er nicht mitwirkte. Er war als James Bond unter Vertrag, doch ↗ Sean Connery kehrte als Agent zurück, und Gavin wurde ausgezahlt. Sein Vertrag mit der Verdienstausfall-Klausel beschert ihm heute noch Schecks.

GAVIN, ROBERT (Assistenz Tonbearbeitung)
↗ William Barringer

GAVRAS (Romanfigur)
Lieutenant Colonel Gavras tritt im Roman ↗ *Tod auf Zypern* als Ersatzmann für Brigadegeneral ↗ Georgiou in Erscheinung. James Bond erfährt auf Englisch von diesem Herrn, dass der angeschossene Sergeant Major ↗ Panos Sambrakos das Bewusstsein wiedererlangt hat und eine Aussage bezüglich des Raketendiebstahls machen kann.

GAYAT, FRANÇOISE (Darstellerin)
Françoise Gayat war eine Darstellerin von vielen, die im James-Bond-Film ↗ *Moonraker – streng geheim* (1979) eines von ↗ »Drax' Mädchen« verkörpert. Bei der Auswahl der Schauspielerinnen achtete man diesmal besonders auf Schönheit, da Drax im Film großen Wert auf physische Perfektion legt, um mit den Frauen den Grundstein zu Gründung seiner neuen Superrasse zu legen.

GAY, JOHN
↗ Zitat

GAY, MARCIA (Regieassistentin)
Marcia Gay war als 2. Regieassistent bei ↗ *Lizenz zum Töten* (1989) beschäftigt. ↗ Terry Madden und ↗ Sebastian Silva arbeiteten als 1. Regieassistenten.

GAYSON, EUNICE (Darstellerin)
Die erste Frau, die mit der Figur James Bond im Film agierte, war die von Eunice Gayson dargestellte ↗ Sylvia Trench, die in ↗ *James Bond 007 jagt Dr. No* (1962) vorkommt. Sie war das erste offizielle ↗ Bond-Girl. Regisseur ↗ Terence Young war von Gayson fasziniert. Er verhalf der Darstellerin oft zu kleinen Rollen. Zunächst sollte sie im Bond-Film ↗ Miss Moneypenny spielen, doch ↗ Lois Maxwell übernahm den Part, und so wurde extra für Gayson die Figur »Trench« ins Drehbuch geschrieben. »Sie bringt mir Glück«, meinte Young in einem Interview, wohl auch ein Grund, warum die Schauspielerin denselben Charakter in

↗ *Liebesgrüße aus Moskau* (1963) wieder verkörperte. Als Young den Regiestuhl bei ↗ *Goldfinger* (1964) an ↗ Guy Hamilton abgab, strich dieser die Figur von Bonds Dauerfreundin sofort: James Bond ist kein Mann für eine feste Bindung. Auch wenn Eunice Gayson nie mehr in einem James-Bond-Film vorkam, ihre Tochter führte die Tradition in ↗ *GoldenEye* (1995) fort.

GAYSON, KATE (Darstellerin)
Die Tochter von ↗ Eunice Gayson (die in ↗ *James Bond 007 Jagd Dr. No* und ↗ *Liebesgrüße aus Moskau* James Bonds Dauerfreundin Sylvia Trench gespielt hatte) taucht als Statistin im 17. offiziellen 007-Film ↗ *GoldenEye* (1995) auf. Obwohl die Szene im fertigen Film nur ein paar Minuten dauerte, gab es doch enormen Wirbel um die Statistin Kate Gayson. Regisseur ↗ Martin Campbell knüpfte damit an die Tradition des ersten offiziellen James-Bond-Films an und erhoffte sich durch das Mitwirken der Frau ein ebenso erfolgreiches Regiedebüt bei Bond, wie es einst ↗ Terence Young hatte.

GAZPACHO (Gericht)
Im Roman ↗ *Scorpius* wird erwähnt, dass Gazpacho die beste aller Sommersuppen sei. ↗ Trilby Scorpius serviert 007 und ↗ Pearlman das Gericht.

GB (Gift)
James Bond ist im Roman ↗ *Goldfinger* entsetzt, dass Goldfinger nicht ↗ Opiats benutzen will, um die Truppen in ↗ Fort Knox auszuschalten, sondern GB, ein 1943 von den Nazis entwickeltes Nervengift aus der Trilongruppe. Im Buch heißt es, es sei schlimmer als die Wasserstoffbombe.

GCHQ
James Bond verlangt im Roman ↗ *Sieg oder stirb, Mr. Bond* die Vollmacht für einen Kommunikationssatelliten zu bekommen, der mit GCHQ, Chelenham, verbunden ist.

GDINGEN (Ort)
↗ Ernst Stavro Blofeld

GEBISS
Das wohl bekannteste Gebiss in einem James-Bond-Film trägt ↗ Beißer in ↗ *Der Spion, der mich liebte* (1977) und ↗ *Moonraker – streng geheim* (1979). Es ist so solide, dass sogar die Kugeln aus Bonds ↗ Walther PPK daran abprallen. Den zweiten Platz der Gebissträger hat ↗ Goldie aus ↗ *Die Welt ist nicht genug* (1999): Während Beißers Zähne silbern sind, sind Goldies – wie der Name schon sagt – goldfarben. Auf Platz drei der bekannten Gebisse liegt ↗ Mr. Kidd aus ↗ *Diamantenfieber* (1971): Er lenkt mit seinen Weisheitszähnen ↗ Dr. Tynan ab, damit ↗ Mr. Wint ungestört einen Mord begehen kann.

GEDICHT
Im Roman ↗ *Leben und sterben lassen* findet James Bond einen billigen, linierten Zettel in seinem Zugabteil. Während ↗ Solitaire schläft, liest 007 das Gedicht auf dem Papier und erkennt den Bezug zum ↗ Voodoo: »O Zauberin, schlage mich nicht, / Verschone mich. Sein ist der Leib. / Der göttliche Trommler sagt, dass – / Wenn er sich mit der Dämmerung erhebt – / Er seine Trommeln am Morgen für DICH ertönen lässt. / Ganz früh, ganz früh, ganz früh, ganz früh. / O Zauberin, die die Kinder der Menschen schlägt, bevor / sie noch völlig gereift sind, / O Zauberin, die die Kinder der Menschen schlägt, bevor / sie noch völlig gereift sind, / Der göttliche Trommler sagt, dass – / Wenn er sich mit der Dämmerung erhebt – / Er seine Trommeln am Morgen für DICH ertönen lässt. / Ganz früh, ganz früh, ganz früh, ganz früh. / Wir meinen DICH, / Und Du wirst es verstehen.«

Bond faltet das Gedicht zusammen und steckt es ein. ↗ Felix Leiter wagt sich später an eine »Interpretation«: Das Gedicht sollte bei den Leichen von 007 und Solitaire gefunden werden, um einen Ritualmord vorzutäuschen und ↗Mr. Big zu entlasten. Solitaire kann auch etwas beitragen: Es handle sich um eine ↗Ouanga, einen Voodoo-Fetisch. Es sei ein Aufruf zum Trommelzauber, der vom afrikanischen Stamm der ↗Aschanti verwendet werde, wenn jemand getötet werden soll.

Poetisch wird ↗Teresa di Vicenzo in ↗*Im Geheimdienst Ihrer Majestät* (1969). Als Gefangene von ↗Blofeld spielt sie die Verliebte und rezitiert ein Gedicht: »Für Dich, oh Herr der Welt, dein Tag anbricht. Für Dich erglänzt das Gras im Sonnenlicht, / Für Dich versinken Schiffe tief im Meer, / Für Dich sind Märkte da, mit ihrem Sklavenheer, / Für Dich der Hammer auf dem Amboss klingt, / Für Dich der Dichter von Verführung singt.«

Im Original sind es die Zeilen: »Thy dawn, O Master of the World, thy dawn. / For thee the sunlight creeps across the lawn. / For thee the ships are drawn down to the waves. / For thee the markets throng with myriad slaves. / For thee the hammer on the anvil rings. / For thee the poet of beguilement sings.«

Das Gedicht wurde ins Drehbuch geschrieben, um den Dialogen zwischen ↗Diana Rigg und ↗Telly Savalas mehr Tiefgang zu verleihen. Es stammt vom Lyriker ↗James Elroy Flecker. Mit Genehmigung von ↗A. P. Watt Limited konnte ↗John Gardner ein Gedicht in seinem Roman ↗*Scorpius* veröffentlichen, das »Down by the Salley Gardens« hieß und im Roman selbst mit der Lebensgeschichte von ↗Pearlman zu tun hat.

Übersetzer Hartmut Huff lieferte folgende Übersetzung mit dem Titel »Drunten bei den Gärten von Salley«: »Sie hieß mich, die Liebe leicht zu nehmen, / wie die Blätter auf den Bäumen wachsen; / aber ich war jung und töricht und wollte nicht / auf sie hören. / Meine Liebste und ich standen in einem Feld am Fluss, / und sie legte ihre schneeweiße Hand auf meine / gesenkte Schulter. / Sie hieß mich, das Leben leicht zu nehmen, / wie das Gras auf den Wiesen wächst; / doch ich war jung und töricht, und jetzt bin ich / voller Tränen.«

Im Buch ↗*Sieg oder stirb, Mr. Bond*!« fällt ↗Bill Tanner ein alter Knittelvers ein, als er sich mit ↗»M« über das Unternehmen »Landsea'89« unterhält: »Echte Beweise habe ich nicht, / aber von der Putzfrau der Schwester meiner Tante die Nicht' / Hörte einen Polizisten auf Streife sagen / Zu einem Kindermädchen mit ihrem Wagen, / er hätte einen Cousin, dessen Freund genau wisse, / wann der Krieg zu Ende gehen müsse.«

GEE, PRUNELLA (Darstellerin)
↗Fearing

GEFAHR FÜR DIE ERDE! (Zeichentrickfilm)
↗*James Bond Jr.*

GEFAHR IM BERMUDA-DREIECK (Zeichentrickfilm)
↗*James Bond Jr.*

GEFAHR IN HOLLYWOOD (Zeichentrickfilm)
↗*James Bond Jr.*

GEFÄHRLICHER ENGLISCHER KONKURRENT (Code)
Der Code »gefährlicher englischer Konkurrent« steht im Roman ↗*Liebesgrüße aus Athen* für James Bond.

GEFÄHRLICHER KONTAKT (Code)
Ein Brief, den ↗»M« im Roman ↗*Diamantenfieber* an James Bond sendet, enthält das Stichwort »Gefährlicher Kontakt«. Was 007 unter diesem Code zu verstehen hat, muss der Agent selbst entscheiden, es wird von ↗Ian Fleming nicht näher ausgeführt.

GEFÄHRLICHES ROULETT (Zeichentrickfilm)
↗*James Bond Jr.*

GEFANGENENAUSTAUSCH
↗Gray Powers

GEFLÜGELTE WORTE
↗ Zitate

GEHALT
↗ John Gardner schreibt in seinem Buch ↗ *GoldenEye*: »Ebenso wusste er (James Bond), dass er höher bezahlt wurde als die meisten anderen Agenten des SIS.« Was James Bond genau verdient, erfährt der Leser im Roman ↗ *Mondblitz*. Dort heißt es, dass Bond 1.500 Pfund im Jahr erhält – »das Gehalt eines höheren Beamten im Staatsdienst«. Zu dieser Summe kommen Spesen in beliebiger Höhe hinzu, wenn 007 während eines Auftrags unterwegs ist. Des Weiteren hat Bond ein steuerfreies Einkommen von 1.000 Pfund pro Jahr. 2.000 netto reichen pro Jahr 007 aus, um ein angenehmes Leben zu führen. Informationen über James Bonds Gehalt bekommt der Leser auch im Roman ↗ *Goldfinger*: 007s Jahreslohn würde beim Bewohnen des Aloha-Appartements, dass 200 $ am Tag koste, nur für drei Wochen reichen. Daraus ergibt sich ein Jahreseinkommen von James Bond, das sich auf 4.200 $ beläuft (1959). Gehaltserhöhungen stehen auch an: James Bond erhält im Buch ↗ *Du lebst nur zweimal* eine neue Nummer: 7777. Diese vierstellige Nummer bringt ihn nicht nur in eine neue Abteilung, sondern er bekommt auch tausend Pfund Zulage pro Jahr.

GEHEIMAUSGANG
Der Geheimausgang, den James Bond, ↗ Tatjana Romanowa und ↗ Kerim Bey in ↗ *Liebesgrüße aus Moskau* (1963) benutzen, um aus den unterirdischen Gängen der russischen Botschaft in Istanbul zu entkommen, befindet sich auf einem Marktplatz. Es handelt sich um eine Holzluke im Boden, die in einen Gemüsestand führt. Ein Verbündeter Kerim Beys bewacht den Geheimausgang.

GEHEIMBUND
↗ Roter Blitz

GEHEIMHALTUNGSKODEX
Der Geheimhaltungskodex findet sich in mehreren James-Bond-Romanen und -Filmen (↗ *For Your Eyes Only*). Im Buch ↗ *007 James Bond und der Mann mit dem goldenen Colt* bekommt 007 eine Nachricht von ↗ »M«, die nur für Bond bestimmt ist.

GEHEIMNISSE
↗ John Gardner beschreibt in seinem Roman ↗ *Scorpius*, wer tief in die Geheimnisse James Bonds eingedrungen ist: Es ist der Neurologe ↗ Sir James Molony. In ↗ *Doubleshot* ist es dessen Vertretung ↗ Dr. Kimberley Feare.

DAS GEHEIMNIS VON VENEDIG (Zeichentrickfilm)
↗ *James Bond Jr.*

GEHEIMTINTE
Im Roman ↗ *007 James Bond im Dienst Ihrer Majestät* benutzt 007 seinen Urin als Geheimtinte: »Es gibt hundert Arten von Geheimtinte, aber nur eine stand Bond zur Verfügung, die älteste der Welt: sein eigener Urin.«

GEHEIMWAFFE (Filmcharakter)
Eine Frau, deren wirklicher Name nicht genannt wird, die aber später in der Rolle des James Bond ermittelt, nennt sich in ↗ *Casino Royale* (1966) selbst die neue »Geheimwaffe«. Sie wird von ↗ Daliah Lavi verkörpert. Der Rollenname im Drehbuch lautete »The Detainer«.

GEHIRNÖDEM
Siehe Inhaltsangabe ↗ *High Time To Kill*

GEHIRNWÄSCHE
James Bond, der im Roman ↗ *Du lebst nur zweimal* sein Gedächtnis verliert, wird durch eine Gehirnwäsche dazu gebracht, im Folgeroman ↗ *James Bond und der Mann mit dem goldenen Colt* einen Mordanschlag auf ↗ »M« zu verüben, indem er mit einer ↗ Zyanidpistole auf ihn schießt.

Im Roman ↗*Moonraker Streng geheim* wird erst richtig klar, warum ↗Hugo Drax so viele Menschen gefunden hat, die ihn bei seinen Plänen unterstützen. Bond erkennt: »Sie waren mit Gehirnwäsche auf den Sieg vorbereitet worden, aufgeputscht wie eine Fußballmannschaft vor dem Endspiel.« Auch ↗Blofeld hatte das Mittel der Gehirnwäsche genutzt. Bei ihm lief das Ganze im Buch ↗*Im Dienst Ihrer Majestät* unter der Bezeichnung »Tiefenhypnose«. Die Idee wurde auch in den Film ↗*Im Geheimdienst Ihrer Majestät* (1969) übernommen. Eine Vorform der Gehirnwäsche durchläuft ↗Evelyn Tremble im Film ↗*Casino Royale* (1966). Im Buch ↗*Moment mal, Mr. Bond* wird 007 durch eine Medikamentenbehandlung dazu gebracht, sich für einen General zu halten und auf der Seite der Gegner zu kämpfen.

Im Film ↗*Sag niemals nie* (1983) ist Gehirnwäsche ein Thema: James Bond, der Tests durchläuft, stößt dabei auf eine Millionärstochter, die er befreien soll. Als er ihre Fesseln losschneidet, geht sie mit einem Messer auf ihn los. ↗»M« warnt Bond, sich in Zukunft genauer über die Hintergründe zu informieren, denn die Geisel, die James Bond bei einem Manöver befreien soll, könnte nach »Ms« Ansicht einer Gehirnwäsche unterzogen worden sein. »M« legt 007 nahe, sich in Zukunft mehr über die Hintergründe einer Mission zu informieren, um nicht Gefahr zu laufen, getötet zu werden.

Im Film ↗*Stirb an einem anderen Tag* (2002) hält »M« die Möglichkeit, Bond könne in seiner Gefangenschaft in Nordkorea »umgekrempelt« worden sein, nicht für ausgeschlossen; er wird vorerst isoliert. ↗Raymond Benson schreibt in seinem Roman ↗*Stirb an einem anderen Tag*: »Selbst Gehirnwäsche ist eine Art Folter. Sie kann standhafte Männer veranlassen, die Seiten zu wechseln, Staatsgeheimnisse auszuplaudern und sogar ihre eigenen Mitstreiter zu verraten. Der Gefolterte sagt oder tut alles, um den Höllenqualen zu entgehen, die ihm systematisch von seinen Peinigern zugefügt werden.«

GEIER (Tier)
Auf ↗Palmyra sperrt ↗Maximilian Largo James Bond in ein Verlies, um ihn dort seinem Schicksal zu überlassen. Neben mehreren Skeletten sind auch noch Geier in der Zelle. 007 kann sich befreien.

GEIGERZÄHLER
Der Geigerzähler in ↗*James Bond 007 jagt Dr. No* (1962) schlägt schon aus, als Bond ihn über die Leuchtziffern seiner Armbanduhr hält. In ↗*Feuerball* (1965) stattet ↗»Q« ihn mit einer Kamera aus, die zu surren beginnt, wenn Radioaktivität gemessen wird. 007 übergibt dieses hochempfindliche Messgerät im Film an ↗Domino Derval, die dadurch von ↗Emilio Largo als Bonds Verbündete enttarnt und gefoltert wird. Bond trägt in ↗*Feuerball* eine Armbanduhr, die durch Schwingungen eines kleinen Zeigers das Vorhandensein von Radioaktivität anzeigt.
↗Kamera

GEISEL (Filmcharakter)
↗Wendy Leech

GEISTERBAHN
↗Prater

GEISTERSTADT (Ort)
↗SPECTREville

GELÄNDEBIKE (Fahrzeug)
Vor ↗Blofelds Handlangern flieht James Bond im siebten 007-Film ↗*Diamantenfieber* (1971) mit einem ↗Moonbuggy, denn drei Fahrer auf Geländebikes folgen ihm. Bond verlässt in einem unbeobachteten Moment den Moonbuggy, reißt einen Geländebikefahrer von seinem Fahrzeug. Die anderen folgen dem leeren Buggy, während James Bond auf dem Bike flieht.

GELBE LINIE
↗ Blaue Linie

GELD
007 will im Roman ↗ *007 James Bond im Dienst Ihrer Majestät* und im Film ↗ *Im Geheimdienst Ihrer Majestät* (1969) das Geld, das ↗ Marc-Ange Draco ihm anbietet, nicht annehmen. Im Buch sagt er zu Draco: »Wenn du mir das Geld gibst, schwöre ich dir, dass ich es für wohltätige Zwecke stifte! Soll es ein Altersheim für Hunde bekommen?«
↗ Kinder

GELDBÜNDEL
Ein Geldbündel rettet James Bond in ↗ *Octopussy* (1983) das Leben. 007 trägt das von ↗ Kamal Khan gewonnene Geld in der Innentasche seines Jacketts bei sich, als er angegriffen wird. Der Angreifer versucht Bond zu erstechen, und rammt die spitze Waffe in den Stapel Geldscheine. Diese Art des Überlebens erinnert daran, wie James Bond der tödlichen Kugel von ↗ Grant im Buch ↗ *Liebesgrüße aus Moskau* entgehen kann: 007 steckt ein Zigarettenetui in ein Buch und trägt es vor seinem Herzen in der linken Innentasche seines Jacketts.

GELÉE ROYALE (Bienenerzeugnis)
Im Film ↗ *Casino Royale* (1966) heißt es, Sir James Bond würde nur noch Gelée Royale essen.

GEMÄLDE
↗ James Bond (Romanfigur), ↗ Porträt, ↗ Rembrandt, ↗ *Wohlstand durch Arbeit*, ↗ *Knabe in Blau*, ↗ *Der Herzog von Wellington*, ↗ *Mary*, ↗ *Der Kindermord von Bethlehem* und ↗ M-Porträt

GENFER SEE
Im Roman ↗ *Liebesgrüße aus Moskau* überfliegt James Bond auf dem Weg nach Istanbul den Genfer See. Später erinnert er sich an Ski-Erlebnisse aus seiner Vergangenheit.

GENGERELLA, LEROY (Romanfigur)
Leroy Gengerella ist einer der Investoren, die ↗ Scaramanga benötigt, um seine Bauprojekte zu finanzieren. Der Mann stammt aus Miami und ist Besitzer der Gengerella-Unternehmungen und ein »großer Mann im Unterhaltungsgeschäft«. Er kommt im Buch ↗ *007 James Bond und der Mann mit dem goldenen Colt* vor. James Bond, der für Scaramanga Notizen zu den Gaunern machen soll, schreibt über Gengerella: »Italienischer Abstammung, aufgeworfene Lippen«. Da Gengerella ein Capo Mafioso ist und auch der ↗ KGB (Hendricks) an Scaramangas Geschäften beteiligt ist, liegt es Bond, ↗ Nicholson und ↗ Leiter am Herzen, diese Partnerschaft nicht nur zu unterbinden, sondern den Ganovenring zu sprengen. Gengerella wird auf ↗ »Der Schönen von der Bloody Bay« von hinten von ↗ Felix Leiter erschossen: »Leiters Kugel war durch Gengerellas Hinterkopf eingedrungen und hatte den Großteil des Gesichtes fortgerissen.«

GEN-THERAPIE
↗ DNA-Austausch-Therapie

GENTLEMAN AGENT
↗ 007 Gun Logo

GENUS HAPALOCHLAENA (Tier)
James Bond erfährt in ↗ *Octopussy* (1983) den lateinischen Namen des Tintenfischs, den ↗ Magda als Tattoo auf ihrem Körper trägt: Der Octopus heißt »Genus Hapalochlaena«. Er produziert ein Gift, das in Sekunden tödlich wirkt. Auf einem Notizblock findet Bond folgende Informationen über das Octopus-Zeichen: »Tattoo: Sign of an old secret order of female bandits and smugglers«. Unter einer farbigen Zeichnung, die den Tintenfisch zeigt, steht »Blue rinqeat octopus«.

GEOLOGISCHE KONFIGURATION IN DER OSTKARIBIK (Buch)
Im Film ↗ *James Bond 007 jagt Dr. No*

(1962) findet 007 in ↗Strangways Haus ein Buch mit dem Titel *Geologische Konfiguration in der Ostkaribik.* In diesem Buch steckt ein Brief von ↗Dents Laboratorium.

GEORGE (Romanfigur)
Die Bestellung des Essens, unter anderem Kaviar und Toast, die James Bond und ↗Vesper Lynd im Roman ↗*Casino Royale* machen, werden vom Chefkellner an den Mitarbeiter George weitergegeben. George ist eigentlich Sommelier und arbeitet im Hotel Splendide in Royale-les-Eaux.

GEORGE (Romanfigur)
Der blonde George im Roman ↗*007 James Bond im Dienst Ihrer Majestät* ist ein Pilot, der für die ↗Union Corse arbeitet und James Bond zum ↗Gloria-Klub bringen soll, damit dieser seine Aktion gegen ↗Blofeld durchführen kann. George kennt die Strecke zwar nicht, sie soll ihm aber von 007 beschrieben werden. Er spricht nur französisch.

GEORGE (fiktiver Filmcharakter)
007 behauptet gegenüber ↗Goodnight in ↗*Der Mann mit dem goldenen Colt* (1974), George würde die Dschunke von ↗Scaramanga sicher nach Hongkong steuern. George ist der Autopilot.

GEORGE, FRANK (Spezialeffekte)
In den James-Bond-Filmen ↗*James Bond 007 jagt Dr. No* (1962), ↗*Liebesgrüße aus Moskau* (1963) und ↗*Goldfinger* (1964) war Frank George für die Spezialeffekte verantwortlich. 1963 arbeitete er mit ↗Trevor Bond zusammen.

GEORGIOU, DIMITRIS (Romanfigur)
Romanfigur aus ↗Raymond Bensons ↗*Tod auf Zypern.* Dieser Brigadegeneral war für Nummer fünf aus der Verbrecherorganisation der ↗Pythagoräer ein Verbindungsmann (»Puffer«) zwischen ihm und dem Rest der Militärverwaltung auf Chios.

GEORGSKREUZ (Orden)
Für ihre besonderen Dienste bei den Ermittlungen gegen ↗Hugo Drax im Roman ↗*Mondblitz* wird ↗Gala Brand mit dem Georgskreuz ausgezeichnet.

GÉRARD (Romanfigur)
Siehe Inhaltsangabe ↗*Never Dream Of Dying*

GERMAINS, ROBERTO (Darsteller)
Roberto Germains spielte die Rolle des Zirkusdirektors in ↗*Octopussy* (1983). Der 63-Jährige war nicht nur Zirkusnarr, sondern hatte zu Beginn seiner Karriere bei einem Zirkus als Monteur gearbeitet.

GEROWITZ (Romanfigur)
Dr. Gerowitz ist eine Figur ↗Raymond Bensons, die sich gut mit ↗Dr. Kaufman vergleichen lässt. Gerowitz foltert im Auftrag ↗Le Gérants im Roman ↗*Never Dream Of Dying.* Er blendet ↗Mathis und verbrennt auch 007 Stellen in den Augen. Bond kommt mit schweren Verletzungen davon, kann aber noch sehen. Alle Folterungen finden im Behandlungssessel von Gerowitz statt. Bei der letzten Konfrontation zwischen 007 und dem Folterknecht schießt ihm Bond »ein drittes Auge.«

GERRY (Filmcharakter)
Gerry arbeitet in ↗*Im Angesicht des Todes* (1985) in der ↗Mine Main Strike.

GERTE
Die Gerte (Treibstecken) von ↗Max Zorin in ↗*Im Angesicht des Todes* (1985) enthält einen Sender, mit dem er Pferde per Fernsteuerung während eines Rennens dopen kann. Der Detektiv ↗Aubergine vermutet, dass der Bösewicht mit Spritzen arbeitet; bevor er es beweisen kann, wird er getötet. James Bond deckt den Schwindel auf.
↗Jockeystock

GERÜCHE
In ↗*James Bond und sein größter Fall* heißt

es: »Für Bond, der viel reiste, war mancher Platz durch seinen Geruch besser zu erkennen als durch seinen Anblick oder durch seine Geräusche. Was steckte alles in diesem bittersüßen Duft dieses Abends? Gewürze, Jasmin, Geröll und Moder, Korruption und Geschichte? Vor allem aber, dachte Bond, Gefahr – und vielleicht Tod.« Hier kommt wieder James Bonds 6. Sinn zum Einsatz.

↗ Kasinogerüche und ↗ Frauen

GERÜST

In ↗ *Der Spion, der mich liebte* (1977) kämpfen ↗ Beißer und James Bond unter einem brüchigen Holzgerüst an einem ägyptischen Tempel. Beißer schlägt mit einem Balken umher und trifft mehrere Stützbalken des Gerüsts. Bond schätzt die Situation richtig ein und springt aus der Gefahrenzone, als Beißer den letzten tragenden Balken wegschlägt: Das Gerüst stürzt ein und begräbt den Riesen unter sich. 007 kommentiert in der deutschen Version: »Auf Holz klopfen bringt eben Glück!«

GESCHÄFTE NACH NEUN UHR ABENDS

Gegenüber ↗ Kristatos meint James Bond in der Kurzgeschichte ↗ *Risiko*, er habe gehört, dass Geschäfte, die nach neun Uhr abends abgeschlossen werden und mehr als zehn Prozent Gewinn einbringen, gefährlich seien. Der bevorstehende Job soll bis zu eintausend Prozent abwerfen.

GESCHENK (Waffe)

Als Geschenk verpackt übergibt ↗ »Q« in ↗ *Lizenz zum Töten* (1989) die ↗ Signaturwaffe an James Bond.

GESCHWINDIGKEITSAUTOMATIK

↗ Tempomat

DIE GESELLSCHAFT DER DEMÜTIGEN (fiktive Sekte)

Mit der »Gesellschaft der Demütigen« bekommt es James Bond in ↗ John Gardners siebtem 007-Roman ↗ *Scorpius* zu tun. Die fiktive Sekte untersteht dem Bösewicht ↗ »Vater Valentine«, der ↗ Wladimir Scorpius ist, wie 007 später herausfindet. Der Sektenführer ist dabei, todbringende Kamikaze-Terroristen zu erschaffen, indem er seine Anhänger mit Hypnose gefügig macht. James Bond erfährt von ↗ »M«, dass seine Bekannte ↗ Emma Dupré tot gefunden wurde, nachdem sie von der »Gesellschaft der Demütigen« vom Heroin entwöhnt wurde. Auch ↗ Trilby Shrivenham befindet sich im Spinnennetz von Scorpius und James Bond ermittelt gegen diese Organisation von Gläubigen. Von einem Mann der Branche erfährt der Agent mehr: Oberflächlich scheint die Sekte in Ordnung zu sein und nur Gutes zu vollbringen. Man besteht dort auf Keuschheit, Unverletzlichkeit der Ehe. Das Alte Testament und der Koran dienen als Grundlage ihres Glaubens. Es werden religiöse Zeremonien abgehalten, die aus den unterschiedlichsten liturgischen Traditionen entlehnt sind.

Mörderische Rituale und Zeremonien aus vielen Perioden der Glaubensgeschichte sind an der Tagesordnung. Unterschlupf fand die Sekte in der Nähe von ↗ Pangbourne in Berkshire. Dort bewohnen sie ein Anwesen, das sie von ↗ Bulham Manderson erworben haben. Es gibt dort nicht nur reichlich Land und gute Fischgründe, sondern auch eine Villa mit über einhundert Zimmern. Die Anhänger der Sekte haben ein Lied, das sie bei Zeremonien leise singen: »Unser Vater Valentine. Grüße vom Anfang bis zum Ende. Unser Vater Valentine. Grüße, Grüße, Grüße. Vom Anfang bis zum Ende preisen wir unseren Vater Valentine, Geber des Paradieses, Kraft des Guten, Schöpfer der neuen Welt ohne Ende ...« Das Lied wird gesungen, wenn ↗ Wladimir Scorpius auf sein Pult zuschreitet.

GESELLSCHAFT DER SCHWARZEN DRACHEN
(Organisation)

↗Tiger Tanaka fällt im Roman ↗*Du lebst nur zweimal* auf, dass ↗Dr. Martell, der erst später als ↗Blofeld enttarnt wird, in seinem Schloss auf ↗Kiusiu nur Angestellte beschäftigt, die der Verbrecherorganisation ↗Gesellschaft der Schwarzen Drachen angehören. Bond erfährt: »Die Gesellschaft wurde offiziell vor dem Krieg aufgelöst. In ihrer Blütezeit war sie die gefürchtetste und mächtigste Geheimorganisation Japans. Ursprünglich bestand sie aus dem Abschaum der Soshi, der arbeitslosen Samurai nach der Meiji-Restauration vor etwa hundert Jahren. Später gehörten ihr dann Terroristen, Banditen, faschistische Politiker, ausgestoßene Marine- und Armeeoffiziere, Geheimagenten, Abenteurer und anderes Gesindel an (...)«. Die ehemaligen Mitglieder dieser »Gesellschaft« tragen eine Tätowierung in der Armbeuge.

GESELLSCHAFT DES DRACHENFLÜGELS
(Organisation)

Bei der »Gesellschaft des Drachenflügels« handelt es sich um eine abgesplitterte Gruppe, die aus einer der größten Triaden, der ↗»San Yee On«, hervorgegangen sein soll. ↗Raymond Benson erfand diese Untergrundorganisation für seinen Roman ↗*Countdown!* und ließ 007 gegen sie antreten. Mit Sitz in Hongkong und Verbindungen zur Firma ↗EurAsia hat die »Gesellschaft des Drachenflügels« auf Glücksspiel, Drogenhandel, Prostitution und Waffengeschäfte Einfluss. 007 lernt den Anführer ↗Li Xu Nan kennen, der über ein Heer von Gefolgsleuten verfügt und die schöne ↗Sunny Pei beherrschen möchte. Der Anführer wird ↗Cho Kun genannt (Kopf des Drachen).

GESETZ NR. 4

Vom Gesetz Nr. 4 ist im Roman ↗*Casino Royale* die Rede. Das am 13. April 1946 in Frankreich verabschiedete, unter der Bezeichnung »La Loi Marthe Richard« bekannt gewordene Gesetz verbietet das Betreiben von Bordellen und den Verkauf von pornographischen Büchern und Filmen. Durch die Verabschiedung kommt die Romanfigur ↗Le Chiffre in Geldnot, da seine Bordelle keinen Gewinn mehr abwerfen. Er versucht daraufhin, am Spieltisch zu Geld zu kommen, wo 007 auf ihn angesetzt wird.

DIE GESICHTSLOSEN

Im Roman ↗*Liebesgrüße aus Moskau* wird James Bond nach seiner Ankunft in Istanbul von einem Bulgaren verfolgt. ↗Drako Kerim klärt 007 auf, dass es sich um einen »Gesichtslosen« handelt, da Kerim sie nicht unterscheiden kann. Die Verfolger halten mehr Abstand, als Kerims Fahrer einmal urplötzlich bremst und rasant rückwärts fährt, kommen einige »Gesichtslose« zu Schaden.

GESICHTSSCAN
↗Körperscan

GESPENST
↗SPECTRE

GETRÄNKE BEI JAMES BOND

007 ist ein Freund des Alkohols, aber er trinkt nicht nur ↗Wodka-Martini, wie u. a. in ↗*James Bond 007 jagt Dr. No* (1962) und zahlreichen anderen Bond-Filmen und -Romanen, sondern auch weißen ↗Chianti (den es nach Expertenaussagen überhaupt nicht gibt) in ↗*Liebesgrüße aus Moskau* (1963), ↗Cognac, ↗Bollinger und ↗Mint-Julep in ↗*Goldfinger* (1964), ↗Sake und siamesischen ↗Wodka in ↗*Man lebt nur zweimal* (1967), ↗Bourbon in ↗*Leben und sterben lassen* (1973), ↗Dom Pérignon '69 in ↗*Der Spion, der mich liebte* (1977), ↗Bordetto in ↗*In tödlicher Mission* (1981). In der Kurzgeschichte ↗*Tod im Rückspiegel* trinkt Bond einen ↗Americano, und man erfährt von Fle-

ming: »In französischen Cafés kann man nicht ernsthaft trinken. So im Freien, auf dem Gehsteig – das ist nichts für Wodka, Whisky oder Gin. Eine Fine à l'eau ist ja ziemlich stark, aber sie macht betrunken, ohne recht zu schmecken. Ein Quart de champagne oder ein Champagne à l'orange vor Mittag ist ganz gut, aber abends führt ein quart zu einem weiteren quart, und eine Flasche Champagner ist eine schlechte Unterlage für die Nacht. Pernod kann man trinken, aber nur in Gesellschaft, und Bond hatte das Zeug nie gern gemocht, weil der Lakritzengeschmack ihn an seine Kindheit erinnerte. Nein, in den Cafés konnte man sich nur an die am wenigsten widerlichen Operettengetränke halten, und so trank Bond hier immer das Gleiche – einen Americano: Campari bitter, Cinzano, ein großes Stück Zitronenschale und Soda. Als Soda verlangte er stets Perrier, denn seiner Meinung nach war teures Sodawasser die billigste Art, einen schlechten Drink zu verbessern.«

Im Buch ↗*James Bond und sein größter Fall* heißt es: »Bond hasste es, wenn ein guter Drink in einem winzigen Glas leiden musste«; er bestellt daraufhin ein größeres. James Bond wechselt seinen Standarddrink in ↗*Niemand lebt für immer*, doch nur für dieses Mal: »Entgegen meinen Gewohnheiten nehme ich einen Campari Soda.« Als Bond zum Essen ein Getränk bestellt, wählt er eine Flasche ↗*Fressiarossa Bianca*, den besten Weißwein, den das Haus anzubieten hat.

Um zu zeigen, dass Bond nicht nur ein Genießer von Wodka-Martini ist (auch wenn er mehrere trinkt, wie in ↗*Moment mal, Mr. Bond*), werden in den Romanen auch ↗Martini, ↗Renntiermilch mit Wodka (↗*Operation Eisbrecher*), ↗73er Taittinger; ↗Calypso Daiquiri (↗*Niemand lebt für immer*), ↗Budweiser mit Limone (↗*Lizenz zum Töten*), ↗Brandy (↗*Countdown!*) und ↗Tequila (↗*Tod auf Zypern*) genannt.

↗Mint-Julep, ↗Mouton Rothschild '34, ↗Negroni mit Gordon's, ↗Ouzo, ↗Pernod, ↗Perrier, ↗Petersilientee, ↗Phuyuck '74, ↗Piesporter Goldtröpfchen, ↗Cognac, ↗Burgunder, ↗Brandy, ↗Budweiser mit Limone, ↗Chablis '78, ↗Chablis Grand Cru, ↗Champagner ↗Chianti Broglio (auch ↗Chianti), ↗Coca Cola, ↗Pommery '50, ↗Puligny Montrachet '71, ↗Quart de Champagne, ↗Raki, ↗Récemment dégorgé, ↗Red Stripe, ↗Rum, ↗Fine à l'eau, ↗Gin, ↗Haig, ↗Hennessy mit fünf Sternen, ↗Jasmintee, ↗Kaffee, ↗Kubrick 2001, ↗Lafitte Rothschild (Jahrgang '47 und '59), ↗Likör, ↗Martini, ↗Sherry, ↗Solero, ↗Americano, ↗Crème de Menthe frappé, ↗Milch, ↗Bier, ↗Bourbon, ↗Bloody Mary, ↗Bollinger, ↗Scotch, ↗Taittinger '45, ↗Tee, ↗Tequilla, ↗The Macallen, ↗Vesper, ↗Malz-Whisky, ↗Sake, ↗Vino Gran Caruso, ↗Wein, ↗Whisky (auch mit Soda), ↗Wodka Martini in zahlreichen Variationen, ↗Certesta Blanca und ↗Dom Pérignon (Jahrgänge '46, '52, '57, '59 und '64)

GETTING THE BULLET (Lied)
↗*The Man With The Golden Gun* (Soundtrack)

GETTLER (Filmcharakter)
↗Vesper und Gettler treffen sich laut Drehbuch von ↗*Casino Royale* (2006) in Venedig, und sie übergibt ihm das Geld, das beim Pokerspiel mit ↗Le Chiffre zum Einsatz kommen soll. Bond schreitet ein, und es kommt zu einer Verfolgungsjagd.

GETTLER, ADOLPH (Romanfigur)
↗René Mathis' Nachforschungen im Roman ↗*Casino Royale* ergeben, dass der ↗SMERSH-Mann mit der Augenklappe Adolph Gettler heißt und in der Uhrenindustrie arbeitet. In Wirklichkeit ist Gettler damit beschäftigt, ↗Vesper Lynd zu verfolgen. Er fährt einen ↗Peugeot und setzt die Frau mit seinem Erscheinen so unter Druck, dass sie sich das Leben nimmt.

GEVREK (Romanfigur)
↗ Igor Arenski

GEWEHRKUGEL
↗ Zao trägt eine goldene Gewehrkugel Kaliber 4.2 als Anhänger. Im Roman und im Film ↗ *Stirb an einem anderen Tag* (2002) stellt Bond fest, dass die Kugel hohl ist und sich in ihr ↗ Diamanten befinden.

GEWINN
Nachdem James Bond im Roman ↗ *Mondblitz* gegen ↗ Hugo Drax gewonnen hat, verfügt er über viel Geld. Seinen Gewinn will er wie folgt anlegen: »1. Rolls-Bentley-Kabriolett ungefähr 5000 Pfund. 2. Drei Diamant-Clips zu je 250 Pfund = 750 Pfund. Er überlegte ein paar Sekunden. Blieben immer noch fast 10.000 Pfund. Die Wohnung renovieren lassen, ein paar neue Anzüge, neue Golfschläger, ein paar Dutzend Flaschen von Taittinger Champagner (...) war gar nicht so leicht, 15.000 Pfund auszugeben.«

GEWINNQUOTE
Im Roman ↗ *Diamantenfieber* referiert ↗ Felix Leiter über die Gewinnquoten beim Glücksspiel: »Die Gewinnquote beträgt bei den Würfeln 1,4 %, bei Siebzehnundvier 5 %. (...) 5½ % beträgt sie beim Roulette, bis zu 17 % beim Bingo und zwischen 15 und 20 % schließlich bei den Automaten. (...) Elf Millionen Kunden sorgen alljährlich für das Einkommen von Mr. Spang und Konsorten.«

GEWITTER
↗ Schlagzeilen

GEYSIR
In ↗ Blofelds ↗ »Garten des Todes« im Buch ↗ *Du lebst nur zweimal* befinden sich Geysire und einen periodischen Geysir hat Blofeld zu einer Mordwaffe umfunktioniert. Er will Bond den typischen »Blofeld-Tod« spendieren und setzt den Agenten auf den Ausgang des Geysirs: »Sie sitzen augenblicklich direkt über einem Geysir, der Schlamm von etwa tausend Grad Hitze rund dreißig Meter hoch schleudert. Ihr Körper befindet sich etwa fünfzehn Meter über seiner Quelle. Ich bin auf die etwas ausgefallene Idee gekommen, diesen Geysir in eine Art Kanalrohr zu fassen, auf dem Sie sitzen. Es handelt sich um einen so genannten periodischen Geysir, und er ist so reguliert, dass er jede Stunde genau alle 15 Minuten ausbricht«, erklärt Blofeld. Bond muss seine Tarnung als taubstummer Japaner aufgeben und verlässt seinen ungemütlichen Sitzplatz – Blofeld hat die Bestätigung, dass es sich tatsächlich um den Agenten handelt.

G. G. (INITIALEN)
»G. G.« an Ken Adams Entwurfszeichnung des ↗ Whyte House könnten auch für Initialen von ↗ Goldfingers Zwillingsbruder German stehen, der ursprünglich in ↗ *Diamantenfieber* (1971) als 007-Gegner in Erscheinung treten sollte. German Goldfinger als Anspielung auf Auric Goldfinger. Auric steht für für Aurum und German für das Element Germanium, das zur Herstellung von Infrarotprismen benötigt wird. In anderen Quellen heißt es, die Figur ↗ Gustav Graves war zu diesem Zeitpunkt schon entstanden, wurde aber nicht eingesetzt.

GG (Logo)
↗ Gustav Graves hat im Film und im Roman ↗ *Stirb an einem anderen Tag* (2002) ein Logo, das aus den Buchstaben GG besteht. Die Buchstaben sind so geschrieben, dass sie zwei Diamanten zeigen.

G-G SUMATRA (Romanfigur)
Gegen Zahlung von 20 $ erfährt ↗ Felix Leiter im Roman ↗ *Leben und sterben lassen*, dass ↗ Mr. Big als Nächstes im Lokal ↗ »The Boneyard« in Erscheinung treten wird. Grund dafür ist die Stripperin ↗ G-G Sumatra, die dort auftritt. ↗ Ian Fleming

beschreibt sie so: »Der Körper war schlank, muskulös, bronzefarben und bezaubernd. Er war leicht eingeölt und glänzte im weißen Licht.«

GHETTOBLASTER (Waffe)
Im Film ↗*Der Hauch des Todes* (1987) wird ein Ghettoblaster auf überraschende Art benutzt. Ein Mitarbeiter der ↗Abteilung Q drückt einen Knopf, und ein Visier klappt aus dem tragbaren Radio. Kurz darauf wird eine Rakete abgeschossen, die die Musik übertönt, eine Puppe trifft und diese zerfetzt. ↗»Q« klärt auf: »Das entwickeln wir für die Amerikaner ...«

GHOSTWRITER
↗*The Spy Who Loved Me*

GIACINTA (Romanfigur)
↗Jinx

GIANNINI, GIANCARLO (Darsteller)
Giancarlo Giannini wurde am 1. August 1942 in La Spezia, Italien, geboren. Er studierte an der Academia Nazionale in Rom. Im Jahre 1965 stand er in dem Kurzfilm *Fango sulla metropolis* das erste Mal vor der Kamera. Große Aufmerksamkeit erreichte der Darsteller durch seine Rolle in der Fortsetzung von *Das Schweigen der Lämmer*: In *Hannibal* (2001) verkörperte Giannini den Inspektor Pazzi, und das Publikum behielt ihn als Opfer in Erinnerung, dessen Gedärme durch einen Mordanschlag von Hannibal Lector auf einen öffentlichen Platz geschleudert wurden.

In *Eifersucht auf Italienisch* (1970) spielte er neben Marcello Mastroianni, im *Blood Red – Stirb für dein Land* (1986 bis 1989) zusammen mit Eric Roberts, Dennis Hopper und Julia Roberts. Den ersten wichtigen Preis hätte es fast 1975 gegeben, Giannini wurde für seine Leistung im Film *Pasqualino Settebellezze* nominiert (Academy Award in der Kategorie *Bester Hauptdarsteller*). Seit 1967 ist Giannini mit der Drehbuchautorin und Regisseurin Livia Giampalmo verheiratet. Ihre zwei Kinder heißen *Lorenzo* (* 1967) *und Adriano* (* 1971). Letzterer ist wie sein Vater Schauspieler. Der bisher wichtigste Kinofilm für Giancarlo Giannini ist ↗*Casino Royale* (2006). Hierin spielt er ↗René Mathis. Zu weiteren Filmen des italienischen Darstellers gehören *Mimic* (1997) und *Darkness* (2002). In *Casino Royale* (2006) wird Giannini der erste offizielle René Mathis der Filmgeschichte.

GIB
»GIB« ist die Abkürzung für ↗»Guy In Back« und kommt im Roman ↗*Fahr zur Hölle, Mr. Bond!* vor. »GIB« bezeichnet den Platz des ↗»REO« (»Radio Electronic Officer«). James Bond, der unter dem Decknamen ↗»Custodian« ermittelt, bekommt den »GIB«, als er in einem Jagdbomber zusammen mit ↗»Checklist« auf dem Weg zu ↗»Gebrochene Klaue Lee« ist.

GIBBON, BEN (Romanfigur)
Die Figur Ben Gibbon wird im Roman ↗*James Bond 007 jagt Dr. No* zusammen mit ↗Josiah Smith erwähnt. Beide Männer seien in James Bonds ↗Sunbeam ums Leben gekommen, als ein LKW von der Straße abkam – kein Zufall: James Bond denkt an einen Anschlag von ↗Dr. No.

GIBBON, ROGER (Digitale optische Effekte)
↗The Magic Camera Company

GIBRALTAR (Ort)
↗Felsen von Gibraltar und ↗*Doubleshot* (Roman)

GIBSON (Romanfigur)
Krankenschwester Gibson kommt in ↗*Casino Royale* vor, wo sie 007 behandelt, nachdem ↗Le Chiffre ihm die Hoden ausgepeitscht hat. Sie ist die erste Krankenschwester in der 007-Literatur, die sich um den Agenten kümmert.

GIBSON (Filmcharakter)
Im Film ↗ *Der Mann mit dem goldenen Colt* ist Gibson der Experte für Solarenergie der britischen Regierung. Zwischenzeitlich hat er die Fronten gewechselt, und ↗ Hai Fat in Maçao war sein Geldgeber. Als Gibson die Möglichkeit hat, durch ↗ Hip wieder zum ↗ MI6 Kontakt aufzunehmen und Straffreiheit zu erlangen, entschließt er sich, erneut auf der Seite der »Guten« zu arbeiten. Diesen Entschluss kann der Solarexperte aber nicht mehr verwirklichen. ↗ Francisco Scaramanga erschießt Gibson vor dem ↗ Bottoms Up Club – 007 wird Zeuge des Verbrechens. Zu allem Überfluss stiehlt ↗ Schnick-Schnack das ↗ Solex aus dem Anzug der Leiche. Gibson wurde vom Crewmitglied ↗ Gordon Everett dargestellt.

GIBSON, BOB (Romanfigur)
Die Figur wird in ↗ *Tod auf Zypern* genannt. Gibson ist bereits vom ↗ FBI verhaftet worden, weil er als Anführer der ↗ Suppliers infrage kommt, die sich dem organisierten Verbrechen verschrieben haben.

GIBSON, CHRISTINE (Akrobatin)
Christine Gibson arbeitete zusammen mit Teresa Craddock, Kirsten Harrison, Christine Cullers, Lisa Jackman, Jane Aldridge, Tracy Llewelyn und Ruth Flynn im Team, als ↗ *Octopussy* (1983) produziert wurde.

GIDDINGS, AL (Unterwasser-Regie und -Kameramann)
Für die Unterwasserregie und die Kamera war Al Giddings bei den Dreharbeiten zum zwölften offiziellen James-Bond-Abenteuer ↗ *In tödlicher Mission* (1981) zuständig. Laut Drehbuch waren Aufnahmen an einem versunkenen britischen Spionageschiff, einem Mini-U-Boot und einer unter dem Meeresspiegel liegenden Tempelruine erforderlich. »Das glaubhafte Verfilmen des Kielholens ist nicht möglich«, hieß es seit ↗ *Leben und sterben lassen* (1973). Giddings schaffte es, sich dieser Herausforderung acht Jahre später zu stellen und die Szenen mit einem über einhundert Mann starken Team glaubhaft zu inszenieren: 007 und ↗ Melina Havelock werden hier an einem Tau durchs Meer gezogen. Giddings bewerkstelligte alles, was sich Regisseur ↗ John Glen vorgestellt hatte. Giddings brachte sich erfolgreich mit *Titanic* (1997) wieder ins Gespräch. Schon zuvor wurde er der Bond-Crew untreu: Er nahm das Angebot beim Konkurrenzprojekt ↗ *Sag niemals nie* (1983) an und inszenierte hier den Hai-Angriff auf James Bond. Für die Aufnahmen wurde ein echtes Schiff versenkt, das als Kulisse diente. *Die Tiefe* und *Das Omen II* sind weitere Filme, an denen Al Giddings arbeitete.

GIDDON, JOHN (Firmengründer)
↗ Glidrose

GIFT
Nachdem James Bond in ↗ *Stirb an einem anderen Tag* (2002) aus der Gefangenschaft zurückgekehrt ist, wird er eingehend untersucht. In seinem Körper stellen die Ärzte mit der ↗ Da-Vinci-Maschine neben dem Gewebehormon Histamin folgende Gifte fest: Neurotoxin, Serotonin und Enzymhemmer.
↗ Faden, ↗ Giftmörder, ↗ Fugu-Gift, ↗ Zyanid, ↗ Zyankali, ↗ Anthrax, ↗ Blausäure, ↗ GB, ↗ Globen, ↗ Odontobutus odontoros, ↗ Opiats, ↗ Opium, ↗ Zigaretten, ↗ Reis, ↗ Ricin, ↗ Rotenon, ↗ Schlangengift, ↗ Tricotheneces und ↗ Zyanidgas.

GIFTMÖRDER (Filmcharakter)
An einem Faden, den er an eine Giftampulle gebunden hat, lässt der Killer im Film ↗ *Man lebt nur zweimal* (1967) die tödliche Flüssigkeit in Richtung Bonds Mund laufen. 007 schläft in der Einstellung und dreht sich plötzlich zur Seite. Der von ↗ David Toguri gespielte Giftmörder reagiert nicht mehr, und die Frau, die neben James Bond im Bett liegt, wird zum Op-

fer: ↗Aki stirbt sofort. 007 rächt sie, er erschießt den ↗Phantom-Mann.

DER GIFTZWERG (Romanfigur)
Ein Kapitel wurde im Roman ↗*Niemand lebt für immer* nach ↗Paul Cordova benannt, den 007 immer als »Giftzwerg« bezeichnete. Cordova ist Mitglied der New Yorker Mafia und ein bekanntes Gesicht bei den Geheimdiensten der Welt. Er taucht in der Unterwelt mit dem Spitznamen ↗»Die Ratte« auf.

GIGGINS, JEFFREY (Filmcharakter)
Jeffrey Giggins ist der Name der siebten Person, die James Bond in ↗*Lizenz zum Töten* (1989) auf einer geheimen CD-ROM findet, die ↗Felix Leiter im Bilderrahmen eines Porträts von ↗Della versteckt hat. Giggins ist laut Eintragung »verstorben« – also vermutlich von ↗Sanchez ermordet. Nur zur noch aktiven ↗Pam Bouvier kann 007 Kontakt aufnehmen.

GI JOE (Lokalität)
»GI Joe« ist ein Lokal, das James Bond im Roman ↗*Stirb an einem anderen Tag* im Auge behält, um zu sehen, welche Seeleute dort eintreffen. Bond sucht nach einer Person, die ihm helfen könnte, die koreanische Halbinsel zu verlassen.

GILBERT (Romanfigur)
Wenn ↗Christopher Wood in seinem Roman ↗*Moonraker Streng geheim* einen Diener Gilbert nennt, ist dies eine Anspielung auf den Regisseur ↗Lewis Gilbert von ↗*Moonraker – streng geheim* (1979). Der Mann arbeitet im Buch für ↗Hugo Drax und soll sich unter anderem um Bonds nachkommendes Gepäck kümmern.

GILBERT, LEWIS (Regisseur)
Man kann den am 6. März 1920 geborenen Lewis Gilbert als abgehobensten Regisseur bezeichnen, der jemals an James-Bond-Filmen arbeitete. Gilberts Projekte waren ↗*Man lebt nur zweimal* (1967), ↗*Der Spion, der mich liebte* (1977) und ↗*Moonraker – streng geheim* (1979). Lewis Gilbert schauspielerte schon 1932 als Kind. 1939 wurde er zum Kriegsdienst eingezogen, den er als Regieassistent bei der Filmeinheit der Royal Air Force ableistete. 1944 aus dem Militärdienst entlassen, war Gilbert zunächst mit der Herstellung von Dokumentarfilmen beschäftigt, ehe er 1947 mit dem Kinderfilm *Die kleine Ballerina* als Spielfilmregisseur debütierte. Die Bond-Produzenten wurden durch seinen Kinoerfolg *Der Verführer läßt schön grüßen* (1965) auf ihn aufmerksam. ↗Albert R. Broccoli wollte Gilbert als Regisseur für den fünften offiziellen James-Bond-Film ↗*Man lebt nur zweimal* haben und setzte sich mit ihm in Verbindung. Vor diesem Riesenprojekt schreckte Gilbert zunächst zurück und lehnte ab, doch Broccoli blieb hartnäckig und rief am nächsten Morgen erneut an: »Du kannst den Film nicht ablehnen, die ganze Welt ist darauf gespannt, wie du ihn versaust!« Gilbert unterschrieb den Vertrag. Als er später die Kulisse von ↗Ken Adam sah, war er überglücklich, das Projekt durchführen zu dürfen. Er wusste, dass er durch diesen Bond-Film weltberühmt werden würde. Viele Darsteller waren verpflichtet worden, ohne dass Gilbert sie gesehen hatte, und als der Regisseur dem Blofeld-Darsteller ↗Jan Weirich gegenüberstand, traf ihn fast der Schlag. 007s gefährlichster Gegner hielt Gilbert für einen gutmütigen Weihnachtsmann. Zunächst drehte man eine Woche lang mit Weirich, doch schließlich wurde er auf Gilberts Wunsch durch den gefährlicher wirkenden ↗Donald Pleasence ersetzt. Probleme gab es auch beim Schnitt von *Man lebt nur zweimal*. Gilbert selbst versuchte sich daran, doch er schaffte es nicht, den Film unter 120 Minuten zu kürzen. Gefrustet überließ er ↗Thelma Connell und dann ↗Peter Hunt den Schneideraum, der schaffte es schließlich, 21 Minuten zu kürzen.

Nach *Man lebt nur zweimal* machte der Regisseur eine zehnjährige Bond-Pause und kam erst zu ↗Roger Moores drittem Einsatz zurück. Der Hauptdarsteller entfaltete unter Lewis Gilbert sein volles komödiantisches Talent, und *Der Spion, der mich liebte* sollte zu einem der besten Bond-Filme der Serie werden. Der berühmte 007-Humor (von ihm spricht auch ↗»R« in ↗*Die Welt ist nicht genug*) wurde zu Moores Markenzeichen. Die Gewalt im Film wich der Familienunterhaltung. Zunächst sollte ↗Guy Hamilton bei *Der Spion, der mich liebte* Regie führen, er ließ sich aber aus dem Vertrag nehmen, um den Film *Superman* zu drehen. Diese Entscheidung war Gilberts Chance. Es war immer Gilberts Bestreben, die Frauenfiguren an 007s Seite stärker zu gestalten, was ihm bei seiner ersten Bond-Regie nicht gelang. Zusammen mit Drehbuchautor Wood schaffte er es dann aber bei seinem zweiten Bond-Film: ↗Barbara Bach durfte 1977 als ↗Anja Amasowa eines der emanzipiertesten Bond-Girls der ganzen Serie verkörpern. ↗Lois Chiles trat bei ↗*Moonraker – streng geheim* (1979) – Gilberts letztem Bond-Film – in ihre Fußstapfen. In Interviews gestand Gilbert, immer den gleichen Bond-Film gemacht zu haben, und in der Tat sind deutliche Parallelen erkennbar: In *Man lebt nur zweimal* werden Raumkapseln gekidnappt, um die Supermächte gegeneinander auszuspielen und einen Weltkrieg zu provozieren; in *Der Spion, der mich liebte* sind es U-Boote, und das Motiv der Entführung kommt auch in *Moonraker – streng geheim* wieder vor: In der ↗Pre-Title-Sequenz wird eine Boeing entführt. Während ↗Stromberg seine Attacke gegen die Welt von einem Stützpunkt unter der Meeresoberfläche aus organisiert, schaut sich Drax sein Ziel aus dem Weltraum an.

Seine Filme seit Mitte der 1960er Jahre enttäuschten fast durchgehend, erst mit der Pymalignon-Variation *Rita will es endlich wissen* (1983) gelang Lewis Gilbert wieder ein großer Wurf. Mit *Shirley Valentine – Auf Wiedersehen, mein lieber Mann* inszenierte er 1989 ein weiteres Emanzipationsstück: Die Hausfrau Shirley Valentine ist frustriert. Ihr Gatte beachtet sie kaum noch. Mit einer Freundin fliegt die Mittvierzigerin nach Griechenland. Hier entdeckt sie die Lust am Leben wieder. Shirley will nicht zurück nach England. Ihr Mann ist entsetzt.

GILBERT, PAT (Assistent bei der Tonbearbeitung)
Bei der Tonbearbeitung von ↗*GoldenEye* (1995) assistierten Pat Gilbert, ↗Mark Sale und ↗Tony Tromp.

GILLARD, NICK (Stuntman)
↗Greg Powell

GILLESPIE, CHERRY (Darstellerin)
Cherry Gillespie spielte ↗Octopussys Angestellte ↗Midge in ↗*Octopussy* (1983). Arbeitskleidung: ein roter eng anliegender Ganzkörperanzug.

GIL, MIGUEL (Regieassistent)
Miguel Gil war Regieassistent bei ↗*Lizenz zum Töten* (1989). Interessanterweise war Miguels Bruder Carlos bei der Konkurrenzproduktion ↗*Sag niemals nie* (1983) ebenfalls als Regieassistent tätig. Miguel Gil arbeitete mit ↗Miguel Lima zusammen.

GIN
Im Roman ↗*Leben und sterben lassen* erfährt der Leser, dass James Bond den amerikanischen Gin, der herber und hochprozentiger ist als der englische, nicht mag. Kaum ist 007 im Roman ↗*James Bond 007 jagt Dr. No* im ↗Blue-Hills-Hotel auf Jamaika angekommen, bestellt er schon einen Gin mit Soda.
↗Getränke
Sir Cuthbert hat in ↗*003 ½ James Bond Junior* eine halbe Flasche Gin in der Tasche seiner Sportjacke stecken und trinkt mehr-

fach daraus, als er sich mit James Bond Junior über einen Goldbarrenraub unterhält.
➚ Audrey Wedderburn

GIN-ROMMÉ (Spiel)
In ➚ *Leben und sterben lassen* (1973) spielt James Bond gegen ➚ Solitaire Gin-Rommé. Er versucht, ihr die Regeln beizubringen, doch Solitaire gewinnt ohne seine Hilfe.

GIPS (Arm/Bein)
In James-Bond-Filmen sind eingegipste Gliedmaßen nicht immer ungefährlich: ➚ Smithers Gipsarm in ➚ *In tödlicher Mission* (1981) entpuppt sich als schlagkräftige Waffe, die herausschleudert und den Kopf eines Dummys zerstört. Das Gipsbein von ➚ »Q« in ➚ *GoldenEye* (1995) hat eine ähnlich zerstörerische Wirkung: Aus dem Gips werden Raketen abgefeuert.

GIRARD-PERREGAUX-UHR
Als Person mit einer Schwäche für technische Spielereien wird ➚ Grant im Roman ➚ *Liebesgrüße aus Moskau* beschrieben, weil er Besitzer einer Girard-Perregaux-Uhr ist.

GIRLS, GUNS AND GOLD (Werbeplakat)
➚ Donald Smolen

GIRL TROUBLE (Lied)
➚ *From Russia With Love* (Soundtrack)

GISSY, ANDRÉ (Sänger)
➚ Deutsche Versionen von James-Bond-Songs

GITTER
In drei James-Bond-Filmen klemmt Bond einen Angreifer zwischen Gittern ein und schafft es so, ihn in Schach zu halten: In ➚ *Liebesgrüße aus Moskau* (1963) erledigt 007 durch das Zuschlagen eines Gitters einen Wachmann im russischen Konsulat in Istanbul und in ➚ *Der Hauch des Todes* (1987) zerschmettert Bond den Oberarmknochen eines Gefängnisaufsehers durch das Zuschlagen einer Zellentür. Die Hand von ➚ Peter Franks wird in ➚ *Diamantenfieber* (1971) in der Gittertür eines Fahrstuhls eingequetscht. Die Gitterstäbe seiner luxuriösen Zelle im ➚ Monsun Palast in ➚ *Octopussy* (1983) verbiegt James Bond, nachdem er sie mit Salz- und Salpetersäure aus seinem Füller aus dem Mauerwerk gelöst hat. In ➚ *Im Angesicht des Todes* (1985) blockiert ein automatisch herunterfahrendes Gitter James Bonds Weg in ➚ Zorins Schloss. Ein Gitter schützt im selben Film den Eingang zu Zorins Pipeline. Die Öffnung befindet sich unter Wasser. 007 biegt das Gitter beiseite und schwimmt in die Röhre hinein.

GIUDICELLI, JEAN (Romanfigur)
➚ Union Corse

GIULIETTA (Romanfigur)
Giulietta wird in diesem Lexikon als »Romanfigur« bezeichnet, weil der Name nur im Roman zum Film ➚ *Die Welt ist nicht genug* auftaucht. Im Film ist die Figur namenlos und wird in Auflistungen der Charaktere oft als »Cigar Girl« oder »Zigarrenmädchen« bezeichnet, weil sie James Bond in der ➚ Pre-Title-Sequenz des neunzehnten offiziellen James-Bond-Films eine Zigarre anbietet. Wie im Film, so nimmt sich Giulietta auch in ➚ Bensons Roman das Leben, nachdem sie den Bankier ➚ Lachaise getötet hat, Bond aber nicht ausschalten konnte. Die Italienerin sprengt sich mit den Gasflaschen eines Heißluftballons in die Luft. Nach ihrem Tod erfährt 007 den kompletten Namen der Frau: Giulietta da Vinci, eine bekannte Terroristin, die im Mittelmeerraum aktiv gewesen ist. Dargestellt wurde der Charakter »Cigar Girl« im Film von ➚ Maria Grazia Cuccinotta.

G-KRÄFTE
In ➚ *Moonraker – streng geheim* (1979) befindet sich Bond in einer Zentrifuge und

muss extreme G-Kräfte aushalten. ↗ Holly Goodhead hat zuvor erklärt, dass 3 G dem Druck beim Abschuss einer Rakete in den Weltraum entspricht. Bei 7 G würden die meisten Menschen ohnmächtig werden, 20 G sind tödlich. Als ein Attentat auf James Bond verübt wird, versucht er zunächst, die Zentrifuge bei 7 G zum Stillstand zu bringen. Der Ohnmacht nahe, kann er die tödliche Drehung der Zentrifuge bei 13 G im letzten Moment durch ↗ »Qs« Handgelenkspistole stoppen.

GKX 8 G (Kennzeichen)
James Bonds ↗ Aston Martin DBS aus dem Film ↗ *Im Geheimdienst Ihrer Majestät* (1969) trägt das Kennzeichen »GKX 8 G«. Eines von den beiden Fahrzeugen, die bei den Dreharbeiten benutzt wurden, befindet sich heute in England und trägt das Nummernschild »FBH 207 G«

GLAS (Abhörverstärker)
Viele Bond-Fans wären froh, würde 007 in den Filmen öfter auf Tricks zurückgreifen, wie sie in den Romanen gehäuft vorkommen. In ↗ *007 James Bond und der Mann mit dem goldenen Colt* benutzt er beispielsweise ein Glas als Verstärker. Er hält es an eine Zimmerwand, um die Sitzung zwischen ↗ Scaramanga und dessen Leuten zu belauschen.

GLASAUGE
Zu den Abnormitäten von ↗ Le Chiffre in ↗ *Casino Royale* (2006) zählt u. a. ein Glasauge.

GLÄSERFALLEN
↗ Fallen

GLASFALLE
Im Buch ↗ *007 James Bond und der Mann mit dem goldenen Colt* präpariert 007 seinen Koffer so mit drei Gläsern, dass diese beim Öffnen seiner Zimmertür zu Boden fallen. Die Falle/Sicherung wird einfach als »Schreckfalle« bezeichnet, die Bond warnt, wenn jemand unaufgefordert das Zimmer betritt.
↗ Fallen

GLASFASER-GESCHOSSE
James Bonds ↗ ASP 9mm ist im Roman ↗ *GoldenEye* mit Glasfaser-Geschossen geladen. Diese bestehen aus einer versiegelten Kunststoffummantelung und enthalten pro Patrone zwölf nickelummantelte Kugeln, die mit flüssigem Teflon gefüllt sind. Erst bei Eintritt in einen Körper kommt es zur Explosion. Das flüssige Teflon hat eine Wirkung wie Schrot.

GLASFASERGEWEHR
Das Glasfasergewehr (↗ »Teflon«), das 007 im Roman ↗ *Lizenz zum Töten* von ↗ »Q« erhält, ist auf fünf Schuss ausgelegt. Zu der Waffe gehören 9mm-Patronen, und sie lässt sich zerlegen. Nach »Qs« Ansicht gefällt ↗ Pam Bouvier die Waffe. Als Besonderheit verfügt die Waffe – was auch im gleichnamigen Film von 1989 zu Geltung kommt – über einen optischen Handflächenleser. »Q« programmiert die Waffe mit Hilfe eines Mikrochips, und niemand außer Bond kann sie anschließend benutzen.

GLASKUPPELFALLE
In tödlicher Gefahr befinden sich James Bond und ↗ Harriet Horner im Roman ↗ *Scorpius*, als sie einen Fluchtversuch starten. Eine Glaskuppel, die man kaum sehen kann, umgibt beide. Skorpione und große Insekten werden durch sich öffnende Gitter in die Glaskuppelfalle eingelassen. James Bond zerschießt das Glas und flieht mit Horner.

GLASS, CARL (Romanfigur)
Siehe Inhaltsangabe ↗ *High Time To Kill*

GLASSCHEIBE
Die Glasscheibe von ↗ Dr. Nos »Aquarium« in ↗ *James Bond 007 jagt Dr. No* (1962) ist

25 Zentimeter dick und konvex. Jimmy Bond benutzt im Film ↗ *Casino Royale* (1966) eine riesige Glasplatte, um sich vor Sir James Bond und ↗ Miss Moneypenny abzuschirmen. Die Glasscheibe, die James Bonds Krankenzimmer im Roman ↗ *Stirb an einem anderen Tag* von einem Vorraum trennt, ist aus Panzerglas. Man will einen Anschlag Bonds vermeiden, falls dieser einer ↗ Gehirnwäsche unterzogen wurde. Die Idee mit der Panzerglasscheibe geht auf den Roman ↗ *James Bond 007 und der Mann mit dem goldenen Colt* zurück. Hierin schützt sich ↗ »M« vor Bond, der mit einer Zyanidpistole angreift. Eine Glasplatte gibt es auch im ↗ Fun House von ↗ Scaramanga in ↗ *Der Mann mit dem goldenen Colt* (1974). Bond läuft dagegen und sucht die Ränder der Glasplatte, um dem Labyrinth des Fun House zu entkommen. Auch ↗ Jinx hat im Roman mit einer Panzerglasscheibe zu tun. Als sie Graves in ↗ *Stirb an einem anderen Tag* mit einer ↗ Browning erschießen will, prallen die Kugeln von einer ihn umgebenden Scheibe ab, die Jinx übersehen hat.

GLASSCHERBE (Waffe)
Mit einer spitzen Glasscherbe greift ↗ Peter Franks James Bond in ↗ *Diamantenfieber* (1971) an. 007 schafft es, Franks Hand in dem Gitter eines Fahrstuhls einzuklemmen, Franks lässt die gefährliche Waffe daraufhin fallen. ↗ Ari wird von James Bond im Buch ↗ *Tod auf Zypern* getötet, indem er ihm eine Glasscherbe durch den Hals sticht. Durch Scherben stirbt auch ein Gegner 007s in ↗ *Sag niemals nie* (1983), der rückwärts in ein Regal voller Gefäße stürzt, nachdem Bond ihm Urin in die Augen geschüttet hat. Die Scherben durchbohren den Schurken.

GLASSCHNEIDER
Um im Roman ↗ *Leben und sterben lassen* in die Firma ↗ »Ourobouro Inc.« einzudringen, bedient sich James Bond eines Glasschneiders. Im Roman ↗ *Moonraker Streng geheim* bricht James Bond mit Hilfe eines Glasschneiders in das Warenlager der Firma ↗ »Carlos und Wilmsberg« ein, während ↗ Manuela unten auf der Straße auf ↗ Jaws trifft.

GLASSICHERUNG
↗ Glasfalle

GLASTRON-SCHNELLBOOTE
Die Motorboote im Film ↗ *Leben und sterben lassen* (1973) stammten von der Firma Glastron Corporation. Sie wurden für außergewöhnliche Stunts eingesetzt, und man brach mit ihnen sogar Weltrekorde. ↗ Jerry Comeauy sprang mit einem Glastron GT-150 und einer Geschwindigkeit von mehr als 90 Stundenkilometer über 30 Meter weit. Mit Hilfe von Wasserski-Rampen schafften die Stuntmen diese Sprünge. Um die Landüberquerung eines Bootes zu filmen, benötigte man mehrere Versuche, da die Stuntmen die Kontrolle verloren und die Schnellboote in falsche Richtungen rasten und gegen Bäume prallten. Glastron lieferte auch Speedboote für ↗ *Moonraker – streng geheim* (1979) und ↗ *Im Angesicht des Todes* (1985).

GLASWORTHY, MARILYN (Darstellerin)
Marilyn Glasworthy spielte im Film ↗ *Der Spion, der mich liebte* (1977) ↗ Strombergs Geliebte, die Informationen über das ↗ U-Boot-Ortungssystem an zwei rivalisierende Weltmächte verkaufen wollte. Durch die Plexiglasröhre, die in ein Hai-Becken mündet, rutschte Glasworthy selbst, nicht etwa ein Double. Im Film musste sie kein Wort sprechen.

GLATZENTRÄGER
Eine Glatze bei Charakteren in James-Bond-Romanen oder -Filmen ist das Zeichen für die Verkörperung des Bösen – ähnlich wie das Auftauchen von roten Malen am Körper und der schlaffe Händedruck. In Ro-

manen kommen Glatzenträger seltener vor als im Film. Hierzu gehören u. a. ↗Ruby Rotkopf, ↗Sluggsy und ↗Ewgenij Rijumin. In den Filmen sind es Schläger von ↗Dr. No in ↗*James Bond 007 jagt Dr. No* (1962), ↗Blofeld in ↗*Man lebt nur zweimal* (1967) und in ↗*Im Geheimdienst Ihrer Majestät* (1969), ↗Tee Hee in ↗*Leben und sterben lassen* (1973), ↗Sandor in ↗*Der Spion, der mich liebte* (1977), ↗Beißers Helfer an der Seilbahn in ↗*Moonraker – streng geheim* (1979), der Rollstuhlschurke in ↗*In tödlicher Mission* (1981), ↗Carvers Handlanger in ↗*Der Morgen stirbt nie* (1997), der Schurke in ↗Zukovskys Kasino und ↗Renard in ↗*Die Welt ist nicht genug* (1999) sowie ↗Zao in ↗*Stirb an einem anderen Tag* (2002).

GLAUB, HANS (Filmcharakter)

Von ↗Chuck Lee erfährt James Bond in ↗*Im Angesicht des Todes* (1985), dass ↗Dr. Karl Mortner in Wirklichkeit Hans Glaub ist. Der Deutsche hat im Krieg Steroide entwickelt und schwangeren Frauen verabreicht. Die wenigen Kinder, die überlebten, wiesen einen hohen IQ auf, waren aber alle psychotisch. Glaub kam nicht vor ein Kriegsgericht, weil ihn die Russen für sich arbeiten ließen. 15 Jahre, bevor Bond auf ↗Zorin traf, verschwand Glaub. 007 vermutet, Zorin ist eines der Kinder, die aus Mortners/Glaubs Versuchen hervorgegangen sind. In der deutschen Synchronversion wird der Mann als ↗Jan Kopersky bezeichnet. Vermutlich versuchte man, mit der Namens- und Lebenslaufänderung der Figur die Nazibezüge etwas zu entschärfen. Die Figur taucht in der Literatur auch als Hans Glau auf.

GLD367 (Kennzeichen)

↗Franz Sanchez und ↗Truman-Lodge flüchten in ↗*Lizenz zum Töten* (1989) mit einem Wagen, der das Kennzeichen GLD367 trägt.

GLEN, ANDREW (Musikschnitt)

Für den Musikschnitt beim Kinofilm ↗*Lizenz zum Töten* (1989) war Andrew Glen verantwortlich.

GLENCOE (Ort)

Als James Bond im Roman ↗*Fahr zur Hölle, Mr. Bond!* in den Ort kommt, der ihn an »Glencoe« erinnert, wird die Vergangenheit lebendig. Glencoe war 1692 nicht nur der Schauplatz eines Massakers, sondern hier wurde auch 007s Vater geboren.

GLEN, JOHN (Regisseur)

John Glen wurde am 15. Mai 1932 in England geboren. Seine Arbeit an den James-Bond-Filmen war maßgeblich für den Erfolg der Filmreihe in den 1980er Jahren. Bei ↗*Im Geheimdienst Ihrer Majestät* (1969) war er als Regisseur der Second Unit zum ersten Mal an einem James-Bond-Film beteiligt. Die gleiche Aufgabe hatte er auch bei ↗*Der Spion, der mich liebte* (1977), und ↗*Moonraker – streng geheim* (1979). Mit ↗*In tödlicher Mission* (1981) stieg er zum Hauptregisseur auf. Mit ↗*Octopussy* (1983), ↗*Im Angesicht des Todes* (1985), ↗*Der Hauch des Todes* (1987) und ↗*Lizenz zum Töten* (1989) hält er den Rekord als Regisseur, der die meisten James-Bond-Filme in Folge inszenierte. John Glen ist das beste Beispiel dafür, wie man aus dem Nichts zu einem der erfolgreichsten Regisseure Englands werden kann. Er begann 1947 als »Junge für alles« in den Shepperton-Studios, wo er hauptsächlich Botengänge zu erledigen hatte und lernte auch bei den Group Three Procuctions und den Nettleford Studios viel über Filmarbeit. Glen diente zwei Jahre der Royal Air Force. Als Redakteur war er an zahlreichen Dokumentationen beteiligt. Bei Projekten wie *Der dritte Mann* und etlichen Fernsehfilmen machte er durch seine ruhige Art auf sich aufmerksam. *Man In A Suitcase* und Serien wie *Danger Man* (1961) etablierten Glen als Regisseur für Actionszenen.

In der Bond-Welt stand 1969 das sechste Projekt *Im Geheimdienst Ihrer Majestät* an. Alle Aufgabenbereiche waren besetzt, und Glen verdankt es einem Zufall, hier Regisseur der Second Unit geworden zu sein. Der ursprünglich verpflichtete Mann lieferte fehlerhafte Szenen ab und schaffte sein Pensum bei Weitem nicht. ↗Albert R. Broccoli und ↗Harry Saltzman feuerten ihn und John Glen übernahm den Posten. Der eingewechselte Glen zeigte schnell, welche Qualitäten er besaß, und brachte seine Ideen in die Skiverfolgungsjagden und die Bob-Fahrten von *Im Geheimdienst Ihrer Majestät* ein. Der Schnitt von *Im Geheimdienst Ihrer Majestät* (1969), für den Glen ebenfalls verantwortlich war, sorgt noch heute für geteilte Meinungen: Einige finden, wegen der Rasanz handle es sich um den besten Filmschnitt der ersten sechs James-Bond-Filme, andere bemängeln die Filmsprünge, besonders bei Schlägereien, was auf den schlechten Schnitt zurückzuführen sei. 1977 wurde er wegen seines Regie-Könnens bei Schneeaufnahmen für die ↗Pre-Title-Sequenz von *Der Spion, der mich liebte* zu Bond zurückgeholt. Bei diesem Projekt machte er sich für die Crew so unentbehrlich, dass er auch bei der Pre-Title-Sequenz des Folgefilms *Moonraker – streng geheim* Regie führte.

Ein lang gehegter Wunsch Glens wurde wahr, als man ihm die Regie für *In tödlicher Mission* anbot. »Wir wollten nach *Moonraker* zurück zum Realismus der Bond-Filme und orientierten uns an *Liebesgrüße aus Moskau*«, sagte er 1980. Zusammen mit ↗Michael G. Wilson und ↗Richard Maibaum arbeitete Glen vor Drehbeginn die bei früheren Bond-Produktionen verworfenen Ideen durch und verwandte einige wegen der inzwischen besser entwickelten Technik in *In tödlicher Mission* (u. a. das Kielholen, einst für ↗*Leben und sterben lassen* geplant). Bei den Folgeprojekten verfuhr Glen ähnlich. Die Lkw-Verfolgungsjagd in *Lizenz zum Töten* (1989) stammt ebenfalls aus der Ideensammlung für den Film *Leben und sterben lassen*. Mit ↗Roger Moore hatte John Glen schon vor Bond zusammengearbeitet: Moore war Darsteller bei *Die Wildgänse* und *Die Seewölfe*, Glen hatte hier bei der Second Unit Regie geführt.

Wie auch andere große Regisseure, so wollte Glen jeden seiner Filme mit einem Symbol der Wiedererkennung versehen. Er entschied sich für eine weiße Taube. Das Tier, das in *In tödlicher Mission* hinter einem Felsvorsprung hervorkommt und James Bond fast zum Absturz bringt, hat auch Bezug zum Inhalt, denn der Bösewicht wird ↗»Die Taube« genannt. Nur schwer konnte sich Glen dazu durchringen, sein Erkennungszeichen aus *Im Angesicht des Todes* herauszuschneiden, da es partout nicht passte. In vier von fünf Filmen, bei denen er Regie führte, ist die Taube zu sehen. Action-Regisseur John Woo *(Mission Impossible II)* fand die Idee so gut, dass auch er eine weiße Taube zu seinem Erkennungszeichen werden ließ. Kritiker lobten Glens Realismus im Film, doch die harten Actionszenen, die zum Tod eines Stuntmans führten, ließen auch Widerspruch an der gefährlichen Machart des Films laut werden, denn für ↗Paolo Rigon wurde der zwölfte offizielle James-Bond-Film tatsächlich zu einer »tödlichen Mission«. Albert R. Broccoli hielt aber an seinem Regisseur fest, und vier weitere Projekte wurden in Angriff genommen.

Glen führte ↗Timothy Dalton in die Rolle des 007 ein. Die Arbeit lief bei *Der Hauch des Todes* noch gut, zu Differenzen kam es erst bei *Lizenz zum Töten*. Dalton hatte andere Vorstellungen, wie die Rolle anzulegen sei, Glen und er gerieten oft in Streit. Als die Produktion der Filme nach diesem »brutalen« Bond auf Eis gelegt wurde, stand schnell fest, dass Glen nicht zurückkehren würde. John Glen sollte auch bei ↗*GoldenEye* (1995) Regie führen, doch Differenzen zwischen ihm und

↗Richard Maibaum sowie Timothy Dalton brachten ihn dazu, das Projekt frühzeitig (schon 1990) zu verlassen. Nach seinem Lieblings-Bond-Film gefragt, meinte Glen 1983 in einem Interview, *Im Geheimdienst Ihrer Majestät* sei bisher unübertroffen. Glen führte außer bei den Bond-Projekten auch bei Filmen wie *Christopher Columbus: Die Entdeckung* (1991/92), *Die Asse der stählernen Adler* (1991) und *The Point Men* (2001) Regie.

GLEN, MATTHEW (Schnittassistent/Montage)
Zusammen mit ↗John Nuth und ↗Wayne Smith arbeitete Matthew Glen als Schnittassistent an ↗*Der Hauch des Todes* (1987). Bei ↗*Lizenz zum Töten* (1989) war Glen für die Montage verantwortlich.

GLIDROSE
Ian Fleming kaufte gleich nach Fertigstellung seines ersten James-Bond-Romans ↗*Casino Royale* die Firma ↗Glidrose Productions Ltd. Glidrose vertrat seitdem Ian Flemings Autorenrechte. Der Name der Firma setzte sich aus den Namen der beiden Gründer zusammen: John Giddon und Norman Rose. 1966 gab Glidrose öffentlich bekannt, dass 60 Millionen James-Bond-Romane verkauft wurden. 2001 lag die Zahl bei 75 Millionen verkauften Exemplaren. Aus Glidrose Productions wurde später Glidrose Publications und letztendlich Ian Fleming Publications Ltd. Die Erben Flemings sind Inhaber der Firma und können so Autoren (zuletzt ↗Charlie Higson) beauftragen, James-Bond-Romane zu schreiben.

GLIDROSE PUBLICATIONS
↗Glidrose

GLIED
↗Schocktherapie

GLOBALES POSITIONSBESTIMMUNGS-SYSTEM
↗Kampfmesser mit Sonderausstattung

GLOBEN (Waffen)
Tödliche Waffen waren die giftgefüllten Globen, die von ↗Hugo Drax im Film ↗*Moonraker – streng geheim* (1979) entwickelt wurden, um das Leben auf der Erde zu vernichten. Jeder Globus beinhaltete ein aus einer Pflanze gewonnenes Nervengift und sollte 100 Millionen Menschen töten. Aus der Raumstation schaffte es Drax, drei der todbringenden Waffen auf die Erde abzuschießen, doch 007 und Holly Goodhead folgten ihnen per Raumschiff und brachten sie vor dem Aufprall zum Explodieren. Auch in ↗Woods Roman ↗*Moonraker Streng geheim* will ↗Hugo Drax die Menschheit vom Weltraum aus vernichten.

GLOBUS
↗Weltkarte

GLOBUS – MEISTBIETEND ZU VERSTEIGERN (Kurzgeschichte)
Die Kurzgeschichte *Globus – Meistbietend zu versteigern* von ↗Ian Fleming trägt im Original den Titel *The Property Of A Lady*. Fleming schrieb die Geschichte seiner Frau zuliebe. Diese bat ihn darum, eine Kurzgeschichte zu verfassen, bei der das Auktionshaus ↗Sotheby's eine Rolle spielt, denn der Sohn eines befreundeten Ehepaares arbeitete dort. Sie erschien zunächst 1963 in Sotheby's Jahrbuch *The Ivory Hammer: The Year At Sotheby's*. 1964 wurde die Geschichte im US-*Playboy* veröffentlicht. 1967 kam die Story dann in einem Band mit den Kurzgeschichten ↗*Octopussy* und ↗*The Living Daylights* unter dem Hauptitel ↗*Octopussy* heraus. Die Übersetzungen ins Deutsche stammen von ↗Willy Thaler, ↗Friedrich Polakovics und ↗Norbert Wölfl.

Inhaltsangabe »Globus – Meistbietend zu versteigern«: James Bond wird zu ↗»M« gerufen, weil bei diesem ein Kunstexperte mit einer seltsamen Geschichte auftauchte: Eine gewisse ↗Maria Freudenstein hat einen Smaragd-Globus geerbt, der von ↗Fabergé stamme und bei Sotheby's versteigert werden soll. »M« glaubt, der Globus sei eine Bezahlung an Freudenstein für deren »besondere« Dienste für die Sowjetunion. Bond erwartet, auf der Versteigerung einen KGB-Mann zu treffen, der den Preis durch sein Mitbieten hochtreiben will. 007 weiht einen Auktionsspezialisten ein, dass er den sowjetischen Chefagenten in London enttarnen will. Der eingeweihte ↗ Kenneth Snowman ist James Bond behilflich. Bond macht den gesuchten Gegner bei der spannenden Auktion ausfindig und folgt ihm. Der Mann arbeitet tatsächlich bei der russischen Botschaft. Durch Bonds Ermittlungen kann er nun des Landes verwiesen werden.

GLOCKEN

Regisseur ↗ Peter Hunt wollte die lauteste Schlägerei der Bond-Geschichte in ↗ Im Geheimdienst Ihrer Majestät (1969) zeigen. Die Gelegenheit bot sich, als von einer Schlägerei in einem Raum mit zahlreichen Kuhglocken die Rede war. Diese Kulisse konnte für den gewünschten Krach sorgen, als sich ↗ George Lazenby und ein Stuntman einen Kampf lieferten.

GLÖDA, KONRAD VON (Romanfigur)

Als James Bond im Buch ↗ Operation Eisbrecher von ↗ »M« instruiert wird, fällt der Name Konrad von Glöda. Glöda steckt hinter der ↗ NSAA, einer Partei, die das Vierte Reich anstrebt. Waffen, die gestohlen wurden, waren angeblich in die Hände des Grafen übergegangen, und 007 wird zu einem Stützpunkt eingeladen, um einem Waffenschmuggel aus sicherer Entfernung beizuwohnen. Das Waffenlager heißt ↗ »Blauer Hase«. Im weiteren Verlauf findet Bond heraus, dass es sich bei Konrad von Glöda um ↗ Aarne Tudeer handelt, ↗ Anni Tudeers Vater. Dieser hat sich den Namen zugelegt, um unerkannt seine nationalsozialistischen Aktionen durchführen zu können. »Glöda war eine Schimäre, eine gespenstische Erscheinung (...)« Die straffe Haltung erinnert Bond an die eines Offiziers. Glöda ist schon älter, aber recht sportlich. Seine braun gebrannte Haut bildet einen Kontrast zu seinem eisgrauen Haar. Im Gegensatz zu Bonds anderen Feinden hat dieser keine Aura des Bösen. ↗ Brad Tirpitz erwähnt in ↗ Gardners Roman beiläufig, er habe Glöda oft mit dem Decknamen »Glühwürmchen« betitelt. Glödas Frau wird von allen nur ↗ »Die Gräfin« genannt.

GLORIA-EXPRESS-BOBBAHN

Bei der »Gloria-Express-Bobbahn« handelt es sich um die Bobbahn, die im Roman ↗ 007 James Bond im Dienst Ihrer Majestät vorkommt. Einige Abschnitte der Strecke tragen kuriose Namen, die James Bond auf der Reliefkarte liest: »Todessprung«, »Freude der Hölle«, »Knochenschüttler« und »Paradiesallee«. Ein Mitarbeiter von ↗ Blofeld, der sich den Regeln widersetzt und sich an eine Frau aus dem ↗ Gloria-Klub heranmacht, wird die Bobbahn heruntergestoßen und kommt dabei um – ein »Blofeld-Tod«.

GLORIA-KLUB

Der Gloria-Klub, der als Logo ein großes rotes »G« mit einer Krone darauf hat, kommt im Roman ↗ 007 James Bond im Dienst Ihrer Majestät vor. Es handelt sich hierbei um den Privatbesitz von ↗ Ernst Stavro Blofeld. Der Klub ist in 3.050 Metern Höhe gelegen (im Originalroman steht es »3.605 metres«) und nur »für Mitglieder« zugelassen. Rechts vom Gloria-Klub befindet sich das »Alpengasthaus und Restaurant Piz Gloria«. Aufgrund von ↗ Ian Flemings Beschreibung suchte man einen passenden Ort für die Dreharbeiten von ↗ Im Geheimdienst Ihrer Majestät (1969) und fand das ↗ Schildhorn. Das auf diesem Berg erbaute Drehrestaurant wurde für den Film in ↗ Piz Gloria umbenannt. Es ist noch heute eine Touristenattraktion.

DIE GLORREICHEN SIEBEN (musikalisches Thema)
In ↗*Moonraker – streng geheim* (1979) erklingt das von ↗Elmer Bernstein komponierte Thema, als 007 auf einem Pferd durch die Prärie reitet. Eine solche musikalische Anleihe taucht erst wieder sechs Jahre später auf: Die Beach Boys *(California Girl)* sind zu hören, während der Geheimagent auf der Kufe eines Schneemobils flüchtet.

GLORY (Schiff)
Vergeblich suchen Bond und ↗Li Xu Nan im Hafen von Hongkong nach einem Schiff namens ↗»Taitai«, auf dessen Deck sich ein ↗Sampan befinden soll, der eine Bombe in sich birgt. Als ↗Captain Plante im Roman ↗*Countdown!* per Funk durchgibt, er habe ein Schiff mit Namen »Glory« gesichtet, das einen Sampam mit rotem Dach im Schlepptau habe, ist der Fall für James Bond klar. Die »Taitai« und die »Glory« sind ein und dasselbe Schiff, ↗Guy Thackeray hat nur den Namen geändert.

GLOTZ (Romanfigur)
Glotz ist laut der Informationen von ↗René Mathis eine im Roman ↗*Feuerball* erwähnte Person, die als französischer Spezialist für schweres Wasser für viel Geld von ↗SPECTRE ermordet worden sein soll, nachdem er übergelaufen war.

GLOVER, BRUCE (Darsteller)
Bruce Glover wurde am 2. Mai 1932 in Chicago geboren. Er wuchs als Sohn eines Uhrmachers auf. Mit achtzehn Jahren verließ Glover die High School seiner Heimatstadt und begann ein zweijähriges Studium auf dem Wright Junior College. Das Studium brach er ab, um in die Armee einzutreten. Begeistert davon vor Publikum zu agieren – Glover war schon in der Armee zum Pausenclown geworden – nahm er an manipulierten Ringkämpfen teil, bei denen schon von vornherein feststand, dass Glover unter Applaus und Gelächter auf dem Boden landen würde. Als Clown im Zirkus verdiente er sich Geld, und mit wenig Einkommen, aber Spaß an der Sache tingelte Glover durch die verschiedenen Theater Amerikas und Englands. Als schließlich Filmangebote kamen, schwor sich Glover, jede noch so kleine Rolle anzunehmen, in der Hoffnung, bekannt zu werden. Am Broadway lernte Glover seine große Liebe kennen und heiratete. Sein Sohn Crispen Glover hat indes auch eine Schauspielkarriere begonnen. Er trat im Film *Zurück in die Zukunft* auf.

Zu Projekten, bei denen Bruce Glover mitwirkte, gehören u. a.: *Who Killed Teddy Bear* (1965), *Sweet Love, Bitter* (1967), *CC und Company* (1970), *Chinatown* (1974) und *Big Bad Mama II* (1987). Bond-Regisseur ↗Guy Hamilton entdeckte Glover in einer Fernsehsendung, in der der Ex-Clown eine Komparsenrolle hatte. »Es war gar nicht so leicht herauszufinden, um welchen Darsteller es sich handelte«, gab Hamilton später zu. Aber er schaffte es, und Glover spielte an der Seite des unerfahrenen ↗Putter Smith in ↗*Diamantenfieber* (1971) den schwulen Killer ↗Mr. Wint. Als sadistischer Mörder durfte Glover versuchen, 007 zu töten. An James Bond denkt der Schauspieler noch heute gern zurück: »... es ist die einzige Rolle, an die sich das Publikum noch dreißig Jahre später erinnert, dann darf man schon dankbar sein.«

GLOVER, JULIAN (Darsteller)
Julian Glover wurde am 27. März 1935 als Sohn des Schriftstellers C. Gordon Glover und dessen Frau Honor Wyatt, die ebenfalls Texte verfasste, in London geboren. Er studierte nach der Ausbildung zum Armeeoffizier Schauspiel an der Royal Academy of Dramatic Art, wo er ↗Roger Moore kennenlernte. 1961 gab Glover sein Theaterdebüt und blieb dem Theater bis heute treu. Filme dreht der Engländer verhältnismäßig selten. Zu seiner Rolle in ↗*In tödlicher Mission* (1981) kam er per

Zufall. Glover hatte sich für die Rolle des James Bond beworben, als es unsicher war, ob Roger Moore den Geheimagenten verkörpern würde, und er wurde zu einem Vorsprechen eingeladen. ↗Dana Broccoli verriet später in einem Interview, dass Glover zweimal für die Rolle des James Bond in Betracht gezogen worden war. Einmal befand man ihn für zu jung, beim zweiten Mal wirkte er bereits zu alt. Als Moore Bond wurde, sah Glover seine Chancen, je bei 007 aufzutreten, schwinden.

Ein zweites Casting sollte über die Besetzung der Figur ↗Aris Kristatos entscheiden, und diesmal hatte der Charakterdarsteller mehr Glück. Die von Glover dargestellte Figur im zwölften offiziellen James-Bond-Film unterscheidet sich von allen bisherigen Gegenspielern Bonds. Kristatos hat keine körperlichen Abnormalitäten, und seine finsteren Pläne bedrohen auch nicht die Welt, sondern sind so realistisch, dass sie fast alltäglich erscheinen. Julian Glover wollte der Figur mehr Charakter geben, was leider im Film nicht zu spüren ist. Glover wirkt zu ungefährlich, und die vielen anderen Handlanger in *In tödlicher Mission* lenken den Zuschauer zu sehr von ihm ab. Vor *Indiana Jones und der letzte Kreuzzug* (1985) war der Bond-Film das größte Projekt, an dem Glover mitgewirkt hatte. Er spielte u. a. in Filmen wie *Tom Jones – Zwischen Bett und Galgen* (1962), *Das grüne Blut der Dämonen* (1967), *Alfred der Große – Bezwinger der Wikinger* (1968), *Sturmhöhe* (1970), *Hitler – die letzten zehn Tage* (1972), *18 Stunden bis zur Ewigkeit* (1974), *Das Imperium schlägt zurück* (1978/79), *Das vierte Protokoll* (1986), *King Ralph* (1990), *Infiltrator* (1995) und *Vatel* (1999). Vor der Arbeit am James-Bond-Film hatte Glover schon mit Roger Moore in drei Folgen von *Simon Templar* gespielt.

GLÜCK

↗Ian Fleming beschreibt James Bonds Glück im Roman ↗*Casino Royale* wie folgt: »Das Glück in allen Spielarten musste man lieben und nicht fürchten. Für Bond war das Glück eine Frau, die entweder zärtlich umworben, oder brutal genommen, niemals jedoch verkuppelt oder überzeugt werden wollte.« Fleming erwähnt auch, dass weder das Glück noch eine Frau es jemals geschafft haben, Bond von sich abhängig zu machen. Glück hat in ↗*Diamantenfieber* (1971) ein Elefant: Er betätigt mit seinem Rüssel einen einarmigen Banditen und gewinnt den Jackpot.

Um ↗Kamal Khan in ↗*Octopussy* (1983) beim Backgammon schlagen zu können, braucht James Bond mehr als nur Glück. Er nimmt das Recht, dass alle Spieler mit denselben Würfeln spielen dürfen, in Anspruch und versucht es mit den Glückswürfeln von Khan. 007 hat die richtige Vermutung: Die Würfel sind gezinkt und rollen immer auf die Einsen. »Es lag nicht nur an der glücklichen Hand!«, stellt Bond fest. Dass James Bond im Gegensatz zu Flemings Texten beim Spielen nicht an »Glück« glaubt, schreibt ↗Raymond Benson im Roman ↗*Die Welt ist nicht genug*. Zum Thema »Glück« meint ↗006 in ↗*GoldenEye* (1995): »Die Hälfte von allem ist Glück!« Als der Alarm in der Chemiewaffenfabrik losgeht, ergänzt er auf Bonds Frage, woraus die andere Hälfte bestehe: »Schicksal.«

↗Horoskop und ↗James Bond (Romanfigur)

GLÜCKLICHE FAHRT (Firma)

Auch das Reisebüro »Glückliche Fahrt« wurde von ↗Goldfinger geführt, erfährt der Leser des gleichnamigen Romans. Goldfinger habe das Reisebüro, das unter anderem auch von ↗Mr. Springer in Anspruch genommen wurde, später wieder aufgegeben.

GLÜCKSBRINGER

↗Bond, James (Romanfigur in ↗*003½ James Bond Junior*)

GLÜCKSKEKS
↗ *Doubleshot* (Roman)

GLÜHBIRNE (Waffe)
↗ Lampe

GLÜHWÜRMCHEN
Den Decknamen »Glühwürmchen« hat die Romanfigur ↗ Brad Tirpitz dem Schurken ↗ Graf Konrad von Glöda in ↗ Langley gegeben. Grund: Auf Schwedisch bedeutet »glöda« Glühen. Laut Tirpitz glühe dieser Mann vor Geld, das er in der Nazizeit beiseite geschafft habe. Und er sei nicht nur ein Würmchen, sondern ein ausgewachsener Wurm.

GLUKOSETABLETTEN
Bei seinen Aufträgen in ↗ Flemings Kurzgeschichten ↗ *Für Sie persönlich* und ↗ *Tod im Rückspiegel* nimmt Bond Glukosetabletten, um seine Müdigkeit zu überwinden und damit seine Kräfte ihn nicht verlassen.

GLYN, PEREDUR (Romanfigur)
Peredur Glyn ist James Bonds Doppelgänger im Roman ↗ *Doubleshot*. Es handelt sich um einen walisischen Hooligan, dem die Union zur Flucht aus dem Gefängnis verholfen hat. Sein Bond-Aussehen hat er durch eine plastische Operation erlangt. Um 007 doubeln zu können, absolvierte er ein hartes körperliches Training. Er stirbt (vermutlich) bei einem Kampf gegen den echten James Bond in einer Stierkampfarena.

GMÜR, LEONARD (Produktionsmanager)
Leonard Gmür wurde am 30. April 1942 in Luzern geboren. Er arbeitete zunächst als Kritiker und gab Bücher heraus, ehe er bei Filmproduktionen als Nebendarsteller und Standfotograf tätig wurde. Nachdem er in der Branche Erfahrungen gesammelt hatte, bekam er die Möglichkeit, an James-Bond-Produktionen mitzuwirken. Gmürs Deutschkenntnisse und seine guten Beziehungen ließen ihn zum festen Crewmitglied von fünf 007-Filmen werden.

Die vier Produktionsmanager, die an ↗ *Octopussy* (1983) arbeiteten, waren Leonard Gmür, ↗ Barrie Osborne, ↗ Philip Kohler und ↗ Gerry Levy. Bei diesem Film organisierte Gmür die Autoverfolgungsjagd auf der Berliner Avus. Teilweise in neuer Besetzung traf bei der Produktion von ↗ *Im Angesicht des Todes* (1985) eine Gruppe von Produktionsmanagern zusammen, zu denen auch Gmür zählte. Hier umfasste sein Aufgabengebiet die ↗ Skiszenen der ↗ Pre-Title-Sequenz. Er arbeitete mit Philip Kohler, ↗ Serge Touboul, ↗ Ned Kopp und ↗ Jon Thor Hannesson zusammen. In wiederum neuer Besetzung mit ↗ Sparky Greene, ↗ Arno Ortmair und ↗ Denise O'Dell ging die Arbeit bei ↗ *Der Hauch des Todes* (1987) weiter. Leonard Gmür war Produktionsmanager für die Aufnahmen in Österreich auf dem zugefrorenen Weißensee. Als Drehort-Produktionsmanager kehrte Gmür bei ↗ *GoldenEye* (1995) zu 007 zurück. Er ermöglichte den Stunt an der Staumauer in der ↗ Pre-Title-Sequenz. Gmürs Beziehungen verhalfen der Bond-Crew zu einer Dreherlaubnis in der Hamburger Innenstadt. Für den Film ↗ *Der Morgen stirbt nie* (1997) wurde ein Auto in eine Avis-Autovermietungskulisse geschossen. Die Stuntmen genießen die Zusammenarbeit mit Gmür, da dieser immer bestens vorbereitet ist und meist dicke Scripts zur Umgebung und Beschaffenheit der Drehorte verfasst.

GNADENSCHUSS
Gnadenschüsse in James-Bond-Romanen und -Filmen sind nicht alltäglich. Denkt man an Professor ↗ Dent im Film ↗ *James Bond 007 jagt Dr. No* (1962), so kann man hier nach dem ersten Schuss von 007 bereits von Gnadenschüssen sprechen, mit denen 007 Dent tötet. Im Roman ↗ *Moment mal, Mr. Bond* verpasst ↗ Felix Leiter ↗ Nena Bismarquer einen Gnaden-

schuss, nachdem die neue Anführerin von ↗SPECTRE durch mehrere ↗Pythons fast umgebracht wurde. Ähnlich verhält es sich in ↗Scorpius, als der gleichnamige Bösewicht sein lang erwartetes Ende findet. ↗General Ourumov gibt seinem Chauffeur im Buch ↗GoldenEye einen Gnadenschuss in den Kopf, nachdem er ihm zweimal in den Magen geschossen hat.

GOBINDA (Filmcharakter)
Der Leibwächter von Prinz ↗Kamal Khan ist an seinem Turban immer zu erkennen. Die Figur kommt im Film ↗Octopussy (1983) vor. Dargestellt vom Schauspieler ↗Kabir Bedi, spricht der Schurke in der Tradition seiner Vorgänger fast überhaupt nicht. Erinnerungen an ↗Oddjob werden wach, wenn Gobinda vor James Bonds Augen im Kasino zwei Würfel zerdrückt – in ↗Goldfinger (1964) tat Oddjob dies mit einem Golfball. Beim Versuch, Bond von der Außenhaut eines fliegenden Flugzeuges zu stoßen, schlägt 007 dem Inder eine Antenne ins Gesicht. Mit einem Schrei wie ein Elefantentrompeten stürzt Kamal Khans Diener ab.

GODFREY, JOHN
↗»M«

GODFREY, JOHN H. (Geheimdienstmitarbeiter)
John H. Godfrey war ↗Ian Flemings Vorgesetzter beim Marinegeheimdienst und hatte den Rang eines Konteradmirals. In Erinnerung an ihn wurde Bonds Verbündeter in ↗Im Angesicht des Todes (1985) Godfrey Tibbett genannt.

GOD SAVE THE QUEEN
Nachdem schon James Bond in ↗Der Mann mit dem goldenen Colt (1974) in der Karateschule meinte »God save the Queen«, teilt auch ↗Alec Trevelyan in ↗GoldenEye (1995) diese Ansicht mit ihm. Der Schurke meint es aber ironisch: Er hat es mit dem Satelliten ↗Mischa auf London abgesehen.

In ↗Der Hauch des Todes (1987) fragt 007 ↗»Q«, ob er »God save the Queen« pfeifen müsse, um mit dem Schlüsselfinder der ↗Abteilung Q ein Zimmer in die Luft zu jagen. Später stellt sich heraus, dass der Schlüsselfinder mit dem ↗Playboypfiff aktiviert wird.

GOETHE, JOHANN WOLFGANG VON
James Bond kommt sich im Roman ↗Nichts gehr mehr, Mr. Bond ein wenig albern vor, als er mitten in der Nacht an einem ostdeutschen Strand Goethe zitiert: Die Versezeilen »Meine Ruh' ist hin« und »Mein Herz ist schwer« (Margarethe in *Faust*) dienen als ↗Codes für Bond und die Personen, denen er zur Flucht aus der DDR verhelfen soll.

GOFTA
Die deutsche Übersetzung für ↗SPECTRE, die in ↗James Bond 007 jagt Dr. No (1962) von ↗Dr. No benutzt wird, lautet GofTA (»Geheimorganisation für Terror, Spionage, Erpressung und Mord«), nach Nos Auffassung die vier Eckpfeiler der Macht. In späteren Filmen wurde »SPECTRE« nicht mit »GofTA«, sondern mit ↗»Phantom« übersetzt.

GOGOL, ALEXIS (Filmcharakter)
Der erste Film, in dem General Gogol auftritt, ist auch der einzige, in dem sein Vorname genannt wird: Alexis. Zwar war der Auftritt Gogols in ↗Der Spion, der mich liebte (1977) der erste, doch Darsteller ↗Walter Gotell hatte hier schon seinen zweiten (er spielte schon die Rolle des ↗»Morzeny« in ↗Liebesgrüße aus Moskau). ↗Anja Amasowa, die ↗Agentin XXX, soll im Film für Gogol herausfinden, ob es sich beim Verschwinden eines Atom-U-Boots um einen Sabotageakt handelt. Gogol wurde ein wichtiger Charakter, der dem Zuschauer immer wieder signalisieren sollte, dass die Beziehung der Mächte Russland, USA und England nicht das Problem

war, mit dem 007 zu kämpfen hatte. ↗ Albert R. Broccoli hielt es für klüger, die politischen Aspekte im Hintergrund zu halten und Schurken agieren zu lassen, die persönliche, größenwahnsinnige Ziele verfolgen. 1979 in ↗*Moonraker – streng geheim* kommt Gogol erneut vor. Hier beschäftigt er sich privat mit einer sehr jungen blonden Frau, und aus seinen Äußerungen könnte man auf die Impotenz der Figur schließen: »Probleme ... Probleme ... Probleme«.

Im Film ↗*In tödlicher Mission* (1981) hat sich der Konflikt zwischen Ost und West wieder etwas verschärft. Es ist ein Rennen um das ↗ATAC. Als James Bond beim Finale des Films den automatischen Angriffskoordinator in seinen Händen hält, trifft General Gogol ein und will 007 durch eine bewaffnete Begleitung zur Übergabe des Gerätes zwingen. Der Agent handelt und wirft das Hightechgerät von einem Felsen – es ist zerstört. In diesem Moment entsichert die Wache die Maschinenpistole, aber der General verhindert, dass Bond erschossen wird. »Das ist echte Entspannung: Sie haben es nicht und ich auch nicht!« Das Unentschieden bringt den ↗KGB-Mann zum Lachen. Er verlässt ohne ein Wort den Felsen. Die Mission ↗*Octopussy* (1983) zeigt einen entschlossenen und handlungsbereiten Mann, der nicht davor zurückschreckt, politische Aufständler zu verfolgen und zu bestrafen. Gogol will den KGB-Mann ↗Orlov stoppen, der einen Juwelendiebstahl plant und mit ↗Kamal Kahn gemeinsame Sache macht. Als der Bösewicht dann von DDR-Grenzsoldaten erschossen wird, hat er kein Mitleid: »Ein gewöhnlicher Dieb!«, stellt Gogol fest. Für einen kleinen Lacher sorgt Gogols Auftritt im Film ↗*Im Angesicht des Todes*. Hier versuchen KGB und britischer Geheimdienst sich gegenseitig zu übertreffen. Natürlich ist 007 der schnellere, und Gogol kann nur entsetzt gucken, nachdem Bond die Kassette mit wichtigen Geheiminformationen gegen Entspannungsmusik ausgetauscht hat.

Gogol hat Kontakt zu ↗Zorin. Ein KGB-Mitglied erwähnt, dass der KGB Max Zorin ausgebildet und gedeckt hat. Gogol ist der Ansicht, Zorin werde eines Tages zum russischen Geheimdienst zurückkehren. Als der Bösewicht, der den Mikrochipmarkt an sich reißen wollte, getötet ist, verleiht Gogol James Bond den Leninorden: »Wo wäre die russische Technologie ohne Silicon Valley«, gibt er zu. In ↗*Der Hauch des Todes* (1987) hat Gogol sein Amt an ↗General Puschkin übergeben, dessen Zusammenarbeit mit 007 sich ebenso positiv entwickelt. Drehbuchautor ↗Christopher Wood gab der Figur Gogol ihren Namen, nachdem er etwas vom russischen Dichter Nikolai Wassiljewitsch Gogol gelesen hatte.

GOING DOWN – THE BUNKER (Lied)
↗*The World Is Not Enough* (Soundtrack)

GOING DOWN TOGETHER (Lied)
↗*Stirb an einem anderen Tag* (Soundtrack)

GOING FOR THE GOLD (Zeichentrickfilm)
↗*James Bond Jr.*

GOLD (Deckname)
↗Goldfinger nennt sich im gleichnamigen Roman Mr. Gold, als er eine Sitzung leitet, bei der ↗Galore, ↗Solo, ↗Strap, ↗Midnight und ↗Ring anwesend sind. Es geht um die ↗»Operation Großer Schlag«.

GOLD AUS DEM ALL (Zeichentrickfilm)
↗*James Bond Jr.*

GOLDBARREN
Aus den Goldbarren, die Major ↗Smythe in der Kurzgeschichte ↗*Octopussy* in seinen Besitz bringt, hat er den Prägestempel der Deutschen Reichsbank entfernen lassen. Seine Frau ↗Mary Parnell ahnt nichts, als er sie bittet, keinem etwas von dem Schatz zu erzählen, der laut der ↗Gebrüder Fu über einhunderttausend Dollar wert ist. Der Goldbarren, den James

Bond in ↗Goldfinger (1964) als Köder für ↗Goldfinger von der Regierung bekommt, ist 5.000 Pfund wert.
↗Schlagzeilen

GOLDBARREN-JOB
↗Goldfingeraffäre

GOLD, BILL (Designer)
Der als überproduktiv geltende Bill Gold hat in seiner ein halbes Jahrhundert andauernden Karriere über 2.000 Film-Poster entworfen. Seinen Status als Top-Designer schuf er sich schon 1942 mit dem Plakat zu *Casablanca*. Eine lange Zusammenarbeit mit Clint Eastwood begann 1971, als Gold die Poster zu den *Dirty Harry*-Filmen entwarf. Seitdem hat er alle weiteren Plakate zu Eastwood-Filmen entworfen. 1981 kam schließlich der Bond-Auftrag: Gold entwickelte die Hauptkampagne zu ↗*In tödlicher Mission* (1981) und brachte damit die Kritiker zum Kochen. Das Plakat zeigt Beine und Po einer knapp bekleideten Frau, die eine Armbrust trägt. Zwischen ihren Beinen steht im Hintergrund ein »kleiner« James Bond in 007-Pose, der schussbereit seine Walther PPK zückt. Mehrere Models behaupteten, sie hätten für die Beine Modell gestanden, gerichtlich musste geklärt werden, wer es tatsächlich war. Ein Medienrummel, der Golds Bekanntheit noch steigen ließ. Golds Poster zum Clint-Eastwood-Film *Erbarmungslos (Unforgiven)* wurde zum besten des Jahres 1992 gewählt.

DAS GOLD DES KOLUMBUS (Zeichentrickfilm)
↗*James Bond Jr.*

GOLDENE LEINWAND (Filmpreis)
Der Filmpreis Goldene Leinwand wird in der Bundesrepublik Deutschland immer dann vergeben, wenn ein Kinofilm in 18 Monaten eine Besucherzahl von über drei Millionen erreicht. Folgende James-Bond-Filme wurden mit diesem Preis ausgezeichnet:

1965: *Goldfinger* (1964) / 1966: *Feuerball* (1965) / 1967: *Man lebt nur zweimal* (1967) / 1973: *Diamantenfieber* (1971) / 1974: *Leben und sterben lassen* (1973) / 1977: *Der Mann mit dem goldenen Colt* (1974) / 1978: *Der Spion, der mich liebte* (1977) / 1980: *Moonraker – streng geheim* (1979) / 1982: *In tödlicher Mission* (1981) / 1984: *Sag niemals nie* (1983) / 1984: *Octopussy* (1983) / 1986: *Im Angesicht des Todes* (1985) / 1988: *Der Hauch des Todes* (1987) / 1996: *GoldenEye* (1995) / 1998: *Der Morgen stirbt nie* (1997) / 2000: *Die Welt ist nicht genug* (1999) / 2003: *Stirb an einem anderen Tag* (2002)

GOLDENER COLT (Waffe)
Der wohl bekannteste Colt weltweit ist der goldene Colt aus dem neunten James-Bond-Film ↗*Der Mann mit dem goldenen Colt* (1974). Die Waffe ist eine Sonderanfertigung vom Kaliber 4,2mm. 007 meint im Film, dass es eine solche Waffe nicht gibt, doch ↗»Q« und ↗Colthorpe belehren den Agenten eines Besseren. Das Magazin des Colts beinhaltet nur eine einzige Patrone, die im Film von ↗Lazar hergestellt wurde und auf der der Name des Opfers eingraviert war. Seit 1995 stellen die ↗S&D Studios einen Nachbau des tödlichen Spielzeugs her. Die Kosten für einen goldenen Colt mit Patrone, auf der »007« eingraviert ist, belaufen sich auf ca. 600 Pfund. Genau genommen handelt es sich bei ↗Scaramangas Waffe gar nicht um einen Colt, sondern um eine Pistole. Bei Scaramangas Waffe fungierte ein Zigarettenetui als Kolben, ein Füller als Lauf, ein Feuerzeug als Geschosskammer und ein Manschettenknopf als Abzug.
↗Spannschloss-45er-Colt

GOLDENER HIRSCH
Im Roman ↗*Niemand lebt für immer* bekommt James Bond per Telefon von dem undurchschaubaren ↗Dr. Kirchtum die Aufforderung, sich ein Zimmer im »Gol-

denen Hirsch« zu nehmen. 007 hält dies zunächst für unmöglich, da man in diesem Hotel Monate im Voraus buchen muss. »Beziehungen«, stellt Bond trocken fest, als er doch noch dort unterkommt. Die Gegenseite hatte sich darum gekümmert – nun ging ihr Plan auf, und sie konnte dem Agenten eine ↗Vampir-Fledermaus in sein Hotelzimmer schmuggeln.

GOLDENER SCHUSS
↗Prominenten-Überdosis

GOLDENEYE (Comic)
↗Comics

GOLDENEYE (Computerspiel)
↗James-Bond-Computerspiele

GOLDENEYE (Haus)
↗Ian Flemings Wohnsitz auf Jamaika heißt »Goldeneye«. Das Land, auf dem das Haus gebaut wurde, hatte ↗Ivar Bryce 1944 auf Flemings Wunsch gekauft. Es liegt nahe Oracabessa an der Nordküste Jamaikas. Während seiner Arbeit beim Zeitungs-Magnaten Lord Kemsley bekam der Journalist pro Jahr zwei Monate die Gelegenheit, in »Goldeneye« zu wohnen. Hier begann Fleming 1952, seinen Roman ↗*Casino Royale* zu schreiben. Zwölf weitere Bücher der James-Bond-Serie sollten folgen. In ↗Raymond Bensons Buch ↗*Countdown!* heißt es, James Bond habe ein Haus an der Küste Jamaikas erworben, das einst einem Schriftsteller gehörte – hierbei handelt es sich um eine Anspielung auf Fleming und »Goldeneye«. 007 gibt seinem Besitz im Buch den Namen ↗»Shamelady« (engl. »mimosa«) – ein Pflanze, die sich bei Berührung zusammenzieht.

GOLDENEYE (Magazin)
↗Ian Fleming Foundation

GOLDENEYE (Fernsehfilm)
Der Kinofilm ↗*GoldenEye* (1995) wird mit einem großen »E« geschrieben, da es schon einen Fernsehfilm mit dem Titel ↗*Goldeneye* über ↗Ian Flemings Leben gibt.

GOLDENEYE (Englischer Roman)
GoldenEye ist der Roman zum gleichnamigen siebzehnten offiziellen James-Bond-Film. Das Buch wurde von ↗John Gardner nach einer Drehbuchvorlage von ↗Jeffrey Caine und ↗Bruce Feirstein nach einer Idee von ↗Michael France geschrieben. Es ist sein fünfzehntes Werk mit der Titelfigur James Bond. Da das Drehbuch zunächst zu viele Ähnlichkeiten mit dem Film *True Lies* aufwies, musste es komplett umgeschrieben werden. Gardners Roman erschien als »Coronet Books« bei »Hodder and Stoughton«. Inhaltsangabe ↗»GoldenEye« (Roman).

Das Buch hat je nach Druck und Auflage 218 Seiten und 19 Kapitel mit folgenden Überschriften: 1) Cowslip – 1986; 2) Mission Accomplished; 3) High Stakes; 4) The Spider And The Admiral; 5) The Tiger's A Wonderful Thing; 6) Petya; 7) EMP; 8) Assignment Goldeneye; 9) Wade's Ten Cent Tour; 10) Wheeling And Dealing; 11) The God With Two Faces; 12) Floating Through Sunlight; 13) Track Event; 14) The Train; 15) Steel-Plated Coffin; 16) Interlude; 17) The Lake; 18) The Edge Of Catastrophe; 19) Journeys End In Lovers Meeting

GOLDENEYE (Roman)
GoldenEye ist wie auch ↗*James Bond und sein größter Fall* und ↗*Moonraker – streng geheim* von ↗Christopher Wood, ↗*Lizenz zum Töten* von ↗John Gardner sowie ↗*Der Morgen stirbt nie* und ↗*Die Welt ist nicht genug* von ↗Raymond Benson kein James-Bond-Roman im eigentlichen Sinne (↗Roman zum Film). Das Buch erschien 1996 kurz nach dem Filmstart von ↗*GoldenEye* (1995) mit ↗Pierce Brosnan als James Bond. In der Originalausgabe hieß das Buch ebenfalls *GoldenEye*. Es wurde von Rolf A. Becker ins Deutsche übersetzt und erschien im Heyne Verlag. Es besteht in der Originalausgabe aus 220 Seiten mit

19 Kapiteln. Das Buch ist mit zahlreichen Bildern versehen, die Filmszenen oder Werbeaufnahmen der Schauspieler zeigen – wie auch im Roman *Lizenz zum Töten* sind es 18 Aufnahmen. Nach sechs Jahren Filmpause war das Interesse am literarischen James Bond so groß, dass 1996 drei Auflagen erschienen. Zwei davon hatten unterschiedliche Titelbilder. Die erste Auflage zeigte das Werbeplakat »You know the Name – You know the Number«. Die dritte Auflage zeigte das Filmplakat. Es hatte sich jedoch ein Fehler eingeschlichen. Das Copyright von *GoldenEye* wurde in der ersten Auflage mit 1995 angegeben, in der dritten Auflage ist es 1965. In der allgemeinen Reihe hat das Buch die Nummer 01/9842.

Die Kapitel sind mit folgenden Überschriften versehen: 1) Operation Schlüsselblume; 2) Auftrag ausgeführt; 3) Hohe Einsätze; 4) Die Spinne und der Admiral; 5) Der wundersame Tiger; 6) Petya; 7) EMP; 8) Unternehmen Goldeneye; 9) Wades kleine Rundfahrt; 10) Machenschaften; 11) Der Gott mit den zwei Gesichtern; 12) Ein Staubkörnchen im Sonnenlicht; 13) Durchbruch; 14) Der Zug; 15) Der stählerne Sarg; 16) Zwischenspiel; 17) Der See; 18) Am Rand der Katastrophe; 19) Ende der Reise auf der Lichtung der Liebenden

Inhaltsangabe »Goldeneye«:
1) Operation Schlüsselblume: 007 und 006 haben den Auftrag, eine russische Fabrik für chemische und biologische Waffen zu zerstören. Während es 006 gelingt, mit gefälschten Papieren einzudringen, hat James Bond den komplizierteren Weg. Er muss einen Staudamm überwinden. Zwei Männer, denen er begegnet, und die für die Gegenseite arbeiten, sterben durch seine Glaser-Geschosse.
2) Auftrag ausgeführt: Per Bungeesprung vom Staudamm gelingt es Bond, in die Fabrik einzudringen. Die Geheimagenten treffen sich, werden jedoch ertappt. Alec Trevelyan (006) wird von dem russischen General Ourumov per Kopfschuss getötet. 007 entkommt dennoch, löst die Sprengung der Fabrik aus und benutzt ein Flugzeug zur Flucht.
3) Hohe Einsätze: Im Jahr 1995 wird ein »Fünf-Jahres-Gutachten« von 007 erstellt. Die prüfende Psychologin Caroline sitzt auf Bonds Beifahrersitz, während er sich mit einer Frau namens Xenia Onatopp ein Autorennen liefert: sein Aston Martin gegen Onatopps Ferrari. 007 lässt sich das Rennen gewinnen und trifft sie später in Monte Carlo wieder. Hier besiegt er Onatopp am Spieltisch. Als sie das Kasino mit Admiral Chuck Farrel verlässt, wird er neugierig.
4) Die Spinne und der Admiral: Nachts tötet Onatopp Farrel beim Geschlechtsakt. 007, der Informationen über die geheimnisvolle Frau von Moneypenny erhalten hat, wird von »M« autorisiert, die zu »Janus« gehörende Onatopp zu überprüfen. Mit einem Double von Farrel ist die Killerlady auf dem Weg zu einer militärischen Veranstaltung, die auf einem Schiff abgehalten wird. Bond, der noch das Liebeslager von Onatopp durchsucht, stößt auf die Leiche des echten Admiral Farrel.
5) Der wundersame Tiger: Vor 007s Augen wird der Prototyp eines hochmodernen Helikopters namens »Tiger« gestohlen. Onatopp ist dafür verantwortlich. Im Hauptquartier beim neuen »M«, einer Frau, erfährt der Agent, man habe den »Tiger« ausfindig machen können.
6) Petya: Onatopp und Ourumov treffen mit dem Tiger-Helikopter bei einer russischen Satellitenstation in Sibirien ein. Alle Menschen werden von Xenia Onatopp getötet, nur Boris Grischenko und Natalja Simonowa können entkommen. Ourumov aktiviert Petya, eine Weltraumwaffe mit dem Systemnamen »Goldeneye«. Zur selben Zeit trifft 007 im Hauptquartier des Geheimdienstes in London ein.
7) EMP: Per Satellitenüberwachung können »M«, Tanner und Bond miterleben, was die Detonation »Goldeneyes« über der Satellitenstation in Serwernaja auslöst: EMP.

Natalja ist mit einem Hundeschlitten entkommen.

8) Unternehmen Goldeneye: Nachdem »M« und 007 die Lage erläutert haben, setzt »M« Bond auf »Janus« an. Die Gruppe hat ihr Hauptquartier in St. Petersburg. Bei »Q« besorgt sich der Agent vor der Abreise seine Geheimwaffen. Natalja Simonowa ist inzwischen mit dem Zug unterwegs und plant, Boris Grischenko ausfindig zu machen. Als Ourumov erfährt, dass sie überlebt hat, gibt er einem unbekannten Mann am Telefon den Befehl, das Mädchen zu fassen.

9) Wades kleine Rundfahrt: James Bond trifft in St. Petersburg beim CIA-Mann Jack Wade ein und erfährt etwas über »Janus« und einen Mann, der vielleicht beim Vorgehen gegen »Janus« behilflich sein könnte: Zukovsky. Natalja gelingt es derweil per Chat und E-Mail, mit Boris Grischenko Kontakt aufzunehmen. Sie verabreden sich miteinander. Bond stattet Zukovsky einen Besuch ab. Die Männer kennen sich von früher, berichtet Bond Wade, und 007 sei schuld daran, dass Zukovsky hinke. Als der Agent den Laden »Valentins« betritt, wird er niedergeschlagen.

10) Machenschaften: 007 und Zukovsky beschließen, einander zu helfen. Zukovsky bekommt Geld, Bond die benötigten Informationen. »Janus« soll von 007s Anwesenheit erfahren. Xenia Onatopp, die bereits am selben Tag mit Boris Grischenkos Hilfe Natalja Simonowa gefangen hat, will 007 mit ihren Oberschenkeln strangulieren, allerdings ohne Erfolg. Er verlangt, zum Kopf der »Janus«-Gruppe gebracht zu werden. Bond ist überrascht, als sich sein Gegenspieler als Alec Trevelyan entpuppt.

11) Der Gott mit den zwei Gesichtern: Ex-006 berichtet Bond, er sei Janus und ein Lienz-Kosake. Deshalb kämpfe er gegen die Briten. Bond wird von einem Betäubungspfeil getroffen und erwacht bei Natalja Simonowa im Tiger-Helikopter, der sich mit den eigenen Raketen zu zerstören droht. Per Schleudersitz entkommen Bond und die Frau der Explosion.

12) Ein Staubkörnchen im Sonnenlicht: Natalja und 007 werden von Verteidigungsminister Mischkin im Hauptquartier des militärischen Sicherheitsdienstes in St. Petersburg verhört. Mischkin ist überrascht, als er von Natalja von einem zweiten Goldeneye-Satelliten namens »Mischa« erfährt und sie Ourumov als Verräter enttarnt. Plötzlich betritt Ourumov die Zelle und tötet Mischkin. 007 und Natalja flüchten, sie wird jedoch gefasst, während der Agent durch ein Fenster entkommt.

13) Durchbruch: Mit einem T-55-Panzer verfolgt Bond Ourumov, der Natalja entführt hat. St. Petersburg wird zum Schlachtfeld, und 007 hinterlässt eine Spur der Verwüstung. Die Verfolgungsjagd endet an einem Bahnhof.

14) Der Zug: Ourumov bringt Natalja Simonowa in einen Raketenzug, der Trevelyan gehört. Bond stellt sich diesem mit seinem Panzer in den Weg und bringt ihn zum Entgleisen.

15) Der stählerne Sarg: Der britische Geheimagent erschießt Ourumov, doch Trevelyan und Onatopp entkommen mit einem Hubschrauber. Natalja und 007 schaffen es kurz vor der Detonation einer Bombe ebenfalls, aus dem Zug zu flüchten. Zuvor hatte Natalja per Computer den Aufenthaltsort von Boris Grischenko ermittelt.

16) Zwischenspiel: In Kuba angekommen, treffen 007 und seine neue Freundin Natalja auf Jack Wade, der ihnen ein Flugzeug zur Verfügung stellen will, damit sie Trevelyan und die angeblich vorhandene Satellitenschüssel finden können, die benötigt wird, um »Goldeneye« zu kontrollieren. Bond und Natalja schlafen miteinander.

17) Der See: Obwohl 007s und Nataljas Flugzeug von einer Rakete abgeschossen wird und 007 einen Kampf gegen Xenia Onatopp bestehen muss, bei dem sie stirbt, findet er das Hauptquartier von Trevelyan unter einem abpumpbaren See. Kaum hat er dies erkannt, wird auch schon wieder auf Natalja und ihn geschossen.

18) Am Rand der Katastrophe: Es gelingt Natalja, am Großrechner die Bremsraketen von »Mischa« auszulösen. Mit ungewollter Hilfe von Boris Grischenko detoniert eine von »Q« angefertigte Granate in Bonds Kugelschreiber. Diese löst eine Kettenreaktion an Explosionen aus. 007 macht sich auf den Weg, um die Antenne der Satellitenanlage zu zerstören.

19) Ende der Reise auf der Lichtung der Liebenden: Trevelyan nimmt die Verfolgung auf, verliert aber den Kampf auf der Außenplattform der Antenne. 007 lässt seinen Gegner förmlich fallen. Trevelyan stirbt, als er nach seinem Absturz zusätzlich von der herabfallenden Antenne durchbohrt wird. Bond wird per Hubschrauber von Natalja gerettet, die Mission ist erfüllt.

GOLDENEYE (Soundtrack)

Der Soundtrack zum Film ↗ *GoldenEye* enthält folgende Titel: 1) GoldenEye; 2) The GoldenEye Overture; 3) Ladies First; 4) We Share The Same Passions; 5) A Little Surprise For You; 6) The Severnaya Suite; 7) Our Lady Of Smolensk; 8) Whispering Statues; 9) Run, Shoot, And Jump; 10) A Pleasant Drive In St. Petersburg; 11) Fatal Weakness; 12) That's What Keeps You Alone; 13) Dish Out Of Water; 14) The Scale To Hell; 15) For Ever, James; 16) The Experience Of Love*

Der Song *GoldenEye* von Tina Turner erreichte in den englischen Charts den 10. Platz und hielt sich sechs Wochen.

*) *Der Song The Experience Of Love wurde von Eric Serra gesungen, der den Soundtrack zum Film komponierte.*

Die CD *The James Bond Collection* enthält zusätzlich das Lied *Tank Drive Around St. Petersburg*.

GOLDENEYE (Lied)
↗ *GoldenEye* (Soundtrack)

GOLDENEYE (Film)

Inhaltsangabe: »GoldenEye« (1995): Ein Auftrag im Jahre 1986 führt James Bond 007 und seinen Kollegen Alec Trevelyan 006 in eine sowjetische Fabrik zur Produktion von biologischen und chemischen Waffen. Sie stoßen auf Oberst Ourumov. Dieser tötet 006 per Kopfschuss, muss aber mit ansehen, wie Bond entkommt. Neun Jahre später beurteilt eine Psychologin James Bond routinemäßig. Er wird in seinem Aston Martin DB5 von einem Ferrari überholt, an dessen Steuer eine rassige Schönheit sitzt. In Monte Carlo trifft er die Frau wieder. Sie heißt Xenia Onatopp und arbeitet für die geheimnisvolle Organisation »Janus«. 007 kann nicht rechtzeitig eingreifen, wenn Onatopp nach mehreren Morden einen Hubschrauber vom Typ Eurocopter »Tiger« stiehlt. Der schwarze Helikopter landet in Sewernaja, einer Station zur Überwachung von Satellitenwaffen, die den Codenamen »Goldeneye« tragen. Onatopp und der jetzt zum General beförderte Ourumov ermorden alle Mitarbeiter der Station bis auf Boris Grischenko und Natalja Simonowa. Anschließend lösen sie den Goldeneye-Satelliten »Petya« über Sewernaja aus, um die Spuren des Verbrechens zu verwischen. Nach der Explosion sind sämtliche Elektrogeräte vernichtet. Ourumov und Onatopp entkommen, da der Tiger-Helikopter unempfindlich gegen elektromagnetische Schwingungen ist.

Die Geschehnisse werden per Satellit vom MI6 beobachtet. Bond bekommt den Auftrag, »Janus« ausfindig zu machen und reist, nachdem er durch »Q« mit Geheimwaffen ausgestattet worden ist, nach St. Petersburg, wo Janus seinen Hauptsitz haben soll. Natalja Simonowa wurde in der Zwischenzeit von »Janus«' Leuten gefangen genommen. Über den CIA-Mann Jack Wade gelangt Bond an den Informanten Zukovsky, um schließlich Xenia Onatopp zu treffen. Sie will 007 mit ihren Oberschenkeln strangulieren, aber er gewinnt.

Xenia führt den Agenten zu »Janus«. Bond findet heraus, dass es sich bei »Janus« um Trevelyan alias 006 handelt. Bevor 007 den Ex-Agenten töten kann, wird er betäubt. Er kommt neben der aus Sewernaja geflüchteten Natalja Simonowa im Tiger-Helikopter zu sich. Bevor dieser explodiert, können beide aus der Falle entkommen. Doch die Gegenseite reagiert sofort. Ourumov will alle Zeugen beseitigen. Bond entkommt, der General nimmt Natalja als Geisel. Mit einem Panzer wird der gejagte 007 zum Jäger. Die Materialschlacht endet auf den Gleisen einer Bahnstrecke, die Trevelyan mit seinem Zug befahren will, doch Bond stellt den Panzer in den Weg und bringt das Schienenfahrzeug zum Entgleisen. Onatopp und Trevelyan entkommen, Ourumov wird von Bond erschossen. Während der britische Geheimagent versucht, aus dem Zug zu entkommen, findet Natalja heraus, wo Trevelyans Zufluchtsort ist: auf Kuba beim Computerspezialisten Boris Grischenko.

Da Trevelyan zum Steuern des Goldeneye-Satelliten eine sehr große Radarschüssel benötigt, beginnt die Suche danach. Ohne Hinweise zu finden, überfliegen Bond und Simonowa einen See, aus dem unerwartet eine Rakete geschossen kommt, die das Flugzeug zum Absturz bringt. Vom Absturz geschwächt, will sich Bond auf einer Lichtung ausruhen, doch schon erscheint Onatopp auf der Bildfläche. Ein letzter Kampf zwischen den beiden entbrennt. Mit gebrochenem Rückgrat bleibt Onatopp in einer Astgabel hangen, in die sie geschleudert wurde. Der See hat inzwischen sein Geheimnis offenbart: Er ist abpumpbar, und darunter befindet sich nicht nur eine große Satellitenschüssel, sondern auch Trevelyans Hauptquartier. Bond und Simonowa erfahren den Plan: Trevelyan will sich an England rächen, da er das Land für den Tod seiner Eltern verantwortlich macht. Per Computer transferiert er große Summen von Londoner Banken und will anschließend den Goldeneye-Satelliten »Mischa« explodieren lassen, um die Spuren des Verbrechens zu verwischen. Dank eines explodierenden Kugelschreibers von »Q« kommt es jedoch nicht dazu. Bond und Trevelyan prügeln sich in schwindelerregender Höhe auf der Antenne der Satellitenschüssel. Trevelyan stürzt dabei in die Tiefe. Natalja Simonowa rettet Bond mit einem gestohlenen Helikopter aus dem Gefahrenbereich. Auf einer Lichtung glauben die beiden ungestört ihre Beziehung vertiefen zu können, doch Jack Wade erscheint mit den Marines auf der Bildfläche – besser spät als gar nicht.

GOLDENEYE (Waffensystem)

Ein von den Russen während des Kalten Krieges entwickeltes Waffensystem trägt den Codenamen »Goldeneye«. Der siebzehnte offizielle James-Bond-Film und der Roman von ↗ John Gardner sind nach dem System benannt. »Goldeneye« funktioniert wie folgt: Eine Atombombe wird in der oberen Schicht der Atmosphäre gezündet und löst einen Strahlungsstoß aus. Dadurch fallen in einem Gebiet von mehreren Quadratmeilen alle elektrischen Geräte aus oder werden zerstört. General ↗ Ourumov löst einen Goldeneye-Satelliten mit Namen ↗ »Petya« über der ↗ Sewernaja-Station aus. Ein zweiter Satellit, der ↗ »Mischa« heißt, gerät durch Ourumov, ↗ Xenia Onatopp und ↗ Boris Iwanowitsch Grischenko in die Hände von ↗ »Janus« alias Alec Trevelyan. Dieser will einen Geldtransfer auf sein Konto durch die Zündung »Goldeneyes« über England geheim halten. Die Spuren wären verwischt, da alle technischen Dinge in Computern versagen würden und der Transfer nicht mehr zurückverfolgt werden könnte.

GOLDENEYE 007 (Computerspiel)

Am 25.08.1997 erschien das Computerspiel *GoldenEye 007* auf dem Markt. Es ist nicht das erste 007-Computerspiel, doch sollte es den Markt revolutionieren. Es wurde

zum »besten Computerspiel aller Zeiten« gewählt. Mit erstaunlichen Grafiken und einem roten Faden hebt sich das Spiel deutlich von allem ab, was es bis dahin gegeben hatte. Das Spiel war erfolgreicher als der Kinofilm ↗ *GoldenEye* (1995) – natürlich wurden später noch erfolgreichere Nachfolger ins Rennen geschickt: ↗ *Der Morgen stirbt nie* und ↗ *Die Welt ist nicht genug.* Noch einen Schritt weiter gehen die Folgespiele *007: Agent Under Fire* und *Nightfire*. Sie basieren nicht auf Filmen, sondern verbinden Bond-Elemente in einer eigenen Story mit nie da gewesenen Höhepunkten.
↗ James-Bond-Computerspiele

GOLDENEYE: ROGUE AGENT (Computerspiel)
↗ James-Bond-Computerspiele

GOLDEN GATE BRIDGE
Nachdem der Film-Bond in ↗ *Im Angesicht des Todes* (1985) den Bösewicht ↗ Max Zorin vom Wahrzeichen der Stadt San Francisco geworfen hat, kommt er als literarischer 007 zu diesem Schauplatz zurück: In ↗ *Fahr zur Hölle, Mr. Bond!* fliegt er mit einem Hubschrauber der Marke ↗ Ecureuil AS-350 an der Golden Gate Bridge vorbei. Bewacht wird 007 von ↗ Ding.

GOLDEN GATE FIGHT (Lied)
↗ *A View To A Kill* (Soundtrack)

GOLDEN GIRL
↗ Jill Masterson

GOLDEN GIRL (Lied)
↗ *Goldfinger* (Soundtrack)

GOLDEN GLOBE (Preis)
Folgende Personen, die bei James-Bond-Filmen mitwirkten, erhielten den Golden Globe: ↗ George Lazenby 1969 als »Most Promising Newcomer«. ↗ Sean Connery 1971 als »World Film Favourite Male«. Nominiert wurden ↗ Marvin Hamlisch 1977 in der Kathegorie »Best Original Song« und »Best Original Score«, die Musikgruppe ↗ Duran Duran in der Kategorie »Best Song« und ↗ Madonna für ihren ↗ Song *Die Another Day* (2002). Nur eine Darstellerin schaffte es, für ihre Leistungen in einem »unechten« James-Bond-Film für den Golden Globe nominiert zu werden: ↗ Barbara Carrera für die Darstellung der ↗ Fatima Blush in ↗ *Sag niemals nie* (1983).

GOLDEN NUGGET (Kasino)
Das »Golden Nugget«, das im Film ↗ *Diamantenfieber* (1971) mehrfach bei der Verfolgungsjagd zwischen 007 und der Polizei von Las Vegas zu sehen ist, kommt schon in ↗ Ian Flemings gleichnamigem Roman vor. Des Weiteren wird das »Horseshoe« genannt.

GOLDFARB, KURT (Romanfigur)
Getarnt als Hochbauingenieur verfolgt im Roman ↗ *Liebesgrüße aus Moskau* der Ganove Kurt Goldfarb zusammen mit ↗ Melchior Benz James Bond. Goldfarb reist mit deutschem Pass. ↗ Drako Kerim entwendet die Zugtickets des Mannes und dieser wird vom Schaffner genötigt, frühzeitig auszusteigen – die Verfolgung Bonds und ↗ Romanowas ist fehlgeschlagen. Der Name Goldfarb taucht zwar nie in einem James-Bond-Film auf, doch in *Auf dem Highway ist die Hölle los* (1980), in dem ↗ Roger Moore sein 007-Image parodiert, heißt er Seymour Goldfarb jr.

GOLDFINGER (Comic)
↗ Comics

GOLDFINGER (Computerspiel)
↗ James-Bond-Computerspiele

GOLDFINGER (Roman)
Goldfinger von ↗ Ian Fleming war der siebte James-Bond-Roman, der auf den Markt kam und ist der zweite nach ↗ *James Bond 007 jagt Dr. No*, bei dem Bonds Gegenspie-

ler im Titel erscheint. Das Buch erschien in der Erstauflage am 23.03.1959 in England. Der Roman wurde 1964 als ↗ *007 James Bond contra Goldfinger* von Willy Thaler und Friefrich Polakovics ins Deutsche übersetzt und als Vorabdruck im *Stern* auf den Markt gebracht. *Goldfinger* ist der einzige Roman, der von zwei Personen ins Deutsche übersetzt wurde. Als Buch wurde ↗ *007 James Bond contra Goldfinger* 1965 beim Scherz Verlag herausgegeben. Je nach Druck und Auflage hat das Werk ca. 170 Seiten, was auf eine starke Kürzung gegenüber dem Original hinweist. Das Buch trägt die Widmung: »To my gentle Reader William Plomer«. In der Originalausgabe hat das Buch 23 Kapitel und ist in drei »Parts« unterteilt, die je nach Druck ca. 223 Seiten ergeben. Einige Ausgaben enthalten auf Seite 172 eine Karte, die Fort Knox und Umgebung zeigt.

Die Kapitel in *Goldfinger* sind mit folgenden Titeln versehen: Part 1: »Happenstance«. 1) Reflections In A Double Bourbon*; 2) Living It Up; 3) The Man With Agoraphobia; 4) Over The Barrel; 5) Night Duty; 6) Talk Of Gold; 7) Thoughts In A D.B.III. Part 2: »Coincidence«. 8) All To Play For; 9) The Cup And The Lip; 10) Up At The Grange; 11) The Odd-Job Man; 12) Long Tail On A Ghost; 13) »If You Touch Me There...«; 14) Things That Go Thump In The Night. Part 3: »Enemy Action«. 15) The Pressure Room; 16) The Last And The Biggest; 17) Hoods' Congress; 18) Crime De La Crime; 19) Secret Appendix; 20) Journey Into Holocaust; 21) The Richest Man In History**; 22) The Last Trick; 23) T.L.C. Treatment

*) *Der Titel des ersten Kapitels soll von ↗ Ian Fleming gewählt worden sein, weil er das Buch Reflections In A Golden Eye besaß. Das Buch inspirierte ihn auch, sein Haus auf Jamaika ↗ Goldeneye zu nennen.* **) ↗ *The Richest Man In The World*

Inhaltsangabe »Goldfinger«:
Erster Teil:

1) Als James Bond auf sein Flugzeug in Miami wartet, denkt er über seinen Auftrag nach, bei dem er eine Heroinbande zerschlagen und einen Mexikaner getötet hatte. 007 wird von einem Mann angesprochen.

2) Es handelt sich um einen alten Bekannten: Mr. Du Pont. Dieser bittet Bond, einen gewissen Auric Goldfinger beim Falschspielen im Canasta zu entlarven. Der Agent ist an diesem Auftrag interessiert.

3) Bond lernt Goldfinger kennen und erfährt von dessen Agoraphobie, während der Mann weiterhin Mr. Du Pont beim Canasta ausnimmt.

4) 007 deckt das Falschspiel auf. Jill Masterson gibt das Blatt, das Du Pont auf der Hand hat, per Funkinformation an Goldfingers Hörgerät weiter. Bond erpresst Goldfinger und zwingt ihn, einen Scheck für Du Pont auszustellen und ein Abteil für Bond und seine »Geisel« Masterson im Silver Meteor nach New York zu reservieren.

5) Nach einer Affäre mit Masterson verrichtet 007 in London normalen Bürodienst. Nachdem er Erkundigungen über Goldfinger eingeholt hat, ruft »M« Bond zu sich und setzt ihn zufällig auf den Falschspieler an.

6) Von Colonel Smithers wird Bond über den vermeintlichen Goldschmuggler Goldfinger aufgeklärt. Der Agent soll ihm auf die Schliche kommen.

7) Bond informiert »M« und will sich Goldfinger beim Golfsport nähern.

Zweiter Teil:

1) Bond und Goldfinger spielen eine Partie Golf um einen hohen Einsatz. 007 ist nicht sehr gut.

2) Goldfinger spielt falsch, und 007 greift zu einer letzten Maßnahme: Er vertauscht die Golfbälle und behauptet, Goldfinger habe einen falschen Ball zum Weiterspielen benutzt – so hat er nicht nur das letzte Loch, sondern auch das Match verloren.

3) 007 wird privat von Goldfinger eingeladen. Der Gastgeber muss aber plötzlich weg und lässt Bond im Haus allein. Der Agent beginnt sofort mit der Durchsuchung und

bemerkt, dass er dabei gefilmt wird. Um sich ein Alibi zu verschaffen, belichtet er die Filmaufnahmen und platziert eine Katze so, als hätte diese den Schaden auf der Suche nach einem Schlafplatz angerichtet.
4) Der Koreaner Fakto demonstriert James Bond seine Karatekünste und begibt sich dann zum Essen: Er will die Katze verspeisen. 007 und Goldfinger wollen sich gegenseitig mit ihrem Können beeindrucken, doch Bonds Ermittlungen kommen dadurch nicht voran.
5) Bond bringt den »Homer«-Sender in Goldfingers Rolls Royce an und folgt dem Signal. Auch eine Frau in einem Triumph TR3 scheint Goldfinger auf der Spur zu sein. An einer Brücke, versteckt im Matsch eines Flussbettes, hinterlässt Goldfinger einen Goldbarren, der von 007 gefunden wird.
6) Goldfingers Silver Ghost besteht aus 18-karätigem Weißgold, das Gold soll in einen Flugzeugsitz verbaut und nach Indien geschafft werden. Tilly Soames, die Goldfinger verfolgt hat, wird von 007 durch einen provozierten Unfall an der Verfolgung des Goldschmugglers gehindert.
7) Fakto taucht auf, Bond und Soames werden gefangen genommen. 007 will sich herausreden, aber Goldfinger hat vor, die Wahrheit aus dem Agenten herauszupressen.

Dritter Teil:
1) 007 stürzt sich auf Goldfinger, wird aber überrumpelt und erwacht an einen Tisch gefesselt. Dieser hat eine Führungsschiene für eine Kreissäge. Das Sägeblatt zeigt zwischen Bonds Beine und arbeitet sich unaufhaltsam vor. Bond beschließt zu sterben, ohne etwas zu verraten.
2) Bond erwacht und stellt fest, dass er unverletzt ist. Goldfinger will ihn für sich arbeiten lassen und erläutert seinen Plan: Das Golddepot von Fort Knox soll geknackt werden.
3) Eine Verbrecherversammlung wird einberufen. 007 ist als »Gehilfe« Goldfingers anwesend, besonders beeindruckend findet er Pussy Galore.

4) Goldfinger erläutert seinen Plan »Großer Schlag«, Fort Knox zu knacken und das Gold abzutransportieren. Er setzt auf die Mitarbeit der Gangster.
5) Alle außer Mr. Springer wollen an Goldfingers Plan teilnehmen. Daraufhin werden Springer und dessen Leibwächter von Fakto getötet. Es stellt sich heraus, dass Pussy Galore lesbisch ist. Bond fertigt eine Nachricht mit allen Fakten an, die er an die Innenseite seines Oberschenkels klebt.
6) Nach einer Geländebesichtigung per Flugzeug machen sich Goldfingers Truppen auf den Weg nach Fort Knox. Goldfinger hat das Trinkwasser vergiften lassen und der Ort wurde zum Katastrophengebiet. Alle, die vom Wasser getrunken haben, liegen tot am Boden. Die Verbrecher tarnen sich als Helfer und Ärzte vom Roten Kreuz.
7) Kurz bevor Goldfingers Plan aufgeht, »erwachen« alle scheinbar toten Menschen wieder zum Leben. James Bonds Botschaft war angekommen. Tilli Masterson wird von Fakto getötet, doch 007 entkommt und trifft Felix Leiter. Goldfinger, sein Diener und einige Handlanger entkommen mit dem Zug, in dem auch das Gold abtransportiert werden sollte.
8) Von Leiter wird Bond Tage später zum Flughafen gebracht. Goldfinger erwartet Bond aber in der Maschine und entführt ihn. 007 bekommt von Pussy Galore die Nachricht, dass sie ihm helfen würde. Goldfinger will seinen Gegner nach der fehlgeschlagenen Operation »Großer Schlag« an SMERSH ausliefern.
9) Bond zerschlägt ein Fenster des Flugzeugs, Fakto wird nach draußen gerissen. Anschließend erwürgt 007 Goldfinger und zwingt die Gangster zu einer Wasserlandung. Nur James Bond und Pussy Galore überleben. Sie will von jetzt an nur noch Bond lieben und kommt zu ihm ins Bett.

GOLDFINGER (Romanfiguren)

Beim Geheimdienst erfährt James Bond im Roman ↗ *Goldfinger*, dass es drei Personen mit diesem seltsamen Namen gibt. Zwei seien tot und einer betreibe einen Friseursalon. Er sei russischer Agent in Genf und stecke den Kunden die Nachrichten in die Manteltasche. Dieser Goldfinger habe bei Stalingrad ein Bein verloren. James Bond weiß, dass keiner der drei Männer als »der« Goldfinger infrage kommt.

GOLDFINGER (Film)
Inhaltsangabe »Goldfinger« (1964): Der Goldvorrat der Bank von England schwindet in erschreckenden Maßen. Kein Schmuggler kann ausgemacht werden. Unter Verdacht steht der Goldfetischist Auric Goldfinger. Der britische Geheimagent James Bond wird auf den Mann angesetzt. 007 macht sich an Goldfingers Mitarbeiterin Jill Masterson heran. Sie hilft dem Agenten, Goldfinger beim Falschspielen zu entlarven. Goldfinger rächt sich an Masterson, indem er ihren Körper vergolden lässt, was zu einem Erstickungstod führt. Bei einem Golfmatch treffen die Kontrahenten Bond und Goldfinger erneut aufeinander. Um hinter die Machenschaften des Betrügers zu kommen, versucht Bond, den Mann mit einem Goldbarren zu locken, der aus einem Nazischatz stammt. Goldfinger beißt an. Die beiden Männer spielen Golf um das wertvolle Stück Metall. Goldfinger spielt falsch, doch Bond gewinnt das Match mit einer List. Sehr schnell muss der Agent feststellen, dass mit dem Leibwächter Oddjob nicht zu spaßen ist: Der Hut des stummen Koreaners hat eine tödliche Stahlkrempe, mit der er sogar Steinstatuen köpfen kann. 007 bringt im Auto seines Golfpartners einen Sender an und folgt diesem so unbemerkt in die Schweiz.

Beim Auskundschaften der Firma »Auric Enterprises« wird Bond gefangen genommen. Er soll durch einen Laserstrahl zerschnitten werden. James Bond spielt einen letzten Trumpf aus: Er nennt den Namen einer Geheimoperation Goldfingers, den er zufällig aufgeschnappt hat. Goldfinger wird stutzig und entschließt sich, Bond am Leben zu lassen, um den Geheimdienst nicht noch mehr auf sich aufmerksam zu machen. Als Gefangener wird Bond in die USA gebracht. Er macht die Bekanntschaft der lesbischen Pussy Galore, Goldfingers Privatpilotin. 007 wird auf Goldfingers Anwesen in Baltimore eingesperrt, doch er kann sich befreien und bekommt so Goldfingers Plan mit: Mit Geld von verschiedenen Gangsterorganisationen hat er geplant, in Fort Knox einzudringen und das Gold atomar zu verseuchen. Währenddessen glaubt man bei der CIA und in London, alles sei in bester Ordnung, da 007 sich nicht meldet. Dieser wird in der Zwischenzeit von Pussy beim Lauschen erwischt und zu Goldfinger gebracht, der ihm seinen Plan näher erläutert. Was die Fliegerinnen der Kunstflugstaffel, die Pussy unterstehen, nicht wissen: Das Betäubungsgas, das sie über Fort Knox versprühen sollen, ist in Wahrheit ein tödliches Gas. Bond macht Pussy Galore dies klar und – verbringt eine Nacht mit ihr im Stroh. Am nächsten Morgen hat Pussy das Gas ausgetauscht und Goldfingers Plan wird vereitelt.

GOLDFINGER (Soundtrack)
Der Soundtrack zum Film ↗ *Goldfinger* enthält folgende Lieder: 1) Main Title – Goldfinger, der Song enthält den Part A) Into Miami; 2) Alpine Drive – Auric's Factory; 3) Oddjob's Pressing Engagement; 4) Bond Is Back In Action Again*; 5) Teasing The Korean; 6) Gassing The Gangsters; 7) Goldfinger (Instrumental); 8) Dawn Raid On Fort Knox; 9) The Arrival Of The Bomb And Count Down; 10) The Death Of Goldfinger – End Titles

Die neu aufgenommene Version des Soundtracks (erschienen 2003) enthält zusätzlich die Titel: 12) Golden Girl; 13) Death Of Tilley**; 14) Laser Beam; 15) Pussy Galore's Flying Circus

Der Song *Into Miami* ist darin als separates Lied aufgenommen und nicht mit dem Haupttitel verbunden. *Goldfinger* wurde das bekannteste Titellied eines James-Bond-Films. Am 15. Oktober 1964 stieg das Lied in die englischen Charts ein und hielt sich dort neun Wochen, wobei der beste Platz der neunte war. In den amerikanischen Charts wurde sogar Platz sechs erreicht, und das Lied hielt sich 14 Wochen (andere Quellen: Bester Platz in England: 21, bester Platz in Amerika: 8). Das Album schaffte es in Amerika am 12. 12. 1964 auf Platz eins und hielt sich dort drei Wochen.

Das Thema des Liedes *Goldfinger* wurde in ↗*Im Geheimdienst Ihrer Majestät* (1969) von einem Hausmeister gepfiffen. Und auch der 1997 erschienene Film *The Saint – Der Mann ohne Namen* enthält im Soundtrack Teile aus dem Soundtrack des dritten offiziellen Bond-Films.

*) Es handelt sich um die Folgeversion des Liedes Bond Is Back aus ↗From Russia With Love. **) Tatsächlich mit zusätzlichem »e« geschrieben.*

GOLDFINGER (Comicfigur)
↗*James Bond Jr.*

GOLDFINGER-AFFÄRE
In der deutschen Synchronversion von ↗*Im Geheimdienst Ihrer Majestät* (1969) unterhalten sich ↗Marc Ange Draco und ↗»M« auf der Hochzeit von James Bond und ↗Tracy di Vicenzo über die »Goldfinger-Affäre«, die sich im November 1964 zugetragen haben soll. Eine Anspielung auf den Film ↗*Goldfinger* (1964). Im englischen Original ist lediglich von einem »Goldbarren-Job« die Rede.

GOLDFINGER, AURIC (Romanfigur/Filmcharakter)
Der Name Goldfinger wurde ↗Ian Fleming von seinem Golfpartner vorgeschlagen. Erno Goldfinger war ein Architekt, den Fleming kannte. Als dieser von seiner Namensverwendung erfuhr, unternahm der Mann einen Versuch, um eine Veränderung zu erreichen. »Auric – das heißt doch ›golden‹, nicht? Und das ist er, mit seinem feuerroten Haar«, wird die Figur Goldfinger im gleichnamigen Roman von Ian Fleming eingeführt. James Bond soll den in Nassau lebenden Briten beim Falschspiel gegen ↗Junius Du Pont entlarven. Goldfinger ist zweiundvierzig Jahre alt, ledig und von Beruf Makler. Der Millionär, sein Geld in Goldbarren angelegt hat, hat einen harten, festen Händedruck, was im Widerspruch zu den feuchten Händen der Bösewichte aus anderen Romanen steht. Weiteres aus dem Leben des Mannes erfährt 007 von ↗Colonel Smithers. Goldfinger kam 1937 als Flüchtling aus Riga im Alter von einundzwanzig nach England. Wie Vater und Großvater arbeitete er damals als Juwelier und Goldschmied. Nach dem Krieg wurde er Besitzer eines Hauses an der Themsemündung und kaufte sich einen Brixham-Fischdampfer und einen alten ↗Rolls-Royce Silver Ghost. Er errichtete auf seinem Grundstück eine kleine Fabrik namens ↗»Thanet-Legierungsforschung«. Reisen nach Indien und in die Schweiz erscheinen ebenso dubios wie Goldfingers Mitarbeiter, die kein Wort Englisch sprechen und aus Korea stammen.

1954 erregte Goldfinger erstmals Aufsehen: Als sein Schiff verkauft wurde, fand man braunen Staub darin – ein chemisches Produkt, das entsteht, wenn man Gold in einer Mischung von Salpetersäure und Salzsäure auflöst und schließlich mit Schwefeldioxyd und Oxalsäure umwandelt. Ein Beweis für Goldfingers Schmuggelaktivitäten. Smithers hat herausgefunden, dass Goldfinger mit Geld in Zürich, Nassau, Panama und New York der reichste Mann Englands ist. Er besitzt Goldbarren im Wert von 20 Millionen Pfund. Alle Goldbarren des Mannes sind mit einem mikroskopisch kleinen »Z« markiert. Besonders entsetzt ist 007, als er erfährt, dass in Tanger sichergestellte Goldbarren von ↗SMERSH auch ein »Z« aufweisen. ↗»M« meint: »Es würde mich gar nicht wundern, wenn Goldfinger sich als Schatzmeister von SMERSH herausstellte.« Nichts an Goldfinger passt zueinander: »Er war höchstens einssechzig. Auf dem dicken Rumpf mit den plumpen, bäurischen Beinen saß nahezu halslos ein übergroßer, kugelrunder Kopf. Als hätten die einzelnen Körperpartien früher verschiedenen Männern gehört, so wenig fügte sich eine zur anderen. Ob der Mann seine Hässlichkeit unter einem Übermaß an Sonnenbräune zu verbergen hoffte? Das Gesicht (...) wirkte mondförmig. Im Ganzen wohl das Gesicht eines Denkers, eines Wissenschaftlers. Rücksichtslos, sinnlich und hart in einem: eine seltsame Mischung.«

James Bonds Meinung ist eindeutig: »Im Allgemeinen misstraute Bond kleinen Menschen. Das waren doch nur personifizierte Minderwertigkeitskomplexe! Stets wollten sie groß sein, größer als die anderen, wie Napoleon oder Hitler.« Goldfinger behauptet, an ↗Agoraphobie zu leiden, um immer im gleichen Winkel zum Hotel sitzen zu können, aus dem er von seiner Komplizin beobachtet wird. Goldfinger, der das Reisebüro »Glückliche Fahrt« und die Firma ↗»Goldmohn« gründete, schützt sich durch seinen Diener und Leibwächter ↗Fakto. Als er mit Bond beim Essen sitzt, meint Goldfinger: »Ich selbst trinke und rauche nicht, Mr. Bond. Rauchen, finde ich, ist eine ekelhafte Gewohnheit. Und was das Trinken betrifft, so mache ich selbst chemische Untersuchungen und habe noch kein Getränk gefunden, das nicht eine Anzahl oft sogar tödlicher Gifte enthalten hätte.« Goldfingers Gesicht zeigt erstmals Leben, als er beginnt, vom Gold in seinem Leben zu reden: »Zeit meines Lebens war ich vernarrt in das Gold, in seine Farbe, seinen Glanz, seine göttliche Schwere. Ich liebe die Struktur, ich kenne seine sanfte Glätte so genau, dass ich den Feingehalt eines Barrens auf ein Karat genau schätzen kann. Ich liebe den warmen Duft, den er von ihm ausgeht, wenn ich es zu reinem Goldsirup einschmelze! Vor allem aber, Mr. Bond, liebe ich die Macht, die allein das Gold seinem Besitzer verleiht (...) Ich besitze Gold im Wert von ungefähr zwanzig Millionen Pfund.«

Im Finale des Films vereitelt ↗Felix Leiter mit Bonds Hilfe die ↗»Operation Großer Schlag«. 007 wird von Goldfinger in einem Flugzeug der ↗BOAC-Linie entführt, und es kommt zum tödlichen Duell: James Bond erwürgt Auric Goldfinger. Im Film ↗*Goldfinger* (1964) wird die Figur von ↗Gert Fröbe dargestellt. Goldfinger will den gesamten Goldvorrat von ↗Fort Knox für 58 Jahre radioaktiv verseuchen, um seinen Goldbesitz im Wert zu steigern. Bonds Widersacher erleidet im Film einen anderen Tod als die Romanfigur: Goldfinger wird aus einem kaputten Flugzeugfenster gesogen.

GOLDFINGER, GERMAN (Filmcharakter)
↗G. G.

GOLDFINGER, SHEILA (SCHMUCK)
Der Schmuck in ↗*Lizenz zum Töten* (1989) stammt von Sheila Goldfinger. Der Künstlername sollte nicht nur das Geschäft ankurbeln, sondern auch den Wiedererkennungswert erhöhen. Sheila Goldfinger stellte unter anderem das Diamantenhalsband des Leguans von ↗Franz Sanchez.

GOLDFINGERS TAGESORDNUNG
Im Roman ↗*Goldfinger* bittet der Mörder den Agenten James Bond, die Tagesordnung zehnfach zu kopieren. Auf dem Plan steht Folgendes:

»Versammlung unter dem Vorsitz von Mr. Gold. Sekretäre: J. Bond, Miss Tilly Masterson. Anwesend: Helmut M. Springer – Der Purpurring, Detroit. Jed Midnight – Das Schattensyndikat, Miami und Havanna. Billy Ring (Der Grinsende Billy) – Die Maschine, Chikago. Jack Strap – Der Flimmermob, Las Vegas. Mr. Solo – Unione Siciliano. Miss Pussy Galore – Die Zementmixer, Harlem N.Y.C.

Tagesordnung: Ein Projekt mit Decknamen ›Operation Großer Schlag‹. (Erfrischungen)«

James Bond wird um 14:20 Uhr abgeholt – er soll Schreibutensilien mitbringen und einen Gesellschaftsanzug tragen.

GOLDFINGERS ZWILLINGSBRUDER

Der erste Drehbuchentwurf für ↗*Diamantenfieber* (1971) von ↗Richard Maibaum sah vor, dass Goldfinger einen Zwillingsbruder hat. Man wollte damit an den Erfolg von ↗*Goldfinger* (1964) anknüpfen. ↗Michael G. Wilson begründete im Nachhinein, warum die Idee verworfen wurde: »James Bond lebt im Hier und Jetzt. Ein Anknüpfen an diesen Film spricht gegen die neuen Ideen, mit denen 007 das Publikum immer wieder beeindruckt«.

↗G.G.

GOLDIE (Romanfigur)

Schon vierzig Jahre bevor der Darsteller »Goldie« im Film ↗*Die Welt ist nicht genug* (1999) auftrat, existierte bereits eine Figur mit dem (Spitz-)Namen »Goldie«: Im Roman ↗*Goldfinger* bezeichnet ↗Billy Ring ↗Auric Goldfinger als »Goldie«.

GOLDIE (Darsteller)

Der Musiker und selbsternannte Künstler Goldie spielt in ↗*Die Welt ist nicht genug* (1999) den abtrünnigen Sicherheitsbeauftragten von ↗Valentin Zukovsky. Goldie alias ↗Clifford Price hat seinen Künstlernamen aufgrund seiner goldenen Zähne und des Hanges zu Goldschmuck an seinem Körper. Der Darsteller wurde am 28. Dezember 1965 in Walsall geboren. Seine Künstlerkarriere begann, als er seine Graffiti-Werke in New York ausstellte. Er zog nach Florida und verdiente dort zunächst sein Geld, indem er Goldzähne gravierte. Das Geschäft blühte von 1986 bis 1990, danach verschlug es Goldie nach London, und er wurde als Graffitimaler Großbritanniens bekannt. Als HipHop-Tänzer hatte er damals schon versucht, sich auch in New York einen Namen zu machen, was ihm erste Film-Engagements einbrachte. 1986 spielte er in *Bombing*, einem Film über Graffitikunst, und sein darstellerisches Debüt wurde von den Kritikern gelobt. Später wurde er 1992 als Musiker im Londoner Rage Club zum »harten Breakbeat-Ästhetiker« und einem Kult-Klub-DJ.

Er blieb der Musik treu und brachte 1993 unter dem Pseudonym *Metalheadz* seine erste Platte *(Terminator)* heraus. Clifford »Goldie« Price beeinflusste die Musik dieser Stilrichtung maßgeblich, und der Erfolg ließ Alben wie *Terminator II* und *Angel* folgen. Für London Records brachte er das Doppelalbum *Timeless* heraus. Mehrere Auszeichnungen der Musikwelt bestätigten den Künstler, in dieser Richtung weiterzumachen. Es folgten Konzerte in ausverkauften Hallen. Neben der Musik ließ sich Goldie aber immer wieder als Schauspieler verpflichten. Er spielte in *Blessed* und *Everybody Loves Sunshine* (1999), ehe er in ↗*Die Welt ist nicht genug* seinen bisher wichtigsten Filmpart als »The Bull« übernahm. Wegen des Gebisses sahen viele Kritiker einen ↗Beißer-Nachfolger in ihm.

GOLDIE FINGER AT THE END OF THE RAINBOW (Zeichentrickfilm)

↗*James Bond Jr.*

GOLDIE'S GOLD SCAM (Zeichentrickfilm)

↗*James Bond Jr.*

GOLDMAN

Einen Gag erlaubt sich James Bond im Roman ↗*Goldfinger* mit seinem Kontrahenten. Als beide auf dem Platz des ↗St. Royal Marks Golfklubs aufeinander treffen, revanchiert sich 007 dafür, von Goldfinger immer ↗Mr. Bomb genannt zu werden: »Nein ... das ist doch Gold ... Goldman, äh, Goldfinger!«

GOLD MASTER

Siehe Inhaltsangabe ↗*High Time To Kill*

GOLDMOHN (Firma)
Goldfinger berichtet im gleichnamigen Roman, er habe die Großhandelsfirma »Goldmohn«, die von Hongkong aus operierte, gegründet und später wieder aufgegeben.

GOLDMÜNZEN
In einem Aktenkoffer, den die ↗Abteilung Q in ↗*Liebesgrüße aus Moskau* (1963) herausgibt, befinden sich 50 Goldmünzen. 007 schafft es im Film, den geldgierigen ↗Grant durch die Münzen in eine Falle zu locken.

GOLDPRICK (Romanfigur)
Nachdem es vor der Veröffentlichung von ↗*Goldfinger* noch Unstimmigkeiten mit dem Namen des Schurken gab, erwog man, Goldfinger in »Goldprick« umzubenennen. ↗Fleming wollte seine Version aber nicht ändern und setzte sich damit durch. Der Vorschlag »Goldprick« [»prick« – Stich; aber auch (vulgär) Schwanz, Arsch(loch)] kam vom Journalisten ↗Cyril Connolly.

GOLDRING
↗Ring

GOLDSMITH, BARRY (Berater)
Als Marineberater waren Barry Goldsmith und David Halsey bei der Produktion des Films ↗*In tödlicher Mission* (1981) tätig. Mehrere Schiffe und Unterseeboote kamen zum Einsatz, da durfte es an Glaubwürdigkeit und Logik nicht mangeln. Halsey und Goldsmith trugen ihren Teil dazu bei, dass ↗*In tödlicher Mission* nach ↗*Liebesgrüße aus Moskau* (1963) zu einem der realistischsten James-Bond-Filme wurde. ↗Elaine Schreyeck und ↗Phyllis Townshend waren für den Rest der Logik verantwortlich.

GOLDSMITH, GLADYS (Logik)
Zusammen mit ↗Elaine Schreyeck und ↗Josie Fulford wurde Gladys Goldsmith für die Logik beim James-Bond-Film ↗*Moonraker – streng geheim* (1979) engagiert.

GOLDZAHN (Romanfigur)
↗Maurice Womasa

GOLDZÄHNE
Nachdem das Stahlgebiss der Filmfigur Beißer in ↗*Der Spion, der mich liebte* (1977) und ↗*Moonraker – streng geheim* (1979) silbrig geglänzt hatte, zeigten sich auch bald Charaktere mit goldenen Zähnen. Höhepunkt ist Bull im Film ↗*Die Welt ist nicht genug* (1999), aber auch der literarische Bond hatte oft mit Goldzahnträgern zu tun: In ↗*Sieg oder stirb, Mr. Bond* ist es ↗Felipe Pantano, dessen Mund mit diesem Edelmetall gefüllt ist. Wieder sind es die »Goldzähne«, die ↗John Gardner als charakteristisches Merkmal von ↗Franz Sanchez im Roman ↗*Lizenz zum Töten* beschreibt. Die Filmfigur aus dem 1989 gedrehten sechzehnten offiziellen James-Bond-Film hat dagegen kein Gold im Mund. Abnorme Goldzähne hat auch der Romanbösewicht ↗Ding in ↗*Fahr zur Hölle, Mr. Bond!*, ein literarischer Vorfahr von ↗Goldie aus ↗*Die Welt ist nicht genug* (1999).

GOLF
↗Ian Fleming, selbst leidenschaftlicher Golfspieler, beschrieb in seinem Roman ↗*Goldfinger* sehr ausführlich, wie 007 gegen seinen Gegner in diesem Spiel vorgeht. Als der Film 1964 gedreht wurde, legte Regisseur ↗Guy Hamilton Wert darauf, diese Szene ausgiebig zu zeigen. Die Presse urteilte über die lange Sequenz unterschiedlich: Einige lobten das Detail und die Nähe zu Flemings Roman, andere behaupteten schlicht, »Golffinger« langweile in dieser Passage. ↗Sean Connery musste für diese Aufnahme extra in die Grundregeln des Sports eingewiesen werden. Auch Connery wurde zum leidenschaftlichen Golfer und hat mittlerweile schon gegen mehrere Meis-

ter gespielt. Auch ↗Rhoda Llewelly ist in ↗*Ein Minimum an Trost* eine begeisterte Golferin. Sie lernt bei dem Sport ↗Mr. Tattersall kennen und geht mit ihm fremd. Gouverneur ↗Burford beschreibt: »Sie war das Hübscheste, was ich je auf einem Golfplatz gesehen habe.« Zu Beginn des Buches ↗*Liebesgrüße aus Athen* spielen ↗Bill Tanner und James Bond ebenfalls Golf. ↗Raymond Benson ließ es sich da nicht nehmen, 007 im zweiten Kapitel von ↗*High Time To Kill* (Old Rivals) auch eine Runde golfen zu lassen. Den ersten Golfball in einem 007-Film schlägt ↗Sylvia Trench in ↗*James Bond 007 jagt Dr. No* (1962) in James Bonds Appartement. Die Leidenschaft für das Golfspiel scheint James Bond auch in ↗*Im Geheimdienst Ihrer Majestät* (1969) erhalten geblieben zu sein. Als der Agent von ↗Dracos Männern im Hotel abgefangen wird, trägt er seine Golfausrüstung bei sich.

GOLFBALL

Als Bond in ↗*Goldfinger* (1964) ↗Oddjob einen Golfball zuwirft, zerdrückt der stumme Koreaner den Ball mit der bloßen Hand. Eine Hommage an diese Szene bietet ↗*Octopussy* (1983). Hier macht ↗Gobinda das Gleiche mit Würfeln.
↗Dunlop 65, Nummer 1, ↗Dunlop 7 und ↗Penford, Herzmarke

GOLFSOCKEN
↗*007 in New York*

GOLFWAGEN (Fahrzeug)

Im Golfwagen von Professor ↗Joe Butcher kommen James Bond und ↗Pam Bouvier in ↗*Lizenz zum Töten* (1989) knapp mit dem Leben davon, bevor ↗Franz Sanchez' Drogenlabors und das als Tarnung dienende Meditationszentrum Butchers in einer gewaltigen Explosion zerstört werden.

GOLIATH
↗David

GOLIATH (Comicfigur)
↗Comics

GOMEZ, MACARIO (Designer)

In Spanien ist Macario Gomez unter dem Spitznamen »Mac« eine Bekanntheit. Er designte 1957 Poster für die Britische Werbekampagne zu Gunfight At The OK Corral und erhielt schließlich den Auftrag, die spanische Werbekampagne zu ↗*James Bond 007 jagt Dr. No* (1962) und ↗*Liebesgrüße aus Moskau* (1963) zu entwickeln. Seine Version zum ersten offiziellen Bond-Film basiert auf der Verwendung von drei Bond-Girls und einem aggressiven 007, der im Mittelpunkt des Bildes einen Gegner von hinten niedersticht. 1974 wurden Teile aus Gomez' Entwurf wieder verwendet, der rücksichtslose Bond wich aber einem Gentleman-Agenten mit ↗Walther PPK in der Hand. Macario »Mac« Gomez schuf die spanischen Plakate zu ↗*Liebesgrüße aus Moskau*, die aus in Öl gemalten Szenenbildern des Filmes bestanden, die ein Porträt von ↗Sean Connery einrahmen.

GOMME-KEOGH (fiktive Bank)

Als ↗»M« im Roman ↗*Scorpius* vom Tod ↗Emma Duprés erfährt, fällt auch der Vorname des Vaters der Verstorbenen: Peter. Der Geheimdienstchef wird vom Chief Superintendant ↗Bailey informiert, dass es sich um den Chairman der »unfehlbaren« Handelsbank Gomme-Keogh handelt. Das Außenministerium leiht sich von dieser Bank gelegentlich Direktoren für spezielle Revisionen aus. Einer arbeitet momentan im Hause des ↗MI6, erinnert sich »M«. Der Mann heißt ↗Lord Shrivenham.

GONDEL (Boot)
↗Bondola

GONDOLIERE (Filmcharakter)

Als Gondoliere im Kinofilm ↗*Moonraker – streng geheim* (1979) ist der Schauspieler ↗Claude Carliez zu sehen. Da es zwei dieser Figuren gibt, kann man nur vermuten, welcher von beiden gemeint ist. Der eine geht mit seiner zerteilten Gondel unter, nachdem Bond diese mit der ↗»Bondola« zerschnitten hat, und der andere stirbt, als sich eine vermeintliche Leiche als Killer entpuppt und mit einem Messer wirft. Letzterer wird vermutlich Carliez sein, weil er 007s persönlicher Gondoliere ist.

GONZALES, HECTOR (Filmcharakter)
Der Killer Hector Gonzales wird im Film ↗*In tödlicher Mission* (1981) von ↗Emile Leopold Locque bezahlt und tötet ↗Timothy und ↗Ilona Havelock mit einem an ein Sportflugzeug montierten Maschinengewehr. Er selbst stirbt, als ↗Melina Havelock sich für den Mord an ihren Eltern rächt und dem Mann einen Pfeil in den Körper schießt. Gonzales fällt, während er ins Wasser springen will, tot in seinen hauseigenen Swimmingpool. Schon ↗Ian Fleming erfand die Figur. Sie kam in der Kurzgeschichte ↗*Für Sie persönlich* vor. Die Figur des Kubaners wurde von ↗Stefan Kalipha verkörpert.

GONZALES TAKES A DRIVE (Lied)
↗*For Your Eyes Only* (Soundtrack)

GONZALEZ (Romanfigur)
In der Kurzgeschichte ↗*Für Sie persönlich* bekommen die ↗Havelocks auf ↗»Content« unerwarteten Besuch von einem Major Gonzalez aus Havanna. Gonzalez will das Anwesen der Havelocks für seinen Auftraggeber erwerben. Als sich das Ehepaar gegen einen Verkauf von »Content« ausspricht, wird es von Gonzalez und seinen beiden Männern getötet. James Bond tötet Gonzalez am Ende der Kurzgeschichte, indem er ihm in die Brust schießt.

GOODBYE, COUNTESS (Lied)
↗*For Your Eyes Only* (Soundtrack)

GOODHEAD, HOLLY (Romanfigur)
Im Buch ↗*Moonraker Streng geheim* sucht 007 Dr. Goodhead auf. Er ist überrascht, eine Frau zu treffen. Im Verlauf der Mission stellt sich heraus, dass Holly Goodhead für die ↗CIA arbeitet und gegen ↗Drax ermittelt. Sie ist von der ↗NASA als Astronautin ausgebildet worden und hat einen höheren militärischen Rang als Bond: Sie ist Colonel, 007 dagegen nur Commander der Royal Navy.

GOODHEAD, HOLLY (Filmcharakter)
In die Reihe der starken und intelligenten Frauen in James-Bond-Filmen reihte sich 1979 auch ↗Lois Chiles ein, als sie in ↗*Moonraker – streng geheim* Dr. Holly Goodhead spielte. Sie arbeitet zwar für ↗Drax, doch insgeheim ermittelt sie im Dienst der ↗CIA gegen den Superverbrecher. James Bond trifft sie mehrmals, doch erst nachdem 007 ↗Beißer bei einer Seilbahn kurzfristig außer Gefecht gesetzt hat, beschließt sie, mit Bond zusammenzuarbeiten. Beide dringen in Drax' Raumstation ein und sind maßgeblich für deren Zerstörung verantwortlich. Die giftenthaltenden Globen werden von 007 per Laser vernichtet, während Holly Goodhead das Raumschiff steuert. Sie hat mit dem britischen Agenten in der Schwerelosigkeit Sex.

GOODLIFFE, MICHAEL (Darsteller)
Aus zwei Gründen ist der Darsteller Michael Goodliffe eine interessante Person im Bond-Universum: Zum einen ist er der erste Tanner-Darsteller und hat seinen Auftritt im Film ↗*Der Mann mit dem goldenen Colt* (1974), zum andern taucht der Name des Darstellers nirgends auf.

↗Bill Tanner

GOODNER, JAMES (Romanfigur)
↗Manuela Montemayor macht im Roman ↗*Tod auf Zypern* den Detektiv James Goodner mit James Bond bekannt. »Jeder Freund von Felix Leiter ist auch mein

Freund«, sagt Goodner und verdeutlicht so seine Haltung gegenüber 007.

GOODNIGHT GOODNIGHT (Lied)
↗ *The Man With The Golden Gun* (Soundtrack)

GOODNIGHT, MARY (Filmcharakter)
James Bond ist ↗ Mary Goodnight im Film ↗ *Der Mann mit dem goldenen Colt* (1974) nicht gerade behilflich. Die Agentin des britischen Geheimdienstes wird 007 zugeteilt, weil es ↗ »M« wichtig ist, dass beide Tag und Nacht miteinander Kontakt haben. Goodnight freut sich, James Bond wieder zu sehen. Der versucht gerade, Informationen aus ↗ Andrea Anders herauszubekommen und fühlt sich leicht gestört. Mary Goodnight, die von ↗ Ian Fleming bereits für den Roman ↗ *Der Mann mit dem goldenen Colt* (1965) erfunden wurde, kann Bond im Film nicht widerstehen und sie lieben sich. Sie trägt ein von ↗ »Q« entwickeltes Kleid, dessen Knöpfe sich auf der Rückseite befinden: »Standarduniform für Südostasien«. Der oberste Knopf ist ein Minisender, den Goodnight im Laufe der Mission im Kofferraum von ↗ Francisco Scaramangas anbringen will. Goodnight tötet ↗ Kra, den Techniker auf Scaramangas Insel, und löst so die Zerstörung der Solarzentrale aus. Zusammen mit James Bond entkommt sie auf der Dschunke des Killers und sie fahren sich liebend auf Hongkong zu.

GOODNIGHT, MARY (Romanfigur)
Im Buch ↗ *007 James Bond im Dienst Ihrer Majestät* wird Mary Goodnight als James Bonds »neue« Sekretärin genannt. Die Frau mit der »tollen Figur« und blauschwarzen Haaren ist bei der Doppel-0-Abteilung so gut angekommen, dass die Agenten darum gewettet haben, wer von ihnen zuerst mit ihr schläft. Als ↗ »M« nach 007 fragt, ist dieser im Roman ↗ *Du lebst nur zweimal* gerade unterwegs. Mary Goodnight ist schrecklich aufgeregt und hofft, dass Bond bald in seinem Büro erscheint – seinen ↗ Syncraphon hat er mal wieder nicht eingesteckt. Über die Beziehung zwischen Bond und Goodnight kommt etwas heraus, als 007 ↗ Moneypenny beauftragt, Goodnight anzurufen, und sie zu bitten, alle Unternehmungen für den kommenden Abend abzusagen, um mit Bond essen zu gehen. Am Nachruf, den »M« im Roman *Du lebst nur zweimal* für die *Times* verfasst, beteiligt sich auch Goodnight. Sie schlägt in Zusammenarbeit mit ihren Kollegen eine Inschrift für Bonds Grab vor. Als James Bond im Buch ↗ *007 James Bond und der Mann mit dem goldenen Colt* nach einer Amnesie und einer ↗ Gehirnwäsche in Russland nach England zurückkehrt, soll er, um seine Identität als Bond zu beweisen, etwas aus seiner Vergangenheit preisgeben. Er meint, Mary Goodnight würde ihn erkennen, doch identifizieren kann Goodnight ihn nicht, da sie ins Ausland versetzt wurde. Als 007 die ↗ Station J anruft, um ↗ Ross zu kontaktieren, hat er Goodnight am Apparat. Goodnight benutzt ↗ Chanel No. 5. In der Kurzgeschichte ↗ *Globus – Meistbietend zu versteigern* hat 007 den Wunsch, die Frisur von Mary Goodnight zu »zerzausen«; er unterdrückt dieses Verlangen aber und geht an die Arbeit. In ↗ *Countdown!* erinnert sich Bond an Goodnight, als er über die Vorgängerinnen von ↗ Helena Marksbury nachdenkt. Außer Mary Goodnight fällt ihm noch ↗ Loelia Ponsonby als seine Sekretärin ein, die auch in mehreren Romanen vorkommt.

GOODWILL AMBASSADOR TO THE WORLD (Titel/Rang)
Den Titel Goodwill Ambassador to the World trägt ↗ Alfred Hutchinson im Roman ↗ *Tod auf Zypern*. Er hat den Auftrag, die Beziehungen zwischen den Nationen der ganzen Welt zu verbessern. Als Alfred Hutchinson stirbt, übernimmt sein Nachfolger ↗ Manville Duncan dessen Aufgabe.

GOODWIN FEUERSCHIFF
↗ Baxter

GOODYEAR
Mit der Aufschrift »Goodyear« wirbt ein im Roman ↗ *Die Ehre des Mr. Bond* vorkommendes Luftschiff, das »Europa« heißt. Der Werbezeppelin für den Reifenhersteller Goodyear schwebt im Roman über der Schweiz. ↗ Dr. Jay Autem Holy will mit diesem Zeppelin über dem Haus kreisen, in dem sich der amerikanische Präsident befindet, um die ↗ EPOC-Frequenz mit Erfolg absetzen zu können.

GOOZEÉ, DANIEL J. (Designer)
Nachdem die Plakatdesigner ↗ Donald Smolen und ↗ Bob Peak einmalig für die Gestaltung eines James-Bond-Filmplakats bei ↗ *Der Spion, der mich liebte* (1977) zusammengearbeitet hatten, bekam der New Yorker Künstler Daniel J. Goozeé seine Chance. Er schuf die Plakate zum Film ↗ *Moonraker – streng geheim* (1979) und entwickelte auch die Plakate zu ↗ *Octopussy* (1983) und ↗ *Im Angesicht des Todes* (1985). Goozeé versuchte besonders das Weltraumthema bei ↗ *Moonraker – streng geheim* in seinen Entwürfen hervorzuheben, denn der Erfolg der *Star-Wars*-Reihe beflügelte seine Fantasie. Am meisten Lob gab es für ↗ *Octopussy*. ↗ Albert R. Broccoli nannte einen Entwurf Goozeés sein Lieblingsfilmplakat. Es zeigt einen weiblichen Oberkörper im Vordergrund und eine Reihe von dreizehn James Bonds (↗ Roger Moore) in Bond-Pose. Symbolisch steht dieses Poster für den nicht endenden Erfolg der dreizehn Bond-Filme. Daniel Goozeés Arbeit an der Bond-Kampagne zu ↗ *Im Angesicht des Todes* kann auch deshalb als Besonderheit angesehen werden, weil Goozeé die Plakat-in-Plakat-Version erdachte, die weltweit mit positiver Resonanz aufgenommen wurde. Ursprünglich schuf er zwei Plakat-Versionen: Die erste zeigt 007 Rücken an Rücken mit ↗ May Day, die Zweite zeigt einen Zeppelin mit ↗ Max Zorin darin über der Golden-Gate-Bridge, auf der ↗ Stacey Sutton und 007 stehen. Goozeé ließ beide Entwürfe zu einem verschmelzen. Er arbeitete eng mit Donald Smolen an Kampagnen zu *Enemy Mine – Geliebter Feind* (1985) und *Mission* (1986) zusammen.

GORBATSCHOW
Der tatsächlich existierende Politiker Gorbatschow nimmt in ↗ John Gardners Roman ↗ *Sieg oder stirb, Mr. Bond* zusammen mit ↗ Thatcher und ↗ Bush sen. an einem Treffen auf dem Schiff ↗ »Invincible« teil. Die Operation läuft unter dem Namen ↗ »Steward-Treffen«. Er ist nett, stämmig, breitschultrig, entspannt und voll guten Willens. 007 beurteilt den Händedruck des Politikers als »knochenbrechend«. Beim »Steward-Treffen« hat er den Codenamen ↗ »Oktober«.

GORDIENKO, PIOTR GREGORIEWITSCH (Romanfigur)
↗ Alexandrou bringt James Bond im Buch ↗ *Liebesgrüße aus Athen* zu Major Piotr Gregoriewitsch Gordienko. 007 muss erst klären, dass Gordienko ihm nichts anhaben will. Bei einem Feuergefecht stirbt der Mann von der Abteilung Auslandsinformationen des Sicherheitsdienstes.

GORDO (Comicfigur)
↗ *James Bond Jr.*

GORDON, COLIN (Darsteller)
Colin Gordon verkörperte in ↗ *Casino Royale* (1966) die Figur ↗ »Hones«. Im Film selbst fällt der Name nicht.

GORDON, ELLEN (Drehort-Produktionsmanagerin)
↗ Serge Touboul

GORDON, SERENA (Darstellerin)
Das erste Bond-Girl, das auf der Leinwand in den Armen von ↗ Pierce Brosnan

als James Bond landen durfte, war Serena Gordon, die in ⌐GoldenEye (1995) die Psychologin ⌐Caroline spielte. Auf dem Beifahrersitz des ⌐Aston Martin nahm Gordon an der Verfolgungsjagd zwischen 007 und ⌐Xenia Onatopp teil.

GORE (Romanfigur)
⌐Ian Fleming war sich beim Schreiben seines vierten James-Bond-Romans ⌐Diamantenfieber nicht sicher, wie er den Partner von ⌐Winter nennen sollte. Er arbeitete mit dem Namen »Gore«, änderte diesen aber in der endgültigen Fassung in ⌐Kidd. Die Idee mit »Gore« kam dem Autor, als er an seinen Cousin »Boofy« Gore dachte, dieser protestierte aber.

GOREVOY, MICHAEL (Darsteller)
In Russland ist Michael Gorevoy ein anerkannter Bühnenregisseur und Darsteller, der in über 20 Filmen mitgewirkt hat. In ⌐Stirb an einem anderen Tag spielt er ⌐Vlad, einen schlaksigen Handlanger und nicht anerkanntes Technikgenie in den Diensten von ⌐Gustav Graves.

GORILLAKOSTÜM
Nachdem sich James Bond in ⌐Octopussy (1983) in den Zirkuszug von ⌐Octopussy geschlichen hat, versteckt er sich in einem Gorillakostüm. ⌐Gobinda schöpft Verdacht, als Bond versehentlich Lärm macht, und kommt mit seinem Säbel auf das Kostüm zu. 007 hat das Fell bereits verlassen, als Gobinda dem Gorilla den Kopf abschlägt.

GOTELL, WALTER (Darsteller)
Walter Gotell, der stolze Besitzer des südlichsten Swimmingpools Europas, hat sich zu einer interessanten Größe in den James-Bond-Filmen entwickelt. Geboren wurde er 1924 in Irland. Nach dem Zweiten Weltkrieg war er bereits ein bekannter Schauspieler. Ihm wurden oft Rollen als Nazi angeboten, was Gotell sich mit seinem Erscheinungsbild, nicht mit seiner politischen Einstellung erklärt. Als Charakterdarsteller spielt er Chefs, Direktoren oder Anführer. Gotells Darstellung von KGB-Agenten machte ihn so berühmt, dass man sich bei der Produktion des zehnten offiziellen James-Bond-Films dazu entschloss, ihm eine entsprechende Rolle anzubieten. Doch alles fing schon viel früher an: 1963 stellte Gotell den Bösewicht ⌐Morzeny dar, der für ⌐SPECTRE als »Übungsleiter« arbeitete. Er starb im selben Film – eigentlich das Aus für einen Darsteller, doch nicht so bei Bond. Beim Film ⌐Der Spion, der mich liebte (1977) fiel für die Darstellung der Figur des Generals ⌐Alexis Gogol die Wahl erneut auf Gotell. Sicher hätte er sich nicht träumen lassen, dass er ab 1977 sechs James-Bond-Filme in Folge drehen würde. Auf Der Spion, der mich liebte folgten ⌐Moonraker – streng geheim (1979), ⌐In tödlicher Mission (1981), ⌐Octopussy (1983), ⌐Im Angesicht des Todes (1985) und ⌐Der Hauch des Todes (1987).

Walter Gotell entwickelte die Figur Gogol weiter, und es gelang ihm neben ⌐»Q«, ⌐»M« und ⌐Miss Moneypenny zu einer festen Größe der Stammbesetzung zu werden. Seit seinem letzten Auftritt bei 007 hat man von dem in Spanien lebenden Schauspieler nichts mehr gehört. Ursprünglich sollte die Rolle in ⌐Timothy Daltons erstem Bond-Film viel größer ausfallen, doch Gotell gestand ⌐Albert R. Broccoli, dass er sich eine große Rolle gesundheitlich nicht zutraue. Auf Broccoli war Verlass: Er ließ Gotell nicht als Gogol aus dem Drehbuch streichen, sondern ließ einen neuen Charakter schaffen: ⌐Leonid Pushkin, gespielt von ⌐John Rhys-Davies. Diese Figur übernahm im Film dann Taten, die ursprünglich für Gogol geschrieben worden waren.

GOTHARD, MICHAEL (Darsteller)
Er selbst bezeichnet es als »makaber«, einen Mörder zu spielen, der die Brille eines tatsächlichen Kindermörders trug. Micha-

el Gothard verkörpert ↗ Locque im Film ↗ *In tödlicher Mission* (1981). Überrascht war Gothard, als er das Drehbuch las und keine einzige Zeile zu sprechen hatte. Schon vor ihm hatte es stumme Darsteller gegeben: ↗ Oddjob in ↗ *Goldfinger* (1964) oder ↗ Beißer in ↗ *Der Spion, der mich liebte* (1977). Die Produzenten sind der Ansicht, ein Bösewicht erscheine bedrohlicher, wenn er nicht spricht. So schwieg sich Michael Gothard durch seine Rolle. Er schrie zwar einmal »Nein«, dies aber kurz vor seinem filmischen Ableben. Eine Puppe stürzt im Fahrzeug sitzend in eine Schlucht. Durch Zufall flog sie aus dem Autofenster des sich überschlagenden Wagens. ↗ John Glen schnitt die Szene trotz der ungewollten Gewalt nicht: Gothard legte sich einfach auf die Felsen, um ↗ Roger Moore die Chance zu dem Spruch zu geben: »Er war schon vorher sehr runtergekommen« (deutsche Version).

GOTTESANBETERIN (Romanfigur)
↗ Margareta Piel

GOTTEX (Badebekleidung)
Die Badebekleidung, die in ↗ *Der Hauch des Todes* (1987) zu sehen ist, stammt von der Firma Gottex.

GÖTTLICHE KOMÖDIE
↗ Dantes Inferno

GOULD, GEOFFREY (Romanfigur)
Im Buch ↗ *Sieg oder stirb, Mr. Bond!* gehört Sir Geoffrey Gould neben drei Staatsoberhäuptern zu den Personen, die an einem Treffen auf dem Schiff ↗ HMS Invincible teilnehmen. ↗ »M« ist um die Sicherheit Goulds besorgt, und nachdem ↗ »ELINT« einen Satz auffängt, der Unheil bedeuten könnte, wird James Bond als »Babysitter« auf den Flugzeugträger geschickt, um Geoffrey Gould und die anderen zu beschützen. Das Treffen läuft unter dem Operationsnamen ↗ »Landsea'89«. Gould wird mit anderen Passagieren eines Hubschraubers an Bord des Schiffes »Invincible« abgesetzt. Neben dem Großadmiral nehmen am ↗ »Steward-Treffen« im Roman ↗ *Sieg oder stirb, Mr. Bond* auch Admiral ↗ Edwin Gudeon von der United States Navy und Admiral ↗ Sergej Jevgennevich Pauker teil. Alle haben Stabsangehörige und Leibwächter bei sich.

GOUVERNEUR (Romanfigur)
↗ Burford

GOW, RAMON (Frisuren)
Für die Frisuren der Darsteller in ↗ *Im Angesicht des Todes* (1985) war Ramon Gow verantwortlich.

GOYA (Künstler)
↗ *Der Herzog von Wellington*

GOY, JEAN-PIERRE (Stuntman)
Der französische Stuntman Jean-Pierre Goy wagte einen Sprung, der in die Geschichte einging. Goy doubelte ↗ Pierce Brosnan in ↗ *Der Morgen stirbt nie*. Mit einem Motorrad übersprang er einen Helikopter und landete sicher in Kartons, die den Aufprall dämpften.

Um die Gefahr zu mindern, hatte Goy weder die Darstellerin ↗ Michelle Yeoh noch ein Stuntdouble mit auf dem Motorrad, sondern eine Puppe. Die Rotorblätter des Helikopters existierten nicht wirklich, die wurden später als Computersimulation eingefügt.

GOYTSCHEW (Romanfigur)
In ↗ *Casino Royale* wird Goytschew als einziger Mitarbeiter der Organisation ↗ SMERSH genannt, der dem britischen Geheimdienst je in die Hände gefallen ist. Der Mann, der auch unter dem Namen Garrad-Jones agierte, erschoss am 7.8.1948 den Arzt ↗ Petschora. Goytschew schluckt beim Verhör einen Knopf aus gepresstem Zyankali.

GPS

Bei GPS handelt es sich um ein Navigationssystem, das im Roman und auch im Film ↗*Der Morgen stirbt nie* (1997) eine Rolle spielt. GPS steht für Global Positioning System. ↗Benson lässt ↗Tanner im Buch Folgendes zum GPS erklären: »Ein Satelliten-Netzwerk des amerikanischen Verteidigungsministeriums sendet kontinuierlich Zeitsignale, die von an Land befindlichen Atomuhren geliefert werden.« Die Signale seien kodiert, so dass der Empfänger wisse, welcher Satellit gesendet habe. Das ↗ACSES (Atomic Clock Signal Encoding System) sei eines der bestgehüteten Geheimnisse der Amerikaner. Von den 23 existierenden ACSES sei eines bei der Explosion einer Transportmaschine der U.S. Air Force verloren gegangen. ↗Henry Gupta ersteigerte das High-Tech-Gerät beim Flohmarkt für Terroristen, um damit die finsteren Pläne von ↗Elliot Carver in die Tat umzusetzen.

↗Kampfmesser mit Sonderausstattung

GRAB

Der Eingang zu ↗Kanangas Unterwelt in ↗*Leben und sterben lassen* (1973) erfolgt über ein Grab. Wenn mit einem Schwert dreimal auf den Grabstein geklopft und dieser bekreuzigt wurde, wird eine Rampe von den Angestellten Kanangas betätigt, die zum Grab hinauf oder vom Grab hinunterführt. So kommt ↗Samedi zur Voodoo-Veranstaltung und Bond in die Geheimen Gefilde des Dr. Kananga.

GRABSTEIN

Über die Inschrift seines Grabsteins macht sich James Bond im Roman ↗*Goldfinger* Gedanken: »Ja, das würde sich auf einem Grabstein gut ausnehmen: nicht ›savoir vivre‹, sondern ›savoir mourir‹ – Die Geburt kann man sich nicht aussuchen, aber die Art, wie man stirbt.« Jedes Jahr fährt James Bond zum ↗Casino von Royale. Er denkt dann an ↗Le Chiffre und sucht einen kleinen Friedhof auf, heißt es im Roman ↗*007 James Bond im Dienst Ihrer Majestät*. Hier steht ein schlichtes Marmorkreuz mit der Aufschrift »Vesper Lynd, R.I.P.«.

↗Philosophie Bonds

Die Inschrift des Grabsteins von ↗Teresa Bond ist im Film ↗*In tödlicher Mission* (1981) zu lesen, als 007 das Grab in der ↗Pre-Title-Sequenz aufsucht. Sie lautet: »Teresa Bond 1943–1969 Beloved Wife of James Bond We have all the Time in the World«. (Der künstliche Grabstein ist oft bei Ausstellungen zu sehen.) »Namen sind was für Grabsteine«, unterbricht ↗Mr. Big James Bond in ↗*Leben und sterben lassen* (1973), als dieser sich vorstellen will. Im selben Film gelangt 007 auf einem Friedhof über ein Grab in das Hauptquartier ↗Kanangas.

GRACE, MARTIN (Stuntman)

Seinen Einsatz als Stuntman unter der Leitung von ↗Bob Simmons hatte Martin Grace 1979, als die »gefährlichen« Dreharbeiten zu ↗*Moonraker – streng geheim* (1979) auf dem Plan standen. Im Stuntteam waren neben ihm noch ↗Claude Carliez, ↗Richard Graydon, ↗Michel Berreur, ↗Guy Di Rigo, ↗Paul Weston, ↗Daniel Breton und ↗Dorothy Ford beschäftigt. Bei ↗*Octopussy* (1983) übernahm Martin Grace zusammen mit ↗Paul Weston und ↗Bill Burton die Aufsicht bei der Stuntdurchführung. Grace organisierte auch bei den Dreharbeiten von ↗*Im Angesicht des Todes* (1985) die Actionszenen. Martin Grace doubelte ↗Roger Moore in *Octopussy* (1983). Dabei hing er während einer Aufnahme an einem fahrenden Zug, der eine Markierung überfuhr, und Grace wurde mit seinem Becken gegen einen Begrenzungspfeiler geschleudert. Sein Becken brach. Die Kameramänner, die den Unfall aus einem Helikopter beobachteten, filmten weiter. Grace schaffte es trotz der Schmerzen, sich am Zug festzuhalten, obwohl dieser ungebremst weiterfuhr. »Hätte

Martin losgelassen, hätten wir seinen Tod gefilmt«, erinnerte sich ein Crewmitglied. Roger Moore besuchte Grace mehrfach im Krankenhaus und hatte Gewissensbisse, weil der Stuntman so schwere Verletzungen davongetragen hatte und noch Monate später stark humpelte.

GRACE, POLLY (Romanfigur)
Im Werk ↗ *Feuerball* ist die Rede von Polly Grace, einer billigen Prostituierten, die für »ein Pfund französische Tricks« ausprobiert. Sie arbeitete als Kellnerin im »Tea-Room Honey Bee«, bis sie sich als Prostituierte selbstständig macht. James Bond und sein Fahrer unterhalten sich auf dem Weg nach ↗ Shrublands über Grace.

GRADY (Romanfigur)
Nachdem 007 im Buch ↗ *Leben und sterben lassen* von ↗ Mr. Halloran überprüft worden ist, steigt er in ein Auto, in dem der Chauffeur Grady am Steuer sitzt. Grady fährt James Bond zum New Yorker Hotel St. Regis.

DIE GRÄFIN (Romanfigur)
Als die Frau von ↗ Graf Konrad von Glöda alias ↗ Aarne Tudeer taucht »die Gräfin« im Roman ↗ *Operation Eisbrecher* auf. Autor ↗ Gardner beschreibt sie als eine Frau, die Mittel und Fähigkeiten besitzt, sich alles zu kaufen. Sie ist wesentlich jünger als der Graf und hält sich wahrscheinlich mit Fitnesstraining in Form. Der richtige Name der gebräunten Gräfin, die ihre schwarzen Haare zu einem strengen Knoten zusammengebunden hat, wird nicht genannt.

GRAF (Romanfigur)
↗ Helmut M. Springer

GRAF, BILLY (Regieassistent)
Während der Dreharbeiten zu ↗ *Man lebt nur zweimal* (1967) feierte Regieassistent Billy Graf seinen 21. Geburtstag. Kein Geringerer als ↗ Sean Connery stürzte sich als Erster auf die Geburtstagstorte.

GRAHAME, DAVID (Darsteller)
Grahame spielt in ↗ *Octopussy* (1983) einen Tankwart, dessen Gesicht Bände spricht, als James Bond mit einem ↗ Mini-Jet vor der Zapfanlage landet und darum bittet, dass sein Jet voll getankt wird.

GRAND HOTEL EUROPA (Hotel)
Eine besondere Rolle im Roman und auch im Film ↗ *GoldenEye* (1995) spielt das Grand Hotel Europa. James Bond logiert in diesem St. Petersburger Hotel und wird im hauseigenen Schwimmbad von ↗ Xenia Onatopp besucht. Die Killerlady, die auf Bonds Wunsch hin von ↗ Valentin Zukovsky von dem Aufenthalt des Agenten in Russland erfahren hat, will 007 beim Safer Sex töten. Bond hat da andere Vorstellungen. Er gewinnt in der Sauna des Grand Hotels Europa die Oberhand über Onatopp und zwingt sie, ihn zu ↗ Janus zu bringen, dem Anführer der gleichnamigen Organisation.

GRANIT (Codename)
↗ Krassno Granitzki

GRANITZKI, KRASSNO (Romanfigur)
Im Buch ↗ *Liebesgrüße aus Moskau* wird über ↗ Donovan Grant bekannt, dass er in den letzten Jahren auch unter dem Namen Krassno Granitzki arbeitete – Codename »Granit«.

GRANT (Romanfigur)
In ↗ *Sieg oder stirb, Mr. Bond* ist Grant der Sanitätsfregattenkapitän. Erstmals begegnet 007 der grauhaarigen Gestalt in der Offiziersmesse. Er wirkt auf Bond wie ein Mann, der nicht viele Worte macht. Beide untersuchen den Tatort, an dem der Tote ↗ Edgar Morgan mit durchschnittener Kehle liegt. Später ruft James Bond im Lazarett an und bestellt auch ↗ Barnes zum Ort des Grauens. Grant ist auch einer der

wenigen Männer, die 007 an seine Hoden lässt. Nach einem Tritt von ↗Sarah Deeley, der Bonds Hoden trifft, muss 007 Grants Hilfe in Anspruch nehmen. Dieser massiert ihm eine schmerzlindernde Salbe ein.

GRANT, CARY (Darsteller)
Eine interessante Idee ↗Ian Flemings ist es im Roman ↗*Goldfinger*, den Schurken behaupten zu lassen, er drehe einen Film mit Cary Grant und ↗Elizabeth Taylor. Goldfinger versucht mit dieser Behauptung die Luftkontrolle zu verwirren, die für den Luftraum über Fort Knox verantwortlich ist. Grant wurde von ↗Albert R. Broccoli 1961 in Betracht gezogen, die Rolle des James Bond in ↗*James Bond 007 jagt Dr. No* (1962) zu übernehmen, doch forderte Grant zu viel Gage und wollte sich nur auf einen Film, nicht auf drei einlassen.

GRANT, DONALD (Filmcharakter)
↗Donovan Grant

GRANT, DONOVAN (Romanfigur/Filmcharakter)
↗*Liebesgrüße aus Moskau* beginnt mit der Figur Grant, die sich massieren lässt. Grant ist kräftig, hat extrem helle Wimpern, während die Augen »blass«, »wässrig« und »verschleiert« sind – wie aus Porzellan. Wie eine Leiche liegt der seltsame Mann im Gras. Er hat einen grausamen schmallippigen Mund. Die Masseurin Grants stellt fest, dass er mehrfach verletzt worden sein muss. Unter den Spitznamen ↗»Red« Grant, »Granit« oder ↗Krassno Granitzki arbeitete der oberste Exekutionsbeauftragte von ↗SMERSH in den vergangenen Jahren. Er hasst Rosen und raucht Zigaretten der Marke Troika mit Goldfilter. Grant ist das Produkt der flüchtigen Begegnung einer irischen Kellnerin und eines deutschen Gewichthebers. Er wurde innerhalb von 15 Minuten gezeugt. Die Kellnerin erhielt für den Akt, der sich im Gras hinter einem Zirkuszelt abspielte, drei Schilling von ihrem Freier. Auf den letzten Wunsch der Mutter hin, die im Kindbett starb, wurde das Kind Donovan genannt, weil der Vater als Gewichtheber unter dem Namen »Der mächtige O'Donovan« Erfolge gefeiert hatte. Der Nachname Grant ist der der Mutter.

Von einer Tante aufgezogen, entwickelte sich Grant zu einem in der Schule verhassten und gefürchteten Kind. Später schlug er sich auf Jahrmärkten als Boxer und Ringer durch. Nach der Schule arbeitete er für Schmugglergruppen und die »Sinn-Féin«*. Ein Gefühl stieg in Grant auf, das ihm bisher unbekannt gewesen war: Mordlust. Im Alter von sechzehn Jahren erwürgte er werwolfsgleich eine Katze, um sich danach einen Monat erleichtert zu fühlen. Viele weitere Tiere mussten ihr Leben lassen, um Grants wiederkehrende Mordlust zu stillen.

Nachdem er größere Tiere getötet hatte, brachte er einen Landstreicher und mehrere Mädchen aus entlegenen Dörfern um. Das Bedürfnis, sie sexuell zu missbrauchen, hatte er nicht. Die Bevölkerung versuchte, dem »Mondmörder« mit Wachtrupps auf die Spur zu kommen, doch Grant verließ Aughmacloy und wurde in Belfast 1945 irischer Landesmeister im Boxen. Beim Militär arbeitete er als Fahrer im Royal Corps of Signals. Grant versuchte, die Phasen seiner Mordlust durch exzessiven Whiskykonsum zu unterdrücken. Seine Brutalität brachte Kameraden beim Royal Corps dazu, die Zusammenarbeit mit ihm zu verweigern, und er kam zur Motorrad-Melde-Staffel. Als er für die Iren bei Meisterschaften boxte, schmiedete Grant Pläne, zu den Russen überzulaufen. Mit der Post, die er als Fahrer transportierte, verschaffte er sich Zugang zum russischen Sektor. Durch die gestohlenen Geheimdokumente war er für die Russen ein wertvoller Spion.

Ein Jahr in russischer Gefangenschaft folgte, damit die Russen sich seiner sicher sein konnten. Grant hielt sich körperlich fit. Von seiner Freude am Morden hatte er einem Oberst vom ↗MGB erzählt – ein

Grund für die »Sicherheitsverwahrung«. Psychiater bescheinigten ihm eine manische Depressivität und bestätigten, er sei ein Narziss ohne geschlechtliche Triebe, aber mit der Fähigkeit, starke Schmerzen zu ertragen. Geringe Intelligenz gekoppelt mit der Schläue eines Fuchses machte ihn gefährlich. Der MGB-Vorgesetzte wollte Grant zunächst wegen seiner Unkontrolliertheit töten lassen, leitete ihn aber schließlich an die Abteilung 2 von SMERSH weiter. Auf Grants Akte steht der Vermerk: »SMERSH Otdiel II«. Durch die gut ausgeführten Morde stieg das Gehalt Grants, mittlerweile sowjetischer Staatsbürger, 1953 auf 5.000 Rubel pro Monat. Er wurde Major und bekam eine Villa zur Verfügung gestellt.

James Bond trifft Grant erstmals auf einem Bahnhof. Zusammen setzen sie die Reise im ↗ Orient-Express fort, denn 007 glaubt, einen Verbündeten zu haben. Bond bemerkt die Augen Grants: »Sie waren undurchschaubar, beinahe leblos. Die Augen eines Ertrunkenen. Doch sie enthielten eine Botschaft für ihn.« Als es zum entscheidenden Kampf kommt, rammt Bond seinem Gegner ein Messer in den Körper, doch Grant ist noch nicht tot. 007 greift zu Grants Waffe – dem Buch *Krieg und Frieden* – und erschießt den russischen Killer damit. Im Film ↗ *Liebesgrüße aus Moskau* (1963) ist der Name der Figur Donald Grant. Aus den Dialogen geht hervor, dass Donald Grant 1960 aus dem Gefängnis in Dartmoor entflohen ist und 1962 in Tanger rekrutiert wurde. 007 erwürgt Grant im Orient-Express nach einer dramatischen Schlägerei.

*) Sinn Féin (gälisch) ist eine Partei in Nordirland.

GRANT, GERALD (Romanfigur)
Im Roman ↗ *Never Send Flowers* arbeitet ↗ MI5-Agent Gerald Grant mit James Bond zusammen.

GRANT, JOHN (Romanfigur)
↗ Franks aus dem Buch ↗ *Fahr zur Hölle, Mr. Bond!* lässt James Bond und ↗ Chi-Chi, die bei ihrer Mission ↗ Peter Agentbright und ↗ Jenny Mo doubeln sollen, in den Händen von Grant. Der junge Mann mit leiser Stimme und dünnem Schnurrbart ist der Berater aus ↗ Langley. ↗ Gardner schreibt: »Er war scharf wie ein geschliffenes Messer und verschwendete keine Zeit mit einer Einleitung.« Der Vorname des Mannes lautet John. Er wird im Roman selten genannt.

GRANT, »RED« (Romanfigur)
↗ Donovan Grant

GRAUE PERLE (Romanfigur)
»Graue Perle« ist eine wenig attraktive, alte Frau, die im Roman ↗ *Du lebst nur zweimal* vorkommt und als Übersetzerin zwischen James Bond und ↗ »Bebendes Blatt« fungiert.

GRAUER DUDELSACKPFEIFER (Filmcharakter)
↗ Lady Fiona behauptet im Film ↗ *Casino Royale* (1966), sie hätte vom »Grauen Dudelsackpfeifer« erfahren, dass ihr Mann ↗ »M« (McTerry) tot sei. Bond muss später feststellen, dass Fiona in Wirklichkeit ↗ Mimi ist. Der Pfeifer sei seit 600 Jahren derselbe; er käme immer dann über die Berge, wenn der Clan der McTerrys über einen Todesfall informiert werden müsse.

GRAVES, GUSTAV (Romanfigur/Filmcharakter)
Gustav Graves ist die neue Identität von ↗ Colonel Moon im Roman und im Film ↗ *Stirb an einem anderen Tag* (2002). Von ↗ Raoul erfährt 007 etwas über den Mann: »Ein sehr reicher Industrieller, der Publicity liebt. Kam aus dem Nichts und wurde über Nacht erfolgreich. Er arbeitet an einer Art Weltraumtechnik, aber seinen Lebensunterhalt finanziert er mit der Diamantenmine.« Auf seinem Flug nach London liest 007 in einem Zeitungsbericht weitere

Dinge über Graves' Leben. Er sei Waise aus Argentinien und habe die britische Staatsangehörigkeit. Als Multimillionär sei er ins Rampenlicht getreten, weil er die Entwicklung internationaler Weltraumprogramme förderte. Graves wird als »Philanthrop« beschrieben. Er spendet oft Geld an Wohltätigkeitsorganisationen, was eine Parallele zu ↗Maximilan Largo aus ↗Sag niemals nie (1983) darstellt. Gustav Graves, allgemein als Genie anerkannt, ist leidenschaftlicher Extremsportler. Er ist Ballonfahrer, betreibt Bergsport und ist Champion im Fechten. Die Nebenwirkungen der Gen-Therapie, die Moon/Graves hat über sich ergehen lassen, sind fatal: Er kann nicht mehr schlafen und muss sich Träume über eine Traummaschine besorgen, damit er nicht noch verrückter wird. 007 stellt im Roman fest: »Sie hingegen träumen nicht nur – Sie leben Ihre Träume ...« Im Film soll Graves zum Ritter geschlagen werden und den Titel »Sir« tragen.

Das Ende Graves' ist sehr spektakulär. Nach einem erbitterten Kampf mit James Bond wird er mit seinem Fallschirm aus einem fliegenden Flugzeug gerissen, während er die Stromstöße des Verteidigungsmechanismus von ↗Vlad ertragen muss. Graves' Körper landet in einer Flugzeugturbine, die bereits Feuer gefangen hat. Er wird zerstückelt. Gustav Graves wird im Film von ↗Toby Stephens gespielt. War die Figur Gustav Graves schon für den Film ↗Diamantenfieber (1971) im Gespräch? Eine Frage, die berechtigt ist, denn zum einen handelt der Film genau wie *Stirb an einem anderen Tag* (2002) von Diamanten und zweitens sind auf ↗Ken Adams Entwürfen des ↗Whyte House nicht die Initialen W. W. (Williard Whyte) zu lesen, sondern die Abkürzung G. G., die für Gustav Graves stehen könnte.

GRAVUR

Im James-Bond-Film ↗*Der Mann mit dem goldenen Colt* (1974) bekommt Bonds Chef ↗»M« eine Patrone mit der eingravierten Ziffer »007« geschickt. Daraufhin beginnt der Agent Ihrer Majestät gegen ↗Scaramanga zu ermitteln – den vermeintlichen Absender dieses Projektils. Autor ↗Ian Fleming erhielt Ende der 1950er Jahre von General ↗William Donovan als Dank für einen Bericht über Geheimdienstaufgaben einen achtunddreißiger Revolver als Geschenk. Dieser trug die Gravur »For Special Services«. ↗John Gardner lässt ↗Felix Leiter einen Revolver überreichen: Im Roman ↗*Moment mal, Mr. Bond* wurde in der deutschen Übersetzung aus der Gravur »For Special Services« der Satz »James Bond für besondere Dienste.«

GRAY, CHARLES (Darsteller)

Charles Gray wurde 1928 in Bournemouth, England, geboren. Zusammen mit Freunden agierte er oft in Low-Budget-Amateurfilmen und -Bühnenstücken und wurde schließlich gebeten, beim Regent's Park Open Air Theatre aufzutreten. Gray knüpfte Kontakte und es gelang ihm, Rollen bei der angesehenen Royal Shakespeare Company zu bekommen. Die Möglichkeit der TV-Karriere bot sich dem Charakterdarsteller bei BBC-Produktionen. 1966 wurde ihm die Rolle als James Bonds Kontaktmann ↗Henderson in ↗*Man lebt nur zweimal* (1967) angeboten. Der Auftritt machte Geschichte, denn als Henderson ist Gray der einzige Darsteller, der in einem Bond-Film 007 einen »Wodka Martini gerührt, nicht geschüttelt« anbietet – ein Lacher beim Publikum. Als Charles Gray Ende 1970 die Rolle des ↗Ernst Stavro Blofeld übernehmen sollte, glaubte er an eine Verwechslung. Er war als Henderson in *Man lebt nur zweimal* gestorben und sollte nun doch als Superverbrecher in Erscheinung treten. Gray wurde tatsächlich als Blofeld in ↗*Diamantenfieber* (1971) verpflichtet. Kritiker und Fans halten Grays Darstellung des Blofelds für eine der schlechtesten Interpretationen der Figur.

Zuvor hatten sich ↗ Donald Pleasence und ↗ Telly Savalas daran versucht; Letzterer war am erfolgreichsten. Gray stirbt auch im siebten offiziellen James-Bond-Film, als 007 Blofeld mit dessen Mini-U-Boot an den Stahlkonstruktionen seiner Ölbohrinsel zerschellen lässt. Gray glaubte nach diesem Auftritt für Bond endgültig gestorben zu sein, doch es folgte ein Sprechrollenangebot für ↗ Der Spion, der mich liebte (1977). Der Charakterdarsteller spricht im Original die Lautsprecherstimme bei der Pyramiden-Szene. Als Kriminologe und Erzähler machte sich Gray 1974 bei der Rocky Horror Picture Show einen Namen. Der Film erreichte Kultstatus und Gray ist auch auf der CD beim Titel Time Warp zu hören. 1990 agierte Gray als Teufel höchstpersönlich in dem albernen deutschen Geschlechterwechsel-Lustspiel *Eine Frau namens Harry* mit Thomas Gottschalk als Partner. Der Charakterschauspieler starb am 7. März 2000 in London.

GRAYDON, RICHARD (Darsteller/Stuntman)
Neben ↗ Laurence Herder spielt Richard Graydon einen sowjetischen Kosmonauten. Er erschien im fünften James-Bond-Film ↗ *Man lebt nur zweimal* (1967) in einem Raumschiff, das von ↗ Ernst Stavro Blofeld im Weltraum durch die Rakete ↗ Bird 1 gekidnappt wurde. Bei ↗ *Im Geheimdienst Ihrer Majestät* (1969) sprang Dicky Graydon wegen einer Verletzung von ↗ George Leech ein. Er hangelte sich im Wechsel mit ↗ Chris Webb an den Drähten der Seilbahn entlang. Die Drähte waren gefroren, sodass Graydon kaum Halt fand und langsam ins Tal rutschte. Leech, der sich mit verrenktem Arm an einem Mast positioniert hatte, streckte dem vorbeirutschenden Stuntman ein Bein entgegen – der letzte Halt für Graydon, wie er später berichtete. Im selben Film war er als Dracos Chauffeur zu sehen. In ↗ *Moonraker – streng geheim* (1979), der wiederum im All spielt, stieß Graydon erneut zur Bond-Crew. Hier war er als Stuntman unter der Leitung von ↗ Bob Simmons beschäftigt. In ↗ *Octopussy* (1983) ließ sich der Stuntman als ↗ »Francisco der Furchtlose« aus einer Kanone abschießen.

GRAY, FREDERICK (Romanfigur)
Verteidigungsminister Gray kommt im Roman ↗ *Moonraker Streng geheim* vor. Besonders das letzte Kapitel befasst sich ausführlich mit ihm. Er wird als »Schlüsselfigur« der Regierung Ihrer Majestät beschrieben. Nach der Zerstörung von ↗ Drax' Raumstation bekommt er viel Publicity, von der er sich einen Karriereschub erhofft. Gray baut darauf, Premierminister zu werden, da dieser gesundheitlich schon angeschlagen ist. Mit Stolz nimmt Gray wahr, dass eine Satellitenverbindung zu James Bond und ↗ Holly Goodhead im Weltraum zu Stande kommt. Mit dem Ruhm für Gray scheint es aus zu sein, als die Agenten beim Liebesakt in der Schwerelosigkeit zu sehen sind. Grays »Augen weiteten sich staunend, als er die Szene erfasste, dann begann er sich ganz langsam und unauffällig hinter den General zu schieben.« Im Buch *Moonraker Streng geheim* heißt es: »In seiner (Bonds) Stimme schwang eine Spur Geringschätzung mit, die erkennen ließ, dass er Frederick Gray nicht übermäßig schätzte.« Gray gibt im Roman und auch im Film ↗ *Moonraker – streng geheim* (1979) an, schon einmal Bridge mit Drax gespielt zu haben – eine Anspielung auf ↗ Ian Flemings Buch ↗ *Mondblitz*, wo Hugo Drax beim Kartenspiel betrügt. Der Admiral Frederick Gray kommt im 34. Bond-Roman ↗ *Tod auf Zypern* von ↗ Raymond Benson vor, und zwar in Gesellschaft von Admiral ↗ Hargreaves. Beide Charaktere sind auch im 1977 gedrehten Film ↗ *Der Spion, der mich liebte* zu sehen.

GRAY, FREDERICK (Filmcharakter)
Der von ↗ Geoffrey Keen verkörperte Verteidigungsminister von Großbritan-

nien, Admiral Frederick Gray, kommt erstmals im Film ↗ *Der Spion, der mich liebte* (1977) vor. James Bond wird Frederick Gray an Bord des Schiffes ↗ Faslane vorgestellt. Dort informiert er Bond über die Hintergründe des ↗ U-Boot-Ortungssystems und wie 007 an die Hintermänner dieser Entwicklung gelangen kann. 007 nennt ihn liebevoll »Freddie«, doch der freundschaftliche Eindruck trügt. Als Gray in ↗ *Moonraker – streng geheim* (1979) wieder auf James Bond trifft, ist die Lage gar nicht so entspannt. »Ihrem Mann sollte der Auftrag entzogen werden!«, mault er ↗ »M« an, nachdem Bond ihn in eine peinliche Situation gebracht hat. In ↗ *In tödlicher Mission* (1981) befindet sich der Verteidigungsminister in »Ms« Büro und bespricht mit ↗ Bill Tanner, wie 007 vorgehen soll. Als am Ende der Mission eine akustische Verbindung zwischen 007 und der Premierministerin hergestellt wird und dabei kleine »Pannen« unterlaufen, nennt Gray ↗ »Q« einen Trottel. Die Anwesenheit des Admirals fällt in einigen Episoden gar nicht richtig auf. So ist er zum Beispiel auch bei ↗ *Octopussy* (1983) und ↗ *Im Angesicht des Todes* (1985) dabei. In ↗ *Der Hauch des Todes* (1987) tritt der Verteidigungsminister letztmalig auf. Hier werden die Angelegenheit ↗ »Smiert spionem« und ↗ Koskovs Überlaufen besprochen.

GRAY, WILLOUGHBY (Darsteller)
Auch die buschigen, in der Maske geschaffenen Augenbrauen und das Monokel ließen den Schauspieler Willoughby Gray in seiner Rolle des ↗ Dr. Karl Mortner in ↗ *Im Angesicht des Todes* (1985) nicht so recht bösartig wirken.

GRAYSMARK, ANTHONY (Bauleitung)
Bauleiter bzw. Baukoordinator bei den Produktionen ↗ *Der Hauch des Todes* (1987), ↗ *Lizenz zum Töten* (1989) und ↗ *GoldenEye* (1995) war Anthony Graysmark. Graysmark taucht in einigen Quellen auch mit dem Vornamen »Tony« auf. Er ist der Bruder von ↗ John Graysmark.

GRAYSMARK, JOHN (Künstlerischer Leiter)
Zwei künstlerische Leiter gab es bei den Dreharbeiten zum Film ↗ *Der Mann mit dem goldenen Colt* (1974). Zum einen war es ↗ Peter Lamont, der bereits über Bond-Erfahrung verfügte, und als Zweiter kam John Graysmark dazu. Er stand zwar vom Rang her unter Lamont, dennoch werden in den Produktionsunterlagen beide als künstlerische Leiter beim neunten 007-Film genannt.

GRAZIATI, LORENZO (Glasbläser)
Von Lorenzo Graziati ist in ↗ *Moonraker – streng geheim* (1979) die Rede. Er habe zwischen 1850 und 1860 eine Vase entworfen, die jetzt im Glasmuseum in Venedig steht. Bei einer Schlägerei zwischen 007 und ↗ Chang gehen in diesem Museum mehrere wertvolle Stücke zu Bruch.

GREAVES, JIMMY (Romanfigur)
Dr. Jimmy Greaves ist ein auf Jamaika lebender Arzt, bei dem sich in der Kurzgeschichte ↗ *Octopussy* Major ↗ Dexter Smythe in Behandlung befindet. Greaves hat Smythes zweite Koronar-Thrombose als »zweite Warnung« bezeichnet. Nachdem Smythe im Korallenriff ums Leben gekommen ist und in die Akte ↗ »Tod durch Ertrinken« geschrieben hat, rekonstruiert Greaves bei einer Autopsie die tatsächliche Todesursache bei Smythe: Zunächst wurde er von einem ↗ Skorpionfisch (deutsch: ↗ »Rotfeuerfisch«) gestochen und dann von einem ↗ Octopus unter Wasser gezogen.

GREENE, MONICA (Produktionsassistenz)
↗ Ignacio Cervantes

GREENE, SPARKY (Produktionsmanager, Spezialberater)
Als Spezialberater der Produzenten ↗ Michael G. Wilson und ↗ Albert R. Broccoli fungierte Sparky Greene zusammen mit

↗ Jillian Palenthorpe bei der Produktion ↗ *Lizenz zum Töten* (1989).
  ↗ Philip Kohler

GREEN, EVA (Darstellerin)
Eva Green wurde am 5. Juli 1980 geboren. Sie ist die Tochter der französischen Schauspielerin Marlène Jobert und feierte ihr Filmdebüt im Alter von 23 mit dem Streifen *Die Träumer* von Bernardo Bertolucci. Sie ist Absolventin der Pariser St. Paul School und eignete sich weiteres schauspielerisches Können in Workshops an der Webber Douglas' School an. Auch Bühnenerfahrungen kann sie vorweisen: Sie spielte in Paris in den Stücken *Jealousie 3 Fax* und *Turcaret*. Es folgte der Film *Arsène Lupin* (2003). International wurde Eva Green an der Seite von Orlando Bloom in *Königreich der Himmel* bekannt. Die Französin bekam schließlich die Rolle der ↗ Vesper Lynd in ↗ *Casino Royale* (2006) und schaffte es, Rose Byrne die Rolle vor der Nase wegzuschnappen. Barbara Broccoli schwärmte schon im Vorfeld vom »außergewöhnlichen Talent«, das ↗ Ian Flemings erstem Bond-Girl »neues Leben einhauchen soll«. Ihre Rolle wird nicht nur als »verführerisch«, sondern auch als »rätselhaft« beschrieben. Vesper Lynd wird in ↗ *Casino Royale* (2006) vom britischen Schatzamt beauftragt, James Bonds Zugang zu den Millionen Dollar zu überwachen, die er als Einsatz in einem Pokerspiel gegen Le Chiffre einsetzt.

Barbara Broccoli ist der Meinung, mit Bond könne die Darstellerin ihre internationale Karriere ausbauen. Die Brünette ist das vierte französische Bond-Girl nach ↗ Claudine Auger (↗ *Feuerball*, 1965), ↗ Carole Bouquet (↗ *In tödlicher Mission*, 1981) und Sophie Marceau (↗ *Die Welt ist nicht genug*, 1999). Green drehte ihre ersten wichtigen Szenen in Prag, war aber auch bei den Dreharbeiten auf den Bahamas dabei.

GREEN FOUR (Code)
Der Butler, der in ↗ *Der Hauch des Todes* (1987) in ↗ Blayden arbeitet, hat den Codenamen »Green Four«. Als er ↗ Necros nach einem Mord beim Transport der Leiche ertappt, wendet sich »Green Four« an die »Basis«, doch er wird angegriffen und getötet.

GREEN, MARGUERITE (Produktionsassistentin)
Marguerite Green arbeitete erstmals bei ↗ *Der Spion, der mich liebte* (1977) als Produktionsassistentin bei einem Bond-Film mit. Für die nächste Produktion ↗ *Moonraker – streng geheim* (1979) wurde sie wieder verpflichtet.

GREEN, ROB (Schnittassistenz)
↗ Wayne Smith

GREENWALT, DAVE (Romanfigur)
Für James Bond ist Dr. Dave Greenwalt, den er im Roman ↗ *Der Morgen stirbt nie* trifft, genau das Gegenteil von ↗ Dr. Kaufmann, den er in Hamburg ermorden musste. Greenwalt ist Chef eines Labors, das sich mit der Entwicklung von technischen Dingen wie dem ↗ GPS-Gerät oder dem ↗ ACSES-Gerät beschäftigt. Der Doktor ist entsetzt, als 007 das dreiundzwanzigste, verschwunden geglaubte, ACSES-Gerät vorlegt.

GREFE, WILLIAM (Kamera)
Die Haifischszenen im Film ↗ *Leben und sterben lassen* (1973) stammen von William Grefe. Er filmte die Raubfische, die im Becken unter 007 ihre Runden drehen. Als ↗ Kananga und Bond ins Wasser fallen, sind keine Haie in der Nähe. Die Szenen mit den Tieren wurden nur als Gegenschüsse eingeschnitten, was den Eindruck erweckt, die beiden Kontrahenten schwebten in höchster Lebensgefahr.

GREGORY, CONSTANTINE (Darsteller)
Mit fettigen Haaren und abstoßendem Gehabe ist Constantine Gregory als Leiter eines Computerladens in ↗*GoldenEye* (1995) zu sehen; es handelt sich nur um eine Nebenrolle.

GREIFHAKEN
Ein mattes teleskopähnliches Metallrohr hat ↗»Q« im Roman ↗*Lizenz zum Töten* für den Geheimagenten James Bond parat. Mit einem Knopfdruck wird aus dem unscheinbar wirkenden Stab ein äußerst belastbarer Kletterhaken. Die Erfindung der Abteilung »Q« ist mit einem Nylonseil versehen, und der Waffenmeister beschreibt es wie folgt: »Durch die Feder kann man es auf- und abwickeln und auf jede beliebige Länge bringen (...) es hält sogar zwei Männer ihrer Gewichtsklasse aus.« 007 ist begeistert und wendet den getarnten Greifhaken an, um an der Fassade des Spielkasinos zu ↗Franz Sanchez' Büros zu gelangen. Dort angekommen, setzt er die von »Q« gelieferte ↗Zahnpasta ein.

GREMLINS
Die kleinen Monster – erfunden von Steven Spielberg – werden von ↗John Gardner in seinem Roman ↗*Sieg oder stirb, Mr. Bond* genannt.

Der Name wird durch den Ausdruck ↗»Wrenlins« in Erinnerung gerufen. Als »Gremlins« werden im Bond-Roman Kobolde der ↗RAF bezeichnet, die einfach das Wort »Wrenlins« verändert hatten. Der Film *Gremlins – Kleine Monster* (1984) lief äußerst erfolgreich im Kino und hatte sogar mit *Gremlins II – Die Rückkehr der kleinen Monster* (1990) eine Fortsetzung.

GRIECHE (Romanfigur)
Ein Grieche sitzt im Roman ↗*Casino Royale* zusammen mit James Bond und ↗Le Chiffre am selben Spieltisch. Die Plätze 1–10 werden von Fleming beschrieben. Der Grieche ist nach Bonds Meinung ein erfolgreicher Spieler, dem vermutlich eine »einträgliche Reederei« gehört.

GRIECHENLAND
Mit dem ↗Orient-Express reist James Bond im Roman ↗*Liebesgrüße aus Moskau* unter anderem durch Griechenland. Als James Bond und ↗Percy Proud im Roman ↗*Die Ehre des Mr. Bond* glauben, die Affäre um die ↗EPOC-Frequenz überstanden zu haben, machen sie einen ausgiebigen Griechenlandurlaub. Von Rom aus bereisen sie Griechenland: Nach einigen Nächten auf Naxos ging es weiter nach Rhodos, wo sich die zwei wegen der vielen Touristen aber nur eine Nacht aufhalten. Nach vielen weiteren Stationen kommen sie ans Ionische Meer. Nach der letzten Urlaubswoche auf Korfu verübt ↗Tamil Rahani ein Attentat auf Proud und Bond. Beide werden nicht verletzt, der Drahtzieher entkommt aber. Der James-Bond-Film ↗*In tödlicher Mission* (1981) spielt auf Korfu. 007 knüpft in diesem Kinoabenteuer Kontakte zur ↗Gräfin Lisa von Sahm. Die Frau ist eine Freundin von ↗Columbo, den Bond zuerst für seinen Gegenspieler hält.

GRIFFIN, STEVE (Stuntman)
↗Simon Crane

GRIMLEY (Romanfigur)
↗Mouton Rothschild 34'

GRIMSHAWE (Romanfigur)
Der alte Grimshawe im Roman ↗*Nichts geht mehr, Mr. Bond* ist der britische Botschafter. ↗Norman Murray hat bei ihm angerufen, um etwas über James Bonds Operation zu erfahren. Murray hört genug, um nun eine mögliche Zusammenarbeit anlaufen zu lassen.

GRINEW, ANATOLI PAWLOWITSCH (Romanfigur)
In ↗*Operation Eisbrecher* hat der britische Geheimdienst unter der Leitung von ↗»M« mit dem Oberst in der dritten Abteilung

der ersten Hauptverwaltung gesprochen: mit Anatoli Pawlowitsch Grinew, der sich in seinem Privatleben als Erster Sekretär der Handelsabteilung KPG (Kensington Palace Gardens – die sowjetische Botschaft) tarnt. Grinew begründet »M« in einem Gespräch, warum er es für sinnvoll halte, dass ↗KGB, ↗CIA, ↗Mossad und der britische Geheimdienst beim ↗Unternehmen Eisbrecher zusammenarbeiten sollten.

DER GRINSENDE BILLY (Romanfigur)
↗Billy Ring

GRINSSON, BORIS (Designer)
Der 1907 in Deutschland geborene Boris Grinsson floh nach Frankreich, als Adolf Hitler an die Macht kam. Die Karriere des Designers nahm 1930 ihren Anfang und dauerte bis in die 1970er Jahre. Zu Grinssons beachtetsten Werken gehören die Plakate zu den Filmen *Der Zauberer von Oz* (1938), *Die Lady von Shanghai* (1948), *Sie küssten und sie schlugen ihn* (1959) und zu Alfred Hitchcocks *Die Vögel* (1963). Boris Grinssons Stil sollte sich als perfekt für die französische Posterkampagne zu ↗*James Bond 007 jagt Dr. No* (1962) und ↗*Liebesgrüße aus Moskau* (1963) erweisen.

GRISCHENKO, BORIS IWANOWITSCH
(Romanfigur/Filmcharakter)
Computerfreak Boris Grischenko kommt im Buch und auch im Film ↗*GoldenEye* (1995) vor. Er arbeitet in der ↗Sewernaja-Station als Programmierer und hat Verbindungen zu ↗»Janus«. Grischenko ermöglicht es den Bösewichten ↗Ourumov, ↗Onatopp und ↗Trevelyan, die ↗»Goldeneyes« in ihre Kontrolle zu bringen. Mit Hilfe der im Weltraum stationierten Nuklearwaffen will ↗Alec Trevelyan seine getürkten Umbuchungen von Millionenbeträgen auf seine Konten verbergen. Grischenko hilft »Janus« dabei, ↗Natalja Simonowa zu fangen und den ↗Goldeneye-Satelliten »Mischa« zu steuern. Nachdem Bond in das Hauptquartier eingedrungen ist, spielen Zufälle eine Rolle: Grischenko ist nervös und spielt ständig mit seinem Kugelschreiber. Als er Bonds Schreibgerät in die Finger bekommt, gerät er in eine üble Situation: Der Kugelschreiber stammt von ↗»Q« und beinhaltet eine Klasse-4-Granate. Boris Grischenko bringt die Bombe versehentlich zur Explosion und verschafft 007 die Chance zur Flucht. Die Satellitenstation in Kuba wird von einem ausbrechenden Feuer und dem wütenden Geheimagenten zerstört. Letzter Überlebender ist Boris. Der schmierige, nie gewaschene und unpassend gekleidete Russe freut sich orgiastisch: »Jaaa! Ich bin unbesiegbar!«, doch die Freude ist nur von kurzer Dauer. Hinter ihm explodieren die Kühltanks des Großrechners, und er wird durch flüssigen Stickstoff eingefroren. Der zweite Vorname »Iwanowitsch« wird im Film nicht genannt, nur ↗John Gardner verrät ihn in seinem Roman. Dargestellt wurde die Figur von ↗Alan Cumming.

GRISCHKA (Filmcharakter)
Der Messerwerfer Grischka ist einer der mordlüsternen Zwillinge in ↗*Octopussy* (1983). Er arbeitet im ↗Octopussy-Zirkus, erledigt aber zusammen mit seinem Bruder ↗Mischka die Morde für ↗General Orlov. Sie töten unter anderem ↗009. James Bond und Grischka treffen erstmals auf dem Dach eines Zuges aufeinander. Grischka sieht 007 nur von hinten und hält Bond für Mischka, da der Agent dessen Kleidung trägt. Es kommt zum Kampf. Beide stürzen vom Zugdach, und der Kampf auf Leben und Tod verlagert sich in einen nahe gelegenen Wald. Mit vier Wurfmessern nagelt Grischka Bond an die Tür einer kleinen Waldhütte. Bond kann dem Todesstoß Grischkas ausweichen und den Mörder töten. Grischka, der seinen Bruder rächen wollte, erfährt von Bond die Rache für 009. Mischka wurde von ↗Antony Meyer dargestellt.

GRITTI PALACE (Hotel)
Bei den Ermittlungen in der Kurzgeschichte ↗*Risiko* wohnt James Bond in ↗Venedig im Hotel Gritti Palace.

GROEN-BROTHER-HAWK-H2X-GYROCOPTER (Fahrzeug)
Bei dem Helikopter mit der Bezeichnung Groen-Brother-Hawk-H2X-Gyrocopter in ↗*Tod auf Zypern* handelt es sich um einen Prototypen mit knapp sechs Metern Länge und circa drei Metern Höhe. Er wird von einem ↗Allison-250-C20-Motor angetrieben und von der Verbrecherin ↗Hera Volopoulos benutzt. Der Hubschrauber startet vom Deck der Jacht ↗»Persephone«.

GROENNOU, RICA (Drehortmanagerin)
↗Neil Raven

GROSCH, ANDY
(Drehort-Transportmanager)
↗Arno Esterez

DER GROSSINQUISITOR (Romanfigur)
↗Franks

GROSSVATER (Codename)
Gegenüber ↗»Q« nennt sich ↗»M« in ↗*Im Angesicht des Todes* (1985) »Großvater«. »M« möchte wissen, ob ↗»Q« mit Hilfe von ↗Snooper herausgefunden hat, wo sich James Bond und ↗Stacey Sutton aufhalten.

DIE GRÖSSTEN MÄRSCHE DER WELT
James Bond hat in ↗*Diamantenfieber* (1971) schon die richtige Vorahnung, als er bei ↗»Whyte Tectronics« in einem Raum, in dem ↗Dr. Metz arbeitet, eine Musik-Kassette mit dem Titel *Die größten Märsche der Welt* sieht. In Wirklichkeit befindet sich in der Kassettenhülle ein Steuerband, das über einen Computer die Satellitenlaufbahn kontrolliert. Als 007 später auf ↗Blofelds Öl-Bohrinsel auftaucht, kommt er an Bord, um eine Musikkassette, die wirklich *Die größten Märsche der Welt* enthält, gegen das Computerband auszutauschen. Blofeld entdeckt die Kassette, die Bond eingenäht als Schulterpolster schmuggelt, hört sich das Lied *The British Grenadier* an und beschreibt die Musik als »scheußlich!«.

GROVER, JOHN (Montage/Schnittaufsicht)
»Eine noch so langweilige Szene kann durch interessant gesetzte Schnitte zum Augenschmaus werden«, sagte ein Kameramann einst, und John Grover beherrscht die Kunst des Schnitts. 1959 begann Grover bei den MGM-Studios seine Arbeit. Er bekam den Job über seinen Onkel, der sich bei der Firma schon als Cutter etabliert hatte. Als John Grover zur Armee ging, konnte er nicht ahnen, dass sein dortiger Aufgabenbereich für seine Berufslaufbahn nach dem Krieg wichtig werden sollte: Er war ein gefragter Kriegsberichterstatter. Seine erste wichtige Arbeit nach seiner Armeezeit hatte er als Cutter beim Film *Der unheimliche Komplize* (1960). Zu James Bond kam John Grover durch die Zusammenarbeit mit ↗John Glen. Grover war bei ↗*Der Spion, der mich liebte* (1977) und ↗*Moonraker – streng geheim* (1979) Glens Schnittassistent. John Glen, der zum Regisseur von ↗*In tödlicher Mission* (1981) aufstieg, wollte Grover im Schneideraum haben. John Grover übernahm bei ↗*Octopussy* (1983) wieder die Schnittaufsicht. Ebenfalls für den Schnitt arbeitete er bei ↗*Der Hauch des Todes* (1987) und ↗*Lizenz zum Töten* (1989). Als John Glen die Crew nach seiner fünften Regiearbeit verließ, ging auch der Cutter vieler 007-Filme. ↗*GoldenEye* (1995) wurde von ↗Terry Rawlings geschnitten. Als vor einigen Jahren Grovers Arbeit erneut gewürdigt wurde, hieß es, durch seine rasant gesetzten Schnitte sei er maßgeblich am Erfolg der Bond-Filme in den 1980er Jahren beteiligt.

GROSSER BOSS (Romanfigur)
In ↗*Lizenz zum Töten* ist wieder ↗Felix Leiter der Leidtragende. Er wird erneut den Haien zum Fraß vorgeworfen. Als sich 007 an die Geschehnisse in seinem zweiten Roman-Abenteuer erinnert, kreisen seine Gedanken um den »Großen Boss«: ↗Mr. Big aus ↗*Leben und sterben lassen*. Auch ↗Solitaire wird durch den Vorfall wieder in Erinnerung gerufen. Er entsinnt sich sogar an ihr Parfüm ↗»Vent Vert«.

GROSSER DAUMEN CHANG (Romanfigur)
Als James Bond im Buch ↗*Nichts geht mehr, Mr. Bond* in Hongkong eingetroffen ist, sind die einheimischen Spione der Gegenseite bereits informiert. »Großer Daumen Chang« bekommt Anweisungen von einem anderen Mann, der mit 007 allein sprechen will. Chang hat seinen seltsamen Namen auf Grund einer Missbildung an seiner rechten Hand: Der Daumen ist fast genauso lang und dick wie sein Zeigefinger. Gardner schreibt, Changs Feinde behaupteten, der Daumen sei so geworden, weil er ständig das viele Papiergeld hat zählen müssen, das ihm seine dubiosen Geschäfte einbrachten. »Großer Daumen Chang« wohnt in einem heruntergekommenen Haus in einer abschüssigen Seitenstraße der Queens Road in Hongkong.

GROSSWILDJAGD
Eine Großwildjagd machen ↗Kamal Khan und ↗Gobinda zusammen mit seinen Männern in ↗*Octopussy* (1983). Auf der Abschussliste steht James Bond, der durch den Dschungel flüchtet. 007 versucht, den Elefanten zu entkommen, auf denen seine Gegner reiten, dabei rennt er nicht nur in ein riesiges Spinnennetz, sondern begegnet auch einem Tiger, einem Blutegel und einem Krokodil.

GROVER, TIM (Erster Schnittassistent)
Gleich zwei Aufgaben erfüllte Tim Grover bei der Produktion von ↗*GoldenEye* (1995): Er arbeitete als erster Schnittassistent und war zusätzlich Cutter bei den optischen Effekten. Als zweite Assistenz-Cutter arbeiteten Grahame Peters und Susan French.

GRU
Der Leser von ↗*Nichts geht mehr, Mr. Bond* erfährt in diesem Roman die Bedeutung der Abkürzung GRU: »Glawnoje Razwedyvatelnoje Uprawlenije« (Hauptverwaltung Aufklärung).

GRUBENCHEF (Filmcharakter)
↗Jorge Russek

GRUBOZABOISCHENKOW (Romanfigur)
Der ca. fünfzig Jahre alte, hart wirkende kleine Mann mit Namen Grubozaboischenkow (Kürzel »G«) ist General und Leiter von ↗SMERSH. Die Figur kommt im Roman ↗*Liebesgrüße aus Moskau* vor. Mit schmal geschnittenem Gesicht, runden braunen Augen, die ↗Fleming als gläserne Murmeln beschreibt, gibt Grubozaboischenkow von Moskau aus seine Befehle. Zu den auffälligen Merkmalen des Generals gehören seine Goldzähne. Sein Kopf ist kahlgeschoren und weiße Haut spannt sich darüber. Der breite und grimmige Mund über dem gespaltenen Kinn verleiht G. einen Ausdruck von Autorität und Unnachgiebigkeit. Der Codename »G« wird von allen SMERSH-Mitgliedern benutzt, wenn sie über ihn sprechen. Grubozaboischenkow nimmt im Roman Kontakt zu ↗Serow auf. Beide besprechen ein bevorstehendes Treffen von ↗GRU, ↗RUMID und ↗MGB.

GRUENWALDT, LUCE (Regieassistenz)
Luce Gruenwaldt, ↗Peter Davies und ↗Michael Round arbeiteten beim elften offiziellen James-Bond-Film ↗*Moonraker – streng geheim* (1979) als Regieassistenten.

GRUMMAN GULFSTREAM II (Flugzeug)
Das Jet-Modell »Grumman Gulfstream II« kommt im Roman ↗*Fahr zur Hölle, Mr.*

Bond! vor. Es gehört einer Gesellschaft mit Namen ↗»Silver Service«. ↗Ed Rushia zieht über diese Firma Erkundigungen ein, da der Privatjet ↗»Gebrochene Klaue Lee« gehört. Die exakte Bezeichnung des Jets lautet Gulfstream 44.

GRUNDBUCHAMT
↗Dienstausweis

GRUNDRISS DES RUSSISCHEN KONSULATS
↗Puderdose

GRUNDSATZ
»Erschießen Sie sie, sie bedeutet mir nichts!«, meint Bond im Raketenzug von ↗Alec Trevelyan in ↗*GoldenEye* (1995). Als ↗Simonowa später wissen will, ob Bond die Wahrheit gesagt habe, meint er, der erste Grundsatz laute, man müsse es immer darauf ankommen lassen (wörtlich übersetzt: »Man muss perfekt bluffen können«).

GRÜNE LAMPE
Im Roman ↗*Leben und sterben lassen* leuchtet eine grüne Lampe über der Bürotür von ↗»M« auf, wenn er nicht gestört werden möchte. Die Farben der Lampe sind von Roman zu Roman unterschiedlich. In ↗*Casino Royale* ist es eine blaue Lampe. In den Filmen kommt auch eine rote Lampe vor.

GRÜNES TELEFON
↗Telefon

GRUNSPAN (Romanfigur)
↗Ian Fleming erfand für sein Buch ↗*Diamantenfieber* die Figur Grunspan. Grunspan ist ↗Rufus B. Sayes Aufkäufer von Diamanten und erscheint im Roman zusammen mit ↗Willy Behrens. Es handelt sich um einen jüdischen Namen.

GRUNTHER (Filmcharakter)
Grunther ist eine Figur in ↗*Im Geheimdienst Ihrer Majestät* (1969). Als rechte Hand von ↗Irma Bunt lässt er James Bond nicht aus den Augen. Die Figur taucht in der Filmliteratur oft fälschlich als Gunther auf. ↗Yuri Borienko stellt Grunther, der für die Sicherheit auf dem ↗Piz Gloria zuständig ist, dar und hat in der ungeschnittenen Fassung auf der Seilbahnzwischenstation in Birg ein heftiges Wortgefecht mit Campbell. Grunther, der zu ↗Blofelds Handlangern gehört, soll sich im Filmfinale um ↗Teresa di Vicenzo kümmern. Bei dem Kampf wird er gegen ein Nagelbrett geschleudert, das zur Wandverzierung gehört. Die Nägel bohren sich in seinen Rücken, und er stirbt auf dem Piz Gloria.

GRUPPE B (Romanfiguren)
↗Emilio Largos Gruppe B im Roman ↗*Feuerball* besteht aus vier Personen, die für die Bergung der Bomben aus dem versunkenen Flugzeug zuständig sind. Rauchend warten die Männer auf ihren Einsatz.

GRUPPENKOMMANDEUR (Filmcharakter)
Der Titel Gruppenkommandeur wird den wenigsten Bond-Kennern etwas sagen, weil er auf zu viele Charaktere zutrifft. Es gibt aber nur eine Rolle, die im Abspann des Films wirklich so bezeichnet wird: die des Schauspielers ↗Leonard Sachs im Film ↗*Feuerball* aus dem Jahre 1965.

GRUZENKO (Romanfigur)
Bei einem Treffen zwischen ↗GRU, ↗MGB und ↗RUMID im Roman ↗*Liebesgrüße aus Moskau* wird darüber gesprochen, dass man die Person Gruzenko, einen Wissenschaftler namens Fuchs und das gesamte kanadische Netz verloren habe. Dies stelle einen großen Rückschlag dar und dürfe nicht wieder passieren.

GUANO
Erst von ↗Pleydell-Smith erfährt James Bond im Buch ↗*James Bond 007 jagt Dr. No* mehr über Guano, der als Dünger verwendet wird. Es handelt sich um Vogel-

mist, der von zwei Vogelarten produziert wird, dem Tölpel und dem grünen Kormoran. Letzterer lebt auf ↗Crab Key und fresse etwa ein Pfund Fisch pro Tag, was dreißig Gramm Guano liefere. ↗Dr. No, der die Insel gekauft hat, baute bei Kriegsbeginn Guano ab und machte damit ein Vermögen.

GUARANTY TRUST COMPANY (fiktive Firma)
Um seine Tarnung zu perfektionieren, gibt sich James Bond im Roman ↗*Leben und sterben lassen* als ein Mitarbeiter der Guaranty Trust Company aus.

GUBB, MAUREEN (Romanfigur)
↗Mo

GUDEON, EDWIN (Romanfigur)
Zu den Passagieren eines Hubschraubers, die an Bord des Schiffes ↗»Invincible« abgesetzt werden, gehört auch Admiral Edwin Gudeon von der United States Navy. Die Männer haben Stäbe und Leibwächter bei sich. Bei der Operation ↗»Landsea'89« handelt es sich um eine Übung, die von drei Personen beobachtet und begutachtet wird. Zu diesen drei gehören Großadmiral Sir ↗Geoffrey Gould, Admiral Gudeon von der United States Navy und Admiral ↗Sergej Jevgennewich Pauker.

GUERILLAARMEE
↗EOKA

GUEVARA, CHE
↗Fidel Castro

GUEVER, ROBY (Toningenieur)
↗Brian Marshall

GUGGENHEIM-MUSEUM
Schauplatz der Dreharbeiten von ↗*Die Welt ist nicht genug* (1999) war auch das Guggenheim-Museum in Bilbao, Spanien. Szenen, die im Gebäude selbst spielen, wurden aus dem Drehbuch gestrichen, doch das Bauwerk ist kurz im Bild. ↗Raymond Benson beschreibt in seinem gleichnamigen Roman das Guggenheim-Museum mit einem angeblichen Zitat von Architekturkritikern. Er nennt es »Blumenkohl auf LSD« und erwähnt den Architekten des Museums gebaut hat: Frank Gehry.

GUILLOTINE
Im Roman ↗*Niemand lebt für immer* will ↗Tamil Rahani James Bonds Kopf – im wahrsten Sinne des Wortes. Auf ↗Shark Island soll der britische Geheimagent mit einer Guillotine exekutiert werden. Der Killer ↗Fin soll die Hinrichtung durchführen, Rahani will sich das Schauspiel von seinem Bett aus ansehen. Rahani stirbt durch eine Explosion, als eine Sprengladung detoniert, die Bond zuvor an der elektrischen Höhenverstellung seines Bettes angebracht hatte. Natürlich verliert Bond nicht seinen Kopf, und die Leidtragende ist ↗Nanette Norrich. Ihr werden durch das herunterfallende Messer beide Unterarme abgetrennt, als sie versucht, nach einer Handfeuerwaffe zu greifen, um 007 niederzustrecken. Es ist eine der brutalsten Szenen, die je in einem 007-Roman beschrieben wurden.

GUINNESS BUCH DER REKORDE
Natürlich hat James Bond im Laufe seiner Geschichte auch für Einträge in das *Guinness Buch der Rekorde* gesorgt. ↗*Goldfinger* (1964) brachte in kürzester Zeit das meiste Geld ein: in 14 Tagen. ↗Sean Connery stand im Guinness Buch der Rekorde, als er für seinen Einsatz im Film ↗*Diamantenfieber* (1971) die astronomische Gage von 1,25 Millionen Dollar zuzüglich Gewinnbeteiligung bekam und damit der bestbezahlte Darsteller seiner Zeit war. 007-Kinofilme haben rund 6,5 Milliarden D-Mark eingespielt und waren 2001 die einträglichste Filmserie der Welt. Als vielseitigster Stuntman wurde ↗Vic Armstrong erwähnt, der jeden 007-Darsteller doubelte und bisher an über 200 Fil-

men mitwirkte. Darunter waren unter anderem *Jäger des verlorenen Schatzes* (1981), *Terminator II – Der Tag der Abrechnung* (1991), ↗*Der Morgen stirbt nie* (1997). Ein weiterer Rekord, der in das Buch der Rekorde 2003 aufgenommen wurde, bezieht sich auf eine Versteigerung. ↗Ian Flemings goldene Schreibmaschine, auf der er einen Großteil der James-Bond-Romane getippt hatte, wechselte am 5.5.1995 für umgerechnet 97.581 Euro den Besitzer. [Der Autor selbst hatte für die Schreibmaschine nur 174 US-Dollar (umgerechnet 374 Euro) bezahlt]. Die Versteigerung fand bei Christie's in London statt.

↗ Christopher Lee

GUITAR LAMENT (Lied)
↗*From Russia With Love* (Soundtrack)

GULACY, PAUL (COMICZEICHNER)
↗Comics

GULJASCHKI, ROMANCIER ANDREJ (Autor)
Romancier Andrej Guljaschik ist zwar kein Autor, der einen James-Bond-Roman geschrieben hat, dennoch ist er erwähnenswert. Er wurde nämlich vom ↗KGB beauftragt, eine Figur zu erfinden, die mit 007 und dessen literarischem Erfolg mithalten konnte. Der Charakter in den Romanen hieß ↗Avakoum Schachow. In einem Roman kämpfte diese Figur sogar gegen einen Feind, der Bond ziemlich ähnlich war und die Nummer 07 hatte. Schachow tötete ihn. Das Buch verkaufte sich ausgezeichnet.

GUMBOLD (Filmcharakter)
Der von ↗James Bree verkörperte Anwalt Gumbold kommt in ↗*Im Geheimdienst Ihrer Majestät* (1969) vor. Im Roman Flemings heißt der Anwalt ↗Gumpold.

GUMBOLD'S SAFE (Lied)
↗*On Her Majesty's Secret Service* (Soundtrack)

GUMPOLD-MOOSBRUGGER (Romanfigur)
Dr. Gumpold-Moosbrugger ist ein Rechtsanwalt im Roman ↗*007 James Bond im Dienst Ihrer Majestät*, der für ↗Ernst Stavro Blofeld tätig wird. Gumpold-Moosbrugger und sein Kollege ↗Hans Müller wenden sich schriftlich an das ↗Amt für Heraldik. James Bond bekommt den Brief über den dort angestellten ↗Sable Basilisk zu Gesicht. Die Kanzlei der Anwälte befindet sich in Zürich, in der Bahnhofstraße 16.

GUMMISCHLAUCH
↗Schlauch

GUN-BARREL-SEQUENZ (Logo)
Die Gun-Barrel-Sequenz, eine Erfindung von ↗Maurice Binder, eröffnet jeden offiziellen James-Bond-Film. Der Dreh dieser Szene, in der 007 durch einen Pistolenlauf zu sehen ist und direkt auf den Zuschauer schießt, war nach ↗Roger Moores Angaben äußerst kompliziert. Ein weißer, wandernder Kreis auf schwarzem Grund entpuppt sich als ein Pistolenlauf, in dessen Mitte James Bond auftaucht. 007 läuft von rechts nach links, und der Pistolenlauf folgt ihm. Plötzlich schnellt Bond herum und feuert auf den Betrachter. Blut läuft über die Leinwand, der Pistolenlauf wackelt hin und her und verschwindet schließlich unten am Bildrand – eine Überleitung zur ↗Pre-Title-Sequenz folgt. In ↗*James Bond 007 jagt Dr. No* (1962) stellte ↗Bob Simmons 007 bei diesen Aufnahmen dar. Bond trägt einen Hut. Bevor er schießt, springt er nach rechts, sein rechter Fuß verlässt dabei ein Stück den Blickwinkel aus dem Pistolenlauf. Diese Szene wurde für ↗*Liebesgrüße aus Moskau* (1963) und ↗*Goldfinger* (1964) beibehalten. Für ↗*Feuerball* (1965) inszenierte man eine neue Gun-Barrel-Sequenz – hier spielte ↗Sean Connery James Bond. Der Agent wirbelt in der Szene herum und landet vorn auf seinem linken Bein, während er das rechte nach hinten abspreizt. Erhalten blieb die Neuerung für ↗*Man*

lebt nur zweimal (1967), und auch später wurde sie für ↗*Diamantenfieber* (1971) benutzt. Hier wurden zusätzlich Schatten eingefügt, was den Szenen ein modernes Flair gab. Zwischendurch durfte ↗George Lazenby seine Version für ↗*Im Geheimdienst Ihrer Majestät* (1969) vorstellen: Er bewegt sich am extravagantesten und fällt beim Herumwirbeln kontrolliert auf sein rechtes Knie. Auch Lazenby trägt wie seine Vorgänger Simmons und Connery in der Sequenz einen Hut.

Mit ↗Roger Moore in der Rolle des Agenten musste die vierte Gun-Barrel-Sequenz gedreht werden. Moore trug für ↗*Leben und sterben lassen* (1973) keinen Hut. Er dreht vor dem Abfeuern des Schusses hauptsächlich den Oberkörper zum Betrachter und nimmt den linken Arm in die rechte Armbeuge, um die in der rechten Hand gehaltene Waffe zu stabilisieren. Dieselbe Szene wurde für ↗*Der Mann mit dem goldenen Colt* (1974) mit blauen Farbtönen verändert. Die sich wandelnde Mode erforderte eine Neuaufnahme zu Beginn von ↗*Der Spion, der mich liebte* (1977). Moore spielt 007 in Schlaghosen, die Aufnahmen wurden mit einem lila Filter gedreht, und 007 steht nach Abfeuern der Pistole mit gespreizten Beinen da. Die Variante schien alle zu überzeugen. Sie blieb bei ↗*Moonraker – streng geheim* (1979), ↗*In tödlicher Mission* (1981), ↗*Octopussy* (1983) und ↗*Im Angesicht des Todes* (1985) erhalten.

Mit einem neuen Darsteller wechselte auch wieder die Gun-Barrel-Sequenz. ↗Timothy Dalton drehte seine Version für ↗*Der Hauch des Todes* (1987); sie ist wohl am ehesten mit der Bewegung in *Feuerball* zu vergleichen und wurde in ↗*Lizenz zum Töten* (1989) übernommen. Auch hier variiert die Farbgebung der Sequenz leicht: Sie hat mit Timothy Daltons Auftreten in *Der Hauch des Todes* einen leichten Gelbschimmer. Mit zusätzlichen Schatten und einem 3D-Effekt, beides eingefügt von ↗Daniel Kleinman, schoss schließlich ↗Pierce Brosnan in ↗*GoldenEye* (1995) auf den Pistolenlauf. Seine lässige Art des Gehens, Drehens und Schießens blieb bei ↗*Der Morgen stirbt nie* (1997), ↗*Die Welt ist nicht genug* (1999) und ↗*Stirb an einem anderen Tag* (2002) die gleiche, lediglich das Element des auf die Kamera zurasenden Projektils wurde hinzugefügt. Brosnan behauptete in Interviews, es wäre einer seiner Wünsche, die Sequenz noch einmal drehen zu dürfen. Die Neuerung mit dem Projektil ist ursprünglich als Bonus für den Jubiläums-Bond-Film gedacht, kam aber beim Publikum so gut an, dass sie auch in Bond 21 *(Casino Royale)* wieder zu sehen sein könnte. Immer in der Gun-Barrel-Sequenz ist das James-Bond-Thema von ↗Monty Norman zu hören, das Arrangement unterscheidet sich aber von Film zu Film (z. B. dominiert in *Moonraker – streng geheim* das Saxofon).

In Bezug auf die Gun-Barrel-Sequenz bietet ↗*Casino Royale* (2006) eine Überraschung. Da 007 seine Tötungslizenz erst noch erhält, wird das Entstehen des Through-The-Barrel in den Film integriert. Stattdessen setzen sich flächige Action-Szenen aus den Karten-Symbolen Kreuz, Pik, Karo und Herz trickreich zusammen, dazwischen immer wieder die Körpersilhouette des neuen Bond-Darstellers Daniel Craig.

↗Gun Logo

GUNTANAMO (Ort)
↗Jack Wade schlägt in ↗*GoldenEye* (1995) vor, James Bond und ↗Natalja Simonowa sollen ihre erotische Lagebesprechung lieber in Guntanamo durchführen.

GUNBARREL (Lied)
↗*For Your Eyes Only* (Soundtrack) und ↗*Thunderball* (Soundtrack) und *Live And Let Die* (Soundtrack)

GUNBARREL AND MANHUNT (Lied)
↗ *Diamonds Are Forever* (Soundtrack)

GUNFIRE SIMULATIONS (fiktive Firma)
In ↗ Nun's Cross, einem kleinen Ort nördlich von ↗ Banbury in England, befindet sich im Roman ↗ *Die Ehre des Mr. Bond* die Firma »Gunfire Simulations«. Die Firma ist im Besitz von ↗ Dr. Jay Autem Holy, der dort Computerspiele herstellt – dies jedoch nur als Tarnung. In Wirklichkeit ist Holy daran interessiert, die Welt durch seine Terroranschläge zu erschüttern.

GUN LOGO (Symbol)
Das Gun Logo stammt von ↗ Mitchell Hooks und ↗ Joseph Caroff, die eine Werbekampagne zum Erscheinen des ersten James-Bond-Films ↗ *James Bond 007 jagt Dr. No* (1962) starten sollten. Die beiden Männer kreierten eine Form der Bildzusammenstellung, die unter dem Begriff »Gentleman Agent« in die Geschichte um 007 einging. Das Gun Logo zeigt die Ziffernfolge 007, bei der die Sieben durch eine Verlängerung des horizontalen Striches und leichte Veränderungen zu einer Waffe verwandelt wurde.

GUNN, JAMES (Romanfigur)
James Gunn ist eine von ↗ Ian Fleming erfundene Figur, der Titelheld in der Abenteuerserie ↗ *Commander Jamaica* werden sollte. Als die Verfilmung von Flemings Script nicht zustande kam, änderte er einfach den Namen Gunn in Bond und benutzte die Ideen für seinen sechsten James-Bond-Roman ↗ *Doctor No*.

GUNS N' ROSES (Musikgruppe)
↗ *Live And Let Die* (Lied)

GUPTA, HENRY (Romanfigur/Filmcharakter)
Erstmals in der ↗ Pre-Title-Sequenz des Films ↗ *Der Morgen stirbt nie* (1997) trifft James Bond auf den Terroristen ↗ Henry Gupta. Der Mann wird von ↗ Raymond Benson im Roman wie folgt beschrieben: »... ein mürrischer, dicker, bärtiger Kerl Ende vierzig oder Anfang fünfzig, war vielleicht Inder oder Pakistani.« Gupta gilt als Erfinder des Hightechterrorismus. Er habe 1967 Berkley in Kalifornien fast völlig ausgelöscht und steht seitdem auf der Liste der gesuchten Verbrecher des FBI. Seinen kriminellen Werdegang startete er als Radikaler, um als geldgieriger Terrorist zu enden. James Bond sieht, wie Gupta einen roten Kasten in Empfang nimmt: das vermisste ↗ ACSES-Gerät. Die Arbeit für ↗ Carver und gegen James Bond und ↗ Wai Lin ist für Gupta nicht sehr angenehm. Im Roman ↗ *Der Morgen stirbt nie* wird der dicke Mann von Wai Lin von der ↗ »Sea Dolphin II« aus ins Meer gestoßen. Gupta stirbt im Film, nachdem ihn 007 als Geisel genommen hat, um den Start einer Rakete zu verhindern. Der Mann ist für Carver nutzlos geworden und wird von ihm erschossen. Im Film wird Henry Gupta von ↗ Ricky Jay dargestellt.
↗ Guptas Gesetz der kreativen Anomalien

GUPTAS GESETZ DER KREATIVEN ANOMALIEN
Im Film ↗ *Der Morgen stirbt nie* (1997) erwähnt ↗ Henry Gupta sein »Gesetz der kreativen Anomalien«: »Was zu gut klingt, um wahr zu sein, kann nicht wahr sein.« Er bezieht sich damit auf James Bonds Tarnung als Bankier. 007 muss seiner Meinung nach Agent sein.

GUR, ALIZA (Darstellerin)
Aliza Gur spielt im zweiten James-Bond-Film ↗ *Liebesgrüße aus Moskau* (1963) die Zigeunerin ↗ Vida, die mit ihrer Landsmännin ↗ Zora um einen Mann kämpft, den beide lieben. 007 sieht sich dieses Schauspiel mit großem Interesse an.

GURKENSANDWICH
In ↗ *Moonraker – streng geheim* (1979) will ↗ Hugo Drax James Bond zu einem Gurkensandwich überreden. 007 lehnt ab.

GÜRTEL

Honey Rider in ↗*James Bond 007 jagt Dr. No* (1962) sowie ↗Jinx in ↗*Stirb an einem andern Tag* (2002) tragen sehr ähnliche Gürtel mit Messer. Der einzige Unterschied ist ein »J« auf Jinx' Exemplar. Den Plastiksprengstoff, den James Bond im Film ↗*Goldfinger* (1964) benutzt, um die Firma von ↗Ramirez in der ↗Pre-Title-Sequenz zu zerstören, transportiert er in einem wasserdichten Gürtel. In Filmen und Büchern trägt James Bond seinen Gürtel nicht nur, damit die Hose besser auf den Hüften bleibt, denn die ↗Abteilung Q hat einfallsreich dafür gesorgt, dass 007 im Gürtel wichtige Dinge seines Agentenlebens verstecken kann. Bond ist im Roman ↗*Niemand lebt für immer* recht überrascht, als er feststellt, dass ihm der Killer ↗Heinrich Osten seinen Gürtel nicht abgenommen hat.

In ihm verbirgt sich zwischen den dicken Lederschichten ein sehr flacher Gegenstand, der einem Schweizer Armeemesser ähnelt. Er besteht aus gehärtetem Stahl und enthält einen Satz Miniaturwerkzeuge. Dazu gehört neben Schraubenzieher und Dietrichen eine Batterie, die mit Hilfe von extrem dünnen Verbindungskabeln eine Sprengladung auslösen kann. ↗Anne Reilly war für die Entwicklung dieser Waffe verantwortlich. Mit dem Schweizer Armeemesser gelingt 007 die Flucht vor Heinrich Osten.

Im Roman ↗*Countdown!* enthält Bonds Gürtel mehrere Dietriche aus Fiberglas, die durch Röntgenstrahlen nicht entdeckt werden können. »Dieses Ding da kenne ich bereits!«, meint James Bond, als ↗»Q« ihm in ↗*GoldenEye* (1995) einen Gürtel unter die Nase hält. »Q« verrät jedoch, was es damit auf sich hat: Die Schnalle des Gürtels verfügt über einen abschließbaren Haken, der sich beim Aufprall in der entsprechenden Fläche verankern kann. Mit einem fünfundzwanzig Meter langen Seil, das mit dem Haken verbunden ist, kann sich der Gürtelträger abseilen. Bond benutzt diese Erfindung auf der Flucht vor General ↗Ourumov und seinen Schergen in ↗St. Petersburg. Auch wenn er nicht dafür vorgesehen ist, kann der Gürtel natürlich auch als Waffe benutzt werden. An seinem Gürtel und den eines ohnmächtigen Gegners bindet James Bond in der ↗Pre-Title-Sequenz von ↗*Die Welt ist nicht genug* (1999) das Zugband einer Jalousie. Danach stürzt sich 007 mit einem Bungee-Sprung aus dem Fenster des Bankiers ↗Lachaise.

In ↗*Liebesgrüße aus Moskau* (1963) benutzt James Bond den Gürtel eines ↗SPECTRE-Mannes, um diesen damit zu fesseln. Der Schurke sollte ↗Grant eigentlich mit einem Blumentransporter abholen, doch an Grants Stelle erschien 007. Bond nimmt den Mann mit auf ein Boot, löst den Gürtel an den Händen seines Gefangenen und wirft ihn ins Meer. Jinx besitzt in ↗*Stirb an einem anderen Tag* (2002) einen Gürtel, der an ↗Wai Lins Armreifen aus ↗*Der Morgen stirbt nie* (1997) erinnert. Eine Winde am Gürtel ermöglicht es der ↗NSA-Agentin, sich in das ↗Eden-Projekt von ↗Graves hinabzulassen. Bond benutzt das Seil später, um sich nach oben ziehen zu lassen, um damit ↗Frost und ↗Zao zu entkommen. Die von ↗Q'ute entwickelten Minisender im Roman ↗*Fahr zur Hölle, Mr. Bond!* sind im Gürtel von ↗Chi-Chi versteckt. So ist eine Überwachung von Bond und seiner Begleiterin gesichert, die ihre Reise zu ↗Lee Fu-Chu als ↗Peter Argentbright und ↗Jenny Mo antreten.

GÜRTELSCHNALLE

Bond befestigt ↗Jinx' »Kletter- bzw. Abseilvorrichtung« in ↗*Stirb an einem anderen Tag* (2002), um aus dem ↗Eden-Projekt fliehen zu können. Er befestigt den Haken, der am Ende des Kabels von Jinx' Mechanismus baumelt, an seiner Gürtelschnalle und lässt sich nach oben ziehen.

↗Cold

GURU (Romanfigur)
➚ Vater Valentine und ➚ Octopus-Kult

GURUNG, CHANDRA BAHADUR (Romanfigur)
Siehe Inhaltsangabe ➚ *High Time To Kill*

GÜTERWAGEN (Codewort)
Als der Geheimagent im Roman ➚ *Sieg oder stirb, Mr. Bond* Kontakt zur Verbrecherorganisation ➚ BAST aufgenommen hat, lässt er ➚ »M« eine Botschaft zukommen. Er benutzt das Wort »Güterwagen« als vereinbarten Code für BAST und gibt durch, zu Güterwagen Kontakt zu haben.

GUTSCHENKEL (Filmcharakter)
➚ Langbein

GUYARD, ALAIN (Produktionskäufer)
Käufer bei der Produktion des elften James-Bond-Films ➚ *Moonraker – streng geheim* (1979) waren John Lanzer, Alain Guyard und Jean Nossereau.

GWEILO
Mit dem Slangausdruck »Gweilo« bezeichnet ➚ Wai Lin im Roman ➚ *Der Morgen stirbt nie* den Geheimagenten James Bond. Das Wort wird von Asiaten oft für Menschen aus dem Westen benutzt.

GWENDOLINE (Filmcharakter)
Gwendoline ist eine Figur in ➚ *Octopussy* (1983), die im ➚ Schwimmenden Palast von ➚ Octopussy lebt. Sie soll 007 im Film sein Zimmer zeigen. Dargestellt wurde sie von ➚ Suzanne Jerome

GYPSY CAMP (Lied)
➚ *From Russia With Love* (Soundtrack)

GYRO-COPTER
Ein Gyro-Copter taucht als Relikt in ➚ »Qs« unterirdischem Labor im Roman ➚ *Stirb an einem anderen Tag* auf.

GYROJET-RAKETENPISTOLE (Waffe)
Im Roman ➚ *Countdown für die Ewigkeit* erschießt 007 den flüchtigen ➚ Anton Murik mit einer Gyrojet-Raketenpistole. Von Muriks Körper bleibt kaum etwas übrig. Die Waffe stammt aus den frühen 1950er Jahren. Sie konnte Raketen abfeuern, die selbst Stahlpanzerungen durchdrangen. Das Magazin fasst fünf Schuss. Heutzutage ist die Gyrojet-Raketenpistole ein Sammlerstück.

H/220 (Seriennummer)
Das ↗Solex im Film ↗*Der Mann mit dem goldenen Colt* (1974) trägt die eingravierte Nummer H/220.

H 31854 (Kennzeichen)
James Bond ist überrascht, dass sein Chauffeur – ↗Kerim Beys Sohn – das Kennzeichen eines ↗Citroën kennt, der sie in ↗*Liebesgrüße aus Moskau* (1963) verfolgt. Es lautet H 31854. Die Verfolger sind Bulgaren, die für die Russen in Istanbul arbeiten; kein Grund zur Besorgnis für 007.

HAARDT, MONIKA (Romanfigur)
↗Romanfigur in *Death Is Forever*

HAARFARBE
James Bond zeigt keine Vorliebe für eine bestimmte Haarfarbe zu haben. Von den über 50 Frauen in den Filmen haben 28 braune, 25 blonde und vier rote Haare. Apropos Haarfarbe: Daniel Craig ist der erste blonde James-Bond-Darsteller. Schnell hatte die Presse den Spitznamen: »James Blond« für ihn.

HAARNADEL (Waffe)
↗Haarspange

HAAR-SICHERUNG
Die Haar-Sicherung, die James Bond im Roman ↗*Casino Royale* anbringt, taucht später im Film ↗*James Bond 007 jagt Dr. No* (1962) auf, mit einem Unterschied: Im Roman hat 007 das Haar in einer Schreibtischschublade eingeklemmt. Im Film reißt er sich ein Haar aus und klebt es mit Spucke über den Spalt zwischen zwei Schranktüren. Als die Gegenseite den Schrank öffnet, fällt das Haar herunter und Bond weiß, dass seine Sachen durchsucht wurden. Das gleiche Prinzip wird auch in den Romanen eingesetzt. Im Roman ↗*007 James Bond im Dienst Ihrer Majestät* bemerkt er, dass sein Zimmer und die darin befindlichen Unterlagen durchstöbert wurden, weil seine Haar-Sicherungen sich nicht mehr an den präparierten Stellen befinden. Sechs dieser Sicherungen hat Bond in seinem Raum, ↗Zimmer 2, verteilt, zwischen wichtige Papiere gelegt oder in seinen Pass geschoben. Die »Haar-Sicherung« zeigt dem Agenten auch im Buch ↗*Scorpius*, dass jemand wissen wollte, was in seinem Koffer steckt. Eine andere beliebte Sicherung von 007 ist die Streichholz-Sicherung. Während 007 das Haar im ersten Bond-Film mit Spucke befestigt, klemmt er es im Roman ↗*James Bond und sein größter Fall* zwischen zwei Türen.

HAARSPANGE (Waffe)
In ↗*Stirb an einem anderen Tag* (2002) will ↗Mr. Kil 007 mit einer spitzen »Haarspange« erstechen. Bevor die Waffe zum Einsatz kommt, wird Kil von einem Laser getötet, den ↗Jinx abgefeuert hat.

HABIBULLAH, SHAMA (Produktionsberatung)
Für den Film ↗*Octopussy* (1983), der laut Werbung an den schönsten Schauplätzen der Welt spielt, wurde Shama Habibullah für die Aufnahmen in Indien als Produktionsberater verpflichtet.

HACE
Siehe Inhaltsangabe ↗*High Time To Kill*

HACKBEIL (Waffe)
↗Fleischerbeil

HADLEY (Filmcharakter)
Hadley heißt Sir James Bond im Film ↗*Casino Royale* (1966) willkommen, als

der Agent die Abteilung von ↗»M« übernimmt. Dargestellt wird die Figur von ↗Derek Nimmo.

HAFENLOTSE
↗Pam Bouvier gibt sich in ↗*Lizenz zum Töten* (1989) als Hafenlotse aus und schleicht sich so auf die ↗Wavekrest. Als sie ans Steuer des Schiffes gelassen wird, gibt sie Vollgas und Wavekrest durchbricht eine Brücke vor der Hafenmauer. ↗Milton Krest kann ↗Franz Sanchez sein Pech kaum erklären.

HAFERBREI
Siehe Inhaltsangabe ↗*Never Dream Of Dying*

HAFTLAUTSPRECHER
↗Zyanidgas

HAFTMINEN (Waffen)
Kindlich einfach und dennoch fachmännisch genau beschreibt ↗Ian Fleming die Haftmine, die James Bond im Roman ↗*Leben und sterben lassen* dazu verwenden will, ↗Mr. Bigs Schiff ↗Secatur zum Untergang zu bringen: »... eine flache Halbkugel mit dicken Kupferbolzen an der Unterseite, die so stark magnetisiert waren, dass die Mine an jeder eisenhaltigen Fläche wie eine Klette kleben blieb.« Mit dem Decknamen ↗Obst bzw. ↗»Mango-Transport« wird im Roman ↗*Goldfinger* eine Lieferung von Haftminen bezeichnet, die an die ↗Station H (Hongkong) gehen soll. 007 telefoniert wegen dieser Sache mit ↗Dickson. ↗Kerim Bey vermutet in ↗*Liebesgrüße aus Moskau* (1963), dass es ↗Krilencu war, der eine Haftmine an der Außenwand von Kerim Beys Gebäude angebracht hat, um ihn zu töten. Die Explosion der Mine zerstört zwar einen Teil der Wand und die Inneneinrichtung des Raums, der Leiter der ↗Station T bleibt aber unverletzt. ↗Pola Ivanova und ihr Kollege versuchen in ↗*Im Angesicht des Todes* (1985) eine Haftmine an ↗Zorins Schaltstation für eine Pipeline zurückzulassen. Während Ivanova entkommt, wird der andere Russe von ↗May Day gefangen. Zorin zwingt ihn, die Mine, die er gelegt hat, zu entschärfen und tötet ihn schließlich auf grausame Weise.

Um die Fabrik für biologische und chemische Waffen in ↗*GoldenEye* (1995) in die Luft zu sprengen, benutzt 007 ebenfalls Haftminen. Sie verfügen diesmal über eine Zeitschaltuhr, die James Bond von sechs Minuten auf drei Minuten einstellt, da er vermutet, ↗Ourumov hätte ↗006 getötet. Eine andere Minenart, gefüllt mit ↗C4-Sprengstoff und ca. ein Kilo schwer, benutzt Bond auf Kuba in ↗Trevelyans Hauptquartier. Der durchschaut aber Bonds Pläne und schaltet die digitalen Zünder mit der Armbanduhr des Agenten aus. Durch eine Kettenreaktion von Explosionen kommen die Minen dann doch zur Explosion – der Unterschlupf Trevelyans wird zerstört. Im High-Tech-Büro von ↗Wai Lin in Saigon findet James Bond im Roman ↗*Der Morgen stirbt nie* unter anderem auch Handfeuerwaffen vom Typ ↗Daewoo-380er sowie Haftminen. Die Minen wollen die Agenten später benutzen, um das ↗Stealth-Schiff »Sea Dolphin II« von ↗Elliot Carver zu beschädigen.

HAGGERTY, FRED (Darsteller)
Der Charakterdarsteller Fred Haggerty verkörperte den Schurken ↗Krilencu im Film ↗*Liebesgrüße aus Moskau* (1963) so überzeugend, dass er danach hauptsächlich als Bösewicht besetzt wurde. Ein weiteres Bond-Engagement erfolgte für ↗*Casino Royale* (1966). Haggerty spielte hier einen Kasinoangestellten.

HAGMAN, LARRY (Darsteller)
Larry Hagman, besser bekannt als J. R. aus der Serie *Dallas*, sollte 1983 die Rolle des ↗Felix Leiter in ↗*Sag niemals nie* (1983) übernehmen. Als das Engagement nicht zu

Stande kam, war Hagman als ein Bond-Gegner für eine der Produktionen von ↗Albert R. Broccoli im Gespräch, aber daraus wurde bis heute nichts. Larry Hagman wurde 1931 in Texas geboren, mit Beginn der 1950er Jahre startete er seine Arbeit als Schauspieler. Zunächst blieb er weitgehend unbekannt, das änderte sich erst 1965, als er in der weltweit populären TV-Serie *Bezaubernde Jeannie* die männliche Hauptrolle des NASA-Piloten Tony Nelson erhielt. Beim Militärdienst in London lernte er die schwedische Modedesignerin May Irene Axelsson kennen, mit der er seit über 50 Jahren verheiratet ist.

Seine Alkohol- und Drogenprobleme führten dazu, dass er sich 1994 einer Lebertransplantation unterziehen musste. »Ich bin schon oft gefragt worden, ob die Lebertransplantation mein Leben verändert habe. Abgesehen von der Tatsache, dass es gerettet wurde, hat sich nichts verändert. Es war nur die endgültige Bestätigung dessen, was ich bereits vorher zu tun versucht habe – mein Leben so weit wie möglich in vollen Zügen zu genießen, bevor die Uhr abläuft. Dass ich glücklich bin, liegt auch daran, dass ich Ehemann, Vater und fünffacher Großvater bin. Mit meinem Leben als Star hat das nichts zu tun. Das war nur ein glücklicher Zufall. Ich war Hauptdarsteller in zwei sehr erfolgreichen Fernsehserien. Wenn man mich nach meinem Geheimrezept fragt, muss ich zugeben, dass mein Erfolg zu 20 Prozent auf harter Arbeit und zu 80 Prozent auf Glück basiert. Ich glaube, das ist im Leben mit allem so«, schrieb Larry Hagman in seiner Autobiografie. Kurz vor Redaktionsschluss hieß es, er habe sich todkrank ins Privatleben zurückgezogen.

HAGGIS, PAUL (Drehbuchautor)

Paul Haggis wurde am 10. März 1953 in London, Ontario, geboren. Er erhielt 2005 das Angebot, zusammen mit ↗Robert Wade und ↗Neil Purvis das Drehbuch zu ↗*Casino Royale* (2006) zu verfassen. Genau genommen sollte er den Entwurf überarbeiten. Noch während Haggis an diesem Projekt arbeitete, erhielt er als Regisseur für den Film für *L. A. Crash* (2005) einen Oscar. Erfahrung als Regisseur hatte er schon bei zahlreichen TV-Produktionen gesammelt. Schicksalsschlag am Rande: Während der Dreharbeiten zu *L. A. Crash* bekam Haggis einen Herzinfarkt. Er nahm sich eine Auszeit von nur zwei (!) Wochen. Für den Film *Million Dollar Baby* (2005), der vier Oscars gewann, schrieb Haggis das Drehbuch – einer der Gründe, warum ↗Michael G. Wilson den Autor zu Bond holte. Weitere Preise, die Haggis gewonnen hat, sind zwei Emmys, der Humanitas Prize, der TV Critics Association Program of the Year Award, der Columbia Mystery Writers Award, der Viewers For Quality Television Founders Award, der Banff TV Award, sechs Geminis, zwei Houston Worldfest Gold Awards, der Prism Award und es werden sicher noch einige folgen. Nach *Casino Royale* hat Paul Haggis schon Pläne: er arbeitet an der Umsetzung eines Drehbuchs zum Film *Honeymoon With Harry* und es existiert bereits ein Angebot ↗Steven Spielbergs, den Roman *Flags Of Our Fathers* zum Drehbuch umzuschreiben – Clint Eastwood soll Regie führen. Ein weiterer Film, der für Aufsehen sorgen wird, und der 2006 abgedreht wurde, ist *Der letzte Kuss* (2006). Das Drehbuch stammt ebenfalls von Haggis. 2007 stehen Drehbuchschreiben, Produktion und Regie für den Film *Death And Dishonor* auf dem Plan, damit kann man fast ausschließen, dass Haggis in dieser Zeit an einem Bond-Projekt mitarbeiten kann.

HAI

Nachdem ↗Felix Leiter von einem Hai verstümmelt worden ist, sucht James Bond im Roman ↗*Leben und sterben lassen* die dafür verantwortliche Person auf und sorgt dafür, dass auch ↗»The Robber« zwischen die Kiefer des Hais gerät. ↗Siegmund Stromberg hält im Roman ↗*James Bond und sein größter Fall* seine Haie, um abtrünnige Assistentinnen wie ↗Kate Chapman zu beseitigen. Das Tier wurde auch in den Film ↗*Der Spion, der mich liebte* (1977) als »Helfer« ↗Karl Strombergs übernommen. »Er hatte offenbar schon gegessen!«, meint 007, als bei einem Tauchgang zur ↗St. Georges in ↗*In tödlicher Mission* (1981) ein Hai an ihm und ↗Melina Havelock vorbeischwimmt, ohne anzugreifen. Haie greifen James Bond in ↗*Sag niemals nie* (1983) an. Die Tiere werden durch einen Magnetsender auf Bond gehetzt, den dieser heimlich von ↗Fatima Blush angehängt bekommen hat. 007 flüchtet vor den Haien in ein Schiffswrack. Mit seinem Tauchermesser kämpft er gegen sie und kann entkommen. Die Tierschützer hörten es gar nicht gern, dass die Haie in *Sag niemals nie* mit starken Beruhigungsmitteln voll gepumpt wurden. Obwohl man auch mit Hai-Attrappen arbeitete, waren die meisten Tiere echt.

HAI FAT (Filmcharakter)

↗Richard Loo stellt den Multimillionär Hai Fat im Film ↗*Der Mann mit dem goldenen Colt* (1974) dar. James Bond kommt im Film auf Hai Fat als ↗Scaramangas Auftraggeber, weil sich der Hongkonger Industrielle einen Mord, der eine Million Dollar kostet, leisten kann. Hai Fats Haus existierte tatsächlich, es war der ↗»Drachengarten«, der einem chinesischen Händler namens ↗Lu Cheung Lee gehörte. Dieser stellte es für die Dreharbeiten zur Verfügung. Der Auftraggeber der Morde wird von seinem Killer selbst erschossen. Scaramanga ernennt sich zum alleinigen Erben und verpasst Hai Fat eine goldene Kugel in den Leib. Im ersten Drehbuchentwurf gab es noch die Brüder Hai Fat und Lo Fat. Diese beiden chinesischen Geschäftsleute engagieren Scaramanga. ↗Guy Hamilton strich den Charakter Lo Fat.

HAIG MIT WASSER (Getränk)

↗Junius Du Pont trinkt im Roman ↗*Goldfinger* Haig (eine Whiskysorte) mit Wasser, während 007 auf ↗Bourbon zurückgreift.

HAIKU (Versform)

↗Tiger Tanaka bittet James Bond im Buch ↗*Du lebst nur zweimal* ein Haiku aufzuschreiben. Ein Haiku ist ein dreizeiliges Kurzgedicht von 5-7-5 Silben und hat oft einen ernsten Inhalt. Tanaka will sehen, ob er ↗7777 dazu bringen kann, das Haiku zu würdigen. Bond versucht sein Glück und schreibt:

»Du lebst nur zweimal: Einmal, wenn du geboren wirst, und einmal, wenn du dem Tod ins Gesicht siehst.« Zunächst ist Tanaka von Bonds Kreativität beeindruckt, doch das ändert sich, als er den Text ins Japanische übersetzt. Der Agent hat zu viele Schriftzeichen benutzt, das Haiku ist also ungültig. Dennoch seien es »sehr ehrenvolle Worte«.

Im Originalroman ↗*You Only Live Twice* lautet das »Haiku«: »You only live twice: Once when you are born / And once when you look the death in the face.«

Die Zeilen stehen im Buch noch vor dem ersten Kapitel und sind mit: »After Basshō; Japanese poet (1643–94)« unterschrieben. Sie tauchen später als ein von James Bond gesprochenes Haiku im Roman erneut auf. Im Buch zitiert Tiger Tanaka weitere Verse:

»In the bitter radish / that bites into me, I feel / the autumn wind.«

Und auch: »The butterfly is perfuming / its wings, in the scent / of the orchid.«

Tanaka meint zu 7777: »You do not grasp the beauty of that image? Rather elusive compared to Shakespeare.« Und zitiert noch ein letztes Mal ein Haiku:

»In the fisherman's hut / mingled with dried shrimps / crickets are chirping.«

Keiner von Tanakas zitierten Haikus wurde in den deutschen Übersetzungen berücksichtigt.

↗Zitate und ↗Gedichte

HAILEY, COLETTE (Drehortmanagerin)
Schauplatz für ↗*Lizenz zum Töten* (1989) war unter anderem Florida. Hier arbeitete auch Colette Hailey als Drehortmanagerin.

HAINES, HILARY (Frisuren)
↗Jan Jamison

HAI-PISTOLE (Waffe)
In ↗*Leben und sterben lassen* (1973) ist James Bond mit einer Hai-Pistole ausgestattet, die Pressluftpatronen abschießt. ↗Dr. Kananga alias ↗Mr. Big findet die Waffe ganz besonders faszinierend und schießt eine Patrone in das Sofa, auf dem ↗Whisper sitzt. Das Sitzelement bläht sich auf und platzt durch die entladene Druckluft. »Dr. Kananga, ziehen Sie nicht den Stift raus, hier ist die Luft schon dick genug!«, scherzt 007. Die intakte Patrone wird Bond zur Rettung und Kananga zum Verhängnis: Mit einer magnetischen Armbanduhr gelingt es Bond, die Patrone wieder in seinen Besitz zu bringen. Beim Kampf mit dem Drogenproduzenten schiebt ihm 007 die Pressluftpatrone in den Mund. Kananga schwebt zur Raumdecke, wo es ihn in tausend Stücke zerreißt!

HAI-U-BOOT (Fahrzeug)
Im Film ↗*Casino Royale* (1966) spricht ↗Vesper Lynd davon, ein privates U-Boot in Form eines Hais zu besitzen. Als alle dachten, sie sei gefressen worden, war sie nur an Bord gegangen.

DER HAKEN (Romanfigur)
»Der Haken« ist ein Spitzname von ↗Heinrich Osten im Roman ↗*Niemand lebt für immer*. Die Bezeichnung geht auf sein liebstes Folterwerkzeug zurück: einen Fleischerhaken. In seiner Jugend war er ein brutaler Nazi, mittlerweile arbeitet Osten für die österreichische Polizei. ↗John Gardner nannte im Roman das siebte Kapitel »Der Haken«.

HAKENSCHUSSPISTOLE (Waffe)
Um an der Fassade des ↗Whyte House im Film ↗*Diamantenfieber* (1971) Halt zu finden, feuert James Bond einen Kletterhaken aus seiner Hakenschusspistole ab. Der Stahlhaken verankert sich in der Mauer, und Bond kann in die oberen Stockwerke klettern, in denen ↗Blofeld schon auf ihn wartet. Als 007 seinem Erzfeind gegenübersteht und dieser gleich zweimal anwesend ist (Blofeld hat ein Double im Raum), schießt Bond dem vermeintlichen Blofeld einen Kletterhaken in der Schädel. Es ist zwar der falsche Blofeld, aber Bond hat so einen Widersacher weniger. Die Hakenschusspistole ist natürlich ein Modell der ↗Abteilung Q.

HALFTER
↗Berns-Martin-Halfter

HALLAM (Romanfigur)
Die erste Person, die mit dem angeblichen ↗Dan Woodward im Roman ↗*Sieg oder stirb, Mr. Bond* zu tun hat, ist Hallam. Dieser weiß nicht, dass er in Wirklichkeit den ↗BAST-Killer ↗Abou Hamarik vor sich hat, der das ↗»Steward-Treffen« sabotieren will.

HALLETT, CAROLINE (Darstellerin)
In ↗*Im Angesicht des Todes* (1985) trat Caroline Hallett auf. Sie war eines der vielen Bond-Girls, die sich auf Pressefotoaufnahmen um ↗Roger Moore scharen durften.
↗Gloria Douse

HALL, FERGUS (Künstler/Designer)
Fergus Halls Aufgabe bestand darin, ein Kartenspiel zu entwerfen, bei dem die Motive den Personen aus dem Film ↗*Leben und sterben lassen* (1973) ähneln sollten. Hall ließ die »Hohe Priesterin« wie ↗Jane Seymour aussehen, die in dem Film die Kartenlegerin ↗Solitaire spielt. Als Gag

tauchten auf den Rückseiten der Tarot-Karten einige ↗007-Logos auf.
↗Tarot-Spiel

HALLORAN (Romanfigur)
Die erste Person, mit der James Bond im Roman ↗Leben und sterben lassen Kontakt hat, ist Mr. Halloran. Dieser überprüft auf dem Flughafen 007s Diplomatenpass mit der Nummer 0094567.

HALL, RICKY (Camera-Grips)
↗Bob Freeman

HALMAN, MARTY (Romanfigur)
↗Lee Fu-Chu bringt im Roman ↗Fahr zur Hölle, Mr. Bond! Marty Halman ins Spiel. Halman ist ein Sänger, der mit seiner Band das Privileg genießt, das Haus von Lee Fu-Chu zu bewohnen. Er arbeitet für die Firma ↗Silver Service. Das Haus wird an immer neue Bands vermietet oder verkauft. Wenn es verkauft wurde, kauft es Silver Service wieder zurück, sobald die Band pleite ist. Marty Halman ist Schlagzeuger in einer Band namens »Eiszeit«. Er wohnt mit vielen Frauen zusammen, und seine Musikgruppe ist seit achtzehn Monaten Spitzenreiter in der Musikbranche.

HALO-JUMP
Der HALO-Jump wird im Roman ↗Der Morgen stirbt nie wie folgt beschrieben: »Man springt, bevor einen der Radar erfassen kann (aus ca. 6000 Metern), und öffnet den Fallschirm erst dann, wenn man vom Radar nicht mehr bemerkt werden kann.« ↗Jack Wade versteht nicht, warum 007 nur wegen dieser Mission ein vierzigprozentiges Risiko eingeht, sich ernsthafte Verletzungen zuzuziehen. Im gleichnamigen Film von 1997 heißt es, die häufigsten Unfälle beim HALO-Jump kommen deshalb zu Stande, weil sich die Springer im Fallschirm verheddern und schließlich im Meer ertrinken. Bond wird gewarnt, sich nicht den Kopf an den Sauerstoffflaschen einzuschlagen, die er auf dem Rücken trägt. Er darauf: »Ich werde es mir merken.« Im Roman klingt es so, als sei dieses Bonds erster Sprung, doch in Gardners Buch ↗GoldenEye sprang Bond bereits einmal einen HALO-Jump. Der Sprung für ↗Der Morgen stirbt nie (1997) wurde vor der Küste Floridas aufgenommen. ↗B. J. Worth wagte den Stunt; das Aufschlagen aufs Wasser drehte man nahe ↗Key Largo.

HA-LONG-BUCHT (Ort)
Die Ha-Long-Bucht im ehemaligen Staat Nordvietnam kommt im Roman und auch im Film ↗Der Morgen stirbt nie (1997) vor. James Bond und ↗Wai Lin lauern in dieser Bucht dem ↗Stealth-Schiff von ↗Elliot Carver auf. ↗Raymond Benson schreibt, die Vietnamesen bezeichnen die Ha-Long-Bucht als achtes Weltwunder. Die Legende sagt: »Die Götter hatten vor langer Zeit eine Drachenfamilie zur Erde geschickt (...) diese spuckten Juwelen und Jade aus.« Diese Schätze hätten sich in Inseln verwandelt.

HALO-TECHNOLOGIE
HALO ist die Abkürzung für »High Altitude Low Opening« – ein Fallschirmsprung, bei dem der rettende Schirm erst einhundert Meter vor dem Boden geöffnet wird. ↗John Gardner beschreibt diese Sprung-Technik bereits in seinem Roman ↗GoldenEye. Bond gelangte im Roman so zur »Aufbereitungsanlage Numero eins«, um die ↗»Operation Schlüsselblume« zu starten. Im Film ist von diesem Sprung nicht die Rede. Die Idee wurde aber nicht fallen gelassen: In ↗Der Morgen stirbt nie (1997) landet Bond per Fallschirm an der Stelle, an der das Schiff ↗Devonshire zuvor gesunken war.
↗HALO-Jump

HALOTHAN (Betäubungsmittel)
In ↗Countdown für die Ewigkeit gelingt es James Bond, seinen Gegner ↗Caber in einem alles entscheidenden Ringkampf mit

der Droge Halothan zu betäuben. 007s Feuerzeug enthält das Mittel, das Caber sofort K.o. gehen lässt. Bond ist der neue Champion und wird von Dr. ↗ Anton Murik ins Vertrauen gezogen, der sich als gefährlicher Gegner entpuppt.

HALPHIE, MICHAEL (Darsteller)
Der südamerikanische Offizier in ↗ *Octopussy* (1983) wurde von Michael Halphie gespielt, die dazugehörige V.I.P. von ↗ Brian Coburn.

DAS HALSBAND DES TODES (Romantitel)
Die *Bild*-Zeitung druckte 1979 aufgrund des Filmerfolges von ↗ *Moonraker – streng geheim* (1979) den Roman ↗ *Mondblitz* in mehreren Folgen ab. ↗ Flemings Vorlage wurde in *Das Halsband des Todes* umbenannt.

HALSEY, DAVID (Berater)
Als Marineberater war David Halsey bei der Produktion des Films ↗ *In tödlicher Mission* (1981) tätig. Da mehrere Schiffe und Unterseeboote zum Einsatz kamen, ging es um die Glaubwürdigkeit der einzelnen Szenen. Halsey trug zusammen mit ↗ Barry Goldsmith seinen Teil dazu bei, dass *In tödlicher Mission* nach ↗ *Liebesgrüße aus Moskau* (1963) zu einem realistischen James-Bond-Film wurde.

HALSKETTE
↗ Domino Petachi bekommt von ↗ Maximilan Largo in ↗ *Sag niemals nie* (1983) eine Halskette mit einem Anhänger daran. Der Anhänger, den Largo ↗ »Die Tränen von Allah« nennt, zeigt die Umrisse einer Landkarte. Ein Diamant in der Karte zeigt den Punkt, wo die Ölfelder beginnen und Largo eine Atombombe versteckt hat.
↗ Anhänger

HALTESEIL
Das Halteseil wird einem der Astronauten von ↗ Jupiter 16 in ↗ *Man lebt nur zweimal* (1967) zum Verhängnis: Als die Raumkapsel von ↗ Bird 1 entführt wird, wird das Halteseil durchtrennt und der Astronaut hat ein ähnliches Ende wie später ↗ Hugo Drax in ↗ *Moonraker – streng geheim* (1979) – er driftet in die Weiten des Alls ab.

HAMA, MIE (Darstellerin)
Mie Hama wurde am 20. November 1943 in Tokio geboren. Sie begann ihr Arbeitsleben als Schaffnerin im Alter von 16 Jahren. Ihr kantonesischer Name »Mie« bedeutet »schön«. Für japanische Verhältnisse war sie mit etwas mehr als 1,60 Meter ziemlich groß, bei einer Besichtigung der Toho-Studios wurde sie von einem Filmproduzenten entdeckt und für einige Filmromanzen engagiert. Ihre sexy Auftritte machten sie bald zu einem so begehrten Model, dass sie jährlich im Durchschnitt auf 25 Titelseiten erschien. Hama wird auch als japanische Brigitte Bardot bezeichnet. Vor den Dreharbeiten zu ↗ *Man lebt nur zweimal* (1967) hatte die hübsche Hama bereits in über sechzig Filmen mitgewirkt: Lediglich *Rückkehr des King Kong* (1963) und Woody Allens *What's Up Tiger Lilly* (1966) schafften es auch auf westliche Leinwände. Im Woody-Allen-Film wurde Mie Hama in der englischsprachigen Fassung witzigerweise von ihrer Kollegin Akiko Wakabayashi synchronisiert, die ebenfalls in *Man lebt nur zweimal* (1967) mitwirkte.

Beim Bond-Abenteuer erhielt sie zunächst die Rolle der Suki, später wurde die Rolle anders besetzt, und so spielte sie Kissy Suzuki. Zwar gab es Probleme wegen ihrer schlechten Englischkenntnisse und sie hätte die Rolle beinahe wieder verloren, dann lief jedoch alles nach Plan. Die Darstellerin lernte vor und während der Dreharbeiten täglich Englisch, und Regisseur ↗ Gilbert traute ihr von Szene zu Szene mehr Text zu, sodass die Dialoge mit ↗ Sean Connery immer leicht aufgestockt werden konnten. Probleme bei den Dreharbeiten gab es kurzfristig, weil Regisseur

Lewis Gilbert keine Szene wollte, in der man Mie Hamas Blinddarmnarbe sah. Sie musste überschminkt werden – nach Aufnahmen, die im Wasser spielten, eine ständig zu wiederholende Prozedur. Nach ihrer Rolle bei Bond wurde Hama in zahlreichen japanischen Filmen eingesetzt. Es folgte ein Foto-Shooting für den *Playboy*, das besonders in ihrem Heimatland scharf kritisiert wurde. Mie Hama hat bis heute in über 100 japanischen Produktionen mitgewirkt und moderierte zeitweise auch eine TV-Sendung. Die Darstellerin lebt mit ihrem Mann und drei Kindern in Tokio.

HAMARIK, ABOU (Romanfigur)
Dem Dämon der Terrorgruppe ↗BAST gab Hamarik seinen Namen. Abou Hamarik ist »Der Mann« – oder besser ↗»der Männerkopf«. Zusammen mit ↗Ali Al Adwan und ↗Saphii Boudai will Hamarik unter der Führung von ↗Bassam Baradj ein Treffen von Staatsoberhäuptern attackieren. Er kommt als Bösewicht im Roman ↗*Sieg oder stirb, Mr. Bond!* vor und gilt als Stratege von »BAST«. Mit dem Piloten ↗Pantano versucht er, 007 zu töten, doch es ist in der Tat nur ein Versuch. Bond überlebt. Nachdem Hamarik bei einer Attacke einen Schuss in die Schulter abbekommen hat, erschießt er ↗Nikki und bricht ohnmächtig zusammen. Man kann davon ausgehen, dass er noch auf der ↗Invincible verblutete.

HAMBURG
↗*Der Spion, der mich liebte* (1977) hatte am 18. August 1977 seine Deutschlandpremiere im Hamburger City-Kino. Roger Moore war als Ehrengast anwesend. Die Hansestadt Hamburg wurde als Ort für James Bonds Autoverfolgungsjagd im Film ↗*Der Morgen stirbt nie* (1997) gewählt. Bond residiert im ↗Hotel Atlantik und sucht die Firma ↗CMGM auf. Am Flughafen bekommt er von ↗»Q« seinen neuen Wagen, einen ↗BMW 750. Bei der Pressekonferenz zum Filmstart begründete Regisseur ↗Roger Spottiswoode die Wahl des Drehortes, weil Hamburg über ein mehrstöckiges Parkhaus verfüge, das für die Autoverfolgungsjagd von 007s und ↗Carvers Männern geeignet sei. Die Crew drehte in der Innenstadt und schoss einen BMW mit Druckluft in eine extra dafür gebaute Filiale der Avis-Autovermietung.

HAMBURG BREAK IN (Lied)
↗*Tomorrow Never Dies* (Soundtrack)

HAMBURG BREAK OUT (Lied)
↗*Tomorrow Never Dies* (Soundtrack)

HAMILTON (Romanfigur)
Im Buch ↗*Du lebst nur zweimal* soll Colonel Hamilton als Chef der ↗Abteilung J James Bond alle wichtigen Informationen über die Abteilung geben und einen Kontakt zum Stabschef (vermutlich ↗Bill Tanner) herstellen.

HAMILTON (Filmcharakter)
In ↗*Diamantenfieber* (1971) wird Agent Hamilton von ↗Felix Leiter vor der Tür der Hochzeitssuite des ↗Whyte House postiert. Hamilton soll sicherstellen, dass James Bond und ↗Tiffany Case ↗Zimmer 1012 nicht verlassen. Zwei Jahre später in ↗*Leben und sterben lassen* (1973) erschien der Charakter erneut, diesmal gespielt von ↗Bob Dix. Hier wurde er bei einer simulierten Beerdigung in den Straßen von New Orleans von einem Attentäter erstochen und in den leeren Sarg gelegt und war das zweite Opfer, das auf die Rechnung von ↗Dr. Kananga ging. Der Figurenname ist eine Anspielung auf ↗Guy Hamilton, der bei *Diamantenfieber* und *Leben und sterben lassen* Regie führte.

HAMILTON, GUY (Regisseur)
Der am 9. September 1922 in Paris geborene ↗Guy Hamilton hielt von 1974 bis 1987 den Rekord als Bond-Regisseur. Hamilton führte Regie bei ↗*Goldfinger* (1964), ↗*Di-*

amantenfieber (1971), ↗*Leben und sterben lassen* (1973) und ↗*Der Mann mit dem goldenen Colt* (1974). Trotz englischer Eltern wuchs Hamilton zweisprachig auf. In England besuchte er die Schule und bekam schon vor 1938 seinen ersten Job in der Filmbranche: als Junge für alles bei den Victorine-Studios in Nizza (Frankreich). Als Laufbursche lernte er Crewmitglieder in den unterschiedlichsten Positionen kennen und bald war nicht mehr auf ihn zu verzichten. Beim Einmarsch der deutschen Truppen floh Hamilton nach England. Im Zweiten Weltkrieg diente er in der Royal Navy auf einem Zerstörer. Das Filmemachen ließ ihn nicht los, und nach dem Krieg ergriff er die Chance, Erfahrungen bei Cuttern, Kameramännern und Regisseuren zu sammeln. Anerkennung brachte ihm schon sein Regiedebüt *Der Würger kommt um Mitternacht*, die Adaption des Edgar-Wallace-Krimis *The Ringer*. Hamilton betätigte sich als Drehbuchschreiber und versuchte, alltägliche Situationen in leinwandtaugliche Abenteuer zu verwandeln. Diesem Trend blieb er bei James Bond auch treu: »Das Leben schreibt die Geschichte.« ↗Harry Saltzman und ↗Albert R. Broccoli boten Hamilton die Regie zu ↗*James Bond 007 jagt Dr. No* (1962) an, doch lehnte er ab. Als das Angebot für *Goldfinger* kam, hatte er erkannt, welche Publikumswirkung die James-Bond-Filme hatten, und sagte zu. Der Film wurde zum Kassenschlager. Für Saltzman war es klar, dass der Regisseur auch für ↗*Feuerball* (1965) unterschreiben würde, doch da hatte er sich geirrt. Guy Hamilton behauptete, ihm seien die Ideen ausgegangen und er wolle pausieren. Saltzman war enttäuscht und holte ↗Terence Young zurück. Erst bei *Diamantenfieber* ließ sich Hamilton wieder überreden. Er hatte zwischenzeitlich Filme wie *Finale in Berlin* (1966) und *Luftschlacht um England* (1969) gedreht. Der aufwendig und perfekt inszenierte Spionage-Thriller *Finale in Berlin* basiert auf dem Roman *Funeral in Berlin*, der auch in deutscher Sprache veröffentlicht wurde. Harry Saltzman und Guy Hamilton fanden in der Figur des Harry Palmer das passende Gegenstück zum Goldfinger-Bond, dem Übermenschen in den Romanen Ian Flemings. Die Figur des britischen Agenten Harry Palmer wurde von dem Autor ↗Len Deighton geschaffen. Palmer kocht gern, hört klassische Musik und bevorzugt ein ruhiges Privatleben. Harry Palmer, nach außen hin tollpatschig und spießig, wurde von Michael Caine überzeugend gespielt. *Finale in Berlin* machte Michael Caine zum Star. Kameramann Otto Heller gelang es, die – Bond-ähnlich – zum Slapstick tendierende Handlung mit realitätsnahen Berlin-Bildern zu versehen. *Finale in Berlin* war der zweite Palmer-Film. Die erste Episode war *Ipcress – Streng geheim*. 1967 entstand mit *Das Milliarden-Dollar-Gehirn* der letzte Teil der Trilogie.

Guy Hamiltons aufwendig und mit vielen Stars inszenierte Rekonstruktion des Luftkriegs über England im Jahre 1940 schilderte ein dramatisches Kapitel aus der Geschichte des Zweiten Weltkriegs. Bei *Luftschlacht um England* (1969) festigte sich die Freundschaft zum Produzenten Saltzman, und durch dieses gute Verhältnis kam er zu Bond zurück. Auch die Gagen hielten Hamilton bei der Serie. Er verhalf Bond zu einem neuen Gesicht und einer auf den zweiten Blick völlig anderen Art, als ↗Roger Moore im achten offiziellen James-Bond-Film *Leben und sterben lassen* den Part übernahm. Er führte auch bei *Der Mann mit dem goldenen Colt* Regie, wurde aber Bond-müde. Bei den Stuntaufnahmen für den sich um 360 Grad drehenden Wagen musste Hamilton scharfe Kritik einstecken: Nachdem der riskante Sprung beim ersten Versuch reibungslos geklappt hatte, wollte er ihn erneut filmen und die Stuntmen unnötigen Risiken aussetzen. Die Crew protestierte energisch, und Hamilton gab klein bei.

Er verließ die Bond-Serie nach diesem Film, ist aber maßgeblich an ↗Roger Moores Erfolg als 007 beteiligt. Das Angebot ↗*Der Spion, der mich liebte* (1977) in Szene zu setzen, nahm er zunächst an, bat dann aber um Entlassung aus dem Vertrag, um sich *Superman* widmen zu können. ↗Lewis Gilbert wurde als Ersatz-Regisseur verpflichtet. Hamilton bezeichnete seine Filme immer als »Familien-Bonds«, was sich nicht ganz mit der Altersfreigabe seiner Filme deckt: Er ist bisher der einzige Bond-Regisseur, der mehrere 007-Filme inszeniert hat, die in Deutschland erst einem Publikum ab 16 Jahren zugänglich waren. Guy Hamilton drehte weiterhin Filme, u. a. *Das Böse unter der Sonne* (1981) und *Remo – unbewaffnet und gefährlich* (1985), schrieb Drehbücher (*Trau keinem Schurken*, 1988/89) und lebte bei Redaktionsschluss in Süd-Spanien.

↗Schlangengruben-Effekt

HAMILTON, LAIRD (Surfprofi)
Für die Dreharbeiten der ↗Pre-Title-Sequenz von ↗*Stirb an einem anderen Tag* (2002) wurden die Surfprofis Laird Hamilton, Brett Lickle, Darrick Doener, Dave Kalama und Rush Randle verpflichtet. Die Männer kämpften als Doubles der Agenten, unter denen sich im Film auch 007 befindet, gegen die tödlichen Wellen vor Hawaii. Nach Erscheinen des Films wurden die Surfszenen als beste dieser Art gelobt, die je in einem Kinofilm zu sehen waren, dennoch blieb bei den Fans die Enttäuschung, dass nicht auch die digitalen Szenen bei Bonds Flucht vor ↗Ikarus von echten Surfern umgesetzt wurden, sondern aus dem Computer stammten.

HAMILTON, STEVE (Aufsicht Spezialeffekte)
Steve Hamilton und ↗Andy Williams hatten bei der Produktion von ↗*GoldenEye* (1995) die Aufsicht der Spezialeffekte.

HAMISH (Romanfigur)
Bei Hamish handelt es sich um einen Handlanger von ↗Anton Murik. Der Schläger, der sich in der Nähe des ↗Schlosses Murcaldy aufhält, ist an der Seite von Muriks rechter Hand Caber und Malcom zu finden. ↗John Gardner erfand die Figur, ließ sie aber nur sehr kurz auftreten.

HAMLISCH, MARVIN (Komponist)
Marvin Hamlisch wurde am 2. Juni 1944 in New York geboren. Der kleine Junge galt schon als musikalisches Wunderkind, bevor er das zehnte Lebensjahr erreicht hatte. Er träumte davon, einmal erfolgreicher Komponist zu werden und erreichte dieses Ziel einige Jahrzehnte später. Im Teenageralter studierte er am Julliard College und verdiente sich nebenbei als Theaterpianist sein Taschengeld. Er spielte Klavier bei Bühnenproben und lernte darüber einen Filmproduzenten kennen, mit dem er in den folgenden Jahren arbeiten sollte. Hamlischs erster großer Erfolg war die Filmmusik zu Sam Spiegels *Der Schwimmer* (1967). Die Arbeit machte andere Filmproduzenten auf den jungen Komponisten aufmerksam. Über fehlende Beschäftigung konnte sich Marvin Hamlisch von diesem Moment an nicht mehr beklagen, und er bekam viele Preise. Nachdem er für *Woody – Der Unglücksrabe* (1969) und *Bananas* (1971) komponiert hatte, war der Höhepunkt des Erfolgs erreicht: Er erhielt zwei Oscars für *Cherie Bitter* (1972), einen Oscar für *Der Clou* (1973) sowie zahlreiche Golden Globes und andere hoch angesehene Preise.

In die Fußstapfen von ↗John Barry trat er 1976, als er das Lied ↗*Nowbody Does It Better* schrieb. Er ließ sich von Wolfgang Amadeus Mozart inspirieren und arbeitete mit ↗Carole Bayer-Sager zusammen, die den Text zum Song entwarf. ↗Carly Simon sang das Titellied zum zehnten offiziellen James-Bond-Film ↗*Der Spion, der mich liebte* (1977). Produziert wurde der Song von ↗Richard Perry. Marvin Hamlisch wurde hierfür zweifach für den Oscar nominiert (bestes Lied und beste Filmmusik), gewann jedoch keine Trophäe. *Nowbody Does It Better* schaffte es dennoch auf Platz zwei der amerikanischen Charts. Über ein Dutzend weitere erfolgreiche Filmmusiken zu Filmen wie *Eisfieber* (1978), *Auf ein Neues* (1979), *Fast wie in alten Zeiten* (1980), *Sophies Entscheidung* (1982), *D.A.R.Y.L. – Der Außergewöhnliche* (1985), *Noch drei Männer, noch ein Baby* (1987), *Open Season* (1995) und *Liebe hat zwei Gesichter* (1996) stammen aus der Feder des begabten Musikers. Nachdem Hamlisch die Musik zum 007-Film komponiert hatte, wurde er noch fünf weitere Male für den Oscar nominiert.

DER HAMMER DER MACHT (Zeichentrickfilm)
↗ *James Bond Jr.*

HAMMERSTEIN (Romanfigur)
↗ von Hammerstein

HAMMOND, BRIDGET (Romanfigur)
Als Leiche wird Bridget Hammond im Roman ↗ *Nichts geht mehr, Mr. Bond* von einem Gärtner in einem Schuppen gefunden. Die Zeitung *Telegraph* berichtet über den Fund. Hammond galt als vermisst; mit durchgeschnittener Kehle und herausgeschnittener Zunge glich der Mord an der siebenundzwanzigjährigen Programmiererin einem anderen Fall, der sich eine Woche zuvor ereignet hatte. Das Opfer: ↗ Millicent Zampek. Als ↗ Emily in ↗ *Nichts geht mehr, Mr. Bond* sollte sich Bridget Hammond ein Mitglied des ostdeutschen Politbüros »angeln«, diese Person verführen und durch die gemeinsame Zeit an streng geheime Informationen gelangen. Bridget Hammon lebte, nachdem sie bei der ↗ Operation Seefalke aus der DDR geflohen war, als ↗ Franziska Trauben in Großbritannien. Die neue Identität besorgte ihr der Geheimdienst. Sie wurde jedoch enttarnt und brutal getötet.

HAMMOND (Romanfigur)
U. a. im Roman ↗ *007 James Bond im Dienst Ihrer Majestät* ist Hammond der Butler von ↗ »M«. Er lebt im ↗ »Ouarterdeck« und übt seinen Beruf auch sehr gewissenhaft aus. Im Buch ↗ *Liebesgrüße aus Athen* heißt es: »Hammond, ein früherer Kollege, und dessen Frau pflegten M«. Das Ehepaar übersteht ↗ Amis' ersten Roman nicht; es wird von Einbrechern, die »M« entführen, auf grausame Weise ermordet. In ↗ *Tod auf Zypern* wird 007 von deren Nachfolgern, den ↗ Davidsons, empfangen. Davidson war wie auch Hammond früher Unteroffizier.

HAMSHERE, KEITH (Standaufnahmen)
Die Standaufnahmen im Film ↗ *In tödlicher Mission* (1981) stammen von Keith Hamshere. Er arbeitete mit ↗ John Evans bei den Spezialeffekten zusammen. Hamshere wurde auch für ↗ *Im Angesicht des Todes* (1985), ↗ *Der Hauch des Todes* (1987) – wo er seinen Arbeitsplatz mit ↗ George Whitear teilte – ↗ *Lizenz zum Töten* (1989) und ↗ *GoldenEye* (1995) verpflichtet.

HAN (Romanfigur)
Die drei asiatischen Generäle, die im Roman ↗ *Stirb an einem anderen Tag* vorkommen, heißen Han, Li und Dong. Sie sind als Investoren am Projekt ↗ Ikarus interessiert. Die drei Generäle werden allesamt aus einem Flugzeug geschleudert, wobei diesem die Scheiben zerbersten. Damit erleiden sie das gleiche Schicksal wie ↗ Vlad.

HAND
James Bond entdeckt in ↗ *Der Spion, der mich liebte* (1977) die Überreste einer Leiche. Nur eine Hand ist übrig geblieben, die mit hoher Wahrscheinlichkeit von ↗ Strombergs Privatsekretärin stammt. Bond sieht die Hand durch ein Aquariumfenster auf Strombergs ↗ Atlantis.

HANDBUCH
Mit dem Handbuch für den ↗Aston Martin Vanquish will James Bond in ↗*Stirb an einem anderen Tag* (2002) keine Zeit verbringen. Er schleudert die Gebrauchsanweisung in die Luft und sieht zu, wie sie durch Schüsse aus den automatischen zielsuchenden Waffen des Wagens zerlegt wird. ↗»Q« ist davon nicht begeistert.

HANDBUCH FÜR WESTINDIEN
↗Bücher

HÄNDCHENHALTEN
In Interviews bestätigte ↗Putter Smith immer, dass die Figuren ↗Wint und ↗Kidd in ↗*Diamantenfieber* (1971) nicht übermäßig »schwul« dargestellt werden mussten, weil das Publikum durch eine Schlüsselszene auf die Homosexualität der Killer hingewiesen worden war: Wint und Kidd spazieren nach zwei Morden händchenhaltend durch die Wüste.

HÄNDEDRUCK
Der in den James-Bond-Romanen beschriebene Händedruck zwischen 007 und den anderen Figuren ist sehr aussagekräftig. Fast immer haben die »Guten« einen kräftigen, angenehmen Händedruck, während ein Bösewicht eine schwammige oder feuchte Hand hat, die schlaff greift oder ruckartig zupackt. Natürlich bestätigen auch hier Ausnahmen die Regel. So ist ↗Jack Trenton als Leibwächter von ↗Elliot Carver im Roman ↗*Der Morgen stirbt nie* ein Mann mit kräftigem Händedruck. Eine weitere Ausnahme bildet ↗Auric Goldfinger in ↗*Goldfinger*, der Bond mit hartem, festem Druck die Hand gibt.
↗Waffenhaltung

HÄNDESCHÜTTELN
Von ↗Naomi erfährt James Bond in ↗*Der Spion, der mich liebte* (1977), dass ↗Karl Stromberg eine Aversion gegen das Händeschütteln bei Begrüßungen hat. 007, der sich als ↗Robert Sterling tarnt, stellt bald fest, warum: Stromberg hat zwischen seinen Fingern Schwimmhäute.

HANDFLÄCHENSCAN
Nur mit Hilfe eines Handflächenscans des Dienst habenden Vorgesetzten in ↗Serwenaja kann die Befugnis für den ↗»Goldeneye-Einsatz« erteilt werden. Ebenfalls nur durch den Scan der Handflächen eines Bediensteten lassen sich in ↗Graves' Domizil auf Island in ↗*Stirb an einem anderen Tag* (2002) bestimmte Türen öffnen. Nachdem ↗Jinx ↗Mr. Kil getötet hat, trennt sie ihm den Unterarm ab und legt seine Hand auf den Handflächenscanner. Die Türen sind nun kein Hindernis mehr.

HANDGELENKSPISTOLE (Waffe)
Aus der ↗Abteilung Q stammt die Handgelenkspistole aus dem Film ↗*Moonraker – streng geheim* (1979). Natürlich scherzt 007 auch über diese Erfindung: »Die müssen zu Weihnachten noch in die Spielwarengeschäfte.« Darauf kann ↗»Q« nur mit einem Kopfschütteln reagieren. Die Waffe wird wie eine Armbanduhr am Handgelenk befestigt und enthält zwei Sorten Pfeile: fünf blaue mit panzerzerstörenden Köpfen und fünf rote, die mit Blausäure überzogen wurden und in 30 Sekunden töten. Die Pistole wird durch die Nerven der Handgelenkmuskulatur ausgelöst. 007 testet dies gleich in ↗»Ms« Büro und trifft mit einem Testpfeil ein teures Gemälde an der Wand. In ↗*Moonraker – streng geheim* benutzt James Bond diesen Ausrüstungsgegenstand zweimal: Zuerst zerstört er die Armaturen in einer Zentrifuge, und im Finale des elften James-Bond-Films jagt er ↗Hugo Drax einen Blausäurepfeil in den Körper. Warum Bond diese unauffällige Waffe nicht schon früher bei ↗Beißer oder ↗Chang benutzt hat, ist ungeklärt.

HANDGRANATE (Waffe)
Bei der Verfolgung im Roman *007 James Bond im Dienst Ihrer Majestät* versucht

↗ Blofeld James Bond durch eine Eierhandgranate auszuschalten. Der ↗ Bobschlitten, den der Agent als Verfolgerfahrzeug benutzt, wird in die Luft geschleudert. 007 überlebt. Im Roman ↗ *Liebesgrüße aus Athen* bekommt James Bond von ↗ Litsas die Ausrüstung gestellt. Dazu gehörten auch HE-Handgranaten. Mit Handgranaten bombardieren zwei ↗ SPECTRE-Männer aus einem Helikopter heraus James Bond. Der Agent flieht in ↗ *Liebesgrüße aus Moskau* (1963) mit einem Blumentransporter. Er verlässt das Fahrzeug und schießt den Kopiloten im Helikopter mit seinem Scharfschützengewehr in die Schulter. Der Angeschossene hat im selben Moment den Sicherungsring aus einer Granate gezogen. In Panik versucht der Pilot ihn zum Werfen der Handgranate zu bewegen, doch es ist zu spät: Der Helikopter explodiert. Ebenfalls mit Handgranaten versuchen ↗ Largo und seine Männer in ↗ *Feuerball* (1965) den unter der ↗ *Disco Volante* tauchenden Bond aus dem Weg zu räumen. Der Agent wird von der durch die Explosion ausgelösten Wasserbewegung durchgeschüttelt, schwimmt aber ungerührt davon. Im Film ↗ *Im Geheimdienst Ihrer Majestät* (1969) benutzt Blofeld ebenfalls eine Handgranate. Als er sie mit den Zähnen festhält, fällt ihm der Stift heraus. In ↗ *Der Spion, der mich liebte* (1977) können Handgranaten der Panzerung des Kontrollraums der ↗ Liparus nichts anhaben. Während des Kleinkriegs auf dem Tanker explodieren zahlreiche Granaten. Selbst Bond wird fast Opfer: Er findet die Leiche von ↗ Talbot mit einer scharfen Handgranate in der Hand und kann diese noch schnell wegschleudern, bevor sie detoniert. James Bond wirft in ↗ *In tödlicher Mission* (1981) eine Handgranate auf einen Feind. Dieser will es so machen wie Bond in *Der Spion, der mich liebte* (1977) – die Granate aufheben und seinerseits wegschleudern, doch zu spät: Die Explosion erfolgt, als der Handlanger ↗ Locques die Granate in die Hand nimmt. Er wird zerfetzt. In ↗ *Der Hauch des Todes* (1987) wird ↗ Koskovs alter Freund und Handlanger ↗ Oberst Feyador von einer Handgranate in einem Tanklastwagen in die Luft gesprengt. Im Orientbond III, ↗ *Der Morgen stirbt nie* (1997), gehören mehrere Handgranaten zu 007s Waffenarsenal. Er benutzt sie in der ↗ Pre-Title-Sequenz und auch auf ↗ Carvers Schiff. Gegen Bond kommen Handgranaten schon im Folgefilm ↗ *Die Welt ist nicht genug* (1999) zum Einsatz: Aus ↗ Parahawks geht ein Granatenregen auf den auf Skiern flüchtenden Agenten nieder.

↗ Tankwagen

Siehe Inhaltsangabe ↗ *Never Dream Of Dying*

HANDKAMERA

Die meisten James-Bond-Filme sind durch eine feste Kamera, Kamerakräne und Kamerawagen geradlinig gefilmt. Regisseur ↗ Martin Campbell wollte mit ↗ *Casino Royale* (2006) in eine andere Richtung gehen. Bevor James Bond in diesem Film zu dem Mann wird, den wir einst in ↗ *James Bond jagt Dr. No* (1962) kennen gelernt haben, ist er ungestüm und unerfahren, was durch die Nutzung der Handkamera am Anfang von *Casino Royale* zum Ausdruck gebracht werden soll. Die Szenen sollen die Geschichte aus Bonds Sicht erzählen.

Kritiker hatten sich schon bei *Die Bourne Verschwörung* gegen diese Art der Umsetzung ausgesprochen.

HANDKANTENSCHLAG

↗ Parry-Abwehr gegen heimtückischen Dolchstoß

HANDLANGER DES SCHURKEN

↗ Rechte Hand

HANDLESEN

Nicht nur die Romanfigur ↗ Dr. No aus dem Buch ↗ *James Bond 007 jagt Dr. No* liest in der Hand des Agenten. Darsteller

↗ Roger Moore ließ sich bei den Dreharbeiten zu ↗ *Leben und sterben lassen* (1973) auch Teile seiner Zukunft vorhersagen. Der Wahrsager betrachtete zusätzlich die Lebens- und Schicksalslinie wie Dr. No im Buch, äußerte sich jedoch nicht.

HANDSCHELLEN
Seine Handschellen benutzt James Bond in ↗ *Der Hauch des Todes* (1987) als Waffe. Als es in einem Gefängnis auf dem russischen Luftwaffenstützpunkt in ↗ Afghanistan zu einer Schlägerei zwischen 007 und dem Wärter kommt, drückt Bond die Kette der Handschellen auf die Nase des Angreifers. Der Mann lässt kurz von Bond ab. In ↗ *Der Morgen stirbt nie* (1997) ließen sich die Drehbuchautoren zur Spannungssteigerung etwas Besonderes einfallen: Wai Lin und James Bond flüchten mit Handschellen aneinandergefesselt aus Cavers Firmengebäude und fahren mit einem Motorrad von BMW davon. Platzwechsel der beiden Agenten und andere alltägliche Bewegungen wurden für die Flüchtenden so zu komplizierten Vorgängen – und fürs Kinopublikum zum Lacherfolg. Mit ihrem Ohrring schafft es Wai Lin schließlich, die Handschellen zu öffnen und 007 an eine Wasserleitung zu ketten.

HANDSCHUH
Dass ↗ Grant in ↗ *Liebesgrüße aus Moskau* (1963) ein professioneller Killer ist, wird schon früh deutlich. Als er ↗ Nash abfängt, zieht er sich für seinen Mord sogar Handschuhe an. Einen speziellen Handschuh benutzt auch ↗ Mr. Wint, als er einen ↗ Skorpion vom Boden aufnimmt, um ihn in ↗ *Diamantenfieber* (1971) ↗ Dr. Tynan in den Kragen zu werfen.
↗ Fernsteuerung

HANDSENDER
Mit einem Handsender, der in ein Zigarettenetui eingebaut ist, öffnet ↗ Largo in ↗ *Feuerball* (1965) die Türen zu einer geheimen ↗ SPECTRE-Versammlung, die in Paris stattfindet. Der Handsender trägt die Inschrift »Eight«. Mit einem handgranatenförmigen Handsender öffnet ↗ Mr. Kananga in ↗ *Leben und sterben lassen* (1973) eine Tür, durch die ↗ Whisper hereinkommt und James Bond beim Hinausgehen mitnimmt.
↗ Fernbedienung und ↗ Fernsteuerung

HANDSHAKE
↗ Waffenhaltung

HANDTASCHE
Wenn James Bond eine Handtasche findet, bedeutet das immer höchste Alarmstufe. Im Fernsehfilm ↗ *Casino Royale* (1954) ist dies der Fall. Die Idee stammt aus dem gleichnamigen Roman, in dem ↗ Vesper Lynd ihre Tasche verliert, als sie gekidnappt wird. Auch im Roman ↗ *Diamantenfieber* kommt eine Tasche vor. Diese stammt von ↗ Tiffany Case, die sich in der Gewalt von ↗ Mr. Wint und ↗ Mr. Kidd befindet. Bond ergreift rettende Maßnahmen. Ist es im Roman ↗ *Casino Royale* eine gewöhnliche Handtasche, die Vespa Lynd verliert, so handelt es sich im Roman ↗ *Moonraker Streng geheim* schon um ein besonderes Modell. Bei ↗ Holly Goodheads Handtasche wird auf Knopfdruck eine ↗ Teleskopantenne ausgefahren – ein getarntes Funkgerät. Die Handtasche kommt auch im Film ↗ *Moonraker – streng geheim* (1979) zum Einsatz. Nach seiner Ankunft in Japan wird James Bond in ↗ *Man lebt nur zweimal* (1967) schon überwacht. An mehreren Straßenecken stehen Frauen, die per Handtaschen-Sender Bonds Weg an ihr Hauptquartier durchgeben. Die Frauen arbeiten für ↗ Tiger Tanaka. In ↗ *Diamantenfieber* (1971) erkennt James Bond die Anwesenheit von Tiffany Case in seinem Hotelzimmer daran, dass sie ihre Handtasche auf seine Kommode gelegt hat. ↗ Plenty O'Toole findet in einer Cutszene die Visitenkarte Tiffany Cases in deren Handta-

sche. Als sie die Frau aufsuchen will, wird sie ermordet. Die Handtasche von ↗Lupe Lamora in ↗*Lizenz zum Töten* (1989) dagegen wird klassisch eingesetzt: Lamora lässt die Tasche vor die Füße eines Wachpostens fallen, und als dieser sich bückt, um sie aufzuheben, schleicht James Bond vorbei. ↗Jinx transportiert in ↗*Stirb an einem anderen Tag* (2002) ihre Waffe, mit der sie ↗Dr. Alvarez erschießt, ebenfalls in ihrer Handtasche.

HANDTUCH (Waffe)
James Bond scheint alles als Waffe verwenden zu können. Als er in ↗*GoldenEye* (1995) die Jacht ↗Manticore durchsucht, wird er von einem Mann angegriffen. Zunächst schlägt 007 ihm das Handtuch ins Gesicht, dann wickelt er es ihm um den Kopf und schleudert ihn mit Schwung eine Treppe hinunter. Nach dem nur Sekunden dauernden Kampf wischt sich der Agent mit dem Handtuch den Schweiß ab. In ↗*Im Angesicht des Todes* (1985) benutzt James Bond ein Handtuch, um seine und ↗Stacey Suttons Intimsphäre zu wahren. Er wirft das Handtuch über den Kopf von ↗Snooper, damit ↗»Q« 007 und Sutton nicht unter der Dusche beobachten kann. Ein Kampf, bei dem ein Handtuch benutzt wird, hat seinen Ursprung schon im Roman ↗*003½ James Bond Junior*: ↗Bill Joram wirft James ein Handtuch ins Gesicht, nutzt dann das Überraschungsmoment, springt ihn an und packt ihn bei den Schultern.

HANDY
In ↗*Der Morgen stirbt nie* (1997) benutzt James Bond ein von ↗»Q« überreichtes Ericsson-Handy. Das Mobiltelefon ist mit gewissen Extrafunktionen ausgestattet: einem Infrarot-Scanner für Fingerabdrücke, einem 20.000-Volt-Sicherheitssystem, einer abnehmbaren Videokamera in der Antenne (nur im Roman zum Film von ↗Raymond Benson) und einer Elektroschockfunktion. Bond kann mit dem Handy seinen ↗BMW 750 steuern und auch alle technischen Extras an seinem Fahrzeug aktivieren (Raketen, Tränengas, Dreikantnagelauswurf, automatische Reifenflickvorrichtung u.v.m.). Im Roman öffnet Bond mit dem schnurlosen Telefon eine Tür, ohne sie zu beschädigen. Im Film sprühen die Funken: Bond zerstört das Kartenschloss durch Starkstrom. Er schafft es, mit dem Ericsson-Handy den Safe von ↗Henry Gupta zu öffnen, indem er dessen Fingerabdruck scannt und den auf dem Display wiedergegebenen Abdruck als Legitimation nutzt. ↗Dr. Kaufman, der 007 erschießen will, wird durch den Elektroschocker abgelenkt. Bond jagt dem Mörder von ↗Paris Carver eine Kugel in den Kopf. Der Elektroschocker wird aktiviert, wenn folgender Code eingegeben wird: »Recall ... 3 ... Senden«. Die Antenne des Handys ist abnehmbar und dient 007 als Dietrich. ↗Jinx' Handy in ↗*Stirb an einem anderen Tag* (2002) lässt sich mit ↗C4-Sprengstoff verbinden und fungiert als Zünder. Sie sprengt damit ↗Dr. Alvarez' Büro in die Luft. Im Roman ↗*Never Dream Of Dying* soll eine Bombe per Handy gezündet werden.

↗Sony Ericsson PDA

HÄNGER (Code)
Der britische Geheimdienst übermittelt James Bond im Roman ↗*Scorpius* eine mit Codewörtern durchsetzte Nachricht. Unter anderem hat es an seinem Einsatzort einen »Hänger« gegeben, einen Verletzten.

H'ANG, HUNG CHOW (Romanfigur)
Als Offizier im Generalsrang ist die Figur Hung Chow H'ang, die im Roman ↗*Fahr zur Hölle, Mr. Bond!* auftritt, der direkte Vorgesetzte von ↗Jenny Mo. Seine Karriere fing nicht glänzend an. Als Ex-Parteifunktionär hat der General im Kampf um Peking 1948/49 ein Auge verloren. Gepflegt durch die Eltern von ↗Myra, überlebte der nicht großgewachsene Mann. Er deckte Myras Eltern, schaffte die Tochter aber

nach Amerika, wo sie für den Einäugigen gelegentlich Anlaufstelle für Spione ist. H'angs Geschäfte sind in der Regel illegal. Sein Erscheinungsbild dürfte dem der Figur ↗Largo aus dem Film ↗*Feuerball* (1965) nicht unähnlich sein. Als James Bond dem alten General begegnet, registriert er das akzentfreie Englisch H'angs.

HANIF, HIND (Drehort-Produktionssekretärin)
↗Sophie Koekenhoff

HANLEY, JENNY (Darstellerin)
Die Liste der schönen Frauen, die für die Dreharbeiten zum sechsten James-Bond-Film ↗*Im Geheimdienst Ihrer Majestät* (1969) eingestellt wurden, nahm kein Ende. Da der damals neue Bond-Darsteller ↗George Lazenby den Produzenten als Lockmittel für die Kinogänger nicht genügte, wurden unzählige hübsche Frauen gecastet, von denen sich viele im fertigen Film als Todesengel auf dem ↗Piz Gloria wieder fanden. Etliche hatten keinen Filmnamen und wurden nur mit der Nationalität angesprochen, die sie verkörpern. Jenny Hanley spielte die Irin.

HANNESSON, JON THOR (Produktionsmanager)
Produktionsmanager bei ↗*Im Angesicht des Todes* (1985) waren ↗Philip Kohler, ↗Serge Touboul, ↗Leonhard Gmür, ↗Ned Kopp und Jon Thor Hannesson.

HAN, RICHARD (Romanfigur)
James Bond lernt ↗Richard Han im Roman ↗*Nichts geht mehr, Mr. Bond* kennen. Han hat nach eigenen Angaben für ↗»Swift« gearbeitet. Er informiert den Agenten, dass auf ihn und ↗Ebbie Heritage ein ↗Walla Walla – ein ↗Sampan mit Außenbootmotor – warte und übergibt Bond einen Brief, den Swift verfasst hat. Han, der Bond das Leben rettet, indem er einen ↗Robinson mit einem ↗45er Colt erschießt, stirbt durch einen Kopfschuss, den ↗Heather Dare abfeuert. ↗John Gardner beschreibt den Tod des Mannes wie folgt: »Zwei Schüsse knallten, und Richard Hans Kopf zerplatzte, sodass das Blut in die Luft spritzte. Sein Körper lief noch drei oder vier Schritte, bevor er umfiel.«

HANS (Romanfigur)
Hans ist in ↗Raymond Bensons erster 007-Geschichte ↗*Tödliche Antwort* ein Handlanger der rachsüchtigen ↗Irma Bunt. Er hält Bond fest, während sie ihn mit einer Klinge rasiert, die sie zuvor in ↗Fugu-Gift getaucht hat. Hans wird von ↗Cheryl Haven mit einer ↗Browning-9mm-Automatikwaffe in den Schädel geschossen.

HANS (Romanfigur)
Im Buch ↗*Nichts geht mehr, Mr. Bond* kann James Bond ein verständliches Gespräch aus einem Nachrichtenraum vernehmen. Zwei Personen unterhalten sich über ↗Belzinger und ↗Dietrich, die nach Hongkong unterwegs sind. Einer der beiden Gesprächspartner heißt Hans. 007 gelangt über seine ↗Harmonikawanze und die Technik in einem Knopf seines Jacketts an diese Informationen.

HANS (Filmcharakter)
Der slawische Gegner James Bonds kommt im Film ↗*Man lebt nur zweimal* vor. Er ist der persönliche Leibwächter von ↗Ernst Stavro Blofeld und büßt es im Finale des Kinofilms, auf der falschen Seite gearbeitet zu haben. Beim Endkampf mit James Bond fällt der blonde Riese in das Piranhabecken. Die Killerfische sind nach ↗Helga Brandt bereits wieder hungrig und Hans wird bei lebendigem Leibe gefressen. Bond kommentiert: »Bon Appetit!« Hans wurde von ↗Roland Rich gespielt. In ↗*Im Geheimdienst Ihrer Majestät* (1969) erscheint ein zweiter Hans nur kurz.

HANS (Filmcharakter)
Hans ist eine Figur im Film ↗*Der Hauch des Todes* (1987). Der Mann arbeitet in

einem Wiener Hotel und besorgt 007 eine Suite mit einem zweiten Schlafzimmer für ↗Milovy. Gespielt wurde der Mann vom Besitzer des Hotels, in dem die Szene gedreht wurde.

HANSARD, BILL (Berater)
Entwicklungsberater bei der Produktion des elften offiziellen James-Bond-Abenteuers ↗*Moonraker – streng geheim* (1979) war Bill Hansard.

HANSON, BERNARD (Drehort-Manager)
Bernard Hanson und ↗Eddy Saeta waren die Drehortmanager beim 1971 gedrehten Film ↗*Diamantenfieber*. Schauplätze des 007-Films sind unter anderem die ↗Pinewood Studios, Amsterdam und Las Vegas. Für die Produktion von ↗*Leben und sterben lassen* (1973) wurde Hanson wieder verpflichtet.

HANTELN (Waffen)
James Bond benutzt in ↗*Sag niemals nie* (1983) Hanteln, um gegen einen ↗SPECTRE-Killer zu kämpfen. Erschreckenderweise prallen die Hanteln an den Muskeln des Mörders ab.

HAPGOOD (Romanfigur)
Wie ↗H. Springer ist auch Mr. Hapgood im Buch ↗*Goldfinger* ein Mitglied des ↗»Purpurrings«. Er wird ermordet, weil Springer die Mitwirkung an der Operation ↗»Großer Schlag« ablehnt. Er sei, so heißt es, bei einem Treppensturz tödlich verunglückt. ↗Fakto war augenscheinlich der Mörder und handelte in ↗Goldfingers Auftrag.

HAPE
Siehe Inhaltsangabe ↗*High Time To Kill*

HAPPY (Romanfigur)
Unter dem Spitznamen Happy taucht in ↗John Gardners viertem James-Bond-Roman ↗*Die Ehre des Mr. Bond* die Figur »Hopcraft« auf. Laut ↗Cindy Chalmer hätte er einen guten Plünderer und Seeräuber abgegeben. Sein Erscheinungsbild erinnert sie an einen Wikinger. Happy ist immer mit ↗Tigerbalsam zusammen, einem weiterem Killer in ↗Dr. Jay Autem Holys Diensten. Tigerbalsam heißt in Wirklichkeit ↗Balmer.

HAPPY ANNIVERSARY 007:
25 YEARS OF JAMES BOND (Dokumentation)
Zum 25-jährigen James-Bond-Film-Geburtstag wurde die einstündige Dokumentation *Happy Anniversary 007: 25 Years Of James Bond* am 13. Mai 1987 von NBC ausgestrahlt. ↗Roger Moore tritt in diesem Dokumentarfilm auf und berichtet gewohnt ironisch über James Bonds Erlebnisse. Durch geschickte Schnitte werden die 15 Bond-Filme von ↗*James Bond 007 jagt Dr. No* (1962) bis *Der Hauch des Todes* (1987) mit der Dokumentation verknüpft. ↗Timothy Dalton wird am Ende der Dokumentation mit Filmausschnitten als neuer James Bond vorgestellt. Produzent Mel Stuart führte auch Regie, das Buch stammt von Richard Schickel.

HARBREAVER (Filmcharakter)
Admiral Harbreaver wird in ↗*Der Spion, der mich liebte* (1977) von ↗Robert Brown dargestellt, der ab ↗*Octopussy* (1983) die Figur ↗»M« verkörperte. Harbreaver hat einen Kurzauftritt, als James Bond auf der ↗Faslane die Folie demonstriert, die die Existenz des ↗U-Boot-Ortungssystems beweist.

HARDING, REG (Darsteller)
In zwei Rollen war Reg Harding bisher in James-Bond-Filmen zu sehen. In *Im Geheimdienst Ihrer Majestät* (1969) spielte er Bolfelds Fahrer, in *Octopussy* (1983) war er kurz als Angler im Bild, der fast von einem Mercedes erschlagen wurde.

HARDING, STEVEN (Romanfigur)
Siehe Inhaltsangabe ↗*High Time To Kill*

HARDWICK, PAUL (Darsteller)
Paul Hardwick ist in ↗Octopussy (1983) der sowjetische Vorsitzende einer Konferenz. Er steht im Rang über ↗General Orlov und auch über ↗General Gogol.

HARDY, ROALD (Drehbuchautor)
Nachdem ↗Cary Bates ↗Albert R. Broccoli mit seiner Drehbuchversion zu ↗Der Spion, der mich liebte (1977) verwirrt hatte, schaltete der Produzent Roald Hardy für einen neuen Entwurf ein. Hardys Entwurf basiert vom Hauptplot her auf Bates Idee: Es geht darin um gestohlene ↗Atom-U-Boote. Doch auch diese Drehbuchfassung konnte nicht überzeugen. Als dritter Autor wurde ↗Anthony Barwick verpflichtet.

HAREM (Ort)
In zwei James-Bond-Filmen hat 007 Kontakt zum Harem: In ↗Der Spion, der mich liebte (1977) besucht 007 seinen alten Freund in Kairo und genießt im arabischen Harem dessen Gastfreundschaft. In ↗Der Hauch des Todes (1987) flüchtet Bond über die Dächer Tangers, wobei er an den geschockten Frauen eines Harems vorbeikommt. ↗Kara Milovy wird später von 007 beruhigt. Er meint, man würde sie nicht töten, sondern in den Harem geben. Ein Harem hat europäische Männer immer fasziniert, weil sie nicht wussten, was es ist – und dieser (männlich schöne) Irrglaube hält sich bis heute. Ein Harem ist kein Ort der Lust (Bordell, »Sauna-Klub« o. ä.), sondern der von Frauen bewohnte Teil eines islamischen Hauses. »Harem« heißt »verboten«.

HAREMSDAMEN (Filmcharaktere)
»Wenn man schon Ägypten besucht, sollte man auch versuchen, in seine Geheimnisse einzudringen«, meint James Bond im Film ↗Der Spion, der mich liebte (1977), als er einen Kollegen in der Wüste trifft. Eine der zahlreichen Haremsdamen übergibt 007 eine Rose und signalisiert dadurch ihre Bereitschaft. Vier Darstellerinnen wurden laut Filmunterlagen als »Haremsdamen« (auch »Arabische Schönheiten«) aufgeführt: Felicity York, Dawn Rodrigues, Anika Pavel und Jill Goodall.

HARE, STANLEY (Romanfigur)
↗John Gardner beschreibt die beiden Amerikaner Stanley Hare und ↗Joe Israel mit einem Satz: »Sie schienen maßgeschneidert zu sein, von der Stange, die Standardausgabe von Kugelfängern.« Die beiden Männer treffen erstmals in Begleitung von ↗Bruce und ↗Edgar auf dem Schiff ↗»Invincible« auf den Geheimagenten James Bond 007.

HARGREAVES (Filmcharakter)
(In einigen Quellen auch: Harbreaver) Verkörpert vom späteren ↗»M«-Darsteller ↗Robert Brown kommt die Figur des Admiral Hargreaves erstmals im Film ↗Der Spion, der mich liebte (1977) vor. ↗»Q« erklärt ihm und 007 die Funktionen eines ↗U-Boot-Ortungssystems. Und vom Verteidigungsminister ↗Frederick Gray erfährt James Bond, woher die Informationen stammen.

HARGREAVES, ADMIRAL (Romanfigur)
007 trifft ihn im Roman ↗Tod auf Zypern auf ↗»Ms« Party in ↗Quarterdeck. Hargreaves ist in Gesellschaft von Admiral ↗Frederick Gray. Beide Charaktere kommen auch im Bond-Film ↗Der Spion, der mich liebte vor.

HARGREAVE, SIMON (Comicfigur)
↗Comics

HARI, MATA (Filmcharakter)
In ↗Casino Royale (1966) heißt es, Mata Hari sei für James Bond die Frau fürs Leben, deshalb habe er sich aus dem Dienst zurückgezogen. Obwohl 007 Hari liebt, lockt er sie über die spanische Grenze, wo sie von einem Exekutionskommando getötet wird.

HARITONAS, ARCHIMANDRITE (Bond-Gegner)
Archimandrite Haritonas bereitete der Bond-Crew bei den Dreharbeiten zu ↗ *In tödlicher Mission* (1981) Kopfschmerzen. Zwar hatte die griechische Regierung die Dreherlaubnis für die auf Felsformationen errichteten Klosterhöfe erteilt, doch der Mönch Archimandrite Haritonas rief zu Protesten auf, die durch seine Glaubensbrüder auch ausgeführt wurden. ↗ Roger Moore konnte das »nicht verstehen«, wie er in einem Interview sagte. Die Mönche boykottierten die Filmaufnahmen, wo sie nur konnten: Sie hängten Wäsche aus ihren Fenstern und Plastiktüten in die Büsche. »Wir wollen keine Filme, die von Sex und Mord handeln«, so Hartitonas. Ein anderer Grund für seine ablehnende Haltung gegen Bond könnte darin liegen, dass das ursprünglich für seine Glaubensgemeinschaft gedachte Geld, das ↗ Albert R. Broccoli an die Regierung zahlte, niemals bei ihm ankam.

HARKE
Gartengeräte, die einen technischen Zweck zur Sicherheit erfüllen, sind bei 007 nichts Besonderes. Die Harke im Film ↗ *Der Hauch des Todes* (1987) ist in Wirklichkeit eine Antenne, die mit Sensoren Waffen in der Nähe vom Haus in ↗ Blayden aufspüren kann. James Bonds ↗ Walther PPK wird in Blayden sofort entdeckt, und er muss sie aus Sicherheitsgründen abgeben. Ein als Gärtner getarnter Agent hat die Aufsicht. 007 besucht ↗ »M«, ↗ Grey und ↗ Koskov.

HARKNESS-PAVILLON IM PRESBYTERIAN HOSPITAL
↗ Auric Goldfinger belügt ↗ Dr. Foch im Roman ↗ *Goldfinger*. Er behauptet, James Bond und ↗ Tilly Masterson würden in den Harkness-Pavillon im Presbyterian Hospital gebracht werden. Goldfinger hat dem Krankenhaus schon vor geraumer Zeit ohne Hintergedanken eine Röntgenausrüstung für eine Million Dollar geschenkt.

HARLING (Romanfigur)
Harling ist eine Figur im Roman ↗ *Feuerball*, die bei einer Besprechung anwesend ist. Es handelt sich vermutlich um den Gouverneurstellvertreter.

HARLOW, HUGH (Produktionsaufsicht)
Hugh Harlow beaufsichtigte die Produktion des Films ↗ *Octopussy* (1983).

HARMLOSE DAME (Filmcharakter)
Die harmlose Dame taucht in ↗ *Goldfinger* auf und wirkt auf den Betrachter zunächst überflüssig und unwichtig, doch als 007 seine spektakuläre Flucht mit dem ↗ Aston Martin antritt, geht die ältere Frau plötzlich mit einem Maschinengewehr vor ihr Haus und feuert auf den Agenten. Selbst Alfred Hitchcock war von dieser Idee begeistert. Die Figur taucht in der Literatur auch als »Tor-Oma« auf.

HARMONIKAWANZE (Abhörgerät)
Eine »Harmonikawanze« benutzt James Bond erstmals im Roman ↗ *Nichts geht mehr, Mr. Bond*. 007 braucht nicht einmal vier Minuten, um die Wanzen an den entsprechenden Kontakten im Telefon auf ↗ Schloss Varvick zu befestigen und den Telefonhörer wieder zuzuschrauben. Bond lernte Wanzen in Telefonen zu verstecken von seinem Ausbilder ↗ Philip, den alle ↗ Phil, das Phon, nannten. Mit Hilfe eines Plastikstreifens, der sich im obersten Knopf des Jacketts von Bond befindet, kann der Agent von jedem beliebigen Telefon aus die »Harmonikawanze« im Schloss aktivieren und einen bestimmten Bereich um das Telefon herum abhören.

HARMSWAY, ELLIOT (Filmcharakter)
In der Endversion des Drehbuchs von ↗ *Der Morgen stirbt nie* (1997) wurde Elliot Harmsway in ↗ Elliot Carver umbenannt. Man hatte zunächst den Namen Harmsway gewählt, weil ↗ Ian Flemings Ehefrau mit dem Printmedienmogul Esmond Cecil

Harmsworth verheiratet war. Um die Familie nicht in Misskredit zu bringen, ging die Namenswandlung Harmsworth – Harmsway – Carver vonstatten.

HARMSWORTH, ESMOND CECIL
↗ Elliot Harmsway

HARNSTOFF
↗ Düngerbombe

HARPER (Romanfigur)
Harper ist eine Figur aus ↗ John Gardners Buch ↗ *Scorpius*. Er wird dort als älterer Kurier beschrieben, der früher im Kommando der Royal Marine tätig war. Er weckt James Bond aus einem unangenehmen Traum.

HARPUNE (Waffe)
In ↗ *Der Spion, der mich liebte* (1977) verfügen nicht nur das ↗ Mini-U-Boot und die Froschmänner von ↗ Stromberg über die Möglichkeit, Harpunen abzufeuern, auch Bonds ↗ Lotus Esprit ist mit diesen Waffen ausgerüstet, die beim Auftreffen auf das Zielobjekt eine Explosion auslösen.

HARPUNENPISTOLE MIT SPEZIALHAKEN
Das Wort »Pistole« lässt eigentlich auf eine Waffe zum Töten schließen, doch ähnlich wie im Film ↗ *Diamantenfieber* (1971) soll die ↗ »Q« erfundene Harpunenpistole mit Spezialhaken zum Ab- oder Aufseilen benutzt werden. James Bond schießt den Spezialhaken nach seinem ↗ Bungee-Sprung in den Felsen und vermeidet so, dass ihn das gespannte Bungeeseil wieder nach oben schleudert. Die Harpunenpistole schaffte den Weg vom Drehbuch zum Roman bis in den Film, sie ist eine Erfindung von Drehbuchautor ↗ Jeffrey Caine.

HARRIER (Flugzeug)
↗ Sea Harrier

HARRIER JUMP-JET (Flugzeug)
Zuschauer hielten den Senkrechtstart des Harrier Jump-Jets im Film ↗ *Der Hauch des Todes* (1987) für einen Trick, doch das Flugzeug, das während des Falklandkrieges bekannt wurde, ist tatsächlich für Senkrechtstarts geeignet.

HARRIS, CASSANDRA (Darstellerin)
Cassandra Harris wurde am 15. Dezember 1952 in Sydney, New South Wales, Australien, als Tochter der österreichischen Baronin von Stieglitz geboren. Sie wuchs mit der Schauspielerei auf und hatte in Australien bereits auf zahlreichen Bühnen gestanden und in vielen Filmen mitgewirkt, ehe sie eine internationale Karriere anstrebte. Sie gehört zu den Schönheiten, die im Buch *The World's Most Beautiful Women* erwähnt werden. Sie spielte in Filmen wie *Five Days, All Out At Kangaroo Valley*, *Der große Grieche* (1978), *Der Löwe zeigt die Krallen* (1980), *Superman* sowie in Serien wie *Enemy At The Door*, *Dick Baraton*, *The Boy Merlin* und *Remington Steele*. ↗ Pierce Brosnan hatte die damals 30-Jährige aber schon Jahre vor der schauspielerischen Zusammenarbeit getroffen, sich in sie verliebt und sie geheiratet. Nach der Hochzeit am 27. Dezember 1977 (andere Quellen: 1980) waren sie ein glückliches Paar, dessen Verliebtheit auch noch zehn Jahre später anhielt, die beiden bekamen einen Sohn.

Cassandra Harris hatte schon vor Pierce Brosnan Kontakt zu »James Bond«. Harris wurde von ↗ Albert R. Broccoli vorgeschlagen, in ↗ *In tödlicher Mission* (1981) die Freundin von ↗ Milos Columbo, ↗ Gräfin Lisa von Sahm, zu verkörpern. Brosnan besuchte seine Frau während der Dreharbeiten, und ↗ Albert R. Broccoli wurde sich bewusst, wie gut der Ire in die Rolle des Geheimagenten passen würde. Sechs Jahre nach Harris' Auftreten bei 007 wurde bei ihr Unterleibskrebs diagnostiziert. Diese Tatsache zerstörte nicht nur ihre Träume, sondern auch die Brosnans. Er wurde zum treusorgenden Ehemann, der alles für seine Frau tat. Cassandra Harris scherzte über diese Wandlung und meinte, er bekäme noch mehr weibliche Fans, wenn sie ihn so sehen würden. Die Krankheit verlief dramatisch. Nach allen krebstypischen Behandlungen war die Darstellerin geschwächt. Sie hatte den Kampf gegen die Krankheit vier Jahre lang geführt und starb am 28. Dezember 1991, einen Tag nach dem vierzehnten Hochzeitstag, im Alter von vierzig Jahren in Los Angeles. Nicht nur durch Pierce Brosnan ist Cassandra »Cassy« Harris noch heute als Bond-Girl in den Köpfen der Fans, auch ihre Darstellung der Gräfin und der spektakuläre Tod dieser Filmfigur lassen sie in den Erinnerungen weiterleben.

HARRIS, JOHN (Leiter/Kameraführung Second Unit)
Erstmals bei James-Bond-Dreharbeiten dabei und schon Leiter der Second Unit: John Harris erreicht schnell eine führende Position. ↗ *Leben und sterben lassen* (1973) war sein erster Kontakt zum Geheimagenten Ihrer Majestät. Der Aufstieg hielt an: Bei den Dreharbeiten zu ↗ *Der Mann mit dem goldenen Colt* (1974) arbeitete Harris als Kameraführung der Second Unit.

HARRIS, JULIE (Garderobenentwürfe)
Die Garderobenentwürfe für den Film ↗ *Leben und sterben lassen* (1973) stammen von Julie Harris.

HARRIS, JULIUS W. (Darsteller)
Nachdem Julius W. Harris für die Rolle des ↗ Tee Hee im Film ↗ *Leben und sterben lassen* (1973) besetzt war, begannen die Überlegungen, wie man ihn gefährlicher wirken lassen konnte. Augenklappen und Narben waren schon früher in Bond-Filmen zu sehen und so schlug Harris selbst vor, er wolle einen Haken an Stelle der rechten Hand. Die Idee kam gut an, jedoch wäre ein einfacher Haken für einen James-Bond-Gegner fast lächerlich gewesen, die Idee war uralt, schon Captain Hook war dafür bekannt. Als der Vorschlag weiter ausgefeilt wurde, entwickelte sich aus dem Haken eine Stahlprothese mit integrierter Zange. 81-jährig verstarb Julius W. Harris am 17. Oktober 2004 an Herzversagen.

HARRIS (Filmcharakter)
Harris ist ein Polizist in ↗ *Im Angesicht des Todes* (1985), der seinen Streifenwagen zu Schrott fährt. Der Captain will dafür sorgen, dass ihm 100 Dollar im Monat abgezogen werden – Sekunden später ist der Streifenwagen des Captains auch nur noch Schrott. Harris freut sich.

HARRISON, HARVEY (Kamera)
Durch die Kamera bei der Second Unit von ↗ *GoldenEye* (1995) blickte Harvey Harrison.

HARRISON, KIRSTEN (Akrobatin)
Überwacht von ↗ Susanne Dando arbeitete Kirsten Harrison 1983 zusammen mit Teresa Craddock, Christine Cullers, Lisa Jackman, Jane Aldridge, Christine Gibson, Tracy Llewelyn und Ruth Flynn an den akrobatischen Einlagen der Produktion ↗ *Octopussy*.

HARRIS, TAYLOR (Romanfigur)
Nachfolger von Taylor Harris, dem einstigen Anführer der ↗ Union, wird im Roman ↗ *Doubleshot* der blinde ↗ Le Gérant.

HARRIS, VERNON (Script Editor)
Script Editor bei ↗ *Der Spion, der mich liebte* (1977) war erstmals Vernon Harris. Er arbeitete später bei der Produktion von ↗ *Moonraker – streng geheim* (1979) erneut als Script Editor. Der Film blieb der einzige Versuch, auch in Frankreich zu produzieren.

HARRODS
In ↗ *Der Hauch des Todes* (1987) besorgt James Bond für ↗ Koskov Spezialitäten wie

↗Foie Gras und ↗Bollinger RD bei Harrods.

HARRY (Romanfigur)
Als sich ↗Harriet Horner und James Bond im Roman ↗*Scorpius* näher kommen, bittet sie ihn, sie mit »Harry« anzureden, so wie es auch ihre Freunde tun.

HARRY (Romanfigur)
Ein Erpresser ohne Skrupel ist der Ganove Harry im Roman ↗*Sieg oder stirb, Mr. Bond*. Zusammen mit seinem Komplizen ↗Bill bezahlt er dem Bootsmann ↗Blackie eine Prostituierte. Als dieser sich mit der Frau amüsiert, wird er ohne sein Wissen fotografiert. Harry und Bill legen die Aufnahmen auf den Tisch und drohen damit, sie zu veröffentlichen, wenn Blackie nicht einen Auftrag an Bord des Schiffes ↗»Invincible« durchführt. Blackie hat keine andere Wahl und unterschreibt damit sein Todesurteil. Harry ist nicht nur Bills Freund, sondern auch Vertreter einer Firma, die Turbinenbestandteile liefert. Mit seiner Hilfe konnte ein explosives Ersatzteil beschafft werden, das auf der »Invincible« Chaos auslösen sollte.

HARRY (Romanfigur)
Um die drei ↗Albino-Chinesen aus dem Roman ↗*Countdown!* auseinander halten zu können, gibt James Bond ihnen die Namen ↗Tom, ↗Dick und Harry. Harry ist sehr lebhaft, fast hibbelig und der Kleinste der drei Brüder. Sein Ende findet der Ganove, als er sich 6.000 Meter über dem Erdboden mit James Bond einen erbitterten Kampf liefert. Als im Verlauf der Schlägerei die Tür des Flugzeuges aufgeht, wird Harry mit einer Maschinenpistole in der Hand durch den Sog nach draußen befördert.

HARRY (Filmcharakter)
Harry ist eine Figur in ↗*Diamantenfieber* (1971). Es handelt sich um einen Astronauten bei der simulierten Mondlandung, der James Bond aufhalten soll. Harry steckt so in seiner Astronautenrolle, dass er sich, als 007 an ihm vorbeirennt, noch immer in Zeitlupe bewegt.

HARRY'S BAR
↗Terminus Nord

HARTFORD, HUNTINGTON (Millionär)
Für die Dreharbeiten von ↗*Feuerball* (1965) stellte der Multimillionär Huntington Hartford sein ↗Café Martinique als Kulisse zur Verfügung. Der Dreh fand zu einem günstigen Zeitpunkt statt, denn das Café stand kurz vor der Pleite. Er selbst spielte als Komparse mit.

HARTHROP-VANE (Romanfigur)
↗Donovan

HARTSHORN (Romanfigur)
Dr. Hartshorn ist der Arzt, der James in ↗*003 ½ James Bond Junior* medizinisch versorgt, nachdem der Junge sich bei seiner Verbrecherjagd nicht nur Abschürfungen und einen verstauchten Knöchel, sondern auch eine Lungen- und Rippenfellentzündung zugezogen hat. Hartshorn gibt James schließlich den Spitznamen ↗003½: »So werde ich dich jetzt immer nennen – 003½! Wir werden uns ganz schön anstrengen müssen, um diesem Namen Ehre zu machen ...«

HARTSTONE, GRAHAM VICTOR
(Mischung der Neuaufnahme)
Für die Mischung der Neuaufnahme waren bei ↗*Moonraker – streng geheim* (1979) gleich mehrere Personen verantwortlich. Zu ihnen gehörten Graham Victor Hartstone und ↗Nicolas Le Messurier. Der Bond-Veteran ↗Gordon McCallum war bei diesem Film erstmals für die Leitung der Mischung der Neuaufnahme verantwortlich. Hartstone arbeitete später an ↗*Im Angesicht des Todes* (1985), ↗*Der Hauch des Todes* (1987) und ↗*Lizenz zum Töten*

(1989) – jeweils zusammen mit ↗ John Hayward. Gemeinsam mit John Hayward und ↗ Michael Carter war Hartstone auch an ↗ *GoldenEye* (1995) beteiligt.

HARVESTER 1 (Codename)
Nachdem ↗ »M« beschlossen hat, die Operation im Roman ↗ *Scorpius* »Harvester« zu nennen, erhält das Einsatzteam, an dessen Spitze James Bond steht, den Codenamen »Harvester 1«. Die Zentrale – der ↗ MI6 – bleibt weiterhin ↗ »Oddball«. Nachdem ↗ »COBRA« einberufen wurde, geht es darum, den Sektenführer ↗ Wladimir Scorpius auszuschalten, der für mehrere Terroranschläge verantwortlich ist.

HARVEY, DANIEL (Romanfigur)
Nachdem mehrere Personen verschwunden sind, wird von ↗ »M« im Roman ↗ *Fahr zur Hölle, Mr. Bond!* die Operation ↗ »Trojanisches Pferd« gestartet. James Bond soll herausfinden, was aus den Mitarbeitern, zu denen auch Daniel Harvey gehört, geworden ist. Leutnant Harvey, ↗ Lindsay Robertson und ↗ Billy Bob Heron hatten mit dem chinesischen Speise- und Unterhaltungslokal ↗ »The Broken Dragon« zu tun, dessen Besitzer ↗ Lee Fu-Chu ist.

HARWOOD, JOANNA (Drehbuch)
Joanna Harwood wurde für den Film ↗ *James Bond 007 jagt Dr. No* (1962) verpflichtet und hatte ausschließlich dafür Sorge zu tragen, dass die Sprache des Drehbuchautors ↗ Richard Maibaum britisch genug klang. Harwood hatte während der Dreharbeiten die Idee, ein erst kürzlich gestohlenes Gemälde von Goya in den Privaträumen des Bösewichts unterzubringen. 007 würdigt diesen Einfall, als er vor dem Abendessen am Bild vorbeigeht, kurz innehält und erstaunt guckt. ↗ Terence Young ließ sie dafür in der Autorenliste des Films auftauchen, zumal sie mit ↗ Richard Maibaum das Drehbuch verfasste. In der Literatur taucht sie meist ohne weitere Erklärungen unter der Rubrik »Drehbuch« auf. Bei ↗ *Dr. No* arbeitete sie nicht nur mit Maibaum, sondern auch mit ↗ Berkley Mather zusammen. Schon als der erste James-Bond-Film in den Kinos lief, war Harwood für die »Bearbeitung« des Drehbuchs von ↗ *Liebesgrüße aus Moskau* (1963) verantwortlich.

HASCH MISCH (Filmcharakter)
↗ Chew Mee

HASSETT (Romanfigur)
Nach dem Einbruch in ↗ Quarterdeck, der Ermordung der ↗ Hammonds und der Entführung ↗ »Ms« werden im Roman ↗ *Liebesgrüße aus Athen* Ermittlungen von Sergeant Hassett und ↗ Constable Wragg angestellt. Hassett hat ein »sehr englisches Gesicht mit neugieriger Nase« und »vertrauenerweckenden dunklen Augen«.

HASSINI, MOHAMED (Regieassistent)
↗ Terry Madden

HATCHER, TERI (Darstellerin)
Teri Lynn Hatcher wurde am 8. Dezember 1964 (genau neun Jahre nach ↗ Kim Basinger) in Sunnyvale, Kalifornien, geboren. Nach der Highschool besuchte sie die Schauspielschule American Conservatory Theatre und nahm Ballettunterricht. Der Karrierestart kam mit Hatchers Rolle in der Fernsehsendung *Saturday Night Live* (1975). Eine andere Serie brachte ihr Weltruhm: *Superman – Die Abenteuer von Lois und Clark*. Obwohl Hatcher in Filmen wie *The Cool Surface* (1994), *Mississippi Delta – Im Sumpf der Rache* (1996), *Zwei Tage in L. A.* (1996) und *Dead Girl* (1996) viel Schauspielerfahrung gesammelt hatte, wollte Bond-Regisseur ↗ Roger Spottiswoode alles tun, um eine Zusammenarbeit mit der Darstellerin zu verhindern. ↗ Barbara Broccoli und ↗ Michael G. Wilson bestanden aber darauf, sie für ↗ *Der Morgen stirbt*

nie (1997) zu casten. Sie erhofften sich, durch Hatchers Mitwirkung einen großen Teil des männlichen amerikanischen Publikums ins Kino zu locken. Als Teri Hatcher die Rolle der ↗Paris Carver bekam, war sie schon schwanger, und so waren Aufnahmen, in denen sie leicht bekleidet war, nur aus bestimmten Kameraperspektiven möglich.

Teri Hatcher ist das erste Bond-Girl, das mit Strapsen auf der Leinwand zu sehen ist. Einen Schlag verpasste Spottiswoode dem Bond-Girl doch, indem er durchsetzte, ihre Szenen auf ein Minimum zu kürzen. Im fertigen Film ist Hatcher dann 13 Minuten und 24 Sekunden (Statistik der Londoner *Times*) zu sehen. Nach ihrem Auftritt bei Bond spielte sie in *Spy Kids* (2000), *Two Girls From Lemoore* (2001), *The Chester Story* (2001) und *Projekt Momentum* (2003) mit. Für ihre Rolle der Susan Mayer in der TV-Serie *Desperate Housewives* (2004) wurde sie mit einem Golden Globe ausgezeichnet. Sie ist sportlich sehr aktiv: Zu ihren Hobbys gehören Rad fahren, Golf spielen, Wandern, Karate, Tischtennis, Laufen, Ski fahren und Schwimmen. Die Darstellerin widmet ihre Zeit auch Wohltätigkeitsveranstaltungen. Sie sammelte zum »Schutz von Kindern« und für AIDS-Opfer. 1996 bekam sie vom Aviva Center den »Spirit of Compassion Award« verliehen, weil sie sich für bedürftige Minderheiten einsetzt.

HATHAWAY (Romanfigur)

Mr. Hathaway stellt ↗Harriet Horner im Roman ↗*Scorpius* in der seltsamen Bankfiliale der ↗»Avante Carte Inc.« ein. ↗Gardner beschreibt ihn als jungen, flotten Mann, dem man ansieht, dass er nicht oft lächelt. Der Killer benutzt eine ↗SPAS Modell 12, um den Geheimagenten in Schach zu halten. Bond nennt die Schergen Hathaways ↗»Mr. Shakespeare« und ↗»Mr. Marlowe«*. Als es zu einem Feuergefecht kommt, erschießt Hathaway versehentlich einen seiner Handlanger und wird durch Horner ausgeschaltet, deren Hände seinen Körper wie Heckenscheren bearbeiten. Er wird am Hals getroffen und sinkt in sich zusammen.

*) *Christopher Marlowe (1564–1593) war ein Zeitgenosse Shakespeares und ein bedeutender Vorläufer des Schriftstellers, der ihn beeinflusst hat. Marlowe wurde in einer Kneipe erstochen.*

HATHAWAY, BOB (Musikschnitt)

Für den Musikschnitt bei der Produktion ↗*GoldenEye* (1995) war Bob Hathaway zuständig.

HATIMI, AHMED (Regieassistent)

↗Terry Madden

DER HAUCH DES TODES (Film)

Inhaltsangabe »Der Hauch des Todes« (1987): Ein Manöver der 00-Abteilung auf Gibraltar endet als Blutbad. Ein Killer ermordet zwei von Bonds Kollegen und hinterlässt eine unverkennbare Botschaft: »Smiert Spionem« (»Tod den Spionen«). Bond rächt die ermordeten 00-Agenten, indem er den Killer auf spektakuläre Art und Weise buchstäblich aus dem Verkehr zieht. Wieder in London, erhält Bond den Auftrag, einem Überläufer zu helfen. Einziger seltsamer Punkt der Mission: Eine Scharfschützin soll General Koskov am Überlaufen hindern. Bond, der den Auftrag hat, sie zu töten, entscheidet sich anders und schießt der Blondine nur das Gewehr aus der Hand. Alles funktioniert reibungslos, weil der Überläufer mit einem Fluchtschlitten durch eine Pipeline entkommen kann. Koskov hat den Westen erreicht und sprudelt vor Dankbarkeit nur so über. In Großbritannien berichtet Koskov vom Plan »Smiert Spionem«, der eine Idee General Pushkins sei. Vor den Augen des britischen Geheimdienstes wird Koskov von den Russen entführt. 007 glaubt nicht daran, dass Pushkin einen so antiquierten Plan in die Tat umsetzt, gehorcht aber »M« und macht sich auf den Weg, um

General Pushkin zu finden und zu liquidieren. Inzwischen sucht Pushkin die Scharfschützin auf, die von Bond nicht getötet wurde. 007 beobachtet alles und dringt in ihre Wohnung ein. Er vermutet, Koskovs Seitenwechsel sei getürkt und gibt sich gegenüber der Cellistin Kara Milovy, die ihn töten sollte, als Freund des potenziellen Überläufers aus. Gemeinsam wollen beide vor dem KGB fliehen.

Nach einer wilden Verfolgungsjagd, bei der Bond die von »Q« in seinen Wagen eingebauten Geräte ausprobiert, gelangen die Flüchtenden nach Wien. Hier wird ein weiterer Geheimagent nach dem Motto »Smiert Spionem« umgebracht. Bond findet heraus, dass Kara Milovys Cello nicht von ihrem Freund Koskov, sondern vom Waffenhändler Brad Whitaker aus Tanger gekauft wurde. Er vermutet, dass sich Koskov dort aufhält. Kara Milovy kommt Bonds Verhalten seltsam vor und sie ruft bei Whitaker an, um sich nach Koskov zu erkundigen – der Feind ist gewarnt. In Tanger angekommen, trifft 007 auf den Mann, den er ursprünglich töten sollte: General Pushkin.

Dieser will Koskov aufspüren, weil er Staatsgelder veruntreut hat. Bond beschließt, mit Pushkin zusammenzuarbeiten. Der General soll vor den Augen der Presse sterben, damit herauskommt, was die Feinde planen. Bei dem gestellten Mord erschießt Bond Pushkin, der eine kugelsichere Weste und Bluttanks unter der Jacke hat, und flüchtet vor der Polizei in Tanger.

Felix Leiters weibliche Angestellte helfen der Doppelnull bei der Flucht vor der Polizei. Leiter überprüft Whitakers Waffenhandel. Nach langer Zeit sind die alten Freunde wieder mit demselben Auftrag beschäftigt. Zurück im Hotel betäubt Kara Milovy 007. Kurz bevor er ohnmächtig wird, kann er noch glaubhaft versichern, auf der Seite der Cellistin zu stehen. Sie erkennt, dass 007 gar nicht, wie von Koskov behauptet, ein Killer des KGB ist, der sie töten sollte, vielmehr ist er Karas Retter, weil er ihr nur das Gewehr aus der Hand geschossen und sie nicht umgebracht hat. Zusammen mit in geschlagenem Eis versteckten Diamanten wird James Bond nach Afghanistan gebracht. Hier soll er in einem Gefängnis hingerichtet werden. Koskov will Kara loswerden und sperrt sie vorsorglich mit ein. Mit Hilfe eines Schlüsselfinders der Abteilung Q gelingt dem Agenten und der Musikerin die Flucht aus dem Gefängnis. Sie geraten in die Hände der Mujaheddin, die von einem gewissen Kamran Shah angeführt werden. Bei einer Exkursion entdecken Bond und Shah, dass die Gegner Diamanten benutzen, um Opium zu kaufen, das in Europa weiter verkauft werden soll. Die so verdienten Millionen sind zur Bezahlung von Koskovs Waffenbestellung bei Brad Whitaker gedacht. Nach der Diamantenübergabe greifen Shahs Männer und 007 den Armeestützpunkt in Afghanistan an. James Bond gelingt es, das Flugzeug mit dem Opium zu entführen. Auch Kara ist an Bord gelangt, und Bond übergibt ihr den Steuerknüppel, um eine Bombe zu entschärfen, die er zuvor im Flugzeug deponiert hatte.

Was Bond nicht weiß: Auch der Killer Necros ist an Bord. Ein Zweikampf beginnt, in dessen Verlauf Necros aus dem Flugzeug stürzt. Bond wirft die Bombe ab und rettet somit einen Großteil der Mujaheddin vor ihren Gegnern. Da das Flugzeug Treibstoff verliert, springen Bond und Kara auf extravagante Weise in einem Jeep ab. Das Flugzeug mit dem Opium zerschellt an einem Berg. Auch wenn Koskov entkommen ist, möchte sich der Agent zunächst um Whitaker kümmern. Bei der Konfrontation der Männer nutzt 007 den Schlüsselfinder von »Q«, um durch eine Explosion eine Büste auf den Waffenhändler stürzen zu lassen. Kaum ist Whitaker tot, kommt auch schon Koskov zur Tür herein – allerdings in Gefangenschaft. Er ist Pushkin in die Hände gefallen und soll hingerichtet werden.

Nach diesem Auftrag erwartet Bond Kara Milovy nach ihrem ersten großen Konzert.

DER HAUCH DES TODES (Kurzgeschichte)

Die Kurzgeschichte *Der Hauch des Todes* von ↗Ian Fleming trägt im Original den Titel ↗*The Living Daylights*. Sie erschien im Original 1966 zusammen mit der Kurzgeschichte ↗*Octopussy* in der Hardcoverausgabe mit dem Titel ↗*Octopussy And The Living Daylights*. Als Taschenbuch kam sie 1967 mit der zusätzlichen Story ↗*The Property Of A Lady* auf den Markt. Die ↗*Sunday Times* veröffentlichte die Kurzgeschichte als Vorabdruck in ihrer Ausgabe am 4. Februar 1962. Unter dem Titel ↗*Berlin Escape* wurde sie später auch im US-Magazin *Argosy* abgedruckt. In Deutschland kam Flemings in kürzester Zeit recherchierte Geschichte unter den Titeln *Duell mit doppeltem Einsatz* und ↗*Der Hauch des Todes* auf den Buchmarkt. Die Übersetzung stammt von Willy Thaler, Friedrich Polakovics und Norbert Wölfl. Die Kurzgeschichte wurde in das Drehbuch von ↗*Der Hauch des Todes* eingearbeitet. Hier soll Bond den »Überläufer« ↗Koskov vor der »Scharfschützin« ↗Kara Milovy schützen.

Inhaltsangabe »Der Hauch des Todes«:
James Bond macht für einen Spezialauftrag Schießübungen, weil er von »M« den Auftrag erhalten hat, einen Scharfschützen zu töten, der seinerseits einen Überläufer ermorden soll. 007 kommt nach Berlin, wo er seine Position in einer günstig gelegenen Wohnung bezieht, um von dort aus den »Mord« begehen zu können. 007 und sein Kollege Sender warten in der Wohnung auf den Stichtag. Bond erblickt eine Cellistin, die ihm sehr gut gefällt. Als sich herausstellt, dass sie der Scharfschütze ist, beschließt der Agent, sie nicht zu töten und schießt ihr nur die Kalaschnikow aus den Händen. Sender will diese Tatsache in seinem Bericht an die Vorgesetzten erwähnen, Bond ist das aber gleichgültig.

DER HAUCH DES TODES
(Roman/Kurzgeschichtensammlung)

Unter dem Titel *Der Hauch des Todes* erschienen 1993 die Kurzgeschichten ↗*Der Hauch des Todes*, ↗*Tod im Rückspiegel*, ↗*Globus – Meistbietend zu versteigern* und ↗*Octopussy* in einem 156 Seiten starken Buch im Scherz Verlag. Man erhoffte sich, mit dem Titel des ersten James-Bond-Films mit ↗Timothy Dalton den Leser glauben zu machen, es handle sich um den Roman zum Film ↗*Der Hauch des Todes* (1987).

DER HAUCH DES TODES (Zitat)

Das Zitat ↗*Der Hauch des Todes* ist nicht nur im gleichnamigen Film von 1987 zu hören, sondern ist auch der deutsche Titel einer Kurzgeschichtensammlung und einer darin enthaltenen Kurzgeschichte von ↗Ian Fleming. Ironie am Rande: In der Übersetzung von ↗*Casino Royale* heißt es, Mitspieler am Bakkarattisch (»Platz 1-10«) blickten Bond an, als »hätte er den Hauch des Todes an sich«. Im Original ist jedoch nicht von »the living Daylights« die Rede, sondern von »the smell of death«.

HÄUFELN

James Bond verbringt im Roman ↗*Fahr zur Hölle, Mr. Bond!* seine erste Nacht mit ↗Chi-Chi auf dem Territorium von ↗Lee Fu-Chu. Es bringt 007 zum Schmunzeln, als er feststellt, das Chi-Chi »gehäufelt« hat. Mit »Häufeln« bezeichnet sie das Aufbauen von Kissen in der Mitte des Bettes, um ungewollte Berührungen zu vermeiden. Bond hatte zuvor schon etwas über diesen Brauch gelesen, der seiner Meinung nach nicht nur in Wales, sondern auch in Neu-England praktiziert wird.

HAUPTKARTELL (Code)

Als ↗Tiffany Case in ↗*Diamantenfieber* (1971) im Zirkus auftaucht, um an die von James Bond geschmuggelten Diamanten zu gelangen, schaltet sich die ↗CIA ein, und eine Flut von Codes wird per Funk durchgegeben. ↗Maxwell bekommt ein Stichwort, dass die Operation losgeht: »Bimssteinübergabe beginnt« – im englischen Original ist von der »Operation Passah« die Rede. Die Anweisungen kommen vom Hauptkartell (im Engl. »Quarterback«) und gehen an einen Posten, der »Gießkanne« (im Engl. »Tight End«) genannt wird.

HAUPTQUARTIER

Der ↗MI6 in den James-Bond-Romanen, getarnt als ↗Universal Exports oder ↗Transworld Exports, ist überall auf der Welt vertreten (↗Station T, ↗Station G). Das Hauptquartier jedoch befindet sich in London. Das Gebäude steht am ↗Regent's Park und 007 trifft ↗»M« fast immer in dessen Büro im neunten Stockwerk des Hauptquartiers. Im Roman ↗*Stirb an einem anderen Tag* wird beschrieben, dass das Hauptquartier des MI6 in ↗Vauxhall Cross liegt. Da der Geheimdienst mehrere Stationen hat, dürfte es sich hier nur um einen der zahlreichen Stützpunkte handeln.

HAUPTQUARTIER B

Siehe Inhaltsangabe ↗*High Time To Kill*

HAUPTQUARTIER DES SIS

In ↗*Die Welt ist nicht genug* (Roman und Film) kann man sich erstmals ein Bild vom Hauptquartier des SIS in London machen. James Bond lernt in diesem Gebäude ↗Sir Robert King kennen und will dort auch vergeblich dessen »Hinrichtung« verhindern. Eine Explosion zerstört einen Teil des Gebäudes. 007 startet von hier aus eine Verfolgungsjagd. Per Q-Boot schießt er aus einer speziell dafür vorgesehenen Startvorrichtung. Er landet im Wasser der vorbeifließenden Themse und jagt dem ↗Cigar-Girl hinterher, das zuvor einen Mordanschlag auf ihn verübte.

HAUPTSTRECKE, EIN BEWÄHRTER FLUCHTWEG VON OST NACH WEST (Memorandum)

Auf dem Schreibtisch seines Büros findet James Bond im Roman ↗*Mondblitz* ein langes Memorandum mit dem Titel »Hauptstrecke, ein bewährter Fluchtweg von Ost nach West« vor.

HÄUPTLING (Spitzname)

Der Schuldirektor in ↗Marsham trägt den Spitznamen »Häuptling«. Er ist ein komplizierter Mensch, der »einen Spaten nicht einen Spaten nennt, sondern ›ein Werkzeug zum Graben‹«. Er verdächtigt Schüler seiner Schule, den Jeep von ↗Mr. Merck in der Werkstatt von ↗Cardrew durch einen mit Wasser durchgeführten Ölwechsel sabotiert zu haben.

↗*003½ James Bond Junior*

HAUS AM BAYOU (fiktiver Ort)

Dieses Anwesen kommt in ↗John Gardners Roman ↗*Moment mal, Mr. Bond* vor. Das Gebäude wird von einer stummen Person namens ↗Criton Askon Delville bewacht. Das Anwesen gehört der Gruppe ↗SPECTRE. Es steht auf dem einzigen Stück festen Untergrunds und ist ganz und gar von Sümpfen umgeben. »Bayou« bedeutet Altwasser und bezieht sich auf die toten Wasserarme, die das verfallene Anwesen umgeben. Das Haus wurde um 1820 von einem Engländer erbaut, der nicht nur große Probleme mit seinen Frauen hatte, sondern auch mit Krankheiten und Fieber, die ihm schließlich den Tod brachten. Das Haus am Bayou befindet sich im Mündungsgebiet des Mississippi.

HAUS DER DIAMANTEN

Im Roman ↗*Diamantenfieber* wird James Bond von ↗»M« nach dem »Haus der Diamanten« gefragt. 007 kennt diese Einrichtung der amerikanischen Juweliere in der West 46th Street in New York und der Rue de Rivoli in Paris. »M« ergänzt Bonds Wissen um die Information, dass das »Haus der Diamanten« auch mit einer Filiale in London vertreten sei (Hatton Garden). Der Geheimdienstchef wundert sich, dass vom

Diamantenhaus mehr Diamanten verkauft als gekauft werden. Leiter der Filiale ist ↗ Rufus B. Saye.

HAUSMEISTER

Der fegende Hausmeister, der in ↗ *Im Geheimdienst Ihrer Majestät* (1969) vorkommt, pfeift das Thema aus dem Lied ↗ *Goldfinger*. Er ist der erste in einem James-Bond-Film vorkommende Liliputaner.

HAUSMEISTER (Filmcharakter)

Der Hausmeister in ↗ *Sag niemals nie* (1983), der in ↗ Shrublands arbeitet, hat schwer zu leiden. Er muss den Fußboden bohnern, wird von einem ↗ SPECTRE-Killer gewürgt und zu Boden geschleudert. Die Figur taucht in der Literatur auch als »Portier in Shrublands« auf, gespielt wurde sie von ↗ Derek Deadman.

HAVANNA (Ort)

↗ Kuba

HAVELAND, SIMON (Regieassistent)

↗ Edi Hubschmid

HAVELOCK (Romanfigur)

Die über 50-jährige Mrs. Havelock ist im Roman ↗ *Für Sie persönlich* von den »Fahnenschwänzen« begeistert. Sie lebt mit ihrem Mann, einem Oberst, in einem Haus auf Jamaika. Wie auch ihr Mann Tim wird Mrs. Havelock von ↗ Gonzalez' Killern erschossen.

HAVELOCK, IONA (Filmcharakter)

Fürsorgliche Mutter, aber gleichzeitig Assistentin ihres Mannes ist die Griechin Iona Havelock, die im Film ↗ *In tödlicher Mission* (1981) einem Attentat zum Opfer fällt. Sie stirbt im Kugelhagel neben ihrem Mann, und ihre Tochter will den Mord rächen. Dargestellt wurde sie von der Schauspielerin ↗ Toby Robins. ↗ Hector Gonzales ist der Täter.

HAVELOCK, JUDY (Romanfigur)

↗ »M« schätzt Judy Havelock auf 25 Jahre. Sie begegnet Bond erstmals in den Wäldern vor dem Anwesen ihrer von ↗ Gonzalez ermordeten Eltern, die sie rächen will. Die auf Jamaika geborene Havelock besitzt einen Jagdschein, der es ihr erlaubt, mit Pfeil und Bogen unterwegs zu sein. Havelock erschießt ↗ von Hammerstein, der den Mord an ihren Eltern in Auftrag gegeben hat. Sie selbst wird bei Schüssen leicht verletzt, und James Bond hilft ihr, die Wunde zu verbinden. Beide entkommen. Aus Judy Havelock entwickelte sich später im Drehbuch von ↗ *In tödlicher Mission* (1981) die Figur ↗ Melina Havelock.

HAVELOCK, MELINA (Filmcharakter)

Die Tochter von ↗ Timothy und ↗ Iona Havelock im Film ↗ *In tödlicher Mission* (1981) ist Melina. Sie steht neben ihren Eltern, als diese von Killer ↗ Hector Gonzales erschossen werden und schwört Rache. »Griechische Frauen lieben Elektra«, meint sie gegenüber Bond und versucht auf eigene Faust, die Attentäter und deren Hintermänner zu töten. James Bond gewinnt das Vertrauen der Griechin und arbeitet mit ihr zusammen. Dargestellt wurde Melina Havelock von der Schauspielerin ↗ Carole Bouquet. In ↗ Ian Flemings Kurzgeschichte ↗ *Für Sie persönlich* war der Vorname der Figur noch »Judy«, als man aber eine Griechin aus ihr machte, wurde der Vorname in Melina geändert.

HAVELOCK, TIM (Romanfigur)

Tim Havelock ist eine Figur in der Kurzgeschichte ↗ *Für Sie persönlich*. Er taucht als Archäologe Timothy Havelock auch im Film ↗ *In tödlicher Mission* (1981) auf. Havelock ist Oberst und lebt mit seiner Frau in einem Haus auf Jamaika. Der Landbesitz der Havelocks heißt ↗ »Content«. Tim Havelock und seine Frau werden von Killern erschossen, als sie sich gegenüber ↗ Major Gonzalez nicht bereit erklären, ihr Anwesen zu verkaufen. Geheimdienstchef ↗»M«, der 1925 Trauzeuge der Havelocks auf Malta war, schickt 007, um den Mord an dem befreundeten Ehepaar zu rächen. Die Figur Havelock soll von Jacques Cousteau inspiriert worden sein. Er und ↗Fleming kannten sich.

HAVELOCK, TIMOTHY (Filmcharakter)
Der englische Vater der schönen Griechin Melina im Film ↗*In tödlicher Mission* (1981) ist Sir Timothy Havelock. Er und seine Frau arbeiten an einem geheimen Projekt für die britische Regierung: Sie sollen ein ↗ATAC-System aus einem versunkenen Schiff bergen. Die Gegenseite ermordet die Havelocks mit Salven aus einem Maschinengewehr, was Melina mit ansehen muss. Dargestellt wurde Havelock vom englischen Schauspieler ↗Jack Hedley.

HAVEN, CHERYL (Romanfigur)
Special Agent Cheryl Haven ist in der Kurzgeschichte ↗*Tödliche Antwort* Leiterin der Filiale in Manhattan – Nachfolgerin von ↗Allan Frobes. Nachdem 007 seinen ermordeten Sohn gefunden hat, wird er von Haven zum Fall befragt. Im Verlauf der Ermittlungen kommen sich Bond und Haven näher und werden sogar ein Liebespaar.

HAWAII-APPARTEMENT
↗Zimmer 200

HAWKER (Romanfigur/Filmcharakter)
Im Roman und im Film ↗*Goldfinger* (1964) bekommt James Bond beim Golfspielen gegen ↗Auric Goldfinger im ↗Royal St. Marks Golfklub den Caddie Hawker zugewiesen. Mit »schlauem Wilderergesicht« (Roman) erweist sich Hawker als Verbündeter Bonds und hilft diesem, Goldfingers Tricks zu durchschauen und ihn zu schlagen. Hawker mag Bond und verrät auch nichts, als dieser Goldfinger mit seinen eigenen Waffen zu schlagen versucht. Hawker wurde von ↗Gerry Duggan dargestellt.

HAWKES, GRAHAM (Darsteller/U-Boot-Designer)
Da im Film ↗*In tödlicher Mission* (1981) nur eine Person in das ↗Mini-U-Boot passte, entschied man sich, den Erfinder Graham Hawkes den Part des Kapitäns spielen zu lassen. Das von ihm entworfene ↗Mantis-U-Boot, das von Unterwasseringenieuren der Firma ↗»Osel Mantis of Norfolk, England« gebaut wurde, ist ein Meter breit und 2,2 Meter lang. Hawkes lässt sich im Film von 007 in die Tiefe pressen, wo er mit seinem Mini-U-Boot im Bombenloch der ↗St. Georges stecken bleibt. Für den Film wurde das Unterseeboot noch mit einer Bohrmaschine ausgerüstet, um den Spannungswert zu erhöhen, als Hawkes sie auf James Bonds U-Boot-Fenster richtet.

HAWKEY, RAYMOND (Designer/Zeichner)
Raymond Hawkey zeichnete das Cover zum Buch ↗*The Book Of Bond Or Every Man His Own 007* von ↗Kingsley Amis, der dieses Buch unter dem Pseudonym ↗William »Bill« Tanner veröffentlichte.

HAWKINS (Wind)
Angeblich beschriebe den »Neger« den eisigen Wind, der im Roman ↗*Leben und sterben lassen* durch die Straßen von New York fegt, mit dem Satz »Hawkins ist da!«.

HAWKINS (Romanfigur/Filmcharakter)
Im Film ↗*Lizenz zum Töten* (1989) bleibt die Person bis zum Abspann namenlos, doch ↗John Gardner nennt in seinem gleichnamigen Roman den Namen: ↗Felix Leiters Kollege beim Rauschgiftdezernat von Key West heißt Hawkins. Im Film spielt ihn ↗Grand L. Bush. Nachdem Leiter von ↗Sanchez fast getötet worden ist und 007 die Sache selbst in die Hand nehmen will, versucht Hawkins, den Agenten auf die bestehenden »Gesetze« hinzuweisen, doch für James Bond zählt nur eines: Rache.

HAWK NOSE (Romanfigur)
Siehe Inhaltsangabe ↗*Never Dream Of Dying*

HAWK'S WING (Deckname)
Schon die Überschrift des elften Kapitels im Roman ↗*Niemand lebt für immer* beinhaltet den Decknamen »Hawk's Wing« (»Hawk's Wing und Macabre«). Der römische Doppelagent ↗Steve Quinn, der sich in der Mozartklinik befindet, wird mit dem Decknamen ↗»Macabre« gerufen. Die Gegenseite nennt sich »Hawk's Wing«. ↗Dr. Kirchtum berichtet 007 von den seltsamen Rufnamen, die die Killer über Funk benutzen.

HAW, RICHARD (Camera-Grips)
↗Chunky Huse

HAYMAN, SALLY (Produktionskoordinatorin)
↗Nathalie Farjon

HAYWARD-GRABEN
↗Erdbeben

HAYWARD, JOHN (Mischung Neuaufnahme)
John Hayward arbeitete bei ↗*Im Angesicht des Todes* (1985), ↗*Der Hauch des Todes* (1987) ↗*Lizenz zum Töten* (1989) und ↗*GoldenEye* (1995) zusammen mit ↗Graham Hartstone an der Mischung der Neuaufnahme. Bei ↗*GoldenEye* war auch noch ↗Michael Carter mit von der Partie.

HAZARD, MARK (Deckname)
Im Roman ↗*007 James Bond und der Mann mit dem goldenen Colt* erfährt der Leser, dass James Bonds Deckname beim ↗Transworld Consortium Mark Hazard lautet. 007 sucht unter den Initialen »B« (für Bond) und »H« (für Hazard) nach einer Nachricht. Auch gegenüber ↗Scaramanga nennt sich 007 Hazard (übersetzt bedeutet »Hazard« »Risiko« oder »Gefahr«).

HAZELEY HALL (Anwesen)
Hazeley Hall ist ein Anwesen im Roman ↗*003½ James Bond Junior*, für das sich der junge Bond interessiert. Es wurde 1820 (wie das ↗Haus am Bayou) im neugotischen Stil gebaut und hat zwanzig Wohn- und Schlafzimmer. Dicht daneben stehen ein Gutshaus, Katen für die Arbeiter, ein Jagdhaus, Stallungen und Scheunen, die alle später entstanden sind. Im Krieg um 1918 war Hazeley Hall etwas Militärisches, deshalb gibt es dort noch so etwas wie einen alten Waffenbunker. »Der Besitz reicht vom Ufer des Rother-Flusses bis zum Gipfel des Beacon-Berges an der Ost- und Nordseite, im Süden liegt Marsham und Breakneck Lane im Westen.« Besitzerin von Hazeley Hall war zunächst ↗Mrs. Frame. Nach ihrem Tod erwarb ↗Mr. Merck das Anwesen für seine illegalen Geschäfte. Bond hat keinen Zugang mehr zu der Hütte, die ihm von Mrs. Frame geschenkt worden ist. Merck hat Hazeley Hall einzäunen lassen und benutzt den ehemaligen Waffenbunker als Versteck für gestohlene Goldbarren. Bei einem Treffen mit ↗Sheila findet James heraus, dass der Zaun nicht das ganze Anwesen umgibt: An der Grenze zwischen Nettlefold und Hazeley kann James es betreten. Der Diebstahl wird schließlich durch James Bond Junior aufgedeckt. Als Mr. Merck und seine Bande verhaftet werden, kauft James Bonds Vater Teile von Hazeley Hall zurück, zu denen auch die Hütte des Jungen gehört.

HAZLETT, MARIA UND TIM (Romanfiguren)
↗Heather Dare durchschaut im Roman ↗*Nichts geht mehr, Mr. Bond* die Terminologie des Begriffes »Freunde«: Maria und Tom Hazlett sind ein Alibipaar, das James Bond und Heather Dare die nötige Deckung geben soll, damit sie vor der Gegenseite flüchten oder ihre falsche Identität aufrechterhalten können. Wenn man sie hintenherum fragen würde, ob sie Bond und Heather kennen, würden sie dies be-

jahen. Der Frager würde dann umgehend überprüft werden, denn dazu wurde das Alibipaar ausgebildet. Die Hazletts arbeiten für den Geheimdienst.

HB-XCF (Helikopter)
Der Helikopter, mit dem James Bond in ↗ *Im Geheimdienst Ihrer Majestät* (1969) zum ↗ Piz Gloria gelangt, hat das Kennzeichen HB-XCF.

HEALY, DAVID (Darsteller)
Als Darsteller wurde Davild Healy selten gelistet, weil seine Rollen so klein waren: Er spielte in *Man lebt nur zweimal* (1967) einen Radarbeobachter in Houston und in *Diamantenfieber* (1971) eine Figur mit der Rollenbezeichnung Abschussrampenleiter Vandenburg (auch: Vandenburg Launch Director).

HEALTH SPA
↗ Jill Meager

HEARN, BERNARD (Requisiteur)
↗ Bert Hearn

HEARN, BERT (Requisiteur)
Die Requisite bei ↗ *Lizenz zum Töten* (1989) stammt von Bert Hearn, die Stand-by-Requisite von seinem Bruder Bernard Hearn.

HEARST, WILLIAM RANDOLPH (Zeitungsmogul/Verleger)
↗ Elliot Carver zitiert im Film und im Roman ↗ *Der Morgen stirbt nie* mit Vorliebe den Zeitungsverleger William Randolph Hearst (1863–1951), der einen Presseverlag aufbaute, der bei seinem Tod 38 Zeitungen, Zeitschriften und den Nachrichtendienst International News Service umfasste. Es gibt einige Zusammenhänge zwischen Hearst und den Bond-Filmen: So ließ sich der Millionär zwischen 1919 und 1947 ein Schloss (»Hearst Castle«) bauen, ebenso wie ↗ Hugo Drax in ↗ *Moonraker – streng geheim* (1979). Randolph Hearsts Tochter Patricia wurde 1974 von der Symbionese Liberation Army (SLA) entführt, schlug sich ebenso wie später ↗ Elektra King in ↗ *Die Welt ist nicht genug* (1999) auf die Seite der Entführer und arbeitete gegen ihren Vater.
↗ Zitate

HEARTBREAK CAPER (Zeichentrickfilm)
↗ *James Bond Jr.*

HEASMAN, PAUL (Stuntman)
↗ Simon Crane

HEATH, GEORGINA (Produktionskoordinatorin)
Für die Produktionskoordination in Mexiko war beim Film ↗ *Lizenz zum Töten* (1989) Georgina Heath zuständig. Für den Bereich außerhalb Mexikos war ↗ Loolee Deleon verantwortlich.

HEATHER (Filmcharakter)
Heather und ↗ Meg durchsuchen das Zimmer von 007 im Film ↗ *Casino Royale* (1966). Bond betritt den Raum, und die Frauen stellen sich vor. Sie behaupten, Töchter ↗ »M«s zu sein, doch arbeiten sie für ↗ SMERSH. Dargestellt wurde Heather von ↗ Tracey Crisp.

HECKE
↗ Inferno

HECKLER & KOCH 9MM (Waffe)
Eine Waffe der Marke Heckler und Koch 9mm benutzt ↗ Nobby im Roman ↗ *Sieg oder stirb, Mr. Bond*, um ↗ Dan Woodward in Schach zu halten.

H&K-MASCHINENPISTOLEN (Waffe)
An den Straßenecken von ↗ St. Petersburg bietet sich James Bond ein überraschendes Bild: Überall sind Waffen erhältlich, angefangen bei ↗ AK-40-Sturmgewehren über H&K-Maschinenpistolen bis zu Pistolen und Revolvern. ↗ Jack Wade nennt St. Petersburg deshalb Ost-Los Angeles. Eine

besondere Waffenlieferung soll in ↗*GoldenEye* durch ↗»Kirows Beerdigungsinstitut« laufen. 007 ist informiert. Auf der ↗*Sea Dolphin II* im Roman ↗*Der Morgen stirbt nie* angekommen, tötet James Bond eine von ↗Carvers Wachen und nimmt der Leiche eine Maschinenpistole der Marke Heckler und Koch ab.

HECKLER & KOCH MP5 A2 (Waffe)

Der Sicherheitsdienst von ↗Gebrochene Klaue Lee im Roman ↗*Fahr zur Hölle, Mr. Bond!* scheint nach Bonds Ansicht Heckler & Koch Uzis oder MP5 A2s unter den langen Mänteln zu haben. 007 wird dadurch auf Lee aufmerksam und verfolgt ihn in ein Museum.

HECKLER & KOCH MP5 SD3 (Waffe)

Eine ↗Wren, die James Bond im Roman ↗*Sieg oder stirb, Mr. Bond* nicht gerade freundlich gesinnt ist, hantiert an Bord der ↗Invincible mit einem H & K MP5 SD3.

HECKLER & KOCH P7 (Waffe)

In ↗*Operation Eisbrecher* von ↗John Gardner erfährt der Leser, dass James Bond statt der Heckler & Koch VP 70 nun eine P7 benutzt. Die P7 ist eine effektive Handfeuerwaffe, die leichter als das Modell VP 70 ist.

HECKLER & KOCH P7 K3 (Waffe)

Die Heckler und Koch-Handfeuerwaffe vom Typ P7 K3 wird im Roman ↗*Der Morgen stirbt nie* vom Mörder ↗Dr. Kaufman benutzt, der James Bond damit erschießen will. 007 ist schneller und reißt Kaufmans P7 K3 an sich. ↗Benson schreibt: »Der Schuss krachte und Kaufmans Kopf war nur noch eine blutige Masse.«

HECKLER & KOCH VP 70 (Waffe)

In ↗*Moment mal, Mr. Bond* wird die Heckler & Koch VP 70 zu James Bonds neuer persönlicher Waffe. Er macht zusammen mit ↗Ann Reilly eine Überprüfung und ein Probeschießen mit dieser Handfeuerwaffe. Waffenmeister (vermutlich ↗»Q«) und ↗»M« haben in diesem Roman beschlossen, dass alle Beamten der Behörde die VP 70 tragen sollen. Die Waffe ist zwar größer als die ↗Walther PPK, lässt sich jedoch auch recht leicht verbergen und liegt mit dem längeren Griff gut und ausgewogen in der Hand. Die Neunmillimeterwaffe fasst 18 Schussmagazine und kann halbautomatische Feuerstöße zu je drei Schuss abgeben, wenn sie mit einer leichten Schulterstütze ausgerüstet ist.

HECKMAN, MELVIN (Romanfigur)

James Bond wird im Roman ↗*Der Morgen stirbt nie* als Besitzer des ↗Aston Martin DB5 genannt, da er diesen bei einer Auktion ersteigert. Automechaniker Melvin Heckman hat den Wagen überprüft, er erlaubt dem Agenten, das Auto in seiner Garage unterzustellen.

HECKSTALL-SMITH, NICK (Regieassistent)

↗Edi Hubschmid und ↗Terry Madden

HECTOR (Filmcharakter)

↗Evans

HE DISAGREED WITH SOMETHING THAT ATE HIM

Bei ↗Felix Leiters verstümmeltem Körper findet James Bond in ↗*Lizenz zum Töten* (1989) eine Nachricht der Peiniger des ↗CIA-Agenten. Auf einem blutverschmierten Zettel steht: »He disagreed with something that ate him« (deutsche Version: »Etwas, was ihn auffraß, ist ihm nicht bekommen«). 007 beschließt Leiter zu rächen.

HEDISON, DAVID (Darsteller)

David Hedison wurde am 20. Mai 1926 (andere Quellen: 1929) in Rhode Island (USA) unter dem Namen Ara Heditsian geboren. Er hält bis heute den Rekord als Darsteller des ↗Felix Leiter. Hedison spielte 1973 erstmals in ↗*Leben und sterben lassen* den ↗CIA-Mann und war so der fünfte Leiter der Filmgeschichte. Nachdem dieser achte offizielle James-Bond-Film abgedreht war, erhielt ↗Bernie Casey im ↗*Feuerball*-Remake ↗*Sag niemals nie* (1983) die Rolle. John Terry war Felix Leiter Nummer sieben in ↗*Der Hauch des Todes* (1987) und erst in ↗*Lizenz zum Töten* (1989) durfte David Hedison erneut Bonds Freund und Verbündeten darstellen. In diesem Film ging es der von Hedison verkörperten Figur richtig an die Substanz. ↗Felix Leiter wird im Film von einem Hai verstümmelt; die Idee stammt von ↗Ian Fleming und taucht bereits im Roman ↗*Leben und sterben lassen* auf. Angeblich ist es ↗Roger Moore gewesen, der Hedison für *Leben und sterben lassen* (1973) vorgeschlagen hat. Die beiden Freunde spielten auch gemeinsam in den Filmen *Sprengkommando Atlantik* (1980) und *Das nackte Gesicht* (1984). In anderen Quellen heißt es, Drehbuchautor ↗Tom Mankiewicz habe Hedison im Stück *Summer And Smoke* entdeckt und ihm die Rolle des Felix Leiter angeboten, noch bevor Roger Moore seinen Vertrag unterschieben hatte.

Seine schauspielerische Karriere startete Heditsian auf einer New Yorker Kleinkunstbühne. Er nahm den Künstlernamen Hedison an und hatte seinen ersten großen Erfolg in *A Month In The Country*. 20th Century Fox nahm den aufstrebenden Darsteller unter Vertrag. Er spielte unter anderem in den Horrorfilmen *Die Fliege* (1958) und *Die Katzengöttin* (1973). Bevor Hedison für *Lizenz zum Töten* verpflichtet wurde, traf er sich mit ↗Albert R. Broccoli, und der Produzent stellte schnell fest, dass Hedison nichts von seinem Charme und seiner Fitness seit *Leben und sterben lassen* eingebüßt hatte. Der Schauspieler akzeptierte das Angebot, obwohl ihm die Rolle schon 1973 keine weiteren Filmangebote eingebracht hatte. In einem Interview sagte er, er habe einfach da weitergemacht, wo er vor 15 Jahren aufgehört habe. Dennoch fände er die Figur Felix Leiter schrecklich eindimensional und für einen Schauspieler als keine große Herausforderung.

HEDLEY, JACK (Darsteller)
Jack Hedley spielte den Vater von ↗Melina Havelock im zwölften offiziellen James-Bond-Film ↗*In tödlicher Mission* (1981). Die Wahl fiel aus zwei Gründen auf den beliebten englischen Schauspieler. Zum einen passte er sehr gut in die Rolle des intelligenten Vaters und zum anderen war Hedley durch einen sehr populären Film mit Griechenland vertraut: Er hatte in der TV-Serie *Who Pays The Ferrymen* mitgespielt. Das Lepradrama brachte ihm internationale Anerkennung.

HEF (Spitzname)
↗*Midsummer Night's Doom*

HEFNER, HUGH (Romanfigur)
↗*Midsummer Night's Doom*

HE-HANDGRANATE (Waffe)
↗Handgranate

HEINE, MICHAEL (Autohändler)
Einmal auf den Spuren von James Bond wandeln wollte Michael Heine während der Dreharbeiten von ↗*Octopussy* – zum Leidwesen des Regisseurs. Der Autohändler Heine ließ nicht locker und bestand darauf, als Spezialist für ↗Alfa Romeos (mit diesem Fahrzeug flüchtet 007 im Film) die Stunts mit dem Wagen selbst durchzuführen. ↗Rémy Juliennes Männer schafften es, den Bond-Fan vom Gegenteil zu überzeugen.

HEINKEL (Romanfigur)
Als James Bond im Roman ↗*Feuerball* auf ↗Shrublands auf sein schiefstehendes Becken angesprochen wird, erinnert er sich an einen Sprung aus dem Albergexpress, den er wagte, weil er von einer Person namens Heinkel und dessen Freunden fast »geschnappt« worden wäre. Dieser Zwi-

schenfall ereignete sich zur Zeit des Ungarnaufstandes (1956).

HEIRAT

Die erste Frau, der James Bond einen Heiratsantrag macht, ist ↗Vesper Lynd im Roman ↗*Casino Royale*. Es handelt sich jedoch nur um einen Scherz, weil Lynd die Temperatur des Badewassers richtig gewählt hat. Lynd »rächt« sich: »Du brauchst eine Sklavin und keine Ehefrau.« Wie schnell aus Spaß Ernst werden kann, zeigt sich einige Kapitel später: Hier plant Bond, Vesper Lynd einen Heiratsantrag zu machen und ist sich ihrer Antwort sicher. Es sei nur eine Frage des richtigen Augenblicks. Doch Lynd begeht Selbstmord, bevor Bond sie fragen kann. Nachdem James Bond ↗Hugo Drax in ↗*Mondblitz* erledigt hat, denkt er vor einem Treffen mit ↗Gala Brand über Flitterwochen nach. Aus seinen Träumen wird aber nichts, Gala ist in festen Händen. Eine interessante Bemerkung zum Thema Heirat macht James Bond im Roman ↗*Diamantenfieber*. Er meint gegenüber ↗Tiffany Case, er sei genau genommen schon verheiratet: mit einer Person namens ↗»M«. Überraschend scheint, dass James Bond im Roman ↗*Liebesgrüße aus Moskau* mit »M« über seine Beziehung zu Tiffany Case (aus *Diamantenfieber*) spricht. Er gibt an, Case beinahe geheiratet zu haben, sie hätten sich aber getrennt und Case heirate nun vermutlich einen Major des Marine-Corps.

»Wenn schon heiraten, dann eine Flughostess – das war schon immer meine Meinung«, so James Bond in der Kurzgeschichte ↗*Ein Minimum an Trost*. Welchen Beruf Bonds spätere Ehefrau ↗Tracy di Vicenzo ausübte, wird in ↗*Im Dienst Ihrer Majestät* aber nicht bekannt. Später heißt es in der Kurzgeschichte: »Bonds voreilig-verlogene Bemerkung über das Heiraten von Flughostessen war das Resultat einer unzusammenhängenden Erörterung über Flugreisen gewesen, die sich unentrinnbar fade an den Abgang Harvey Millers geknüpft hatte.« Der Gouverneur wirft ein, dass Flughostessen nur darauf »geschult« seien zu gefallen.

↗Ja-Wort«

Nach dem Tod seiner Frau im Roman ↗*Im Dienst ihrer Majestät*, kommt Bond doch ab und zu der Gedanke, wieder zu heiraten – zumindest in den Romanen. In ↗*Die Ehre des Mr. Bond* spricht er nach einem Urlaub in Griechenland mit ↗Percy Proud sogar über das Heiraten. In ↗*Scorpius* ist dies seine letzte Chance. Der Bösewicht bittet 007, ↗Harriet Horner zu ehelichen, da er ihrem Vater einen Gefallen schuldet. Bond akzeptiert, weil er weiß, dass die Ehe in der realen Welt ungültig wäre. Bond erhofft sich durch die Einwilligung einen Fluchtweg. Als er mit Horner spricht und um ihre Hand anhält, schreibt er nebenbei auf einen Zettel, was er tatsächlich vorhat. Übers Heiraten meint er laut, sodass die Mikrophone alles auffangen können: »Ich habe es erst einmal zuvor getan« – eine Anspielung auf die Ehe mit Tracy.

HEIRATSANTRAG

James Bond macht ↗Teresa di Vicenzo in ↗*Im Geheimdienst Ihrer Majestät* (1969) einen Heiratsantrag. Das Besondere daran: di Vicenzo sagt nicht ja, sondern stellt Bond die Gegenfrage: »Möchtest du das wirklich?« Auch später ist im Film kein »Ja« von ihr zu hören. In ↗*Seafire* macht James Bond ↗Fredericka von Grusse einen Heiratsantrag, den sie annimmt.

↗Frauen und ↗Hochzeit

HEISSE STEINE, KALTE FÜSSE (Romantitel)

Der eher zu einem ↗Clever & Smart-Heft passende Titel *Heiße Steine, kalte Füße* wurde als Titel für ↗Ian Flemings Roman ↗*Diamantenfieber* gewählt, als dieser 1965 – fünf Jahre, nachdem er in Deutschland erschienen war – in der Zeitschrift *Revue* erneut abgedruckt wurde.

HEISSLUFTBALLON

Mit einem Heißluftballon setzt ↗»Q« James Bond in ↗*Octopussy* (1983) über dem ↗Monsunpalast in Indien ab. Mit Kameras und Monitoren im und am Ballonkorb verschafft sich »Q« einen Überblick von der Situation. Die Artisten von ↗Octopussy, unter ihnen auch ↗Magda, haben bereits begonnen, die Bösewichte anzugreifen, um ↗Kamal Khan und ↗Gobinda festzusetzen. Die deutsche Synchronisation enthält dem Zuschauer einen Gag vor. Bond fragt im Original, ob »Q« mit dem Heißluftballon umgehen könne. »Q« antwortet, der Ballon funktioniere mit heißer Luft. Bond darauf: »Oh, dann können Sie es!« Der Ballon zeigt die britische Nationalflagge, den »Union Jack« – wie auch der Fallschirm Bonds in ↗*Der Spion, der mich liebte* (1977). Sechzehn Jahre später ist es die Gegenseite, die einen Heißluftballon zu fahren versucht. Das ↗Cigar-Girl kappt die Leinen nach einem Anschlag auf das Hauptquartier des ↗MI6 und hebt mit dem Ballon vom ↗Millennium Dome ab. Bond schnappt sich Seil und wird mit in die Höhe gerissen. Als Hubschrauber auftauchen, die die Killerin zum Landen zwingen wollen, begeht sie Selbstmord, indem sie den Heißluftballon durch einen Schuss in seine Gasflaschen in die Luft sprengt. 007 stürzt in die Tiefe und verletzt sich an der Schulter.

HEIZSONNE

Per Heizsonne, die er in eine gefüllte Badewanne wirft, befördert James Bond einen Killer im Film ↗*Goldfinger* (1964) ins Jenseits.

↗Capungo

HELD

↗Hero

HELD

Gardner schreibt in ↗*Fahr zur Hölle Mr. Bond!*, Bond strebe nicht danach, ein Held zu sein, er sei bereits einer, was mit seinem Beruf von selbst käme.

↗General Orlov glaubt in ↗*Octopussy* (1983), durch seinen Plan werde er zum Helden der Sowjetunion. Selbst als er sterbend auf den Bahngleisen an der Grenze zwischen Ost- und Westdeutschland liegt, hofft er noch, dass seine Träume in Erfüllung gehen. Eine Standpauke über Helden hält ↗Natalja Simonowa in ↗*GoldenEye* (1995). Sie meint zu 007, alle Helden, die sie kenne, seien tot. 007 kann darauf nichts entgegnen. Eine abfallende Bemerkung über den »Helden« James Bond macht ↗Falco in ↗*Stirb an einem anderen Tag* (2002), als 007 nach langer Gefangenschaft als physisches Wrack den Männern von ↗MI6 gegenübersteht.

↗Hero

HELEN (Filmcharakter)

Einer von ↗Blofelds Todesengeln hat in ↗*Im Geheimdienst Ihrer Majestät* (1969) den Namen Helen. James Bond kommt der Frau im Alpenzimmer näher, denn er sitzt zwischen Helen und ↗Ruby (Ruby Bartlett).

HELFRITZ, RICHARD (Set-Ausstatter)

Set-Ausstatter bei ↗*Lizenz zum Töten* (1989) waren Richard Helfritz und Frederick Weiler.

HELICOPTER RIDE (Lied)

↗*Tomorrow Never Dies* (Soundtrack)

HELIKOPTER

Ein Helikopter jagt James Bond in ↗*Liebesgrüße aus Moskau* (1965), ↗*Man lebt nur zweimal* (1967), ↗*Leben und sterben lassen* (1973), wenn 007 und ↗Solitaire sich unter Tarnnetze von ↗Kanangas Mohnfeldern retten, ↗*Im Angesicht des Todes* (1985), ↗*Der Morgen stirbt nie* (1997) und ↗*Die Welt ist nicht genug* (1999). Selbst im ↗Raketenzug von ↗Alec Trevelyan in ↗*GoldenEye* (1995) befindet sich ein Helikopter. Trevelyan und ↗Onatopp nutzen ihn, um James Bond zu entkommen, der den Zug durch eine Panzerblockade an der Weiterfahrt hindert.

In ↗*Stirb an einem anderen Tag* (2002) retten sich James Bond und ↗Jinx mit einem Helikopter, der zur Fracht gehört, aus ↗Gustav Graves' abstürzendem Flugzeug.

↗Little Nellie

HELIKOPTERABSTÜRZE
↗Flugzeugabstürze

HELIKOPTERKREISSÄGE (Waffe)
Die Kreissägen, die in ↗*Die Welt ist nicht genug* (1999) unter den Helikoptern hängen, waren ursprünglich schon im Drehbuch von ↗*GoldenEye* (1995) enthalten. Mit den Sägeblättern wird nicht nur ↗Zukovskys Kaviarfabrik, sondern auch 007s ↗BMW Z8 zerstört.

HELIUM
Das flüssige Helium in ↗Scaramangas Solarkraftwerk im Film ↗*Der Mann mit dem goldenen Colt* (1974) hat eine Temperatur von minus 270°C. Für ↗Kra bedeuten diese Grade den sicheren Tod: Er stürzt hinein und stirbt.

HELIUMBALLON
↗Ballon

HELLEBORE, ALGAR (Romanfigur)
Siehe Inhaltsangabe ↗*Stille Wasser sind tödlich*

HELLEBORE, GEORGE (Romanfigur)
Siehe Inhaltsangabe ↗*Stille Wasser sind tödlich*

HELLEBORE, RANDOLPH (Romanfigur)
Siehe Inhaltsangabe ↗*Stille Wasser sind tödlich*

HELLER, JOSEPH (Drehbuchautor)
Nach ↗Billy Wilder arbeitete Joseph Heller am Drehbuch für ↗*Casino Royale* (1966) und schrieb es komplett um. Heller war mit ↗*Catch 22** erfolgreich, seine Bond-Parodie entsprach nicht den Erwartungen.

*) Bei den Dreharbeiten zu diesem Film kam Johnny Jordan ums Leben.

HELLER (Romanfigur/Filmcharakter)
Der im Roman ↗*Lizenz zum Töten* vorkommende ehemalige Kapitän der Green Berets arbeitet auch im gleichnamigen Film von 1989 als Sicherheitschef von Drogenbaron ↗Franz Sanchez. Das ↗FBI, so gibt ↗Gardners Buch zum Film Aufschluss, habe an Heller, der mittlerweile zum Colonel aufgestiegen ist, auch Interesse. Heller ist im Zwiespalt. Er versucht, mit ↗Pam Bouvier zusammenzuarbeiten, um vom Staat Immunität gewährt zu bekommen. Nachdem Bond einen Anschlag auf Sanchez verpatzt hat, dreht Heller nach Bouviers Angaben völlig durch. Er selbst wird zum Opfer von Sanchez. Dieser lässt seinen Sicherheitschef mit einem Gabelstapler aufspießen. ↗Don Stroud spielt Heller im Film.

HELM
↗Feuerwehrhelm

HÉLOISE (Codename)
Im Roman ↗*Fahr zur Hölle, Mr. Bond!* trägt die Figur ↗Jenny Mo den Codenamen »Héloise«. ↗Chi-Chi, die in die Rolle der ↗Mo schlüpft, wird von ↗Myra Bradshaw durchschaut und läuft Gefahr, von ↗»Brokenclaw« getötet zu werden. James Bond, der mit Chi-Chi zusammenarbeitet, gibt sich als ↗Peter Argentbright aus. ↗Lee Fu-Chu erklärt die Beziehung zwischen Héloise und Abaelard: Im zwölften Jahrhundert sei Peter Abaelard ein Theologe gewesen, der eine Affäre mit Héloise gehabt habe. Er wurde zum Ketzer erklärt, kastriert und verbrachte den Rest seines Lebens in der Abtei von Saint Denis. Hé-

loise musste angeblich in ein Nonnenkloster gehen.

HELSINKI (Ort)
Während einer Mission hält sich James Bond in Helsinki auf. ↗ John Gardner ließ den Agenten in ↗ *Operation Eisbrecher* dorthin reisen.

HEMINGWAY, ERNEST (Schriftsteller)
In der Kurzgeschichte ↗ *Die Hildebrand-Rarität* meint ↗ Fidelé Barbey, als er 007 mit einem Stachelrochen am Harpunenende sieht: »Sieh mal an, *Der alte Mann und das Meer*! Wer hat da wen gefangen?« Später denkt 007 über ↗ Krest, dieser fühle sich wie von Hemingway erfunden. Auf Ernest Hemingway wird im Roman und auch im Film ↗ *Lizenz zum Töten* angespielt. Das Hemingway-Haus (Haus »907«, das 1931 vom Schriftsteller erworben wurde) in Key West ist ein Drehort. 007 trifft dort auf ↗»M«, und als er seinen Dienst quittiert, wird er gebeten, seine ↗ Walther PPK abzugeben, was den Geheimagenten zu folgenden Worten verleitet: »Jetzt heißt es wohl: Abschied nehmen von den Waffen.« Der Satz spielt auf das Buch *A Farewell To Arms* (dt: *In einem anderen Land*) an, das Hemingway 1928 geschrieben hat. ↗ Dikko Henderson versucht sich im Roman ↗ *Du lebst nur zweimal* so auszudrücken, wie es Hemingway getan hätte und sagt zu Bond: »Ich scheiß auf deine demokorasu.« Im Roman ↗ *Stirb an einem anderen Tag* wird Hemingway wieder erwähnt, weil sich James Bond in ↗ Havanna aufhält, wo der Schriftsteller einst ein ähnliches Haus besaß wie das auf Key West.

HEMINGWAY HOUSE
Bis 1961 lebte ↗ Ernest Hemingway in seinem Haus in Key West. 007 war laut ↗ Gardner schon einmal in Key West und hatte beschlossen, das Anwesen zu besichtigen. Der Schriftsteller, der später Selbstmord beging, schrieb in seinem Haus unter anderem die Romane *Wem die Stunde schlägt*, *Die grünen Hügel Afrikas* und *Schnee am Kilimandscharo*.

HEMMING, LINDY (Kostüme/Garderobe)
Lindy Hemming wurde am 21. August in Wales geboren. Sie studierte an der Royal Academy of Dramatic Art, bevor sie nach kleinen Jobs an Londoner Bühnen Angebote bekam, auch für das Royal National Theatre und die Royal Shakespeare Company zu arbeiten. Die Kostümdesignerin Hemming war für die Kleidung der Darsteller im Film ↗ *GoldenEye* (1995) verantwortlich und verfügte durch Arbeiten an historischen wie auch zeitgenössischen Produktionen über viel Erfahrung. Sie arbeitete u. a. an *Mein wunderbarer Waschsalon* (1985), *Hear my Song – Ein Traum wird wahr* (1991), *Irren ist mörderisch* (1992), *Nackt* (1993), *Vier Hochzeiten und ein Todesfall* (1994), *Funny Bones – Tödliche Scherze* (1995) u. v. m. Jack Nicholson ließ sich in *Blood & Wine – Ein tödlicher Cocktail* (1996) von Lindy Hemming einkleiden. Sie war bei den Produktionen ↗ *Der Morgen stirbt nie* (1997) und ↗ *Die Welt ist nicht genug* (1999) für das Kostümdesign verantwortlich, ebenso für die Kostüme bei ↗ *Stirb an einem anderen Tag* (2002) und bei ↗ *Casino Royale* (2006). Ihren Oscar bekam sie jedoch nicht für einen Bond-Film, sondern für *Topsy-Turvy – Auf den Kopf gestellt* (1999).

HEMPEL, ANOUSHKA (Darstellerin)
Unzählige hübsche Frauen wurden für den Film ↗ *Im Geheimdienst Ihrer Majestät* (1969) gecastet. Viele von ihnen sind als ↗ Todesengel auf dem ↗ Piz Gloria zu sehen. Etliche hatten keinen Film-Namen und wurden nur mit der Nationalität angesprochen, die sie verkörpern. Anoushka Hempel spielte die Australierin.

HENDERSON, DIKKO (Romanfigur)
↗ Richard Lovelace Henderson

HENDERSON, DIKKO (Filmcharakter)
Henderson, der 1942 ein Bein in Singapur verloren hat, lebt beim Zusammentreffen mit Bond in ↗*Man lebt nur zweimal* (1967) schon seit 28 Jahren in Japan, beginnt aber jetzt erst, sich richtig einzuleben. Der Kontaktmann von 007 macht einen fatalen Fehler: Er bietet 007 einen Wodka Martini gerührt, nicht geschüttelt an. Bond lässt sich seine Abneigung dagegen nicht anmerken. Zwar wird in ↗*Man lebt nur zweimal* (1967) der Vorname Dikko gar nicht genannt, im Skript kommt er aber vor. Henderson wird bereits beim ersten Treffen durch eine dünne Papierwand erstochen. Die Rolle wurde von ↗Charles Gray gespielt, der vier Jahre später als ↗Ernst Stavro Blofeld in ↗*Diamantenfieber* (1971) zurückkehrte.

HENDERSON, RICHARD LOVELACE (Romanfigur)
Der Australier Richard Lovelace Henderson kommt im Roman ↗*Du lebst nur zweimal* vor. Er ist James Bonds Kontaktmann in Japan. Henderson wird von der ↗Abteilung J für einen guten Mann gehalten. Sein Spitzname ist ↗Dikko oder ↗»Dikkosan«. Über Dikko Henderson lernt James Bond im Roman ↗Tiger Tanaka kennen. Henderson warnt 007 vor Geisha-Partys. Als Vorbild diente ↗Ian Fleming bei dieser Figur der Chefkorrespondent der *Sunday Times*, Richard Hughes. Als Dank, dass er den Mann in seine Geschichte einbauen konnte, widmete er ihm den Roman. Beim ersten Zusammentreffen zwischen 007 und Henderson stellt Bond fest, dass er einem riesigen Mann gegenübersteht, dessen Hände das Format von »mittleren Bratpfannen« haben. Fleming schreibt: »Henderson sah aus wie ein Preisboxer, der sich zurückgezogen und dem Alkohol ergeben hatte.« Mit seinen muskulösen Armen übernimmt er Bonds Reisekoffer. Der Fettansatz an den Hüften Hendersons lässt sich nicht kaschieren. »Er hatte ein unregelmäßiges sympathisches Gesicht, harte blaue Augen und eine zerschlagene Nase. Er schwitzte stark ...« Von der Art her könnte man glauben, die Romanfigur erfuhr ihre Umsetzung in eine Filmfigur erst in ↗*GoldenEye* (1995) als ↗Jack Wade, doch dem ist nicht so. Henderson war auch im Film ↗*Man lebt nur zweimal* (1967) Bonds Vertrauensperson.

HENDRICKS (Romanfigur)
Der Holländer Mr. Hendricks ist einer von ↗Scaramangas Gästen im Roman ↗*007 James Bond und der Mann mit dem goldenen Colt*. Er vertritt das europäische Kapital (hauptsächlich Schweizer Geld). Hendricks ist einer der Investoren, die Scaramanga braucht, um seine Bauprojekte zu finanzieren. Der KGB-Agent Hendricks, der für seine Organisation den Bereich Karibik überwacht, wird seinerseits von ↗Nick Nicholson bespitzelt. Während der Fahrt mit ↗*Der Schönen von der Bloody Bay* wird Hendricks erschossen: »Der Schweiß glänzte noch auf seinen teigigen Wangen. Nicht einmal als Leiche wirkte er sympathischer.«

HENDRICKSON, STEPHEN (Künstlerische Leitung)
Der Stab von ↗*Leben und sterben lassen* (1973) in den USA war beachtlich groß. Stephen Hendrickson arbeitete bei der achten 007-Produktion als künstlerischer Leiter.

HENDRY, GLORIA (Darstellerin)
↗James-Bond-Girl und ausgezeichnete Tänzerin war die 1949 in Florida geborene Gloria Hendry. Sie spielte ↗Rosie Carver in ↗*Leben und sterben lassen* (1973). In der Rolle der falschen ↗CIA-Agentin bringt sie nicht nur James Bond, sondern auch den Zuschauer ins Schwitzen. Hendry schauspielerte, tanzte und verdiente sich auch als Sängerin ihr Geld. Ihre erste Filmrolle spielte die Schwarze Mitte der 1960er Jahre. Als sie in einem privaten Playboyklub in Manhattan arbeitete, lern-

te sie einen Produzenten kennen. Wegen eines verlockenden Rollenangebots flog Hendry 1972 nach Los Angeles, doch ihr Agent teilte ihr telefonisch mit, sie solle die Rolle »sausen lassen« und sofort wieder zurück nach New York kommen. Ein anderer Agent, nämlich James Bond, hatte Hendrys Manager zu diesem Schritt bewogen. Zur Einladung zu einem Castingtermin für den achten offiziellen James-Bond-Film kam es, weil Hendry 1970 zur »Miss Afro-America« gewählt worden war. Produzent ↗Harry Saltzman, der sowieso von farbigen Darstellerinnen begeistert war, gab ihr noch am selben Tag einen Vertrag. ↗Roger Moore war von Hendry sehr angetan und bedauerte es zutiefst, als sie ihre Szenen abgedreht hatte. »Ein schönes Licht hat unser Leben verlassen«, trauerte er. Nach ihrem Auftritt bei 007 kam u. a. der *Playboy* auf die Darstellerin zurück, und außerdem konnte sie erstmals zwischen mehreren Drehbüchern wählen. In den 1980er und 1990er Jahren wirkte sie unter anderem in den Filmen *Hilfe, ich bin ein Außerirdischer – Ausgeflippte Zeiten auf der Erde* (1988), *Pumpkinhead II – Blood Wings* (1993) und *Clash – Showdown in L. A.* (1994) mit. Heute leitet Gloria Hendry eine Theatergruppe in Los Angeles.

HENNESSY MIT FÜNF STERNEN (Getränk)
↗Bernhardiner

HERA (griechische Göttin)
Hera, der Frau des Zeus, wurde das zweite Mordopfer im Roman ↗*Tod auf Zypern* geweiht.

HERAN, BERT (Requisiteur)
Erstmals als Requisiteur arbeitete Bert Heran an ↗*Der Hauch des Todes* (1987).

HERCULES C-130 (Flugzeug)
Der Feind im Roman ↗*Sieg oder stirb, Mr. Bond!* hat es auf das Schiff ↗»Son of Takashani« abgesehen, um daran die eine Testoperation ↗»WIN« durchzuführen. Aus 25.000 Metern Höhe wurde der Angriff koordiniert. Die Bösewichte sprangen aus einer 68 Tonnen schweren Hercules C-130 Transportmaschine ab, die über sieben Turboprob-Motoren verfügte. Die Angreifer benutzten ↗Flugdrachen, um die überraschte Besatzung an Deck des Schiffes zu überrumpeln. Die Hercules C-130 wurde von einem Piloten namens ↗Skipper geflogen.

HERCULES TAKES OFF (Lied)
↗*The Living Daylights* (Soundtrack)

HERDER, LAURENCE (Darsteller)
Laurence Herder erschien 1967 im fünften James-Bond-Film ↗*Man lebt nur zweimal* als Astronaut in einem sowjetischen Raumschiff, das von ↗Ernst Stavro Blofeld noch im Weltraum durch die Rakete ↗Bird 1 gekidnappt wurde. Herders sowjetischer Kollege wurde von ↗Richard Graydon gespielt.

HERGERSHEIMER, KLAUS (Filmcharakter)
In der Firma ↗Whyte Tectronics trifft James Bond in ↗*Diamantenfieber* (1971) den Angestellten Klaus Hergersheimer. Der Mann unterhält sich mit 007, und es kommt heraus, dass er schon drei Jahre bei dieser Firma tätig ist. Er arbeitet in der ↗Sektion G und überprüft regelmäßig die Strahlungsplaketten. James Bond hat genug gehört: Gegenüber ↗Dr. Metz gibt er sich als Hergersheimer der Sektion G aus, um in Ruhe spionieren zu können. Nachdem Bond weg ist, taucht der echte Hergersheimer auf und die Tarnung des Agenten fliegt auf.

HERITAGE, EBBIE (Romanfigur)
↗Emilie Nikolas und Ebbi Heritage sind ein und dieselbe Person. Nikolas tauchte als Heritage unter, um ihrem Leben als ↗Emily ein Ende zu setzen. Nun, da bereits zwei weitere Damen aus dem ↗Un-

ternehmen Sahnetorte getötet wurden, besteht Grund zur Annahme, dass auch ihre Uhr abläuft. James Bond macht sich im Roman ↗*Nichts geht mehr, Mr. Bond* auf den Weg, um die letzten Überlebenden zu beschützen. Ebbies Vater war ein Schläfer, wie auch die Eltern der anderen Emilies. Er arbeitete als Offizier bei den Vopos. Ebbie war damals als Emily auf einen Major der ostdeutschen Armee angesetzt gewesen. In ↗*Fahr zur Hölle, Mr. Bond!* wird Ebbie Heritage erwähnt. ↗Gardner verrät, dass Bond es ihr verdankt, das Lippenlesen zu beherrschen. Heritage brachte es ihm bei, als er zur Genesung in einem Hongkonger Krankenhaus lag.

HERKULES (Motortraktionstisch)
↗Traktion

HERMANN, JACK (Romanfigur)
Der »Cowboy« Hermann kommt in ↗*Tod auf Zypern* vor. Er arbeitet in diesem Roman mit ↗Dr. Ashley Anderson zusammen. Mit über vierzig Jahren macht er auf 007 den Eindruck, als sei er ein ungebildeter Farmarbeiter aus den Südstaaten. Der an Übergewicht leidende Mensch bestand zum größten Teil aus Muskeln, seine beiden Oberarme waren stark tätowiert. Jack Hermann saß bereits im Gefängnis, nachdem er mit Drogen gedealt und einen bewaffneten Raubüberfall verübt hatte.

HERMIT (Helikopter)
Der Helikopter, mit dem ↗Jinx und James Bond im Roman ↗*Stirb an einem anderen Tag* aus der zerbrechenden ↗Anatov von ↗Graves entkommen, heißt »Hermit«.

HERO
↗Dominetta Vitali erzählt im Roman ↗*Feuerball* von ihrem »Hero«, ihrem einzig wahren Helden: »Der Matrose auf der Players-Packung«. Der Mann sei der Erste gewesen, mit dem sie gesündigt habe. »Ich nahm ihn mit in den Wald, ich liebte ihn im Schlafsaal, fast mein ganzes Taschengeld hab' ich für ihn ausgegeben.« Vitali erfindet eine romantische Geschichte über den Seemann, und Bond hört gebannt zu. Insgeheim hofft sie, in James Bond ihren »Hero« getroffen zu haben. Eine Anspielung auf diese Stelle im Roman findet sich in ↗*Stirb an einem anderen Tag* (2002) – ↗Anspielungen.

HEROINFABRIK
In ↗*Goldfinger* (1964) dringt James Bond in der ↗Pre-Title-Sequenz in eine Heroinfabrik von Gauner ↗Ramirez ein. Im Film spielt die Szene in Mexiko, die Aufbauten standen jedoch in den ↗Pinewood-Studios und in einem Öllager von Esso in England.

Auch ↗Mr. Big produziert Heroin. Tonnenweise stellt er die Droge in ↗*Leben und sterben lassen* (1973) her und hegt den Plan, die Anzahl der süchtigen Käufer zu verdoppeln. ↗Tee Hee überwacht den Herstellungsprozess des Stoffs auf einer ↗Krokodilfarm in den USA. ↗Franz Sanchez besitzt in ↗*Lizenz zum Töten* (1989) ebenfalls eine Heroinfabrik, in ihr lässt er Tanklastzüge mit einer Mischung aus Heroin und Benzin befüllen. ↗Milton Krests Tarnfirma dient als Lager für die Drogen.

HERON, BILLY BOB (Romanfigur)
Nachdem mehrere Personen verschwunden sind, wird von ↗»M« im Roman ↗*Fahr zur Hölle, Mr. Bond!* die Operation ↗»Trojanisches Pferd« gestartet. James Bond soll herausfinden, was aus den Mitarbeitern, zu denen auch Billy Bob Heron gehört, geworden ist. Der dienstälteste Techniker Billy Bob Heron, der am Projekt ↗»Lords and Lords Day« mitwirkte, hat mit dem Lokal ↗»The Broken Dragon« und desssen Besitzer ↗Lee Fu-Chu zu tun.

HERRENSCHMIDT, ETIENNE (Pilotin)
Im Film ↗*GoldenEye* (1995) flog Etienne Herrenschmidt den ↗Tiger-Helikopter. Der ↗Pilatus Porter wurde von ↗Hans-

Peter Kuenzli, die ↗Cessna 172 von ↗Tom Danaher und der ↗Action-Hubschrauber von ↗David Paris und ↗Peter Flynn geflogen.

HERRING (Romanfigur)
↗Schlagzeilen

HERR NUMMER (Romanfigur)
↗The Number

DER HERR UND SEIN KNECHT (Romanfiguren)
In ↗*003½ James Bond Junior* erscheinen in der Tür des Gutshauses von Hazeley Hall zwei Männer, zu denen James Bond Junior nur die Beschreibung »Der Herr und sein Knecht« oder ↗»Die Wächter« einfällt. Es handelt sich um Handlanger von ↗Mr. Merck. Einer hat O-Beine, ein kantiges, von der Sonne gegerbtes Gesicht und schwarze Haare, die wie eine Perücke aussehen, der andere ähnelt einem Jockey.

HERR ZIFFER (Romanfigur)
↗The Number

HERR ZIFFER (Filmcharakter)
Im TV-Film ↗*Casino Royale* (1954) und im Buch von ↗Ian Fleming nennt sich ↗Le Chiffre Herr Ziffer.

HERTZ (Autovermietung)
Ein gefälschter Führerschein für James Bond wird in der Kurzgeschichte ↗*Für Sie persönlich* von Oberst ↗Johns bei der Autovermietung Hertz hinterlegt. 007 benötigt diesen provisorischen Führerschein aber nicht, weil er von Johns persönlich einen bekommt.

HERZ
In ↗*Der Hauch des Todes* (1987) verstecken ↗Koskov und ↗Necros Diamanten im Eis, das ein angebliches Spenderherz kühlt. Der Zoll zieht sich angewidert zurück. Das Herz, das die neugierigen Blicke von den versteckten Diamanten ablenken sollte, ist ein Tierherz, wie James Bond sehr schnell bemerkt. Bei den Dreharbeiten wurde ein Plastikherz benutzt, das durch Feuchtigkeit wie echtes Gewebe glänzt. Im Film ↗*Lizenz zum Töten* (1989) rächt sich ↗Franz Sanchez an einem Mann, mit dem ↗Lupe Lamora ihn betrogen hat. Von ↗Dario lässt er dem Liebhaber Lamoras bei lebendigem Leibe das Herz herausschneiden. ↗Elliot Carver möchte in ↗*Der Morgen stirbt nie* (1997), dass ↗Stamper James Bond das Herz herausreißt. Der Medienmogul macht es ganz dramatisch und meint: »Nach der Entfernung von Mr. Bonds Herz sollte er noch genug Zeit haben zu sehen, wie es aufhört zu schlagen!«
Siehe Inhaltsangabe ↗*The Man With The Red Tattoo*

HERZANHÄNGER
↗Anhänger

HERZ-DAME (Spielkarte)
Die auf den Kopf gestellte Spielkarte »Herz-Dame« bekommt James Bond in ↗*Leben und sterben lassen* (1973) – vermutlich von ↗Solitaire – zugeschickt. 007 erfährt in einem Laden für Tarot-Zubehör, dass eine auf den Kopf gestellte Herz-Dame für eine »verräterische, verlogene, böse Frau« steht – 007 durchschaut ↗Rosie Carver.

DER HERZOG VON WELLINGTON (Gemälde)
Das Gemälde »Der Herzog von Wellington« von Goya wurde vor Drehbeginn von ↗*James Bond 007 jagt Dr. No* (1962) aus einem Museum geraubt. Als Insidergag wurde beschlossen, eine Reproduktion des Bildes in ↗Dr. Nos Hauptquartier auftauchen zu lassen.

HERZMASSAGE
↗Mund-zu-Mund-Beatmung

HERZSCHRITTMACHER
Siehe Inhaltsangabe ↗*High Time To Kill*

HE'S DANGEROUS (Lied)
↗ *A View To A Kill* (Soundtrack)

HETTY (Deckname)
↗ Heather Dare hatte in Gardners Buch ↗ *Nichts geht mehr, Mr. Bond* nicht nur den Namen ↗ Irma Wagen, sondern auch den Decknamen Hetty. Der Nachname variierte von Fall zu Fall. Bei jedem Treffen mit ihrer Freundin ↗ Ebbie Heritage nahmen sich die beiden Frauen einen anderen Fisch oder Vogel als Namensgeber, wie z. B. ↗ Sole, ↗ Salmon, ↗ Crabbe, ↗ Shark, ↗ Sparrow, ↗ Wren, Jay, ↗ Hawk oder ↗ Lark. Siehe ↗ Anmerkungen des Übersetzers. Ebbie Heritage benutzt immer den Vornamen Elisabeth.

HEUGABEL
Eine Heugabel benutzt James Bond in ↗ *Im Geheimdienst Ihrer Majestät* (1969) nicht als Waffe: Er schlägt damit einen Balken zur Seite, der ↗ Tracy di Vincenzos provisorisches Nachtlager in einer Scheune zur Seite kippt. Tracy rollt genau in die Arme von 007.

HEULER (Tierbezeichnung)
↗ Rottweiler

HEWITT, ALLAN (Stuntman/Stunt-Koordinator)
In ↗ *Stirb an einem anderen Tag* (2002) koordinierte Allan Hewitt unter anderem den Einsatz der Stuntdoubles ↗ Barry Maple und ↗ Ian Marshall (beide für ↗ Pierce Brosnan) sowie von ↗ Victoria Hollon und ↗ Julia Foxwell (für ↗ Halle Berry). Zum Hit *London Calling* von The Clash kann man im Film ↗ *Stirb an einem anderen Tag* (2002) den Stuntman Alan Hewitt bewundern.

Er springt als Double von ↗ Toby Stephens in Anlehnung an den Skistunt von ↗ *Der Spion, der mich liebte* (1977) mit einem Fallschirm (»Union Jack«) aus einem Flugzeug und landet in einem Pulk von Pressevertretern.

HEWITT, RICHARD (Aufsicht Videoeffekte)
Am ↗ *Der Hauch des Todes* (1987) arbeitete Richard »Dick« Hewitt. Er war für die Aufsicht der Videoeffekte zuständig. Auch bei der Produktion ↗ *GoldenEye* (1995) wurden die Videoeffekte von Richard Hewitt beaufsichtigt.

HEY, VIRGINIA (Darstellerin)
In der Rolle der ↗ Rubawitsch ist Virginia Hey in ↗ *Der Hauch des Todes* (1987) zu sehen.

HH – J5273 (Kennzeichen)
Ein Verfolgerfahrzeug in einer Hamburger Tiefgarage im Film ↗ *Der Morgen stirbt nie* (1997) trägt das Kennzeichen HH – J5273. Der Wagen jagt Bonds ferngesteuertem ↗ BMW 750IL hinterher.

HH – K4958 (Kennzeichen)
Ein Verfolgerfahrzeug in einer Hamburger Tiefgarage im Film ↗ *Der Morgen stirbt nie* (1997) trägt das Kennzeichen HH – K4958. Der Wagen jagt Bonds ferngesteuertem ↗ BMW 750IL hinterher.

HICKORYSCHLÄGER
James Bond fühlt sich im Roman ↗ *Goldfinger* ermutigt, gegen ↗ Auric Goldfinger im ↗ Royal St. Marks Golfklub anzutreten, denn der Juwelier benutzt einen Hickoryschläger, der nach Bonds Ansicht »gute und schlechte Tage hat« und Goldfinger damit nicht zwingend zum Sieg führt. Später stellt sich heraus, dass Goldfinger mit einer nagelneuen Garnitur Schlägern spielt.

HIGGINS, KEN (Kamera)
Bei ↗ *Im Geheimdienst Ihrer Majestät* (1969) erreicht Ken Higgins durch die Verwendung von Kamerafiltern einen Nachteffekt, obwohl die Skiverfolgungsjagd am Tag aufgenommen wurde. Higgins arbeitete mit ↗ John Glen, ↗ Alex Barbey, ↗ Michael Reed und ↗ Willi Bogner Hand in Hand.

HIGGINS, RON (Requisite)
↗ Peter Wallis

HIGH ALTITUDE CEREBRAL EDEMA
Siehe Inhaltsangabe ↗ *High Time To Kill*

HIGH ALTITUDE PULMONARY EDEMA
Siehe Inhaltsangabe ↗ *High Time To Kill*

HIGH G YO YO (Manöver)
↗ Lehrgänge

HIGH TIME TO KILL (Roman)
[HÖCHSTE ZEIT ZUM TÖTEN*] Die englische Originalausgabe des vierten James-Bond-Romans von ↗ Raymond Benson trägt den Titel *High Time To Kill*. Es handelt sich um das erste Buch der ↗ Union-Trilogie und wurde bisher nicht ins Deutsche übersetzt. *High Time To Kill* erschien 1999 bei Hodder & Stoughton als Hardback und als Paperback. Die Widmung des Buches lautet: »For My Mentors Francis Hodge und Peter Janson-Smith«.

Die 26 Kapitel füllen 294 Seiten. Sie tragen folgende Überschriften: 1) Holidays Are Hell**; 2) Old Rivals; 3) Skin 17; 4) Emergency; 5) The Golden Pacemaker; 6) The Road To Brussels; 7) Bitter Suite; 8) A Taste Of Belgium; 9) Covering Tracks; 10) Flight Into Oblivion; 11) The Green Light; 12) Not Quite Impossible; 13) Le Gérant; 14) Welcome Reception; 15) Team Work; 16) The Trek Begins; 17) Eliminating The Competition; 18) Tensions Rise; 19) Kangch At Last; 20) Higher And Higher; 21) The Missing Body; 22) Love And Death At 7900 Metres; 23) Blood, Sweat And Death***; 24) A Better Way To Die; 25) Human Machines; 26) The Cold, Stone Heart

) Eine Anspielung auf ↗ Ian Flemings einst geplanten Romantitel Mondays Are Hell. *) Eine Anlehnung an Winston Churchills »Blood, sweat and tears«.

Inhaltsangabe »High Time To Kill«:
1) Holidays Are Hell [Ferien sind die Hölle*]: Bond findet den Gouverneur ermordet in seinem Haus vor, mit von Ohr zu Ohr aufgeschlitztem Hals. Der Mörder war als Bodyguard getarnt ins Haus gekommen, und Bond möchte ihn lebend ergreifen, um Informationen über die Union zu erhalten. Als der Mörder bei der Verfolgung auf Bond schießt, gibt dieser seinen ursprünglichen Plan auf. Seiner Gefangennahme entzieht sich der Mörder, indem er sich erschießt.

2) Old Rivals [Alte Rivalen*]: Zwei Wochen nach seiner Rückkehr trifft Bond mit Bill Tanner im Stoke Poges Golf Club Roland Marquis, einen Oberst der RAF, und Dr. Steven Harding, Physiker bei DERA (Defence Evalution and Research Agency). Bond und Marquis kennen sich aus ihrer Zeit in Eton und können einander nicht ausstehen. Das Golfspiel entwickelt sich zu einem Zweikampf, den Marquis knapp gewinnt. Von Tanner erfährt Bond, dass ausgerechnet Marquis der Verbindungsmann bei einem geheimen Projekt von RAF und MI6 ist. 007 fährt zu Helena Marksbury und schläft mit ihr.

3) Skin 17: Die DERA forscht über Aerodynamik und beschafft Materialien für Flugzeuge der RAF. In Farnborough südwestlich von London arbeitet Thomas Wood, Ingenieur und Physiker für Luftfahrt und Spezialist für Keramik, besonders für »intelligente« Oberflächen von Flugzeugrümpfen. Nach Skin 15 und Skin 16 soll Skin 17 den entscheidenden Durchbruch bringen. Wood und Harding haben die übrigen Mitarbeiter nach Hause geschickt und führen den – erfolgreichen – Versuch allein durch. Die Skin-17-Formel wird auf einer CD (»Gold Master«) gesichert und von Wood in den Safe gelegt. Als die beiden Forscher ihren Erfolg begießen wollen, erscheint unerwartet Marquis. Er hat das Gespräch mitgehört und zwingt Wood, nachdem er in den Oberschenkel geschossen hat, die CD herauszugeben. Alle Kopien werden vernichtet. Harding erschießt Wood und schlitzt seinen Hals von Ohr zu Ohr auf. Nachdem

Marquis die Daten auf seinen Laptop überspielt hat, vernichtet er auch die Master-CD. Die einzige schriftliche Aufzeichnung von Skin 17 ist ein Mikrobild (micro dot) auf einem Film, und den gibt Marquis an Harding. Die beiden stecken die Gebäude mit Benzin in Brand. Harding meldet den Vollzug an die Union nach Marokko und an den SIS (!); dann setzt er sich unter falschem Namen nach Brüssel ab.

4) Emergency [Notfall*]: Bonds Verhältnis mit Helena erschwert ihre dienstliche Zusammenarbeit. In der Visual Library des MI6 informiert Bond sich über die neusten Erkenntnisse die Union betreffend. »M« beruft ein Treffen der höchsten Dringlichkeitsstufe ein, bei dem vom Diebstahl des Skin 17 berichtet und dieser als Industriespionage und terroristischer Akt bezeichnet wird. Skin 17 sollte Großbritannien als erster Nation zu einem Material verhelfen, das Mach 7 standhält. Marquis wird zum Verschwinden Hardings befragt und kann eine Nachricht der Union an DERA präsentieren: »Viel Erfolg beim Skin-17-Projekt. Wir sind an ihren Fortschritten sehr interessiert.« In einem Vier-Augen-Gespräch mit »M« äußert Bond den Verdacht, dass Marquis in den Fall verwickelt sei. »M« nimmt Bonds Äußerung zwar auf, tut sie aber als Eifersucht bzw. alte Vorurteile ab. Dem MI6 ist ein Foto übermittelt worden, das Harding beim Einchecken nach Belgien in der Waterloo-Station (Eurostar-Bahnhof) zeigt. Bond soll die Verfolgung aufnehmen und Skin 17 unter allen Umständen zurückbringen. Er informiert Helena von seiner Dienstreise.

5) The Golden Pacemaker [Der goldene Schrittmacher*]: Harding steigt im Hotel Metropole in Brüssel als Donald Peters ab. Nach Mitternacht sucht er den Kardiologen Dr. Hendrik Lindenbeek auf und händigt ihm das Mikrobild zu Skin 17 aus, das Lindenbeek einem Patienten zusammen mit einem Herzschrittmacher einsetzen wird. Der Patient ist der Chinese Lee Ming, 58. Harding erfährt, dass Bond ihm auf den Fersen ist.

6) The Road To Brussels [Auf dem Weg nach Brüssel*]: Bond wird schon auf dem Autobahnring um Brüssel von drei Kawasaki-Motorrädern verfolgt. Bei der wilden Jagd schießen die drei Verfolger mit Maschinengewehren. Einen seiner Gegner setzt Bond mit einer Silikonbombe außer Gefecht, den zweiten mit einem Laserstrahl und den dritten drängt Bond ab und lässt den »Scout« zum Einsatz kommen, ein fledermausähnliches Fluggerät, das einen Unfall verursacht. Bond informiert Helena von den Vorfällen und bittet sie, dies Tanner zu melden. Dann trifft er sich mit seiner Kontaktperson Gina Hollander. Vom Hauptquartier B ruft Bond noch einmal Tanner an und äußert erneut den Verdacht, dass es im MI6 eine undichte Stelle gibt.

7) Bitter Suite: Bond bezieht ebenfalls im Metropole ein Zimmer. Während er Hardings Zimmer durchsucht, kommt dieser zurück, und Bond muss sich im Bad verstecken. Er hört ein Gespräch zwischen Harding und Lee mit an, dem Basil als Begleiter zugeteilt ist. Basil geht ins Bad, und da Bond sich dort nirgendwo verstecken kann, kommt es zu einer wilden Schlägerei. Bond bleibt zwar Sieger, ist aber schwer angeschlagen. Währenddessen haben Harding und Lee das Hotel verlassen.

8) A Taste Of Belgium [So schmeckt's in Brüssel*]: Nach einer ärztlichen Untersuchung, bei der eine gebrochene Rippe und Blutergüsse an den Nieren festgestellt werden, suchen Bond und Hollander Dr. Lindenbeek auf. Der gibt zu, eine Operation durchgeführt zu haben, weil er von der Union erpresst worden ist (Vergewaltigung einer Patientin, Verstoß gegen das Berufsethos und Kinderpornografie). Er wird zu seinem Schutz festgenommen. Bond und Gina gehen essen und schlafen hinterher miteinander.

9) Covering Tracks [Spuren verwischen*]: Auf dem Transport in den Justizpalast, wo Dr. Lindenbeek verhört werden soll, wird der Polizeiwagen aus einem Helikopter mit zwei Raketen beschossen und völlig zerstört. Harding bringt Lee in seinem Auto zum Pariser Flughafen – nicht zu dem in Brüssel, wie ursprünglich vorgesehen. Von dort soll Lee nach Delhi fliegen, dann weiter nach Kathmandu und Tibet. Wenn er es zu seinen Auftraggebern nach Peking geschafft hat, bekommt die Union die zweite Hälfte des Kaufpreises für Skin 17. Bond und Hollander finden im Interpool-Verzeichnis unter »Agenten im Ruhestand« Lee Ming alias Ming Chow. Etwas zu spät geht ein (zwanzig Jahre altes) Foto an alle Flughäfen, sodass Lee Ming bereits unerkannt nach Delhi abgeflogen ist. Harding verändert sein Äußeres mit Bart, grauen Haaren und Falten und fliegt unentdeckt nach Casablanca.

10) Flight Into Oblivion [Flug ins Vergessen*]: – »M« entbindet James Bond gegen dessen Willen bis auf Weiteres vom Skin-17-Auftrag; er soll aber den Maulwurf finden, den die Union wahrscheinlich in den MI6 eingeschleust hat. Lee Ming wartet im Everest Hotel in Katmandu, Nepal, auf die Fluchtmöglichkeit nach Tibet. Kurz bevor die Polizei ihn festnehmen kann, bringen drei Nepalesen Ming zum Flugplatz. Die Polizei, die mittlerweile die Verfolgung aufgenommen hat, wird irregeführt, und Lee und die Nepalesen entkommen in einer gekaperten zweimotorigen Touristenmaschine. Die Flugzeugentführer ändern die Route (Darjeeling), bei einem Handgemenge im Flugzeug kommt einer von ihnen ums Leben. Trotz eines Sturms muss der Pilot den Kurs auf Darjeeling halten. Er verliert die Orientierung. Das Flugzeug stürzt auf einem recht ebenen Felsvorsprung am Kangchenjunga ab. Alle Insassen bis auf drei kommen dabei um.

11) The Green Light [Grünes Licht*]: Der MI6 hat von dem Absturz auf dem Kangchenjunga erfahren, und Bond soll sich einer Expedition anschließen, die das Verteidigungsministerium organisiert hat. Um seine Bedenken auszuschalten, werden ihm der erfahrene Bergsteiger Gurkha und zu Bonds Entsetzen R. Marquis als Expeditionsleiter zur Seite gestellt. Der Erfolg der geheimen Mission ist für Großbritanniens nationale Sicherheit äußerst wichtig. Außerdem wird wohl die Gegenseite ebenfalls eine Expedition losschicken.

12) Not Quite Impossible [Nicht unbedingt unmöglich*]: – Marquis stellt die Expeditionsmitglieder vor: Dr. Hope »Kiwi« Kendall, 32, eine Ärztin aus Neuseeland; Paul Baack, Kommunikationsoffizier aus den Niederlanden, vom Ministerium empfohlen; Thomas Barlow und Carl Glass, Marquis' unmittelbare Untergebene; drei amerikanische Bergsteiger; ein nepalesischer Verbindungsmann; ein Franzose als Ausrüstungsmanager und viele Sherpas als Träger. Marquis erklärt die Vorbereitungen und den Ablauf der Expedition; der Zeitplan ist sehr eng. Bond fährt nach Church Crookham, wo das 1. Bataillon der Gurkha Rifles stationiert ist, und lernt Sergeant Chandra Bahadur Gurung kennen, der bei der Mission dabei sein wird.

13) Le Gérant: – Harding ist als Randall Rice in Marokko eingetroffen und sucht das Hauptquartier der Union in Casablanca auf. Le Gérant überführt ihn in einer Befragung des Verrats, denn Harding wollte Skin 17 auf eigene Rechnung verkaufen, und lässt ihn töten.

14) Welcoming Reception [Ein warmer Empfang*]: Bond wird von »Q« ausgestattet und fliegt mit der Expeditionsgruppe über Delhi nach Katmandu; man wohnt im »The Yak and Yeti«. Gemeinsam mit Chandra trifft Bond den Kontaktmann der Station I, Zakir Bedi. Der zeigt ihnen Fotos der drei Flugzeugentführer und des Ortes des Flugzeugabsturzes. Es sind neben dem nahezu unversehrten Flugzeugrumpf Fußspuren zu sehen. Auf dem Rückweg zum Hotel entgeht Bond nur knapp dem Anschlag eines Heckenschützen, Zakir Bedi wird dabei (irrtümlich) erschossen. Chandra und Bond verfolgen den Attentäter, der vom Dach eines Tempels zu Tode stürzt. Bond wertet diesen Vorfall als weiteren Beweis für die undichte Stelle beim MI6.

15) Team Work: Bei einer Lagebesprechung weist Dr. Kendall nachdrücklich auf die gesundheitlichen Gefahren des Aufstiegs hin und erklärt die beiden Arten der Höhenkrankheit HAPE (High Altitude Pulmonary Edema – Lungenödem) und HACE (High Altitude Cerebral Edema – Gehirnödem). In letzter Minute stößt Otto Schrenk zur Expedition, der den Briten Jack Kubrick ersetzt. Bonds Annäherungsversuch beim Hope Kendall scheitert. Er ist eifersüchtig auf Roland Marquis, der mit Hope vertrauten Umgang pflegt. Per Fax fragt Bond bei SIS wegen Otto Schrenk nach.

16) The Trek Begins [Der Marsch beginnt*]: Im kleinen Dorf Taplejung in Ost-Nepal beginnt der Aufstieg. Bond erhält auf seine Anfrage die Information, dass Otto Schrenk als ernsthafter Bergsteiger bekannt ist. Außerdem erfährt er von Hardings Tod. Vermutlich ist die Union der Expedition auf den Fersen.

17) Eliminating The Competition [Die Konkurrenz wird ausgeschaltet*]: Baack hat erfahren, dass eine chinesische Expedition sich nur eine Meile südwestlich von ihnen befindet. Das erste Expeditionsmitglied fällt aus: Der Amerikaner Bill Scott bricht sich den Knöchel. Gegen den Willen von Marquis bleiben Bond und Chandra auf der 4. Etappe nach Ghunsa zurück und übernachten im Freien. Sie schleichen sich ins chinesische Lager, machen die Lebensmittelvorräte unbrauchbar, indem sie Säcke aufschlitzen und auf deren Inhalt pinkeln, und legen Feuer. Die chinesische Expedition muss aufgeben.

18) Tensions Rise [Die Anspannung wächst*]: Als Bond und Chandra fast wieder bei der Gruppe sind, wird auf sie geschossen. Schrenk kommt mit der Nachricht aus dem Dorf zurück, dass der junge Amerikaner David Black erschossen worden ist; Bond und Chandra vermuten, weil er den Heckenschützen gesehen hat. Die Patronenhülse gehört zur Munition eines L1A1, der britischen Version des belgischen FN FAL-Gewehrs; der Mörder muss ein Mitglied der Gruppe sein. Diese droht auseinander zu brechen, doch Marquis kann sie neu motivieren. Während des einwöchigen Aufenthalts im Basislager hat Bond Gelegenheit, Schrenks Zelt zu durchsuchen, aber außer einem offen da liegenden Dolch, wie er zu Naziuniformen gehörte, findet er nichts Besonderes. Wieder kommt es beim Zielwerfen mit Eisäxten zu einem Zweikampf zwischen Bond und Marquis, den Bond gewinnt. Dr. Kendall kann den Konflikt entschärfen, indem sie bei Marquis deutliche Anzeichen von Höhenkrankheit diagnostiziert und sein Verhalten damit begründet.

19) Kangch At Last [Endlich am Kangch*]: Nach Bonds Protest nimmt Marquis ihn und Chandra ins Führungsteam auf, das außer ihnen aus Glass, Baack, Schrenk, Philippe Leaud, Doug McKee und den Sherpas Holung und Chettan besteht, und den Weg zu Camp 1 mit Sicherheitshaken anlegt. Am Morgen, nachdem Camp 2 erreicht worden ist, brennt Otto Schrenks Zelt. Er erklärt es mit seiner Unachtsamkeit im Umgang mit dem Kocher. Bei der Lagebesprechung in Marquis' Zelt fehlt er. Auf dem Weg zu Camp 3 rutschen an einer steilen Stelle Bonds Steigeisen von den Stiefeln, und er fällt 30 Meter tief ins Sicherungsseil. Er kann sich retten. Chandra und 007 finden ein Steigeisen wieder, bei dem ein Ring durchgefeilt worden ist. Bond hat Schrenk in Verdacht.

20) Higher And Higher [Immer höher*]: Nachdem die übrigen Expeditionsmitglieder vom Basislager das Camp 3 erreicht haben, besteht Dr. Kendall auf einer Untersuchung der Führungsgruppe. Sie selbst zeigt Anzeichen von Erschöpfung und später von Höhenkrankheit und muss vorübergehend wieder zu Camp 2 absteigen. Von Tanner erfährt Bond, dass Helena Marksbury seit zwei Tagen unauffindbar ist und Nachforschungen sie als undichte Stelle beim MI6 ausgemacht haben. Außerdem erhärtet sich Bonds Verdacht gegen Schrenk, denn Tanner teilt ihm mit, dass derjenige, der auf ihn geschossen hat, Mitglied der Union ist. Die russische Expedition ist inzwischen dicht an Bonds Expedition herangekommen. Auf dem Weg zu Camp 4 findet Marquis in einer Gletscherspalte die Leiche einer Flugzeuginsassin. Am 31. Tag des Aufstiegs erreicht die Führungsgruppe Camp 5, und während die Sherpas das Lager errichten, gehen Bond und Chandra in das Flugzeugwrack.

21) The Missing Body [Die Leiche fehlt*]: Bond und Chandra stellen fest, dass die Leichen Lee Mings und eines Entführers fehlen. Die Leichen aus dem Flugzeug sollen geborgen und nach und nach in die unteren Camps und dann nach Katmandu gebracht werden. Chandra findet die fehlenden Leichen in einer Gletscherspalte, und Bond birgt Lee Mings Leiche in Marquis' und Leauds Beisein. Als Bond später in seinem Zelt das Skin-17-Mikrobild aus dem aufgetauten Ming herausoperiert hat, wird er von hinten niedergeschlagen.

22) Love And Death At 7.900 Meters [Liebe und Tod in 7.900 Metern Höhe*]: Otto Schrenk hat Bond niedergeschlagen und ihm den Schrittmacher abgenommen. Als er aber Bond töten will, wird Schrenk von Marquis erschossen, der seinerseits den Schrittmacher an sich nimmt. Bevor Marquis auch Bond erschießen kann, kündigt Chandra sein Kommen über Handy an. Marquis verlässt schnell das Zelt und begegnet Chandra. Er schießt ihn an, glaubt aber, er sei tot. Hope weckt Bond auf und teilt ihm mit, dass Leaud, Barlow, Baack und zwei Sherpas die Kehlen durchgeschnitten wurden und Schrenk erschossen worden ist. Marquis, Glass und Chandra sind unauffindbar. Auch Kendall wäre wahrscheinlich tot, wenn sie nicht im Versorgungszelt, sondern in ihrem eigenen geschlafen hätte. Bond weiht Kendall in seinen Auftrag ein.

In dieser Grenzsituation von Kendall dazu ermuntert, schlüpfen Bond und sie in seinen Schlafsack und schlafen miteinander. Dabei haben sie Atemmasken auf und verbrauchen ziemlich schnell fast den gesamten Sauerstoff aus dem Behälter – aber Sex in 7.900 Metern ist es ihnen wert.

23) Blood, Sweat And Death [Blut, Schweiß und Tod*]: Chandra hat Marquis verfolgt und beobachtet ihn und Glass bei einem Treffen mit den Russen. Die Verhandlungen über Skin 17 führt Marquis mit Igor Mislov, der zwei Millionen US-Dollar bietet, allerdings davon zunächst 50.000 in Rohdiamanten. Die Verhandlungen enden mit dem Tod von vier russischen Wachen und Mislovs Angebot von zwei Milliarden sofort und zwei in Katmandu – Mislov hat Rohdiamanten von diesem Wert in Thermoskannen versteckt bei sich. Marquis erschießt Mislov, und Glass und er nehmen je die Hälfte der Thermoskannen an sich. Auf dem Rückweg begegnen sie Chandra. Er verlangt die Herausgabe des Schrittmachers. Als die beiden sich weigern, trennt Chandra mit einem Dolchhieb Glass' Kopf vom Körper und stößt beides in die Tiefe. Marquis flieht nach oben, und Chandra folgt ihm. Von oben bewirft Marquis Chandra mit einem Karabiner und Eisschrauben, und da Chandras linke Hand erfroren und deshalb nicht zu gebrauchen ist, verliert er die Balance und stürzt ab. Marquis überlegt, ob und wie er die Union, die Skin 17 so dringend haben wollte und deren Mann Otto Schrenk so kläglich versagt hat, ein Angebot machen kann. Er steigt ab zu Camp 5 und wird von Bond mit der P99 in Empfang genommen.

24) A Better Way To Die [Eine bessere Art zu sterben*]: Marquis versucht 007 weiszumachen, Glass und Schrenk seien die Betrüger und der Schrittmacher sei mit Glass abgestürzt. Außerdem behauptet er, Chandra nicht gesehen zu haben. Als Bond Marquis fragt, ob er die Russen getroffen habe, verrät er sich durch das Wort »wir« und weiß sofort, dass er enttarnt ist. Er wirft eine Eisaxt nach Bond und verletzt ihn an der rechten Schulter. Trotz dieser Verletzung folgt Bond dem fliehenden Marquis, und es kommt zum entscheidenden Zweikampf. Beide Männer kämpfen außerdem gegen Sauerstoffmangel und AMS. Marquis' Ziel ist es, über den Gipfel des Kangch nach Sikkim zu entkommen. Bond holt ihn auf dem Gipfel ein und bietet ihm Sauerstoff gegen den Schrittmacher an. Marquis geht darauf ein und erzählt dann den Gang der Dinge: Die Union hatte Steven Harding Geld für Skin 17 geboten. Aufgrund der Stellung Marquis', die ihn nahe an das Skin-17-Projekt brachte, war Harding an ihn herangetreten und hatte ihm »lächerliche« 15.000 Pfund geboten. Er überredete Harding, die Union zu hintergehen und ihm zu helfen, Skin 17 an die Russen zu verkaufen, mit denen er schon Geschäfte gemacht hatte. Lieber sollten sie Skin 17 bekommen als die Chinesen, denen die Union es verkaufen wollte. Der Plan mit Lee Ming und dem Schrittmacher stammte von der Union; allein die Information, wo in Lees Körper der Micro dort verborgen war, fehlte Marquis. Nachdem Marquis geäußert hat, dass er nicht mit zurück ins Lager kommen wird, berichtet er von Chandras Tod. Hope Kendall ist ihnen gefolgt, bringt Sauerstoff und fordert vehement den Abstieg. Bond und sie lassen Marquis auf dessen ausdrücklichen Wunsch zurück und machen sich bei immer schlechter werdendem Wetter auf den Rückweg. Bond will kurz vor dem Ziel aufgeben, aber Kendall seilt ihn zum Camp ab, und unter Aufbietung der letzten Kräfte schleppen sie sich ins Zelt.

25) Human Machines [Menschliche Maschinen*]: Nach dem Schlaf der Erschöpfung schaufeln Bond und Kendall sich einen Weg durch den Schnee: Kendall zum Flugzeugwrack, Bond zu Baacks Zelt, um das Satellitentelefon London anzurufen. Das Telefon steht nicht an seinem angestammten Platz; jemand ist im Zelt gewesen, bevor der Sturm losbrach. Die Leiche ist mit dem Parka zugedeckt. Bond stellt fest, dass bis auf ein Gepäckstück Baacks Ausrüstung vollständig ist und durchsucht, einem Impuls folgend, Baacks Rucksack. Er findet darin ein zerlegtes Gewehr, ähnlich dem belgischen FN FAL. Baack war der Heckenschütze. Im Parka befindet sich die Leiche eines Sherpas, dem die Kehle aufgeschlitzt worden ist. Baack bedroht draußen Kendall, und als Bond auftaucht, muss sie ihn entwaffnen und seine Walther wegwerfen. Baack erklärt Bond den Auftrag; er will zu Ende bringen, was Otto Schrenk verdorben hat: Alle Gespräche Bonds mit London hatte Baack mitgehört und war so über jeden von Bonds Schritten informiert. Auch an der Rekrutierung Helena Marksburys, von der er sagt, sie sei so gut wie tot, war er beteiligt. Als Baack die Herausgabe des Schrittmachers fordert, lügt Bond ihm vor, Marquis habe ihn. Nun will Baack Bond und Kendall töten, indem er sie zwingt, sich von einem Felsvorsprung in die Tiefe zu stürzen.******** Die beiden greifen ihn an, und ein schwerer Kampf zwischen Baack und Bond entbrennt. An dessen Ende springt Baack mit den Worten: »Die Union wird dich zerquetschen!« in den Abgrund. Drei Tage später erreichen Bond und Hope Kendall das Basislager, dann steigen sie sieben Tage lang weiter ab. Sie wissen, dass sie einander wohl nicht wiedersehen werden, und schlafen jeden Abend miteinander. Am Flughafen von Katmandu trennen sich ihre Wege.

26) The Cold, Stone Heart [Das kalte steinerne Herz*]: »M« lobt Bond für die erfolgreiche Ausführung des Auftrags und teilt ihm mit, dass er eine Auszeichnung erhalten soll. Bond lehnt wie immer ab. Urlaub wird ihm nicht gewährt, und außerdem erteilt »M« ihm einen strengen Verweis wegen seiner Affäre mit Helena Marksbury. In seiner Wohnung wird Bond von Marksbury angerufen, die sich in einem Hotel in Bristol aufhält. Sie erzählt 007, wie die Union Kontakt mit ihr aufgenommen und ihr gedroht hat, ihrer Schwester und deren Kindern etwas anzutun. Helena Marksbury befindet sich in Lebensgefahr, und Bond fährt nach Bristol. Er findet Helena mit durchtrennter Kehle in ihrem Hotelzimmer vor. Obwohl Bond mit Helena eine wundervolle Zeit verbracht hat, empfindet er nichts mehr für sie. Er hat sie aus seinem Leben verdrängt wie alle Frauen, die ihn in der Vergangenheit verraten hatten.

*) Übersetzung. ****) Der Titel des Romans ist ein Ausspruch Baacks (S. 284). Als sie am Felsvorsprung angekommen sind, sagt er: »It's high time to kill, James. You first.«

HIGSON, CHARLIE (Romanautor)

Anfang Februar 2003 gaben die Erben ↗ Ian Flemings als neuen Autor von James-Bond-Romanen den Briten Charlie Higson bekannt. Higson wurde von den Flemings und der ↗ Ian Fleming Publications Ltd. beauftragt, die 007-Reihe fortzuführen. Wie auch anderen Bond-Autoren vor ihm wurden Higson strenge Auflagen gemacht: Er sollte den jungen Bond beschreiben, der als Teenager in den dreißiger Jahren des 20. Jahrhunderts seine Fälle löst. Higsons verdiente sein Geld bisher in erster Linie als Comedian. Sein erster 007-Roman trägt den Titel ↗ SilverFin, das Buch kam unter dem Titel ↗ Stille Wasser sind tödlich auf den deutschen Markt. Der zweite Roman aus der ↗ Young-Bond-Reihe trägt den Titel ↗ Bloodfever.

HILDEBRAND (Romanfigur)

↗ Hildebrand-Rarität

DIE HILDEBRAND-RARITÄT (Kurzgeschichte)

Die Kurzgeschichte *Die Hildebrand-Rarität* von ↗ Ian Fleming trägt im Original den Titel ↗ *The Hildebrand Rarity*. Sie erschien im Englischen zusammen mit ↗ *From A View To A Kill*, ↗ *For Your Eyes Only*, ↗ *Quantum Of Solace* und ↗ *Risico* in einem Buch mit dem Titel ↗ *For Your Eyes Only*. Ian Flemings Kurzgeschichtenvorlage umfasst 31 Seiten und erschien 1960 in der wöchentlich herauskommenden Zeitschrift *Today*. Inspiriert zu seiner Arbeit wurde Fleming, als er 1958 auf den Seychellen nach dem Schatz eines französischen Piraten tauchte, der in dieser Gegend versteckt worden sein soll. In Deutschland erschien seine Kurzgeschichte 1965 unter dem Titel *Die Hildebrand-Rarität* in der Übersetzung von Willy Thaler, Friedrich Polakovics und Norbert Wölfl.

Inhaltsangabe »Die Hildebrand-Rarität«: James Bond, der bei einem Tauchgang einen Stachelrochen gefangen hat, wird von einem Freund auf das Schiff Wavekrest mitgenommen. Der Besitzer Milton Krest sucht für eine Stiftung einen seltenen Fisch, der »Hildebrand-Rarität« heißt. Krest benimmt sich widerwärtig und peitscht seine Frau aus. Die Hildebrand-Rarität wird gefunden und von Krest mit Gift getötet. Auf der Rückreise passiert etwas Merkwürdiges: Des Nachts wird Krest, der zuvor nicht nur seine Frau Liz ausgepeitscht, sondern auch Fidelé beleidigt hat, auf skurrile Art ermordet: Jemand steckt ihm die Hildebrand-Rarität in den Mund, während er schläft. 007 findet die Leiche und wirft sie über Bord. Liz lädt Bond später erneut auf das Schiff ein. Wer der Mörder Krests war, ist nicht sicher geklärt.

HILDEBRAND-RARITÄT (Tier)

Die Kurzgeschichte ↗ *Die Hildebrand-Rarität* hat ihren Titel nach dem von ↗ Ian Fleming erfundenen Fisch »Hildebrand-Rarität«. In dieser Geschichte will ↗ Milton Krest einen der seltenen Fische fangen. Er berichtet 007 und ↗ Fidelé Barbey, was er bisher weiß: »Gefangen von Prof. Hildebrand, Universität Witwatersrand, im April 1925 mit einem Netz vor der Insel Chagrin in der Seychellengruppe. (...) Das eine bekannt gewordene Exemplar heißt nach seinem Entdecker ›Hildebrand-Rarität‹ und ist fünfzehn Zentimeter lang. Die Farbe ist hellrosa mit schwarzen Querstreifen, die Schwanzflosse schwarz, die Augen groß und dunkelblau, After-, Bauch-, und Rückenflossen schwarz. Der Fisch muss vorsichtig angefasst werden, da seine Flossen mit mehr scharfen Dornen bewehrt sind, als das bei den anderen Fischen dieser Familie der Fall ist.« Hildebrand hat den Fisch in einem Meter Wassertiefe gefangen.

HIL, JOHN STEPHEN (Darsteller)
In ↗ *Sag niemals nie* (1983) spielte John Stephen Hil den Kommunikationsoffizier.

HILL, ALEC (Romanfigur)
↗ Abteilung C

HILL, BILL (Produktionsmanager)
Beim zweiten offiziellen James-Bond-Film ↗ *Liebesgrüße aus Moskau* (1963) war Bill Hill Produktionsmanager. Und nicht nur das: Als ein Darsteller benötigt wurde, sprang Hill mit Freude ein und spielte ↗ Nash, der von ↗ Grant in Zagreb in eine Toilette gelockt und dort ermordet wird.

HILLING, JOHN (Gewandmeister)
Hilling stieß bei ↗ *Goldfinger* (1964) als Gewandmeister zum eingespielten Team der ersten beiden James-Bond-Filme. Er versuchte, bei vielen Kleidungsstücken goldene Farben zu verwenden, um dem Image des Films gerecht zu werden.

HILLMAN, LESLIE (Spezialeffekte)
Zu den Spezialeffekten in ↗ *Diamantenfieber* (1971) zählen unter anderem die Aufnahmen des Satelliten, der um die Erde kreist und sie mit einem starken Laser beschießt. Verantwortlich für diese außergewöhnlichen Aufnahmen ist Leslie Hillman, der zusammen mit ↗ Whitey McMahon an diesem siebten James-Bond-Film arbeitete. Hillman hatte auch die Idee, Kartoffelbrei zu benutzen, um den Schlamm der ↗ Pre-Title-Sequenz herstellen zu können. Was er nicht bedachte: Am nächsten Drehtag begann der Kartoffelmatsch erbärmlich zu stinken, sodass die Crew kaum ohne zusätzliche Belüftung arbeiten konnte.

HILLMANN, ROBERT (Kameraführung)
Die Kameraführung bei der Second Unit von ↗ *Im Angesicht des Todes* (1985) lag bei Robert Hillmann und ↗ Malcom Vinson.

HILLS, LORENTZ (Marine-Koordinator)
Lorenz Hills war bei ↗ *Lizenz zum Töten* (1989) der erste Marine-Koordinator, der an einem Bond-Film mitarbeitete.

HILLY (Spitzname)
In seiner Rolle als Sir ↗ Hilary Bray besteht James Bond in ↗ *Im Geheimdienst Ihrer Majestät* (1969) darauf, dass ihn die Mädchen, mit denen er zu tun hat, »Hilly« nennen. Zu den Frauen gehört unter anderem ↗ Ruby Bartlett.

HILTON (Hotel)
In ↗ *Man lebt nur zweimal* (1967) gibt sich James Bond als ↗ Mr. Fisher aus und behauptet gegenüber ↗ Helga Brandt, er würde in Tokio im Hilton wohnen. Auch ↗ »Q« wohnt laut Kofferanhänger im Hilton.

HILTON HEAD ISLAND (Ort)
↗ Vater Valentine im Roman ↗ *Scorpius* bewohnt auf Hilton Head Island in South Carolina das Anwesen ↗ »Ten Pines Plantation«. ↗ John Gardner erwähnt in seinem Vorwort, er habe auf Hilton Head Island einen Einwohner kennen gelernt, der in seinem ganzen Leben noch keine ↗ Water Moccasin gesehen hat – dennoch gibt es diese Schlangen dort. Gardner schreibt weiter, dass die »Ten Pines Plantation« frei erfunden sei und er während seiner Recherche herrliche Wochen auf der Insel verbracht habe. Er rät zu einem Besuch. Hilton Head ist der südlichste Punkt von South Carolina und eine der größten Inseln in diesem Gebiet. Sie zieht sich über 250

Kilometer vor der Küste bis nach Florida hin. Geformt sei Hilton Head Island laut Gardner wie »ein Sportschuh«.

HILTON HOTEL DISNEY VILLAGE (Hotel)
Die seltsamen Situationen, in die James Bond gerät, scheinen sich immer wieder zu überbieten. In ↗ *Scorpius* wird er vom gleichnamigen Bösewicht gedrängt, ↗ Harriet Horner zu heiraten, weil er ihrem Vater etwas schulde. Als 007 Horners Zimmer betritt und um ihre Hand anhalten will, um so vielleicht eine Fluchtmöglichkeit zu bekommen, trägt sie einen Bademantel aus dem »Hilton Hotel Disney Village«. James Bond findet das in diesem Moment sehr passend.

HIGHLAND LIGHTS (Zug)
Neben der Geisterstadt ↗ »Spectreville« ist ↗ Jack Spang im Roman ↗ *Diamantenfieber* auch Besitzer einer alten Lokomotive vom Typ »Highland Lights«.

HINCH, SARAH (Assistentin)
Regisseur ↗ Martin Campbell hatte bei den Dreharbeiten zu ↗ *GoldenEye* (1995) eine eigene Assistentin: Sarah Hinch.

HINDERNIS-SPARKURS
↗ Inferno

HINE, RUPERT (Textschreiber/Produzent)
↗ Eric Serra

HIP (Filmcharakter)
Der Zuschauer versteht nicht gleich, welche Rolle Leutnant Hip im Film ↗ *Der Mann mit dem goldenen Colt* (1974) spielt. James Bond trifft den Verbündeten erstmals vor dem ↗ »Bottoms Up Club«, wo Hip mit ↗ Gibson auftaucht. Als Gibson erschossen wird, verhaftet der Leutnant James Bond, weil er nicht weiß, inwieweit 007 informiert gewesen ist. Gibson wurde zwar von ↗ Francisco Scaramanga erschossen, doch dies hindert Hip nicht daran, Bond mit einem Schiff aufs Präsidium bringen zu wollen. Später stellt sich heraus, auf welcher Seite der Hongkonger Polizeibeamte steht, und er arbeitet Hand in Hand mit James Bond und bringt ihn per Räuberleiter auf das Anwesen von Multimillionär ↗ Hai Fat, der es sich leisten kann, den teuersten Killer der Welt zu buchen. Als Bond aus einer von Hai Fats Karateschulen flüchten will, ist Hip mit seinen beiden Nichten zu Bonds Verstärkung da. Um die Nichten dann vor den besseren Kämpfern in Sicherheit zu bringen, flieht Hip in seinem Wagen. Als 007 auf der anderen Seite einsteigen will, kommt er zu spät. Sein Kollege braust schon davon und Bonds Flucht geht zu Fuß weiter. Als Nussverkäufer getarnt, arbeitet Hip noch einmal mit dem Geheimagenten zusammen. Er schmuggelt das ↗ Solex aus einem Kick-Box-Stadion und beauftragt ↗ Mary Goodnight, die Polizei zu informieren. Hip wurde von dem Schauspieler ↗ Soon Taik Oh dargestellt.

HIP'S TRIP (Lied)
↗ *The Man With The Golden Gun* (Soundtrack)

HIRSHENSON, JANET (Besetzung)
Die US-Besetzung für ↗ *Im Angesicht des Todes* (1985) wurde von Janet Hirshenson und ↗ Jane Jenkins ausgewählt. Sie arbeiteten auch bei ↗ *Lizenz zum Töten* (1989) zusammen.

HIS FUNNY VALENTINE (Lied)
↗ *Licence To Kill* (Soundtrack)

HI-SPEED-TRANSPORTGESELLSCHAFT
Bei der Hi-speed-Transportgesellschaft handelt es sich um eine von ↗ Goldfinger aufgekaufte Firma. Er nutzt die Firma als Deckung, und die Hallen sind das Hauptquartier für sein Projekt.

HISTAMIN
↗ Gift

HI THERE MISS GOODTHIGHTS (Lied)
↗ *Casino Royale* (Soundtrack)

HITLER, ADOLF
Einige Szenen in ↗ *Casino Royale* (1966) wurden geschnitten, sind aber auf der DVD enthalten. Hierzu gehören Einstellungen, in denen ↗ Evelyn Tremble als Adolf Hitler verkleidet auftritt. ↗ Dr. Perseus Friend im Roman ↗ *Stille Wasser sind tödlich* ist Hitler-Fan. Er bewundert ihn und hält auch seine Rassenlehre für richtig. Friends Arbeit stützt sich auf Hitlers Ansichten, und er lobt das Buch *Mein Kampf*. Er rät ↗ Randolph Hellebore, sich mit Adolf Hitler zu treffen.
↗ Nazis

HIV (Virus)
↗ Aids

HMS BEDFORD (Schiff)
↗ Bedford

HMS DEVONSHIRE (Schiff)
↗ Devonshire

HMS INVINCIBLE (Schiff)
Die Terroristen bezeichnen das Schiff als »Birdnest Two«, bei der Marine ist es als »HMS Invincible« bekannt und kommt im Roman ↗ *Sieg oder stirb, Mr. Bond!* vor. Es handelt sich um einen der drei letzten Flugzeugträger der ↗ Royal Navy, berichtet ↗ »M« ↗ Bill Tanner. Von Gasturbinen angetrieben, ist die »HMS Invincible« eines der drei größen Schiffe der Welt. Alle drei sind »TDCs« und wurden nach dem Falklandkrieg mit völlig neuer Technik und modernsten Waffen ausgerüstet. Im Roman sollen sich unter anderen drei Staatsoberhäupter auf dem Schiff treffen, um eine geheime Sitzung abzuhalten. Die Operation läuft unter dem Namen ↗ »Landsea'89«. ↗ Gardner beschreibt, die »Invincible« hätte ein neues Kapitel in der Geschichte der Royal Navy eingeleitet. Das bereits zur Legende gewordene Schiff war das erste der Art, das es ermöglichte, jede Operation von ihm aus zu starten. Mit 19.500 Tonnen waren sogar nukleare Schläge von der »HMS Invincible« aus möglich. Sie hatte ↗ Green-Parrot-Waffen an Bord, die auch von ↗ Sea Harriers befördert werden und sich als ↗ Anti-U-Boote von den Harriers abwerfen lassen konnten. Das Schiff war groß genug, um eine Kommandoeinheit zu transportieren, die für schnelle Angriffe benötigt wurde. Angetrieben von vier Rolls-Royce TM3B Doppelgasturbinen, spielt das Schiff in *Sieg oder stirb, Mr. Bond* eine Hauptrolle. Es befindet sich das 42. Kommando der Royal Marines an Bord. Die Fluggruppe der »Invincible« besteht in Gardners Buch aus zehn Sea Harriers, elf U-Boot-Abwehr-↗ Sea Kings, zwei Elektronik-Abwehr-Sea Kings und einem ↗ Lynx-Hubschrauber. Elektronik, Kommunikationsmittel und die 12 Grad-Skirampe (zuvor war es eine 7-Grad-Rampe). Diese Verbesserungen sind einer der Gründe für die Durchführung der Operation ↗ »Landsea«. Das Hauptdeck des Schiffes ist 677 Fuß lang mit großen Antennen, Radarschüsseln und anderen Ortungsgeräten. Die Schwesterschiffe der »Invincible« heißen ↗ Illustrious und ↗ Ark Royal. 007 erklärt Jahre später im Roman ↗ *Der Morgen stirbt nie* über den sicheren ↗ Kanal 4, dass man ihn braucht. Während des Gespräches hört er im Hintergrund die Information, dass die »Invincible« von Gibraltar aus unterwegs sei, die ↗ »Defiant« folge währenddessen einem chinesischen U-Boot.

HMS NARVIK (Schiff)
Nach getaner Arbeit erfährt 007 im Roman ↗ *James Bond 007 jagt Dr. No*, dass die »HMS Narvik« in Jamaika angekommen sei. Mit dem Schiff soll eine Besetzung Crab Keys erreicht werden.

HMS PRESIDENT (Schiff)
↗ Daniel Craig

HMS RANGER (U-Boot im Roman)
Die »HMS Ranger«, ein U-Boot der Resolution-Klasse, das mit Atomkraft betrieben wird, gelangt im Buch ↗ *James Bond und sein größter Fall* in die Hände von ↗ Siegmund Stromberg. James Bond weiß über das Unterseeboot, dass es 1967 bei ↗ Vickers-Armstrong in Barrow-in-Furness auf Kiel gelegt wurde. 1971 hatte das U-Boot, das 370 Fuß lang und 33 Fuß breit ist und zwischen 7.500 und 8.400 Tonnen wiegt, seinen ersten Einsatz. Es schafft zwischen 20 und 25 Knoten und hat 151 Besatzungsmitglieder. Der Kapitän heißt ↗ Talbot. »Vickers-Armstrong« klingt nach einem Insidergag von Autor ↗ Christopher Wood, denn ↗ Vic Armstrong ist für den Stuntbereich der James-Bond-Filme ein unverzichtbarer Mann. Im Roman werden die ↗ Ranger und die ↗ Potemkin zu ↗ »Stromberg 1« und ↗ »Stromberg 2«. Beide Schiffe werden von 007 umprogrammiert und zerstören sich mit Raketen gegenseitig.

HMS RANGER (Atom-U-Boot)
Die »HMS Ranger« ist das erste Atom-U-Boot, das im Film ↗ *Der Spion, der mich liebte* (1977) vom Supertanker ↗ Liparus geschluckt wird. Neben der »HMS Ranger« werden noch das Atom-U-Boot ↗ U.S.S Wayne und das russische Unterseeboot ↗ Potemkin gekidnappt. An Bord der »U.S.S. Wayne« befindet sich auch James Bond. Der Kapitän des Schiffes wurde von ↗ Bryan Marshall gespielt, der Rest der Crew von Statisten. Zu ihnen gehörten: Michael Howarth, Kim Fortune, Barry Andrews, Kevin McNally, Jeremy Bulloch, Sean Bury, John Sarbutt, Daiv Auker, Dennis Blanch, Keith Buckley, Jonathan Bury, Nick Ellsworth, Tom Gerrard, Kazik Michalski, Keith Morris und John Salthouse.

HMS TENBY (Schiff)
Die Seebestattung Bonds in ↗ *Man lebt nur zweimal* (1967) findet auf dem englischen Zerstörer »HMS Tenby« statt. Die Aufnahmen wurden im Hafen von ↗ Gibraltar gedreht, vor dem die »HMS Tenby« lag – im Film ist es Hongkong. Die Dreharbeiten fanden tatsächlich an Bord der »HMS Tenby« statt.

HNC-SECHZEHN (Betäubungsmittel)
Im Roman ↗ *Liebesgrüße aus Athen* soll nach ↗ »M« auch Bond entführt werden. Der Agent wehrt sich aber so sehr, dass die Gegner ihm das Betäubungsmittel HNC-Sechzehn nicht in die Vene, sondern nur intramuskulär injizieren müssen. 007 entkommt.

HOBBS, NICK (Stuntman)
Nick Hobbs führte seine Stunts in ↗ *Octopussy* (1983) unter der Aufsicht von ↗ Martin Grace, ↗ Paul Weston und ↗ Bill Burton durch. Er arbeitete im Team mit ↗ Dorothy Ford, ↗ Pat Banta, ↗ Jim Dowdall, ↗ Jazzer Jeyes, ↗ Clive Curtis, ↗ Bill Weston, ↗ Wayne Michaels, ↗ Christopher Webb, ↗ Del Baker, ↗ Rocky Taylor und ↗ Malcom Weaver.

HOCHLEISTUNGS-LUFTGEWEHR (Waffe)
↗ Cold

HOCHSTAPLER (Filmcharakter)
↗ Imposer

HOCHZEIT
↗ Heirat und ↗ Cold

DIE HOCHZEIT DES FIGARO (Oper)
In ↗ *Der Hauch des Todes* (1987) besuchen James Bond und ↗ Kara Milovy in Wien Mozarts Oper *Die Hochzeit des Figaro*. 007 hat die Karten zuvor über ↗ Universal Exports bestellt. Milovy ist von der Aufführung begeistert. In der Konzertpause trifft sich 007 mit ↗ Saunders.

HOCHZEITSNACHT
Brutale Flitterwochen gibt es in ↗ *Lizenz zum Töten* (1989). ↗ Dario antwortet auf

↗Felix Leiters Frage, was man mit seiner Frau ↗Della Leiter angestellt habe: »Sie verbringt ihre Hochzeitsnacht mit dem Tod!«

HOCHZEITSREISE
↗Flitterwochen

HOCHZEITSSUITE
Nachdem James Bond in ↗Zimmer 32 in einem Hotel in Istanbul Wanzen gefunden hat, lässt er sich in die Hochzeitssuite umquartieren. Auch hier ist er nicht ungestört: ↗SPECTRE hat einen Spiegel installieren lassen, der von einer Seite aus durchsichtig ist. ↗Rosa Klebb und ein ↗SPECTRE-Mann filmen Bond und ↗Tatjana Romanowa durch diesen Spiegel, als sie miteinander schlafen.
↗Pornofilm
Die Hochzeitssuite bewohnen James Bond und ↗Tiffany Case unter den Namen Mr. und Mrs. Jones in ↗*Diamantenfieber* (1971). Die Suite trägt die Zimmernummer 1012 und befindet sich im ↗Whyte House in Las Vegas. Bond gelangt von der Suite, die u. a. über ein Bett aus Plexiglas verfügt, in dem sich Tausende Liter Wasser und zahlreiche Fische befinden, auf das Dach eines Fahrstuhls und mit diesem zum Dach des Whyte House. Bond bricht in das Penthouse von ↗Williard Whyte ein und trifft auf ↗Ernst Blofeld.

HOCHZEITSTORTE
Vier Hochzeitstorten spielen in den James-Bond-Filmen eine Rolle. Da ist zum einen die in ↗*Im Geheimdienst Ihrer Majestät* (1969), die 007 und ↗Tracy di Vicenzo gehört. Es ist eine mehrstöckige Torte mit einem kleinen Brautpaar auf der Spitze. Die in ↗*Leben und sterben lassen* (1973) auftauchende Torte hielt nicht lange: Stuntman ↗Eddie Smith fuhr mit einem ↗CV-19 durch die klebrige Masse. In ↗*Im Angesicht des Todes* (1985) springt James Bond bei der Verfolgung von ↗May Day von einer Brücke auf ein vorbeifahrendes Schiff in der Seine. 007 durchschlägt beim Aufprall das Dach und landet mitten in einer Hochzeitstorte. Die Gäste und das anwesende Brautpaar sind geschockt – es ist nach *Leben und sterben lassen* (1973) das zweite Hochzeitspaar, das durch Bonds Auftreten einen ungewollt unvergesslichen Tag hat. Verwunderlich: Nach dem Sprung in die Torte weist 007s Anzug keinerlei Spuren durch Sahne oder Ähnliches auf. Die letzte Hochzeitstorte, die bisher zu sehen war, gehörte ↗Della und ↗Felix Leiter in ↗*Lizenz zum Töten* (1989). 007 muss Felix aus einem Arbeitszimmer locken, damit dieser die Torte unter dem Jubel der Hochzeitsgäste mit seiner Frau anschneiden kann.

HOCKER
Um einen Peilsender zu aktivieren, versucht ↗»M« in ↗*Die Welt ist nicht genug* (1999) an einen Wecker und dessen Batterie heranzukommen, den ↗Renard auf einem Hocker vor der Gitterstäben von »Ms« Zelle platziert hat. »M« ist ungeschickt und stößt den Hocker mit einem Besenstiel um.

HODEN
Als 007 im Roman ↗*Sieg oder stirb, Mr. Bond* seine Browning in den Hosenbund steckt, achtet er darauf, dass der Lauf nach links zeigt. Bond erinnert sich an Agenten aus Filmen oder Romanen, die die Waffe unvorsichtigerweise senkrecht in die Hose stecken. Ein alter Waffenmeister bezeichnete die Unfälle, die dabei passieren könnten, als ↗»Hodenmord«. Als die Killerin ↗Sarah Deeley versucht, den Agenten an Bord des Schiffes ↗Invincible zu töten, tritt sie ihm in die Hoden. Das Geschehen bereitet Bond nicht nur Kopfzerbrechen, sondern auch erhebliche Schmerzen. Nachdem Bond in die Hoden getreten wurde, bekommt er von ↗Grant eine Salbe, die die schmerzenden Stellen betäubt: »Sie werden für eine Stunde keine Gelüste haben, mit Damen zu

spielen, aber vielleicht ist das gar nicht so schlecht«, meint der Sanitätsfregattenkapitän. Unangenehme Streicheleinheiten für James Bonds Hoden gibt es im Roman ↗ *Fahr zur Hölle, Mr. Bond!* ↗ Lee Fu-Chu will, dass Bond von Wölfen entmannt wird und reibt den nackten 007 mit Tierölen ein. Die Wölfe, von ↗ Ed Rushia betäubt, sind zu schwach zum Zubeißen und lecken die Drüsen des Geheimagenten lediglich ab. Von ↗ Klopfer bekommt James Bond in ↗ *Diamantenfieber* (1971) auch einen Tritt in die Hoden. Der Agent geht sofort in die Knie. Ebenfalls in *Diamantenfieber* greift sich Bond eine Bombe und klemmt sie zwischen ↗ Mr. Wints Beine. Der homosexuelle Killer schreit, als 007 ihm die Hoden zerquetscht. Er wird von Bord der ↗ Queen Elizabeth geworfen und explodiert noch in der Luft. 007s Kommentar in der deutschen Version: »Den Hund hat's mit eingeklemmtem Schwanz zerrissen!«

Auch andere Figuren spüren den Hodenschmerz: Ein Kämpfer aus ↗ Hai Fats Schule im Film ↗ *Der Mann mit dem goldenen Colt* (1974) bekommt von einer Nichte Hips einen Tritt zwischen die Beine. Im selben Film quetscht Bond die Hoden eines Sumoringers, indem er eine krause Idee in die Tat umsetzt und den Knoten von dessen Kampfbekleidung getreu nach dem Motto »I did it my way!« am Steiß mit aller Gewalt enger zieht. In ↗ *Im Angesicht des Todes* (1985) verletzt sich 007 seine Hoden. Bond, der an einem Tau von ↗ Zorins Zeppelin hängt und über die Stadt San Francisco gezogen wird, bekommt die Antenne der Transamerican Pyramid genau zwischen die Beine. In ↗ *GoldenEye* (1995) stürzt 007 an der Leiter der Antenne hinunter und schlägt gegen das Metallende der Antenne. In *Octopussy* (1983) konnte Bond seine Hoden gegen solche Schläge noch schützen, als er ein Treppengeländer herunterrutscht. In *Der Morgen stirbt nie* (1997) lautet ein Dialog zwischen Admiral Roebuck und »M« im Original: Roebuck: »With all due respect, M, sometimes I don't think, you have the balls for this job.« M: »Perhaps. The advantage is, I don't have to think with them all the time.«

In der deutschen Übersetzung sagt Roebuck: »Bei allem Respekt, M, ich glaube, Ihnen fehlt das, was ein Mann hat für diesen Job.« M antwortet: »Schon möglich. Aber dafür muss ich nicht dauernd mit dem, was mir fehlt, denken.«

Die Storyboards von ↗ *The World Is Not Enough* geben Aufschluss darüber, dass sich der Handlanger, an dem sich 007 in Lachaises Büro festbindet, um gebremst aus dem Fenster springen zu können, ursprünglich die Hoden an einem Tischbein quetschen sollte. In der Umsetzung dieser Szene kommt die Filmfigur schmerzfreier davon.

Literarisch spielen 007s Hoden schon sehr früh eine Rolle: Bereits im Buch ↗ *Casino Royale* muss Bond ungeheure Schmerzen ertragen, als ↗ Le Chiffre dem Agenten mit einem Teppichklopfer die Hoden auspeitscht, um ihn zu foltern. Bond fürchtet daraufhin, er sei impotent. Die Drehbuchautoren Wade und Purvis haben für ↗ *Casino Royale* (2006) die Hodenfolter-Szene aus Flemings Roman adaptiert. Die brutale Umsetzung löste bei der FSK für die Freigabe des Films ab 12 Jahren heftige Diskussionen aus.

Der angehende 00-Agent ↗ 03 bekommt von James Bond im Roman ↗ *Countdown!* einen Tritt in die Weichteile. ↗ Antenne, ↗ *Octopussy*, ↗ Treppengeländer, ↗ M, ↗ *Der Morgen stirbt nie*, ↗ Roebuck

HODENMORD
↗ Hoden

HODGE (Romanfigur)
↗ *Doubleshot* (Roman)

HOFFNER (Filmcharakter)
Frau Hoffner kommt als Leiterin der Internationalen Mütterhilfe, einer ↗ SMERSH-

Tarnorganisation, und als Ex-Lehrerin von ↗Mata Hari im Film ↗*Casino Royale* (1966) vor. Sie wird versehentlich von ↗Klein-Otto erschossen, als sie die flüchtende ↗Mata Bond aufhalten will. Dargestellt wurde die in der deutschen Version sächselnde Figur von ↗Anna Quayle.

HOFFRITZ-RASIERAPPARAT

Im Buch ↗*007 James Bond und der Mann mit dem goldenen Colt* benutzt der Agent einen Hoffritz-Rasierapparat, von dem es heißt, ↗Felix Leiter hätte ihm diesen in New York gekauft, um Bond damit zu beweisen, dass es sich um die besten Geräte dieser Art handelt. Bond blieb der Marke treu. Bond ritzt die Schraube am unteren Ende des Rasierapparates ein, um zu überprüfen, ob ihn später jemand aufschraubt – der hohle Griff eignet sich nämlich für 007, um darin Codes, Mikropunktentwickler, Zyanid oder andere Pillen zu verstecken. Was tatsächlich drin ist, wird aber nicht erwähnt – vermutlich nichts.

HÖFN (Ort)
↗Eispalast

HOGAN, BEN (Autor)
↗Bücher

HÖHENRUDER

Nachdem sich James Bond in ↗*Octopussy* (1983) des angriffslustigen ↗Gobindas entledigt hat, kriecht er auf dem fliegenden Flugzeug ↗Kamal Khans nach hinten, um an das Höhenruder zu gelangen. Mit seinen Füßen biegt er es nach unten, so dass Khan, der ↗Octopussy entführen will, die Kontrolle verliert und abstürzt – Bond und die Frau können abspringen, bevor das Flugzeug zerschellt.

HO, HENRY (Romanfigur)

Eigentlich ist es falsch zu behaupten, Henry Ho aus ↗*Countdown!* sei eine Romanfigur, denn es gibt ihn wirklich. Autor ↗Raymond Benson stellt einen Realitätsbezug her, als er den Geschäftsführer des Hotels ↗»Man Wah« in Hongkong auf James Bond treffen lässt. Im Buch kannte Henry Ho 007. Er wird als Mann beschrieben, der sich gern zu seinen Kunden an den Tisch setzt und ihnen interessante Geschichten über die Gerichte erzählt, die ihnen serviert wurden. In der Danksagung des Buches findet sich Henry Ho.

HÖHLE
↗Ryuzaki

HOHLKOPF (Romanfigur)
↗Pissaro

HOLBROOK, LEN (Romanfigur)

Der nicht unvermögende ↗Len Holbrook ist ein Charakter im Roman ↗*Der Spion, der mich liebte*. Als eine berufliche Bekanntschaft von ↗Vivienne Michel, die bei einem Zeitungsverlag als Redaktionsassistentin arbeitet, macht er mehrere Annäherungsversuche. Holbrook ist Bauunternehmer, der über Michel Anzeigen schaltet. Er hat auch schon beim ↗*Daily Express* gearbeitet und gibt sein dort erworbenes Wissen an Michel weiter.

HOLDEN, WILLIAM (Gastdarsteller)

Obwohl der Schauspieler William Holden ganz normal als Darsteller des CIA-Chefs für den Film ↗*Casino Royale* (1966) engagiert wurde, gilt sein Mitwirken als Gastauftritt.

↗Ransome

HOLDER, GEOFFREY (Darsteller/Choreograf)

Geoffrey Holder wurde am 1. August 1930 in Trinidad geboren. Die gesamte Familie Holder war künstlerisch begabt, und auf Drängen der Eltern begannen die Kinder mit Tanz und Sport, was dazu führte, dass sie bald auch im Bereich Artistik erfolgreich wurden. Sohn Boscoe Holder gründete mit Freunden die Kunstakademie Trinidads.

Geoffrey Holder widmete sich der Malerei. Seine Werke wurden schnell bekannt, und schon 1945 wurde dem Künstler die Möglichkeit zu einer Ausstellung in der Bibliothek Trinidads gegeben. Tänzerisch ging es ebenfalls bergauf. Mit seinem Verständnis für Körperbeherrschung und der klassischen Vorbildung gründete Geoffrey Holder eine erfolgreiche Tanzgruppe. Er choreographierte und schaffte es über zahlreiche Auftritte mit dieser Truppe, populär zu werden. Hier lernte er auch seine spätere Frau Carmen de Lavallade kennen. Beide tanzten fürs Fernsehen und auch vor Präsident Johnson im Weißen Haus.

Einem breiten Publikum war Holder durch Auftritte in 7-Up-Werbespots bekannt geworden und gelangte so zur professionellen Schauspielerei. Er choreografierte und spielt im Film ↗*Leben und sterben lassen* (1973). Geoffrey Holder verkörpert den Voodoo-Gott der Friedhöfe, ↗Baron Samedi. Einheimische hielten es für Frevel, dass Baron Samedi in einem Film dargestellt wurde, weil sie diese Figur tatsächlich in Ritualen anbeten. Holder machte sich nichts aus den Protesten und bot eine Show, die so schnell nicht in Vergessenheit geriet. Die Verbindung zwischen Holder und James Bond reicht aber weiter in die Vergangenheit zurück. Der Darsteller war in den frühen 1960er Jahren Gastgeber bei einer Veranstaltung, zu der auch ↗Ian Fleming geladen war. Holders Auftritt in *Leben und sterben lassen* hat ↗Ian Fleming nicht mehr erlebt. Als Autor betätigte sich Holder kurz vor seinem Auftritt bei Bond und brachte ein Kochbuch mit karibischen Spezialitäten auf den Markt. »Baron Samedi ist ein besonderer Gegner, denn Bond kann ihn nicht töten«, meinte Holder in einem Interview. Damit spielt er auf die letzte Szene des Films an, die für viel Trubel sorgte: Hier ist Samedi auf dem Puffer einer Lok zu sehen und lacht in die Kamera, obwohl er zuvor im Film schon von 007 in einen Sarg mit Schlangen geschleudert worden war und gestorben war – eine für einen James-Bond-Film äußerst »unpassende« Szene, wie viele Kritiker meinten.

HOLDING, DEREK (Synchronisation)
Die Aufgabe der Synchronisation des Films ↗*Octopussy* (1983) wurde von zwei Männern übernommen: Derek Holding und Michael Hopkins. Holding kehrte für ↗*Der Hauch des Todes* (1987) für die Tonbearbeitung zurück.

HOLE, FRED (Assistent der künstlerischen Leitung)
Mit dem Bond-erfahrenen ↗Ernie Archer arbeiteten ↗Jim Morahan und Fred Hole als Assistenten der künstlerischen Leitung bei der Produktion von ↗*Octopussy* (1983) zusammen. Er kehrte für ↗*Der Hauch des Todes* (1987) als künstlerischer Leiter zurück.

HOLLÄNDISCHE BLÜTEN (Zeichentrickfilm)
↗*James Bond Jr.*

HOLLAND, RICHARD (Assistent der künstlerischen Leitung)
↗Dennis Bosher

HOLLANDER, GINA (Romanfigur)
Siehe Inhaltsangabe ↗*High Time To Kill*

HÖLLE
In ↗*Diamantenfieber* (1971) wirft James Bond eine Person, die er für ↗Blofeld hält, in ein Becken mit kochendem Schlamm und kommentiert: »Willkommen in der Hölle, Blofeld!«

HOLLEY, RICK (Stuntman)
Im Schatten von ↗Corkey Fornof wurde der Stuntman Rick Holley nie richtig bekannt. Dennoch verdankt man ihm eine der spektakulärsten Szenen, die in einem James-Bond-Film zu sehen waren. Holley war für die Stunts mit dem ↗Acro-Star-Jet in ↗*Octopussy* (1983) zuständig. Bei ↗*Im Angesicht des Todes* (1985) arbeitete Holley im Wechsel mit Chuck Tamburro, Robert Liechti und Gerry Crayson als Pilot.

HOLLIS, JOHN (Darsteller)
John Hollis spielte in ↗ *In tödlicher Mission* (1981) eine Figur, die als »Rollstuhlschurke« in die Annalen des James Bond eingehen sollte. Hollis Gesicht ist in der gesamten ↗ Pre-Title-Sequenz, in der die Figur auch ums Leben kommt, nicht zu sehen. Sein Mitwirken als Rollstuhlschurke an diesem zwölften offiziellen James-Bond-Film war lange ein Geheimnis im Bond-Universum. Auch sorgte die Figur für viel Aufregung, hielten (und halten) sie doch einige Experten für ↗ Ernst Stavro Blofeld. Der Darsteller trug während der Dreharbeiten eine Latexmaske, die ihn glatzköpfig erscheinen ließ. Bond-Experten sind auch der Meinung Hollis habe in *Casino Royale* (1966) eine Figur mit Namen Monk gespielt. John Hollis verstarb am 18. Oktober 2005 nach langer Krankheit.

↗ Rollstuhlschurke

HOLLON, VICTORIA (Stuntwoman)
↗ Allan Hewitt

HOLMES, JOHN W. (Schnitt)
John W. Holmes war bei ↗ *Diamantenfieber* (1971) für den Schnitt verantwortlich. Er arbeitete unter ↗ Bert Bates. Es war für beide der erste Auftrag bei einem 007-Streifen.

HOLMES, SHERLOCK (literarische Figur)
James Bond gibt im Roman ↗ *Sieg oder stirb, Mr. Bond* offen zu, er sei kein Sherlock Holmes. Hierbei handelt es sich um eine Anspielung ↗ John Gardners auf den James-Bond-Darsteller ↗ Roger Moore, der in seiner Karriere schon die Rolle des Holmes gespielt hatte. Doch schon vor Gardners Holmes-Anspielung baute ↗ Tom Mankiewicz einen diesbezüglichen Gag in das Drehbuch von ↗ *Diamantenfieber* (1971) ein. Als ↗ Felix Leiter wissen will, wo James Bond die Diamanten bei der Leiche von ↗ Peter Franks versteckt hat, antwortet 007 nach Holmes-Manier*: »Elementary, Dr. Leiter« (in der deutschen Version sagt Bond: »Im Magendarmtrakt, Dr. Leiter«). ↗ Red Kelly nennt James Bond im Roman ↗ *Stille Wasser sind tödlich* ironisch »Sherlock«.

*) »Ganz einfach, lieber Watson« oder »Ganz einfach, Dr. Watson.«

HOLOGRAMM
Anhand eines Hologramms erläutert ↗ Dr. Molly Warmflash, wie sich das von ↗ 009 im Kopf von ↗ Victor Zokas platzierte Geschoss bewegt. Es bahnte sich seinen Weg durch die »Medulla Oblongata« und schaltet so die Sinneswahrnehmungen wie Fühlen und Riechen aus. Zokas empfindet dadurch keine Schmerzen mehr und wird von Tag zu Tag bis zu seinem bevorstehenden Tod stärker.

↗ 3-D-Hologramm

HOLSTER, ERNIE (Schnitt)
Einmal in seinem Leben arbeitete Ernie Holster an einem James-Bond-Film. Im Jahre 1965 war er für den Schnitt des Films ↗ *Feuerball* (1965) zuständig. Zwar sind in den Jahren immer mehr kleine Patzer aufgefallen, wie z. B. eine Tauchermaske, die einem Kämpfer unter Wasser abgerissen wird, aber in der nächsten Szene wieder auf dem Gesicht sitzt, aber solche geringen Fehler finden sich in den teuersten Produktionen. ↗ Peter Hunt, der in *Feuerball* »nur« die Schnittaufsicht hatte und mit Holster zusammenarbeitete, schaffte den Aufstieg zum Regisseur.

HOLT, DI (Make-up/Frisuren)
Den kombinierten Aufgabenbereich Make-up und Frisurengestaltung belegte Di Holt bei der Produktion von ↗ *Lizenz zum Töten* (1989).

HOLUNG (Romanfigur)
Siehe Inhaltsangabe ↗ *High Time To Kill*

HOLY CODE

↗ Dr. Jay Autem Holy benutzt im Roman ↗ *Die Ehre des Mr. Bond* eine spezielle Art der Programmierersprache, die ↗ Percy Proud als Holy Code bezeichnet. Computerprogrammierer, die nichts mit Holys Firma ↗ »Gunfire Simulations« zu tun haben, können mit diesem Code nicht umgehen, und so sind diese Programme für Außenseiter unzugänglich. Der Holy Code ist Autem Holys beste Waffe.

HOLY, DR. JAY AUTEM (Romanfigur)

↗ »M« berichtet 007 im Roman ↗ *Die Ehre des Mr. Bond* von Dr. Jay Autem Holy, der angeblich tot sei. Seine Witwe ↗ Miss Persephone Proud habe sich seit dem Tod ihres Mannes so stark verändert, dass er sie nicht wiedererkennen würde. Diese Aussage reicht aus, um dem Leser klar zu machen, dass Holy noch am Leben ist! Er ist seiner Zeit weit voraus. Als Computergenie mit hochgewölbtem Schädel und spärlichem Haarwuchs hat er damals fürs Pentagon an komplizierten, modernen Programmen gearbeitet. Manche seiner Freunde nannten den Doktor »Holy Terror«. Sein angeblicher Tod soll sich bei einem Flugzeugabsturz zusammen mit dem seines Ex-Kollegen ↗ General Joseph »Rolling Joe« Zwingli ereignet haben. Die Leichen der beiden Männer wurden jedoch niemals gefunden. Holy hatte am Tag des Absturzes wichtige Magnetbänder bei sich – natürlich wurden auch diese nicht gefunden. James Bond stellt sehr schnell fest, dass Holy noch am Leben ist und in der kleinen Ortschaft Nun's Cross nördlich von Banbury lebt. Dort plant er Terrorakte, die mit Hilfe von Computersimulationen durchgespielt werden. Jay Autem Holy, dem die Firma ↗ »Gunfire Simulations« gehört, nennt sich ↗ Professor Jason St. John-Finnes. Das Haus, in dem er wohnt, hat den seltsamen Namen ↗ »Endor«. Holy wird in ↗ *Die Ehre des Mr. Bond* vom ↗ Blofeld-Nachfolger ↗ Tamil Rahani erschossen.

HOLY TERROR (Romanfigur)

Der Spitzname des ↗ Dr. Jay Autem Holy, der in ↗ *Die Ehre des Mr. Bond* auftaucht, lautet »Holy Terror«. Er stammt von Freunden des Computerexperten, die damit auf Holys Stimmungsschwankungen und seine Wutausbrüche anspielen wollten.

HOLZBEIN

↗ Beinprothese

HOLZGERÜST

↗ Gerüst

HOME JAMES, DON'T SPARE THE HORSES (Lied)

↗ *Casino Royale* (Soundtrack)

HOMER (Sender)

Der Homer-Sender wird erstmals im Roman ↗ *Goldfinger* erwähnt. James Bonds ↗ Aston Martin verfügt darin über einen Empfänger, um die Signale des Homers orten zu können. Der Sender verfügt über eine Reichweite von 160 Kilometern. Bond lässt die Trockenbatterie in ein Vakuumröhrchen fallen und verstaut den Homer in ↗ Goldfingers Rolls Royce ↗ Silver Ghost. Als es im Roman ↗ *Fahr zur Hölle, Mr. Bond!* um den Sender »Homer« geht, erlaubt sich ↗ Ed Rushia einen Scherz. Er meint, es gäbe Zeiten, da wäre Homer für ihn das ganze Griechenland gewesen. Sein Gesprächspartner ↗ Grant reagiert nicht auf die Äußerung.

HOMER

↗ Zitat

HOMESPUN (Codename)

Über Funk spricht James Bond im Roman ↗ *Sieg oder stirb, Mr. Bond* den Stützpunkt aus seiner ↗ Sea Harrier mit dem Rufnamen »Homespun« [»selbst gesponnen«; »einfach«, »hausbacken« (!)] an. Er selbst fliegt unter dem Codenamen ↗ »Bluebird«.

HOMOSEXUALITÄT
↗ Ian Fleming schrieb über einige Figuren in seinen Romanen, sie seien homosexuell: Bei ↗ Rosa Klebb im Buch ↗ *Liebesgrüße aus Moskau* und dem Killerpaar ↗ Mr. Kidd und ↗ Mr. Winter im Roman ↗ *Diamantenfieber* geht es darum, sie dadurch seltsam und bösartiger zu gestalten. ↗ Tatjana Romanowa, die im englischen Original von Klebb verführt wird, steht nicht als Lesbe, sondern nur als leicht beeinflussbares Individuum da. Auch ↗ Pussy Galore im Buch ↗ *Goldfinger* ist lesbisch. Hier schafft es 007 aber, sie zu »bekehren«. ↗ Tilly Masterson, deren »Hormone durcheinander geraten seien«, wird von Galore angebaggert, aber zu einer sexuellen Handlung kommt es nicht. Im Film ↗ *Diamantenfieber* (1971) treten Kidd und Wint als schwules Pärchen auf. Ein Hotelmitarbeiter, der James Bond in ↗ *Moonraker – streng geheim* (1979) in sein Hotelzimmer bringt, scheint ebenfalls schwul zu sein. Im Roman ↗ *007 James Bond und der Mann mit dem goldenen Colt* wurde C. C. von einem Artikel in der *Times* darauf gebracht, dass ↗ Francisco Scaramanga sexuell anomal sei, denn dort heißt es, dass Scaramanga nicht pfeifen kann: »Nach einer volkstümlichen Ansicht hat ein Mann, der nicht pfeifen kann, homosexuelle Neigungen.« »M«, der diese Behauptung liest, spitzt unweigerlich die Lippen, um selbst den Beweis anzutreten, dass er pfeifen kann. ↗ John Gardner ließ auch ↗ Walter Luxor und ↗ Marcus Bismarquer in seinem Roman ↗ *Moment mal, Mr. Bond* ein Paar sein. Bond durchschaut diese Verbindung erst am Ende des Romans.
↗ Fordyce

HONDA (Fahrzeug)
Mit einer 500-ccm-Honda rast im Roman ↗ *Du lebst nur zweimal* ein Schurke dahin. Der Mann fährt 120 Stundenkilometer. Als James Bond und ↗ Tiger Tanaka auftauchen und den Fahrer stellen wollen, kommt er ums Leben. Die Firma Honda fertigte die dreirädrigen Motorräder an, auf denen ↗ Blofelds Männer im Film ↗ *Diamantenfieber* (1971) den in einem ↗ Moonbuggy flüchtenden Bond verfolgen.

HONES (Filmcharakter)
↗ Colin Gordon

HONGKONG (Ort)
Nicht nur ↗ *Man lebt nur zweimal* (1967) und ↗ *Der Mann mit dem goldenen Colt* (1974) spielten in Hongkong. Auch ↗ John Gardner schickte 007 in den geheimnisvollen fernen Osten. In ↗ *Nichts geht mehr, Mr. Bond* befindet sich der Agent ein Kapitel lang in Hongkong, um mit seinem alten Kollegen ↗ Chang Kontakt aufzunehmen. Autor ↗ Raymond Benson lässt seinen Agenten aus aktuellem Anlass in derselben Stadt residieren. Im Roman ↗ *Countdown!* arbeitet 007 an einem Fall, der ihn hierher zurückkehren ließ. ↗ Ian Flemings Roman-007 arbeitete niemals in Hongkong. Im Roman ↗ *Stirb an einem anderen Tag* heißt es, Hongkong sei eine von James Bonds Lieblingsstädten.
↗ Schneider

HONORATO (Filmcharakter)
↗ Franz Sanchez' Chefchemiker im ↗ »Olympatec Meditation Institut« in ↗ *Lizenz zum Töten* (1989) heißt Honorato. Der Figurenname deckt sich mit dem des Darstellers, der ebenfalls Honorato Magaloni heißt.

HOOKS, MITCHELL (Plakatdesigner)
Mitchell Hooks war für den Entwurf des ersten James-Bond-Plakats für ↗ *James Bond 007 jagt Dr. No* (1962) zuständig. Er stand vor dem Problem, dass es verboten war, eine Person abzubilden, die mit der Waffe auf den Betrachter zielte. So entstand ein Bild von Connery, der seine Pistole mit Schalldämpfer lässig nach unten hält, während er sich auf seinem Bein aufstützt.
↗ 007 Gun Logo, ↗ David Chasman

HOOPER, NELEE (Produzent)
↗ Bono and the Edge

HOOVER, EDGAR (Romanfigur/FBI-Chef)
↗ Ian Fleming ließ Edgar Hoover (1895–1972), der ab 1934 Leiter des ↗ FBI war, in seinen Romanen vorkommen. Edgar Hoover ist im Roman ↗ *Leben und sterben lassen* der Vorgesetzte von ↗ Captain Dexter. Hoover lässt Bond über Dexter ausrichten, dass 007s Anwesenheit in den USA Grund zur Freude ist und dass er sich »als Gast« wohlfühlen kann. Hoover, Chef der FBI, ist Amerikaner und lebt in Washington. James Bond macht sich im Buch ↗ *Diamantenfieber* Gedanken darüber, wie peinlich es für ↗ »M« wäre, wenn dieser sich bezüglich einer Diamantenschmuggel-Affäre an Edgar Hoover vom FBI wenden müsse, um Hilfe anzufordern. Bond ermittelt weiter und ↗ Felix Leiter unterstützt ihn. Nachdem der Fall im Roman ↗ *Goldfinger* fast abgeschlossen ist, meint Felix Leiter, Edgar Hoovers Personal werde von der Presse zerrissen, weil James Bonds Identität geheim gehalten werden soll.

HOPCRAFT (Romanfigur)
Die zwei Schergen im Dienst von ↗ Dr. Jay Autem Holy im Buch ↗ *Die Ehre des Mr. Bond* heißen ↗ Balmer und Hopcraft. Hopcraft hat den Spitznamen ↗ Happy und er hat ihn laut ↗ Cindy Chalmer bekommen, weil er happy ist, wenn er plündert und vergewaltigt. Sein Kollege Balmer hat den Spitznamen ↗ »Tigerbalsam«.

HOPKINS, ALAN (Regieassistent)
Der Stab von ↗ *Leben und sterben lassen* (1973) in den USA war beachtlich groß. Alan Hopkins zählte als Regieassistent dazu.

HOPKINS, ANDREW (Kranbedienung)
Bei der Produktion von ↗ *GoldenEye* (1995) gab es zwei wichtige Männer, die den Kamerakran bedienten: Andrew Hopkins und ↗ Adam Samuelson.

HOPKINS, JOHN (Drehbuchautor)
Der Abspann verrät, dass John Hopkins als Drehbuchautor zusammen mit ↗ Richard Maibaum am Skript zum vierten Bond-Abenteuer ↗ *Feuerball* (1965) mitgearbeitet hat. Das Originaldrehbuch stammt aber angeblich von ↗ Jack Whittingham.

HOPKINS, MICHAEL (Synchronisation)
Die Aufgabe der Synchronisation des Films ↗ *Octopussy* (1983) wurde von zwei Männern übernommen: Michael Hopkins und Derek Holding.

HORAK, YAROSLAW (ZEICHNER)
↗ Jim Lawrence

HÖRBÜCHER
Das erste James-Bond-Hörbuch ↗ *Casino Royale* erschien am 08. August 1994 und wurde von ↗ Joanna Lumley gelesen. Auch wenn zumeist gekürzte Buchversionen als Hörbuch erscheinen, wie es z. B. bei ↗ *Death Is Forever* (gelesen von Simon Jones, erschienen bei Random House Audio) und ↗ *Cold Fall* (gelesen von Christopher Cazenove, erschienen bei Dove Audio) der Fall war, sind die Ausgaben mit zwei bis drei Stunden Laufzeit auf mehreren Audio-Kassetten doch recht lang. Zuletzt erschien ↗ *Bloodfever* (nachdem sich ↗ *Silverfin* als Hörbuch sehr erfolgreich verkauft hatte) bei Puffin Audiobooks mit einer Laufzeit von 210 Minuten auf drei CDs. Gelesen wird dieser Roman vom Autor ↗ Charlie Higson selbst. Auf dem deutschen Markt gab es 1988 zu den ersten sechs James-Bond-Filmen als Original-Film-Soundtrack eine Hörspiel-Bearbeitung. Hörspielregie: Heikedine Körting (Bearbeitung: Peter Bondy). Die Kassetten sind beliebte Sammlerstücke und enthalten hauptsächlich den Ton der deutschen Videofassungen der Filme. Spätere Bond-Filme kamen schließlich als Hörbuch-CDs auf den Markt. Gesprochen wurden die neusten 007-CDs von ↗ Hannes Jaenicke.

Es sind pro Hörbuch je zwei Audio CDs mit einer Gesamt-Spielzeit von ca. 150 Minuten. Das Hörbuch ↗*Stille Wasser sind tödlich*, gesprochen von Rufus Beck, wird ab September 2006 erhältlich sein. Die Spielzeit der vier CDs wird etwa 300 Minuten betragen. Auch ↗*Zurück kommt nur der Tod* ist als Hörbuch in Planung. Als Hörbücher auf CD erschienen jüngst auch Flemings Romane wie ↗*Leben und sterben lassen*, ↗*Casino Royale* und ↗*Goldfinger*. Obwohl die Bücher nur in gekürzter Version gelesen werden, tut dies der Hörfreude nur geringen Abbruch.

HORCHER (Romanfigur)
↗»M« fragt James Bond im Buch ↗*007 James Bond und der Mann mit dem goldenen Colt*, ob er etwas über die Ermordung von Horcher und ↗Stutz erfahren habe, als 007 sich nach einer Amnesie in Russland aufhielt. Bond meint, der ↗KGB müsse sich gegen die anderen Geheimdienste zur Wehr setzen und wäre längst abgeschafft, wenn auch der ↗Secret Service aufgelöst werden würde.

HÖRGERÄT
↗Auric Goldfinger trägt im gleichnamigen Roman und im Film ein Hörgerät, durch das er sich die Karten seiner Canasta-Gegenspieler von ↗Jill Masterson durchgeben lässt. Eine Art Hörgerät trägt auch ein britischer Agent in ↗*Leben und sterben lassen* (1973). Ursprünglich soll er damit bei einer Versammlung Übersetzungen von einem Dolmetscher erhalten, doch ↗Kanangas Männer schließen ein Gerät an den Verteiler an, der das Hörgerät speist, dessen schriller Ton beim Eindringen in den Kopf des Agenten dessen Tod auslöst.

HORMON (Helikopter)
In ↗Gardners Werk ↗*Nichts geht mehr, Mr. Bond* werden 007 und seine Freunde von einem Helikopter bedroht. Es handelt sich um einen ↗KA-25, der von der NATO auch »Hormon« genannt wurde.

HORNAK, LUCY (Darsteller)
Die junge Schauspielerin Lucy Hornak spielt die Krankenschwester in ↗Shrublands, die James Bond in der denkwürdigen Szene in ↗*Sag niemals nie* (1983) um eine Urinprobe bittet. Bond fragt, ob er den Probenbecher aus einer größeren Entfernung füllen soll.

HORNER, HARRIET IRENE (Romanfigur)
Im Roman ↗*Scorpius* von ↗John Gardner begegnet 007 in den Büros der Firma ↗»Avante Carte Inc.« erstmals der Amerikanerin Harriet Irene Horner. Er vermutet auf Grund ihres Akzents, dass sie aus Boston stammt. Bond gibt sich zunächst als ↗Mr. Boldman aus. Horner verrät 007, dass sie als Undercover-Detektivin für den ↗IRS der Vereinigten Staaten arbeite und keine der englischen Behörden von ihrer Operation wisse. Kurioserweise will ↗Scorpius die Hochzeit zwischen 007 und Harriet Horner, weil Horners Vater Scorpius befreit und dieser geschworen hat, sein Patenkind Harriet zu beschützen. Bond lässt sich auf die Hochzeit ein, plant jedoch mit Harriet die Flucht. 007s Wegbegleiterin und Verbündete stirbt am Biss einer ↗Moccasin-Schlange; ↗David Wolkovsky kommt zu spät, um beide in ein Rettungsboot zu ziehen. Bond ist fassungslos.

HOROSKOP
Dass James Bond abergläubisch ist, gibt er schon im Film ↗*Im Geheimdienst Ihrer Majestät* (1969) zu. Im Roman ↗*007 James Bond und der Mann mit dem goldenen Colt* liest der Agent im ↗*Daily Gleaner* sogar sein Horoskop. Darin steht: »NUR MUT! Der heutige Tag wird eine angenehme Überraschung bringen und die Erfüllung eines lang gehegten Wunsches. Aber Sie müssen Ihr Glück verdienen, indem Sie nach der goldenen Möglichkeit eifrig Aus-

schau halten und, wenn sie sich zeigt, mit beiden Händen zugreifen.« Das Horoskop ist eine Anspielung auf ↗Scaramanga, den 007 jagt, denn die »goldene Möglichkeit« ist der »Mann mit dem goldenen Colt«.

HOROWITZ, SOL (Romanfigur)
↗Horror

HORROR (Romanfigur)
Er stellt sich mit dem Namen Mr. Thomson vor, ist groß und mager. ↗Fleming schreibt: »Seine Haut wirkte so fahl und leblos wie die eines Menschen, der nie frische Luft bekommt. Die schwarzen Augen waren ruhig und ohne Neugier, die Lippen schmal und bläulich rot wie eine Wunde.« Horrors Zähne strahlen beim Sprechen metallisch. ↗Michel vermutet, der Mann habe billige Stahlkronen im Mund. Horrors Ohren liegen eng an seinem kantigen Kopf; seine Haare sind kurz geschnitten und das Weiß der Kopfhaut schimmert durch. Der bürgerliche Name des Mannes lautet ↗Sol Horowitz. James Bond erschießt Horror, und dieser steuert den Wagen, in dem auch ↗Sluggsy sitzt, in einen See. Sluggsy überlebt den Unfall. Die Figur Horror, die im Originalroman eine Zahnspange trägt, inspirierte die Filmemacher, den Charakter ↗Jaws zu erfinden, der in Deutschland unter dem Namen ↗Beißer enorme Popularität erreichte und zur unvergessenen Figur in ↗Der Spion, der mich liebte (1977) und ↗Moonraker – streng geheim (1979) wurde. Ironie am Rande: Anthony Horowitz ist ein erfolgreicher Romanautor, bei dem die Erbengemeinschaft Ian Flemings 2004 Anfrage stellte, ob er nicht die Romane schreiben wolle, die vom jungen Bond handeln. Horowitz lehnte ab und ↗Higson erhielt den Auftrag.

HORSEFERRY RD. (Adresse)
↗Führerschein

HORSESHOE (CASINO)
↗Golden Nugget

HORSFALL, BERND (Darsteller)
Horsfall spielt im Film ↗Im Geheimdienst Ihrer Majestät (1969) den ↗MI6-Mann Campbell. Der Charakter ist nur dann sofort als Bond-Komplize zu identifizieren, wenn der Film in kompletter Länge (140 Minuten) gezeigt wird. In der kürzeren Version entfällt nämlich die Szene, in der Campbell 007 beim Diebstahl von Unterlagen aus einem Safe der ↗Gebrüder Gumbold unterstützt.

HÖRSPIELE
↗Hörbücher

HORTON, MAEVE (Romanfigur)
↗David Dragonpol

HORTON, MATTHEW (Modelltechniker Spezialeffekte)
Die Crew der Modelltechniker für die Spezialeffekte bestand bei der Produktion von ↗GoldenEye (1995) aus Matthew Horton, ↗Christine Overs und ↗Leslie Wheeler.

HOSE
Was hat die ↗Abteilung Q in den bisher erschienenen 42 James-Bond-Romanen (die Kurzgeschichten nicht mitgerechnet) nicht alles entworfen! Sogar eine Hose stammt im Buch ↗Niemand lebt für immer aus den Erfinderhänden der ↗Q-Branch. Im Hosenbund des Kleidungsstücks verbergen sich wichtige Hilfsmittel, die 007 nutzt, um ↗Tamil Rahani aus dem Weg zu räumen. Mit Dietrichen entkommt Bond aus seiner Zelle auf ↗Shark Island. Eine winzige Menge Plastiksprengstoff nutzt der Geheimagent, um seinem Feind eine tödliche Bombe an die elektrische Höhenverstellung des Krankenbettes zu bauen. Bonds Plan geht auf. Rahani stirbt, er selbst kann mit ↗May und ↗Miss Moneypenny entkommen.

HOSEIN (Filmcharakter)

Als James Bond in ↗*Der Spion, der mich liebte* (1977) Informationen über das ↗U-Boot-Ortungssystem benötigt, wird er nach Ägypten geschickt, wo Scheich Hosein (andere Quellen: Hossein), ein Undercover-Agent des ↗MI6, auf ihn wartet. Er liefert Informationen über ↗Max Kalba und ↗Aziz Fekkesh und überredet 007, auch in die weiblichen ägyptischen Geheimnisse einzudringen. Dargestellt wurde der Charakter, der zusammen mit Bond in ↗Cambridge studiert haben soll, vom Schauspieler ↗Edward de Souza. Die Figur wurde erst sehr spät ins Drehbuch eingefügt. Deshalb kommt sie auch in ↗Christopher Woods Buch zum Film nicht vor.

HOSENTRÄGER

In ↗*Casino Royale* (1966) benutzt James Bond seine Hosenträger, um einen Knopf auf die Feinde zu schleudern, der einen Sender beinhaltet und vom Feind abgefeuerte Geschosse auf 007 lenkt. Die Gegenseite schleudert den Knopf mit einem Strapsgummi zurück.

HOSPICE (Codewort)

Das Wort »Hospice« (übersetzt »Pflegeheim für unheilbar Kranke«) ist in einem ↗Gardner-Roman ein Code, den 007 wie vereinbart an den ↗Secret Service weitergibt. So erfährt der ↗MI6, dass sich in einem Krankenhaus ein Zwischenfall ereignet hat.

HOSTESS IM PRIVATFLUGZEUG (Filmcharakter)

↗Drax' Stewardess

HOSTILE TAKEOVER (Zeichentrickfilm)

↗*James Bond Jr.*

HOTEL

James Bond reist in Ausübung seiner Pflichten durch die ganze Welt, sowohl in den Filmen als auch in den Romanen. Er wohnte bereits im ↗Intercontinental und im ↗Hesperia (↗*Operation Eisbrecher*) und logiert im Buch ↗*Die Ehre des Mr. Bond* im ↗Hotel de Paris in Monte Carlo, Monaco. James Bond verbringt im fünften 007-Roman von ↗John Gardner (↗*Niemand lebt für immer*) etwas Zeit in einem Hotel namens ↗Mirto du Lac. Das einfache Haus ist ein Familienunternehmen am Lago Maggiore. Es liegt unterhalb einer Kirche und der Zypressenallee. Im Buch ↗*Fahr zur Hölle, Mr. Bond!* wohnt der Agent in San Francisco im ↗Fairmont und erinnert sich an einen früheren Aufenthalt im nahe gelegenen ↗Mark Hopkins. Beides sind sehr gute Hotels, das Fairmont kostet etwa 270–330 Euro pro Person. ↗Dr. Jay Autem Holy gibt im selben Roman dem Piloten ↗Nick den Befehl, das Luftschiff Europa über dem ↗Hotel Richmond kreisen zu lassen. In diesem Hotel in Genf findet das Gipfeltreffen statt, und Holy will über den Köpfen der Staatsoberhäupter die ↗EPOC-Frequenz abschicken.

↗Präsidentensuite, ↗Zimmer 1 bis Zimmer 2100, ↗Zimmer für VIPs, ↗Astor, Atlantik, ↗Bill's on the Beach, ↗Cala di Volpe, ↗Channel Packet, ↗El Presidente, ↗Grand Hotel Europa, ↗Gritti Palace, ↗Hilton, ↗Hilton Hotel Disney Village, ↗Hotel de la Gare, ↗Hotel de Los Organos, ↗Kristal Palas, ↗Lake Palace, ↗Mark Hopkins, ↗MIRAMONTE, ↗Palácio, ↗Ritz, Rubyeon Royale, ↗SANS SOUCI, ↗SHIVNIVAS, ↗SHIV NIWAS PALACE, ↗Terminus Nord, ↗The Peninsula und ↗The Yak and Yeti

HOTEL DE LA GARE (Hotel)

Während James Bond im Roman ↗*Goldfinger* den gleichnamigen Gegenspieler mit Hilfe des ↗Homer-Senders verfolgt, lässt er sich im Hotel de la Gare nieder, um den Abstand zwischen seinem ↗Aston Martin DB III und dem ↗Rolls Royce Silver Ghost nicht so groß werden zu lassen.

HOTEL DE LOS ORGANOS

Das Hotel de Los Organos, das im Roman und im Film ↗*Stirb an einem anderen Tag*

(2002) vorkommt, ist ein »verfallenes Überbleibsel aus der Kolonialzeit«. Hier halten sich meist Gäste auf, die sich in der Klinik von ↗Dr. Alvarez auf Los Organos einer Gen-Therapie unterziehen wollen. Die Gäste haben sich mit Namen wie ↗Mr. Jones und ↗Mr. Smith ins Gästebuch der Lobby eingetragen. 007 hofft, ↗Zao zu finden, trifft jedoch zunächst auf ↗Jinx.

HOT ON ICE (Filmtitel)
↗Aquator

HOT-SHOT (Comic)
↗Comics

HOUBART, JEAN-CLAUDE (Fahr-Stuntman)
Zum Fahr-Stuntteam bei den Dreharbeiten von ↗Im Angesicht des Todes (1985) gehörten ↗Dominique und ↗Michel Julienne, ↗Christian und ↗Jean-Claude Bonnichon, ↗Jean-Claude Lagniez, Jean-Claude Houbart und ↗Robert Blasco. Houbard fuhr auch wieder bei ↗Der Hauch des Todes (1987) und ↗Lizenz zum Töten (1989)

HOUSEMAN, A. E. (Schriftsteller)
↗Zitat

HOVERCRAFT (Fahrzeug)
Das erste Hovercraft der Bond-Geschichte kommt im Film ↗Diamantenfieber (1971) vor. Hier benutzt James Bond es auf seiner Reise von England nach Amsterdam. Wichtige Fahrzeuge bei Actionszenen wurden die Hovercrafts erst im Film und im Roman ↗Stirb an einem anderen Tag (2002). ↗Colonel Tan-Gun Moon besitzt mehrere der Luftkissenboote, da er damit über das Minenfeld zwischen Nord- und Südkorea hinwegfahren kann, ohne Sprengungen auszulösen. Mit den Hovercrafts transportiert er die Waffen, die er für Blutdiamanten verkauft. Das erste Luftkissenfahrzeug wurde 1955 patentiert; im selben Jahr erschien der Roman ↗Moonraker. Ein ausgereiftes Exemplar des Fahrzeugs wurde erst 1959 gebaut.

HOVERCRAFT CHASE (Lied)
↗Stirb an einem anderen Tag (Soundtrack)

HOWARD, ARTHUR (Darsteller)
Da Arthur Howard keinen Text lernen musste und sich stumm in seiner Rolle als Chauffeur ↗Cavendish von ↗Drax im Film ↗Moonraker – streng geheim (1979) bewegte, waren keine besonderen schauspielerischen Qualifikationen nötig.

HOWARD (Romanfigur)
Detective Inspector Howard ist im Roman ↗Tod auf Zypern der ermittelnde Inspektor im Mordfall ↗Alfred Hutchinsons. Er tritt nur kurz in Erscheinung. Auch in ↗Doubleshot kommt eine Figur mit diesem Namen vor.

HOWARD, WREN (Lektor)
Wren Howard war der Lektor der Manuskripte ↗Ian Flemings. Seine Arbeit war nicht leicht, denn oft strotzten die Bücher Flemings nur so von Fehlern, und die mit Schreibmaschine geschriebenen Skripte wurden von Fleming handschriftlich ergänzt. Der Bond-Erfinder entschuldigte sich für jedes neue Buch bei seinem Lektor. Als er die Vorlage für ↗The Spy Who Loved Me abgab, bat er Wren Howard, dem Buch ein so »kurzes Leben wie möglich« zu bescheren. Seine Bitte wurde nicht erhört.

HOWDAH
Die Jagdsänfte, in der ↗Kabir Bedi und ↗Louis Jourdan bei den Dreharbeiten zu ↗Octopussy (1983) saßen, wird Howdah genannt. Im Film löst 007 den Halteriemen der Howdah am Bauch des Elefanten, und ↗Gobinda wird zu Boden geschleudert.

HOWE, W. G. (Filmcharakter)
W. G. Howe ist im Film ↗Im Angesicht des Todes (1985) ein korrupter Leiter der Behörde für Öl und Minen. Der Beamte arbeitet mit ↗Zorin zusammen und büßt für die illegalen Machenschaften, als er

von Max Zorin erschossen wird. Der Bösewicht will ihm den Mord an ↗ Stacey Sutton und James Bond, der sich als Reporter getarnt von Howe über die mit Meerwasser gefüllten Pipelines hatte informieren lassen, in die Schuhe schieben. Dargestellt wurde die Figur vom Charakterdarsteller ↗ Daniel Benzali.

HOWITT, PETER (Set-Ausstatter)
Für die Set-Ausstattung bei den Dreharbeiten zum Film ↗ *Moonraker – streng geheim* (1979) war Peter Howitt zuständig.

HOXBY, DEREK (Darsteller)
↗ Stagg

HO YI (Darsteller)
Ho Yi spielt in ↗ *Stirb an einem anderen Tag* (2002) den chinesischen Agenten ↗ Chang.

HOYLAND, WILLIAM (Darsteller)
Der britische Schauspieler William Hoyand stirbt vermutlich in ↗ *In tödlicher Mission* (1981) auf Grund seines Kontaktes mit dem ↗ ATAC-System. Hoyland spielt den Charakter ↗ McGregor.

HP-28S
Ein hochmodernes, sehr schwer zu handhabendes Modell eines HP-28S wird im Roman ↗ *Fahr zur Hölle, Mr. Bond!* von ↗ Chi-Chi vermisst. Sie verlangt nach einem Taschenrechner dieses Modells, um in ihrer Rolle als ↗ Jenny Mo glaubhaft zu wirken und mehr über die ↗ Operation Jericho zu erfahren. ↗ Lee besorgt ein Ersatzmodell der Firma ↗ Texas Instruments.

HQ (Abkürzung)
HQ steht für Headquarters, was Hauptquartier bedeutet. Die allgemein gültige Abkürzung kommt u. a. in der Kurzgeschichte ↗ *Tod im Rückspiegel* vor.

HUBBARD (Romanfigur)
In ↗ *003½ James Bond Junior* beobachtet James Bond Junior den Ford der Kinderbuchautorin Miss Hubbard. Nach ihren eigenen Angaben hat sie ihren ganzen Garten voller Feen und ist so für Bond nicht die richtige Person, um die Verfolgung der LKWs von ↗ Mr. Merck aufzunehmen.

HUBER, IDA (Stuntwoman)
↗ John Falkiner

HUBSCHMID, EDI (Regieassistenten)
Für viele war der Posten eines Regieassistenten bei der Produktion eines James-Bond-Films das Sprungbrett in die Filmbranche. Als zusätzliche Regieassistenten nutzten Edi Hubschmid, ↗ Laurent Bregeat, ↗ Serge Menard, ↗ Terry Madden, ↗ Andrew Warren, ↗ Simon Haveland, ↗ Nick Heckstall-Smith und ↗ Barbara Broccoli diese Möglichkeit.

HUBSCHRAUBERPILOT (Filmcharakter)
Der Hubschrauberpilot aus ↗ *Im Angesicht des Todes* (1985) wurde von einem echten Piloten gespielt: ↗ Sewa Nowgorodsjew. Obwohl die Figur bereits in der ↗ Pre-Title-Sequenz mit einem Helikopter am Eisberg zerschellt, fliegt Nowgorodsjew als Pilot später im Film ↗ Tatyana Roberts als ↗ Stacey Sutton auf ↗ Max Zorins Gestüt ein. Der Pilot ist dabei nicht im Bild.

HÜBSCHE MÄDCHEN UND RUBINE (Zeichentrickfilm)
↗ *James Bond Jr.*

HUDSON, CLAUDE (Produktionsmanager und -Aufsicht)
Seinen ersten Kontakt mit James Bond hatte Claude Hudson im Jahre 1971. Er arbeitete in ↗ *Diamantenfieber* als Produktionsmanager. ↗ Milton Feldman hatte neben Hudson die gleiche Aufgabe. Als ↗ *Leben und sterben lassen* im Jahre 1973 in die Produktion ging, war Hudson wieder mit von der Partie. Hier beaufsichtigte er die Produktion. Dasselbe tat er auch beim Fol-

geprojekt ↗*Der Mann mit dem goldenen Colt* (1974).

HUDSON, TINA (Darstellerin)
Viel Einblick gewährte die Schauspielerin Tina Hudson in ihrer Rolle als ↗Bianca in ↗*Octopussy* (1983). Sie trug ein weißes Kleid ohne BH. In der entsprechenden Filmszene lenkt sie als James Bonds Assistentin die Wachen ab, damit 007 fliehen kann. Hudson kommt nur in der ↗Pre-Title-Sequenz vor und fährt winkend aus dem Bild, um in der Vergessenheit zu versinken, wie so viele Bond-Girls zuvor. Tina Hudson war bei den Dreharbeiten erst 17 Jahre alt. Sie fuhr den Jeep ohne Führerschein.

HUGHES, HOWARD (Milliardär)
Als Vorlage für den Multimillionär ↗Willard Whyte, der im siebten James-Bond-Film ↗*Diamantenfieber* (1971) vorkommt, diente der real existierende Howard Hughes (1905–1976). Hughes war ein Freund ↗Albert R. Broccolis und erlaubte dem Drehteam, das in seinem Besitz befindliche ↗Las Vegas Hilton als Drehort für 007s Aktionen zu nutzen. Einzige Bedingung, die Hughes (Spitzname »Sam«) stellte: Er wollte eine 16mm-Kopie des fertigen Films haben, noch bevor dieser in die Kinos kam. Broccoli kam dem Wunsch nach, und das Hilton wurde für den Film zum ↗Whyte House umfunktioniert. In den Träumen von ↗Albert R. Broccoli war Hughes entführt worden und dieser Traum inspirierte ihn, in das Drehbuch die Entführung von Whyte schreiben zu lassen. 1976 gab Albert R. Broccoli zu, die Hauptidee des Films ↗*Der Spion, der mich liebte* (1977) stamme ursprünglich von Howard Hughes. Wie ein gutes Omen erscheint es auch, dass der Film ↗*Lizenz zum Töten* in den ↗Churubusco-Studios in Mexico-City gedreht wurde, die von Broccolis Freund Howard Hughes 1942 erbaut worden waren. Howard Hughes stellte von den zwanziger bis zu den vierziger Jahren des 20. Jahrhunderts nicht nur die Filmbranche auf den Kopf, sondern lieferte auch bisher nicht dagewesene Ideen, die die Fliegerei revolutionierten. Er lebte ein prunkvolles Leben in Hollywood und war neben Katharine Hepburn auch mit Ava Gardner liiert. Hughes konstruierte neue Flugzeuge und kaufte schließlich die Fluggesellschaft TWA. 1976 starb der James-Bondfan, der den Machern des 007 jahrelang eine große Unterstützung war. 2004 spielte Leonardo DiCaprio Hughes im mäßig erfolgreichen Film *The Aviator – Der Weg in die Zukunft*, gewann hierfür jedoch am 16. Januar 2005 den Golden Globe (ebenso wie Cate Blanchett). Auch eine Oscar-Nominierung gab es.

HUGHES, NEIL (Pilot)
↗Meade III, Randy

HUGHES, RICHARD
Bei Richard Hughes handelt es sich um einen alten Freund von ↗Ian Fleming. Als Fleming seinen Roman ↗*007 James Bond Du lebst nur zweimal* schrieb, baute er Richard Hughes als ↗Dikko Henderson ein. Hughes arbeitete als Chefkorrespondent der Zeitung *Sunday Times* und war hier für den fernöstlichen Bereich verantwortlich. Er soll früher auch als Gewichtheber sein Geld verdient haben. Fleming widmete ihm und ↗Torao Saito sein Buch.

HUGILL, TONY (Romanfigur)
Laut ↗Mary Goodnight ist Tony Hugill im Roman ↗*007 James Bond und der Mann mit dem goldenen Colt* der leitende Mann bei ↗Forme. Er arbeitete früher für die Marine, ist nett, hat Frau und Kinder.

HÜHNERPEST VERNICHTET
TRUTHÄHNE MASSENWEISE (Schlagzeile)
↗Schlagzeilen

HUI, CHRISTINA (Darstellerin)
Christina Hui war eine Darstellerin von vielen, die im James-Bond-Film ↗*Moonraker*

– *streng geheim* (1979) eines von ⁊»Drax' Mädchen« spielte. Bei der Auswahl der Schauspielerinnen achtete man diesmal besonders auf Schönheit, da Drax im Film großen Wert auf physische Perfektion legt, um mit den Frauen seine neue Superrasse zu züchten.

HUKE, BOB (Kameramann)
Bob Huke war Kameramann der Second Unit beim Film ⁊*Man lebt nur zweimal* (1967) und arbeitete mit Experten wie ⁊John Jordan und ⁊Lamar Boren zusammen. Im Abspann erscheint »Bob Huke B.Sc.« (»Bachelor of Science«)

HUME, ALAN (Kameramann)
Alan Hume wurde am 16. Oktober 1924 in London geboren. Auch wenn er offiziell erst bei ⁊*In tödlicher Mission* (1981) als Kameramann zur Bond-Crew stieß, hat er bisher mehr Personen aus Bond-Filmen durch das Objektiv gesehen, als man sich vorstellen kann. Dazu gehören u. a.: ⁊Patrick Macnee, ⁊Honor Blackman, ⁊Luciana Paluzzi und ⁊Barbara Bach. Hume arbeitete mit Regisseuren wie ⁊Peter Hunt und ⁊Lewis Gilbert zusammen. Humes Einstieg in die Filmbranche erfolgte 1942. Über Jobs als »Clapper Boy« bei den Olympic Film Laboratories ging es nach einem ungewollten Abstecher zur Royal Navy zum Posten des Kamera-Assistenten, bis Hume schließlich Hauptkameramann bei großen Produktionen wurde. Zu diesem Zeitpunkt hatte er bereits Erfahrungen bei Filmen wie *Oliver Twist, Die große Leidenschaft* und *Madeleine* gesammelt. Die Bezeichnung »Director of Photography« trägt Hume seit seiner Arbeit am Film *No Kidding* (1960). Schon bei ⁊*Der Spion, der mich liebte* (1977) war Hume vor Ort, als ⁊Ricky Sylvester seinen Stunt am ⁊Asgard ausführte. Er filmte als erster Kameramann. 1980 kam schließlich das Angebot, als Hauptkameramann bei ⁊*In tödlicher Mission* (1981) zu arbeiten. Er kannte ⁊Roger Moore schon von der Arbeit bei *Brüll den Teufel an* (1976). So startete Humes Karriere als Bond-Kameramann, nachdem er schon Filme wie *Der Kuss des Vampirs* (1962), *Die Todeskarten des Dr. Schreck* (1964), *Kapitän Nemo* (1968), *Tanz der Totenköpfe* (1972), *Gullivers Reisen* (1973), *Caprona – Das vergessene Land* (1974), *Caveman – Der aus der Hölle kam* (1980) gemacht hatte und auch für die Kameraführung bei Serien wie *Mit Schirm, Charme und Melone* verantwortlich gewesen war. Alan Hume behielt seinen Posten auch beim folgenden Bond-Projekt ⁊*Octopussy* (1983) und nachdem er *Rückkehr der Jedi-Ritter* (1982) gefilmt hatte, gab er seine Bond-Abschiedsvorstellung mit dem Film ⁊*Im Angesicht des Todes* (1985). Hume bevorzugte es, alle Szenen so einfach wie möglich zu filmen. Er verabscheute Effekte, die das Publikum von seiner fesselnden Kamera-Arbeit ablenken konnten. Zu weiteren Werken von Hume zählen: *Runaway Train* (1985), *Ein Fisch namens Wanda* (1988) und *20.000 Meilen unter dem Meer* (1997).

HUME, PETER (Romanfigur)
Peter Hume ist der Erste Offizier an Bord der ⁊Devonshire im Roman ⁊*Der Morgen stirbt nie*. Der Name der Figur taucht im Film nicht auf. Hume arbeitet unter ⁊Commander Richard Day. Beide kommen ums Leben, als die »Devonshire« durch einen Angriff der ⁊Sea Vac sinkt.

HUME, SIMON (FOKUS)
Für Fokus bei ⁊*Im Angesicht des Todes* (1985) waren Simon Hume und ⁊Michael Evans verantwortlich.

HUMINT (Codewort)
Unter dem Wort »HUMINT« versteht ⁊John Gardner das Sammeln von Informationen durch Agenten vor Ort. Er räumt aber mit dem Irrglauben auf, dass HUMINT seit der Satellitenüberwachung nutzlos geworden wäre: »Bond hatte kürz-

lich laut gelacht, als er hörte, dass ein Autor von Abenteuergeschichten erklärt hatte, Agentenromane seien überholt.« Der Autor begründete dies Bond gegenüber, indem er sagte: »Heutzutage erledigen das alles Satelliten.« Bei einem Treffen im Roman ↗*Fahr zur Hölle, Mr. Bond!* spricht ↗»M« von »HUMINT«. Dieses Codewort wird gebraucht, wenn menschliche Intelligenz zum Einsatz kommt.

HUMPHREY, BRIAN (Requisiteur)
Als Requisiteur bei der Produktion von ↗*In tödlicher Mission* (1981) arbeitete Brian Humphrey.

HUMPHREYS, DEWI (Kameraführung)
Bei den Dreharbeiten zum zwölften offiziellen James-Bond-Film ↗*In tödlicher Mission* (1981) waren Dewi Humphreys, ↗Jack Lowin, ↗John Morgan und ↗Robert Kindred für die Kameraführung zuständig. Sie arbeiteten bei der Second Unit.

HUND
In ↗*Diamantenfieber* (1971) meint James Bond, Diamanten hätten den Hund als besten Freund der Frau abgelöst. Je ein weiterer Hund kommt in ↗*Der Spion, der mich liebte* (1977) und in ↗*Moonraker – streng geheim* (1979) vor. Der erste flüchtet, als Bond mit seinem ↗Lotus Esprit aus dem Meer auftaucht und den Strand hinauffährt und der zweite guckt verdutzt, als 007 mit einer ↗Gondel, die zu einem Luftkissenboot geworden ist, in ↗Venedig über den ↗Markusplatz fährt.

↗Dobermann, ↗Bernhardiner und ↗Toby

HUNDSFRATZ (Codename)
Als James Bond in ↗Gardners Geschichte ↗*Sieg oder stirb, Mr. Bond* Kontakt nach England aufnimmt, benutzt er einige Codenamen. Er selbst nennt sich ↗»Räuber«, während London mit »Hundsfratz« antwortet. Bond beendet das Gespräch mit dem Codewort ↗»Quittiert«. Später muss 007 feststellen, dass »Hundsfratz« der Codename von ↗Beatrice da Ricci ist. Sie leitet die Mission, und Bond soll ihren Anweisungen Folge leisten. Der auf vielen Gebieten bewanderte Agent weiß, dass »Hundsfratz« einer der zwölf niederen Dämonen aus ↗*Dantes Inferno* ist: »Hundsfratz-Alchino, der Lockende«.

HUNG (Romanfigur)
Im ↗CMGM-Hauptquartier in ↗Saigon angekommen, muss ↗Wai Lin feststellen, dass ↗Carver in Kontakt mit Hung steht. Die Figur Hung aus dem Roman ↗*Der Morgen stirbt nie* soll durch Carvers Aktivitäten und den Einfluss von General ↗Chang als neuer Kaiser von China eingesetzt werden. Hung, der sich »Kronprinz« und »Erbe der Ming-Dynastie« nennt, setzt aber auf die falsche Karte. 007 und Wai Lin vereiteln Carvers Pläne. Hung und seine transsexuellen Begleiter werden tanzend in einer Suite gestellt und verhaftet.

HUNTERCOMBE (Ort)
Auf Nachfrage gibt James Bond im Roman ↗*Goldfinger* an, gelegentlich Golf in Huntercombe in England zu spielen.

HUNTER, IAN (Darsteller)
↗Bon Fenn

HUNTER, JOHN (Deckname)
Als 007 im Roman ↗*Countdown!* auf dem internationalen Flughafen von ↗Perth die Maschine verlässt, passiert er unter dem Namen John Hunter die Kontrollen. Triadenführer ↗Li Xu Nan hatte für einen entsprechenden Pass gesorgt. ↗Sunni Pei, die ihn begleitet, reist unter dem Namen ↗Mary Ling.

HUNT, HELENE (Darstellerin)
Helene Hunt verkörpert in ↗*Octopussy* (1983) eines der bildhübschen Mädchen, die für ↗Octopussy arbeiten.

HUNT, PETER (Cutter/Regisseur)
Peter Hunt wurde am 6. März 1928 in London geboren. Ausgebildet an einer Universität in Italien und in London am College of Music begann Peter Hunt als »Klappenjunge«. Freunde rieten Hunt, sich dem Schnitt zuzuwenden, da diese Arbeit einen Aufstieg zur Regie ermöglichen würde. Hunt arbeitete als Cutter an *Der Mann, der sich selbst nicht kannte* und zeigte schon bei seinem Schnittdebüt eine außerordentliche Begabung für schnelle und handlungsunterstützende Schnitte. Viele weitere Projekte folgten und Hunt arbeitete auch mit dem Regisseur ↗Lewis Gilbert zusammen, der später ↗*Man lebt nur zweimal* (1967), ↗*Der Spion, der mich liebte* (1977) und ↗*Moonraker – streng geheim* (1979) inszenieren sollte. Durch die Bekanntschaft mit ↗Terence Young erhielt Hunt die Stelle als Cutter bei ↗*James Bond 007 jagt Dr. No*. »Terence war von den schnellen Schnitten in den Actionszenen begeistert und bat mich, den gesamten Film in diesem Tempo zu schneiden.« Es folgte die Arbeit an ↗*Liebesgrüße aus Moskau* (1963), die Hunt die besten Kritiken einbrachte. Die Kampfszene im ↗Orient-Express zwischen 007 und ↗Grant gilt noch heute als spektakulärste Filmschlägerei der Bond-Geschichte.

Peter Hunt schnitt des Weiteren ↗*Goldfinger* (1964), ↗*Feuerball* (1965) und *Man lebt nur zweimal* (1967). Das letzte Projekt brachte Regisseur Lewis Gilbert zur Verzweiflung, weil er es nicht schaffte, den Film unter 133 Spielminuten zu halten. Hunt kürzte noch einmal 21 Minuten heraus. Bei *Man lebt nur zweimal* hatte sich Hunt den Regiestuhl erhofft, der aber blieb ihm verwehrt. ↗Broccoli und ↗Saltzman versprachen Hunt die Regie für ↗*Im Geheimdienst Ihrer Majestät* (1969), und so konnte Hunt seine Vorstellungen von einem James-Bond-Film verwirklichen. »Es sollte eine Liebesgeschichte sein, die James Bond wieder menschlicher macht«, meinte Hunt. Sein Werk gilt unter Fans bis heute als einer der interessantesten James-Bond-Filme. Hunt hat alle Romane von ↗Ian Fleming gelesen und sich sehr stark an der literarischen Figur des Agenten orientiert. Die Regie von ↗*Diamantenfieber* (1971) lehnte er jedoch ab. Mit ↗Roger Moore arbeitete Hunt außerhalb der Bond-Projekte zusammen. Er führte bei den Moore-Filmen *Gold* (1974) und *Rivalen gegen Tod und Teufel* (1976) und *Die Seewölfe kommen* (1979) Regie. Hunt dachte gern an seine Bond-Erfahrungen zurück und lobte oft ↗George Lazenby, der seine Sache, ganz im Gegensatz zu den Meinungen vieler Kritiker, sehr gut gemacht habe. Peter Hunt starb am 14. August 2002, nachdem er Jahre an einer Halszyste litt.

HUSE, CHUNKY (Camera-Grip)

Die Bezeichnung, unter der Chunky Huse am Kinofilm ↗*Moonraker – streng geheim* (1979) arbeitete, lautete »Camera-Grip«. Sein Kollege ↗René Strasser dagegen war »Key-Grip«. Chunky Huse wurde bei den Produktionen von ↗*In tödlicher Mission* (1981) und ↗*Octopussy* (1983), ↗*Der Hauch des Todes* (1987) und ↗*Lizenz zum Töten* (1989) wieder eingesetzt. Bei *Octopussy* arbeitete Huse mit ↗Colin Manning zusammen, bei *Der Hauch des Todes* mit ↗Ken Atherfold und ↗Richard Haw.

HUSTON, JOHN (Gastdarsteller)

Eine witzige, aber winzige Rolle hatte John Huston in ↗*Casino Royale* (1966) als ↗»M«. Er war der zweite »M«-Darsteller, nachdem die Rolle durch ↗Bernhard Lee in ↗*James Bond 007 jagt Dr. No* (1962) bekannt geworden war.

↗»M« in *Casino Royale*

HUT

In ↗*Im Angesicht des Todes* (1985) wird James Bond an einer Feuerwehrleiter hängend durch die Straßen von San Francisco gefahren. Bond gerät in den Gegenverkehr und reißt mit seinen Füßen die Cowboyhüte von den Köpfen zweier Männer, die mit einem Cabrio unter der Leiter hindurchfahren.

HUTCHINSON, ALFRED (Romanfigur)

Hutchinson taucht im Roman ↗*Tod auf Zypern* auf. Er hat einen besonderen Status: Großbritannien schuf das Amt des »Goodwill Ambassadors to the World«, das Alfred Hutchinson bekleidete. In seiner Position sollte er weltweit die internationalen Beziehungen verbessern. Ohne politische Erfahrungen war er jedoch zuvor im Amt eines Beraters für außenpolitische Beziehungen. Durch zahlreiche Fernsehauftritte war er zu einer bekannten Persönlichkeit geworden. Er hatte ein Verhältnis mit Bonds Chefin ↗»M« und starb während eines Schäferstündchens mit ihr an einer Vergiftung, die durch den Stich einer Regenschirmspitze verursacht wurde. Hutchinson hatte einen Sohn namens ↗Charles, der ebenfalls in diesem Roman vor- und umkommt. Alfred Hutchinson könnte der literarische Vorgänger von ↗Sir Robert King in ↗*Die Welt ist nicht genug* (1999) sein. Auch wenn »M« im Film keine (bekannte) sexuelle Beziehung zu King hat, so haben doch beide Figuren gemeinsam, dass sie mit »M« befreundet sind und sie James Bond aufgrund der privaten Bekanntschaft um Hilfe bittet.

HUTCHINSON, CHARLES (Romanfigur)

Charles Hutchinson ist der Sohn von ↗Alfred Hutchinson, der im Roman ↗*Tod auf Zypern* den Tod in Griechenland findet. Hutchinson könnte laut ↗Manuela Monemayor – ↗Felix Leiters Lebensabschnittsgefährtin – ein Verhältnis mit Doktor ↗Ashley Anderson gehabt haben. Einen Beweis gibt es jedoch im Roman nicht. Als Bond und ↗Niki Mirakos Charles Hutchinsons Leiche finden, ist die Polizei bereits vor Ort. Der Sohn von Alfred Hutchinson wurde von einem Berg gestoßen.

HUTCHINSON, RICHARD (Romanfigur)

Dieser Charakter wird im Roman ↗*Tod auf Zypern* nur genannt. Es handelt sich um den Vater von ↗Alfred Hutchinson. Der Mann war nach dem Zweiten Weltkrieg beschuldigt worden, größere Mengen Nazigold aus einem geheimen Depot aus Athen gestohlen zu haben. Bond und ↗»M« erinnern sich dadurch an einen ähnlichen Fall, in den Major ↗Dexter Smythe verwickelt war.

HUTHART, EUNICE (Stuntwoman)

↗Simon Crane

HUT MIT BLUTIGER FEDER

Die verräterische ↗Rosie Carver liefert in ↗*Leben und sterben lassen* (1973) eine glänzende Shownummer ab: Als auf Bonds Bett ein Hut mit einer blutigen Feder liegt, behauptet Carver, es handle sich um eine Warnung der Voodoo-Götter. Bond ist wenig beeindruckt.

HUTTON, BILL (Regisseur)

↗*James Bond Jr.*

HUTWURF

Seinen ersten Hutwurf zeigt James Bond in ↗*James Bond 007 jagt Dr. No* (1962). Er sollte zu einem Markenzeichen bei Bonds Ankunft in ↗Moneypennys Büros werden. Dennoch taucht der Hutwurf nicht in jedem Film auf, aber gehört dennoch zu Bonds Eigenarten. Er steht neben 007s Vorliebe für Wodka Martini geschüttelt, nicht gerührt, und der Art, sich vorzustellen. Der zweite Hut wurde in ↗*Liebesgrüße aus Moskau* (1963) von ↗Sean Connery an Moneypennys Garderobenständer geworfen. ↗»M« ist Zeuge von Bonds Zielsicherheit. Das Ritual passiert auch in ↗*Goldfinger* (1964), hier aber besonders modifiziert: Moneypenny nimmt 007 den Hut aus der Hand, spricht mit ihm, und wirft die Kopfbedeckung ohne hinzuschauen an den Haken des Kleiderständers. 007 ist sichtlich erstaunt. In ↗*Feuerball* (1965) hängt Bond seinen Hut nur auf, weil der Garderobenständer von Moneypenny gleich neben der Eingangstür platziert wurde. Beim Verlassen des Büros ist der Hut verschwunden. In ↗*Man lebt nur zweimal* (1967) wirft Bond die Mütze seiner Marineuniform auf Moneypennys Garderobenständer. Wie immer trifft er beim ersten Versuch.

↗ George Lazenby musste auch eine hohe Trefferquote beweisen, als er zum ersten Mal mit ↗Lois Maxwell vor der Kamera stand. Als Bond sollte er die Tür zu Moneypennys Büro aufreißen und ohne zu zögern seinen Hut durch einen gekonnten Wurf am Garderobenständer platzieren. Die Besonderheit: Es ist der weiteste Wurf, den je ein Darsteller zu schaffen hatte, und er gelang beim ersten Take. Im selben Film kommt noch ein zweiter Hutwurf vor: Nach seiner Hochzeit wirft 007 der weinenden Moneypenny seinen Hut zu. ↗»Q« tritt dazu, reißt Moneypenny die Kopfbedeckung aus der Hand und beult sie mit den Worten »007 hat noch nie Respekt vor Staatseigentum gehabt« wieder aus. Die nächsten drei James-Bond-Filme kommen ohne Hutwurf aus. In ↗*Der Spion, der mich liebte* (1977) landet statt seines Hutes sein Jackett am Garderobenständer von Moneypenny. In ↗*Moonraker – streng geheim* (1979) wirft Bond den Hut seiner Gondoliereverkleidung an eine Verzierung der Gondel. Der an den Garderobenständer fliegende Hut ist auch das Zeichen für Bonds Auftritt in ↗*In tödlicher Mission* (1981). ↗Roger Moore ist in der entsprechenden Szene noch nicht im Bild, der Zuschauer weiß aber sofort, dass James Bond eingetroffen ist. In ↗*Octopussy* (1983) bleibt Bond der Hutwurf erspart: Da Moneypenny ihr Büro umgestellt hat, steht der Garderobenständer direkt neben der Tür, und obwohl 007 schon in Wurfposition das Büro betritt, hängt er seine Kopfbedeckung ganz normal an den Haken, um schließlich ↗Miss Smallbones Rückansicht zu bewundern.

In ↗*Im Angesicht des Todes* (1985) hängt Bond seinen Hut ebenfalls an den Haken und ist von Moneypennys Kopfschmuck überrascht, der dort bereits hängt. Es handelt sich um den Hut, den sie später beim Pferderennen trägt. Nachdem sich Bond das mit Blumen bestückte Kleidungsstück angesehen hat, will er es nach alter Manier an den Haken werfen, doch »Ms« Vorzimmerdame hält ihn mit Rufen zurück, und 007 wirft ihr den Hut in die Hände. Weder bei ↗Timothy Daltons noch bei ↗Pierce Brosnans Bond-Filmen wurde je wieder von dem Hutwurf Gebrauch gemacht, was wohl daran liegt, dass Hüte nicht mehr modern sind. ↗Robinson nutzt den Garderobenständer in ↗*Stirb an einem anderen Tag* (2002) lediglich für seinen Mantel.

↗ Blumenwurf

HUYCK, GLORIA (Drehbuchautorin)
↗ William Osbourne

HUYCK, WILLARD (Drehbuchautor)
↗ William Osbourne

HYÄNEN
Als »Hyänen« wird im Roman ↗*003 ½ James Bond Junior* eine Gruppe von Schurken bezeichnet, die es wie ↗Mr. Merck auf die bereits von ihm erbeuteten Goldbarren abgesehen haben. Als James auf dem Anwesen ↗Hazeley Hall für Unruhe sorgt, glauben ↗Donald und seine Männer zunächst, die Hyänen seien dafür verantwortlich.

HYDROFOIL-KAPITÄN (Filmcharakter)
↗ Harold Sanderson spielt den Hydrofoil-Kapitän im Film ↗*Feuerball* (1965). Sein Name wird im Abspann des vierten 007-Kinofilms als letzter genannt.

HYNDE, CHRISSIE
↗ Shaken and Stirred

I-0753 (Nummernschild)
Der Wagen, mit dem ↗Oddjob ↗Mr. Solo in ↗*Goldfinger* (1964) zur Autopresse bringt, trägt das amtliche Kennzeichen I-0753.

IAN FLEMING FOUNDATION
Die Ian Fleming Foundation IFF wurde 1992 von ↗Michael VanBlaricum und dessen Partnern gegründet, um das Erbe James Bonds für die Nachwelt zu erhalten. Zu den Prunkstücken der Sammlung gehören das U-Boot ↗Neptune aus ↗*In tödlicher Mission* (1981), ↗Blofelds ↗Bathosub aus ↗*Diamantenfieber* (1971), der ↗Aston Martin DB5 aus ↗*Goldfinger* (1964), der tauchfähige ↗Lotus Esprit aus ↗*Der Spion, der mich liebte* (1977). Die IFF gab das Magazin ↗*GoldenEye* heraus, das sich mit dem Mythos »007« auseinander setzt.

IAN FLEMING PUBLICATIONS LTD.
↗Glidrose

ICARUS (Lied)
↗*Stirb an einem anderen Tag* (Soundtrack)

ICE BANDITS (Lied)
↗*The World Is Not Enough* (Soundtrack)

ICEBREAKER (Roman)
Der James-Bond-Roman *Icebreaker* war ↗John Gardner drittes Buch mit dem Geheimagenten 007 als Hauptfigur. Es erschien 1983. Die Übersetzung von Wulf Bergner erschien 1986 als ↗*Operation Eisbrecher*. Der ↗Peter Janson-Smith gewidmete Roman besteht aus 21 Kapiteln – wie auch in der deutsche Version – und hat 293 Seiten. Als »Berkley Book« veröffentlicht, waren sich die Kritiker wieder einmal einig: »Bond is better than ever!«, heißt es auf dem Buchcover. »James Bond remains irresistible!«, schrieb die Zeitschrift *Time*. John Gardner dankt im Vorspann des Buches einigen Personen, ohne deren Hilfe der Roman in dieser Form nicht erschienen wäre – die deutsche Übersetzung verzichtet auf diese »Acknowledgements and Author's Note«.

Inhaltsangabe siehe ↗*Eisbrecher*.

Die Kapitel in *Icebreaker* tragen folgende Überschriften: 1) The Tripolo Incident; 2) A Liking For Blonds; 3) Knives For Dinner; 4) Madeira Cake; 5) Rendezvous At Reid's; 6) Silver Vs. Yellow; 7) Rivke; 8) Tirpitz; 9) Speedline; 10) Kolya; 11) Snow Safari; 12) Blue Hare; 13) The Ice Palace; 14) A World For Heroes; 15) Dead Cold; 16) Partners In Crime*; 17) A Deal Is A Deal; 18) The Fencers; 19) Loose Ends; 20) Destiny; 21) This Can't Be Heaven

*) *Das Kapitel Nr. 16 hat denselben Titel wie ein Roman der Autorin Agatha Christie.*

Insider behaupten, Gardners Buch habe die Filmemacher bei der Wahl der Schauplätze inspiriert. So ist in *Icebreaker* ebenso wie im Film ↗*Im Angesicht des Todes* (1985) die Arktis ein Ort, an dem sich 007 aufhält, und es wurden auch im Buch wie im Film Schneemobile eingesetzt, als 007 vor seinen russischen Gegnern flieht.

Die Erstausgaben dieses Romans wurden bei folgenden Verlagen veröffentlicht: 1983: Jonathan Cape (Hardback Edition, GB). 1983: Putnam (Hardback Edition, USA). 1983: Book Club (Hardback Edition, USA). 1984: Coronet (Paperback Edition, GB). 1984: Berkley. (Paperback Edition, USA). 1987: Charter (Paperback Edition, USA). 2004: Coronet Omnibus. (Paperback Edition, GB)

ICE CHASE (Lied)
↗ *The Living Daylights* (Soundtrack)

ICED INC. (Lied)
↗ *Stirb an einem anderen Tag* (Soundtrack)

ICHBAN, MARIKO (Romanfigur)
Im Buch ↗ *Du lebst nur zweimal* trifft James Bond in einem Bordell die achtzehnjährige Mariko Ichban. »Ichban« ist Japanisch und bedeutet »Nummer 1«; »Mariko« steht für »Wahrheit«. Bond erfährt, dass alle Mädchen in »dieser Einrichtung« Nummern tragen. 007 verbringt die Nacht bei Mariko Ichban.

ICH BIN UNBESIEGBAR (Motto)
Das Motto von ↗ Boris Grischenko in ↗ *GoldenEye* (1995) lautet: »Ich bin unbesiegbar«. Leider täuscht er sich da: Als am Ende des Films Tanks mit flüssigem Stickstoff explodieren, wird Grischenko in seiner Siegerpose eingefroren.

ICH-FORM
↗ Ian Fleming selbst bezeichnete das Buch ↗ *Der Spion, der mich liebte* als Experiment und fügte später hinzu, es sei fehlgeschlagen. Er schrieb das Werk als einzigen Bond-Roman in der Ich-Form. Der große Teil der Leserschaft war enttäuscht.

ICH GEHÖRE MIR GANZ ALLEIN (Zitat)
Der junge James Bond in ↗ *003½ James Bond Junior* wird langsam erwachsen und macht das bei einem Streit mit ↗ Mrs. Raggles klar. Er möchte nicht, dass andere Menschen für ihn Entscheidungen fällen und über sein Leben bestimmen. »Ich gehöre mir ganz allein!«, schreit er.

ICH LABE MICH AN ANMUT UND SCHÖNHEIT
(Überlebensmotto)
↗ Überlebensmotto

ICH LIEBE DICH (Code)
Der Code, den sich ↗ Moneypenny und ↗ »M« in ↗ *Man lebt nur zweimal* (1967) für James Bonds Kontaktaufnahme mit ↗ Aki überlegt haben, lautet: »Ich liebe dich.« Bond will den Text nicht wiederholen, weil er ihn schon so im Kopf hat, dass er ihn singen kann.

ICY CALM (Filmtitel)
Gerüchten zufolge sollte ↗ *Die Another Day* (2002) unter dem Titel *Icy Calm* in die Kinos kommen. ↗ Pierce Brosnan fährt einen Porsche ↗ Carrera 911 mit diesem Titel auf dem Nummernschild.

IDA
Als Bond im Roman ↗ *Die Welt ist nicht genug* in ↗ Kasachstan angekommen ist, liest er die Abkürzung »IDA«. Diese steht für »International Decommissioning Authority« – eine internationale Abrüstungsbehörde, die in einer russischen Einrichtung für Atomtests in Kasachstan tätig ist. Kurz darauf lernt 007 ↗ Dr. Christmas Jones kennen, die für diese Behörde arbeitet.

IDEENKLAU
Aus dem ↗ *Feuerball*-Remake ↗ *Sag niemals nie* (1983) stammen Ideen, die die Bond-Macher in ihren Originalen verwandten. So ähnelt die Killerlady ↗ Fatima Blush der ↗ May Day in ↗ *Im Angesicht des Todes* (1985) z. B. bei der auffälligen Kleidung. In ↗ *Der Morgen stirbt nie* (1997) rutscht ↗ Pierce Brosnan als Bond mit einem Motorrad der Marke ↗ BMW unter den Rotorblättern eines nach vorn gekippten Helikopters hindurch – ↗ Sean Connery als 007 war in ↗ *Sag niemals nie* unter einem LKW hindurchgerutscht.

IDENTICAST
»Der Identicast, ein Apparat zur Gesichtsrekonstruktion aus dem Gedächtnis, arbeitete nach dem Prinzip der Laterna magica. Man projizierte verschiedene Kopfgrößen und -formen an die Wand. Was entsprach, blieb stehen. Dann kamen verschiedene

Haarschnitte an die Reihe, hernach weitere Einzelheiten nach demselben Schema: Augen, Nase, Kinn, Mund, Augenbrauen, Wangen, Ohren. Schließlich erhielt man ein Gesamtbild, das sich mit der Erinnerung weitgehend deckte«, beschreibt ↗Ian Fleming den Identicast, den James Bond im Roman ↗*Goldfinger* benutzt, um das Gesicht seines Gegners zu rekonstruieren. Das Gerät war auch im Film ↗*In tödlicher Mission* (1981) zu sehen. Darin heißt es ↗Identigraph.

IDENTIFIKATIONSCODE
↗Codedialoge

IDENTIFIKATIONSGEWEHR (Waffe)
↗Kamera

IDENTIFIKATIONSPROGRAMM
Mit Hilfe des Identifikationsprogramms versuchen ↗»M« und ↗Robinson in ↗*Der Morgen stirbt nie* (1997) herauszufinden, um welche Terroristen es sich handelt, die James Bond mit einer Kamera ins Visier genommen hat. Unter anderen erkennen sie ↗Henry Gupta.

IDENTIGRAPH
In ↗*In tödlicher Mission* (1981) handelt es sich bei dem »Identigraphen« um einen Computer, der nach Eingabe von Daten Bildarchive bei ↗Interpol, ↗Mossad, der ↗Sûreté, der ↗CIA und dem ↗BKA abfragt und vergleicht. Hierüber findet James Bond ↗Emile Locque. Er erhält sogar einen kompletten Lebenslauf des Mörders. »Vielen Dank, dass Sie mich aufgeklärt haben!«, verabschiedet sich Bond aus der ↗Abteilung Q und macht sich auf die Suche nach Locque. Der Identigraph wird auch als »3D-Bildidentigraph« bezeichnet. ↗Ian Fleming beschrieb den Identigraphen bereits in seinem Roman ↗*Goldfinger*. Im gleichnamigen Film von 1964 kam das Gerät jedoch nicht zum Einsatz.
↗Identicast

IDENTITÄTEN
↗Tarndokumente

IDENTITÄTSVERLUST
James Bond hat in Romanen gelegentlich einen Identitätsverlust zu durchleben. Erstmals in ↗*Du lebst nur zweimal* weiß Bond nach dem Kampf gegen ↗Blofeld nicht mehr, wer er ist. Er lebt eine Zeit lang bei Muscheltauchern in Japan und führt ein bescheidenes Leben mit ↗Kissy Suzuki. Dieses Problem Bonds behandelt ↗Ian Fleming auch im Folgeroman ↗*The Man With The Golden Gun*. Bond ist von den Russen per ↗Gehirnwäsche so weit getrieben worden, dass er ↗»M« vergiften will. Der Anschlag wird verhindert und Bond durch den Auftrag normalisiert, ↗Scaramanga zu töten. ↗John Gardner übernahm die Idee für seinen zweiten Roman ↗*Moment mal, Mr. Bond!*. Hier machen die Bösen dem Agenten vor, er sei ein Vier-Sterne-General. Zunächst hilft der Verwirrte seinen Gegnern, doch dank eines Gegenmittels kann er sich an seinen Auftrag erinnern und für England kämpfen.

IFF
↗Ian Fleming Foundation

IF HE FINDS IT, KILL HIM (Lied)
↗*Live And Let Die* (Soundtrack)

IF THERE WAS A MAN (Lied)
↗*The Living Daylights* (Soundtrack)

IF YOU ASKED ME TO (Lied)
Das von ↗Patti LaBelle gesungene und von ↗Stewart Levine produzierte Lied *If You Asked Me To* kommt als Abschluss im Film ↗*Lizenz zum Töten* (1989) vor. Es wurde von ↗Aaron Zigman arrangiert und von ↗Diane Warren geschrieben. 1992 sang es Céline Dion mit großem Erfolg.
↗*Licence To Kill* (Soundtrack)

IGUAÇU-FÄLLE

Tödliche Wassermassen bedrohen James Bond im Film ↗*Moonraker – streng geheim* (1979), doch er schafft es mit Hilfe des ↗Q-Bootes, das Hindernis zu überwinden: Im Dach des Wasserflitzers ist ein Flugdrachen eingebaut. ↗Beißer hat nicht so viel Glück: Er stürzt mit seinen Schergen in die Tiefe, überlebt aber als Einziger den Absturz.

IHREN VERLOBUNGSRING FÜR OMAS MEDAILLON (Werbespruch)

Mit dem Werbespruch »Ihren Verlobungsring für Omas Medaillon« lockt ↗Auric Goldfinger im Buch ↗*Goldfinger* zu Beginn seiner Karriere Kunden.

IHR KOMMEN IST DRINGEND ERFORDERLICH

↗Untersetzer

IKARUS (Waffe)

Ikarus (auch »Icarus«) ist ein Satellit, den ↗Gustav Graves im Roman und im Film ↗*Stirb an einem anderen Tag* (2002) einsetzt. Zunächst behauptet er, damit Weltprobleme lösen zu können, weil er auch in der Nacht für eine taghelle Umgebung sorgen kann, was ununterbrochenes Pflanzenwachstum möglich mache. Später stellt sich heraus, dass Ikarus eine verheerende Wirkung hat, denn die Sonnenenergie wird darin gebündelt, und der entstehende Hitzestrahl kann als Waffe gegen beliebige Punkte auf der Erde gerichtet werden. Graves will das Minenfeld zwischen Nord- und Südkorea räumen, damit seine Truppen unbehelligt in Südkorea einmarschieren können. Ikarus wird als Spiegel beschrieben, der denkt, bevor er widerspiegelt. »Seine Oberfläche hat einen Durchmesser von 400 Metern.«

Auch der Name der Weltraumwaffe stammt nicht von ungefähr: Schon die Raketen, die ↗Fiona Volpe in ↗*Feuerball* (1965) aus ihrem Motorrad auf ↗Graf Lippe abschießt, hießen Ikarus-Raketen. Der Name von Graves' Laser ist eine Anspielung hierauf (↗Anspielungen in *Stirb an einem anderen Tag*).

In frühen Drehbuchversionen heißt der Satellit im zwanzigsten offiziellen James-Bond-Film ↗Solaris – als Anspielung auf das ↗Solex aus ↗*Der Mann mit dem goldenen Colt* (1974). Als die Drehbuchautoren von einem anderen Film erfuhren, der auch »Solaris« heißen sollte, änderte man den Satellitennamen in »Ikarus«. Der Name Ikarus wurde von ↗Lee Tamahori selbst ausgesucht. Er stammt aus der griechischen Mythologie. Ikarus war der Sohn des Dädalus, der für die beiden Flügel gebaut hatte, damit sie fliehen konnten. Ikarus flog zu hoch, d. h. zu dicht an die Sonne, deren Strahlen das Wachs, mit dem die Federn der Flügel verbunden waren, schmelzen ließen. Daraufhin stürzte er ins Meer und ertrank.

IKE (Comicfigur)

↗*James Bond Jr.*

ILES, JOHN (Berater)

Bei der Produktion von ↗*Moonraker – streng geheim* (1979) arbeitete John Iles als Dolby-Berater, ein Posten, den es zuvor bei Bond-Produktionen nicht gegeben hatte.

ILJUSCHIN 12 (Flugzeug)

Eine zweimotorige Iljuschin 12 steht auf einem Flughafen, um den Killer ↗Grant an Bord zu nehmen, der mit einer ↗ZIS-Limousine ankommt. Das Flugzeug trägt die Aufschrift ↗V-BO.

ILLUSIONSFENSTER

Die Illusionsfenster von ↗Lee Fu-Chu im Roman ↗*Fahr zur Hölle, Mr. Bond!* verwirren den britischen Agenten. Er ist sicher, sich in Kalifornien zu befinden, doch die Fenster geben den Blick auf die ↗Blue Ridge Mountains in ↗Virginia frei. Der Trick bestehe aus einer Menge Technologie, berichtet Lee. Er führt weitere Effekte vor und präsentiert 007 den Blick auf das London des 17. Jahrhunderts und lässt einen Tag in wenigen Minuten ablaufen. Die Fenster arbeiten mit einem so genannten ↗Cyclorama, einem gekrümmten Schirm, der auch in Kinos Verwendung findet.

ILLUSTRIOUS (Schiff)

Die Schwesterschiffe der ↗Invincible heißen »Illustrious« und ↗Ark Royal. Sie werden im Roman ↗*Sieg oder stirb, Mr. Bond* erwähnt.

IM ANGESICHT DES TODES
(Roman/Kurzgeschichtensammlung)

Unter dem Titel ↗*Im Angesicht des Todes* erschienen 1994 die Kurzgeschichten ↗*Für Sie persönlich*, ↗*Riskante Geschäfte*, ↗*Ein Minimum an Trost* und ↗*Die Hildebrand-Rarität* in einem 157 Seiten starken Buch im Scherz Verlag. Die Irreführung der Käufer mit dem Titel und ↗Roger Moore auf dem Cover war gewollt.

IM ANGESICHT DES TODES (Film)

Inhaltsangabe »Im Angesicht des Todes« (1985): James Bond findet die eingefrorene Leiche eines Kollegen in der Arktis und stellt einen Mikrochip sicher. In London erfährt Bond von »Q«, dass der Mikrochip mit einem neu entwickelten Modell baugleich sei und von »Zorin Industries« produziert worden ist. 007 versucht in Paris von einem Privatdetektiv namens Aubergine Informationen über den Großunternehmer zu bekommen. Aubergine wird während des Treffens von einem unbekannten Attentäter ermordet. Der Killer entkommt Bond. Mit dem Pferdekenner Sir Godfrey Tibbett sucht der Agent ein Gestüt in Frankreich auf, wo der Hauptverdächtige Max Zorin eine Pferdeschau abhält. Bond zeigt sich an einer Blondine interessiert, die ihm gegenüber sehr kühl ist. Sie hat, so viel kann 007 in Erfahrung bringen, von Zorin einen Scheck über 5.000.000 $ erhalten. Tibbett spielt auch Agent und findet mit Bond heraus, dass Zorin seine Pferde von einem Dr. Mortner Sender in den Körper einpflanzen lässt, die ein Doping während des Pferderennens ermöglichen. Ferner entdecken Bond und sein Verbündeter ein Mikrochip-Lager. Zorins Freundin May Day erinnert sich an Bond, der ihr bereits auf dem Eiffelturm begegnet ist. Er soll bei einem Pferderennen umkommen. Auf dem Rücken des Pferdes »Inferno« versucht 007 eine Flucht und stößt dabei auf Tibbett – ermordet von May Day.

Ein weiterer Mordanschlag wird auf den Agenten verübt: Er wird bewusstlos geschlagen und mit einem Rolls-Royce in einem See versenkt. Bond kommt rechtzeitig wieder zu sich und überlebt, indem er die Luft aus den Autoreifen einatmet. Zorin hält seinen Feind für tot und widmet sich wieder seinen Geschäften. General Gogol sucht ihn auf und erinnert den Unternehmer an seine früheren Beziehungen zum KGB. Es kommt heraus, dass Zorin und May Day aus genetischen Experimenten hervorgegangen sind, woher auch ihre psychopatische Veranlagung rührt. Max Zorin erläutert seinen »Geschäftspartnern« bei einer Sitzung in einem Luftschiff, welche Pläne er hegt: Silicon Valley soll durch ein künstlich ausgelöstes Erdbeben von einer Flutwelle überschwemmt werden! Dann hätte Zorin die Vormachtstellung auf dem Weltmarkt der Mikrochips. James Bonds Ermittlungen gehen weiter. Vom CIA-Mann Chuck Lee erfährt Bond, dass der Bösewicht Karl Mortner früher Experimente an schwangeren Frauen in deutschen Konzentrationslagern durchgeführt hat. Die später geborenen Babys waren zwar hochintelligent, aber geistesgestört. 007 fragt sich noch immer, wer die Frau war, die von Zorin den Scheck über 5.000.000 $ erhielt, doch zunächst erkundet er eine Ölplattform, die Zorin gehört. Die Pipelines werden mit Meerwasser gefüllt. Zwei KGB-Agenten werden von May Day gefangen, der erste wird zerstückelt,

Pola Iwanowa dagegen flüchtet mit 007, den sie schon bei einem anderen Auftrag näher kennen gelernt hatte. Bond stiehlt der Russin ein bei Zorin aufgenommenes Tonband und erfährt so weitere Einzelheiten über die Pläne des Verbrechers.

Weitere Informationen über Zorins Pipeline erfragt Bond unter falschem Namen bei Behörden. Er sieht Stacey Sutton, die Frau, die den Scheck erhalten hat, und folgt ihr. Beide verbünden sich, und sie durchschaut die Gefahr, die vom Füllen der Pipeline mit Meerwasser ausgeht. Zorin hat eine Silbermine namens »Main Strike« erwähnt und als Sutton und Bond nach einer Karte dieses Ortes im Grundbuchamt suchen, steht der Schurke schon hinter ihnen. Die beiden werden in einen Fahrstuhl verfrachtet und entkommen mit Mühe, als das gesamte Gebäude durch Brandstiftung in Flammen aufgeht. Der CIA-Mann Chuck Lee ist ermordet worden und Bond und Stacey flüchten mit einem Feuerwehr-Leiterwagen vor der aufgebrachten Polizei und tauchen bei der Mine auf. Als Sprengstofflieferanten verkleidet dringen sie in den internen Bereich vor. Die »unerwünschten Gäste« müssen vor zischenden Kugeln in das Tunnelsystem der Mine fliehen. Während May Day Bond und Stacey Sutton hinterherjagt, flutet Zorin die Mine und erschießt alle Arbeiter, die dem Ertrinken entkommen sind.

Stacey Sutton klettert aus der Mine ins Freie, derweilen werden 007 und May Day von einer Flutwelle weggespült. Die Killerin ist von Zorin enttäuscht und will nun gegen ihn arbeiten. Zusammen mit dem Geheimagenten schafft sie die Bombe aus der Mine. Als die Detonation erfolgt, wird May Day gesprengt, dass Erdbeben jedoch nicht ausgelöst. Stacey entdeckt Bond, als er aus der Mine kommt und will auf ihn zulaufen, als über ihr das Luftschiff Zorins erscheint und sie einfangen soll. James Bond startet einen Rettungsversuch und greift sich das Halteseil des Zeppelins. Er wird in die Lüfte gehoben. Die Golden Gate Bridge soll sein Ende sein. Zorin hält darauf zu, um Bond zu zerschmettern. Doch 007 bindet das Tau an die Brücke und hindert seinen Gegner an der Weiterfahrt. Der Killer steigt aus und ein Kampf entbrennt. Zorin stürzt von der Brücke, der Zeppelin explodiert mit Mortner und Zorins Sicherheitschef Scarpine an Bord. Dem MI6-Agenten wird für die erfolgreiche Ausführung des Auftrags der Lenin-Orden verliehen. Unter der Dusche kommt 007 Stacey näher.

IM ANGESICHT DES TODES (Comic)
↗ Comics

IM DIENSTE IHRER MAJESTÄT
Im Roman ↗ *Feuerball* wartet ein Meldefahrer auf James Bond. Der Mann übergibt einen Umschlag mit der Aufschrift: »Im Dienste Ihrer Majestät« an 007. Das »Im Dienste« wurde später zum »Im Dienst« und als deutscher Romantitel verwendet. Der Filmtitel hingegen entwickelte sich zu ↗ *Im Geheimdienst Ihrer Majestät* (1969). Im englischen Originalroman steht auf dem Umschlag lediglich »O.H.M.S.« (»On Her Majesty's Services«).

IM DSCHUNGEL VON AUSTRALIEN (Zeichentrickfilm)
↗ *James Bond Jr.*

IM GEHEIMDIENST IHRER MAJESTÄT (Film)
Inhaltsangabe »Im Geheimdienst Ihrer Majestät« (1969): James Bond rettet eine unbekannte Schöne in Portugal vor dem Selbstmord. Er trifft die scheinbar in Schwierigkeiten steckende Frau in einem Casino wieder, wo er ihre Spielschulden zahlt und die Nacht mit ihr verbringt. Am nächsten Morgen ist sie verschwunden. Bond wird abgefangen und zum Vater der jungen Frau gebracht. Der Mann namens Marc Ange Draco bittet Bond, seine Tochter Tracy zu heiraten, um sie zu therapieren. 007 lehnt ab, schließt jedoch nicht aus, sie weiterhin zu treffen,

wenn Draco ihm Informationen über Ernst Stavro Blofeld zukommen lässt. Nachdem aus dem Flirt mit Tracy di Vicenzo mehr geworden ist, widmet sich Bond wieder seiner Arbeit. Als ihm der Auftrag, Blofeld zu finden, von »M« entzogen wird, reicht Bond seine Kündigung ein, die von Moneypenny aber in einen zweiwöchigen Urlaub umgewandelt wird. Der Agent ist dankbar und beginnt, auf eigene Faust Ermittlungen anzustellen. Er findet heraus, dass sich Blofeld in den Alpen aufhält und sich vom Amt für Heraldik einen Adelstitel bestätigen lassen möchte. Als Heraldikexperte getarnt, begibt sich 007 in die Schweiz. Blofeld, der sich Graf de Bleuchamp nennt, hat abgeschottet auf einem Berg (Piz Gloria) ein Zentrum geschaffen, in dem er Mädchen per Hypnose von schlimmen Allergien befreit – alles zur Tarnung, versteht sich. Um den Adelstitel zu bestätigen, wird 007 im Piz Gloria einquartiert.

Blofeld plant, die Mädchen mit seiner Tiefenhypnose dazu zu bringen, in vorbestimmten Regionen seinen Virus Omega zu versprühen. Unfruchtbarkeit ist die Folge. Bond, der sich an die sexy Damen heranmacht, wird enttarnt und eingesperrt. Über die Kabel der Seilbahn gelangt Bond in den Haupttrakt des Piz Gloria, wo er sich Skier stiehlt und auf der Piste davonjagt. Er schafft es vor seinen Verfolgern bis in ein nahe gelegenes Dorf, wo er auf Tracy trifft. Das Paar setzt die Flucht in einem Wagen fort. Ein Schneesturm verhindert die Weiterfahrt und 007 und Tracy übernachten in einer Scheune. Hier passiert das Unerwartete: Bond macht Tracy einen Heiratsantrag. Am nächsten Morgen wird die Flucht fortgesetzt. Blofeld kommt gefährlich nahe und löst eine Lawine aus. Tracy wird entführt, 007 erneut für tot gehalten. In »Ms« Büro lässt Bond das Geschehene Revue passieren. Da »M« ein Eindringen in den Piz Gloria für zu gefährlich hält, wendet sich James Bond an Draco. Der Leiter der Union Corse hilft gern.

Per Hubschrauber beginnt die Aktion. Tracy wird befreit, und die Bergfestung explodiert durch eine von Dracos Männern angebrachte Sprengladung. Bond jagt dem fliehenden Blofeld mit einem Bob hinterher. Der Leiter von SPECTRE wird vom Agenten gegen eine Astgabel geschleudert und vom Bob gerissen – 007s Auftrag scheint erfüllt. Der Hochzeit mit Tracy steht nichts mehr im Wege. Bond genießt die Feier, nach der das Ehepaar mit dem Auto in die Flitterwochen fährt. Plötzlich taucht ein Fahrzeug mit Blofeld am Steuer auf, aus dem Maschinengewehrsalven abgefeuert werden. Blofelds Gesellschafterin Irma Bunt erschießt Tracy. Verzweifelt hält Bond die Leiche seiner Frau in den Armen, als eine Polizeistreife am Tatort eintrifft.

IMMELMANN (Manöver)
↗ Lehrgänge

IMPORTEUR UND EXPORTEUR (Tarnberuf)
Im Buch ↗ *James Bond 007 jagt Dr. No* besitzt James Bond einen Pass, der ihn als »Importeur und Exporteur« ausweist. Die Tarnfirma ist ↗ »Universal Export«.

IMPOSER (Filmcharakter)
Die von ↗ Carl Rigg gespielte Figur »Imposer« kommt in der ↗ Pre-Title-Sequenz von ↗ *Der Hauch des Todes* (1987) vor. Er ist der Mörder der ↗ 00-Agenten am Felsen von ↗ Gibraltar. Die Figur erscheint in der deutschen Literatur auch als ↗ »00-Betrüger« und ↗ »Hochstapler«. James Bond tötet den Schurken, indem er ihn mit einem Jeep explodieren lässt.

IMPOTENZ
Auspeitschungen durch einen Teppichklopfer muss 007 schon im Roman ↗ *Casino Royale* ertragen. Hier befürchtet er erstmals, als Folgeschäden Impotenz zurückbehalten zu haben. Der Agent irrt sich. Als James Bond nach der Zerstörung des ↗ »Schlosses des Schreckens« im Buch

↗*Du lebst nur zweimal* zu ↗Kissy Suzuki zurückkehrt, wartet sie sehr darauf, mit ihm zu schlafen, doch 007 geht nicht auf ihre Annäherungsversuche ein. Suzuki befürchtet, Bond sei wegen der Verletzungen während seiner Mission impotent geworden. Auch die Schocktherapie, die James Bond im Roman ↗*James Bond und sein größter Fall* erfährt, könnte Impotenz zur Folge haben. In diesem Buch quält 007 die Frage, ob er jetzt impotent sei: ↗Anja Amasowa hat Bond mit einem Ring ein Betäubungsmittel injiziert und ist sich nicht sicher, welche Nebenwirkungen es hat.

IM TAL DER HUNGRIGEN DÜNEN (Zeichentrickfilm)
↗*James Bond Jr.*

IM TAL DER SCHLAFENDEN DRACHEN
(Zeichentrickfilm)
↗*James Bond Jr.*

IM WILDEN WESTEN (Zeichentrickfilm)
↗*James Bond Jr.*

INAGUA (Insel)
Bei einer Expedition auf die Bahama-Insel Inagua im Jahre 1956 kam ↗Fleming die Idee, daraus die Insel ↗»Crab Key« für sein Buch ↗*Doctor No* zu machen. ↗Ivar Bryce, der Organisator der Tour, verriet Fleming viel über die Flamingo-Kolonien auf Inagua. Der Autor war von dem »fast« unangetasteten Paradies, auf dessen Erde seit 40 Jahren kein Mensch mehr einen Fuß gesetzt hatte, begeistert.
↗Guano

IN DEINEN AUGEN (Lied)
↗Deutsche Versionen von James-Bond-Songs

INDERIN (Filmcharakter)
↗Todesengel

INDEXER (Codename)
»Indexer« ist im Roman ↗*Fahr zur Hölle, Mr. Bond!* der Deckname von ↗Ed Rushia.

↗Chi-Ho heißt ↗»Checkliste« und Bond, »der sich immer wunderte, wie sie mit all den Decknamen zurechtkamen«, arbeitete unter dem Pseudonym ↗»Custodian«.

INDIANER
↗Lee Fu-Chu, der Bösewicht aus dem Werk ↗*Fahr zur Hölle, Mr. Bond!*, ist nach eigenen Angaben ein indianisches Halbblut. James Bond erfährt von seinem Kollegen ↗Ed Rushia, Lee halte sich in einem seltsamen Indianerlager auf. Vor rund zwölf Jahren habe sich dort eine Reihe von ausgestoßenen Indianern verschiedener Völker zusammengeschlossen. Die Männer und Frauen seien aus Yamika, Colville, Warm Springs und Nez Percé hervorgegangen, es handle sich um Personen von der Schwarzfußkonföderation – Cheyenne, Sioux, Crows und Mandanen. Ein Eid gewährleiste Friede unter den Indianern. Die Indianer stehen auf der Seite von Lee Fu-Chu.

INDIANER (Filmcharaktere)
Zu den Kämpfern, die im Film ↗*Casino Royale* (1966) in das Kasino eindringen, gehören auch fallschirmspringende Indianer.

INDIGO (Comicfigur)
↗Comics

INDUSTRIEDIAMANTEN
↗Diamanten

I NEVER MISS (Lied)
↗*The World Is Not Enough* (Soundtrack)

INFERNO (Pferd)
↗Max Zorin will James Bond in ↗*Im Angesicht des Todes* (1985) in Schwierigkeiten bringen und setzt den Agenten zum Hindernisrennen auf das übermütige Pferd Inferno. Bond bekommt Inferno unter Kontrolle und scheint den manipulierten Hindernisparcours (die Hecken erhöhen

sich, die Wassergräben verbreitern sich, und die Stangen der Hindernisse verschieben sich) zu meistern und das Rennen zu gewinnen. Doch Zorin hat noch einen Reserveplan: Er injiziert per Fernsteuerung eine Flüssigkeit in Infernos Körper, die das Pferd durchgehen lässt. Bond gewinnt zwar wieder die Oberhand über das Tier, wird aber gefangen genommen.

INFLIGHT FIGHT (Lied)
↗ *The Living Daylights* (Soundtrack)

INFLUENZAVIREN
Damit der Flieger ↗ Petacchi länger im Krankenhaus bleiben kann, bekommt er im Roman ↗ *Feuerball* von ↗ SPECTRE eine Phiole mit Influenzaviren. Er verlängert damit seinen Krankenhausaufenthalt, bis die ↗ Operation Omega anläuft.

INFRA-FILM
James freut sich in ↗ *003½ James Bond Junior* darüber, dass er noch einen »Infra-Film« für seine Kamera besitzt. Dieser Infrarotfilm war ein Geschenk seines Vaters, damit er nachts Dachse fotografieren kann. Nun will James damit Beweisaufnahmen machen, die ↗ Mr. Merck des Goldraubs überführen.

INFRAROTBRILLE
↗ Brille

INFRAROT-RAKETE (Waffe)
Der ↗ BMW Z8, den James Bond im Roman und im Film ↗ *Die Welt ist nicht genug* (1999) benutzt, verfügt über viele technische Besonderheiten, die von der ↗ Abteilung Q eingebaut wurden. Im Roman von ↗ Raymond Benson ist von einer »Infrarot-Rakete« die Rede, die 007 benutzt, um einen ↗ Eurocopter vom Typ ↗ Squirrel abzuschießen. Die ca. vierzig Zentimeter lange Rakete verfügt über ausklappbare Flossen und wird durch eine Steuerung im Wagen ausgerichtet und abgeschossen.

INFUSION
Ein Infusionsbeutel wird von James Bond in ↗ *Stirb an einem anderen Tag* (2002) mit der Hand zusammengedrückt, sodass ↗ Zao, der die Infusion erhält, vor Schmerz zusammenzuckt.

INGBER, RIVKE (Romanfigur)
Rivke Ingber soll mit 007 im Roman ↗ *Operation Eisbrecher* zusammenarbeiten. Rivkes Figur gleicht laut Agent ↗ Dudley der ↗ »Venus von Milo«. Ingber ist eine Agentin aus Israel. Die Computerauskunft, die Bond einholt, lautet »Unbekannt«. Rivke Ingber spricht finnisch, spanisch, deutsch und englisch. Nach eigenen Angaben ist sie in Paraguay aufgewachsen. Sie erzählt Bond, ihre Mutter habe als Mitläuferin ↗ Aarne Tudeers sehr viel Leid ertragen müssen. Sie beschreibt ihren Vater als trunksüchtigen, brutalen, sadistischen Tyrannen. Im Alter von zehn Jahren ist sie angeblich vor ihrem Vater geflüchtet. Ihre Mutter starb zwölf Jahre später. Auch eine Flucht nach Israel habe sie durchgemacht und sei dort zum jüdischen Glauben übergetreten. Als sich später im Buch herausstellt, dass Rivke doch zu Bonds Gegenspielerinnen gehört, wird sie von ↗ Paula Vacker erschossen. Bond kann sie nur schwer vergessen.

INGEMAR (Schiff)
↗ Siegmund Stromberg

INGRID (Romanfigur)
Im Buch ↗ *Operation Eisbrecher* wird Bond von der Krankenschwester Ingrid versorgt, nachdem er angeschossen wurde und ↗ Glöda tot ist. Er macht sich an sie heran. ↗ Paula Vacker will Bond aber nicht mit einer anderen Frau teilen und drängt sich zwischen die beiden Turtelnden.

INGRID (Romanfigur)
Im Buch ↗ *Nichts geht mehr, Mr. Bond* kommt Ingrid als Haushälterin auf ↗ Schloss Varvick vor. Sie hat drei Schäfer-

hunde, die James Bond das Leben zur Hölle machen, und auf die Namen ↗Wotan, ↗Fafie und ↗Sigi hören. Ingrid hat kantige Gesichtszüge. »Schwarze Ingrid« heißt sie in gewissen Kreisen und ist die Beauftragte und vermutlich auch Geliebte des Mannes, der die Beteiligten an der ↗Operation Sahnetorte töten will. Als 007 und ↗Smolin versuchen, aus Schloss Varvick zu entkommen, werden nicht nur die Schäferhunde getötet, sondern auch Ingrid wird schwer verletzt. Mehrere Knochen der stämmigen Frau sind gebrochen und Smolin meint, ihre Minuten wären gezählt.

INHUMAN RACE (Zeichentrickfilm)
↗James Bond Jr.

IN IHRER MAJESTÄT SECRET SERVICE (Filmtitel)
1966 ging man in Deutschland noch davon aus, ↗Im Geheimdienst Ihrer Majestät (1969) würde unter dem Titel In Ihrer Majestät Secret Service schon als fünfter 007-Film in die Kinos kommen.

↗Broccoli und ↗Saltzman hatten nach diesem Film ↗Der Mann mit dem goldenen Colt oder ↗Man lebt nur zweimal in Erwägung gezogen. Alles kam anders: Zunächst wurde Man lebt nur zweimal (1967) gedreht.

INNENFUTTER
Um besseren Halt an den Kabeln der Seilbahn des ↗Piz Gloria zu finden, zieht sich James Bond in ↗Im Geheimdienst Ihrer Majestät (1969) das Innenfutter seiner Hosentaschen über seine Hände.

INNERE UHR
James Bond Junior verlässt sich im Roman ↗003½ James Bond Junior ganz auf seine innere Uhr, die er »Körperuhr« nennt. Vor dem Einschlafen sagt er sich, er müsse vor dem Weckerklingeln erwachen (»Um sechs Uhr fünfundzwanzig wachst du auf!«). Am nächsten Morgen um sechs Uhr vierundzwanzig öffnet er die Augen.

IN QUARTATA (Fechtmanöver)
Im Roman ↗Stirb an einem anderen Tag werden einige Fechtmanöver beim Namen genannt. So pariert ↗Gustav Graves beim Wettfechten mit ↗Miranda Frost mit dem Manöver »In Quartata«. ↗Benson beschreibt es als »Ausweichbewegung mit gleichzeitigem Gegenstoß, bei der mit einer Vierteldrehung der Waffe die Vorderseite verdeckt und die Rückseite gezeigt wird«. Der Fechter kann sich so zurückziehen, um wieder die Position in der Mitte der Fechtbahn zu erreichen.

IN SEARCH OF SCARAMANGA'S ISLAND (Lied)
↗The Man With The Golden Gun (Soundtrack)

INSEL DER GEFAHREN (Zeichentrickfilm)
↗James Bond Jr.

INSPEKTEUR FÜR UMWELTSCHUTZ
In ↗Diamantenfieber (1971) gibt sich James Bond als Inspekteur für Umweltschutz aus, als er auf die Öl-Bohrinsel von ↗Ernst Stavro Blofeld gelangt. Die Idee dieser Tarnung ergab sich aus den heftigen Protesten der Umweltschützer, die regelmäßig aufflammten, wenn ein Bond-Film gedreht wurde.

INSPEKTIONSSCHLITTEN
Auf einem führerlosen Inspektionsschlitten befindet sich im Roman und auch im Film ↗Die Welt ist nicht genug (1999) eine Bombe. James Bond und ↗Dr. Christmas Jones lassen sich auf einem anderen Inspektionsschlitten, mit dem sie vor dem Schlitten mit der Bombe herfahren, in der Pipeline einholen. Dr. Jones will die Atombombe entschärfen. Der Wagen wird mit einem joystickähnlichen Kippschalter bedient.

DAS INSPEKTOSKOP – EIN APPARAT ZUR ENTDECKUNG VON SCHMUGGELWARE (Akte)
Als James Bond im Buch ↗Mondblitz in seinem Büro ankommt, erhält er einen Sta-

pel Akten mit folgenden Themen: »Das Inspektoskop – ein Apparat zur Entdeckung von Schmuggelware«, »Philopon – eine japanische Mord-Droge«, »Mögliche Verstecke in Zügen. Nr. 2 – Deutschland«, »Die Methoden von SMERSH. Nr. 6 – Kidnapping«, »Route fünf nach Peking« und »Wladiwostok. Luftaufnahmen durch U.S. Thunderjet«. Die sonderbare Mischung der Themen überrascht Bond nicht, denn er und die anderen ↗00-Agenten werden über alles informiert, was für sie auch nur im Geringsten wichtig sein könnte.

INSTANT JAPANESE (Buch)
Bevor James Bond in ↗*Man lebt nur zweimal* (1967) in Japan zu ermitteln beginnt, wirft ihm ↗Moneypenny auf der ↗M1 ein Buch mit dem Titel *Instant Japanese* zu. Bond benötigt es nicht. Er behauptet, in Cambridge orientalische Sprachen studiert zu haben.

INSTITUT FÜR PHYSIOLOGISCHE FORSCHUNG (Tarnfirma)
Hinter der Tarnfirma »Institut für physiologische Forschung« verbirgt sich im Roman ↗*007 James Bond im Dienst Ihrer Majestät* die Verbrecherorganisation ↗SPECTRE. ↗Ernst Stavro Blofeld experimentiert im ↗Gloria-Klub mit biologischen Waffen. Nach außen hin scheint es, als würde er als ↗Balthasar de Bleuville Mittel gegen Allergien, Heufieber oder die Aversion gegen Schellfisch usw. entwickeln.

INTERCOM
Intercom ist das System, das ↗Moneypenny im Roman ↗*Stirb an einem anderen Tag* benutzt, um die Gespräche zwischen ↗»M« und ↗NSA-Agent Falco zu belauschen.

INTERNATIONALE BRUDERSCHAFT ZUR HILFE STAATENLOSER PERSONEN (fiktive Organisation)
In ↗*Feuerball* (1965) tarnt sich ↗SPECTRE als »Internationale Bruderschaft zur Hilfe staatenloser Personen«. ↗Largo geht durch die Scheinfirma, um zu den versteckten Räumen zu gelangen, in denen SPECTRE seine Sitzungen abhält.

INTERNATIONALE MÜTTERHILFE OSTBERLIN (fiktive Organisation)
Die »Internationale Mütterhilfe Ostberlin« ist ein Tarnname für ↗SMERSH. Von hier stammt in ↗*Casino Royale* (1966) der Auftrag, Sir James Bond umzubringen.

INTERNATIONAL EXPORT (fiktive Firma)
Im Buch ↗*James Bond und sein größter Fall* ist nicht wie sonst von ↗Universal Exports die Rede. Hier heißt es, 007 und ↗Major Boothroyd seien für die Firma »International Export« tätig.

INTERPOL
Um ↗Renard auf die Spur zu kommen, gehen ↗»M«, ↗Tanner und ↗Robinson im Roman ↗*Die Welt ist nicht genug* auch die Akten von Interpol durch. Aus den Unterlagen geht hervor, dass Renard an einem Tag in mindestens sechs verschiedenen Ländern gesehen wurde – »M« ist verwirrt und muss klären, welche Angaben verlässlich sind.

Siehe auch Inhaltsangabe ↗*High Time To Kill*

INTO MIAMI (Lied)
↗*Goldfinger* (Soundtrack)

IN TÖDLICHER MISSION (Film)
Inhaltsangabe: »In tödlicher Mission« (1981): Erinnerungen werden wach: James Bond besucht das Grab seiner ermordeten Frau Tracy. Kurz darauf wird er von einem Helikopter abgeholt, der scheinbar von »Universal Exports« geschickt wurde. In Wirklichkeit kommt er von einem rollstuhlfahrenden Killer, der Ernst Stavro Blofeld ähnlich sieht. Als dieser den Piloten per Starkstrom tötet und den Hubschrauber fernsteuert, scheint 007 verloren, doch gewinnt er die Kontrolle zurück und schleudert den Bösewicht mit seinem Rollstuhl

in einen Schornstein. Ortswechsel: An der albanischen Küste sinkt ein getarntes Spionageschiff, das mit einem System namens A.T.A.C. ausgestattet ist. Damit können U-Boote und andere Kriegsmaschinerie Einsatzbefehle erhalten. Der Russe General Gogol erfährt davon, und so beginnt der Wettlauf zwischen KGB und dem britischen Secret Service. Das Ehepaar Havelock wird vom MI6 beauftragt, inoffizielle Bergungsversuche zu unternehmen, doch beide werden vor den Augen ihrer Tochter Melina von einem griechischen Mörder erschossen. Bond soll das tödliche Stück Technik bergen und den Mord aufklären.

Der durch Melina Havelock identifizierte Killer residiert in einer Villa nahe Madrid. Als Bond diese aufsucht, wird er Zeuge einer Geldübergabe. Mörder Gonzales hat also einen Auftrag erhalten. Wachen stellen 007, dieser entkommt aber, als Tumult ausbricht, da die Havelock-Tochter auftaucht und Gonzales mit ihrer Armbrust tötet. Wieder in London, hilft »Q« Bond mit dem Identigraphen. So wird der Auftraggeber von Gonzales als Emilie Leopold Locque identifiziert, der sich nach Polizeiauskünften in Cortina d'Ampezzo, Italien, aufhalten soll. Über den italienischen Kontaktmann Ferrara trifft Bond auf den Informanten Aris Kristatos. Der kennt die angebliche Gegenseite und will Bond Hinweise liefern. Bond macht nicht nur Kristatos' Bekanntschaft, auch dessen »Nichte« Bibi Dahl, eine Eiskunstläuferin, lernt 007 kennen. Mehrere Mordanschläge werden auf die Doppelnull verübt. Kristatos macht den Schmuggler Milos Columbo dafür verantwortlich. Dessen Geliebte Gräfin Lisa von Sahm soll in Columbos Auftrag mehr über 007 in Erfahrung bringen. Sie verfällt Bonds Charme und wird bei einem Strandspaziergang von Locques Leuten getötet. Bond gerät in die Hände Columbos. Dieser ist auf der Seite des Geheimagenten. Als Beweis will Columbo den wahren Schurken Kristatos und dessen rechte Hand Locque ans Messer liefern. Letzterer ist zuerst dran.

In einem Lagerhaus, das die beiden neuen Verbündeten aufsuchen, finden sie nicht nur Rohopium und Tauchausrüstungen für eine Bergung in über 200 Metern Tiefe, sondern auch Locque. Bond verfolgt den flüchtenden Serienmörder und lässt ihn samt Wagen in einen Abgrund stürzen. Bond und Melina treffen sich erneut und beschließen, einen Tauchgang zum gesunkenen Spionageschiff zu unternehmen, um das A.T.A.C. zu bergen. Mit der »heißen Ware« wieder an der Wasseroberfläche angekommen, stellen sich die nächsten Probleme: Kristatos und seine Schergen warten schon auf James Bond und Melina Havelock.

Nachdem das A.T.A.C. in die Hände der Bösen gefallen ist, sollen 007 und seine hübsche Freundin gekielholt werden. Bond nutzt ein Korallenriff, um die Taue zu zerschneiden; er und Melina überleben leicht verletzt, doch Kristatos hält sie für tot. Der Papagei Max hat sich glücklicherweise das Reiseziel Kristatos' gemerkt, und so machen sich Bond, Melina, Columbo und dessen Leute auf, um Kristatos in einem Felsenkloster zu stellen. Es kommt zum Finale. Columbo tötet Kristatos mit einem Messer. Kurz darauf trifft General Gogol ein und will sich das A.T.A.C abholen, doch 007 reagiert blitzschnell und schleudert den Hightechkasten in die Schlucht: »Das ist echte Entspannung, Sie haben es nicht und ich auch nicht!«, rechtfertigt der britische Geheimagent sein Handeln. Er und Melina genießen die Ruhe auf dem Schiff der Havelocks, Bond kann seine Fähigkeiten im Umgang mit dem weiblichen Geschlecht beweisen.

IN TÖDLICHER MISSION (Comic)
↗ Comics

INTO VIENNA (Lied)
↗ *The Living Daylights* (Soundtrack)

INTRODUCING MR. BOND (Originaldialog)
↗ *Octopussy* (Soundtrack)

INTUITIVE IMPROVISATION (Zitat)
↗ Max Zorin (↗ Christopher Walken) klärt in ↗ *Im Angesicht des Todes* (1985) auf, warum er unfehlbar ist. Er bezeichnet das Geheimnis seines Genies mit der Bemerkung »Intuitive Improvisation« und unterstreicht damit den Mord an dem korrupten Beamten ↗ W. G. Howe.

INVADERS FROM S.C.U.M. (Zeichentrickfilm)
↗ *James Bond Jr.*

INVINCIBLE (Schiff)
↗ HMS Invincible

IONIDES, GEORGE (Romanfigur)
Der 27 Jahre alte George Ionides ist im Roman ↗ *Liebesgrüße aus Athen* Unbeteiligter und Leidtragender zugleich. Seine Verlobte heißt ↗ Maria und lebt auf Paros. Um sich zu tarnen, tauscht James Bond sein Schiff ↗ Altair mit dem von Ionides, dessen Schiff den Namen ↗ Cynthia trägt. Daraufhin halten die Killer den Griechen für Bond und töten ihn.

I. Q. (Gruppe)
↗ *James Bond Jr.*

IRA (Organisation)
Die IRA (Irish Republican Army) wurde 1919 gegründet und wird im Roman ↗ *Countdown für die Ewigkeit* erwähnt. 007 hatte zuvor die Präsenz der IRA, die eigentlich für die Unabhängigkeit Irlands kämpft, besonders im Roman ↗ *Niemand lebt für immer* gespürt, da die Organisation neben der ↗ Union Corse, ↗ SMERSH, ↗ SPECTRE, den ↗ Roten Brigaden und ↗ FALN an einer Kopfjagd auf den Geheimagenten beteiligt war. Seit Ende der 1960er Jahre versucht die IRA den Anschluss Nordirlands an die Republik Irland durch Terroranschläge zu erzwingen.

IRENA (Romanfigur/Filmcharakter)
Humorvoller Einschub im Roman und im Film ↗ *GoldenEye* (1995) ist die Gesangseinlage von Irena in ↗ Zukovskys ↗ Club »Valentin's« in ↗ St. Petersburg. Irena, die Freundin des russischen Ladenbesitzers, singt im Buch ↗ *Memories* (im Film ist es der Song ↗ *Stand By Your Man*). Ihre Sangeskünste sind so schlecht, dass 007 fragt, wer die Katze quäle. Das Gespräch zwischen Zukovsky und James Bond, bei dem Irena im Hintergrund die Dissonanzen schmettert, war die erste Szene, die 1995 für *GoldenEye* gedreht wurde. Die Rolle der untalentierten Sängerin spielte ↗ Minnie Driver.

IRIN (Filmcharakter)
Zu den Todesengeln, die ↗ Ernst Stavro Blofeld auf dem ↗ Piz Gloria mit Hypnose gefügig macht, gehören viele Mädchen der unterschiedlichsten Nationalitäten. Neben einer Deutschen, einer Israelin und einer Australierin taucht auch eine irische Frau auf. Die Rolle dieser Irin im Film ↗ *Im Geheimdienst Ihrer Majestät* (1969) wurde von ↗ Jenny Hanley gespielt.

IRISH DREAMTIME INC. (Produktionsfirma)
Durch seine ersten drei James-Bond-Filme hatte ↗ Pierce Brosnan genug Kapital zur Verfügung, um sich den Traum einer eigenen Produktionsfirma zu erfüllen: »Irish Dreamtime Inc.«. Brosnan produzierte *Der amerikanische Neffe* und *Die Thomas Crown Affäre*.

IRISH PENNY (Romanfigur)
Der Spitzname von ↗ Clover Pennington im Roman ↗ *Sieg oder stirb, Mr. Bond* ist »Irish Penny«. Im Buch heißt es, der Name sei verwunderlich, da ihre Eltern aus West Country stammen, wo sie selbst auf einem Schloss aufwuchs.

IRMCHEN (Spitzname)
↗ Irma Bunt

IRRENANSTALT (Codename)
↗ Bedlam

IRS
↗ Harriet Horner aus dem Buch ↗ *Scorpius* arbeitet als Undercover-Detektivin für den »Internal Revenue Service« (Kurz: »IRS«) der Vereinigten Staaten.

IRVIN, CELIA (Assistentin)
Als Assistentin der Produzenten arbeitete Celia Irvin an ↗ *GoldenEye* (1995).

IRVING G. THALBERG AWARD (Filmpreis)
Kurz bevor die Dreharbeiten zu ↗ *Octopussy* (1983) begannen, bekam ↗ Albert R. Broccoli den Irving G. Thalberg Award für seine Arbeit als Filmproduzent verliehen. Die Verleihung fand während der Oscarverleihung in Los Angeles statt.

ISAGURA, SATOSHI (Romanfigur/Filmcharakter)
Der Chemie-Experte Satoshi Isagura wird von James Bond im Roman und auch im Film ↗ *Der Morgen stirbt nie* auf einem ↗ Flohmarkt für Terroristen am ↗ Khaiberpass entdeckt. Der Mann, der wegen eines Giftgas-Anschlags auf die U-Bahn von Tokio gesucht wird, ist neben ↗ Gustav Meinholz und ↗ Henry Gupta eine weitere Person, die durch das ↗ Identifikationsprogramm des ↗ MI6 erkannt wird. Isagura arbeitet für die Rebellen in Zaire.

ISCHIA (Ort)
↗ »M« erinnert 007 im Buch ↗ *Sieg oder stirb, Mr. Bond* an die ↗ Villa Capricciani auf Ischia. James Bond wurde von seinem Chef einige Jahre vor der jetzigen Mission in diese Villa geschickt, um sich in Ruhe von seinem letzten Auftrag zu erholen. Bond trifft dort die erotische ↗ Beatrice.

ISLAND
Die Aufnahmen von Sibirien in der ↗ Pre-Title-Sequenz von ↗ *Im Angesicht des Todes* (1985) wurden in Island an einem Gletschersee und in den Schweizer Alpen gedreht. ↗ Willi Bogner, der Hauptverantwortliche für diese Actionszenen, drehte auch am berühmten ↗ Vatna-Jökull-Gletscher. Im Roman ↗ *Stirb an einem anderen Tag* meint Bond auf ↗ Graves' Frage, ob er schon in Island gewesen sei, er habe sich ein- oder zweimal in dieser Gegend aufgehalten.

ISLA ORGANOS (Ort)
↗ Los Organos

ISLE OF CONDORS (Comic)
↗ Comics

ISLE OF SURPRISE
Von ↗ Strangways erfährt James Bond im Roman ↗ *Leben und sterben lassen* von der kleinen Insel »Isle of Surprise«, auf der ein Schatz von ↗ Bloody Morgan liegen soll. Die Insel ist Mittelpunkt des kleinen Hafens der ↗ Shark Bay.

ISOPROPYLFLASCHE (Waffe)
Im Roman ↗ *Stirb an einem anderen Tag* schleudert 007 eine Isopropylflasche auf einen ↗ Kernspintomographen. Durch den Aufprall und die Flüssigkeit aus der Flasche wird das Gerät aktiviert, baut ein starkes Magnetfeld auf und reißt ↗ Zao die Waffe aus der Hand.

ISRAELIN (Filmcharakter)
Zu den Todesengeln auf dem ↗ Piz Gloria gehören viele Mädchen der unterschiedlichsten Nationalitäten. Neben einer Deutschen, einer Australierin und einer Irin taucht auch eine israelische Frau auf. Die Rolle dieser Israelin im Film ↗ *Im Geheimdienst Ihrer Majestät* (1969) wurde von ↗ Helena Ronee gespielt.

ISRAEL, JOE (Romanfigur)
↗ John Gardner beschreibt die beiden Männer ↗ Stanley Hare und Joe Israel mit einem Satz: »Sie schienen maßgeschneidert

zu sein, von der Stange, die Standardausgabe von ›Kugelfängern‹.« Die beiden Männer treffen erstmals in Begleitung von ↗ Bruce und ↗ Edgar auf dem Schiff ↗ »Invincible« auf den Geheimagenten James Bond 007. Bei Joe und seinen Kollegen handelt es sich um Amerikaner. Nach dem Mord an Edgar Morgan bestellt Bond Israel in seine Kabine und stellt fest, dass dieser Mann über 1,90 Meter groß ist. »Seine Haare ergrauten bereits, und er hatte diesen lässigen, geübten Gang und die Haltung, die Kugelfänger oft benutzen, um zu verbergen, dass sie ständig wachsam sind.« Israel lächelt – besonders in Gegenwart von ↗ Admiral Gudeon.

ISTANBUL (Drehort)
Als ↗ Ian Fleming sein Buch ↗ *Liebesgrüße aus Moskau* schrieb, griff er auf die Eindrücke zurück, die er im Jahre 1955 in Istanbul gesammelt hatte, als er über ein Treffen der ↗ Interpol-Spitze berichtete. James Bond, der einen Auftrag in Istanbul hätte ausführen sollen, beschäftigt sich in ↗ *Lizenz zum Töten* – im Film wie im Roman – lieber mit den persönlichen Angelegenheiten, die den ↗ Zahnzauberer und ↗ Felix Leiter betreffen. Laut ↗ »M« ist die Affäre in der türkischen Großstadt schon seit Monaten eine dringliche Angelegenheit, um die sich jemand kümmern muss. 007 entscheidet sich jedoch für seinen Freund und gegen die Mission. Schon der Roman *Liebesgrüße aus Moskau* und auch der Film von 1963 hatten in Istanbul gespielt. Auch der letzte Aufenthaltsort von ↗ Elektra King vor ihrem Tod ist Istanbul. James Bond ermittelt in ↗ *Die Welt ist nicht genug* (1999) in der türkischen Großstadt. In Istanbul treffen ↗ Renard und Elektra aufeinander, ↗ Zukovsky wird von ihr erschossen, tötet aber zuvor noch ↗ Gabor und ↗ Mr. Goldzahn alias ↗ Bull. Für *Die Welt ist nicht genug* wurde am berühmten ↗ Leanderturm gedreht, der auf einer kleinen Insel in der Mitte des ↗ Bosporus steht.

ISTHMUS CITY (fiktive Stadt)
Die Hauptstadt von Isthmus ist Isthmus City. Dort besitzt ↗ Sanchez im Film ↗ *Lizenz zum Töten* (1989) unter anderem eine Bank und ein Spielkasino und hat sich im Roman und im Film ein Netzwerk mit korrupten Politikern, Bankiers und anderen »hohen Tieren« aufgebaut. Die fiktive Stadt liegt in Süd-Mexiko. Gardner beschreibt, in Isthmus City wohnen vier Sorten von Menschen: »... abgesehen von Durchreisenden und Toten: sehr reiche und sehr arme Menschen. Dann Menschen, die Arbeit haben, und andere, die keine Arbeit haben.« Die Arbeitslosenzahlen in der Hauptstadt von Isthmus sind sehr hoch. Präsident ist ↗ Hector Lopez, er wirbt mit dem Spruch: »Profit für das Volk«. Erfunden wurde Isthmus City von den Drehbuchautoren ↗ Richard Maibaum und ↗ Michael G. Wilson. Alle Dreharbeiten fanden in Mexiko statt.

ISYANOV, RAVIL (Darsteller)
Es verwundert doch sehr, dass nur Ravil Isyanov als Darsteller des ↗ MiG-Piloten in ↗ *GoldenEye* (1995) genannt wird, denn im Film sind drei MiGs zu sehen und alle explodieren. Isyanov spielte mit großer Wahrscheinlichkeit alle drei Piloten, die auf Grund ihrer Sauerstoffmasken nicht zu unterscheiden sind.

ITALIENERIN (Filmcharakter)
↗ Todesengel

ITALIENISCHE MINISTER (Filmcharakter)
In ↗ *Sag niemals nie* (1983) kommen zwei italienische Minister vor, die von ↗ Robert Rietty und ↗ Guido Adorni dargestellt wurden. Die Auftritte der Schauspieler waren in der gekürzten Fernsehfassung nicht mehr enthalten, in der DVD-Version sind die Passagen mit Rietty und Adorni wieder zu sehen.

ITHACUS (Pferd)
Unter dem Vorwand, ein potenzieller Käufer für das Ithacus-Fohlen zu sein, schleicht sich James Bond als ↗James St. John Smythe auf eine Pferdeschau von ↗Max Zorin in ↗*Im Angesicht des Todes* (1985). Ithacus ist der Bruder von ↗Pegasus und man erwartet, so erfährt 007 von ↗Scarpine, für das Tier eine Summe von ca. drei Millionen Francs zu bekommen. Bond behauptet, das klinge sehr preiswert. Ein anderer Gast namens ↗Mr. Faras sagt im Film zu seinem Trainer, er würde eine Million für Ithacus bieten. Zorins Männer dokumentieren die abgehörten Gespräche aus den Zimmern der Gäste.

IT'S ALL IN THE TIMING (Zeichentrickfilm)
↗*James Bond Jr.*

IVANOV (Romanfigur)
↗Schocktherapie

IVAN TORS UNDERWATER STUDIOS LTD.
Ein Großteil des Leinwandabenteuers ↗*Feuerball* (1965) sollte unter Wasser spielen und konnte nicht in den ↗Pinewood-Studios gedreht werden. Die »Ivan Tors Underwater Studios« erfüllten die Voraussetzungen und die dort gedrehten Unterwasserszenen schrieben Filmgeschichte. ↗Ricou Browning führte Unterwasserregie, während ↗Lamar Boren für die Unterwasserkamera zuständig war.

IW
Die Abkürzung IW steht für »Individuelle Waffe«. James Bond benutzt eine solche Waffe, als er an einem zehntägigen Überlebenstraining beim ↗22. SAS-Regiment in Herford teilnimmt. Es handelt sich um eine ↗XL65E5.

IWAN (Romanfigur)
↗Fritz

IWAN (Filmcharakter)
In ↗*Der Spion, der mich liebte* (1977) muss sich James Bond in Ägypten unter anderem mit Iwan und ↗Boris herumschlagen. Die beiden Russen arbeiten für ↗Anja Amasowa.

IWANOWA, POLA (Filmcharakter)
Auch: Pola Ivanova
James Bond ist in ↗*Im Angesicht des Todes* (1985) nicht der einzige Agent, der herausfinden will, was ↗Zorin plant. Auch die KGB-Agentin Pola Iwanowa ist gemeinsam mit einem Kollegen sehr an den Machenschaften des Bösewichts interessiert. Iwanowas Mitarbeiter kommt um, nachdem er beim Versuch, eine Haftmine anzubringen, von Zorins Männern entdeckt worden ist. Über die Figur Pola Iwanowa erfährt man, dass Bond die Frau schon im Bolschoi-Theater getroffen hat, wo sie ihn verführen sollte. 007 wusste das und schenkte ihr deshalb drei Dutzend rote Rosen. Nach ihrem Treffen in ↗»Nippon Relaxation Spa« will Bond der Frau sechs Dutzend rote Rosen schenken. Wie auch bei der »Zusammenarbeit« zuvor, versucht Iwanowa den Agenten auszutricksen, doch gelingt es ihr wieder nicht. 007 verspricht ihr zwei Dutzend rote Rosen, und Iwanowa begreift erst bei ↗General Gogol im Auto, dass Bond der ewige Gewinner bleiben wird. Bond hat ihr die Informationen schon längst entwendet. Dargestellt wurde die Figur von der Schauspielerin ↗Fiona Fullerton.

J

JABBERWOCKY (Abhörempfänger)
Im Roman ↗ *Lizenz zum Töten* bringt 007 eine Wanze vom Typ W9 an der Sessellehne in ↗ Franz Sanchez' Büro an. Sie gibt die aufgefangenen Geräusche an ein Gerät weiter, das James Bond als »Jabberwocky« bezeichnet. Über »Jabberwocky« bekommt Bond unter anderem Informationen über die Bestechlichkeit von ↗ Hector Lopez. »Jabberwocky« ist auch ein Unsinns-Gedicht von Lewis Carroll *(Alice im Wunderland)*; es bedeutet im Sprachgebrauch: Gerede oder Schreiben ohne Bedeutung, sinnlos. »to jabber« – plappern, schnell herunterrasseln.

JACK (Romanfigur)
↗ Boxer

JACK (Filmcharakter)
↗ Erster Seelord

JACK, ANDREW (Dialog-Training)
Viele Kritiker beschwerten sich über zu lange und die Story nicht unterstützende Dialoge im Film ↗ *GoldenEye* (1995). Andrew Jack war für das Dialog-Training zuständig. Mit den Texten hatte er nichts zu tun.

JACKE
In ↗ *Im Geheimdienst Ihrer Majestät* (1969) stiehlt sich James Bond eine Jacke von einem Kleiderhaken, damit er in der Masse untertauchen kann und nicht so schnell von ↗ Blofelds Männern entdeckt wird. Die Jacke beschert Bond noch einen weiteren Gewinn: In den Taschen befindet sich etwas Kleingeld. In ↗ *Octopussy* (1983) stiehlt Bond eine Jacke mit dem Logo des ↗ Octopussy-Zirkus, um sich beim Beladen des ↗ Octopussy-Zuges als Mitarbeiter zu tarnen. Wenn James Bond eine Jacke trägt, dann nicht nur, um sich zu wärmen. Im Roman und auch im Film ↗ *Die Welt ist nicht genug* (1999) bekommt Bond eine Jacke von ↗ »R« vorgestellt. Diese verfügt über eine Art Airbag, der nach Auslösen den Körper des Trägers einhüllt. 007 benutzt die Jacke, als er und ↗ Elektra King nach einem Angriff von ↗ Parahawks fast von einer ↗ Lawine überrollt werden.

JACKMANN, LISA (Akrobatin)
Gefährliche akrobatische Einlagen wurden von Teresa Craddock, Kirsten Harrison, Christine Cullers, Jane Aldridge, Christine Gibson, Tracy Lewellyn und Ruth Flynn im Film ↗ *Octopussy* (1983) geboten. Bei den von ↗ Susanne Dando überwachten Szenen konnte auch Lisa Jackmann ihr Können unter Beweis stellen.

JACKO (Spitzname)
Schon als 007 zum ersten Mal auf ↗ Jack Wade trifft, gibt dieser ihm Spitznamen. Im Roman und auch im Film ↗ *GoldenEye* (1995) muss sich der Geheimagent damit abfinden, von seinem Kollegen der ↗ CIA »Jimbo«, »Jacko« oder »Jim« genannt zu werden. Die kleinen Sticheleien durch diese Verniedlichungsformen des Namens James tauchen auch im Film/Roman ↗ *Der Morgen stirbt nie* (1997) auf, in dem Wade wieder mit von der Partie ist.

JACKSON, MICHAEL (Illustrator)
↗ *003 ½ The Adventures of James Bond Junior*

JACOBS, ERIC (Biograf)
Eric Jacobs ist ein Biograph, der sich auch mit den James-Bond-Romanen und ↗ Ian Flemings Leben auseinander setzte. Über

die zahlreichen Liebschaften, die 007 in den Romanen hat, schrieb er, es mache 007 nicht schlimmer als jeden anderen durchschnittlichen Urlauber – Jacobs bezog dies ironischerweise auch auf die Menschen, die Bond in seinen Büchern tötete.

JACOBY (Romanfigur)
Im Buch ↗*Diamantenfieber* erzählt ↗»M« James Bond von einem Essen mit Jacoby. Das Treffen mit Jacoby fand bei der ↗Diamond Corporation statt, und ↗»M« erfuhr dort viel über die Edelsteine und warum es wichtig sei, dem Diamantenschmuggel ein Ende zu setzen. »M« verstand durch die Erklärungen des Mannes auch, warum Diamanten eine starke Anziehungskraft ausüben und die Leidenschaft, diese Steine zu besitzen, bei vielen Menschen so stark sei. Die Figur Jacoby fand als ↗Sir Donald Eingang in den gleichnamigen Film von 1971.

JAENICKE, HANNES (Sprecher)
Der deutsche Darsteller Hannes Jaenicke liest die Hörspiele ↗*Casino Royale*, ↗*Leben und sterben lassen* und ↗*Goldfinger* in gekürzter Form. Der Schauspieler hat Wohnsitze in den USA und in Deutschland. Jaenicke hatte seinen Durchbruch als Gelegenheitsarbeiter Pit in dem Fahrstuhl-Thriller *Abwärts* (1984) mit Götz George und Renée Soutendijk. Erfahrungen als Audio-Sprecher machte er unter anderem mit Michael Crichtons Prey und Frederick Forsyths Der Schakal.

JAG (Codename)
»Jag« oder auch »Jaguar« ist im Film ↗*Casino Royale* (1966) der Codename für die ↗SMERSH-Agentin, die James Bond mit einem Fahrzeug bedrängt. Sie kommt ums Leben, als sie mit dem explosiven Milchwagen zusammenstößt.

JÄGER (Einsatzname)
Im Buch ↗*Niemand lebt für immer* gibt James Bond seinen Einsatznamen »Jäger« per Telefon durch. Der Kontaktmann ist pikiert, da 007s Anruf um drei Uhr morgens eingeht, doch Bond, der dem Tod durch ↗Heinrich Osten nur knapp entkommen ist, interessiert das nicht.

JAGDHUND (Operation)
Unter dem Namen »Jagdhund« schmieden ↗Blofelds Erben Pläne, Flugzeuge durch Terroranschläge zu entführen oder zum Absturz zu bringen. Bond gelingt es im Roman ↗*Moment mal, Mr. Bond*, einen dieser Terroranschläge zu vereiteln.

JAGDSCHEIN
Um sein Gewehr mitführen zu können, erhält Bond von ↗Oberst John in ↗*Für Sie persönlich* einen Jagdschein.

JAGUAR (Fahrzeug)
James Bond hat im Roman ↗*Diamantenfieber* den ersten Kontakt zu einem roten Jaguar. Das dort als ↗»Mädchenfänger« bezeichnete Fahrzeug mit Insassen, die 007 beobachten, fand keinen Eingang in den gleichnamigen Film. Der erste Film-Jaguar wird in ↗*Der Morgen stirbt nie* (1997) genannt. Um welches Modell es sich bei dem Jaguar von ↗General Tschernow im Roman ↗*Nichts geht mehr, Mr. Bond* genau handelt, wird nicht erläutert. 007 muss seinen Feind in Gefangenschaft begleiten. ↗Sir Cuthbert besitzt in ↗*003½ James Bond Junior* ebenfalls einen Jaguar. Später wird Bond sogar von Cuthbert darin mitgenommen.

JAGUAR XK8 (Fahrzeug)
Als James Bond in ↗*Der Morgen stirbt nie* auf dem Hamburger Flughafen ankommt, trifft er ↗»Q«, der sich als ↗Avis-Mitarbeiter getarnt hat. ↗Raymond Benson beschreibt, Bond vermutet, einen Jaguar XK8 als Fahrzeug zu bekommen, da der Waffenmeister an einem solchen Modell gearbeitet habe. Dem ist aber nicht so: 007 wird mit einem ↗BMW 750 ausgestattet.

Eine »Szene«, die im Roman noch enthalten ist, im Film aber der Schere zum Opfer fiel: »Q« öffnet die Klappe, hinter der sich das Fahrzeug verbergen soll, doch beide ↗MI6-Mitarbeiter werden von einem lebenden Jaguar angeknurrt – eine Verwechslung. Regisseur ↗Roger Spottiswoode wollte dies als Gag in *Der Morgen stirbt nie* (1997) haben. Der Roman beschreibt die Verwechslung als Streich von »Q«, um 007 zu erschrecken.

JAGUAR-XK8-CABRIO (Fahrzeug)
Im Film ↗*Stirb an einem anderen Tag* (2002) verfolgt ↗Zao James Bond mit einem Jaguar-XK8-Cabrio. Das Fahrzeug ist wie ein Wagen ausgestattet, der aus dem Hause ↗»Q« kommt. Bond muss alle Fahrkunst aufwenden, um mit seinem ↗Aston Martin V12 Vanquish mitzuhalten. Zaos grüner Jaguar, der auch schon bei der Pressekonferenz vor Filmstart präsentiert wurde, verfügt über Wärmesuchradar und Granatwerfer. Vorn im Fahrzeug verbergen sich zwei Stilette, mit denen der Schurke Bond im V12 durchbohren will. Die Stilette erinnern entfernt an die Rammstoßstangen des Aston Martin aus ↗*Goldfinger* (1964).

JAGUAR XK8-COUPÉ (Fahrzeug)
Der 1996 auf den Markt gekommene Sportwagen wurde im Roman ↗*Tod auf Zypern* zu 007s neuem Dienstwagen. ↗»Q« versah das Fahrzeug mit einem ↗GPS-Navigationssystem. Der Wagen kann per Satellit gelenkt werden. Er verfügt über Raketen mit Wärmesensoren und ↗Cruise Missiles. Man kann die Waffen mit Hilfe eines Joysticks lenken, der an einem Bildschirm auf dem Armaturenbrett zugeschaltet wird. Optische Systeme verstärken nachts das Restlicht. Scheinwerfer und Rücklichter können Hologramme projizieren, um andere Verkehrsteilnehmer zu simulieren. Ein Gerät namens ↗»Scout« befindet sich unter der Karosserie. Dieses flugfähige Gerät kann vom Auto aus losgeschickt werden, um zu zeigen, was sich beispielsweise hinter der nächsten Kurve befindet. Des Weiteren ist dieses modellflugzeugartige Gerät in der Lage, Minen abzuwerfen. Mit Hilfe des Jaguar XK8-Coupés gelingt es Bond im Verlaufe des Romans, seine Verfolger abzuschütteln.

JAGUAR XKR (Fahrzeug)
Zu ↗Colonel Tan-Gun Moons Fuhrpark im Roman ↗*Stirb an einem anderen Tag* gehören ein Jaguar XKR, ein ↗Ferrari und ein ↗Lamborghini. ↗Zaos schwerbewaffnetes Fahrzeug im Roman *Stirb an einem anderen Tag* ist ein Jaguar XKR. Das Fahrzeug wird in ↗Bensons Buch als Prachtstück mit 370 PS beschrieben. Wie Bonds Aston Martin verfügt auch der Jaguar über ein Wärmeerkennungssystem. Des Weiteren sind Raketenabschussvorrichtungen in den Wagen eingebaut worden. Mit Raffinesse gelingt es James Bond, Zao zu übertrumpfen und ihn mit seinem Jaguar in einen Unfall zu verwickeln. Das Fahrzeug versinkt unter der Eisdecke Islands.

JAKE (Romanfigur)
Ein Bankhalter in einem Spielkasino im Roman ↗*Diamantenfieber* trägt den Namen Jake, der auch in seine Schürze eingestickt ist.

JAKOB, LAJOS (Kung Fu-Ausbilder)
Für ↗*Der Mann mit dem goldenen Colt* (1974) musste ↗Roger Moore als 007 ↗Kung Fu lernen. Die Produktion schaltete als Trainer Lajos Jakob ein, der in London mehrere Kung-Fu-Schulen besitzt. Im Nachhinein lobte Jakob Moore, der sich innerhalb von nur zwei Wochen schon einen grünen Gürtel verdient hätte. Moores »Ausbildung« im Kampfsport dauerte zwei Monate.

JAKOW (Romanfigur)
Im Roman ↗*Nichts geht mehr, Mr. Bond* muss 007 im Finale gegen ↗Robinsons antreten. Sie erhoffen, die Freiheit zu erlan-

gen, indem sie auf Befehl töten. Ihr Opfer soll diesmal James Bond sein. Der Kampf zwischen dem Agenten und vier Robinsons findet auf der Insel ↗Cheung Chau statt. Bond kennt die Namen seiner Gegner: Jakow, ↗Pawel, ↗Bogdan und ↗Semen. ↗General Tschernow verrät 007 auch, was Jakow auf dem Kerbholz hat: Er ist ein großer, kräftiger Mann, der verurteilt wurde, weil er sechs Mädchen, die beinahe noch Kinder waren, sexuell missbrauchte. Er erwürgte die Opfer nach der Tat.

JALOUSIE
In der ↗Pre-Title-Sequenz von ↗*Die Welt ist nicht genug* (1999) zerlegt James Bond eine Jalousie, um aus dem Büro des Bankiers ↗Lachaise zu entkommen. Er bindet das Band der Jalousie an den Gürtel eines ohnmächtigen Gegners, um ein Gegengewicht zu haben, wenn er aus dem Fenster des Büros springt.

JAMAICA JAZZ (Lied)
↗*Dr. No* (Soundtrack)

JAMAICAN ROCK (Lied)
↗*Dr. No* (Soundtrack)

JAMAIKA (Schauplatz)
Auf Jamaika wurde in den Jahren 1961 und 1962 der erste James-Bond-Kinofilm gedreht. ↗Fleming selbst nutzte die Orte oft in seinen Romanen als Handlungsschauplätze. Sein Haus ↗Goldeneye befand sich ebenfalls auf dieser Insel. Als ↗Albert R. Broccoli und ↗Harry Saltzman den ersten Film planten, empfahl Fleming den beiden ↗Chris Blackwell als Hilfe. In drei von Flemings Romanen und in einer Kurzgeschichte ermittelt der Geheimagent Ihrer Majestät auf der Insel Jamaika. Ein zweites Mal nach ↗*James Bond 007 jagt Dr. No* (1962) drehte man auf Jamaika. Im Film ↗*Leben und sterben lassen* (1973) stellte diese Insel den fiktiven Ort San Monique dar, in dem ↗Dr. Kananga sein Unwesen treibt und sich von der schönen ↗Solitaire die Karten legen lässt. Im Roman ↗*Casino Royale* erfährt der Leser, dass 007 früher getarnt als reicher Kunde der bedeutenden Import- und Exportgesellschaft ↗Caffery auf Jamaika zu tun gehabt hatte. Und in ↗*Leben und sterben lassen* heißt es, dass sich James Bond gut auf Jamaika auskennt, weil er dort kurz nach dem Krieg einen länger dauernden Auftrag hatte, »als die kommunistische Zentrale in Cuba versuchte, die Gewerkschaften Jamaikas zu unterwandern«. Dieser Auftrag wird als »wenig schön« und »unbefriedigend« beschrieben, mehr ist nicht darüber bekannt.

JAMAIKANERIN (Filmcharakter)
↗Todesengel

JAMES (Deckname)
Ganz einfach macht es sich 007 im Buch ↗*James Bond 007 jagt Dr. No*. Er mietet über ↗Quarrel als »Mr. James« eine Unterkunft an. In der Kurzgeschichte ↗*Für Sie persönlich* tritt James Bond gegenüber seinem Kontaktmann ↗Oberst Johns unter dem Decknamen Mr. James auf.

JAMES (Filmcharakter)
↗Andrews

JAMES
Für James Bond ist es kein gutes Zeichen, wenn sein Chef ↗»M« ihn mit dem Vornamen anredet. Dies passiert u. a., bevor er den Auftrag in ↗*Feuerball* bekommt und in ein Sanatorium eingewiesen wird.

JAMES (Hund)
Ende der 1960er Jahre besaß ↗Harry Saltzman zwei deutsche Schäferhunde. ↗George Lazenby traute seinen Ohren kaum, als Saltzman die Tiere zu sich rief: Sie hießen James und Bond.

JAMES & FELIX ON THEIR WAY TO CHURCH (Lied)
↗*Licence To Kill* (Soundtrack)

JAMES BOND (Planet)
↗ Planet

JAMES BOND (Tanzkür)
Es gibt viele James-Bond-Tanzküren, und das Tanzpaar Marcus Weiß und Isabel Edvardsson will am 23. November 2006 bei der Deutschen Meisterschaft seinen Meistertitel von 2005 verteidigen. Die James-Bond-Kür wurde von Oliver Wessel-Therhorn choreografiert, läuft drei Minuten und 55 Sekunden und beinhaltet die Tänze Langsamer Walzer, Slowfoxtrott, Quickstepp, Wiener Walzer und Tango. Für das Medley wurden folgende Lieder benutzt: James-Bond-Thema (verschiedene Versionen u. a. aus *The Man With The Golden Gun* und *On Her Majesty's Secret Service*), *From Russia with Love*, Mr. Kiss Kiss Bang Bang, Let's go get 'EM (aus *The Man With The Golden Gun*), Main Theme – On Her Majesty's Secret Service, Getting the Bullet (aus *The Man with the Golden Gun*) sowie Schüsse, Explosionen, Reifenquietschen und Filmdialoge aus deutschen und englischen Originalversionen der Filme *James Bond jagt Dr. No* (1962) und *Goldfinger* (1964). Isabel Edvardsson erhielt 2006 den Titel »Dancing Star«, als sie die RTL-Show *Let's Dance* gewann. Im September 2006 zeigte der deutsche Playboy Aufnahmen von ihr. **Kontakt:** www.marcusundisabel.de

JAMES BOND 007 (Computerspiel)
↗ James-Bond-Computerspiele

JAMES BOND 007 DER SPION, DER MICH LIEBTE (Roman)
↗ *Der Spion, der mich liebte*

JAMES BOND 007 JAGT DR. NO (Roman)
↗ Ian Flemings sechster James-Bond-Roman ↗ *Doctor No* aus dem Jahre 1958 wurde in Deutschland 1965 unter dem Titel *007 James Bond jagt Dr. No* (später als *James Bond 007 jagt Dr. No*) veröffentlicht. Das Buch erschien in der Übersetzung von Dieter Heuler und hat je nach Druck und Auflage ca. 172 Seiten, die »nur« 20 Kapitel ergeben. Die Kapitel wurden in der Übersetzung – wie auch die Vorgänger – ohne Überschriften versehen, sondern nur mit Ziffern gekennzeichnet. 2003 brachte Heyne eine neue »vollständig überarbeitete Ausgabe« der ersten sechs Bond-Romane von Fleming auf den Markt (↗ *Leben und sterben lassen*). Die Neuauflage von *James Bond jagt Dr. No* erschien 02/2004 und ist durch eine andere Schriftgröße mit 222 Seiten die dickste deutschsprachige Ausgabe. Veränderungen finden sich auch im Text: So lautet beispielsweise in der 8. Auflage im Scherz Verlag ein Absatz im 3. Kapitel:

»M schaltete die Schreibtischlampe mit dem grünen Schirm ein. Er zog den Aktenkoffer zu sich. Bond bemerkte ihn jetzt zum ersten Mal.«

In der überarbeiteten Ausgabe von Heyne steht Folgendes: »M schaltete die Schreibtischlampe mit dem grünen Schirm ein und zog den Aktenkoffer zu sich, den Bond jetzt zum ersten Mal bemerkte.« (»zum ersten Mal« hat der Lektor jedoch nicht bemerkt.)

Dennoch weicht auch die neue Version von dem ab, was in Flemings Original steht: »M reached over and switched on the green-shaded desklight. The centre of the room became a warm yellow pool in which the leather top of the desk glowes blood-red. M pulled the thick file towards him. Bond noticed it for the first time.«

Zahlreiche Bond-Fans wünschen sich gerade aus solchen Gründen ganz neue Übersetzungen ohne die störenden Kürzungen für den deutschen Markt. An anderer Stelle zeigt sich ein Zeitunterschied von zwölf Stunden: In der Romanübersetzung, die 1993 herausgebracht wurde, schaut Bond auf eine Uhr und es ist »vier Uhr dreißig«, in der neuen Ausgabe ist es »16:30 Uhr«.

Inhaltsangabe »James Bond 007 jagt Dr. No«:
1) Drei Killer ermorden den Secret-Service-Mann Strangways und dessen Sekretärin auf Jamaika.

2) Nachdem »M« von Sir James Molony erfahren hat, dass James Bond nach seiner Verletzung durch Rosa Klebb wieder einsatzfähig ist, bestellt er den Agenten zu sich. 007 bekommt eine neue Waffe, statt der Beretta eine Walther PPK. Bond soll auf Jamaika ermitteln.

3) Der Stabschef informiert 007 über die Geschehnisse auf Jamaika. Auf der Insel eines gewissen Dr. No seien mehrere Menschen umgekommen – vermutlich Unfälle. 007 soll dort ansetzen, wo Strangways gestoppt wurde.

4) In der Karibik angekommen, wird Bond von seinem alten Freund Quarrel abgeholt. Eine Fotografin versucht, ein Bild des Agenten zu bekommen. Als Quarrel sie schnappt und verhört, verrät sie jedoch nicht, für wen das Foto sein sollte. Bond interessiert sich nur für Dr. Nos Insel Crab Key.

5) Er besucht den Gouverneur und lernt Herrn Pleydell-Smith kennen. Als die Akten von Dr. No und Crab Key nicht gefunden werden, verdächtigt Bond die halbchinesische Sekretärin von Pleydell-Smith.

6) Angeblich vom Gouverneur stammt das Obst, in dem 007 winzige Löcher entdeckt. Er schickt es zur Analyse. Nachts taucht ein tödlicher Tausendfüßler in seinem Bett auf, und der Agent zerschlägt das Insekt, nachdem es über seinen Körper gekrabbelt ist.

7) Zwei Männer, die den Wagen Bonds fahren und ihm und Quarrel ähnlich sehen, sind umgekommen. Indes kommt das Ergebnis der analysierten Früchte: Sie enthalten tödliche Mengen von Blausäure. James Bond macht sich nachts mit Quarrel nach Crab Key auf.

8) Bond trifft auf Honeychile Rider. Zu dritt wollen sie einen Plan machen, doch der Feind rückt bereits an.

9) Salven aus Maschinenpistolen werden von einem Boot aus auf 007, Rider und Quarrel abgefeuert, verfehlen aber ihre Ziele. Die drei Gejagten wandern flussabwärts weiter und verstecken sich, als Hundegebell zu hören ist.

10) Bond tötet einen von Nos Handlangern, und sie erreichen ohne Probleme einen Unterschlupf, den Rider kennt.

11) 007 und die Frau erzählen sich gegenseitig ihre Lebensgeschichten. Des Nachts will sie mit ihm schlafen, doch er gibt ihr das Versprechen für ein anderes Mal.

12) Quarrel wird durch einen Flammenwerfer getötet, 007 und Honey Rider werden gefangen genommen und mit einem »Drachenpanzer« in Dr. Nos »Festung« gebracht.

13) In einem abgeschotteten unterirdischen Raum weist Bond Rider erneut zurück, als sie mit ihm schlafen möchte. Beide werden durch Schlafmittel im Essen betäubt und nachts von Dr. No besucht, der die »Gäste« nur »besichtigen« will.

14) Beim Essen treffen die Gefangenen erstmals auf Julius No. Dieser will seine Geheimnisse preisgeben, aber auch etwas über Bond erfahren.

15) No erläutert seinen Plan und die bisherigen Anschläge auf Menschen. 007 will ihm ein Tauschgeschäft anbieten, doch durch das Essen, das serviert wird, werden sie unterbrochen.

16) Bond klaut ein Feuerzeug und ein Messer. Dr. No will Honey Rider den Krabben am Fluss vorwerfen, Bond soll ein »Rennen mit dem Tod« antreten.

17) Von seiner Zelle aus versucht Bond zu entkommen. Er klettert durch ein Labyrinth von Tunneln und Röhren und muss gegen verschiedene Hindernisse ankämpfen. Zuletzt stürzt er aus einer abschüssigen Röhre ins Meer.

18) Nach dem Kampf mit einem Riesenkraken gelingt es 007, dem Fallenlabyrinth zu entkommen. Er macht sich auf die Suche nach dem Doktor.

19) James Bond begräbt seinen Feind Dr. No unter mehreren Tonnen Guano. Honey Rider konnte auch fliehen und beide setzten ihre Flucht im »Drachenpanzer« fort.

20) Nachdem der Agent wieder in Sicherheit ist und mit allen Ämtern die Angelegenheiten um Dr. No geklärt hat, drängt Honey Rider zum Sex. 007 will in der Zukunft etwas für die Schönheit der Frau tun: Ihre Nase soll auf seine Kosten gerichtet werden.

JAMES BOND 007 JAGT DR. NO (Film)
Inhaltsangabe »James Bond 007 jagt Dr. No«
(1962): Ein britischer Agent namens Strangways und dessen Sekretärin werden auf Jamaika ermordet. James Bond soll sich um den Fall kümmern. Aus dem Spielkasino begibt sich 007 ins Hauptquartier des britischen Geheimdienstes in London. Nach einem kurzen Flirt mit Miss Moneypenny, der Vorzimmerdame des Geheimdienstchefs »M«, wird Bond instruiert und erhält vom Waffenmeister Boothroyd eine neue Pistole. Die alte Beretta weicht der Walther PPK. 007 begibt sich nach Jamaika, wo ein als Chauffeur getarnter Bösewicht auf ihn wartet. Die erste handfeste Schlägerei der 00-Ära entbrennt. Der Chauffeur verrät seinen Auftraggeber jedoch nicht und begeht mit Gift Selbstmord. Die Spur führt zum hinterlistigen Professor Dent. Weitere Informationen kommen von 007s Kontaktmann Quarrel. Auch Felix Leiter, ein CIA-Agent, arbeitet auf der Seite Bonds. Es stellt sich heraus, dass Strangways vor seinem Tod reges Interesse für die Insel Crab Key gezeigt hat, die dem Chinesen Dr. No gehört.

Gesteinsproben dieser Insel brachte Strangways zu Dent, der sie zwar untersuchte, jedoch als uninteressant deklarierte und vernichten ließ. Da Bond Dent nicht traut, untersucht er den Lageplatz der Gesteinsproben selbst und misst radioaktive Strahlung. Da auch Einheimischen Crab Key nicht geheuer ist, beschließt James Bond, der Insel einen Besuch abzustatten. Nachdem 007 den »Angriff« einer Vogelspinne überlebt hat, macht er sich mit Quarrel auf den Weg zu Nos Insel. Auf Crab Key angekommen, lernt Bond die Muscheltaucherin Honey Rider kennen.

Schon wenig später eröffnen Insassen eines Motorbootes das Maschinengewehrfeuer auf James Bond, Quarrel und Rider. Die drei unwillkommenen Gäste können sich retten, werden aber schon bald von Fußtrupps verfolgt, die mit Spürhunden hinter ihnen herjagen. Ein als Drachen hergerichteter Panzer mit integriertem Flammenwerfer erscheint auf der Bildfläche, und Quarrel wird durch einen Feuerstoß ins Jenseits befördert. In Gefangenschaft werden Bond und Rider »entseucht« und lernen Doktor No kennen. Der Bösewicht eröffnet seine finsteren Pläne: Da er als Wissenschaftler verkannt wurde, will er nun einen Rachefeldzug starten und die Raketenstarts auf Cape Kennedy in Florida manipulieren. Als Anführer von »GofTa« hat er sich auf den gezielten Terrorismus spezialisiert. James Bond wird eingesperrt und kämpft sich durch ein tödliches Tunnelsystem auf Crab Key. Er dringt in die Labors von Doktor No ein, tötet den Bösewicht, indem er ihn in einem Atomreaktor versinkt und bringt die Insel durch seine Attacken zum Explodieren. Bond rettet Rider und erholt sich von seinem ersten Kinoabenteuer in ihren Armen.

JAMES-BOND-007-SCHULUNGSZENTRUM
Alle Agenten und auch ↗ Evelyn Tremble müssen im Film ↗ *Casino Royale* (1966) in das James-Bond-007-Schulungszentrum, wo sie die Identität James Bond erhalten.

JAMES BOND AND LORD BROMLEY'S ESTATE
(Computerspiel)
↗ James-Bond-Computerspiele

JAMES BOND – ASTRONAUT (Lied)
↗ *You Only Live Twice* (Soundtrack)

JAMES-BOND-COMPUTERSPIELE
In den Jahren 1985 bis 2004 erschienen zwanzig James-Bond-Computerspiele, die teilweise mehr Umsatz brachten als die 007-Filme selbst. Der Erfolg ist ungebro-

chen. ⁊Raymond Benson schrieb die ersten beiden 007-Computerspiele, die auf dem Markt erschienen: *A View To A Kill* (1985) und *Goldfinger* (1986). Beide waren für die Benutzeroberfläche DOS geeignet. Für die meisten Spiele wurden völlig neue Geschichten entwickelt, aber auch bekannte Figuren kreuzen Bonds Weg (⁊Beißer, ⁊Goldfinger, ⁊Oddjob u. v. m.). Folgende Spiele sind bisher erschienen (**Titel**, [Deutscher Titel], Erscheinungsjahr, Screen):

- **The Living Daylights** (1987) C 64, Amiga, Amstrad CPC, Atari XL
- **Live And Let Die** (1988) C 64, Amiga, Amstrad CPC, Atari ST
- **Licence To Kill** (1989) C 64, Amiga, Amstrad CPC, Atari ST
- **The Spy Who Loved Me** (1990) C 64, Amiga, Atari ST, Sinclair ZX Spectrum
- **James Bond And Lord Bromley's Estate** (1990) Sinclair ZX Spectrum
- **James Bond – Q's Armoury** (1990) Sinclair ZX Spectrum
- **James Bond: The Stealth Affair** (1990) PC-Game
- **James Bond – The Duel** (1991) Sega Megadrive
- **James Bond Jur** (1992) Nintendo Entertainment System (NEW), Super NES
- **James Bond 007** (1997) Nintendo Gameboy
- **GoldenEye** (1997) Nintendo 64
- **Tomorrow Never Dies** [*Der Morgen stirbt nie*] (1999) Sony Playstation 1
- **007 James Bond Racing** (2000) PS 2
- **The World Is Not Enough** [Die Welt ist nicht genug] (2000) N 64, Sony Playstation
- **Agent Under Fire** [Agent im Kreuzfeuer] (2001) Sony Playstation 2, Nintendo Gamecube, Microsoft X Box
- **Nightfire** (2002) Gameboy
- **Everything Or Nothing** [Alles oder Nichts] (2004) PC-Game, PS 2, PS NEC, X Box
- **GoldenEye: Rogue Agent** (2004) Game Cube, PS 2, X Box
- **From Russia with Love** [James Bond 007: Liebesgrüße aus Moskau] (2005) X Box

JAMES-BOND-DARSTELLER

Im Laufe der Jahre spielten bereits acht Darsteller die Figur James Bond.

- **Casino Royale***: Barry Nelson (1)
- **James Bond 007 jagt Dr. No:** Sean Connery (7)
- **Liebesgrüße aus Moskau:** Sean Connery
- **Goldfinger:** Sean Connery
- **Feuerball:** Sean Connery
- **Casino Royale:** David Niven (1)
- **Man lebt nur zweimal:** Sean Connery
- **Im Geheimdienst Ihrer Majestät:** George Lazenby (1)
- **Diamantenfieber:** Sean Connery
- **Leben und sterben lassen:** Roger Moore (7)
- **Der Mann mit dem goldenen Colt:** Roger Moore
- **Der Spion, der mich liebte:** Roger Moore
- **Moonraker – streng geheim:** Roger Moore
- **In tödlicher Mission:** Roger Moore
- **Octopussy:** Roger Moore
- **Sag niemals nie:** Sean Connery
- **Im Angesicht des Todes:** Roger Moore
- **Der Hauch des Todes:** Timothy Dalton (2)
- **Lizenz zum Töten:** Timothy Dalton
- **GoldenEye:** Pierce Brosnan (4)
- **Der Morgen stirbt nie:** Pierce Brosnan
- **Die Welt ist nicht genug:** Pierce Brosnan
- **Stirb an einem anderen Tag:** Pierce Brosnan
- **Casino Royale:** Daniel Craig (1)

*) es gibt keine deutsche Version

JAMES BOND (Filmcharakter)

In der Sendung *Die besten Filmcharaktere aller Zeiten*, die im Mai 2005 auf Kabel 1 ausgestrahlt wurde, wählten die Zuschauer per Internet James Bond auf Platz 6. Platz 1 belegte Hanibal Lector aus *Das Schweigen der Lämmer* und *Hanibal*.

JAMES-BOND-FILME (chronologisch)

Wenn man die drei James-Bond-Filme dazuzählt, die nicht von ↗ Albert R. Broccoli, ↗ Harry Saltzman oder ↗ Michael G. Wilson und ↗ Barbara Broccoli produziert wurden, sind seit 1954 insgesamt 24 Abenteuer des Geheimagenten in Szene gesetzt worden. Damit wurde James Bond zum langlebigsten Actionhelden, den es jemals gegeben hat, und an ein Ende ist nicht zu denken.

Hier eine Liste aller James-Bond-Filme auf Deutsch und auf Englisch (Deutscher Titel, Englischer Originaltitel, Erscheinungsjahr):

- **Casino Royale***
  Casino Royale (1954)
- **James Bond 007 jagt Dr. No**
  Dr. No (1962)
- **Liebesgrüße aus Moskau**
  From Russia With Love (1963)
- **Goldfinger**
  Goldfinger (1964)
- **Feuerball**
  Thunderball (1965)
- **Casino Royale**
  Casino Royale (1966)
- **Man lebt nur zweimal**
  You Only Live Twice (1967)
- **Im Geheimdienst Ihrer Majestät**
  On Her Majesty's Secret Service (1969)
- **Diamantenfieber**
  Diamonds Are Forever (1971)
- **Leben und sterben lassen**
  Live And Let Die (1973)
- **Der Mann mit dem goldenen Colt**
  The Man With The Golden Gun (1974)
- **Der Spion, der mich liebte**
  The Spy Who Loved Me (1977)
- **Moonraker – streng geheim**
  Moonraker (1979)
- **In tödlicher Mission**
  For Your Eyes Only (1981)
- **Octopussy**
  Octopussy (1983)
- **Sag niemals nie**
  Never Say Never Again (1983)
- **Im Angesicht des Todes**
  A View To A Kill (1985)
- **Der Hauch des Todes**
  The Living Daylights (1987)
- **Lizenz zum Töten**
  Licence To Kill (1989)
- **GoldenEye**
  GoldenEye (1995)
- **Der Morgen stirbt nie**
  Tomorrow Never Dies (1997)
- **Die Welt ist nicht genug**
  The World Is Not Enough (1999)
- **Stirb an einem anderen Tag**
  Die Another Day (2002)
- **Casino Royale**
  Casino Royale (2006)

Die James-Bond-Filme sind nicht einfach nur Action-Filme, sondern lassen sich noch genauer spezifizieren:

1) Action-Film: James Bond 007 jagt Dr. No (1962) / Goldfinger (1964) / Feuerball (1965) / Diamantenfieber (1971) / Leben und sterben lassen (1973) / In tödlicher Mission (1981) / Sag niemals nie (1983) / Im Angesicht des Todes (1985) / Der Hauch des Todes (1987) / GoldenEye (1995) / Der Morgen stirbt nie (1997) / Die Welt ist nicht genug (1999) / Stirb an einem anderen Tag (2002)

2) Thriller: Liebesgrüße aus Moskau (1963) / Der Mann mit dem goldenen Colt (1974) / Lizenz zum Töten (1989)

3) Science Fiction: Man lebt nur zweimal (1967) / Moonraker – streng geheim (1979)

4) Action-Komödie: Casino Royale (1966) / Der Spion, der mich liebte (1977) / Octopussy (1983)

5) Action-Drama: Im Geheimdienst Ihrer Majestät (1969)

*) Dieser Film ist nicht in der deutschen Synchronversion erschienen und hat demzufolge auch keinen deutschen Titel.

JAMES-BOND-FILME IM DEUTSCHEN FERNSEHEN

Am 10. Februar 1984 erwarb die ARD die Ausstrahlungsrechte der James-Bond-Filme. Und am Montag, dem 11. Juni 1984 war es dann so weit: *Liebesgrüße aus Moskau* (1963) lief als erster Bond-Film um 20:15 Uhr im Ersten Deutschen Fernsehen. Es folgten:

- **James Bond 007 jagt Dr. No** (1962)
  28.12.1984, ARD, 20:15 Uhr
- **Goldfinger** (1964)
  10.03.1985, ARD, 20:30 Uhr
- **Feuerball** (1965)
  01.05.1985, ARD, 20:15 Uhr
- **Man lebt nur zweimal** (1967)
  30.03.1986, ARD, 20:15 Uhr
- **Im Geheimdienst Ihrer Majestät** (1969)
  18.10.1986, ARD, 20:15 Uhr
- **Diamantenfieber** (1971)
  03.05.1987, ARD, 20:20 Uhr
- **Leben und sterben lassen** (1973)
  06.12.1987, ARD, 20:15 Uhr
- **Der Mann mit dem goldenen Colt** (1974)
  03.04.1988, ARD, 20:15 Uhr
- **Der Spion, der mich liebte** (1977)
  25.03.1990, ARD, 20:15 Uhr
- **Moonraker – streng geheim** (1979)
  03.06.1990, ARD, 20:15 Uhr
- **Sag niemals nie** (1983)
  21.07.1990, ZDF, 20:15 Uhr
- **In tödlicher Mission** (1981)
  19.05.1991, ARD, 20:15 Uhr
- **Octopussy** (1983)
  19.04.1992, ARD, 20:15 Uhr
- **Im Angesicht des Todes** (1985)
  11.04.1993, ARD, 20:15 Uhr
- **Der Hauch des Todes** (1987)
  22.05.1994, ARD, 20:15 Uhr
- **Lizenz zum Töten** (1989)
  23.12.1995, ARD, 20:15 Uhr
- **GoldenEye** (1995)
  02.01.1999, ZDF, 20:15 Uhr
- **Der Morgen stirbt nie** (1997)
  29.12.2000, ARD, 20:15 Uhr
- **Die Welt ist nicht genug** (1999)
  27.03.2002, RTL, 20:15 Uhr
- **Stirb an einem anderen Tag** (2002)
  04.12.2005, RTL, 20:15 Uhr

Der Pay-TV-Sender Premiere strahlte zahlreiche Bond-Filme erstmals im Deutschen Fernsehen aus. Die Liste beinhaltet aber nur Erstausstrahlungen im Free-TV, die große Zuschauerzahlen erreichen.

↗ Einschaltquoten

JAMES-BOND-FORMEL

James-Bond-Experten behaupten, die 007-Filme würden seit ↗ *Goldfinger* (1964) mit wenigen Ausnahmen nach einer bestimmten Formel produziert, die im Laufe der Jahre nur geringe Variationen zulässt. Tatsächlich ist es so, dass neue Drehbuchautoren, die zur Bond-Crew stoßen, feste Vorgaben bekommen und sich nur in einem bestimmten Rahmen mit der Figur Bond bewegen dürfen. Die James-Bond-Formel (die meisten Punkte treffen nur für die offiziellen James-Bond-Filme zu) lässt sich wie folgt gliedern:

1) GUN-BARREL-SEQUENZ: Der Pistolenlauf zu Beginn jedes Bond-Films stimmt den Zuschauer auf das kommende Erlebnis ein. Die Sequenz steigert den Wiedererkennungswert und weist auf die Echtheit des Produktes hin. Die inoffiziellen James-Bond-Filme ↗ *Casino Royale* (1966) und ↗ *Sag niemals nie* (1983) durften aus rechtlichen Gründen nicht auf dieses Markenzeichen zurückgreifen.

2) PRE-TITLE-SEQUENZ: Die ↗ Pre-Title-Sequenzen (siehe auch dort) sind als Kurzfilm vor dem Hauptfilm zu sehen und bereiten den Zuschauer auf das kommende Bond-Abenteuer vor. ↗ *James Bond 007 jagt Dr. No* (1962) hat keine Pre-Title-Sequenz. Sie taucht erstmals bei ↗ *Liebesgrüße aus Moskau* (1963) auf. *Casino Royale* (1966) hat die kürzeste Sequenz (sie dauert nur ein paar Sekunden), und bei *Sag niemals nie* (1983) wurden Titel und Pre-Title-Sequenz verbunden: Während die Schriften ablaufen, ist 007 in Aktion zu sehen. Die bisher längste Pre-Title-Sequenz gab es bei ↗*Die Welt ist nicht genug* (1999).

↗John Glen meinte in einem Interview, es wäre ausgezeichnet für einen Regisseur, wenn er die Pre-Title-Sequenz inhaltlich mit dem Hauptfilm verbinden könnte. Dies gelang mehrfach. Von primärer Verknüpfung kann man sprechen, wenn ein nahtloser Übergang zwischen den Inhalten von Vor- und Hauptfilm möglich ist, bei sekundären Verknüpfungen besteht ein inhaltlicher Zusammenhang zwischen Vor- und Hauptfilm.

James-Bond-Filme mit primärer Verknüpfung zwischen Pre-Title-Sequenz und Hauptfilm sind:

Man lebt nur zweimal (1967): Bond wird »umgebracht«.

Im Geheimdienst Ihrer Majestät (1969): Bond lernt Tracy kennen.

Leben und sterben lassen (1973): Drei Agenten werden ermordet.

Der Spion, der mich liebte (1977): Ein U-Boot verschwindet.

Moonraker – streng geheim (1979): Eine Raumfähre wird entführt.

Im Angesicht des Todes (1985): Bond findet einen Mikrochip.

Der Hauch des Todes (1987): 00-Agenten werden ermordet.

Lizenz zum Töten (1989): Franz Sanchez wird gefangen genommen.

Der Morgen stirbt nie (1997): Der GPS-Computer wechselt den Besitzer.

Die Welt ist nicht genug (1999): Sir Robert King wird ermordet; Bond bekommt Hinweise, die ihn zu Renard führen.

Stirb an einem anderen Tag (2002): James Bond gerät in Nordkorea in Gefangenschaft.

James-Bond-Filme mit sekundärer Verknüpfung zwischen Pre-Title-Sequenz und Hauptfilm sind:

Liebesgrüße aus Moskau (1963): Grant trainiert seine mörderischen Fähigkeiten.

Diamantenfieber (1971): Bond stellt fest, dass Blofeld Doubles von sich anfertigen lassen will und tötet ein »unausgereiftes« Exemplar der Sorte.

Der Mann mit dem goldenen Colt (1974): Francisco Scaramanga trainiert seine Schießkünste und hat es offenbar auch auf Bond abgesehen.

James-Bond-Filme ohne Verknüpfung zwischen Pre-Title-Sequenz und Hauptfilm sind:

Goldfinger (1964): 007 erfüllt eine Mission.

Feuerball (1965): Bond tötet einen feindlichen Agenten.

In tödlicher Mission (1981): Auf Bond wird ein Mordanschlag verübt.

Octopussy (1983): Bond erfüllt eine Mission.

GoldenEye (1995): Bond erfüllt zusammen mit 006 eine Mission.

Es gibt nur eine Pre-Title-Sequenz, in der niemand ums Leben kommt:

Im Geheimdienst Ihrer Majestät (1969)

3) **TITELVORSPANN:** Zum Vorspann laufen die Schriften ab. Ein eindringliches Lied, das zumeist den Filmtitel in seinem Text beinhaltet, untermalt den Vorspann. Die Mittel im Vorspann sind mit der Zeit moderner geworden, doch der Kern blieb erhalten – schöne Frauen in verschiedenen Posen:

James Bond 007 jagt Dr. No (1962): Bunte Überlagerungen von tanzenden Menschen und einfachen Symbolen sorgen für interessante Effekte. Die Tree Blind Mice stellen die Verknüpfung zwischen Vorspann und Hauptfilm her.

Liebesgrüße aus Moskau (1963): Der Titelvorspann wurde mit dem Stilmittel der Projektion erstellt. Die Namen der Mitwirkenden erscheinen auf dem Körper einer Frau.

Goldfinger (1964): Auch hier wurde die Projektion gewählt, dieses Mal auf den goldbemalten Körper einer Frau. Zu den Namen kommen noch Szenen aus Liebesgrüße aus Moskau und Goldfinger selbst hinzu.

Feuerball (1965): Über Wasserfontänen, die aus Bonds Aston Martin schießen, wird der Übergang zwischen Pre-Title-Sequenz und Vorspann hergestellt. Maurice Binder lässt die Silhouetten von schwimmenden Frauen erscheinen. Er bringt auch wieder Überlagerungen ein, die in ähnlicher Form schon in James Bond jagt Dr. No Verwendung fanden.

Man lebt nur zweimal (1967): Filmaufnahmen von Lavaströmen und ausbrechenden Vulkanen bilden den Bezug zum Film. Frauen und Animationen tauchen im Vordergrund auf.

Im Geheimdienst Ihrer Majestät (1969): Im Vorspann werden Szenen aus vergangenen James-Bond-Filmen gezeigt (sie sollen dem Publikum klar machen, dass es sich trotz des Wechsels des Hauptdarstellers um einen »echten« Bond-Film handelt«). Zusätzlich sind wieder Animationen zu sehen. Am Anfang des Vorspanns erscheint kurz George Lazenby.

Diamantenfieber (1971): Die Verbindung von der Pre-Title-Sequenz zum Vorspann wird über Diamanten geknüpft, die eine Katze Blofelds am Hals trägt. Die Katze taucht im Vorspann auch wieder auf. Binder arbeitet hier wieder mit Animationen, schönen Frauen und Silhouetten von Frauen und Edelsteinen.

Leben und sterben lassen (1973): Über Totenköpfe, Frauen und Feuer wird die Verbindung von Leben und Tod im Bezug zum Titel hergestellt. Durch Überlagerungen scheinen einige Akteurinnen auf überdimensionalen Schädeln zu liegen.

Der Mann mit dem goldenen Colt (1974): Asiatische Frauen treten im Vorspann auf. Der goldene Colt aus dem Film wird gezeigt (↗ Symbole der James-Bond-Filme).

Der Spion, der mich liebte (1977): Roger Moore ist nach George Lazenby der zweite James-Bond-Darsteller, der in den Vorspann integriert wurde. Moore drehte seine Passagen unter der Regie von Maurice Binder. Auch hier sind neben den Frauen wieder Animationen zu sehen. Die Beziehung zwischen Russland und England wird dargestellt.

Moonraker – streng geheim (1979): Der Übergang zwischen Pre-Title-Sequenz und Vorspann ergibt sich durch Beißers Sturz in ein Zirkuszelt. Die Themen Weltraum, Raumfähre und Schwerelosigkeit werden durch Frauen und Objekte dargestellt. Binder experimentierte mit Füllfarben.

In tödlicher Mission (1981): Sheena Easton ist als erste Interpretin eines James-Bond-Songs im Vorspann zu sehen, der ohne Schrift auch als Musikvideo lief. Der Vorspann zeigt die Unterwasserwelt, was sich auf das später sinkende ATAC-Schiff bezieht. Der Übergang von Vorspann zu Hauptfilm entsteht auch durch Wasser.

Octopussy (1983): Roger Moores Gesicht aus der letzten Einstellung der Pre-Title-Sequenz bot Binder die Möglichkeit zur Verknüpfung mit dem Vorspann. Bilder Moores werden benutzt; schöne, leichtbekleidete Frauen agieren wieder. Mit modernem Laserlicht ist der Vorspann als gereifte Erweiterung der ersten Projektionen zu sehen. Binder bringt mit einem roten Laser das 007-Logo, den Umriss eines Octopus und Ähnliches auf Frauenkörper.

Im Angesicht des Todes (1985): Simple Silhouetten und tanzende, mit Leuchtfarben bemalte Körper wirkten nicht wirklich neu. Dagegen waren Wechsel zwischen Eisskulpturen und brennenden Körpern eindrucksvoll.

Der Hauch des Todes (1987): Ein Vorspann mit den üblichen Zutaten: Frauen, Überlagerungen – ähnlich wie bei Leben und sterben lassen – und Animationen.

Lizenz zum Töten (1989): Der letzte Vorspann von Maurice Binder bringt zwar keine neuen Ideen, reiht sich aber gut in die Tradition ein: Frauen, Symbole, Animationen und das 007-Logo.

GoldenEye (1995): Daniel Kleinman zeigt in seinem ersten Vorspann in neuen Techniken eine Interpretation der Auflösung der Sowjetunion durch zerfallende Statussymbole, Statuen und Büsten. Hauptbestandteil sind wieder die schönen Frauen. Der Januskopf taucht auf. Durch einen Pistolenlauf wird der Zuschauer direkt in das Filmgeschehen

des Hauptfilms hineingeschossen, eine Verfolgungsjagd beginnt.
Der Morgen stirbt nie (1997): Kleinman nennt den Vorspann »Bits and Bites«. Er zeigt Monitore, schöne Frauen und puren Surrealismus. Der Vorspann war ursprünglich noch länger, wurde aber geschnitten, weil Sheryl Crows Titellied nicht lang genug war.
Die Welt ist nicht genug (1999): Öl ist das Motto des Vorspanns. Das schwarze Gold und zahlreiche Pumpen bringen dem Publikum die Stimmung des Films näher. Pierce Brosnan stellt den Übergang zwischen Pre-Title-Sequenz und Titelvorspann dar: der Bond-Darsteller rutscht nach dem Absturz über dem Millennium Dome ins Bild und geht sich die verletzte Schulter haltend davon.
Stirb an einem anderen Tag (2002): Über Bonds Folter in Gefangenschaft wird die Verknüpfung zwischen Pre-Title-Sequenz und Vorspann erreicht.

4) AUFTRAG WIRD ERTEILT: Meist erhält 007 seinen Auftrag von »M«. Auf dem Weg ins Büro, das sich auch einmal in einem U-Boot befindet, begegnet er Miss Moneypenny und flirtet mit ihr. Ausnahmen: *Leben und sterben lassen* (1973) – Bond erhält seinen Auftrag bei sich zu Hause und *Lizenz zum Töten* (1989) – 007 handelt eigenmächtig.

5) ERMITTLUNGSREISE: James Bond macht sich auf den Weg, um zu ermitteln. Seine Ziele liegen meist an exotischen Orten dieser Welt. Mehrere Mordanschläge werden auf ihn verübt. Er lernt den Bösewicht kennen.

6) OPFERTOD: Damit der Zuschauer den Bösewicht oder dessen Handlanger »hassen« lernt, stirbt eine Person, die unmittelbar zu James Bonds Umfeld gehört. Dies können Kollegen, Geliebte oder Freunde sein. Experten sprechen vom Opfertod. Der Begriff wurde von Michael Scheingraber, dem Autor des Buches Die *James-Bond-Filme*, geprägt. Folgende Figuren sterben diesen Filmtod:
Quarrel in *James Bond 007 jagt Dr. No* (1962)
Kerim Bey in *Liebesgrüße aus Moskau* (1963)
Tilly Masterson und Jill Masterson in *Goldfinger* (1964)
Paula Caplan in *Feuerball* (1965)
Aki und Henderson in *Man lebt nur zweimal* (1967)
Campbell in *Im Geheimdienst Ihrer Majestät* (1969)
Plenty O'Toole in *Diamantenfieber* (1971)*
Colonel Strutter (»Opfer« sind in abgeschwächter Form auch Hamilton, Baines und Dawes) in *Leben und sterben lassen* (1973)**
Andrea Anders in *Der Mann mit dem goldenen Colt* (1974)
Felicca und Aziz Fekkesh in *Der Spion, der mich liebte* (1977)
Corinne Dufour in *Moonraker – streng geheim* (1979)
Die Havelocks, Luigi Ferrara und Gräfin Lisl von Sahm in *In tödlicher Mission* (1981)
009 und Vijay in *Octopussy* (1983)
Nicole in *Sag niemals nie* (1983)
Godfrey Tibbett, 003 und Chuck Lee in *Im Angesicht des Todes* (1985)
Saunders und 004 in *Der Hauch des Todes* (1987)
Delia Leiter in *Lizenz zum Töten* (1989)
006 in *GoldenEye* (1995)***
Paris Carver in *Der Morgen stirbt nie* (1997)
Robert King und Valentin Zukowski in *Die Welt ist nicht genug* (1999)

Warum man in *Stirb an einem anderen Tag* (2002) vom Motiv des Opfertods abgesehen hat, ist unklar. Hier sollte zunächst Falco von »Icarus« getötet werden.

*) *[Ein vorbereitender Opfertod für Diamantenfieber ist der Tod Teresa di Vincenzos in Im Geheimdienst Ihrer Majestät].* **) *Rosie Carver stirbt keinen Opfertod, weil sie auf der Seite des Schurken steht, als sie ermordet wird.* ***) *Hierbei handelt es sich um einen vorgetäuschten Opfertod. 006 lebt zwar, doch seine Einstellung gegenüber Bond hat sich vom Freund zum Feind gewandelt.*

7) 1. SHOWDOWN: Mit zumeist gewaltigen Explosionen, handfesten Schlägereien oder rasanten Actionszenen wird das Ende des James-Bond-Abenteuers eingeleitet. 007 kämpft gegen einen Countdown an. Der Hauptbösewicht und zahlreiche Handlanger sterben dabei. Ausnahmen:
Liebesgrüße aus Moskau (1963): Ernst Stavro Blofeld überlebt.
Man lebt nur zweimal (1967): Ernst Stavro Blofeld überlebt.
Im Geheimdienst Ihrer Majestät (1969): Ernst Stavro Blofeld und Irma Bunt überleben.
Der Mann mit dem goldenen Colt (1974): Schnick Schnack überlebt.
Der Spion, der mich liebte (1977): Beißer überlebt.
Moonraker – streng geheim (1979): Beißer überlebt.

8) 2. SHOWDOWN: Nachdem der Zuschauer schon glaubt, James Bond sei in Sicherheit, weil sein Hauptgegner beseitigt wurde, verübt ein Handlanger einen letzten Mordanschlag auf den Agenten.
Liebesgrüße aus Moskau (1963): Rosa Klebb taucht auf, als Grant tot ist.
Goldfinger (1964): Oddjob erscheint auf der Bildfläche, nachdem Goldfinger entkommen ist.
Man lebt nur zweimal (1967): Hans greift an, nachdem Blofeld geflüchtet ist.
Im Geheimdienst Ihrer Majestät (1969): Irma Bunt taucht auf, nachdem Blofeld kampfunfähig ist.
Diamantenfieber (1971): Mr. Wint und Mr. Kidd wollten Bond und Case umbringen, nachdem Blofeld tot ist.
Leben und sterben lassen (1973): Tee Hee attackiert 007, nachdem Mr. Big tot ist.
Der Mann mit dem goldenen Colt (1974): Schnick Schnack schleicht sich an, nachdem Francisco Scaramanga tot ist.
Der Spion, der mich liebte (1977): Beißer taucht auf, nachdem Karl Stromberg tot ist.
Im Angesicht des Todes (1985): Dr. Karl Mortner will Bond und Sutton ermorden, nachdem Max Zorin tot ist.
Der Morgen stirbt nie (1997): Stamper lässt nicht locker, nachdem Elliot Carver tot ist.
Die Welt ist nicht genug (1999): Renard lebt noch, als Elektra King schon tot ist.
Stirb an einem anderen Tag (2002): Der zweite Showdown läuft mit dem ersten parallel, denn 007 kämpft in derselben Zeit gegen Graves wie Miranda Frost gegen Jinx.

9) EROTISCHES FINALE: James Bond genießt das Ende der Mission, indem er die Frau für sich gewinnt und alles auf ein Schäferstündchen hindeutet. Gekoppelt mit der Erotik kommt es meist zu einem zweideutigen Witz. Ausnahme:
Im Geheimdienst Ihrer Majestät (1969): Tracy di Vicenzo wird erschossen, als sie sich mit Bond auf Hochzeitsreise befindet.

10) ABSPANN: Im Abspann der ersten James-Bond-Filme wurde schon der Titel des Folgefilms bekannt gegeben. Ein Fehler unterlief bei *Man lebt nur zweimal* (1967), da wurde der sechste offizielle Film als *Im Dienst Ihrer Majestät* angekündigt, es wurde aber *Im Geheimdienst Ihrer Majestät* (1969). Nach *Der Spion, der mich liebte* (1977) sollte laut Ankündigung im Abspann *For Your Eyes Only* folgen, es wurde aber *Moonraker – streng geheim* (1979). Jeder Abspann seit *Im Angesicht des Todes* kündigt an: »James Bond will return ...«

JAMES BOND FÜR KASSENPATIENTEN (Redensart)
»James Bond für Kassenpatienten« wird jemand genannt, der wie Bond durch rasante Fahrweise oder halsbrecherische Aktionen auffällt. In der zweiten Bedeutung werden Filmfiguren als »James Bond für Kassenpatienten« bezeichnet, die in ihrer Originalität leider nicht an 007 heranreichen, aber eindeutig Bond-ähnliche Situationen bewältigen müssen und ebenfalls Charakterzüge des populären Geheimagenten erkennen lassen (z.B. Arnold Schwarzenegger in *True Lies* oder Tom Cruise in *Mission Impossible*).

JAMES BOND HANDBUCH (Pressematerial)
Das »James Bond Handbuch« gehört heute zu den begehrtesten Sammlerstücken. Es wurde bei der Promotionaktion zum Film ↗*James Bond 007 jagt Dr. No* an zahlreiche deutsche Journalisten verschickt und gewährt Einblicke in 007s Leben.

JAMES BOND IN JAPAN (Lied)
↗*You Only Live Twice* (Soundtrack)

JAMES BOND IS BACK (Lied)
↗*From Russia With Love* (Soundtrack)

JAMES BOND ISLAND (Ort)
↗Kao Ping-Kan

JAMES BOND IST WIEDER DA! (Werbeankündigung)
Nach dem phänomenalen Erfolg von ↗*James Bond 007 jagt Dr. No* (1962) wurde für ↗*Liebesgrüße aus Moskau* (1963) mit dem Slogan »James Bond ist wieder da!« geworben.

JAMES BOND JR. (Zeichentrickserie)
Im Jahre 1991 feierte in den USA eine Zeichentrickserie Uraufführung. Hierbei handelt es sich um eine TV-Produktion von ↗MGM. ↗United Artists und ↗Danjaq hatten in dieses Projekt eingewilligt, in dem der 17-jährige Neffe James Bonds von Folge zu Folge gegen neue Charaktere ankämpfen muss. Die von Murikami Wolf Swenson Inc. produzierte Comicreihe besteht aus 65 Episoden, die zwischen 23 und 30 Minuten lang sind. Jede Episode dieser Kinderserie kostete in der Herstellung rund 300.000 US Dollar. Um Anlehnung an die James-Bond-Kinofilme zu finden, tauchten immer wieder Zeichentrickableger der Filmcharaktere auf. So gab es z. B. Gordon als Sohn von ↗Felix Leiter oder I. Q. als Neffen von Tüftler ↗»Q«. Selbst bekannte Bösewichte kommen als gezeichnete Wesen auf die Bildschirme (s. u.). Die Serie steuerte auch selbst erfundene Charaktere wie z. B. »Skullcap« bei. Die Zeichentrickserie wurde auch an das deutsche Fernsehen verkauft, was sich im Nachhinein als kein sehr gutes Geschäft erwies. Als die Serie bei Sat.1 im Vormittagsprogramm nicht sonderlich gut lief und auf Kabel 1 die zweite Ausstrahlung der Folgen noch weniger Erfolg hatte, wurde sie schließlich abgesetzt. Bisher ist ein dritter Anlauf nicht geplant. Zu den wichtigsten Autoren der Zeichentrickserie gehören ↗Ted Pedersen und ↗Francis Moss. Zahlreiche Trickfilmregisseure wie ↗Bill Hutton oder ↗Tony Love sorgten dafür, dass James Bonds Neffe seine Missionen besteht. Die Musik schufen ↗Dennis C. Brown und ↗Maxine Sellers. Für das deutsche Fernsehen mussten schließlich auch deutsche, wenn auch meist unpassende, Episodentitel her:

Deutscher Titel (Originaltitel)
1) Der erste Schultag (The Beginning); 2) Stadt aus Gold (Earthcracker); 3) Das Chamäleon (The Chameleon); 4) Der Fluch des Pharaos (Shifting Sands); 5) Schiff Ahoi! (Plunder Down Under); 6) Eine frostige Angelegenheit (A Chilling Affair); 7) Tödliches Spielzeug (Nothing To Play With); 8) Gefahr in Hollywood (Location: Danger); 9) Abschussrampe: Eiffelturm (The Eiffle Missile*); 10) Ein Wurm schlägt zu (Worm in The Apple); 11) Im Tal der hungrigen Dünen (Valley Of The Hungry Dunes); 12) Der Schatz von Pompeji (Pompeii And Circumstance); 13) Die Erdbeben-Sonde (Never Give a Villain a Fair Shake); 14) Der Fluch des Goldes (City Of Gold); 15) Blinde Wut (Never Lose Hope); 16) Das Ungeheuer von Loch Ness (No Such Loch); 17) Die Rache des Dr. No** (Appointment in Macau); 18) Die Lampe der Macht (Lamp Of Darkness); 19) Die Maske des Feindes (Hostile Takeover); 20) Gefahr im Bermuda-Dreieck (Cruise To Oblivion); 21) Das Rennen von Le Mans (A Race Against Disaster); 22) Die Mine der Vampire (Inhuman Race); 23) Ein eiskalter Tänzer (Live And Let's Dance***); 24) Das Schwert der Macht (Sword Of Power); 25) Das Rennen

mit der Zeit (It's All in The Timing); 26) Spanische Juwelen (Dance Of The Toreador); 27) Abenteuer im Himalaya (Fountain Of Terror); 28) Der Smaragd-Schlüssel (The Emerald Key); 29) Das Stahlmonster (Ship Of Terror); 30) Gefährliches Roulett (Deadly Recall); 31) Alarm in der Raumstation (Red Star One); 32) Schottische Spiele (Scottish Mist); 33) Die Kunst der Täuschung (The Art Of Evil); 34) Abenteuer in Rom (Heartbreak Caper); 35) Die Telepathin (Mindfield); 36) Das Geheimnis von Venedig (Leonardo Da Vinci's Vault); 37) Im Wilden Westen (Far Out West); 38) Schussfahrt in den Abgrund (Avalanche Run); 39) Die Seiden-Rakete (Queen's Ransom); 40) Asteroid 604 (Barbella's Big Attraction); 41) Die Eisformel (There But For Ms. Fortune); 42) Die fliegende Untertasse (Invaders From S.C.U.M.); 43) Das Gold des Kolumbus (Going for the Gold); 44) Das falsche Ufo (A Derange Mind); 45) Insel der Gefahren (Catching the Wave); 46) Piraten-Regatta (S.C.U.M. on the Water); 47) Sklaven des Goldes (Goldie's Gold Scam); 48) Ein Partner mit vier Beinen (Canine Caper); 49) Der Wettergott (Weather or Not); 50) Volldampf voraus! (Ol' Man River); 51) Im Dschungel von Australien (Between a Rock and a Hard Place); 52) Der zweite Sherlock Holmes (Sherlock IQ); 53) Gold aus dem All (Killer Asteroid); 54) Ein Zug voll Dynamit (Danger Train); 55) Diamantenfieber**** (Quantum Diamonds); 56) Hübsche Mädchen und Rubine (Rubies Aren't Forever*****); 57) Im Tal der schlafenden Drachen (Garden of Evil******); 58) Das Monster aus dem Eis (The Thing in the Ice); 59) Das Spukschloss (Goldie Finger at the End of the Rainbow); 60) Holländische Blüten (Dutch Treat); 61) Einstein in Not (No Time to Lose); 62) Gefahr für die Erde! (Monument to S.C.U.M.); 63) Einsatz in Toronto (Nothern Lights); 64) Der Hammer der Macht (Thor's Thunder); 65) Die Letzten ihrer Art (The Last Of The Tooboos)

*) Zum dritten Mal nach ↗Feuerball (1965) und ↗Im Angesicht des Todes (1985) hat der Eiffelturm mit James Bond zu tun. **) Der erste Bond-Schurke aus einem Kinofilm wird hier zum Zugpferd des deutschen Zeichntricktitels. ***) Der Titel ist eine Anspielung auf ↗Live And Let Die, den ersten James-Bond-Film mit Roger Moore. ****) Der Kinofilm ↗Diamantenfieber (1971) lieferte hier den (unpassenden) Titel. *****) Der Titel ist im Original eine Anspielung auf ↗Diamonds Are Forever, den James-Bond-Film, der als Diamantenfieber (1971) in Deutschland lief. ******) Blofelds Garten im Roman ↗You Only Live Twice wird oft als ↗»Garden of Evil« bezeichnet.

Figuren in James Bond jr.:

James Bond Jr. besucht in der Serie die Privatschule Warfield College, wo er mit folgenden Charakteren zu tun hat, die auf seiner Seite stehen:

1) Direktor Milbanks, der die Eskapaden des Jungen kaum ertragen kann.

2) Buddy Mitchel, ein Sportlehrer, der sich mit Kampfsport auskennt und auch schon den echten James Bond kennen gelernt hat.

3) Tracy Milbanks, die Tochter des Schuldirektors, die alle Geheimnisse und Verstecke des Schulgebäudes kennt.

4) Phoebe Farragut, die sich in James Bond Jr. verliebt hat. Sie ist die Tochter eines milliardenschweren Industrietycoons.

5) Gordon Leiter, der Gordo genannt wird und der Sohn von Felix Leiter ist. Er interessiert sich für Computerspiele, Hardcoremusik und Surfen.

6) Horace Boothroyd, genannt »IKE«. Er ist der Neffe von »Q« und tüftelt in der Gruppe »I. Q.« genau wie sein Onkel.

Zu James Bond Jr. Gegnern gehören:

1) Der namenlose Anführer von S.C.U.M, der die Weltherrschaft an sich reißen will. Eine Art Blofeld des Zeichentricks. S.C.U.M. steht für »Saboteurs and Criminals United in Mayham«.

2) Baron von Skarin, ein deutscher Pilot, der ein Schloss in Bayern besitzt, auf dem er eine historische Waffensammlung angelegt hat. Die Figur setzt sich aus Karl Mortner aus ↗Im Angesicht des Todes (1985) (Mon-

okel) und Baron von ↗Samedi aus ↗*Leben und sterben lassen* (1973) zusammen.
3) Fauci ist ein Riese mit dem Stahlgebiss. Die kindgerechte Abwandlung von ↗Beißer aus ↗*Der Spion, der mich liebte* (1977) und ↗*Moonraker – streng geheim* (1979).
4) Nick Nack ist ein Zwerg, der mit Fauci zusammenarbeitet. Entstanden aus der Figur Schnick-Schnack aus ↗*Der Mann mit dem goldenen Colt* (1974), dessen Zusammenarbeit mit ↗»Sandors« Auftreten in *Der Spion, der mich liebte* (1977) begründet wird.
5) Dr. DeRange ist ein Franzose, der durch finstere Machenschaften an Geld gelangen will, das in seine gefährlichen wissenschaftlichen Projekte fließen soll. Der Dr. No des Comics; er hat nicht nur einen Doktortitel, sondern auch eine künstliche Hand, die zum einen in ↗*James Bond 007 jagt Dr. No* (1962), aber auch in *Leben und sterben lassen* (1973) bei ↗Tee Hee vorkommt.
6) Calotta ist der treue Helfer von Dr. DeRange, dessen Kopf von einer Elektrostöße abfeuernden Stahlkappe umschlossen wird. Die Zeichner gaben Calotta eine Goldfingerstatur.
7) Barbella ist eine sehr muskulöse Frau, die cholerische Attacken hat. Die Figur basiert auf dem Filmcharakter May Day aus *Im Angesicht des Todes* (1985).
8) Captain Walker D. Plank ist ein Pirat, der seinen Stützpunkt im Südpazifik unter Wasser hat. Plank ist eine Zeichentrickadaption, die sich aus ↗Emilio Largo in ↗*Feuerball* (1965) und – dies ergibt sich aus dem Unterschlupf – ↗Karl Stromberg in *Der Spion, der mich liebte* (1977) zusammensetzt.
9) Dr. No ist ein Schurke, der sich gelegentlich mit der Gruppe S.C.U.M verbündet, jedoch auch allein mächtig ist. Er basiert auf ↗Julius No aus *James Bond 007 jagt Dr. No* (1962).
10) Odd Job ist ein Sumoringer, der für Goldfinger arbeitet. Er besitzt einen Hut, den er als wirkungsvolle Waffe einsetzt. Er basiert auf den Filmfiguren ↗Oddjob aus ↗*Goldfinger* (1964) und ↗Sadoyanama aus ↗*Man lebt nur zweimal* (1967)
11) Goldfinger ist neben Dr. No eine weitere Figur, die aus den Filmen direkt in der Welt des James Bond Jr. übernommen wurde, er basiert auf ↗Auric Goldfinger aus *Goldfinger* (1964).
12) Goldie Finger ist die Tochter von Goldfinger und legt ein ähnliches Verhalten wie er an den Tag.
13) Ms. Fortune zählt zu den reichsten Frauen der Welt. Ihre illegalen Aktivitäten halten sich trotz ihres schlechten Charakters in Grenzen. Ms. Fortune ist der einzige Charakter, der zumindest vom Namen her auf einer Romanfigur von ↗John Gardner basiert: ↗Freddie Fortune aus ↗*Die Ehre des Mr. Bond*.
14) Snuffer. Bei ihm handelt es sich um den Butler von Ms. Fortune.

JAMES BOND JUR (Computerspiel)
↗James-Bond-Computerspiele

JAMES-BOND-KURZGESCHICHTEN
↗Romane/Kurzgeschichten

JAMES BOND MOVIE POSTERS (Buch)
↗*Licence To Thrill*

JAMES BOND – NINJA (Lied)
↗*You Only Live Twice* (Soundtrack)

JAMES BOND OF THE SECRET SERVICE (Filmtitel)
Ein Titel für die Geschichte ↗*Feuerball*, die zunächst von ↗CBS verfilmt werden sollte, lautete *James Bond Of The Secret Service*, ein anderer *James Bond Secret Agent*. Die Produktion kam nicht zu Stande, und aus dem Stoff verfasste ↗Ian Fleming seinen Roman ↗*Thunderball*. 1975 gelang es ↗Kevin McClory, Ex-Bond ↗Sean Connery und ↗Len Deighton davon zu überzeugen, ein Drehbuch für einen James-Bond-Film zu verfassen, das auf der Vorlage von ↗*Longitude 78 West* – also der *Feuerball-*

Story – basiert. Es kam zu gerichtlichen Auseinandersetzungen zwischen McClory und ↗Broccoli, dem Produzenten der offiziellen James-Bond-Filme.

JAMES BONDS PSEUDOBERUFE
↗Berufe

JAMES BOND – Q'S ARMOURY (Computerspiel)
↗James-Bond-Computerspiele

JAMES-BOND-ROMANE
Im Buch ↗*Du lebst nur zweimal* schreibt ↗»M« in Bonds Nachruf, ein Kollege und enger Freund 007s habe über ihn Romane verfasst. Dies hätte Bond nicht gefallen. Der Inhalt der Bücher sei nicht realistisch und deshalb hätte niemand versucht, den Autor wegen Verrats von Staatsgeheimnissen zu belangen. Die James-Bond-Romane ↗Ian Flemings, ↗Kingsley Amis', ↗John Gardners, Christopher Woods, Charlie Higsons und ↗Raymond Bensons sind unter dem Eintrag ↗Romane/Kurzgeschichten zu finden.

JAMES BOND SECRET AGENT (Filmtitel)
Ein Titel für die Geschichte ↗*Feuerball*, die zunächst von ↗CBS verfilmt werden sollte, lautete ↗*James Bond Secret Agent*. Eine Produktion des Fernsehsenders kam nie zu Stande und aus dem Stoff verfasste ↗Ian Fleming seinen Roman ↗*Thunderball*.

JAMES-BOND-STATISTIK
Die James-Bond-Filme werden meist aus denselben Versatzstücken zusammengebaut; ein Bond-Girl, gewaltige Explosionen, Verfolgungsjagden, ein Schurke, der meist die Weltherrschaft an sich reißen will, 007s Verbündete, die Fahrzeuge u. v. m. Die folgende Statistik gibt einen Überblick darüber, welche Veratzstücke in welchem Film am häufigsten vorkommen.
• In Film *Goldfinger* (1964) fällt dreimal das berühmte Zitat »Bond, James Bond.«
• Bond trinkt je drei seiner berühmten Wodka-Martinis in *Sag niemals nie* (1983) und *Der Hauch des Todes* (1987).
• Das Laster Rauchen lebt Bond am meisten in *James Bond 007 jagt Dr. No* (1962) aus. In diesem Film raucht er fünf Zigaretten.
• In *Diamantenfieber* (1971) betritt 007 zweimal ein Kasino.
• Die meisten Filmküsse gibt Bond in *Casino Royale* (1966), nimmt man die offiziellen James-Bond-Filme, so ist *Im Angesicht des Todes* (1985) mit vier Filmküssen Spitzenreiter, im selben Film schläft Bond mit vier Frauen.
• Die Aneinanderreihung von zusammenhanglosen Actionszenen wird immer kritisiert, *Octopussy* (1983) hält mit den meisten Mordanschlägen auf 007 und den meisten Verfolgungsjagden den Bond-Film-Rekord. Fast zwanzigmal läuft der Agent Gefahr, ums Leben zu kommen. In allen 007-Filmen zusammen sind es über 150 Situationen, in denen er fast umkommt. Im Gegensatz dazu bringt er in *GoldenEye* (1995) die meisten Gegner »aktiv« um: »aktiv« deshalb, weil man die Anzahl der getöteten Personen durch beispielsweise einen Handgranatenwurf in *Man lebt nur zweimal* (1967) kaum bestimmen kann. Versucht man es dennoch, so stehen die Filme *Feuerball* (1965) und *Der Morgen stirbt nie* (1997) mit je 21 von Bond umgebrachten Figuren an der tödlichen Spitze.
• Die meisten Verletzungen zieht sich der Agent in *GoldenEye* (1995) zu, nicht etwa bei *Lizenz zum Töten* (1989), der allgemein als härtester und brutalster Film gilt. Dieser fiel beim Publikum durch, obwohl es der Film mit den meisten Schlägereien ist.

In den James-Bond-Romanen zeigt sich ein anderes Bild, wenn man betrachtet, wie viele Gegner 007 getötet hat: Es gibt zwei Bücher, in denen er niemand aktiv tötet*, dies sind *Casino Royale* und *Mondblitz* (im erstgenannten Roman ist jedoch von einem Japaner und einem Norweger die Rede, die Bond einst liquidierte und somit die Doppel-0 erhielt). Mit je bescheidenen sechs Leichen stehen die Romane *James Bond jagt Dr. No, Diamantenfieber* und *007 James Bond im Dienst Ihrer Majestät* unter den Fleming-Romanen an der Spitze. John Gardners Buch der Todesrekorde bleibt *Death Is Forever*: Zwölf Personen werden hier von 007 gekillt (vier davon werden nur erwähnt, darunter ist auch eine Frau). An zweiter Stelle steht mit elf Leichen auf Bonds Konto das Buch *Lizenz zum Töten*. Autor Raymond Benson langt da etwas großzügiger hin: Bei ihm tötet James Bond in *The Facts Of Death* 21 Widersacher. Dieses Buch ist damit Gesamtrekordhalter.

*) *In Flemings Kurzgeschichten werden auch nur in For Your Eyes Only und From A View To A Kill Menschen von 007 umgebracht. In den anderen Kurzgeschichten tötet er niemanden.*

↗ Zigaretten, ↗ Bond, James Bond (Zitat), ↗ Hutwurf, ↗ Wodka-Martini und ↗ Verletzungen von James Bond

JAMES-BOND-SYNDROM
Ende der 1980er Jahre wurde ein neuer Begriff geprägt: Das »James-Bond-Syndrom«. Mit diesem Begriff beschreibt man seit damals einen Spion, der Informationen verkauft und durch seinen ausschweifenden Lebensstil auffällt und enttarnt wird. Der Begriff hat besonders in der Politik Verwendung gefunden.

JAMES-BOND-TAG
Der offizielle »James-Bond-Tag« ist der 22. Mai, denn am 22. Mai 1985 hatte ↗ *Im Angesicht des Todes* (1985) in den USA seine Premiere. Die Idee zu diesem Tag hatte ↗ Diane Feinstein, die Bürgermeisterin von San Francisco, die die Dreharbeiten des vierzehnten offiziellen Bond-Films von Beginn an unterstützt hatte.

JAMES-BOND-TEST
Um die Darsteller auf ihre James-Bond-Tauglichkeit zu testen, wurde ein Schema entworfen, welche Szenen ein potenzieller Bond-Darsteller spielen musste. Der James-Bond-Test wurde 1986 bekannt, als ein Nachfolger für ↗ Roger Moore gefunden werden musste. Drei Szenen mussten die Bewerber als Bond spielen:
1) James Bond findet in seinem Hotelbett ↗ Tatjana Romanowa aus ↗ *Liebesgrüße aus Moskau* (1963).
2) Schlägerei im Orient-Express – Bond gegen Grant – aus *Liebesgrüße aus Moskau* (1963).
3) James Bond trifft in seinem Hotelzimmer auf Tracy, die ihn bedroht aus ↗ *Im Geheimdienst Ihrer Majestät* (1969).

Teile aus ↗ Sam Neills Szene 1 aus dem Jahr 1986 ist auf dem Zusatzmaterial der DVD ↗ *Der Hauch des Todes* (1987) zu sehen. Beim Casting zum Film ↗ *Casino Royale* (2006) war die Rede von einem neuen James-Bond-Test. Die potenziellen Darsteller mussten eine Szene spielen, in der James Bond ↗ Vespa Lynd im Bett seine Liebe gesteht und mit dem Gedanken spielt, aus dem Geheimdienst auszuscheiden.

JAMES BOND – THE DUEL (Computerspiel)
↗ James-Bond-Computerspiele

JAMES-BOND-THEMA (Lied)
Das Markenzeichen der James-Bond-Filme ist das musikalische *James-Bond-Thema*, es wurde für den Film ↗ *James Bond 007 jagt Dr. No* (1962) von ↗ Monty Norman geschrieben. Es stieg am 24.11.1962 in die englischen Charts ein und hielt sich dort elf Wochen. Der beste erreichte Platz war der 11. (andere Quellen: Die Single kam am 21. November 1962 auf den englischen Markt und erreichte Platz 14). »Moby« brachte eine Version des *James-Bond-Themas* im November 1997 heraus und erreichte damit in England den achten Platz. Das Lied hielt sich drei Wochen in den Charts. Auch zahlreiche andere Versionen orientierten sich am Thema und eroberten die Techno-Szene der Discotheken (z. B. von »Guns & Ammo«). Der Streit um den

Komponisten des *James-Bond-Themas* dauerte Jahre. ↗ John Barry und Monty Norman behaupteten beide, das markante Lied für den Film ↗ *James Bond 007 jagt Dr. No* (1962) komponiert zu haben. Norman, der sich als Schöpfer des *James-Bond-Themas* beweisen konnte, bekam damals 200 Pfund für die Melodie, deren Marktwert im Laufe der Jahre stieg und zum Markenzeichen des britischen Geheimagenten geworden ist.

In allen offiziellen James-Bond-Filmen kam das *James-Bond-Thema* in leicht veränderter und zeitgemäßer Variation wieder vor. Zu Beginn jedes Films sind einige Takte des Themas zu hören, wenn in der ↗ Pre-Title-Sequenz der Pistolenlauf gezeigt wird. Im Film erklingt das Thema oft während Actionszenen oder wenn 007 Bond-typische Dinge vollbringt. Nur in einem James-Bond-Film taucht das *James-Bond-Thema* als im Film gespieltes Lied auf und gehört so zur Handlung: Als Bond in ↗ *Octopussy* (1983) in Indien eintrifft, sitzt ↗ Vijay als Schlangenbeschwörer getarnt auf der Straße und spielt das *James-Bond-Thema* auf einer Flöte. 007 erkennt die Melodie und reagiert auf den ↗ »Code«. »Eine hübsche Melodie«, stellt 007 fest und nimmt zu Vijay Kontakt auf.

↗ *Dr. No* (Soundtrack), ↗ *From Russia With Love* (Soundtrack), ↗ *Live And Let Die* (Soundtrack)

JAMES BOND THEME/BOND VS. DAKENFOLD (Lied)
↗ *Stirb an einem anderen Tag* (Soundtrack)

JAMES BOND: THE STEALTH AFFAIR (Computerspiel)
↗ James-Bond-Computerspiele

JAMES BOND UND SEIN GRÖSSTER FALL (Roman)
Auf der Grundlage des Drehbuchs von ↗ *Der Spion, der mich liebte* (1977), das ↗ Christopher Wood und ↗ Richard Maibaum für den zehnten offiziellen James-Bond-Film schrieben, verfasste Wood den Roman ↗ *The Spy Who Loved Me*. Das Buch erschien in Deutschland unter dem Titel ↗ *James Bond und sein größter Fall*. Weil ↗ Flemings Roman schon als ↗ *Der Spion, der mich liebte* veröffentlicht worden war, hoffte man, mit diesem Titel klar machen zu können, dass es sich um eine völlig neue Geschichte handelte. Das Buch ist nahezu mit dem Film identisch. Kleinigkeiten wie der Vorname ↗ Strombergs und einige Abläufe wurden verändert, aber *James Bond und sein größter Fall* gibt spannend die Story des Films wieder. Das Buch erschien in der Übersetzung von Ernst Hayda bei Goldmann und hat je nach Druck und Auflage ca. 186 Seiten, die insgesamt in 25 Kapitel gegliedert sind. Es ist der erste Roman, der auch in der deutschen Übersetzung über Kapitelüberschriften verfügt – bei allen anderen Werken hatte man diese dem Leser nicht nur vorenthalten, sondern auch die Texte drastisch gekürzt. *James Bond und sein größter Fall* stellt einen großen Schritt zur originalgetreuen Übertragung der 007-Romane dar.

Die Kapitel tragen folgende Überschriften: 1) Liebe am Nachmittag; 2) Gefährliche Piste; 3) Tod den Spionen; 4) Jagt das U-Boot; 5) Daten zu Siegmund Stromberg; 6) Zimmer 4c; 7) Bei diesem Duft; 8) Ein paar Takte Musik; 9) Tod eines Vertreters; 10) Schocktherapie; 11) Abenteuer im Klub; 12) Kollision; 13) Eine konventionelle Ehe; 14) Der untergegangene Vulkan; 15) Motorräder sind gefährlich; 16) Der Tod ist nahe; 17) Rote Rosen für eine tote Lady; 18) Ein U-Boot steigt auf; 19) Die Falle schließt sich; 20) Exitus für Siegmund Stromberg; 21) Ertrunken, begraben und verbrannt; 22) Fünf Minuten bis »Armageddon«; 23) Eine ganze Menge Luft; 24) Abgang des Siegmund Stromberg – endgültig; 25) Liebe am Morgen

Inhaltsangabe »James Bond und sein größter Fall«:
1) Liebe am Nachmittag: Ein gut aussehender Mann und eine Frau schlafen miteinander. Ein Telefon stört die traute Zweisamkeit. Die Frau erhält den Auftrag, sofort nach Moskau zu kommen, da sich die Pläne ge-

ändert hätten. Auch der Mann steht kurz vor einer wichtigen Mission.

2) Gefährliche Piste: James Bond wird von einer Frau gejagt und flüchtet in eine Skihütte. Killer erscheinen auf der Bildfläche, unter ihnen Sergei Borzov (der Mann aus Kapitel 1). Flüchtend erschießt 007 diesen Gegner. Mit Skiern rast die Doppelnull über einen Abgrund hinweg, um sich durch einen Fallschirm zu retten, der das Union-Jack-Emblem zeigt.

3) Tod den Spionen: Anya Amasowa, eine russische Spionin von SMERSH, erfährt von einem Vorgesetzten, dass ihr Geliebter Borzov getötet worden ist. Nachdem sie einen Annäherungsversuch des Vorgesetzten abblocken kann, bekommt sie einen Auftrag.

4) Jagt das U-Boot: »M« teilt 007 mit, dass das U-Boot »HMS Ranger« verschwunden sei. »M« berichtet von einem angeblich existierenden U-Boot-Ortungssystem, das als Mikrofilm in Kairo illegal verkauft werden soll. Bond soll mehr herauszufinden.

5) Daten zu Siegmund Stromberg: Siegmund Stromberg, ein Ex-Beerdigungsunternehmer und Meeresfanatiker, hat Professor Bechmann und Dr. Markowitz bei sich, um ihnen von Problemen zu berichten.

6) Zimmer 4c: Stromberg berichtet den Erfindern des »Submarine-Tracking-Systems«, jemand habe versucht, die Pläne als Mikrofilm zu verkaufen. Er schickt seine Sekretärin Kate Chapman in Zimmer 4c, um die Beweise zu holen, doch der Raum ist eine Falle. 4c wird geflutet und die Frau von einem Hai gefressen. Als die beiden Wissenschaftler Stromberg entsetzt verlassen haben, ruft dieser Jaws zu sich.

7) Bei diesem Duft: James Bond ist in Kairo angekommen, wo er Kontakt zu einem Informanten namens Fekkesh aufnehmen soll. Bond präpariert sein Zimmer, um die Durchsuchung durch ungebetene Gäste erkennen zu können, und bricht auf.

8) Ein paar Takte Musik: In Fekkeshs Wohnung trifft 007 nur auf dessen Geliebte Felicca. Ein Killer erscheint auf der Bildfläche und erschießt die Frau an Stelle Bonds. Der Agent tötet den Mörder und erfährt kurz vor dessen Tod den Aufenthaltsort von Fekkesh: die Pyramiden.

9) Tod eines Vertreters: Bei den Pyramiden, wo auch Anya Amasowa auf Fekkesh wartet, kann Bond nur noch mit ansehen, wie der Verbindungsmann von Jaws totgebissen wird. Der Mörder entkommt, aber im Notizbuch der Leiche findet Bond einen Hinweis: Im Mujabaklub war ein Treffen mit einem gewissen Max Kalba vorgesehen. Hinter 007 sind Schritte im Sand auszumachen, er wird angegriffen und bewusstlos geschlagen.

10) Schocktherapie: Zwei Russen nehmen 007 gefangen und foltern ihn, indem sie Stromstöße durch seinen Penis jagen. Sie wollen alles über das Ortungssystem erfahren, doch Bond weiß nichts. Nachdem Anya Amasowa aufgetaucht ist, die andere Methoden vorschlägt, gelingt es 007 sich loszureißen, beide Männer zu töten und zu verschwinden.

11) Abenteuer im Klub: Im Klub trifft Bond erneut auf Amasowa. Er macht Kalba ausfindig, der das »Submarine-Tracking-System« verkaufen will. Bevor die Russin und Bond jedoch ein Angebot machen können, wird Kalba ans Telefon gerufen. In einem Raum wartet schon Jaws auf ihn.

12) Kollision: Bond und Amasowa folgen Jaws. Es kommt zu einer gewalttätigen Auseinandersetzung. Der Agent und die Spionin können mit dem Mikrofilm fliehen, kurz darauf betäubt Amasowa 007.

13) Eine konventionelle Ehe: Im provisorischen Hauptquartier des Geheimdienstes ist Bond überrascht, nicht nur »M«, sondern auch Nikitin und Anya Amasowa zu treffen. Es soll wegen eines russischen, ebenfalls verschwundenen U-Bootes eine Zusammenarbeit zwischen SMERSH und dem Secret Service geben. Bei der Durchsicht des Mikrofilms gibt es eine Spur: Strombergs Meeresforschungslaboratorium auf Sardinien. 007 und seine »neue« Verbündete sollen als Ehepaar dorthin reisen.

14) Der untergegangene Vulkan: James Bond trifft, als Meeresbiologe getarnt, auf Stromberg. In einem Aquarium sieht der Agent eine abgetrennte menschliche Hand. Als Bond wieder gegangen ist, lässt Stromberg Jaws zu sich kommen.

15) Motorräder sind gefährlich: Auf dem Rückweg vom Labor wird 007s Lotus von einem Motorrad mit Beiwagen, einem Fiat und einem Helikopter angegriffen, in dem Jaws sitzt. Bond lenkt sein Fahrzeug ins Meer.

16) Der Tod ist nahe: Unter Wasser entpuppt sich der Lotus als ein U-Boot. Strombergs Taucher greifen an und beschädigen das Unterwasserfahrzeug. Die Agenten entkommen in der stark beschädigten »Nassen Nelli«.

17) Rote Rosen für eine rote Lady: Amasowa und 007 haben den Unterwassereinsatz mit dem Lotus überlebt. Im Hotel kommen Rosen mit einem Begleitbrief von Nikitin an. Die Agenten vermuten, dass der Tanker »Lepadus« mit dem Verschwinden der U-Boote zu tun hat. Nikitin verrät in dem Brief, dass 007 ihren Ex-Geliebten Borzov getötet hat.

18) Ein U-Boot steigt auf: An Bord des U-Bootes »USS Wayne« erzählt Anya Amasowa von dem Brief. Sie will 007 nach dieser Mission aus Rache für ihren Freund ermorden. Nachdem die U-Boot-Besatzung den Tanker »Lepadus« erspäht hat, fallen die Systeme aus, sie müssen auftauchen.

19) Die Falle schließt sich: Die »Lepadus« hat das U-Boot »geschluckt«. Die Crew wird gefangen genommen. Stromberg erläutert 007 und Amasowa seine Pläne: Er will die Welt zerstören.

20) Exitus für Siegmund Stromberg: Stromberg, der von einer Unterwasserwelt träumt, entkommt mit der russischen Agentin als Geisel, nachdem 007 sich befreit hat und mit den gefangenen U-Boot-Besatzungen einen Kleinkrieg im Inneren der »Lepadus« ausgelöst hat. Bond stellt fest, dass der Kontrollraum des Tankers fast uneinnehmbar ist.

21) Ertrunken, begraben und verbrannt: Das Erobern des Kontrollraumes der »Lepadus« verlangt nach einer besonderen Lösung. Im Waffenlager bastelt sich 007 mit seinen Verbündeten eine wirkungsvolle Bombe.

22) Fünf Minuten bis »Armageddon«: Die Bombe ist so stark, dass die Panzerung des Kontrollraums nachgibt. Der Terrorakt Strombergs wird verhindert. Bond ändert die Zielkoordinaten, und die feindlichen U-Boote zerstören sich gegenseitig. Mit dem verbleibenden U-Boot »USS Wayne« fliehen die Überlebenden aus der sinkenden »Lepadus«.

23) Eine ganze Menge Luft: Um Anya Amasowa zu befreien, unternimmt 007 einen Tauchgang zu Strombergs letztem Versteck. Der Bösewicht hat ihn schon erwartet.

24) Abgang des Siegmund Stromberg – endgültig: Bond tötet Stromberg und Jaws und trifft auf Anya. Diese ändert ihre Pläne, ihren Ex-Geliebten Borzov zu rächen, und will gemeinsam mit 007 entkommen.

25) Liebe am Morgen: Carter besucht James Bond. Auch Anya Amasowa taucht auf, sie hat Urlaub. Bond will ihr beweisen, dass er der beste Liebhaber ist, den sie je hatte.

JAMES BOND VOM GEHEIMDIENST (Filmtitel)

Bevor ↗ *Never Say Never Again* als Filmtitel feststand, wurde in Deutschland spekuliert, ob der Konkurrenz-Bond-Film zu ↗ *Octopussy* (1983) nicht unter dem Titel *James Bond vom Geheimdienst* in die Kinos kommen würde. Daraus wurde später der Titel ↗ *Sag niemals nie* (1983).

JAMES-BOND-WACHSFIGUR

Die Wachsfigur von James Bond (↗ Roger Moore) in ↗ *Der Mann mit dem goldenen Colt* (1974) wird ↗ Scaramanga zum Verhängnis. In der ↗ Pre-Title-Sequenz testet der Coltträger sein Können und schießt der Figur vier Finger der linken Hand ab. Als James Bond und Scaramanga am Ende des Films versuchen, sich gegenseitig zu töten, lässt 007 die Wachsfigur verschwinden und stellt sich selbst dorthin. Scaramanga schleicht vorbei, und 007 muss sich nur noch drehen und abdrücken. Bei Madame Tussaud's gehören Wachsfiguren der James-Bond-Darsteller seit langem zum festen Bestandteil. Im Dezember 1995 wurde die Wachsfigur ↗Timothy Daltons durch die von ↗Pierce Brosnan ersetzt, ↗Sean Connerys Abbild steht aber (in gealterter Version) nach wie vor im Kabinett. Als ↗Daniel Craig als neuer James Bond vorgestellt wurde, entfernte man umgehend die Pierce-Brosnan-Wachsfigur aus Madame Tussaud's in London.

↗Wachsfigurenkabinett

JAMES BOND WILL RETURN … (Endtitel)
Den Erfolg der Bond-Filme voraussehend, stand schon im Abspann von ↗*James Bond 007 jagt Dr. No* (1962) »James Bond will return«. Im Abspann von ↗*Liebesgrüße aus Moskau* (1963) verkündete man dann »James Bond will return in *Goldfinger*«. Solch eine Ankündigung des kommenden Filmtitels blieb erhalten, war aber nicht immer richtig. Der Abspann von ↗*Man lebt nur zweimal* kündigt *Im Dienst Ihrer Majestät* an, es wurde aber schließlich ↗*Im Geheimdienst Ihrer Majestät* (1969) daraus. Im Abspann von ↗*Der Spion, der mich liebte* hieß es: »James Bond will return in *For Your Eyes Only*«, doch man drehte wegen der Weltraumfilmwelle zunächst ↗*Moonraker – streng geheim* (1979). Als man sich bei ↗*Der Hauch des Todes* (1987) noch nicht sicher war, welches Projekt folgen würde, hieß es wieder nur »James Bond will return …« und diese Ankündigung wurde auch bei den folgenden Filmen übernommen.

JAMES BOND WITH BONGOS (Lied)
↗*From Russia With Love* (Soundtrack)

JAMES, CLIFTON (Darsteller)
Clifton James wurde am 29. Mai 1921 in New York geboren. Er besuchte in New York die Schauspielschule und hatte zahlreiche Theaterengagements, bevor er in *Die Faust im Nacken* sein Debüt als Filmschauspieler gab. Drehbuchautor ↗Tom Mankiewicz erfand die Figur des ↗Sheriffs J. W. Pepper für den Film ↗*Leben und sterben lassen* (1973) aus zwei Gründen. Zum einen waren die trotteligen Polizisten schon in ↗*Diamantenfieber* (1971) zu Publikumslieblingen geworden, und zum anderen sollte *Leben und sterben lassen* einen Charakter mit rassistischen Zügen enthalten, der den Zuschauer davon abbringt, 007 als Rassisten abzustempeln, da nur schwarze Gegenspieler auftauchen. Mit Erfolg stellte Clifton James J. W. Pepper in *Leben und sterben lassen* dar. Die Figur erlangte so viel Popularität, dass sich die Produzenten zu einem besonderen Clou entschlossen: Sie ließen Pepper in ↗*Der Mann mit dem goldenen Colt* (1974) erneut auftreten und gaben so dem erfreuten Publikum eine weitere Spaßeinlage. Bei den Dreharbeiten zu *Der Mann mit dem goldenen Colt* stieß ihn ein junger Elefant in einen stinkenden Kanal.

James arbeitet noch heute als Darsteller und agierte unter anderem in den Filmen *18 Stunden bis zur Ewigkeit* (1974), *Klauen wir gleich die ganze Bank* (1974), *Acht Mann und ein Skandal* (1987), *Das Ende des Schweigens* (1991) und *Ben Tyler – Sein einzigartiger Sommer* (1996). Sein Erfolg überdauerte Jahrzehnte. Gern berichtete er nach über zwanzig Jahren als Gast in Talkshows über seine Erfahrungen als tabakkauender Sheriff bei 007. Bedauerlich fand es James, dass er nach seinem Erfolg in den James-Bond-Filmen hauptsächlich Sheriff-Rollenangebote erhalten hat wie in *Trans-Amerika-Express* (1976). Erst vor einigen Jahren war er wieder in der Rolle eines Hilfssheriffs im Film *Mann gegen Mann* zu sehen. Clifton James lebt wieder in New York und ist wie ↗Sean Connery ein begeisterter Golfer. Er ist mehrfach in Werbespots aufgetreten.

JAMES, GERALD (Darsteller)
Emotionsloses Sitzen wurde dem Schauspieler Gerald James abverlangt, der im Film ↗ *Der Mann mit dem goldenen Colt* die Figur ↗ Professor Frazier spielt.

JAMES. LOVE ALWAYS. DELLA AND FELIX. (Gravur)
Das Feuerzeug, das James Bond in ↗ *Lizenz zum Töten* (1989) von ↗ Della und ↗ Felix Leiter geschenkt bekommt, trägt die Gravur »James. Love always. Della and Felix.« 007 benutzt es später, um ↗ Franz Sanchez in Flammen zu setzen.

JAMIE (Spitzname)
↗ Mimi nennt James Bond im Film ↗ *Casino Royale* (1966) auch Jamie.

JAMISON, COLIN (Frisuren)
Erstmals bei ↗ *Leben und sterben lassen* (1973) arbeitete Colin Jamison an den Frisuren der Darsteller. Colin trat so in die Fußstapfen der erfahrenen ↗ Eileen Sullivan. Nachdem Jamison bei ↗ Roger Moores erstem Bond-Film zu tun hatte, erlebte er 26 Jahre später auch den Einstand von ↗ Pierce Brosnan. Als Frisurenaufsicht bei ↗ *GoldenEye* (1995) kehrte er zurück.

JAMISON, JAN (Frisuren)
Bei ↗ *GoldenEye* (1995) waren Jan Jamison und ↗ Hilary Haines für die Frisuren verantwortlich.

JANE (Romanfigur)
Im Roman ↗ *Sieg oder stirb, Mr. Bond* gibt James Bond zu, die Cousinen von ↗ Clover Pennington intim zu kennen. Clover geht darauf nicht weiter ein. Die beiden Frauen heißen Emma und Jane.

JANI-Z (Darstellerin)
Beim Namen »Jani-z« handelt es sich mit großer Wahrscheinlichkeit um einen Künstlernamen. Sie spielt in ↗ *Octopussy* (1983) eines der bildhübschen Mädchen, die für ↗ Octopussy arbeiten. Mary Stavin, Carolyn Seaward, Carole Ashby, Cheryl Anne, Julie Martin, Joni Flynn, Julie Barth, Kathy Davies, Helene Hunt, Gillian de Terville, Safira Afzal, ↗ Louise King, ↗ Tina Robinson, Alison Worth, Janine Andrews und Lynda Knight.

JANNI (Filmcharakter)
Janni ist im Film ↗ *Feuerball* (1965) der Handlanger von ↗ Emilio Largo und arbeitet mit ↗ Vargas zusammen. Was aus ihm wird, erklärt der Film nicht, man weiß nicht, ob er tot oder verschollen ist. Im Drehbuch stand Janni als großer, schlanker Mann, Vargas als affenartige Person. Als die Rollen dann besetzt waren, tauschte man die Namen, da der Darsteller des Janni viel affenähnlicher aussah als ↗ Philip Locke, der Vargas verkörpert. Janni wurde von ↗ Michael Brennan dargestellt. Den Ursprung hat die Figur Janni schon in einer frühen Drehbuchversion. Sie wurde von ↗ Jack Whittingham erfunden und arbeitete mit Figuren wie Largo und ↗ Bastico zusammen.

JANSSEN, FAMKE (Darstellerin)
Die am 5. November 1965 geborene Niederländerin Famke Janssen, deren friesischer Vorname in Verkennung der offensichtlichen Tatsachen so viel wie »kleines Mädchen« bedeutet, startete ihre Karriere als Model und war auf den Covern zahlreicher internationaler Mode- und Lifestyle-Magazine zu sehen. Seit 1984 lebt Famke Janssen in den USA und machte an der Columbia Universität ihren Abschluss in kreativem Schreiben und Literatur. In ihrer Freizeit belegte sie bei Harold Guskin Schauspielkurse, was ausschlaggebend für eine Besetzung in Serien wie *Melrose Place* und *Star Trek* war. Janssen zog nach Los Angeles und intensivierte ihre Ausbildung bei dem bekannten Schauspiellehrer Roy London. Ihr Filmdebüt gab sie 1992 neben Jeff Goldblum in *Getrennte Wege*. Ihre erste Hauptrolle bekam sie in dem TV-Film *Model By Day*.

Als für ↗ *GoldenEye* (1995) eine Darstellerin gesucht wurde, die sich neben ↗ Pierce Brosnan behaupten und auch körperlich als Killerin durchgehen konnte, fiel die Wahl auf Janssen. Um die Rolle letztendlich zu bekommen, musste Famke Janssen die Kasino-Szene mit Pierce Brosnan durchspielen. Regisseur ↗ Martin Campbell war überrascht, wie intensiv Janssen ihre Dialoge sprach. Selbst völlig unbedeutende Sätze wurden zu Highlights. Ein Bond-Bösewicht kann nur mit Mühe übertrieben wirken, da diese Rollen ja schon immer übertrieben angelegt sind und sich das Publikum im Laufe der Jahre daran gewöhnt hat. Das wusste vermutlich auch Darstellerin Famke Janssen, als sie ihre Rolle ↗ Xenia Onatopp interpretierte. Sätze wie »He's going to derail us« brachte Janssen mit einem derartig erregten Unterton, dass das Publikum sogar Beifall spendete. Beim Casting für die Rolle fühlte sich die Darstellerin bereits wie bei Aufnahmen zum Originalfilm, denn ihr Probepartner war schon dort Pierce Brosnan. Die Einführungsszene von Onatopp im Kasino war eine Art Remake mit vertauschten Rollen. In ↗ *James Bond 007 jagt Dr. No* (1962) wurde durch diese Szenenfolge ↗ Sean Connery als Bond eingeführt, in ↗ *GoldenEye* war es Janssen, die sich als Onatopp vorstellte. Die Darstellerin schlug vor, die Szene interessanter zu gestalten, indem sie wie Bond im ersten Kinofilm raucht. Janssen gab sich aber nicht mit einer Zigarette zufrieden, sondern bestand auf einer Zigarre.

Auch Janssens Kampfszenen schrieben Bond-Geschichte: Sie schlug dem Schauspieler ↗ Billy J. Mitchell bei einer Sexszene so stark gegen den Kopf, dass ihm schwindelig wurde und der Dreh abgebrochen werden musste. Der letzte Filmkampf zwischen 007 und Xenia Onatopp wurde so hart inszeniert, dass die britische Zensur ihn in der Endfassung nicht genehmigte. Er wurde erneut geschnitten und entschärft. Auch die Todesszene von Janssen war ursprünglich anders geplant: Sie sollte aus einem Hubschrauber stürzen, in die Rotorblätter eines anderen Helikopters fallen und zerstückelt werden. Ähnlich wie ↗ May Day in ↗ *Im Angesicht des Todes* (1985) sollte Janssen in ihrer Rolle sehr extravagante Kleidung tragen. »Früher wäre ich gern selbst James Bond gewesen, jetzt hatte ich ihn wenigstens schon mal zwischen meinen Schenkeln!«, so die Holländerin in einem Interview 1996. Als Double für Janssen wurde eine Frau engagiert, die im amerikanischen Fernsehen beim Wrestling aufgefallen war.

Seit Famke Janssen mit ihrem Bond-Girl Xenia Onatopp weltweite Aufmerksamkeit erregte, arbeitet sie mit zahlreichen renommierten Schauspielerinnen, Schauspielern und Regisseuren zusammen – ihre Credit List zeigt Namen wie Emmanuelle Seigner, Harvey Keitel, Stephen Dorff, Martin Sheen, Kenneth Branagh, Woody Allen, Robert Altman, Jon Bon Jovi, Daryl Hannah, Tom Berenger, Melanie Griffith, Winona Ryder, John Malkovich und Robert Rodriguez. Und die Liste ihrer Filme reicht von Horror bis Komödie und von Action bis Krimi: *Lord of Illusions* (1995), *City Of Industry* (1997), *Octalus – Der Tod aus der Tiefe* (1997), *Rounders* (1998), *The Gingerbread Man* (1998), *Celebrity – Schön, reich, berühmt* (1998), *Faculty* (1998), *Haunted Hill* (1999), *Circus* (2000), *Love & Sex* (2000), *X-Men* (2000), *Sag kein Wort* (2001), *I Spy* (2002), *X-Men 2* (2003) und *Hide And Seek* (2005). In dem Action-Film *X-Men 3* (2006) steht sie auf der Schurkenseite. Auch Halle Berry spielt mit und eine Szene in diesem Film, in der sie einen anderen Darsteller mit ihren Schenkeln umklammert, weckt Erinnerungen ...

JANUS (Organisation)

Als James Bond im Roman ↗ *GoldenEye* erfährt, dass die Jacht ↗ Manticore von der Verbrecherorganisation »Janus« geleast wurde, überlegt der Agent, was er über »Janus« weiß. Es handelt sich um eine gewissenlose russische Mafia-Familie, die nach dem Zerfall der Sowjetunion einflussreich geworden ist. Der Anführer nennt sich »Janus« und Bond muss bald feststellen, dass es sich um seinen Ex-Kollegen ↗006 alias ↗Alec Trevelyan handelt. Die Verbrecherorganisation versorgte laut »M« die Iraker im Golfkrieg mit Waffen. Das Hauptquartier liegt in ↗St. Petersburg. Die wichtigsten Angehörigen von »Janus« sind Trevelyan, ↗Ourumov, ↗Onatopp und ↗Grischenko.

JANUS (Romanfigur/Filmcharakter)
Janus ist der römische Gott der Türen und des Anfangs. Er hat zwei Gesichter. In ↗GoldenEye (1995) nennt sich ↗Alec Trevelyan so, und auch sein Verbrechersyndikat operiert unter diesem Namen. Der Ex-Agent (ehemals ↗006) ist nicht wirklich auf der Seite der Briten; seine Eltern waren ↗Lienz-Kosaken und er will sich für deren Tod an England rächen, was die Zweigesichtigkeit und das Doppelspiel des Mannes erklärt. Trevelyan wurde in einer Fabrik zur Produktion für chemische und biologische Waffen durch eine Explosion entstellt. Eine Narbe auf einer Gesichtshälfte ist deutlich zu erkennen. 007 ist an dieser Verletzung schuld, da er die Zeitzünder bei der ↗Operation Schlüsselblume (nur in ↗John Gardners Roman so genannt) auf drei Minuten statt auf sechs einstellte.

JAPANER (Romanfigur)
Der erste Auftragsmord, den James Bond beging, traf einen Japaner (↗007). Von diesem Fall wird im Roman ↗Casino Royale berichtet.

DIE JAPANISCHE GARBO (Romanfigur)
↗Kissy Suzuki

JARKOV, JULA (Filmcharakter)
Auf der Suche nach ↗Kara Milovy geht James Bond mit ↗»Q« in ↗Der Hauch des Todes (1987) die weiblichen Killer des ↗KGB durch. Dabei stoßen sie auf die Akte von ↗Jula Jarkov, der bereits drei Morde nachgewiesen werden konnten und die vermutlich für zwei weitere Morde verantwortlich ist. Jarkovs Liquidationsmethode ist das Strangulieren der Opfer mit Händen und Oberschenkeln. An die Figuren und ihre Tötungsmethoden erinnerten sich die Filmemacher: Jula Jarkov ist so das »Vorgängermodell« von ↗Xenia Onatopp in ↗GoldenEye (1995).

JASMINTEE (Getränk)
James Bond behauptet in ↗Casino Royale (1966), mit Vorliebe Jasmintee ↗»Lapsang Souchong« zu trinken.

JASON DER GROSSE (Romanfigur)
Eine Anspielung auf den Größenwahn von ↗Jason St. John-Finnes macht ↗Cindy Chalmer im Roman ↗Die Ehre des Mr. Bond, als sie den Computerexperten, der in Wirklichkeit ↗Jay Autem Holy ist, als Jason den Großen bezeichnet.

JASON, NEVILLE (Darsteller)
Jason Neville spielte im Film ↗Liebesgrüße aus Moskau (1963) den Chauffeur von ↗Kerim Bay, von dem später bekannt wird, dass er Bays (Film-)Sohn ist. Ursprünglich wurden erheblich mehr Szenen mit Neville gedreht, die aber herausgeschnitten wurden. Darunter war eine Szenenfolge, in der er das Fahrzeug bremst und den Wagen der Verfolger auffahren lässt. Neville fuhr das Unfallauto selbst, obwohl er nicht als Stuntman engagiert war.

JAUBERT, BERNARD (Romanfigur/Filmcharakter)
↗François Brouse und Bernard Jaubert sind zwei Piloten aus dem Roman und dem Film ↗GoldenEye (1995). Ihr literarisches bzw. filmisches Leben dauert nicht sehr lange. Die beiden Piloten des ↗Tiger-Helikopters werden von ↗Xenia Onatopp getötet, die den Tiger dann zusammen mit

↗ General Ourumov stiehlt, um die Pläne der ↗ Gruppe Janus voranzutreiben. Commander Bernard Jaubert wird erschossen.

JAWORT

James Bond gibt ↗ Tracy di Vicenzo im Roman ↗ *007 James Bond im Dienst Ihrer Majestät* das JaWort: »Dieses Wort sagte James Bond an einem kristallklaren Neujahrstag um halb elf Uhr morgens im Salon des britischen Generalkonsuls. Und es war ihm ernst.« Die Szene ist im Film ↗ *Im Geheimdienst Ihrer Majestät* (1969) nicht vorhanden.

↗ Heiratsantrag

JAWS (Romanfigur)

Im englischen Originalroman und in der Originalfilmfassung ↗ *The Spy Who Loved Me* heißt Bonds Gegenspieler »Jaws«. Der Name ist eine Anspielung auf die Filmreihe *Der weiße Hai*, die im Original *Jaws*, also »Kiefer«, heißt. In ↗ *James Bond und sein größter Fall* tötet Jaws seine Opfer, indem er sie totbeißt. Man erfährt im Buch wesentlich mehr über die Figur als im Film. Sein »wirklicher Name war Zbigniew Krycsiwiki. Er war in Polen geboren, Produkt der Verbindung eines starken Mannes, der in einem Zirkus arbeitete, und einer Chefwärterin im Frauengefängnis von Krakau«. Krycsiwikis Eltern hatten eine kurze, stürmische Ehe. Als diese zerbrach, blieb er bei seiner Mutter. Der Jaws in den Romanen hat seinem Filmebenbild etwas Wichtiges voraus: Er ist intelligent. Der Pole besuchte sogar die Universität. Wegen seiner Statur wurde er in ein Basketballteam aufgenommen. Da er nicht schnell genug war und ihn andere Spieler durch ihre Geschicklichkeit austricksten, spielte er unfair und wurde bald ein beim Publikum unbeliebter Spieler. Bei dem Entscheidungsspiel gegen Posen zerriss er das Netz und griff den Schiedsrichter mit einem Metallständer an. Seine sportliche Karriere war damit beendet. Jaws arbeitete daraufhin als Schlachter. Bei einem Aufstand im Jahre 1972 wurde er von der Polizei verhaftet, weil er die Beamten mit Pflastersteinen beworfen hatte. Für Gut und Böse interessierte sich der Riese nicht. Es ging ihm nur darum, seine Aggressionen auszuleben. Als ihn die Polizei überwältigte und ihn mit Stahlkeulen niederprügelte, wurde »sein Kinn buchstäblich zu Knochenmehl« verarbeitet. Für tot gehalten, schaffte es der Verletzte, seine Fesseln zu lösen, einen Wärter zu erdrosseln und mit einem gestohlenen Lastwagen die Gefängnistore zu durchbrechen. Drei Wärter überrollte er, ohne mit der Wimper zu zucken. Krycsiwiki versteckte sich auf einem Schiff von ↗ Siegmund Stromberg. In Malmö wurde der Schwerverletzte von den Matrosen entdeckt. Stromberg wurde informiert und konnte sich für die Hässlichkeit des Mannes begeistern. Er kontaktierte mehrere Ärzte, und Doktor ↗ Ludwig Schwenk sah sich im Stande, den Kiefer des Polen zu rekonstruieren. Schwenk musste die Stimmbänder von Krycsiwiki durchtrennen, damit ein Öffnen und Schließen des Mundes über eingepflanzte elektrische Impulsgeber möglich wurde. Das Kinn wurde aus Stahlplatten gefertigt, die Zähne wurden zu rasiermesserscharfen Zacken, die beim Zuklappen ineinander griffen. »Zbigniew Krycsiwiki war stumm wie ein Fisch.« So kam der Spitzname »Jaws« zu Stande.

Als James Bond zusammen mit ↗ Anya Amasowa auf Jaws trifft, ist Ärger vorprogrammiert. Der Killer hat von Stromberg den Auftrag, alle zu töten, die Kontakt mit dem ↗ »Submarine-Tracking-System« hatten. Bond feuert einmal auf Jaws, doch die Kugel prallt von den Stahlzähnen ab (die Idee wurde auch in den Film ↗ *Der Spion, der mich liebte* übernommen). Im Roman schafft es 007, Jaws durch einen Elektromagneten zu stoppen. 007 hebt den mit dem Gebiss festklebenden Jaws an und taucht ihn ins Haibecken: »Eine gewaltige graue Masse schoss durch das wild fließende Wasser, und zwei Reihen weißer Zähne schlossen sich um Jaws Fleisch. Obszöne Laute durchbrachen die Barriere seiner gefangenen Zähne, und eine Blutwelle schwamm gegen Bonds Brust.« Die Todesszene im Buch sorgte später für Probleme: ↗Christopher Wood konnte nicht ahnen, dass seine Schöpfung beim Publikum so viel Anklang finden würde, dass Regisseur ↗Lewis Gilbert den Killer im Film überleben ließ. Wood musste Jaws für seinen zweiten Roman ↗*Moonraker* wiederauferstehen lassen. Die Art und Weise des Auferstehens klärt er nicht: Nachdem ↗Tschang im Roman *Moonraker Streng geheim* von James Bond getötet wird, braucht ↗Hugo Drax einen neuen Killer an seiner Seite und engagiert Jaws. 007 trifft den Mann mit dem Stahlgebiss in Rio de Janeiro. Ebenso wie im Film ↗*Moonraker – streng geheim* (1979) kommt es in und auf einer Seilbahngondel zum Kampf auf Leben und Tod. ↗Holly Goodhead verbrennt Jaws mit einem zum Flammenwerfer umfunktionierten Zerstäuber das Gesicht. Nach mehreren gescheiterten Versuchen, 007 zu töten, treffen die beiden Kontrahenten erst wieder in der Raumstation von Drax aufeinander. 007 schafft es, das Vertrauen von Jaws zu gewinnen und gegen Hugo Drax auszuspielen. Fortan kämpft der Riese mit dem Stahlgebiss auf der Seite von Bond.

JAY, RICKY (Darsteller)
Der »Techno-Terrorist« ↗Henry Gupta wird in ↗*Der Morgen stirbt nie* (1997) von einem der weltbesten Karten-Magier verkörpert: Ricky Jay. Jay wurde in Brooklyn geboren und wuchs in New Jersey auf. Er soll schon als Vierjähriger sehr fingerfertig gewesen sein und oft mit Karten hantiert haben. Als Teenager schloss er sich der amerikanischen Magier-Gesellschaft an. Zunächst wies nichts darauf hin, dass sich Jay als Darsteller versuchen würde. Er studierte in den 1970er Jahren in Los Angeles und brachte 1977 sein erstes Buch mit dem Titel *Cards And Weapons* auf den Markt. Ein zweites mit Titel *Unique, Eccentric And Amazing Entertainments* kam 1986 heraus. Ricky Jay hatte sich als Magier und Autor einen Namen gemacht und nahm erste Filmrollen an: 1987 spielte er in dem originellen Thriller *Haus der Spiele* von Regisseur und Drehbuchautor David Mamet, der ihn 2001 erneut für seinen Krimi *Heist – Der letzte Coup* engagierte. Ehe Jay die Rolle des Henry Gupta für den achtzehnten offiziellen James-Bond-Film angeboten bekam, war er in *Boogie Nights* (1997), einem Film über die Pornofilmindustrie und *Die unsichtbare Falle* (1997) zu sehen. Die Anspielung auf Jays Vergangenheit wird deutlich, als er im Film gegenüber ↗Jonathan Pryce alias ↗Elliot Carver den Auslöser einer Rakete als Zauberknopf beschreibt. Jays Darstellung wurde von den Kritikern weltweit gelobt. Auch in anderen Filmen hat er immer wieder Textstellen im Drehbuch, die ihn mit Zauberei in Verbindung bringen (z. B. 1999 in *Mystery Men*).

JAZZ (Musik)
↗Musik

JB (Initialen)
Die Initialen JB stehen im Film ↗*Feuerball* (1965) nicht nur für James Bond, sondern auch für ↗Jack Bovier. Sie stehen auf seinem Sarg.

JEALOUSY (Lied)
↗*Never Say Never Again* (Soundtrack)

JEFF (Filmcharakter)
Jeff kommt in ↗*Im Angesicht des Todes* (1985) vor. Er arbeitet als Pförtner in der City Hall in San Francisco und gewährt ↗Stacey Sutton auf Grund ihres Dienstausweises Einlass in die Räume des Grundbuchamtes. Jeff wird von ↗Zorins Männern getötet, als diese im Amt auftauchen. Die Leiche ist nur kurz im Bild.

JEFFORD, BARBARA (Synchronsprecherin)
Die Synchronsprecherin Barbara Jefford lieh ↗Daniela Bianchi in ↗*From Russia With Love* ihre Stimme als ↗Tatjana Romanowa. Die Synchronisation in der Originalfassung ist darauf zurückzuführen, dass einige Stimmen von Darstellerinnen nicht den Erwartungen der Produzenten und Regisseure entsprachen, oder die Aussprache nicht zum Stil der Figur passte.

JENKINS, GEOFFREY (Autor)
Von Geoffrey Jenkins ist bekannt, dass er einen James-Bond-Roman geschrieben und das fertige Manuskript an den Verlag ↗Glidrose gegeben hat. Jenkins wurde mit 10.000 Pfund entlohnt, Glidrose veröffentlichte das Werk aber niemals und bewahrte auch Stillschweigen über den Inhalt des Buches. Die Fans warten bis heute auf eine Veröffentlichung, die rechtlich möglich wäre.

JENKINS, JANE (Besetzung)
Jane Jenkins war für die aus Amerika stammende Besetzung von ↗*Octopussy* (1983) und ↗*Im Angesicht des Todes* (1985) zuständig. Bei Letzterem wurde sie von Janet Hirshenson unterstützt. Das Frauenpaar besetzte auch wieder bei ↗*Lizenz zum Töten* (1989).

JENKINS, RICHARD (Regie-Assistent)
Regie-Assistent Richard Jenkins arbeitete am Film ↗*Leben und sterben lassen* (1973) an der Seite von ↗Guy Hamilton mit. Er war einer der Hauptverantwortlichen für die Szene, in der ↗Maurice Patchett den ↗Leyland R. T. »köpft«.

JEPSON III., JAMES JOSEPH (Romanfigur)
Die Charaktere ↗Daniel Harvey, ↗Billy Bon Heron, ↗Lindsay Robertson, ↗Frankie McGregor und James Joseph Jepson III. kommen im Roman ↗*Fahr zur Hölle, Mr. Bond!* vor. Mc Gregor und Jepson III. sind spielsüchtig und verschwinden nach Besuchen in einem Spielclub namens ↗»Coc-Chai«. Der Club gehört ↗Lee Fu-Chu. Jepson III. arbeitete wie auch seine Kollegen an dem Projekt ↗»Lords and Lords Day«. Durch die Spielereien verschuldete er sich nicht nur bei seinen Mitarbeitern und seiner Familie, sondern auch bei den Geldverleihern von ↗»Brokenclaw«.

JERMOLAJEW, WALERI (Drehort-Produktionsmanager)
↗Serge Touboul

JEROME, LUCIEN (Darsteller)
Etwas künstlich lässt sich der Darsteller Lucien Jerome als Pariser Taxifahrer von ↗Roger Moore in ↗*Im Angesicht des Todes* (1985) auf die Auslagen eines Verkäufers schleudern. Obwohl die »Show« wenig glaubhaft wirkt, war der Lacher beim Publikum vorprogrammiert.

JEROME, SUZANNE (Darstellerin)
Suzanne Jerome spielt in ↗*Octopussy* (1983) die Figur ↗Gwendolin.

JERRY (Filmcharakter)
Ein Mann in ↗*Diamantenfieber* (1971), der auf einem Flughafen in Amerika mit ↗Felix Leiter zusammenarbeitet, trägt den Namen Jerry. In der deutschen Filmversion wurde daraus ↗Harry.

JET
↗Privatjet

JET HS 125 EXEC (Flugzeug)
Von ↗Crispin Thrush und zwei Frauen und einem weiteren Herrn, die 007 alle nicht kennt, bekommt er im Roman ↗*Niemand lebt für immer* Verstärkung, um aus ↗Tamil Rahanis Falle zu entkommen. Die Verstärkung reist per Jet an. Das Fluggerät ist ein HS 125 Exec ohne besondere Kennzeichen.

JET-PACK (Fluggerät)
In seiner vierten Kinomission ↗*Feuerball* (1965) benutzt James Bond ein so ge-

nanntes Jet-Pack. Dieses Fluggerät wurde ursprünglich für die Armee benutzt. Als eine dortige Verwendung aber nicht zu Stande kam, wurde das Jet-Pack von der Firma ↗Bell Laboratories für PR-Anlässe verwendet. Das erste gebaute Jet-Pack bot die Möglichkeit, 21 Sekunden in der Luft zu schweben. Nachfolgemodelle und Weiterentwicklungen, die in *Feuerball* benutzt wurden, erlaubten dem »Piloten« schon Flüge von ca. vier Minuten. Ein baugleiches Gerät wie in *Feuerball* ist seit Jahren in den täglichen Vorführungen in Disneyland eine Zuschauerattraktion. Da ein solches Gerät aber nicht im Handel erhältlich war, baute sich der Ingenieur und Tüftler ↗Nelson Tyler ein eigenes. Das Gerät aus *Feuerball* (1965) taucht auch im Roman und im Film ↗*Stirb an einem anderen Tag* (2002) auf.

JEWGENIJ (Romanfigur)
↗Jewgenij Stura

JEYES, JAZZER (Stuntman)
Jazzer Jeyes führte seine Stunts in ↗*Octopussy* (1983) unter der Aufsicht von ↗Martin Grace, ↗Paul Weston und ↗Bill Burton durch. Er arbeitete im Team mit ↗Dorothy Ford, ↗Pat Banta, ↗Jim Dowdall, ↗Clive Curtis, ↗Bill Weston, ↗Wayne Michaels, ↗Christopher Webb, ↗del Baker, ↗Rocky Taylor, ↗Nick Hobbs und ↗Malcom Weaver.

JGDSF
Siehe Inhaltsangabe ↗*The Man With The Red Tattoo*

JIM (Spitzname)
Als James Bond im Roman ↗*Fahr zur Hölle, Mr. Bond!* von ↗Ed Rushia »Jim« genannt wird, stellt er Folgendes klar: »Nennen Sie mich niemals Jim (...) Ich kenne einen Burschen namens Geoffrey in unserem Geschäft, in London. Er hat ein großes Merkblatt in seinem Büro angebracht. Darauf steht: ›Mein Name ist Geoffrey, nicht Geoff‹. Genauso sehe ich das. Mein Name ist James, nicht Jim.« Ed Rushia sagt nie mehr »Jim«. Ein Taxifahrer, dem James Bond in ↗*Leben und sterben lassen* (1973) zweimal begegnet, nennt ihn »Jim«. Er arbeitet für ↗Mr. Big. Als Bond im Roman zum Film auf ↗Jack Wade trifft, gibt dieser ihm den Spitznamen. Im Roman und auch im Film ↗*GoldenEye* (1995) muss sich der Geheimagent damit abfinden, von seinem Kollegen der ↗CIA »Jimbo«, »Jacko« oder »Jim« genannt zu werden. Die kleinen Sticheleien durch diese Verniedlichungsformen des Namens James tauchen auch im Film/Roman ↗*Der Morgen stirbt nie* (1997) auf, in dem Wade wieder mit von der Partie ist.

JIM (Filmcharakter)
Im Film ↗*In tödlicher Mission* (1981) taucht der Name Jim nicht mehr auf, das Drehbuch gibt aber darüber Aufschluss, dass der ↗Mantis-Mann, der James Bond und ↗Melina Havelock im Wrack der ↗St. Georges angreift, Jim heißt. Die Filmfigur kommt durch eine Sprengladung ums Leben.

JIMBO (Spitzname)
↗Jim (Spitzname)

JIMMY
↗James Bond (Romanfigur in ↗*003½ James Bond Junior*)

JIMMY THE ONE
↗John Gardner erklärt in seinem Werk ↗*Sieg oder stirb, Mr. Bond*, was ↗»Two I/C« bedeutet und erläutert in diesem Zusammenhang auch gleich die Bezeichnung »Jimmy The One«, was bei der ↗Royal Navy für den Ersten Offizier steht, der den Rang eines Commanders oder Kapitäns innehat.

JIM TAUCHERAUSRÜSTUNG
In der englischen Version von ↗*In tödlicher Mission* (1981) ist von einer »JIM

Taucherausrüstung« die Rede, die bei Bergungsarbeiten in bestimmten Wassertiefen benutzt werden soll.

JINX (Romanfigur/Filmcharakter)
Im Buch und im Film ↗*Stirb an einem anderen Tag* lernt 007 ↗Giacinta Jordan kennen, die von ihren Freunden Jinx genannt wird, weil sie an einem Freitag, dem 13. geboren wurde. Die Romanfigur Jinx unterscheidet sich nur durch die fehlende Nennung ihres Nachnamens vom Filmcharakter, der 2002 von ↗Halle Berry verkörpert wurde. Jinx ist nicht nur eine erstklassige Schwimmerin und Taucherin, sondern auch eine Meisterin der Tarnung. Sie klettert katzengleich und verfügt über das Gleichgewichtsgefühl einer Seiltänzerin. Als kleines Mädchen hat sie mit dem Gedanken gespielt, zum Zirkus zu gehen. Ihre Beziehungen sind nur von kurzer Dauer. 007 kann da Parallelen zu seinem Leben entdecken. Im deutschen Untertitel ist auch von Giacinta Johnson die Rede.

JINX & JAMES (Lied)
↗*Stirb an einem anderen Tag* (Soundtrack)

JINX JORDAN (Lied)
↗*Stirb an einem anderen Tag* (Soundtrack)

JIU-JITSU (Kampfsportart)
↗»Der Korse« im Roman ↗*Casino Royale* beherrscht nach James Bonds Einschätzung die Kampfsportart Jiu-Jitsu. Der Versuch, dem Killer zu entkommen, bringt 007 nur Schmerzen.

JIZO
Von ↗Kissy Suzuki erfährt James Bond im Buch ↗*Du lebst nur zweimal* eine Legende über die Jizo-Wächter. Es heißt, die sechs Jizo-Wächter würden einen Mann von jenseits des Meeres schicken, der den »König des Todes« erschlage (der König steht hier im übertragenen Sinn für ↗Blofeld). »Jizo ist der Gott, der die Kinder beschützt. Ich glaube, er ist ein buddhistischer Gott«, mutmaßt Suzuki.

JOCK (Filmcharakter)
↗Robin

JOCKEYSTOCK
Den Jockeystock ↗Max Zorins in ↗*Im Angesicht des Todes* (1985) könnte man fast als Waffe bezeichnen. Im Griff befindet sich eine Fernbedienung, die die Injektion von Medikamenten auslöst, die sich in Spritzen in Pferdebeinen befinden. Die Spritzen wurden dort von Zorins »Erzeuger« ↗Dr. Mortner eingepflanzt. ↗Pegasus und ↗Inferno sind die leidtragenden Tiere.

JOE (Romanfigur)
Einer der Wärter, der James Bond im Roman ↗*James Bond 007 jagt Dr. No* auf sein »Hindernisrennen gegen den Tod« vorbereitet, heißt Joe. Die Wärter bringen Bond in einen Raum mit der Aufschrift »Q«.

JOE (Romanfigur)
Joe ist in ↗*007 James Bond und der Mann mit dem goldenen Colt* ein Barmann, der für ↗Scaramanga arbeitet. Er muss den Raum verlassen, als eine geheime Sitzung stattfindet.

JOE (Romanfigur)
Im Buch ↗*Moonraker Streng geheim* ist Joe der Kopilot einer Boeing 747. Er kommt zusammen mit dem Piloten, dem Ersten Offizier, dem Navigator ↗Dick und allen Passagieren ums Leben, als die Boeing abstürzt, weil die ↗Moonraker-Raumfähre, die auf dem Rücken des Flugzeugs nach England überführt werden sollte, während des Transportes startet.

JOE (Tier)
Im Buch ↗*007 James Bond und der Mann mit dem goldenen Colt* kommen zwei schwarze Vögel vor, die etwas kleiner als Raben sind. ↗Tiffy füttert die Tiere, die sie

Joe und ↗May oder ↗Kling-Klings nennt. ↗Francisco Scaramanga erschießt die Tiere im Flug.

JOE (Filmcharakter)
Der Zahnarzt und Schmuggler ↗Dr. Tynan fragt sich in ↗*Diamantenfieber* (1971), wo sein Kollege Joe geblieben ist, der normalerweise die Diamanten in Empfang nimmt. ↗Wint antwortet, Joe sei heute verhindert.

JOGGING
↗Fahrrad

JOHN (Filmcharakter)
Sir John erklärt bei der Sitzung der ↗00-Agenten in ↗*Feuerball* (1965) den Flugradius des entführten ↗Vulcanbombers.

JOHN, DAVID (Tonaufnahme)
Für die Tonaufnahme bei ↗*GoldenEye* (1995) war David John verantwortlich.

JOHN-FINNES, DAVIDE ST. (Romanfigur)
↗John-Finnes, Dazzle St.

JOHN-FINNES, DAZZEL ST. (Romanfigur)
Im Buch ↗*Die Ehre des Mr. Bond* ist Dazzel St. John-Finnes der Tarnname von ↗Dr. Autem Holys Frau, denn Holy nennt sich ↗Jason St. John Finnes. 007 findet sehr schnell die wirklichen Namen der beiden heraus. ↗Freddi Fortune berichtet, dass Dazzel eigentlich Davide mit Vornamen heißt.

JOHN-FINNES, JASON ST. (Romanfigur)
Um sich unerkannt in ↗Nun's Cross niederlassen zu können, änderte der von ↗John Gardner erfundene Charakter ↗Dr. Jay Autem Holy im Buch ↗*Die Ehre des Mr. Bond* seinen Namen in Professor Jason St. John-Finnes. Die Namensänderung kann ↗Percy Proud jedoch nicht täuschen. Sie informiert 007, dass es sich bei John-Finnes um ihren angeblich umgekommenen Exmann Dr. Holy handelt.

JOHN, GOTTFRIED (Darsteller)
Gottfried John wurde am 29. August 1942 in Berlin geboren und gilt als einer der besten deutschen Bühnen- und Filmschauspieler. Seine Jugend verbrachte er in zahlreichen Heimen und kurzzeitig bei seinen Großeltern. 1959 ging er mit seiner Mutter nach Paris und verdiente sich sein Geld als Pflastermaler. 1961 kehrte er nach Berlin zurück: Nach nicht bestandener Aufnahmeprüfung am Reinhardt-Seminar nahm John privaten Schauspielunterricht bei Marlise Ludwig. Sein Bühnendebüt gab John am Schiller-Theater in Berlin. Er brillierte in Stücken wie *Macbeth*, *Richard III.* und *Othello* (in der Rolle des »Jago«). Volker Vogeler gab ihm 1970 die Titelrolle eines bayerischen Wilderers um 1875 in dem alternativen Heimatfilm *Jaider – der einsame Jäger*. Im Jahr darauf erhielt John die Titelrolle in Hans W. Geissendörfers freier TV-Adaption von Schillers *Don Carlos*. Daraufhin wurde Rainer Werner Fassbinder auf den an der Berliner Schule für Theaterkunst ausgebildeten John aufmerksam und ließ ihn eine der Hauptrollen in der fünfteiligen TV-Serie *Acht Stunden sind kein Tag* spielen. John wurde auch später für mehrere Fassbinder-Filme engagiert, darunter *Die Ehe der Maria Braun* und *Lili Marleen*. Der starke Raucher John stach beim Casting für ↗*GoldenEye* (1995) als General ↗Arkadi Grigorovitsch Ourumov zahlreiche Mitbewerber aus und gab der Figur des russischen Generals eine düstere Ausstrahlung. John wurde u. a. engagiert, weil man der Tradition treu bleiben wollte, einen deutschen Bösewicht im Film unterzubringen. Nach seinem Bond-Bösewicht war Gottfried John in dem Volker Schlöndorff-Film *Der Unhold* (1996) und als Cäsar in der französischen Produktion *Asterix und Obelix gegen Cäsar* (1998) zu sehen. Er erhielt dafür den Bayerischen Filmpreis. 2003 spielte John in der aufwändig ausgestatteten internationalen Koproduktion *Im Visier des Bösen* nach Loup

Durands Roman *Daddy* den Bankier von Gall. Unter dem Titel *Bekenntnisse eines Unerzogenen* veröffentlichte der Mann mit der Knautschzone 2000 einen autobiografischen Roman.

Sein Buch ist nicht zu vergleichen mit den üblichen Memoiren von Schauspielern. John hat die Kunstform des Romans gewählt, »um zu komprimieren, zu verdichten – zu dichten«. Es ist die Geschichte einer ungewöhnlichen Kindheit an der Seite einer ungewöhnlichen Frau: Ruth John, gelernte Fremdsprachenkorrespondentin, praktizierende Lebenskünstlerin. Ruth John war alles für ihren Sohn: Kumpel, große Schwester, bester Freund – nur eine Mutter im klassischen Sinne, das war sie nicht. Als er sich wieder einmal sehr hässlich fühlte, sagte seine Mutter: »Du bist etwas ganz Besonderes, Goddi. Vielleicht bist du nicht schön, aber dafür bist du interessant. Und wenn du lachst, dann geht die Sonne auf.«

JOHNNY (Filmcharakter)
In ↗*James Bond 007 jagt Dr. No* (1962) ist Johnny ein Angestellter in dem jamaikanischen Hotel, in dem 007 wohnt. Johnny leitet eine Telefonnachricht von ↗Miss Taro an den Agenten weiter.

JOHNNY (Filmcharakter)
↗Peter Cranwell spielt im dritten offiziellen James-Bond-Film ↗*Goldfinger* (1964) die Figur Johnny. Johnny ist vermutlich einer der Ganoven, die ↗Auric Goldfinger auf seinem Gestüt in Kentucky mit ↗Delta 9-Nervengas tötet.

JOHNNY, TALIB (Darsteller)
Die Schläger, die James Bond im Film ↗*Octopussy* (1983) an den Kragen wollen, wurden von ↗Michael Moor, ↗Ravinder Singh Revett, ↗Gurdial Sira, ↗Sven Surtees, ↗Peter Edmund, ↗Ray Charles und Talib Johnny dargestellt. Sie verfolgen 007 bei seinem Aufenthalt in Indien.

JOHNNY TRABER'S TROUPE (Darsteller)
In ↗*Moonraker – streng geheim* (1979) gibt es Rollen, die im Deutschen als ↗»Spaßwandler« auftauchen. Johnny Traber's Troupe war für die Darstellung verantwortlich.

JOHN SEDLEY & CO. (Kleidung)
↗Kleidung

JOHNS (Romanfigur)
Ein Kontaktmann Bonds in der Kurzgeschichte ↗*Für Sie persönlich* bezeichnet sich als Mr. Johns. Oberst Johns ist hoch gewachsen und jung. James Bond hingegen tritt als ↗Mr. James auf.

JOHNSON (Filmcharakter)
↗Robinson nennt ↗Jinx in ↗*Stirb an einem anderen Tag* (2002) Agent Johnson.

JOHNSON (Filmcharakter)
Johnson ist ein Karate-Experte im Film ↗*Casino Royale* (1966). ↗Tremble alias Bond begegnet dem trainierenden Mann im James-Bond-007-Schulungszentrum. Johnson ist so in seine Karateschläge vertieft, dass er sich beim militärischen Gruß selbst k. o. schlägt.

JOHNSON (Romanfigur)
007 zieht im Buch ↗*James Bond und sein größter Fall* den Vergleich, er mag Sport treibende Frauen genauso gern wie Dr. Johnson Frauen, die predigen.

JOHNSON (Romanfigur)
↗Fallon

JOHNSON (Romanfigur)
↗Chi-Chi, die im Roman ↗*Fahr zur Hölle, Mr. Bond!* Brandy trinkt, erinnert 007 damit an eine Aussage ↗Dr. Johnsons: »Claret ist das Richtige für Jungen, Port für Männer, aber wer danach strebt, ein Held zu werden, muss Brandy trinken.«

JOHNSON, BILL (Kameraführung)
Bill Johnson war 1971 für die Kameraführung beim Kinofilm ↗*Diamantenfieber* zuständig. Er arbeitete mit ↗Bob Kindred zusammen.

JOHNSON, BILL (Romanfigur)
Der »Cowboy« genannte Bill Johnson versucht, ↗Felix Leiter und dessen Frau im Roman ↗*Tod auf Zypern* mit einem Gewehr daran zu hindern, das Haus in Texas zu stürmen. James Bond tötet den Ganoven mit einem Kopfschuss. Warum Autor ↗Raymond Benson ausgerechnet den Namen Bill Johnson wählte, ist nicht sicher. Fest steht: Johnson existierte wirklich und arbeitete im Jahre 1971 als Kameramann bei ↗*Diamantenfieber*.

JOHNSON, GIACINTA (Filmcharakter)
↗Jinx

JOHNSON, LYNN-HOLLY (Darstellerin)
Lynn-Holly Johnson wurde am 13. Dezember 1958 in Illinois, USA, geboren. Bereits als Kind machte sie Werbung und war in zahlreichen Katalogen zu sehen, bevor auch erste Angebote für TV-Werbespots kamen. Sie trat u. a. in Spots für McDonald's, Coca-Cola und Kellogg's auf. Der Film *The Miracle Worker* gilt als ihr Debüt, doch bis zum Hauptberuf Schauspielerin sollten noch einige Jahre vergehen, denn zunächst strebte Lynn-Holly Johnson eine sportliche Karriere an. Sie trainierte Eiskunstlauf und mit sechzehn Jahren gewann sie bei der US-Meisterschaft im Free Skating die Silbermedaille. Der Erfolg auf dem Eis ließ sich mit dem Showgeschäft verbinden, und Johnson tourte als festes Mitglied in der Gruppe »Ice Capades«. Nach zahlreichen Auftritten vor Publikum bekam sie erneut ein Filmangebot: *Mulligan's Street*. Es folgte der Kinofilm *Eisfieber* (1978), der ihr die Rolle der ↗Bibi Dahl in ↗*In tödlicher Mission* (1981) einbrachte. ↗Albert R. Broccoli war so begeistert von Johnson, dass er sie fest für die Rolle einplante, bevor er die Darstellerin persönlich getroffen hatte. Vor Bond war die Darstellerin für den Golden Globe nominiert, was für die Wahl nicht ganz unwichtig war. Sie wurde zum ersten Bond-Girl, das 007 durch ihren starken sexuellen Trieb abschreckt. ↗Michael G. Wilson und Albert Broccoli entschieden sich ganz bewusst für einen solchen Charakter, denn James Bond sollte das Image verlieren, mit jeder Frau zu schlafen, egal wie jung sie ist. Obwohl sie nicht mit Bond ins Bett geht, waren viele Kritikerinnen von der Figur nicht angetan. Bibi sei augenscheinlich von Männern erfunden worden: »Blond, naiv und willig«. Der Skianzug, den Johnson im Film trägt, wurde 1997 für die stolze Summe von 1.300 Pfund versteigert.

JOHNSON, NOEL (Darsteller)
Der Schauspieler Noel Johnson steht verwandtschaftlich in keiner Beziehung zu der Darstellerin ↗Lynn-Holly Johnson. Er spielt im Film ↗*In tödlicher Mission* (1981) den Vizeadmiral, der ↗Tanner zusammen mit dem Ersten See-Lord über den Verlust des ↗ATAC-Systems informiert.

JOHNSON, RAFER (Darsteller)
↗Mullens in ↗*Lizenz zum Töten* (1989) ist eine vom Charakterdarsteller Rafer Johnson dargestellte Figur.

JOHNSTON (Deckname)
Unter dem Decknamen »Johnston« mietet ↗Graf Lippe im Roman ↗*Feuerball* einen hellen Volkswagen, um aus diesem unerkannt ein Attentat auf James Bond zu verüben, doch der taucht auf, und Lippe alias Johnston selbst wird zum Opfer.

JOINT, ALF (Darsteller/Stuntman)
In der ↗Pre-Title-Sequenz von ↗*Goldfinger* (1964) hatte Alf Joint eine Kampfszene mit ↗Sean Connery und musste mehrmals über den Rücken des Hauptdarstellers

abrollen, um dann mit voller Wucht auf seinem eigenen zu landen. Joint spielt den Charakter ↗Capungo, der im Film nicht namentlich genannt wird, wohl aber in der Literatur und im Abspann des Films.

JO-JO (Waffe)
↗Jo-Jo-Killer

JO-JO-KILLER (Filmcharakter)
In ↗*Octopussy* (1983) tritt ein Jo-Jo-Killer gegen 007 an, dessen Waffe mehr einer Kreissäge ähnelt, im Prinzip jedoch wie ein Jo-Jo funktioniert. Wie der Film beweist, ist die Waffe auch für den Nahkampf geeignet. Der Jo-Jo-Killer in Diensten ↗Kamal Khans tötet ↗Vijay. Beim Kampf mit 007 stürzt der Jo-Jo-Killer, dargestellt von ↗William Derrick, ins Wasser und wird von einem Krokodil gefressen.

JONES (Romanfigur)
Als Decknamen benutzen die Killer ↗Suggley und ↗Horror im Roman ↗*Der Spion, der mich liebte* die Namen Jones und ↗Thomson. ↗Vivienne Michel fällt zunächst darauf herein und gewährt den beiden Zutritt in ihr Motel.

JONES (Romanfigur)
↗Hotel de Los Organos

JONES (Filmcharakter)
Die erste handfeste Schlägerei in einem James-Bond-Film gibt es in ↗*James Bond 007 jagt Dr. No* (1962) zwischen Bond und Jones, gespielt von ↗Reginald Carter. Jones ist angeblich Chauffeur und handelt im Auftrag von ↗Dr. No. Als 007 ihn durchschaut, schluckt er ↗Zyankali.

JONES (Deckname)
↗Hochzeitssuite

JONES (Filmcharakter)
Jones ist in ↗*Der Morgen stirbt nie* (1997) einer der Männer, mit denen ↗Carver über die Videoleinwand in seinem Nachrichtenzentrum spricht.

JONES, CHRISTMAS (Romanfigur/Filmcharakter)
Im Roman und auch im Film ↗*Die Welt ist nicht genug* (1999) trifft James Bond in Kasachstan auf die hübsche Dr. Christmas Jones. Sie misstraut Bond von der ersten Begegnung an, da dieser sich als ↗Dr. Arkow ausgibt. Jones, im Film verkörpert von ↗Denise Richards, ist Bonds Idealbild einer Frau: Brüste, die sich unter dem Stoff des Büstenhalters wölben, lange gebräunte Beine und ein hübsches Gesicht. Im Roman entdeckt 007 bei der Frau, die er auf Mitte zwanzig schätzt, eine »unpassende« Tätowierung in Form des »Peace-Symbols« direkt über ihrer Hüfte. Im Film ist das Tattoo neben dem Bauchnabel jedoch nicht genau zu erkennen. Jones arbeitet als Nuklearforscherin für eine Organisation namens ↗IDA und hat einen Abschluss in Atomphysik. Sie hilft 007 bei der Jagd auf ↗Renard und startet mit Bond den Versuch, eine Bombe in ↗Elektra Kings Pipeline zu entschärfen. Dabei landet sie nach gelungener Verhinderung einer Kernschmelze in einem U-Boot mit Bond im Bett.

JONES, GRACE (Darstellerin)
Grace Jones wurde am 19. Mai 1952 (andere Quellen: 1948) dort geboren, wo auch die James-Bond-Filme ihren Ursprung haben: auf Jamaika. Ihr Vater war Geistlicher, ihre Vorfahren kommen aus Nigeria und Schottland. »Ich hatte immer den Wunsch, Schauspielerin zu werden«, erinnerte sich Jones in einem Interview, aber es sollte lange dauern, bis sie vor der Kamera stand. 1964 zog ihre Familie in den Bundesstaat New York. Nach Beendigung der Schule studierte sie an der Universität Spanisch. Sie hatte die Möglichkeit, ihr Hobby Singen professionell zu betreiben. Die erste schauspielerische Chance gab sie sich selbst: Sie trat in einem von ihr produzierten Theaterstück in Philadelphia

auf. Für ihren Traumberuf verließ sie die Universität nach drei Jahren. 1970 bewarb sich Grace Jones bei der Model-Agentur »Wilhelmina«. Sie erhielt sofort einen Vertrag und hatte nun die Möglichkeit, die Laufstege zu betreten. Auch in Paris übte sie den Beruf als Model weiterhin aus und wurde in Europa bekannt. Chris Blackwell entdeckte Jones 1977 für die Firma Island Records, und nun konnte die 25-Jährige auch zeigen, was sie gesanglich zu bieten hatte. Im Laufe der nächsten Zeit wurden fünf erfolgreiche LPs veröffentlicht, darunter *Nightclubbing* und *Slave To The Rhythm*. Jones machte sich mit Liedern wie *I Want A Man* einen Namen.

Ihr Schauspieldebüt hatte Jones schon in *Gordon's War* (1973), der Durchbruch folgte aber mit *Conan, der Zerstörer* (1984). Anfang der 1980er Jahre lebte die Darstellerin mit dem Künstler Jean-Paul Goude zusammen, die Beziehung scheiterte aber. Angeblich sollte Grace Jones schon in ↗*Octopussy* (1983) die Figur ↗Magda verkörpern, woraus aus Termingründen nichts wurde. Die Sängerin und Schauspielerin war schließlich die zweite Wahl für die Rolle der Killerin ↗May Day im Film ↗*Im Angesicht des Todes* (1985). Sie bekam die Rolle, nachdem ↗Madonna abgelehnt hatte. Die Dreharbeiten mit Jones waren für ↗Roger Moore sehr abwechslungsreich. Er machte seine üblichen Scherze und fühlte sich umso mehr zum Scherzen veranlasst, je mehr Jones mit Lachanfällen in der Ecke stand. Besonders die Bettszene mit dem Bond-Darsteller machte ihr schwer zu schaffen. Sie musste über zwanzig Mal wiederholt werden. Moore genoss es.

Nach der Vertragsunterzeichnung war Grace Jones angenehm überrascht, als Regisseur ↗John Glen ihr freie Hand bei den Kostümen ließ. Sie schöpfte das Angebot voll aus und trug bei den Dreharbeiten teilweise selbstentworfene Modelle. Ihr persönlicher Designer Azzedine Alaïa steuerte ebenfalls Ideen bei, die bezüglich ihrer Skurrilität in Bond-Filmen ihresgleichen suchen. Grace Jones' damaliger Freund ↗Dolph Lundgren, den sie als nächsten James-Bond-Darsteller und Roger-Moore-Nachfolger vorschlug, bekam eine Rolle als KGB-Bösewicht. Zu weiteren Filmen von Jones gehören die Komödie *Boomerang* (1992), der Abenteuerfilm *McCinsey's Island* (1997), das Road-Movie *Palmers Pickup – Ein abgefahrener Trip* (1999) und das tiefgründige Teenagerdrama *Wolfgirl* (2001).

JONES, KIMBERLY (Filmcharakter)
(Auch: Kimberley Jones) In einem luxuriösen U-Boot, das wie ein im Wasser treibender Eisberg aussieht, wartet Kimberly Jones in der ↗Pre-Title-Sequenz von ↗*Im Angesicht des Todes* (1985) auf James Bond, um ihm nach Ausführung seines Auftrags die nötige Entspannung zu verschaffen. Die Reise im U-Boot, die James Bond mit der Agentin antritt, dauert fünf Tage. Er kehrt befriedigt, aber geschwächt nach England zurück. Auch Kimberley Jones wurde von ↗Mary Stavin verkörpert, die schon in ↗*Octopussy* (1983) einen Mini-Part übernommen hatte.

JONES, MIKE (Friseur)
Mike Jones war der erste Mann, der erfolgreich für die Frisuren der Darsteller verantwortlich war. Nach ↗*Der Mann mit dem goldenen Colt* (1974) war er 1979 wieder mit von der Partie und durfte sich erneut um die Haare des Hauptdarstellers ↗Roger Moore kümmern – diesmal in ↗*Moonraker – streng geheim* (1979). Und in der Tat ist Moores Frisur diesmal recht sehenswert. In einer Szene verzichtete Jones sogar gänzlich auf Pomade und Gel, was dem Schauspieler gar nicht schlecht zu Gesicht steht.

JONES, NORMAN (Darsteller)
Norman Jones spielt im Film ↗*Man lebt nur zweimal* (1967) einen amerikanischen Astronauten. Der Zuschauer konnte den

Aufenthalt im fiktiven Weltraum in der ↗Pre-Title-Sequenz bewundern.

JONES, STANLEY (Romanfigur)
↗Nick Nicholson

JONES, TOM (Sänger)
Tom Jones wurde am 7. Juni 1940 unter dem Namen Thomas Jones Woodward in Pontypridd, Süd-Wales, geboren. Er wuchs in ärmlichen Verhältnissen auf und sang schon mit drei Jahren. Er wurde von seiner Mutter zum Singen auf den Dorfplatz gestellt, in der Hoffnung, dass ihm Passanten Kleingeld geben. Jones heiratete schon mit sechzehn Jahren, ein Jahr nachdem er die Schule verlassen hatte. Mit siebzehn wurde er Vater. Um Geld für die Familie zu beschaffen, arbeitete er als Maurer und Bauarbeiter. Abends sang er in Lokalen. Er trat zu dieser Zeit als »Tiger Tom« auf. Der Spitzname wandelte sich im Laufe der Jahre in »Der Tiger«. Nachdem Jones mit einem Manager nach London gegangen war, kam mit dem Song *It's Not Unusual* der langersehnte Erfolg. Er bekam einen Plattenvertrag bei Decca und belegte 1965 Platz eins der britischen Charts. Im gleichen Jahr wurde Tom Jones von ↗John Barry und ↗Don Black verpflichtet, den Soundtrack des Films ↗*Feuerball* (1965) zu singen. Plattenverträge und Erfolge wie die Single *A Boy From Nowhere* und *What's New, Pussycat?* schlossen sich an. Dass Jones auch heute noch zu den Großen in der Musikbranche zählt, kann man am Erfolg von *Sexbomb* erkennen. Gastauftritte hatte Jones in den Filmen *Mars Attacks!* (1996) und *Frauen unter sich* (1999).

JONES, VAN (Kontaktmann)
Van Jones arbeitete als Londoner Kontaktperson bei der Erstellung des Films ↗*In tödlicher Mission*. Über ihn lief der Informationsfluss von den unterschiedlichen Drehorten auf der Welt bis in die Büros von United Artists.

JONGLEUR (Filmcharakter)
↗Fackel

JORAM, BILL (Romanfigur)
Bill Joram ist einer der Jugendlichen, die mit der Zustimmung von ↗Mrs. Frame in ↗*003½ James Bond Junior* auf dem Anwesen ↗Hazeley Hall spielen dürfen. Bond Junior hofft, seine Hütte auf dem Grundstück wird nicht von Joram entdeckt. Mit ↗Mrs. Raggles spricht James über die Familie Joram. Oma Joram, so Mrs. Raggles, sterbe sowieso bald. Bill Joram gehört auch der ↗Löwenbande an und hat, als James weg war, den Posten des Anführers übernommen, den er nur widerwillig aufgibt, als James zurückkehrt. Im Verlauf der Geschichte stellt sich heraus, dass Bill einen der Hunde von ↗Sheila vergiftet hat. James hat daraufhin eine handfeste Auseinandersetzung mit Bill, der unterliegt.

JORDAN, DAVID (Requisiteur)
David Jordan gab sein Debüt als Requisiteur mit ↗*Octopussy*. Eine Verwandtschaft zu Kameramann ↗Johnny Jordan besteht nicht.

JORDAN, GIACINTA (Filmcharakter)
↗Jinx

JORDAN, JOHNNY (Kameramann)
Man sollte annehmen, dass bei Bond-Filmen die Stuntmen am gefährlichsten leben, aber bei einem Actionfilm der Superlative ist jeder ständig in der Gefahrenzone. Kameramann Johnny Jordan erfuhr dies 1967 bei den Dreharbeiten zu ↗*Man lebt nur zweimal* am eigenen Leibe. Während er unter einem fliegenden Hubschrauber hing, um Aufnahmen für den Luftkampf zwischen ↗Little Nellie und feindlichen Helikoptern zu machen, trennte ihm ein Rotorblatt das halbe Bein ab. Ein Helikopter war Jordan durch einen Aufwind zu nahe gekommen; sein Bein wurde in einer Notoperation amputiert. Einbeinig kehrte

er 1969 bei den Dreharbeiten zu ↗*Im Geheimdienst Ihrer Majestät* zu seinem Team zurück und arbeitete weiter, als wäre nichts gewesen. Durch den Verlust seines Beines war er sogar so flexibel, dass er an Orten filmte, an denen kein zweibeiniger Kameramann Platz gefunden hätte, beispielsweise in der Frontverkleidung eines Bobs.

JORDAN, PATRICK (Darsteller)

Zusammen mit ↗Anthony Ainly ist Patrick Jordan in der ↗Pre-Title-Sequenz von ↗*Man lebt nur zweimal* (1967) als englischer Polizei-Offizier zu sehen. Die beiden Männer stürmen in die Kulisse, um festzustellen, dass James Bond tot ist: »Ein schöner Tod, so mitten im Dienst!«, meint Ainly. »Das hat er sich immer gewünscht!«, gibt Jordan zurück. ↗Ling (gespielt von ↗Tsai Chin) und ihre Killer sind längst über alle Berge.

JOSEF (Filmcharakter)

Josef ist in ↗*Im Geheimdienst Ihrer Majestät* (1969) ein Angestellter auf dem ↗Piz Gloria, der unter der Anweisung von ↗Irma Bunt arbeitet.

JOSEPH (Romanfigur)

↗Fritz

JOSEPH (Romanfigur)

↗Ahmed el Kader aus Libyen ist bereit, für die grausame ↗»Gesellschaft der Demütigen«, deren Anführer ↗Wladimir Scorpius ist, sein Leben zu geben. Er glaubt, dadurch einen Totennamen (»Joseph«) zu erhalten und danach weiter zu leben. 007 hält dies im Roman ↗*Scorpius* für den Katechismus der Sekte.

JOSEPH (Romanfigur)

Dieser Joseph ist neben ↗Hans einer von ↗Irma Bunts Gehilfen in der Kurzgeschichte ↗*Tödliche Antwort*. Joseph wird von ↗Cheryl Haven erschossen, als er dabei ist, Bond mit einer ↗UZI in Schach zu halten.

JOSHUA (Filmcharakter)

Joshua ist in ↗*Diamantenfieber* (1971) ein junger Farbiger, der ↗Mrs. Whistler auf die Ankunft von ↗Mr. Wint und ↗Mr. Kidd hinweist.

JOURDAN, LOUIS (Darsteller)

Louis Jourdan wurde am 19. Juni 1919 unter dem bürgerlichen Namen Louis Gendre in Marseille geboren. Die ersten Lebensjahre verbrachte er in Südfrankreich, später siedelte er nach England und schließlich in die Türkei über. In allen drei Ländern besuchte er Schulen. Durch zahlreiche Wohnortwechsel wuchs Jourdan multikulturell auf und lernte viele Sprachen. Nach der Schule kehrte Louis Jourdan nach Frankreich zurück. Er studierte an der École Dramatique in Paris Schauspiel und kam wegen seines guten Aussehens zu ersten kleinen Filmangeboten. Der Film *Le Corsaire* (1939) war Jourdans Debüt, zahlreiche Filme folgten. Der Zweite Weltkrieg unterbrach seine Schauspielkarriere. Die französische Herkunft des Vaters hatte fatale Folgen: Er wurde von der Gestapo gefangen genommen. Louis Jourdan und seine beiden Brüder flüchteten und versteckten sich wochenlang in den Wäldern. 1945 konnte er seine Schauspieltätigkeit wieder aufnehmen, Jourdan wurde mit Angeboten überschüttet. Er spielte in Alfred Hitchcocks *Der Fall Paradin* (1947), in *Brief einer Unbekannten* (1947), *Madame Bovary und ihre Liebhaber* (1948/49), *Gigi* (1957), *Can Can* (1959), *Das Ding aus dem Sumpf* (1981) u. v. m. Zu Jourdans TV-Filmen zählen *Der Graf von Monte Christo*, *Der Mann mit der eisernen Maske*, *Graf Dracula* und *Columbo*.

Auch im Alter machte sich das gute Aussehen bezahlt, und Jourdan modelte nebenberuflich. Bevor das Angebot kam, den ersten Prinzen in einem James-Bond-Film zu spielen, starb Jourdans Sohn Louis Henry Jourdan an einer Überdosis Drogen. Der Darsteller war nervlich so angeschlagen, dass Kritiker ein Ende seiner Karriere prophezeiten. Sie irrten. Der Franzose nahm das Angebot an, ↗Kamal Khan in ↗*Octopussy* (1983) darzustellen. Besonderen Rummel löste er mit der obszön anmaßenden Aussprache des Filmtitels aus. In einem Interview meinte er, er habe Khan so verkörpert, wie er auch Bond spielen würde und dabei nur einen Funken mehr Bosheit in seinen Augen aufblitzen lassen. In der Tat ist die Figur Khan wie 007 ein Gentleman, doch der Schein trügt.

JOURNAL DE GENÈVE (Zeitung)
James Bond ruft im Roman ↗*Goldfinger* beim *Journal de Genève* an und findet heraus, dass die von ↗Tilly Soames beschriebenen Sportveranstaltungen gar nicht stattfinden. Eine schlechte Tarnung für die Frau. 007 beschließt, sie im Auge zu behalten.

JOURNALIST
↗Anspielungen

JOURNALISTEN
Im Buch ↗*Der Spion, der mich liebte* zählt ↗Vivienne Michel eine Fülle von Erfolgsjournalisten auf, an denen sie sich arbeitsmäßig orientierte. Darunter sind Drusilla Beyfus, Veronica Papworth, Jean Campbell, Shirley Lord, Barbara Griggs und Anne Sharpley.

JOURNEY TO BLOFELD'S HIDEAWAY (Lied)
↗*On Her Majesty's Secret Service* (Soundtrack)

JOURNEY TO DRACO'S HIDEAWAY (Lied)
↗*On Her Majesty's Secret Service* (Soundtrack)

JOY (Parfüm)
↗Parfüm

JUDITH (Codewort)
Als James Bond 007 im Roman ↗*Sieg oder stirb, Mr. Bond* eine Postkarte erhält, die mit »Judith« unterschrieben ist, weiß er, was zu tun ist. »Judith« ist das Codewort, das den Agenten zu einem sofortigen Treffen mit seinen Vorgesetzten ruft.

JUDO
↗James Bond in ↗*003½ James Bond Junior*

JUDOKLASSE
↗Nachruf

JUGENDWUNSCH
Im Roman ↗*Mondblitz* äußert James Bond gegenüber ↗Gala Brand einen Kinderwunsch: »Ich habe mir schon als kleiner Junge gewünscht, einmal ein ↗Held zu werden.« Auch wenn in diesen Worten eine gewisse Ironie liegt, im Film ↗*GoldenEye* (1995) nimmt es ↗Natalja Simonowa sehr ernst, als sie sagt: »Alle Helden, die ich kenne, sind tot!«

JUGOSLAWISCHE GEHEIMPOLIZEI
Drei Ex-Mitarbeiter der jugoslawischen Geheimpolizei werden im Roman ↗*Feuerball* als Mitglieder von ↗SPECTRE angegeben. Ihre Namen werden nicht genannt, sie haben aus Datenschutzgründen nur Nummern.

JULES (Romanfigur)
Jules ist in ↗*Feuerball* eine Romanfigur, die dafür verantwortlich ist, ↗FIRCO nach außen hin als Einrichtung erscheinen zu lassen, die Auskunft über den Verbleib von verschollenen Personen gibt.

JULIENNE, DOMINIQUE (Stuntfahrerin)
Stuntfahrer ↗Rémy Julienne bezog seine Familie in seinen Job mit ein. Bei den Dreharbeiten von ↗*Im Angesicht des Todes* (1985) durften sein Sohn Michel Julienne und seine Tochter Dominique Julienne hinters Steuer, um zu beweisen, was sie von ihrem Vater gelernt hatten. Zum Einsatz kamen aber nicht nur Familienmitglieder, sondern auch ↗Christian Bonnichon, ↗Jean-

Claude Lagniez, ⌐ Jean-Claude Bonnichon, ⌐ Jean-Claude Houbart und ⌐ Robert Blasco. Weitere Filme mit Dominique Julienne sind ⌐ *Der Hauch des Todes* (1987), ⌐ *Lizenz zum Töten* (1989) und ⌐ *GoldenEye* (1995). Michel Julienne arbeitete nach dem vierzehnten offiziellen Bond-Film nur noch an *Der Hauch des Todes*.

JULIENNE, MICHEL (Stuntfahrer)
⌐ Dominique Julienne

JULIENNE, RÉMY (Stuntfahrer)
Niemand kann spektakuläre Autostunts so gut koordinieren wie Rémy Julienne. Der Franzose war im Auto schon immer einer der Besten. Er gewann 1958 die französischen Motocrossmeisterschaften und machte sich sechs Jahre später als Stuntfahrer einen Namen. Julienne setzte sich auch dreißig Jahre später noch hinter das Steuer eines Fahrzeugs und führte damit halsbrecherische Manöver aus. Die Koordination der Autoverfolgungsjagden und Stunts in *Charlie staubt Millionen ab* (1968) und *French Connection II* (1975) brachten ihm viel Lob in der Filmwelt sein. Er konnte sich eine Firma mit Namen »One Stop Shop« aufbauen. Seit dieser Zeit wird er immer öfter von großen Filmproduzenten und -firmen gebucht, um sich mit teilweise brennenden oder halbierten Fahrzeugen zu überschlagen. Der Beginn einer langen und halsbrecherischen Zusammenarbeit zwischen den Bond-Machern und Rémy Julienne begann im Jahre 1981 bei der Produktion des Films ⌐ *In tödlicher Mission*. 007 entkommt im Film mit einem ⌐ 2CV einer Horde leistungsstärkerer Verfolgerfahrzeuge. Über zwanzig wichtige Personen arbeiten in Juliennes Stuntteam. Dazu gehörten unter anderem ⌐ Martin Grace, ⌐ Pat Banta, ⌐ Cyd Child, ⌐ Jo Cote, ⌐ John Eaves, ⌐ Hans Hechenbichler, ⌐ Michel Julienne, ⌐ Wolfgang Junginger, ⌐ George Leech, ⌐ Wendy Leech, ⌐ Gavin McKinney, ⌐ Gareth Milne, ⌐ Bernard Pascual und ⌐ Frances Young. Im Drehbuch war zwar schon eine gute Verfolgungsjagd niedergeschrieben, doch vor Ort überarbeitete Julienne alles und baute viele ironische und spannende Elemente ein, die zuvor noch nie auf der Leinwand zu sehen waren.

Weniger spektakulär, dafür aber umso rasanter waren die Stunts für ⌐ *Octopussy* (1983), wo Julienne eng mit ⌐ Derek Meddings zusammenarbeitete. Es wurde ein ⌐ Mercedes gebaut, der breit genug war, um auf den Felgen auf Eisenbahngleisen fahren zu können. Eine LKW-Verfolgungsjagd, die Rémy Julienne zusammen mit ⌐ »Corkey« Fornof für *Octopussy* (1983) [andre Quellen besagen, die Verfolgungsjagd wurde schon für *Leben und sterben lassen* (1973) erdacht] konzipierte, wurde erst für den Film ⌐ *Lizenz zum Töten* (1989) inszeniert. Zu den riskantesten Arbeiten Juliennes gehören die Autostunts in ⌐ *Im Angesicht des Todes* (1985): Bonds Fahrzeug wird im Film von einer Schranke, unter der es durchrast, geköpft und bei einem Zusammenstoß mit einem anderen Fahrzeug schließlich halbiert. Julienne verletzte sich beim ersten Stunt »nur« an der Hand. Auf vereisten Flächen, zugefrorenen Seen und auf dem Felsen von Gibraltar rasten Julienne und sein Team, bestehend aus ⌐ Christain Bonnichon, Jo Cote, ⌐ Jean-Claude Houbard, ⌐ Dominique Julienne, ⌐ Jean-Jacques Villain, ⌐ Jean Claude Justice und ⌐ Brigitte Magnin für die Fahr-Stunts von ⌐ *Der Hauch des Todes* (1987) entlang. Julienne koordinierte die Stunts auf einem zugefrorenen See; eine Hommage an diese Szene kann man in ⌐ *Stirb an einem anderen Tag* (2002) entdecken.

Die Gefahr des Feuers war bei den Dreharbeiten unter *Lizenz zum Töten* (1989) am größten. Julienne selbst steuerte einen der Trucks, der im Verlauf der Hetzjagd durch eine gewaltige Feuersäule fahren muss. In Rémy Juliennes Fahr-Stuntteam arbeiteten ⌐ Gilbert Bataille, ⌐ Didier Brule, Jo Corte, Jean-Claude Houbart und Dominique Julienne. Gleich nach der ↗Pre-Title-Sequenz von ↗*GoldenEye* (1995) kann der Zuschauer erneut das Können des Stuntkoordinators bewundern. Er war für das Autorennen zwischen James Bond und ↗Xenia Onatopp verantwortlich. Das Fahrteam bestand hier aus Dominique Julienne, ↗Martyline Lebec und ↗Christophe Vaison. Da bei den Fahrzeugen mit Verlusten und Ausfällen zu rechnen war, wurde von »Rémy Julienne Action«, ↗»Bickers Action Enterprises«, ↗Steve Lamonby, ↗Duncan Barbour und ↗Freddie Wilmington für Ersatzfahrzeuge gesorgt. Während der Dreharbeiten ereignete sich eine Panne: Der ↗Ferrari stieß mit dem ↗Aston Martin zusammen, und es dauerte mehrere Tage, bis die Schäden am legendären Bond-Auto behoben waren. Verletzt wurde niemand, was auf die genaue Planung von Julienne zurückzuführen ist.

JUMP UP (Lied)
↗*Dr. No* (Soundtrack)

JUNGFRAUENTURM
Im Buch und im Film ↗*Die Welt ist nicht genug* wird der Gefangene James Bond zu ↗Elektra King auf eine kleine Insel in der Nähe der asiatischen Küste in den Jungfrauenturm gebracht. Hier foltert sie ihn, erschießt ↗Valentin Zukovsky und wird schließlich von 007 erschossen. ↗»M«, die sich in einer Zelle im Jungfrauenturm in Gefangenschaft befindet, wird vom Geheimagenten befreit. Der Name Jungfrauenturm beruht auf der Sage, ein Vater habe seine Tochter auf die schlangenlose Insel gebracht, da ihm prophezeit wurde, sie werde an einem Schlangenbiss sterben. Dies geschah auch, weil jemand eine Schlange auf die Insel eingeschleppt hatte. Die Bezeichnung ↗Leanderturm stammt von der fälschlichen Vermutung, »Leander« sei in der Meerenge ertrunken, als er versuchte, zu seiner Geliebten zu schwimmen.

JUNGLE (Deckname)
Unter dem Decknamen »Jungle« verbirgt sich ↗Franz Belzinger, der wie ↗Heather Dare und ihre Freundinnen als ↗Emily arbeitete. Er hatte die Aufgabe, den Offizier ↗Fräulein Dietrich zu verführen. Sein früherer Deckname lautete ↗»Wald«, unter dem Namen ist ↗Frank Baisley untergetaucht. James Bond weiß, wo sich der in Lebensgefahr schwebende Belzinger aufhält ...

JUNKANOO-PARADE
Als Bond und ↗Santos sich im Buch ↗*Feuerball* mit der Tauchausrüstung beschäftigen, vernimmt 007 die Klänge der ↗Stahlgitarren, die beim Junkanoo-Fest gespielt werden. Für die Dreharbeiten von ↗*Feuerball* (1965) wurde die Junkanoo-Parade auf den Bahamas nachgestellt. Dieses einem Karnevalsumzug gleichende Ereignis findet normalerweise in einer anderen Jahreszeit statt. Um die Statisten zu unvergleichlichen Kostümierungen zu motivieren, wurden Preise ausgeschrieben. Ein Team musste jedoch disqualifiziert werden und war nicht im Film zu sehen, weil es »007« auf ihren Umzugswagen und die Kleider geschrieben hatte.

JUNTEN, BJÖRN (Romanfigur)
Dieser aus Schweden stammende freischaffende Spionage-Experte wird im Roman ↗*Moment mal, Mr. Bond* genannt. Er hatte Verbindungen zu ↗Blofeld und einen privaten Spionagedienst ins Leben gerufen, der Blofelds Erben gegen Höchstgebot zur Verfügung gestellt wurde. Björn Junken wurde vom ↗MI6 identifiziert, weil er an Flugzeugentführungen beteiligt war.

JUPITER (Raumkapsel)
Die zweite Raumkapsel der Amerikaner, die sich in ↗*Man lebt nur zweimal* (1967) im Orbit befindet, trägt den Namen »Jupiter«. Sie wird nicht von ↗Blofelds ↗Bird 1 entführt, weil das Raumschiff des Kidnappers

zuvor von James Bond zur Explosion gebracht wird.

JUPITER 16 (Raumkapsel)

Die in der ↗ Pre-Title-Sequenz von ↗ *Man lebt nur zweimal* (1967) auftauchende Weltraumkapsel trägt den Namen »Jupiter 16«. Einer der Astronauten heißt Chris. Die amerikanische Raumkapsel »Jupiter 16« wird von ↗ Blofelds ↗ Bird 1 entführt.

JÜRGENS, CURD (Darsteller)

Curd Jürgens wurde am 13. Dezember 1915 (andere Quelle: 1912) unter dem Namen Curt Gustav André Gottlieb Jürgen Jürgens als Sohn eines deutschen Händlers und einer Französisch-Hauslehrerin der russischen Zarenfamilie in München geboren. Jürgens hatte sich kurzzeitig als Reporter versucht, ehe er bei dem Kollegen Walter Janssen Schauspielunterricht nahm. Das erste Engagement brachte ihn 1936 ans Berliner Metropol-Theater, von 1938 bis 1942 pendelte er zwischen Berliner und Wiener Bühnen hin und her, bis er während des Krieges für zwölf Jahre (bis 1953) ans Burgtheater wechselte. Bereits ein Jahr vor seinem ersten Theaterauftritt engagierte der Regisseur Herbert Maisch den nicht mal 20-Jährigen aufgrund seiner stattlichen Erscheinung für die Rolle des jungen österreichischen Kaisers Franz Joseph in *Königswalzer* (1935). Dort lernte Jürgens den Kollegen Willi Forst kennen, der ihm während des Krieges in Wien tragende Rollen in drei seiner Regiearbeiten gab: *Operette* (1940), *Frauen sind keine Engel* (1943) und *Wiener Mädeln* (1949). Nach Kriegsende drehte Jürgens in Österreich und der Bundesrepublik Deutschland viele belanglose Lustspiele und Melodramen.

Der Durchbruch kam für Curd Jürgens aber erst im Alter von 40 Jahren, als er für die Titelrolle in der Literaturverfilmung *Des Teufels General* (1954) nach Carl Zuckmayer zum besten Schauspieler gekürt wurde. Die Figur des Luftwaffengenerals Harras ist an den Flieger Ernst Udet angelehnt. Udet, der von den Nazis zum Selbstmord gezwungen wurde, hatte 1929 in Arnold Fancks *Die weiße Hölle vom Piz Palü* mitgewirkt. Mit *Die Ratten* (1955) und dem Ehedrama *Teufel in Seide* (1955) spielte er in zwei interessanten bundesdeutschen Filmen, mit seinem Part des Ex-Wehrmachtssoldaten Wolf Gerke in Yves Ciampis pazifistischem Melodram *Die Helden sind müde* (1955) wurde Jürgens als neuer Star einem internationalen Publikum bekannt. 1956 stellte man dem Schauspieler in *Und immer lockt das Weib* die junge Leinwand-Verführerin Brigitte Bardot zur Seite. Aus dem von der Bardot dem hünenhaften Deutschen verliehenen anerkennend meinenden Spitznamen »L'armoire normande« machte die deutsche Presse den (falsch übersetzten) »normannischen Kleiderschrank« – ein Etikett, das Curd Jürgens nicht mehr loswerden sollte.

Die schauspielerische Zukunft sah viel versprechend aus. In Europa schon sehr bekannt, ging Jürgens nach Amerika und machte sich mit Filmen wie *Auge um Auge* (1956), *Duell im Atlantik* (1957) und *Jakobowsky und der Oberst* (1957) auch in Hollywood einen Namen. Große Aufmerksamkeit erregte Jürgens auch im Remake *Der blaue Engel*, wo er 1959 an der Seite der blonden May Britt agierte. Der 1,99 Meter große Jürgens zeigte schon früh eine Schwäche für blonde Frauen. Er hatte zahlreiche Geliebte und soll angeblich auch Verhältnisse zu mehreren Frauen gleichzeitig gehabt haben. Im Jahre 1976 wollte ↗ Albert R. Broccoli an den Erfolg von ↗ *Goldfinger* (1964) anknüpfen und beschloss, die Rolle des Hauptbösewichts in ↗ *Der Spion, der mich liebte* (1977) wieder mit einem großen deutschen Schauspieler zu besetzen. Die Wahl fiel auf Jürgens. Er unterschrieb den Vertrag für die Rolle des verrückten, vom Meer besessenen ↗ Karl Stromberg. Jürgens' Engagement für den Bond-Film umfasste nur eine Arbeitsdauer von zwei Wochen. In dieser kurzen Zeitspanne hatte er alle Szenen abgedreht. Er feierte während der Dreharbeiten seinen 61. Geburtstag.

Als leidenschaftlicher »Haussammler« (er besaß zeitgleich fünf Wohnsitze) schrieb er in den 1970er Jahren seine Autobiographie mit dem Titel *Sechzig Jahre und kein bisschen weise*. Das Buch wurde zum Verkaufsschlager. Trotz seines hohen Alters startete er noch eine Gesangskarriere. Fünfmal war Curd Jürgens verheiratet, zu seinen Ehefrauen gehören die Schauspielerinnen Judith Holzmeister und Eva Bartok. Er verstarb am 18. Juni 1982 in Wien und hinterlässt als Erinnerung an sein Schaffen über 140 Filme, in denen er mitwirkte und Millionen begeisterte.

JUROE, CHARLES (PR-LEITER)

Auch wenn die PR-Aktionen von ↗*In tödlicher Mission* (1981) nichts Neues brachten, was noch mehr Werbung für James Bond machen konnte, kann Charles Juroe stolz darauf sein, als erster PR-Leiter im Abspann eines James-Bond-Films erwähnt zu sein. Er erhielt die Aufgabe auch bei ↗*Octopussy* (1983), ↗*Im Angesicht des Todes* (1985), ↗*Der Hauch des Todes* (1987) [seine Sekretärin bei diesem Film war ↗Amanda Schofield] und ↗*Lizenz zum Töten* (1989).

JUST A CLOSER WALK WITH THEE (Lied)
↗*Live And Let Die* (Soundtrack)

JUSTICE, JEAN CLAUD (Stuntman)
↗Rémy Julienne

JUWEL AUS DEM PRIVATBESITZ EINER LADY

Unter dem Titel »Juwel aus dem Privatbesitz einer Lady« soll in der Kurzgeschichte ↗*Globus – Meistbietend zu versteigern* der ↗Smaragd-Globus bei ↗Sotheby's unter den Hammer kommen. James Bond und ↗Dr. Fanshawe versuchen zu beweisen, dass ↗Freudenstein das Kunstobjekt als Bezahlung für ihren Dienst als Doppelagentin vom ↗KGB erhalten hat. Im Film ↗*Octopussy* (1983) wurde die Idee mit einem ↗Fabergé-Kunstwerk wieder aufgegriffen. Hierin lautet der Satz »Aus dem Besitz einer Dame«.

J. W. POWELL (Schiff)

Das Forschungsschiff »J. W. Powell«, das der Firma ↗Perry Oceanographics gehört, beeindruckte ↗Michael G. Wilson dermaßen, dass er die Forschungen, die an Bord der »J. W. Powell« betrieben werden, in sein Drehbuch einarbeitete. Im Script von ↗*Lizenz zum Töten* (1989) ist der Name des Schiffes dann ↗Wavekrest. ↗Krest benutzt die Forschungen als Tarnung. Er behauptet, mit Hormonen veränderte Fische zu züchten, die schnell an Gewicht zunehmen, um das Hungerproblem in der Dritten Welt zu lösen. Ähnliche Bestrebungen sind auf der »J. W. Powell« Realität. Hier will man Süßwasserfische auf ein Leben im Salzwasser ausrichten.

K

K

James Bond lehnt es im Roman ↗*007 James Bond und der Mann mit dem goldenen Colt* ab, zum Ritter geschlagen zu werden. Er meint gegenüber ↗Mary Goodnight: »Ich weiß, ›M‹ wird das verstehen. Er denkt über diese Dinge ganz ähnlich wie ich. Leider musste er sein K mehr oder weniger zugleich mit seiner Stellung übernehmen.« Das »K« steht für »Knight« (= Ritter).

K 19 (Kennzeichen)

James Bonds Fahrzeug in ↗*Casino Royale* (1966) trägt das Kennzeichen K 19.

K-10 HYDROSPEEDER (Unterwasser-Fahrrad)

Siehe Inhaltsangabe ↗*Never Dream Of Dying*

KA-25 (Helikopter)

In ↗Gardners Roman ↗*Nichts geht mehr, Mr. Bond* werden 007 und seine Freunde von einem Helikopter bedroht. Es handelt sich um einen KA-25, der von der ↗NATO auch »Hormon« genannt wird.

KA-26-HOODLUM-HUBSCHRAUBER

James Bond, ↗Lee und ↗Don lauern im Roman ↗*Stirb an einem anderen Tag* einem Ka-26-Hoodlum-Hubschrauber auf. In ihm befindet sich der Diamantenhändler ↗Van Bierk, den 007 abfangen und an dessen Stelle er in Colonel ↗Moons Lager ankommen soll.

KAAN-TEPPICHE. TAPIS KAAN (Geschäft)

In Ägypten sucht James Bond im Roman ↗*James Bond und sein größter Fall* das Geschäft »Kaan-Teppiche. Tapis Kaan« auf. Es handelt sich um eine Tarnfirma. Als Bond Interesse an einem persischen Teppich bekundet, wird der Code akzeptiert, und 007 gelangt über verborgene Türen zu einem Stützpunkt des ↗Secret Service. Unerwartet trifft er hier auf ↗Nikitin und ↗Anya Amasowa.

KAEPPLER, CHICHINOU (Darstellerin)

Chichinou Kaeppler war eine Darstellerin von vielen, die im James-Bond-Film ↗*Moonraker – streng geheim* (1979) eines von ↗Drax' Mädchen spielt. Bei der Auswahl der Schauspielerinnen achtete man diesmal besonders auf Schönheit, da Drax im Film großen Wert auf physische Perfektion legt, um mit den Frauen den Grundstein seiner neuen Superrasse zu legen.

KÄFER (Fahrzeug)

↗VW Käfer

KAFFEE (Getränk)

In ↗*Liebesgrüße aus Moskau* (1963) nimmt James Bond seinen Kaffee mittelsüß. Seinen Kaffee zum Frühstück bestellt der Agent in diesem Film jedoch schwarz. Mit dem Kaffee übertrieb es Drehbuchautor ↗Tom Mankiewicz, als er Ideen für ↗*Leben und sterben lassen* (1973) sammelte: Er wollte 007 auf einer Kaffeeplantage gegen ↗Kananga kämpfen und beide in eine überdimensionale Kaffeemaschine fallen lassen. ↗»M«, der in *Leben und sterben lassen* (1973) schon um 5:48 Uhr bei 007 klingelt, wird vom aus dem Schlaf gerissenen Agenten zu einem morgendlichen Kaffee eingeladen. Bonds Kaffeemühle ist sehr groß und macht Geräusche wie ein Zahnarztbohrer. Zu Recht fragt »M«, der seinen Milchkaffee mit Zucker trinkt, in der deutschen Version: »Macht die nur Kaffee?« Zwei gefüllte Kaffeetassen, die in einem U-Boot in ↗*Der Spion, der mich liebte* (1977) auf einem Tisch stehen, beginnen zu vibrieren, als das Unterseeboot in die Fänge der ↗Liparus gerät. In ↗*Im Angesicht des Todes* (1985) bekommen Bond und ↗Sutton je einen Kaffee angeboten, nachdem 007 eine gestohlene Ladung Dynamit zur Mine ↗Main Strike transportiert hat. Schwarzen Kaffee hat auch ↗Koskov für James Bond parat, als der Agent in ↗*Der Hauch des Todes* (1987) nach der Verabreichung von ↗Chloralhydrat in einem Flugzeug auf dem Weg nach Afghanistan wieder aufwacht. Ohne Nachfrage lässt ↗Franz Sanchez James Bond durch ↗Pedro in ↗*Lizenz zum Töten* (1989) schwarzen Kaffee servieren. 007 soll wieder fit werden, nachdem er in der Nacht zuvor gegen einen ↗Ninja gekämpft hat. Nach Bonds Überzeugung im Roman ↗*Die Ehre des Mr. Bond* hat die Kaffeemarke »De Bry« eines der besten Aromen der Welt. In ↗*Für Sie persönlich* füllt 007 eine Flasche, die zu drei Vierteln Kaffee enthält, mit Bourbon auf. Im Motel ↗»The Dreamy Pines« schießt ↗Sluggsy auf eine Dose mit Maxwell-Kaffee – nicht, weil er die Marke nicht mag, sondern weil er ↗Vivienne Michel im Buch ↗*Der Spion, der mich liebte* seine Treffsicherheit beweisen will.

↗*007 in New York* und ↗*Doubleshot* (Roman)

KAFFEEKANNE (Waffe)
↗Thermoskanne

KAFFEEMÜHLE
↗Zuckermühle

KAGOSHU (Vulkan)
Der riesige Vulkan, der im Film ↗*Man lebt nur zweimal* (1967) zu sehen ist, ist der Kagoshu. Der Krater heißt ↗Shin moe.

DER KAHLE (Romanfigur)
»Der Kahle« ist neben ↗»dem Blonden« einer von mehreren Schergen in ↗*Niemand lebt für immer*, die 007 auf ↗Shark Island kennen lernt. Bond erschießt diesen Widersacher. Die Schüsse treffen ihn in den Bauch, und er sieht 007 überrascht an, bevor er das Zeitliche segnet.

KAIRO (Ort)
Erstmalig in ↗*Diamantenfieber* (1971) sollte eine Szene in Kairo spielen. So wurde das ↗Spielkasino, in dem Bond unsanft nach dem Aufenthaltsort von ↗Blofeld fragt, in den ↗Pinewood Studios aufgebaut. Vor Ort konnte sich dann ↗Roger Moore in ↗*Der Spion, der mich liebte* (1977) ein Bild von Kairo machen. Er suchte als 007 nach dem ↗U-Boot-Ortungssystem. ↗Sandor – ein Killer in den Diensten von ↗Stromberg – versucht Bond zu töten, fällt im Verlaufe eines Zweikampfes jedoch wie ein nasser Sack von einem Dach. Bond verlässt Kairo und besichtigt alle wichtigen Sehenswürdigkeiten in Ägypten – rein beruflich natürlich. Bei den Dreharbeiten in der ägyptischen Hauptstadt gab es ein Problem: Die Crew konnte nicht mit Lebensmitteln versorgt werden. ↗Albert R. Broccoli löste das Problem, indem er für alle Spaghetti kochte. Gag am Rande: Er hatte kein Sieb zur Hand und nahm ein Jahrtausende altes Artefakt, um das Wasser von der Pasta ablaufen zu lassen. Die Crew war von so viel Hingabe begeistert.

KAISER KONSTANTIN
↗Kerim Bey erklärt in ↗*Liebesgrüße aus Moskau* (1963) einen unterirdischen Weg, den er mit James Bond in einem Boot zurücklegt: Kaiser Konstantin (306–337) habe die unterirdischen Gänge und Becken als Wasserreservoir vor 1600 Jahren angelegt.

KAKE-TE
James Bond ist auch auf dem Gebiet des Kampfsports ↗Karate bewandert. Im Roman ↗*Der Morgen stirbt nie* (1997) gerät 007 in eine Schlägerei und blockt einen Schlag seines Gegners mit einer Kake-te-Bewegung ab. Zu James Bonds Überraschung kann auch der Bösewicht Karate.

Er attackiert ihn mit einem ↗Ushirogeri – einem Tritt gegen Bonds Brustkasten.

KALAMA, DAVE (Surfprofi)
↗Laird Hamilton

KALASCHNIKOW AK47 (Waffe)
Die ↗Drachenflieger im Roman ↗*Sieg oder stirb, Mr. Bond!* sind mit Kalaschnikows AK47 ausgerüstet, um die Übungsoperation ↗WIN erfolgreich durchzuführen. Neben diesen Waffen verfügen sie noch über ↗Galia Automatic-Sturmgewehre, ↗Skorpion-Maschinenpistolen und ↗Handgranaten. Zwei der Männer, die aus der Luft das Schiff ↗»Son of Takashani« angreifen, sind sogar mit ↗Granatwerfern ausgestattet.

KALASCHNIKOW KALIBER 7.62 (Waffe)
James Bond erkennt in der Kurzgeschichte ↗*Der Hauch des Todes*, welche Waffe der gegnerische Scharfschütze ↗»Abzug« benutzen will, um den ↗Überläufer 272 zu töten: eine dreißigschüssige Maschinenpistole vom Typ Kalaschnikow Kaliber 7.62. Die Waffe verfügt über einen Gasdrucklader.

KALASCHNIKOW RPK (Waffe)
Mit mehreren Waffen der Marke Kalaschnikow RPK greift in ↗John Gardners Roman ↗*Operation Eisbrecher* die Verbrecherorganisation ↗NSAA an. Ferner werden bei diesem Überfall die kleineren ↗AKMs benutzt. Die Nachricht über den Überfall mit diesen Maschinenpistolen wird im Buch bereits am nächsten Morgen der Nachrichtenagentur ↗Reuters durchgegeben.

KALBA, MAX (Romanfigur)
Max Kalba kommt im Buch ↗*James Bond und sein größter Fall* und im Film ↗*Der Spion, der mich liebte* (1977) vor. Er ist Leiter des ↗Mujabaklubs. Bond liest den vereinbarten Treffpunkt von ↗Fekkes und Kalba im Notizbuch von Fekkes, nachdem dieser von ↗Jaws getötet wurde. Max Kalbas auffälligstes Merkmal sind seine Wurstfinger, die durch Goldringe betont werden. Sein Gesicht wirkt unbarmherzig, arrogant und skrupellos. Beim ersten Zusammentreffen mit 007 spielt er Billard. Der Klubbesitzer ist bewaffnet. Er zeigt Bond zur Abschreckung seine Browning.

KALBA, MAX (Filmcharakter)
Die russische Agentin ↗Anja Amasowa und James Bond treffen in einem Nachtclub in Ägypten Max Kalba, dem der Club gehört. Er ist im Besitz eines Mikrofilms, auf dem Dokumente des ↗U-Boot-Ortungssystems enthalten sind. Natürlich will Kalba nicht leer ausgehen und wartet darauf, dass sich ↗KGB und ↗MI6 überbieten. Ein Telefonat soll alles ändern. Max Kalba entschuldigt sich und wird von ↗Beißer in einer Telefonkabine getötet. 007 findet die Leiche und legt ein »Außer Betrieb« – Schild auf den Körper. Dann folgt er dem Mörder und auch ↗XXX ist schon auf den Fersen des Mörders. Max Kalba wurde vom Schauspieler ↗Vernon Dobtcheff gespielt.

KALIFORNIEN
Aufgrund seines Einschätzungsvermögens von Strecken und Zeit im Verhältnis zueinander ist sich James Bond im Roman ↗*Fahr zur Hölle, Mr. Bond!* sicher, noch in Kalifornien in der Nähe von ↗San Francisco zu sein, als er im Haus von ↗Lee Fu-Chu aufwacht. Die Illusionsfenster zeigen jedoch die ↗Blue Ridge Mountains im mittleren ↗Virginia.

KALININ (Satellit)
Im Roman ↗*Moonraker Streng geheim* versuchen die Russen, den Satelliten ↗»Kalinin« zu ↗Drax' Raumstation zu schicken. Als der auf Abfangkurs befindliche Flugkörper noch drei Meilen entfernt ist, zerstört Drax »Kalinin« mit einem Laser.

KALIPHA, STEFAN (Darsteller)
Der schmierige, reiche Auftragskiller von

↗Leopold Locque im Film ↗*In tödlicher Mission* (1981) heißt ↗Hector Gonzales und wurde vom kubanischen Schauspieler ↗Stefan Kalipha gespielt. Der Darsteller nahm mehrere Bauchklatscher in einen Swimmingpool in Kauf, um seine Todesszene zu üben.

KAM 1 (Kennzeichen)
Das Kennzeichen von Prinz ↗Kamal Khans Wagen in ↗*Octopussy* (1983) lautet KAM 1.

KAM 3 (Kennzeichen)
Der Jeep, mit dem ↗Kamal Khans Männer die vermeintliche Leiche von James Bond zu einer Leichengrube fahren, trägt das Kennzeichen KAM 3.

KAMEL (Tier)
In ↗*Der Spion, der mich liebte* (1977) reitet James Bond auf einem Kamel durch die Wüste. Er gelangt mit dem schnellen Tier zu einer Oase, wo Scheich ↗Hosein sein Lager aufgeschlagen hat.

KAMEN, MICHAEL (Komponist und Dirigent)
Michael Kamen wurde in New York geboren und studierte an der Julliard-Hochschule. Er gründete schon im Teenageralter eine Rockband. Das war der Einstieg ins »Musizieren« und Produzieren. Michael Kamen war Spezialist auf vielen Gebieten: Er komponierte Ballettstücke, produzierte Rockmusik und schrieb Partituren für Filmmusiken. 1976 komponierte er die Filmmusik für *The Next Man*. Der Film mit ↗Sean Connery kam in Deutschland nur als Video auf den Markt und trug den Titel *Öl*. So schrieb Kamen die Orchesterarregments für Pink Floyds *The Wall* und Filmmusiken für *Highlander*, *Mona Lisa*, *Lethal Weapon*, *Stirb langsam* (mit Bond-Bösewicht ↗Andreas Wisniewski), *Die Abenteuer des Barons Münchhausen*, *Hudson Hawk*, *The Last Boy Scout* und *Don Juan De Marco* (mit ↗Bond-Girl ↗Talisa Soto). Die Musik zum Film *Robin Hood: Princes Of Thieves* brachte ihm neben vielen anderen Preisen auch eine Oscar-Nominierung ein. Den Soundtrack für den Film ↗*Lizenz zum Töten* (1989) versah Kamen mit einer ungewohnten Dynamik. Er nutzte Elemente, die nie zuvor in dieser Überlagerung zu hören waren. Kritiker hielten die Polyrhythmik besonders unter Einbezug des *James-Bond-Themas* für zu futuristisch. Kamen arbeitete beim Soundtrack zum sechzehnten offiziellen James-Bond-Film mit ↗Gladys Knight, ↗Narada Michael Walden und ↗Walter Afanasieff zusammen. Er komponierte auch die Eröffnungs- und Schlussfeiermusik für die Olympischen Sommerspiele in Atlanta. Michael Kamen verstarb am 18. November 2003 mit nur 55 Jahren an Multipler Sklerose.

KAMERA (Detektor/Waffe/Überwachungskamera)
Die Kamera vom Typ ↗Rolleiflex, die von ↗Felix Leiter im Roman ↗*Feuerball* mitgebracht wird, kann als Geigerzähler benutzt werden. Dazu wird sie mit einer Armbanduhr gekoppelt. Über die Zeiger der Uhr kann schließlich abgelesen werden, ob eine radioaktive Quelle – z. B. eine Atombombe – in der Nähe ist.
  ↗Spiegelkamera
  Die Signaturwaffe mit dem optischen Handflächenleser, die James Bond in ↗*Lizenz zum Töten* (1989) von ↗»Q« bekommt, ist in Wirklichkeit ein Identifikationsgewehr. »Q« programmiert Bonds Hand in den Handflächenleser ein, so kann niemand außer 007 diese Waffe benutzen – ein ↗Ninja stellt es später bei einem Angriff fest. Bond will ↗Franz Sanchez mit der Signaturwaffe töten, er schießt leider vorbei. Zu Bonds Ausrüstungsgegenständen in ↗*Der Morgen stirbt nie* (1997) gehört auch eine Kamera, mit der er den Flohmarkt für Terroristen beobachtet. Die Filmaufnahmen werden direkt an den britischen Geheimdienst weitergeleitet.
  ↗Überwachungskamera

KAMIKAZE

Während ↗Lewis Gilbert Drehorte in Japan suchte, lernte er einen Piloten kennen, der zugab, als Kamikaze-Pilot im Zweiten Weltkrieg geflogen zu sein. Der Pilot rettete während der Dreharbeiten zu ↗*Man lebt nur zweimal* (1967) ↗Johnny Jordan das Leben, indem er mit dem Helikopter notlandete. Schließlich erhielt er im Film sogar die Rolle eines ↗SPECTRE-Piloten. Auch ↗Tiger Tanaka, der Chef des japanischen Geheimdienstes, ist ausgebildeter Kamikaze-Pilot. Bekannt wird dies im Buch ↗*Du lebst nur zweimal*.

KAMIKAZE-TERRORISTEN (Romanfiguren)

Ziel von ↗Wladimir Scorpius in ↗John Gardners siebtem James-Bond-Roman ↗*Scorpius* ist es, Kamikaze-Terroristen zu erschaffen. Die unter Drogen und Hypnose stehenden Killer arbeiten für Scorpius und glauben, mit ihrer Tat den ewigen Frieden für sich zu erreichen.

Nicht erst seit den Anschlägen auf das World Trade Center am 11. September 2001 in New York ist bekannt, dass Kamikaze-Terroristen keine Erfindung sind, sondern ein Problem für die gesamte Menschheit darstellen.

KAMOV (Helikopter)

↗Ka-26-Hoodlum-Hubschrauber

KAMP (Filmcharakter)

Der Filmcharakter Kamp, der in der Auflistung der Figuren in der Crew auftaucht und von Dermot Crowley gespielt wurde, wird im Film ↗*Octopussy* (1983) nicht mit Namen genannt. Es handelt sich vermutlich um einen Handlanger ↗Kamal Khans.

KAMPFMESSER MIT SONDERAUSSTATTUNG (Waffe)

Zu James Bonds Ausrüstungsgegenständen im Buch ↗*Stirb an einem anderen Tag* gehört auch ein Kampfmesser mit Sonderausstattung. Im Griff befindet sich ein globales Positionsbestimmungs-System.

KAMPFSPORT

Mehrere Gegner James Bonds beherrschen bestimmte Kampfsporttechniken. Zahlreiche ↗Ninjas in ↗*Man lebt nur zweimal* (1976) schlagen sich mit ↗Karate durch, und der Ringer ↗Sadoyanama macht 007 das Leben schwer. ↗Bambi und ↗Klopfer aus ↗*Diamantenfieber* (1971) sind auch kampferprobt, und ↗Changs Kleidung in ↗*Moonraker – streng geheim* (1979) lässt auf eine entsprechende Ausbildung schließen. Der erste »Hauptbösewicht« mit Kampferfahrung bleibt aber ↗Max Zorin in ↗*Im Angesicht des Todes* (1985), der von ↗May Day Unterricht bekommt. Ihr Kampfsport erinnert an das ↗Kickboxen, das schon in ↗*Der Mann mit dem goldenen Colt* (1974) zu sehen war. Einem Ninja begegnet der Agent dann schließlich, als er in ↗*Lizenz zum Töten* (1989) auf ↗Sanchez Jagd macht. Als ↗Fechter ist ↗Gustavs Graves in ↗*Stirb an einem anderen Tag* (2002) ebenfalls ein ernstzunehmender Gegner für Bond. Graves hat in seiner alten Identität als ↗Colonel Moon auch Kung-Fu gelernt.

KANAL 4

Um nicht belauscht zu werden, nutzt James Bond im Roman und auch im Film ↗*Der Morgen stirbt nie* (1997) den Kanal 4, auch Zerhackerkanal genannt. So ist die Geheimhaltung gewährleistet, als ↗Moneypenny Bond über sein Handy erreicht. 007 befindet sich zu diesem Zeitpunkt bei ↗Inga Bergstrom.

KANAL 44

Über den Kanal 44 soll das ↗Codewort »BLITZ« übermittelt werden, heißt es in einem Schreiben, das durch die ↗»Magic 44« im Roman ↗*Du lebst nur zweimal* entschlüsselt wurde und das James Bond sich durchliest.

KANAL 67

Im Roman ↗*Feuerball* stellt ↗Giuseppe Petacchi zur Kontaktaufnahme mit ↗Emilio Largo sein Kommandogerät auf Kanal 67 ein. Wie es der Zufall so will, passiert dies in fast allen Ausgaben des Buches auf Seite 67.

KANANGA (Filmcharakter)
Dr. Kananga und ↗Mr. Big sind im Film ↗*Leben und sterben lassen* (1973) ein und dieselbe Person. Der Filmname Kananga kommt vom Krokodilzüchter ↗Ross Kananga, der für den spektakulären Stunt verantwortlich ist, bei dem er als Double von 007 über den Rücken dreier Reptilien rennt. James Bond durchschaut das Doppelleben von Kananga: »Kananga baut auf Tausenden von Hektar sorgfältig getarnter Felder Mohn an, geschützt durch den Voodoo-Zauber des Baron Samedi. Und als Mr. Big ist er Verteiler und Großhändler über die eigene Restaurantkette Fillet of Soul!« Der Name Mr. Big ist noch eine Erfindung von ↗Ian Fleming, dessen Bösewicht im Roman Buonaparte Ignace Gallia – B.I.G. heißt. Kananga stirbt, als Bond ihm im Finale des Films eine Pressluftpatrone in den Mund schiebt. Die Luft bläht den Bösewicht auf, er schwebt zur Raumdecke und explodiert. Als ↗Solitaire fragt: »Wo ist Kananga?«, antwortet Bond in der deutschen Version: »Der war schon immer ein ziemlich aufgeblasener Kerl!«

KANANGA-FRAU (Filmcharakter)
In ↗*Leben und sterben lassen* (1973) spricht ↗Quarrel Junior von ↗Solitaire und nennt sie dabei »Kananga-Frau«.

KANANGA, ROSS (Krokodilzüchter/Stuntman)
Bei den Dreharbeiten von ↗*Leben und sterben lassen* (1973) standen die Produzenten ↗Harry Saltzman und ↗Albert R. Broccoli sowie Regisseur ↗Guy Hamilton vor einem Problem: Wie würde James Bond von einer kleinen Zementinsel fliehen, die von Krokodilen umgeben ist? Ross Kananga, ein Krokodilzüchter, auf dessen Krokodilfarm man drehte, hatte eine kuriose Idee: 007 würde über die Rücken der Krokodile laufen, bis er an Land wäre! Der Einfall schien utopisch, aber nach längeren Diskussionen hielt man ihn doch für durchführbar.

Kananga doubelte ↗Roger Moore und riskierte sein Leben, als er über die an den Beinen zusammengebundenen Reptilien rannte. Zahlreiche Fehlversuche ließen die Spannung steigen. Immer wieder fiel der Züchter ins Wasser und die Krokodile schnappten nach Kananga. Einmal blieb der plötzlich zum Stuntman gewordene Mann sogar mit seinem Hosenbein an einem Zahn eines Krokodils hängen und konnte sich nur mit Mühe befreien. Als die Aufnahme dann schließlich doch gelang, waren alle erleichtert. Zu Ross Kanangas Ehren wurde der Oberbösewicht ↗»Dr. Kananga« genannt. Auf der Krokodilfarm von Kananga lebten 1972 über 1.500 Tiere. Die Szene, in der Kananga Moore doubelte, entstand am 7. Dezember 1972.

KANDINSKY (Romanfigur)
Zu ↗Ernst Stavro Blofelds Team im Buch ↗*Feuerball* gehört neben ↗Kotze auch Kandinsky, ein polnischer Fachmann für Elektronen. Kandinsky, der auch unter dem Namen ↗Maslow bekannt ist, soll ↗SPECTRE bei der ↗Operation Omega unterstützen. Er trägt bei Operationsbeginn die ↗Nummer 18. Als die Atombomben an Bord der ↗Disco Volante sind, beginnt er, neue Gewinde zu schneiden, um später Zeitzünder einsetzen zu können.

KANE (Comicfigur)
↗Comics

KANE, MORGAN (Fotograf)
Für das Hauptplakat von ↗*In tödlicher Mission* (1981) fotografierte Morgan Kane das amerikanische Model ↗Joyce Bartle. Später behauptete ein anderes Model, für die Aufnahmen der Beine posiert zu haben. Vor Gericht musste geklärt werden, wer es

tatsächlich gewesen war. Kane bestätigte, Bartle abgelichtet zu haben.

KANGCHENJUNGA (Berg)
Siehe Inhaltsangabe ↗ *High Time To Kill*

KANINCHEN
In ↗ *003 ½ James Bond Junior* läuft dem jungen Bond ein schwaches Kaninchen über den Weg und verendet vor seinen Füßen. Dieser fragt sich daraufhin, ob ihn ein ähnliches schnelles Ende erwartet. Sofort nach dem Tod des Tieres machen sich ↗ Ameisen über den Kadaver her.

KANONE
Selbst mit einer Kanone wurde James Bond schon beschossen. In ↗ *Der Hauch des Todes* (1987) löst ↗ Brad Whitaker die Kanone per Fernbedienung aus, als er James Bond davor sieht. 007 kann in Deckung springen. Die Kanonenkugel durchschlägt mehrere Wände. Mehr als Attraktion bei einer Zirkusvorstellung denn als Waffe kam eine Kanone auch schon in ↗ *Octopussy* (1983) vor – ↗ Francisco der Furchtlose ließ sich aus der Kanone abschießen. Dieselbe Kanone wird von 007 benutzt, um ↗ Mischka einen Schädelbruch zu bescheren.

KANTER, CHRISTOPH (Regieassistenz)
↗ Jille Brown

KANZLEI FITCH, DONALDSON UND PATRICK (fiktive Anwaltskanzlei)
Die Anwaltskanzlei »Fitch, Donaldson und Patrick« kommt im Roman ↗ *Countdown!* vor. Die Anwälte sind Berater und Mitarbeiter bei der Firma ↗ EurAsia. Nachdem ↗ Donaldson bei einem Attentat umgekommen ist, wird er von ↗ James Pickard ersetzt. 007 schlüpft in Pickards Rolle, als sich dieser auf dem Weg zu ↗ General Wong befindet. ↗ Li Xu Nan gab Bond den Befehl zum Identitätstausch und 007 befolgte ihn nur, weil ↗ Sunni Pei von Li Xu Nan festgehalten wird.

KAO PING-KAN (Ort)
Die Dreharbeiten zu ↗ *Der Mann mit dem goldenen Colt* (1974) fanden zum Teil auf der kleinen Insel Kao Ping-Kan statt. Das Naturschutzgebiet liegt in der Bucht von ↗ Phang Na. Während die Produzenten und der Regisseur oft mit dem Helikopter anreisten, musste Hauptdarsteller ↗ Roger Moore mehrere Male die lange Bootsfahrt auf sich nehmen. Die Insel wird noch heute ↗ James Bond Island genannt. Bei den Dreharbeiten von ↗ *Der Morgen stirbt nie* (1997) bestand ↗ Roger Spottiswoode darauf, eine Szene einzubauen, in der die heute berühmte Insel im Hintergrund zu sehen ist.

KAPITALVERBRECHEN
↗ Franz Sanchez

KAPITÄN DER BOEING 747 (Filmcharakter)
Schneller Tod in der ↗ Pre-Title-Sequenz hieß es für die Filmfigur »Kapitän der Boeing 747« im Film ↗ *Moonraker – streng geheim* (1979). Der Kapitän – dargestellt von ↗ George Birt – tauchte in der Szene neben dem von ↗ Denis Seurat verkörperten »Offizier der Boeing 747« auf.

KAPITÄN DES US-SHUTTLES (Filmcharakter)
↗ US-Shuttle-Kapitän

KAPITÄNSMÜTZE
↗ Renard nimmt ↗ Nicolais Leiche in ↗ *Die Welt ist nicht genug* (1999) die Kapitänsmütze ab und setzt sie ↗ Elektra King auf. King versteckt später eine Waffe hinter der Mütze, als ↗ Valentin Zukovsky auftaucht, und erschießt ihn durch die Kopfbedeckung.

KAPLAN, PAULA (Filmcharakter)
Die Figur Paula aus ↗ *Feuerball* (1965) taucht hauptsächlich als Paula Caplan auf. Selten kommt der Nachname »Kaplan« vor. Kaplan ist eine Verbündete von 007, die den Agenten auf Nassau bei der Suche

nach den verschwundenen Atombomben unterstützt. Als sie Fotografien bei sich führt, die Bond von der Unterwasserluke der ↗Disco Volante geschossen hat, wird sie von ↗Fiona Volpe in eine Falle gelockt. Paula Kaplan wird mit Chloroform betäubt und zu ↗Largos Unterschlupf nach ↗Palmyra gebracht. James Bond erfährt von Paulas Verschwinden (»Sie ist aus dem Hotel ausgezogen«) und macht sich auf, um seine Kollegin zu retten. Doch er kommt zu spät: Sie hat Gift genommen.

KAPPA (Romanfigur)
Siehe Inhaltsangabe ↗*The Man With The Red Tattoo*

KAP SUNIN
↗Miltiades ist in ↗*Tod auf Zypern* Leiter der Einrichtung Kap Sunion. Das Landhaus ist der Sitz der ↗Pythagoräer direkt um die Ecke.

KARACHI
Nachdem sich James Bond und ↗Kara Milovy in ↗*Der Hauch des Todes* (1987) aus einer abstürzenden ↗Hercules haben retten können, landen sie an einem Straßenschild, das in Richtung »Karachi« zeigt. Bond freut sich auf ein sehr schönes Abendessen, denn er kennt ein gutes Restaurant in Karachi.

KARAGEORGE (Filmcharakter)
Karageorge ist neben ↗Claus und ↗Apostis einer von drei kleinen Killern, die im Film ↗*In tödlicher Mission* (1981) in den Diensten von ↗Emile Leopold Locque stehen. Der Name Karageorge taucht nur im Abspann auf und man weiß so, dass diese Figur von ↗Paul Angelis verkörpert wurde. Im Film wird der Name der Figur jedoch nicht genannt. Eine Zuordnung ist so gut wie unmöglich.

KARA MEETS BOND (Lied)
↗*The Living Daylights* (Soundtrack)

KARAPIPERIS, MIKES (Künstlerischer Leiter)
Drei Personen arbeiteten als künstlerische Leiter bei der Produktion des Kinofilms ↗*In tödlicher Mission* (1981). Es waren ↗Michael Lamont, Mikes Karapiperis und ↗Franco Fumagalli. Assistent war ↗Ernie Archer.

KARATE
↗Goldfinger prahlt im gleichnamigen Roman damit, dass ↗Fakto Spezialist auf dem Gebiet Karate sei und über den Schwarzen Gürtel verfüge. Karate, erläutert Goldfinger, beruhe auf einer Theorie, dass der menschliche Körper fünf Schlagflächen und siebenunddreißig verwundbare Stellen aufweise. Der Kampfsport kommt aus Japan. Buddhapriester, die sich aus Glaubensgründen nicht bewaffnen durften, mussten sich damit schützen und perfektionierten diese Art der Verteidigung, um nicht von Straßenräubern überfallen zu werden. In Okinawa wurde Karate verfeinert. »Bei einem Karateschlag geht der Körper nicht mit, sondern bleibt vollkommen starr, mit dem Schwerpunkt in den Hüften, wird dann aber des Gleichgewichts wegen sofort entspannt«, referiert Goldfinger. Mit einem Karateschlag teilt James Bond in ↗*Man lebt nur zweimal* (1967) ein Brett, das ihm im abstürzenden Flugzeug von ↗Helga Brandt die Hände einklemmt.

KARATESCHULE
↗Schule

KARATE-SCHÜLER (Filmcharakter)
In ↗*Der Mann mit dem goldenen Colt* (1974) kommt eine Figur vor, die im Drehbuch »Martial Arts Student who fights Hip's Nieces« genannt wird. Bei diesem von ↗Master Toddy dargestellten Karate-Schüler, der mit Hips Nichten kämpft, handelt es sich vermutlich um die Figur, die am Schluss der Kampfszene von Bond über ein Brückengeländer ins Wasser geworfen wird.

KARBUNKELNASE (Romanfigur)
Da Bond die Karbunkelnase seines Gegners im Roman ↗*Operation Eisbrecher* als markantes Wiedererkennungszeichen wahrnimmt, nennt ↗John Gardner diesen Killer so. Die gelbzahnige Karbunkelnase versucht zusammen mit einem Kollegen erfolglos, den Geheimagenten in der Wohnung von ↗Paula Vacker zu eliminieren. Bond schlitzt die Wange und die Hand des Angreifers auf: Karbunkelnase und sein Komplize flüchten. Als Karbunkel wird eine Häufung dicht aneinander liegender Furunkel bezeichnet.

KAREN (Filmcharakter)
Karen ist in ↗*Octopussy* (1983) eine Mitarbeiterin von ↗»Q«. Sie wird vom Waffenmeister beauftragt, James Bonds Jackett zu nähen, in das ein Angreifer eine spitze Waffe gestoßen hat.

KARIBISCHE STATION
Mit einem roten Stern ist die Akte markiert, die ↗»M« im Roman ↗*James Bond 007 jagt Dr. No* vor sich hat. In großen Lettern steht auf dem Aktenordner: »Karibische Station« – für die der ermordete ↗Strangways arbeitete.

KARL (Filmcharakter)
Der Fahrer von ↗»M« in ↗*Octopussy* (1983) heißt Karl und ist Agent des ↗MI6. James Bond soll von Karl über die deutsch-deutsche Grenze nach Westberlin gebracht werden. Karl, der sehr positiv eingestellt ist, wird vom Schauspieler ↗Hugo Bower gespielt.
 ↗Charles Moreton

KARL MARX (Tanker)
↗Lepados

KARL-MARX-STADT
In ↗*Octopussy* (1983) bittet James Bond ↗»Q«, ein Treffen zwischen ihm und ↗»M« in Berlin zu organisieren, denn der nächste Auftritt von ↗Octopussys Zirkus findet in Karl-Marx-Stadt statt.

KARLSKI, GREGOR (Romanfigur)
Vom Concierge der Firma ↗»FIRCO« erfährt der Leser von ↗*Feuerball*, dass Gregor Karlski, der sich zuletzt 1943 bei Mihailovic aufhielt, beim Bombenangriff auf den Divisionsgefechtsstand am 21. Oktober 1943 gefallen sei.

KARTEN
Während 007 in ↗*James Bond 007 jagt Dr. No* (1962) in ↗Miss Taros Haus auf ↗Professor Dent wartet, vertreibt er sich die Zeit, indem er Karten legt.
 ↗Lehrgänge und ↗Steffi Esposito, ↗Spiele

KARTENSPIEL (Spiel)
↗Gin-Rommé, ↗007-Karten und ↗Tarot-Spiel, ↗Spiele

KARUSSELL (Codewort)
Mit dem Kennwort »Karussell« und der ↗Codezahl 26980/8 erhält James Bond im Roman ↗*Sieg oder stirb, Mr. Bond* aus dem Computer Informationen über ↗Sarah Deeley. Ferner muss er den Operationsnamen ↗»Landsea '89« eingeben, um mehr über die Personen zu erfahren, die mit dem ↗»Steward-Treffen« auf der ↗Invincible zu tun haben.

KARYO, TCHÉKY (Darsteller)
Tchéky Karyo wurde am 4. Oktober 1953 in Istanbul geboren und kam im Alter von 16 Monaten nach Paris. Seine künstlerische Ausbildung erhielt er zu Beginn der 1970er Jahre am Pariser Cyrano Théâtre, die Schauspielkarriere begann im Alter von 21 bei der Companie Daniel Béroin-Sorano und auch am Theater in Straßburg sammelte er Erfahrungen, ehe er durch ganz Europa tourte. Er galt als wandlungsfähiger Bühnendarsteller, als sich 1981 die ersten Filmproduzenten mit ihm in Verbin-

dung setzten. Sein Filmdebüt ist *Die Wiederkehr des Martin Guerre*. Er spielte des Weiteren in *Que les gros salaires* (1982), *Lèvent le doigt* (1982), *La Balance – der Verrat* (1982), *Die blaue Hölle* (1985), *Spirale* (1986), *Der Bär* (1988), *Sehnsucht nach Australien* (1988), *Cuerpos perdidos* (1988) und vielen anderen Filmen, die teilweise mit Kritikerpreisen ausgezeichnet wurden. Es folgte eine Hauptrolle in *Nikita* (1989). Später arbeitete Tchéky Karyo unter Regisseur Ridley Scott an *1492 – Die Eroberung des Paradieses* (1992). Im siebzehnten offiziellen James-Bond-Film ↗*GoldenEye* (1995) verkörperte er den russischen Verteidigungsminister ↗Dimitri Mishkin (auch Dimitri Mischkin), der später im Film von ↗General Ourumov erschossen wird. Aalglatt trat Tchéky Karyo in der Rolle auf. ↗Michael G. Wilson hatte in der ersten Szene, die Karyo für den Bond-Film drehte, eine Statistenrolle als Abgeordneter in Moskau. Der Darsteller Kayro versteht sich selbst als »klassischen Schauspieler«, dennoch nehme er seine Arbeit bei allen Rollen ernst. In der Komödie *Der König tanzt* (2000) war er in der Rolle des Molière zu sehen, außerdem spielte er in dem Historiendrama *Der Patriot* (2000) an der Seite von Mel Gibson und in dem Actionfilm *Kiss Of The Dragon* (2001).

KASACHSTAN

Bei seinen Ermittlungen im Roman und im Film ↗*Die Welt ist nicht genug* (1999) reist James Bond als ↗Dr. Arkow nach Kasachstan, wo er nicht nur auf ↗Dr. Christmas Jones und ↗Oberst Akakjewitsch, sondern auch auf ↗Renard trifft.

KASHOGGI, ADNAN

Adnan Kashoggi ist ein guter Freund ↗Sean Connerys. Als ↗*Sag niemals nie* (1983) produziert wurde, bat Connery Kashoggi darum, dessen Jacht »Nabila« für Dreharbeiten benutzen zu dürfen. Der Multimillionär, der nur sehr ungern Filmteams auf seinem 87 Meter langen Traumschiff mit Helikopterlandeplatz, Kino, Disco, Swimmingpool und anderen Extras duldet, drückte bei Sean Connery ein Auge zu. Zahlreiche Szenen an Bord des Schiffes wurden vor Veröffentlichung des Films geschnitten, weil er zu lang war.

KASINOGERÜCHE

Schon in der Einleitung des Buches ↗*Casino Royale* beschreibt ↗Ian Fleming die Gerüche, die der Spielexperte James Bond im Kasino wahrnimmt: »Um drei Uhr morgens ist der Geruch nach Parfüm, Rauch und Schweiß betäubend.« ↗Raymond Benson knüpfte an diesen ersten Satz im ersten James-Bond-Roman an. Er schrieb 46 Jahre später in ↗*Die Welt ist nicht genug*: »Er (Bond) musste zugeben, dass ihn die Gerüche, der Rauch und der Schweiß, charakteristisch für die Atmosphäre aller Spielkasinos, erregten.« ↗Charlie Higson gibt seinem ↗*Young-Bond* auch einen guten Geruchssinn: In ↗*Stille Wasser sind tödlich* heißt es: »Der Geruch, der Lärm und das Durcheinander in einer Eingangshalle voller Schuljungen um zwanzig nach sieben am frühen Morgen kann ziemlich unangenehm sein. Am schlimmsten war der Geruch; dieser wirren Menschenmenge entströmte so etwas wie ein Gemisch aus Schweiß, saurem Atem und dem Dunst ungewaschener Körper, vermischt mit dem zweihundert Jahre alten Geruch nach Karbol und Fußbodenpolitur.«

↗Traum

KASTRATION

↗Schiffschraube

KASZNAR, KURT (Darsteller)

↗Smernow

DIE KATZE (Romanfigur)

»Die Katze« kommt im Roman ↗*Sieg oder stirb, Mr. Bond!* vor. Bezogen auf den Körper des Dämonen ↗»BAST« ist ↗Saphii

Boudai von der gleichnamigen Terrororganisation »Die Katze«. Zum Körper des Wesens gehören noch ein Mann, eine Schlange und eine ↗Viper.

KATZE

Im Roman ↗*Goldfinger* kommt eine große gelbbraune Katze vor, der James Bond im Haus von ↗Auric Goldfinger begegnet. Als 007 eine Kamera entdeckt, die ihn filmt, zerstört er das Filmmaterial und setzt die Katze in die abgewickelten Filmrollen. So hat er sich reingewaschen. Goldfinger ist über die Schäden verärgert und gibt die Katze an ↗Fakto weiter. Der Diener und Leibwächter verspeist das Tier. In den James-Bond-Filmen ↗*Liebesgrüße aus Moskau* (1963), ↗*Feuerball* (1965), ↗*Man lebt nur zweimal* (1967), ↗*Im Geheimdienst Ihrer Majestät* (1969), ↗*Diamantenfieber* (1971) und ↗*Sag niemals nie* (1983) ist ↗Ernst Stavro Blofeld im Besitz einer weißen Perserkatze. Auch der Rollstuhlfahrer in ↗*In tödlicher Mission* (1981) hat eine. Am brutalsten behandelt Blofeld seine Katze in *Im Geheimdienst Ihrer Majestät* (1969). Hier wirft er sie beiseite, als er die Nachricht bekommt, dass James Bond entkommen sei.

Jedes einzelne Blofeld-Double besitzt in *Diamantenfieber* (1971) auch eine weiße Katze. James Bond, der im Verlauf des Films nach einer Katze tritt, glaubt, das Tier würde sich zu seinem richtigen Herrchen flüchten, also dem echten Blofeld. Bond geht das Risiko ein und erschießt den Blofeld, von dem er glaubt, er sei der echte, doch: Die falsche Katze war im Raum und die echte kommt um die Ecke, als Bond das Double getötet hat. ↗Stacey Sutton ist in ↗*Im Angesicht des Todes* (1985) Besitzerin einer Perserkatze. Das Tier erschreckt James Bond, als er in Suttons Haus einbricht. Später im Film wird die Katze durch ↗»Q«s Roboter-Hund ↗Snooper belästigt. Bevor Bond in ↗*Lizenz zum Töten* (1989) zum ↗Hemingway-Haus gebracht wird, wartet eine Person auf ihn, die sich wie Bolofeld mit Katzen umgibt. Es ist aber ↗»M«. Im Roman ↗*Stirb an einem anderen Tag* ist es eine langhaarige weiße Katze mit Diamanthalsband, die auf der Theke im Eispalast von ↗Gustav Graves sitzt, eine Anspielung auf Blofelds Katze.

KATZENKLAPPE

↗Pussy

KATZENSTREU

Für die schneebedeckten Landschaften, die als Miniaturen für ↗*GoldenEye* (1995) angefertigt wurden, ließ sich das Spezialeffektteam von ↗Derek Meddings etwas Besonderes einfallen: Man benutzte Katzenstreu, um den Schnee in ↗Servanaja zu simulieren.

KAUFMAN (Romanfigur/Filmcharakter)

Dr. Kaufman ist motivierter Profikiller im Roman und auch im Film ↗*Der Morgen stirbt nie* (1997). Großspurig bezeichnet er sich als »exzellenten Pistolenschützen«. Mit einer ↗Heckler und Koch P7 K3 bewaffnet, lauert Kaufman Bond im Atlantic-Hotel in Hamburg auf. Im Roman erinnert der psychopathische Mörder den Agenten an seinen Zahnarzt in London. Bei einem »letzten« Gespräch erfährt 007, dass Kaufman Professor für Gerichtsmedizin ist, seine Hauptaufgabe als bezahlter Killer besteht darin, Prominenten eine Überdosis Drogen zu verabreichen. James Bond nutzt die Gelegenheit, Kaufman mit seinem Handy einen Stromstoß zu versetzen. Anschließend tötet er den Mann mit einem Kopfschuss. Ärgerlich für den Leser bei der Übersetzung von ↗*Tomorrow Never dies*: Der Killer wird einmal mit einem »n« und einmal mit zwei »n« geschrieben. Dargestellt wurde die Figur im Film vom Charakterschauspieler ↗Vincent Schiavelli.

KAUKASIER (Romanfigur)

↗Delfin

KAU MISCH (Filmcharakter)
↗ Chew Mee

KAUTABAK
Sheriff ↗ J. W. Pepper ist in den Filmen ↗ *Leben und sterben lassen* (1973) und ↗ *Der Mann mit dem goldenen Colt* (1974) Konsument von Kautabak. Dies ist auch der Grund, warum er ständig ausspucken muss.

KAVIAR
↗ Vesper Lynd ist im Roman ↗ *Casino Royale* der Ansicht, es sei kein Problem, genügend Kaviar zu erhalten, es hapere lediglich daran, genügend Toast dazu serviert zu bekommen. Neben einem ↗ Dom Pérignon 1957 bestellt James Bond in ↗ *Im Geheimdienst Ihrer Majestät* (1969) auch zwei Portionen Kaviar ins ↗ Apartment 423 von ↗ Tracy di Vicenzo. In der Originalversion des Films schmeckt 007 sogar heraus, dass es sich um Königsbeluga aus Regionen nördlich des Kaspischen Meeres handelt. Er streicht sich den Kaviar dick auf sein Toastbrot. Zu Kaviar meint ↗ Koskov im Film ↗ *Der Hauch des Todes* (1987): »...bei uns ist das ein Bauernfraß, aber mit Champagner geht es!« In ↗ *Die Welt ist nicht genug* (1999) ist ↗ Zukovsky Besitzer einer Kaviarfabrik, die von ↗ Elektra Kings Helikoptern zerstört wird.
↗ Zukovskys Bester

KAWASAKI
Siehe Inhaltsangabe ↗ *The Man With The Red Tattoo*

KAWASAKI KDX200 ENDURO (Fahrzeug)
007 flieht im Roman ↗ *Tod auf Zypern* mit einem geländegängigen Motorrad vom Typ Kawasaki KDX200 Enduro vor seinen Verfolgern. Das Fahrzeug verfügt nach ↗ Bensons Beschreibung über einen Einzylinder-Zweitakt-Motor, der die Kawasaki zu einem sehr schnellen Gefährt macht.

KAWAWO, OSAMI (Darsteller)
Eine Nebenrolle ohne Namen hatte Osami Kawawo in ↗ *Lizenz zum Töten* (1989), er schlüpfte in die Rolle des »Asiaten«.

KAYE, STEPHANIE (Frisuren)
Die Frisuren der Darsteller im Film ↗ *In tödlicher Mission* (1981) gestalteten Stephanie Kaye und Marsha Lewis. Großes Lob gab es für die »Unterwasserszenen« mit ↗ Carole Bouquet, die im Studio gedreht wurden. Ihre Haare sollten sich bewegen, als sei sie im Wasser. Die Illusion war vollkommen.

KAZAMA (Romanfigur)
Um mit James Bond fertig zu werden, schlägt ↗ Blofeld in ↗ *Du lebst nur zweimal* vor, Helfershelfer Kazama solle sich des Agenten annehmen und ihn zum Sprechen bringen. Kazama, der mit ↗ Kono zusammenarbeitet, ist ein »vierschrötiger Bursche mit völlig kahlem Kopf, der wie eine reife Frucht glänzte, und Händen wie Schmiedehämmern«. Kazama beginnt 007 zu foltern.

K-BAR (Waffe)
↗ US Marines K-Bar

K-BAR SYKES-FAIRBAIRN MESSER (Waffe)
Als James Bond im Roman ↗ *Sieg oder stirb, Mr. Bond* den Plan durchgeht, die Terroristen auf der ↗ *Invincible* zu attackieren, erkundigt er sich nach der Ausrüstung, die ihm und seinem Team zur Verfügung steht. 007 und seine Männer haben die Möglichkeit, auf unterschiedliche Waffen zurückzugreifen. Vorhanden sind unter anderen: 5 KS, MP5S, Uzis, K-Bar Messer für die ↗ US Marines, die üblichen ↗ Sykes-Fairbairn für SBS. Ob auch ↗ »Blitzer« vorhanden wären, will der Agent von ↗ Carter wissen. Er meint damit Schockgranaten. Carter bejaht. Beim Einsatz nutzt Bond das Messer, wie er es gelernt hat und ermordet eine Gegnerin: »Die Klinge des Sykes-Fairbairn-Messers tat ihre Arbeit an der vorgeschrie-

benen Stelle ihres Halses, und sie sackte lautlos zu Boden.«

KBW834 (Kennzeichen)
Bei der finalen Verfolgungsjagd in ↗*Lizenz zum Töten* (1989) wird James Bond von ↗Sanchez' Schergen bedrängt. Die Männer fahren ein Auto mit dem Kennzeichen KBW834. Nachdem die Reifen in Brand geraten sind und 007 Benzin hat auf die Straße laufen lassen, verliert der Fahrer die Kontrolle über das Auto und stürzt von einer Klippe.

KCMG
↗Anmerkung des Übersetzers

KE02EWW (Kennzeichen)
Bonds ↗Aston Martin Vanquish in ↗*Stirb an einem anderen Tag* (2002) trägt das Kennzeichen KE02EWW.

KEATOR, DOLORES (Darstellerin)
Laut Regisseur ↗Terence Young erhielt Keator die Rolle der Mary Trueblood in ↗*James Bond 007 jagt Dr. No* (1962), nachdem ihr Haus als möglicher Drehort in Augenschein genommen worden war. Sie war die erste weibliche Leiche in einem James-Bond-Kinofilm.

KEBAB-SPIESS (Waffe)
↗Schaschlik-Spieß

KEEFER, PATRICIA (Darstellerin)
↗Odette Benatar

KEEN, DAVE (Spezialeffekte)
↗Nicholas Finlayson

KEEN, GEOFFREY (Darsteller)
Der Charakterdarsteller Geoffrey Keen wurde am 21. August 1918 (andere Quellen: 1916) in London geboren. Nach Abschluss der Schule besuchte er die Royal Academy of Dramatic Arts und bekam mit 18 Jahren, nachdem er in William Shakespeares *Wintermärchen* debütiert hatte, die Goldmedaille der Schauspielschule verliehen. Bei Kriegsausbruch kam Geoffrey Keen als Kriegsberichterstatter zur Filmeinheit der Army. Im Krieg schloss Keen Freundschaft mit seinem Kollegen Carol Reed, der ihm nach 1945 zu Rollen in Filmen wie *Ausgestoßen* (1946) und *Der dritte Mann* (1948) verhalf. Die Popularität Keens wuchs, als er eine Dauerrolle in der englischen TV-Serie *The Troubleshooters* übernahm. Sein Einstieg in die James-Bond-Filme erfolgte bei der Produktion ↗*Der Spion, der mich liebte* (1977). Wäre Geoffrey Keen nicht seit diesem Film mit der Rolle des Verteidigungsministers ↗Frederick Gray verbunden, hätte man sich den Schauspieler auch gut als ↗»M« vorstellen können, nachdem ↗Bernhard Lee während der Dreharbeiten zu ↗*In tödlicher Mission* gestorben war.

Keen spielte über zehn Jahre denselben Charakter in sechs Filmen: Nach *Der Spion, der mich liebte* trat er noch in ↗*Moonraker – streng geheim* (1979), ↗*In tödlicher Mission* (1981), ↗*Octopussy* (1983), ↗*Im Angesicht des Todes* (1985) und letztmalig in ↗*Der Hauch des Todes* (1987) auf. Man war sich zunächst einig, wie die Rolle des Verteidigungsministers angelegt sein sollte, so verstehen sich James Bond und Frederick Gray in *Der Spion, der mich liebte* sehr gut, sie duzen sich sogar. Ab *Moonraker – streng geheim* besteht zwischen den beiden Charakteren eine Spannung, die als Gegenpol zur guten Beziehung zwischen 007 und »M« von Drehbuchautor ↗Christopher Wood geschaffen wurde. Geoffrey Keen verstarb am 3. November 2005 im Alter von 89 Jahren in Northwood, Middlesex, England.

KEEN, H. (Filmcharakter)
H. Keen ist die achte Person, deren Name James Bond in ↗*Lizenz zum Töten* (1989) auf einer geheimen ↗CD-ROM findet, die ↗Felix Leiter im Bilderrahmen eines Porträts von ↗Della versteckt hat. Keen

ist laut Eintragung »verstorben« – also vermutlich von ↗Sanchez ermordet. Nur noch zu ↗Pam Bouvier kann 007 Kontakt aufnehmen, sie ist aktiv.

KEFALONIA (Ort)
↗Ari Kristatos

KEIL
Wie schon im Roman ↗*Leben und sterben lassen* hat es Bond auch in ↗*007 James Bond und der Mann mit dem goldenen Colt* vor, mit einem Keil seine Zimmertür zu sichern.

KEIN ANDERER FLIEGT MICH HÖHER (Lied)
↗Deutsche Versionen von James-Bond-Songs

KEIN VOGEL BAUT SEIN NEST IN EINEM KAHLEN BAUM
↗Zitat

KEITH, BRIAN (Darsteller)
In ↗*Moonraker – streng geheim* (1979) spielte Brian Keith den ↗US-Shuttle-Kapitän.

KELBER, CATHERINE (Dialogregie)
Catherine Kelber war beim elften offiziellen James-Bond-Film ↗*Moonraker – streng geheim* (1979) die Dialogregisseurin.

KELLER, WOLFGANG (Comicgestalter)
↗Comics

KELLNER (Filmcharakter)
Der Kellner im Film ↗*Der Spion, der mich liebte* (1977) wurde vom Statisten ↗Rafiq Anwar gespielt. Er zeigt 007 im Film, wo ↗Max Kalba sitzt.

KELLY (Romanfigur)
Konteradmiral Kelly kommt im Buch ↗*Der Morgen stirbt nie* von ↗Raymond Benson vor. Er hat laut Marineminister drei Fregatten zur Verfügung, um die durch ↗Elliot Carver verursachte Krise zu bewältigen. Dass der Medienmogul dahinter steckt, kommt erst später ans Licht. Kelly arbeitet später auf der ↗Bedford mit ↗Captain James McMahon zusammen. Er wird als vernünftiger Mann beschrieben, der ein Patriot sei.

KELLY, ALFIE (Romanfigur)
Siehe Inhaltsangabe ↗*Stille Wasser sind tödlich*

KELLY, FIONA (Rollenname)
Ursprünglich sollte die Figur der ↗Fiona Volpe im Film ↗*Feuerball* (1965) Fiona Kelly heißen. Weil aber Regisseur ↗Terence Young darauf bestand, dass die Italienerin ↗Luciana Paluzzi den Part spielt, wurde der Rollenname vom irischen »Kelly« ins italienische »Volpe« geändert.

KELLY, RED (Romanfigur)
Siehe Inhaltsangabe ↗*Stille Wasser sind tödlich*

KELLY, TAMARA (Romanfigur/Filmcharakter)
Bei der Eröffnung der neuen ↗CMGM-Zentrale im Roman und auch im Film ↗*Der Morgen stirbt nie* (1997) befindet sich Tamara Kelly an ↗Elliot Carvers Seite. Kelly ist eine »bezaubernde Schönheit«, die sie einem plastischen Chirurgen in Beverly Hills verdankt.

Die Operationen sind die Voraussetzung, um den Job als Starmoderatorin bei Carver zu bekommen. Tamara Kelly eröffnet das Nachrichtenzentrum von CMGM mit einer Live-Übertragung, die in ganz Europa ausgestrahlt wird. Im Film feuert Carver Kelly nach einem von James Bond ausgelösten Stromausfall. Die Romanfigur hat noch einen weiteren Auftritt: Als 007 die Leiche von ↗Paris Carver im Atlantik-Hotel findet, läuft im Hintergrund auf dem Fernseher ein Bericht von Kelly, die schon von dem Mord an Carvers Ehefrau und einem unbekannten Mann erzählt. 007

schwebt in großer Gefahr, denn er soll der tote Mann sein.

KELTY, MARK (Darsteller)
Als Funker der Küstenwache ist Mark Kelty die erste Person, die im Film ↗ *Lizenz zum Töten* (1989) zu sehen ist.

KEMP, TINE (Sängerin)
↗ Deutsche Versionen von James-Bond-Songs

KEMPER, BRENDA (Darstellerin)
In ↗ *Sag niemals nie* (1983) spielt Brenda Kemper die Masseuse, die James Bond verscheucht und im »Centre de la Santé« mit der Behandlung von ↗ Domino Petachi weitermacht.

KEMPF, RUTH (Darstellerin)
Oft liest man in Büchern zum Thema James Bond, dass Ruth Kempf keine Profischauspielerin sei. Für die Rolle der ↗ Mrs. Bell, die sie in ↗ *Leben und sterben lassen* (1973) spielt, ist das völlig belanglos. Die in New Orleans aufgewachsene Kempf wurde sozusagen als einheimischer Gast engagiert, um als Flugschülerin neben 007 aufzutreten. Der Lacher beim Publikum ist garantiert, weil Bond so tut, als wäre er Fluglehrer und Bell in eine Verfolgungsjagd verwickelt. Als ↗ Felix Leiter später von richtigen Fluglehrer erfährt, dass Mrs. Bell in der Nervenklinik liege, weil Bond so viel Chaos verbreitet hat, wird noch ein Lacher draufgesetzt.

KEMPINSKI-HOTEL ATLANTIK
James Bond wohnt im Roman und auch im Film ↗ *Der Morgen stirbt nie* (1997) im Hamburger Kempinski-Hotel Atlantik. Das Luxushotel hat die Bombenangriffe im Zweiten Weltkrieg überstanden und befindet sich nahe der Außenalster. Bond und ↗ Paris Carver frischen im Schlafzimmer von Bonds Suite ihre Bekanntschaft wieder auf. Hier wird Paris von ↗ Elliot Carvers Killern (im Roman sogar von ihm selbst) ermordet und Bond tötet dort den widerlichen ↗ Dr. Kaufman.

KEMSLEY (Zeitungs-Magnat)
↗ Goldeneye (Haus)

KEN (Waffe)
↗ Schwert

KENDALL, HOPE (Romanfigur)
Siehe Inhaltsangabe ↗ *High Time To Kill*

KENDALL, SUZIE (Darstellerin)
↗ Pure STAGG

KENNAN, RICHARD (Berater)
Richard Kennan war ausgesprochen wichtig für die realistischen Aufnahmen im Film ↗ *Der Spion, der mich liebte* (1977). Als Marineberater schulte er die Statisten in den U-Booten und das Personal der ↗ Liparus in glaubwürdigen Umgang mit den Kulissen.

KENNEDY (Deckname)
Unter dem Decknamen »Kennedy« arbeitet ↗ Pam Bouvier im Roman und auch im Film ↗ *Lizenz zum Töten* mit James Bond zusammen. 007 schlägt diesen Namen vor. Die emanzipierte junge Frau ist nicht gerade erbaut davon, dass der Agent sie als seine Chefsekretärin bezeichnet.

KENNEDY, JOHN F.
Der 35. Präsident der Vereinigten Staaten von Amerika soll behauptet haben, ↗ *Liebesgrüße aus Moskau* zähle zu seinen Lieblingsbüchern. Daraufhin stieg der Absatz dieses Romans erheblich. Die Liste der zehn von Kennedy favorisierten Bücher im Jahre 1961 wurde im *Life Magazin* veröffentlicht: *Melbourne* von David Cecil, *Montrose* von John Buchan, *Marlborough* von Winston S. Churchill, *John Quincy Adams* von Samuel Flagg Bemis, *The Emergence Of Lincoln* von Allan Nevins, *The*

Price Of Union von Herbert Agar, *John C. Calhoun* von Margaret L. Colt, *Byron in Italy* von Peter Quennell, *From Russia With Love* von ↗Ian Fleming, *The Red And The Black* von F. de Stendhal. Lee Harvey Oswald, Kennedys potenzieller Mörder, soll Flemings Roman 1963 kurz vor der Ermordung Kennedys aus einer Bücherei ausgeliehen haben.

KENNETH (Romanfigur)
Um mit James Bond ein freundliches Gespräch beginnen zu können, erkundigt sich ↗Dexter Smythe bei 007 nach Sir Kenneth. Bond behauptet, er habe den Mann noch nicht gesehen und geht gleich zum Wesentlichen über.

KENNEY, BILL (Künstlerischer Leiter)
Bill Kenney arbeitete 1971 erstmals bei Bond, und zwar mit ↗Jack Maxsted als künstlerischer Leiter bei ↗*Diamantenfieber*.

KENNISTON (Filmcharakter)
Kenniston taucht im Film ↗*Feuerball* auf. Diese Figur wird von ↗Reginals Beckwith dargestellt. ↗De Beers.

KENNY, CHRIS (Regieassistenz/Unit-Manager)
Bei den Dreharbeiten zum Film ↗*Der Spion, der mich liebte* (1977) arbeitete Chris Kenny als Regieassistent der Second Unit. Den Posten bei der First Unit hatte Ariel Levy inne. Unter dem Motto »Ein neuer Film – ein neues Amt« arbeitete Kenny als Unit-Manager in Großbritannien bei ↗*Moonraker – streng geheim* (1979). Sein Kollege in Frankreich war ↗Robert Saussier.

KENNZEICHEN
In den James-Bond-Filmen tauchen viele Fahrzeuge auf. Meist kann man die Kennzeichen lesen. Bei einer Szene im Film ↗*Feuerball* (1965) schwärzte man das Kennzeichen von 007s ↗Aston Martin jedoch, weil die Aufnahmen vom Tod ↗Graf Lippes spiegelverkehrt gedreht wurden.

↗AL 8083, ↗AN 3850, ↗GKX 8G, ↗AU1, ↗AU 603, ↗AL 8083, ↗AN 3850, ↗B5 49 WUU, ↗B71627, ↗B74316, ↗B726344, ↗BAM 1045, ↗BD-5J, ↗BE3232, ↗BE 95131, ↗B-JH 375, ↗6IB 12537, ↗BMT 214A, ↗B-MT 2144, ↗BMT 216A, ↗V354 FMP, ↗BSK118, ↗BT 36-72, ↗BT-F 808, ↗BT-RS-1730, ↗BXB 608, ↗BXL 985, ↗PPW 306R ↗C8 47 TLF, ↗CA52H6 oder ↗CH52H8, ↗347 NDG, ↗CT582B, ↗CZ 421, ↗M 1026 A, ↗M 265924, ↗MLO 973B, ↗SR-4785, ↗SS 34 7073, ↗0594, ↗6IB 12537, ↗20-00, ↗2000, ↗2007, ↗3463, ↗5528, ↗5614, ↗7543, ↗8M84763, ↗9MS0748, ↗11-21HC, ↗27-BA-61, ↗35KA42, ↗66SK0, ↗347 NDG, ↗354 HYK, ↗359ETO75, ↗437 NAC 75, ↗481 BLA, ↗545BBB, ↗866SK06, ↗2318 TT 75, ↗2379 SL 06, ↗4132 KX, ↗4711-EA-62, ↗6640 TT 75, ↗7329 TF 06, ↗FAV821, ↗FAY821, ↗FI-BGS, ↗H 31854, ↗HH – J5273, ↗HH – K4958, ↗GKX 8 G, ↗GLD367, ↗I-0753, ↗KAM 1, ↗KAM 3, ↗KBW834, ↗KEO2EWW, ↗KG1881, ↗K 19, ↗W207182, ↗R4641, ↗RHH409, ↗RRT 3467, ↗RSD522, ↗RVC 435H, ↗PO 7224, ↗PO 7224, ↗L, ↗V354 FMP, ↗N-4506, ↗N-5287, ↗N69640N, ↗N77029, ↗N87545, ↗N96816, ↗NE 9641, ↗NU3680, ↗OPW 654 W, ↗OPW 678 W, ↗OR-203, ↗TT-378-20

Nummernschilder, die offensichtlichen Bezug zu James Bond haben, sind sehr beliebt. Allein wegen der Ziffernfolge »007« gibt es in jeder größeren Stadt wöchentlich Anfragen bei den Zulassungsstellen.

KENT-FILTERZIGARETTEN (Zigaretten)
Der nervöse Captain ↗Paul Sender raucht in der Kurzgeschichte ↗*Der Hauch des Todes* Kent-Filterzigaretten.

KENTUCKY

In Kentucky in Amerika hat ↗Goldfinger im Film ↗*Goldfinger* (1964) sein Gestüt. Das im Film erscheinende Gebäude stand in den Londoner ↗Pinewood Studios, in Kentucky wurden lediglich wenige Außenaufnahmen gemacht.

KENWORTH (Firma)

Die Firma Kenworth baute für ↗*Lizenz zum Töten* (1989) drei Tanklastwagen der Sonderklasse. Der Leiter der Firma meinte in einem Interview, er hätte niemals gedacht, was mit seinen Trucks möglich sei: Einer war fernsteuerbar, einer konnte die Fahrerkabine anheben und auf den Hinterrädern fahren und einer war für das Fahren auf nur einer Längsseite konstruiert.

KERIM, BEY (Romanfigur)

Im Roman ↗*Liebesgrüße aus Moskau* kann man nachlesen, dass der Name Kerim Bey, der auch den Weg in den Film ↗*Liebesgrüße aus Moskau* (1963) fand, auf dem Spitznamen der Figur ↗Drako Kerim basiert.

KERIM, DRAKO (Romanfigur/Filmcharakter)

Drako Kerim ist eine Figur im Roman ↗*Liebesgrüße aus Moskau*. Der Leiter der ↗Station T in der Türkei wird von ↗Tatjana Romanowa angeschrieben und er schickt ihre Schilderungen an den britischen Geheimdienst weiter. James Bond soll Romanowa treffen, da sie sich angeblich in ihn verliebt habe. Kerim hat einen türkischen Vater und eine englische Mutter und wird von ↗»M« als einer der besten und intelligentesten Männer im ↗Secret Service beschrieben. Er ist ca. 1,88 Meter groß und wirkt doppelt so breit wie 007. In Kerims blauen Augen sind rote Äderchen zu sehen, die Bond an einen Hund erinnern, der nahe am Feuer gelegen hat. Durch sein schwarzes Haar und seine gebrochene Nase erinnert Kerim an einen Zigeuner. Er trägt einen goldenen Ohrring. Der aus ↗Trebizond stammende Mann berichtet 007 von seiner großen Familie mit »vielen Müttern«. Sein Vater sei ein Fischer gewesen, der auf Frauen eine anziehende Wirkung hatte und es ausnutzte, dass diese sich stürmisch erobern ließen. Kerim bezeichnet ihn als Helden. Der starke Fischer konnte alle Frauen haben, die er wollte und schuf sich so eine Art Harem.

Kerims Mutter starb im Alter von sechzig Jahren kurz nach dem Krieg in Trebizond. Sie hatte ihrem Sohn den Namen Drako gegeben, weil er dunkle Haare hatte, im Gegensatz zu seinem Halbbruder, der blond war und Bianco hieß. Insgesamt verlebte Drako Kerim eine glückliche Kindheit mit vierzehn weiteren Geschwistern. Die Lebensweise habe der in einem »Zigeunerlager« geglichen. Kerim kaufte sich mit zwanzig Jahren sein erstes Boot, um damit Geld zu verdienen. Wegen seiner Schläue und seiner russischen und englischen Sprachkenntnisse kam Kerim über einen Major ↗Dansey dazu, für England zu arbeiten. Später übernahm Kerim die Station T von ihm.

Kerim begleitet James Bond und Tatjana Romanowa bei deren Flucht im ↗Orient-Express. Während der Reise wird er zusammen mit ↗Benz von ↗Donovan Grant getötet. Der Killer lässt es so aussehen, als hätten sich die beiden gegenseitig umgebracht. Drako Kerim alias Kerim Bey wurde in den Film ↗*Liebesgrüße aus Moskau* (1963) übernommen. Die Figur wird von ↗Pedro Amendariz verkörpert. Kerim Beys Geliebte nennt ihn im Film mehrmals Ali Kerim Bey.

KERNEXPLOSION

In ↗*Countdown!* ereignet sich eine Kernexplosion, die ein Viertel der Energie der Hiroshima-Bombe freisetzt. Das entspricht 300 Tonnen ↗TNT. Fast fünf Quadratkilometer Fläche werden zerstört. Auch die Filme ↗*James Bond 007 jagt Dr. No* (1962), ↗*Goldfinger* (1964) und ↗*Die Welt ist nicht genug* (1999) haben Handlungsstränge, in denen Kernexplosionen bzw. ↗ Radioaktivität eine Rolle spielen.

KERNPHYSIKER
Nachdem ↗ John Gardner bereits 1981 im Roman ↗ *Countdown für die Ewigkeit* den Kernphysiker ↗ Dr. Anton Murik als Charakter einführte, wurde 1999 auch der Film-Bond mit einer Person konfrontiert, die auf dem Gebiet der Kernphysik tätig ist: ↗ Dr. Christmas Jones in ↗ *Die Welt ist nicht genug* (1999). Als 007 über einen Reinigungsschlitten für Pipelines fragt: »Können Sie mit dem Ding umgehen?«, antwortet sie schlagfertig: »Dafür braucht man keinen Abschluss in Kernphysik!«

KERNSPINTHOMOGRAPH
↗ Isopropylflasche

KERR, DEBORAH (Darstellerin)
↗ Mimi

KERSHNER, IRVIN (Regisseur)
Irvin Kershner wurde am 29. April 1932 (andere Quellen: 1923) in Philadelphia geboren. Er stieg früh ins Filmgeschäft ein und arbeitete sich bis zum Regisseur hoch. Die erste Zusammenarbeit Kershners mit ↗ Sean Connery fand 1965 statt, doch es handelte sich nicht um einen James-Bond-Film. Irvin Kershner führte Regie bei *Simson ist nicht zu schlagen* (1965). Als er sich nach vielen Jahren mit Kassenschlagern wie *Die Augen der Laura Mars* (1977) und *Das Imperium schlägt zurück* (1978/79) einen Namen gemacht hatte, hörte er im schon Anfang 1980 davon, dass ↗ Jack Schwartzman versucht, ein Remake des Films ↗ *Feuerball* (1965) zu produzieren. Kershner setzte sich mit Schwartzman in Verbindung, und als er erfuhr, dass Sean Connery für das Projekt gewonnen worden war, bot er sich als Regisseur an. »Connery ist Bond. Gehen Sie also von einem Erfolg aus«, meinte Kershner vor Veröffentlichung des Films. Doch bis dahin geriet Kershner fast an den Rand des Nervenzusammenbruchs. Er arbeitete hart und versuchte immer, auf Connery zu hören. Viele Szenen wurden erst am Set komplett umgeändert, um sie nach Kershners und Connerys Vorstellungen zu drehen. »Das Ganze war schlecht vorbereitet.« (Connery) Um sich auf die Dreharbeiten vorzubereiten, las Kershner ↗ *Casino Royale* und ↗ *Thunderball*. Er sah sich alle James-Bond-Filme mit Sean Connery und auch ↗ *Im Geheimdienst Ihrer Majestät* (1969) nochmals an, gab aber zu, alle Filme sofort wieder aus seinem Gedächtnis gestrichen zu haben. Schließlich begannen die Dreharbeiten am 20. September 1982, und die Aufnahmen des Hauptteams dauerten 19 Wochen. Doch noch konnte Kershner sich nicht entspannen. Erst mit langen Nachbearbeitungen war das Ziel erreicht. Kershners Hoffnung, ↗ *Sag niemals nie* würde ↗ *Octopussy* (1983) an den Kinokassen schlagen, erfüllte sich nicht ganz.

KESTEN, STEPHEN F. (Produktionsleiter)
Der Stab in den Vereinigten Staaten von Amerika war großer Bestandteil der Crew, die 1973 den James-Bond-Film ↗ *Leben und sterben lassen* (1973) produzierte. Stephen F. Kesten und ↗ Steven P. Skloot hatten einen Vertrag als Produktionsleiter in den USA.

KETTE (Waffe)
Selbst eine Eisenkette kann ↗ Azzis Fekkesh in ↗ *Der Spion, der mich liebte* (1977) nicht vor ↗ Beißer retten. Fekkesh, der sich in einer ägyptischen Grabkammer eingeschlossen hat, muss mit Schrecken ansehen, wie Beißer die Kette mit seinen Stahlzähnen durchtrennt. Mit einer Kette versucht ↗ Chang James Bond in ↗ *Moonraker – streng geheim* (1979) zu peitschen und zu strangulieren. Der Handlanger von ↗ Drax ist trotz dieser Waffe nicht stärker als 007. James Bond und ↗ Holly Goodhead retten sich im selben Film mit einer Kette aus einer heiklen Situation an der Seilbahn. Bond

wirft die Kette über die Führungskabel der Gondel und rutscht mit Holly ins Tal – Beißer verfolgt die beiden mit einer Gondel. Mit einer Kette versucht ein Handlanger von ↗Fatima Blush James Bond in ↗*Sag niemals nie* (1983) zu beeindrucken. Der Killer kommt nicht dazu, die Kette einzusetzen. 007 flieht. In frühen Drehbuchversionen von *Der Spion, der mich liebte* (1977) sollte zu ↗Anja Amasowas Ausrüstung eine Perlenkette gehören, deren einzelne Perlen die Wirkung von Handgranaten haben. Die Idee wurde wieder fallen gelassen. Amasowa hat stattdessen ↗Zigaretten mit Betäubungspulver. Mit einer Kette versucht ein Angreifer, James Bond im Haus von ↗Stacey Sutton in ↗*Im Angesicht des Todes* (1985) in Schach zu halten. Bond ist jedoch der bessere Kämpfer.

↗*Midsummer Night's Doom*

KETTERINGHAM, JOHN (Darsteller)

John Ketteringham stellte den Mann dar, der in der ↗Pre-Title-Sequenz von ↗*Liebesgrüße aus Moskau* (1963) im Heckenlabyrinth von ↗Grant erdrosselt wurde. Er hat in der Szene eine Maske auf, die angeblich die Gesichtszüge von ↗Sean Connery trägt. Da Ketteringham Connery zu ähnlich sah, was den Zuschauer hätte verwirren können, drehte man die Szene später ein zweites Mal und verpasste dem Darsteller einen Schnurrbart. Sein Auftritt dauerte nur wenige Sekunden und zeigt Ketteringham, wie Morzeny ihm die Maske vom Gesicht reißt. Den Rest der Pre-Title-Sequenz spielte Connery sich mit extra dafür aufgelegtem seltsamen Make-up selbst.

KEVLAR

Eine kugelsichere Weste rettet ↗Pam Bouvier im Roman ↗*Lizenz zum Töten* das Leben. Die Kevlar-Weste, die sie auch im gleichnamigen Film vom 1989 trägt, fängt das Geschoss einer ↗Magnum 375 ab, die von ↗Dario abgefeuert wird. Kevlar ist eine moderne Kunstfaser, aus der sehr leichte, kugelsichere Jacken gemacht werden.

KEY WEST

James Bond ist fast schon Stammgast in Key West. Bereits im Roman ↗*Niemand lebt für immer* kommt der Geheimagent dorthin, um ↗Tamil Rahani, den neuen Anführer von ↗SPECTRE, zu eliminieren. ↗Steve Quinn gibt Bond den Tipp, wo er zu suchen ist. Die Florida Keys, zu denen Key West gehört, sind eine Inselkette, die sich 150 Kilometer vom Festland ins Meer erstreckt. Zu den größeren Inseln gehören Bahai Honda Key, Big Pine Key, Cudjoe Key und Boca Chica Key. Die südlichste Insel Key West, auf der ↗Ernest Hemingway lebte, ist nach 007s Erinnerungen ein Schmugglerweg für Drogen sowie ein Touristenparadies. SPECTRE hat in Key West ein Hauptquartier. Im Roman ↗*Lizenz zum Töten* – und auch im gleichnamigen Film von 1989 – fällt ↗Franz Sanchez dem ↗DEA auf Key West in die Hände. ↗Felix Leiter und James Bond jagen den Drogenbaron, der sich auf der Insel aufhält, um seine Freundin ↗Lupe Lamora und ihren Liebhaber zu bestrafen.

KG 1881 (Kennzeichen)

↗Manuelas Fahrzeug im Film ↗*Moonraker – streng geheim* (1979) hat das Kennzeichen KG 1881.

KGB

KGB (*Komitet gossudarstvennoj besopasnosti:* Komitee für Staatssicherheit) war die Geheimpolizei der Sowjetunion zur Verteidigung des sowjetischen Regimes gegen innere und äußere Feinde. Offiziell unterstand der KGB dem sowjetischen Ministerrat, tatsächlich aber erhielt er seine Befehle vom Politbüro der Kommunistischen Partei der Sowjetunion (KPdSU) und vom Generalsekretär der Partei. Auf der Ebene der Unionsrepubliken und der Autonomen Republiken gab es untergeordnete Komitees für Staatssicherheit, und in den Bezirken und Städten waren Staatssicherheitsverwaltungen zuständig. Die sozialistischen Verbündeten der Sowjetunion hatten ähnliche Behörden. Zu den Hauptaufgaben des KGB im Inland gehörten die Überwachung der politischen Loyalität der sowjetischen Bevölkerung durch ein Netz von Spitzeln, die von KGB-Agenten kontrolliert wurden; die Unterdrückung von antisowjetischem Verhalten durch Verhöre und Prozesse sowie die Inhaftierung von sicherheitsgefährdenden Personen in Gefängnissen, Zwangsarbeitslagern und psychiatrischen Kliniken; die Überwachung der politischen Loyalität der Streitkräfte und die Kontrolle der Grenzsoldaten. Bei all diesen Aufgaben arbeitete der KGB eng mit dem Innenministerium (*Ministerstvo vnutrennich djel:* MVD) zusammen, dem die reguläre Polizei, die Gefängnisse und die Arbeitslager unterstellt waren.

Zu den Chefs der Behörde gehörten F. E. Dserschinskij von 1917 bis 1926, der die Grundsätze der Organisation ausarbeitete, N. I. Jeschow, der die »Säuberungen« in den 1930er Jahren leitete, und L. P. Berija, unter dessen Führung (1938–1953) die Behörde zu einem wahren Staat im Staat wurde. Jurij Andropow leitete den KGB ab 1967, bis er 1982 Generalsekretär der KPdSU wurde. 1991 wurde der KGB aufgelöst. Diese Organisation kommt in vielen James-Bond-Filmen vor, aber erst im zwölften James-Bond-Film ↗*In tödlicher Mission* (1981) beginnt 007s Wettlauf mit dem KGB tatsächlich. ↗MI6 und KGB sind in diesem Film hinter dem ↗ATAC her, am Ende bekommt es keiner von beiden – Bond vernichtet es, indem er es vom Felsen schmeißt. Der bulgarische Romanautor ↗Andrej Guljaschki wurde angesichts des Bond-Erfolges vom KGB unterstützt, einen James-Bond-ähnlichen Spion der östlichen Welt zu entwerfen. ↗Avakoum Schachow wurde ins Leben gerufen. Einer der Romane hat sogar bewusst etwas mit James Bond zu tun: In ↗*Schachow gegen 07* kämpft diese Gestalt gegen einen Pseudo-Bond, und es gelingt ihm natürlich, diesen zu liquidieren. Der Chef des Geheimdienstes informiert Bond im Roman ↗*Nichts geht mehr, Mr. Bond* über die Zusammenhänge von ↗BfV, ↗BND, ↗SIS, ↗CIA, ↗Mossad und dem KGB. 007 hört interessiert zu und erfährt eine Menge über ↗Emilies. Im Buch ↗*Globus – Meistbietend zu versteigern* ist ↗Maria Freudenstein eine Doppelagentin des KGB. Sie arbeitet beim britischen Geheimdienst in einer Abteilung, die dem ↗»Purpur-Code« unterliegt.

↗Horcher

KHAIBERPASS (Ort)

Schon in ↗*Der Hauch des Todes* (1987) ist Bond in Regionen am Khaiberpass unterwegs; im Roman und im Film ↗*Der Morgen stirbt nie* (1997) besucht James Bond die natürliche Grenze zwischen Afghanistan und Pakistan wieder. Ein »Flohmarkt für Terroristen« lockt 007 zum Khaiberpass. Hier versucht er mit Hilfe modernster Überwachungstechnik, die Terroristen bei Waffengeschäften zu identifizieren und die Machenschaften zu unterbinden. ↗Raymond Benson bezeichnet den Ort in seinem Roman als geschichtsträchtig, da im fünften Jahrhundert vor Christus Darius der Erste von Persien diesen Weg gewählt habe und auch Rudyard Kipling versuchte die Atmosphäre am Khaiberpass in seinen Gedichten aufzufangen.

KHALAFAOUI, IHSANNE (Produktionskoordination)
↗Pam Parker

KHAN, KAMAL (Filmcharakter)
Prinz Kamal Khan (in einigen Quellen, die sich auf das Filmdrehbuch beziehen: ein afghanischer Fürst) ist einer von James Bonds Gegenspielern im Film ↗*Octopussy* (1983). Der Schurke lebt in Indien und betreut Octopussys Juwelenschmuggel. Er hat aber noch andere Pläne. Zusammen mit

seinem Diener ↗Gobinda arbeitet er mit dem russischen ↗General Orlov zusammen, der die Juwelen aus dem Zirkuszug von ↗Octopussy stehlen und stattdessen eine Bombe schmuggeln lassen will. Kamal Khan und Gobinda setzen sich ab, doch Bond und Octopussy kommen den beiden auf die Spur. Im Finale des Films bringt 007 das Flugzeug mit dem Prinzen an Bord zum Absturz. Kamal Khan und seine Maschine zerschellen an einem Berg. Dargestellt wurde Kamal Khan vom Schauspieler ↗Louis Jourdan. ↗Vijay beschreibt Kamal Khan als afghanischen Prinzen im Exil, der gern Polo, Kricket und Tennis spielt.

KHAN, SUMAR (Darsteller)
↗Michael Moor

KICKBOXEN

Im Film ↗*Der Mann mit dem goldenen Colt* (1974) trifft James Bond erstmals im Kick-Box-Stadion auf ↗Francisco Scaramanga. Es ist auch der Ort, an dem ↗Andrea Anders ermordet wird.

KID (Romanfigur)

Im Roman ↗*Moment mal, Mr. Bond* arbeitet Kid mit ↗Mike Mazzard, ↗Joe Bellini und einer Person namens ↗Louis zusammen. Die vier versuchen, den als Professor ↗Joseph Penbrunner getarnten James Bond seiner seltenen Stiche zu berauben, mit denen der seinerseits ↗Marcus Bismarquer aus der Reserve locken will. Kid wird im Verlauf eines Kampfes von James Bond bewusstlos geschlagen.

KIDD (Romanfigur)

»Ein hübscher Kerl (...)«, beginnt ↗Felix Leiter seine Beschreibung Kidds in ↗*Diamantenfieber*. Der mit ↗Wint zusammenarbeitende Killer wird als Torpedo der ↗Spangs bezeichnet und trägt den Spitznamen ↗»Boofy«. Kidd ist von Wint abhängig. Er ist dreißig Jahre alt und hat »schneeweißes Haar« – einer der Gründe, warum die Männer oft mit Kapuzen arbeiten. Kidds Tod durch Bonds Waffe ist kurz und schmerzlos: »Bonds Pistole hustete einmal gedämpft. Ein blaues Loch saß auf einmal genau unter dem Ansatz der weißen Haare.« Die Leiche Kidds wird von Bond aus einem Bullauge der ↗»Queen Elisabeth« geworfen, um den Tatort nach einem persönlichen tödlichen Streit zwischen Wint und Kidd aussehen zu lassen.

KIDD (Filmcharakter)

Zusammen mit ↗Mr. Wint bildet ↗Mr. Kidd ein schwules Killerpärchen, das im Film ↗*Diamantenfieber* (1971) im Auftrag ↗Ernst Stavro Blofelds perverse Morde begeht. Mr. Kidd ist eindeutig der eher feminine Charakter. Er spricht kaum und wenn, dann recht hoch. Mit seiner großen Liebe Mr. Wint ist er unter anderem für die Morde an ↗Mrs. Whistler, ↗Shady Tree und einem Zahnarzt in Südafrika verantwortlich. Kidd stirbt beim Versuch, 007 mit brennenden Kebabspießen zu erstechen. Bond schlägt eine Flasche Brandy kaputt und schleudert den Inhalt auf den Angreifer. Die Flammen der Spieße greifen sofort auf Kidd über, und er wird zur lebendigen Fackel. In seiner Panik springt Kidd über das Geländer auf dem Bootsdeck und landet lodernd im Meer. Verkörpert wurde er von ↗Putter Smith.

KIELHOLEN

Die Szene des Kielholens wurde von ↗Ian Fleming bereits für den James-Bond-Roman ↗*Leben und sterben lassen* geschrieben. Als man 1973 dieses Werk verfilmte, sah man keine Möglichkeit der Umsetzung, und das Kielholen wurde gestrichen. Erst acht Jahre später bei der Produktion von ↗*In tödlicher Mission* (1981) wagte man sich wieder an diese Idee. Diesmal ist es jedoch nicht ↗Mr. Big, sondern ↗Aris Kristatos, der 007 und ↗Melina Havelock auf diese Art töten will. Da die Darstellerin ↗Carole Bouquet nicht schwimmen konn-

te, wurden alle Unterwasseraufnahmen an der Luft (!) gedreht und die Luftblasen durch optische Effekte im Studio hinzugefügt. ↗ Roger Moore, immer ein Scherzchen parat, sprach bei der Szene von einem James Bond mit der »Licence to keel« (»Lizenz zum Kielen«).
↗ Santamavri

KIEL, RICHARD (Darsteller)
Der Darsteller Richard Kiel wurde am 13. September 1939 in Detroit, Michigan, geboren. Aufgrund einer Wachstumsstörung erreichte der junge Kiel schon mit 18 Jahren eine Größe von 2,13 Meter. Als Teenager lebte Kiel mit seiner normal großen Familie in Los Angeles. Er war Mathematiklehrer und hatte während des Studiums auch Jobs als Rausschmeißer. Fasziniert von Kiels Erscheinungsbild, wurde ein Produzent auf ihn aufmerksam und verschaffte ihm eine Rolle in dem Film *The Phantom Planet* (1961). Danach bekam Richard Kiel ein Rollenangebot als Urmensch in *Eegah* (1962). Eine TV-Karriere begann und Kiel spielte auf Grund seines hohen Wiedererkennungswerts Rollen in Produktionen wie *I spy*, *Gilligan's Island*, *Der verrückte Professor* (1963) und *Die Kampfmaschine* (1973). Nach über 60 Auftritten kam schließlich 1976 der entscheidende Anruf von ↗ Albert R. Broccolis Sekretär. Kiel wurde, nachdem er zuletzt »Moose« in der Fernsehserie *Die Küste der Ganoven* (1975) verkörpert hatte, die Rolle als »Beißer« (»Jaws«) im James-Bond-Film ↗ *Der Spion, der mich liebte* (1977) angeboten. Um Kiel als Beißer monströser erscheinen zu lassen, bekam er ein silbernes Gebiss. Die Zähne lösten nicht nur oft einen Würgereiz beim Schauspieler aus, sondern verursachten nach seinen Angaben auch Schmerzen. *Cinema* schrieb, das Gebiss würde bei Berührung Funken sprühen, doch dies ist eine Fehlinformation. Hierfür war die Spezialeffekt-Crew zuständig. ↗ Roger Moore konnte es kaum mit ansehen, wie Kiel das Gebiss schnell herausreißen musste, wenn er zu würgen begann.

Drehbuchautor ↗ Christopher Wood hatte die Figur Beißer als eine Persiflage auf den erfolgreichen Film *Der weiße Hai* (Regie: Steven Spielberg) erfunden, der im Englischen auch »Jaws« hieß. Welchen Ruhm Richard Kiel durch die Rolle des Beißers erreichen würde, hätte er selbst nicht für möglich gehalten. Er verkörpert den größten James-Bond-Schurken, die 007 je bekämpfen musste. Als Vergleich: Zwischen Richard Kiel und ↗ Hervé Villechaize, der Schnick Schnack in ↗ *Der Mann mit dem goldenen Colt* (1974) spielte, liegt ein Größenunterschied von etwa einem Meter. Die Popularität war so groß, dass Kiel heute noch häufig auf der Straße um ein Autogramm gebeten wird. Regisseur ↗ Lewis Gilbert hatte eine Vorahnung und drehte zwei Filmschlüsse von *Der Spion, der mich liebte*. Bei einem kommt Beißer um, beim anderen Ende überlebt er den Untergang der Atlantis. Nach Testvorführungen des Films war sich das Publikum einig: Beißer musste überleben. »Es war der größte Gag, als der Riese, der schon mehrere unglaubliche Situationen überlebt hatte, totgeglaubt wieder aus dem Meer auftaucht und davonschwimmt«, erinnerte sich Gilbert. Der Erfolg war überwältigend, und Beißer wurde zur Kultfigur. Mehr noch: Gilbert entschied sich, Kiel als Beißer auch im Folgefilm ↗ *Moonraker – streng geheim* (1979) wieder erscheinen zu lassen.

»Ich wurde durch die Rolle, die mich weltweit bekannt machte, so sehr auf den dummen Killer festgelegt, dass ich kaum andere Rollenangebote bekam, aber es hat sehr viel Spaß gemacht, Beißer zu spielen«, sagte Richard Kiel bei einer Werbetournee, die über Japan, England und Skandinavien auch nach Deutschland führte. Er besuchte zusammen mit seiner Familie 1979 die Stadt Kiel und ließ sich am Ortsschild für die Zeitungen fotografieren. In *Moonraker – streng geheim* bekam Kiel die Möglichkeit, sich vom dummen eindimensionalen Killer zum gefühlvollen Helfer Bonds zu entwickeln. Der Weg führte unverkennbar ins Lächerliche und wurde zur Parodie der Parodie, was aber bestens zum unglaubwürdigen Weltraumabenteuer des Geheimagenten passte. Kiel spielte später u. a. in *Der ausgeflippte Professor* (1980/81), *Highway 2 – Auf dem Highway ist wieder die Hölle los* (1983), *Riese aus den Donnerbergen* (1991) und *Inspector Gadget* (1998). Seine Bond-Verbundenheit bewies Richard Kiel noch 1990, als er sich mit großer Freude auf amerikanischen Fantreffen präsentierte. Er besuchte 1993 eine TV-Show mit Thomas Gottschalk, in der er über seine Rolle berichtete und auch gestand, dass er bisher jeden neuen James-Bond-Film gesehen hat.

KIL (Romanfigur/Filmcharakter)

Mit einem typischen Fleming'schen Namen kommt Mr. Kil im Roman und im Film ↗*Stirb an einem anderen Tag* (2002) vor. Im Buch meint Bond: »Kil – für diesen Namen würde ich sterben«, im Film heißt es »ein verführerisches Angebot«. Er wird als »grobschaliger Hüne« beschrieben und benutzt im Film seine Haarnadel als Waffe. Bei einem Kampf mit James Bond wird Kil getötet, als ↗Jinx einen Laser auf seinen Hinterkopf richtet und den Schädel des Killers durchlöchert. Später trennen Bond und Jinx von Kils Leiche die Hand ab, um damit den biometrischen Scanner bedienen zu können. Im Roman ist Kil ein Isländer, im Film wird er von ↗Lawrence Makoare verkörpert.

KILBURN PRIORY-VERSTECK

Den geheimen Unterschlupf des ↗MI6 erreicht man über vier Mietgaragen. James Bond versteckt ↗Harriet Horner an diesem sicheren Ort. Seine beiden Kollegen ↗Danny De Fretas und ↗Tedd Sweeney bewachen sie im Roman ↗*Scorpius*. Die Villa sieht von außen verkommen aus, beherbergt aber modernste Überwachungstechnik und ist ein gut gehütetes Versteck mit dem Codenamen ↗»Tango 6«.

KILLER ASTEROID (Zeichentrickfilm)

↗*James Bond Jr.*

KILLICK, ALAN (Musikschnitt)

Für den Musikschnitt von ↗*Im Angesicht des Todes* (1985) und ↗*Der Hauch des Todes* (1987) war Alan Killick zuständig.

KILLIFER, ED (Romanfigur/Filmcharakter)

Ed Killifer ist ein schmieriger Charakter aus dem Roman und dem Film ↗*Lizenz zum Töten*. Mit seiner Hilfe schafft es ↗Franz Sanchez, ↗Felix Leiter zu verstümmeln und zu entkommen. Im Buch hält James Bond Killifer auf den ersten Blick für einen Mann, der voll in seinem Beruf aufgeht, doch 007 wird bald eines Besseren belehrt: Der Polizeibeamte ist korrupt. Als der bestochene Mann versucht, James Bond in ein Haifischbecken zum ↗»Zahnzauberer« zu stoßen, wird er durch einen Zufall selbst zum Opfer. ↗Sharky, der durch eine Bodenluke kommt, lässt Killifer nach vorn fallen. James Bond ist sichtlich wütend. 007 wirft seinem Ex-Kollegen den Geldkoffer in die Hände. Dieser lässt ein Seil los und fällt zwischen die Kiefer eines weißen Hais.

KILLERSATELLIT (Waffe)

↗Ernst Stavro Blofelds Druckmittel, um die Welt zu bedrohen, ist im Film ↗*Diamantenfieber* (1971) ein Killersatellit mit einem Fächerring aus unzähligen Diamanten. Durch die Edelsteine kann Energie gebündelt und ein Laserstrahl ausgesendet werden, der ein Gebiet auf der Erde vernichten kann. Kontrolliert wird die Waffe von Blofelds Ölbohrinsel aus. Blofeld sagt zunächst, er wolle mit dem Killersatelliten für Weltfrieden sorgen, was ↗Professor Metz zur Mitarbeit veranlasst. Das wahre Ziel des Verbrechers ist es aber, die Macht über die ganze Erde zu haben. Nachdem Blofeld ausgeschaltet worden ist, fragte ↗Tiffany Case 007, wie die Diamanten wieder aus dem Weltraum zurückzuholen seien. Auch die beiden Goldeneyes aus ↗*GoldenEye* (1995), ↗»Petya« und ↗»Misha«, können als Killersatelliten bezeichnet werden. Eine moderne Version des Satelliten aus *Diamantenfieber* besitzt ↗Gustav Graves in ↗*Stirb an einem anderen Tag* (2002). Die Waffe heißt hier ↗»Ikarus«.

KINDERKRANKHEITEN

Auch wenn 007s Gesundheit in den Romanen und Büchern immer bestens ist, gibt ↗Gardner in ↗*Sieg oder stirb, Mr. Bond* durch einen Rückblick auf Bonds Leben eine Zusatzinformation über dessen Kinderkrankheiten. Ein Weihnachtsfest genoss der kleine James, weil sein Vater und seine Mutter sich besonders um ihn kümmerten, da er Masern oder Windpocken hatte. »Ich bekam alles, was ich mir wünschte. Sie verwöhnten mich. Soweit ich mich erinnere, bekam ich auch eine Luftpistole.«

KINDERLÄHMUNG (Krankheit)

↗Contessa Teresa di Vicenzo

DER KINDERMORD VON BETHLEHEM (Gemälde)

In ↗Randolph Hellebores ↗Schloss Silverfin im Roman ↗*Stille Wasser sind tödlich* hängt das Ölgemälde *Der Kindermord von Bethlehem*. George Hellebore meint, auf dem Bild eine Frau zu erkennen, die seiner Mutter ähnelt. Das Bild – im Original *The Massacre Of The Innocents* – zeigt den gewarnten Herodes, der weiß, dass der König der Juden in Bethlehem geboren wurde. ↗Higson beschreibt: »Abgebildet waren Männer, einige als römische Soldaten gekleidet, andere halb nackt in wallenden Gewändern, die eine Gruppe von Frauen und Kindern mit Kurzschwertern und langen Messern angriffen. Die Frauen schrien vor Angst und versuchten ihre Kinder zu schützen. In der Mitte des Bildes hielt ein Mann ein kleines Kind hoch, andere Babys wurden zertrampelt.«

KINDERWUNSCH

In ↗*Diamantenfieber* äußert James Bond gegenüber ↗Tiffany Case, dass bei ihm ein Kinderwunsch bestehe. »Ein paar möchte ich schon haben (...) aber erst, wenn ich pensioniert bin – anders wäre es den Kindern gegenüber nicht anständig. Meine Arbeit ist manchmal ein bisschen gefährlich.« Im Buch ↗*007 James Bond im Dienst Ihrer Majestät* sagt Bond über seine Zukunft mit ↗Teresa di Vicenzo, er habe auch nichts dagegen einzuwenden, Kinder zu haben. Als ↗Draco James Bond anbietet, das vom Agenten abgelehnte Geld auf ein Konto für Bonds potenzielle Kinder einzuzahlen, lehnt 007 ab: »Ich will nicht, dass unsere Kinder mit Geld um sich werfen können. Ich habe nie viel gehabt, und ich habe es auch nie gebraucht. Wenn ich ein Vermögen gehabt hätte, dann wäre ich wie all diese Playboys geworden, diese ehemaligen Freunde von Tracy, über die du dich so beklagt hast.« Eine Planung, die auf Bonds Leben in der Literatur nicht zutrifft. In der Kurzgeschichte ↗*Tödliche Antwort* von ↗Raymond Benson hat Bond einen Sohn, ↗James Suzuki, den er mit ↗Kissy Suzuki im Roman ↗*Du lebst nur zweimal* gezeugt haben soll.

KINDRED, ROBERT (Kamera/Kameraführung)

(Auch: Bob Kindred) Erste Bond-Erfahrungen sammelte Robert Kindred bei der Produktion von ↗*Liebesgrüße aus Moskau* (1963). Hier arbeitete er als Kameramann bei der Second Unit. Die Kameraführung der First Unit bei den Dreharbeiten zu ↗*Diamantenfieber* (1971) führte er zusammen mit ↗Bill Johnson aus. ↗Harold Wellman war für die Kameraführung bei der Second Unit verantwortlich. Weitere Bonds folgten. Nach ↗*Leben und sterben lassen* (1973) und ↗*Der Mann mit dem goldenen Colt* (1974) kam für Kindred eine

»007-Pause« und erst viele Jahre später, bei den Dreharbeiten zum zwölften offiziellen James-Bond-Film ↗*In tödlicher Mission* (1981), war er wieder für die Kameraführung zuständig. Er arbeitete bei diesem Film mit ↗John Morgan, ↗Dewi Humphreys und ↗Jack Lowin in der Second Unit.

KING (Romanfigur)
In der Kurzgeschichte ↗*Octopussy* wird bekannt, dass ↗Dexter Smythe im Krieg unter Colonel King diente. Dieser wiederum stammt aus General Pattersons Armee und überließ Smythe alle Akten zur Durchsicht.

KING (Romanfigur)
Von der an Krebs verstorbenen Mrs. King wird im James-Bond-Roman ↗*Die Welt ist nicht genug* nur berichtet, dass sie gütig, still und schüchtern war. Sie stammte aus einer kultivierten Familie, war aber laut ↗Elektra King geschäftlich nicht sehr clever. ↗Sir Robert King habe ihr das Ölimperium abgenommen. Sie starb, als Elektra sechs Jahre alt war.

KING, ELEKTRA (Romanfigur/Filmcharakter)
Elektra King, die Tochter von ↗Sir Robert King, ist im Roman und auch im Film ↗*Die Welt ist nicht genug* (1999) James Bonds Gegnerin, die mit ↗Renard zusammenarbeitet. Elektra erbt das Ölimperium ↗»King Industries Ldt.«, nachdem ihr Vater durch eine Bombe ums Leben gekommen ist. Besessen von der Idee, sie könne die Welt verändern, unterstützt die King-Tochter den Terroristen Renard bei dem Versuch, den Bosporus und das Umfeld durch eine Kernschmelze in einem Atom-U-Boot zu verseuchen und die konkurrierenden Firmen und deren Öl-Pipelines zu zerstören. Elektra King, die von Renard in ihrer Jugend entführt wurde, leidet unter dem »Stockholmsyndrom« – sie hat sich bei der Entführung in ihren Peiniger verliebt. Schließlich hat sie den Killer beauftragt, ihren Vater aus dem Weg zu schaffen. Sie hat ein verstümmeltes Ohr, das sie sich selbst beibrachte, um die Flucht vor ihrem geliebten Entführer glaubhaft zu gestalten.

Bond durchschaut Kings Pläne. Elektra entführt ↗»M«, die Chefin des ↗MI6, da diese der Lösegeldforderung von Renard bei ihrer Entführung nicht zustimmte. Nach dem Tod ihrer leiblichen Mutter, die an Krebs starb, agierte »M« als »Ersatzmutter«.

Beim Finale flüchtet sie vor 007 und glaubt, er werde keine unbewaffnete Frau erschießen, doch sie irrt. »M« wird Zeugin, wie Bond die Frau niederschießt. In ↗Bensons Roman wird Elektra King als eine Frau Anfang zwanzig beschrieben, die die Manieren einer zehn Jahre älteren Person habe. Noch ein Unterschied zwischen Buch und Film: Auf der Leinwand ist King nach dem Schuss von Bond sofort tot, im Buch singt sie noch einen Teil ihres Wiegenliedes, würgt und stirbt erst nach einer qualvollen halben Minute. Im Film wurde Elektra King von der französischen Darstellerin ↗Sophie Marceau verkörpert. Dass Elektra Kings wahrer Charakter bis zum Finale des Romans und auch des Films *Die Welt ist nicht genug* (1999) verborgen bleibt, erinnert an die Romanfigur ↗Nena Bismaquer, die sich auch erst am Ende von ↗*For Special Services* als Gegnerin von 007 zu erkennen gibt.

KING ERICSON COMBO
↗Bowe, Joy oder Roy

KING INDUSTRIES LDT. (fiktive Firma)
↗Sir Robert King ist Vorsitzender von »King Industries«, die von seinem Vater gegründet wurden. Zunächst handelte es sich um ein Bauunternehmen; durch Robert Kings Heirat kam das Ölgeschäft dazu. King wird im Roman und auch im Film ↗*Die Welt ist nicht genug* (1999) von einer Bombe getötet. Das Öl-Unternehmen fällt an ↗Elektra King.

KING, JANINE (Produktionssekretärin)
Janine King war Produktionssekretärin bei ↗*Im Angesicht des Todes* (1985). Sie arbeitete mit der Bond-erfahrenen ↗Joanna Brown zusammen.

KING, LOUISE (Darstellerin)
Louise King verkörpert in ↗*Octopussy* (1983) eines der bildhübschen Mädchen, die für ↗Octopussy arbeiten. Mary Stavin, Carolyn Seaward, Carole Ashby, Cheryl Anne, Jani-z, Julie Martin, Joni Flynn, Julie Barth, Kathy Davies, Helene Hunt, Gillian de Terville, Safira Afzal, Tina Robinson, Alison Worth, Janine Andrews und Lynda Knight

KING, PETER-ROBB (Make-Up)
Für das Make-up der Darsteller bei ↗*Octopussy* (1983) waren die Maskenbildner Peter-Robb King und ↗Eric Allwright zuständig.

KING, ROBERT (Romanfigur/Filmcharakter)
Sir Robert King kommt im Roman und auch im Film ↗*Die Welt ist nicht genug* (1999) vor. Er ist ↗Elektra Kings Vater. Die Figur, dargestellt von ↗David Calder, lässt über ↗»M« den Agenten James Bond zu Unrecht gezahltes Geld für auf dem Schwarzmarkt erstandene Geheimpapiere zurückholen. King, »Chief Executive Officer und Chairman von King Industries Ldt.«, so weiß 007 im Roman, habe vor einem Vierteljahrhundert mit einem vom Vater geerbten Baugeschäft Millionen verdient. Seine zweite Frau hatte mit dem Öl-Geschäft zu tun. Seine Ehefrau kam auf tragische Weise ums Leben, seine Tochter Elektra war vor Jahren vom Schurken ↗Renard entführt worden. »M« hatte King damals geraten, kein Lösegeld zu zahlen und auf Zeit zu spielen. King, der mit »M« in Oxford studiert haben soll, kommt durch eine Bombe um, die sich an seinem Körper befindet (im Film eine Brosche, im Roman eine Reversnadel). Die Explosion der Bombe wird dadurch ausgelöst, dass der Mann Mitte sechzig mit dem von 007 zurückgeholten Geld in Berührung kommt. Auch wenn der Agent die Falle durchschaut, kommt er zu spät, um den Besitzer des Ölimperiums zu retten. Der Mann wird im Hauptquartier des ↗MI6 in London zerfetzt, Elektra King erbt sein Vermögen.

KING'S ROAD (Straße)
James Bonds Wohnung befindet sich in ↗Chelsea in einer Seitenstraße der King's Road. Von seinem Eckfenster aus blickt er auf die Platanen in der Mitte des Platzes. Die Wohnung liegt an der ↗New Oxford Street. Auch ↗Vivienne Michel bewohnt eine Wohnung nahe der King's Road. Sie ist also bereits im Alter von siebzehn Jahren eine Nachbarin von James Bond, obwohl er sie erst im Alter von 23 im Staate New York trifft.

KINGSTON CALYPSO (Lied)
↗*Dr. No* (Soundtrack)

KING TIGER (Romanfigur)
Der farbige Musiker King Tiger im Roman ↗*007 James Bond und der Mann mit dem goldenen Colt* wird von 007 mit einer Waffe gebeten, auf ↗Scaramangas Party für mehr Stimmung zu sorgen. 007 meint die Bedrohung nicht persönlich, muss seine Tarnung als Fiesling in Scaramangas Diensten aber aufrechterhalten.

KINNHAKEN
↗Ohrfeige

KINSKI, KLAUS (Darsteller)
Angeblich sollte der Darsteller Klaus Kinski als Bösewicht oder Handlanger des Bösewichts in ↗*Feuerball* (1965) mitwirken. Auch wenn er gut als Bond-Gegner gepasst hätte, der Vertrag kam nicht zu Stande.

KIRBY, JOSH (Illustrator)
Der 1928 geborene Josh Kirby schuf vor allem Einbandillustrationen zu englischen Taschenbüchern. Er begann seine Laufbahn

1955 mit dem Titelbild zu ↗Ian Flemings James-Bond-Roman ↗*Moonraker*. Bekannt war der Künstler besonders durch seine phantasievollen Umschläge zu den Scheibenweltromanen von Terry Pratchett, die als Sammlung im Bildband *In The Garden Of Unearthly Delights* erschienen. Zuletzt erschien der Pratchett-Roman *Die volle Wahrheit* (bei Goldmann-Manhattan) mit einem Cover von Kirby. Am 26. Oktober 2001 verstarb der englische Illustrator im Alter von 82 Jahren.

KIRCHNER, CHRISTL (Drehortbuchhalterin)
↗Hazel Crombie und ↗Jane Meagher

KIRCHTUM (Romanfigur)
Doktor Kirchtum arbeitet im Roman ↗*Niemand lebt für immer* von ↗John Gardner in der ↗Mozart-Klinik in Österreich und ist eigentlich für die Genesung von Bonds Haushälterin ↗May verantwortlich. Er spricht gut englisch, auch wenn er manchmal einige Redensarten durcheinander bringt. Kirchtum gerät in die Hände der Feinde und wird gefoltert, so sieht es jedenfalls für Bond aus. Nachdem May und ↗Miss Moneypenny gekidnappt worden sind und Bond Kirchtum gerettet hat, muss er zu seinem Bedauern feststellen, dass der Doktor mit ↗Steve Quinn gemeinsame Sache macht und plant, den Agenten an ↗SPECTRE auszuliefern. Kirchtum stirbt bei einem Feuergefecht auf offener See, als ↗Sukie Tempesta und ↗Nannette Norrich versuchen, den Geheimagenten zu retten.

KIREK, MILOW (Darsteller)
↗Kovacs

KIROW BEERDIGUNGSINSTITUT (fiktive Firma)
Auch: »Kirov Bestattungsinstitut«. Um an ↗»Janus« heranzukommen, geht James Bond in Roman und auch im gleichnamigen Film ↗*GoldenEye* (1995) komplizierte Wege. Bond bietet ↗Valentin Dimitrijwitsch Zukovsky für dessen Informationen viel Geld an. »Kirows Beerdigungsinstitut« spielt dabei eine »tragende« Rolle: Bond plant es, eine Sprengstoffübergabe in diesem Institut scheitern zu lassen, sollte Zukovsky nicht ein Treffen zwischen 007 und »Janus« vereinbaren.

KISCH (Filmcharakter)
Kisch ist in ↗*Goldfinger* (1964) die linke Hand ↗Goldfingers (rechte Hand ist ↗Oddjob) und für die Ausführung mehrerer Morde verantwortlich, so für das Versprühen des ↗Delta 9-Nervengases, mit dem Handlanger getötet werden. Kisch selbst hängt aber am Leben. Als er zusammen mit 007 und Oddjob in ↗Fort Knox eingeschlossen ist, will er die Bombe entschärfen. Oddjob wirft ihn über das Geländer. Die Figur wurde von ↗Michael Mellinger verkörpert.

KISS KISS BANG BANG (Filmtitel)
Als *Feuerball* (1965) in Italien in die Kinos kam, erhielt er den Titel *Kiss Kiss Bang Bang*. Im Jahre 2005 kam tatsächlich ein Film in die Kinos, der *Kiss Kiss Bang Bang* hieß. Dieser hatte jedoch nichts mit James Bond zu tun. Auch wenn es weit hergeholt erscheint, so sind einem gewisse Elemente in diesem Film nicht unbekannt: Eine Figur heißt Flicka, wie ein Bond-Girl aus John Gardners Romanen, dem Hauptdarsteller werden Elektroden an die Hoden geklemmt und er wird mit Stromstößen gefoltert, was 007 in Christopher Woods Buch *James Bond und sein größter Fall* auch durchmachen musste, und zu guter Letzt sprechen zwei Figuren in *Kiss Kiss Bang Bang* über den Schauspieler Colin Farrell, der, so heißt es, eine bestimmte Filmrolle »sowieso erhält« – Farrell war als potenzieller Bond-Darsteller vor ↗*Casino Royale* (2006) im Gespräch.

KISS KISS BANG BANG CLUB
Im Film ↗*Feuerball* (1965) spielen einige Szenen im Club »Kiss Kiss Bang Bang«. Der

Name dieses Etablissements ergab sich aus dem ursprünglichen Liedtitel zu ↗*Feuerball*: *Mr. Kiss Kiss Bang Bang*. Obwohl die Filmmusik später in das Lied ↗*Thunderball* geändert wurde, blieb die Szene, in der Bond verletzt den Club betritt, im Film enthalten. Die Aufnahmen wurden im Café Martinique auf Nassau gemacht.

KISTE
↗mobile Überwachungskiste

KITCHEN, MICHAEL (Darsteller)
Michael Kitchen, am 31. Oktober 1948 in Großbritannien geboren und Mitglied der Royal Shakespeare Company und des National Theater, ist durch die Verkörperung der Figur des ↗Bill Tanner fester Bestandteil der ↗Brosnan-Bond-Filme geworden. Der Darsteller war u. a. in *Romeo und Julia* (als Mercutio), *Richard II*, *No Man's Land* und *State Of Revolution* zu sehen. Auch über Filmerfahrung verfügt Kitchen. Er sammelte sie bei Projekten wie *Kidnapping* und *A Royal Scandal*. Sein Spielfilmdebüt gab er in *Dracula jagt Mini-Mädchen* (1972) und spielte anschließend in *Breaking Glass* (1980), *Jenseits von Afrika* (1985), *Das Russlandhaus* (1990 – zusammen mit ↗Sean Connery), *Verzauberter April* (1992), *Der Prozeß* (1993), *Vaterland* (1994), *Mrs. Dalloway* (1996) und *Der letzte Mord* (1998). Viele James-Bond-Fans sind der Meinung, die beste und sympathischste Verkörperung des Stabchefs Bill Tanner sei Kitchen zu verdanken. Er übernahm die Rolle in ↗*GoldenEye* (1995) und führte sie in ↗*Die Welt ist nicht genug* (1999) fort.

KITTA (Voodoo-Figur)
↗Sandor

KITTERIDGE, B. (Romanfigur)
Als Passagier auf dem Schiff ↗»Queen Elisabeth« im Roman ↗*Diamantenfieber* ist der Killer ↗»Boofy« als B. Kitteridge eingetragen. Kitteridge wird auch ↗Kidd genannt; er hat ein junges gutgeschnittenes Gesicht.

KITZBÜHEL
In Kitzbühel soll ↗Ian Fleming das Skifahren gelernt haben. Er selbst lässt James Bond und ↗Teresa di Vicenzo im Roman ↗*007 James Bond im Dienst Ihrer Majestät* über mögliche Flitterwochen an diesem Ort nachdenken. Bond meint über Kitzbühel: »Ich liebe dieses Nest.«

KITZMILLER, JOHN (Darsteller)
John Kitzmiller spielte in ↗*James Bond 007 jagt Dr. No* (1962) die Rolle des ↗Quarrel. Er wurde in Michigan geboren, verließ die USA aber schon früh und ging nach Italien, um ein Ingenieurstudium aufzunehmen. Durch Zufall war John Kitzmiller an die Schauspielerei geraten und spielte in vielen italienischen Produktionen mit. 1957 wurde er in Cannes ausgezeichnet, 1961 erhielt er die Rolle im James-Bond-Film. Das Wort »quarrel« bedeutet soviel wie »Streit«, »Auseinandersetzung«. Kitzmiller sprach die Rolle im Original so auffällig mit amerikanisch unterlegtem Akzent, dass selbst ein Laie hätte merken müssen, dass es sich hierbei um keinen Einheimischen einer Karibikinsel handeln kann. Er starb am 23. Februar 1965 in Rom an einer Leberzirrhose (wie auch ↗Anthony Dawson). Drei Monate zuvor hatte er geheiratet. Zu weiteren bekannten Filmen, bei denen Kitzmiller mitwirkte, gehört der in Deutschland gedrehte Film *Onkel Toms Hütte* (1965).

KIWI (Spitzname)
Siehe Inhaltsangabe ↗*High Time To Kill*

KIZ KULESI
↗Jungfrauenturm

KLAFF, JACK (Darsteller)
Der Schauspieler Jack Klaff spielt im Film ↗*In tödlicher Mission* (1981) den Böse-

wicht ↗Apostis. Klaff ist neben ↗Charles Dance und ↗Paul Angelisso einer von vielen Darstellern, die kleine Rollen als »Unterbösewichte« hatten.

KLAMMERAFFE
↗Affe

KLAPPBETT
Ein Klappbett wird James Bond in der ↗Pre-Title-Sequenz von ↗*Man lebt nur zweimal* (1967) zum Verhängnis: Per Knopfdruck verschwindet das Bett samt Bond in der Wand und der Agent wird von Maschinenpistolen durchsiebt – der Tod ist allerdings fingiert. Mit einem Schlag schafft es ↗Tee Hee in ↗*Leben und sterben lassen* (1973), ↗Solitaire in einem Klappbett einzuklemmen. Das Bett des Schlafwagens in einem Zug wird erst von James Bond geöffnet, nachdem er Tee Hee zum Fenster hinausgeworfen hat.

KLAUBER, GERTAN (Darsteller)
Humorvoll tritt Gertan Klauber mit seiner Filmpartnerin ↗Brenda Cowling in ↗*Octopussy* (1983) auf. Die beiden spielen das deutsche Ehepaar ↗Bubi und ↗Schatzl, das James Bond mit dem Auto aufliest und ihm während der Fahrt ständig etwas zu essen anbietet.

KLAVIERKONZERT NR. 21
↗Wolfgang Amadeus Mozart

KLEBB, ROSA (Romanfigur/Filmcharakter)
Genossin Oberst Rosa Klebb ist eine Figur im Buch und im Film ↗*Liebesgrüße aus Moskau* (1963). Sie hat ein plattes viereckiges Gesicht und ist Leiterin der ↗SMERSH-Abteilung Otdiel II, die für Plandurchführungen und Exekutionen verantwortlich ist. Die ca. 1,58 Meter große, gedrungene Klebb ist ungefähr Ende vierzig und hat kräftige Arme und Beine. ↗Kronsteen stellt bei seiner »Kollegin« gelbbraune Augen, eine großporige Nase, faltige Hühnerhaut unter den Augen und am Kinn und einen sehr feuchten Mund fest, der sich wie von Drähten geführt öffnet und schließt. Mit großen Ohren, knochigen Fäusten und dem Ausdruck von »Kälte, Grausamkeit und Willenskraft« fällt dem Planungsleiter von SMERSH zu dieser Frau nur die Vokabel »grässlich« ein. Als ↗Comtessa Meterstein getarnt, wartet Klebb am Ende des Romans in Zimmer 204 des Ritz-Hotels in Paris auf 007. Als er erscheint, schießt sie zunächst mit einem Telefon auf ihn und attackiert den Agenten schließlich mit vergifteten Stricknadeln. Als ↗René Mathis eintrifft, tritt Klebb Bond noch mit einem Stiefel, der an der Spitze einen vergifteten Dorn hat. Klebb wird im Roman nicht getötet, sondern nur von Männern des ↗Deuxième Bureau verhaftet.

Im folgenden Roman ↗*James Bond 007 jagt Dr. No* erkundigt sich ↗Sir James Molony nach der »Russin«, und ↗»M« meint beiläufig: »Oh, sie ist gestorben.« Den schlimmsten Übersetzungsfehler beging ↗Ernst Hayda in ↗*James Bond und sein größter Fall*. Als ↗Anya Amasowa Bond mit einem Ring betäubt, übersetzt er 007s Gedanken: »Hast du ein kurzes Gedächtnis, James Bond? Hast du den rosa Klebb ganz vergessen?« – »den rosa Klebb« – Hayda ging davon aus, der Klebb sei der Ring. Im zweiten offiziellen James-Bond-Film, in dem Rosa Klebb von ↗Lotte Lenya dargestellt wird, stirbt die Russin beim Versuch, James Bond mit dem giftigen Schuh zu treffen: ↗Romanowa erschießt sie.

KLEIDERHAKEN
Mit einem Kleiderhaken kann man auf dem Schiff von ↗Quarrel Junior in ↗*Leben und sterben lassen* (1973) einen Geheimschrank öffnen. Wird der Haken heruntergedrückt, schiebt sich die Schranktür beiseite. Im Schrank befinden sich Waffen und ein Funkgerät. ↗Rosie Carver entdeckt das Versteck versehentlich, als die ihre Kleidung an den Kleiderhaken hängt.

KLEIDUNG
Der Geheimagent James Bond ist immer adrett und vorbildlich gekleidet. Sein Stil in den Filmen wandelt sich im Laufe der Jahre, bleibt aber zeitlos elegant. Nur einmal, in ↗*Im Geheimdienst Ihrer Majestät* mit ↗George Lazenby, fällt 007 ein wenig aus der Rolle: In diesem 1969 gedrehten sechsten Kinoabenteuer des Agenten trägt er einen Schottenrock, der etwas lächerlich wirkt, zumal sich Bond in den Schweizer Alpen befindet! Dennoch: ↗Sean Connery trägt sogar bei Preisverleihungen ein solches Kleidungsstück. In den Romanen ist Bond von der Kleidung her eigenwilliger als in den Filmen. Während ↗Ian Fleming seine Schöpfung oft Baumwollhemden oder kurzärmlige Hemden tragen lässt, wird 007 bei ↗John Gardner mit einer Pelzmütze ausgestattet (↗*Operation Eisbrecher*). Dass die Kleidung eine sehr entscheidende Rolle spielt, lässt sich daran erkennen, wie akribisch sie beschrieben wird: »Bonds auf arktische Verhältnisse zugeschnittene Winterkleidung hätte sein Image bei den Damen zu Hause nicht gerade gefördert.* Thermo-Unterwäsche Marke Damart (...) darüber trug er einen Trainingsanzug, einen dicken Rollkragenpullover (...), während seine Füße in geschnürten Mukluk-Stiefeln steckten. Sturmhaube, Schal, Wollmütze und Skibrille schützten sein Gesicht; Damart-Handschuhe unter Lederfäustlingen sorgten für warme Hände.«

Im Buch ↗*Niemand lebt für immer* schlüpft 007 nach dem Kampf mit einer Vampirfledermaus in einen Anzug von Cardin. Darunter trägt er ein hellblaues Hemd von Hilditch and Key of Jermyn Street und eine blauweiß gesprenkelte Krawatte. Der Roman ↗*Fahr zur Hölle, Mr. Bond!* verrät etwas über den regelmäßigen Kleidungseinkauf des Geheimagenten. James Bond bestellt jährlich ein Dutzend Pullis der Firma ↗»John Sedley & Co.«; nach Bonds Meinung die einzige Firma, die annehmbare Rollkragenpullis anfertigt. Seine Füße in diesem Buch stecken zeitweilig in bequemen ↗Mokassins, die eigens für ihn in Hongkong angefertigt wurden. Die Ware stammte von ↗»Lily Shoes«.
*[*Nichts jedoch im Vergleich zu ↗High Time To Kill: Hier trägt er beim Beischlaf noch eine Art Sauerstoffgerät.*]

KLEIN, CALVIN
Das Haus, das sich ↗Felix Leiter im Roman ↗*Lizenz zum Töten* nach der Heirat mit ↗Della gekauft hat, nennt er »Pfefferkuchenhaus«. Er hat es sich mit der Abfindung vom ↗CIA finanziert. Das Haus gehörte vorher Calvin Klein.

KLEINE PRINZESSIN (Spitzname)
Nachdem ↗Elektra King im Roman ↗*Die Welt ist nicht genug* mit 007 ihren Höhepunkt erreicht hat, will sie reden. Sie berichtet dem Agenten, dass sie früher oft Prinzessin gespielt und ihr Vater Sir Robert King sie daraufhin »Kleine Prinzessin« genannt habe.

KLEINER-MANN-SYNDROM
James Bonds Meinung über ↗Goldfinger im gleichnamigen Roman ist eindeutig. 007 weiß das »Kleiner-Mann-Syndrom« richtig zu deuten: »Im Allgemeinen misstraute Bond kleinen Menschen. Das waren doch nur personifizierte Minderwertigkeitskomplexe! Stets wollten sie groß sein, größer als die anderen, wie Napoleon oder Hitler.«

KLEIN, JORDAN (Technik/Kameramann)
Jordan Klein wurde am 1. Dezember 1925 in Miami geboren. Er arbeitete zunächst als Unterwasserkameramann, befasste sich aber auch mit der Entwicklung von Unterwassergehäusen für Gegenstände, die für Dreharbeiten benötigt wurden. Seine Erfahrung brachte ihm den Job bei James Bond ein. Jordan Kleins Aufgabe bestand darin, für die Technik bei den Unterwasseraufnahmen zu ↗*Feuerball* (1965) zu sorgen. Die Montage übernahm zwar ↗Ben

Rayner, aber bei den ↗Mini-U-Booten und ↗Bombenschlitten half Jordan. Klein entwickelte den ↗Unterwasser-Düsenrucksack und die ↗Scooters. Der Kameramann und Techniker hat in *Feuerball* sogar einen Gastauftritt. Zur Unterwassertechnik und den Aufnahmen von ↗*Man lebt nur zweimal* (1967) trug Klein ebenfalls bei, und auch der Showdown von ↗*Leben und sterben lassen* (1973) entstand mit Kleins Unterstützung. So filmte er den Hai-Angriff und den Unterwasserkampf zwischen 007 und ↗Mr. Big. Klein erhielt die Möglichkeit, an den Unterwasseraufnahmen beim James-Bond-Konkurrenzprodukt ↗ *Sag niemals nie* (1983) mitzuwirken.

KLEIN-KARLCHEN (Romanfigur)
James Bond benutzt für einen amerikanischen Gangster im Roman ↗*Diamantenfieber* die Bezeichnung »Klein-Karlchen«. Grund dafür ist die Art des Killers, seine Waffe zu verstecken. 007 kann diese deutlich als Beule in der Tasche identifizieren und glaubt, die amerikanischen Killer würden durch Kriminalfilme und -romane geprägt.

KLEINMAN, DANIEL (Vorspanndesigner)
Daniel »Danny« Kleinman schloss die Kunsthochschule 1977 ab und wurde Illustrator. Er entwarf Cover für Platten und Bücher und erhielt erste Aufträge bei Musikvideoproduktionen. Sein Debüt schuf er für den Song *Wheels Of Industry*. Der Videoclip für die britische Band Heaven 17 gefiel Publikum und Kritikern gleichermaßen, und Kleinman bekam weitere Aufträge und arbeitete u. a. mit Madonna zusammen. Die Inszenierung des Musikvideos zum Song ↗*Licence To Kill*, in der Kleinman die Sängerin ↗Gladys Knight in einen James-Bond-Anzug stecken ließ, kam bei ↗Albert R. Broccoli und ↗Michael G. Wilson so gut an, dass sie Daniel Kleinman nach dem Tod ↗Binders verpflichteten, den Vorspann für den kommenden James-Bond-Film zu kreieren. Ab 1991 musste der Vorspanndesigner vier Jahre darauf warten, mit der Arbeit zu beginnen.

Kleinman betonte immer wieder, Binders Arbeit als Vorbild zu nutzen, sie zu variieren, aber nicht zu wiederholen. So entstand der Vorspann für ↗*GoldenEye* (1995). Mit seiner Idee der zerfallenden Sowjetunion traf er genau den Stil von *GoldenEye* und schuf ein ca. dreiminütiges Meisterwerk. Auch für die Folgefilme ↗*Der Morgen stirbt nie* (1997), ↗*Die Welt ist nicht genug* (1999) und ↗*Stirb an einem anderen Tag* (2002) gestaltete er die Bilder zum Titellied. Beim letztgenannten gestaltete sich die Arbeit besonders schwer, da Madonnas Titellied ↗*Die Another Day* völlig aus der Reihe fällt und nach noch kreativeren Bildelementen schrie.

KLEIN-OTTO (Filmcharakter)
Ein Liebhaber von ↗Mata Hari im Film ↗*Casino Royale* (1966) ist Klein-Otto. Ob er tot ist, kann ↗Frau Hoffner nicht beantworten, weil er sich seit 1916 nicht verändert habe.

KLETTERHAKEN (Waffe)
Einen Kletterhaken benutzen die Frauen aus ↗Octopussys Zirkus in ↗*Octopussy* (1983), um die Hindernisse und hohen Mauern am ↗Monsun-Palast zu überwinden. In ↗*Im Angesicht des Todes* (1985) benutzt James Bond einen Kletterhaken auf eigentümliche Weise: Er befestigt den Haken an einer Gletscherspalte und das Ende des Seils, an dem er hängt, an einem auf einem Schneemobil davonrasenden Gegner. So reißt Bond den Fahrer aus dem Sitz und übernimmt das Gefährt.

KLING-KLINGS (Tiere)
↗Joe

KLO
↗Toilette

KLOPFER (Filmcharakter)
Geheimagent James Bond 007 trifft im Film ↗*Diamantenfieber* (1971) auf die beiden Kämpferinnen ↗Bambi und Klopfer, die den gekidnappten ↗Willard Whyte in seinem Sommerhaus bewachen. Beide werden vom ↗CIA gefangen genommen. ↗Lola Larson, die Bambi spielt, war zuerst als Klopfer geplant, die Rolle erhielt aber schließlich die Schauspielerin ↗Trina Parks.

KLOTKOFF (Filmcharakter)
Die Figur Klotkoff kommt in ↗*Im Angesicht des Todes* (1985) vor. Dargestellt wurde sie vom Schauspieler ↗Bogdan Kominowski. Der Figurenname wird im Film nicht genannt.

KLUB 400
Von ↗Derek Mallaby wird ↗Vivienne Michel im Roman ↗*Der Spion, der mich liebte* in den Klub 400 eingeladen. Es handelt sich um die beste Londoner Nachtlokal. Im Volksmund wird es nur »400« genannt.

KNABE IN BLAU (Gemälde)
Knabe in Blau heißt das Bild, das ↗Graves beim Kampf gegen 007 in ↗*Stirb an einem anderen Tag* (2002) mit einem Schwert aufschlitzt. Das Original stammt von Thomas Gainsborough (1727–1788), dem Hauptmaler der englischen Bildnismalerei.

DER KNALLER (Romanfigur)
↗Toussaint

DIE KNEIFZANGE (Romanfigur)
↗Hugo Drax berichtet im Roman ↗*Mondblitz*, seine rechte Hand ↗Willy Krebs habe früher wegen seiner Verhörmethoden den Spitznamen »Die Kneifzange« getragen.

KNIESTREIFER
↗John Gardner bringt wieder sein Hintergrundwissen ein, als er im Roman ↗*Sieg oder stirb, Mr. Bond* den Ausdruck »Kniestreifer« benutzt. Angeblich haben die engen Gänge unter dem Flugdeck bei der Marine diese Bezeichnung, weil zwei Personen, die aneinander vorbeigehen, wegen der Enge automatisch die Knie des anderen streifen.

KNIGHT, GLADYS (Sängerin)
Gladys Knight wurde am 28. Mai 1944 in Atlanta geboren. Sie zeigte schon im Alter von nur vier Jahren eine außergewöhnliche gesangliche Begabung, die sie durch Eintritt in einen Gospelchor ausbaute. Nach drei Jahren erreichte sie in der Show *Ted Mack Amateur Hour* den ersten Platz als Sängerin. 1952 gilt als Geburtsstunde der Gruppe The Pips. Knight sang auf dem Geburtstag ihres Bruders und wurde entdeckt. Im Verlauf der nächsten fünf Jahre bekamen die Sängerin und ihre »Kollegen« Angebote aus ganz Georgia. Sam Cooke, Jackie Wilson und Gladys Knight starteten eine erfolgreiche Tournee durch Amerika. Sie produzierten einen Hit nach dem andere: *Every Beat Of My Heart* (1961) brachte den Durchbruch. Ein Plattenvertrag mit Soul-Label wurde unterzeichnet. Es folgten Songs wie *Everybody Needs Love* und *I Heard It Through The Grapevine* (beide 1967), *If I Were Your Woman* und *Neither One Of Us*. Ab 1973 – ↗Roger Moore war der neue James Bond – waren Gladys Knight and the Pips bei Buddah Records unter Vertrag und brachten das Album *Imagination* heraus. Sie erhielten dafür deine Goldene Schallplatte. Danach folgten die erste Filmmusik zu *Claudine* und 1976 der erste Film, in dem Knight und ihr Mann ↗Barry Hankerson mitspielten *(Pipe Dreams)*. Nachdem sich die Gruppe The Pips getrennt hatte, strebte die Sängerin eine Solo-Karriere an. Der 1978 mit Columbia geschlossene Vertrag war zwar viel versprechend, doch die Erfolge ließen auf sich warten. Erst nachdem wieder Aufnahmen mit der alten Besetzung von The Pips gemacht wurden und sich Knight

erneut allein ins Rampenlicht wagte, hatte sie wieder den gewohnten Erfolg. Es war ein Versuch, an ↗Shirley Basseys ↗*Goldfinger*-Interpretation heranzukommen: Gladys Knight sang den Soundtrack zum sechzehnten offiziellen James-Bond-Film ↗*Lizenz zum Töten* (1989) – *Licence To Kill*. Das Lied wurde von ↗Narada Michael Walden, ↗Jeffrey Cohnen und ↗Walter Afanasieff geschrieben, produziert und arrangiert, die Originalmusik stammt von ↗Michael Kamen. Der Song schaffte es auf Platz sechs der englischen Charts. Knight war zurück im Geschäft.

KNIGHT, JACK (Synchronisation)
Die Synchronisation von ↗*Im Angesicht des Todes* (1985) übernahmen Jack Knight, Nigel Galt und Stanley Fiferman.

KNIGHT, MAXWELL
↗»M«

KNOCHEN (Waffe)
↗Ratte

KNOCHENSCHÜTTLER
↗Gloria-Express-Bobbahn

KNOPF
Die Idee, einen geheimnisvollen Knopf zu besitzen, stammt schon aus dem Roman ↗*Casino Royal*. Dort wird von einem ↗SMERSH-Mann (↗Goytschew) berichtet, der sich mit einem aus ↗Zyankali gepressten Knopf beim Verhör das Leben nahm. Mit dem Daumennagel löst James Bond im Roman ↗*Nichts geht mehr, Mr. Bond* einen Plastikstreifen vom oberen Knopf seines Jacketts. Der Streifen ist zweieinhalb Zentimeter lang und einen halben Zentimeter breit. Dann wählt der Agent die Nummer vom Schloss ↗»Three Sisters Castle« und klebt nach dem Freizeichen den Plastikstreifen auf die Sprechmuschel. So aktiviert sich im Schloss die von ihm installierte ↗Harmonikawanze. Der komplette Bereich in einem Umkreis von zehn Metern um das Telefon kann so von James Bond abgehört werden. In ↗*Liebesgrüße aus Moskau* (1963) lässt sich James Bond von einer Zigeunerin einen Knopf am Ärmel annähen. Im Film ↗*Casino Royale* (1966) wird ein Knopf von Sir James Bonds Kleidung ausgetauscht. Die Frauen von SMERSH wollen mit dem getarnten Peilsender Geschosse auf Bond lenken, um ihn zu töten. Der Knopf, so ↗Mimi später, sei magnetisch. Der Knopf in ↗*Leben und sterben lassen* (1973), der sich an James Bonds Bett in ↗Bungalow 12 befindet, ist in Wirklichkeit eine Wanze. 007 entdeckt das Abhörgerät durch seinen ↗Wanzendetektor. Eine weitere Wanze steckt in einer modernen Skulptur. Die Wanze dort schaltet Bond aus, indem er eine Weintraube darauf presst; den Knopf am Bett reißt er einfach heraus und übergibt ihn an ↗Rosie Carver.

KNOPF 1
Der erste Knopf von ↗Goodnights Kleid im Film ↗*Der Mann mit dem goldenen Colt* (1974) ist ein von ↗»Q« konstruierter Minisender, den sie später im Film in ↗Scaramangas Auto unterzubringen versucht.

KNOPFLOCH-MINOX (Kamera)
Neben einer ↗Rolleiflex mit Teleobjektiv wird James Bond im Roman ↗*007 James Bond und der Mann mit dem goldenen Colt* auch von einer Knopfloch-Minox fotografiert. Sinn und Zweck der Fotosession: 007s Identität soll bewiesen werden, da der Geheimdienst glaubt, Bond sei tot.

KNOTT III, EDDIE (Key-Grip)
Eddie Knott III war bei der Produktion von ↗*Lizenz zum Töten* (1989) der Key-Grip.

KNUT (Romanfigur)
Dieser Charakter kommt im Roman ↗*Operation Eisbrecher* vor. Der verschla-

gen wirkende Lappe Knut ist ein Verbündeter von ↗Paula Vacker, die mit James Bond zusammenarbeitet. Knut seinerseits ist mit dem Lappen ↗Trifon befreundet. Knut wird vom fliehenden ↗Kolja Mosolow getötet. Bond und Paula finden die Leiche mit durchschnittener Kehle.

KOBALT (Codewort)

Das Codewort »Kobalt« kommt nur im James-Bond-Roman ↗*Lizenz zum Töten* vor, nicht im Film. ↗»Q« bezeichnet den toten Agenten ↗Nick Fallon als »Kobalt«. Der Kontaktmann ↗Simon Rojas kennt das Wort und ist alarmiert.

KÖCHIN IN SHRUBLANDS (Filmcharakter)
↗Joanna Dickens

KOEKENHOFF, SOPHIE (Drehort-Produktionssekretärin)

Bei ↗*Der Hauch des Todes* (1987) arbeiteten Sophie Koekenhoff, Hind Hanif und Sonja Beutura als Drehort-Produktionssekretärinnen.

KOFFER

Es gibt kaum Geräte, die in James-Bond-Filmen und Romanen keine versteckten Waffen bergen, aber ein Koffer bietet die beste Möglichkeit. Bereits in ↗*Liebesgrüße aus Moskau* (1963) führte ↗»Q« eine Tränengaspatrone am oberen Rand eines Koffers vor, die explodierte, wenn ein Fremder den Koffer öffnete. Einen Koffer ohne technische Spielereien besitzt James Bond im Roman ↗*Diamantenfieber*. Es ist ein Gepäckstück aus Schweinsleder. 007 transportiert darin seine Kleidung. Die einzige Besonderheit, die von »Q« hinzugefügt wurde, ist ein schmales Fach für einen Schalldämpfer und dreißig Schuss Munition. James Bonds Koffer im Roman ↗*Liebesgrüße aus Moskau* ist schwer. Das Gepäckstück, das 007 mit an Bord eines ↗Viscount nimmt, enthält viele Spielereien der ↗Abteilung Q und hat deshalb ein so großes Gewicht. Bond hat in diesem Koffer auch ein Buch von ↗Eric Ambler. Insgesamt ist er 3,5 Kilo schwer. Er enthält fünfzig Schuss 25er-Munition zwischen Futter und Leder und zwei flache Wurfmesser. Der Griff des Koffers der Marke Swaine enthält eine Blausäurepille.

Im Roman ↗*Operation Eisbrecher* stammt das Handgepäckstück von ↗Q'sinchen alias ↗Ann Reilly, die den Koffer so umstrukturierte, dass beim Durchleuchten Waffen und Kommandomesser, die Bond bei sich trägt, unentdeckt bleiben. Ann Reilly stattet James Bond im Roman ↗*Countdown für die Ewigkeit* mit einem Koffer aus, der eine Steigerung zu dem Filmkoffer aus ↗*Liebesgrüße aus Moskau* darstellt. Er enthält eine hochempfindliche Abhörvorrichtung, einen ↗VL-22H-Empfänger zur Überwachungsabwehr, eine Minialarmanlage in einem ↗Füllfederhalter, über die 007 augenblicklich Verbindung zum Hauptquartier aufnehmen kann, um Hilfe anzufordern. Der Füller kann über einen Sender jederzeit geortet werden. Ferner enthält das Gepäckstück einen kleinen ↗Ultraschall-Transmitter sowie eine genaue Nachbildung von 007s ↗Dunhill-Feuerzeug, das ↗Halothan versprüht. In ↗*Die Ehre des Mr. Bond* freut sich 007, als er mit Schraubenziehern, die sein Füllfederhalter verbirgt, die winzigen vier Schrauben löst, die das rechte Kofferschloss halten. Unter dem Kofferschloss liegt eine Vertiefung mit zwei Reserveschlüsseln für den ↗Mulsanne Turbo.

Der Aktenkoffer aus dem Roman ↗*Scorpius* beeindruckt James Bonds Kollegen ↗Pearlman besonders. Das Gepäckstück ist mit einer Abschirmeinrichtung ausgestattet, kann also am Zoll und auf Flughäfen nicht durchleuchtet werden. Ein Geheimfach hat die richtige Größe, um mehrere Gegenstände aus der Abteilung Q und eine Waffe aufzunehmen. Ein Zusatzfach enthält die Browning Compact – eine Taschenpistole. Ferner verbergen sich in Bonds Koffer ein kleiner Verbandskasten,

Dietriche und mehrere Drähte. Der Koffer mit dem gefährlichsten Inhalt ist zweifellos der im Film ⊅ *Der Mann mit dem goldenen Colt* (1974). Darin befindet sich ⊅ Schnick Schnack, nachdem er auf ⊅ Scaramangas Dschunke von James Bond gefangen wurde. In ⊅ *Der Morgen stirbt nie* (1997) besitzt 007 einen Koffer mit einem Geheimfach, in dem er den ⊅ GPS-Kodierer zu einem US-Stützpunkt transportiert. Einen Film später, in ⊅ *Die Welt ist nicht genug* (1999), besitzt Bond einen Metallkoffer, der das Geld von ⊅ Sir Robert King und so auch den Auslöser für eine Bombe beinhaltet. ⊅ C4-Sprengstoff versteckt James Bond in ⊅ *Stirb an einem anderen Tag* (2002) in einem ⊅ Diamantenkoffer, den er in der ⊅ Pre-Title-Sequenz an ⊅ Colonel Moon übergibt.

KOFFERRAUM

Zwei Personen haben in James-Bond-Filmen einen Aufenthalt im Kofferraum eines Autos auszuhalten: ⊅ Mary Goodnight wird in ⊅ *Der Mann mit dem goldenen Colt* (1974) von ⊅ Scaramanga im Kofferraum seines Wagens entführt. ⊅ Koskov hingegen befindet sich in ⊅ *Der Hauch des Todes* (1987) nur auf ⊅ Saunders Wunsch im Kofferraum des Fahrzeugs mit dem Kennzeichen W2071182; er soll darin über die Grenze geschmuggelt werden. 007 ahnt, dass diese Idee zum Scheitern verurteilt ist. Er nimmt sich des Überläufers an.

KOH (Romanfigur)

Ein Abschnitt, der es nicht bis in den Film ⊅ *Der Morgen stirbt nie* (1997) schaffte, kommt in ⊅ Raymond Bensons gleichnamigem Roman vor. ⊅ Wai Lin trifft auf ⊅ General Koh, der sie über das Verschwinden von ⊅ General Chang informiert und sie beauftragt, Nachforschungen über Chang anzustellen. Als ⊅ Carver geschlagen ist, beaufsichtigt Koh höchstpersönlich die Operation, bei der Chang und ⊅ Hung festgenommen werden.

KOHEN, MUHAMMAT (Touristenführer)

Muhammat Kohen, ein Touristenführer in der Hagia Sophia in Istanbul, durfte in ⊅ *Liebesgrüße aus Moskau* (1963) einen Touristenführer in der Hagia Sophia spielen.

KOHLENLAUFEN

Auf der Flucht vor seinen Gegnern sieht sich James Bond in ⊅ *Octopussy* (1983) gezwungen, über glühende Kohlen zu laufen. Obwohl 007 Schuhe trägt, hört man ihn in der Originalversion stöhnen.

KOHLER, PHILIP (Produktionsmanager)

Für das Projekt ⊅ *In tödlicher Mission* (1981) gab es drei Produktionsmanager. Philip »Phil« Kohler war einer von ihnen. Er arbeitete mit ⊅ Mara Blasetti und Aspa Lambrou zusammen. Aufsicht bei der Produktion hatte ⊅ Bob Simmons. Auch bei ⊅ *Octopussy* (1983) bekleidete Kohler das Amt des Produktionsmanagers. Hier waren ihm ⊅ Barrie Osborne, ⊅ Leonard Gmür und ⊅ Gery Levy zur Seite gestellt. Er arbeitedes Weiteren bei ⊅ *Im Angesicht des Todes* (1985), bei ⊅ *Der Hauch des Todes* (1987) (hier mit ⊅ Sparky Greene, ⊅ Arno Ortmair, Leonhard Gmür und ⊅ Denise O'Dell), bei ⊅ *Lizenz zum Töten* (1989) und ⊅ *GoldenEye* (1995).

KOKON

Der hintere Teil der ⊅ Disco Volante im Film ⊅ *Feuerball* (1965) wurde im Drehbuch »Kokon« genannt. Als ⊅ Largos Verfolger auftauchen, klinkt er den Kokon einfach aus und flüchtet mit dem vorderen Teil des Schiffes, einem Tragflächenboot.

KOKLOW-AFFÄRE

Die Koklow-Affäre ist real und wurde von ⊅ Fleming in seinen Bond-Roman eingebaut. ⊅ Serow beraumt im Roman ⊅ *Liebesgrüße aus Moskau* ein Treffen an und informiert ⊅ General Grubozaboischenkow darüber, dass bei dieser Sitzung die Affäre

Koklow besprochen werden soll. Teilnehmer an dem Treffen kommen von ↗RUMID, dem ↗GRU und dem ↗MGB. Eine Affäre dieser Art soll sich nie wieder ereignen. ↗Donovan Grant erwähnt im Orient-Express gegenüber Bond noch einmal Koklow und bezeichnet ihn als »falschen Mann«. Wenn Grant selbst die Aufgabe erhalten hätte, so rühmt er sich, wäre er nicht zu den »Yankees« übergelaufen.

KOLIN, NICOLE (Drehort-Managerin)
Einen besonders feuchten Drehort hatten Nicole Kolin und ↗Tony Broccoli bei der Produktion von ↗*Lizenz zum Töten* (1989) zu managen: Sie waren als Drehortmanager für Unterwasseraufnahmen angestellt.

KOMINOWSKI, BOGDAN (Darsteller)
Bogdan Kominowski spielt in ↗*Im Angesicht des Todes* (1985) eine Figur, deren Name im Film selbst nicht genannt wird. Erst im Abspann erfährt man, dass der Rollenname Kominowskis »Klotkoff« lautet. Klotkoff ist ein Handlanger von ↗General Gogol und trifft auf ↗Max Zorin und ↗May Day. Letztere hebt ihn in die Luft und lässt ihn unsanft aufschlagen. Für die Szene wurde der Darsteller an Drähten angehoben, schließlich wog er 1985 ca. 90 kg.

KOMMANDANT (Romanfigur)
Eine Figur mit dem Künstlernamen »Kommandant« kommt im Roman ↗*007 James Bond im Dienst Ihrer Majestät* vor. Es handelt sich um keinen Geringeren als James Bond persönlich. ↗Draco bezeichnet ihn als seinen besten Freund. ↗Ché-Ché und ↗Toussaint erfahren 007s echten Namen nicht.

KOMMANDO DRACHE
↗Hugo Drax und ↗Willy Krebs lernten sich im Krieg bei einem Unternehmen kennen, das von Drax angeführt wurde. Es hieß »Kommando Drache«: Im Dezember 1944 sollte die 150. Panzerbrigade die amerikanischen Linien durchbrechen.

KOMMANDOMESSER
Die Kommandomesser des Geheimagenten tauchen unter anderem im Roman ↗*Operation Eisbrecher* auf. Hier hat sie 007 in seinem Aktenkoffer verstaut, den ↗Q'sinchen eigens für ihn kreiert hat. Der Kommandodolch ist von der Firma ↗Sykes-Fairbairn.

KOMMILITONE (Romanfigur)
Die Haustiere eines ehemaligen Kommilitonen retten im Roman ↗*James Bond und sein größter Fall* Bonds Tarnung als Meeresbiologe. Da sich der Zimmergenosse einst Fische hielt, die ↗Stromberg als »Test« serviert, kann sich Bond an den lateinischen Namen der Tiere erinnern: ↗Pachypanchax Playfairi.

KOMMUNIKATIONSOFFIZIER (Filmcharakter)
↗John Stephen Hil

KOMÖDIE DER IRRUNGEN
Als James Bond im Roman ↗*GoldenEye* auf ↗Miss Moneypenny trifft, ist diese mehr herausgeputzt als sonst. Moneypenny wollte ursprünglich ins Theater gehen, wurde aber wegen einer brisanten Sache bezüglich des ↗Tiger-Helikopters zum Notdienst im Hauptquartier des ↗MI6 verpflichtet. Bond hakt nach und erfährt, dass sie im Theater Shakespeares *Komödie der Irrungen* sehen wollte.

KOMPASS
↗Comics

»KOMPLIZIERTE« HANDLUNGSSTRÄNGE IN JAMES-BOND-FILMEN
Im Verlauf der Jahre boten immer wieder Handlungsstränge in 007-Filmen eine Angriffsfläche für Kritiker, die damit die unausgereiften Drehbücher oder die schlechte Strukturierung der James-Bond-Filme

deutlich machen wollten (»Die Zuschauer sind bei James Bond in den meisten Fällen leichte Kost gewohnt. Das Gehirn ist auf Mitdenken nicht vorbereitet«, J. Stellmacher). Die Kritiker begründeten die Misserfolge der Filme damit, dass sie zu kompliziert und deshalb schlecht nachzuvollziehen seien. Mögen diese Beispiele für James-Bond-Fans auch lächerlich erscheinen, wer den Film das erste Mal sieht und sich nicht vorher oder nachher intensiv mit der Handlung auseinander setzt, kommt ins Grübeln:
1) Welche Rolle hat der ↗Bulgare in ↗*Liebesgrüße aus Moskau* (1963), und was ist der eigentliche Plan von ↗Red Grant?
2) Der komplette Film ↗*Casino Royale* (1966) ist für Nicht-Bond-Fans schier undurchschaubar.
3) Welche Zusammenhänge bestehen bei James Bonds Ermittlungen in ↗*Im Geheimdienst Ihrer Majestät* (1969) zwischen ↗Gumbold und ↗Blofeld, und was hat 007, getarnt als ↗Bray, vor?
4) Wieso schwimmt in ↗*Diamantenfieber* (1971) ↗Plenty O'Toole tot in ↗Tiffany Cases Swimmingpool?
5) Warum wird 007 in ↗*Der Mann mit dem goldenen Colt* (1974) nicht von ↗Scaramanga auf der Straße erschossen, als dieser die Gelegenheit dazu hat?
6) Wo bleibt das echte, wo das falsche ↗Fabergé-Ei in ↗*Octopussy* (1983)? Wie ist die Beziehung zwischen ↗Kamal Khan und ↗Octopussy?
7) In ↗*Lizenz zum Töten* (1989) verwirrt Bonds Rachefeldzug besonders, als er ↗Milton Krest das zuvor gestohlene Geld an Bord der ↗Wave Krest schmuggelt. Welche Rolle spielt ↗Joe Butcher? Welchen Sinn haben die Preise/Spenden, die im Fernsehen genannt werden?

KONFERENZRAUM

Im Film ↗*Moonraker – streng geheim* (1979) kommt ein Konferenzraum vor, dessen Monitore, Sitze und eine große runde Tischplatte sich elektronisch in den Boden versenken lassen. Die Decke des Konferenzrraums, in der ↗Drax ↗Dr. Goodhead eingesperrt hat, lässt sich öffnen. 007 erkennt schnell, der Raum dient dazu, eine ↗Moonraker-Raumfähre darüber starten und ihre Explosionskraft der Triebwerke auffangen und ableiten zu lassen – James Bond und Goodhead sollen eingeäschert werden. Drax bezeichnet den Konferenzraum auch als »privates Krematorium« für die beiden Spione. Die Kulisse stammte von ↗Ken Adam.

KONFLIKTDIAMANTEN

↗Diamanten

KÖNIG ARTHUR

Als ↗Trilby Shrivenham im Roman ↗*Scorpius* aus ihrer Drogen- und Hypnoseohnmacht erwacht, spricht sie von seltsamen Dingen. James Bond zeichnet alles mit seinem Walkman auf. Trilby stammelt unter anderem: »Der Demütige wird erben. Der Demütige wird zu König Arthur gehen ...« Später muss 007 feststellen, dass es sich nicht um Phantasien handelt, sondern tatsächlich einen Sinn in sich birgt: Ein Terroranschlag findet in Glastonbury statt. Der kleine Marktflecken, in dem sich der Gewaltakt ereignet, soll der Ort sein, an dem der Stock des Josef von Arimathia gewachsen ist. Der Ort wird von vielen Artus-Forschern für das legendäre Avalon gehalten, in dessen Abtei er angeblich begraben liegt. Bond durchschaut die Geheimnisse zwar, kommt jedoch zu spät, um das Attentat zu verhindern.

KÖNIG DES FERNSEHENS

↗Elliot Carver, der Bösewicht im Buch und auch im Film ↗*Der Morgen stirbt nie* (1997), hat in ↗Raymond Bensons Roman den Spitznamen »König des Fernsehens«. Carver erhielt den Titel durch seine Popularität und seine Auftritte in TV-Shows von Hongkong.

KÖNIG DES TERRORS (Romanfigur)
↗ Wladimir Scorpius

KÖNIG DES TODES (Romanfigur)
↗ Jizo

DIE KÖNIGIN DER NACHT (Romanfigur)
Hinter dem Spitznamen »Die Königin der Nacht« verbirgt sich ↗ Peter Amadeus, der von ↗ Cindy Chalmer so genannt wird. James Bond kann das beim ersten Mal kaum glauben. Die Passage kommt im Buch ↗ *Die Ehre des Mr. Bond* vor. Autor ↗ Gardner fühlte sich durch Wolfgang Amadeus Mozarts *Zauberflöte* inspiriert, schon dort kam eine Figur mit Namen »Die Königin der Nacht« vor.

KÖNIGLICH ZOOLOGISCHE GESELLSCHAFT
↗ John Bryce

KÖNIGSBELUGA
↗ Kaviar

KONO (Romanfigur)
Kono ist in ↗ *Du lebst nur zweimal* Übersetzer für ↗ Ernst Stavro Blofeld. Er wird nur erwähnt, weil er Blofeld die Zeitungen aus dem Japanischen ins Englische übersetzt und der Schurke so erfährt, dass die Regierung an einer Untersuchung des ↗ »Gartens des Todes« interessiert ist. Nach den Beschreibungen im Roman müsste auch Kono ein Ex-Mitglied der ↗ Gesellschaft des Schwarzen Drachens sein.

KONSUM-ITALIENER (Filmcharakter)
Als »Konsum-Italiener« ist der Schauspieler ↗ Alfie Bass im elften James-Bond-Film ↗ *Moonraker – streng geheim* (1979) zu sehen.

KONTAKT@3422-589836 (E-Mail-Adresse)
↗ Natalja Simonowa versucht im Roman und auch im Film ↗ *GoldenEye* (1995), nach der Explosion von ↗ »Petya« Kontakt mit dem verschwunden ↗ Boris Grischenko aufzunehmen. In einem Computerladen in ↗ St. Petersburg hat sie die Gelegenheit, eine E-Mail abzusetzen. Die Russin gibt zweimal ein @ ein, was vermutlich für zwei verschiedene E-Mail-Adressen steht. Zum einen schreibt sie an ↗ madvlad@.mosu.comp.math mit dem Zusatz »edu«, dessen Bedeutung nicht geklärt ist, und gibt ferner auch »WICHTIG NATALYA KONTAKT@3422-589836« ein. Boris antwortet tatsächlich auf die Mails, doch er lockt Simonowa in eine Falle und bringt sie zusammen mit ↗ Xenia Onatopp zu ↗ »Janus«. Die E-Mail-Adressen tauchen nur in ↗ John Gardners Roman zum Film auf. Im Film sind sie nicht zu sehen und werden auch nicht genannt.

KONTAKTLINSEN
↗ Jack Petachi trägt in ↗ *Sag niemals nie* (1983) nach einer Augenoperation Kontaktlinsen, damit beide Augen wieder identisch aussehen. Unter der rechten Linse hat er eine Nachbildung des Auges des Präsidenten der USA, um nach Computerabtastung des Auges einen Plan ↗ SPECTREs durchführen zu können. Gefechtskopfattrappen sollen gegen Nuklearsprengköpfe ausgetauscht werden. Auch ↗ Rick Yune, der Darsteller des ↗ Zao, musste in ↗ *Stirb an einem anderen Tag* (2002) Kontaktlinsen tragen, um Reptilienaugen zu haben, wie es ↗ Michael Wilson bei einem Interview nannte.
↗ Julius No

KONVERSATION
Der Leser von ↗ *Stirb an einem anderen Tag* lernt, dass das Klingenspiel zwischen zwei Fechtern als »Konversation« bezeichnet wird.

KONVERSATIONSLEXIKON
↗ Bücher

KOPERSKY, JAN (Filmcharakter)
↗ Dr. Karl Mortner wird im Film ↗ *Im Angesicht des Todes* (1985) von CIA-Agent

↗Chuck Lee mit seinem wirklichen Namen Jan Koperski genannt. Eine Änderung, die in der deutschen Synchronversion vorgenommen wurde, denn im englischen Original hieß Mortner in Wirklichkeit ↗Hans Glaub und war deutscher Nazi-Arzt.

KOPFHÖRERSCHNUR (Waffe)
Mit der Kopfhörerschnur seines Walkmans stranguliert ↗Necros seine Opfer in ↗*Der Hauch des Todes* (1987). Necros hört ständig das Lied *Where Has Every Body Gone*.

KOPFHÖRER-WALKIE-TALKIE
↗Walkie-Talkie

KOPFJAGD
↗Tamil Rahani ruft im Roman ↗*Niemand lebt für immer* zur Kopfjagd auf. Ziel ist James Bond. Die ausgesetzte Belohnung auf 007s Schädel beträgt 10.000.000 Schweizer Franken.

KOPFKISSEN
James Bond schläft immer mit einer Pistole unter dem Kopfkissen. Dies ist in mehreren Filmen der Fall, wie in ↗*James Bond 007 jagt Dr. No* (1962). In ↗*Der Morgen stirbt nie* (1997) spricht er mit ↗Paris Carver über seine Angewohnheit und in ↗*Stirb an einem anderen Tag* (2002) wird sie ihm fast zum Verhängnis. ↗Miranda Frost leert in einer Liebesnacht das Magazin. Auch ↗Fiona Volpe fragt sich in ↗*Feuerball* (1965), wo Bond so rasch die Waffe herbekommen hat und er antwortet wahrheitsgemäß: »An sich spielt es keine Rolle, aber sie lag die ganze Zeit unter dem Kopfkissen.« Mit »die ganze Zeit« meint 007 den Zeitraum, in der er mit Volpe Sex hatte. Die Pistole liegt auch in zahlreichen Romanen wie ↗*Fahr zur Hölle, Mr. Bond!* unter dem Kopfkissen des Doppelnullagenten, doch ernsthafte Gedanken darüber macht er sich nur im Buch ↗*Der Spion, der mich liebte*: Er überlegt, wie die Behörden darauf reagieren würden, wenn seine und die Leiche von ↗Vivienne Michel gefunden werden würden, und sie auch eine Waffe unter dem Kopfkissen habe. Er spekuliert, ob dann jemand auf die Idee käme, sie beide wären in Gefahr gewesen, bevor sie durch ein Feuer im ↗»The Dreamy Pines«-Motel ums Leben kamen.

↗Waffe unter Kopfkissen, ↗Yo-Yo und ↗Kopfkissentrick.

KOPFKISSENBUCH
↗Kissy Suzuki bezeichnet eine Art Pornoheft im Roman ↗*Du lebst nur zweimal* als »Kopfkissenbuch«. Sie zeigt es 007, um ihn zu erregen. Bond, von dem sie vermutet hat, er sei impotent, zeigt Reaktionen und meint zu Suzuki: »Kissy, zieh dich aus und leg dich hin. Wir fangen auf Seite eins an!«

KOPFKISSENTRICK
James Bond benutzt zweimal in seiner Karriere den berühmten Kopfkissentrick. In ↗*James Bond 007 jagt Dr. No* (1962) drapiert er die Kissen so in seinem Bett, dass ↗Professor Dent glaubt, ein Mann läge darin. Der Killer in Nos Diensten feuert ein ganzes Magazin in die Kissen, als 007 plötzlich hinter der Tür auftaucht. In ↗*Der Mann mit dem goldenen Colt* (1974) ist es zuerst ↗Goodnight, die im Bett liegt. In einem unbeobachteten Moment tauscht Bond Goodnight gegen Kissen aus und lässt ↗Andrea Anders damit im Glauben, er sei den ganzen Abend allein gewesen.

KOPFSCHUSS
Der in der James-Bond-Film-Geschichte tragischste Kopfschuss trifft ↗Teresa Bond in ↗*Im Geheimdienst Ihrer Majestät* (1969). Weitere Personen, die einem Kopfschuss zum Opfer fallen, sind ↗Le Chiffre in ↗*Casino Royale* (1966), ein Blofeld-Double in ↗*Diamantenfieber* (1971), ↗Rodney und ↗Gibson in ↗*Der Mann mit dem goldenen Colt* (1974), ein Wachposten ↗Strombergs in ↗*Der Spion, der mich liebte* (1977), ein Soldat in ↗*Octopussy*

(1983), ↗Dimitri Mishkin in ↗*GoldenEye* (1995), ↗Dr. Kaufman in ↗*Der Morgen stirbt nie* (1997) und zahlreiche Nebenfiguren.

KOPFSTOSS

Der letzte Schlag, den 007 ↗Alec Trevelyan in ↗*GoldenEye* (1995) verpasst, ist ein Kopfstoß. Durch den Zusammenstoß der Köpfe wird der Ex-Agent 006 nach hinten geschleudert und verliert das Gleichgewicht.

KOPIERER

Das erste Modell eines Kopierers können die Zuschauer im Film ↗*Im Geheimdienst Ihrer Majestät* (1969) bewundern. Es ist hier noch mit einem Safeknacker gekoppelt. Die Szene fehlt in vielen Versionen (↗Cutscenes), vermutlich um die Filmlänge auf ein »Normalmaß« zu reduzieren. Im letzten Roger-Moore-Bond ↗*Im Angesicht des Todes* (1985) hat sich die Größe des Kopierers erheblich verändert. Das Mikrowellengerät aus *Im Geheimdienst Ihrer Majestät* wich einem in Westentaschenformat. 007 nutzt den Kleinkopierer, um einen Scheck zu duplizieren. Der Kopierer ist so eher ein Duplizierer, denn er kann durch die Druckstellen der Durchschrift ein zweites Original erstellen.

↗Schriftreproduzierer

KOPP, NED (Produktionsmanager)

Produktionsmanager bei ↗*Im Angesicht des Todes* (1985) waren ↗Philip Kohler, ↗Serge Touboul, ↗Leonhard Gmür, Ned Kopp & Company und ↗Jon Thor Hannesson. Bei ↗*Lizenz zum Töten* (1989) hatte Kopp die Produktionsaufsicht in Florida.

KORBAUFZUG

Ein Korbaufzug ist in ↗*In tödlicher Mission* (1981) die einzige sichere Möglichkeit, um auf das Felsenkloster ↗St. Cyril's zu kommen.

KORDA, ALEXANDER

Einer der Ersten im Filmgeschäft, die eine Option darauf hatten, James-Bond-Romane zu verfilmen, war Alexander Korda. Er hatte sich 1954 die Rechte an ↗*Live And Let Die* gesichert, ließ die Option aber verfallen, und so entging ihm die Chance, mit den Bond-Filmen Millionen zu machen.

KOREANER (Filmcharaktere)

Zweimal muss sich James Bond in seinem Filmleben gegen Koreaner zur Wehr setzen. Der erste läuft ihm in ↗*Goldfinger* (1964) über den Weg, es ist ↗Oddjob. Der zweite Koreaner taucht erst Jahrzehnte später auf: ↗Zao in ↗*Stirb an einem anderen Tag* (2002).

KORFU (Ort)

↗Lisa von Sahm stirbt im Film ↗*In tödlicher Mission* (1981) am Strand von Korfu, als ↗Emilie Leopold Locque sie mit einem Strandbuggy anfährt. ↗Pierce Brosnan kam erstmals aktiv mit James Bond auf Korfu in Verbindung. Er besuchte seine Frau ↗Cassandra Harris und fiel nach langer Zeit erneut dem Produzenten ↗Albert R. Broccoli auf, der den Iren auch später für die Rolle des 007 im Film ↗*Der Hauch des Todes* (1987) haben wollte.

KORKEN

Zur Tarnung schmiert sich James Bond Junior in ↗*003½ James Bond Junior* mit einem geschwärzten Korken Streifen ins Gesicht.

KORKENZIEHER (Waffe)

Ein kleiner Überraschungseffekt wird am Ende von ↗*Diamantenfieber* (1971) geboten, als ↗Mr. Wint ansetzt und mit einem Korkenzieher ausholt. Der Zuschauer glaubt, die Spitze des Korkenziehers würde James Bond treffen. Dem ist aber nicht so. Nach dem Schnitt wird klar, dass Wint nur den ↗Mouton Rothschild öffnet.

KORMORAN (Tier)
↗ David

KÖRPERKONTROLLE
↗ James Bond

KÖRPERSCAN
Erst nach einem Körperscan öffnen sich in ↗ *Sag niemals nie* (1983) die Gitter, die ↗ Fatima Blush den Weg zu einer ↗ SPECTRE-Versammlung versperren. ↗ Nummer 12 der Organisation kann so passieren.

KÖRPERSPRACHE
Als ↗ »M« im Roman ↗ *Lizenz zum Töten* streng mit James Bond ist, weil dieser ↗ Ed Killifer dem ↗ »Zahnzauberer« vorgeworfen hat, benutzt er die Körpersprache für »Töten«: Er deutet mit dem ausgestreckten Zeigefinger auf den Geheimagenten 007, dem kurz darauf die Lizenz entzogen wird.

KÖRPERUHR
↗ Innere Uhr

KÖRPERWELTEN
Figuren aus ↗ Gunther von Hagens Ausstellung »Körperwelten« sind in ↗ *Casino Royale* (2006) zu sehen. Die plastinierten Körper sitzen in dieser Einstellung an einem Pokertisch. Die »Körperwelten«-Ausstellung im Miami Science Center wurde in einem Prager Marmor-Mausoleum gedreht. Dieses bizarres Panoptikum ist aber nicht nur im Bond-Film zu sehen: In der südbrandenburgischen Grenzstadt Guben hat der umstrittene Anatom Gunther von Hagens das nach seinen Angaben weltweit erste Plastinarium eingerichtet. Bis zu 5000 Besucher können hier täglich zur Leichenschau kommen.

DER KORSE (Romanfigur)
Neben dem ↗ »Trauergast« gehört der Korse im Roman ↗ *Casino Royale* zu ↗ Le Chiffres Leuten. Der Korse verfügt über einen Spazierstock mit eingebauter Waffe, durch den 007 in Bedrängnis gerät. Nachdem Bond und ↗ Vesper von Le Chiffre in ihre Gewalt gebracht worden sind, bezeichnet 007 den Mittäter nur als »Korsen«. Er startet einen Angriff auf den Mann, der vermutlich ↗ Jiu-Jitsu beherrscht. 007 kann nichts ausrichten. Der Gegner Bonds wird am Ende des Buches von einem ↗ SMERSH-Mann mit einem Genickschuss hingerichtet.

KORSHAK, SIDNEY (Anwalt)
Nur wegen seiner Tätigkeit als Anwalt, der Drehgenehmigungen für Schauplätze in den USA (vor allem Las Vegas) einholte, hätte Sidney Korshak wohl kaum den Sprung ins James-Bond-Lexikon geschafft. Korshak, der die Verhandlungen für ↗ *Diamantenfieber* (1971) führte, fragte bei ↗ Albert R. Broccoli an, ob man nicht seine langjährige Freundin ↗ Jill St. John mit einer Nebenrolle im siebten offiziellen James-Bond-Film bedenken könne. Broccoli ließ St. John casten und hielt sie für so gut, dass er ihr die weibliche Hauptrolle ↗ Tiffany Case anbot.

KORSISCHE BLUTRACHE
Siehe auch Inhaltsangabe ↗ *Never Dream Of Dying*

KOSKOV ESCAPES (Lied)
↗ *The Living Daylights* (Soundtrack)

KOSKOV, GEORGI (Filmcharakter)
Einer von vielen Bösewichten im Film ↗ *Der Hauch des Todes* (1987) ist Georgi Koskov (auch: Koskow). Der von ↗ Jeroen Krabbé verkörperte ↗ KGB-General tut so, als wolle er in den Westen überlaufen. Bond unterstützt ihn dabei. Doch eigentlich will Koskov ↗ General Leonid Puschkin den Plan ↗ »Smiert Spionem« anhängen und ihn so zum größenwahnsinnigen Mörder stempeln. Wenn der britische Geheimdienst Puschkin aus dem Weg räumt, ist Koskov seinen Vorgesetzten los und

kann dann seine Pläne verfolgen, bei denen es um Rohopium und Waffenlieferungen geht. Koskov steckt auch mit ↗ Brad Whitaker unter einer Decke. Nachdem 007 Whitaker getötet hat, wird Koskov von Puschkin gefangen genommen und soll als »Diplomatenasche« enden, also hingerichtet werden.

KOSLOVSKI (Filmcharakter)
Koslovski ist in ↗ *Liebesgrüße aus Moskau* (1963) ein Sicherheitschef, den James Bond und ↗ Kerim Bey per Periskop beobachten.

KOTTO, YAPHET (Darsteller)
Yaphet Kotto wurde am 15. November 1937 in New York geboren. Er wuchs im Stadtteil Harlem auf. Kotto wollte gern Schauspieler werden und sah sich Nachrichtensendungen und Reden an, um dadurch unterschiedliche Sprechweisen zu lernen und seinen Wortschatz zu erweitern. Nachdem der junge Kotto sich die Grundlagen der Körperbewegungen angelesen und viele tänzerische Elemente ausprobiert hatte, begann er seine schauspielerische Ausbildung am American Conservatory Theater. Weil er aus Harlem kam, wurde der frisch gebackene Darsteller nicht immer mit Samthandschuhen angefasst, doch seine durchweg guten Leistungen als Schauspieler verhalfen ihm schnell zu zahlreichen Bühnenrollen. Über das Theater kam Yaphet Kotto zum Film. Seine erste Rolle hatte er in *Nichts als ein Mensch* (1964), und es folgten Produktionen wie *Thomas Crown ist nicht zu fassen* (1967) – ↗ Pierce Brosnan war 1998 in einem Remake dieses Films auf der Leinwand zu sehen –, *Glut der Gewalt* (1969) und *Straße zum Jenseits* (1972). Kotto spielte in mehreren Fernsehserien mit und wurde über New York hinaus bekannt.

1971 gründete er die Firma New Era Productions, die allen Darstellern, Regisseuren und anderen Filmleuten offen stand, die es nicht auf dem herkömmlichen Weg schafften, Erfolg zu haben. Kotto unterstützte damit unbekannte Personen, die wie er einst vom Ruhm träumten. 1972 bekam Kotto das Angebot, eine Doppelrolle im achten offiziellen James-Bond-Film ↗ *Leben und sterben lassen* (1973) zu übernehmen. »Ein schwarzer Gegner, der James Bond zusetzt, diesen Part konnte ich auf keinen Fall ablehnen. Es war ein großer Schritt für die Gleichstellung zwischen Schwarz und Weiß«, äußerte sich Kotto nach den Dreharbeiten. Die von ihm gespielte Doppelrolle ist ↗ Mr. Big/Dr. Kananga. Der erste schwarze Bösewicht in einer Hauptrolle ist eine Besonderheit, mit der es der achte James-Bond-Film *Leben und sterben lassen* (1973) glänzt. Damals war das Publikum empört, und man sprach von 007 sogar als »rassistischem Schwein«. Heute hat Yaphet Kotto bei 007-Fans einen ganz besonderen Stellenwert.

Kurz nach Drehbeginn verlor der Darsteller die Rolle fast wieder. Regisseur ↗ Guy Hamilton fiel ein Foto in die Hände, das Kotto zeigte, wie er mit »Black Power Salute« grüßte. Der Name Kananga wurde von den Drehbuchautoren gewählt, weil ↗ Ross Kananga, ein Krokodilzüchter, die Idee zu einem hervorragenden Stunt hatte, bei dem er selbst 007 doubelte und über die Rücken von drei echten Krokodilen laufen sollte. Kananga selbst führte den Stunt dann aus und geriet mehrfach in Lebensgefahr. Nach dem Auftritt neben 007 hielt sich Yaphet Kotto an der Spitze der weltbesten Darsteller und trat in Filmen wie *Der einsame Job* (1974) und *Brubaker* (1979) auf. Im gleichen Jahr feierte er neben Sigourney Weaver einen großen Erfolg als Crewmitglied eines Raumschiffes im Film *Alien* (1979). Seit Mitte der 1990er Jahre arbeitet Kotto nur noch für das Fernsehen, heute lebt er mit seiner zweiten Frau in Washington.

KOTZE (Romanfigur)
Zu ↗ Ernst Stavro Blofelds Team im Roman ↗ *Feuerball* gehört der ostdeutsche Physi-

ker Kotze, der vor fünf Jahren in den Westen gekommen ist. James Bond und ↗Felix Leiter werden skeptisch, als sie erfahren, dass in ↗Largos Team ein Mann mit Namen ↗Emil Traut tätig ist. Leiter glaubt, bei Traut handelt es sich um Kotze, und so ist es auch. Kotze, der für seine Informationen nach dem Überlaufen reich entlohnt wurde, war zunächst in der Schweiz, und nun ist er wieder auf den Bahamas tätig. Kotze trägt bei ↗SPECTRE die Nummer 5. Er ist auch für die Tarnung von Emilio Largo und dessen Männer zuständig. Kotze schafft es mit Hilfe von Säure, Münzen aus dem siebzehnten Jahrhundert so zu erodieren, dass sie aussehen, als habe man sie aus dem Meer geborgen. So wird vorgetäuscht, die ↗Disco Volante habe wegen einer Schatzsuche geankert. Kotze schlägt auch vor, ↗Dominetta Vitali zu ertränken. Die Figur wurde für die deutsche Synchronversion des Films ↗Feuerball (1965) in ↗Kutz umbenannt, um beim Publikum keine Lacher auszulösen. Hier ist die Figur auch nicht auf den Tod von ↗Domino bedacht, sondern hilft ihr zu entkommen.

KOVACS (Filmcharakter)
Dr. Kovacs kommt im Film ↗Sag niemals nie (1983) vor und wird von ↗Milow Kirek dargestellt. Kovacs ist für den reibungslosen Ablauf beim Abfangen der Atomsprengköpfe verantwortlich. Als linke Hand von ↗Maximilian Largo (rechte Hand ist ↗Fatima Blush) kennt er auch die Codes, um die Bomben scharf zu machen.

KOWLOON (Ort)
Hongkong und Kowloon kommen nicht nur im Film ↗Der Mann mit dem goldenen Colt (1974) vor, in dem 007 ↗Hip auf den richtigen Weg hinweist. Auch im Roman ↗Nichts geht mehr, Mr. Bond bereist der Geheimagent den »geheimnisvollen, fernen Osten«. Er hat ↗Ebbie Heritage dabei und erinnert sich, vor zwei Jahren das letzte Mal in Kowloon gewesen zu sein. Im Roman ↗Stirb an einem anderen Tag flüchtet 007 vor dem ↗MI6 und läuft die Kaimauer in Kowloon im Victoria Harbour entlang.

KOWLOON BAY (Lied)
↗Tomorrow Never Dies (Soundtrack)

KRA (Filmcharakter)
Kra ist im Film ↗Der Mann mit dem goldenen Colt (1974) für Technik und Wartung des Solarkraftwerks zuständig. Er wird von ↗Goodnight niedergeschlagen und stürzt in flüssiges Helium. Sein Körper gefriert bei minus 270° C. Kra wurde von Stuntman und Darsteller ↗Sonny Caldinez verkörpert. Viele Bond-Fans hätten sich zwischen Kra und 007 in diesem Film eine handfeste Auseinandersetzung erhofft, zu der es aber nicht kam.

KRABBE
Im Roman ↗James Bond 007 jagt Dr. No wird erklärt, warum ↗Crab Key diesen Namen trägt. Unzählige Landkrabben, die von den Einheimischen »Schwarze Krabben« genannt werden, leben auf der Insel. Die Krabbenart ist etwa ein Pfund schwer und untertassengroß. ↗Dr. No freut sich: »Sie vertilgen alles, was sie unterwegs antreffen.«

Im Roman will Doktor No ↗Honeychile Rider von den Krabben fressen lassen. Rider klärt 007 später auf, die Krabben hätten ihr gar nichts getan, weil sie sich von Pflanzen ernähren und nur durch offene Wunden auf den Geschmack gekommen wären. Dr. Nos Plan ging nicht auf. Diese Szene war auch für den gleichnamigen Film von 1962 geplant, doch die Krabben, die für die Dreharbeiten nach London gebracht wurden, waren durch die lange Reise halbtot – sie wirkten ↗Terence Young nicht gefährlich genug, und er ließ die Szenen ändern: Rider sollte einfach nur überflutet werden und ertrinken. Kritiker begrüßten die Idee des »harmlosen Todes«.

↗Codes

KRABBÉ, JEROEN (Darsteller)
Jeroen Krabbé wurde in einer Künstlerfamilie groß und ließ sich schon früh von seinem Vater, einem ausgezeichneten Maler, dazu inspirieren, selbst zu malen. Der am 5. Dezember 1944 in Amsterdam geborene Krabbé lernte auch schon in jungen Jahren Fremdsprachen, weil seine Mutter als Dolmetscherin für mehrere Firmen tätig war. Sie war auch an der Synchronisation einiger Bond-Filme ins Niederländische beteiligt. Jeroen Krabbé bewarb sich nach Beendigung der Schule bei der Akademie der schönen Künste. Er war der jüngste Student, der jemals aufgenommen wurde.

Zwei Jahrzehnte später ließ er sich als Hollands berühmtester Schauspieler feiern. Nach dem Abschluss des Studiums 1965 erhielt der Darsteller zahlreiche Angebote an Repertoiretheatern. Um sich seine Rollen selbst aussuchen zu können, gründete Krabbé eine eigene Theatergruppe, mit der er bis 1970 durch England tourte. Sie spielten Stücke wie *How the other half lives*, *Relatively Speaking* und *Cyrano de Bergerac*. 1985 landete Krabbé einen Sensationshit mit dem Stück *Das Tagebuch der Anne Frank*, in dem er Annes Vater spielte. Er führte Regie und wurde dafür mehrfach ausgezeichnet. Das Stück wurde zum bestbesuchten Theaterstück der Niederlande. Nach dem Erfolg auf der Bühne ließen TV-Angebote nicht lange auf sich warten, so war Krabbé u. a. in *Der Soldat von Oranien* (1977), *Der Dritte Weltkrieg* und in den Serien *Miami Vice* und *Denver-Clan* zu sehen.

Der Schauspieler und Künstler Jeroen Krabbé verkörpert in ↗*Der Hauch des Todes* (1987) den Bösewicht ↗Georgi Koskov. Als das Angebot zu diesem Film 1986 kam, stand Krabbé vor einem Problem, denn er hatte bereits einen Vertrag für den Film *Der Sizilianer* unterschrieben. Zu seinem Glück stimmten die Produzenten einem Auflösungsvertrag zu. Krabbés Äußeres sollte, um ihn böser wirken zu lassen, zunächst völlig geändert werden. Schließlich verwarf man die Idee, um den Zuschauer zu Beginn des Films im Glauben zu lassen, er sei auf der Seite James Bonds. Jeroen Krabbé malt auch heute noch. Nach der Produktion von *Der Hauch des Todes* (1987) fertigte er über 50 Ölgemälde an, die aus Skizzen entstanden, die er während der Dreharbeiten gemacht hatte.

Der Niederländer präsentierte 1999 mit seinem Regie-Debüt *Kalmans Geheimnis* eine einfühlsame Geschichte über das Leben nach dem Holocaust. Krabbé tritt mit seinem wunderbar besetzten Film für Toleranz zwischen Generationen und Kulturen ein. Neben Isabella Rossellini und Maximilian Schell wirkte auch ↗Chaim Topol mit, der schon in ↗*In tödlicher Mission* (1981) aufgetreten war. Der Maler und Schauspieler war eng mit Regisseur Paul Verhoeven befreundet, der ihn in seinen Filmen *Spetters – knallhart und romantisch* (1980) und *Der vierte Mann* (1983) eingesetzt hatte. In den 1990er Jahren spielte Krabbé in den Filmen *Kafka* (1992), *Auf der Flucht* (1993) und *Auf immer und ewig* (1998) mit. Er lebt mit seiner Frau und drei Kindern abwechselnd in den Niederlanden und Amerika.

KRABBENFISCHER
↗O'Rourke

KRABBENMANN (Filmcharakter)
↗Don Topping

KRAGENSTÄBCHEN
Mit Hilfe der Kragenstäbchen aus der ↗Abteilung Q kann sich James Bond im Roman ↗*The Man With The Red Tattoo* von seinen Fesseln befreien. Im Kragenstäbchen befindet sich ein Messer.

KRÄHE
In der ↗Pre-Title-Sequenz von ↗*Der Mann mit dem goldenen Colt* (1974) hält eine Krähe den goldenen Colt im Schnabel.

KRAKE
Als 007 in ↗*James Bond 007 jagt Dr. No* durch ein Röhrensystem kriecht, stößt er auf einen zwölf Meter langen und über eine Tonne schweren Kraken. Es gelingt Bond, seinen Speer in das Auge des Kraken zu stoßen und den Angriff zu überleben.

KRAKE (Romanfigur)
Im Roman ↗*James Bond 007 jagt Dr. No* wird laut Auskunft von ↗Quarrel der Besitzer von Joy Boats »Krake« genannt, weil er einst mit einem riesigen Tintenfisch gekämpft hatte. Die Figur wurde im gleichnamigen Film von 1962 in ↗»Pussfaller« umbenannt.

KRAKE
↗Prater

KRALLHUND (Codewort)
Dantes ↗*Inferno* liefert in ↗*Sieg oder stirb, Mr. Bond* Codewörter zur Genüge. Auch »Krallhund« wird benutzt, als James Bond beim ↗MI6 anruft. Es signalisiert den korrekten Ablauf der Operation.

KRAN
Mit Hilfe eines Krans lässt sich James Bond von ↗Campbell in ↗*Im Geheimdienst Ihrer Majestät* (1969) einen Safeknacker auf den Balkon der Rechtsanwaltspraxis der ↗Gebrüder Gumbold liefern. 007 wirft das Gerät, das über einen integrierten Kopierer verfügt, nach Gebrauch wieder in einen riesigen Behälter zurück, der durch den Kran am Balkon vorbeischwenkt. Campbell beobachtet die gesamte Aktion.

KRANKENSCHWESTER IN SHRUBLANDS
(Filmcharakter)
↗Lucy Hornak

KRATERGESCHÜTZE
Besondere Waffen hat Blofeld in ↗*Man lebt nur zweimal* (1967) an seinem Unterschlupf angebracht. Seine Geschütze am Vulkankrater haben eine Feuerstärke, um eine ganze Armee in die Knie zu zwingen. Durch Bonds Einsatz schaffen es ↗Tiger Tanakas Ninjas dennoch, in den Vulkan zu gelangen.

KRATT (Filmcharakter)
Kratt wird vom Deutschen Clemens Schick gespielt.
↗*Casino Royale* (2006)

KRATZER (Codewort)
Das Codewort »Kratzer« hat im Roman ↗*Sieg oder stirb, Mr. Bond* eine Bedeutung für die Terroristen. So signalisieren die ↗BAST-Verbrecher, dass ↗Clover Pennington und ihre ↗Wrens in Bereitschaft bleiben sollen. Auch die Codewörter ↗»Entweihen« und ↗»Mützen ab« fallen.

KRATZERSICHERUNG
Um zu sehen, ob sich jemand in Bonds Zimmer umgesehen hat, machte der Agent im Roman ↗*Casino Royale* einen Kratzer am kupfernen Ventil des Spülkastens. Wenn jemand am Wasserkasten war, muss nur der Wasserstand mit dem Kratzer verglichen werden und der unerwünschte Besucher wäre aufgeflogen – die Sicherung zeigt, dass niemand da war.
↗Ritz-Sicherung
Im Roman ↗*James Bond und sein größter Fall* macht 007 im Wasserbehälter seiner Toilette neben dem Schwimmer einen Kratzer in Höhe des Wasserstandes. Er will daran erkennen, ob jemand in seinem Zimmer war und vielleicht unfreiwillig für Veränderungen des Wasserstandes gesorgt hat – beispielsweise beim Herunterspülen von Gegenständen.

KRAWATTE
Dass James Bond die Krawatte gerade rückt, nachdem er ↗Grant in ↗*Liebesgrüße aus Moskau* (1963) erdrosselt hat, geht mehr oder minder unter. In anderen Filmen kommt die subtile Handlung

des Agenten besser zum Ausdruck. James Bonds Krawatte ist ↗Sandors letzter Halt in ↗*Der Spion, der mich liebte* (1977). Die beiden Männer, die sich auf einem Häuserdach in Kairo prügeln, kommen dem Rand des Dachs sehr nahe. Kurz bevor Sandor in die Tiefe stürzt, greift er nach Bonds Krawatte. 007 presst aus dem Killer noch den Aufenthaltsort von ↗Fekkesh heraus und lässt den Ganoven dann abstürzen. James Bonds Angewohnheit, nach einer brenzligen Situation elegant seine Krawatte zurechtzurücken, ist eine Idee von ↗Martin Campbell. Bond zieht in ↗*GoldenEye* (1995) den Krawattenknoten straff, als er zwei Polizeifahrzeuge mit seinem Panzer zum Auffahrunfall getrieben hat. ↗Michael Apted fand die Idee mit der Krawatte gut, und sie wurde in *Die Welt ist nicht genug* (1999) erneut eingebaut. Hier wirkt sie jedoch etwas überspitzt: 007 zieht sich die Krawatte zurecht, als er mit dem ↗»Q-Boot« unter einer Brücke durch die Themse taucht, um dem ↗Cigar-Girl zu folgen. Ebenfalls in ↗*Die Welt ist nicht genug* hat 007 einen kleinen Konflikt mit einem Rausschmeißer von ↗Valentin Zukovsky auszutragen. Bond ist der bessere Kämpfer, er schleudert seinen Gegner herum und nagelt ihn mit dessen Messer, das er durch die Krawatte des Mannes spießt, an der Theke fest. Nachdem James Bond seinen Wodka-Martini getrunken hat, geht er zu Zukovsky. Auch ↗Beißer, der von James Bond in ↗*Der Spion, der mich liebte* (1977) aus einem fahrenden Zug geschleudert wurde, zeigt elegante Anwandlungen: Der Riese steht nach dem Sturz wieder auf und rückt seine Krawatte zurecht, wie es normalerweise 007 tun würde. Ursprünglich sollte Beißer in ↗*Moonraker – streng geheim* (1979) nach dem Absturz ohne geöffneten Fallschirm in ein Zirkuszelt auch seine Krawatte richten. ↗Lewis Gilbert ließ die Szene später entfernen, es entstanden aber Szenenfotos.

KRAWATTENKNOTEN
↗Windsor-Knoten

KREBS, WILLY (Romanfigur)
Adjutant und Leibwächter von ↗Hugo Drax im Roman ↗*Mondblitz* ist der unangenehme Zeitgenosse Willy Krebs. »Bond schüttelte eine feuchte, schlaffe Hand und sah in einem schwammigen Gesicht zwei unruhige pechschwarze Augen, die seinem Blick auswichen.« Krebs trägt einen Schnurrbart wie ↗Dr. Walter, die rechte Hand Drax'. Hugo Drax alias Hugo von der Drache hat Krebs im Krieg kennen gelernt. Beide waren beim Kommando Drache dabei, und Krebs war mit Leib und Seele als Anführer einer zehnköpfigen Gruppe bei den Hitlerjugend-Werwölfen.

KREISELKOMPASS-BOMBE
Der Rausschmeißer im Kasino, der James Bond im Film ↗*Sag niemals nie* (1983) den Einlass verwehrt, wird von 007 auf besonders witzige Weise hereingelegt. Bond drückt dem bewaffneten Mann in einer Besenkammer eine Zigarrenbox in die Hand und behauptet, es sei eine Kreiselkompass-Bombe: »... bei der geringsten Bewegung seitwärts Ihrerseits könnte man Sie hinterher im Eierbecher servieren«, erklärt 007 die Wirkungsweise der angeblichen Waffe. Als er sich nach getaner Arbeit die Zigarrenbox wieder abholt, bricht der Rausschmeißer ohnmächtig zusammen.

KREISLAUFTAUCHGERÄT
↗Anspielungen in ↗*Stirb an einem anderen Tag*

KREISSÄGE (Waffe)
Im Buch ↗*Goldfinger* soll James Bond von einer Kreissäge zerschnitten werden. ↗Flemings Idee wurde für den gleichnamigen Film von 1964 aufgewertet. Hierin ist es ein Laser, der Bond zerteilen soll.

KREMATORIUM

↗ Morton Slumber ist in ↗ *Diamantenfieber* (1971) der Betreiber eines Krematoriums, in dem ↗ Mr. Wint und ↗ Mr. Kidd James Bond einäschern wollen. Auch ↗ Hugo Drax besitzt in ↗ *Moonraker – streng geheim* (1979) eine Art Krematorium.

↗ Konferenzraum

KREML

↗ Kunstlager des Kremls

KREST, ELIZABETH (Romanfigur)

Die Ehefrau von ↗ Milton Krest in der Kurzgeschichte ↗ *Die Hildebrand-Rarität* heißt Elizabeth Krest, Spitzname Liz. Ihr Mann behandelt sie herablassend, und sie tut alles, was er sagt. Sie ist zwei Jahre mit ihm verheiratet und arbeitete zuvor als Empfangsdame im Krest-Konzern. Als sie Bond von sich erzählt, kommt Milton Krest dazwischen und wird eifersüchtig. Was er ihr in der Folgenacht antut, bleibt offen, aber sie wurde von Krest bereits einmal ausgepeitscht. Liz Krest rächt sich aber mit großer Wahrscheinlichkeit an ihrem Mann, indem sie ihm des Nachts die »Hildebrand-Rarität« in den Rachen schiebt und ihn jämmerlich ersticken lässt.

KREST-HOTELS

↗ Milton Krest

KREST, MILTON (Romanfigur)

Der Amerikaner ↗ Milton Krest kommt als Besitzer der Krest-Hotels und als Gründer der Krest-Stiftung in der Kurzgeschichte ↗ *Die Hildebrand-Rarität* vor. »Gebaut auf der Bronsonwerft, deren Hauptaktionär zufällig ich bin«, meint Krest über sein Schiff ↗ Wavecrest. Krest wird wie folgt beschrieben: »Er wirkte zäh, robust und schien an die Fünfzig zu sein. (...) Die hellbraunen Augen in dem wetterharten Gesicht blickten schläfrig, ja arrogant, die Mundwinkel waren nach unten gezogen, was Humor oder Geringschätzung bedeuten konnte – wohl eher das zweite –, und seine Worte klangen so hingeworfen, wie man einem Kuli das Trinkgeld hinwirft.« 007 fühlt sich durch Krest an Humphrey Bogart erinnert. Krest hat kurzes graumeliertes, schütteres Haar, einen runden Kopf und trägt eine Adler- und Ankertätowierung auf dem rechten Unterarm. Die Haut des Mannes scheint aus Leder zu sein. Bond denkt über Krest, er fühle sich an, als wäre er von Hemingway erfunden. Liz Krest, seit zwei Jahren seine Frau, nennt ihn liebevoll »Milt«. Nach ihrer Aussage versuche ihr Mann immer, alle zu ärgern, und mag Amerikaner. Krest wurde als Sohn eines Deutschen geboren und glaubt, alle Europäer seien dekadent und nutzlos. James Bond selbst fällt auf, wie oft er gegen Männer deutscher Herkunft antritt (»Wieder einmal der alte Hunne«, dachte Bond). Krest behandelt seine Frau schlecht und hat sie auch schon ausgepeitscht. Eines Nachts wird er getötet. James Bond findet die Leiche und wirft sie über Bord.

KREST, MILTON (Romanfigur/Filmcharakter)

Milton Krest fühlt sich im Roman ↗ *Lizenz zum Töten* James Bond überlegen. 007 ist auf der Suche nach den Männern, die ↗ Felix Leiter verstümmelten, und Krest steht mit seiner Firma ↗ »Ocean Exotica Inc.« ganz oben auf der Liste der Verdächtigen. Autor ↗ John Gardner erlaubt sich einen Scherz, indem er seinen Killer sich so vorstellen lässt: »Ich bin übrigens Krest. Milton Krest« – eine Anspielung auf Bond. Im Roman wie auch im Film schafft es Bond, Krests Pläne zu durchkreuzen. Er zerstört eine Heroinlieferung und flüchtet mit dem Geld. Anschließend lässt er ↗ Franz Sanchez glauben, Krest sei gegen ihn. Als der Drogenbaron Krest aufsucht, schmuggelt Bond das Geld wieder ein, um die Anschuldigung gegen den Besitzer der ↗ Wavekrest zu untermauern. Sanchez wirft seinen Ex-Mitarbeiter in eine Dekompressionskammer und lässt ihn in dieser platzen: ↗ Mr. Big lässt grüßen. Die für sich sprechenden Namen in Filmen und Romanen sind keine Seltenheit. »Krest« ist abgeleitet von »crest« und das bedeutet u. a. »Schaumkrone«. Dargestellt wurde er von ↗Anthony Zerbe.

KREST-STIFTUNG
↗Milton Krest

KREUZWORTRÄTSEL
Ein Rätselfreund ist ↗Shady Tree in ↗*Diamantenfieber* (1971). Als ↗Wint und ↗Kidd auftreten, löst Tree gerade Kreuzworträtsel in seiner Garderobe.

KRIEGLER, ERIC (Filmcharakter)
Guter Sportler, starker Kämpfer und nicht zu unterschätzender Gegner ist Eric Kriegler im Film ↗*In tödlicher Mission* (1981). Kriegler arbeitet für ↗Aris Kristatos und versucht, James Bond zu töten. Er folgt dem Agenten mit einem Motorrad sogar bis in eine Bobbahn. Am Ende unterliegt er aber doch. Als der Biathlonmeister und Olympiasieger während eines Kampfes mit Bond einen Moment unachtsam ist, stößt Bond den blonden, eingebildeten Muskelprotz aus dem Fenster eines Felsenklosters. Eric Kriegler stürzt in die Tiefe und wird am Boden zerschmettert. Dargestellt wurde Kriegler von dem Schauspieler ↗John Wyman.

KRIEGLER, HANS (Romanfigur)
Hans Kriegler ist im Roman ↗*Der Morgen stirbt nie* ein Freund von ↗Elliot Carver. Er arbeitet in einer Bar, in der er Kontakt zu Verbrechern aller Art bekommt – er ist vermutlich selbst ein Killer. Der »dünne, drahtige« Kriegler rät Carver dazu, seinen Vater ↗Lord Rovermann zu erpressen, und schickt Carver zu einem Killer namens ↗Schnitzler. Rovermanns Tage sind gezählt. Wer sich mit 007 beschäftigt, versteht den Insidergag: Hans Kriegler ist eine Mischung aus der Figur ↗Hans aus dem Film ↗*Man lebt nur zweimal* (1967) und dem Bösewicht ↗Eric Kriegler aus ↗*In tödlicher Mission* (1981).

KRIEGSBUCH
Das von ↗Bill Tanner geführte Kriegsbuch, von dem im Roman ↗*007 James Bond und der Mann mit dem goldenen Colt* die Rede ist, enthält wichtige Geheimnisse und soll dann an die Nachfolger übergeben werden, wenn Tanner oder ↗»M« sterben.

KRIEGSSPIEL
Zu den strategischen Kriegsspielen, die ↗Dr. Jay Autem Holy in seiner Firma ↗»Gunfire Simulations« entwickelt hat, gehören unter anderem: *Crécy*, *Höchstädt*, *Die Schlacht bei den Pyramiden* – Napoleons Ägyptenfeldzug –, *Austerlitz*, *Cambrai* und *Stalingrad*. Die Simulation des deutschen Blitzkrieges im Jahre 1939 und die Wiedergabe der amerikanischen Revolution (der letzten Phase vor dem Unabhängigkeitskrieg: *Concord*, *Lexington*, *Bunker Hill* im September 1774 bis Juni 1775) waren in Vorbereitung. Die Idee, Krieg zu spielen, wurde auch in ↗*Der Hauch des Todes* (1987) wieder aufgegriffen: ↗Brad Whitaker sammelt Spielzeugsoldaten und spielt Schlachten durch.

KRIEG UND FRIEDEN (Buch)
Als ↗Mr. Big James Bond im Roman ↗*Leben und sterben lassen* seine Mordpläne verrät, fragt er rhetorisch auch, ob 007 ↗Trotters Buch über die Herdeninstinkte in *Krieg und Frieden* kenne. Big beschreibt sich als Wolf, der so auch nach wölfischen Gesetzen lebe.

Demnach sei es auch ganz natürlich, dass die Schafe eine derartige Persönlichkeit als Verbrecher klassifizieren würden. Bond ist von den Ausführungen wenig beeindruckt. ↗Donovan Grant, der im Roman ↗*Liebesgrüße aus Moskau* als ↗Nash getarnt mit Bond im ↗Orient-Express reist, hat das Buch *Krieg und Frieden* bei sich und behauptet, er versuche bereits seit

Jahren, es durchzulesen. Bond erkennt zu spät, dass es sich bei dem Buch um eine getarnte Waffe handelt, die sich zwischen Einband und Buchrücken befindet. Sie enthält zehn 25er-Dumdumgeschosse, die mit einer elektrischen Batterie abgefeuert werden.

Im Buch ↗*007 James Bond im Dienst Ihrer Majestät* macht Bond eine Anspielung. Als er mit ↗Mary Goodnight telefoniert, meint er: »Was ist los? Krieg oder Frieden?« Dass ↗Wladimir Scorpius über Humor verfügt, beweist er James Bond im Roman ↗*Scorpius*. Er hat eine Attrappe des Buches *Krieg und Frieden* von Tolstoi in seinem Regal stehen. Über dem Buch befindet sich ein Schalter, mit dem eine Geheimtür ins Esszimmer geöffnet werden kann. Doch dies ist nicht das letzte Mal, dass wir von *Krieg und Frieden* lesen: James Bond findet das Buch im Roman ↗*Sieg oder stirb, Mr. Bond* zwischen mehreren Taschenbüchern, die auf einem Nachttisch in einer Militärbasis stehen. Die Basis liegt bei ↗Caserta.

↗Bücher in James-Bond-Romanen und Filmen

KRIENDLER, MAC (Romanfigur)

Schnitzel und Spargel bekommen ↗Tiffany Case und James Bond im Roman ↗*Diamantenfieber* von einem der beiden Besitzer des ↗»Club 21« serviert. Der »berühmte« Mann namens Mac Kriendler ist mit Case per du.

KRILENCU (Romanfigur)

Im Werk ↗*Liebesgrüße aus Moskau* wird der bulgarische »Flüchtling« Krilencu als ↗»Leiter der Gesichtslosen« beschrieben. Es handelt sich um einen Gangster, der im Auftrag der Russen ein Attentat auf ↗Drako Kerim verübt und von diesem schließlich erschossen wird. Die Figur wurde in den Film ↗*Liebesgrüße aus Moskau* (1963) übernommen, sie ereilt dort derselbe Tod. Dargestellt wurde Krilencu von ↗Fred Haggerty.

KRIM, ARTHUR (UA-Präsident)

Am Morgen des 20. Juli 1961 traf sich Arthur Krim, der Präsident von ↗United Artists, mit ↗Albert R. Broccoli und ↗Harry Saltzman. Die beiden Männer schlugen vor, die James-Bond-Romane zu verfilmen. Nachdem Krim von ↗David Picker (später selbst UA-Präsident) dazu geraten wurde, das Projekt in Angriff zu nehmen, kam es zu einer Zusammenarbeit. 007 ging in Serie.

KRISTALL (Waffe)

↗Grunther benutzt bei einem Kampf mit ↗Teresa di Vicenzo in ↗*Im Geheimdienst Ihrer Majestät* (1969) einen Kristall als Waffe. Tracy, die eine Flasche mit herausgeschlagenem Boden in ihrer Hand hält, wird von Grunther gepackt und er drückt ihren Handrücken auf ein Kristall, das als Dekoration im Alpenzimmer des ↗Piz Gloria steht. Durch die Spitzen, die sich in Tracys Hand bohren, lässt sie die Reste der Flasche fallen.

KRISTALLNACHT

↗Reichspogromnacht

KRISTAL PALAS (Hotel)

James Bond logiert im Roman ↗*Liebesgrüße aus Moskau* im Hotel Kristal Palas in ↗Istanbul. Das Hotel ist alt. Bond überlegt zunächst, die Unterkunft zu wechseln, bleibt dann aber doch im Palas und trägt verärgert einen Wanzenbiss davon.

KRISTATOS (Romanfigur)

James Bond trifft Kristatos in der Kurzgeschichte ↗*Riskante Geschäfte* in der ↗Exzelsiorbar. Der Mann hat einen braunen Schnurrbart und haarige Hände. Laut ↗»M« ist Kristatos offenbar Doppelagent, der zur Tarnung selbst im Schmugglergeschäft tätig ist. 007 ist überrascht, als er im Gespräch erfährt, dass Kristatos auf der Suche nach einem Killer ist, der ↗Columbo ausschalten und auch noch dafür bezahlt. Im Verlauf der Story kommt heraus, dass

Kristatos ein Opiumhändler ist, und James Bond erschießt ihn, als er mit einem ↗Lancia-Granturismo-Kabriolett entkommen will. Der Wagen rast mit der Leiche hinter dem Steuer in die Dunkelheit.

KRISTATOS, ARIS (Filmcharakter)
Bonds Feind in ↗*In tödlicher Mission* (1981) wurde vom Schauspieler ↗Julian Glover gespielt. Kristatos versucht im Film, an das ↗ATAC-System zu gelangen, um es den Russen zu verkaufen. ↗General Gogol zeigt Interesse, und Mittelsmann ↗Eric Kriegler stellt die Verbindungen her. Der Bösewicht arbeitet Hand in Hand mit ↗Emile Leopold Locque und hat ein Hauptquartier im verlassenen ↗Kloster St. Cyril's. Kefalonia ist Kristatos' Heimat. Er erzählt dies, als er einen Wein namens ↗Robola (griech: Rompola) zum Essen bestellen will, der aus Kefalonia stammt. James Bond trinkt einen anderen Wein, Kristatos' Heimatwein ist ihm zu lieblich. Weinkenner wissen jedoch, hier wurde ein Fehler begangen: Robola de Cephalonie ist ein trockener griechischer Weißwein von der Insel Kephalonien. Kristatos wird durch ↗Columbo mit einem gezielten Messerwurf getötet, kurz bevor der Killer Bond oder ↗Havelock etwas antun kann.

KRISTIKOS, ALKIS (Darsteller)
Alkis Kristikos spielte im Film ↗*In tödlicher Mission* (1981) ↗Santos auf der Seite von ↗Columbo im Kampf gegen die Bösewichte ↗Emile Leopold Locque, ↗Claus, ↗Karageorge und ↗Apostis. Großeinsatz hatte Kristikos, als die Szene produziert wurde, in der 007 und Columbo das Lagerhaus am Hafen stürmen.

KRISUTE GOMEN (Sprichwort)
↗Zitat

KROGH, BENT (Romanfigur)
↗Siegmund Stromberg

KROKODIL
Bei einer Großwildjagd in ↗*Octopussy* (1983), bei der 007 vor ↗Kamal Khan und dessen Männern flüchtet, taucht ein kleines Krokodil auf, das in einem winzigen Bach hinter dem davonrennenden Bond herschwimmt. 007 kann den Kiefern entkommen. Einem Schurken gelingt es im selben Film nicht. Als Bond und der Yo-Yo-Killer aus einem Fenster des ↗schwimmenden Palastes stürzen, wird der Gegner James Bonds von einem Krokodil gefressen.

KROKODILFARM
Am Eingang zu ↗Kanangas Krokodilfarm in ↗*Leben und sterben lassen* (1973) steht ein Schild mit der Aufschrift »Trespassers will be eaten«. Kananga lässt 007 zur Farm bringen, damit dieser dort den Krokodilen zum Fraß vorgeworfen werden kann. Im Geheimen befinden sich auf der Farm ein Laboratorium und Anlagen zur Heroinherstellung.

KROKODIL-U-BOOT
Um sich dem ↗schwimmenden Palast der ↗Octopussy im gleichnamigen Film von 1983 zu nähern, benutzt James Bond 007 ein von ↗»Q« entworfenes Krokodil-U-Boot aus Kunstfaser und Plexiglas. Ein- und Ausstieg wurde durch eine Klappe im Rücken des Plastik-Krokodils ermöglicht, durch den sich öffnenden Rachen der Attrappe konnte Bond sehen. Bonds Plexiglaskrokodil wurde von vielen Kritikern als »schlechter Scherzartikel« bezeichnet. In ↗*Stirb an einem anderen Tag* (2002) hängt es in »Qs« Labor an der Wand.

KRONLEUCHTER
Während eines Kampfes in ↗*Im Angesicht des Todes* (1985) stürzt ein Gegner Bonds über das Treppengeländer in ↗Stacey Suttons Haus und bleibt am Kronleuchter hängen. Nach einer fast 20-minütigen Verfolgungsjagd hat James Bond in ↗*Stirb an einem anderen Tag* (2002) genug von

↗ Zao. Als der Gegner nach einem Autounfall im ↗ Eispalast aus dem Wasser auftaucht, in das er zuvor gestürzt ist, schießt Bond auf das Halteseil eines Kronleuchters. Zao kann nicht ausweichen, der Eiskronleuchter stürzt auf ihn nieder und durchbohrt ihn.

KRONSTEEN (Romanfigur)

Kronsteen ist eine Romanfigur in ↗ *Liebesgrüße aus Moskau*. ↗ General G. lässt nach Kronsteen schicken, um mit diesem einen Plan gegen James Bond zu entwickeln. Er ist Leiter der Planungsabteilung bei ↗ SMERSH im Rang eines Obersts. Im Buch wird der Stratege zum dritten Mal Schachmeister in Moskau. Aus dem Roman geht ferner hervor, dass Kronsteen zwei Kinder hat.

KRÖTEN

Im ↗ »Laden der Liebeswonnen« kauft ↗ Kissy Suzuki etwas, das James Bonds Potenz wieder auf Touren bringen soll. Vier Kröten für fünftausend Yen werden auf eine Herdplatte gesetzt, um diesen Tieren Schweißtropfen zu entlocken, zusammen mit Eidechsenpulver soll sie Bond das absurde Mittel verabreichen.

KRUG (Romanfigur/Filmcharakter)

Krug ist eine Figur im Roman ↗ *Stirb an einem anderen Tag*. Er wohnt im ↗ Hotel de Los Organos, um eine Therapie im Schönheitssalon von ↗ Dr. Alvarez auf der Insel ↗ Los Organos zu bekommen. Krug soll in ↗ Suite 42 wohnen, hat aber nicht die Geduld darauf zu warten, bis 007 abgefertigt ist. Die Figur wird von ↗ Ian Pirie dargestellt. Im Buch ist Krug Südafrikaner, was im Film nicht genannt wird. Er bedroht den Kellner ↗ Fidel und ist immer sehr unfreundlich. Beschrieben wird er als Widerling ohne Manieren. James Bond schlägt Krug im Film in dessen Hotelzimmer k. o., was eine anwesende Prostituierte scheinbar überhaupt nicht ungewöhnlich findet. Mit dem immer noch bewusstlosen Krug im Rollstuhl und dessen Papieren schafft es 007 zur Insel Los Organos zu gelangen, ohne von den zahlreichen Sicherheitskräften von Dr. Alvarez aufgehalten zu werden. Auf der Insel angekommen, nutzt Bond Krug zu dessen Leidwesen ein weiteres Mal: Er schubst den Rollstuhl mit Krug eine Treppe hinunter, um die Wachposten abzulenken und ungehindert in den Schönheitssalon eindringen zu können.

KRUXATOR COLLECTION

Zu Beginn des Buches ↗ *Die Ehre des Mr. Bond* von ↗ John Gardner wird eine Sammlung von Gemälden und Juwelen geraubt. Am 15. März ereignet sich der Diebstahl der Kruxator Collection, die für zwei Wochen im ↗ Victoria and Albert Museum in London ausgestellt werden sollte. Drahtzieher des Verbrechens ist ↗ Dr. Jay Autem Holy. Die Kruxator Collection trägt den Namen ihres Begründers, des verstorbenen ↗ Niko Kruxator, der Reichtümer aus unbekannten Quellen besaß. Sie besteht aus über 300 Gemälden, 700 herausragenden Kunstgegenständen und 16 Stücken, die einst dem spanisch-italienischen Adelsgeschlecht der Borgias gehört haben. Der Versicherungswert der Sammlung beträgt mehrere Milliarden Dollar.

KRUXATOR, NIKO (Romanfigur)

Niko Kruxator war zur Zeit des Börsenkrachs im Jahre 1922 in die Vereinigten Staaten gekommen. 1977 starb er. Der schwerreiche Großreeder Griechenlands besaß die weltweit verbreiteten Kruxator-Restaurants und Krux-Lux-Hotels. Die Figur, deren Name Pate für die ↗ Kruxator Collection steht, kommt im Buch ↗ *Die Ehre des Mr. Bond* vor.

KRYCSIWIKI, ZBIGNIEW (Romanfigur)

↗ Jaws

KRYSTAL (Organisation)
Drei Hochlandtürken, die für ↗Blofeld bei ↗RAHIR arbeiteten, verdienten im Anschluss ihr Geld als Köpfe der Organisation »KRYSTAL«, einer der größten Heroin-Pipelines im Mittleren Osten, deren Endpunkt in Beirut liegt. Als Blofeld ↗SPECTRE gründete, holte er die Ex-Mitarbeiter zu seinem Team zurück.

KUBA
Die Filmszenen, die in ↗*GoldenEye* (1995) auf Kuba spielen, wurden in Puerto Rico gedreht. Um Küstenaufnahmen zu bekommen, als James Bond und ↗Natalja Simonowa ↗Trevelyans Versteck suchen, drehte man in der Dominikanischen Republik. Im Roman und im Film ↗*Stirb an einem anderen Tag* (2002) ermittelt James Bond in Havanna auf Kuba. Im Buch steht Bond Kuba wegen der von Misstrauen und Argwohn geprägten Atmosphäre mit gemischten Gefühlen gegenüber. Es gilt als »Brutstätte für Intrigen und Machenschaften – und ein Paradies für Spione und andere Gestalten, die ihre Aktivitäten verbergen müssen«. Auf Kuba trifft 007 ↗Raoul, der ihm bei seiner Suche nach ↗Zao unterstützt. Der Terrorist befindet sich auf ↗Los Organos.

KUBRICK 2001 (Getränk)
Es ist ein Insidergag, als James Bond im Roman ↗*Moonraker Streng geheim* eine kleine Flasche Wein in Händen hält, auf deren Etikett »Kubrick 2001« zu lesen ist. »Ausgezeichneter Jahrgang«, meint 007. Die Anspielung bezieht sich auf den Film *2001 – Odyssee im Weltraum* von Regisseur Stanley Kubrick, der u. a. mit ↗Ken Adam die ↗007-Stage besichtigte, in der ↗*Der Spion, der mich liebte* (1977) gedreht wurde. Kubrick gab Adam Tipps.

KUBRICK HOBBS, KATHARINA (Designerin)
Die Produktion von ↗*Der Spion, der mich liebte* (1977) stellte Katharina Kubrick Hobbs vor eine besonders schwierige Aufgabe. Sie sollte ein Gebiss für einen Killer entwerfen, der seine Opfer durch Genickbiss tötet – eine Anspielung auf die Filme mit dem *Weißen Hai*. Kubrick Hobbs entwarf fünf Gebisse mit unterschiedlichen Zahnstellungen. Ein Exemplar wurde auf ↗Richard Kiel zugeschnitten: ↗Beißer war geboren.

KUBRICK, JACK (Romanfigur)
Siehe Inhaltsangabe ↗*High Time To Kill*

KÜCHENMESSER
Zweimal bewaffnet sich James Bond mit einem Küchenmesser: Im Film ↗*Sag niemals nie* versucht er erfolglos mit einem Küchenmesser gegen die Stahlpeitsche seines Gegners anzukommen, und im Roman ↗*Stille Wasser sind tödlich* nimmt der junge James aus einer Küche auf dem ↗Schloss Silverfin ein Küchenmesser mit.

KUCKUCK (Deckname)
Der Deckname von ↗Wanda Man Song Hing im Roman ↗*Fahr zur Hölle, Mr. Bond!* lautet »Kuckuck«. James Bond erfährt ihn von ↗»M«, kurz bevor durch einen Telefonanruf bekannt wird, dass die Leiche von Professor ↗Allardyce gefunden wurde.

KUENZIL, HANS PETER (Pilot)
↗Etienne Herrenschmidt

KUGELSCHREIBER (Waffe)
Nicht nur James Bond besitzt tödliche Waffen, die in harmlose Gegenstände integriert wurden, auch ↗Holly Goodhead ist im Roman ↗*Moonraker Streng geheim* und im Film ↗*Moonraker – streng geheim* (1979) im Besitz mörderischer Utensilien: Ihr Kugelschreiber birgt statt einer Mine eine Injektionsnadel mit tödlichem Gift. Will man James Bond kontrolliert gefangen halten, muss man ihn k. o. schlagen und völlig entkleiden, denn in Schuhen, Brillen, Scheckkarten oder Kugelschreibern hat 007 seine

von ↗»Q« erfundenen Waffen versteckt. Im Roman und auch im Film ↗*GoldenEye* lässt sich der Kugelschreiber durch dreimaliges Drücken der Mine in eine Granate verwandeln. Der Stift ist nach vier Sekunden scharf. Als das Gerät später in die Hände von ↗Boris Grischenko fällt, wird 007 nervös. Der Computerfreak ist so hektisch, dass er ständig auf dem Kugelschreiber herumdrückt und die Granate mehrfach aktiviert. Bonds Mitzählen der klickenden Geräusche hat Erfolg: Er schlägt Boris den tödlichen Stift im richtigen Augenblick aus der Hand und löst mit der Explosion eine Folge von Kettenreaktionen aus. Das Hauptquartier von ↗Alec Trevelyan wird zerstört, seine Pläne sind vereitelt. Auch ein Bösewicht aus dem Roman ↗*Tod auf Zypern* nutzt einen Kugelschreiber mit vergifteter Spitze. Er soll ihm bei einem Mordanschlag als Waffe dienen. Bond kann das Attentat verhindern.

KUGELSCHREIBERDREHEN
↗Stiftdrehen

KUGELSICHERE WESTEN
Ein Modell einer kugelsicheren Weste wird bereits im Film ↗*Goldfinger* (1964) in der ↗Abteilung Q getestet und ist als normale Regenjacke getarnt. Ausgereift und verfeinert kommt eine kugelsichere Weste aber erst 23 Jahre später in einem James-Bond-Film zum Einsatz. ↗General Puschkin trägt in ↗*Der Hauch des Todes* (1987) ein Modell, an dem sich ein Überzug mit Blutkammern befindet, um einen Tod durch Erschießen vorzutäuschen. Die Blutkammern platzen bei Eintritt der Pistolenkugeln durch 007s ↗Walther PPK, die darunter liegende Weste verhindert die Verletzung des KGB-Mannes. ↗Brad Whitaker benutzt ebenfalls in ↗*Der Hauch des Todes* eine kugelsichere Weste. Auch der Schutzschirm seiner vollautomatischen Maschinenpistole ist kugelfest. In ↗*Lizenz zum Töten* (1989) kommt ↗Pam Bouvier noch einmal mit dem Leben davon. Sie trägt eine ↗Kevlar-Weste, als ↗Dario auf sie schießt. James Bond hält in ↗*Stirb an einem anderen Tag* (2002) eine Weste vor seinen Körper, als ↗Colonel Moon auf ihn zu schießen beginnt.

KÜHLSAFE
↗Safeknacker

KULISSEN
Der erste gewaltige Set von ↗Ken Adam in einem 007-Film ist in ↗*James Bond 007 jagt Dr. No* (1962) zu sehen, als ↗Professor Dent die Vogelspinne von ↗Dr. No bekommt. Das Dach der Konstruktion lässt schwaches Licht in den Raum fallen, sodass die Schatten wie ein riesiges Spinnennetz wirken.

KULTURABTEILUNG
Im James-Bond-Roman ↗*Du lebst nur zweimal* tarnt ↗Dikko Henderson James Bond, indem er ihm Visitenkarten verschafft, die ihn als zweiten Sekretär der australischen Kulturabteilung ausweisen.

KÜNDIGUNG
Im Roman ↗*007 James Bond im Dienst Ihrer Majestät* will James Bond beim britischen Geheimdienst kündigen. Er schreibt an seinen Vorgesetzten ↗»M«: »Sir, ich erlaube mir hiermit, Ihnen von meinem sofortigen Ausscheiden aus dem Secret Service Kenntnis zu geben. Die Gründe für dieses Schreiben, das ich nur mit allergrößtem Bedauern vorlege, sind folgende:

1. Bis vor etwa zwölf Monaten habe ich ausschließlich für die Doppel-0-Abteilung gearbeitet, und Sie, Sir, hatten von Zeit zu Zeit die Freundlichkeit, mir Ihre Zufriedenheit über die Durchführung meiner Aufträge auszudrücken, die ich meinerseits mit großem Vergnügen erledigt habe. Zu meinem Leidwesen (Bond fand dieses Wort sehr passend) erhielt ich nach dem erfolgreichen Abschluss des Unternehmens Feuer-

ball von Ihnen persönlich den Auftrag, bis auf weiteres meine ganze Aufmerksamkeit auf die Verfolgung und Festnahme von Ernst Stavro Blofeld sowie anderen Mitgliedern der Terrororganisation SPECTRE zu richten, falls diese nach ihrer Vernichtung im Verlauf des Unternehmens Feuerball neu aufgebaut worden sein sollte.

2. Ich nahm, wie Sie sich entsinnen werden, diesen Auftrag nur widerstrebend an. Ich war der Ansicht und habe das auch damals klar zum Ausdruck gebracht, dass dies lediglich eine Routineaufgabe sei, die genauso gut von anderen Abteilungen des Geheimdienstes – eventuell in Zusammenarbeit mit Interpol – durchgeführt werden könnte. Meine Einwände wurden aber zurückgewiesen, und so bin ich nun seit fast zwölf Monaten in allen möglichen Teilen der Welt mit einer belanglosen Detektivarbeit beschäftigt, die sich bisher als völlig nutzlos erwiesen hat. Ich habe weder eine Spur des Mannes noch die einer wiedererstandenen Organisation SPECTRE finden können.

3. Meine vielen Bitten, mich von dieser langweiligen und fruchtlosen Aufgabe zu entbinden, wurden, selbst wenn sie an Sie persönlich adressiert waren, einfach nicht beachtet, oder kurz abgelehnt. Die unerfreulichen Umstände haben während meines kürzlichen Aufenthaltes in Palermo ihren Höhepunkt erreicht, als ich eine geradezu empörend falsche Spur verfolgen musste. Die verdächtige Person stellte sich als völlig unbescholtener deutscher Staatsbürger namens ›Blaufelder‹ heraus, der in Sizilien speziellen Problemen des Weinanbaus nachgeht. Meine Nachforschungen dort machten die Mafia auf mich aufmerksam, und meine Abreise war, um es gelinde auszudrücken, schmachvoll.

4. In Anbetracht dieser Umstände, Sir, und besonders im Hinblick auf den fortgesetzten Missbrauch von Fähigkeiten, die mich vorher für die gefährlichen und für mich interessanteren Aufgaben innerhalb der Doppel-0-Abteilung geeignet erscheinen ließen, möchte ich Sie bitten, meinen Rücktrittsgesuch anzunehmen. Ich bin, Sir, Ihr sehr ergebener 007«

Bonds Kündigung wurde leicht gekürzt aus dem Englischen übersetzt.

Die Kündigung, die James Bond im Film ↗ *Im Geheimdienst Ihrer Majestät* (1969) ↗ Moneypenny diktiert, ist weniger umfangreich.

Bond lässt folgenden Text für »M« niederschreiben: »Sir, ich habe die Ehre, Sie zu bitten, meine Kündigung – und zwar mit sofortiger Wirkung – entgegenzunehmen.« Moneypenny, die nicht glaubt, dass James Bond ernsthaft kündigen will, beantragt stattdessen einen zweiwöchigen Urlaub für 007. Der Rücktritt aus dem Geschäft erfolgt im Film ↗ *Lizenz zum Töten* (1989) mündlich. Bond kündigt, weil »M« ihn nicht nach ↗ Franz Sanchez suchen lässt, der ↗ Felix Leiter Schlimmes angetan hat. Bond wird die Tötungslizenz entzogen, und er soll seine Waffe abgeben. Bond flieht und ermittelt auf eigene Faust.

In ↗ *Stirb an einem anderen Tag* (2002) gerät Bond in koreanische Gefangenschaft und kommt erst nach vierzehn Monaten frei. Eine Regel des ↗ MI6 lautet: »Wer enttarnt wird, wird aufgegeben«, und »M« bestätigt auch: »Wir haben keine Verwendung mehr für Sie.« 007 sucht nach seinen Peinigern und deren Informanten, später holt »M« Bond ins Geschäft zurück. Doch das war nicht das letzte Mal, dass 007 mit dem Kündigungsgedanken spielt. Im Buch ↗ *Du lebst nur zweimal* nimmt »M« Bond aus der 00-Abteilung heraus, so dass der Agent mündlich kündigt. »M« akzeptiert aber nicht. Er hat bei einem Gespräch mit ↗ Sir James Molony beschlossen, Bond eine neue Aufgabe zuzuteilen. Schon im Roman ↗ *Role Of Honour* war 007 aus dem Geheimdienst ausgeschieden – jedoch nur zur Tarnung. Diese Idee Gardners hat mit großer Wahrscheinlichkeit zum Inhalt von *Lizenz zum Töten* (1989) geführt. Im genannten Buch und im 16. offiziellen 007-Film ermittelt Bond also als freischaffender Agent.

KUNG FU (Kampfsport)
↗Lajos Jakob und ↗Kampfsport

KUNG FU FIGHT (Lied)
↗*The Man With The Golden Gun* (Soundtrack)

KUNST
James Bond ist kein Kunstsammler, dennoch ist er auf diesem Gebiet recht gut informiert. In ↗*James Bond 007 jagt Dr. No* (1962) erkennt er in der Festung des Bösewichts ein Gemälde wieder, das als gestohlen gilt. Der Roman-Bond hat in seinem Büro ein Aquarell hängen, das das Clubhaus des ↗Golfklubs Royal St. George zeigt (↗*Countdown!*). In ↗*Moment mal, Mr. Bond* muss 007 sogar etwas dazulernen, da er sich als Kunstkenner ausgibt. Mit ↗Cedar Leiter informiert er sich ausführlich über seltene Stiche.

DIE KUNST DER TÄUSCHUNG (Zeichentrickfilm)
↗*James Bond Jr.*

DIE KUNST DES KRIEGES (Buch)
↗*Art Of War*

KUNSTLAGER DES KREMLS
Im Kunstlager des Kremls ist ↗Lenkin für die geheime Imitation der Juwelen und anderer Schmuckstücke verantwortlich, die ↗Octopussy in ↗*Octopussy* (1983) schmuggeln will. Lenkin wird später bei seinen verbotenen Machenschaften ertappt.

KUNSTLEHRER (Romanfigur)
In ↗*Moment mal, Mr. Bond* bringt der Kunstlehrer 007 und ↗Cedar Leiter in einer kurzen Schulung das Wichtigste über Kupferstiche bei. Sie erfahren unter anderem etwas über die Kunst von John Shute, Holler, Hogarth und anderen.

KUNZ, SIMON (Darsteller)
Als diensthabender Offizier in der Satellitenstation von ↗Sewernaja ist Simon Kunz in ↗*GoldenEye* (1995) zu sehen. Die Filmfigur hat keinen speziellen Namen und wird durch die Maschinengewehrsalven von ↗Xenia Onatopp niedergemäht.

KURO (Ort)
↗Kissy Suzuki und die anderen Muscheltaucher leben im Roman ↗*Du lebst nur zweimal* auf der Insel Kuro. James Bond wird dort versteckt, bis er zum großen Schlag gegen ↗Ernst Stavro Blofeld und ↗Irma Bunt ausholt. ↗Fleming, auch Verfasser von Reiseliteratur, schreibt: »Die Insel schien aus schwarzem Vulkangestein zu bestehen, doch zog sich die üppige Vegetation bis hinauf zum Gipfel eines kleinen steilen Hügels, auf dem eine Art steinerner Leuchtturm stand. Als sie um die felsige Landzunge bogen und in die Bucht hineinglitten, tauchte ein kleines Dorf mit dicht zusammengedrängten Hütten und einem Landungssteg vor ihnen auf. (...) Bond fühlte sich von der Insel angezogen, als habe er endlich einen Bestimmungsort erreicht, der ihn erwartete und mit offenen Armen aufnahm.«

KURS 045
Den Kurs 045 schlägt das ↗U-Boot M1 im Film ↗*Man lebt nur zweimal* (1967) ein, nachdem James Bond an Bord gekommen ist. Bond geht in Japan an Land.

KURT (Filmcharakter)
Kurt ist in ↗*In tödlicher Mission* (1981) ein Handlanger von ↗Aris Kristatos auf der ↗Santamavri.

KURT (Filmcharakter)
Die Filmfigur Kurt kommt in ↗*Sag niemals nie* (1983) vor. Dargestellt wurde sie von ↗Anthony Van Laast.

KURZARMHEMDEN

↗ Ian Fleming sprach in einem Interview Anfang der 1960er Jahre von seinen Gemeinsamkeiten mit der Figur James Bond und stellte fest, dass er und 007 nicht viel gemeinsam hätten, abgesehen von der Vorliebe für kurzärmelige Hemden. Bond trägt solche Hemden in den Romanen. Autor ↗ Charlie Higson schreibt in ↗ *Stille Wasser sind tödlich*: »James hasste die unbequemen Schuluniformen mit den kratzigen Hosen, die steifen Krägen und die wunderlichen, kleinen Krawatten. Er hasste den lächerlichen Zylinderhut und die Weste. Stattdessen trug er nun ein einfaches, kurzärmliges blaues Baumwollhemd zu einer grauen Flanellhose. Darin fühlte er sich wieder wie er selbst und nicht wie jemand, der vorgab, ein besonders schlauer Schüler zu sein.«

KURZGESCHICHTEN VON IAN FLEMING

↗ Ian Fleming brachte am 11. April 1960 den Kurzgeschichtenband ↗ *For Your Eyes Only* heraus. Das Buch enthält die Storys ↗ *From A View To A Kill*, ↗ *For Your Eyes Only*, ↗ *Quantum Of Solace*, ↗ *Risico* und ↗ *The Hildebrand Rarity*. In der deutschen Übersetzung wurden die Kurzgeschichten immer wieder neu zusammengestellt. 1966 brachte der Verlag, der Flemings Bücher bisher veröffentlicht hatte, einen zweiten Kurzgeschichtenband mit den Texten ↗ *Octopussy* und ↗ *The Living Daylights* auf den Markt. Er erschien unter dem Titel ↗ *Octopussy And The Living Daylights* als Hardcoverausgabe. Ein Jahr später wurde das Buch erneut veröffentlicht, enthielt als Erweiterung aber noch die Story ↗ *The Property Of A Lady*.

Die Inhaltsangaben zu den Kurzgeschichten stehen unter deren deutschen Titeln (auch hier bot der deutsche Markt unterschiedliche Namen an).

Originaltitel (Erscheinungsjahr in England) [weitere englische Titel] – deutscher Titel (Erscheinungsjahr in Deutschland) [weitere deutsche Titel]:

From A View To A Kill (1959): ↗ *Tod im Rückspiegel* (1965), [↗ *Der Meldefahrer*]
For Your Eyes Only (1960): ↗ *Für Sie persönlich* (1965)
Quantum Of Solace (1960): ↗ *Das Minimum an Trost* (1965), *Ein Minimum an Trost* (1983)
Risico [↗ *Risiko*] (1960): ↗ *Riskante Geschäfte* (1965)
The Hildebrand Rarity (1960): ↗ *Die Hildebrand-Rarität* (1965)
The Living Daylights [↗ *Berlin Escape* (1962)]: ↗ *Duell mit doppeltem Einsatz* (1967), [↗ *Der Hauch des Todes* (1986)]
The Property Of A Lady (1963): ↗ *Globus – Meistbietend zu versteigern* (1967)
Octopussy – ↗ Octopussy (1964): [↗ *Der stumme Zeuge* (1976)], [↗ *007 James Bond und der stumme Zeuge* (1978)]

Die deutschen Sammelbände mit Kurzgeschichten wurden unter folgenden Titeln herausgebracht (enthaltene Kurzgeschichten in diesen Büchern):

1965: *007 greift ein – fünf Spezialfälle (Tod im Rückspiegel, Für Sie persönlich, Riskante Geschäfte, Die Hildebrand-Rarität und Das Minimum an Trost)*
1967: *Tod im Rückspiegel (Tod im Rückspiegel, Globus – Meistbietend zu versteigern, Duell mit doppeltem Einsatz und Die Hildebrand-Rarität)*
1976: *Riskante Geschäfte (Für Sie persönlich, Riskante Geschäfte, Ein Minimum an Trost, Der stumme Zeuge)*
1983: *Octopussy und andere riskante Geschäfte (Für Sie persönlich, Riskante Geschäfte, Ein Minimum an Trost, Octopussy)*
1993: *Der Hauch des Todes (Der Hauch des Todes, Tod im Rückspiegel, Globus – Meistbietend zu versteigern, Octopussy)*
1994: *Im Angesicht des Todes (Für Sie persönlich, Riskante Geschäfte, Ein Minimum an Trost, Die Hildebrand-Rarität)*

Eine recht unbekannte Kurzgeschichte Flemings erschien 1963 im Buch *Thrilling Cities Part 1* (kein Bond-Roman). Sie trägt den Titel ↗ *007 in New York*.

KURZGESCHICHTEN VON RAYMOND BENSON

James-Bond-Autor ↗Raymond Benson startete seine schriftstellerische Roman-Tätigkeit bei Bond mit der Kurzgeschichte ↗*A Blast From The Past* (↗*Tödliche Antwort*) im Jahre 1997. Neben den von ihm geschriebenen Romanen folgten 1999 zwei weitere Kurzgeschichten, die beide nicht ins Deutsche übersetzt wurden: ↗*Midsummer Night's Doom* und ↗*Live At Five*.

KÜRZUNGEN IN JAMES-BOND-ROMANEN

Was bei James-Bond-Filmen die ↗Cutscenes sind, sind bei den Romanen die Kürzungen. Alle Bücher ↗Ian Flemings und auch die von ↗Amis und ↗Gardner wurden fehlerhaft, schlecht und oft gekürzt übersetzt. Alle diese Teile herauszufinden, würde eine erneute »saubere« Übersetzung erfordern, die zwar schon oft von Verlagen geplant, jedoch nicht ausgeführt wurde. Alle Fleming-Romane sind ohne Übersetzungen der Kapitelüberschriften erschienen, des Weiteren fehlt die Gliederung in Teile. Einen Beweis für die Kürzungen bietet der Roman ↗*Liebesgrüße aus Moskau*; die Übersetzung lässt den Leser beim Vergleich schaudern:

Im Original heißt es in Kapitel 11: »›Good morning-s‹ (to Bond, one of May's endearing qualities was teased her about it years before – English kings and Winston Churchill. As a mark of exceptional regard, she accorded Bond an occasional hint of an ›S‹ at the end of a word.)«

Die deutsche Version schreibt als Übersetzung immerhin: »Guten Morgen«.

An anderer Stelle steht nichts, wo das Original folgende Informationen gibt: »Once Burgess and Maclean went to Russia, the only way to make contact with them again and, perhaps when they got tired of Russia, turn them into double agents against the Russians, would have been to send their closest friends to Moscow and Prague and Budapest with orders to wait until one of these chaps crept out of the masonry and made contact. And one of them, probably Burgess, would have been driven to make contact by his loneliness and by his ache to tell his story to someone.[1] But they certainly wouldn't take the risk of revealing themselves to some man with a trench-coat and a cavalry moustache and a beta minus mind.« Und auch die Fußnote [1]) Written in March 1956 I. F.« fehlt.

Solche Mängel erklären, warum es das Original in kleiner Schrift auf 208 Seiten bringt und die deutsche Übersetzung auf großbeschriebene. Dass Kürzungen nicht nur sinnentstellend sind, sondern auch markante Dinge über die handelnden Figuren in einem Roman vorenthalten, wird in Kapitel 9 deutlich. Im Original stellt sich heraus, dass ↗Rosa Klebb lesbisch ist und versucht, ↗Tatjana Romanowa zu verführen – dieser Part fehlt in der deutschen Ausgabe gänzlich, obwohl er über zwei Seiten füllt!

KUSINE

Nachdem sich ↗»Q« in ↗*Lizenz zum Töten* (1989) schon als Bonds Onkel vorgestellt hat, ist es nahe liegend, dass 007 ↗Pam Bouvier seine Kusine nennt. »Q« freut sich, denn dann bestünde eine verwandtschaftliche Beziehung zu Bouvier.

KUTEE (Filmcharakter)

↗Ladislav Kutze

KUTSCHE

In mehreren James-Bond-Filmen ist der Agent mit einer Kutsche unterwegs: Schon ↗Irma Bunt holt James Bond in ↗*Im Geheimdienst Ihrer Majestät* (1969) mit einer Kutsche ab, und beide gelangen damit in ↗Mürren zu einem Helikopter. In ↗*Der Spion, der mich liebte* (1977) kommen 007 und ↗Amasowa mit einer Kutsche an der Fähre an, aus der ↗»Q« steigt, um Bond seinen neuen ↗Lotus Esprit zu übergeben. Auch in ↗Wien fährt Bond Kutsche (↗Fiaker). Mit ihr gelangen 007 und ↗Kara Milovy in ↗*Der Hauch des Todes* (1987) zu ihrem Hotel. Mit einer Kutsche auf Kufen fahren James Bond und Melina Havelock in ↗*In tödlicher Mission* (1981) in Cortina d'Ampezzo zum Bahnhof.

KUTUSOW-COMPUTER

↗General Orlov erklärt in ↗*Octopussy* (1983), er habe Planspiele mit dem neuen »Kutusow-Computer« durchgeführt und könne damit die militärische Unterlegenheit des Westens demonstrieren. Die anderen »Genossen« sind vom Vortrag Orlovs, der einen Krieg auslösen würde, nicht begeistert; ihm wird das Rederecht entzogen.

KUTZE, LADISLAV (Filmcharakter)

Professor Ladislav Kutze ist eine Figur im Film ↗*Feuerball* (1965). Der Pole aus Warschau steht zwar auf der Seite von ↗Emilio Largo, wechselt aber die Seiten und hilft ↗Domino, aus ihrer Gefangenschaft zu entkommen. Er wirft die Zündvorrichtungen von Largos gestohlenen Atombomben ins Meer. Nachdem die ↗Disco Volante außer Kontrolle geraten ist, wirft James Bond den Professor mit einem Rettungsring über Bord. Das Drehbuch sah zuerst vor, dass Kutze Selbstmord begehen sollte, indem er die »Disco Volante« mit einer Magnesiumleuchtkugel zur Explosion bringt – ähnlich wie Bond in ↗*Liebesgrüße aus Moskau* die See in Brand setzt. Darsteller des Ladislav Kutze ist ↗George Pravda. In einer Drehbuchversion heißt Kutze noch »Kutee«

KWANG (Romanfigur/Filmcharakter)

Kwang ist ein Charakter, den ↗John Gardner aus der Drehbuchvorlage zu ↗*Lizenz zum Töten* (1989) in seinen gleichnamigen Roman übernahm. Kwang arbeitet zusammen mit ↗Loti für das Rauschgiftdezernat Hongkong. 007 weiß das nicht und handelt deshalb zunächst gegen ihn. Kwang tut, als wäre er Drogendealer und will so hinter die Machenschaften von ↗Franz Sanchez kommen. Nachdem der Drogenfahnder mit Bond in Kontakt getreten ist, greift Sanchez' Kriegsmaschinerie ein. Kwang nimmt Gift, um nicht gefangen und verhört zu werden. Als James Bond Mr. Kwang erstmals im Roman sieht, glaubt er, es handle sich um eine Person namens ↗Lee Chin. Im Film wird »Kwang« von ↗Tagawa Cary-Hiroyuki gespielt.

KWAN, STUART (Darsteller)

Einen schnellgeschnittenen Schlagabtausch lieferte sich Stuart Kwan als ↗Ninja im Film ↗*Lizenz zum Töten* (1989) mit dem Bond-Darsteller ↗Timothy Dalton.

KWOUK, BURT (Darsteller)

Die Ehre, dreimal in James-Bond-Filmen mitzuwirken, wurde nicht vielen Nebendarstellern zuteil; Burt Kwouk hatte sie: Bereits in ↗*Goldfinger* (1964) spielte er die Figur ↗Mr. Ling. Ling wurde im Filmfinale von ↗*Goldfinger* mit einem goldenen Revolver niedergestreckt. Zwei Jahre später trat Kwouk in der Bond-Parodie ↗*Casino Royale* (1966) als chinesischer General auf. In ↗*Man lebt nur zweimal* (1967) kam Kwouk zum dritten Mal zum Einsatz: Neben ↗Michael Chow, ↗David Toguri und ↗Peter Fanene Maivia spielte er ↗SPECTREs Nummer 3. Alle vier genannten Darsteller verkörpern in diesem Film ↗Phantom-Männer, die 007 an seinen Ermittlungen und am Kampf gegen ↗Ernst Stavro Blofeld hindern wollen.

KYRIS, MARY

Im Roman ↗*Liebesgrüße aus Athen* bekommt ↗Bill Tanner seine Informationen zum Teil von einer Frau, die bei der Botschaft arbeitet. Sie heißt Mary Kyris und wird nur genannt. Nach ihrer Vermutung sind die Namen auf einem Zettel, den ein Entführer ↗»Ms« bei sich hatte, griechisch. Dies gilt auch für eine Ziffernfolge, bei der es sich um eine Telefonnummer in Athen handeln könnte. Vermutlich arbeitet Kyris für die griechische Botschaft in London.

FILM & FERNSEHEN:
DIE BILDBÄNDE UND SACHBÜCHER